Doralt – Ruppe

Grundriss des österreichischen Steuerrechts, Band I

Grundriss des österreichischen Steuerrechts

Band I

begründet von

Dr. Werner Doralt und **DDr. Hans Georg Ruppe**
em. o. Universitätsprofessor in Wien — em. o. Universitätsprofessor in Graz

fortgeführt von

Dr. Sabine Kirchmayr und **DDr. Gunter Mayr**
Universitätsprofessorin in Wien — Universitätsprofessor in Wien

12. Auflage

unter Mitarbeit von

Dr. Andrei Bodis
Dr. Christian Hammerl
Dr. Daniela Hohenwarter
Dr. Edeltraud Lachmayer

Wien 2019
MANZ'sche Verlags- und Universitätsbuchhandlung

Zitiervorschlag: *Bearbeiter* in *Doralt/Ruppe,* Steuerrecht I[12] (2019) . . .

ISBN 978-3-214-05427-4 (geb)
ISBN 978-3-214-05430-4 (br)

Telefon: (01) 531 61-0
E-Mail: verlag@manz.at
www.manz.at
Datenkonvertierung und Satzherstellung: Ferdinand Berger & Söhne GmbH, 3580 Horn
Druck: FINIDR, s. r. o., Český Těšín

Vorwort zur 12. Auflage

Die vorliegende Neuauflage hat etwas länger auf sich warten lassen, weil die Neukodifizierung des Einkommensteuergesetzes (EStG) wiederholt im Raum stand (insb Vorschlag der Steuerreform-Kommission 2014 für ein „EStG 2016“). Da dieses neue EStG noch auf sich warten lässt, war diese 12. Auflage dringend geboten. Zudem erscheint nach der Regierungskrise auch das geplante EStG 2020 (Ministerratsbeschluss vom 1. 5. 2019) zeitlich nicht realisierbar.

Diese Auflage steht unter der Gesamtverantwortung von Univ.-Prof. Dr. Sabine *Kirchmayr* und Univ.-Prof. DDr. Gunter *Mayr*. Als Mitarbeiter für die einzelnen Kapitel konnten zudem folgende ausgewiesene Experten gewonnen werden: Dr. Andrei *Bodis* für die Einkommen- und Körperschaftsteuer, Dr. Christian *Hammerl* für die Einkommensteuer, Dr. Daniela *Hohenwarter* für das Internationale Steuerrecht und HR Dr. Edeltraud *Lachmayer* für die Körperschaftsteuer.

Bedanken dürfen wir uns für eine kritische Durchsicht des Umgründungssteuerrechts bei Dr. Alexandra *Wild* sowie des Internationalen Steuerrechts bei Dr. Andreas *Langer* und Dr. Matthias *Mayer*. Wir bedanken uns weiters bei Dr. Peter *Denk*, Mag. Georg *Brameshuber*, Mag. Christina *Hirsch*, Mag. Lukas *Franke*, Mag. Stefanie *Geringer* sowie Mag. Bernhard *Struma*, alle Institut für Finanzrecht der Universität Wien, für Ihre Unterstützung bei der Überarbeitung des Kapitels Einkommensteuer. Amila *Talic* vom Institut für Finanzrecht hat uns umfassend administrativ unterstützt.

Wien, im Mai 2019 *Die Verfasser*

Vorwort zur 10. Auflage

Vor mehr als 30 Jahren, 1978, ist die erste Auflage dieses Grundrisses erschienen. Blickt man zurück, war es eine spannende Zeit, in der sich das Steuerrecht beträchtlich weiterentwickelt hat. Weiterentwickelt hat sich auch die Literatur zum Steuerrecht: Lag sie damals vor allem in den Händen von Ministerialbeamten und einigen Steuerberatern, ist sie heute ohne die Mitwirkung der Angehörigen der Universitäten kaum vorstellbar.

Mit der vorliegenden 10. Auflage des Bandes I wird die Übergabe des Werkes an jüngere Autoren eingeleitet: Univ.-Prof. DDr. Gunter *Mayr* hat die Körperschaftsteuer und das Umgründungssteuergesetz übernommen, Frau Univ.-Prof. Dr. Sabine *Kirchmayr* wird ab der nächsten Auflage die Einkommensteuer und das internationale Steuerrecht übernehmen (in dieser Auflage noch von em. o. Univ.-Prof. Dr. Werner *Doralt* und von em. o. Univ.-Prof. DDr. Hans Georg *Ruppe* bearbeitet). Die vor wenigen Wochen erschienene 6. Auflage von Band II wurde bereits von Frau Univ.-Prof. Dr. *Ehrke-Rabel* betreut, die auch weiterhin für diesen Band die Verantwortung übernehmen wird.

Damit soll sichergestellt werden, dass das seit mehr als 30 Jahren eingeführte Werk auch weiterhin seine führende Position am Fachbuchmarkt behält.

Gegenüber der 2007 erschienenen letzten Auflage hat sich insbesondere die Aufteilung auf die beiden Bände geändert: Band I enthält nunmehr die Ertragsteuern, also die Einkommensteuer und die Körperschaftsteuer einschließlich des Umgründungssteuergesetzes, ergänzt um das internationale Steuerrecht. Die Umsatzsteuer ist in den Band II übersiedelt, damit wird auch eine gleichmäßige Aufteilung des Stoffes auf beide Bände erreicht. In der Körperschaftsteuer und im Umgründungssteuerrecht wurden die Angaben von Fundstellen auf Fußnoten umgestellt, wie dies ab der nächsten Auflage durchgehend erfolgen soll.

Seit der letzten Auflage hat die Rechtsentwicklung wichtige Änderungen gebracht: Die Besteuerung der Kapitaleinkünfte wurde auf Veräußerungsgewinne von Kapitalvermögen erweitert, die Buchführungsgrenzen wurden erhöht und ein Gewinnfreibetrag eingeführt. Im außerbetrieblichen Bereich gab es Änderungen aufgrund des Auslaufens der Erbschafts- und Schenkungssteuer. Neu ist auch die Abzugsfähigkeit von Zuwendungen an bestimmte gemeinnützige Einrichtungen. In der Körperschaftsteuer wurde die Beteiligungsertragsbefreiung dem EU-Recht angepasst, Änderungen gab es ferner im Bereich der Gruppenbesteuerung und bei der Besteuerung der Privatstiftungen, zudem wurden die Begünstigungen eingeschränkt.

Auch bei dieser Auflage haben wir vielfache Unterstützung erfahren: Frau Mag. Sabine *Milauer* und Herr Dr. Christian *Hammerl* haben in der Einkommensteuer und Frau Mag. Isabella *Mair* hat in der Körperschaftsteuer wichtige Vorarbeiten geleistet. Dr. Andrei *Bodis* hat die Körperschaftsteuer kritisch durchgesehen, Herr Dr. Günter *Wellinger* die Umgründung. Bei der Überarbeitung des internationalen Steuerrechts hat Frau Dr. Barbara *Gunacker-Slawitsch* wesentliche Hilfe geleistet. Ihnen allen sei herzlich für Ihre Mithilfe gedankt.

Wien – Graz, im Jänner 2012 *Die Verfasser*

Aus dem Vorwort zur 1. Auflage

Die österreichische Steuerrechtsliteratur hat in den letzten Jahren einen deutlichen Aufschwung genommen. Auf dem Gebiet des Einzelsteuerrechts sind es vor allem an der Vollziehung und Ausarbeitung von Gesetzen beteiligte Beamte und beim Verwaltungsgerichtshof tätige Richter, denen das Verdienst zukommt, durch Kommentare und Handbücher die vorhandenen Lücken in der Fachliteratur im zunehmenden Maße zu schließen. Die entscheidende Initiative zur wissenschaftlichen Betreuung des Steuerrechts ist hingegen von Univ.-Prof. Dr. Gerold *Stoll* ausgegangen, der sowohl durch sein eigenes umfangreiches Werk als auch durch die Förderung seiner Schüler die Entwicklung des in Österreich jungen Faches vorantreibt. Mit der von ihm herausgegebenen Reihe „Schriften zum österreichischen Abgabenrecht" wurde eine wichtige äußere Voraussetzung für die intensivere Befassung mit diesem Rechtsgebiet geschaffen.

Eine systematische Darstellung des österreichischen Steuerrechts fehlt jedoch. Diese Tatsache wird im akademischen Unterricht und zunehmend auch in der Praxis als Mangel empfunden. Die Aufwertung des Faches Finanzrecht zuerst im sozial- und wirtschaftswissenschaftlichen Studium, nunmehr auch im juristischen Studium hat das Bedürfnis nach geeigneten Lernbehelfen geweckt; der Praktiker, der eine erste Orientierung in steuerrechtlichen Fragen sucht, vermisst eine übersichtliche Darstellung dieses Rechtsgebietes. Der auf zwei Bände angelegte Grundriss soll daher sowohl den notwendigen Überblick als auch eine problemorientierte Einführung in das Steuerrecht bieten.

Ein „Grundriss" zwingt zum Verzicht auf die Darstellung vieler Einzelfragen. Der Vertiefung und Weiterführung sollen die Hinweise auf das einschlägige Schrifttum dienen. Sie erfassen nur die österreichische Literatur, und zwar grundsätzlich ab dem Jahr 1960. Zu den einzelnen Steuern sind außerdem die wichtigsten deutschen Kommentare und Monographien angegeben.

Wien – Graz, im Juli 1978

Inhaltsverzeichnis

1. Kapitel

(Kirchmayr)

Einführung

2. Kapitel

(Kirchmayr/Bodis/Hammerl)

Einkommensteuer

3. Kapitel

(Mayr/Bodis/Lachmayer)

Körperschaftsteuer

4. Kapitel

(Mayr)

Umgründungssteuergesetz

5. Kapitel

(Kirchmayr/Hohenwarter)

Grundzüge des Internationalen Steuerrechts

Verzeichnis der fachlichen Abkürzungen

AAB	Allgemeiner Absetzbetrag
AbgÄG	Abgabenänderungsgesetz
ABGB	Allgemeines bürgerliches Gesetzbuch
ABl	Amtsblatt der Europäischen Gemeinschaften
ADG	Amtshilfedurchführungsgesetz
AEUV	Vertrag über die Arbeitsweise der Europäischen Union
AfA	Absetzung für Abnutzung
AFS	Zeitschrift für Abgaben-, Finanz- und Steuerrecht
AG	Aktiengesellschaft
AktG	Aktiengesetz
AnwBl	„Österreichisches Anwaltsblatt“
AO	(deutsche) Abgabenordnung
AOA	Authorized OECD Approach
AÖF	„Amtsblatt der österreichischen Finanzverwaltung“
APA	Advance Pricing Agreement
ARGE	Arbeitsgemeinschaft
ASoK	„Arbeits- und Sozialrechtskartei“
AVOG	Abgabenverwaltungsorganisationsgesetz
BAO	Bundesabgabenordnung
BB	„Der Betriebsberater“
BBG	Budgetbegleitgesetz
BEPS	Base Erosion and Profit Shifting
BewG	Bewertungsgesetz
BFG	Beteiligungsfondsgesetz
BFH	Bundesfinanzhof
BG	Bundesgesetz
BgA	Betrieb gewerblicher Art
BGB	(deutsches) Bürgerliches Gesetzbuch
BGBl	Bundesgesetzblatt
BlgNR	Beilagen zu den stenographischen Protokollen des Nationalrates
BMF	Bundesminister(ium) für Finanzen
BMfwA	Bundesminister(ium) für wirtschaftliche Angelegenheiten
BStBl	Bundessteuerblatt (deutsch)
BSVG	Bauern-Sozialversicherungsgesetz
BudBG	Budgetbegleitgesetz
B-VG	Bundes-Verfassungsgesetz
BW	„Der österreichische Betriebswirt“
BwAbg	Bodenwertabgabe
BWG	Bankwesengesetz
CLO	Central Liaison Office
DB	„Der Betrieb“
DBA	Doppelbesteuerungsabkommen

E	Erkenntnis, Erlass
EB	Erläuternde Bemerkungen
EEG	Eingetragene Erwerbsgesellschaft
EEG-E	Erlass über die steuerliche Behandlung von Erwerbsgesellschaften (AÖF 1991/90)
EFG	Elektrizitätsförderungsgesetz
EG	Europäische Gemeinschaften
EG-AHG	EG-Amtshilfegesetz
ErbSt	Erbschafts- und Schenkungssteuer
ErbStÄqu	Erbschaftssteueräquivalent
ErbStG	Erbschafts- und Schenkungssteuergesetz
ESt	Einkommensteuer
EStG	Einkommensteuergesetz
EStR	Einkommensteuer-Richtlinien 2000
EU	Europäische Union
EU-AHG	EU-Amtshilfegesetz
EU-GesRÄG	EU-Gesellschaftsrechtsänderungsgesetz
EuGH	Europäischer Gerichtshof
EUSt	Einfuhrumsatzsteuer
EU-VAHG	EU-Vollstreckungsamtshilfegesetz
EWGV	Vertrag zur Gründung der Europäischen Wirtschaftsgemeinschaft
FA	Finanzamt
FAG	Finanzausgleichsgesetz
FinStrG	Finanzstrafgesetz
FJ	„Finanzjournal“
FLAG	Familienlastenausgleichsgesetz
FR	„Finanz-Rundschau“
FS	Festschrift
FSVG	Freiberuflich Selbständigen-Sozialversicherungsgesetz
F-VG	Finanz-Verfassungsgesetz
G	Gesetz
GdZ	„Österreichische Gemeinde-Zeitung“
GeS	„Zeitschrift für Gesellschafts- und Steuerrecht“
GesBR	Gesellschaft bürgerlichen Rechts
GesRZ	„Der Gesellschafter, Zeitschrift für Gesellschaftsrecht“
GewSt	Gewerbesteuer
GmbH	Gesellschaft mit beschränkter Haftung
GMSG	Gemeinsamer-Meldestandard-Gesetz
GP	Gesetzgebungsperiode
GrESt	Grunderwerbsteuer
GrSt	Grundsteuer
GSVG	Gewerbliches Selbständigen-Sozialversicherungsgesetz
H	Heft
hA	herrschende Auffassung
HGB	Handelsgesetzbuch
HKG	Handelskammergesetz
HWG	Hochwasseropferentschädigungs- und Wiederaufbau-Gesetz

IFF	Forum für Steuerrecht
ImmZ	„Immobilien-Zeitung“
InvFG	Investmentfondsgesetz
IStR	„Internationales Steuerrecht“
JBl	„Juristische Blätter“
JfBW	„Journal für Betriebswirtschaft“
JN	Jurisdiktionsnorm
KESt	Kapitalertragsteuer
KG	Kommanditgesellschaft
KommSt	Kommunalsteuer
KommStG	Kommunalsteuergesetz
KonBG	Konjunkturbelebungsgesetz
KöR	Körperschaft öffentlichen Rechts
KSt	Körperschaftsteuer
KStR	Körperschaftsteuerrichtlinien 2001
KVSt	Kapitalverkehrsteuern
KVStG	Kapitalverkehrsteuergesetz
LAO	Landesabgabenordnung(en)
LiebVO	Liebhaberei-Verordnung (BGBl 1993/33; AÖF 1993/55)
LRL	Richtlinien zur Liebhabereibeurteilung, AÖF 1998/47
LSt	Lohnsteuer
LStR	Lohnsteuerrichtlinien 2002
MA	Musterabkommen
MLI	Multilaterales Instrument
MRG	Mietrechtsgesetz
MWSt	Mehrwertsteuer
MWSt-RL	Mehrwertsteuer-Richtlinie (EU)
NZ	„Österreichische Notariatszeitung“
ÖBl	„Österreichische Blätter für gewerblichen Rechtsschutz und Urheberrecht“
OECD	Organisation für wirtschaftliche Zusammenarbeit und Entwicklung
OECD-MA	OECD-Musterabkommen
OG	Offene Gesellschaft
OGH	Oberster Gerichtshof
ÖGZ	„Österreichische Gemeinde-Zeitung“
ÖHW	„Das öffentliche Haushaltswesen in Österreich“
ÖHZ	„Österreichische Hochschulzeitung“
ÖJT	Österreichischer Juristentag
ÖJZ	„Österreichische Juristen-Zeitung“
ÖStZ	„Österreichische Steuer-Zeitung“
ÖStZB	„Die finanzrechtlichen Erkenntnisse des VwGH und VfGH, Beilage zur ÖStZ“
oV	ohne Verfasserangabe
PersStG	Personalsteuergesetz
QuHGZ	„Quartalshefte der Girozentrale“
RdW	„Recht der Wirtschaft“
RFG	„Rechts- und Finanzierungspraxis der Gemeinden“

RFH	Reichsfinanzhof
RL	Richtlinie
RLG	Rechnungslegungsgesetz 1989
RStBl	Reichssteuerblatt
RWZ	„Österreichische Zeitschrift für Recht und Rechnungswesen“
Rz	Randziffer
SCEG	Gesetz über das Statut der Europäischen Genossenschaft
SE	Societas Europaea
SEBG	Schillingeröffnungsbilanzengesetz
SEG	Gesetz über das Statut der Europäischen Gesellschaft (Societas Europaea – SE)
SE – VO	Verordnung (EG) 2001/2157 des Rates vom 8. Oktober 2001 über das Statut der Europäischen Gesellschaft (SE)
StGBl	Staatsgesetzblatt
StiftR	Stiftungssteuerrichtlinien 2001
Stpfl	Steuerpflichtige(r)
StRefG	Steuerreformgesetz
StruktVG	Strukturverbesserungsgesetz
SWI	„Steuer und Wirtschaft International“
SWK	„Österreichische Steuer- und Wirtschaftskartei“
TIEA	Tax Information Exchange Agreement
TP	Tarifpost
TS	Teilstrich
Tz	Textziffer
UFS	Unabhängiger Finanzsenat
UFS aktuell	„Zeitschrift für Steuer- und Abgabenrecht“
UGB	Unternehmensgesetzbuch
UID	Umsatzsteuer-Identifikationsnummer
UmgrStG	Umgründungssteuergesetz
UmgrStR	Umgründungssteuerrichtlinien 2002
USt	Umsatzsteuer
UStG	Umsatzsteuergesetz
VAG	Versicherungsaufsichtsgesetz
VereinsR	Vereinsrichtlinien 2001
VersSt	Versicherungssteuer
VfGG	Verfassungsgerichtshofgesetz
VfGH	Verfassungsgerichtshof
VfSlg	„Sammlung der Erkenntnisse und wichtigsten Beschlüsse des Verfassungsgerichtshofes“
vA	verdeckte Ausschüttung
VO	Verordnung
VPDG	Verrechnungspreisdokumentationsgesetz
VPR	Verrechnungspreisrichtlinien
VSt	Vermögensteuer
VStG	Vermögensteuergesetz
VVaG	Versicherungsverein(e) auf Gegenseitigkeit
VwGH	Verwaltungsgerichtshof

wbl	„Wirtschaftsrechtliche Blätter"
WEG	Wohnungseigentumsgesetz
WGG	Wohnungsgemeinnützigkeitsgesetz
WPBl	„Wirtschaftspolitische Blätter"
WT	„Der Wirtschaftstreuhänder"
WTBG	Wirtschaftstreuhandberufsgesetz
ZAS	„Zeitschrift für Arbeits- und Sozialrecht"
ZGV	„Zeitschrift für Gebühren und Verkehrsteuern"
ZIK	„Zeitschrift für Insolvenzrecht und Kreditschutz"
ZustG	Zustellgesetz

Verzeichnis der abgekürzt zitierten Literatur

Achatz/Ehrke-Rabel/Heinrich/Leitner/Taucher (Hrsg), Steuerrecht, Verfassungsrecht, Europarecht, Festschrift für Hans Georg Ruppe, Wien 2007 (zitiert: FS Ruppe).

Achatz/Kirchmayr, Körperschaftsteuergesetz, Kommentar, Wien 2011 (zitiert: *Achatz/Kirchmayr*, KStG).

Aigner/Kofler/Tumpel (Hrsg), Doppelbesteuerungsabkommen, Kommentar[2], Wien 2019 (zitiert: *Aigner/Kofler/Tumpel*, DBA[2]).

Beiser/Kirchmayr/Mayr/Zorn (Hrsg), Ertragsteuern in Wissenschaft und Praxis, Festschrift für Werner Doralt, Wien 2007 (zitiert: FS W. Doralt).

Bauer/Quantschnigg/Schellmann/Werilly, Die Körperschaftsteuer – KStG 1988 (Loseblattausgabe), Wien (zitiert: *Bauer/Quantschnigg/Schellmann/Werilly*).

Bergmann (Hrsg), Praxisfragen zum Körperschaftsteuerrecht, Festschrift für Harald Werilly, Wien 2000 (zitiert: FS Werilly).

Bertl/Mandl/Mandl/Ruppe, Die neuen Rechnungslegungsvorschriften für Klein- und Mittelbetriebe, Wien 1992 (zitiert: *Bertl/Mandl/Mandl/Ruppe*, Rechnungslegungsvorschriften).

dies, Praxisfragen der Bilanzierung, Wien 1991 (zitiert: *Bertl/Mandl/Mandl/Ruppe*, Bilanzierung).

Doralt/Kirchmayr/Mayr/Zorn, Einkommensteuergesetz, Kommentar, Loseblatt, Wien (zitiert: *Doralt/Kirchmayr/Mayr/Zorn*, EStG).

Doralt/Hassler/Kranich/Nolz/Quantschnigg (Hrsg), Die Besteuerung der Kapitalgesellschaft, Festschrift für Egon Bauer, Wien 1986 (zitiert: FS Bauer).

Hofstätter/Reichel, Die Einkommensteuer, EStG 1988, Bd III: Kommentar (Loseblattausgabe), Wien (zitiert: *Hofstätter/Reichel*).

Hügel, Grenzüberschreitende und nationale Verschmelzungen im Steuerrecht, Wien 2009 (zitiert: *Hügel*, Verschmelzungen).

Jiresch/Langer, Körperschaftsteuergesetz 1966, Wien 1967 (zitiert: *Jiresch/Langer*).

Kofler (Hrsg), Umgründungssteuergesetz. Jahreskommentar[6], Wien 2017 (zitiert: *Kofler*, UmgrStG[6]).

Lang/Schuch/Staringer, Körperschaftsteuergesetz, Kommentar, Wien 2009 (zitiert: *Lang/Schuch/Staringer*, KStG).

Loitlsberger/Egger/E. Lechner (Hrsg), Rechnungslegung und Gewinnermittlung, Gedenkschrift für Karl Lechner, Wien 1987 (zitiert: GedS Lechner).

Quantschnigg/Schuch, Einkommensteuer-Handbuch, Wien 1993 (zitiert: *Quantschnigg/Schuch*).

Quantschnigg/Achatz/Haidenthaler/Trenkwalder/Tumpel, Gruppenbesteuerung, Kommentar, Wien 2005 (zitiert: *Quantschnigg/Achatz/Haidenthaler/Trenkwalder/Tumpel*, Gruppenbesteuerung).

Ritz, BAO[4], Kommentar, Wien 2011 (zitiert: *Ritz*, BAO[4]).

Ruppe, Die Ausnahmebestimmungen des Einkommensteuergesetzes, Wien 1971 (zitiert: *Ruppe*, Ausnahmebestimmungen).

ders (Hrsg), Handbuch der Familienverträge[2], Wien 1985 (zitiert: *Ruppe*, Familienverträge[2]).

Ruppe/Achatz, Umsatzsteuergesetz[4], Kommentar, Wien 2011 (zitiert: *Ruppe/Achatz*, UStG[4]).

Schaumburg, Internationales Steuerrecht[3], Köln 2011 (zitiert: *Schaumburg*).
Stoll, Rentenbesteuerung[4], Wien 1997 (zitiert: *Stoll,* Rentenbesteuerung[4]).
ders, Das Steuerschuldverhältnis in seiner grundlegenden Bedeutung für die steuerliche Rechtsfindung, Wien 1972 (zitiert: *Stoll,* Steuerschuldverhältnis).
ders, Leasing, Steuerrechtliche Beurteilungsgrundsätze[2], Wien 1977 (zitiert: *Stoll,* Leasing).
ders, Ertragsbesteuerung der Personengesellschaften, Wien 1977 (zitiert: *Stoll,* Personengesellschaften).
ders, Publikums-(Abschreibungs-)Gesellschaften, Wien 1985 (zitiert: *Stoll,* Publikumsgesellschaften).
ders, BAO, Kommentar, Wien 1994 (zitiert: *Stoll,* BAO).
Taucher, Erbschaften und Ertragsteuern, Wien 1991 (zitiert: *Taucher,* Erbschaften).
Walter, Umgründungssteuerrecht 2018, Grundriss, Wien 2018 (zitiert: *Walter,* UmgrStR 2018).
Wiesner/Hirschler/Mayr (Hrsg), Handbuch der Umgründungen, Kommentar (zitiert: HB der Umgründungen).
Wiesner/Kirchmayr/Mayr, Gruppenbesteuerung[2], Praxiskommentar, Wien 2009 (zitiert: *Wiesner/Kirchmayr/Mayr).*
Zorn, Besteuerung der Geschäftsführung bei GmbH, GmbH & CoK(E)G, GmbH & Still, Wien 1992 (zitiert: *Zorn,* Geschäftsführung).

1. Kapitel
Einführung

I. Bedeutung und Standort des Steuerrechts

A. Bedeutung der Steuern

Steuern sind in den entwickelten Industriestaaten der westlichen Welt mit Abstand die wichtigste **Einnahmequelle** der öffentlichen Verbände. In Österreich bestehen die Einnahmen von Bund, Ländern und Gemeinden – wenn man von den Bundesbetrieben und der Schuldenaufnahme absieht – zu mehr als 80% aus Steuern. Fast 30% des Bruttoinlandsproduktes werden gegenwärtig in Österreich im Wege der Besteuerung auf diese Gebietskörperschaften übertragen. 1

Steuern erfüllen daneben aber auch bedeutende **nicht-fiskalische Aufgaben.** Die Besteuerung wird als Instrument der Konjunktur-, Wachstums- und Verteilungspolitik eingesetzt. Steuerbegünstigungen oder gezielte Steuerbelastungen stehen im Dienst spezieller wirtschafts-, kultur-, gesundheits-, energiepolitischer und ähnlicher Zielsetzungen.

Die Besteuerung greift intensiv in die private Vermögenssphäre ein und nimmt nachhaltig **Einfluss auf die wirtschaftlichen und persönlichen Dispositionen** der Bürger. Die meisten Erscheinungsformen des modernen gesellschaftlichen Zusammenlebens – nicht nur des Wirtschaftslebens – werden durch steuerliche Gesichtspunkte beeinflusst, zT sogar entscheidend geprägt.

Besteuerung ist im modernen Staat ein **Massenphänomen.** Praktisch ist jeder Bürger laufend mit Steuern konfrontiert, vielfach als Steuerzahler, häufig aber zumindest als Steuerträger (zB LSt, USt).

B. Steuerrecht als Teil der Rechtsordnung

Besteuerung bedarf im Rechtsstaat einer gesetzlichen Grundlage (Art 18 B-VG, § 5 F-VG). Das österr Steuerrecht ist nicht in einem einheitlichen Gesetzeswerk zusammengefasst, sondern auf eine Vielzahl von Einzelgesetzen aufgeteilt. Bundesrecht, Landesrecht und Gemeinderecht stehen nebeneinander. Darüber hinaus gilt seit dem EU-Beitritt auch das supranationale Recht der Europäischen Union, welches zunehmende Bedeutung erlangt (dazu Band II, Tz 73 ff). 2

Das Steuerrecht gilt als besonders novellierungsfreudiges Rechtsgebiet. Für die zentralen (fiskalisch bedeutsamen) Steuern trifft dies zu. Bagatellsteuergesetze bleiben oft durch Jahrzehnte unverändert (zB Feuerschutzsteuer).

Die Entwicklung des Steuerrechts wird in erster Linie von tagespolitischen Gesichtspunkten bestimmt. Fiskalischer Bedarf, gruppenspezifische Wünsche, wirtschaftspolitische Erfordernisse oder gesellschaftspolitische Ziele sind die bestimmenden Faktoren der legistischen Weiterentwicklung. Systematische Erwägungen treten dabei oft in den Hintergrund. Eine Vereinfachung scheitert insb an den unterschiedlichen Anforderungen an das Steuerrecht: Als **Massenrecht** sollte es leicht administrierbar sein und auf individuelle Besonderheiten möglichst wenig Rücksicht nehmen. Als **Gerechtigkeitsordnung,** die letztlich eine Verteilung der Steuerlast nach der individuellen Leistungsfähigkeit verwirklichen soll, bedarf es aber gerade der Bedachtnahme auf die Besonderheiten des Einzelfalles.

Das Steuerrecht ist Teil des **Finanzrechts.** Darunter kann man die Summe jener Rechtsvorschriften verstehen, die sich mit der öffentlichen Finanzwirtschaft, dh mit den Einnahmen und Ausgaben, der Vermögens- und Schuldengebarung der öffentlich-rechtlichen Verbände befassen. Scharfe Konturen weist dieser Begriff nicht auf. Neben dem Steuerrecht zählen dazu jedenfalls das Finanzverfassungs- und Finanzausgleichsrecht, das Haushaltsrecht (Budgetrecht), die Rechtsvorschriften über das Kassenwesen, die Vermögens- und Schuldengebarung und das Monopolrecht, ferner wohl die Rechtsvorschriften über die Finanzwirtschaft jener öffentlich-rechtlichen Körperschaften, die nicht Gebietskörperschaften sind (Kammern, Sozialversicherungsträger, gesetzlich anerkannte Religionsgemeinschaften usw). Das Subventionsrecht, das Recht der öffentlichen Aufträge und das Besoldungsrecht werden in Österreich traditionellerweise nicht dem Finanzrecht zugerechnet.

3 Nicht eindeutig geklärt ist in der österr Rechtsordnung das Verhältnis der Begriffe **Steuer** und **Abgabe.** Handelt es sich um synonyme Begriffe oder meinen sie etwas Unterschiedliches? Die **finanzwissenschaftliche Terminologie** verwendet Abgaben als Oberbegriff und unterscheidet innerhalb der Abgaben die Steuern, die Beiträge und die Gebühren.

Unter **Steuern** versteht man Geldleistungen an Gebietskörperschaften, denen keine unmittelbare Gegenleistung gegenübersteht, unter **Beiträgen** hingegen Geldleistungen, die demjenigen auferlegt werden, der an der Errichtung oder Erhaltung einer öffentlichen Einrichtung ein besonderes Interesse hat (zB Anliegerbeiträge für Straßen- oder Gehsteigerrichtung), während **Gebühren** als öffentlich-rechtliches Entgelt für eine besondere, vom Bürger unmittelbar in Anspruch genommene Leistung einer Gebietskörperschaft (Inanspruchnahme von Personal oder Einrichtungen der öffentlichen Hand) bezeichnet werden.

In der österr Rechtsordnung fehlt eine Legaldefinition der Steuer oder der Abgabe (anders § 3 der deutschen AO 1977). Die Definitionen in § 3 BAO und § 2 FinStrG umschreiben nur den Anwendungsbereich dieser Gesetze.

Die österr **Gesetzessprache** ist uneinheitlich und folgt nicht der finanzwissenschaftlichen Terminologie. Das B-VG etwa spricht in Art 13 umfassend vom Abgabenwesen.[1]) Das F-VG verwendet vorwiegend den Begriff „Abgabe“, doch ist auch synonym von Steuern die Rede (Besteuerungsrechte, Besteuerungs-

[1]) Siehe dazu *Funk,* Finanzverfassungsrechtlicher Abgabenbegriff und bundesstaatliche Kompetenzverteilung, in FS Ruppe, Steuerrecht, Verfassungsrecht, Europarecht, Wien 2007, 132.

gegenstände: § 3 Abs 1, § 6 F-VG). Auch die Terminologie des einfachen Gesetzes entspricht nicht dem finanzwissenschaftlichen Begriffsverständnis. Geldleistungen, die ohne Gegenleistung zu erbringen sind, werden als Steuern, Abgaben oder Zölle, aber auch als Beiträge (etwa Dienstgeberbeitrag zum Ausgleichsfonds für Familienbeihilfen) oder sogar als Gebühren (Rechtsgeschäftsgebühren nach dem GebG) bezeichnet. Die Insolvenzordnung wiederum unterscheidet Steuern, Gebühren und Zölle und rechnet diese zusammen mit den Sozialversicherungsbeiträgen zu den öffentlichen Abgaben (§ 46 IO).

Angesichts dieser uneinheitlichen Terminologie ist es nicht möglich, aus der Bezeichnung einer Abgabe auf eine bestimmte inhaltliche Ausgestaltung zu schließen. Der vorliegende Grundriss setzt Steuerrecht und Abgabenrecht gleich und orientiert sich am Abgabenbegriff der Finanzverfassung, behandelt also die **Geldleistungen, die von Gebietskörperschaften kraft öffentlichen Rechts zur Erzielung von Einnahmen auferlegt werden** (hierzu im Einzelnen Band II, Tz 3 ff).

Das Steuerrecht ist Teil des **öffentlichen Rechts.** Formal ist es dem **Verwaltungsrecht** zuzuordnen, weil es von Verwaltungsbehörden, dh von weisungsgebundenen Staatsorganen, vollzogen wird. Durch die besondere Zielsetzung (Einnahmenbeschaffung auf der Basis besonderer Lastverteilungsgrundsätze) einerseits und durch die organisatorische und verfahrensrechtliche Verselbständigung (Spezialverwaltung, BAO) andererseits ist es aber zu einem eigenständigen Rechtsgebiet geworden. **4**

Zwischen dem materiellen Steuerrecht und anderen juristischen Disziplinen bestehen enge Verflechtungen. Speziell im Bereich der Verkehrsteuern knüpft der Gesetzgeber häufig direkt an zivilrechtliche Begriffe oder Rechtsgeschäfte an (zB § 33 GebG). Besonders enge Beziehungen bestehen zum **Unternehmens- und Gesellschaftsrecht.** Die unternehmensrechtlichen Grundsätze ordnungsmäßiger Buchführung sind unmittelbar für die steuerliche Gewinnermittlung bedeutsam (§ 5 Abs 1 EStG). Die Art und Höhe der Steuerbelastung hängt ferner entscheidend von der gewählten Unternehmensform ab (Personen- oder Kapitalgesellschaft etc). Umgekehrt sind steuerliche Vorschriften oft ausschlaggebend für die Wahl der Rechtsform oder die Gestaltung von Rechtsgeschäften (Steuerplanung).

Vom Steuerrecht sind die ökonomischen Disziplinen, die sich mit Steuern befassen, zu unterscheiden, nämlich die **finanzwissenschaftliche Steuerlehre,** die die gesamtwirtschaftlichen Effekte der Besteuerung zum Untersuchungsgegenstand hat, und die **betriebswirtschaftliche Steuerlehre,** die nach den Wirkungen der Besteuerung auf das betriebliche Geschehen fragt. **5**

II. Geschichtliche Entwicklung des österreichischen Steuerrechts

Literatur: *Lesigang,* Die bisherigen Versuche zur Reform der direkten Steuern in Österreich, Finanz-Archiv 1889, 538; *Sieghart,* Die Steuerreform in Österreich, Finanz-Archiv 1897, 1; *Myrbach,* Die Reform der direkten Steuern in Österreich, Schmollers Jahrbuch für Gesetzgebung, Verwaltung und Rechtspflege des deutschen Reiches, 1898,

505, 799; *Reisch,* Die Reform der direkten Personalsteuern in Österreich, Wien 1898; *Freiberger,* Handbuch der österreichischen direkten Steuern, Wien 1899; *Drachovsky,* Artikel „Personalsteuern, direkte", in *Mischler/Ulbrich,* Österr Staatswörterbuch[2], d III, Wien 1907, 800; *Konrad,* Handbuch des österreichischen Finanzverwaltungsrechts, Wien 1913; *Myrbach/Rheinfeld,* Grundriß des Finanzrechts[2], München und Leipzig 1916; *Grünwald,* Die Steuern Österreichs im Frieden und im Krieg, Stuttgart 1918; *Wittschieben,* Das österreichische Besteuerungssystem, 2 Bde, Jena 1928 und 1930; *Gottlieb/Billroth/Egger,* Personalsteuergesetz, Wien 1928; *Bergel,* System der österreichischen Körperschaftsteuer, Wien 1931; *Pfaundler,* Der Finanzausgleich in Österreich, Wien 1931; *Ondraczek,* Die Austrifizierung des Abgabenrechts, JBl 1959, 357; *Biberger,* Das österreichische Ertragsteuersystem und sein Einfluß auf die Industrialisierung im 19. Jahrhundert (Diss), Hohenheim 1979; *Seidl,* Historischer Abriß österreichischer Steuerstrukturen und Steuerreformen, in *Helige* (Hrsg), Dokumentation zur Steuerreformkommission, Wien 1980, 219; *Hensel,* Steuerrecht[3], Berlin 1933, 7; *Kruse,* Steuerrecht, Allgemeiner Teil[3], München und Berlin 1973, 9; *Ruppe,* Steuerreform – Entwicklungstendenzen der österreichischen Abgabengesetzgebung im Lichte der Einheit der Rechtsordnung, in FS zur 200-Jahr-Feier der Rechtswissenschaftlichen Fakultät der Universität Graz, Reformen des Rechts, Graz 1979, 927; *ders,* Wichtige Besonderheiten des österr Steuerrechts. Ein Vergleich mit dem deutschen Steuerrecht, StuW 1982, 71; *Achatz,* Die österreichische Steuerrechtsordnung vor dem Hintergrund der Europäischen Menschenrechtskonvention, ÖStZ 1988, 250; *Doralt,* Österreich und die EG, RdW 1988, 109; *Heidinger,* Steuerreform 1988 und europäische Integration, ÖStZ 1988, 206; *Nolz/Quantschnigg,* Österreichs Steuerreform, Wien 1988; *Ruppe,* Österreich und das EG-Steuerrecht, Wien 1988; *Zöchling,* Die Steuerreform 1988 und die Internationalisierung der österreichischen Wirtschaft, FJ 1988, 195; *Ruppe,* Ist das Unternehmenssteuerrecht europareif? ÖStZ 1990, 10; *Walter,* Die Lehre des Finanzrechts an der Universität Wien von 1938 bis zur Gegenwart, in FS Stoll, Steuern im Rechtsstaat, Wien 1990, 11; *Gassner/Lang,* Die rechtsstaatliche Entwicklung im Abgabenrecht, in FS Walter, Wien 1991, 159; *Gassner/Lechner* (Hrsg), Österr Steuerrecht und europäische Integration, Wien 1992; *Tumpel,* Harmonisierung der direkten Unternehmensbesteuerung in der EU, Wien 1994, 159; *ders,* Steuerrecht in der Europäischen Union, ecolex 1994, 248; *Gassner,* Steuerreform 1994 – Würdigung und Kritik, JBl 1994, 289; *Helbich,* Bemerkungen zur Entwicklung des Unternehmenssteuerrechts, in FS Heidinger, Praxis und Zukunft der Unternehmensbesteuerung, Wien 1995, 17; *Lang,* Steuerreformen in Österreich – Wohin führt der Weg? in FS Tipke, Die Steuerrechtsordnung in der Diskussion, Köln 1995, 569; *Gassner,* Das Steuersystem Österreichs nach den Steuerreformen, in *Gassner/Lang/Lechner,* Österreich – Der steuerrechtliche EU-Nachbar, München 1996, 1; *Helbich,* Zum Unternehmenssteuerrecht: Entwicklung und Elemente künftiger Gestaltung, in FS 30 Jahre Steuerrecht WU Wien, Besteuerung und Bilanzierung international tätiger Unternehmen, Wien 1998, 195; *Kofler,* Überlegungen zum gegenwärtigen Abgabensystem und zu den Steuerarten, in FS des Fachsenats für Steuerrecht zum 50-Jahr-Jubiläum der Kammer der Wirtschaftstreuhänder, Steuern in Österreich, Wien 1998, 243; *Tumpel,* Zwischen steuerpolitischer Autonomie und Harmonisierung der direkten Steuern, ÖStZ 2002, 548; *Ruppe,* Die Rolle des österreichischen Parlaments bei der Personalsteuerreform 1896, in FS Mantl, Wien 2004, 409; *Bertl/Eberhartinger/Hirschler,* Maßgeblichkeit in Deutschland und Österreich: Historische Entwicklung – Aktuelle Entwicklung – Zukünftige Entwicklung, in FS Djanani, Deutsches und internationales Steuerrecht – Gegenwart und Zukunft, Wiesbaden 2008, 739; *Lang,* Der österreichische Juristentag als Spiegel des Steuerrechts, in FS 50 Jahre Österreichischer Juristentag 1959–2009, Wien 2009, 241; *Bruckner,* Vorschläge für eine radikale Steuervereinfachungsreform, in GedS Quantschnigg, Einkommensteuer, Körperschaftsteuer, Steuerpolitik, Wien 2010, 51.

A. Die Grundlegung des modernen österreichischen Steuerrechts

Die Ausbildung des modernen Steuerrechts ist an zwei Grundbedingungen geknüpft. Zum einen an die Ablösung des naturalwirtschaftlichen durch geldwirtschaftliches Denken. Zum anderen an die Entwicklung der Besteuerungsgewalt zu einem Hoheitsrecht des Staates bzw seiner Repräsentanten. Beide Bedingungen waren im deutschen Sprachraum erst gegen Ende des 18. Jahrhunderts in der Zeit des Spätabsolutismus erfüllt. 6

Bis zu Beginn des 19. Jahrhunderts verfügte jedes der zur habsburgischen Monarchie gehörenden Länder auf Grund der landständischen Verfassungen über ein eigenes Steuersystem. Zentralisierungsversuche Maria Theresias und Josephs II. scheiterten (Grundsteuer auf der Basis des Josephinischen Katasters, 1789).

Die Grundlagen des modernen österr Steuersystems wurden in der ersten Hälfte des 19. Jahrhunderts im Anschluss an die Napoleonischen Kriege durch Franz I. gelegt. Den Reformen lag eine Gliederung des Abgabenrechts in drei große Gebiete – direkte Steuern, Verbrauchsteuern und Gebühren – zu Grunde.

Auf dem Gebiet der **direkten Steuern** begnügte man sich zunächst mit dem Aufbau eines (unvollkommenen) Systems von Ertragsteuern, und zwar einer Erwerbsteuer (eine Art Gewerbesteuer, 1812), einer Grundsteuer (1817) und einer Gebäudesteuer (1820), die in der Form der Hauszinssteuer (vom Mietzins) einerseits und der Hausklassensteuer (nach der Zahl der Wohnungen und Stockwerke) andererseits erhoben wurde. Dieses System erfuhr 1849 eine Ergänzung durch eine – als Provisorium gedachte – analytische ESt, die in 3 Klassen die gewerblichen Einkünfte, die Einkünfte aus unselbständiger und selbständiger Arbeit und die Zinsen- und Renteneinkommen erfasste. Ein progressiver Tarif war nur bei den Arbeitseinkommen vorgesehen. Der Steuersatz erreichte zunächst maximal 10%, ab 1867 20%. Diese Sätze wurden als unerhört hoch empfunden.[2]) Die Reaktion waren umfangreiche, von der Verwaltung zT tolerierte Steuerhinterziehungen; die Kluft zwischen Steuerrecht und Steuerwirklichkeit war beachtlich: „*Von richtigen Einschätzungen war von vornherein keine Rede, denn niemand, die Steuerbeamten eingeschlossen, dachte daran, das wahre und volle, steuerbare Einkommen der Kontribuenten in die Tabelle einzusetzen*“.[3])

Auf dem Gebiet der **Verbrauchsbesteuerung** brachte das Verzehrungspatent von 1829 durch Einführung einer allgemeinen Verzehrungssteuer eine örtliche und sachliche Vereinheitlichung der bis dahin völlig zersplitterten indirekten Besteuerung. Daneben bildeten sich spezielle Verbrauchsteuern aus, so die 1849 eingeführte Zuckersteuer, die Mineralölsteuer (1882) und die Getränkesteuern.

Eine besonders intensive rechtliche Durchdringung erfuhr das **Gebührenwesen.** Das Stempel- und Tax-Patent von 1840 brachte eine erste Kodifikation,

[2]) *Myrbach,* Die Reform der direkten Steuern in Österreich, in Schmollers Jahrbuch für Gesetzgebung, Verwaltung und Rechtspflege des deutschen Reiches 1898, 514.

[3]) *Myrbach,* Die Reform der direkten Steuern in Österreich 517.

wurde jedoch 1850 durch das GebG abgelöst. Dieses Gesetz war die Grundlage für eine weit gefächerte Besteuerung des Rechts- und Schriftenverkehrs, der Güterbewegungen (Abgaben von entgeltlichen Immobilienübertragungen) und der Vermögensübergänge von Todes wegen und unter Lebenden. Damit waren Grundlagen für die Entwicklung des österr Verkehrsteuerrechts gelegt, die bis heute Bedeutung haben. Zu beachten ist dabei, dass die österr Rechtssprache den Gebührenbegriff nicht im finanzwissenschaftlichen Verständnis verwendet (siehe oben, Tz 3), sondern darunter stets einen Komplex verschiedener Abgabenformen subsumiert hat (echte Gebühren, Anfallsteuern, Verkehrsteuern).

B. Die weitere Entwicklung bis 1938

7 Das bedeutendste Steuerreformwerk der Monarchie betraf das Gebiet der direkten Steuern. Am 1. 1. 1898 trat das **Personalsteuergesetz** in Kraft. Es setzte an Stelle der Erwerbsteuern und der älteren ESt ein modernes System der Personalbesteuerung, welches sich in den Grundzügen bis 1938 erhalten hat.

Das Personalsteuergesetz sah folgende Steuern vor:

1. Die **allgemeine Erwerbsteuer,** die als Vorläuferin der Gewerbesteuer bezeichnet werden kann.

2. Die **(besondere) Erwerbsteuer** von den der öffentlichen Rechnungslegung unterworfenen Unternehmungen; sie ist als Vorläuferin der Körperschaftsteuer einzustufen und wurde ab 1924 auch so bezeichnet.

3. Die **Rentensteuer** als Steuer von Kapitalerträgen.

4. Die **Besoldungssteuer,** die von höheren Dienstbezügen erhoben wurde.

5. Die **Personaleinkommensteuer,** die in ihrem Konzept der gegenwärtigen ESt entspricht.

Daneben blieben die Haussteuer und die Grundsteuer in Kraft.

Das Reformwerk brachte somit einerseits eine Ausweitung und Vervollständigung der **Ertragsteuern,** die ohne Rücksicht auf die Person des Stpfl die Erträge einzelner Objekte zu erfassen hatten, auf prinzipiell alle Ertragsquellen, andererseits aber eine Ergänzung dieser Steuern durch eine allgemeine **persönliche ESt,** die vom Einkommen einer Person ohne Rücksicht auf die Quelle erhoben wurde. Vorbild hierfür waren die ausländischen ESt-Gesetze jener Zeit, vor allem das preußische und das sächsische.

8 Der Einkommensbegriff war außerordentlich weit gefasst: „Als Einkommen gilt die Summe aller in Geld oder Geldeswert bestehenden Einnahmen der einzelnen Steuerpflichtigen mit Einschluß des Mietwertes der Wohnung im eigenen Haus oder sonstiger freier Wohnungen sowie des Wertes der zum Haushalt verbrauchten Erzeugnisse der eigenen Wirtschaft und des eigenen Gewerbebetriebes sowie sonstiger dem Steuerpflichtigen allenfalls zukommender Naturaleingänge, abzüglich der auf Erlangung, Sicherung und Erhaltung dieser Einnahmen verwendeten Ausgaben sowie etwaiger Schuldzinsen, auch insofern diese nicht zu den soeben bezeichneten Ausgaben gehören, nach Maßgabe der unten folgenden Bestimmungen" (§ 159 PersStG).

Erbschaften, Schenkungen, Versicherungen udgl zählten nicht zum Einkommen. Veräußerungsgewinne waren ähnlich wie heute nur stpfl, wenn sie im Rahmen eines Betriebes oder in Ausführung eines Spekulationsgeschäftes erzielt wurden. Es galt der Grundsatz der Haushaltsbesteuerung. Der Steuertarif war progressiv, begann bei 0,6% und endete mit 5%. Die Steuererhebung wies durch die Beiziehung sog Steuerkommissionen, deren Mitglieder zur Hälfte aus Vertretern der Stpfl bestanden, demokratische Züge auf.

Dieses System der direkten Besteuerung blieb in seinen Grundzügen bis 1938 in Kraft.

Das Gebiet der **Verbrauchsteuern** ist in dieser Zeit durch den Ausbau der speziellen Verbrauchsteuern gekennzeichnet (Schaumweinsteuer 1914, Zünd- 9
mittelsteuer 1916, Umgestaltung der Weinsteuer 1919, Mineralwassersteuer 1919, Essigsäuresteuer 1922). Eine entscheidende systematische Neuerung brachte das Jahr 1923 mit der Einführung der **Warenumsatzsteuer,** einer allgemeinen Steuer auf den Umsatz von Gütern und Dienstleistungen.

Auf dem Gebiet der **Verkehrsteuern** ist die Entwicklung ab Ende des 19. Jahrhunderts durch eine Verselbständigung spezieller Verkehrsteuern geprägt. So wurde die Erb- und Schenkungsgebühr, die zunächst als Abgabe vom Nachlass bzw von übertragenen Vermögensgegenständen konzipiert war, speziell durch die Reform 1915 zu einer Anfallsteuer. Die Effektenumsatzsteuer wurde 1896 aus einer Schriftgebühr zur reinen Verkehrsteuer. Die Immobiliengebühr, die grds jede Übertragung des Eigentums an unbeweglichen Sachen erfasste (Vorläufer der Grunderwerbsteuer), erfuhr 1901 im Rahmen des GebG eine gesonderte Regelung. Daneben entwickelten sich unabhängig vom Gebührenrecht speziell in der Zeit nach dem Ersten Weltkrieg neue Verkehrsteuern, so die Bankenumsatzsteuer und die Valutenumsatzsteuer (beide 1921).

Die Entwicklung eines einheitlichen **Abgabenverfahrensrechts** ist weder in der Monarchie noch in der Ersten Republik gelungen. Die Verwaltungsverfahrensgesetze des Jahres 1925 hatten keine Geltung für das Verfahren in Abgabenangelegenheiten. Bis zum Jahre 1938 bildeten daher die in den materiellen Steuergesetzen enthaltenen uneinheitlichen und unvollständigen verfahrensrechtlichen Vorschriften die einzige rechtliche Grundlage des Abgabenverfahrens.

C. Die Übernahme des deutschen Steuerrechts

An die Stelle des dargestellten Steuersystems trat 1938 nach der Besetzung 10
Österreichs das materielle und formelle Steuerrecht des Deutschen Reiches. Nach dem Zweiten Weltkrieg wurde dieses Recht im Wesentlichen in Geltung belassen (R-ÜG vom 1. 5. 1945[4]); Abgabenweitergeltungsgesetz vom 8. 5. 1945[5])). Zu einer Rückkehr zum alten österr Steuerrecht konnte man sich – von

[4]) Rechts-Überleitungsgesetz StGBl 1945/6.

[5]) Gesetz über die Anwendung der Vorschriften über die öffentlichen Abgaben StGBl 1945/12.

wenigen Ausnahmen abgesehen – nicht entschließen. Aus diesem Grund ist auch auf die jüngere Entwicklung des deutschen Steuerrechts einzugehen.

11 Die Grundlage für das heute in Geltung stehende österr Steuersystem wurde im Deutschen Reich nach dem Ersten Weltkrieg gelegt. Die **Erzberger'sche Finanzreform** der Jahre 1919/20 brachte nicht nur grundlegende Veränderungen im finanzausgleichsrechtlichen Gefüge des Deutschen Reiches, eine Zentralisierung der FinVw und die Schaffung einer eigenen Finanzgerichtsbarkeit (Reichsfinanzhof), sondern auch eine Neugestaltung des materiellen Steuerrechts, die bis heute nachwirkt. Die den Ländern entzogenen Steuern wurden durch das Reich neu geregelt (insb ESt und KSt 1920, GrESt 1919). Das UStG 1919 basierte auf dem im Ersten Weltkrieg eingeführten Warenumsatzstempel. 1922 kam es zur Einführung der (laufenden) Reichsvermögensteuer. Das frühere Reichsstempelgesetz wurde im selben Jahr in einzelne Verkehrsteuern aufgelöst (Kapitalverkehrsteuer, Kraftfahrzeugsteuer, Versicherungssteuer usw). Die speziellen Verkehrsteuergesetze wurden überarbeitet und 1923 neu verkündet. Die systematische Einheit des Reichssteuerrechts wurde durch die Reichsabgabenordnung 1919 unterstrichen.

Das Jahr 1925 brachte nach der Zeit der Geldentwertung durch die **Schlieben-Popitz'sche Finanzreform** eine Neufassung der zentralen Steuern (ESt, KSt, Vermögensteuer, Erbschaftsteuer) sowie eine Anpassung der Verkehr- und Verbrauchsteuern und des Verfahrensrechts. Von wesentlicher Bedeutung war daneben die völlige Neuordnung des materiellen Bewertungsrechts und des Bewertungsverfahrens durch das Reichsbewertungsgesetz. 1926 wurde das Umsatzsteuerrecht neu gefasst.

Die nach 1933 von den Nationalsozialisten in Angriff genommene **Reinhardt'sche Steuerreform** knüpfte im Wesentlichen an die Steuergesetze von 1925 an. 1934 wurden – ohne durchgreifende Systemänderung – die zentralen Steuergesetze neu formuliert. Aus der Reichsabgabenordnung wurden allgemeine Bestimmungen herausgenommen und in einem Steueranpassungsgesetz zusammengefasst, das inhaltlich indessen keine wesentlichen Neuerungen brachte.

D. Entwicklung seit 1945

12 Die 1938 übernommenen reichsdeutschen Steuergesetze blieben auch nach 1945 die Grundlage des österr Steuerrechts der Zweiten Republik. Der österr Steuergesetzgeber hat, wenn man die große Linie betrachtet und die situationsbedingten Detailregelungen außer Acht lässt, diese Substanz im Großen und Ganzen unangetastet gelassen. Die Einzelsteuergesetze wurden – im Wesentlichen unverändert – neu verlautbart („austrifiziert"). Auch die grundlegende Neuordnung des Verfahrensrechts durch die Bundesabgabenordnung (1962) war – bezogen auf die Reichsabgabenordnung – ein evolutionärer und nicht ein revolutionärer Schritt. Bei der Einführung der Mehrwertsteuer (UStG 1972) konnte ebenfalls auf ein deutsches Reformgesetz zurückgegriffen werden. Mit der Individualbesteuerung (EStG 1972) wurden nicht zuletzt auch sozialpolitische Weichen gestellt (Begünstigung der Berufstätigkeit beider Ehegatten). In seinem

Grundkonzept ist das geltende österr Steuerrecht jedoch auch nach den letzten Reformen dem Steuerrecht der Bundesrepublik Deutschland vergleichbar geblieben, auch wenn mit der Einführung der Endbesteuerung für bestimmte Kapitalerträge (ab 1993 bzw 1994), der Besteuerung auch der Veräußerungsgewinne von Kapitalvermögen und von Grundstücken (2012), der Beseitigung der Gewerbesteuer (ab 1994), der Körperschaftsteuerreform (1988) und der Gruppenbesteuerung (2005) deutliche eigenständige Signale gesetzt wurden.

Durch den Beitritt Österreichs zur Europäischen Union mit 1. 1. 1995[6]) hat schließlich das „Europäische Steuerrecht" Eingang in die österr Steuerrechtsordnung gefunden. So bestehen va im Bereich des Zollrechts,[7]) der Umsatzsteuer[8]) und einigen Verbrauchsteuern[9]) vereinheitlichende oder harmonisierende Rechtsakte. Vermehrt gibt es aber auch im Bereich der direkten Steuern punktuell harmonisierende Rechtsakte, so etwa die praktisch bedeutsame Mutter-Tochter-Richtlinie[10]) oder die Zins-und-Lizenzgebühren-Richtlinie.[11]) Ihren bisherigen Höhepunkt erlangten die Harmonisierungstendenzen im Ertragsteuerrecht auf EU-Ebene mit der Verabschiedung der Anti-BEPS[12])-Richtlinie im Jahr 2016.[13]) Diese enthält allgemeine und besondere Bestimmungen zur Bekämpfung von Steuervermeidungspraktiken im Körperschaftsteuerrecht, die nach Ansicht des Unionsgesetzgebers für das Funktionieren des Binnenmarktes erforderlich sind.[14]) Schließlich sind auch Rechtsakte der EU zu erwähnen, die die Mitgliedstaaten zur gegenseitigen Amtshilfe in Steuersachen 12/1

[6]) BVG Beitritt Österreichs zur Europäischen Union BGBl 1994/744 iVm EU-Beitrittsvertrag BGBl 1995/45 idF BGBl 1996/680.

[7]) VO (EU) 952/2013 des Europäischen Parlaments und des Rates vom 9. 10. 2013 zur Festlegung des Zollkodex der Union, ABl L 2013/269, 1.

[8]) RL 2006/112/EG des Rates vom 28. 11. 2006 über das gemeinsame Mehrwertsteuersystem, ABl L 2006/347, 1 idF RL (EU) 2017/2455 des Rates vom 5. 12. 2017, ABl L 2017/348, 7.

[9]) ZB RL 92/83/EWG des Rates vom 19. 10. 1992 zur Harmonisierung der Struktur der Verbrauchsteuern auf Alkohol und alkoholische Getränke, ABl L 1992/316, 21; RL 2003/96/EG des Rates vom 27. 10. 2003 zur Restrukturierung der gemeinschaftlichen Rahmenvorschriften zur Besteuerung von Energieerzeugnissen und elektrischem Strom, ABl L 2003/283, 51; RL 2011/64/EU des Rates vom 21. 6. 2011 über die Struktur und die Sätze der Verbrauchsteuern auf Tabakwaren, ABl L 2011/176, 24.

[10]) RL 2011/96/EU des Rates vom 30. 11. 2011 über das gemeinsame Steuersystem der Mutter- und Tochtergesellschaften verschiedener Mitgliedstaaten, ABl L 2011/345, 8 idF RL (EU) 2015/121 des Rates vom 27. 1. 2015, ABl L 2015/21, 1.

[11]) RL 2003/49/EG des Rates vom 3. 6. 2003 über eine gemeinsame Steuerregelung für Zahlungen von Zinsen und Lizenzgebühren zwischen verbundenen Unternehmen verschiedener Mitgliedstaaten, ABl L 2003/157, 49 idF RL 2013/13/EU des Rates vom 13. 5. 2013, ABl L 2013/141, 30.

[12]) Anti Base-Erosion-and-Profit-Shifting.

[13]) RL (EU) 2016/1164 des Rates vom 12. 7. 2016 mit Vorschriften zur Bekämpfung von Steuervermeidungspraktiken mit unmittelbaren Auswirkungen auf das Funktionieren des Binnenmarkts, ABl L 2016/193, 1 idF RL (EU) 2017/952 des Rates vom 29. 5. 2017, ABl L 2017/144, 1.

[14]) Vgl ErwGr 1 bis 4 der RL (EU) 2016/1164.

und zum automatischen Informationsaustausch verpflichten,[15]) wodurch die grenzüberschreitende Zusammenarbeit beim Vollzug des Steuerrechts innerhalb der EU sichergestellt werden soll.

III. Aufbau und innere Ordnung des Steuerrechts

Literatur: *Stoll,* Das Steuerschuldverhältnis, Wien 1972; *Ruppe,* Steuerbegünstigungen als Subventionen? in *Wenger,* Förderungsverwaltung, Wien 1973, 57; *ders,* Das Abgabenrecht als Lenkungsinstrument der Gesellschaft und Wirtschaft und seine Schranken in den Grundrechten, Gutachten 8. ÖJT, Wien 1982; *Ellinger,* Rückwirkungen höchstgerichtlicher Erkenntnisse auf die Abgabenverwaltung, ÖStZ 1988, 27; *Lehner,* Grenzen der Besteuerung, FJ 1988, 4; *Beiser,* Mit Steuern steuern? ÖStZ 2000, 548; *Werndl,* Allgemeines Steuerrecht, Wien 2000; *Weber-Grellet,* Steuern im modernen Verfassungsstaat: Funktionen, Prinzipien und Strukturen des Steuerstaats und des Steuerrechts, Köln 2001; *Tipke/Lang,* Steuerrecht[23], Köln 2018; *Wernsmann,* Verhaltenslenkung in einem rationalen Steuersystem, Tübingen 2005; *Lammers,* Die Steuerprogression im System der Ertragsteuern und ihr verfassungsrechtlicher Hintergrund, Baden-Baden 2008; *Tipke,* Die Steuerrechtsordnung I–III[2], Köln 2000–2012; *Bertl/Djanani/Eberhartinger/Hirschler/Kanduth-Kristen/Tumpel/Urnik/Rohn/Kofler* (Hrsg), Handbuch der österreichischen Steuerlehre I, Teil 1: Theorie und Methoden, Steuerarten und Abgabenverfahren[4], Wien 2015; *Sieker* (Hrsg), Steuerrecht und Wirtschaftspolitik, DStJG 39, Köln 2016; *Heinrich/Karlovsky,* Aspekte einer gerechten Lastenverteilung im Steuerrecht, in *Baumgartner/Heinrich/Rebhahn/Sutter,* Verteilungsgerechtigkeit im Recht, Wien 2017, 237.

13 Besteuerung ist im Kern rechtsstaatlich geordneter Wertetransfer vom privaten zum öffentlichen Sektor. Dieser Wertetransfer erfolgt nicht willkürlich, sondern im Rahmen der verfassungsrechtlichen Ordnung auf gesetzlicher Grundlage. Einzelsteuergesetze stellen abstrakte Steuertatbestände auf, bei deren Verwirklichung jeweils ein gesetzliches, öffentlich-rechtliches Steuerschuldverhältnis entsteht (§ 4 BAO). Besteuerung tritt juristisch gesehen also in einer Vielzahl von gesetzlichen Schuldverhältnissen in Erscheinung: Dem Anspruch des Steuergläubigers steht die Verbindlichkeit des Steuerschuldners gegenüber. Als **Besonderes Steuerrecht** werden jene Normen bezeichnet, welche die verschiedenen Steuertatbestände aufstellen. Das Besondere Steuerrecht ist heute allein auf Bundesebene in mehr als 40 verschiedenen Gesetzen geregelt (vgl die Aufzählung in §§ 8 f FAG 2017).

Das Besondere Steuerrecht wird durch das **Allgemeine Steuerrecht** ergänzt. Dazu zählen zunächst die Vorschriften, die sich mit allgemeinen Problemen des Steuerschuldverhältnisses auseinandersetzen. Sie finden sich zT in der BAO (etwa Entstehen und Erlöschen des Anspruchs, Gesamtschuld, Haftung), aber auch im BewG, das allgemeine Vorschriften über die Wertermittlung für Besteuerungszwecke enthält.

---

[15]) Insb RL 2011/16/EU des Rates vom 15. 2. 2011 über die Zusammenarbeit der Verwaltungsbehörden im Bereich der Besteuerung und zur Aufhebung der Richtlinie 77/799/EWG, ABl L 2011/64, 1 idF RL (EU) 2018/822 des Rates vom 25. 5. 2018, ABl L 2018/139, 1.

Die Aufstellung von Tatbeständen allein reicht für die Besteuerung nicht aus. Gesetzliche Schuldverhältnisse müssen auch durchgesetzt werden, und zwar gleichmäßig. Jeder, der einen Tatbestand verwirklicht, muss mit dem Eintritt der vorgesehenen Rechtsfolgen zu rechnen haben. Zum Allgemeinen Steuerrecht zählen daher auch die Normen, die sich mit der Verwirklichung des Steueranspruchs, den Rechten und Pflichten der Behörde und der Stpfl befassen (**Steuerverwaltungsrecht; Abgabenverfahrensrecht**). Im Einzelnen gehören dazu die Vorschriften über die Organisation der Abgabenbehörden (AVOG 2010) und die Normen über die Steuererhebung (Ermittlung, Festsetzung, Einhebung, Rechtsschutz; BAO).

Das Verfahrensrecht genügt nicht, wenn der Stpfl seinen Verpflichtungen aus dem gesetzlichen Schuldverhältnis nicht nachkommen will. Das Verfahrensrecht wird daher einerseits durch das **Vollstreckungsrecht** (Abgabenexekutionsrecht; AbgEO) ergänzt, andererseits wird die Abgabenhoheit mit strafrechtlichem Schutz ausgestattet (**Finanzstrafrecht;** FinStrG).

Damit ergibt sich folgende Gliederung:

I. Besonderes Steuerrecht (Einzelsteuergesetze)
II. Allgemeines Steuerrecht
   1. Allgemeine Vorschriften des Steuerschuldrechts
   2. Abgabenverfahrensrecht
   3. Abgabenvollstreckungsrecht
   4. Finanzstrafrecht

Eine andere Einteilung unterscheidet zwischen materiellem und formellem Steuerrecht. Unter **materiellem Steuerrecht** oder Steuerschuldrecht versteht man alle Rechtsvorschriften, die sich mit dem Inhalt des Steuerschuldverhältnisses befassen, somit das Besondere Steuerrecht und die allgemeinen, auf das Steuerschuldverhältnis bezogenen Normen der BAO, des BewG usw. Unter **formellem Steuerrecht** versteht man alle Normen, die sich mit der Durchsetzung des Steueranspruches und seinem Schutz befassen.

Der steuerliche Wertetransfer vom privaten zum öffentlichen Sektor verfolgt primär den Zweck der **Einnahmenbeschaffung** für Gebietskörperschaften (**Finanzzweck**). Daneben wurde die Besteuerung stets auch als Instrument der Wirtschafts- und Gesellschaftspolitik eingesetzt. Heute werden im Wege der Besteuerung zunächst ökonomische **Globalziele** verfolgt (etwa Konjunktur- oder Wachstumspolitik, Umverteilung); dies kann durch generelle Maßnahmen, wie Zusammensetzung des Steuersystems (Verhältnis von direkten zu indirekten Steuern), Veränderung von Tatbeständen (zusätzliche Belastungen oder Entlastungen) oder Veränderung von Steuersätzen geschehen. Daneben finden sich im Steuerrecht Normen, die eine **individuelle Verhaltenslenkung** bezwecken: Der Gesetzgeber wünscht die Vermeidung oder Förderung bestimmter Verhaltensweisen (zB Eindämmung der Geschäftsfreundebewirtung, Reduzierung umweltschädlicher Emissionen, Sanierung von Wohnraum, Förderung der Forschung und der Weiterbildung, Erhöhung der Eigenkapitalausstattung der Unternehmen). Statt direkte Ge- oder Verbote zu erlassen oder Subventionen in Aussicht zu stellen, belastet der Gesetzgeber unerwünschtes Verhalten mit zusätzlichen Steuern und entlastet erwünschtes Verhalten. Die 14

Wirksamkeit dieser Maßnahmen beruht auf dem finanzpsychologischen Umstand, dass der Stpfl durch eigenes Verhalten die Höhe seiner Steuerschuld beeinflussen kann und es offenbar für attraktiver hält, Steuern zu sparen, als Subventionen zu erhalten. Auf diesem Gebiet überschneidet sich die Zielsetzung des Steuerrechts mit derjenigen des Besonderen Verwaltungsrechts, vor allem des Wirtschaftsverwaltungsrechts. Dazu treten Maßnahmen zur speziellen Entlastung sozial schwacher Schichten, die inhaltlich gesehen dem Sozialrecht zuzurechnen sind.

15 Idealtypisch lassen sich steuerrechtliche Normen daher in zwei Gruppen einteilen:

1. **Fiskalnormen** sind auf die Einnahmenbeschaffung für Gebietskörperschaften gerichtet; ein über das fiskalische Ziel hinausreichender Verwaltungszweck wird nicht verfolgt. Bei den Fiskalnormen geht es unmittelbar um die (gerechte) Verteilung der Steuerlast.

Nach Auffassung des VfGH haben der Grundsatz der Steuergerechtigkeit und der Grundsatz einer Besteuerung nach der persönlichen Leistungsfähigkeit in Österreich keinen Verfassungsrang.[16]) Verfassungsrechtlich ist die Lastenverteilung aber einerseits durch die kompetenzrechtlichen und andererseits durch die grundrechtlichen Schranken determiniert (dazu Band II, Tz 2 und 52 ff).

2. Die **nicht-fiskalischen Normen** verfolgen besondere, nicht primär auf Einnahmenbeschaffung gerichtete Ziele, etwa wirtschafts-, sozial-, kultur- oder gesundheitspolitischer Art. Es handelt sich hier um Besonderes Verwaltungsrecht oder Sozialrecht in der äußeren Form von Steuerrecht. Beispiele sind etwa die Normen über die Investitionsbegünstigungen, über die Nichtabzugsfähigkeit von Repräsentationsaufwand oder (strafbaren) Provisionen, über die Abzugsfähigkeit von Spenden (§§ 4 a, 18 Abs 1 Z 7 EStG) oder über die Förderung der Zukunftsvorsorge (§§ 108 g ff EStG). Nicht-fiskalische Normen sind zT systematisch hervorgehoben, zT aber auch eng mit fiskalischen verbunden und kaum erkennbar.

Die Unterscheidung zwischen fiskalischen und nicht-fiskalischen Normen ist zunächst von praktischer Bedeutung für die Beurteilung der Kompetenz zur Gesetzgebung. Zwar ist das Abgabenwesen grds kompetenzneutral, jedoch sind durch jene Kompetenzmaterien, die durch die Auswirkungen einer Abgabe betroffen sind, dem Abgabengesetzgeber kompetenzrechtliche Grenzen gezogen.[17]) Eine Abgabe darf daher nicht so umfassend in eine fremde Gesetzgebungsmaterie eingreifen, sodass sie gleichzeitig als Regelung der Materie selbst zu sehen ist.[18]) Darüber hinaus hat die Unterscheidung Bedeutung für die Interpretation (Normzweck, teleologische Auslegung). Die Zuordnung der einzelnen Normen kann im Einzelfall allerdings schwierig sein. Oft lässt sich nicht entscheiden, ob einzelne (Begünstigungs-)Normen lediglich Ausdruck eines Bemühens um verfeinerte Tatbestandsbildung sind, ob es sich bereits um nicht-

[16]) VfGH 13. 10. 1962, B 18/62, VfSlg 4289/62 und VfGH 25. 6. 1964, B 337/63, VfSlg 4753/64. Siehe aber auch Tz 22.

[17]) Grundlegend VfGH 14. 3. 1961, B 52/60, VfSlg 3919/61.

[18]) VfGH 12. 3. 1985, G 2/85, VfSlg 10.403/85.

fiskalisch motivierte Vorschriften handelt oder ob der Gesetzgeber eine Belastung in Lenkungsabsicht oder aus fiskalischen Gründen eingeführt hat.

IV. Einteilung der Steuern

Die Vielzahl der heute erhobenen Steuern lässt sich unter den verschiedensten Aspekten systematisieren. Die nachfolgende Darstellung konzentriert sich auf Gliederungsgesichtspunkte, die auch von juristischer Relevanz sind. **16**

1. Bundes-, Landes- und Gemeindesteuern

Die Unterscheidung beruht auf den Normen des **Finanzverfassungsgesetzes.** Sie ist für die Verteilung des Steueraufkommens sowie für die Zuständigkeit zur Gesetzgebung und Vollziehung von Bedeutung (im Einzelnen siehe hierzu Band II, Tz 2 ff).

2. Personen- und Sachsteuern (Subjekt- und Objektsteuern)

Personensteuern sind Steuern, bei denen Steuergegenstand und Steuerhöhe durch personenbezogene Merkmale bestimmt sind. Der Steuergegenstand ist auf eine bestimmte Person bezogen; persönliche Merkmale (Wohnsitz, Familienstand, Alter usw) bestimmen die Höhe der Steuerschuld. Kennzeichen der Personensteuern ist die Unterscheidung von unbeschränkter und beschränkter Steuerpflicht.

Bei **Sachsteuern** wird die Höhe der Steuer grds nur durch objektbezogene Merkmale bestimmt.

Zu den Personensteuern zählen vor allem die ESt, die Erbschaftssteuer (bis 31. 7. 2008[19])) und die KSt, in der Vergangenheit auch die Vermögensteuer (abgeschafft mit dem StRefG 1993[20])). Die Unterscheidung ist von rechtlicher Bedeutung im Hinblick auf §§ 20 EStG, 12 KStG, die die Personensteuern zu den nicht-abzugsfähigen Ausgaben zählen.

3. Laufend erhobene Steuern (Abschnittsteuern) und einmalig erhobene Steuern

Bei den **laufend erhobenen Steuern** werden die in bestimmten Zeitabschnitten verwirklichten Tatbestände periodisch erfasst. Ein Besteuerungsabschnitt schließt lückenlos an den vorhergehenden an. Die **einmaligen Steuern** werden jeweils im Anschluss an die einzelne Tatbestandsverwirklichung erhoben. Zu den Abschnittsteuern zählen vor allem die ESt, KSt und USt (ausgenommen die Einfuhrumsatzsteuer und die Erwerbsteuer), zu den einmaligen Steuern etwa die GrESt, die Rechtsgeschäftsgebühren, die Zölle und Einfuhrabgaben. Die Unterscheidung ist von verfahrensrechtlicher Bedeutung.

---

[19]) Erbschafts- und Schenkungssteuergesetz 1955 BGBl 1955/141 idF BGBl I 2007/9 (VfGH 7. 3. 2007, G 54/06 ua) bzw BGBl I 2007/39 (VfGH 15. 6. 2007, G 23/07 ua).

[20]) Art XII Steuerreformgesetz 1993 BGBl 1993/818.

4. Veranlagungssteuern und Selbstbemessungssteuern

Als **Veranlagungssteuern** bezeichnet man Steuern, die auf Grund von Steuererklärungen nach Durchführung eines förmlichen Verfahrens von den Finanzbehörden bescheidmäßig festgesetzt werden. Bei **Selbstbemessungsabgaben** hat der Stpfl hingegen selbst die Grundlagen und die Höhe der Steuerschuld zu ermitteln und die Steuer ohne bescheidmäßige Vorschreibung zu entrichten. Zu den Veranlagungssteuern gehört zB die KSt. Die ESt wird zT im Wege der Veranlagung erhoben, in Form der LSt, der KESt und der ImmoESt ist sie eine Selbstbemessungsabgabe, die allerdings nicht vom Steuerschuldner, sondern von einem Dritten (Arbeitgeber, Schuldner der Kapitalerträge, kuponauszahlende Stelle, Parteienvertreter) zu berechnen und abzuführen ist. Die USt ist hinsichtlich der Vorauszahlungen eine Selbstbemessungsabgabe. Selbstbemessungsabgaben sind zB auch die Kommunalsteuer und der Dienstgeberbeitrag zum Familienlastenausgleichsfonds. Bei den Verkehrsteuern ist meist eine Selbstberechnung durch einen Parteienvertreter vorgesehen.

5. Direkte und indirekte Steuern

Die Unterscheidung stammt aus der Finanzwissenschaft und nimmt auf die Überwälzung Bezug (Belastungskonzeption). Als **direkte Steuern** werden jene bezeichnet, bei denen Steuerschuldner und Steuerträger nach Absicht des Gesetzgebers identisch sein sollen, bei **indirekten Steuern** wird davon ausgegangen, dass der Steuerschuldner die Steuerbelastung weiterwälzen kann. Da die Überwälzungsmöglichkeiten von der jeweiligen Marktsituation abhängen, ist die Unterscheidung umstritten; sie kann höchstens auf typische Gegebenheiten abstellen.

6. Allgemeine und Zwecksteuern

Das Aufkommen allgemeiner Steuern steht zur Finanzierung sämtlicher Staatsaufgaben zur Verfügung, bei Zwecksteuern darf der Ertrag nur für die gesetzlich festgelegten Zwecke verwendet werden. Zu den Zwecksteuern zählen in Österreich zB der Dienstgeberbeitrag zum Familienlastenausgleichsfonds (§ 39 Abs 4 FLAG[21])), die Abgabe von land- und forstwirtschaftlichen Betrieben, die sog „U-Bahn-Steuer" (§ 9 Wr DienstgeberabgabeG) in Wien ua. Darüber hinaus verfügt das FAG die Widmung von Teilen des ESt-, KSt- und USt-Aufkommens für bestimmte Zwecke (zB Familienlastenausgleich, Dotierung des Katastrophenfonds, EU-Beitrag, Krankenanstaltenfinanzierung[22])).

7. Gliederung nach der wirtschaftlichen Anknüpfung (Steuergegenstand)

Üblich ist danach eine Unterscheidung von

- Ertragsteuern (ESt, KSt);
- Vermögensteuern (GrSt, BwAbg, bis 1993 VSt);

---

[21]) Familienlastenausgleichsgesetz 1967 BGBl 1967/376.

[22]) Vgl § 10 Abs 2 bis 4 Finanzausgleichsgesetz 2017 BGBl I 2016/116 idF BGBl I 2018/30.

- Verkehrsteuern (USt, GrESt, KVSt, bis 31. 7. 2008 die ErbSt, VersSt ua);
- Verbrauchsteuern, wobei wieder zwischen inneren Verbrauchsteuern (zB Tabaksteuer, Mineralölsteuer, Biersteuer) und äußeren Verbrauchsteuern (Zölle, Ausgleichsteuern) unterschieden werden kann.

Diese Gliederung ist nicht restlos befriedigend. Die Finanzwissenschaft unterscheidet demgegenüber Steuern auf die Einkommensentstehung (Vermögenszuwachs), den Vermögensbestand und auf die Einkommens- bzw Vermögensverwendung.

Auch diese Einteilung lässt jedoch manche Zweifel offen. Zuordnungsschwierigkeiten ergeben sich zB bei der Kommunalsteuer, der Kfz-Steuer bzw motorabhängigen Versicherungssteuer, der Hundesteuer, der Dienstgeberabgabe in Wien (U-Bahn-Steuer), der Landschaftsschutzabgabe in Vorarlberg und den Fremdenverkehrsabgaben der Länder.

V. Hilfsmittel für die Steuerrechtsanwendung

Angesichts der Bedeutung des deutschen Steuerrechts für die östern **17**
Rechtsentwicklung und Rechtsanwendung sind jeweils auch die entsprechenden deutschen Publikationen erwähnt.

1. Amtsblätter

Österreich:

„Amtsblatt der österreichischen Finanzverwaltung“ (seit 1945–2014); ab 2014 „Amtliche Veröffentlichungen“ in der FinDok

„Finanzdokumentation des BMF – FinDok“, https://findok.bmf.gv.at (seit 2014)

Deutschland:

vor 1945: Reichssteuerblatt; Amtsblatt der Reichsfinanzverwaltung

nach 1951: Bundessteuerblatt Teil I (Teil II Rechtsprechung)

ab 1992: Online-Bundessteuerblatt, https://www.bstbl.de (Teil I und II)

2. Nichtamtliche Sammlungen von Gesetzen, Verordnungen und Erlässen

Österreich:

Bodis, Steuer-Gesetze, Kodex des österreichischen Rechts (Verlag Linde)

Ritz/Bodis, Steuer-Erlässe, Kodex des österreichischen Rechts (Verlag Linde)

Herdin-Winter/Schmidjell-Dommes, Doppelbesteuerungsabkommen, Kodex des österreichischen Rechts (Verlag Linde)

Fuchs, Gesetzbuch Steuerrecht (Verlag Österreich)

Deutschland:

Steuergesetze (Textsammlung; Loseblattausgabe, Verlag Beck)

Steuerrichtlinien (Textsammlung; Loseblattausgabe, Verlag Beck)

3. *Judikatursammlungen*

Österreich:

RIS – Rechtsinformationssystem des Bundes, https://www.ris.bka.gv.at /Judikatur (VfGH vollständig ab 1980; VwGH vollständig ab 1990)

Erkenntnisse und Beschlüsse des Verwaltungsgerichtshofes, Neue Folge, Finanzrechtlicher Teil (VwSlg F)

Erkenntnisse und Beschlüsse des Verfassungsgerichtshofes (VfSlg)

Die finanzrechtlichen Erkenntnisse des VfGH, VwGH und EuGH, Beilage zur Österreichischen Steuerzeitung

Deutschland:

Entscheidungen des Preußischen Oberverwaltungsgerichtes in Staatssteuersachen, 1893–1918

Sammlung der Entscheidungen und Gutachten des Reichsfinanzhofes, 1920–1944

Reichssteuerblatt

Sammlung von Entscheidungen und Gutachten des Bundesfinanzhofes

Bundessteuerblatt, Teil II (ab 1967) bzw Teil III (bis 1967)

Entscheidungen der Finanzgerichte

Höchstrichterliche Finanzrechtsprechung

Europäische Union:

Sammlung der Rechtsprechung des Gerichtshofes und des Gerichts erster Instanz (Luxemburg)

4. *Spezielle steuerrechtliche Zeitschriften*

Österreich:

Zeitschrift für Abgaben-, Finanz- und Steuerrecht (AFS)

BFGjournal

ecolex

Finanz-Journal (FJ)

Zeitschrift für Gesellschafts- und angrenzendes Steuerrecht (GeS)

Österreichische Steuerzeitung (ÖStZ)

per saldo

Österreichisches Recht der Wirtschaft (RdW)

Österreichische Zeitschrift für Recht und Rechnungswesen (RWZ)

Steuer & Wirtschaft International (SWI)

Steuer- und Wirtschaftskartei (SWK)

taxlex

Transfer Pricing International (TPI)

UFSaktuell

UFSjournal
Der Wirtschaftstreuhänder (VWT)
Zeitschrift für Wirtschafts- und Finanzstrafrecht (ZWF)

Deutschland:
Der Betriebs-Berater (BB)
Der Betrieb (DB)
Deutsches Steuerrecht (DStR)
Deutsche Steuer-Zeitung (DStZ)
Finanz-Rundschau (FR)
Internationales Steuerrecht (IStR)
Internationale Wirtschafts-Briefe (IWB)
Die steuerliche Betriebsprüfung (StBp)
Steuer und Bilanzpraxis (StuB)
Steuer und Wirtschaft (StuW)
Umsatzsteuer- und Verkehrsteuer-Recht (UVR)
Umsatzsteuer-Rundschau (UR)
Die Wirtschaftsprüfung (WPg)

International:
Bulletin for International Taxation
European Taxation
International Tax and Public Finance
International Transfer Pricing Journal
International VAT Monitor
Journal of International Accounting, Auditing and Taxation
The International Tax Journal
World Tax Journal

5. Datenbanken und Internetquellen

Österreich:
ALEX – Historische Rechts- und Gesetzestexte online, http://alex.onb.ac.at
Bundesministerium für Finanzen, https://www.bmf.gv.at
FinDok – Finanzdokumentation des BMF, https://findok.bmf.gv.at
LexisNexis – https://www.lexisnexis.com/at
Lindeonline – https://www.lindeonline.at
Österreichisches Parlament – https://www.parlament.gv.at
RDB – Manz, https://rdb.manz.at/home
RIS – Rechtsinformationssystem des Bundes, https://www.ris.bka.gv.at

Deutschland:

Beck Online – https://beck-online.beck.de

Bundesministerium der Finanzen – https://www.bundesfinanzministerium.de

Bundestag – https://www.bundestag.de

DIP – Dokumentations- und Informationssystem des Bundestags und des Bundesrats, http://dipbt.bundestag.de

Europäische Union und International:

EuGH und EuG – https://curia.europa.eu

EUR-Lex – Zugang zum Unionsrecht, https://eur-lex.europa.eu

Europäisches Parlament – http://www.europarl.europa.eu

Europäischer Rat und der Rat der Europäischen Union – https://www.consilium.europa.eu

IBFD – Tax Research Platform, https://www.ibfd.org

OECD – http://www.oecd.org

2. Kapitel

Einkommensteuer

Kommentare und systematische Darstellungen: *Hofstätter/Reichel,* Die Einkommensteuer III: Kommentar (Loseblattausgabe), Wien; *Doralt/Kirchmayr/Mayr/Zorn,* Einkommensteuergesetz (Loseblattausgabe), Wien; *Wiesner/Grabner/Wanke,* Einkommensteuergesetz (Loseblattausgabe), Wien; *Herzog,* Handbuch Einkommensteuer, Wien 2012; Jakom, EStG[11], Wien 2018.

Deutsche Kommentare und systematische Darstellungen: *Blümich,* Einkommensteuergesetz (Loseblattausgabe), München; *Herrmann/Heuer/Raupach,* Einkommensteuergesetz (Loseblattausgabe), Köln; *Kirchhof/Söhn,* Einkommensteuergesetz (Loseblattausgabe), Heidelberg; *Littmann/Bitz/Hellwig,* Das Einkommensteuerrecht (Loseblattausgabe); *Kirchhof,* EStG[17], Köln 2018; *L. Schmidt,* EStG[37], München 2018.

I. Charakterisierung, Bedeutung, Prinzipien

Literatur: *Gassner/Lang,* Das Leistungsfähigkeitsprinzip im Einkommen- und Körperschaftsteuerrecht, Gutachten 14. ÖJT, Wien 2000; *Beiser,* Das Leistungsfähigkeitsprinzip – Irrweg oder Richtschnur? ÖSTZ 2000, 413; *ders,* Die Abzinsung von Verbindlichkeiten und Rückstellungen im Lichte des Leistungsfähigkeitsprinzips, SWK 2000, S 734; *Konezny,* Das Leistungsfähigkeitsprinzip als Maßstab für die Bewertung von Passivposten? SWK 2001, S 579; *Beiser,* Das Realisationsprinzip und die Besteuerung nach der Leistungsfähigkeit der Steuerpflichtigen, SWK 2001, S 640; *Werndl,* Wie leistungsfähig ist das Leistungsfähigkeitsprinzip im Steuerrecht? in FS Schäffer, Wien 2006, 945; *Kühbacher,* Das Leistungsfähigkeitsprinzip auf nationaler und gemeinschaftsrechtlicher Ebene, RdW 2009, 150; *Herzog,* Jahresübergreifende Progressionsglättung – ein Beitrag zu einer gerechteren Einkommensbesteuerung, in GedS Quantschnigg, Wien 2010, 121; *Lang,* Doppelbesteuerungsabkommen und Gleichheitsgrundsatz, SWI 2014, 58; *Herzog,* Vorschlag zur Steuerreform 2015: Jahresübergreifende Progressionsglättung – Ein Beitrag zur gerechteren Einkommensbesteuerung, SWK 2014, 1516; *Heinrich/Karlovsky,* Aspekte einer gerechten Lastenverteilung im Steuerrecht, in *Baumgartner/Heinrich/Rebhahn/Sutter,* Verteilungsgerechtigkeit im Recht, Wien 2017, 237; *Moser,* Inflationsabgeltung grundsätzlich verfassungskonform? taxlex 2017, 230; *Pircher/Messner/Meusburger,* Kritische Auseinandersetzung mit der Verlustverwertung aus Sicht des verfassungsrechtlichen Leistungsfähigkeitsprinzips, des Sachlichkeitsgebotes und der Totalgewinnbetrachtung, in FS Steckel, Wien 2017, 387.

A. Systematische Einordnung

Gegenstand der ESt ist das Einkommen der natürlichen Personen. Die Person ist dabei Bezugspunkt für die Ermittlung des Steuergegenstandes; es wird das Einkommen einer bestimmten Person besteuert. Soweit die persönlichen Verhältnisse des Einkommensbeziehers seine Leistungsfähigkeit beeinflussen, werden sie bei der Steuerbemessung berücksichtigt. Die ESt ist daher eine **Personen- oder Subjektsteuer.** Sie erfasst die Leistungsfähigkeit des Einzelnen 18 in der Phase der Einkommensentstehung (des Vermögenszuwachses) und ist somit eine Ertragsteuer. Nach der Absicht des Gesetzgebers sollen Steuerschuldner und Steuerträger ident sein: Die ESt ist eine **direkte Steuer.**

Dagegen wird die USt grds auf den Konsumenten (Leistungsempfänger) überwälzt; nicht der Unternehmer (Steuerschuldner), sondern der Konsument soll danach die USt tragen. Die USt ist daher eine indirekte Steuer.

Bei unbeschränkt Stpfl sind **folgende Erhebungsformen** der ESt zu unterscheiden:

- **Veranlagung,**
- Steuerabzug vom Arbeitslohn bei Einkünften aus nichtselbständiger Arbeit (**Lohnsteuer**),
- Steuerabzug vom Kapitalertrag bei bestimmten Kapitalerträgen (**Kapitalertragsteuer**),
- Steuerabzug vom Gewinn aus Grundstücksveräußerungen (**Immobilienertragsteuer**).

Lohnsteuer, Kapitalertragsteuer und Immobilienertragsteuer sind also keine selbständigen Steuern, sondern besondere Erhebungsformen der ESt.

B. Rechtsgrundlage, finanzverfassungsrechtlicher Standort

19 **Rechtsgrundlage** der Einkommensbesteuerung ist seit 1. 1. 1989 das EStG 1988, BGBl 400, zuletzt umfassend geändert mit dem JStG 2018[1]). Einkommensteuerrechtliche Bestimmungen sind aber auch in anderen Rechtsquellen enthalten (zB InvFG 2011[2]), PKG[3])). Die einheitliche Anwendung des EStG in der Praxis wird durch Richtlinien und Erlässe des BMF gesichert (zB Einkommensteuerrichtlinien, Lohnsteuerrichtlinien). Für Sachverhalte mit internationalem Einschlag sind die Normen der einschlägigen bilateralen Staatsverträge („Doppelbesteuerungsabkommen") zu beachten. Für die ESt spielt das Sekundärrecht der EU nur eine geringe Rolle; Bedeutung haben vielmehr die Diskriminierungsverbote des AEUV in dem Verständnis, das ihnen vom EuGH beigelegt wird.

Finanzverfassungsrechtlich ist die ESt eine **gemeinschaftliche Bundesabgabe.** Die Gesetzgebungshoheit steht dem Bund zu, das Aufkommen wird zwischen Bund, Ländern und Gemeinden geteilt (ab 2018: Bund rund 68%, Länder rund 20,2%, Gemeinden rund 11,8%; § 10 Abs 2 FAG 2017[4])).

C. Fiskalische und wirtschaftspolitische Bedeutung

20 Nach dem Abgabenaufkommen liegt die ESt (in der Summe ihrer Erhebungsformen) unter den Bundesabgaben an erster Stelle vor der USt (2016: ESt

[1]) Jahressteuergesetz 2018 BGBl I 2018/62; danach geringfügigere Anpassung durch BGBl I 2018/83 (Indexierung der Familienbeihilfe).

[2]) Investmentfondsgesetz 2011 BGBl I 2011/77.

[3]) Pensionskassengesetz BGBl 1990/281.

[4]) Finanzausgleichsgesetz 2017 BGBl I 2016/116.

gesamt: € 30,75 Mrd, davon LSt € 24,39 Mrd, KESt € 2,32 Mrd, veranlagte ESt € 4,04 Mrd, dagegen USt € 27,61 Mrd, KSt € 7,57 Mrd[5])). Vom gesamten Abgabenaufkommen des Bundes entfallen rund 40% auf die ESt.

Neben ihrer fiskalischen Funktion erfüllt die ESt eine wichtige Aufgabe als 21
Instrument der wirtschafts- und sozialpolitischen Intervention. Die Tarifgestaltung zusammen mit punktuellen Entlastungsmaßnahmen dient auch Zwecken der Einkommensumverteilung; durch die Begünstigung bzw Benachteiligung bestimmter Sachverhalte gibt das EStG materielle Anreize für eine gesamtwirtschaftlich erwünschte Einkommensverwendung (Begünstigungen für Investitionen, für verschiedene Formen der Kapitalanlage und Eigenvorsorge, für Spenden, Benachteiligung von Repräsentationsspesen und Provisionen).

Auch direkte Subventionen oder Sozialleistungen werden vom Gesetzgeber in die Form einkommensteuerrechtlicher Begünstigungen gekleidet: Die Förderung des Bausparens (§ 108) erfolgt ebenso wie die Förderung der Zukunftsvorsorge (§ 108 g) durch eine „Erstattung von ESt". Der Zusammenhang dieser Zahlungen mit der ESt ist nur mehr ein sehr loser. Ob die Regelungen durch den Kompetenztatbestand „Abgabenwesen" gedeckt sind, ist zweifelhaft. Die Gründe für diese bedenkliche Vorgangsweise sind zum Teil verfahrensrechtlicher Art (Zuständigkeit der Finanzämter), zum Teil finanzausgleichsrechtlicher Natur: Erstattungs- und Abgeltungsbeträge gehen zu Lasten aller am ESt-Aufkommen beteiligten Gebietskörperschaften; Transferzahlungen, die in anderen Bundesgesetzen vorgesehen sind, hat der Bund dagegen allein zu tragen.

D. Prinzipien

Das ESt-Recht wird von verschiedenen **Prinzipien** beherrscht, die nicht nur für steuerpolitische Entscheidungen, sondern auch für die Rechtsanwendung von Bedeutung sind:

1. **Prinzip der Berücksichtigung der persönlichen Leistungsfähigkeit:** 22
Das Einkommen gilt finanzwissenschaftlich als besonders geeigneter Indikator der persönlichen Leistungsfähigkeit. Die Berücksichtigung der persönlichen Leistungsfähigkeit gehört daher zu den wesentlichen Merkmalen der ESt. Nach der (jüngeren) Judikatur des VfGH[6]) bedarf es demnach grds einer sachlichen Rechtfertigung, wenn vom Leistungsfähigkeitsprinzip abgewichen werden soll.[7])

Aus dem Leistungsfähigkeitsprinzip werden verschiedene Unterprinzipien abgeleitet, denen eine (ideale, gerechte) ESt entsprechen sollte:

2. **Prinzip der persönlichen Universalität:** Die ESt ist von allen natür- 23
lichen Personen zu entrichten, die über Einkommen verfügen. Persönliche Steuerbefreiungen sind ausgeschlossen.

---

[5]) Bundesrechnungsabschluss 2016 Zahlenteil Bund gesamt, 162

[6]) Siehe VfGH 12. 12. 1991, G 290/91; VfGH 7. 3. 1995, B 301/94; VfGH 17. 10. 1997, G 168/96, G 285/96; VfGH 30. 11. 2000, B 1340/00; VfGH 7. 12. 2006, B 242/06 (zur Mehrbedarfsrente).

[7]) Diese Rsp wurde durch das Erk zum Abzugsverbot von „Managergehältern" (§ 20 Abs 1 Z 7 EStG) jedoch relativiert, VfGH 9. 12. 2014, G 136/2014 ua.

24 3. **Prinzip der sachlichen Universalität:** Dieses Prinzip verlangt nicht nur eine Besteuerung des gesamten Einkommens des Stpfl, also einen umfassenden Einkommensbegriff, sondern auch eine gleichmäßige Ermittlung und vollständige Erfassung der Einkünfte.

Das österr EStG besteuert grds nur das am Markt erworbene Einkommen (durch Unternehmertätigkeit, selbständige oder unselbständige Arbeit, Kapitalanlagen) inklusive der Veräußerung von Kapitalvermögen und Grundstücken. Nicht relevant ist hingegen die Wertschöpfung im privaten Bereich (ausgenommen Kapitalvermögen und Grundstücke) oder der Nutzungswert langlebiger Konsumgüter.

Dem Prinzip der sachlichen Universalität entspricht die grds **synthetische Ermittlung** des Einkommens. Die verschiedenen Einkünfte des Stpfl werden nicht einzeln nach verschiedenen Vorschriften und Tarifsätzen versteuert (**analytische ESt; Schedulensystem**), sondern zusammengerechnet, wobei negative und positive Einkünfte grds ausgeglichen werden (**Verlustausgleich**). Neben den schon früher bestandenen Anklängen an das analytische System in Form der umfangreichen Sondervorschriften für Einkünfte aus nichtselbständiger Arbeit (LSt) und verschiedener Verlustausgleichsverbote zeigt das österr Steuerrecht in Form der gesonderten Regelungen der Besteuerung von Kapitalvermögen und von Grundstücksveräußerungen mit einheitlichen besonderen Steuersätzen verstärkte Tendenzen zu einer analytischen Ermittlung des Einkommens.

Zwischen veranlagter ESt und LSt ist aber die Tarifeinheit immerhin im Prinzip noch erhalten (§ 66). Im Falle der Endbesteuerung bestimmter Kapitalerträge und bei den Einkünften aus Grundstücksveräußerungen ist dies nur mehr bei Ausübung der Regelbesteuerungsoption gegeben.

25 4. Aus dem Leistungsfähigkeitsprinzip folgt auch das **objektive Nettoprinzip:** Aufwendungen, die durch die Erzielung des Einkommens verursacht sind, stehen für die Steuerzahlung nicht zur Verfügung und müssen daher aus der Bemessungsgrundlage ausgeschieden werden. Diesem Prinzip entspricht die grds Abzugsfähigkeit der **Betriebsausgaben** und **Werbungskosten.** Abzugsverbote in diesem Bereich verstoßen daher grds gegen das objektive Nettoprinzip.[8]) Soweit Aufwendungen auch die Privatsphäre berühren, sind gesetzliche Abgrenzungsregeln oft unvermeidlich.

26 5. **Subjektives Nettoprinzip:** Soweit das Einkommen zur Befriedigung des persönlichen bzw familiären **Existenzminimums** oder zur Deckung besonderer persönlicher Ausgabenerfordernisse benötigt wird, ist eine steuerliche Leistungsfähigkeit nicht vorhanden; insoweit muss das Einkommen dem Steuerzugriff entzogen sein.[9]) Das EStG trägt diesem Gedanken – zT unzureichend – vor allem durch tarifliche Maßnahmen (Absetzbeträge) und durch die Berücksichtigung außergewöhnlicher Belastungen Rechnung. Verfassungsrechtlich geboten ist auch die steuerliche Berücksichtigung der Unterhalts-

[8]) Der VfGH anerkennt allerdings einen breiten Gestaltungsspielraum des Gesetzgebers; vgl VfGH 9. 12. 2014, G 136/2014 ua (zum Abzugsverbot für „Managergehälter").

[9]) Vgl das deutsche BVerfG 25. 9. 1992, 2 BvL 5/91 ua (Existenzminimum muss steuerfrei bleiben).

verpflichtungen gegenüber Kindern,[10]) nicht aber Unterhaltsverpflichtungen gegenüber Ehegatten.[11])

6. **Prinzip der Abschnittsbesteuerung:** Aus technischen Erwägungen wird der Besteuerung nicht das Lebenseinkommen des Stpfl zu Grunde gelegt, sondern das Einkommen eines **Kalenderjahres.** Bei progressivem Tarif ist daher die Gesamtbelastung von der Aufteilung des Gesamteinkommens auf die einzelnen Jahre abhängig. Derartige Ungleichmäßigkeiten werden idR in Kauf genommen. Nur ausnahmsweise erfolgt eine periodenübergreifende Betrachtung (Verlustvortrag, Progressionsermäßigung nach § 37). **27**

7. **Prinzip der Progression der ESt:** Nutzentheoretischen Erwägungen zufolge steigt die Leistungsfähigkeit mit steigendem Einkommen nicht proportional, sondern überproportional. Zur Erzielung einer gleichen Steuerbelastung im Sinne einer gleichen Nutzeneinbuße wird der Tarif der ESt regelmäßig progressiv gestaltet. Ein degressiver Steuertarif wäre wohl verfassungswidrig;[12]) zu einem proportionalen Tarif siehe jedoch *Tipke,* wonach sich aus dem Leistungsfähigkeitsprinzip kein bestimmter Tarifverlauf ableiten lässt; das Leistungsfähigkeitsprinzip verlange nur eine adäquate Bemessungsgrundlage.[13]) **28**

II. Steuerpflicht

A. Persönliche Steuerpflicht

Literatur: *Ruppe* (Hrsg), Handbuch der Familienverträge, Wien 1985; *Taucher,* Erbauseinandersetzung – Neue Rechtsprechung des BFH Auswirkungen auf den österr Rechtsbereich, ÖStZ 1990, 278; *Taucher,* Nachlaßbesteuerung – Änderung? FJ 1993, 98; *Taucher,* Unternehmensnachfolge aus steuerlicher Sicht, in *Bertl/Mandl/Mandl/Ruppe,* Unternehmensnachfolge durch Erben und Vererben, Wien 1996, 9 ff; *Huemer,* Die unbeschränkte Steuerpflicht natürlicher Personen, Wien 1996; *oV,* VwGH: Keine Todfallsbilanz beim Einnahmen – Ausgaben Rechner, RdW 2000, 501; *Varga/Wolf,* Austrian Taxation of the Income of a foreign Citizen, SWI 2003, 364; *Petritz,* VwGH konkretisiert Kriterien für Wohnsitz gem § 26 BAO, GeS 2003, 503; *oV,* Zweitwohnsitz-Verordnung kundgemacht, ÖStZ 2003, 509; *Loukota,* Beschränkte Steuerpflicht bei inländischem Zweitwohnsitz, SWI 2004, 53; *Puchinger/Hübl/Silber,* Die Zweitwohnsitz-Verordnung, ecolex 2004, 206; *Doralt,* Zweitwohnsitzverordnung: Steuerflucht trotz Wohnsitz im Inland, RdW 2004, 51; *Neumeister,* Zweitwohnsitzverordnung gesetzwidrig? RdW 2004, 372; *Doralt,* Anmerkung zum Artikel von Neumeister „Zeitwohnsitzverordnung gesetzwidrig?“ RdW 2004, 372; *Doralt,* Zweitwohnsitzverordnung – Rechtswidrigkeiten und kein Ende, RdW 2004, 572; *Feil,* Zweitwohnsitzverordnung, GesRZ 2004, XII; *Ehrke/Freudhofmeier/Linzner-Strasser/Toifl/Vrignaud,* Künstler und Sportler im nationalen und internationalen Steuerrecht, Wien 2004; *Gassner/Lang/Lechner/Schuch/Staringer,* Die beschränkte Steuerpflicht im Einkommen- und Körperschaftsteuerrecht, Wien 2004; *Sutter,* Aufgabe des inländischen Wohnsitzes zur Flucht aus unbeschränkter Steuer-

[10]) VfGH 12. 12. 1991, G 183/91; VfGH 17. 10. 1997, G 168/96 und G 285/96.

[11]) VfGH 10. 6. 1992, B 1257/91. Siehe auch VfGH 30. 11. 2000, B 1340/00.

[12]) In diesem Sinne das Schweizerische BGer 1. 6. 2007, 2 P. 43/2006 (da die Leistungsfähigkeit mit steigendem Einkommen zunehme, bewirke ein degressiver Steuertarif per definitionem eine Besteuerung entgegen der wirtschaftlichen Leistungsfähigkeit).

[13]) *Tipke,* Die Steuerrechtsordnung II² 837.

pflicht, AnwBl 2004, 71; *Toifl*, Verrechnungspreise und Wohnsitzwechsel im österreichischen Steuerrecht, in *Leitner/Dannecker*, Finanzstrafrecht 2003, Wien 2004, 150ff; *Kofler*, Unbeschränkte Steuerpflicht bei Nichtaufgabe des inländischen Wohnsitzes, ecolex 2004, 55; *G. Kofler*, Die beschränkte Steuerpflicht natürlicher Personen nach dem AbgÄG 2004, JAP 2004/2005, 174; *Ginthör/Huber/Obermann*, Möglichkeit der steuerwirksamen Aufgabe des inländischen Wohnsitzes – auch durch Einräumung eines Prekariums? SWI 2005, 24; *Doralt/Millauer*, Wohnsitz auch bei nicht benützter Wohnung? RdW 2005, 130; *Beiser*, Die Abgrenzung der Ertragsteuerbarkeit in Österreich – kausale Verknüpfung contra Zufluss/Abfluss oder Realisation, in FS W. Doralt, Wien 2007, 13; *Marschner*, Die Steuerpflicht nach § 1 Abs. 4 EStG und das Gemeinschaftsrecht, SWK 2007, S 692; *Millauer*, Alleinverdienerabsetzbetrag bei Familienwohnsitz im Ausland? RdW 2007, 593; *Pülzl*, Zweitwohnsitzverordnung und Anzeigepflicht, SWK 2007, S 786; *Ehrke-Rabel/Kofler*, Gratwanderungen – Das Niemandsland zwischen aggressiver Steuerplanung, Missbrauch und Abgabenhinterzeihung, ÖStZ 2009, 456; *Schohai*, Steht Österreich an den aus einem Privatdarlehen resultierenden ausländischen Zinsen das Besteuerungsrecht zu? UFSjournal 2009, 60; *dies*, Der Begriff des wirtschaftlichen Arbeitgebers bei konzerninterner Entsendung in die Slowakei, UFSjournal 2009, 109; *Dziurdź/Marchgraber*, Folgen der VwGH-Rechtsprechung zur „unbeschränkten" Steuerpflicht nach § 1 Abs 4 EStG, SWI 2013, 527; *Gruber/Seiler*, SWI-Jahrestagung: Auslandsverlust bei beschränkter Steuerpflicht nach § 1 Abs 4 EStG, SWI 2013, 415; *Patloch/Petutschnigg*, Fiktiv unbeschränkte Steuerpflicht in Österreich – Reform erforderlich? SWI 2013, 437; *Staudinger*, Anwendung der Befreiungsmethode bei ausländischen Betriebsstättengewinnen – erforderliche Nachweise und Dokumentation, taxlex 2013, 88; *Sutter*, Verfassungsrechtliche Schranken der Differenzierung zwischen Anrechnungs- und Freistellungsmethode in einem DBA? SWI 2013, 514; *Beiser*, Die Befreiungs- und die Anrechnungsmethode im Licht des Gleichheitssatzes, SWI 2014, 52; *Beiser*, Neue Regeln zur Aufteilung der Ertragsteuerbefugnis zwischen den Staaten, SWI 2014, 145; *Binder/Wöhrer*, SWI-Jahrestagung: Privilegierung von Freiberuflern im DBA Liechtenstein verfassungsrechtlich problematisch, SWI 2014, 10; *Ebel*, Anrechnung ausländischer Quellensteuern im Betriebsvermögen, FR 2014, 835; *Jirousek*, Ist Art 14 DBA-Liechtenstein verfassungswidrig? ÖStZ 2014, 64; *Lang*, DBA und Gleichheitsgrundsatz, SWI 2014, 58; *ders*, Die Konsequenzen des VfGH-Erkenntnisses zum DBA Liechtenstein, SWI 2014, 402; *Haas*, Steuerliche Erleichterungen für ausländische Fachkräfte, Wissenschaftler und Forscher, SWK 2015, 1330; *Hofbauer*, Steuerreform 2016: Die Begünstigungen bei Expatriates und Wissenschaftern, PVP 215, 233; *Mayr*, Zuzugsfreibetrag für Wissenschaftler und Forscher, RdW 2016, 792; *Seydl*, Zuzugsbegünstigung gemäß § 103 Abs 1 EStG – eine kritische Reflexion, SWI 2015, 430; *Kampitsch/Petritz*, Umfang der Zuzugsbegünstigung des § 103 EStG, SWI 2016, 270; *Lachmayer/Pfau*, Abgehen von der Schumacker-Doktrin: Führt die Rs X, C-283/15, zu einem Paradigmenwechsel? SWI 2016, 555; *Heber*, Progressiver Steuertarif bei Zu- und Wegzug nach und aus Österreich, ÖStZ 2016, 150; *Seydl*, Die Zuzugsbegünstigung 2016, ÖStZ 2016, 422; *Sadlo*, Zuzugsbegünstigungsverordnung 2016, ÖStZ 2016, 524; *Zolles*, Mittelpunkt der Lebensinteressen nach dem DBA Österreich-Schweiz, ecolex 2016, 728; *Beiser*, Zuzugsbegünstigung kraft Wohnsitzes in Österreich? ÖStZ 2017, 142; *Koppensteiner*, Die Ausdehnung der Schumacker-Rechtsprechung und der Fluch der „bösen" Tat, ÖStZ 2017, 144; *Seydl*, Zuzug ohne Wegzug? ÖStZ 2017, 251; *Kühbacher*, Wie lange besteht Anspruch auf die Zuzugsbegünstigung? SWK 2017, 925; *Beiser*, Zuzugsbegünstigungen nur bei einer Verlagerung des Mittelpunktes der Lebensinteressen nach Österreich, SWK 2017, 1117; *Aumayr/Seydl*, Die Grenzen der Zuzugsbegünstigung, SWK 2017, 1123; *Beiser;* Zuzugsbegünstigungen und DBA – die Wirksamkeit im Lichte der Befreiungs- oder Anrechnungsmethode, SWI 2017, 394; *Kanduth-Kristen/Kampitsch*, Zum Zuzug als Voraussetzung für eine Begünstigung nach § 103 Abs 1 a EStG, SWI 2017, 589;

Pillichshammer/Orzechowski, Familie als Mittelpunkt der Lebensinteressen, ecolex 2017, 896; *Kampitsch/Kanduth-Kristen*, Die Beseitigung der steuerlichen Mehrbelastungen durch die Zuzugsbegünstigung, SWI 2018, 551; *Renner*, Der Wohnsitz nach § 26 BAO: Dauer der Nutzung und Standard der Wohnung, SWI 2018, 21; *Knechtl*, Steht beschränkt Steuerpflichtigen der Pendlereuro zu? SWK 2018, 1439.

Einkommensteuerpflichtig sind nur **natürliche Personen.** Juristische Personen unterliegen als solche nicht der ESt, sondern der KSt. Das gilt auch im Falle von Einmann-Kapitalgesellschaften. Personenvereinigungen ohne eigene Rechtspersönlichkeit oder mit Teilrechtsfähigkeit (etwa Personengesellschaften des Unternehmensrechts, Gesellschaften bürgerlichen Rechts) unterliegen als solche ebenfalls nicht der ESt; die von der Vereinigung erzielten Einkünfte werden direkt den Gesellschaftern anteilig zugerechnet und bei ihnen zur ESt bzw (juristische Personen) zur KSt herangezogen; die Vereinigung als solche ist dann auch nicht Subjekt der KSt (vgl § 3 KStG). **29**

Stpfl sind auch Minderjährige oder sonst geschäftsunfähige Personen. Ihre steuerlichen Pflichten werden durch ihre gesetzlichen Vertreter wahrgenommen (§ 80 BAO).

Das Gesetz unterscheidet unbeschränkte und beschränkte Steuerpflicht. **Unbeschränkt stpfl** sind die natürlichen Personen, die im Inland einen Wohnsitz oder ihren gewöhnlichen Aufenthalt haben. Die unbeschränkte ESt-Pflicht erstreckt sich auf **alle in- und ausländischen Einkünfte** (Welteinkommen; Universalitätsprinzip). Natürliche Personen, die im Inland weder einen Wohnsitz noch ihren gewöhnlichen Aufenthalt haben, sind **beschränkt stpfl** mit den in § 98 EStG aufgezählten **inländischen Einkünften** (Territorialitätsprinzip; siehe unten XI.). **30**

Die Anknüpfung der persönlichen Steuerpflicht an den Wohnsitz oder gewöhnlichen Aufenthalt (sog **Wohnsitzprinzip**) ist kennzeichnend für die Personensteuern (ESt, KSt). Die Staatsbürgerschaft spielt für die persönliche Steuerpflicht keine Rolle.[14])

Einen **Wohnsitz** iS der Abgabenvorschriften hat jemand dort, wo er eine Wohnung innehat unter Umständen, die darauf schließen lassen, dass er die Wohnung beibehalten und benutzen wird (§ 26 Abs 1 BAO). Das Abgabenrecht stellt demnach auf objektive Verhältnisse ab; es müssen **objektiv erkennbare Umstände** darauf schließen lassen, dass die Wohnung beibehalten und benutzt werden soll; die subjektive Absicht allein ist daher nicht ausreichend.[15]) Umgekehrt ist es aber nicht erforderlich, dass die fremdenpolizeilichen Voraussetzungen für einen dauernden Aufenthalt erfüllt sind.[16]) Demgegenüber sind etwa für den Wohnsitzbegriff des Zivilprozessrechts (§ 66 Abs 1 JN) subjektive Kriterien (Absicht des bleibenden Aufenthaltes) maßgebend.[17]) Den **gewöhnlichen Aufenthalt** iS der Abgabenvorschriften hat jemand dort, wo er sich unter Umständen aufhält, die erkennen lassen, dass er an diesem Ort oder in diesem Land nicht nur vorübergehend verweilt. Dauert der tatsächliche Aufenthalt im Inland **31**

[14]) Die Staatsangehörigkeit kann allerdings eine Rolle für die Frage der Ansässigkeit einer Person im Sinne der DBA spielen; vgl Art 4 Abs 2 OECD-MA.

[15]) Vgl VwGH 25. 9. 1973, 1111/73, ÖStZB 1974, 58.

[16]) VwGH 19. 12. 2006, 2005/15/0127, ÖStZB 2007, 283.

[17]) Dazu VwGH 20. 6. 1990, 89/16/0020, ÖStZB 1991, 330.

länger als sechs Monate, so tritt jedenfalls unbeschränkte Abgabenpflicht ein; kurzfristige Auslandsaufenthalte (zB Urlaube, Geschäftsreisen, Familienheimfahrten) hemmen jedoch den Fristablauf.[18]) In diesem Fall erstreckt sich die Abgabepflicht auch auf die ersten sechs Monate (§ 26 Abs 2 BAO). Eine Person kann auf Grund dieser Definitionen zwar mehrere Wohnsitze, aber immer nur einen gewöhnlichen Aufenthalt haben.[19])

Unbeschränkte Steuerpflicht kann danach auch begründet werden durch ein (bloß gelegentlich benütztes) **Untermietzimmer**[20]) oder eine **Ferienwohnung**[21]); unter Umständen auch durch **Hotelzimmer,** wenn sie auf Dauer gemietet sind[22]); oder auch ein (wechselndes) **Appartement** in einem Appartementhaus[23]); sowie durch ein Haus, für das bereits ein Auftrag zur Veräußerung durch ein Realitätenbüro erteilt worden ist[24]). Keine unbeschränkte Steuerpflicht besteht bei **Saisonarbeitern**[25]) und bei **Grenzgängern,** die täglich ins Ausland zurückkehren[26]).

Ehegatten und Kinder ohne eigenen Hausstand haben idR einen vom anderen Ehegatten bzw von den Eltern **abgeleiteten Wohnsitz.** Die fallweise Mitbenützung der Zweitwohnung des Ehegatten kann einen Wohnsitz begründen.[27])

1. Zweitwohnsitz-Verordnung

32 Nach der **Zweitwohnsitz-Verordnung**[28]) besteht trotz eines Wohnsitzes im Inland keine unbeschränkte Steuerpflicht, wenn

- die Wohnung (oder auch weitere Wohnmöglichkeiten) im Inland (insgesamt) höchstens 70 Tage im Jahr genutzt wird und
- der Mittelpunkt der Lebensinteressen im Ausland liegt.

Der Mittelpunkt der Lebensinteressen muss mindestens 5 Jahre im Ausland liegen; doch tritt die Wirkung der VO sofort ein. Wird der Mittelpunkt der Lebensinteressen vor Ablauf von 5 Jahren in das Inland verlegt, tritt die unbeschränkte Steuerpflicht rückwirkend ein.

Die VO ist offenkundig gesetzwidrig, weil die unbeschränkte Steuerpflicht nicht eintritt, obwohl im Inland ein Wohnsitz besteht. Damit ermöglicht die VO Steuerflüchtigen, die in Steueroasen ansässig sind, steuerunschädlich einen Zweitwohnsitz im Inland. Das ist auch der erklärte Zweck der VO.[29])

---

[18]) Vgl LStR 2002 Rz 5.

[19]) Vgl VwGH 23. 3. 1977, 308/75, ÖStZB 1977, 226.

[20]) VwGH 18. 1. 1963, 1245/62, ÖStZB 1963, 112.

[21]) VwGH 7. 7. 1967, 1860/66, ÖStZB 1967, 164.

[22]) VwGH 23. 5. 1990, 89/13/0015, ÖStZB 1990, 413; VwGH 24. 1. 1996, 95/13/0150, ÖStZB 1996, 524.

[23]) BMF, EAS 2927.

[24]) VwGH 3. 7. 2003, 99/15/0104, ÖStZB 2003, 543.

[25]) VwGH 28. 9. 1965, 2232/64, ÖStZB 1966, 29; außer der Aufenthalt dauert länger als sechs Monate.

[26]) VwGH 14. 4. 1972, 457/71, ÖStZB 1972, 233.

[27]) VwGH 3. 11. 2005, 2002/15/0102, ÖStZB 2006, 303.

[28]) BGBl II 2003/528.

[29]) Vgl *Loukota,* SWI 2004, 53.

2. Einschränkungen der unbeschränkten und beschränkten Steuerpflicht

Der Grundsatz, dass unbeschränkt Stpfl mit ihrem gesamten Einkommen und beschränkt Stpfl mit ihren inländischen Einkünften der ESt unterliegen, erfährt verschiedene Einschränkungen:

a) Soweit **Doppelbesteuerungsabkommen** (DBA) bestehen, weisen diese die einzelnen Einkünfte einem der beiden Vertragsstaaten zur Besteuerung zu und beschränken damit das Besteuerungsrecht des anderen Staates (dazu Tz 1311 ff). 33

b) Soweit kein DBA besteht, kann gem **§ 48 BAO** der BMF bei Abgabepflichtigen, die der Abgabenhoheit mehrerer Staaten unterliegen, auf Antrag anordnen, dass bestimmte Gegenstände der Abgabenerhebung ganz oder teilweise aus der Abgabepflicht ausgeschieden oder ausländische Abgaben auf inländische Abgaben angerechnet werden (hierzu Tz 1308 ff).

c) Soweit eine Doppelbesteuerung im Verhältnis zu Gebieten ohne Völkerrechtssubjektivität (zB Taiwan) besteht, kann diese durch eine nach dem **Doppelbesteuerungsgesetz (DBG)**[30]) zu erlassende VO des BMF[31]) beseitigt werden.

d) **Zuzugsbegünstigung** (§ 103): Die Zuzugsbegünstigung in der Stammfassung des EStG 1988 diente ursprünglich dazu, einen steuerlichen Anreiz für Personen, die ihren Wohnsitz aus dem Ausland ins Inland verlegen, zu schaffen.[32]) Der sehr weite Anwendungsbereich wurde schließlich sukzessive auf bestimmte Personengruppen eingeschränkt.[33]) Nunmehr sind ausschließlich Personen umfasst, deren Zuzug aus dem Ausland der **Förderung von Wissenschaft, Forschung, Kunst oder Sport dient** und aus diesem Grund im öffentlichen Interesse gelegen ist. Der steuerliche Anreiz besteht in der Beseitigung steuerlicher Mehrbelastungen, die durch die Begründung eines inländischen Wohnsitzes eintreten.[34]) Die Beseitigung der steuerlichen Mehrbelastungen erfolgt durch Anwendung eines pauschalen Durchschnittssteuersatzes von mindestens 15% auf die nicht unter § 98 fallenden Einkünfte[35]). Dabei werden aus- 34

[30]) BGBl I 2010/69; Zweck des DBG ist ausschließlich die Schaffung einer Rechtsgrundlage für die Beseitigung einer Doppelbesteuerung (auf der Grundlage der Gegenseitigkeit) im Verhältnis zu ausländischen Gebieten ohne anerkannter Völkerrechtssubjektivität; vgl ErläutRV 778 BlgNR 24. GP, Vorblatt.

[31]) Vgl bspw VO über die Vermeidung einer Doppelbesteuerung im Verhältnis zum Gebiet, das dem vom Finanzministerium, Taipeh, angewendeten Steuerrecht unterliegt, BGBl II 2014/385.

[32]) Damit war beabsichtigt, nicht nur den Zuzug ausländischer Staatsbürger nach Österreich zu fördern, sondern auch die Rückkehr österr Staatsbürger, damit diese ihr im Ausland erworbenes Vermögen in Österreich konsumieren; vgl VwGH 6. 5. 1970, 408/70, ÖStZB 1970, 208.

[33]) Vgl *Aumayr/Kirchmayr* in *Doralt/Kirchmayr/Mayr/Zorn*, EStG[20] § 103 Tz 1 ff.

[34]) Zur Voraussetzung des Zuzugs siehe *Beiser*, SWK 2017, 1117.

[35]) Der in § 102 Abs 3 genannte Betrag (€ 9.000) wird zur Hälfte diesen Einkünften hinzugerechnet.

ländische Steuern angerechnet. Die Details zur Ermittlung des pauschalen Durchschnittssteuersatzes sind in der Zuzugsbegünstigungsverordnung 2016 (ZBV 2016)[36]) geregelt (§ 5 Abs 1).[37])

Seit dem StRefG 2015/2016 besteht zudem die Möglichkeit, für einen Zeitraum von fünf Jahren einen Zuzugsfreibetrag in Höhe von 30% der Einkünfte an Wissenschaftler und Forscher zu gewähren (§ 103 Abs 1 a).[38]) Die Begünstigung ist für die Dauer des im öffentlichen Interesse gelegenen Wirkens dieser Person begrenzt und bezieht sich auf mit diesem Tarif besteuerte wissenschaftliche Einkünfte.

Auf Personen, die den Mittelpunkt ihrer Lebensinteressen aus Österreich weg verlegt haben, ist die Begünstigung nur dann anzuwenden, wenn zwischen diesem Wegzug und dem Zuzug mehr als zehn Jahre, beim Freibetrag gem Abs 1 a mehr als fünf Jahre, verstrichen sind (§ 103 Abs 2).[39])

35 e) **Angehörige ausländischer Vertretungen** genießen auf Grund völkerrechtlicher Vereinbarungen (bzw des Völkergewohnheitsrechts) unter bestimmten Voraussetzungen Befreiungen von der unbeschränkten Steuerpflicht.[40]) Befreiungen bestehen auch für die Beamten und sonstigen Bediensteten der EU[41]) sowie für österr Abgeordnete zum EU-Parlament und deren Hinterbliebene hinsichtlich deren Abgeordnetenbezüge (§ 3 Abs 1 Z 32).

3. Beginn und Ende der unbeschränkten Steuerpflicht

36 Die unbeschränkte Steuerpflicht **beginnt** mit der Geburt oder mit der Begründung eines Wohnsitzes bzw des gewöhnlichen Aufenthaltes im Inland. Sie **endet** mit dem Tod oder mit Aufgabe des Wohnsitzes bzw des gewöhnlichen Aufenthaltes im Inland. Einkünfte, die nach dem Tod eines Stpfl aus dem Nachlassvermögen erzielt werden, sind nach der Rsp des VwGH ab dem Todestag dem bzw den Erben zuzurechnen.[42]) Der Zeitpunkt der Einantwortung ist gleichgültig.[43]) Einkünfte, die noch vom Erblasser erwirtschaftet worden sind, aber erst nach seinem Tod zufließen, sind bei den außerbetrieblichen Einkünften den Erben zuzurechnen (Zuflussprinzip), bei den betrieblichen Einkünften mit Vermögensvergleich ist zum Todeszeitpunkt eine Schlussbilanz aufzustellen. Die Erstellung einer Todfallsbilanz ist bei der Einnahmen-Ausgaben-Rechnung nicht

---

[36]) BGBl II 2016/261.

[37]) Siehe dazu *Kampitsch/Kanduth-Kristen,* SWI 2018, 551.

[38]) Neben dem Freibetrag können allerdings keine weiteren Betriebsausgaben, Werbungskosten oder außergewöhnlichen Belastungen, die im Zusammenhang mit dem Zuzug stehen, geltend gemacht werden.

[39]) Vgl *Kanduth-Kristen/Kampitsch,* SWI 2017, 589.

[40]) Vgl EStR 2000 Rz 314 ff.

[41]) Dazu *Doralt/Kirchmayr/Mayr/Zorn,* EStG[9] § 1 Tz 28/1.

[42]) VwGH 4. 6. 1985, 85/14/0015, ÖStZB 1986, 154; VwGH 26. 5. 1998, 93/14/0191, ÖStZB 1998, 725.

[43]) Dazu kritisch *Taucher,* Erbschaften 177 ff und *ders,* ÖStZ 1990, 278 und FJ 1993, 98.

erforderlich; es gilt das Zuflussprinzip.[44]) Nach den EStR ist es allerdings zulässig, die Einkünfte zeitanteilig auf den Erblasser und die Erben aufzuteilen.[45]) Beim Wechsel von der unbeschränkten zur beschränkten Steuerpflicht und umgekehrt entstehen zwei Steuerabschnitte, die getrennt zu veranlagen sind.[46])

4. *Individualbesteuerung*

Das ESt-Recht beruht seit dem EStG 1972 auf dem Grundsatz der **Individualbesteuerung.** Jede natürliche Person ist für sich mit ihren Einkünften zur Steuer heranzuziehen. Eine Zusammenrechnung der Einkünfte von Ehegatten bzw von Eltern und Kindern oder eine Zusammenveranlagung dieser Personen (Haushaltsbesteuerung) ist nicht vorgesehen. Der Grundsatz der Individualbesteuerung bedingt auch die grds steuerliche Anerkennung von Vereinbarungen zwischen nahen Angehörigen. Nach der sog Angehörigenjudikatur des VwGH[47]) setzt dies allerdings voraus, dass die Vereinbarungen nach außen ausreichend zum Ausdruck kommen (Publizitätswirkung), einen eindeutigen, klaren und jeden Zweifel ausschließenden Inhalt haben und mit fremden Dritten unter den gleichen Bedingungen abgeschlossen worden wären (Fremdvergleich).[48]) **37**

B. Sachliche Steuerpflicht

Literatur: *Lang,* Die Bemessungsgrundlage der Einkommensteuer, Köln 1988; *Stoll,* Verluste und Verlustquellen im Steuerrecht, Wien 1989; *Heiss,* Liebhabereiverordnung Kurzkommentar, Wien 1999; *Lattner,* (Kein) Anlaufzeitraum bei Privatgeschäftsvermittlung, SWK 2000, T 187; *Hilber,* Auswirkungen der neuen Pauschalierungsmöglichkeiten auf liebhabereibehaftete Betätigungen, SWK 2000, S 362; *oV,* Liebhaberei: Anlaufzeitraum bei nebenberuflichen Haushaltswarenvertretern, RdW 2000, 250; *Wieser,* Land- und Forstwirte im Ertragsteuer und Sozialversicherungsrecht (Teil II), FJ 2000, 168; *Beiser,* Das Leistungsfähigkeitsprinzip – Irrweg oder Richtschnur? ÖStZ 2000, 413; *Oberleitner,* Liebhaberei bei vorzeitig beendeter Vermietung, SWK 2000, S 645; *Langheinrich/Ryda,* Probleme der Liebhaberei bei der Vermietung und Verpachtung und der vorläufigen Veranlagung, FJ 2001, 84; *Oberleitner,* Anlagenschwindel und Liebhaberei, SWK 2001, S 19; *oV,* Einkunftsquelleneigenschaft bei der Vermietung einer Eigentumswohnung? SWK 2001, S 426; *oV,* Liebhaberei bei Vermietung und Verpachtung, SWK 2001, S 451; *Laudacher,* Hotelvermietung und Liebhaberei, SWK 2001, S 653; *Prodinger,* Liebhaberei durch vorzeitige Fremdmitteltilgung bei Vermietungseinkünften, SWK 2001, S 677; *Neuber,* Kompaktfassung des Liebhabereirechts, ÖStZ 2001, 33; *Bovenkamp/Klippl,* Liebhaberei bei Bauherrenmodellen, SWK 2002, S 41; *Pummerer,* Änderung der Rechtsansicht des BMF zur Pensionsvorsorge über fremdfinanzierte Rentenversicherungsmo-

---

[44]) VwGH 27. 6. 2000, 99/14/0281, ÖStZB 2000, 640; VwGH 4. 6. 2003, 98/13/0238, ÖStZB 2004, 212.

[45]) EStR 2000 Rz 10.

[46]) VwGH 26. 9. 1990, 86/13/0104, ÖStZB 1991, 172.

[47]) Vgl etwa VwGH 24. 5. 2012, 2009/15/0130; VwGH 29. 3. 2017, Ra 2015/15/0048; VwGH 31. 1. 2018, Ra 2016/15/0009.

[48]) Siehe dazu unten Tz 57; vgl *Toifl* in *Doralt/Kirchmayr/Mayr/Zorn,* EStG[20] § 2 Tz 158 ff.

delle, ÖStZ 2002, 403; *Rauscher/Grübler,* Liebhaberei bei entgeltlicher Überlassung von Gebäuden, SWK 2002, S 468; *oV,* Einkunftsquelleneigenschaft einer Appartmentevermietung, SWK 2002, S 369; *oV,* Liebhaberei und Änderung der Bewirtschaftung bei Komponisten, SWK 2002, S 441; *Beiser,* Liebhaberei bei der „kleinen Vermietung" – Marktkonforme Vermietung schließt Liebhaberei aus, SWK 2002, S 605; *Kohler,* Bauherrenmodelle und Liebhaberei, SWK 2002, S 672; *Pülzl,* Die systematische Einordnung des § 3 EStG im Schema der Einkommensteuerermittlung, ÖStZ 2002, 290; *Hilber,* Kurzkommentar zur Liebhabereiverordnung[2], Wien 2002; *oV,* VwGH: Keine Liebhaberei bei innovativen Produkten, RdW 2002, 243; *Jann/Weidlich,* Das Verschwinden des negativen Progressionsvorbehaltes, SWI 2003, 263; *Endfellner,* In Quizshows erzielte Spielgewinne im Spannungsfeld von Einkommen- und Schenkungssteuer, SWK 2003, S 75; *oV,* VfGH: Liebhaberei bei kleiner Vermietung nicht verfassungswidrig, RdW 2003, 345; *Rauscher,* „Kleine Vermietung" und „große Vermietung" – (k)ein echter Unterschied? SWK 2003, S 642; *oV,* Abgeschlossener Zeitraum durch Parifizierung, SWK 2003, 1384; *oV,* Gewinnberechnung bei Übergang von Liebhaberei auf Einkunftsquelle, RdW 2003, 730; *Rauscher,* Einheitliche und gesonderte Liebhabereibeurteilung bei Wohnungsvermietung, SWK 2004, S 75; *oV,* Liebhaberei: Prognose und Realität, RdW 2004, 52; *Doralt,* Keine Liebhaberei bei Mietzinsbeschränkungen? RdW 2004, 119; *Doralt,* § 295a BAO: Rückwirkende Liebhabereibeurteilung, RdW 2004, 121; *Renner,* Der Unabhängige Finanzsenat zur Liebhaberei (I) – Tabellarische Entscheidungssammlung, UFS 2004, 112; *Renner,* Der Unabhängige Finanzsenat zur Liebhaberei (II) – Analyse der bisherigen Entscheidungen, UFS 2004, 194; *Renner,* Unerwartete negative Ergebnisse und/oder Einstellen der Tätigkeit: Einkunftsquelle oder Liebhaberei? SWK 2004, S 373; *Doralt,* Sportlerverordnung und Werbeeinkünfte, RdW 2004, 180; *oV,* Liebhaberei: Prognose und Realität, RdW 2004, 52; *oV,* Unzulässige Qualifikation einer Tätigkeit als Liebhaberei, SWK 2004, S 618; *Rauscher,* Liebhaberei: Unwägbarkeit oder doch nur gewöhnliches Risiko? SWK 2004, S 625; *Rauscher,* Liebhaberei: „Große Vermietung" beim VwGH – Quo vadis? SWK 2004, S 833; *Mang,* Verwertung von Auslandsverlusten nach dem SteuerreformG 2005 – Pflicht oder Wahlrecht? SWI 2004, 486; *Rauscher,* Liebhaberei: Das Interessanteste aus der jüngsten Rechtsprechung des VwGH, SWK 2005, S 426; *Pirklbauer/Wagner,* Steuerliche Fragen für Reitbetriebe, SWK 2005, S 457; *oV,* Kriterienprüfung zur Liebhabereibeurteilung einer Schmuck- und Nähboutique, SWK 2005, S 738; *Lochmann,* Liebhaberei bei verlustbringenden Nebentätigkeiten von Pensionisten, RdW 2005, 123; *oV,* Liebhaberei beim Betrieb einer Kleinlandwirtschaft, SWK 2005, S 782; *Kohler,* Zweifelsfragen zur Liebhaberei, SWK 2005, S 917; *Mühlehner,* Die Währungsumrechnung von ausländischen Einkünften im Rahmen des § 2 Abs 8 EStG, ÖStZ 2005, 236; *Renner,* Nebenberufliche Künstler: Einkunftsquelle oder Liebhaberei, ecolex 2005, 718; *Kempinger,* Die Behandlung von ausländischen Verlusten gem § 2 Abs 8 EStG idF des Steuerreformgesetzes 2005, UFS 2005, 345; *Schneider,* Die Berücksichtigung von Auslandsverlusten nach § 2 Abs 8 EStG und § 9 Abs 6 Z 6 KStG, taxlex 2005, 194; *Atzmüller,* Zur Nachversteuerung ausländischer Verluste, RdW 2005, 243; *Mayr,* § 2 Abs 8 EStG: „Dreifache Deckelung" der Nachversteuerung ausländischer Verluste, RdW 2005, 189; *Stingl,* Liebhaberei bei Gebäudevermietung, immolex 2006, 76; *Beiser,* Die „kleine Vermietung" in der Umsatz- und Einkommensteuer, SWK 2006, S 490; *Renner,* Fortgeschrittenes Lebensalter für Liebhabereibeurteilung bedeutungslos, ÖStZ 2006, 280; *Renner,* Anlaufverluste bei Sortimentumstellung eines Handelsbetriebs, RdW 2006, 791; *Atzmüller,* Liebhabereibeurteilung bei Übertragung der Einkunftsquelle, RdW 2006, 722; *Novacek,* Berücksichtigung des Alters bei der Liebhabereibeurteilung, RdW 2006, 530; *Atzmüller,* Anmerkungen zu Novacek, RdW 2006, 533; *Renner,* Liebhaberei: Einzelunternehmen und Mitunternehmerschaft – wirtschaftlicher Zusammenhang oder getrennte Beurteilung, RdW 2006, 463; *Atzmüller,* Liebhaberei ohne Berücksichtigung des Alters? RdW 2006, 374;

Schuh, Das Erfordernis der Berücksichtigung ausländischer Verluste, taxlex 2006, 498; *Schuh,* Auslandsverluste im österreichischen Steuerrecht – § 2 Abs 8 EStG, ÖStZ 2006, 314, *Novacek,* Altersabhängigkeit der Liebhabereibeurteilung? RdW 2007, 56; *Unterberger/Puchinger,* Liebhabereivermutung bei Vermietung von Büroräumlichkeiten, FJ 2007, 85; *Atzmüller,* Liebhabereivermutung bei Vermietung von Büroräumlichkeiten, FJ 2007, 169; *Migglautsch,* Rs „Lakebrink" – Verlustverwertung durch negativen Progressionsvorbehalt, ecolex 2007, 545; *Rauscher/Grübler,* Steuerliche Liebhaberei², Wien 2007; *Ehrke-Rabel/Kofler,* Gratwanderungen – Das Niemandsland zwischen aggressiver Steuerplanung, Missbrauch und Abgabenhinterziehung, ÖStZ 2009, 456; *Renner,* Werbungskosten bei langfristig leerstehenden Mietobjekten, UFSjournal 2009, 51; *Beiser,* Quellentheorie oder Einkünfte aus einer ehemaligen betrieblichen Tätigkeit? ÖStZ 2010, 78; *Hilber,* Gebäudeabbruchkosten bei Vermietung – Berücksichtigung bei Liebhabereibeurteilung, AFS 2011, 266; *Nemec,* Liebhaberei bei Einkünften aus nichtselbständiger Arbeit im Zusammenhang mit Umschulungsmaßnahmen, UFSjournal 2011, 432; *Renner,* Gewinnstreben: Schnittstelle zwischen Liebhaberei und Einkunftsquelle, ecolex 2011, 261; *Zech,* Liebhaberei bei Vermietung einer Eigentumswohnung europarechts- und verfassungskonform, UFSjournal 2011, 194; *Atzmüller,* Liebhabereirichtlinien 2012 – was ist neu bei der Einkommen- und Körperschaftsteuer? RdW 2012, 178; *Bendlinger/Kofler,* RuSt 2012: Highlights aus dem Workshop „Internationales Steuerrecht", RdW 2012, 615; *Beiser,* Liebhaberei im Licht des Stabilitätsgesetzes 2012, RdW 2012, 235; *Haslehner/Kofler,* Auslandsverluste und ausländisches Steuerrecht: Neuregelung durch das 1. StabG 2012, GES 2012, 353; *Knechtl,* Einkunftsquelle Verlustbeteiligungsmodell? ÖStZ 2012, 349; *Mayr,* Gruppenbesteuerung: Ausländische Verluste mit ausländischem Ergebnis gedeckelt, RdW 2012, 308; *Novacek,* Probleme durch den neuen Auslandsverlustdeckel: periodenübergreifende Doppelbesteuerung und Währungsverluste, ÖStZ 2012, 399; *Prodinger,* Veräußerungsüberschuss bei Liebhabereibetrachtung, SWK 2012, 705; *Renner,* Teilbereich der Tätigkeit eines Steuerpflichtigen als Liebhaberei, UFSjournal 2012, 51; *ders,* Highlights der Liebhabereirichtlinien 2012: Körperschaft- und Umsatzsteuer, Verfahrensrecht, SWK 2012, 587; *Stürzlinger,* Einschränkung bei der Berücksichtigung von Auslandsverlusten, taxlex 2012, 188; *Binder/Kurahs,* Einheitliche oder separate Betrachtung von Vermietungseinheiten für die Liebhabereibeurteilung, AFS 2013, 62; *Dziurdz/Marchgraber,* Folgen der VwGH-Rechtsprechung zur „unbeschränkten" Steuerpflicht nach § 1 Abs 4 EStG, SWI 2013, 527; *Gruber/Seiler,* SWI-Jahrestagung: Auslandsverlust bei beschränkter Steuerpflicht nach § 1 Abs 4 EStG, SWI 2013, 415; *Hilber,* Fremdüblichkeit und Liebhaberei bei Vermietung eines Grundstückes und von zwei Eigentumswohnungen, AFS 2013, 180; *Kanduth-Kristen/Komarek,* Steuerpflicht für Anerkennungspreise zur Prämierung wissenschaftlicher Arbeiten? SWK 2013, 703; *Nemec,* Liebhaberei: Beweis einer beabsichtigten vorzeitigen Darlehensrückzahlung, UFSjournal 2013, 209; *Renner,* Liebhaberei: Anforderungen an eine Prognoserechnung, SWK 2013, 818; *Varro,* Österreich: Steuerparadies für Pokerspieler RdW 2013, 308; *Watzinger,* Sind Wissenschaftspreise steuerbar? SWK 2013, 1261; *Aigner,* VwGH verneint Einkommensteuerpflicht von DOC-Stipendium der Akademie der Wissenschaften, SWK 2014, 1251; *Amberger/Petutschnig,* Abgabenänderungsgesetz 2014: Änderungen im EStG und KStG für Unternehmen, ÖStZ 2014, 70; *Drapela,* Liebhaberei: „Große Vermietung oder kleine Vermietung", SWK 2014, 1165; *Daxkobler/Kerschner,* Anerkennungspreise für eine Dissertation, ecolex 2014, 910; *Doralt,* Veruntreute Kundengelder steuerpflichtig? RdW 2014, 42; *Fellner,* Einkommensteuerpflicht eines berufsmäßigen Pokerspieler, SWK 2014, 977; *Gonter,* Auslandsverlustverwertung – bei Anwendung der DBA-Befreiungsmethode, taxlex 2014, 401; *Hohenwarter-Mayr,* Die Nachversteuerung ausländischer Verluste im Lichte des DBA-Rechts, RdW 2014, 295; *Kofler/Marschner,* Änderungen im Außensteuerrecht, SWK 2014, 455; *Moser,* Leerstehungsaufwendungen von Immobilien – zur Prüfung des Vorliegens einer Einkunftsquelle bzw Liebhaberei, taxlex 2014, 126; *Oberbauer/Pinetz,* Wiederaufnahme des Verfahrens bei Liebhabereibeurteilung, ecolex 2014, 182; *Petutschnig,* Sind Bitcoins ertragsteuerpflichtig? ÖStZ 2014, 353; *Kühbacher,* Unterliegen berufsmäßige Pokerspieler mit ihren Gewinnen der Einkommensteuerpflicht? SWK 2015, 1620; *Lachmayer,* Neues zu finalen Verlusten – Die Rs Kommission/Großbritannien, C-172/13, ÖStZ 2015, 168; *Arnoldi,* Der Einfluss „unvorhersehbarer Ereignisse" und „gesetzgeberischer Maßnahmen" auf die Beurteilung der Ertragsfähigkeit einer „Einkunftsquelle", taxlex 2016, 104; *Bendlinger,* Ist jeder Auftritt eine Kunst? ÖStZ 2016, 58; *Bergmann/Wödlinger,* Wissenschaftspreise sind nicht einkommensteuerpflichtig! SWK 2016, 422; *Daxkobler/Kerschner,* VwGH zur Steuerpflicht von Dissertationspreisen, ecolex 2016, 1109; *Hilber,* Liebhaberei – Höhe des Instandhaltungsaufwandes, AFS 2016, 14; *Langer/Hörtenhuber* Tätigkeit einer Mentaltrainerin als Liebhaberei? ecolex 2016, 629; *Langer/Hörtenhuber,* Beginn des Beobachtungszeitraums bei Vermietung einer in Deutschland gelegenen Eigentumswohnung, ecolex 2016, 1112; *Moser,* Unwägbarkeiten oder gewöhnliches unternehmerisches Risiko – Abgrenzungsfragen im Bereich der Vermietung, ÖStZ 2016, 145; *Renner,* Einkommensteuerliche Beurteilung von Wissenschaftspreisen, ÖStZ 2016, 185; *Thiele,* Der Bauer als Millionär – zur einkommensteuerlichen Behandlung von Gewinnen in einer TV-Show, ÖStZ 2016, 621; *Arnoldi,* Die Angemessenheit von Instandhaltungen in der Prognoserechnung nach der LVO 1993, FJ 2017, 1; *Bergmann/Lehner,* Steuerliche Behandlung von Entschädigungsleistungen für die Inanspruchnahme von Grund und Boden, ÖStZ 2017, 272; *BMF,* Steuerliche Behandlung von Kryptowährungen, RdW 2017, 580; *Capelare/Zopf,* Verfassungsfragen ausländischer Verlustzurechnung, SWI 2017, 474; *Holzinger,* „Berücksichtigung" ausländischer Verluste aus einer Kommanditbeteiligung bei Insolvenz der ausländischen KG, ecolex 2017, 1015; *Pircher/Messner/Meusburger,* Liebhabereibeurteilung bei der Vermietung und Verpachtung, SWK 2017, 367; *Renner,* Liebhaberei bei der Vermietung von zwei Ferienwohnungen durch eine GmbH, BFGjournal 2017, 207; *Zimprich,* VwGH: Großer Reitstall fällt nicht unter § 1 Abs 2 LVO, SWK 2017, 630; *Zorn,* VwGH zur Verlustberücksichtigung im Ausland iSd § 2 Abs 8 EStG, RdW 2017, 199; *Hochrieser,* Vorzeitige Beendigung der Vermietung ohne Vorliegen von Unwägbarkeiten – Einbringung in eine Stiftung, BFGjournal 2018, 62; *Mauthner/Arnoldi,* Deliktische Tatbestände und Einkunftsbegriff bzw Schadenersatzzahlungen und Werbungskosten, BFGjournal 2018, 274; *Novosel/Patloch-Kofler,* Steuerliche Behandlung von Gewinnen eines (Turnier-) Pokerspielers, SWK 2018, 491; *Peyerl/Höber,* Schenkung mit anschließender Veräußerung steuerlich anzuerkennen? SWK 2018, 527; *Siller/ Zolles,* SWI-Jahrestagung: Verwertung und Nachversteuerung von Auslandsverlusten, SWI 2018, 430.

38 Der ESt ist das Einkommen zu Grunde zu legen, das der Stpfl innerhalb eines Kalenderjahres bezogen hat. Bei der Umschreibung des Einkommens folgt das EStG nicht finanzwissenschaftlichen Lehrmeinungen (etwa der Quellentheorie von *Wagner* oder der Reinvermögenszugangstheorie von *Schanz),* sondern wählt eine eigenständige, von einzelnen Einkunftsarten ausgehende Definition:

„Einkommen ist der Gesamtbetrag der Einkünfte aus den im Abs. 3 aufgezählten Einkunftsarten nach Ausgleich mit Verlusten, die sich aus einzelnen Einkunftsarten ergeben, und nach Abzug der Sonderausgaben (§ 18) und außergewöhnlichen Belastungen (§§ 34 und 35) sowie des Freibetrags nach § 105" (§ 2 Abs 2 idF JStG 2018[49])).

[49]) Jahressteuergesetz 2018 BGBl I 2018/62.

Die einzelnen Einkunftsarten sind in § 2 Abs 3 erschöpfend aufgezählt. 39
Es unterliegen der ESt nur die folgenden **7 Einkunftsarten:**

1. Einkünfte aus Land- und Forstwirtschaft,
2. Einkünfte aus selbständiger Arbeit,
3. Einkünfte aus Gewerbebetrieb,
4. Einkünfte aus nichtselbständiger Arbeit,
5. Einkünfte aus Kapitalvermögen,
6. Einkünfte aus Vermietung und Verpachtung,
7. sonstige Einkünfte iSd § 29.

Einkünfte, die nicht unter eine der 7 Einkunftsarten fallen, unterliegen 40
nicht der ESt, dh, sie sind nicht steuerbar. Beispiele:

- Vermögensvermehrungen durch (private) Erbschaften und Schenkungen;
- Spiel- und Lotteriegewinne;
- Bei Preisen ist zu differenzieren: Preise, die nicht iZm einer beruflichen Tätigkeit stehen oder die durch den Einsatz von Allgemeinwissen erzielt werden (zB „Millionenshow"), sind nicht steuerbar. Dasselbe gilt für Preise, die außerhalb eines Wettbewerbs zur Würdigung der Persönlichkeit oder des (Lebens-)Werkes einer Person (zB Nobelpreis) vergeben werden,[50]) sowie für reine Wissenschaftspreise, zB zur Anerkennung einer Dissertation.[51]) Steuerbar sind hingegen – soweit nicht ohnehin eine der Haupteinkunftsarten vorliegt (etwa bei Berufssportlern) – Preise, die im Rahmen eines Wettbewerbs oder für eine konkrete Einzelleistung vergeben werden (zB Journalistenpreise für den „Artikel des Jahres"). Ebenso steuerbar sind Preisgelder für die Teilnahme an einer Unterhaltungsdarbietung, zB „Dancing Stars", und an Musik- oder Talentshows, weil insoweit zumindest eine Teilnahme am Wirtschaftsleben und ein Leistungsverhältnis vorliegt.[52]) Im Übrigen bestehen jedoch trotz grds Steuerbarkeit diverse Steuerbefreiungen nach den § 3 Abs 1 Z 3 lit b bis f und § 3 Abs 3 KunstförderungsG zur Förderung der Kunst und der Wissenschaft.
- Stipendien, die außerhalb von Dienstverhältnissen gezahlt werden, hatte der VwGH ursprünglich als nicht steuerbar eingestuft[53]) (anders dagegen Stipendien im Rahmen von Dienstverhältnissen[54])). In Reaktion auf diese VwGH-Rsp[55]) sind Stipendien nunmehr explizit auch

[50]) EStR 2000 Rz 101 a.

[51]) VwGH 16. 12. 2015, 2013/15/0150 (zu einem Dissertationspreis, mit Verweis darauf, dass die Situation anders zu beurteilen wäre, wenn etwa Veröffentlichungs- oder Verwertungsrechte übertragen werden); dazu *Bergmann/Wödlinger*, SWK 2016, 422.

[52]) Näheres vgl EStR 2000 Rz 101 a; siehe auch *Toifl* in *Doralt/Kirchmayr/Mayr/Zorn*, EStG[20] § 2 Tz 13 f.

[53]) VwGH 29. 7. 2014, 2011/13/0060.

[54]) VwGH 20. 2. 2008, 2006/15/0171 (Stipendium während aufrechtem Dienstverhältnis zu einer Universität ist stpfl Vorteil aus dem Dienstverhältnis).

[55]) ErläutRV 1352 BlgNR 25. GP 3.

außerhalb von Dienstverhältnissen steuerbar, wenn sie wirtschaftlich betrachtet einen Einkommensersatz darstellen (§ 22 Z 1 lit a EStG[56])); bloße (Wissenschafts-)Preise für wissenschaftliche Arbeiten sind aber auch hiervon nicht erfasst.[57]) Im Einzelnen sind wiederum die Steuerbefreiungen nach § 3 Abs 1 Z 3 lit b bis f EStG zu beachten sowie § 3 Abs 3 KunstförderungsG (siehe auch Tz 64);
- Finderlohn;
- Schmerzengeld (wohl aber Entschädigungen für Verdienstentgang);
- Entschädigungen für ungerechtfertigte Haft;
- private Schadensversicherungen (Versicherungen in Rentenform sind jedoch stpfl, siehe Tz 690 f);
- Gewinne aus der Veräußerung von Privatvermögen, ausgenommen die Veräußerung von Kapitalvermögen (§ 27) und von Grundstücken (§ 30) sowie Spekulationsgeschäfte (§ 31).

Fallen Einkünfte unter eine der 7 Einkunftsarten, ist es gleichgültig, ob die den Einkünften zu Grunde liegende Tätigkeit verboten, verpönt oder strafbar ist (vgl § 23 Abs 2 BAO). Stpfl sind daher etwa auch Einkünfte aus der Veräußerung von Diebesgut, Bestechungsgelder oder Veruntreuungen.[58])

41 Aus der Einkommensdefinition ergibt sich folgendes Schema zur Ermittlung der ESt:

Schema der Einkommensteuerermittlung

Einkünfte (Nettogröße):

1. Land- und Forstwirtschaft (§ 21)
2. selbständige Arbeit (§ 22)
3. Gewerbebetrieb (§ 23)
4. nichtselbständige Arbeit (§ 25)
5. Kapitalvermögen (§ 27)
6. Vermietung und Verpachtung (§ 28)
7. sonstige Einkünfte (§§ 29–31)

Gesamtbetrag der Einkünfte (nach Verlustausgleich und Berücksichtigung des Veranlagungsfreibetrages nach § 41 Abs 3)
- Sonderausgaben (§ 18)
- außergewöhnliche Belastungen (§§ 34, 35)
- Freibetrag nach § 105

Einkommen gem § 2 Abs 2

Bemessungsgrundlage für den Tarif (§ 33 Abs 1)

Anwendung des Tarifs

---

[56]) § 22 Z 1 lit a EStG idF AbgÄG 2016 BGBl I 2016/117.

[57]) ErläutRV 1352 BlgNR 25. GP 8.

[58]) Siehe VwGH 31. 7. 2013, 2009/13/0194 (zur Veruntreuung von Kundengeldern durch den Leiter einer Bankfiliale).

Einkommensteuer nach § 33 Abs 1
– Familienbonus Plus (§ 33 Abs 3 a)
– Absetzbeträge: zB Alleinverdiener- bzw Alleinerzieherabsetzbetrag (§ 33 Abs 4 Z 1 und Z 2)

Einkommensteuerschuld
– entrichtete Lohnsteuer
– entrichtete Kapitalertragsteuer (sofern in die Veranlagung einbezogen)
– entrichtete Immobilienertragsteuer (sofern in die Veranlagung einbezogen)

veranlagte ESt lt Steuerbescheid
– Vorauszahlungen
ergibt Schlusszahlung/Gutschrift

Zu unterscheiden sind:

Einnahmen (Betriebseinnahmen) = positive Zuflüsse innerhalb der einzelnen Einkunftsarten vor Abzug von Betriebsausgaben oder Werbungskosten (Bruttogröße).

Einkünfte = positives oder negatives Ergebnis bei den einzelnen Einkunftsarten nach Abzug von Betriebsausgaben oder Werbungskosten (Nettogröße).

Einkommen = Gesamtbetrag der Einkünfte nach Ausgleich von Verlusten und nach Abzug der Sonderausgaben, außergewöhnlichen Belastungen sowie des Freibetrages nach § 105 (vgl § 2 Abs 2).

Die 7 Einkunftsarten werden nach verschiedenen Gesichtspunkten gegliedert:

a) **Betriebliche Einkunftsarten** sind die **ersten drei** Einkunftsarten. 42
Grundlage der Einkünfteerzielung ist ein Betrieb; als Einkünfte ist der „Gewinn" anzusetzen. Die **übrigen vier Einkunftsarten** werden als **außerbetriebliche** Einkunftsarten bezeichnet; als Einkünfte ist der „Überschuss der Einnahmen über die Werbungskosten" anzusetzen.

b) **Haupteinkunftsarten** sind die **ersten vier** Einkunftsarten. Die **restlichen drei Einkunftsarten** (Kapitalvermögen, Vermietung und Verpachtung sowie die ersten drei Arten der sonstigen Einkünfte) sind demgegenüber **Nebeneinkünfte.** Nach dieser Unterscheidung gehören Einkünfte nur dann zu den letzten drei Einkunftsarten, wenn sie nicht im Rahmen einer der vier Haupteinkunftsarten angefallen sind. Nebeneinkünfte sind daher sog „subsidiäre Einkünfte". Allerdings besteht auch innerhalb der Nebeneinkünfte eine eigene Reihenfolge (Subsidiarität innerhalb der Nebeneinkünfte).

Beispiele:

Zinserträge aus einem Darlehen, das zum Betriebsvermögen eines Gewerbetreibenden gehört, sind Einkünfte aus Gewerbebetrieb; gehört dagegen das Darlehen zum Privatvermögen, dann zählen die Zinsen zu den (außerbetrieblichen) Einkünften aus Kapitalvermögen. Renten, die ein verunglückter Arbeitnehmer vom Schädiger als Ersatz für den Verdienstentgang erhält, sind nicht sonstige Einkünfte iSd § 29 Z 1, sondern Einkünfte aus nichtselbständiger Arbeit.

Außerordentliche Einkünfte sind Veräußerungs- und Übergangsgewinne nach § 37 Abs 5, für die eine Progressionsermäßigung (halber Durchschnittssteuersatz) vorgesehen ist.

43 Trotz der Zusammenrechnung bzw Saldierung der Einkünfte ist es für die Steuerbelastung nicht gleichgültig, welcher Einkunftsart die einzelnen Zuflüsse und Vermögensmehrungen zuzurechnen sind. Der **Umfang** der steuerlich relevanten Vorgänge ist bei den betrieblichen Einkünften weiter als bei den außerbetrieblichen Einkünften. Für die einzelnen Einkunftsarten gelten außerdem zT **abweichende Ermittlungsvorschriften,** spezielle sachliche Begünstigungen, unterschiedliche Freibeträge oder tarifliche Ausnahmeregelungen. Nach Ansicht des VwGH macht alleine die Zuordnung von Einkünften zu einer **unrichtigen Einkunftsart** einen ESt-Bescheid nicht rechtswidrig, weil die Einkünftequalifikation nicht Bestandteil des Bescheidspruches ist.[59])

Die Einreihung unter eine bestimmte Einkunftsart kann auch außerhalb des EStG Bedeutung haben. Im Sozialversicherungsrecht etwa besteht eine Bindungswirkung an die steuerrechtliche Einkünftequalifikation (vgl zB § 2 Abs 1 Z 4 GSVG). Daher kann ein Bescheid auf Antrag berichtigt werden, wenn die unrichtige Einkünftequalifikation die rechtlichen Interessen des Stpfl verletzt (vgl § 293 a BAO).

44 Ausländische Einkünfte (§ 2 Abs 8)

Ist ein Stpfl im Inland unbeschränkt stpfl, gilt das **Welteinkommensprinzip.** Das bedeutet, dass sich die Stpfl auf alle in- und ausländischen Einkünfte erstreckt (§ 1 Abs 2). Zu diesem Zweck sind die im Einkommen oder bei der Berechnung der Steuer zu berücksichtigenden **ausländischen Einkünfte** nach dem österr EStG zu ermitteln und allenfalls umzurechnen (§ 2 Abs 8 Z 1). Der Gewinn ist bei betrieblichen Einkünften nach derjenigen Gewinnermittlungsart zu ermitteln, die sich ergäbe, wenn der Betrieb im Inland gelegen wäre (§ 2 Abs 8 Z 2).

Auf Grund des Welteinkommensprinzips sind somit auch **ausländische Verluste** bei der Ermittlung des Einkommens zu erfassen (§ 2 Abs 8 Z 3). Für die Leistungsfähigkeit des Stpfl spielt es nämlich keine Rolle, wo Gewinne oder Verluste erzielt werden.[60]) Dies gilt grds auch für Verluste aus DBA-Ländern mit Befreiungsmethode.[61]) § 2 Abs 8 Z 3[62]) differenziert grds nicht danach, ob Verluste in DBA-Staaten anfallen oder nicht.[63]) Ist aber für ausländische Einkünfte ein DBA mit Befreiungsmethode anzuwenden, kommt es im Fall der späteren Verrechnung im Ausland zu einer **Nachversteuerung** der im Inland angesetzten Verluste (damit wird die Doppelverwertung vermieden[64])). Besteht mit dem Verlustentstehungsstaat keine umfassende Amtshilfe, ist die Nachversteuerung spätestens im dritten Jahr nach der Hereinrechnung des Verlustes vorzunehmen (§ 2 Abs 8 Z 4).

---

[59]) Vgl zB VwGH 28. 11. 2007, 2006/14/0057.

[60]) *Kirchmayr,* Grundfragen ausländischer Verlustzurechnung, in *Kirchmayr/Mayr/Hirschler,* Gruppenbesteuerung, 63 (68f).

[61]) Vgl VwGH 25. 9. 2001, 99/14/0217 (noch ohne ausdrückliche gesetzliche Grundlage); kritisch dazu *Hohenwarter-Mayr,* RdW 2014, 295.

[62]) Eingefügt mit Steuerreformgesetz 2005 BGBl I 2004/57, zuletzt geändert durch AbgÄG 2014 BGBl I 2014/13.

[63]) *Toifl* in *Doralt/Kirchmayr/Mayr/Zorn,* EStG[20] § 2 Tz 196.

[64]) Bei DBA mit Anrechnungsmethode nicht erforderlich, weil das inländische Einkommen später durch niedrigere anrechenbare ausändische Steuern höher ist.

Die Verluste sind nach österr Recht zu ermitteln, wobei eine Kürzung höchstens im Ausmaß des nach ausländischem Steuerrecht ermittelten Verlustes vorgenommen werden kann („Deckelung“; § 2 Abs 8 Z 3[65])). Die Deckelung gilt nur bei Verlusten aus DBA-Ländern mit Befreiungsmethode, weil nur diese Verluste auch nachzuversteuern sind.[66])

Verluste und Liebhaberei 45

Problem der Liebhaberei: Aus dem Begriff des Einkommens bzw konkret aus der Umschreibung der Einkünfte als Gewinn bzw als Überschuss der Einnahmen über die Werbungskosten wird abgeleitet, dass nur eine Tätigkeit, die auf Dauer ein positives wirtschaftliches Gesamtergebnis erbringt, als Einkunftsquelle in Betracht kommt und bei der ESt zu berücksichtigen ist. Wirft dagegen die Tätigkeit auf Dauer Verluste ab, dann ist zu prüfen, ob der Stpfl die Verluste aus privaten Motiven in Kauf nimmt. Im Falle einer privaten Verursachung wird die Tätigkeit nicht als Einkunftsquelle anerkannt, sodass die Verluste steuerlich nicht verwertet werden können (dh, nicht mit anderen positiven Einkünften ausgeglichen werden können).

Die Frage der Liebhaberei (die richtigerweise als Frage der Einkunftsquelle zu bezeichnen ist) wurde historisch zuerst bei **Hobby- und Freizeitbeschäftigungen** relevant (Rennstall, Jagd, eine als Hobby betriebene Landwirtschaft, Briefmarkensammeln), dh bei Tätigkeiten, die einer persönlichen Neigung des Stpfl entspringen. Später hat die Rsp die Grundsätze auch bei Tätigkeiten zur Anwendung gebracht, die ihrer äußeren Erscheinungsform nach das typische Bild einer Einkunftsquelle bieten.

Der Liebhabereibeurteilung vorgelagert ist die Frage, ob die Betätigung grds steuerbar wäre.[67]) Kann eine Betätigung also von vornherein nicht einer Einkunftsart zugeordnet werden, kommt eine Liebhabereibeurteilung gar nicht in Betracht (zB Verluste aus Glücksspiel oder das Bewohnen eines Gebäudes ausschließlich durch Miteigentümer;[68]) anders dagegen zB die fremdunübliche Vermietung eines Gebäudes, weil die Einkünfte daraus dem Grunde nach steuerbar sind[69])). Die Abgrenzung, ob eine Einkunftsquelle vorliegt, kann im Einzelfall schwierig sein, weil erwerbswirtschaftliche Betätigungen iSd § 2, bei denen die Möglichkeit zur Erwirtschaftung eines Ertrages fehlt, eigentlich nicht denkbar sind.[70]) Die Ertragsfähigkeit einer Tätigkeit ist nämlich im Einkunftsbegriff bereits mitgedacht.[71])

Dass Liebhabereitätigkeiten keine Einkunftsquellen darstellen, lässt sich also grds bereits aus dem Gesetz ableiten. Die Beurteilung richtet sich aber im Einzelnen nach der **Liebhabereiverordnung** (BGBl 1993/33; zuletzt novelliert durch BGBl II 1999/15). Sie typisiert zwar einerseits die Liebhabereibeurteilung,

---

[65]) IdF 1. StabG 2012 BGBl I 2012/22.

[66]) Vgl ErläutRV 1680 BlgNR 24. GP 6f. Zur sachlichen Rechtfertigung dieser Deckelung vgl *Kirchmayr* in *Kirchmayr/Mayr/Hirschler,* Gruppenbesteuerung 71f; *Bendlinger/Kofler,* RdW 2012, 615.

[67]) Siehe auch VwGH 19. 3. 2008, 2007/15/0134.

[68]) Vgl LRL 2012 Rz 4.

[69]) AA offenbar LRL 2012 Rz 4.

[70]) *Renner* in *Doralt/Kirchmayr/Mayr/Zorn,* EStG[20] LVO Tz 320.

[71]) VfGH 12. 12. 1991, V 53/91 ua; VfGH 7. 3. 1995, B 301/94; VfGH 8. 6. 1999, B 1148/98.

schafft dafür aber im Gegenzug mehr Rechtssicherheit.[72]) Die LVO unterscheidet zwischen **Liebhabereivermutung** und **Einkünftevermutung:**

46 **Liebhaberei** ist – widerlegbar – zu vermuten (§ 1 Abs 2 LVO), wenn die Verluste entstehen:

1. aus der Bewirtschaftung von Wirtschaftsgütern,
   - die sich nach der Verkehrsauffassung in einem besonderen Maß für die Nutzung im Rahmen der Lebensführung eignen (zB Wirtschaftsgüter, die der Sport- und Freizeitausübung dienen, Luxuswirtschaftsgüter), und
   - typischerweise (im Rahmen einer Durchschnittsbetrachtung) einer besonderen in der Lebensführung begründeten Neigung entsprechen (zB Betrieb eines Reitstalls[73])), oder

2. aus Tätigkeiten, die typischerweise (im Rahmen einer Durchschnittsbetrachtung) auf eine besondere in der Lebensführung begründete Neigung zurückzuführen sind (zB Weinbaubetrieb und Schweinezucht eines Rauchfangkehrers[74])), oder

3. aus der Bewirtschaftung von Eigenheimen, Eigentumswohnungen und Mietwohngrundstücken mit qualifizierten Nutzungsrechten.

Die Liebhabereivermutung kann widerlegt werden, wenn „in einem absehbaren Zeitraum“ ein Gesamtgewinn oder ein Gesamtüberschuss der Einnahmen über die Werbungskosten zu erwarten ist (§ 1 Abs 2 iVm § 2 Abs 4 LVO). Die Verluste sind dann anzuerkennen.

46/1 Ein **Gesamtgewinn** ist der Gesamtbetrag der Gewinne zuzüglich steuerfreier Einnahmen abzüglich des Gesamtbetrages der Verluste (§ 3 Abs 1 LVO; in Abs 2 wird sinngemäß der Gesamtüberschuss definiert). Ein allenfalls erzielbarer Veräußerungs- oder Aufgabegewinn ist nur dann zu berücksichtigen, wenn konkrete Maßnahmen zur Veräußerung bzw Aufgabe gesetzt werden.[75])

47 **Einkünfte** sind zu vermuten, soweit die Liebhabereivermutung nicht eingreift, also bei allen typisch gewerblichen Tätigkeiten (§ 1 Abs 1 LVO). Die Vermutung kann jedoch widerlegt werden, wenn die Absicht nicht anhand objektiver Umstände nachvollziehbar ist.[76]) Im Fall der Einkünftevermutung liegen aber innerhalb eines **Anlaufzeitraums** von drei Jahren (höchstens fünf Jahre ab dem erstmaligen Anfallen von Aufwendungen bzw Ausgaben) jedenfalls Einkünfte vor, soweit nicht damit zu rechnen ist, dass die Tätigkeit vor Erzielung eines Gesamtgewinns (Gesamtüberschusses) beendet wird (vgl § 2 Abs 2 LVO). In diesem Zeitraum sind Verluste daher grds anzuerkennen. Nach Ablauf des Anlaufzeitraums ist nach dem Gesamtbild der Verhältnisse zu beurteilen, ob weiterhin von einer Einkunftsquelle ausgegangen werden kann (§ 2 Abs 2 LVO).

---

[72]) Vgl *Toifl* in *Doralt/Kirchmayr/Mayr/Zorn*, EStG[20] § 2 Tz 108.

[73]) VwGH 18. 12. 2014, 2011/15/0164.

[74]) UFS 15. 1. 2007, RV/0493-W/02.

[75]) Vgl VwGH 28. 4. 2009, 2006/13/0140 mwN (zu einer Eigentumswohnung).

[76]) VwGH 24. 9. 2008, 2006/15/0187.

Für **Mietgebäude** gilt eine Sonderregelung (§ 2 Abs 3 LVO; „große Vermietung“): Sie fallen grds unter die Einkünftevermutung. Ein Gesamtgewinn oder Gesamtüberschuss muss innerhalb eines „absehbaren Zeitraumes“ erwirtschaftet werden. Als absehbarer Zeitraum gilt ein Zeitraum von 25 Jahren ab Beginn der entgeltlichen Überlassung, höchstens 28 Jahren ab dem erstmaligen Anfallen von Aufwendungen (Ausgaben); eine grds Anerkennung der Anlaufverluste kommt trotz Einkünftevermutung nicht in Betracht. Einzelne **Eigentumswohnungen** oder **Eigenheime** fallen jedoch nicht unter die Einkünftevermutung, sondern unter die Liebhabereivermutung (§ 1 Abs 2 Z 3 LVO: Bewirtschaftung von Eigenheimen, Eigentumswohnungen und Mietwohngrundstücken mit qualifizierten Nutzungsrechten; „kleine Vermietung“). Die Zuordnung zur kleinen Vermietung erfolgt nach der Art des vermieteten Wohnraumes, dh, eine kleine Vermietung liegt auch dann vor, wenn zB neun Eigentumswohnungen in einem Gebäude vermietet werden.[77]) Die Liebhabereivermutung kann auch hier widerlegt werden. Als absehbarer Zeitraum gilt ein Zeitraum von 20 Jahren ab Beginn der entgeltlichen Überlassung, höchstens 23 Jahren ab dem erstmaligen Anfallen von Aufwendungen (Ausgaben). 48

C. Zeitliche Zuordnung der Einkünfte

Literatur: *Taucher,* Das Zufluß-Abfluß-Prinzip im Einkommensteuerrecht, Wien 1983; *Lang,* Der Zeitpunkt des Kapitalertragsteuerabzuges bei Zuwendungen einer Privatstiftung an Begünstigte, SWK 2001, S 323; *Kofler/Schenk/Weyermayer,* Zeitpunkt des Zufließens von Zuwendungen in einer Privatstiftung bei satzungsmäßiger Regelung für Zwecke der KESt, SWK 2001, S 460; *Siart/Temm,* In welchem Jahr sind Anfang Jänner bezahlte Dezembergehälter abzugsfähig? SWK 2001, S 341; *Siart/Temm,* Zeitliche Zuordnung von wiederkehrenden Einnahmen und Ausgaben, SWK 2002, S 311; *Schartel-Hlavenka,* Mieterinvestitionen – zu welchem Zeitpunkt sind sie dem Vermieter zuzurechnen? SWK 2002, S 459; *Renner,* Der „stehen gelassene“ Honoraranspruch, SWK 2002, S 807; *Kofler,* Zufluss beim stehen gelassenen Honoraranspruch, ecolex 2003, 358; *Tanzer,* Einkünftezurechnung im Einkommen- und Körperschaftsteuerrecht, 15. ÖJT III/1, Wien 2003; *Renner,* Zufluss von Geschäftsführer-Gehältern (I) – Auszahlungsverzicht nach Verbuchung, UFS 2004, 72; *Renner,* Zufluss von Geschäftsführer-Gehältern (II) – Bezug oder Vorschuss bzw Darlehen? UFS 2004, 74; *Beiser,* § 295 a BAO – Ereignisse mit Wirkung für die Vergangenheit, zivilrechtliche Mängel, Bilanzierung und Zufluss-Abfluss-Prinzip, ÖStZ 2005, 156; *Doralt,* § 19 EStG: Kein Zufluss bei Änderung der Fälligkeit vor Fälligkeit, RdW 2005, 511; *Stangl,* Zurechnungsfragen bei der unterjährigen Abtretung von Kapitalforderungen, RdW 2005, 719; *Marschner,* Zufluss von Zinsen – Eine Replik zu Stangl, RdW 2005, 722; *Thallinger,* Zuflüsse von iranischen Firmenkonten als Vermittlungsprovisionen, UFSjournal 2011, 221; *Pendl/Pülzl,* Abflusszeitpunkt bei Überweisungen mittels Online-Banking, SWK 2011, T 259; *Renner,* BFH: Zufluss von Arbeitslohn bei Gehaltsverzicht ohne wirtschaftlichen Ausgleich, FJ 2011, 223; *Brugger,* Einnahmenrealisation im außerbetrieblichen Bereich, Wien 2011; *Blasina,* Wochengeld ist eine regelmäßig wiederkehrende Einnahme iSd § 19 EStG, ÖStZ 2012, 345; *ders,* 15 Tage sind „kurze Zeit“, SWK 2012, 869; *ders,* Wochengeld ist eine regelmäßig wiederkehrende Einnahme iSd § 19 EStG, ÖStZ 2012, 345; *Pülzl,* Zuflusszeitpunkt

[77]) UFS 31. 3. 2008, RV/0451-G/04. Siehe auch LRL 2012 Rz 77.

von Auftraggeberhaftungsbeiträgen, SWK 2012, 1469; *Marschner/Renner,* Zufluss einer Vergütung an den Alleingesellschafter ohne faktischen Mittelfluss, UFSjournal 2012, 429; *Pamperl,* Zufluss einer erfolgsabhängigen Vergütung eines beherrschenden Gesellschafter-Geschäftsführers, ecolex 2012, 825; *Raab/Renner,* Entgeltszufluss an einen Alleingesellschafter ohne faktischen Mittelzufluss, DStZ 2013, 275; *dies,* Zufluss von Geschäftsführerbezügen ohne faktischen Mittelzufluss, UFSjournal 2013, 391; *Schuster,* Zufluss von Geschäftsführervergütungen an Allein-Gesellschafter, PVinfo 2013, 18; *Schwaiger,* VwGH korrigiert ständige Rechtsprechung des UFS zum Zuflusszeitpunkt von Insolvenz-Entgelt, UFSjournal 2013, 411; *Renner,* Zufluss rückgestellter Geschäftsführervergütungen bei nicht mehrheitlich beteiligtem Gesellschafter, BFGjournal 2014, 268; *Radschek/Unger,* Nachzahlungen im Insolvenzverfahren, taxlex 2014, 208; *Lenneis,* Abfluss von Betriebsausgaben, BFGjournal 2014, 88; *Atzmüller,* Elektronische Datenübermittlung betreffend Sonderausgaben, SWK 2016, 1433; *Hayden/Hayden,* Kreditkartenzahlung: Der Zeitpunkt des steuerlichen Zu-und Abflusses, RdW 2016, 361; *Renner,* Rückgängigmachung zugeflossener Geschäftsführerbezüge nicht möglich, SWK 2016, 1085; *Beiser,* Vermietung, Fruchtgenuss und Baurecht im Licht der Markteinkommenserzielung – Wem sind welche Einkünfte zuzurechnen? ÖStZ 2017, 588; *Leyrer,* Privater Grundstücksverkauf und Abzug von Werbungskosten, SWK 2017, 584; *Ebner/Wojciechowski,* Passive Rechnungsabgrenzung von einmaligen privaten Zuschüssen, taxlex 2017, 296; *Scheffler/Mair,* Einschaltung von Online-Vermittlungsplattformen – Eine Analyse anhand der Behandlung von Übernachtungsleistungen im deutschen Steuerrecht, StAW 2018, 23; *Renner,* Unentgeltliche Zurverfügungstellung einer Liegenschaft durch einen Gesellschafter, taxlex 2018, 264; *Hager,* Fremdwährungskredite im Betriebsvermögen, SWK 2018, 1117; *Schwaiger,* Verlustabzug in den Folgejahren nur bei Fixierung des Verlusts im Bescheid des Verlustentstehungsjahres, BFGjournal 2018, 280; *Atzmüller/Schlager,* Abzugsteuer bei Leitungsrechten, SWK 2019, 406.

Für die zeitliche Zuordnung der Einkünfte gelten das **Zufluss-/Abflussprinzip** bzw das **Prinzip der wirtschaftlichen Zuordnung.**

49 Bei den **außerbetrieblichen** Einkünften kommt das **Zufluss-/Abflussprinzip** des § 19 zur Anwendung. Einnahmen sind danach grundsätzlich innerhalb des Kalenderjahres bezogen, in dem sie dem Stpfl zugeflossen sind.[78]) Unter Zufluss ist die Erlangung der tatsächlichen und rechtlichen[79]) bzw rechtlichen und wirtschaftlichen Verfügungsmacht[80]) zu verstehen. Der Zufluss muss sich wirtschaftlich in einer Vermehrung des Vermögens des Empfangenden auswirken, wodurch er in die Lage versetzt wird, frei über die Einnahme verfügen zu können; dies ist erfüllt, wenn er die Auszahlung an einen Dritten anordnen kann oder ihm der Betrag am Verrechnungskonto gutgeschrieben wurde.[81]) Ein Betrag ist auch dann zugeflossen, wenn die Auszahlung auf Wunsch des Empfängers hinausgeschoben wird[82]) bzw im Fall eines Mehrheitsgesellschafters

[78]) Vgl VwGH 19. 3. 2013, 2010/15/0070; VwGH 25. 5. 2016, 2013/15/0276.

[79]) Vgl VwGH 22. 2. 1993, 92/15/0048; VwGH 29. 4. 2010, 2007/15/0293.

[80]) Vgl VwGH 26. 9. 2000, 99/13/0193; VwGH 7. 6. 2001, 95/15/0112 (zu einer Akontozahlung).

[81]) Vgl VwGH 26. 9. 2000, 99/13/0193; VwGH 26. 2. 2013, 2010/15/0061; VwGH 24. 11. 2016, 2013/13/0081.

[82]) VGl VwGH 9. 9. 1998, 95/14/0160; VwGH 24. 9. 2002, 2000/14/0132 (zu einem stehen gelassenen Honoraranspruch).

bereits im Zeitpunkt der Fälligkeit der Zahlung, sofern die GmbH zahlungsfähig ist.[83]) Ausgaben sind grundsätzlich für das Kalenderjahr abzusetzen, in dem sie geleistet worden sind.[84])

Vom Zufluss-/Abflussprinzip bestehen folgende **Ausnahmen:**

1. „Kurze-Zeit-Regel" 50

Regelmäßig wiederkehrende Einnahmen, die kurze Zeit vor Beginn oder kurze Zeit nach Beendigung des Kalenderjahres, zu dem sie wirtschaftlich gehören, anfallen, sind dem Kalenderjahr zuzurechnen, zu dem sie wirtschaftlich gehören (§ 19 Abs 1). Unter regelmäßig wiederkehrenden Einnahmen werden dabei nur solche verstanden, die nicht nur einmal, sondern mindestens drei Mal in (annähernd) gleichen Zeitabständen hintereinander anfallen (zB Bezüge aus einem laufenden Dienstverhältnis, Krankengeld, Wochengeld, Mietzinszahlungen), wobei Ratenzahlungen ausgenommen sind.[85]) Nur solche Zahlungen fallen unter § 19 Abs 1 zweiter Satz, die zwar nach dem ihnen zu Grunde liegenden Rechtsverhältnis grundsätzlich mit Beginn oder Ende des Kalenderjahres fällig sind, zu dem sie wirtschaftlich gehören, tatsächlich aber wenige Tage vor Beginn bzw wenige Tage nach Beendigung dieses Kalenderjahres tatsächlich fließen.[86]) Unter der Formulierung „kurze Zeit" versteht die Rsp einen Zeitraum von 10 Tagen.[87]) Die EStR 2000 gehen demgegenüber von 15 Tagen aus.[88]) Werden dagegen laufende oder sonstige Bezüge für das Vorjahr bis zum 15. 2. des Folgejahres ausbezahlt, gelten sie nach den LStR 2002 noch als im Vorjahr zugeflossen.[89]) Für regelmäßig wiederkehrende Ausgaben gilt dasselbe wie für regelmäßig wiederkehrende Einnahmen.

Beispiele:

Der am 1. Jänner fällige Jänner-Bezug eines Beamten wird bereits am 29. Dezember überwiesen: Zurechnung zum neuen Jahr. – Das am 30. Dezember überwiesene Steuerberatungshonorar wird dem Wirtschaftstreuhänder am 2. Jänner gutgeschrieben: Abfluss beim Klienten im alten Jahr, Zufluss beim Wirtschaftstreuhänder im neuen Jahr. – Die am 15. Jänner fällige (und bezahlte) USt für November des Vorjahres ist laut EStR 2000 im Jänner abgeflossen, weil die Fälligkeit erst in diesem Jahr gegeben ist.

2. Zahlungen aus öffentlichen Mitteln

Abweichend vom Zufluss sind auch bescheidmäßig festgesetzte Pensionsnachzahlungen und Nachzahlungen im Insolvenzverfahren zu erfassen; sie sind dem Kalenderjahr zuzurechnen, für das der Anspruch besteht.[90])

---

[83]) Vgl UFS 22. 10. 2012, RV/0339-L/09; VwGH 26. 2. 2013, 2010/15/0061; vgl auch BFH 19. 7. 1994, VIII R 58/92.

[84]) Vgl VwGH 18. 5. 1960, 1843/59; VwGH 1. 12. 1992, 88/14/0004.

[85]) Vgl *Mayr/Hayden* in *Doralt/Kirchmayr/Mayr/Zorn*, EStG[18] (2016) § 19 Tz 43

[86]) Vgl EStR 2000 Rz 4630.

[87]) Vgl VwGH 10. 5. 1978, 634/78; VwGH 8. 4. 1986, 85/14/0160; vgl auch UFS 4. 6. 2008, RV/0650-L/07.

[88]) Vgl EStR 2000 Rz 4631.

[89]) Vgl LStR 2002 Rz 631.

[90]) Vgl BFG 20. 4. 2015, RV/7101993/2013; vgl auch LStR 2002 Rz 631 a.

Ebenfalls nicht im Jahr des Zuflusses zu erfassen sind Förderungen und Zuschüsse, die aus öffentlichen Mitteln (iSd § 3 Abs 4) getätigt werden (ausgenommen Bezüge iSd § 3 Abs 2, das sind Bezüge nach dem Heeresgebührengesetz und dem Zivildienstgesetz); sie sind ebenfalls in dem Kalenderjahr zu erfassen, in dem der Anspruch besteht bzw für das sie geleistet werden (§ 19 Abs 1 Z 2; ab 2011).

3. Verteilungsregel für bestimmte Vorauszahlungen

Vorauszahlungen von Beratungs-, Bürgschafts-, Fremdmittel-, Garantie-, Miet-, Treuhand-, Vermittlungs-, Vertriebs- und Verwaltungskosten sind abweichend vom Abflusszeitpunkt auf den Zeitraum ihrer Laufzeit verteilt abzusetzen (§ 4 Abs 6; § 19 Abs 3).[91]) Das gilt nur dann nicht, wenn die Vorauszahlung lediglich das laufende Jahr und das Folgejahr betrifft.[92]) Zweck der Verteilungspflicht ist es, dass Vorauszahlungen nicht zur Steuergestaltung eingesetzt werden (Minderung des Einkommens durch vorgezogene Aufwendungen).[93]) Mit Vorauszahlungen sind nur Ausgaben gemeint; das ergibt sich aus den im Gesetz ausdrücklich angeführten „[. . .]kosten". Vorausgezahlte Einnahmen sind nicht aufzuteilen; sie sind zur Gänze im Zeitpunkt des Zuflusses zu erfassen.[94])

Beispiel:

Eine Zinsvorauszahlung für 5 Jahre ist mit je $^1/_5$ den betreffenden Jahren zuzurechnen. – Eine Mietvorauszahlung, die im Jänner für das laufende und das folgende Kalenderjahr geleistet wird, kann sofort abgesetzt werden.

51 Wird der Gewinn bei den **betrieblichen** Einkunftsarten mithilfe des Betriebsvermögensvergleiches ermittelt, kommt idR das **Prinzip der wirtschaftlichen Zurechnung** zur Anwendung: Einnahmen und Ausgaben werden nicht den Jahren zugerechnet, in denen sie zu- oder abgeflossen sind, sondern den Jahren, zu denen sie wirtschaftlich gehören.[95]) Vorauszahlungen sind in diesen Fällen schon nach allgemeinen Bilanzierungsgrundsätzen verteilungspflichtig.[96]) Wird dagegen der Gewinn bei den betrieblichen Einkunftsarten nicht mithilfe des Betriebsvermögensvergleiches, sondern als Überschuss der Betriebseinnahmen über die Betriebsausgaben ermittelt (§ 4 Abs 3), dann richtet sich die zeitliche Zuordnung wie bei den außerbetrieblichen Einkünften nach dem Zufluss-/Abflussprinzip.

52 Die Ermittlung des **Einkommens** erfolgt stets für ein Kalenderjahr, und nicht zB für die gesamte Lebenszeit einer Person: Das Einkommen, das der Stpfl

---

[91]) Siehe zu den Begriffsdefinitionen *Mayr/Hayden* in *Doralt/Kirchmayr/Mayr/Zorn,* EStG[18] § 19 Tz 60; EStR 2000 Rz 1382 ff.

[92]) Vgl VwGH 12. 8. 1994, 94/14/0064.

[93]) Vgl *Mayr/Hayden* in *Doralt/Kirchmayr/Mayr/Zorn,* EStG[18] § 19 Tz 52.

[94]) Vgl VwGH 24. 10. 1995, 95/14/0057; VwGH 23. 2. 2010, 2008/15/0027 (keine verfassungsrechtliche Bedenken gegen die Ungleichbehandlung von Einnahmen und Ausgaben).

[95]) Vgl VwGH 17. 10. 1984, 82/13/0266.

[96]) Siehe dazu näher unten Tz 175.

innerhalb eines Kalenderjahres bezogen hat, ist der ESt zu Grunde zu legen (§ 2 Abs 1).[97]) Dementsprechend ist Veranlagungszeitraum prinzipiell das Kalenderjahr (§ 39 Abs 1). Hat die Steuerpflicht nicht während des vollen Veranlagungszeitraumes bestanden, so wird das während der Dauer der Steuerpflicht bezogene Einkommen zu Grunde gelegt (keine Umrechnung auf einen Jahresbetrag). Bei Wegfall der Steuerpflicht im Laufe eines Kalenderjahres kann die Veranlagung sofort vorgenommen werden (§ 39 Abs 2). Bei den **außerbetrieblichen Einkunftsarten** sind die während des **Kalenderjahres** zu- bzw abgeflossenen Einnahmen und Ausgaben maßgeblich. Bei den **betrieblichen Einkunftsarten** sind die während des **Wirtschaftsjahres** realisierten Einnahmen und Ausgaben maßgeblich. Der Gewinn gilt in dem Kalenderjahr als bezogen, in dem das Wirtschaftsjahr endet (§ 2 Abs 5). Das Wirtschaftsjahr deckt sich grundsätzlich mit dem Kalenderjahr. Buchführende Land- und Forstwirte und rechnungslegungspflichtige Gewerbetreibende (§ 5) dürfen jedoch ein vom Kalenderjahr abweichendes Wirtschaftsjahr haben (§ 2 Abs 5).[98])

Beispiel:

Einkünfte aus Vermietung und Verpachtung, die am 1. 6. 2017 zugeflossen sind, gehören zum Einkommen des Jahres 2017. Einkünfte aus Gewerbebetrieb, die nach dem Prinzip der wirtschaftlichen Zurechnung am 1. 6. 2017 erwirtschaftet worden sind, gehören bei einem mit dem Kalenderjahr übereinstimmenden Wirtschaftsjahr ebenfalls zum Einkommen des Jahres 2017. Bei einem abweichenden Wirtschaftsjahr 1. 5. 2017–30. 4. 2018 sind die Einkünfte aus Gewerbebetrieb dem Wirtschaftsjahr 2017/2018 zuzurechnen. Da das Wirtschaftsjahr im Jahr 2018 endet, gehören sie zum Einkommen des Jahres 2018.

Enden in einem Kalenderjahr mehrere Wirtschaftsjahre, so sind die Ergebnisse aller Wirtschaftsjahre bei der Ermittlung des Einkommens des betreffenden Kalenderjahres zu berücksichtigen.[99]) Endet im Kalenderjahr nur ein Rumpfwirtschaftsjahr, so ist nur dessen Ergebnis zu berücksichtigen. Durch einen Wechsel des Bilanzstichtages können daher Gewinne verlagert und eine Steuerersparnis erzielt werden (Steuerstundungseffekt).

Beispiel:

Der Stpfl hatte ein abweichendes Wirtschaftsjahr mit Bilanzstichtag 31. 3. Am 31. 12. 2018 stellt er seine betriebliche Tätigkeit aus Altersgründen ein. Bei der Ermittlung des Einkommens des Kalenderjahres 2018 sind die Ergebnisse des abweichenden Wirtschaftsjahres 1. 4. 2017-31. 3. 2018 und des Rumpfwirtschaftsjahres 1. 4.–31. 12. 2018, somit die Ergebnisse von 21 Monaten und der Aufgabegewinn zu berücksichtigen. Dies könnte vermieden werden, wenn der Stpfl den Betrieb erst zum 31. 1. 2019 einstellt. Dann endet im Jahr 2019 das Wirtschaftsjahr 2018/2019, jedoch nur mit 8 Monaten (1. 4. 2018–31. 1. 2019).

Das Wirtschaftsjahr umfasst idR einen Zeitraum von 12 Monaten. Einen **53**
kürzeren Zeitraum (Rumpfwirtschaftsjahr) darf es umfassen (§ 2 Abs 6), wenn

---

[97]) Prinzip der Abschnittsbesteuerung; siehe dazu auch Tz 27.

[98]) Siehe dazu näher unten Tz 164.

[99]) Vgl VwGH 23. 11. 1976, 1453/76; VwGH 20. 1. 1988, 87/13/0026; siehe auch *Toifl* in *Doralt/Kirchmayr/Mayr/Zorn*, EStG[20] (2018) § 2 Tz 181/2 (mit Beispielen).

ein Betrieb eröffnet oder aufgegeben wird oder wenn der buchführende Land- und Forstwirt oder der rechnungslegungspflichtige Gewerbetreibende den Bilanzstichtag wechselt.

Beispiel:

Der Stpfl eröffnet am 1. 9. seinen Betrieb, will bzw muss aber jeweils zum 31. 12. Bilanzieren: Das Wirtschaftsjahr umfasst in diesem Jahr 4 Monate. – Der Stpfl hat bisher zum 31. 12. bilanziert und will künftig zum 31. 3. bilanzieren: Das Wirtschaftsjahr umfasst 3 Monate.

D. Persönliche Zurechnung der Einkünfte

Literatur: *Ruppe,* Möglichkeiten und Grenzen der Übertragung von Einkunftsquellen als Problem der Zurechnung, in *Tipke* (Hrsg), Übertragung von Einkunftsquellen im Steuerrecht, Köln 1978, 7; *Ruppe,* Die steuerrechtliche Anerkennung von Vereinbarungen zwischen Angehörigen, in *Ruppe* (Hrsg), Handbuch der Familienverträge, Wien 1985, 101; *ders,* Die persönliche steuerliche Zurechnung und Abzugsposten innerhalb des Angehörigenverbandes, ebendort, 127; *Doralt,* Der außerbetriebliche unentgeltliche Fruchtgenuß – ein Steuersparmodell, RdW 1998, 519; *Beiser,* Das Leistungsfähigkeitsprinzip – Irrweg oder Richtschnur? ÖStZ 2000, 413; *oV,* VwGH kippt Fruchtgenussmodell, RdW 2001, 177; *Doralt,* Unentgeltlicher Nießbrauch – Zurechnung der Einkunftsquelle, FS Kruse, Köln 2001; *Gehringer,* Steuerliche Auswirkung von Bewirtschaftungsverträgen im Rahmen der Einkünfte aus Land- und Forstwirtschaft, FJ 2001, 109; *Doralt,* AfA bei Vorbehaltsfruchtgenuss, RdW 2002, 54; *Arnold,* Zurechnung von Einkünften bei der Privatstiftung, ecolex 2002, 646; *Wolf,* Der Fruchtgenuss bei Betriebsübertragungen, ÖStZ 2002, 39; *Wiesner,* Absetzung für Abnutzung für ein Fruchtgenussrecht, RWZ 2002, 311; *Tanzer,* Einkünftezurechnung im Einkommen- und Körperschaftsteuerrecht, ÖJT 2003; *Gassner,* Grundsatzfragen der Einkünftezurechnung, ÖStZ 2003, 438; *Renner,* Keine betriebliche Veranlassung von Unterhaltszahlungen an den Lebensgefährten, SWK 2003, 1197; *Rieder,* Verträge mit nahen Angehörigen und kein Ende, SWK 2004, 1014; *Renner,* Anerkennung eines „Angehörigendienstverhältnisses" trotz zu niedrigen Lohns, RdW 2005, 574; *oV,* Angehörigenverträge: Unterschiedliche Behandlung von Mietverträge und Dienstverträgen, RdW 2005, 325; *Doralt,* Nochmals: Unangemessene Miete für nahe Angehörige, RdW 2005, 578; *Veishor,* Fruchtgenuss und andere dingliche Nutzungsrechte im Steuerrecht, Wien 2006; *Zorn,* Die Zurechnung von Einkünften unter dem Aspekt der Zwischenschaltung von Auslandsgesellschaften, FS W. Doralt, Wien 2007, 527; *Huber,* Markteinkommenstheorie und Mitunternehmerschaften, FS Ruppe, Wien 2007, 227; *Migglautsch,* Keine Einkünftezurechnung an eine substanzlose GmbH! ecolex 2007, 971; *Mayr,* Drittanstellung von Vorständen zulässig? RdW 2008, 420; *Aigner,* Wirtschaftliches Eigentum bei Wertpapierleihe und Pensionsgeschäft, SWK 2009, 67; *Bergmann,* Die „Drittanstellung" von Managern im Gesellschafts- und Steuerrecht (Teil 1) taxlex 2009, 131 und (Teil 2) taxlex 2009, 184; *Huber,* Einkünftezurechnung an Arbeitgeber und Einmanngesellschaften, taxlex 2009, 285; *Marschner,* UFS: Einkünfte aus der Tätigkeit als Aufsichtsrat oder Stiftungsvorstand können nur einer natürlichen Person zugerechnet werden, GeS 2009, 70; *Mayr,* Zwischengeschaltene GmbH steuerlich anzuerkennen? RdW 2009, 877; *Kopf,* Nichtanerkennung eines Treuhandverhältnisses unter nahen Angehörigen, UFSjournal 2009, 437; *oV,* VwGH: Einkünftezurechnung bei zwischengeschalteter Aufsichtsrats-GmbH, RdW 2009, 545; *Renner,* Einkünftezurechnung bei Erbringung höchstpersönlicher Leistungen, UFSjournal 2009, 95; *ders,* Rechtsfolgen unangemessener Verträge zwischen nahen Angehörigen, UFSjournal 2009, 16; *ders,* Einkünftezurechnung bei „entsendetem" Aufsichtsratsmitglied, SWK 2009, 1204; *Tanzer,* Die Einkünftezurechnung bei Drittanstellung von Geschäftsführern (Vorständen) im Ertragsteuerrecht, ÖStZ 2009, 123; *Winkler,* Sind Aufsichtsratsvergütungen steuerlich tatsächlich zwingend einer natürlichen Person zurechenbar? SWK 2009, 1208; *Doralt,* Fruchtgenuss mit Belastungs- und Veräußerungsverbot: wirtschaftliches Eigentum? RdW 2010, 234; *ders,* UFS: keine AfA vom unentgeltlich erworbenen Fruchtgenuss, RdW 2010, 363; *Leitner,* Die typisierende Betrachtungsweise bei der Einkünftezurechnung, SWK 2010, 588; *Novacek,* Einkünftezurechnung bei zwischengeschalteten Kapitalgesellschaften, ÖStZ 2010, 83; *Renner,* Aufsichtsrat, Künstler, Schriftsteller und Sportler als GmbH, RdW 2010, 170; *oV,* VwGH: Zurechnung von Einkünften bei Zwischenschaltung eines Vereines, RdW 2010, 169; *W. D.,* UFS zum Legat: Zurechnung der Einkünfte ab Todestag? RdW 2010, 173; *Bodis,* Einkünftezurechnung bei zwischengeschalteten Kapitalgesellschaften, Wien 2011; *Varro/Ebner,* Fruchtgenuss an Gesellschaftsanteilen ohne Stimmrechtsübertragung? RdW 2011, 762; *Beiser,* Die ertragsteuerliche Zurechnung bei Stiftungen in Liechtenstein nach der Ruppe-Formel, RdW 2012, 694; *Knechtl,* Einkunftsquelle Verlustbeteiligungsmodell? ÖStZ 2012, 349; *Rosenberger/Loidl/Moshammer,* Qualifikations- und Zurechnungskonflikt, SWK 2012, 895; *Bodis/Ludwig,* Steuerlicher Durchgriff durch ausländische „Körperschaften", RdW 2013, 621; *Cupal/Petutschnig,* Zur Einkünftezurechnung und Beweisführung bei Liechtensteinischen Stiftungen, RdW 2013, 54; *Doralt,* VwGH: Einkünftezurechnung bei Gebäudevermietung, RdW 2013, 566; *Marschner/Renner,* Einkünftezurechnung bei Erbringung „höchstpersönlicher" Leistungen, SWK 2013, 741; *dies,* VwGH: Zurechnung der Einkünfte aus Aufsichtsrats- oder Stiftungsvorstandtätigkeit an die natürliche Person, GES 2013, 266; *Prodinger,* VwGH bestätigt die bisherige Rechtsprechung zum Vollamortisationsleasing, SWK 2013, 1013; *Leitner,* VwGH zur Einkünftezurechnung an eine Management-GmbH, ÖStZ 2014, 591; *Marschner,* AfA-Berechtigung einer Fruchtgenussberechtigten, BFGjournal 2014, 364; *ders,* Zurechnung von Einkünften aus Geschäftsführungstätigkeit, BFGjournal 2014, 400; *Moser,* Die Ausgestaltung von Fruchtgenussrechten im Immobilienbereich und deren steuerrechtliche Anerkennung, taxlex 2014, 408; *Petritz/Reinold,* Einkünftezurechnung bei (in- und ausländischen) Künstler- und Sportler-Kapitalgesellschaften, taxlex 2014, 260; *Renner,* VwGH zur „Zwischenschaltung einer Management-GmbH", GES 2014, 519; *Stanek,* UFS zur Zurechnung von Verlustanteilen aus einer deutschen KG, GES 2014, 407; *Gruber/Vondrak,* Persönliche oder höchstpersönliche Einkünfte, das ist hier die Frage, ecolex 2015, 237; *Keppert,* Der VwGH zur (In-)Transparenz von liechtensteinischen Stiftungen, SWK 2015, 1201; *Marschner/Renner,* VwGH: Persönliche Zurechnung von Einkünften aus Geschäftsführungstätigkeit, GES 2015, 38; *Mechtler/Pinetz,* Zurechnung von Einkünften bei liechtensteinischen Versicherungsmänteln, BFGjournal 2015, 353; *Novosel,* Wirtschaftliches Eigentum und Absetzung für Abnutzung bei Fruchtgenussrechten an übertragenen Immobilien – Vorbehaltsfruchtgenuss, ÖStZ 2015, 13; *Schlager/Titz,* Ertragsteuerliche Änderungen im AbgÄG 2015: Neues zur Einkünftezurechnung, Einlagenrückzahlung und „Wegzugsbesteuerung", RWZ 2015, 375; *Wiesner,* Noch einmal: Zurechnung von liechtensteinischen Stiftungseinkünften an den Stifter, RWZ 2015, 136; *Beiser,* Die Markteinkommenstheorie und die Einkünftezurechnung bei echten Stillen und bei Gesellschaftern von Kapitalgesellschaften, ÖStZ 2016, 89; *Bergmann,* § 2 Abs 4 a EStG: Einkünftezurechnung bei „zwischengeschalteten" Kapitalgesellschaften nach dem AbgÄG 2015, GES 2016, 175; *Bodis/Pfeiffer,* Vorbehaltsfruchtgenuss an Grundstücken – Behandlung der AfA in der Einkommen- und in der Umsatzsteuer, RdW 2016, 645; *Knöll,* Der (Zuwendungs-)Fruchtgenuss im Visier der Finanz, SWK 2016, 500; *Marschner/Renner,* Ende der Zwischenschaltungsmöglichkeit von Kapitalgesellschaften, SWK 2016, 349; *Novacek,* Einkünftezurechnung bei höchstpersönlichen Tätigkeiten, FJ 2016, 100; *Peyerl,* Einkünftezurechnung höchstpersönlich – altbekannte und neue Probleme, SWK 2016, 660; *Tratlehner*, Einkünftezurechnung bei zwischengeschalteten Körperschaften – Der neue § 2 Abs 4a EStG, BFGjournal 2016, 16; *ders*, Einkünftezurechnung bei zwischengeschalteten Körperschaften – Spannungsfelder und Folgefragen, BFGjournal 2016, 56; *Arnoldi*, Die Zurechnung von Einkünften unter dem Aspekt der Zwischenschaltung einer im Ausland ansässigen Kapitalgesellschaft, FJ 2017, 129; *Beiser*, Vermietung, Fruchtgenuss und Baurecht im Licht der Markteinkommenserzielung – Wem sind welche Einkünfte zuzurechnen? ÖStZ 2017, 588; *Bodis/Ebner*, Ertragsteuerliche Auswirkungen der entgeltlichen Übertragung von Fruchtgenussrechten an Grundstücken, RdW 2017, 176; *Frech*, Zur Zurechnung der Einkünfte aus einer Betriebsaufgabe bei Tod des Erblassers, BFGjournal 2017, 249; *Horkel/Wytrzens*, Wirtschaftliche Eigentümer – Geldwäschebestimmungen vs ertragssteuerliche Sichtweise, RdW 2017, 787; *Höber/Peyerl*, Einkünfteverteilung gem § 37 Abs 2 EStG nach dem Tod, SWK 2017, 1273; *Komarek/Leyrer*, Die steuerliche Behandlung von Fruchtgenussrechtsvereinbarungen an Kapitalanteilen, ÖStZ 2017, 583; *Leyrer*, Wirtschaftliches Eigentum bei Fruchtgenussvereinbarungen an Liegenschaften, taxlex 2017, 108; *ders*, Zurechnung von Einkünften bei Vorliegen eine Scheidungsklausel im Fruchtgenussvertrag, BFGjorunal 2017, 397; *ders*, Ablösezahlung für ein Fruchtgenussrecht, BFGjournal 2017, 213; *ders*, Entgeltliche Ablöse von Fruchtgenussrechten im außerbetrieblichen Bereich, SWK 2017, 877; *Mechtler/Pinetz*, VwGH zur Einkünftezurechnung bei liechtensteinischen Lebensversicherungen, BFGjournal 2017, 90; *Peyerl*, Steuerrechtliche Aspekte des neuen Pflegevermächtnisses, SWK 2017, 618; *Renner*, Zurechnung von Einkünften aus Vermietung und Verpachtung, SWK 2017, 762; *Zorn*, VwGH: Abgrenzung Lebensversicherung zu Wertpapierveranlagung – wirtschaftliches Eigentum, RdW 2017, 55; *Fugger*, Zurechnung der Einkünfte aus der Einräumung eines Wasserbezugsrechts, BFGjournal 2018, 93; *Hirschler/Frank*, Abtretung von Gesellschaftsanteilen bei natürlichen Personen, VWT 2018, 19; *Kampitsch*, Die „Schenkung auf den Todesfall" im Abgabenrecht, taxlex 2018, 328; *Kirchmayr/Achatz*, Zum vorbehaltenen Fruchtgenuss, taxlex 2018, 33; *Leyrer*, Substanzabgeltung bei Fruchtgenussvereinbarungen, taxlex 2018, 68; *Kirchmayr/Denk*, Die Wertpapierleihe im Steuer- und Unternehmensrecht, in *Kirchmayr/Mayr*, Beteiligungen im Konzern, Wien 2019 *[in Druck]*.

54 Die Einkünfte sind dem Stpfl zuzurechnen, der sie bezieht. Das ist im Allgemeinen derjenige, der den einkommensteuerrechtlichen Tatbestand erfüllt.[100]) Die Tatbestände des EStG stellen nun – von wenigen Ausnahmen abgesehen – auf marktmäßig erzielte Einkünfte ab. Die Einkünfte werden aus dem Umsatz von Leistungen am Markt bezogen. Zurechnungssubjekt ist daher derjenige, der die zu Einkünften führenden Leistungen am Markt erbringt. In Zweifelsfällen ist darauf abzustellen, wer die Möglichkeit besitzt, die sich ihm bietenden Marktchancen auszunützen, Leistungen zu erbringen oder zu verweigern (sog Markteinkommenstheorie nach *Ruppe*[101])). Die zivilrechtliche oder wirtschaft-

[100]) Der Abgabenanspruch entsteht für die zu veranlagende ESt jedoch grds erst mit Ablauf des Kalenderjahres (§ 4 Abs 2 BAO).

[101]) *Ruppe* in *Tipke*, Übertragung von Einkunftsquellen, Köln 1978, 7 ff. Dem folgend zB VwGH 5. 8. 1993, 93/14/0031, ÖStZB 1994, 166 (zur Zurechnung von Einkünften aus Vermietung und Verpachtung); VwGH 20. 3. 2014, 2011/15/0174 (zur „gescheiterten" Übertragung der Einkunftsquelle durch Zuwendungsfruchtgenuss); EStR 2000 Rz 104. Siehe dazu auch *Bodis*, Einkünftezurechnung bei zwischengeschalteten Kapitalgesellschaften, Wien 2011, 10 ff.

liche Zurechnung von Wirtschaftsgütern und die Zurechnung von Einkünften müssen sich nicht zwangsläufig decken.[102])

Beispiel:

Wird ein Betrieb verpachtet, so sind die Einkünfte aus dem Betrieb nicht dem Eigentümer der Wirtschaftsgüter (Verpächter) zuzurechnen, sondern dem Pächter, weil er die betriebliche Leistung am Markt anbietet. Dem Verpächter ist lediglich der Pachtzins zuzurechnen, der auf **seine** Leistung (Verpachtung des Betriebes) zurückzuführen ist.

Zwischenschalten einer Kapitalgesellschaft: Wird eine Tätigkeit nicht von einer natürlichen Person, sondern von einer Kapitalgesellschaft (zB GmbH oder AG) ausgeübt, dann sind dieser Kapitalgesellschaft grds auch die Einkünfte aus dieser Tätigkeit zuzurechnen. Kapitalgesellschaften gelten – im Unterschied zu Personengesellschaften – als eigene Steuersubjekte.[103]) Daraus ergibt sich die Möglichkeit, Tätigkeiten über eine zwischengeschaltete GmbH auszuüben (die effektive Steuerbelastung beträgt bei Körperschaften max 45,625%[104])). Grds steht dieses Gestaltungsrecht dem Stpfl auch offen. Bei der Tätigkeit als organschaftlicher Vertreter einer Körperschaft (zB Geschäftsführer oder Vorstand) oder bei einer sog „höchstpersönlichen" Tätigkeit werden allerdings die Einkünfte direkt der leistungserbringenden natürlichen Person zugerechnet, auch wenn die Leistung formal von einer Körperschaft abgerechnet wird, die unter dem Einfluss der leistungserbringenden natürlichen Person (dh dem Gesellschafter) steht und die Körperschaft über keinen sich von dieser Tätigkeit abhebenden Betrieb verfügt (§ 2 Abs 4 a).[105]) Als höchstpersönlich gilt dabei nur die Tätigkeit als Künstler, Schriftsteller, Wissenschaftler, Sportler und Vortragender. Wann ein eigenständiger, sich von der Tätigkeit abhebender Betrieb vorliegt, kann mitunter unklar sein. Nach den Gesetzesmaterialien ist insb darauf abzustellen, ob Mitarbeiter beschäftigt werden, wobei deren Tätigkeit über bloße Hilfstätigkeiten (zB Sekretariat und Hilfsdienste) hinausgehen muss.[106]) **54/1**

Im Ergebnis wird in solchen Fällen nach § 2 Abs 4 a die grds Steuersubjektivität der Körperschaft (Abschirmwirkung) „ignoriert" und es kommt zum Durchgriff auf die Gesellschafterebene.[107])

Beispiele:

1. Eine Universitätsprofessorin rechnet die Honorare für ihre Gutachtertätigkeit über eine ihr zu 100% gehörende GmbH ab.

---

[102]) Vgl VwGH 31. 3. 1998, 98/13/0039, ÖStZB 1998, 777; EStR 2000 Rz 104.

[103]) Siehe dazu unten Tz 901 ff.

[104]) 25% KSt auf den Gewinn der Körperschaft und zusätzlich 27,5% KESt auf den ausgeschütteten Gewinnanteil (bzw Dividende). Der maximale progressive Grenzsteuersatz in der ESt beträgt bis zu 55% (§ 33 Abs 1).

[105]) Siehe ausführlich *Bodis,* Einkünftezurechnung 137 ff.

[106]) ErläutRV 896 BlgNR 25. GP 2 f mit Verweis auf die Verwaltungspraxis. Einige Beispiele finden sich in EStR 2000 Rz 104.

[107]) Mit § 2 Abs 4 a idF AbgÄG 2015 BGBl I 2015/163 wollte der Gesetzgeber die Praxis der rein formalen „Zwischenschaltung" von Kapitalgesellschaften verhindern. Zwar wurde diese Möglichkeit von der FinVw schon davor verneint (EStR 2000 Rz 104; vgl auch *Mayr,* RdW 2009, 877), hinsichtlich der Voraussetzungen der Zuordnung von Einkünften an die Körperschaft bestanden aber auf Grund der Rsp des VwGH (zB VwGH 4. 9. 2014, 2012/15/0226 und VwGH 24. 9. 2014, 2011/13/0092) einige Unsicherheiten, die der Gesetzgeber beseitigen wollte; vgl ErläutRV 896 BlgNR 25. GP 2 f.

Es liegt eine höchstpersönlich zu erbringende Tätigkeit vor. Die GmbH kann daher nicht selbst die Marktchancen nutzen. Da die GmbH über keinen eigenen, sich von der Universitätsprofessorin abhebenden Betrieb verfügt, sind die Einkünfte dieser direkt zuzurechnen. Auch wenn sie einen Arbeitnehmer als Sekretär (zB ihren Ehemann) beschäftigt, ändert dies an der Zurechnung der Einkünfte an sie grds nichts.[108])

2. Ein Vorstand einer AG gründet eine GmbH und verrechnet seinen Vorstandsbezug über diese GmbH.

Da die GmbH die Tätigkeit nicht selbst ausüben kann und auch über keinen sich vom Vorstand abhebenden Betrieb verfügt, sind die Vorstandsbezüge diesem direkt zuzurechnen.[109])

55 Werden Einkünfte einem Dritten abgetreten, so bleibt der ursprüngliche Bezieher stpfl. Die Verfügung über die Einkünfte stellt eine bloße **Einkommensverwendung** dar, die an der Zurechnung der Einkunftsquelle nichts ändert. Anders ist es, wenn nicht die Einkünfte, sondern die Einkunftsquelle selbst einem Dritten abgetreten wird.

Beispiele:

1. Der Arbeitgeber führt auf Grund einer Lohnpfändung einen Teil des Arbeitslohnes eines Arbeitnehmers direkt an den Gläubiger des Arbeitnehmers ab. Der gesamte Arbeitslohn ist dem Arbeitnehmer zuzurechnen.

2. Die stpfl A schenkt einen Gesellschaftsanteil an der B-GmbH ihrem Ehegatten E. Der auf den Gesellschaftsanteil an der B-GmbH (Einkunftsquelle) entfallende Gewinnanteil ist künftig dem Ehegatten E zuzurechnen.

56 Einkünfte aus einer betrieblichen Tätigkeit sind grds demjenigen zuzurechnen, auf dessen Rechnung und Gefahr die betriebliche Tätigkeit entfaltet wird. In ähnlicher Weise sind Einkünfte aus Kapitalvermögen oder aus Vermietung und Verpachtung prinzipiell demjenigen zuzurechnen, der zur Nutzung der Vermögenswerte berechtigt ist. Die Einräumung eines **Fruchtgenussrechtes** an ertragbringenden Vermögenswerten kann aber zur Zurechnung der Einkünfte an den Fruchtgenussberechtigten und nicht an den Fruchtgenussbesteller führen.[110]) Wird das Eigentum an einem Wirtschaftsgut unter Zurückbehaltung des Fruchtgenusses übertragen (sog **Vorbehaltsfruchtgenuss**), so ändert sich idR nichts an der Zurechnung der Einkünfte.[111]) Bei Bestellung des Fruchtgenusses ohne Übereignung der dienstbaren Sache (sog **Zuwendungsfruchtgenuss**) sind die Einkünfte dem Fruchtgenussberechtigten zuzurechnen, sofern er die Einkunftsquelle bewirtschaftet. Auch im außerbetrieblichen Bereich kann es durch die Einräumung eines Fruchtgenussrechts zu einer Übertragung einer Einkunftsquelle kommen.

56/1 Um beim Zuwendungsfruchtgenuss die Einkunftsquelle, insb bei Einkünften aus Vermietung von Gebäuden, wirksam zu übertragen, muss der Fruchtgenuss dem Fruchtgenussberechtigten eine rechtlich abgesicherte Position vermitteln. Der Fruchtgenuss hat daher für eine gewisse Dauer zu erfolgen (wobei zehn Jahre als ausreichend anzusehen

---

[108]) EStR 2000 Rz 104 (Bsp 4).

[109]) EStR 2000 Rz 104 (Bsp 1); vgl auch VwGH 28. 5. 2009, 2006/15/0360.

[110]) VwGH 25. 6. 1969, 1430/68, ÖStZB 1969, 172.

[111]) Vgl VwGH 3. 12. 1965, 2276/64, ÖStZB 1966, 47.

sind) und der Fruchtgenussbesteller darf die Rechtsposition des Berechtigten nicht einseitig ändern oder entziehen können.[112]) Die Verbücherung ist bei Gebäuden jedoch nicht zwingend erforderlich.[113]) Der Berechtigte muss den Mietern gegenüber als Bestandgeber auftreten.[114]) Außerdem muss der Fruchtgenussberechtigte auf die Einkünfteerzielung Einfluss nehmen (können) und idR auch die Aufwendungen tragen.[115]) Bestehen etwa langfristige Mietverträge bei Wohngebäuden, die dem Fruchtgenussberechtigten die faktische Disposition über die Einkunftsquelle unmöglich machen, kann dies die Zurechnung der Einkünfte an ihn verhindern.[116])

Bei Einkünften aus Kapitalvermögen erfordert die wirksame Übertragung der Einkunftsquelle durch Fruchtgenuss, dass die Übertragung überhaupt möglich ist und dem Berechtigten die tatsächliche Dispositionsbefugnis zukommt. Da bei verzinslich angelegtem Kapital (zB bei Sparbüchern) für den Fruchtgenussberechtigten grds keine Möglichkeit mehr besteht, auf die Einkünfteerzielung einzuwirken, ist eine Übertragung durch Fruchtgenuss nicht möglich.[117]) Bei Anteilen an Kapitalgesellschaften (zB Aktien) ist die Übertragung der Einkunftsquelle (Dividenden) durch Fruchtgenuss hingegen möglich, weil die Einkunftsquelle durch die Ausübung von Stimmrechten beeinflusst werden kann. Dies setzt daher nach hM zumindest die Einräumung der Möglichkeit zur Ausübung der Stimmrechte im Innenverhältnis voraus, wodurch der Fruchtgenussberechtigte auf die Einkunftsquelle Einfluss nehmen kann.[118]) Dies gilt nicht, wenn die Beteiligung so gering ist, dass das Stimmrecht für die Disposition von keiner oder nur geringer Bedeutung ist.[119])

Schließlich kann zivilrechtlich auch das Fruchtgenussrecht selbst einem Dritten überlassen werden. Dabei wird nach der Judikatur[120]) unterschieden zwischen der Übertragung des Fruchtgenussrechts

- der „Substanz nach“: In diesem Fall wird das Fruchtgenussrecht steuerlich veräußert. Darunter fällt etwa auch der entgeltliche Verzicht auf ein Fruchtgenussrecht zu Gunsten des Eigentümers. Diese Veräußerung unterliegt nur im betrieblichen Bereich der ESt (ansonsten grds nicht steuerbar).
- der „Ausübung nach“: In diesem Fall wird das Fruchtgenussrecht einem Dritten zur Nutzung überlassen. Wenn nicht ohnehin betriebliche Einkünfte vorliegen, führt dies beim Berechtigten zu Einkünften aus Vermietung und Verpachtung.

Von der Übertragung der Einkunftsquelle durch Fruchtgenuss zu unterscheiden ist die Übertragung des **wirtschaftlichen Eigentums** an der mit Fruchtgenuss belasteten Sache (va bedeutsam für die AfA[121])). Um das wirtschaftliche Eigentum zu übertragen, muss der Berechtigte nach der Rsp des VwGH in der Lage sein, die positiven Befugnisse des Eigentümers (Gebrauch, **56/2**

[112]) EStR 2000 Rz 116; siehe auch BFG 30. 4. 2015, RV/5100501/2013.

[113]) EStR 2000 Rz 116.

[114]) VwGH 4. 3. 1986, 85/14/0133.

[115]) Vgl VwGH 28. 11. 2007, 2003/14/0065.

[116]) Vgl *Laudacher* in Jakom EStG[11] § 2 Tz 45.

[117]) *Toifl* in *Doralt/Kirchmayr/Mayr/Zorn,* EStG[20] § 2 Tz 152; EStR 2000 Rz 118.

[118]) EStR 2000 Rz 118. Kritisch dazu *Varro/Ebner,* RdW 2011, 762.

[119]) *Toifl* in *Doralt/Kirchmayr/Mayr/Zorn,* EStG[20] § 2 Tz 152; vgl auch *Tanzer,* Einkünftezurechnung im Einkommen- und Körperschaftsteuerrecht, 15. ÖJT 2003, 30ff.

[120]) Vgl VwGH 31. 3. 2017, Ra 2016/13/0029; EStR Rz 115a. Siehe dazu zB *Beiser,* ÖStZ 2017, 588; *Bodis/Ebner,* RdW 2017, 176.

[121]) Siehe dazu unten Tz 421.

Verbrauch, Veränderung, Belastung und Veräußerung) ausüben zu können und in negativer Hinsicht andere (auch den Eigentümer) auf Dauer von der Einwirkung auf die Sache auszuschließen.[122]) Die Einräumung eines Veräußerungs- und Belastungsverbotes reicht dafür allerdings nicht aus. Zusätzlich muss der Fruchtgenussberechtigte die Chance von Wertsteigerungen und die Risiken von Wertminderungen tragen.[123]) Das dürfte voraussetzen, dass der Fruchtgenussberechtigte die Veräußerung erwirken kann und die Wertsteigerung lukriert oder die Wertminderung dem Eigentümer bei einer Veräußerung zu ersetzen hat.[124]) Im Ergebnis darf dem zivilrechtlichen Eigentümer nur noch das formale zivilrechtliche Eigentum verbleiben.

56/3 Auch bei Abschluss einer allgemeinen **Gütergemeinschaft** unter Lebenden ist für die Zurechnung der Einkünfte weiterhin entscheidend, wer die Leistungen erbringt.[125]) An der Zurechnung von Tätigkeitseinkünften (selbständige und unselbständige Arbeit) ändert sich somit nichts. Bei Einkünften aus Vermietung und aus Kapitalvermögen kann idR davon ausgegangen werden, dass die Nutzung des Gesamtgutes durch beide Ehegatten erfolgt, so dass beiden die Einkünfte zuzurechnen sind.[126]) Bei Einkünften aus Gewerbebetrieb und Land- und Forstwirtschaft ist entscheidend, ob nach den getroffenen Verabredungen und der tatsächlichen Handhabung beide Ehegatten unternehmerisch tätig werden. Die Judikatur anerkennt bei diesen Einkunftsarten eine Zurechnung bei beiden Ehegatten nur, wenn zwischen den Ehegatten ein Gesellschaftsvertrag geschlossen wurde oder die Mittätigkeit desjenigen Ehegatten, dem der Betrieb ursprünglich nicht gehörte, über seine zivilrechtliche Beistandspflicht hinausgeht.[127])

Einkünfte aus dem **Nachlassvermögen** sind, wenn mehrere Erben vorhanden sind, diesen ab dem Todestag bis zur Einantwortung im Allgemeinen im Verhältnis ihrer Erbquoten zuzurechnen; anderslautende Vereinbarungen werden jedoch grds auch steuerrechtlich anerkannt.[128]) Einkünfte aus einem **Legat** sind dem Vermächtnisnehmer ertragsteuerlich ab jenem Zeitpunkt zuzurechnen, zu dem ihm die Einkunftsquelle tatsächlich übertragen wird.[129])

57 **Zahlungen auf Grund von Verträgen zwischen nahen Angehörigen** werden steuerlich nur dann anerkannt, wenn sie durch die Einkunftsquelle – dh den Betrieb bzw die außerbetriebliche Tätigkeit – veranlasst sind (vgl den Begriff der Betriebsausgaben und Werbungskosten § 4 Abs 4 bzw § 16 Abs 1). Dies wird nach stRsp dann angenommen, wenn die Leistungsbeziehung

– nach außen **ausreichend zum Ausdruck** kommt,
– sie einen **eindeutigen Inhalt** hat und

---

[122]) VwGH 12. 12. 2007; 2006/15/0123.

[123]) VwGH 12. 12. 2007; 2006/15/0123; VwGH 25. 6. 2014, 2010/13/0105. Vgl auch EStR 2000 Rz 124.

[124]) Vgl *Toifl* in *Doralt/Kirchmayr/Mayr/Zorn*, EStG[20] § 2 Tz 147/2.

[125]) Vgl VwGH 22. 3. 1972, 1459/71, ÖStZB 1972, 215.

[126]) *Ruppe*, Familienverträge[2] 146 ff.

[127]) VwGH 24. 6. 1970, 413/70, ÖStZB 1971, 16; VwGH 21. 10. 1980, 2385/79, ÖStZB 1981, 186.

[128]) VwGH 6. 5. 1975, 1526 f/73, ÖStZB 1975, 224; VwGH 11. 12. 1990, 90/14/0079, ÖStZB 1991, 364; VwGH 5. 8. 1993, 88/14/0060, ÖStZB 1994, 170.

[129]) VwGH 29. 3. 2007, 2004/15/0140.

– **zwischen Fremden** unter den gleichen Bedingungen abgeschlossen worden wäre.[130]) Der Grund für diese Kriterien besteht darin, dass zwischen nahen Angehörigen idR der im gewöhnlichen Geschäftsverkehr bestehende Interessensgegensatz fehlt, der aus dem Bestreben der Vorteilsmaximierung resultiert.[131]) Durch fremdunübliche Ausgestaltung von Leistungsbeziehungen könnten daher die steuerlichen Auswirkungen gestalterisch beeinflusst werden. Zu den nahen Angehörigen zählen insb Ehegatten, eingetragene Partner, Kinder, Eltern,[132]) Schwiegereltern[133]) und Lebensgefährten.[134]) Diese Kriterien gelten im Übrigen auch bei einer gesellschaftsrechtlichen Nahebeziehung für die Abgrenzung einer verdeckten Ausschüttung und einer anzuerkennenden Leistungsbeziehung bei Körperschaften.[135]) In der Praxis werden diese Kriterien meist als besondere tatbestandsmäßige Voraussetzungen für die steuerliche Anerkennung von Angehörigenvereinbarungen angesehen. In Wahrheit handelt es sich um Aussagen über die Beweislast für jene Fälle, in denen Zweifel an der Ernsthaftigkeit und über den Inhalt der Vereinbarung bestehen.[136]) Das bloße Naheverhältnis darf aber nach dem VfGH nicht generell zur Verdachtsvermutung oder zur Schlechterstellung von Angehörigenvereinbarungen führen.[137])

III. Die einzelnen Einkunftsarten

A. Einkünfte aus Land- und Forstwirtschaft (§ 21)

Literatur: *Schweiger/Falb,* Steuerratgeber Weinbau, Wien 1999; *Wieser,* Land- und Forstwirte im Ertragsteuer- und Sozialversicherungsrecht, (Teil I) FJ 2000, 135, (Teil II) FJ 2000, 168, (Teil III) FJ 2000, 214; *Stadler/Stadler-Ruzicka,* Wie kann bei Grundstücksverkäufen ein steuerpflichtiger Gewerbebetrieb unterstellt werden? SWK 2000, 898; *Sirft,* Der pauschalierte Land- und Forstwirt (LuF) – Umsatzsteuer und Einkommensteuer, ÖStZ 2000, 400; *Geringer,* Steuerliche Auswirkung von Bewirtschaftungsverträgen im Rahmen der Einkünfte aus Land- und Forstwirtschaft, FJ 2001, 109; *Urban,* Die steuerlichen Änderungen in der Besteuerung von land- und forstwirtschaftlichen Betrieben, (Teil I) FJ 2001, 114, (Teil II) FJ 2001, 146; *Jilch/Kaluza,* Die Landwirtepauschalierung für die Jahre 2001 bis 2005, SWK 2001, S 275; *oV,* Schischaukel bleibt Landwirtschaft, RdW 2001, 178; *Rauscher,* Neues zur Besteuerung der Ausschüttungen von Agrargemeinschaften an Anteilsberechtigte, SWK 2001, S 277; *Rauscher,* Übergang zum Kapitalertragsteuer-

---

[130]) Vgl zB VwGH 6. 4. 1995, 93/15/0064; VwGH 22. 2. 2000, 99/14/0082; siehe auch EStR 2000 Rz 1127.

[131]) VwGH 27. 4. 2000, 96/15/0185.

[132]) VwGH 13. 5. 1986, 85/14/0180, ÖStZB 1987, 62.

[133]) VwGH 25. 10. 1994, 94/14/0067, ÖStZB 1995, 314.

[134]) VwGH 16. 11. 1993, 90/14/0179, ÖStZB 1994, 446; VwGH 29. 7. 1997, 93/14/0056. AA BFH, BStBl 1990 II 160, 166. Siehe auch EStR 2000 Rz 1129.

[135]) Dazu unten Tz 976 ff. Siehe auch KStR 2013 Rz 571 ff.

[136]) In diesem Sinne VwGH 27. 5. 1981, 1299/80, ÖStZB 1982, 136; VwGH 19. 10. 1993, 93/14/0129, ÖStZB 1994, 464; VwGH 30. 6. 1994, 92/15/0221, ÖStZB 1995, 41; vgl auch VfGH 15. 6. 1982, B 4/81, VfSlg 9417.

[137]) Vgl VfGH 16. 6. 1987, G 52/87 VfSlg 11.368; dem folgend EStR 2000 Rz 1131.

abzug für Ausschüttungen von Agrargemeinschaften an Anteilsberechtigte, SWK 2001, S 683; *Jilch,* Die Grundüberlassung für Handymasten durch Land- und Forstwirte, SWK 2001, S 722; *Urban,* Besteuerung der Imkereien, SWK 2001, S 408; *Petschnigg,* Ermittlung der Einkünfte aus Land- und Forstwirtschaft, SWK 2002, S 16; *Rauscher,* Die Veräußerung von Anteilsrechten an Agrargemeinschaften, SWK 2002, S 34; *Langheinrich,* Die steuerliche Betrachtung des Buschenschanks, FJ 2002, 16; *Petschnigg,* Land- und forstwirtschaftliche Zweifelsfragen, SWK 2003, S 33; *ders,* Land- und forstwirtschaftliche Zweifelsfragen, SWK 2003, S 679; *Ginthör/Huber,* Veräußerungsgewinne bei Grund und Boden: nicht steuerbare Einkünfte, Einkünfte aus Land- und Forstwirtschaft oder gewerblicher Grundstückshandel? ÖStZ 2003, 542; *oV,* Landwirte in Konkurrenz zu Gastwirten, Bäckern und Fleischern, RdW 2003, 666; *Silber,* Die Einkommensbesteuerung in der Land- und Forstwirtschaft, Wien 2004; *Renner,* Sind Sozialversicherungsbeiträge bei pauschalierter Einkunftsermittlung aus Land- und Forstwirtschaft Betriebsausgaben? SWK 2004, S 821; *Petschnigg,* Land- und forstwirtschaftliche Zweifelsfragen, SWK 2004, S 977; *Doralt,* Appartementvermietung mit Landwirtschaft, RdW 2004, 444; *Urban,* Forst & Steuern, Wien 2004; *oV,* Qualifikation der Einkünfte aus der Vermietung von Liegenschaftsteilen zur Aufstellung eines Handymastes, UFS 2004, 40; *Pirklbauer/Wagner,* Steuerliche Fragen für Reitbetriebe, SWK 2005, S 457; *Urban,* Besteuerung der Teichwirtschaft, SWK 2005, S 314; *Hammerl,* LuF: Änderung der Pauschalierungsverordnung geplant, SWK 2005, S 735; *Petschnigg,* Neue Pauschalierungsverordnung für Land- und Forstwirte ab 2006, SWK 2005, S 755; *Zapfl,* Gewinnermittlung Landwirtschaft ab 2006, taxlex 2006, 395; *Portele,* Land- und forstwirtschaftlicher Nebenerwerb und Nebentätigkeiten, (Teil I) taxlex 2006, 476, (Teil II) taxlex 2006, 521; *Papst,* Handymasten: Einkünfte aus Vermietung und Verpachtung, ecolex 2006, 603; *Heiderer/Urban,* Steuerliche Folgen der Reform der gemeinschaftlichen Agrarpolitik, ÖStZ 2006, 9; *Silber,* Neuerungen für pauschalierte Land- und Forstwirte, ÖStZ 2006, 121; *oV,* Landwirtschaft oder gewerblicher Grundstückshandel, SWK 2006, S 46; *Brauner,* Land- und forstwirtschaftliche PauschalierungsVerordnung 2006, VWT 2006 H 4, 34; *Lindermeier,* ÖKL-Richtwerte zur Schätzung von Betriebsausgaben, SWK 2007, S 506; *oV,* VwGH: Ablöse für Wegerecht im Rahmen der Einkünfte aus Land- und Forstwirtschaft, RdW 2007, 368; *Petschnigg,* Land- und forstwirtschaftliche Zweifelsfragen, SWK 2007, S 448; *Peyerl,* Verfassungswidrigkeit der Pauschalierung von Land- und Forstwirten aufgrund überholter Einheitswerte? SWK 2007, S 823; *Urban,* Neuerungen durch das UGB für Land- und Forstwirte, SWK 2007, W 13; *Bruckner,* Steuerdschungel „Misthaufen“, SWK 2009, S 881; *Doralt,* Privater Wildabschuss – Entnahme? RdW 2010, 52; *Wanke,* UFS und Landwirtschaft, UFSjournal 2010, 380; *Hammerl/Petschnigg,* LuF PauschalierungsVO 2011, RdW 2011, 115; *Hofmann,* Nochmals: Christbaumkulturen aus steuerlicher Sicht, SWK 2011, S 538; *Silber,* Steuerliche Neuerungen für pauschalierte Land- und Forstwirte ab 2011, ÖStZ 2011, 157; *Schürer-Waldheim,* Verfassungswidrigkeit der Pauschalierung in der Land- und Forstwirtschaft, SWK 2011, 792; *Kaluza,* Anmerkungen zur Landwirtepauschalierung, SWK 2011, T 157; *Jilch,* Zehn Anmerkungen zur Landwirtevollpauschalierung, SWK 2012, 554; *Kofler/Schellmann,* Verfassungsrechtliche Kritik an der land- und forstwirtschaftlichen Vollpauschalierung, SWK 2012, 317; *Novacek,* Neubewertung des land- und forstwirtschaftlichen Vermögens, ÖStZ 2012, 153; *Petschnigg,* Besteuerung von Waldverkäufen, SWK 2012, S 314; *Peyerl,* Überlegungen zu einer verfassungskonformen Neuregelung der land- und forstwirtschaftlichen Pauschalierung, SWK 2012, 404; *Pülzl,* Vollpauschalierung in der Land- und Forstwirtschaft und Präjudizialität, AFS 2012, 313; *Wanke/Borgmann,* UFS und Kompostierung durch einen Landwirt – Nebenerwerb oder Hilfsbetrieb? UFSjournal 2012, 244; *Hutter,* Schuldnachlass als Betriebseinnahme bei einem Land- und Forstwirt, UFSjournal 2013, 23; *Baldauf,* Abgeltungen für Wertminderungen des Grund und Bodens, SWK 2013, 536; *Bodis/Hammerl,* EStR-Wartungserlass

2013: Neue Grundstücksbesteuerung (II), RdW 2013, 411; *Fellner,* Rechtsgemeinschaften in der Land- und Forstwirtschaft, in GedS Bruckner, Wien 2013, 111; *Hubmann,* Wann sind Katastrophenbeihilfen für Waldschäden steuerbefreit? AFS 2013, 105; *Hutter,* Schuldnachlass als Betriebseinnahme bei einem Land- und Forstwirt, UFSjournal 2013, 23; *Jilch/Kaluza,* Die LuF-PauschalierungsVO 2015, SWK 2013, 863; *Knechtl,* Neue Steuerbefreiung für Bodenwertminderung, taxlex 2013, 45; *Krassnig,* Inkonsistenzen bei der Besteuerung von Entschädigungen für Leitungsdienstbarkeiten, SWK 2013, 1507; *oV,* LuF-PauschalierungsVO 2015, ÖStZ 2013, 223; *Petschnigg,* Die Highlights aus dem EStR-Wartungserlass 2013, SWK 2013, 906; *Pucher,* Gesellschaftsverhältnisse als verwandtes Rechtsinstitut zur zivilrechtliche Stellvertretung? ÖJZ 2013, 105; *Setina,* Unentgeltliche Wildabschüsse zum Zweck der Erfüllung des Abschussplans stellen grundsätzlich keine Entnahmen dar, UFSjournal 2013, 321; *Baldauf,* Gesetzwidrige Differenzierung bei Gewinnen aus Obstkulturen, SWK 2014, 1254; *Pinetz,* Photovoltaikanlage als luf Nebenbetrieb, ecolex 2014, 821; *Jilch,* Die Besteuerung pauschalierter Land und Forstwirte[5], Wien – Graz 2015; *Petschnigg,* Land- und Forstwirtschaft im EStR-Wartungserlass 2015, SWK 2015, 1292; *Trauner/Wakounig/Wachter,* Hauptfeststellung des luf Vermögens 2014, SWK 2014, 853; *Urban,* Zur Hauptfeststellung zum 1. 1. 2014 mit Wirksamkeit ab 1. 1. 2015 für das luf Vermögen, FJ 2014, 73; *Bodis/Hammerl,* EStR Wartungserlass 2015 – wichtigste Änderungen im Überblick (Teil 1), RdW 2015, 510; *Hammerl,* LuF-PauschVO 2015 ab 2015 anwendbar, RdW 2015, 64; *ders,* Zusammenspiel Einheitswert und LuF-PauschVO 2015, RdW 2015, 196; *oV,* VwGH: Abgeltung des katastrophenbedingt entgehenden Gewinnes aus einem Forst einkommensteuerfrei, RdW 2015, 586; *Petschnigg,* Land- und Forstwirtschaft im EStR-Wartungserlass 2015, SWK 2015, 1292; *Urban,* Keine Berücksichtigung der Vorsteuergutschriften bei regelbesteuerten, teilpauschalierten Landwirten, BFGjournal 2015, 26; *ders.* Ermittlung der 25%-Grenze beim Pachtzinsenabzug nach der land- und forstwirtschaftlichen Pauschalierung, BFGjournal 2015, 327; *Haingartner/Graf,* Die Jagd im Steuerrecht, SWK 2016, 707; *Hammerl,* Steuerliche Behandlung von Ausschüttungen einer Jagdgenossenschaft, RdW 2016, 366; *Leyrer,* Waldverkäufe als Grundstücksveräußerung, SWK 2016, 1396; *Trauner/Wakounig,* Handbuch der Land- und Forstwirtschaft[3], Wien 2016; *Bergmann/Lehner,* Steuerliche Behandlung von Entschädigungsleistungen für die Inanspruchnahme von Grund und Boden, ÖStZ 2017, 272; *Hammerl,* Die wirtschaftliche Unterordnung bei land- und forstwirtschaftlichen Nebentätigkeiten, RdW 2017, 188; *Zorn,* VwGH: Großer Reitstall fällt nicht unter § 1 Abs 2 der Liebhabereiverordnung, RdW 2017, 113; *Peyerl,* Zur steuerlichen Anerkennung von Betriebsteilungen, taxlex 2017, 212; *Renner,* KESt-Pflicht einer Forstwirtschaft eines kirchlichen Stifts, GES 2017, 393; *Salzmann,* VwGH zu außerbetrieblicher Nutzungsüberlassung eines bis dahin landwirtschaftlich genutzten Grundstücks, BFGjournal 2017, 452; *Zorn,* VwGH: Umsatzsteuer ist Betriebseinnahme, RdW 2017, 720; *Bodis/Ebner/Hammerl,* EStR-Wartungserlass 2018 – wichtigste Änderungen im Überblick, RdW 2018, 453; *Petschnigg,* Land- und Forstwirtschaft im EStR-Wartungserlass 2018, SWK 2018, 917.

Nach § 21 Abs 1 sind vier Gruppen von Einkünften aus Land- und Forstwirtschaft zu unterscheiden: **58**

a) Einkünfte aus dem Betrieb von Landwirtschaft, Forstwirtschaft, Weinbau, Gartenbau, Obstbau, Gemüsebau und aus allen Betrieben, die **Pflanzen** oder Pflanzenteile mit Hilfe der Naturkräfte gewinnen. Dazu zählen Blumenzucht, Tabakanbau, aber auch eine Champignonzucht; nicht hingegen Torf- oder Rasenziegelstechereien, die einen Abbau von Bodensubstanz mit sich bringen (Gewerbebetrieb).

Der Verkauf der Produkte führt auch dann zu Einkünften aus Landwirtschaft, wenn er in einem eigenen Geschäftslokal in kaufmännischer Weise erfolgt.[138]) Die verkauften Pflanzenteile müssen auch weder durch den Verkäufer selbst noch auf Grundstücken des Verkäufers produziert worden sein. Es ist lediglich notwendig, dass die Urproduktion über Anweisung und auf Risiko des Verkäufers erfolgt ist.[139])

Werden Umsätze auch aus zugekauften Erzeugnissen erzielt, ist ein landwirtschaftlicher Betrieb anzunehmen, wenn der Einkaufswert der zugekauften Erzeugnisse 25% des Umsatzes des Betriebes nicht übersteigt; andernfalls liegt ein Gewerbebetrieb vor (§ 21 Abs 1 Z 1 letzter Satz iVm § 30 Abs 9 bis 11 BewG).

b) Einkünfte aus **Tierzucht- und Tierhaltungsbetrieben** iSd § 30 Abs 3 bis 7 BewG. Entscheidend ist danach im Wesentlichen, ob zur Tierzucht oder Tierhaltung überwiegend Erzeugnisse verwendet werden, die im eigenen land- und forstwirtschaftlichen Betrieb gewonnen wurden. Werden überwiegend zugekaufte Erzeugnisse verwendet, liegt grds ein gewerblicher Betrieb vor (Ausnahmen bei bestimmten Geflügelzuchtbetrieben).

Diesem Grundsatz liegt auch die Vieheinheitenregelung des BewG zu Grunde. Bei Tieren, die in § 30 Abs 7 BewG aufgelistet sind, darf ein auf die Fläche bezogener Höchstbestand in Vieheinheiten nicht überschritten werden. In diesem Fall gilt der Tierzucht- und Tierhaltungsbetrieb als landwirtschaftlich; es ist dabei aber unbeachtlich, ob die überwiegende Futtergrundlage tatsächlich aus dem eigenen landwirtschaftlichen Betrieb stammt oder nicht; der Betrieb muss von seiner Flächenausstattung geeignet sein, die Futtergrundlage zu liefern.

c) Einkünfte aus **Binnenfischerei,** Fischzucht und Teichwirtschaft sowie aus Bienenzucht.

d) Einkünfte aus **Jagd,** wenn diese mit dem Betrieb einer Land- oder Forstwirtschaft im Zusammenhang steht (andernfalls Einkünfte aus Gewerbebetrieb oder Liebhaberei).

58/1 Werden Teile eines land- und forstwirtschaftlichen Betriebes vermietet, ist nach der Dauer und dem Zweck der Vermietung zu unterscheiden:

Erfolgt die Nutzungsüberlassung nur vorübergehend oder dienen die vermieteten Teile ebenfalls einem land- und forstwirtschaftlichen Hauptzweck, dann erfolgt die Vermietung im Rahmen des land- und forstwirtschaftlichen Betriebes und führt daher zu Einkünften aus Land- und Forstwirtschaft. In allen anderen Fällen kommt es zu einem Ausscheiden der überlassenen Wirtschaftsgüter aus dem land- und forstwirtschaftlichen Betriebsvermögen (Entnahme), die Mieteinahmen führen zu Einkünften aus Vermietung und Verpachtung.[140])

Beispiele:

Der Landwirt räumt der Gemeinde die Nutzung seiner Wiese für eine Schiabfahrt ein; im Sommer wird die Wiese weiterhin landwirtschatlich genutzt. Das Entgelt gehört zu den Einkünften aus Land- und Forstwirtschaft.

---

[138]) Siehe EStR 2000 Rz 5002.

[139]) VwGH 27. 5. 2003, 98/14/0072.

[140]) Siehe VwGH 30. 3. 2006, 2003/15/0062; siehe jedoch unten Tz 60.

Der Landwirt vermietet eine Wiese auf Dauer als Parkplatz. Da die Wiese in diesem Fall nicht mehr landwirtschaftlich genutzt werden kann, liegen Einkünfte aus Vermietung und Verpachtung vor.

Der Landwirt lässt auf seiner Wiese die Errichtung eines Handymastes zu. Die für den Handymast genutzte Grundstücksfläche scheidet aus dem Betriebsvermögen der Land- und Forstwirtschaft aus (Entnahme), daher liegen Einkünfte aus Vermietung und Verpachtung vor.[141])

Einkünfte aus land- und forstwirtschaftlichen **Nebenbetrieben** zählen ebenfalls zu den Einkünften aus Land- und Forstwirtschaft (§ 21 Abs 2 Z 1). Als land- und forstwirtschaftliche Nebenbetriebe gelten Betriebe, die dazu bestimmt sind, dem land- und forstwirtschaftlichen Hauptbetrieb zu dienen (vgl § 30 Abs 8 BewG). Sie wären ohne Beziehung zu einem land- und forstwirtschaftlichen Betrieb idR als gewerbliche Betriebe anzusehen, werden jedoch infolge ihrer Hilfsfunktion dem land- und forstwirtschaftlichen Betrieb zugerechnet. Als land- und forstwirtschaftliche Nebenbetriebe kommen sowohl **Be- und Verarbeitungsbetriebe** (Sägewerke, Mühlen, Brennereien, hingegen nicht Bäckereien, Fleischereien, Gastwirtschaften und Konservenfabriken[142]), als auch **Substanzbetriebe** (zB Steinbrüche, Schottergruben, Torfstechereien) in Betracht. Voraussetzung ist bei den Be- und Verarbeitungsbetrieben, dass nur in geringfügigem Maße fremde Erzeugnisse verarbeitet oder verwertet werden (maximal 25% der Einnahmen aus dem Nebenbetrieb),[143]) bei den Substanzbetrieben, dass die gewonnene Substanz überwiegend im land- und forstwirtschaftlichen Hauptbetrieb verwendet wird. Übersteigen die Einnahmen aus dem Nebenbetrieb und/oder Nebenerwerb € 33.000 inkl USt, ist keine wirtschaftliche Unterordnung gegeben (§ 7 Abs 4 LuF-PauschVO 2015). **59**

Obwohl im Gesetz nicht ausdrücklich vorgesehen, werden auch **Nebentätigkeiten** (Nebenerwerbe) eines Land- und Forstwirtes, die mit der Haupttätigkeit in engem wirtschaftlichen Zusammenhang stehen, bei den Einkünften aus Land- und Forstwirtschaft erfasst, zB Fuhrwerksleistungen, sonstige Dienstleistungen, Zimmervermietung („Urlaub am Bauernhof"; § 7 Abs 2 LuF-PauschVO 2015: bis max 10 Betten). **60**

Die Einbeziehung der Einkünfte aus Nebenbetrieben und Nebentätigkeiten in die Einkünfte aus Land- und Forstwirtschaft war vor allem deshalb von Bedeutung, weil land- und forstwirtschaftliche Betriebe meist pauschaliert sind und die Einkünfte aus den Nebenbetrieben oder Nebentätigkeiten von der Pauschalierung miterfasst waren. Nunmehr fallen allerdings Nebentätigkeiten grds aus der Pauschalierung heraus (vgl § 7 Abs 1 LuF-PauschVO 2015).

Betätigt sich eine Personengesellschaft ausschließlich auf dem Gebiet der Land- und Forstwirtschaft und ihrer Nebenbetriebe (ein Forellenzuchtbetrieb wird zB in Form einer Gesellschaft bürgerlichen Rechts geführt), sind die **61**

---

[141]) Siehe VwGH 30. 3. 2006, 2003/15/0062; kritisch *Hammerl* in *Doralt/Kirchmayr/Mayr/Zorn*, EStG[19] § 21 Tz 2/1.

[142]) Nach EStR 2000 Rz 4218 muss sich die Be- und Verarbeitung im Rahmen des § 2 Abs 4 Z 1 GewO 1994 bewegen.

[143]) Siehe EStR 2000 Rz 4216.

Gewinnanteile der Gesellschafter sowie die Vergütungen, die die Gesellschafter für Leistungen an die Gesellschaft erhalten, als Einkünfte aus Land- und Forstwirtschaft anzusehen (§ 21 Abs 2 Z 2; dazu unten V.). Demgegenüber erzielen Kapitalgesellschaften unabhängig von ihrer Tätigkeit immer Einkünfte aus Gewerbebetrieb (§ 7 Abs 3 KStG; siehe auch Kap Körperschaftsteuer, Tz 957).

62 Zu den Einkünften aus Land- und Forstwirtschaft zählen auch die Gewinne, die bei **Veräußerung** des gesamten land- und forstwirtschaftlichen Betriebes oder eines Teilbetriebes bzw bei Aufgabe der betrieblichen Tätigkeit erzielt werden (§ 21 Abs 2 Z 3; dazu unten VI.). Der Gewinn aus der Veräußerung von Grund und Boden wurde bei land- und forstwirtschaftlichen Betrieben vor dem 1. 4. 2012 nicht als betriebliche Einkünfte, sondern ggf als Spekulationsgeschäft iSd § 30 Abs 1 Z 3 idF vor dem 1. StabG 2012 erfasst (§ 4 Abs 1 letzter Satz idF vor dem 1. StabG 2012). Seit der allgemeinen **Besteuerung von Grundstücksveräußerungen** (mit dem 1. StabG 2012) führt auch die Veräußerung von land- und forstwirtschaftlich genutztem Grund und Boden zu betrieblichen Einkünften. Gewinne aus der Veräußerung von Grund und Boden sowie von Gebäuden und grundstücksgleichen Rechten unterliegen aber nicht dem Tarif, sondern sind idR mit dem **besonderen Steuersatz iHv 30%** zu erfassen (vgl § 30a; siehe dazu unten Tz 118ff).

Zusätzlich zum besonderen Steuersatz iHv 30% profitiert die Land- und Forstwirtschaft von der günstigen Besteuerung von „Altgrundstücken". Dabei handelt es sich idR um Grundstücke, die vor dem 31. 3. 2002 angeschafft worden sind und für die fiktive Anschaffungskosten angesetzt werden dürfen (siehe dazu Tz 126ff). Im Ergebnis kommt es zu einer Steuerbelastung von 4,2% vom Veräußerungserlös (im Umwidmungsfall 18%; siehe dazu Tz 128f).

Entschädigungen für Wertminderungen von Grundstücken auf Grund von Maßnahmen im öffentlichen Interesse sind steuerfrei (§ 3 Abs 1 Z 33). Damit bleiben insb Entschädigungen für Bodenwertminderungen auf Grund von öffentlichen Infrastrukturprojekten steuerfrei. Im Unterschied zur früheren Rechtslage kommt es damit zu einer Ausweitung der Steuerbefreiung, weil diese Befreiung nicht nur den Grund und Boden, sondern auch Gebäude und grundstücksgleiche Rechte umfasst (siehe dazu auch unten Tz 134). Zu Einkünften aus Anlass der Einräumung von Leitungsrechten nach § 107 siehe Tz 770/7ff.

B. Einkünfte aus selbständiger Arbeit (§ 22)

Literatur: *Kalteis,* Die Besteuerung international tätiger Künstler und Künstlerbetriebe, Wien 1998; *Walter,* Bezüge von Lehrbeauftragten: VfGH leitet Verordnungsprüfungsverfahren ein, RdW 2000, 52; *Schneider,* Zuordnung der Bezüge von Lehrbeauftragten, SWK 2000, S 30; *Arnold,* Dienstgeberbeitrag/Kommunalsteuer: „... sonst alle" oder „... sonst keine Merkmale eines Dienstverhältnisses"? ÖStZ 2000, 638; *Keppert,* KommSt- und DB-Pflicht von Tätigkeitsvergütungen an wesentlich beteiligten Gesellschafter-Geschäftsführer, SWK 2000, T 243; *Schneider,* Teilaufhebung der Lehrbeauftragtenverordnung durch den VfGH, SWK 2000, S 627; *Tschernutter/Joklik-Fürst/Trösztér,* Handbuch für Freiberufler, Wien 2000; *Hauser/Möstl/Reininghaus,* Der Lehrbeauftragte im rechtlichen Umbruch, SWK 2001, S 295; *Reinisch,* (Gesellschafter-) Geschäftsführer im Arbeits-, Sozialversicherungs- und Steuerrecht, SWK 2001, 261; *Keppert/Bruckner,* Abweisung der VwGH Anträge in Sachen KommSt- und DB-Pflicht von Tätigkeitsvergütungen an wesentlich beteiligte Gesellschafter von Kapitalgesellschaften durch den VfGH, ÖStZ 2001, 164; *Gaedke,* Zur Besteuerung von Geschäftsführerbezügen SWK 2001, 717; *Artner,* Einkünfte von Künstlern aus der Überlassung von Namens- und Bildrechten, SWI 2001, 248; *Margreiter,* Der Gesellschafter-Geschäftsführer in EStG, FLAG und KommSt, RdW 2001, 436; *Käferböck,* Gesellschafter-Geschäftsführer und Lohnnebenkosten – eine Judikaturanalyse, ecolex 2002, 910; *Atzmüller,* Basispauschalierung bei Grundstücksveräußerung durch Freiberufler, RdW 2002, 244; *Doralt,* Gewinnrücktrag für alle? RdW 2002, 310; *Thiele,* Steuerliche Aspekte der Rechtsnachfolge bei Werkschöpfern, ÖStZ 2002, 602; *Bucek,* Verdeckte Gewinnausschüttung bei Pensionszusagen an Gesellschafter-Geschäftsführer, ecolex 2003, 158; *Bachl,* Gesellschafter-Geschäftsführer und Lohnnebenkosten, ecolex 2003, 446; *Ryda/Langheinrich,* Die ärztliche Tätigkeit im Bereich des Umsatz- und Ertragsteuerrechts, FJ 2003, 15; *Langheinrich/Ryda,* Der Journalist im Steuerrecht, FJ 2003, 122; *Blasina,* Gesellschafter-Geschäftsführer – niemals Unternehmerrisiko? SWK 2003, S 379; *Huber/Emesz,* Keine DB-/DZ-Pflicht für Geschäftsführer, SWK 2003, S 355; *Novacek,* Steuerliche Beurteilung der Vergütungen von Kapitalgesellschaften an ihre Geschäftsführer, RdW 2003, 408; *Lattner,* GmbH-Gesellschafter-Geschäftsführer: Übersicht über den status quo, VWT 2004 H 2, 19; *Sedlacek,* GmbH-Geschäftsführer: 6 Prozent oder 12 Prozent Betriebsausgabenpauschale? SWK 2004, S 973; *Doralt,* Lesbare Steuergesetze: Der Gesellschafter-Geschäftsführer – eine fehlerhafte Definition, RdW 2004, 448; *Ehrke ua,* Künstler und Sportler im nationalen und internationalen Steuerrecht, Wien 2004; *Sedlacek,* Keine Dienstgeberbeitrags- und Kommunalsteuerpflicht bei „Weisungsbindung"? SWK 2005, S 249; *Temm,* Auch ein wesentlich beteiligter Gesellschafter-Geschäftsführer kann Einkünfte aus nichtselbständiger Arbeit erzielen, SWK 2005, 424; *Temm,* Der GmbH-Geschäftsführer als Unternehmer, SWK 2005, 461; *Sedlacek,* Lohnsteuerpflichtige Einkünfte aus nicht selbstständiger Arbeit auch bei wesentlicher Beteiligung denkbar? SWK 2005, S 456; *Joklik-Fürst/Trösztér,* Einkünfte aus selbstständiger Arbeit versus Einkünfte aus Gewerbebetrieb: Die steuerlichen Konsequenzen der Zuordnung zu § 22 bzw § 23 EStG, (Teil I) ÖStZ 2005, 315, (Teil II) ÖStZ 2005, 377; *Doralt,* Besteuerung von Vereinsfunktionären – gesetzwidrige Richtlinien, RdW 2005, 191; *Felbinger,* Freiwillige Abfertigungszusage für GmbH-Geschäftsführer und Vorstände, SWK 2005, S 619; *Sedlacek,* Das Steuer- und Sozialversicherungsverhältnis der GmbH-Geschäftsführer – wie es (derzeit) wirklich ist, SWK 2005, S 804; *Steiger/Schrenk,* Der Geschäftsführer (GF) im Arbeits-, Sozialversicherungs- und Lohnsteuerrecht, taxlex 2005, 74; *Siart/Temm,* Gesellschafter-Geschäftsführer: Überblick und Gestaltungstipps für die Praxis, taxlex 2005, 84; *Binder,* Der GmbH-Geschäftsführer im Einkommensteuerrecht, taxlex 2005, 402; *Kuprian,* DB-, DZ- und Kommunalsteuerpflicht für Gehälter und sonstige Vergütungen von Gesellschafter-Geschäftsführern, UFS 2005, 352; *Blasina,* Übersicht zum Gesellschafter-Geschäftsführer, ÖStZ 2006, 82; *Temm,* Wann liegen Einkünfte aus sonstiger selbständiger Arbeit auf Grund einer wesentlichen Beteiligung vor? ecolex 2006, 688; *Treutler,* Aktuelle steuer- und sozialversicherungsrechtliche Grundlagen für Künstler in Österreich, Wien 2007; *Sedlacek,* Geschäftsführer müssen nicht zwingend ein lohnsteuerliches Dienstverhältnis (samt Lohnnebenabgaben und ASVG-Pflicht) haben, SWK 2007, S 452; *oV,* VwGH zum Betriebsvermögen des selbständigen GmbH-Geschäftsführers, RdW 2007, 432; *Ehrke-Rabel,* Betriebsaufgabe durch den Tod des Erfinders? RdW 2008, 610; *Mayr,* Drittanstellung von Vorständen zulässig? RdW 2008, 420; *Novacek,* Neue Steuerprobleme mit dem wesentlich beteiligten geschäftsführenden Gesellschafter, ÖStZ 2008, 335; *Pülzl,* Abfertigung für Gesellschafter-Geschäftsführer i.S.v. § 22 Z 2 EStG halbsatzbegünstigt? SWK 2008, S 778; *Gebhart,* Tätigkeit als Kostümbildnerin für Unterhaltungssendungen des ORF ist nicht künstlerisch, UFSjournal 2009, 401; *Gruber,* Die Zuordnung der GmbH-Beteiligung eines Gesellschafter-Geschäftsführers zum Betriebs- oder Privatvermögen,

SWK 2009, S 953; *Mayr,* Zwischengeschaltene GmbH steuerlich anzuerkennen? RdW 2009, 877; *Steiger,* Neue UFS-Entscheidung zum wesentlich beteiligten Gesellschafter-Geschäftsführer an einer WT-GmbH, taxlex 2009, 68; *Renner,* Aufsichtstrat, Künstler, Schriftsteller und Sportler als GmbH? RdW 2010, 170; *Wilplinger/Primik,* Einkünftezurechnung bei „höchstpersönlichen" Tätigkeiten – geänderte Auffassung des BMF, FJ 2010, 191; *Hochrieser,* Einkünfte eines Erfinders, UFSjournal 2011, 394; *Kreil/Kestler,* Steuerliche Zurechnung von Geschäftsführerhonoraren bei Zwischenschaltung einer Kapitalgesellschaft, UFSjournal 2011, 334; *Altenmarkter/Herbst,* Fallstricke bei der abgabenrechtlichen Behandlung der gemischten Pkw-Nutzung von Fremd-/Gesellschafter-Geschäftsführern (Teil II), taxlex 2013, 341; *Oberbauer,* Wesentlich beteiligter Gesellschafter-Geschäftsführer, ecolex 2013, 1114; *Prinz,* Die steuerrechtliche Behandlung von Sachbezügen bei Gesellschafter-Geschäftsführern mit betrieblichen Einkünften, PVinfo 2013, 14; *Aigner,* VwGH verneint Einkommensteuerpflicht von DOC-Stipendium der Akademie der Wissenschaften, SWK 2014, 1251; *Beiser,* Drittanstellung über eine GmbH, RdW 2014, 736; *Daxkobler/Kerschner,* Anerkennungspreise für eine Dissertation, ecolex 2014, 910; *Daxkobler/Kerschner,* Wie gewonnen, so zerronnen? – Zur Steuerpflicht von Anerkennungspreisen für eine Dissertation, ÖStZ 2014, 166; *Kerschner,* Preisgelder als selbständige Einkünfte einer Sängerin, ecolex 2014, 1004; *Leitner,* VwGH zur Einkünftezurechnung an eine „Management-GmbH", ÖStZ 2014, 591; *Marschner/Renner,* VwGH bringt mehr Klarheit bei Zurechnung von Geschäftsführungseinkünften, SWK 2014, 1527; *Petritz/Reinold,* Einkünftezurechnung bei (in- und ausländischen) Künstler- und Sportler-Kapitalgesellschaften, taxlex 2014, 260; *Doralt,* Drittanstellung: Zwischengeschaltete GmbH steuerlich zulässig? RdW 2015, 16; *Endfellner,* Der steuerpflichtige Gewinn in der Unterhaltungsshow, taxlex 2015, 155; *Bergmann/Wödlinger,* Wissenschaftspreise sind nicht einkommensteuerpflichtig! SWK 2016, 422; *Daxkobler/Kerschner,* VwGH zur Steuerpflicht von Dissertationspreisen, ecolex 2016, 1109; *Denk,* Können (Vertretungs-)Ärzte steuerliche Dienstnehmer sein? taxlex 2016, 238; *Renner,* Einkommensteuerliche Beurteilung von Wissenschaftspreisen, ÖStZ 2016, 185; *Steiger,* Vertretungsarzt kein steuerlicher Dienstnehmer, taxlex 2016, 60; *Kuprian,* Steht ein künstlerischer Leiter eines Orchesters in einem Dienstverhältnis? BFGjournal 2017, 260; *Lang,* Die Vergütungen von Mitgliedern eines Universitätsrates, SWK 2017, 448; *Steiger,* Chefdirigent als selbständige Tätigkeit, taxlex 2017, 364; *Zorn,* VwGH: GmbH-Beteiligung als Betriebsvermögen beim Gesellschafter-Geschäftsführer, RdW 2017, 646; *Brameshuber,* Zur Bindung des Finanzamts im Rahmen der GPLA, taxlex 2018, 176; *Herger,* Lohnnebenkosten bei privater Kfz-Nutzung eines wesentlich beteiligten Gesellschafter-Geschäftsführers, SWK 2018, 718; *Sedlacek,* Nicht wesentlich beteiligte GmbH-Geschäftsführer: VwGH-Judikatur schafft weitgehende Rechtssicherheit, SWK 2018, 959; *Steiger,* Hälftesteuersatz für Pensionsabfindung auch für wesentlich beteiligten Gesellschafter-Geschäftsführer anwendbar! taxlex 2018, 275.

63 Auch bei dieser Einkunftsart verwendet der Gesetzgeber keine abstrakte Begriffsbestimmung, sondern zählt (abschließend) jene Tätigkeiten auf, die zu Einkünften aus selbständiger Arbeit führen. Abgrenzungsprobleme bestehen vor allem gegenüber den Einkünften aus Gewerbebetrieb und gegenüber den Einkünften aus nichtselbständiger Arbeit. Seit dem Wegfall der GewSt ist die Abgrenzung zu den gewerblichen Einkünften nur mehr in Einzelfällen relevant: ZB ist die Gewinnermittlung gem § 5 Abs 1 und somit auch die Bildung von gewillkürtem Betriebsvermögen ausgeschlossen, die Buchführungspflicht nach § 125 BAO gilt nicht für Umsätze aus selbständiger Arbeit, für bestimmte Tätigkeiten aus selbständiger Arbeit ist auch die Betriebsausgabenpauschale herabgesetzt (§ 17 Abs 1) und ein abweichendes Wirtschaftsjahr ist nicht zulässig (§ 2 Abs 5).

§ 22 unterscheidet folgende Gruppen von Einkünften aus selbständiger Arbeit:

1. **Einkünfte aus freiberuflicher Tätigkeit** (§ 22 Z 1) 64

Diese decken sich nicht mit den „Angehörigen der freien Berufe" iSd UGB, für die die Verkehrsauffassung maßgeblich ist. Einkünfte aus freiberuflicher Tätigkeit sind nur:

a) Einkünfte aus einer wissenschaftlichen, künstlerischen, schriftstellerischen, unterrichtenden oder erzieherischen Tätigkeit sowie Einkünfte aus Stipendien für diese Tätigkeiten, wenn diese einen Einkommensersatz darstellen und nicht als Einkünfte aus nichtselbständiger Arbeit zu erfassen sind;[144]) kein wirtschaftlicher Einkommensersatz sind jedenfalls Stipendien, die nicht höher sind als die Höchststudienbeihilfe für Selbsterhalter nach § 27 StudFG 1992[145]) (2019: jährlich € 8.580).

b) Einkünfte aus der Berufstätigkeit der Ziviltechniker und aus einer unmittelbar ähnlichen Tätigkeit sowie aus der Berufstätigkeit der Ärzte, Tierärzte und Dentisten, der Rechtsanwälte, Patentanwälte, Notare und Wirtschaftstreuhänder, der Unternehmensberater, Versicherungsmathematiker und Schiedsrichter im Schiedsgerichtsverfahren, der Bildberichterstatter und Journalisten, der Dolmetscher und Übersetzer, ferner

Bilanzbuchhalter, Buchhalter und Personalverrechner (Bilanzbuchhaltungsberufe iSd BiBuG 2014[146])) stellen nach dem WTBG 2017[147]) keine Wirtschaftstreuhandberufe dar; sie erzielen daher Einkünfte aus Gewerbebetrieb.[148])

c) Einkünfte von therapeutisch tätigen Psychologen, von Hebammen und von bestimmten im medizinischen Dienst tätigen Personen.

Eine Zuordnung von Einkünften unter § 22 kommt nur dann nicht in Betracht, wenn die Tätigkeit im Rahmen eines Dienstverhältnisses ausgeübt wird (Beispiel: Die angestellte Lehrkraft bezieht Einkünfte aus nichtselbständiger Arbeit.). Ausnahmsweise werden jedoch bei angestellten Ärzten Behandlungsgebühren in der Sonderklasse als Einkünfte aus selbständiger Arbeit eingestuft, wenn sie nicht von der Krankenanstalt im eigenen Namen vereinnahmt werden (§ 22 Z 1 lit b letzter Satz; vgl auch § 2 Abs 6 UStG).

Eine an sich gewerbliche Tätigkeit verliert diese Eigenschaft, wenn sie in 65
unmittelbarem Zusammenhang mit einer im Vordergrund stehenden freien Berufstätigkeit steht.[149]) Umgekehrt wird eine an sich freiberufliche Tätigkeit

---

[144]) Siehe VwGH 29. 7. 2014, 2011/13/0060 (zu Stipendien als Einkünfte aus nichtselbständiger Arbeit).

[145]) Studienförderungsgesetz 1992 BGBl 1992/305.

[146]) Bilanzbuchhaltungsgesetz 2014 BGBl I 2013/191.

[147]) Wirtschaftstreuhandberufsgesetz 2017 BGBl I 2017/137.

[148]) Siehe EStR 2000 Rz 5211.

[149]) VwGH 22. 5. 1953, 3026/52, ÖStZB 1953, 71 (zur Hausapotheke eines Arztes); VwGH 13. 3. 1997, 95/15/0124 (zum untergeordneter Kontaktlinsenverkauf durch einen Augenarzt).

zur gewerblichen Tätigkeit, wenn sie mit einem im Vordergrund stehenden Gewerbebetrieb zusammenhängt.[150])

66 Die Einstufung von Einkünften unter § 22 Z 1 setzt voraus, dass der Angehörige des freien Berufes prinzipiell seine Tätigkeit **persönlich** durch Ausnützung seiner speziellen höchstpersönlichen Kenntnisse und Fähigkeiten ausübt. Von diesem Grundsatz werden jedoch verschiedene **Ausnahmen** anerkannt:

a) Der Stpfl bedient sich zwar der Mithilfe fachlich vorgebildeter Arbeitskräfte, ist aber selbst auf Grund eigener Fachkenntnisse leitend und eigenverantwortlich tätig („eingeschränkte Vervielfältigungstheorie“[151])); eine Vertretung im Falle vorübergehender Verhinderung schadet dabei nicht (§ 22 Z 1, am Ende).

Beispiel:

Erteilt der Inhaber einer Fahrschule selbst Fahr- bzw theoretischen Unterricht und nimmt er Einfluss auf die Gestaltung des Unterrichts durch die angestellten Fahrlehrer, liegen Einkünfte aus selbständiger Arbeit vor (unterrichtende Tätigkeit).

b) Der Stpfl ist wegen Krankheit, Urlaubs oder sonstiger Behinderung genötigt, sich bei der Berufsausübung vorübergehend eines Stellvertreters zu bedienen, oder muss wegen seines fortgeschrittenen Alters besonders beschwerliche Verrichtungen seiner Berufstätigkeit einem Stellvertreter überlassen.[152])

c) Nach dem Tod des Stpfl wird sein Betrieb durch die Witwe oder durch Deszendenten, denen selbst die persönliche Befähigung des betreffenden Berufes fehlt, in Form eines Witwen- oder Deszendentenfortbetriebes mit Hilfe eines befähigten Stellvertreters auf ihre Rechnung geführt.[153])

In diesen Fällen werden daher trotz Zurücktretens oder Wegfalles der persönlichen Tätigkeit des Stpfl Einkünfte aus selbständiger Arbeit angenommen.

Die **Mitwirkung in einer nicht freiberuflichen Veranstaltung** durch einen freiberuflich Tätigen ist für seine freiberufliche Tätigkeit unschädlich (§ 22 Z 1 letzter Satz, erster Fall; zB ein Arzt gibt im Rahmen einer Unterhaltungssendung ärztliche Ratschläge).

67 2. **Einkünfte aus sonstiger selbständiger Arbeit** (§ 22 Z 2)

Dazu gehören nur

a) die Einkünfte aus einer **vermögensverwaltenden Tätigkeit** (zB die Tätigkeit als Hausverwalter, Masseverwalter, als Testamentsvollstrecker, als Aufsichtsratsmitglied oder als Stiftungsvorstand; erfasst ist somit nur die den Hauptzweck der Betätigung darstellende Verwaltung fremden Vermögens; die Verwaltung eigenen Vermögens kann zu Einkünften aus Kapitalvermögen oder Vermietung und Verpachtung führen);

---

150) ZB Herausgabe von eigenen Werken im Selbstverlag: VwGH 30. 10. 1968, 0609/68, ÖStZB 1969, 14 und VwGH 5. 11. 1986, 85/13/0082, ÖStZB 1987, 314 – überzeugende Kritik hierzu siehe *Philipp*, GewSt, Tz 1 – 111; zur Verwertung von Erfindungen in einem eigenen Gewerbebetrieb: VwGH 29. 10. 1969, 0178/68, ÖStZB 1970, 42 und VwGH 4. 7. 1995, 91/14/0199 f.

151) Siehe VwGH 25. 2. 2009, 2004/13/0038 (zu einem Künstler).

152) Siehe VwGH 27. 4. 1956, 517, 1235/52, ÖStZB 1956, 86.

153) Siehe EStR 2000 Rz 5294 ff.

b) die Gehälter und sonstigen Vergütungen, die wesentlich beteiligte Gesellschafter einer Kapitalgesellschaft von dieser „für ihre sonst alle Merkmale eines Dienstverhältnisses aufweisende Beschäftigung“ erhalten (insb somit die Bezüge von **Gesellschafter-Geschäftsführern von Kapitalgesellschaften**).[154]) „Wesentlich“ ist eine Beteiligung von **mehr als 25%;** die mittelbare Beteiligung (durch einen Treuhänder oder eine weitere Gesellschaft) steht dabei einer unmittelbaren Beteiligung gleich. Für das Kriterium „sonst alle Merkmale eines Dienstverhältnisses“ genügt es, wenn der Gesellschafter bei seiner Tätigkeit in den betrieblichen Organismus des Unternehmens der Gesellschaft eingegliedert ist (wobei eine Eingliederung in den betrieblichen Organismus bereits durch eine auf Dauer angelegte Geschäftsführungstätigkeit bewirkt wird[155])); dagegen treten das Fehlen eines Unternehmerwagnisses und die laufende Entlohnung in den Hintergrund.[156]) Betriebliche Pensionsbezüge (die für eine ehemalige Tätigkeit einer Person gewährt werden) sind als Einkünfte aus sonstiger selbständiger Arbeit anzusehen, wenn der Empfänger in den letzten 10 Jahren vor Beendigung der Tätigkeit durch mehr als die Hälfte des Tätigkeitszeitraumes wesentlich beteiligt war. Zu den Einkünften aus sonstiger selbständiger Arbeit wesentlich beteiligter Gesellschafter zählen auch Zuwendungen von betrieblichen Privatstiftungen iSd § 4 d, soweit sie als Bezüge und Vorteile aus einer bestehenden oder früheren Beschäftigung (Tätigkeit) anzusehen sind (§ 22 Z 2 zweiter Teilstrich letzter Satz).

Der nicht auf Grund eines Dienstvertrages angestellte **gewerberechtliche Geschäftsführer** bezieht Einkünfte aus Gewerbebetrieb.[157])

Anders als bei den Einkünften aus freiberuflicher Tätigkeit führt die Mithilfe von fachlich vorgebildeten Arbeitskräften bei den Einkünften aus sonstiger selbständiger Arbeit jedenfalls zu gewerblichen Einkünften („strenges Vervielfältigungsverbot“).[158])

3. Entfaltet eine **Personengesellschaft** (etwa eine Kanzleigemeinschaft von Rechtsanwälten in Form einer Gesellschaft bürgerlichen Rechts, eine Wirtschaftstreuhänder-OG) ausschließlich eine Tätigkeit, die als selbständige Arbeit anzusehen ist, sind die Gewinnanteile sowie allfällige Vergütungen für besondere Leistungen der Gesellschafter an die Gesellschaft zu den Einkünften aus selbständiger Arbeit zu rechnen. Voraussetzung ist jedoch zusätzlich (anders bei der Land- und Forstwirtschaft), dass auch die Tätigkeit jedes einzelnen Gesellschafters im Rahmen der Gesellschaft als selbständige Tätigkeit iSd § 22 Z 1 oder 2 anzusehen ist,[159]) es sei denn, dass berufsrechtliche Vorschriften (vgl etwa **68**

[154]) Nicht verfassungswidrig, VfGH 1. 3. 2001, G 109/00 (allerdings ausdrücklich nur zur gleichlautenden Bestimmung im KommStG).

[155]) Siehe VwGH 26. 7. 2007, 2007/15/0095 und VwGH 7. 7. 2011, 2010/15/0048.

[156]) Vgl VwGH 10. 11. 2004, 2003/13/0018 (verst Senat zur gleichlautenden Bestimmung im KommStG).

[157]) Siehe VwGH 21. 7. 1993, 92/13/0056.

[158]) Siehe VwGH 23. 5. 1997, 94/13/0107 (zu einem Hausverwalter) und VwGH 28. 3. 2001, 95/13/0276 (zu einem Gebäudeverwalter).

[159]) Siehe dazu und zur Auswirkung auf die USt VwGH 26. 1. 2006, 2002/15/0076.

§ 68 Abs 1 WTBG) Gesellschaften mit berufsfremden Personen ausdrücklich zulassen (§ 22 Z 3). Eine freiberufliche Personengesellschaft kann aber Freiberufler unterschiedlicher Sparten umfassen.[160]) Sind diese Voraussetzungen nicht erfüllt, liegen Einkünfte aus Gewerbebetrieb vor. Im Übrigen siehe dazu unten V.

69 4. Hinsichtlich der Bezüge und Vorteile aus **Versorgungs- und Unterstützungseinrichtungen** der Kammern der selbständig Erwerbstätigen ist zu unterscheiden:

a) Bezüge aus einer Kranken- und Unfallversorgung sind (systemwidrig) als Einkünfte aus nichtselbständiger Arbeit eingestuft (§ 25 Abs 1 Z 1 lit e).

b) Pensionen und pensionsartige Bezüge, die den Pensionen aus der gesetzlichen Sozialversicherung gleichartig sind, sind (systemwidrig) als Einkünfte aus nichtselbständiger Arbeit eingestuft (§ 25 Abs 1 Z 3 lit b); eine Gleichartigkeit liegt vor, wenn die Bezüge laufend und regelmäßig gezahlt werden und auf laufenden Pflichtbeiträgen beruhen.[161])

c) Einmalige oder unregelmäßig wiederkehrende Bezüge und Vorteile, die auf Pflichtbeiträgen beruhen, sind Einkünfte aus selbständiger Arbeit (§ 22 Z 4).[162])

d) Pensionen, die den Sozialversicherungspensionen nicht gleichartig sind, weil sie zB auf Grund von freiwilligen Einmalzahlungen gewährt werden, sind Gegenleistungsrenten iSd § 29 Z 1.[163])

70 5. Einkünfte aus selbständiger Arbeit sind auch die Gewinne, die bei **Veräußerung** des der selbständigen Arbeit dienenden Betriebsvermögens oder allenfalls eines Teils des Vermögens (Teilbetriebs) bzw bei Aufgabe der selbständigen Tätigkeit erzielt werden (§ 22 Z 5; dazu unten VI.).

C. Einkünfte aus Gewerbebetrieb (§ 23)

Literatur: *Stadler/Stadler-Ruzicka,* Wann kann bei Grundstücksverkäufen ein steuerpflichtiger Gewerbebetrieb unterstellt werden? SWK 2000, S 598; *Thiele,* Privater Wertpapierhandel via Internet – Steuerfreie Vermögensverwaltung oder Gewerbebetrieb? ÖStZ 2001, 503; *Tanzer,* Die Wahl der Gesellschaftsform im Abgabenrecht, GesRZ 2002, 26; *Stingl,* Grundstückshandel im Steuerrecht, immolex 2002, 351; *Ginthör/Huber,* Veräußerungsgewinne bei Grund und Boden: nicht steuerbare Einkünfte, Einkünfte aus Land- und Forstwirtschaft oder gewerblicher Grundstückshandel? ÖStZ 2003, 542; *Kohler,* Gewerblicher Grundstückshandel, SWK 2003, S 359; *Hödl,* Pauschale Betriebsausgaben im Gewerbebetrieb? SWK 2003, S 667; *Pfau,* Frühstückspension: Einkünfte aus Vermietung und Verpachtung oder aus Gewerbebetrieb, RdW 2004, 54; *Doralt,* Appartementvermietung mit Landwirtschaft, RdW 2004, 444; *Laudacher,* Zimmererlöse aus Bordellbetrieben, UFS 2004, 119; *Thiele,* Die steuerliche Behandlung von

---

160) Siehe BFH 23. 11. 2000, IV R 48/99.

161) Siehe VwGH 5. 11. 1991, 91/14/0055 und BFG 16. 6. 2015, RV/7101743/2015.

162) Siehe *Doralt* in *Doralt/Kirchmayr/Mayr/Zorn,* EStG[8] § 22 Tz 187 und 189; VwGH 29. 7. 1997, 93/14/0117 (zu einem Sterbegeld).

163) Vgl VwGH 28. 1. 1981, 1689/79, ÖStZB 1981, 267 (zur freiwilligen Höherversicherung auf Grund einer Einmalzahlung).

Internet Domains, ÖStZ 2004, 119; *Petritz,* Der notwendige Umfang für das Vorliegen von gewerblichem Grundstückshandel, SWK 2005, S 631; *Pirklbauer/Wagner,* Steuerliche Fragen für Reitbetriebe, SWK 2005, S 457; *Joklik-Fürst/Trösztér,* Einkünfte aus selbständiger Arbeit versus Einkünfte aus Gewerbebetrieb: Die steuerlichen Konsequenzen der Zuordnung zu § 22 bzw § 23 EStG, (Teil I) ÖStZ 2005, 315, (Teil II) ÖStZ 2005, 377; *Papst,* „Beteiligung am wirtschaftlichen Verkehr" – eine Leerformel, RdW 2006, 59; *Papst,* Kurzparkplatz: Gewerbliche Tätigkeit? RdW 2006, 182; *Petritz,* Gewerblicher Grundstückshandel: Zurechnung von Grundstücken zum Anlage- oder Umlaufvermögen? GeS 2006, 78; *Ryda/Langheinrich,* Einkünfte aus Gewerbebetrieb – eine Abgrenzung von den „anderen" Einkunftsarten des EStG 1988, (Teil I) FJ 2006, 414, (Teil II) FJ 2006, 459, (Teil III) FJ 2007, 11, (Teil IV) FJ 2007, 54; *Wallner,* Die Judikatur des UFS zur Einkünfte-Qualifikation bei der Vermietung von Ferienwohnungen und Appartements, UFSaktuell 2008, 8; *Andreaus,* Vermietest du noch, oder bewirtschaftest du schon? SWK 2009, S 743; *Frech,* Veräußerung von sieben Wohnungen im Wohnungseigentum als gewerblicher Grundstückshandel, UFSjournal 2010, 393; *Grün,* Vermögensverwaltung oder gewerbliche Tätigkeit? taxlex 2010, 413; *Thiele,* Der steuerfreie Domain-Verkauf, ÖStZ 2010, 413; *Wanke/Borgmann,* Fahrschule – Einkünfte aus Gewerbebetrieb bei nicht unterrichtender Tätigkeit, UFSjournal 2010, 22; *Bergmann,* EStR-Wartungserlass 2010; Neues zur „Abfärbetheorie" bei Personengesellschaften, GES 2011, 86; *Doralt,* VwGH: Abschied von der Bilanzbündeltheorie? RdW 2011, 552; *Ryda/Langheinrich,* Die Entfaltung einer gewerblichen Tätigkeit in steuerrechtlicher Sicht und deren Abgrenzung zu im Bereich der Vermögensverwaltung angesiedelten Gestionen, FJ 2011, 48; *Wallner,* Besteht tatsächlich eine Bindung der SVA der gewerblichen Wirtschaft an die Einkünftequalifikation laut Steuerbescheid? FJ 2011, 203; *Knechtl,* Vermögensverwaltung oder Gewerbebetrieb bei der Tätigkeit als „business-angel", ecolex 2013, 465; *Kohler,* Gewerblicher Grundstückshandel und Immobilienertragsteuer, SWK 2013, 359; *Kunesch,* Gewerbliche Tätigkeit neben einem Dienstverhältnis? PV-Info 2013, 25; *Varro,* Österreich: Steuerparadies für Pokerspieler! RdW 2013, 308; *Beiser,* Strafbare Handlungen im Licht der Markteinkommenserzielung, ÖStZ 2014, 235; *Fellner,* Einkommensteuerpflicht eines berufsmäßigen Pokerspielers, SWK 2014, 977; *Petutschnig,* Sind Bitcoins ertragsteuerpflichtig? ÖStZ 2014, 353; *Beiser,* Arbeitnehmer oder Mitunternehmer? ÖStZ 2015, 386; *Hilber,* BMF-Abgrenzung der gewerblichen Vermietung zu Einkünften aus VuV, ecolex 2015, 239; *Kühbacher,* Unterliegen berufsmäßige Pokerspieler mit ihren Gewinnen der Einkommensteuerpflicht? SWK 2015, 1620; *Lenneis,* Führt das Entgelt für eine Erfindung zu Einkünften aus Gewerbebetrieb, oder liegt eine private Zufallserfindung vor? BFGjournal 2015, 358; *Weigand,* Betreuung eines Elternteiles am eigenen Pflegeplatz, RdW 2016, 569; *Geisler,* Bitcoins und andere Kryptowährungen, SWK 2017, 930; *Varro,* Bitcoin-Mining: nicht steuerbares Glücksspiel? taxlex 2017, 399; *Inreiter/Marschner,* Steuerrechtliche Überlegungen zu „KRYPTO" – einem Mining-Geschäftsmodell, taxlex 2018, 19; *Novosel/Patloch-Kofler,* Steuerliche Behandlung von Gewinnen eines (Turnier-)Pokerspielers, SWK 2018, 491; *Zankl,* Gewerblicher Grundstückshandel versus vermögensverwaltende Tätigkeit, BFGjournal 2018, 45. – Vgl ferner die Literatur zu III., B.

Der Begriff des **Gewerbebetriebs** ist in § 28 BAO definiert: *„Eine selbständige, nachhaltige Betätigung, die mit Gewinnabsicht unternommen wird und sich als Beteiligung am allgemeinen wirtschaftlichen Verkehr darstellt, ist Gewerbebetrieb im Sinn der Abgabenvorschriften, wenn die Betätigung weder als Ausübung der Land- und Forstwirtschaft noch als Ausübung eines freien Berufes noch als eine andere selbständige Arbeit im Sinn des Einkommensteuerrechtes anzusehen ist."* § 23 Z 1 übernimmt diese Definition. **71**

Das Vorliegen eines Gewerbebetriebes erfordert somit

1. Selbständigkeit,
2. Nachhaltigkeit,
3. Gewinnerzielungsabsicht,
4. Beteiligung am allgemeinen wirtschaftlichen Verkehr.

71/1 Der Begriff des abgabenrechtlichen Gewerbebetriebes deckt sich nicht mit dem Begriff der gewerbsmäßigen Tätigkeit iSd § 1 GewO 1994[164]) und auch nicht mit dem Begriff des Unternehmers iSd UGB. Das Vorliegen von Einkünften aus Gewerbebetrieb ist ausschließlich nach abgabenrechtlichen Gesichtspunkten zu beurteilen.

72 **Selbständigkeit** liegt vor, wenn der Stpfl auf eigene Rechnung und Gefahr tätig wird, somit ein Unternehmerwagnis trägt. Indizien: **kein Dienstverhältnis** mangels fehlender persönlicher Weisungsgebundenheit (somit freie und selbstverantwortliche Arbeitszeitgestaltung) und fehlender Eingliederung in den geschäftlichen Organismus eines Betriebes eines Arbeitgebers;[165]) **Unternehmerrisiko,** dh keine Abhängigkeit der Einnahmen vom persönlichen Einsatz, keine Verpflichtung zur persönlichen Dienstverrichtung (somit Vertretungsbefugnis), kein allgemeiner Anspruch auf Spesenersatz durch einen Dritten.[166])

Unschädlich sind hingegen: Tätigkeit für bloß einen einzigen Auftraggeber, sachliche Bindungen und Kontrolle der die Tätigkeit betreffenden Finanzgebarung durch den Auftraggeber.[167]) Der Begriff der Selbständigkeit in § 23 Z 1 stimmt mit jenem des § 2 Abs 1 UStG überein.[168])

73 **Nachhaltigkeit** ist gegeben, wenn eine Tätigkeit tatsächlich wiederholt wird, oder wenn sie zwar nicht tatsächlich wiederholt wird, aber auf Wiederholung angelegt ist oder wenn nach objektiven Kriterien aus den Umständen auf eine Wiederholung oder Fortsetzung geschlossen werden kann (Wiederholungsabsicht). Nachhaltig ist allerdings auch eine länger andauernde Tätigkeit, selbst wenn Wiederholungsabsicht fehlt.[169]) Auch der allmähliche Abverkauf einer privaten Sammlung kann Nachhaltigkeit begründen.[170])

---

[164]) Siehe VwGH 18. 9. 1991, 91/13/0072.

[165]) Siehe VwGH 19. 9. 2007, 2007/13/0071. Eine sachliche oder technische Weisungsgebundenheit, die sich nur auf den Erfolg einer zu erbringenden Leistung bezieht, begründet allein noch kein Dienstverhältnis, vgl VwGH 28. 9. 2004, 2000/14/0094.

[166]) Vgl VwGH 29. 6. 2016, 2013/15/0281; VwGH 23. 4. 2001, 2001/14/0052; VwGH 28. 3. 2001, 96/13/0010.

[167]) Vgl zusammenfassend VwGH 3. 5. 1983, 82/14/0281, ÖStZB 1983, 393.

[168]) Siehe VwGH 7. 12. 1994, 91/13/0171; siehe dazu Band II, Tz 220 ff.

[169]) Siehe VwGH 14. 9. 1988, 87/13/0248, ÖStZB 1989, 54; VwGH 21. 9. 2006, 2006/15/0118; VwGH 25. 2. 2015, 2010/13/0095 (zu einer neunmonatigen Beratungstätigkeit). Siehe auch EStR 2000 Rz 5412.

[170]) Die abzuverkaufenden Stücke sind allerdings idR mit dem Teilwert als Einlage im Zeitpunkt des ersten Abverkaufs anzusetzen; insb beim (gewerblichen) Abverkauf von ursprünglich privaten Grundstücken oder Sammlungsstücken ergibt sich daher kein relevanter stpfl Gewinn. Keine Nachhaltigkeit liegt bei einem Abverkauf in drei Etappen vor, wenn diese auf Grund der Umstände als einheitliche Handlung zu werten sind (VwGH 22. 3. 1993, 91/13/0190).

Gewinnerzielungsabsicht liegt vor, wenn die Tätigkeit auf Überschusserzielung und nicht bloß auf Kostendeckung gerichtet ist. Es geht hier insb um die Abgrenzung zur Liebhaberei (siehe dazu Tz 45 ff). 74

Beteiligung am allgemeinen wirtschaftlichen Verkehr ist anzunehmen, wenn sich die Tätigkeit des Stpfl prinzipiell auf eine unbestimmte Zahl von Personen erstreckt, mag er auch zeitweise nur mit einer begrenzten Zahl von Personen oder gar nur mit einem einzelnen Auftraggeber in Verbindung treten.[171]) Gibt es am Markt nur einen einzigen Auftraggeber, dann reicht es aus, wenn der Auftragnehmer nur für diesen tätig wird. Die Anzahl aller denkmöglichen Auftraggeber hat für die Beteiligung am allgemeinen wirtschaftlichen Verkehr keine Bedeutung.[172]) Nach dem VwGH liegt hingegen keine Beteiligung am wirtschaftlichen Verkehr vor, wenn die Tätigkeit so beschaffen ist, dass sie ihrer Art nach Geschäftsbeziehungen nur mit einem einzigen Partner ermöglicht.[173]) 75

Da diese vier Merkmale jedenfalls auch bei land- und forstwirtschaftlichen Betrieben bzw bei selbständiger Arbeit zutreffen, wird der Gewerbebetrieb überdies **negativ** abgegrenzt: Nur jene Tätigkeiten, die nicht Ausübung von Land- und Forstwirtschaft oder selbständige Arbeit darstellen, sind als gewerblich anzusehen. 76

Zudem muss der Gewerbebetrieb auch von der **Vermögensverwaltung** abgegrenzt werden. Vermögensverwaltung liegt nicht vor, wenn die Tätigkeit nach Art und Umfang deutlich jenes Maß überschreitet, das üblicherweise mit der Verwaltung eigenen Vermögens verbunden ist.[174])

Vermietungstätigkeit geht dann über eine bloße Vermögensverwaltung hinaus, wenn entweder gegenüber dem Mieter zusätzliche Serviceleistungen erbracht werden, und dies nicht bloß wenige Wohnungen betrifft (zB Frühstück, tägliches Aufräumen udgl), oder wenn bei kurzfristiger Vermietung (zB von eingerichteten Ferienwohnungen) eine Verwaltungsarbeit erforderlich ist, die das bei bloßer Vermietung übliche Ausmaß übersteigt[175]); so ist zB bei voll ausgestatteten Ferienwohnungen von einer gewerblichen Betätigung auszugehen, wenn diese mindestens neun Mal im Jahr vergeben werden, den Mietern bei längeren Aufenthalten frische Wäsche ausgehändigt wird und die Reinigung bei Mieterwechsel durch eine Reinigungskraft erfolgt.[176])

Bei der Vermietung beweglicher Gegenstände stellt sich dasselbe Abgrenzungsproblem zur Leistung iSd § 29 Z 3 (siehe dazu Tz 137). Eine Fremdfinanzierung des Bestandobjekts führt nicht zur Gewerblichkeit.[177]) – Die **Darlehenseinräumung** wird zur

[171]) Vgl ausführlich VwGH 14. 9. 1988, 87/13/0248, ÖStZB 1989, 54. Vgl auch VwGH 21. 7. 1993, 92/13/0056 (zum gewerberechtlichen Geschäftsführer) und VwGH 12. 9. 2001, 96/13/0184 (zu einem Schlepper). Siehe auch BFH 6. 6. 1973, I R 203/71, BStBl II 1973, 727 (zum Einsammeln von Pfandflaschen).

[172]) Vgl *Doralt/Kauba* in *Doralt/Kirchmayr/Mayr/Zorn*, EStG[10] § 23 Tz 75.

[173]) Siehe VwGH 14. 9. 1988, 87/13/0248, ÖStZB 1989, 54 und VwGH 26. 2. 2004, 2000/15/0198.

[174]) Siehe VwGH 12. 7. 2016, Ra 2015/15/0040.

[175]) Siehe VwGH 30. 9. 1999, 97/15/0027.

[176]) Siehe VwGH 24. 6. 2009, 2008/15/0060.

[177]) Siehe RME, ÖStZ 1993, 160.

gewerblichen Betätigung, wenn sie in größerem Umfang (unbestimmter Kundenkreis) unter Einsatz von Fremdkapital erfolgt.[178])

Erwerb und Veräußerung von Grundstücken werden zum **gewerblichen Grundstückshandel,** wenn die Vermögensnutzung durch Fruchziehung gegenüber der Vermögensnutzung durch Vermögensverwertung in den Hintergrund tritt.[179]) Dies ist zB der Fall, wenn es wiederholt und planmäßig innerhalb verhältnismäßig kurzer Zeit zum Ankauf und Verkauf von Liegenschaften unter Ausnützung der Marktverhältnisse kommt.[180]) Der VwGH lehnt (anders als der BFH[181])) eine starre Objektgrenze ab; maßgeblich für die Beurteilung sind die Umstände und das Gesamtbild des Einzelfalles.[182]) Der Erwerb und die Veräußerung von vier (vom Eigentümer weder selbst bewohnten noch vermieteten) Wohnungen in einem Zeitraum von nicht einmal zwei Jahren führt zu Einkünften aus Gewerbebetrieb.[183]) Ein enger zeitlicher Zusammenhang zwischen Erwerb, Bebauung und nachfolgender Veräußerung von Grundstücken kann bereits bei einer geringen Zahl von Objekten eine gewerbliche Tätigkeit begründen.[184]) Verkauft ein Eigentümer eines Miethauses frei werdende Wohnungen nach der Parifizierung nur nach seinem persönlichen Geldbedarf, liegt keine planmäßige Veräußerung von Wohnungen vor.[185]) Auch die bloße Parzellierung von Grundstücken und deren anschließender Verkauf ohne Durchführung weiterer Aufschließungs- oder Planungsarbeiten begründen keinen gewerblichen Grundstückshandel. Auch eine berufliche Nahebeziehung kann ein Indiz für das Vorliegen eines gewerblichen Grundstückshandels darstellen; bei Personen, die sich beruflich mit Grundstücksgeschäften befassen, ist daher ein strenger Maßstab anzulegen, und es ist bereits eine geringe Anzahl von Grundstücksverkäufen für das Vorliegen eines gewerblichen Grundstückshandels ausreichend.[186])

Bei Grundstücken, die zum gewerblichen Grundstückshandel gehören (Umlaufvermögen), kommt für Veräußerungsgewinne der besondere Steuersatz (30%) nicht zur Anwendung (vgl § 30a Abs 3 Z 1); der Veräußerungsgewinn unterliegt dann dem Normalsteuersatz.

Der **An- und Verkauf von Wertpapieren** durch private Anleger unter Einschaltung von Banken begründet idR keinen Gewerbebetrieb, ebenso die laufende Umschichtung privater Wertpapiere.[187])

77 Zu den Einkünften aus Gewerbebetrieb zählen nicht nur die Gewinne von Einzelunternehmern, sondern auch die Gewinnanteile der Gesellschafter von gewerblich tätigen **Personengesellschaften** (vor allem OG und KG; das Gesetz spricht von **Mitunternehmerschaften**); ferner die Vergütungen, welche diese

---

[178]) Siehe VwGH 10. 6. 1981, 2509/80, ÖStZB 1982, 73; vgl auch VwGH 22. 3. 1991, 90/13/0256.

[179]) Siehe VwGH 12. 7. 2016, Ra 2015/15/0040.

[180]) Siehe VwGH 29. 7. 2010, 2008/15/0093.

[181]) Vgl zB BFH 23. 8. 2017, X R 7/15 (zur „Drei-Objekt-Grenze").

[182]) VwGH 28. 5 2008, 2008/15/0025. Siehe auch EStR 2000 Rz 5442.

[183]) Siehe UFS 4. 8. 2004, RV/2382-W/02.

[184]) Siehe VwGH 28. 6. 2012, 2009/15/0113.

[185]) Vgl VwGH 16. 2. 1988, 87/14/0044, ÖStZB 1988, 474.

[186]) Siehe BFG 15. 10. 2015, RV/2100331/2012; VwGH 26. 7. 2000, 95/14/0161; VwGH 28. 5. 2008, 2008/15/0025 (zu zwei Grundstückstransaktionen innerhalb von zwei Jahren durch einen Immobilienentwickler).

[187]) Siehe VwGH 25. 2. 1998, 98/14/0005 und VwGH 21. 12. 2005, 2003/14/0046.

Gesellschafter für besondere Leistungen gegenüber der Personengesellschaft von dieser erhalten (§ 23 Z 2). Im Einzelnen dazu unten V.

Schließlich zählen zu den Einkünften aus Gewerbebetrieb auch die Gewinne, die bei **Veräußerung** oder Aufgabe eines Gewerbebetriebes oder bei Veräußerung eines Anteils an einer gewerblich tätigen Mitunternehmerschaft erzielt werden (§ 23 Z 3; dazu unten VI.). 78

D. Einkünfte aus nichtselbständiger Arbeit (§ 25)

Literatur: *Höfle,* Tagesgelder in der Lohnverrechnung, FJ 1999, 60; *Walter,* Bezüge von Lehrbeauftragten: VfGH leitet Verordnungsprüfungsverfahren ein, RdW 2000, 52; *Schneider,* Zuordnung der Bezüge von Lehrbeauftragten, SWK 2000, S 30; *Arnold,* Dienstgeberbeitrag/Kommunalsteuer: „... sonst alle" oder „... sonst keine Merkmale eines Dienstverhältnisses"? ÖStZ 2000, 638; *Grübl,* Das Ende der Diäten als Betriebsausgabe? SWK 2000, S 583; *Keppert,* KommSt- und DB-Pflicht von Tätigkeitsvergütungen an wesentlich beteiligte Gesellschafter-Geschäftsführer, SWK 2000, T 243; *oV,* Wurde der Dienstreiseverordnung der Boden entzogen? RdW 2000, 378; *Schneider,* Teilaufhebung der Lehrbeauftragtenverordnung durch VfGH, SWK 2000, S 627; *Gaedke;* Zur Besteuerung von Geschäftsführerbezügen, SWK 2001, S 473; *Hauser/Möstl/Reininghaus,* Der Lehrbeauftragte im rechtlichen Umbruch, SWK 2001, S 295; *Keppert/Bruckner,* Abweisung der VwGH-Anträge in Sachen KommSt- und DB-Pflicht von Tätigkeitsvergütungen an wesentlich beteiligte Gesellschafter von Kapitalgesellschaften, ÖStZ 2001, 164; *Margreiter,* Der Gesellschafter-Geschäftsführer in EStG, FLAG und KommSt, RdW 2001, 436; *Maschinda,* Welche Vortragenden sind ab 1. 1. 2001 lohnsteuerpflichtig? ÖStZ 2001, 250; *Oberleitner,* Diskriminierung niedrig entlohnter Mitarbeiter durch Bezugsumwandlungsverbot des § 26 Z 7 lit a EStG 1988? SWK 2001, S 351; *Reinisch,* (Gesellschafter-) Geschäftsführer im Arbeits-, Sozialversicherungs- und Steuerrecht, SWK 2001, S 261; *Achatz/Jabornegg/Resch,* Mitarbeiterbeteiligung – Aktienoptionen, Wien 2002; *Bertl/Mandl/Mandl/Ruppe,* Moderne Mitarbeiterentlohnung, Wien 2002; *Lang,* Politikerbesteuerung, Wien 2002; *Bruckner,* Abfertigung Neu – Überblick und steuerliche Zweifelsfragen, ÖStZ 2002, 446; *Doralt,* VfGH: Verwirrung um das Tagesgeld, ÖStZ 2002, 320; *ders,* Ausbildungskosten im „betrieblichen Interesse"? RdW 2002, 435; *Kristen/Pinggera/Schön,* Abfertigung Neu, Wien 2002; *dies,* Abfertigung Neu – Überblick über die Neuregelungen durch das BMVG, RdW 2002, 386; *Prodinger,* Bonusmeilen als Sachbezug? SWK 2002, S 695; *W. D.,* VwGH: Tagesgeld nur bei Nächtigung, RdW 2002, 370; *W. D.,* Reisekostenvergütung in Deutschland – ein Vergleich, RdW 2003, 165; *Doralt,* Kein Verlustvortrag bei Diensteinkünften? RdW 2003, 287; *Gaedke,* Trinkgelder im Gastgewerbe, SWK 2004, 1411; *Bernold/Wojta,* Lohnverrechnung für Universitätsinstitutsmitarbeiter sowie Vortragende, Lehrende und Unterrichtende an Universitäten, SWK 2005, S 591; *oV,* Lohnsteuerpflicht, Abgezweigtes Geld als Vorteil aus dem Dienstverhältnis, LVaktuell 2005 H 9, 35; *Steiger/Schrenk,* Der Geschäftsführer (GF) im Arbeits-, Sozialversicherungs- und Lohnsteuerrecht, taxlex 2005, 74; *Binder,* Der GmbH-Geschäftsführer im Einkommensteuerrecht, taxlex 2005, 402; *Anzinger/Glanzer,* Die Besteuerung der Gemeindemandatare, RFG 2005, 148; *Anzinger/Glanzer,* Die Schulaufsicht aus steuerlicher und sozialversicherungsrechtlicher Sicht, RFG 2005, 152; *Prodinger,* Steuerfreie Trinkgelder – steuerpflichtige Sachbezüge von dritter Seite, SWK 2005, S 653; *Blasina,* Übersicht zum Gesellschafter-Geschäftsführer, ÖStZ 2006, 82; *Höfle,* Verfassungswidrigkeit der unterschiedlichen steuerlichen Behandlung von Lehrpersonal, ASoK 2006, 354; *Praschl/Shubshizky,* VfGH prüft Lehrbeauftragtenregelung für Erwachsenenbildungseinrichtungen, SWK 2006, S 293; *Renner,* Rechtsgrundlose Zahlung als Arbeitslohn, SWK 2006,

S 779; *Blasina,* Dienstnehmer – Freier Dienstnehmer – Selbständiger, Wien 2007; *Fritz-Schmied/Payerer,* Reisekosten-Novelle 2007: Die einkommen- und umsatzsteuerliche Behandlung von Reisekosten, taxlex 2007, 324; *Hofbauer/Kernbichler/Ninaus,* Die Reisekostennovelle 2007, ÖStZ 2007, 505; *Müller,* Die Reisekosten-Novelle 2007, SWK 2007, S 525; *Reiner/Reiner,* Die Besteuerung von Leistungen ausländischer Pensionskassen, in FS W. Doralt, Wien 2007, 331; *Schuster,* Bürgerliche Arbeitskleidung, SWK 2007, S 302; *Doralt,* Tagesgeld neu: wieder verfassungswidrig, RdW 2007, 365; *Sedlacek,* Geschäftsführer müssen nicht zwingend ein lohnsteuerpflichtiges Dienstverhältnis (samt Lohnnebenabgaben und ASVG-Pflicht) haben, SWK 2007, S 452; *Doralt,* Wohnraumbewertung verfassungswidrig – eine Nachlese zu den BAWAG-Penthäusern, RdW 2008, 740; *Freudhofmeier/Hofer,* Lohnsteuerliche Begünstigungen bei Führungskräften, SWK 2008, S 661; *Mayr,* Drittanstellung von Vorständen zulässig? RdW 2008, 420; *Kuprian,* UFS und Reisekosten, UFSjournal 2008, 4; *Stieglitz,* UFS: Dienstgeberbeitrag für wesentlich beteiligte Gesellschafter-Geschäftsführer, GeS 2008, 334; *Weigand/Lattner,* 1. Wartungserlass 2008 zu den Lohnsteuerrichtlinien 2002, ÖStZ 2008, 470; *Zankl,* Steuerliche Beurteilung von APART-Stipendien, UFSaktuell 2008, 87; *Lattner/Weigand,* 2. Wartungserlass 2008 zu den Lohnsteuerrichtlinien 2002, ÖStZ 2009, 160; *Kapl,* Verfassungswidrige Besteuerung beitragorientierter Pensionskassenrenten, SWK 2009, T 229; *oV,* VwGH: Freie Mitarbeiter eines Callcenters sind Dienstnehmer, RdW 2009, 546; *Renner,* Einkünftezurechnung bei Erbringung höchstpersönlicher Leistungen, UFSjournal 2009, 95; *Schuster,* Outplacementberatung – steuerpflichtiger Vorteil aus dem Dienstverhältnis, taxlex 2009, 255; *Steiger,* Neuerungen bei den Vortragenden im Jahr 2009, taxlex 2009, 67; *Tanzer,* Die Einkünftezurechnung bei Drittanstellung von Geschäftsführern (Vorständen) im Ertragsteuerrecht, ÖStZ 2009, 123; *Prodinger,* Bonusmeilen: Steuerpflichtiger Sachbezug, jedoch keine Lohnsteuerpflicht, ÖStZ 2010, 310; *Beiser,* Die unentgeltliche oder verbilligte Beförderung der eigenen Arbeitnehmer und ihrer Angehörigen (§ 3 Abs 1 Z 21 und § 49 Abs 3 Z 20 ASVG), RdW 2011, 243; *oV,* VwGH: Abfindung einer Diensterfindung – stets Einkünfte aus nicht selbständiger Arbeit, RdW 2011, 170; *Kufner/Ninaus,* Highlights aus dem 2. LStR-Wartungserlass 2011, RdW 2012, 105; *Pfau/Atzmüller,* 25%-Besteuerung arbeitnehmerfinanzierter Pensionskassenrenten – Ablehnungsbeschluss des VfGH, RdW 2012, 563; *Platzer/Reisch,* Vorwegbesteuerung von Pensionskassenpensionen, SWK 2012, 1018; *Chini/Grafl,* Leistungen des Wohlfahrtsfonds der (Wiener) Ärztekammer, SWK 2013, 1514; *Doralt,* Übernahme einer Strafe: Kein lohnwerter Vorteil? RdW 2013, 233; *ders,* Übernahme einer Strafe: Leistungsentgelt? RdW 2013, 367; *Fellner,* Veruntreute Gelder sind als Einkünfte aus nichtselbständiger Arbeit zu versteuern, UFSjournal 2013, 439; *Steiger,* Familienhafte Mitarbeit oder echtes Dienstverhältnis? taxlex 2013, 162; *Beiser,* Sind Preisnachlässe von dritter Seite an Arbeitnehmer steuerpflichtiger Arbeitslohn? SWK 2014, 389; *Doralt,* Veruntreute Kundengelder steuerpflichtig? OGH gegen VwGH, RdW 2014, 42; *Dziurdź,* Arbeitgebereigenschaft und Betriebsstättenrisiko bei der Arbeitnehmerüberlassung, ÖStZ 2014, 121; *Gassner,* Sind Prostituierte Unternehmer oder Dienstnehmer? SWK 2014, 1016; *Steiger,* Sozialversicherungsrechlicher Dienstnehmer ist nicht automatisch arbeitsrechtlicher Dienstnehmer, taxlex 2014, 228; *Novacek,* Veruntreute Gelder als Einnahmen bzw Ausgaben im Ertragsteuerrecht, FJ 2015, 205; *Sedlacek,* Die Auslegung des Merkmals „Weisungs(un)gebundenheit“ durch den VwGH, SWK 2015, 1457; *Denk,* Können (Vertretungs-)Ärzte steuerlich Dienstnehmer sein? taxlex 2016, 238; *Endfellner,* Abgabenfreie Zukunftssicherung der Arbeitnehmer: Ein flexibler freiwilliger Sozialaufwand, ecolex 2016, 160; *Fragner,* Gewährung verbilligter Mahlzeiten außerhalb des Betriebes nach Erlangung eines (neuen) Mittelpunktes der Tätigkeit als steuerfreier Vorteil aus dem Dienstverhältnis? PV-Info 2016, 23; *Hayden,* Mitarbeiterrabatte, taxlex 2016, 16; *Renner,* Gewährung verbilligter Mahlzeiten außerhalb des Betriebs als steuerfreier Vorteil aus dem Dienstverhältnis, ARD 6495/5/2016; *Sadlo/Heinz,* Wann sind Drittrabatte steuerpflichtiger Arbeitslohn? ÖStZ 2016, 225; *Schuster,* Mitarbeiterrabatte: Bei 1.000 € ist noch lange nicht Schluss, SWK 2016, 609; *Sedlacek,* Kommt die Einkünftefiktion des § 25 Abs 1 Z 1 lit b EStG 1988 nur für geschäftsführende Gesellschafter in Betracht? SWK 2016, 1126; *Steiger,* Fremdgeschäftsführer kein steuerlicher Dienstnehmer, taxlex 2016, 206; *ders,* Die einkommensteuerliche und sozialversicherungsrechtliche Einstufung von Geschäftsführern, taxlex 2016, 347; *ders,* Weisungsfreiheit eines Gesellschafter-Geschäftsführers und Tätigkeit als Rechtsanwalt, taxlex 2017, 118; *ders,* Dienstreisekasko kein Vorteil aus dem Dienstverhältnis, taxlex 2017, 315; *ders,* Gefahrenzulage bei Fahrlehrer ohne Nachweis steuerpflichtig, taxlex 2017, 365; *Zorn,* VwGH: Keine Kommunalsteuer für nicht wesentlich beteiligte Geschäftsführer von Freiberufler-GmbH, RdW 2017, 198; *Angerer,* Keine Steuerbegünstigung, wenn keine Diensterfindungsvergütung im Sinne des Patentgesetzes vorliegt, BFGjournal 2018, 338; *Bramerdorfer/Kovacevic,* Steuerliche Behandlung von Diensterfindungsvergütungen, SWK 2018, 969; *Brameshuber,* Zur Bindung des Finanzamts im Rahmen der GPLA , taxlex 2018, 176; *Knechtl,* Austrittsleistung aus einer schweizerischen Pensionskasse, taxlex 2018, 335; *Mauthner/Arnoldi,* Deliktische Tatbestände und Einkunftsbegriff bzw Schadenersatzzahlungen und Werbungskosten, BFGjournal 2018, 274; *Ryda,* (Lohn-)steuerliche Behandlung von Krankengeldern im Rahmen der Einkommensteuerveranlagung, BFGjournal 2018, 232; *Sedlacek,* Nicht wesentlich beteiligte GmbH-Geschäftsführer: VwGH-Judikatur schafft weitgehende Rechtssicherheit, SWK 2018, 959; *Seebacher,* (Lohn)steuerrechtliche Behandlung von Krankengeldern im Rahmen der Einkommensteuerveranlagung, PV-Info 2018, 6; *Steiger,* Nicht wesentlich beteiligter Gesellschafter-Geschäftsführer einer Rechtsanwalts-GmbH – wann liegt eine Weisungsfreistellung vor? taxlex 2018, 196.

§ 25 nennt **folgende Arten** von Einkünften aus nichtselbständiger Arbeit:

1. a) Bezüge und Vorteile aus einem bestehenden oder früheren **Dienstverhältnis** (zum Begriff siehe unten). Darunter fallen das Entgelt für aktive Dienstleistungen sowie Firmenpensionen. 79

b) Bezüge und Vorteile, die nicht wesentlich (bis 25%) beteiligte **Gesellschafter von Kapitalgesellschaften** für eine Beschäftigung erhalten, und zwar auch dann, wenn sie gesellschaftsvertraglich weisungsfrei gestellt sind, ihre Beschäftigung aber sonst alle Merkmale eines Dienstverhältnisses erfüllt. Gesellschafter-Geschäftsführer von Kapitalgesellschaften beziehen danach Einkünfte aus nichtselbständiger Arbeit, wenn sie höchstens mit 25% an der Gesellschaft beteiligt sind; bei einer Beteiligung von mehr als 25% beziehen sie Einkünfte aus selbständiger Arbeit (§ 22 Z 2).

c) Bezüge aus einer (in- oder ausländischen) **gesetzlichen Kranken- oder Unfallversorgung** sowie aus den (verpflichtenden) Kranken- oder Unfallversorgungs- und Unterstützungseinrichtungen der Kammern der selbständig Erwerbstätigen; hierunter fallen auch das Rehabilitationsgeld gem § 143a ASVG und das Wiedereingliederungsgeld gem § 143d ASVG (siehe § 69 Abs 2).[188]) Bezüge aus einer Krankenversorgung und **Krankengelder** werden nur dann zu den nichtselbständigen Einkünften gezählt, wenn sie auf Grund eines (bestehenden oder früheren) Dienstverhältnisses zufließen; andere Krankengelder sind der jeweiligen Einkunftsart zuzurechnen (§ 32 Abs 1 Z 1; § 25 Abs 1 Z 1 vorletzter und letzter Satz).

[188]) Vgl auch LStR 2002 Rz 659c.

Bezüge aus einer gesetzlichen Kranken- oder Unfallversorgung oder aus den Versorgungs- und Unterstützungseinrichtungen der Kammern der selbständig Erwerbstätigen, sind von diesen (vorläufig) einem **pauschalen Lohnsteuerabzug in Höhe von 25%** zu unterwerfen (§ 69 Abs 2); im Zuge der Veranlagung erfolgt dann eine Anpassung an die tatsächlichen Verhältnisse.

80 2. Bezüge und Vorteile aus inländischen **Pensionskassen** und aus **betrieblichen Kollektivversicherungen** iSd § 93 VAG. Diese sind

- voll stpfl, soweit die Leistungen der Pensionskasse aus Beiträgen des Arbeitgebers stammen;[189])
- nur im **Ausmaß von lediglich 25% der erhaltenen Bezüge und Vorteile** anzusetzen, soweit sie aus Beiträgen des Arbeitnehmers stammen (dies gilt unabhängig davon, ob und in welchem Umfang die Beiträge als Sonderausgaben berücksichtig wurden).[190]) Die partielle Steuerbefreiung von auf nicht abzugsfähigen Eigenbeiträgen beruhenden Pensionskassenbezügen soll eine verfassungswidrige Doppelbesteuerung verhindern; durch den Ansatz von lediglich 25% der Bezüge und Vorteile soll pauschal die durch die Veranlagung der Beiträge in der Pensionskasse erwirtschaftete Ertragskomponente in den Bezügen und Vorteilen erfasst werden.[191]) Die Einzahlung der Beiträge durch den Arbeitgeber ist nicht steuerwirksam (vgl § 26 Z 7 lit a).
- steuerfrei, soweit Prämien nach § 108a oder § 108g in Anspruch genommen werden oder es sich um Bezüge handelt, die auf Grund einer Überweisung einer BV-Kasse geleistet werden.

Bezüge und Vorteile aus ausländischen Pensionskassen stellen ebenfalls Einkünfte aus nichtselbständiger Arbeit dar (vgl § 25 Abs 1 Z 2 lit b). Haben die Beitragsleistungen an die ausländische Pensionskasse die in- oder ausländischen Einkünfte nicht vermindert, kommt es wie bei inländischen Pensionskassen zu einer partiellen bzw gänzlichen Steuerbefreiung der Bezüge und Vorteile aus der Pensionskasse.

81 3. Zuwendungen von **Privatstiftungen** iSd § 4 d, soweit sie als Bezüge und Vorteile aus einem bestehenden oder früheren Dienstverhältnis anzusehen sind,[192]) und Bezüge und Vorteile aus **Unterstützungskassen** (§ 25 Abs 1 Z 2 lit c).

82 4. Bezüge und Vorteile aus **betrieblichen Vorsorgekassen** (BV-Kassen; § 25 Abs 1 Z 2 lit d).

82/1 5. **Insolvenz-Entgelt,** das durch den Insolvenz-Entgelt-Fonds ausbezahlt wird (§ 25 Abs 1 Z 2 lit e).

83 6. **Pensionen aus der gesetzlichen Sozialversicherung,** aus einer vergleichbaren ausländischen Versicherung und gleichartige Bezüge aus Versorgungs- und Unterstützungseinrichtungen der Kammern der selbständig Er-

---

[189]) Der Beitrag des Arbeitgebers an die Pensionskasse stellt einen nicht steuerbaren Vorteil aus dem Dienstverhältnis dar (vgl § 26 Z 7 lit a).

[190]) Siehe LStR 2002 Rz 680.

[191]) Siehe VfGH 30. 6. 1984, G 101/84.

[192]) Zur Besteuerung beim Begünstigten vgl *Kirchmayr/Denk* in *Doralt/Kirchmayr/Mayr/Zorn,* EStG[20] § 4 d Tz 31.

werbstätigen (§ 25 Abs 1 Z 3 lit a und b). Steigerungsbeträge aus der Höherversicherung in der gesetzlichen Pensionsversicherung bzw Höherversicherungspensionen werden grds nur mit 25% der betreffenden Pensionsleistung erfasst (beruhen idR auf Eigenleistungen des Arbeitnehmers), außer die zu Grunde liegenden Beitragszahlungen waren abzugsfähig. Soweit für Pensionsbeiträge eine Prämie nach § 108a in Anspruch genommen wurde (dazu Tz 802), sind die darauf entfallenden Pensionen überhaupt steuerfrei.

Zu den Einkünften aus nichtselbständiger Arbeit gehören auch **Rückzahlungen von:**

a) Pflichtbeiträgen, sofern diese zumindest teilweise auf Grund eines Dienstverhältnisses einbehalten oder zurückgezahlt wurden (§ 25 Abs 1 Z 3 lit d);

b) Beiträgen für freiwillige Weiterversicherungen und des Nachkaufes von Versicherungszeiten in der gesetzlichen Pensionsversicherung, wenn diese Beiträge als Sonderausgaben gem § 18 geltend gemacht wurden. Dies gilt auch für vergleichbare Beiträge an Versorgungs- und Unterstützungseinrichtungen der Kammern der selbständig Erwerbstätigen (§ 25 Abs 1 Z 3 lit e).

7. Bezüge, Auslagenersätze und Ruhebezüge bestimmter politischer **83/1** Funktionäre, von Abgeordneten zum Nationalrat, zum Bundesrat, zu den Landtagen und zum Europäischen Parlament sowie von Mitgliedern des VfGH (§ 25 Abs 1 Z 4).

8. Bezüge von Vortragenden an Bildungseinrichtungen mit vorgegebenem Studien-, Lehr- oder Stundenplan (§ 25 Abs 1 Z 5).

Der Katalog ist systematisch unbefriedigend. Pensionsbezüge aus der gesetzlichen **34** Sozialversicherung etwa wären systemgerecht unter die Einkünfte aus Gewerbebetrieb bzw die Einkünfte aus Land- und Forstwirtschaft einzureihen, soweit es sich um Pensionen nach dem GSVG oder BSVG handelt. Pensionsbezüge aus Versorgungs- und Unterstützungseinrichtungen der Kammern der selbständig Erwerbstätigen und Pensionen nach dem FSVG wären systemgerecht den Einkünften aus selbständiger Arbeit zuzuordnen. Bei den Bezügen für politische Funktionäre usw (vgl § 25 Abs 1 Z 4) handelt es sich eigentlich um Funktionsgebühren, die das EStG in anderen Fällen zu den sonstigen Einkünften rechnet (§ 29 Z 4).

Auch die Behandlung der Bezüge von **Gesellschaftern von Kapitalgesellschaften** kann systematisch nicht überzeugen. Die Zuordnung zu den Einkünften aus selbständiger bzw unselbständiger Arbeit erfolgt grds nach der Höhe der Beteiligung. Für diese Personengruppe ergibt sich folgende Unterscheidung:

a) Beteiligung **über 25%,** Merkmale eines Dienstverhältnisses: jedenfalls Einkünfte aus selbständiger Arbeit, auch wenn im Einzelfall Weisungsgebundenheit besteht.

b) Beteiligung **bis 25%,** Merkmale eines Dienstverhältnisses: jedenfalls Einkünfte aus nichtselbständiger Arbeit; liegt aber im Einzelfall Weisungsfreiheit bezüglich Arbeitsort, Arbeitszeit und arbeitsbezogenem Verhalten vor, ist kein Dienstverhältnis iSd § 47 gegeben; es liegen Einkünfte aus selbständiger Arbeit (§ 22 Z 2) bzw aus Gewerbebetrieb vor.[193])

[193]) Siehe VwGH 26. 1. 2017, Ra 2015/15/0064, wobei der VwGH offenlässt, zu welcher betrieblichen Einkunftsart die Einkünfte zuzuordnen sind; definitiv unterliegen diese Einkünfte mangels wesentlicher Beteiligung nicht § 22 Z 2 TS 2.

Die Vorschriften gelten nicht nur für Geschäftsführer, sondern für jeden beteiligten Arbeitnehmer.

c) Liegen die Merkmale eines Dienstverhältnisses iSd § 47 nicht vor, so kommen die Vorschriften nicht zur Anwendung (Beispiel: Ein zu 20% beteiligter Rechtsanwalt erhält von der Gesellschaft eine Vergütung für anwaltliche Beratung: Er erzielt Einkünfte aus selbständiger Tätigkeit.).

85 Für die Einkünfte aus nichtselbständiger Arbeit verwendet das Gesetz synonym den Ausdruck **Arbeitslohn.** Natürliche Personen, die Arbeitslohn beziehen, sind **Arbeitnehmer** iSd EStG. Als **Arbeitgeber** wird bezeichnet, wer Arbeitslohn iSd § 25 auszahlt (§ 47 Abs 1). Arbeitnehmer- und Arbeitgeberbegriff des EStG stehen somit nicht im Einklang mit der arbeitsrechtlichen Terminologie.

Die wichtigste Gruppe der Einkünfte aus nichtselbständiger Arbeit umfasst die Bezüge und Vorteile aus einem bestehenden oder früheren Dienstverhältnis. Ein **Dienstverhältnis** liegt vor, wenn der Arbeitnehmer dem Arbeitgeber seine Arbeitskraft schuldet; das ist dann anzunehmen, *„wenn die tätige Person in der Betätigung ihres geschäftlichen Willens unter der Leitung des Arbeitgebers steht oder im geschäftlichen Organismus des Arbeitgebers dessen Weisungen zu folgen verpflichtet ist"* (§ 47 Abs 2).

86 Selbständige und nichtselbständige Arbeit unterscheiden sich nicht durch den Inhalt der Tätigkeit, sondern durch die Modalität der Erbringung.[194]) Das steuerliche Dienstverhältnis ist als **Typusbegriff** durch eine Vielzahl von Merkmalen bestimmt, die nicht alle in gleicher Intensität ausgeprägt sein müssen;[195]) dabei ist auf das Gesamtbild der Verhältnisse abzustellen.[196])

Nach der Legaldefintion des § 47 Abs 2 sind die **persönliche Weisungsgebundenheit**[197]) und die **Einordnung in den Betrieb** (hinsichtlich Arbeitsplatz, Arbeitsmittel und Arbeitsstunden) entscheidend. Ermöglichen beide Merkmale keine klare Abgrenzung, dann ist auf weitere Abgrenzungskriterien Bedacht zu nehmen (zB geregelte Arbeitszeit, geregelte Urlaubszeit, erfolgsunabhängiger Lohn,[198]) der laufend ausbezahlt wird,[199]) kein Unternehmerwagnis[200]) und fehlende Vertretungsbefugnis[201])).[202]) Die Abfuhr von Sozialversicherungsbeiträgen bzw LSt ist lediglich die öffentlich-rechtliche Folge eines Beschäftigungs- bzw Dienstverhältnisses und kann daher höchstens etwas über die Einschätzung

[194]) Siehe VwGH 11. 8. 1993, 92/13/0022.

[195]) Vgl VfGH 1. 3. 2001, G 109/00.

[196]) Siehe VwGH 20. 2. 2008, 2008/15/0072.

[197]) Siehe VwGH 20. 12. 2000, 99/13/0223.

[198]) Siehe VwGH 11. 8. 1993, 92/13/0022.

[199]) Siehe VwGH 25. 2. 1997, 92/14/0039.

[200]) Vgl zB VwGH 29. 4. 2010, 2008/15/0103 und VwGH 21. 11. 2013, 2012/15/0025. Siehe auch VwGH 1. 12. 1992, 88/14/0115 (zu einem Taxilenker); VwGH 11. 8. 1993, 92/13/0022 (zur Abgrenzung bei einem Versicherungsvertreter); VwGH 28. 11. 2002, 97/13/0069 (zu einem Botendienstfahrer).

[201]) Siehe VwGH 16. 2. 1994, 92/13/0149.

[202]) Siehe VwGH 21. 11. 2013, 2012/15/0025; vgl auch *Sedlacek*, SWK 2015, 1457.

des Verhältnisses durch die Vertragsparteien aussagen, nicht aber für die steuerrechtliche Beurteilung des Vertrags maßgebend sein.

Der **Begriff der Selbständigkeit** im EStG deckt sich mit dem in § 2 Abs 1 UStG verwendeten Begriff.[203]) Die im Arbeitsrecht und im Sozialversicherungsrecht verwendeten Begriffe stimmen im Wesentlichen, nicht aber gänzlich mit dem Steuerrecht überein.[204])

Der Begriff des **Arbeitslohnes** ist weit auszulegen. Nicht nur Geldbezüge, sondern auch Naturalbezüge und schlechthin alle Vorteile aus dem Dienstverhältnis sind zu erfassen. Gleichgültig ist, ob es sich um einmalige oder laufende Bezüge handelt; ebenso ist gleichgültig, ob ein Rechtsanspruch auf die Bezüge besteht oder ob ein Rückforderungsanspruch besteht.[205]) Vorteile, die der Arbeitgeber im betrieblichen Eigeninteresse gewährt (zB Fortbildung), sind kein Arbeitslohn. Zu erfassen sind auch Beträge, die dem Arbeitnehmer nicht vom Arbeitgeber, sondern von einem Dritten im Hinblick auf seine Arbeitnehmereigenschaft gewährt werden (zB Bestechungsgelder, Prüfungstaxen[206]), Stipendien für Forschungstätigkeiten im Rahmen der Dienstverpflichtung[207]); grds auch ortsübliche Trinkgelder, wären sie nicht steuerfrei gem § 3 Abs 1 Z 16 a). Voraussetzung für die steuerliche Erfassung ist jedoch, dass die Vorteile überhaupt **Geldwert** besitzen (ergibt sich aus § 15 Abs 2); bloße **Annehmlichkeiten,** die der Arbeitgeber dem Arbeitnehmer gewährt, die für diesen aber keinen Geldwert besitzen, können nicht zu den Einkünften aus nichtselbständiger Arbeit gerechnet werden (zB die Bereitstellung eines Sportplatzes für die Belegschaft). 87

§ 26 nennt eine Reihe von Leistungen des Arbeitgebers, die **nicht zu den Einkünften aus nichtselbständiger Arbeit** gehören. 88

Dazu zählen etwa der Wert der unentgeltlich überlassenen, typischen Berufskleidung, durchlaufende Gelder, Auslagenersätze, Aufwendungen, die der Arbeitgeber im betrieblichen Interesse für Ausbildung und Fortbildung des Arbeitnehmers aufwendet, Beiträge, die der Arbeitgeber für seine Arbeitnehmer an Pensionskassen (inklusive Beiträge an ausländische Pensionskassen auf Grund einer ausländischen gesetzlichen Verpflichtung), an Unterstützungskassen, an Arbeitnehmerförderungs- und Belegschaftsbeteiligungsstiftungen sowie an betriebliche Vorsorgekassen (höchstens 1,53% des monatlichen Entgeltes) leistet, Reisevergütungen (Fahrtkostenvergütungen sowie Tages- und Nächtigungsgelder anlässlich von Dienstreisen, Letztere mit gesetzlich fixierten Obergrenzen, siehe unten), die Beförderung mit Fahrzeugen in der Art eines Massenbeförderungsmittels oder mit Massenbeförderungsmitteln zwischen Wohnung und Arbeitsstätte durch den Arbeitgeber (sog Werkverkehr), Umzugskostenvergütungen.

[203]) Siehe VwGH 7. 12. 1994, 91/13/0171; vgl BFH 3. 10. 1961, I 200/59 S, BStBl 1961 III 567.

[204]) Siehe VwGH 19. 10. 1967, 0742/67, ÖStZB 1968, 23, VwGH 27. 10. 1987, 87/14/0145, ÖStZB 1988, 182 und VfGH 8. 6. 1985, B 488/80 (zum Sozialversicherungsrecht); ausführlich *Gassner,* ÖStZ 1969, 14.

[205]) Siehe VwGH 26. 11. 2002, 99/15/0154.

[206]) VwGH 7. 12. 1994, 91/13/0171.

[207]) VwGH 20. 2. 2008, 2006/15/0171.

Bei **Dienstreisen** steht entsprechend ihrer Dauer ein steuerfreies Tagesgeld zu (bis zu € 26,40, bei Auslandsdienstreisen je nach Land unterschiedlich). Im Falle einer Nächtigung können ein Nächtigungsgeld oder die tatsächlichen Aufwendungen geltend gemacht werden (vgl Tz 501).

89 § 3 Abs 1 zählt – vor allem in Z 8 bis 21 – darüber hinaus verschiedene Leistungen des Arbeitgebers auf, die ausdrücklich für **steuerfrei** erklärt werden (Beispiele: freiwillige soziale Zuwendungen bestimmter Art, Aufwendungen des Arbeitgebers für die Zukunftssicherung der Arbeitnehmer, Trinkgelder; siehe unten Tz 149).

Die normative Bedeutung dieser Bestimmungen ist unterschiedlich zu beurteilen. Bei § 26 handelt es sich vor allem um Ersatz von Aufwendungen, die der Arbeitnehmer an sich als Werbungskosten geltend machen könnte; die Freistellung der Ersatzleistung dient in diesem Fall der Vereinfachung der Besteuerung. Ein weiterer Vorteil ergibt sich auch aus der fehlenden Sozialversicherungspflicht. Bei den Befreiungen nach § 3 handelt es sich zT um bloße Annehmlichkeiten, die an sich nicht zum Arbeitslohn zu rechnen sind, deren Erwähnung daher nur deklarative Bedeutung haben kann (etwa Verabreichung von Getränken, Benützung von Betriebsbibliotheken); zT liegen echte Begünstigungen vor, die sich auf das Besteuerungsergebnis auswirken (zB Betriebskindergarten).

90 Bei der Ermittlung der Einkünfte sind geldwerte Vorteile (Naturalbezüge) mit den üblichen Mittelpreisen des Verbrauchsortes anzusetzen (§ 15 Abs 2). Für gängige Sachbezüge werden amtliche **Sachbezugswerte** verlautbart („Sachbezugswerte-VO" BGBl II 2001/416 idF BGBl II 2018/237).

Die Bewertung nach der Sachbezugswerte-VO stellt auf längere Zeiträume ab und ist auch dann anzuwenden, wenn die konkreten Marktverhältnisse davon abweichen.[208)]

Bei Einkünften aus nichtselbständiger Arbeit wird die ESt prinzipiell durch Abzug vom Arbeitslohn erhoben (LSt; siehe unten Tz 727 ff).

E. Einkünfte aus Kapitalvermögen (§ 27)

Literatur: *Eberhartinger,* Bilanzierung und Besteuerung von Genussrechten, stillen Gesellschaften und Gesellschafterdarlehen, Wien 1996; *Neuner,* Die stille Gesellschaft im Abgabenrecht[4], Wien 1998; *Beiser,* Zur Quellentheorie und deren Aufspaltung einer Einkunftsquelle in Fruchtziehung und Stamm, ÖStZ 2000, 390; *Heinrich,* Die Besteuerung von Index-Anleihen im Privatvermögen, ÖStZ 2000, 469; *Rauscher,* Die einkommensteuerliche Behandlung von Anteilsrechten an Agrargemeinschaften, SWK 2000, S 694; *Beiser,* Akienanleihen in ertragsteuerlicher Sicht, RdW 2001, 620; *Kopf,* Von der Besteuerung betrogener Anleger, SWK 2001, S 782; *Blenk,* Nochmals: Besteuerung betrogener Anleger, SWK 2001, S 844; *Kirchmayr,* Besteuerung von Investmentfonds nach dem KapitalmarktoffensiveG, RdW 2001, 54; *Mühlehner,* Ertragsteuerliche Behandlung von Aktienanleihen im Privatvermögen, ÖStZ 2001, 316; *Niescher,* KESt beim Erwerb von Nullkuponanleihen (Zero-Bonds) während der Laufzeit, ÖStZ 2001, 102; *Novacek,* Ertragsteuerliche und andere Probleme der Anspruchszinsen, ÖStZ 2001, 354; *Rauscher,* Neues zur Besteuerung der Ausschüttungen von Agrargemeinschaften an Anteilsberechtigte, SWK 2001, S 277; *Stangl,* Einkommensteuerliche Beurteilung fremdfinanzierter

208) Siehe VfGH 23. 11. 2012, B 500/12 (zum Zinsvorteil aus einem Arbeitgeberdarlehen).

Rentenversicherungen, ecolex 2001, 654; *Achatz/Jabornegg/Resch,* Mitarbeiterbeteiligung – Aktienoptionen, Wien 2002; *Doralt,* Stiftungen: Nutzungszuwendungen an Begünstigte, RdW 2002, 125; *König,* Die Vermögens- und Nutzungszuwendung von eigen- bzw gemischtnützigen Privatstiftungen, RdW 2002, 311; *Aigner/Kofler,* Steuerpflichtige Verzugszinsen und nicht abzugsfähige Refinanzierungskosten? SWK 2002, S 759; *Beiser,* Die Fremdfinanzierung von Beteiligungen, SWK 2002, S 231; *oV,* Einkommensteuer für Verzugszinsen, SWK 2002, S 491; *Aigner/Kofler,* Steuerpflichtige Verzugszinsen und nicht abzugsfähige Refinanzierungskosten, SWK 2002, 1125; *Stangl,* Die steuerliche Behandlung von Aktienanleihen im Privatvermögen, ÖStZ 2002, 156; *Heinrich,* VwGH: Revolution der Index-Anleihen-Besteuerung? GeS 2003, 78; *Urtz,* Neuregelung der Besteuerung von Indexanleihen, GeS 2003, 321; *Urtz,* Besteuerung von Immobilien-Investmentfonds, GeS 2003, 387; *Aigner/Kofler,* Die steuerliche Behandlung von Investmentfonds im Privatvermögen natürlicher Personen (Teil II), ecolex 2003, 124; *Aigner/Kofler,* Die Neuordnung der Besteuerung von Kapitalerträgen durch das BudgetbegleitG 2003, ecolex 2003, 480; *Pilz,* Das Immobilien-Investmentfondsgesetz im Überblick, SWK 2003, S 655; *Kleemann,* Zweifelsfragen zum Immobilien-Investmentfondsgesetz, SWK 2003, S 697; *Novak,* Veranlagung in Immobilieninvestmentfonds steuerlich attraktiv? ecolex 2003, 933; *Zorn,* Aktuelle einkommensteuerliche Probleme im Bereich der Kapitalveranlagungen, ÖStZ 2003, 164; *Schiebel,* Besteuerung der Aktienanleihe im Privatvermögen, RWZ 2003, 257; *Kirchmayr,* Besteuerung von Beteiligungserträgen, Wien 2004; *Polivanova-Rosenauer/Toifl,* Steuerliche Behandlung von ausländischen Immobilienfonds (Teil I), GeS 2004, 96; *Althuber,* Ungleichbehandlung von in- und ausländischen Kapitalerträgen gemeinschaftsrechtswidrig? GeS 2004, 251; *Reschny-Birox/Klaunzer,* Überblick der Besteuerung von in- und ausländischen Erträgen aus Kapitalanlagefonds im Veranlagungsjahr 2003 und Gedanken zur Vereinfachung des bestehenden Systems, (Teil I) FJ 2003, 408, (Teil II) FJ 2004, 9; *Polivanova-Rosenauer/Toifl,* Besteuerung ausländischer Kapitalerträge und jüngste Rechtsprechung des EuGH, SWI 2004, 228; *Lochmann,* Zusammenbruch eines Anlagemodells: Einkünfte aus Kapitalvermögen, RdW 2004, 511; *Marschner,* Dividenden und Investmentfonds richtig in die Steuererklärung aufgenommen, SWK 2004, S 405; *Kauba,* AbgÄG 2004: Änderungen bei Stiftungszuwendungen, RdW 2005, 250; *Kirchmayr,* Besteuerung von Indexzertifikaten verfassungsrechtlich problematisch? taxlex 2005, 108; *Novak,* Besteuerung von Stiftungszuwendungen im Überblick, SWI 2005, 383; *Markowetz,* Treuhändiges Halten von Anteilen an Kapitalgesellschaften: KESt-Abzug und Endbesteuerung, SWK 2005, S 690; *Bertl/Kofler,* Die Behandlung der eigennützigen Privatstiftung im Ertragsteuerrecht, JAP 2005/2006, 106; *Bertl/Kofler,* Die Behandlung von inländischen Investmentfonds im Ertragsteuerrecht, JAP 2005/2006, 176; *Marschner,* Indexzertifikate: Quo vadis? SWK 2006, S 316; *Arming/Kirchmayr,* Kapitalveranlagung und Steuern, Wien 2006; *Tumpel/Mayr,* Veräußerung von Dividendenscheinen, RdW 2006, 251; *Twardosz,* Veräußerung von Zinsscheinen, RdW 2006, 534; *Hochedlinger/Fuchs,* Stille Gesellschaft, Wien 2006; *Fuchs,* Abgrenzung Kapitalertrag und Substanz im Ertragsteuerrecht, in FS W. Doralt, Wien 2007, 81; *Kirchmayr,* Schuldverschreibungen – Grundsatzfragen der Abgrenzung von Zinsen und Stammrecht, in FS W. Doralt, Wien 2007, 185; *Fuchs,* Ist der steuerliche Begriff „Beteiligung nach Art eines stillen Gesellschafters" obsolet? SWK 2007, S 33; *Lochmann,* EACC – VwGH bejaht Steuerpflicht der Kapitaleinkünfte, SWK 2007, S 261; *Schuh,* Geldwerte Vorteile bei Eröffnung eines Bankkontos als Kapitaleinkünfte? RdW 2007, 181; *Moritz,* Der steuerliche Durchgriff auf kombinierte Kapitalanlageprodukte, in FS Ruppe, Wien 2007, 479; *Widhalm,* Veräußerung von Zinsscheinen im Privatvermögen, in FS Ruppe, Wien 2007, 718; *Arnold/Ludwig,* Die neue Stiftungsbesteuerung, taxlex 2008, 270; *H. Bergmann,* Bessere Rechtsgrundlagen für das österreichische Wertpapiergeschäft, (Teil 1) ÖStZ 2008, 259, (Teil 2) ÖStZ 2008, 324; *oV,* VwGH gegen KESt-Pflicht bei

Depotentnahme, RdW 2008, 165; *Mayr,* Privatstiftungen: Entlastung bei Ausgangsbesteuerung sachgerecht? RdW 2008, 296; *Petritz,* Die Besteuerung des Trusts nach dem SchenkMG, taxlex 2008, 275; *Schuchter,* Zuwendungsbesteuerung neu, taxlex 2008, 224; *Toifl,* Liechtensteinische Stiftungen – Irrwege der Intransparenz, taxlex 2008, 234; *Zech,* Prozesskosten als Werbungskosten bei den Einkünften aus Kapitalvermögen, UFSjournal 2008, 43; *Aigner,* Ausschüttungen von körperschaftlich organisierten Agrargemeinschaften nach der RV zum AbgÄG 2009, taxlex 2009, 259; *Brugger,* Erwerb und Einziehung von Forderungen im außerbetrieblichen Bereich, ÖStZ 2009, 415; *Kapl,* Verfassungswidrige Besteuerung beitragsorientierter Pensionskassenrenten, SWK 2009, T 229; *Lukas/Toifl,* Verdeckte Gewinnausschüttung im Steuer- Zivil-, Gesellschafts- und Strafrecht, RdW 2009, 669; *Schohai,* Steht Österreich an den aus einem Privatdarlehen resultierenden ausländischen Zinsen das Besteuerungsrecht zu? UFSjournal 2009, 60; *Brauner/Urban,* Die Behandlung von Ausschüttungen bei Agrargemeinschaften, SWK 2009, S 786; *Polivanova-Rosenauer,* Fondsgebundene Lebensversicherungen – Der Anfang vom Ende? taxlex 2010, 137; *Aichwalder,* Indexzertifikate: Besteuerung nach dem BBG 2011 iVm AbgÄG 2011, taxlex 2011, 285; *Bodis,* Die steuerliche Behandlung von Tilgungsträgern nach dem Budgetbegleitgesetz 2011, RdW 2011, 111; *Bergmann,* Besteuerung der echten stillen Gesellschaft nach dem BBG 2011, GeS 2011, 30; *Doralt,* Verluste im Kapitalvermögen: Flucht ins Betriebsvermögen? RdW 2011, 363; *Grangl/Rohner,* BBG 2011 – Kapitaleinkünfte im betrieblichen Bereich, taxlex 2011, 73; *Gunacker-Slawitsch,* Veräußerungsgewinne aus Kapitalvermögen, SWK 2011, S 804; *Hofstätter,* Depotübertragungen nach dem BBG 2011, taxlex 2011, 82; *Jann/Habersack/Rasner/Strobach/Steinbauer,* Die neue Besteuerung von Kapitalvermögen, SWK-Sonderheft 2011; *Marschner,* Vermögenszuwachssteuer – Grundsätzliches zu Derivativem und Spekulativem, SWK 2011, S 578; *ders,* Vermögenszuwachssteuer – ein Streifzug durch verschiedene Aspekte der Neuregelung, SWK 2011, S 839; *Kirchmayr/Mayr/Schlager,* Besteuerung von Kapitalvermögen, Wien 2011; *Mayr/Schlager,* VfGH: KESt-neu ab 1. 4. 2012 bestätigt, RdW 2011, 427; *Mühlehner/Cserny/Petritz/Plott,* Die Besteuerung von Kapitalvermögen nach dem BBG 2011–2014, ÖStZ-Spezial 2011; *Novacek,* Verfassungsrechtliche Bedenken gegen die Bruttobesteuerung bei der neuen Vermögenszuwachssteuer, ÖStZ 2011, 321; *Papst,* Indexzertifikate: Wertverluste vor dem BBG 2011, RdW 2011, 366; *Schlager,* KESt neu im AbgÄG 2011: Besser spät als nie, RdW 2011, 360; *ders,* KESt-neu im BBG 2012: Verlustausgleich durch das Kreditinstitut, RdW 2011, 687; *Varro,* Verlustverwertung bei Einkünften aus Kapitalvermögen – verfassungsrechtliche Bedenken, taxlex 2011, 75; *Varro/Ebner,* Fruchtgenuss an Gesellschaftsanteilen ohne Stimmrechtsübertragung? RdW 2011, 762; *Beiser,* Das Bezugsrecht von Gesellschaftern in der Einkommensteuer, ÖStZ 2012, 367; *Blum/Steindl,* Die steuerliche Behandlung des Bezugsrechtstransfers, RdW 2012, 371; *Brauneis/Schuschnig,* Die neue Besteuerung von Kapitaleinkünften im Privatvermögen: Steueroptimierungspotential und Auswirkungen auf den Kapitalmarkt, ÖStZ 2012, 369; *dies,* Die Verlustverwertung im Rahmen der Einkünfte aus Kapitalvermögen, ÖStZ 2012, 426; *Fritz-Schmied,* Die Durchbrechung des Maßgeblichkeitsprinzips in Zusammenhang mit Veräußerungen von Kapitalanlagen und Grundstücken, SWK 2012, 1197; *Marschner,* Wieder Änderung bei der Besteuerung von Kapitalvermögen, SWK 2012, 1479; *Obermann,* Inländische Depotumbuchung bei gleichzeitiger Entnahme der Wertpapiere aus dem Betriebsvermögen, SWK 2012, 873; *Papst,* Zwischenbetriebliche Kapitalverlustverwertung und mehrstöckige Personengesellschaft, SWK 2012, 1248; *Prillinger,* Wieviel Abzug steckt im Wegzug? taxlex 2012, 297; *Rohn,* Steueroptimale Realisation von Wertveränderungen des Kapitalvermögens im Jahr 2012, SWK 2012, 322; *Lechner/Mayr/Tumpel,* Handbuch der Besteuerung von Kapitalvermögen, Wien 2013; *Prillinger,* Steuerlicher Durchgriff bei fondsgebundenen Lebensversicherungen aus nationaler und abkommensrechtlicher Sicht, in *Althuber/Griesmayr/Zehetner* (Hrsg), Handbuch Versicherungen und Steuern Wien 2013; *Obermann,* Nochmals: Private Veräußerung aus dem Betriebsvermögen entnommener Kapitalanlagen, SWK 2013, 103; *Bodis/Wild,* Änderungen der Kapitalvermögens- und Immobilienbesteuerung, in *Mayr/Lattner/Schlager,* Steuerreform 2015/16, SWK-Spezial (2015) 65; *Bergmann,* Die stille Gesellschaft nach dem GesbR-Reformgesetz: Einkommensteuerrechtlicher Anpassungsbedarf? GES 2015, 366; *Beiser,* Avalprovisionen als Leistungsentgelt oder Derivat, SWK 2015, 1490; *ders,* Sind „Negativzinsen" Zinsen oder Aufwand? SWK 2015, 536; *Bodis/Schlager,* Neues zur ertragsteuerlichen Behandlung von fondsgebundenen Lebensversicherungen, SWK 2017, 143; *Buchmann/Marschner,* Depotentnahme und -übertrag sollten nur im Rahmen der KESt geregelt sein, SWK 2017, 559; *Knesl/Luka,* Die steuerrechtlichen Auswirkungen einer Vertragsänderung bei Optionen des Altbestandes, GES 2017, 208; *Komarek/Leyrer,* Die steuerliche Behandlung von Fruchtgenussvereinbarungen an Kapitalanteilen, ÖStZ 2017, 583; *Marschner,* Erbschaft mit Kapitalvermögen, SWK 2017, 1192; *Mechtler/Spies,* Neue EuGH-Rechtsprechung zur Wegzugsbesteuerung – Anlass einer erneuten Reform in Österreich? SWI 2017, 137; *Finsterer,* Fremdwährungsverbindlichkeiten fallen nicht unter § 27 Abs 3 EStG, taxlex 2018, 40; *Polivanova-Rosenauer,* Kryptowährung – eine weitere Anlageklasse oder ein Wirtschaftsgut sui generis? taxlex 2017, 376; *Loukota,* Beschränkt steuerpflichtige Verleiher von Wertpapieren, SWI 2018, 487; *Habersack/Rasner,* Wertpapierleihgeschäfte und Kapitalertragsteuer – das ungelöste Rätsel? ÖStZ 2018, 281; *Zorn,* VwGH: Schulden sind kein Kapitalvermögen, RdW 2018, 115; *Beiser,* Fremdwährungsverbindlichkeiten im Licht der Rechtsprechung des VwGH, RdW 2018, 463.

1. Allgemeines

Die Besteuerung der Einkünfte aus Kapitalvermögen wurde mit dem Budgetbegleitgesetz 2011 (BBG 2011) neu geregelt („KESt-neu"). Während nach der früheren Rechtslage nur die Erträgnisse (Früchte) aus Kapitalvermögen, wie insb Zinsen und Dividenden, stpfl waren, sind nunmehr auch die Gewinne aus der Veräußerung des Kapitalvermögens stpfl (Besteuerung des Wertzuwachses). Damit wurde im Bereich des Kapitalvermögens auch die gruds unterschiedliche Behandlung von Betriebsvermögen einerseits und Privatvermögen andererseits im Falle der Veräußerung weitgehend aufgegeben. Nach diesem Grundsatz wurden bisher Gewinne aus der Veräußerung von Privatvermögen – von Spekulationsgeschäften und Beteiligungsveräußerungen abgesehen – steuerlich nicht erfasst. Insoweit kommt der Änderung der Rechtslage auch erhebliche Bedeutung im Hinblick auf die Gesetzessystematik zu (Wechsel von der Quellentheorie zur Reinvermögenszugangstheorie im Rahmen der Kapitaleinkünfte). **91**

Die Einkunftsart ist **subsidiär**: Soweit die Einkünfte zu den ersten vier Einkunftsarten gehören (zB Dividenden aus Aktien, die zum Betriebsvermögen eines Gewerbetreibenden gehören; Einkünfte aus gewerblicher Kreditvergabe), sind sie diesen zuzurechnen (§ 27 Abs 1).

Als Einkünfte aus Kapitalvermögen werden erfasst (§ 27): Einkünfte aus **92**

– der **Überlassung von Kapital,** wie insb Dividenden und Zinsen,

– der **Veräußerung von Kapitalvermögen** („realisierte Wertsteigerungen" vom Kapitalvermögen) und

– **Derivaten** (Termingeschäfte, zB Optionen).

Die Besteuerung der Einkünfte aus Kapitalvermögen erfolgt

- nach dem Steuersatz
  - mit **25%** oder **27,5%** (**„besonderer Steuersatz“**, § 27 a) oder
  - zum **Normalsteuersatz (Tarif).**
- nach der Art der Steuererhebung im Wege der
  - **Kapitalertragsteuer (KESt)** als **„Endbesteuerung“** oder
  - Veranlagung.

Der Normalsteuersatz kommt nur im Rahmen der Veranlagung zur Anwendung.

Als „Endbesteuerung“ bezeichnet man jene Fälle, in denen die Einkünfte nur mit KESt besteuert werden und die Steuer damit abgegolten ist (Steuerabgeltung; § 97); auf diesem Wege besteuerte Kapitaleinkünfte bleiben daher bei der Veranlagung außer Ansatz. Handelt es sich um Kapitaleinkünfte, bei denen ein KESt-Abzug nicht möglich ist (zB ausländische Kapitaleinkünfte), erfolgt die Besteuerung mit dem besonderen Steuersatz im Rahmen der Veranlagung.

2. Einkünfte aus der Überlassung von Kapital (§ 27 Abs 2 und Abs 5)

93 Generell stpfl sind die Früchte aus Kapitalvermögen (insb Zinsen und Dividenden). Das Gesetz spricht von der Überlassung von Kapital; das ist zweideutig und kann sowohl die Nutzung als auch die Übertragung von Kapital bedeuten; gemeint ist hier die Nutzung von Kapital. Dazu gehören:

1. **Gewinnanteile** (Dividenden, Zinsen und sonstige Bezüge) aus Aktien oder Anteilen an Gesellschaften mbH, ferner gleichartige Bezüge aus Anteilen an Erwerbs- und Wirtschaftsgenossenschaften sowie aus (Substanz-)Genussrechten, ferner Rückvergütungen aus Anteilen an Erwerbs- und Wirtschaftsgenossenschaften sowie Bezüge aus Anteilen an körperschaftlich organisierten Agrargemeinschaften (§ 27 Abs 2 Z 1). Soweit es sich um inländische Kapitalerträge handelt, ist die ESt mit dem KESt-Abzug abgegolten (**Endbesteuerung;** siehe dazu unten Tz 763). Vergleichbare ausländische Kapitalerträge unterliegen ebenfalls dem besonderen Steuersatz (27,5%) und werden im Wege der Veranlagung erfasst.

Häufig wird bei **ausländischen Gewinnanteilen** (insb Dividenden) bereits eine ausländische **Quellensteuer** einbehalten. Wenn der Staat, in dem die ausschüttende Gesellschaft ansässig ist, nach dem jeweiligen DBA mit Österreich ein Quellenbesteuerungsrecht hat, ist die ausländische Quellensteuer nach Maßgabe des betreffenden DBA auf die österr KESt (Sondersteuer) anzurechnen. Für die Ermittlung des in Österreich anwendbaren Steuersatzes müssen die 27,5% um den Quellensteuersatz im jeweiligen DBA reduziert werden (beträgt der DBA-Quellensteuersatz zB 15%, unterliegen die Einkünfte in der Veranlagung nur einem Steuersatz von 12,5%). Im Fall des KESt-Abzugs (wenn ausländische Gewinnanteile durch eine inländische Bank ausgezahlt werden) wird die Anrechnung der ausländischen Quellensteuer im Regelfall durch die Bank vorgenommen.[209])

[209]) Vgl EStR 2000 Rz 7706 b.

Bei **Kapitalgesellschaften** werden den Gesellschaftern nur die verteilten (ausgeschütteten) Gewinne zugerechnet und als Einkünfte aus Kapitalvermögen erfasst; dies gilt auch, wenn die Kapitalgesellschaft erklärterweise auf eine Gewinnthesaurierung ausgerichtet ist. Dagegen zählen Gewinnanteile aus **Personengesellschaften** zu den betrieblichen Einkünften; bei ihnen gilt der gesamte Gewinn mit Ablauf des Wirtschaftsjahres unmittelbar als den Gesellschaftern zugeflossen, auch wenn er nicht entnommen oder auf Entnahmen sogar gesellschaftsvertraglich verzichtet wurde.

Zu den „sonstigen Bezügen" zählen vor allem **verdeckte Ausschüttungen.**[210])

2. Gewinnanteile als (echter) **stiller Gesellschafter** aus der Beteiligung an **94**
einem Unternehmen sowie aus der Beteiligung nach Art eines stillen Gesellschafters[211]) (§ 27 Abs 2 Z 4). Verluste aus stillen Beteiligungen sind nicht zu berücksichtigen, sondern mit späteren Gewinnen zu verrechnen. Beim Inhaber des Unternehmens ist der Gewinnanteil als Betriebsausgabe zu behandeln.

Beispiel:

Stille Beteiligung iHv € 10.000. Im Jahr 01 beträgt der Verlustanteil des Stillen € 4.000, im Jahr 02 beträgt der Gewinnanteil des Stillen € 6.000: Der Verlust aus 01 wirkt sich in diesem Jahr nicht aus, im Jahr 02 sind € 2.000 zu versteuern.

Nach der Judikatur muss die Einlage nicht in Geld bestehen. Auch der „Arbeitsgesellschafter" bezieht mit seinem Gewinnanteil Einkünfte aus Kapitalvermögen.[212]) Das Gesetz stellt der stillen Beteiligung die Beteiligung nach Art eines stillen Gesellschafters gleich; man versteht darunter eine vergleichbare Beteiligung an einem „Nicht-Unternehmen" iSd UGB, an einem anderen Betrieb oder am Vermögen. Die Einkünfte des stillen Gesellschafters unterliegen keinem KESt-Abzug und sind im Rahmen der Veranlagung zum Normaltarif (§ 33) zu versteuern.

Nach der Rechtslage bis zum BBG 2011 wurde bei der Auszahlung der Gewinnanteile an den stillen Gesellschafter KESt einbehalten, diese entfaltete allerdings keine Abgeltungwirkung, womit die Einkünfte dennoch veranlagungspflichtig waren. Die Besteuerung erfolgte in der Veranlagung zum Tarif mit Anrechnung der einbehaltenen KESt. Die Einbehaltung der KESt hatte damit den Vorteil, dass auch bei Unterlassung der Veranlagung ein Teil der Steuerschuld beglichen war.[213])

Der sog unechte stille Gesellschafter, der auch am Vermögen (dh an den stillen **95**
Reserven und am Firmenwert) beteiligt ist, gilt hingegen als Mitunternehmer und hat demgemäß betriebliche Einkünfte (idR Einkünfte aus Gewerbebetrieb; siehe unten Tz 529).

3. **Zinsen** und andere **Erträgnisse aus sonstigen Kapitalforderungen** **96**
jeder Art, zB aus Darlehen, Anleihen, Hypotheken, Einlagen, Bankguthaben und aus Ergänzungskapital iSd VAG 2016 (§ 27 Abs 2 Z 2). Zu den Zinsen

---

[210]) VwGH 28. 5. 1998, 96/15/0114, ÖStZB 1998, 687; hierzu Kap Körperschaftsteuer, Tz 976 ff.

[211]) Zur Problematik der Anknüpfung an den Begriff der „Beteiligung nach Art eines stillen Gesellschafters" siehe *Bergmann*, GES 2015, 366.

[212]) VwGH 20. 3. 1964, 131/63, ÖStZB 1964, 145; kritisch *Kirchmayr* in *Doralt/Kirchmayr/Mayr/Zorn*, EStG[16] § 27 Tz 128.

[213]) Dazu *Bergmann*, GeS 2011, 30.

gehören auch gesetzliche Zinsen wie Verzugszinsen;[214]) ebenso erfasst werden bei **Ratenzahlungen** die in den Raten enthaltenen Zinsenanteile.[215]) Bei im Inland bezogenen Zinserträgen aus Bankeinlagen und aus öffentlich begebenen Forderungswertpapieren ist die Einkommensteuerschuld mit dem KESt-Abzug abgegolten (Endbesteuerungswirkung); vergleichbare aus dem Ausland bezogene Zinserträge unterliegen ebenfalls den besonderen Steuersätzen (25% bzw 27,5%). Zinsen aus privaten Darlehen (außerhalb von Bankgeschäften) sind im Rahmen der Veranlagung zum Normalsteuersatz zu erfassen (siehe auch unten).

Bei Beteiligung an einem **Investmentfonds** (siehe unten XIV.) im Privatvermögen zählen zu den stpfl Kapitalerträgen einerseits die Ausschüttungen des Fonds (§ 186 Abs 1 InvFG 2011), andererseits die sog ausschüttungsgleichen Erträge (Ausschüttungsfiktion; § 186 Abs 2 Z 1 InvFG 2011). Erträge aus Substanzgewinnen und Derivaten gelten bei Anteilen im Privatvermögen nur zu 60% als ausschüttungsgleiche Erträge.

97 4. **Diskontbeträge** von Wechseln und Anweisungen. Das sind jene Beträge, die beim Ankauf einer Forderung vor dem Fälligkeitszeitpunkt zum Ausgleich des Zinsverlustes vom Erwerber in Abzug gebracht werden (§ 27 Abs 2 Z 3).

97/1 5. **Besondere Entgelte oder Vorteile,** die **neben** den oben genannten Einkünften oder an deren Stelle gewährt werden (zB Sachleistungen und Boni); weiters nominelle Mehrbeträge auf Grund einer **Wertsicherung** (§ 27 Abs 5 Z 1). Die Besteuerung erfolgt zum Normalsteuersatz.

Wertsicherungsmehrbeträge, wie sie zB im Zusammenhang mit einer Darlehensgewährung, einer stillen Beteiligung oder einer Kaufpreisstundung vereinbart werden, sind ausdrücklich als Kapitalerträge stpfl (§ 27 Abs 5 Z 1).[216])

97/2 6. Vom Abzugsverpflichteten **oder Dritten übernommene Kapitalertragsteuerbeträge** (§ 27 Abs 5 Z 2).

98 7. **Unterschiedsbeträge zwischen der eingezahlten Versicherungsprämie** und **der Versicherungsleistung** bei Lebensversicherungen und Rentenversicherungen, dies jedoch nur in bestimmten Ausnahmefällen (vgl § 27 Abs 5 Z 3). Erfasst sind insb Verträge, die Einmalprämien und Laufzeiten von weniger als zehn bzw fünfzehn[217]) Jahren vorsehen.[218]) Die Besteuerung erfolgt zum Normalsteuersatz.

Ausländische Lebensversicherungen werden grds ebenso behandelt, sofern sie mit inländischen Lebensversicherungen vergleichbar sind. Dies gilt allerdings nicht, wenn das Versicherungsprodukt nur eine vertragliche Hülle für eine Kapitalveranlagung ist. Dies

---

[214]) VwGH 19. 3. 2002, 96/14/0087, ÖStZB 2004, 339.

[215]) VwGH 28. 11. 2007, 2007/15/0145, ÖStZB 2008, 397.

[216]) Anders die frühere Judikatur des VwGH, der diese Beträge der steuerlich unbeachtlichen Vermögenssphäre zuordnete, VwGH 25. 11. 1986, 86/14/0072, ÖStZB 1987, 322.

[217]) Wenn der Versicherungsnehmer und die versicherten Personen im Zeitpunkt des Abschlusses des Versicherungsvertrages jeweils das 50. Lebensjahr vollendet haben, beträgt die Mindestlaufzeit zehn Jahre, in allen anderen Fällen fünfzehn Jahre.

[218]) Vgl EStR 2000 Rz 6136 ff.

kann insb bei fondsgebundenen Lebensversicherungen vorkommen (sog Versicherungsmantel).[219]) In solchen Fällen findet somit für ertragsteuerliche Zwecke keine formale Anknüpfung an das Bestehen eines Versicherungsvertrags statt; ausschlaggebend ist vielmehr, wem das wirtschaftliche Eigentum an den (zu Grunde liegenden) Kapitalunterlagen – und daraus folgend die aus dem veranlagten Kapitalvermögen erzielten Einkünfte – zuzurechnen sind.[220])

Steuersystematisch müssten derartige Versicherungen generell (und nicht nur ausnahmsweise) zu Einkünften aus Kapitalvermögen führen. Lebensversicherungen und Rentenversicherungen unterliegen außerdem je nach Art der Versicherung einer Versicherungssteuer von 4% bzw 11% des Versicherungsentgeltes (§ 6 Abs 1 VersStG); die relativ hohe Versicherungssteuer tritt zum Teil an die Stelle der fehlenden Ertragsteuerbelastung.

8. Ausgleichszahlungen und Leihgebühren bei **Wertpapierleihgeschäften** oder **Wertpapierpensionsgeschäften** (§ 27 Abs 5 Z 4). **98/1**

Bei den Leihegebühren handelt es sich um ein den Zinsen vergleichbares Entgelt an den Verleiher der Wertpapiere. Mit der Ausgleichszahlung werden die vom Entleiher vereinnahmten Kapitalerträge (zB Dividenden) an den Verleiher weitergeleitet. Dabei handelt es sich somit nicht um Einkünfte sui generis, sondern um die jeweiligen weitergeleiteten Einkünfte aus der Überlassung von Kapital.[221])

9. **Zuwendungen von Privatstiftungen an Begünstigte und Letztbegünstigte;** ebenso Zuwendungen einer Belegschaftsbeteiligungsstiftung bis zu € 4.500 jährlich (darüber hinaus liegt nach § 25 Abs 1 Z 2 lit c iVm § 26 Z 8 Arbeitslohn vor). Zuwendungen ausländischer Stiftungen, die mit einer Privatstiftungen vergleichbar sind, fallen ebenfalls unter § 27 Abs 5 Z 7. **99**

Nicht zu Einkünften aus Kapitalvermögen gehören Zuwendungen von Privatstiftungen, soweit sie eine **Substanzauszahlung** von gestiftetem Vermögen darstellen. Eine solche Substanzauszahlung liegt dann vor, wenn die Zuwendung den „maßgeblichen Wert"[222]) übersteigt und sie im Evidenzkonto[223]) der Privatstiftung Deckung findet (§ 27 Abs 1 Z 8).

Im Falle des Widerrufes einer Privatstiftung oder einer vergleichbaren ausländischen Stiftung oder sonstigen Vermögensmasse führt die Zuwendung des Stiftungsvermögens ebenfalls zu Einkünften aus Kapitalvermögen. Ist in diesem Fall der Letztbegüns-

---

[219]) Vgl *Prillinger* in *Althuber/Griesmayr/Zehetner*, Handbuch Versicherungen und Steuern Rz 11 f; *Kirchmayr/Achatz*, taxlex 2017, 1.

[220]) Nach VwGH 23. 11. 2016, Ro 2015/15/0012, ist für das Vorliegen eines Versicherungsvertrags – in Abgrenzung zu versicherungsfremden Leistungen – die Übernahme einer gewissen Risikoabsicherung zwingende Voraussetzung; siehe dazu *Bodis/Schlager*, SWK 2017, 143.

[221]) Zur Wertpapierleihe ausführlich *Kirchmayr/Denk* in *Kirchmayr/Mayr*, Beteiligungen im Konzernsteuerrecht, in Druck.

[222]) Als maßgeblicher Wert gilt – vereinfacht – der unternehmensrechtliche Bilanzgewinn zzgl der Gewinnrücklagen und der steuerlichen stillen Reserven.

[223]) Am Evidenzkonto werden die Stiftungseingangswerte des gestifteten Vermögens erfasst; der Bewertungsansatz hängt davon ab, ob das Vermögen aus dem Betriebs- oder Privatvermögen des Stifters zugewendet wird, und trägt dem Gedanken Rechnung, dass durch die Zuwendung keine stillen Reserven entsteuert werden sollen.

tigte auch der Stifter, ist die Zuwendung um die maßgeblichen Stiftungseingangswerte (für Zuwendungen an die Privatstiftung vor dem 1. 8. 2008) bzw um den Letztstand des Evidenzkontos zu kürzen (für Zuwendungen an die Stiftung nach dem 31. 7. 2008; § 27 Abs 5 Z 9).

3. Besonderer Steuersatz (§ 27a Abs 1)

99/1 Die Einkünfte aus Kapitalvermögen unterliegen überwiegend einem **„besonderen Steuersatz"** gem § 27a Abs 1. Bei der Einführung der KESt-neu mit dem BBG 2011 war ein einheitlicher besonderer Steuersatz in Höhe von 25% vorgesehen. Seit dem StRefG 2015/2016 gibt es zwei besondere Steuersätze, die für unterschiedliche Arten von Kapitaleinkünften zur Anwendung kommen.

– bei Geldeinlagen bei Kreditinstituten und nicht verbrieften sonstigen Forderungen gegenüber Kreditinstituten[224]) kommt unverändert der besondere Steuersatz iHv **25%** zur Anwendung (§ 27a Abs 1 Z 1)[225]);

– bei allen anderen Arten von Kapitaleinkünften kommt hingegen der besondere Steuersatz iHv **27,5%** zur Anwendung (sofern keine Ausnahme zur Anwendung kommt); dies betrifft damit insb

- Gewinnanteile von Kapitalgesellschaften,
- Zinsen aus Anleihen,
- Einkünfte aus der Veräußerung von Kapitalvermögen und
- Einkünfte aus verbrieften Derivaten.

Grds kommen die besonderen Steuersätze bereits bei Abzug der KESt zur Anwendung. Findet allerdings kein KESt-Abzug statt, wie etwa bei der Veräußerung von GmbH-Anteilen oder bei im Ausland erzielten Einkünften, erfolgt die Besteuerung in der Veranlagung und zwar ebenfalls unter Anwendung der „besonderen Steuersätze" von 25% bzw 27,5% („Gleichbehandlung" mit der KESt).

Dagegen sind zum **Normalsteuersatz** (Tarif gem § 33) insb folgende Einkünfte zu versteuern (Ausnahmen von den besonderen Steuersätzen):

– **Zinsen aus „privaten Darlehen"** (§ 27a Abs 2 Z 1),[226])

– verbriefte Forderungswertpapiere oder Anteilscheine an Immobilien-Investmentfonds, wenn sie keinem unbestimmten Personenkreis („public placement") angeboten werden (§ 27a Abs Z 2),

---

[224]) Dies gilt allerdings nicht für Ausgleichzahlungen und Leihgebühren gem § 27 Abs 5 Z 4; durch den Ausschluss verbriefter sonstiger Forderungen sollte insb in Abgrenzung zu Forderungswertpapieren sichergestellt werden, dass von Banken begebene Anleihen nicht dem besonderen Steuersatz von 25% unterliegen; siehe dazu *Bodis/Wild* in *Mayr/Lattner/Schlager*, Steuerreform 2015/16, 68.

[225]) Damit werden insb Zinsen aus Sparbüchern und Girokonten mit 25% besteuert.

[226]) Damit sind sämtliche Zinsen gemeint, die aus Forderungen stammen, die keine Bankgeschäfte sind; darunter fallen somit echte Privatdarlehen zwischen natürlichen Personen, aber ebenso bspw Darlehen an Unternehmen.

– nicht verbriefte Derivate (§ 27 a Abs Z 7),[227])

– Gewinnanteile des **stillen Gesellschafters** (§ 27 a Abs 2 Z 3), und

– Einkünfte aus **Versicherungsleistungen,** soweit sie überhaupt steuerlich erfasst werden. (§ 27 a Abs 2 Z 6).

Die unterschiedliche Besteuerung von Einkünften, insb von Bankgeschäften einerseits und aus anderen Kapitaleinkünften andererseits, ist durch das Endbesteuerungsgesetz (EGBl 1993/11) verfassungsrechtlich abgesichert. Das Endbesteuerungsgesetz wurde im Zuge der Steuerreform 2015/2016 angepasst[228]), einerseits um unterschiedliche Sondersteuersätze[229]) zu ermöglichen, andererseits um eine verfassungsrechtliche Grundlage für die Besteuerung der Einkünfte aus realisierten Wertsteigerungen und aus Derivaten mit dem Sondersteuersatz zu schaffen.[230])

4. Einkünfte aus der Veräußerung von Kapitalvermögen („realisierte Wertsteigerungen"; § 27 Abs 3 und Abs 6)

Kapitalvermögen, dessen Erträge zu Einkünften aus der Überlassung von **100**
Kapital darstellen, sind auch mit einem allfälligen **Veräußerungsgewinn** stpfl. Mit anderen Worten: Sind die Erträgnisse einer Kapitalveranlagung dem Grunde nach stpfl, dann ist auch der Veräußerungsgewinn der Kapitalanlage stpfl.[231]) Stpfl sind daher insb:

– Gewinne aus der **Veräußerung** von **GmbH-Anteilen, Aktien** und anderen Wertpapieren (zB Anleihen);

– der **Überschuss** des **stillen Gesellschafters** aus der Abschichtung seines Anteiles.

Weiters werden folgende Vorgänge erfasst:

– Einkünfte aus der Veräußerung von **Dividendenscheinen,** Zinsscheinen udgl, wenn die dazugehörigen Aktien, Schuldverschreibungen udgl nicht mitveräußert werden;

– Gewinne aus der Konvertierung von Fremdwährungsguthaben und -forderungen;[232])

– die bei der Veräußerung von Wertpapieren gesondert in Rechnung gestellten sog **Stückzinsen,** die auf die Zeit zwischen letzter Kuponfälligkeit und Verkaufstermin entfallen (§ 27 Abs 6 Z 4; diese fließen somit nicht zu).

---

227) Die auszahlende Stelle kann allerdings freiwillig einen KESt-Abzug zum besonderen Steuersatz mit Endbesteuerungswirkung vornehmen.

228) BGBl I 2015/103.

229) Bis zur Änderung hat § 1 Abs 4 Endbesteuerungsgesetz nur die Möglichkeit eines einheitlichen Steuersatzes vorgesehen.

230) Dazu im Detail *Bodis/Wild* in *Mayr/Lattner/Schlager,* Steuerreform 2015/16, 66 ff.

231) Zur Verfassungskonformität der steuerlichen Erfassung der Vermögenssubstanz siehe VfGH 16. 6. 2011, G 18/11.

232) Einkünfte aus der Konvertierung von Fremdwährungsverbindlichkeiten sind hingegen keine Einkünfte aus Kapitalvermögen gem § 27 und damit im außerbetrieblichen Bereich idR nicht steuerbar; siehe VwGH 18. 12. 2017, Ro 2016/15/0026; dazu *Zorn,* RdW 2018, 115; *Beiser,* RdW 2018, 463.

Die Bezeichnung des Einkünftetatbestandes als „Einkünfte aus realisierten Wertsteigerungen" ist sprachlich etwas missglückt, weil damit fälschlicherweise der Eindruck erweckt wird, dass nur positive Einkünfte steuerrelevant sind. Realisierte Verluste müssten aber nach der gesetzlichen Diktion als negative Einkünfte aus „realisierten Wertsteigerungen" bezeichnet werden, was ein sprachliches Oxymoron ist.

Werden Beteiligungen an einer vermögensverwaltenden Personengesellschaft unmittelbar oder mittelbar angeschafft oder veräußert, liegt insoweit eine anteilige Anschaffung oder Veräußerung des im Gesellschaftsvermögen befindlichen Kapitalvermögens vor. Im Umfang der Substanzbeteiligung führt eine solche Anteilsveräußerung daher zu Einkünften aus Kapitalvermögen (§ 32 Abs 2).

101 Das Gesetz spricht zwar von „realisierten Wertsteigerungen" und erfasst damit alle denkbaren Realisierungsvorgänge, doch handelt es sich dabei idR um Veräußerungsvorgänge.[233]) Eine Steuerpflicht ohne Veräußerung tritt bei Anteilen an einer Kapitalgesellschaft ua dann ein, wenn der Stpfl in das Ausland übersiedelt und die Besteuerung der entstandenen stillen Reserven im Zeitpunkt der späteren Veräußerung nicht mehr sichergestellt ist, weil Österreich das Besteuerungsrecht verloren hat („Wegzugsbesteuerung" bzw „Entstrickungsbesteuerung"; § 27 Abs 6 Z 1)[234]).

Ebenfalls zu einer Besteuerung kommt es im Falle der Entnahme oder bei sonstigem Ausscheiden von Wertpapieren aus einem Depot; unabhängig von der tatsächlichen Veräußerung wird in diesen Fällen eine Veräußerung fingiert; die Bank hat dabei den KESt-Abzug vorzunehmen, wenn Wertpapiere aus einem inländischen Depot ausscheiden (§ 27 Abs 6 Z 2). Werden Wertpapiere auf andere Depots übertragen, liegt ebenfalls ein „sonstiges Ausscheiden" vor, womit die Veräußerungsfiktion grds zur Anwendung kommt. Für bestimmte Fallkonstellationen sind allerdings Ausnahmen von der Veräußerungsfiktion vorgesehen. Diese kommen dann zum Tragen, wenn trotz Depotübertragung eine Besteuerungskontinuität gewährleistet ist, etwa weil die übernehmende inländische Bank die steuerlich relevanten Werte übernimmt (relevant für einen späteren KESt-Abzug) oder weil der Übertragungsvorgang an die FinVw gemeldet wird.[235])

Wurden die in einem Depot und mit derselben Wertpapierkennnummer gehaltenen Wertpapiere zu unterschiedlichen Anschaffungskosten angeschafft, und werden später einzelne Anteile wieder veräußert, ist für die Ermittlung des Veräußerungsgewinnes von den durchschnittlichen Anschaffungskosten auszugehen („gleitender Durchschnittspreis", § 27 a Abs 4 Z 3).

102 Die Besteuerung der Veräußerungsgewinne erfolgt entweder im Wege des KESt-Abzuges oder im Wege der Veranlagung. Zu einem KESt-Abzug kommt es, wenn eine **inländische depotführende Stelle** oder eine **inländische auszahlende Stelle** vorliegt und diese die Veräußerung abwickelt (§ 93 Abs 2 Z 2);

---

[233]) Dazu in *Doralt/Kirchmayr/Mayr/Zorn*, EStG[16] § 27 Tz 143 ff.

[234]) Dazu *Kirchmayr* in *Doralt/Kichmayr/Mayr/Zorn*, EStG[16] § 27 Tz 429 ff.

[235]) Dazu im Detail *Bodis* in *Kirchmayr/Mayr/Schlager*, Besteuerung von Kapitalvermögen 313 ff.

daher kommt es mangels Vorliegens eines Depots bei der Veräußerung von GmbH-Anteilen zu keinem KESt-Abzug. Vergleichbare Einkünfte aus dem Ausland, bei denen ein KESt-Abzug nicht möglich ist, werden im Wege der Veranlagung besteuert (ebenfalls zum „besonderen Steuersatz" iHv 27,5%; siehe auch oben Tz 99/1).

Inkrafttreten: Die Besteuerung der Gewinne aus der Veräußerung von Kapitalvermögen auf Grund des BBG 2011 iVm AbgÄG 2011 ist für Veräußerungen ab 1. 4. 2012 anwendbar, wobei allerdings nach dem Anschaffungszeitpunkt zu unterscheiden ist: **103**

Bei Anteilen an Körperschaften und bei Investmentfondsanteilen, die ab 1. 1. 2011 angeschafft wurden und vor dem 1. 4. 2012 veräußert werden, liegt ein Spekulationsgeschäft vor; werden sie danach veräußert, unterliegen sie der neuen Veräußerungsbesteuerung nach § 27 (§ 124b Z 184 und 185).

Bei allen anderen Arten von Kapitalvermögen (zB Anleihen), die ab 1. 10. 2011 und spätestens bis zum 31. 3. 2012 angeschafft worden sind, gilt die Veräußerung jedenfalls als Spekulationsgeschäft (aber unter Anwendung des besonderen Steuersatzes von 27,5%), gleichgültig wann sie veräußert werden („ewige Spekulationsfrist"). Werden sie ab 1. 4. 2012 angeschafft, gilt die neue Besteuerung nach § 27 (§ 124b Z 184 und 185).

Zum 31. 3. 2012 bestehende Beteiligungen iSd § 31 idF vor dem BBG 2011[236]) werden genauso behandelt wie nach Inkrafttreten der KESt-neu angeschaffte Anteile. Damit unterliegen sie bei Veräußerung § 27 Abs 3 (näheres insb zur zwischenzeitigen Reduzierung der Anteilshöhe siehe § 124b Z 185 lit a 1. TS).

5. Einkünfte aus Derivaten (§ 27 Abs 4)

Zu den **Einkünften aus Derivaten** gehören Einkünfte aus verschiedenen **Termingeschäften** und **sonstigen derivativen Finanzinstrumenten.** Darunter werden sämtliche Termingeschäfte (zB Optionen, Swaps, Futures usw) verstanden, unabhängig davon, ob es sich beim Basiswert („underlying")[237]) um Finanzvermögen, Rohstoffe oder andere Wirtschaftsgüter handelt. Als sonstige derivative Finanzinstrumente werden durch § 27 Abs 4 auch alle Arten von Zertifikaten (zB Indexzertifikate) erfasst[238]). **104**

Die Besteuerung von verbrieften Derivaten erfolgt grds im Wege des KESt-Abzuges, wenn dieser nicht möglich ist, im Wege der Veranlagung mit dem besonderen Steuersatz in Höhe von 27,5%. Einkünfte aus nicht verbrieften Derivaten unterliegen dem Normalsteuersatz und daher auch nicht dem KESt-Abzug. Ihre Besteuerung findet so gut wie ausschließlich[239]) im Rahmen der Veranlagung statt.

[236]) Erfasst waren Anteile an einer Körperschaft, wenn der Gesellschafter innerhalb der letzten fünf Jahre (vor der Veräußerung) mittelbar oder unmittelbar zu mindestens einem Prozent beteiligt war.

[237]) Der Basiswert ist der „Handelsgegenstand" des Termingeschäfts.

[238]) Dazu *Kirchmayr* in *Doralt/Kirchmayr/Mayr/Zorn* (Hrsg), EStG[16] § 27 Tz 161 ff.

[239]) Zur Möglichkeit eines freiwilligen KESt-Abzugs mit Steuerabgeltungswirkung bei nicht verbrieften Derivaten siehe § 27a Abs 2 Z 7; vgl oben Tz 99/1.

Die Besteuerung von Derivaten nach § 27 Abs 4 ist mit 1. 4. 2012 in Kraft getreten. Zwischen 1. 10. 2011 und 31. 3. 2012 angeschaffte Derivate werden unabhängig vom Veräußerungszeitpunkt stets als Spekulationsgeschäfte besteuert („ewige Spekulationsfrist"; § 124b Z 184 und 185).

105 Derivate (abgeleitete Werte) sind Finanzinstrumente, deren Preis oder Wert von den künftigen Kursen oder Preisen anderer Handelsgüter (zum Beispiel Rohstoffe oder Lebensmittel), Vermögensgegenstände (Wertpapiere, zB Aktien oder Anleihen) oder von marktbezogenen Referenzgrößen (Zinssätzen, Indices) abhängt.

Beispiel:

A bezahlt an B 10 für eine Option, um von ihm eine bestimmte Aktie zu einem bestimmten späteren Zeitpunkt um 100 erwerben zu können.

1. Die Aktie hat kurz vor dem Ausübungszeitpunkt der Option einen Kurswert von 130. A verkauft daraufhin seine Option um 30 an C. Er erzielt einen stpfl Gewinn in Höhe von 20.

2. Die Aktie hat kurz vor dem Ausübungszeitpunkt einen Kurswert von 130. B liefert aber A nun nicht die Aktie, sondern zahlt ihm die Differenz vom Ausübungswert zum Kurswert in Höhe von 30 (Differenzausgleich). A erzielt einen stpfl Gewinn in Höhe von 20.

3. A übt die Option aus und erwirbt die Aktie. In diesem Fall wird keine steuerliche Realisation der Option, sondern eine (steuerneutrale) Anschaffung der Aktie vor[240]).

106

6. Steuerbefreiungen

Steuerfrei sind insb:

a) Ausschüttungen auf Genussscheine und aus jungen Aktien, deren Erwerb als Sonderausgabe begünstigt war, für die Zeit der Hinterlegung (§ 27 Abs 3 Z 1 und 2 idF vor BBG 2011 iVm § 124b Z 183);

b) Ausschüttungen aus Anteilen und aus Genussrechten an natürliche Personen bis zu einer Höhe von € 15.000 pro Kalenderjahr, die von Mittelstandsfinanzierungsgesellschaften iSd § 6b Abs 1 KStG ausgegeben worden sind (§ 27 Abs 7);[241])

c) Ausschüttungen aus Aktien, Wandelschuldverschreibungen und Partizipationsrechten, die von Aktiengesellschaften zur Förderung des Wohnbaus begeben werden, für die Zeit der Hinterlegung im Ausmaß von 4% des Nominales (BG BGBl 1993/253);

d) der Erwerb von Anteilsrechten auf Grund einer Kapitalerhöhung aus Gesellschaftsmitteln (§ 3 Abs 1 Z 29).

Die Kapitalerhöhung aus Gesellschaftsmitteln wird traditionell so angesehen, als wären die zur Kapitalerhöhung verwendeten Beträge zunächst von der Gesellschaft ausgeschüttet und anschließend von den Gesellschaftern zum Erwerb der neuen Anteile verwendet worden. Bei den Anteilseignern wären in Höhe des Nennbetrages der gratis aus-

---

[240]) EStR 2000 Rz 6174a; dazu *Kirchmayr* in *Doralt/Kirchmayr/Mayr/Zorn,* EStG[16] § 27 Tz 169.

[241]) Da das neue Besteuerungsregime für Mittelstandsfinanzierungsgesellschaften noch nicht in Kraft getreten ist, hat diese Befreiungsbestimmung noch keinen Anwendungsbereich; siehe dazu unten Kap Körperschaftsteuer, Tz 932.

gegebenen Anteile Einkünfte aus Kapitalvermögen anzunehmen (Theorie der Doppelmaßnahme).[242]) Früher waren diese Vorgänge auf Grund spezieller Gesetze wiederholt befristet steuerfrei gestellt, nunmehr besteht eine Dauerbefreiung (§ 3 Abs 1 Z 29). Gem § 32 Abs 1 Z 3 erfolgt allerdings eine Nacherfassung der steuerfreien Kapitalberichtigung, wenn innerhalb von 10 Jahren Rückzahlungen auf Grund einer Kapitalherabsetzung erfolgen. Die Kapitalherabsetzung wird in diesen Fällen steuerlich wie eine Ausschüttung behandelt und mit dem besonderen Steuersatz iHv 27,5% besteuert.

Zinsen aus Bausparguthaben sind stpfl. Dagegen ist die sog Bausparprämie gem § 108 nicht steuerbar, weil es sich um eine Erstattung von ESt handelt. Dasselbe gilt für die der Bausparprämie nachempfundenen Prämien für die Pensionsvorsorge (§ 108 a; auslaufend) und für die Zukunftsvorsorge (§ 108 g).

7. Verrechnung von Verlusten (§ 27 Abs 8) 106/1

Verluste aus Kapitalvermögen können mit anderen betrieblichen oder außerbetrieblichen Einkünften nicht ausgeglichen werden **(vertikales Verlustausgleichsverbot).** Ein Verlustausgleich ist nur innerhalb der Einkunftsart möglich, und auch dieser Verlustausgleich ist nur eingeschränkt zulässig:

– Verluste aus der Veräußerung von Kapitalvermögen können insb nicht mit Zinsen aus Bankeinlagen oder mit Zuwendungen gem § 27 Abs 5 Z 7 (zB von Privatstiftungen) ausgeglichen werden; dagegen wäre ein Ausgleich mit Anleihezinsen zulässig (§ 27 Abs 8 Z 1).

– Verluste aus Kapitalvermögen, das begünstigt besteuert wird („besonderer Steuersatz" von 25% bzw 27,5%), können nur mit ebenso begünstigten Veräußerungsgewinnen ausgeglichen werden; daher ist ein Ausgleich von begünstigt besteuertem Kapitalvermögen mit nicht begünstigt besteuertem Kapitalvermögen nicht zulässig (§ 27 Abs 8 Z 3). Nach dem Gesetzeswortlaut ist ein Ausgleich von Verlusten aus „normal besteuerten" Einkünften mit „sondersatzbesteuerten" Einkünften nicht ausgeschlossen[243]).

– Verluste aus stillen Gesellschaften können nur mit Gewinnen aus derselben stillen Gesellschaft in den Folgejahren verrechnet werden (§ 27 Abs 8 Z 2).

Die Einschränkungen hinsichtlich des Verlustausgleiches gelten auch im Falle der Ausübung der Regelbesteuerungsoption nach § 27 a Abs 5 (§ 27 Abs 8 letzter Satz).

Der Verlustausgleich ist grds von der depotführenden Stelle durchzuführen (§ 93 Abs 6). Wenn dies nicht möglich ist, weil bspw auch ausländische Kapitaleinkünfte erzielt werden, kann der Verlustausgleich im Rahmen der Veranlagung vorgenommen werden.[244])

8. Kapitaleinkünfte im Betriebsvermögen 106/2

Einkünfte aus Kapitalvermögen gem § 27 liegen nur dann vor, wenn das Kapitalvermögen zum Privatvermögen gehört (Subsidiarität der außerbetrieb-

[242]) VwGH 14. 5. 1980, 1333/79, ÖStZB 1981, 51.

[243]) Dazu *Kirchmayr* in *Doralt/Kirchmayr/Mayr/Zorn,* EStG[16] § 27 Tz 503.

[244]) Zur Verlustausgleichsoption siehe Tz 770.

lichen Einkunftsarten).[245]) Wird dagegen das Kapitalvermögen im Betriebsvermögen gehalten, sind die daraus resultierenden Einkünfte der entsprechenden betrieblichen Einkunftsart zuzurechnen. Dabei ist § 27 a Abs 1 bis 5 sinngemäß anzuwenden (§ 27 a Abs 6). Daher sind auch betriebliche Kapitaleinkünfte mit den besonderen Steuersätzen (25% bzw 27,5%) nach § 27 a Abs 1 zu versteuern; der Stpfl kann allerdings die Versteuerung aller Kapitaleinkünfte (betrieblicher und privater) mit dem Normalsteuersatz beantragen (Regelbesteuerungsoption). Stellt die Erzielung von Einkünften aus realisierten Wertsteigerungen von Kapitalvermögen und aus Derivaten aber einen Schwerpunkt der betrieblichen Tätigkeit dar, ist der besondere Steuersatz für diese Einkünfte nicht anwendbar (§ 27 a Abs 6).[246])

Auch bei betrieblichen inländischen Kapitaleinkünften erfolgt die Steuereinhebung idR durch den Abzug der KESt durch den Schuldner der Kapitalerträge (§ 93 Abs 3 iVm § 95).[247]) Damit ist allerdings im Unterschied zu privaten Kapitaleinkünften bei Veräußerungsgewinnen aus Kapitalvermögen und bei Gewinnen aus Derivaten keine Endbesteuerungswirkung verbunden (§ 97 Abs 1 lit a). Sie sind daher im Wege der Veranlagung zu erfassen.

106/3 Unterschiede hinsichtlich der steuerlichen Behandlung von betrieblichen und privaten Kapitaleinkünften ergeben sich auch aus der Ermittlung der Anschaffungskosten, die für die Ermittlung des Veräußerungsgewinnes von Kapitalvermögen vom Veräußerungserlös abzuziehen sind. Grds sind die Anschaffungskosten immer ohne Anschaffungsnebenkosten anzusetzen; im betrieblichen Bereich gehören sie dagegen zu den Anschaffungskosten (§ 27 a Abs 4 Z 2).[248])

Beteiligungen an Kapitalgesellschaften im Betriebsvermögen können auch weiterhin im Falle eines gesunkenen Teilwertes auf den niedrigeren Teilwert abgeschrieben werden (§ 6 Z 2 lit c).

Diese Unterschiede in der steuerlichen Behandlung von Kapitalvermögen im Betriebsvermögen sind auch der Grund, warum Gewinne aus der Veräußerung von inländischem Kapitalvermögen nicht der Endbesteuerung unterliegen.

106/4 **Verlustverrechnung im Betriebsvermögen:**

Ein wichtiger Unterschied der steuerlichen Behandlung von betrieblichen Kapitaleinkünften gegenüber privaten Kapitaleinkünften ist die Verlustverrechnung: Bei privaten Kapitaleinkünften können Verluste grds nur innerhalb der

---

[245]) Siehe oben Tz 42.

[246]) Bei einer solchen Tätigkeit ist auch das Verlustausgleichsverbot für negative Einkünfte aus der Verwaltung unkörperlicher Wirtschaftsgüter gem § 2 Abs 2 a zu beachten; darunter fällt nämlich nach der VO BGBl 1996/734 insb auch der gewerbliche Handel mit unkörperlichen Wirtschaftsgütern (wie Kapitalvermögen).

[247]) Für den KESt-Abzug gilt die sog „Privatvermögensvermutung“ gem § 93 Abs 5 erster TS; damit kann die abzugspflichtige Stelle alle Kunden gleichbehandeln.

[248]) Die unterschiedliche Behandlung der Anschaffungsnebenkosten im betrieblichen und außerbetrieblichen Bereich ist verfassungskonform, VfGH 14. 6. 2017, G 336/2016.

Einkunftsart mit Gewinnen ausgeglichen werden, ein Verlustvortrag ist nicht zulässig.[249])

Dagegen ist im betrieblichen Bereich die Verrechnung von Verlusten eingeschränkt möglich: Verluste (Teilwertabschreibungen, Veräußerungsverluste, Entnahmeverluste uÄ) sind vorrangig mit Gewinnen aus Kapitalvermögen (Zuschreibungen, Veräußerungsgewinne, Entnahmegewinne) zu verrechnen. Ist dies nicht (zur Gänze) möglich, können im Rahmen des innerbetrieblichen Verlustausgleichs 55% der Verluste mit den anderen Einkünften verrechnet werden (§ 6 Z 2 lit c). Unter anderen Einkünften sind in diesem Fall auch andere betriebliche Kapitaleinkünfte wie Zinsen oder Dividenden zu verstehen, allerdings können diese nur bei Ausübung der Regelbesteuerungsoption mit den gekürzten Verlusten ausgeglichen werden.[250])

Beispiel:

Ein Stpfl (Gewinnermittlung gem § 5) veräußert Aktien mit einem Gewinn iHv € 1.000 und Fondsanteile mit einem Verlust iHv € 1.400. Weiters erzielt er im selben Wirtschaftsjahr noch Dividenden iHv € 250 und Sparbuchzinsen iHv € 150. Die übrigen betrieblichen Einkünfte des Stpfl ergeben einen Verlust iHv € 5.000.

Vorrangig sind die Aktiengewinne und Fondsverluste zu verrechnen; der nach der Verrechnung verbleibende Verlustüberhang iHv € 400 darf nach § 6 Z 2 lit c letzter Satz nur zu 55% ausgeglichen (bzw vorgetragen) werden (somit nur iHv € 220). Damit beträgt der gesamte Verlustvortrag € 5.220.

Alternativ kann der Stpfl den (gesamten) betrieblichen Verlust mit den Dividenden und Zinsen ausgleichen, dies allerdings nur, wenn in die Regelbesteuerung optiert wird. Dadurch reduziert sich der Verlustvortrag auf € 4.750 (regulärer betrieblicher Verlust iHv € 5.000 zzgl gekürzter Verlust aus Kapitalvermögen iHv € 220, abzgl Dividenden und Zinsen iHv € 450).

F. Einkünfte aus Vermietung und Verpachtung (§ 28)

Literatur: *Ruppe,* Die grundstücksverwaltende Kommanditgesellschaft und ihre steuerliche Behandlung, Wien 1982; *Petschnigg,* Besondere Einkünfte aus Vermietung und Verpachtung gemäß § 28 Abs. 7 EStG 1988, SWK 2000, S 41; *Doktor,* Abschaffung des steuerfreien Betrages gemäß § 28 Abs 5 EStG 1988 nicht verfassungswidrig, SWK 2000, S 626; *Ryda/Langheinrich,* Die ertragsteuerliche Behandlung von Herstellungs-, Instandsetzungs- und Instandhaltungsaufwendungen bei der Ermittlung der Einkünfte aus Vermietung und Verpachtung, FJ 2001, 390; *Bovenkamp/Klippl,* Liebhaberei bei Bauherrenmodellen, SWK 2002, S 41; *oV,* VwGH: Wirtschaftliches Miteigentum an Mieterinvestitionen, RdW 2002, 308; *Konecny,* BFH: Ende des anschaffungsnahen Erhaltungsaufwandes, RdW 2002, 497; *Bertl/Hirschler,* Aktivierungspflicht für anschaffungsnahen Erhaltungsaufwand, RWZ 2002, 262; *Thiele,* Steuerliche Aspekte der Rechtsnachfolge bei Wertschöpfern, ÖStZ 2002, 602; *Stingl,* Steuerreform Immobilie, immolex 2002, 158; *Tanzer,* Schäden, Schadenersätze und Schadensbehebung an Miet- und Pachtobjekten im Ertragsteuerrecht, SWK 2002, S 261; *Schartel-Hlavenka,* Mieterinvestitionen – zu welchem Zeitpunkt sind sie dem Vermieter zuzurechnen? SWK 2002, S 459; *Blazina,* Mehr-

[249]) Siehe oben Tz 106/1.

[250]) Dies auf Grund der Verrechnungsreihenfolge in § 6 Z 2 lit c; siehe dazu die Beispiele in den EStR 2000 Rz 789.

fache Begünstigung bei der Verwertung von Patentrechten, SWK 2002, S 498; *Kohler*, Hausherr wohnt im eigenen Mietgebäude, SWK 2003, S 333; *Mayr*, Herstellungsaufwand im Handels- und Steuerrecht, ÖStZ 2003, 41; *Kohler*, Verlustmodelle auf dem Prüfstand, SWK 2004, S 950; *Pfau*, Frühstückspension: Einkünfte aus Vermietung und Verpachtung oder aus Gewerbebetrieb? RdW 2004, 54; *Fuhrmann*, Vorsorgewohnung – steuerliche Behandlung, immolex 2004, 106; *Schneider*, AbgÄG 2005: Beschränkte Steuerpflicht bei inländischen Immobilien, taxlex 2005, 610; *Schindler*, Herstellungskosten bei Einkünften aus Vermietung und Verpachtung, SWK 2005, S 758; *oV*, VwGH: Absetzbarkeit der Gebäudeabbruchkosten, RdW 2005, 450; *oV*, VwGH: Restbuchwert bei Austausch eines wirtschaftlich nicht mehr nutzbaren Mietobjekts, RdW 2005, 509; *Kaminek* (Hrsg), Handbuch der Gästezimmervermietung, Wien 2005; *Neuhold/Karel*, Einkünfte aus Vermietung und Verpachtung², St. Georgen 2005; *oV*, VwGH: Handy-Masten-Entgelte auch bei Bauern Einkünfte aus Vermietung und Verpachtung, RdW 2006, 374; *Papst*, Kurzparkplatz: Gewerbliche Tätigkeit? RdW 2006, 182; *oV*, VwGH: Neues Wasserleitungsnetz: Erhaltung oder Herstellung, RdW 2006, 465; *Fröhlich*, UFS zum Herstellungsaufwand, RdW 2006, 466; *dies*, Erneuerung eines Wasserleitungsnetzes: Erhaltung oder Herstellung? RdW 2006, 529; *Pirkelbauer/Wagner*, Teilweise Erneuerung einer Wasserleitung: Erhaltung oder Herstellung? RdW 2006, 661; *Atzmüller*, Die Veräußerung von Miethäusern wird nicht doppelt besteuert, SWK 2007, S 61; *Doralt*, Einkünfte der Urheberwitwe und Tantiemenzahlungen an die Pflichtteilsberechtigten, RdW 2007, 756; *Kohler*, Werbungskostenabzug ohne Bauherreneigenschaft, SWK 2007, S 623; *ders*, Miteigentümergemeinschaften und Vermietung, SWK 2007, S 690; *oV*, VwGH: Kosten für Gebäudeabbruch keine Werbungskosten? RdW 2007, 620; *Portele/Portele*, Denkmalschutz im Steuerrecht, taxlex 2007, 484; *Quantschnigg/Mayr*, Gebäude, Grundstück und Grund und Boden im EStG, RdW 2007, 118; *Renner*, Aufwendungen zur Feststellung der Kontaminierung eines vermieteten Grundstücks, RdW 2007, 753; *Zorn*, VwGH zur sofortigen Absetzbarkeit beim Bauherrenmodell, RdW 2007, 366; *ders*, Erneuerung einer Wasserversorgungsleistung – Erhaltung oder Herstellung? RdW 2007, 690; *Krasser*, Wie sind Zahlungen an den Reparaturfonds steuerrechtlich zu handhaben? UFSaktuell 2008, 116; *Renner*, Abgrenzung zwischen Herstellung und Erhaltung bei Umbaumaßnahmen, ÖStZ 2008, 96; *Wallner*, Die Judikatur des UFS zur Einkünftequalifikation bei der Vermietung von Ferienwohnungen und Appartements, UFSakuell 2008, 252; *Andreaus*, Vermietest du noch, oder bewirtschaftest du schon? SWK 2009, S 743; *Beiser*, Wirtschaftsgut und Nutzenpotential markieren die Grenzlinie zwischen Erhaltung und Herstellung, ÖStZ 2009, 4; *Hammerl/Herzog*, Die AfA-Bemessungsgrundlage bei Mietgebäuden im Privatbesitz, RdW 2009, 44; *Renner*, Werbungskosten bei unvermietbarer Immobilie? SWK 2009, S 985; *ders*, Werbungskosten aus Vermietung und Verpachtung bei leerstehender Wohnung, ÖStZ 2009, 158; *ders*, Werbungskosten bei langfristig leerstehenden Mietobjekten, UFSjournal 2009, 51; *Grün*, Vermögensverwaltung oder gewerbliche Tätigkeit? taxlex 2010, 413; *Moser*, Verlustverwertung bei Einkünften aus Vermietung und Verpachtung, SWK 2011, S 926; *Kohler/Wakounig/Berger*, Steuerleitfaden zur Vermietung⁹, Wien 2011; *Blasina*, Grenzen der Finanzierungsfreiheit bei Vermietung und Verpachtung, SWK 2012, 711; *oV*, VwGH: Wechselseitige Vermietung kein Missbrauch, RdW 2012, 757; *Marschner/Renner*, Nachträgliche Ausgaben bei Einkünften aus Vermietung und Verpachtung, SWK 2012, 1407; *Vaishor*, Steuerpflicht der entgeltlichen Ablöse von Fruchtgenussrechten an Liegenschaften? SWK 2012, 605; *Wild*, Fruchtgenussrechte nach dem 1. Stabilitätsgesetz 2012, RdW 2012, 490; *dies*, Baurechte nach dem 1. Stabilitätsgesetz, taxlex 2012, 365; *Leitner/Urtz*, Die Ablösezahlung für ein Fruchtgenussrecht im außerbetrieblichen Bereich, ÖStZ 2013, 8; *Bodis/Ebner*, Ertragsteuerliche Auswirkungen der entgeltlichen Übertragung von Fruchtgenussrechten an Grundstücken, RdW 2017, 176; *Zorn*, VwGH: Übertragung des Fruchtgenussrechts der Ausübung oder der Substanz nach, RdW 2017, 329; *Leyrer*, Entgeltliche Ablöse von Fruchtgenussrechten im außerbetrieblichen Bereich, SWK 2017, 877; *Zorn*, VwGH: Wohnrechtsablöse steuerpflichtig nach § 29 Z 3 EStG, RdW 2018, 190; *Bodis/Ebner/Hammerl*, EStR-Wartungserlass 2018 – wichtigste Änderungen im Überblick, RdW 2018, 453; *Leyrer/Frank*, Veräußerung fruchtgenussbelasteter Privatimmobilien (Teil 1): typische Fruchtgenussvereinbarung, ÖStZ 2018, 505; *dies*, Veräußerung fruchtgenussbelasteter Privatimmobilien (Teil 2): atypische Fruchtgenussvereinbarung, ÖStZ 2018, 533.

§ 28 bezieht sich mit dem Oberbegriff **„Vermietung und Verpachtung"** nicht auf den zivilrechtlichen Bestandvertrag, sondern fasst verschiedene Erträgnisse zusammen, die aus der entgeltlichen Nutzungsüberlassung von bestimmten körperlichen und unkörperlichen Wirtschaftsgütern gezogen werden.[251]) Wertveränderungen der Einkunftsquelle selbst sind durch § 28 nicht erfasst.[252]) Bei Grundstücken werden Wertveränderungen seit dem 1. 4. 2012 allerdings grds durch § 30 erfasst. **107**

Die Einkunftsart ist **subsidiär:** Soweit die Einkünfte zu einer betrieblichen Einkunftsart gehören (zB Hotel, Lizenzvergabe durch Betrieb), sind sie dort zu erfassen.[253])

Im Einzelnen zählen dazu:

1. Einkünfte aus Vermietung und Verpachtung von **unbeweglichem Vermögen** und **grundstücksgleichen Rechten** (§ 28 Abs 1 Z 1). Zum unbeweglichen Vermögen gehören Grund und Boden alleine oder iZm einem Gebäude, weiters Superädifikate und Gebäudeteile (zB Reklametafeln auf Fassaden). Zu grundstücksgleichen Rechten gehören insb das Baurecht[254]) sowie Bergbauberechtigungen[255]). Auch das Entgelt für die **Einräumung einer Dienstbarkeit,** die zur Nutzung des Grundstücks berechtigt (zB Fruchtgenussrecht), stellt Einkünfte aus VuV dar.[256]) Einkünfte aus der (endgültigen) Veräußerung oder dem Verzicht auf eine Dienstbarkeit (insb Fruchtgenussrecht) sind hingegen keine Einkünfte aus Vermietung und Verpachtung und im Privatvermögen idR steuerfrei.[257]) **108**

Wird ein Fruchtgenussrecht übertragen, unterscheidet der VwGH zwischen einer Übertragung „der Ausübung nach" und einer Übertragung „der Substanz nach".[258]) Im ersten Fall liegt nur eine zeitlich befristete Übertragung vor, womit der ursprüngliche Fruchtgenussberechtigte sein Nutzungsrecht nicht endgültig verliert; dabei liegt eine gewöhnliche Nutzungsüberlassung vor, die mit eine Untervermietung vergleichbar ist[259]),

---

[251]) VwGH 21. 5. 1985, 85/14/0023, ÖStZB 1986, 46; VwGH 12. 9. 1989, 88/14/0171, ÖStZB 1990, 60.

[252]) VwGH 9. 7. 2008, 2005/13/0152, ÖStZB 2009, 148 zu Ersatzleistungen für Substanzverluste eines Mietgebäudes.

[253]) § 28 Abs 1; siehe auch VwGH 29. 11. 2006, 2002/13/0188, ÖStZB 2007, 419.

[254]) VwGH 26. 7. 2006, 2005/14/0024, ÖStZB 2006, 720.

[255]) Siehe auch unten Tz 119.

[256]) VwGH 29. 7. 2010, 2006/15/0317; VwGH 21. 12. 2010, 2009/15/0046.

[257]) Vgl *Bodis/Ebner*, RdW 2017, 176.

[258]) VwGH 31. 3. 2017, Ra 2016/13/0029; dazu *Zorn*, RdW 2017, 329; *Leyrer*, SWK 2017, 877.

[259]) Ebenso schon VwGH 21. 12. 2010, 2009/15/0046.

und die daraus erzielten Einkünfte fallen unter § 28. Im zweiten Fall wird das Nutzungsrecht endgültig aufgegeben (auf eine andere Person übertragen), womit ein Veräußerungsvorgang verwirklicht wird (ebenso beim Verzicht zu Gunsten des Eigentümers); die daraus erzielten Einkünfte fallen damit nicht unter § 28, sondern können allenfalls als Spekulationseinkünfte gem § 31 stpfl sein.[260])

Wird hingegen auf ein Wohnrecht verzichtet (eine Übertragung ist nicht möglich), liegt kein Veräußerungsvorgang vor, weil das Recht auf Grund seines höchstpersönlichen Charakters kein Wirtschaftsgut darstellt. Daraus erzielte Einkünfte sind als Einkünfte aus Leistungen gem § 29 Z 3 stpfl.[261])

Zu erfassen sind nicht nur laufende Mietzinse, sondern auch (erlaubte und unerlaubte) **Ablösen,** die der Eigentümer anlässlich der Begründung oder Änderung des Mietverhältnisses für Grundstücke bzw Gebäude erhält[262]), nicht hingegen Ablösen für Einrichtungsgegenstände[263]).

Baukostenzuschüsse und **Mietzinsvorauszahlungen** sind im Jahr der Vereinnahmung voll zu versteuern, auch wenn ein anteiliger Rückzahlungsanspruch bei vorzeitiger Vertragsauflösung besteht; die Rückzahlung führt zu Werbungskosten.[264]) **Mieterinvestitionen,** zu denen sich der Mieter **verpflichtet** hat, führen beim Vermieter im Zeitpunkt der Investition zu Einnahmen; **freiwillige Mieterinvestitionen** fließen dem Vermieter erst mit Beendigung des Mietverhältnisses zu.[265]) Entsprechendes muss für **Mieterinvestitionen** gelten, die mit dem Mietzins verrechnet werden.

Mietzinsvorauszahlungen werden ausnahmsweise dann als Darlehen behandelt, wenn eine vom Mietverhältnis losgelöste Rückzahlungsverpflichtung besteht und außerdem eine bestimmte Laufzeit, Rückzahlungsmodalität und Verzinsung vereinbart sind.[266]) Gewährt der Mieter dem Vermieter ein zinsenloses Darlehen, haben die ersparten Zinsen mietzinserhöhenden Entgeltcharakter; es handelt sich somit beim Vermieter um einen geldwerten Vorteil, der bei den Einkünften aus Vermietung und Verpachtung zu erfassen ist.[267])

109 2. Einkünfte aus der Vermietung und Verpachtung von **Sachinbegriffen** (§ 28 Abs 1 Z 2). Mit diesem, dem deutschen BGB entnommenen, Begriff ist im Wesentlichen eine Gesamtsache iSd § 302 ABGB gemeint, somit ein „Inbegriff von mehreren besonderen Sachen, die als eine Sache angesehen und mit einem gemeinschaftlichen Namen bezeichnet zu werden pflegen".[268]) Hauptanwendungsfall für die Z 2 ist die **Verpachtung eines Betriebes** im Ganzen, sofern der Verpächter nicht die Absicht hat, den Betrieb später wieder aufzunehmen

---

260) Vgl EStR 2000 Rz 115a ff; dazu *Bodis/Ebner/Hammerl,* RdW 2018, 453.

261) VwGH 31. 1. 2018, Ro 2017/15/0018; dazu *Zorn,* RdW 2018, 190.

262) VwGH 22. 10. 1965, 45/64, ÖStZB 1966, 24.

263) VwGH 27. 3. 1973, 1094/72, Slg 4523 F.

264) VwGH 19. 4. 1988, 86/14/0049, ÖStZB 1988, 502; VwGH 2. 3. 1993, 92/14/0182, ÖStZB 1993, 533.

265) VwGH 29. 7. 2010, 2008/15/0107; EStR 2000 Rz 6406 f; vgl auch *Doralt* in *Doralt/Kirchmayr/Mayr/Zorn,* EStG[9] § 28 Tz 49 ff.

266) VwGH 10. 10. 1996, 94/15/0121, ÖStZB 1997, 309.

267) VwGH 4. 6. 2008, 2006/13/0172, ÖStZB 2009, 107.

268) Siehe dazu *Doralt* in *Doralt/Kirchmayr/Mayr/Zorn,* EStG[9] § 28 Tz 62 f.

(wenn der Betrieb somit aufgegeben wurde; siehe hierzu Tz 571). Werden nur **einzelne bewegliche Gegenstände** (zB Schiffe) vermietet, liegen nicht Einkünfte aus Vermietung und Verpachtung vor, sondern – sofern die Vermietung nicht im Rahmen eines Betriebes vor sich geht – sonstige Einkünfte gem § 29 Z 3.[269])

3. Einkünfte aus der **Überlassung von Rechten** auf bestimmte oder unbestimmte Zeit oder aus der Gestattung der Verwertung von Rechten (§ 28 Abs 1 Z 3; etwa Einräumung der Werknutzung iSd Urheberrechtsgesetzes; Überlassung von gewerblichen Schutzrechten oder gewerblichen Erfahrungen). Gemeint sind damit lediglich Einkünfte aus der entgeltlichen Überlassung solcher Rechte zur Nutzung; Gewinne, die bei Veräußerung solcher Rechte anfallen, sind – sofern sie zum Privatvermögen gehören – grds nur unter den Voraussetzungen des § 31 (Spekulationsgeschäft) zu erfassen.[270]) Zu den Einkünften aus der Überlassung von Rechten gehören auch Einkünfte aus **Abbauverträgen** von Bodensubstanz, die zivilrechtlich idR als gemischte Verträge (Bestand- und Kaufvertrag) eingestuft werden.[271]) **110**

Da die Verwertung derartiger Rechte regelmäßig im Rahmen eines Betriebes vor sich geht (Gewerbebetrieb; selbständige Arbeit), kommt § 28 Abs 1 Z 3 nur ausnahmsweise zur Anwendung (etwa Lizenzvergabe für Zufallserfindungen; Verwertung von Urheber- oder Patentrechten durch den Erben des Urhebers oder Erfinders, sofern eine Betriebsaufgabe vorangegangen ist).[272])

Der eigentliche Anwendungsbereich des § 28 Abs 1 Z 3 ergibt sich für **beschränkt Stpfl:** Überlässt ein ausländischer Unternehmer ohne Betriebsstätte im Inland ein im § 28 Abs 1 Z 3 aufgezähltes Recht zur Auswertung im Inland, dann bezieht er daraus mangels Betriebsstätte im Inland nicht gewerbliche Einkünfte nach § 98 Z 3, sondern Einkünfte aus Vermietung und Verpachtung (Isolationstheorie; siehe Tz 780).

4. Einkünfte aus der **Veräußerung von Miet- und Pachtzinsforderungen,** und zwar auch dann, wenn sie im Veräußerungserlös von Grundstücken enthalten sind (§ 28 Abs 1 Z 4). **111**

Beispiel:

Der Stpfl veräußert ein Mietobjekt. Im Hinblick auf eine offene Mietzinsforderung von € 10.000, die dem Käufer zediert wird, wird der Kaufpreis nicht mit € 100.000, sondern mit € 110.000 festgesetzt. Der Verkäufer hat davon € 10.000 als Einkünfte aus Vermietung und Verpachtung zu versteuern. Beim Käufer werden die eingezogenen Mieten nicht der Steuer unterworfen.

---

[269]) VwGH 5. 9. 2012, 2012/15/0055 zur Vermietung von Ultraschallgeräten an den Ehegatten.

[270]) VwGH 24. 11. 1987, 87/14/0001, ÖStZB 1988, 327; zur Abgrenzung der Veräußerung von der Überlassung zur Nutzung siehe EStR 2000 Rz 6416.

[271]) VwGH 23. 10. 1990, 89/14/0067, ÖStZB 1991, 201 zur Duldung des Schotterabbaues; vgl auch VwGH 21. 5. 1985, 85/14/0023, ÖStZB 1986, 46: Danach sind die Einkünfte aus Abbauverträgen unter die Z 1 zu subsumieren, für die Steuerpflicht hat diese Frage jedoch keine Auswirkung.

[272]) Dazu *Doralt* in *Doralt/Kirchmayr/Mayr/Zorn,* EStG[9] § 28 Tz 79 ff.

Nicht zu den Einnahmen aus Vermietung und Verpachtung zählen **Zuwendungen aus öffentlichen Mitteln,** die § 3 Abs 1 Z 6 entsprechen. Diese Zuwendungen kürzen die damit in unmittelbarem Zusammenhang stehenden Anschaffungs- und Herstellungskosten sowie Instandhaltungs- oder Instandsetzungsaufwendungen (§ 28 Abs 6).[273])

112 *frei*

G. Sonstige Einkünfte (§§ 29–31)

113 § 29 enthält eine **taxative** Aufzählung von Einkünften, die nicht unter die bisherigen sechs Einkunftsarten fallen. Es wird somit nicht etwa die Steuerpflicht durch eine Generalklausel in unbestimmter Weise erweitert; als sonstige Einkünfte sind vielmehr nur diejenigen Einkünfte zu erfassen, die in den vier Ziffern des § 29 genannt sind.[274]) Im Einzelnen zählen dazu:

1. Wiederkehrende Bezüge (§ 29 Z 1)

Literatur: Siehe unten VIII.

114 Bezüge, die wiederkehrend, dh durch einen bestimmten Zeitraum hindurch wiederholt, zufließen und nicht schon bei den anderen sechs Einkunftsarten zu erfassen sind, unterliegen allein wegen der Form des Zuflusses der ESt. Insb fallen darunter **Renten** (zB auf Grund eines Rentenlegates), aber auch Sachbezüge (zB Holzbezugsrecht).[275]) Die Rechtsgrundlage der Leistung ist grds unbeachtlich. Gleiche zeitliche Abstände oder gleiche Beträge sind nicht erforderlich, doch müssen die Bezüge wiederkehrend sein, wobei sie nicht nur rein zufällig anfallen dürfen.[276]) Mit der Besteuerung der Rente korrespondiert § 18 Abs 1 Z 1 über die Abzugsfähigkeit von Renten als Sonderausgaben (allerdings decken sich die Begriffe „wiederkehrender Bezug" und „Rente" nicht[277])). Keine Rente liegt bei einer Ratenzahlung vor.[278])

Eine Abfindung der Rente ist nicht stpfl (anders bei Gegenleistungsrenten, siehe unten Tz 116).

Beispiele:

1. Der Erbe eines Betriebes ist testamentarisch verpflichtet, seinem Bruder als Vermächtnis eine Rente zu zahlen. Die Rente ist beim Bruder nach § 29 Z 1 stpfl. Wird das Vermächtnis in **einem Betrag** ausbezahlt, ist keine Steuerpflicht gegeben, weil der Bezug unter keine der sieben Einkunftsarten fällt. Beim Erben liegen Sonderausgaben vor.

---

[273]) Vgl EStR 2000 Rz 6501 ff.

[274]) Im EStG 1920 (dRGBl 1920, 359) waren die sonstigen Einkünfte hingegen als Generalklausel mit taxativem Ausnahmekatalog ausgestaltet.

[275]) Siehe EStR 2000 Rz 6605 a.

[276]) Vgl VwGH 20. 9. 1988, 87/14/0167, ÖStZB 1989, 56.

[277]) Vgl VwGH 15. 3. 1995, 95/13/0023.

[278]) Siehe auch EStR 2000 Rz 7005.

2. Dem Stpfl kommt ein Holzbezugsrecht zu. Im Ausmaß des Wertes des jährlich bezogenen Holzes ist der Sachbezug stpfl; beim belasteten Waldeigentümer liegen Betriebsausgaben vor.

3. Der Stpfl bezieht eine Unfallrente. Die Rente ist grds als wiederkehrender Bezug stpfl. Soweit sie einen Mehrbedarf aus den Unfallsfolgen abgilt, ist sie steuerfrei.[279]) Von der Unfallrente ist die Unterhaltsersatzrente zu unterscheiden; zur Unterhaltsersatzrente siehe unten.

Die Steuerpflicht wiederkehrender Bezüge wird in folgenden Fällen eingeschränkt:

a) Handelt es sich um Bezüge, die **freiwillig** oder an eine **gesetzlich unterhaltsberechtigte** Person gewährt werden, sind diese beim Empfänger nicht stpfl (§ 29 Z erster und zweiter Teilstrich); dem entspricht das korrespondierende Abzugsverbot für den Leistenden nach § 20 Abs 1 Z 4. Die Angemessenheit der Bezüge ist nicht zu prüfen. Damit sind – anders als nach dem ErbStG – Höhe und Empfänger der Bezüge ohne Bedeutung. **115**

Beispiel:

Der monatliche Betrag, den ein Student von den Eltern zur Bestreitung der Studienkosten erhält, wäre als wiederkehrender Bezug stpfl; auf Grund der genannten Ausnahmevorschrift entfällt die Steuerpflicht.

Eine als Ersatz für entgangenen Unterhalt zuerkannte Schadenersatzrente (Unterhaltsersatzrente) ist als Unterhaltsrente anzusehen und daher nicht stpfl (anders die Unfallrente, siehe oben).[280]) Dagegen stellt die letztwillig vermachte Rente an einen Unterhaltsberechtigten keine (steuerfreie) Unterhaltsrente dar.[281]) Die Unterhaltszahlung bleibt nur dann weiter steuerfrei, wenn die gesetzliche Unterhaltsverpflichtung als Nachlassverbindlichkeit auf die Erben übergeht.

b) Werden die wiederkehrenden Bezüge als **Gegenleistung** für die Übertragung von Wirtschaftsgütern geleistet, ist in einem ersten Schritt die Angemessenheit zu prüfen (§ 20 Abs 1 Z 4): **116**

Eine steuerlich beachtliche Gegenleistungsrente liegt vor, wenn der Rentenbarwert der wiederkehrenden Bezüge zumindest 50% des Wertes des übertragenen Wirtschaftsgutes erreicht oder die Gegenleistung nicht unangemessen hoch ist; sind diese Voraussetzung nicht erfüllt, ist von einer freiwilligen Zuwendung auszugehen.[282]) Stellen die wiederkehrenden Bezüge eine angemes-

---

[279]) Siehe VfGH 7. 12. 2006, B 242/06; VwGH 18. 10. 2012, 2009/15/0148 (dahingehend einschränkend, dass der Mehrbedarf dem Grunde nach eine außergewöhnliche Belastung darstellen muss). Siehe auch EStR 2000 Rz 7011, wonach auch eine Rente auf Grund einer Pflegeversicherung unter den Begriff der Mehrbedarfsrente fällt.

[280]) Siehe EStR 2000 Rz 7015. Siehe auch BFH 26. 11. 2008, X R 31/07 und *Beiser*, ÖStZ 2001, 606.

[281]) Siehe VwGH 15. 1. 1991, 90/14/0204.

[282]) Siehe VwGH 19. 3. 2013, 2010/15/0141, wobei bei der Beurteilung des Rentencharakters nur auf jene vom Rentenempfänger zu erbringenden Gegenleistungen abzustellen ist, die (zumindest mittelbar) in das Vermögen des Leistungsverpflichteten eingehen.

sene Gegenleistung dar, sind diese erst dann stpfl, wenn die Summe der vereinnahmten Bezüge den Wert des Wirtschaftsgutes übersteigt; dabei sind auch (Teil-)Abfindungen der wiederkehrenden Bezüge zu berücksichtigen.

Es sind folgende Fälle zu unterscheiden:

- Wird die Rente für die **Hingabe von Geld** bezogen (Einmalprämie oder laufende Prämie), ist die Gegenleistungsrente ab Übersteigen des für den Erwerb des Rentenstammrechts zu leistenden Geldbetrages stpfl (Renten auf Grund eines Versicherungsvertrages mit einer Versicherungsgesellschaft sind grds als Gegenleistungsrenten anzusehen);[283])

Beispiel:

Ein Stpfl leistet an eine Versicherung laufende Prämien von insgesamt € 100.000 und erhält dafür eine lebenslange jährliche Rente von € 10.000. Nach Überschreiten des eingezahlten Betrages von € 100.000 sind die Rentenzahlungen stpfl und zwar auch dann, wenn die Versicherungsprämien als Sonderausgaben geltend gemacht worden sind.

- Wird die Rente für die **Übertragung eines Grundstückes** bezogen, sind die Renten ab Übersteigen der Anschaffungs- bzw Herstellungskosten stpfl und es liegen Einkünfte aus privaten Grundstücksveräußerungen nach § 30 vor (dazu unten Tz 685); erfolgte die Veräußerung (Zeitpunkt des Verpflichtungsgeschäftes) vor dem 1. 4. 2012, liegen Einkünfte aus wiederkehrenden Bezügen vor, wenn die Summe der vereinnahmten Bezüge den Rentenbarwert übersteigt.

Beispiel:

Der Stpfl veräußert eine Liegenschaft gegen Rente. Die Rente ist nach Überschreiten der Anschaffungskosten der Liegenschaft nach § 30 stpfl.

- Wird die Rente für die **Übertragung von Kapitalvermögen** bezogen, sind die Renten ab Übersteigen der Anschaffungskosten stpfl und es liegen Einkünfte aus realisierten Wertsteigerungen von Kapitalvermögen nach § 27 Abs 3 vor (dazu unten Tz 685).

Beispiel:

Der Stpfl veräußert eine Beteiligung gegen Rente. Die Rentenzahlungen sind nach Übersteigen der Anschaffungskosten mit dem besonderen Steuersatz nach § 27 a stpfl.

- Wird die Rente für die **Übertragung anderer Wirtschaftsgüter** bezogen, dann sind die Renten ab Übersteigen des Rentenbarwertes zuzüglich allfälliger Einmalzahlungen (§§ 15 und 16 BewG) stpfl (zum Rentenbarwert siehe unten Tz 677).

---

[283]) Nach VwGH 21. 4. 2005, 2004/15/0155 ist das die Summe der geleisteten Prämien einschließlich der Versicherungssteuer. Anders EStR 2000 Rz 7018, wonach bei Versicherungsrenten (auch gegen laufende Prämienzahlungen) als Gegenleistung jener Betrag anzusetzen ist, der zu Beginn der Rentenleistung als Einmalzahlung zu leisten wäre, was nicht der Summe der geleisteten Prämien entsprechen muss.

Beispiel:

Der Stpfl veräußert ein Gemälde gegen Rente. Die Rente ist nach Überschreiten des Rentenbarwertes stpfl.

c) Leistungen aus einer **prämienbegünstigten Pensionszusatzversicherung** sind nach Maßgabe des § 29 Z 1 steuerfrei (siehe dazu unten XIII.). **117**

2. *Einkünfte aus privaten Grundstücksveräußerungen (§ 30) und besonderer Steuersatz (§ 30a)*

a) Allgemeines

Literatur: *Akyürek/Urtz,* Wie könnte eine „Widmungsabgabe" aussehen? ÖStZ 2012, 71; *Beiser,* Teilentgeltliche Grundstücksveräußerung in der Einkommensteuer ab 1. 4. 2012, RdW 2012, 426; *ders,* Teilentgeltliche Veräußerungen von Einzelwirtschaftsgütern in der Einkommensteuer, ÖStZ 2012, 514; *ders,* Die Ertragsbesteuerung von Grundstücksveräußerungen bei Personengesellschaften, RdW 2012, 428; *ders,* Die neue Grundstücksbesteuerung bei Erbteilung bis zur Einantwortung, RdW 2012, 746; *ders,* Die Ertragsbesteuerung von Immobilien im Licht des Gleichheitssatzes, SWK 2012, 826; *ders,* Das Baurecht im Licht des 1. StabG 2012, SWK 2012, 1238; *Bruckner,* Begutachtungsentwurf Stabilitätsgesetz 2012: Die geplanten Änderungen bei der Besteuerung von Immobilien, ÖStZ 2012, 101; *ders,* Die neue Immobilienbesteuerung im 1. Stabilitätsgesetz 2012 (BGBl I 2012/22) – Die ertragsteuerlichen Änderungen im Vergleich zum Begutachtungsentwurf, ÖStZ 2012, 177; *Doralt,* Stabilitätsgesetz 2012 und Steuerpolitik, RdW 2012, 537; *Eichinger,* Bedeutung von Bedingungen in Veräußerungsgeschäften iSd § 30 EStG idF 1. Stabilitätsgesetz 2012, taxlex 2012, 397; *Fingernagel,* Geht die Herstellerbefreiung bei unentgeltlichem Erwerb auf den Rechtsnachfolger über? RdW 2012, 692; *Fritz-Schmied,* Die Durchbrechung des Maßgeblichkeitsprinzips in Zusammenhang mit Veräußerungen von Kapitalanlagen und Grundstücken, SWK 2012, 1197; *Fuhrmann/Lang,* Immobilienbesteuerung NEU, taxlex 2012, 173; *Gruber/Vondrak,* Immobilienbesteuerung NEU – die Änderungen im EStG, ecolex 2012, 368; *Hammerl/Mayr,* StabG 2012: Die neue Grundstücksbesteuerung, RdW 2012, 167; *Herzog,* Die neue Immobilienbesteuerung ab 1. 4. 2012, SWK 2012, 563; *Hilber,* Private Grundstücksveräußerungen seit 1. 4. 2012, ecolex 2012, 372; *Kirchmayr/Achatz,* Gemischte Schenkungen im Rahmen der Grundstücksbesteuerung Neu, taxlex 2012, 169; *Kohler,* ImmoESt: Selbstberechnung kann nur zu Chaos führen, SWK 2012, 1375; *Kovar,* Einlagen von Grundstücken und Veräußerung von zuvor eingelegten Grundstücken, SWK 2012, 1473; *Kührer/Baumgartner,* Immobilienertragsteuer und Selbstberechnung für Notare – Steuerpflicht bei Erbteilungen? SWK 2012, 1274; *Langheinrich/Ryda,* Die neue Besteuerung für Grundstücksveräußerungen, FJ 2012, 185; *Moser,* Rückwirkende Besteuerung im österreichischen Steuerrecht am Beispiel der Immobilienbesteuerung ab 1. 4. 2012 (Teil I), taxlex 2012, 220, (Teil II), taxlex 2012, 253; *Mühlhauser,* Ausmessung inflationsbedingter Scheingewinne bei Grundstücken im Allgemeinen, FJ 2012, 105; *Papst,* Immobilienertragsteuer für Altgrundstücke: 15% oder 3,5%? SWK 2012, 870; *Pircher,* Die Betriebsaufgabe und die Gebäudebegünstigung im Lichte des 1. Stabilitätsgesetzes 2012, SWK 2012, 757; *Prodinger,* Spekulationsfrist bei Veräußerung eines Anteils an einer grundstücksverwaltenden Personengesellschaft, SWK 2012, 613; *ders,* Verkauf und Entnahme eines Grundstücks aus einer KG, SWK 2012, 1005; *Stingl,* 1. Stabilitätsgesetz 2012 – Neue Bestimmungen zur Immobilienveranlagung, immolex 2012, 102; *Thunshirn/Studera,* Die Immobilienertragsteuer – neue Verpflichtungen für Parteienvertreter! (Teil I), ecolex 2012, 724, (Teil II), ecolex 2012, 815, (Tei III), ecolex 2012, 921; *Vaishor,* Steuerpflicht der entgeltlichen Ablöse von

Fruchtgenussrechten an Liegenschaften? SWK 2012, 605; *Wild,* Fruchtgenussrechte nach dem 1. Stabilitätsgesetz 2012, RdW 2012, 480; *dies,* Baurechte nach dem 1. Stabilitätsgesetz, taxlex 2012, 365; *Beiser,* Die neue Immobilienbesteuerung idF AbgÄG 2012, SWK-Spezial 2013; *ders,* Die neue Immobilienbesteuerung bei Zwangsversteigerungen, RdW 2013, 46; *ders,* Die neue Immobilienbesteuerung im Insolvenzverfahren, RdW 2013, 47; *ders,* Grund und Boden: Fiktive Anschaffungskosten nach § 30 Abs 4 EStG auch bei einer Gewinnermittlung nach § 5 EStG, SWK 2013, 383; *Bodis/Hammerl,* EStR Wartungserlass 2013: Neue Grundstücksbesteuerung (I), RdW 2013, 357, (II), RdW 2013, 411; *Fritz-Schmied/Zaminer,* Die Verlustverrechnung im Kontext sonderbesteuerter Wirtschaftsgüter: Eine Bewertung des vorliegenden Regelungsbestandes, in *Urnik/Fritz-Schmied,* Bilanzsteuerrecht, Wien 2013, 13; *Huber,* Immobilienertragsteuer und betriebliche Gewinnermittlung, SWK 2013, 59; *Huber-Wurzinger,* Die Besteuerung von Grundstücksveräußerungen im Ausland, SWK 2013, 475; *Kanduth-Kristen,* Zweifelsfragen zum Inflationsabschlag, SWK 2013, 345; *dies,* Steueroptimierung bei Unternehmensübertragung unter besonderer Berücksichtigung der Grundstücksbesteuerung nach dem 1. StabG 2012, ÖStZ 2013, 249; *dies,* Private Grundstücksveräußerungen nach dem 1. StabG, wobl 2013, 223; *Knechtl,* Neue Steuerbefreiung für Bodenwertminderung, taxlex 2013, 45; *Kohler,* Gewerblicher Grundstückshandel und Immobilienertragsteuer, SWK 2013, 359; *Labner,* Fiktive Anschaffungskosten bei privater Grundstücksveräußerung, taxlex 2013, 182; *Leitner,* Einkommensteuerliche Konsequenzen der Rückabwicklung einer Grundstücksveräußerung, ÖStZ 2013, 275; *Leitner/Urtz,* Die Ablösezahlung für ein Fruchtgenussrecht im außerbetrieblichen Bereich, ÖStZ 2013, 8; *dies,* Anmerkungen zum Beitrag von *Beiser* „Fiktive Anschaffungskosten für Grund und Boden auch bei einer Gewinnermittlung nach § 5 EStG? – eine Replik auf *Leitner/Urtz,* ÖStZ 2013/344, 199“, ÖStZ 2013, 257; *Marchgraber,* Schuldzinsenabzug bei der Veräußerung fremdfinanzierter Immobilien, ÖStZ 2013, 383; *Mayr,* Grundstücksbesteuerung im betrieblichen Bereich, RdW 2013, 42; *ders,* Grund und Boden: keine 86%-Pauschalregelung bei der Gewinnermittlung nach § 5 EStG, SWK 2013, 962; *Papst,* Regelbesteuerungsoption bei Immobilien und Kapitalvermögen: Ungleichbehandlung verfassungsrechtlich geboten, ÖStZ 2013, 387; *Petschnigg,* Die Highlights aus dem EStR-Wartungserlass 2013, SWK 2013, 860; *Prodinger,* Gewerbliche Vermietung im Lichte des AbgÄG 2012, SWK 2013, 469; *Urnik/Ketter,* Die systematische Erfassung von Grundstückstransaktionen gegen Rentenvereinbarungen: Status Quo und Optimierungsüberlegungen, in *Urnik/Fritz-Schmied,* Bilanzsteuerrecht, Wien 2013, 105; *Urtz* (Hrsg), Die neue Immobiliensteuer – Update 2013, ÖStZ-Spezial 2013; *Wagner,* Neuerungen im Immobiliensteuerrecht durch das AbgÄG 2012, ecolex 2013, 161; *Wolf,* Die Immobilienertragsteuer bei Einlagen und Umgründungen, SWK 2013, 494; *Wolf,* Das Erbe teilen, aber richtig – die steuerneutrale Erbteilung, SWK 2013, 494; *Bodis/Hammerl,* Highlights aus der neuen BMF-Grundstücksinfo 2014, RdW 2014, 357; *dies,* 2. AbgÄG 2014 – Die wichtigsten Änderungen im EStG, RdW 2014, 728; *Ehrke-Rabel/Niemann,* Spezialfragen der Grundstücksbesteuerung, Wien 2014; *Haas,* Immobilienbesteuerung und Werbungskostenabzug, SWK 2014, 571; *Hirschler,* Ausgewählter Überblick über ertragsteuerliche Änderungen durch das 2. AbgÄG 2014, ÖStZ 2014, 557; *Hirschler/Sulz,* Einbringungen nach Art III UmgrStG im Zusammenhang mit der neuen Immobilienertragsteuer, RWZ 2014, 169; *Hilber,* Private Grundstücksveräußerung iSd § 30 EStG 1988 und Hauptwohnsitzbefreiung, AFS 2014, 14; *Huber/Ketter/Rohn,* Ermittlung der Grundstückseinkünfte bei sukzessive erworbenem Eigentum, SWK 2014, 1170; *Mayr/Petrag/Titz,* Grundstücke im Lichte des Wartungserlasses zu Art III UmgrStG, RdW 2014, 43; *Novosel/Patloch,* Ist die Immobilienertragsteuer verfassungswidrig? SWK 2014, 1478; *Pinetz/Mechtler,* Verfassungskonformität des Werbungskostenabzugsverbots bei der Grundstücksveräußerung? ecolex 2014, 913; *Rausch/Stoll,* Ersparnis bei der Umwidmungsabgabe durch die vorweggenommene

Umwidmung? SWK 2014, 519; *Reinweber,* Einkommensteuer-Update: Aktuelles auf einen Blick, SWK 2014, 870; *Thunshirn,* Doch uneeingeschränkte 3,5% Pauschalbesteuerung für bis 31. 3. 2012 selbst hergestellte Gebäude? ecolex 2014, 74; *Titz/Wild,* Grundstücksübertragungen im Rahmen von Umgründungen im Lichte des 2. AbgÄG 2014, RdW 2014, 745; *Walder,* Grundstücksveräußerungen und Nutzungsdauer von Gebäuden, SWK 2014, 789; *Weinhandl,* Die Veräußerung von sukzessiv erworbenen Miteigentumsanteilen an Grundstücken, SWK 2014, 658; *ders,* Die Gebäudebegünstigung im Ertragsteuerrecht, SWK 2014, 735; *Beiser,* Fremdwährungsverluste und Schuldzinsen in der ImmoESt, ÖStZ 2015, 193; *ders,* Flächenwidmungspläne und die Befreiung von der ImmoESt und GrESt, SWK 2015, 466; *ders,* Die Immobilienertragsteuer und die Steuerrefom 2015/2016, SWK 2015, 1176; *Bodis/Wild,* Änderungen der Kapitalvermögens- und Immobilienbesteuerung, in *Mayr/Lattner/Schlager,* Steuerreform 2015/16, SWK Spezial 2015, 66; *Böck,* Hauptwohnsitzbefreiung nur, wenn Eigenheim durchgehend zwei Jahre als Hauptwohnsitz gedient hat, BFGjournal 2015, 9; *Frei/Frei,* ImmoESt und spätere Umwidmungen nach dem 2. AbgÄG 2014, NZ 2015, 219; *Fuhrmann,* Ist die Immobilienertragsteuer verfassungskonform wirksam geworden? immolex 2015, 193; *Huber/Ketter/Rohn,* Zur Frage der Entgeltlichkeit einer Liegenschaftsübertragung, SWK 2015, 327; *Knöll,* Sind die Befreiungsbestimmungen des § 30 Abs 2 EStG auch bei negativen Einkünften zwingend anzuwenden? SWK 2015, 1002; *Lang,* Immobilienbesteuerung NEU – Änderungen durch das Steuerreformgesetz 2015/2016, immolex 2015, 234; *Mechtler,* SteuerreformG 2015: Neufassung des Abzugsverbots bei der ImmoESt, RdW 2015, 590; *Mechtler/Pinetz,* Das neue Immobilienertragsbesteuerungssystem im Lichte des verfassungsrechtlichen Vertrauensschutzes, ecolex 2015, 507; *Moser,* Änderungen in der Ertragsbesteuerung von Immobilien durch das Steuerreformgesetz 2015/2016, taxlex 2015, 240; *Naucke,* Die Besteuerung von Grundstücksveräußerungen inländischer Körperschaften des öffentlichen Rechts, ÖStZ 2015, 221; *Novosel/Novosel/Patloch,* Ist die Immobilienertragsbesteuerung von Altvermögen verfassungskonform Gesetz geworden? SWK 2015, 629; *Reinold,* BFG verwirft 1.000 m²-Grenze gem EStR für Grund und Boden bei Anwendung der Hauptwohnsitzbefreiung nach § 30 Abs 2 Z 1 EStG, ecolex 2015, 611; *ders,* Hauptwohnsitzbefreiung gem § 30 Abs 2 EStG und die zu beachtenden Fristen, taxlex 2015, 37; *Reinold/Stückler,* Steuerreformgesetz 2015/2016: Neuerungen im Bereich der Ertragsbesteuerung von Immobilien, ÖStZ 2015, 403; *Renner,* Immo-ESt-Befreiung des gesamten Grund und Bodens bei Veräußerung eines Eigenheims, RdW 2015, 390; *Ritz,* ImmoESt: Selbstberechnungsabgabe (iSd § 201 BAO) oder Abfuhrabgabe (iSd § 202 BAO)? ÖStZ 2015, 19; *Stöger-Frank,* Hauptwohnsitzbefreiung bei Aufgabe des Wohnsitzes und verzögertem Auszug eineinhalb Jahre nach dem Verkauf, BFGjournal 2015, 54; *Varro,* ImmoESt: Herstellerbefreiung und/oder Berücksichtigung der Herstellungskosten nach unentgeltlichen Übertragungen? taxlex 2015, 52; *Wisiak,* Hauptwohnsitzbefreiung und Grundstücksgröße, BFGjournal 2015, 220; *Beiser,* Grundstücksgleiche Rechte in der ImmoESt, ÖStZ 2016, 329; *Bodis,* Verkauf von „Altgrundstücken" ohne Steuer – zu schön, um wahr zu sein, SWK 2016, 551; *Fuhrmann,* Homeoffice und Hauptwohnsitzbefreiung, in FS Sedlacek, Wien 2016, 263; *Haunold/Kovar/Schuch/Wahrlich* (Hrsg), Immobilienbesteuerung[4], Wien 2016; *Herzog,* Einkommensteuerliche Änderungen bei den Grundstücke ab 2016, SWK 2016, 1035; *Huber/Rohn/Steinhauser,* Zur Auslegung des Eigenheimbegriffs des § 30 EStG, SWK 2016, 424; *Kanduth-Kristen,* Steueroptimierung bei Betriebsübertragung unter besonderer Berücksichtigung der Grundstücksbesteuerung nach dem StRefG 2015/2016, ÖStZ 2016, 557; *Kittl/Renner,* Sonderfragen zur Immobilienertragsteuer: Verkäufe durch einen begünstigten Verein sowie Möglichkeiten der Rückerstattung, BFGjournal 2016, 36; *Kohler,* Verkauf von „Altgrundstücken" ohne Steuer – zu wahr, um schön zu sein! SWK 2016, 622; *ders,* Verkauf von „Altbetriebsgrundstücken" nach Entnahme, SWK 2016, 858; *Leyrer,* Waldverkäufe als Grundstücksveräußerung, SWK 2016, 1396; *Mayr,* Grund- und Boden-Anteil bei vermieteten Gebäuden, RdW 2016, 419; *Reinold,* Stellt die Zwangsversteigerung eines Grundstücks ein Veräußerungsgeschäft iSd § 30 Abs 1 EStG dar? ecolex 2016, 343; *Wachter,* Leitfaden ImmoESt (2016); *Wiedermann/Pilz,* Die Herstellerbefreiung – eine ertragsteuerliche Analyse, in *Kovar/Wahrlich/Zorman,* Übertragung und Vermietung von Immobilien, Wien 2016, 107; *Zaminer,* Verlustverrechnung aus privaten Grundstücksveräußerungen nach dem StRefG 2015/2016, in *Urnik/Fritz-Schmied,* Jahrbuch Bilanzsteuerrecht 2016, Graz 2016, 67; *Achatz,* Entschiedenes und noch zu Entscheidendes zur Immobilienertragsteuer, in FS Holzinger, Wien 2017, 1; *Beiser,* Optionen auf Grundstückskauf in der Einkommensteuer – eine systematische Abgrenzung der Einkunftstatbestände, RdW 2017, 114; *ders,* Betriebsausgaben nur zu 60%? RdW 2017, 180; *ders,* Vermietung, Fruchtgenuss und Baurecht im Licht der Markteinkommenserzielung – Wem sind welche Einkünfte zuzurechnen? ÖStZ 2017, 588; *ders,* Hauptwohnsitzbefreiung auch für zwei Wohnungen? SWK 2017, 625; *Bovenkamp/Cupal/Fuhrmann/Kühmayer/Lang/Reisch/Resch/Sulz,* Immobilienbesteuerung NEU[4], Wien 2017; *Brightwell,* Der Begriff „steuerverfangen" und die Abgrenzung von Alt- und Neuvermögen in der Immobilienertragsteuer, SWK 2017, 546; *Gattringer/Reinold,* Update: Hauptwohnsitzbefreiung gem § 30 Abs 2 EStG und die zu beachtenden Fristen, taxlex 2017, 260; *Hammerl,* Grundstücksveräußerung: Entgelte für Zusatzvereinbarungen, RdW 2017, 717; *Kampitsch,* Sonderfragen zur „Steuerverfangenheit" von Grundstücken, taxlex 2017, 302; *Kanduth-Kristen,* Grundstücksübertragungen im Zuge einer Ehescheidung – steuerliche Folgen nach der Rechtslage ab 1. 1. 2016, taxlex 2017, 36; *Kanduth-Kristen/Kampitsch,* Werbungskostenabzug bei privaten Grundstücksveräußerungen, ÖStZ 2017, 502; *Kienast,* Hausmeisterwohnung und Immobilienertragsteuer, taxlex 2017, 39; *Lenneis,* Bei der Hauptwohnsitzbefreiung ist der Grund und Boden nicht uneingeschränkt von der Befreiung mitumfasst, wobl 2017, 293; *Leyrer,* Obligatorische bzw dingliche Nutzungsrechte als Gegenleistung, SWK 2017, 1161; *ders,* Privater Grundstücksverkauf und Abzug von Werbungskosten, SWK 2017, 584; *Moser,* Inflationsabgeltung grundsätzlich verfassungskonform? taxlex 2017, 230; *ders,* Ist die Beschränkung der Hauptwohnsitzbefreiung auf 1.000 m² Grund sachgerecht? ÖStZ 2017, 269; *Novosel/Patloch-Kofler,* Pauschale Berücksichtigung eines Inflationsabschlags bei der Ermittlung von Veräußerungsgewinnen gem § 30 Abs 3 EStG verfassungswidrig, immolex 2017, 312; *Pamperl,* VfGH hebt Inflationsabschlag auf – ist damit das letzte Wort zur Verfassungskonformität der ImmoESt gesprochen? ecolex 2017, 564; *Prodinger,* Letztmalige Geltendmachung des Inflationsabschlags, SWK 2017, 884; *Reinold,* Zeiten als Vormieter zählen nicht zu den Hauptwohnsitzfristen gem § 30 Abs 2 Z 1 EStG, ecolex 2017, 256; *Reinold/Schaffer,* Größenmäßige Beschränkung der Hauptwohnsitzbefreiung nach § 30 Abs 2 Z 1 EStG, ecolex 2017, 711; *Renner,* Private Grundstücksveräußerung: Fristberechnung bei zuvor gemieteter Eigentumswohnung, ecolex 2017, 812; *ders,* Private Grundstücksveräußerung: Keine Einrechnung von Mietzeiten bei der Hauptwohnsitzbefreiung, RdW 2017, 520; *ders,* Toleranzfrist zur Aufgabe des Hauptwohnsitzes bei privater Grundstücksveräußerung, SWK 2017, 1195; *Schatzl,* Hauptwohnsitzbefreiung: Angemessene Frist für die Aufgabe des Wohnsitzes, BFGjournal 2017, 258; *Schimmer,* VwGH zum Umfang der Hauptwohnsitzbefreiung für Grund und Boden, taxlex 2017, 140; *Vogl,* Die Hauptwohnsitzbefreiung für Grund und Boden ist doch beschränkt, SWK 2017, 713; *Wisiak,* Veräußerung von Eigenheimen „samt Grund und Boden", BFGjournal 2017, 176; *Zorn,* VwGH zur 1.000 m²-Grenze bei der Hauptwohnsitzbefreiung, RdW 2017, 328; *ders,* VwGH zur Hauptwohnsitzbefreiung bei der ImmoESt, RdW 2017, 577; *Beiser,* Abzugsverbot und Verlustausgleichssperre beim VfGH, BFGjournal 2018, 9; *ders,* Grundstücksveräußerungen unter Rückbehalt von Grundanteilen für Wohnungen der Veräußerer, SWK 2018, 90; Flächenwidmungspläne und die Befreiung von der ImmoESt und GrESt , taxlex 2018, 58; *ders,* Die Herstellerbefreiung bei Freizeitwohnsitzen, taxlex 2018,

116; *Bodis/Ebner/Hammerl,* EStR-Wartungserlass 2018 – wichtigste Änderungen im Überblick, RdW 2018, 453; *Dziurdź,* VwGH-Erkenntnis zur Zurückbehaltung von Grund und Boden weckt Zweifel an der Aufgabe der Einheitstheorie, ÖStZ 2018, 247; *Endfellner,* ImmoESt und GrESt bei der Rückgängigmachung einer Liegenschaftsveräußerung, ecolex 2018, 939; *Hayden/Hayden,* Zur Höchstpersönlichkeit der Hauptwohnsitzbefreiung: Die vermögensverwaltende OG/KG, taxlex 2018, 11; *Kampitsch/Reinold,* VwGH bejaht Einrechnung von Mietzeiten bei der Hauptwohnsitzbefreiung, SWK 2018, 382; *Kanduth-Kristen,* Der Grundstücksbegriff im EStG, GrEStG und UStG – ein Vergleich, taxlex 2018, 36; *Kanduth-Kristen/Kampitsch,* Abzugsverbot bei sonderbesteuerten und Verlustausgleich bei privaten Grundstücksveräußerungen, SWK 2018, 81; *Lang,* VwGH: Hauptwohnsitzbefreiung bei Mietkaufmodellen anwendbar, taxlex 2018, 73; *Langheinrich/Ryda,* Die Veräußerung von privaten Grundstücken aus dem Blickwinkel des SteuerreformG 2015/2016, BGBl I 2015/118, FJ 2018, 122; *Leyrer/Resenig,* Veräußerung einer Liegenschaft an nahe Angehörige – gemischte Schenkung oder entgeltliches Rechtsgeschäft? BFGjournal 2018, 294; *Mantsch/Schaffer,* Dauerbrenner Hauptwohnsitzbefreiung: Überblick über die jüngere Rechtsprechung des VwGH, ecolex 2018, 759; *Mechtler-Höger,* Herstellerbefreiung iZm einem im Zuge eines Scheidungsvergleichs erworbenen Gebäudehälfteanteils, BFGjournal 2018, 235; *Miladinovic/Ramharter,* VwGH zur Anwendbarkeit der Hauptwohnsitzbefreiung bei Mietkaufmodellen, BFGjournal 2018, 98; *Patloch-Kofler/Petrikovics,* Wie flexibel ist die Frist für die Hauptwohnsitzbefreiung? SWK 2018, 345; *dies,* Liberale VwGH-Erkenntnisse zur Hauptwohnsitzbefreiung, ÖStZ 2018, 219; *dies,* Neues VwGH-Erkenntnis zu Mieterzeiten bei der Hauptwohnsitzbefreiung, ecolex 2018, 369; *Puchinger,* ImmoESt – Hauptwohnsitzbefreiung, FJ 2018, 132; *Zorn,* VwGH zur Hauptwohnsitzbefreiung bei Eigentumswohnungen, RdW 2018, 49; *ders,* Hauptwohnsitzbefreiung: Verkäufer kann in der Fünfjahresfrist auch Mieter gewesen sein, RdW 2018, 186; *ders,* VwGH zur Verlustrealisierung bei der privaten Grundstücksveräußerung, RdW 2018, 462.

Die **Veräußerung von Grundstücken** unterliegt der ESt, allerdings erfolgt die Besteuerung nicht zum Normaltarif, sondern es kommt ein **besonderer Steuersatz iHv 30%** zur Anwendung (§ 30 a). **118**

Nach den Grundsätzen der *Quellentheorie* ist die **Veräußerung von Privatvermögen** nur in Ausnahmefällen stpfl. Diesem Grundsatz entsprechend unterlag die **Veräußerung von Grundstücken des Privatvermögens** vor dem 1. 4. 2012 nur dann der ESt, wenn die Veräußerung innerhalb einer (idR zehnjährigen) **Spekulationsfrist** erfolgte: Grundstücksveräußerungen, die nach Ablauf der Spekulationsfrist erfolgten, waren nicht steuerbar.

Dieser Grundsatz wurde mit dem 1. StabG 2012[284]) aufgegeben.

b) Grundstücksveräußerungen

Die Einkunftsart der privaten Grundstücksveräußerungen ist subsidär und betrifft nur Grundstücke des Privatvermögens. Werden Grundstücke des Betriebsvermögens veräußert, sind die daraus resultierenden Einkünfte den entsprechenden betrieblichen Einkunftsarten zuzurechnen (ihre Besteuerung erfolgt allerdings weitgehend nach den gleichen Grundsätzen wie im Privatvermögen; siehe dazu unten Tz 131 ff). **119**

[284]) 1. Stabilitätsgesetz 2012 BGBl I 2012/22.

Der **Begriff des Grundstücks** erfasst **Grund und Boden, Gebäude und grundstücksgleiche Rechte.** Grundstücksveräußerungen sind daher sowohl die Veräußerung eines bebauten Grundstücks, wie auch die Veräußerung eines Gebäudes auf fremden Grund (Superädifikat) oder auch die Veräußerung eines Baurechts (grundstücksgleiches Recht).

Grundstücksgleiche Rechte sind Rechte, die den Vorschriften des bürgerlichen Rechts über Grundstücke unterliegen. Solche Rechte müssen daher selbständig übertragbar sein und die Übertragung eine Eintragung in ein öffentliches Buch erfordern.[285]) Entsprechend diesen Grundsätzen sind Baurechte und Bergbauberechtigungen nach dem MinroG[286]) grundstücksgleiche Rechte; nach der FinVw sind auch Fischereirechte (an fremden Gewässern) als grundstücksgleiche Rechte anzusehen.[287]) Das Jagdrecht und Grunddienstbarkeiten können ohne den Grund und Boden, mit dem sie in Zusammenhang stehen, nicht übertragen werden. Sie sind keine grundstücksgleichen Rechte iSd § 30.[288])

120 Nur die **Veräußerung** von Grundstücken unterliegt der ESt. Es muss daher ein **entgeltliches Rechtsgeschäft** der Übertragung des Eigentums am Grundstück zu Grunde liegen (**Verkauf, Tausch).** Unentgeltliche Rechtsgeschäfte (Erbschaft, Schenkung) gelten nicht als Veräußerung. Auch bei einer Realteilung eines im Miteigentum stehenden Grundstücks wird keine Veräußerung angenommen, soweit nicht ein Spitzenausgleich mit außerhalb der Teilungsmasse befindlichen Wirtschaftsgütern geleistet wird.[289])

Bei einer **Realteilung eines im Miteigentum befindlichen Grundstücks** werden Anteile des bisher im Miteigentum befindlichen Grundstücks in das Alleineigentum der bisherigen Miteigentümer übertragen bzw es wird Miteigentum eines Teiles der bisherigen Miteigentümer begründet. Werden Ausgleichszahlungen geleistet, liegt insoweit eine Veräußerung vor, als es zu einer Wertverschiebung hinsichtlich der Anteile am geteilten Grundstück kommt und die Ausgleichszahlung mindestens 50% dieser Wertverschiebung ausmacht; hinsichtlich des unveränderten Besitzstandes liegt keine Veräußerung vor.[290])

Werden Beteiligungen an einer vermögensverwaltenden Personengesellschaft unmittelbar oder mittelbar angeschafft oder veräußert, liegt eine anteilige Anschaffung oder Veräußerung der im Gesellschaftsvermögen befindlichen Grundstücke vor (vgl § 32 Abs 2). Im Umfang der Substanzbeteiligung führt

---

[285]) Siehe EStR 2000 Rz 6622; ebenso *Leitner* in *Urtz,* Immobiliensteuer[2] 54 f; kritisch hinsichtlich des Erfordernisses der Übertragbarkeit *Bodis/Hammerl* in *Doralt/Kirchmayr/Mayr/Zorn,* EStG[17] § 30 Tz 53 f.

[286]) Mineralrohstoffgesetz BGBl I 1999/38.

[287]) Siehe EStR 2000 Rz 6622; ebenso *Doralt* in *Doralt/Kirchmayr/Mayr/Zorn,* EStG[9] § 28 Tz 23; anders *Leitner* in *Urtz,* Immobiliensteuer[2] 55 f.

[288]) Siehe EStR 2000 Rz 6622.

[289]) Siehe EStR 2000 Rz 6627; vgl auch VwGH 22. 6. 1976, 509/74, ÖStZB 1977, 37 und VwGH 28. 11. 2002, 2000/13/0155.

[290]) Siehe EStR 2000 Rz 6627; vgl auch BFG 28. 1. 2015, RV/3100530/2013.

daher eine solche Beteiligungsveräußerung zu Einkünften aus privaten Grundstücksveräußerungen.[291])

Entgeltlichkeit ist nach § 20 Abs 1 Z 4 immer dann gegeben, wenn der Wert der Gegenleistung mindestens die Hälfte des gemeinen Werts des hingegebenen Wirtschaftsgutes erreicht.[292]) Als Gegenleistung sind bei der Beurteilung der Entgeltlichkeit des Übertragungsvorganges auch geldwerte Vorteile zu beachten (zB Betreuungs- und Pflegeleistungen).[293]) Die Zurückbehaltung eines Wohnrechts oder eines Fruchtgenussrechts stellt aber keine Gegenleistung dar;[294]) in diesen Fällen wird ein beschränktes Eigentumsrecht übertragen.

Bäuerliche Übergabeverträge stellen idR einen unentgeltlichen Vorgang dar. Die zu Gunsten der Übergeber eingeräumten Wohn- und Fruchtgenussrechte sind keine Gegenleistung. Als Gegenleistung zu beachten sind allerdings vereinbarte Renten-, Betreuungs- und Pflegeleistungsverpflichtungen des Übernehmers. Betragen die kapitalisierten Barwerte dieser Verpflichtungen mindestens die Hälfte des gemeinen Wertes des übertragenen Vermögens, liegt ein entgeltlicher Übergabevertrag vor.

Die Übertragung des Eigentums an einer Wohnung im Zuge der **Aufteilung des ehelichen Gebrauchsvermögens** und der ehelichen Ersparnisse bei einer Ehescheidung gilt auch dann nicht als Anschaffungs- bzw Veräußerungsvorgang, wenn Ausgleichszahlungen geleistet werden.[295])

Werden Grundstücke im Zuge einer **Erbauseinandersetzung vor der Einantwortung** übertragen, stellt dies eine steuerneutrale Realteilung von Miteigentum dar, sofern kein nachlassfremdes Vermögen zum Ausgleich von Wertdifferenzen herangezogen wird.[296]) Wird zum Ausgleich von Wertdifferenzen nachlassfremdes Vermögen verwendet, liegt eine Veräußerung vor, wenn die Ausgleichszahlung mindestens 50% des gemeinen Wertes des übertragenen Wirtschaftsgutes beträgt; nach der Verwaltungspraxis liegt jedoch bei einer Ausgleichszahlung in Höhe des Pflichtteiles noch kein entgeltlicher Vorgang vor.[297]) Wird ein Grundstück veräußert, um mit dem Erlös Nachlassverbindlichkeiten oder Pflichtteilsansprüche zu befriedigen, liegt dennoch eine private Grundstücksveräußerung vor.[298])

Der Tatbestand der Grundstücksveräußerung ist verwirklicht, wenn das **Verpflichtungsgeschäft** abgeschlossen wird; die Durchführung des sachenrechtlichen Verfügungsgeschäftes (Grundbuchseintragung) ist für das Vorliegen einer Grundstücksveräußerung nicht erforderlich. Der Zeitpunkt der Besteuerung richtet sich nach dem Zufluss-Abfluss-Prinzip (dazu Tz 125/1). 120/1

291) Siehe VwGH 24. 9. 2014, 2012/13/0021 (zur Rechtslage vor der Ergänzung des § 32 Abs 2 durch das AbgÄG 2012).

292) Kritisch *Beiser,* Die neue Immobilienbesteuerung idF AbgÄG 2012, SWK-Spezial 2013, 16f und ÖStZ 2012, 514, der Entgeltlichkeit bei einem die Anschaffungs- bzw Herstellungskosten übersteigenden Veräußerungserlös annimmt; kritisch auch *Kirchmayr/Achatz,* taxlex 2012, 169, die für Teilentgeltlichkeit bei gemischten Schenkungen plädieren.

293) Siehe VwGH 28. 11. 2000, 97/14/0032.

294) Vgl BFG 18. 8. 2017, RV/5101768/2014. Siehe auch EStR 2000 Rz 6624.

295) Siehe EStR 2000 Rz 6624.

296) Siehe EStR 2000 Rz 134a und 134f.

297) Siehe EStR 2000 Rz 134b.

298) Siehe BFG 18. 9. 2015, RV/7102645/2013.

Ist eine Grundstücksveräußerung unter einer Bedingung abgeschlossen, ist zu unterscheiden:

- Bei einer **auflösenden Bedingung** liegt eine Veräußerung mit Abschluss des Verpflichungsgeschäftes vor.
- Bei einer **aufschiebenden Bedingung** liegt eine Veräußerung mit Abschluss des Verpflichtungsgeschäftes nur dann vor, wenn der Eintritt der Bedingung hinreichend wahrscheinlich ist.[299])

Nach den EStR kommt es im Fall des Eintritts einer auflösenden Bedingung nicht zum rückwirkenden Wegfall des Veräußerungsgeschäftes, sondern es liegt ein neuerlicher Veräußerungsvorgang vor. Demgegenüber stellt der Nichteintritt einer aufschiebenden Bedingung, deren Eintritt im Vorfeld als hinreichend wahrscheinlich angesehen wurde, ein rückwirkendes Ereignis iSd § 295a BAO dar, und führt somit zum rückwirkenden Wegfall des Veräußerungsgeschäftes.[300]) Diese Unterscheidung bezüglich des Wegfalles des Veräußerungsgeschäftes erscheint nicht konsistent, weil in beiden Fällen der zivilrechtliche Wegfall des Verpflichtungsgeschäftes in der Vertragsgestaltung seine Wurzel hat; es ist daher wohl in beiden Fällen von einem rückwirkenden Ereignis auszugehen. In diesem Zusammenhang ist aber zu beachten, dass nach der Judikatur des VwGH § 295a BAO als verfahrensrechtliche Bestimmung nur dann anzuwenden ist, wenn dies im Materiengesetz ausdrücklich vorgesehen ist.[301]) De lege ferenda wäre daher eine gesetzliche Klarstellung wünschenswert.

120/2 Ist ein Abgabenanspruch entstanden, verändern nachträglich eingetretene Ereignisse diesen Abgabenanspruch grds nicht mehr. Dies gilt auch hier. Nach der Verwaltungspraxis stellt daher ein **nachträglicher Wegfall eines eingetretenen Veräußerungsgeschäftes** grds kein rückwirkendes Ereignis, sondern einen neuerlichen Veräußerungsvorgang dar; kommt es sodann zu einer neuerlichen Veräußerung durch den ursprünglichen Veräußerer, ist insb § 30 Abs 4 nicht anwendbar, weil das veräußerte Grundstück nunmehr Neuvermögen darstellt.

Nach der Verwaltungspraxis kommt es aber dann zum rückwirkenden Wegfall des ursprünglichen Veräußerungsgeschäftes, wenn es sich bei der Aufhebung des Verpflichtungsgeschäftes um eine gerichtliche **ex-tunc-Auflösung** handelt (zB List oder Zwang, Irtum, Wandlung, laesio enormis, Nichtigkeit wegen Sittenwidrigkeit); dies soll auch dann gelten, wenn die Vertragsaufhebung durch eine bloße Vereinbarung der Vertragsparteien erfolgt, aber die Voraussetzungen für eine gerichtliche ex-tunc-Aufhebung vorliegen.[302])

c) Befreiungen (§ 30 Abs 2)

121 Von der Besteuerung ausgenommen sind die Einkünfte aus Veräußerung von:

- **Eigenheimen oder Eigentumswohnungen** (iSd § 18 Abs 1 Z 3 lit b; siehe dazu Tz 612) samt Grund und Boden, wenn sie dem Veräußerer

299) Siehe EStR 2000 Rz 6623.

300) Siehe EStR 2000 Rz 6623; kritisch Jakom/*Kanduth-Kristen,* EStG[11] § 30 Tz 19; ebenso *Eichinger,* taxlex 2012, 397.

301) Siehe dazu VwGH 20. 2. 2008, 2007/15/0259; VwGH 1. 9. 2015, Ra 2015/15/0035; VwGH 26. 1. 2011, 2007/13/0084; siehe auch *Ritz,* BAO[5] § 295a Rz 18 f.

302) Siehe EStR 2000 Rz 6623; ebenso *Leitner,* ÖStZ 2013, 275.

seit der Anschaffung oder Herstellung (Fertigstellung) und mindestens seit zwei Jahren durchgehend als **Hauptwohnsitz** gedient haben und der Hauptwohnsitz (Mittelpunkt der Lebensinteressen)[303]) aufgegeben wird (1. Tatbestand). Nach der Verwaltungspraxis muss der Hauptwohnsitz innerhalb eines Jahres ab der Veräußerung aufgegeben werden;[304]) nach der Rsp ist aber auch eine längere Beibehaltung des Hauptwohnsitzes im veräußerten Gebäude unschädlich, wenn die Errichtung eines neuen Hauptwohnsitzes nach Maßgabe der finanziellen und rechtlichen Möglichkeiten nachdrücklich betrieben wurde.[305])

- Ergänzend zum ersten Tatbestand greift die Hauptwohnsitzbefreiung auch dann, wenn das Eigenheim oder die Eigentumswohnung innerhalb der letzten zehn Jahre (stichtagsbezogen vom Tag des Abschlusses des Verpflichtungsgeschäftes[306])) vor der Veräußerung für mindestens fünf Jahre durchgehend als Hauptwohnsitz gedient hat (2. Tatbestand). In diesem Fall muss der Hauptwohnsitz nicht bis zur Veräußerung aufrecht sein. Nicht relevant ist es außerdem, ob das Grundstück während der gesamten Hauptwohnsitznutzung im Eigentum des Veräußerers gestanden hat. Es sind daher auch Hauptwohnsitzzeiten als Mieter vor dem entgeltlichen Eigentumserwerb zu berücksichtigen (zB bei einem Mietkauf).[307])
- Bei der Ermittlung des Zeitraumes, in dem eine Eigentumswohnung als Hauptwohnsitz des Veräußerers genutzt wurde, ist es unerheblich, ob die Wohnung für den gesamten Zeitraum eine Eigentumswohnung iSd WEG darstellte; maßgebend ist lediglich, dass diese Voraussetzung beim **Verkauf** und bei der Aufgabe des Hauptwohnsitzes vorliegt.[308])
- Die Hauptwohnsitzbefreiung umfasst auch den **Grund und Boden,** stellt aber im Grunde dennoch eine Gebäudebefreiung dar. Der Grund und Boden ist von der Befreiung nur insoweit erfasst, als er üblicherweise für einen Bauplatz erforderlich ist, ein über dieses Ausmaß hinausgehender Grund und Boden ist nicht befreit.[309]) Nach dem VwGH bestimmt sich nach der Verkehrsauffassung, welche Grund-

---

[303]) Siehe EStR 2000 Rz 6638.

[304]) Siehe EStR 2000 Rz 6643.

[305]) Siehe VwGH 1. 6. 2017, Ro 2015/15/0006.

[306]) Vgl BFG 28. 7. 2014, RV/5100536/2014.

[307]) Siehe VwGH 24. 1. 2018, Ra 2017/13/0005 und ebenso nunmehr auch EStR 2000 Rz 6642; kritisch Jakom/*Kanduth-Kristen,* EStG[11] § 30 Tz 32; anders noch BFG 27. 10. 2016, RV/7103206/2015, BFG 8. 6. 2017, RV/5100561/2017, BFG 1. 9. 2017, RV/7105679/2015, und *Bodis/Hammerl* in *Doralt/Kirchmayr/Mayr/Zorn,* EStG[17] § 30 Tz 163.

[308]) Siehe VwGH 24. 1. 2018, Ra 2017/13/0005 und ebenso nunmehr auch EStR 2000 Rz 6642; siehe dazu auch *Zorn,* RdW 2018, 186, der diese Auffassung auch zu Eigenheimen vertritt.

[309]) Siehe VwGH 29. 3. 2017, Ro 2015/15/0025 (unter Verweis auf die Mat zum EStG 1988).

stücksgröße üblicherweise für einen Bauplatz erforderlich ist;[310]) die Verwaltungspraxis befreit Grund und Boden bis zu einem Ausmaß von 1.000 m²;[311])

- **Selbst hergestellten Gebäuden** hinsichtlich des Gebäudes, soweit es innerhalb der letzten 10 Jahre vor der Veräußerung nicht zur Erzielung von Einkünften gedient hat.[312]) Selbst hergestellt ist ein Gebäude dann, wenn der Veräußerer das Bauherrenrisiko getragen hat, also „das ins Gewicht fallende finanzielle Baurisiko“ getragen hat.[313]) Ein selbst hergestelltes Gebäude liegt jedoch nur dann vor, wenn es sich um die erstmalige Errichtung eines Gebäudes handelt; eine umfassende Sanierung eines Gebäudes[314]) oder ein Dachbodenausbau[315]) begründet daher kein selbst hergestelltes Gebäude. Die **Befreiung erfasst nur das Gebäude,** nicht aber den dazugehörenden Grund und Boden, dieser ist somit jedenfalls stpfl;

Die Befreiung für selbst hergestellte Gebäude kommt nur dann zur Anwendung, wenn der Verkäufer das Bauherrenrisiko selbst getragen hat. Hat der Verkäufer das Gebäude nicht selbst errichtet, sondern unentgeltlich erworben, steht die Herstellerbefreiung nicht zu.[316])

Da die Herstellerbefreiung nur das Gebäude erfasst, ist der Veräußerungserlös auf Gebäude und Grund und Boden aufzuteilen. Diese Aufteilung ist grds nach dem gem § 16 Abs 1 Z 8 lit d bzw dem der GrundanteilV 2016 vorgegebenen Verhältnis vorzunehmen (dazu auch Tz 513),[317]) allerdings können die tatsächlichen Wertverhältnisse nachgewiesen werden.

- Grundstücken in Folge **eines behördlichen Eingriffes (Enteignung)** oder zur Vermeidung eines unmittelbar drohenden behördlichen Eingriffes. Ein unmittelbar drohender behördlicher Eingriff liegt bereits dann vor, wenn die Androhung einer gesetzlich zulässigen Enteignung im Rahmen von Verkaufsverhandlungen erfolgt;[318]) eine Zwangsversteigerung stellt keinen behördlichen Eingriff iSd Befreiung dar;[319])

---

[310]) VwGH 29. 3. 2017, Ro 2015/15/0025.

[311]) Siehe EStR 2000 Rz 6634.

[312]) Die Frist ist stichtagsbezogen vom Zeitpunkt des Verpflichtungsgeschäftes weg zurückzurechnen; ebenso Jakom/*Kanduth-Kristen,* EStG[11] § 30 Tz 36.

[313]) Siehe VwGH 20. 9. 2001, 98/15/0071; kritisch zur Befreiung *Herzog,* SWK 2012, 563 und *Bodis/Hammerl* in *Doralt/Kirchmayr/Mayr/Zorn,* EStG[17] § 30 Tz 169.

[314]) Siehe VwGH 24. 9. 2014, 2010/13/0154 und EStR 2000 Rz 6650.

[315]) Siehe VwGH 25. 4. 2012, 2008/13/0128.

[316]) Siehe EStR 2000 Rz 6646 für Veräußerungen ab dem 1. 1. 2013; BFG 22. 11. 2018, RV/5100552/2016, ebenso *Bodis/Hammerl* in *Doralt/Kirchmayr/Mayr/Zorn,* EStG[17] § 30 Tz 177; anders *Steckenbauer/Urtz* in *Urtz,* Die neue Immobiliensteuer[2] 106 f; kritisch auch Jakom/*Kanduth-Kristen,* EStG[11] § 30 Tz 40 und *Varro,* taxlex 2015, 52.

[317]) Siehe ErläutRV 684 BlgNR 25. GP 13 (zum StRefG 2015/2016).

[318]) Siehe VwGH 19. 3. 1986, 85/13/0168, ÖStZB 1987, 17.

[319]) Siehe VwGH 25. 10. 1995, 94/15/0009.

- Grundstücken auf Grund von **Tauschvorgängen**[320]) im Rahmen eines behördlichen **Zusammenlegungs- oder Flurbereinigungsverfahrens** sowie im Rahmen behördlicher Maßnahmen zur besseren Gestaltung von Bauland **(Baulandumlegung).**

d) Ermittlung der Einkünfte

aa) Regeleinkünfteermittlung 122

Zur Ermittlung der Einkünfte ist der Veräußerungserlös den Anschaffungskosten gegenüberzustellen, wobei die Einkünfteermittlung für jedes Grundstück gesondert zu erfolgen hat. Der Veräußerungserlös ergibt sich aus dem Veräußerungspreis und den geldwerten Vorteilen, die dem Veräußerer zukommen. Die Anschaffungskosten von Grundstücken (im Falle des vorangegangenen unentgeltlichen Erwerbes die Anschaffungskosten des Rechtsvorgängers) sind um allfällige Herstellungs- und Instandsetzungsaufwendungen zu erhöhen. Hat allerdings das Grundstück als Einkunftsquelle gedient, sind die Anschaffungskosten um jene AfA-Beträge sowie um jene Herstellungs- und Instandsetzungsaufwendungen (Fünfzehntel- und Zehntelabsetzung), die bei der Ermittlung der Einkünfte zu berücksichtigen waren, und um die nach § 28 Abs 6 steuerfreien Beträge zu vermindern (es erhöhen sich somit die Einkünfte aus der privaten Grundstücksveräußerung). Die Einkünfte vermindern auch allfällige Vorsteuerminderbeträge gem § 6 Z 12. Dagegen erhöhen steuerlich geltend gemachte Instandhaltungsaufwendungen (auch im Wege der Fünfzehntel-Absetzungen) die Einkünfte aus der privaten Grundstücksveräußerung nicht.

In Bezug auf den Abzug von **Werbungskosten** ist zu differenzieren: 123

- Da die Einkünfte aus der Grundstücksveräußerung dem besonderen Steuersatz nach § 30 a unterliegen, sind von den ermittelten „vorläufigen“ Einkünften allfällige Werbungskosten nicht in Abzug zu bringen.
- Das **Abzugsverbot** von Werbungskosten bezieht sich nur auf solche Werbungskosten, die unmittelbar mit dem Veräußerungsvorgang in Zusammenhang stehen. Werden diese Aufwendungen durch den Erwerber übernommen, liegt beim Verkäufer insoweit ein geldwerter Vorteil vor. Beim Käufer stellen sie Anschaffungsnebenkosten dar und sind im Falle einer späteren Veräußerung als Teil der Anschaffungskosten des Grundstücks zu berücksichtigen.
- Wird jedoch von der **Regelbesteuerungsoption** gem § 30 a Abs 2 Gebrauch gemacht, sind die Werbungskosten in vollem Umfang in Abzug zu bringen (§ 20 Abs 2). Dementsprechend sind auch bei einer Veräußerung gegen Rente, bei der der besondere Steuersatz generell

[320]) Nach EStR 2000 Rz 6652 sind Tauschvorgänge nur so lange gegeben, als Ausgleichszahlungen 50% des gemeinen Wertes des Grundstücks nicht übersteigen; kritisch und die Befreiung auf reine Tauschvorgänge einschränkend *Bodis/Hammerl* in *Doralt/Kirchmayr/Mayr/Zorn*, EStG[17] § 30 Tz 200.

nicht anwendbar ist (§ 30a Abs 4), die Werbungskosten (Vertragserrichtungskosten, Maklergebühren usw) zu berücksichtigen.
- Für **Grundstücksveräußerungen vor dem 1. 1. 2016** galt das Abzugsverbot auch im Fall der Regelbesteuerungsoption.[321]) Darüber hinaus war ab dem 11. Jahr nach der Anschaffung für jedes Jahr ein **Inflationsabschlag** iHv 2%, höchstens jedoch 50%, der (vorläufigen) Einkünfte in Abzug zu bringen. Der Inflationsabschlag wurde vom VfGH als verfassungswidrig aufgehoben,[322]) aber bereits vor dem Erk des VfGH mit dem StRefG 2015/2016 wieder abgeschafft.

Bei **Schuldzinsen** ist zu unterscheiden:[323])

- Fallen die Schuldzinsen in der Zeit an, in der das Grundstück zur Erzielung von laufenden Einkünften dient (zB aus VuV), liegen insoweit Betriebsausgaben oder Werbungskosten vor;
- fallen die Schuldzinsen in die Zeit der privaten Nutzung des Grundstücks, sind sie als privater Aufwand nicht abzugsfähig;
- fallen die Schuldzinsen in einen Zeitraum, in dem das Grundstück unbenützt bloß zur Veräußerung bereit steht, sind sie als Aufwendungen iZm mit der Veräußerung nicht abzugsfähig, sofern nicht zur Regelbesteuerung optiert wird.

124 Abzugsfähig sind die **Kosten iZm der ImmoESt** (Mitteilung oder Selbstberechnung durch den Parteienvertreter; siehe dazu unten Tz 770/1 ff).

125 Für die Ermittlung der Einkünfte aus privaten Grundstücksveräußerungen ergibt sich folgende Übersicht:

Veräußerungserlös
– Anschaffungskosten
– Herstellungsaufwendungen (bei Gebäuden)
– Instandsetzungsaufwendungen (bei Gebäuden)

= Differenz
+ AfA
+ steuerbefreite Subventionen (§ 28 Abs 6; bei Gebäuden)
– Vorsteuerminderbeträge (§ 6 Z 12)
– Kosten der Mitteilung oder Selbstberechnung durch den Parteienvertreter

= Einkünfte nach § 30 Abs 3

Bei Tauschvorgängen ist der gemeine Wert des hingegebenen Wirtschaftsgutes als Veräußerungserlös anzusetzen (§ 30 Abs 1 iVm § 6 Z 14).

Auf- oder Abwertungsbeträge für Grund und Boden aus Anlass des Wechsels der Gewinnermittlungsart sind im Rahmen der Veräußerung des Grundstücks entsprechend zu berücksichtigen; zur pauschalen Ermittlung vgl § 30 Abs 6 iVm § 4 Abs 3a Z 3 lit c.

---

321) Das Abzugsverbot bei Option zur Regelbesteuerung wurde vom VfGH als verfassungswidrig aufgehoben; bei Anwendung des besonderen Steuersatzes ist das Abzugsverbot allerdings verfassungskonform. Siehe VfGH 30. 11. 2017, G 183/2017.

322) Siehe VfGH 3. 3. 2017, G 3–4/2017; verfassungsrechtliche Bedenken schon bei *Beiser,* SWK 2012, 826 und *Bodis/Hammerl* in *Doralt/Kirchmayr/Mayr/Zorn,* EStG[17] § 30 Tz 246.

323) Vgl VwGH 16. 11. 1993, 93/14/0125.

Die Erfassung der Einkünfte aus privaten Grundstücksveräußerungen erfolgt nach dem **Zufluss-Abfluss-Prinzip.** Stpfl Einkünfte liegen somit erst dann vor, wenn der zugeflossene Veräußerungserlös die Anschaffungskosten und die weiteren abzugsfähigen Aufwendungen übersteigt[324]). 125/1

bb) pauschale Einkünfteermittlung bei „Altgrundstücken" (§ 30 Abs 4) 126

Für **„Altgrundstücke"** sind die Einkünfte aus der Veräußerung grds pauschal zu ermitteln (die Regeleinkünfteermittlung ist auf Antrag aber immer zulässig; § 30 Abs 5). Als „Altgrundstücke" gelten Grundstücke, die zum 31. 3. 2012 nicht mehr steuerverfangen waren.[325]) Im Zeitpunkt des Inkrafttretens des 1. StabG 2012 war ein Grundstück dann nicht steuerverfangen, wenn zu diesem Zeitpunkt die Spekulationsfrist bereits abgelaufen war.[326]) Im Regelfall sind daher alle Grundstücke, die vor dem 31. 3. 2002 angeschafft worden sind, als Altgrundstücke anzusehen. War die Spekulationsfrist ausnahmsweise 15 Jahre (Übertragung stiller Reserven; begünstigt abgeschriebener Herstellungsaufwand), liegt ein Altgrundstück dann vor, wenn das Grundstück vor dem 31. 3. 1997 angeschafft wurde.

Bei der **pauschalen Einkünfteermittlung** werden die Anschaffungskosten mit einem Prozentsatz des Veräußerungserlöses angesetzt (**fiktive Anschaffungskosten**). Ein Abzug weiterer Aufwendungen ist in diesem Fall nicht zulässig; daher können auch die Kosten der Mitteilung oder Selbstberechnung nicht abgezogen werden.[327]) 127

Wurden Herstellungsaufwendungen für das Grundstück begünstigt abgeschrieben (§ 28 Abs 3; **Fünfzehntel-Absetzung**), dann erhöhen sich die pauschal ermittelten Einkünfte aus der privaten Grundstücksveräußerung um die Hälfte der in den letzten 15 Jahren geltend gemachten begünstigten Abschreibungen.

Da die **pauschalen Anschaffungskosten** von Altgrundstücken grds **86% des Veräußerungserlöses** betragen (§ 30 Abs 4 Z 2), ergeben sich Einkünfte iHv 14% des Veräußerungserlöses. Bei einem Steuersatz von 30% ergibt sich eine effektive Steuerbelastung iHv 4,2% des Veräußerungserlöses. 128

Im Fall einer **Umwidmung** betragen die **pauschalen Anschaffungskosten allerdings 40% des Veräußerungserlöses** (§ 30 Abs 4 Z 1). Somit ergeben sich Einkünfte iHv 60% des Veräußerungserlöses. Bei einem Steuersatz von 30% ergibt das eine effektive Steuerbelastung iHv 18% des Veräußerungserlöses.

---

[324]) Vgl BFG 10. 2. 2015, RV/7100644/2015. Siehe auch EStR 2000 Rz 6656.

[325]) Siehe dazu auch BFG 1. 9. 2017, RV/7105679/2015.

[326]) Wäre eine Grundstücksveräußerung bloß auf Grund einer Steuerbefreiung steuerfrei gewesen (zB Hauptwohnsitzbefreiung), lag dennoch eine Steuerverfangenheit vor (klargestellt mit AbgÄG 2015 BGBl I 2015/163). Siehe auch VwGH 18. 10. 2018, Ro 2016/15/0013 und *Bodis/Hammerl* in *Doralt/Kirchmayr/Mayr/Zorn,* EStG[17] § 30 Tz 258; anders *Thunshirn,* ecolex 2014, 74.

[327]) Nach *Kanduth-Kristen,* ÖStZ 2017, 502 ist bei Ausübung der Regelbesteuerungsoption nach § 30a Abs 2 und der daraus folgenden Nichtanwendung des Abzugsverbotes nach § 20 Abs 2 ein Werbungskostenabzug auch bei der pauschalen Einkünfteermittlung zulässig.

129 Eine Umwidmung iSd § 30 Abs 4 Z 1 liegt idR dann vor, wenn durch einen Hoheitsakt die **Widmung** eines Grundstückes (idR von Grünland oder Verkehrsfläche) **in Bauland** geändert wird. Eine Widmungsänderung innerhalb des Baulandes stellt keine beachtliche Umwidmung dar (zB von Wohngebiet in Mischgebiet). Eine Umwidmung ist allerdings nur dann steuerlich relevant, wenn sie nach dem 31. 12. 1987 erfolgte und es sich dabei um eine erstmalige Widmung als Bauland handelt. Die Umwidmung ist auch nur dann beachtlich, wenn der Veräußerer der wirtschaftliche Nutznießer dieser Umwidmung ist, dh, die durch die Umwidmung ausgelöste Wertsteigerung durch ihn realisiert wird. Erfolgte die Umwidmung vor dem entgeltlichen Erwerb durch den nunmehrigen Veräußerer, ist die Umwidmung unbeachtlich. Zieht aber der Veräußerer den wirtschaftlichen Nutzen aus einer **nach der Veräußerung des Grundstücks erfolgenden Umwidmung**, ist diese auch in diesem Fall für die steuerliche Beurteilung der Grundstücksveräußerung beachtlich. Dies gilt dann, wenn

– die **Umwidmung** in einem wirtschaftlichen Zusammenhang mit der Veräußerung steht (zB es wird in Vorwegnahme der Umwidmung bereits ein höherer Preis gezahlt) und **innerhalb von 5 Jahren** nach der Veräußerung erfolgt (die Frist ist taggenau zu berechnen)[328]), oder
– für den Fall einer nachträglichen Umwidmung eine **Besserungsvereinbarung** vereinbart bzw gesetzlich vorgesehen ist (dh, es kommt auf Grund der Umwidmung zu einer nachträglichen Kaufpreiserhöhung).

In beiden Fällen gilt die nachträgliche Umwidmung als rückwirkendes Ereignis iSd § 295 a BAO und ist dem FA anzuzeigen; der gesamte Veräußerungsvorgang ist als Veräußerung eines umgewidmeten Grundstücks zu versteuern (§ 30 Abs 4 Z 1).

Im Gesetz wird nicht ausdrücklich auf eine Baulandwidmung abgestellt. Eine relevante Umwidmung ist dann gegeben, wenn sie *„erstmals eine Bebauung ermöglicht, die in ihrem Umfang im Wesentlichen der Widmung als Bauland oder Baufläche im Sinne der Landesgesetze auf dem Gebiet der Raumordnung entspricht“*. Somit werden auch allfällige Sonderwidmungen außerhalb des Baulandes erfasst, wenn durch sie eine Bebauung wie im Bauland ermöglicht wird. Erfasst sind daher auch vergleichbare Widmungen, die nicht auf Grund von raumordnungsrechtlichen Bestimmungen erfolgen, sondern auf Grund anderer Bundes- oder Landesgesetze (zB Luftfahrtgesetz).

Der Ansatz der niedrigeren pauschalen Anschaffungskosten unterbleibt, wenn der Umwidmungsgewinn auf Grund einer der Veräußerung vorausgegangenen Rückwidmung nicht realisiert werden kann.[329]) Wird nach einer Rückwidmung später wieder eine Umwidmung in Bauland vorgenommen, liegt ebenfalls keine schädliche Umwidmung vor, weil diese Umwidmung die Bebauung nicht „erstmalig“ ermöglicht (es sei denn, die erste Umwidmung vor der Rückwidmung ist nach dem 31. 12. 1987 erfolgt).

Durch die reduzierten pauschalen Anschaffungskosten soll die durch die Umwidmung verursachte Wertsteigerung, zumindest teilweise auch im Fall der pauschalen Einkünfteermittlung, berücksichtigt werden.

---

[328]) Siehe EStR 2000 Rz 6672.
[329]) Siehe EStR 2000 Rz 6670.

e) Anrechnung der Grunderwerbsteuer

Bei der Veräußerung von ererbten oder geschenkten Grundstücken wird auf Antrag im Ausmaß der sonst entstehenden Doppelbelastung die auf die Veräußerung entfallende ESt um die infolge des Erwerbes entrichtete Erbschafts- oder Schenkungssteuer (Erwerbe vor dem 1. 8. 2008) bzw Grunderwerbsteuer oder Stiftungseingangssteuer (Erwerbe nach dem 31. 7. 2008) gekürzt (§ 30 Abs 8). Voraussetzung ist, dass diese Steuern innerhalb von drei Jahren vor der Grundstücksveräußerung entrichtet wurden. 129/1

f) Verlustausgleich (§ 30 Abs 7)

Führen private Grundstücksveräußerungen zu einem Verlust, ist dieser Verlust mit Überschüssen aus anderen Grundstücksveräußerungen desselben Jahres ausgleichsfähig. 130

Führen die Einkünfte aus privaten Grundstücksveräußerungen **insgesamt** zu einem Verlust (somit nach Ausgleich mit allfälligen Überschüssen aus anderen privaten Grundstücksverkäufen desselben Jahres), kann dieser Verlust im **Ausmaß von 60% mit bestimmten Einkünften aus VuV verrechnet** werden. Verrechenbar sind nur Einkünfte nach § 28 Abs 1 Z 1 und 4 (vgl § 30 Abs 7), also Einkünfte aus der Vermietung und Verpachtung von unbeweglichem Vermögen und grundstücksgleichen Rechten, sowie Einkünfte aus der Veräußerung von Miet- und Pachtzinsforderungen. Der gekürzte Verlust ist grds **auf 15 Jahre zu verteilen,** wobei Verlustfünfzehntel in Jahren ohne verrechenbare Einkünfte aus VuV nicht vorgetragen werden können.[330]) Auf Antrag kann der gesamte gekürzte Verlust zur Gänze im Verlustentstehungsjahr mit den Einkünften aus VuV dieses Jahres verrechnet werden. Eine darüber hinausgehende Verlustverrechnung ist nicht möglich.

Die Verlustausgleichsbeschränkung gilt auch für den Fall der Ausübung der Regelbesteuerungsoption (vgl § 30 Abs 7 letzter Satz).

Die Beschränkung des Ausgleichs von Verlusten aus privaten Grundstücksveräußerungen, auf die der besondere Steuersatz anwendbar ist, mit Einkünften anderer Einkunftsarten – auch bei Ausübung der Regelbesteuerungsoption – ist nach dem VfGH nicht verfassungsrechtlich bedenklich.[331]) Verluste aus Grundstücksveräußerungen, auf die der besondere Steuersatz nicht anwendbar ist (zB Veräußerung gegen Rente), unterliegen keiner Beschränkung hinsichtlich des Verlustausgleiches.[332])

g) betriebliche Grundstücksveräußerungen (§ 4 Abs 3a)

Die Regelung der Besteuerung von privatem Grundstücksvermögen gilt grds auch für Grundstücke im Betriebsvermögen. Der Veräußerungsgewinn ist – unabhängig von der Art der Gewinnermittlung – den betrieblichen Ein- 131

[330]) Siehe EStR 2000 Rz 6679.

[331]) Siehe dazu VfGH 30. 11. 2017, G 183/2017. Zu den verfassungsrechtlichen Bedenken vgl *Kirchmayr/Mayr,* taxlex 2014, 297.

[332]) Siehe auch Jakom/*Kanduth-Kristen,* EStG[11] § 30 Tz 89.

künften zuzurechnen. Dabei unterliegt der **Veräußerungsgewinn** ebenfalls dem **besonderen Steuersatz iHv 30%** (§ 30 a Abs 3).

Soweit nach der Rechtslage vor dem 1. StabG 2012 die Veräußerung von Grundvermögen stpfl war, erfolgte die Besteuerung durchgehend zum progressiven Steuersatz. Die geltende Rechtslage führt daher zu einem erheblichen Steuervorteil im betrieblichen Bereich. Ein weiterer Vorteil besteht darin, dass insb die AfA vom Gebäude sich zum Normalsteuersatz auswirkt, während die stillen Reserven aus einer allenfalls überhöhten AfA bei der Veräußerung nur mit dem besonderen Steuersatz erfasst werden.

132 Für die Ermittlung des Veräußerungsgewinnes gelten die **allgemeinen Grundsätze der betrieblichen Gewinnermittlung.** Wird auf den Veräußerungsgewinn der besondere Steuersatz angewendet, besteht allerdings auch hier ein **Abzugsverbot** von mit der Veräußerung in Zusammenhang stehenden Aufwendungen; bei Ausübung der Regelbesteuerungsoption besteht somit kein Abzugsverbot.

Für Veräußerungen vor dem 1. 1. 2016 bestand auch bei Ausübung der Regelbesteuerungsoption ein Abzugsverbot.

Auch der Inflationsabschlag war nur für Veräußerungen vor dem 1. 1. 2016 zu berücksichtigen, galt im betrieblichen Bereich aber nur für Grund und Boden (§ 4 Abs 3 a Z 3 lit b idF vor StRefG 2015/2016).

Die **pauschale Gewinnermittlung** nach § 30 Abs 4 für Altgrundstücke ist im Betriebsvermögen ebenfalls anwendbar, allerdings eingeschränkt auf **Grund und Boden** bei der Gewinnermittlung nach § 4 Abs 1 und § 4 Abs 3 (§ 4 Abs 3 a Z 3 lit a).

Bei einem bebauten Grundstück ist der Veräußerungserlös somit auf Grund und Boden und Gebäude aufzuteilen: Der anteilige Veräußerungserlös ist bei Grund und Boden den Anschaffungskosten und beim Gebäude dem Buchwert gegenüberzustellen. Die Differenz stellt grds den Veräußerungsgewinn dar. Die Aufteilung des Veräußerungserlöses hat grds nach der **Sachwertmethode** (Verhältnis der Verkehrswerte von Grund und Boden und Gebäude) zu erfolgen.[333])

Im Fall von vor dem 1. 4. 2012 zum Teilwert in das Betriebsvermögen eingelegten Grundstücken (inklusive Grund und Boden) kann hinsichtlich der bis zum Zeitpunkt der Einlage angewachsenen stillen Reserven die pauschale Gewinnermittlung angewendet werden, wenn das Gebäude nach Ablauf der Spekulationsfrist ins Betriebsvermögen eingelegt wurde. Allerdings erfolgt die Versteuerung dieser stillen Reserven nicht als Teil des betrieblichen Gewinnes, sondern als Einkünfte aus privaten Grundstücksveräußerungen. Dies gilt auch für nach dem 31. 3. 2012 zum Teilwert eingelegte Gebäude des Altvermögens (§ 4 Abs 3 a Z 4).

Beispiel:

Ein Gebäude wird im Jahr 2000 im Privatvermögen um € 100.000 (AK ohne Grund und Boden) angeschafft und im Jahr 2013 zum Wert von € 130.000 in den Betrieb eines Unternehmers eingelegt (Einlagebewertung zum Teilwert, weil es sich bei dem Gebäude um Altvermögen handelt). Zwei Jahre später wird das Gebäude um € 150.000

[333]) Siehe VwGH 16. 9. 2015, Ro 2014/13/0008.

veräußert. Der Veräußerungsgewinn von € 50.000 wird mit € 20.000 als betrieblicher Gewinn erfasst und mit € 30.000 als Einkünfte aus privaten Grundstücksveräußerungen. Da es sich bei dem Gebäude um Altvermögen handelt, können die Einkünfte nach § 30 auch pauschal ermittelt werden; in diesem Fall betragen die Einkünfte nach § 30 € 18.200 (130.000 * 0,14 = 18.200).

Verluste aus Grundstücksveräußerungen sowie **Abschreibungen auf den niedrigeren Teilwert** und **Absetzungen für außergewöhnliche technische und wirtschaftliche Abnutzung** von Grundstücken sind vorrangig mit anderen Gewinnen aus Grundstücksveräußerungen **desselben Betriebes** in demselben Wirtschaftsjahr zu verrechnen. Ein verbleibender Überhang kann nur im Ausmaß von **60%** mit dem übrigen Betriebsergebnis ausgeglichen werden (§ 6 Z 2 lit d). Eine Regelbesteuerungsoption ist nicht erforderlich. Durch die Kürzung des Verlustes auf 60% wird berücksichtigt, dass Gewinne durch den besonderen Steuersatz begünstigt besteuert werden. Durch die Kürzung wird der Grundstücksverlust zu einem „normalen" betrieblichen Verlust; führt die Grundstücksveräußerung zu einem Betriebsverlust, kann dieser auch mit anderen Einkünften ausgeglichen werden. Ist dies nicht (zur Gänze) möglich, kann der Verlust (anders als bei privaten Grundstücksveräußerungen) vorgetragen werden. **133**

Die für Gewinne aus privaten Grundstücksveräußerungen geltenden **Steuerbefreiungen** sind weitgehend auch bei betrieblichen Grundstücksveräußerungen anwendbar (§ 4 Abs 3 a Z 1; siehe oben Tz 121). Nicht anwendbar sind aber die Hauptwohnsitzbefreiung und die Befreiung für selbst hergestellte Gebäude. **134**

Stellt das Gebäude den Hauptwohnsitz dar, ist es (hinsichtlich der privat genutzten Teile) nicht Teil des Betriebsvermögens, sodass der (auf die privat genutzten Teile entfallende) Veräußerungsgewinn auch nicht im Rahmen des betrieblichen Gewinnes zu erfassen ist. Mangelt es dem Gebäude auf Grund der betrieblichen Nutzung an der Eigenheimeigenschaft iSd § 18 Abs 1 Z 3 lit b, kommt die Hauptwohnsitzbefreiung auch für die private Grundstücksveräußerung nicht zur Anwendung.

Steuerfrei sind auch **Entschädigungen für Wertminderungen von Grundstücken,** wenn die Wertminderung auf Maßnahmen **im öffentlichen Interesse** zurückzuführen ist (§ 3 Abs 1 Z 33). Die Befreiung hat in erster Linie für Grundstücke des Betriebsvermögens Bedeutung. Ist die Wertminderung nicht auf eine Maßnahme im öffentlichen Interesse zurückzuführen (zB Einräumung eines Wegerechts zu Gunsten eines benachbarten Betriebes), dann ist die Entschädigung stpfl.

h) besonderer Steuersatz (§ 30 a)

Einkünfte aus der Veräußerung von Grundstücken iSd § 30 Abs 1 unterliegen dem **besonderen Steuersatz nach § 30 a.**[334]) Dieser Steuersatz beträgt **30%,** unabhängig davon, ob es sich um Grundstücke des Betriebsvermögens **135**

[334]) Kritisch auf Grund verfassungsrechtlicher Bedenken sowie der Diskriminierung des Faktors Arbeit *Urtz* in *Urtz,* Immobiliensteuer^2 489 ff; aA *Beiser,* SWK 2012, 826 und *Hammerl* in *Doralt/Kirchmayr/Mayr/Zorn,* EStG^{17} § 30 a Tz 3.

oder des Privatvermögens handelt (§ 30a Abs 3). Für Grundstücksveräußerungen vor dem 1. 1. 2016 beträgt der besondere Steuersatz 25%.[335])

Grundstücksgewinne, die dem besonderen Steuersatz unterliegen, sind weder beim Gesamtbetrag der Einkünfte noch beim Einkommen zu berücksichtigen (§ 30a Abs 1). Sie haben daher **keine progressionserhöhende Wirkung** und sind immer gesondert mit dem besonderen Steuersatz zu erfassen; bei der Veräußerung ausländischer Grundstücke kommt es daher im Fall der Befreiungsmethode zu keinem Progressionsvorbehalt.[336]) Außerdem bleiben sie auch bei der Ermittlung des Selbstbehaltes für außergewöhnliche Belastungen und für die Ermittlung der Grenze der Steuererklärungspflicht unberücksichtigt.

Auf die Anwendung des besonderen Steuersatzes kann verzichtet werden (**Regelbesteuerungsoption;** § 30a Abs 2). In diesem Fall sind Einkünfte aus der Grundstücksveräußerung beim Gesamtbetrag der Einkünfte und beim Einkommen zu berücksichtigen. Sie haben daher progressionserhöhende Wirkung und sind wie auch die übrigen Einkünfte mit dem **progressiven Steuersatz** zu versteuern; sie können aber auch mit negativen Einkünften aus anderen Einkunftsarten ausgeglichen werden. Die Regelbesteuerungsoption gilt für alle Grundstücksveräußerungen desselben Veranlagungszeitraumes, unabhängig davon, ob es sich um Grundstücke im Privat- oder im Betriebsvermögen handelt. Es kann daher bei mehreren Grundstücksveräußerungen in einem Veranlagungszeitraum die Regelbesteuerungsoption nicht nur für eine Grundstücksveräußerung in Anspruch genommen werden.

136 **Der besondere Steuersatz kommt in folgenden Fällen nicht zur Anwendung** (ohne Ausübung der Regelbesteuerungsoption):

1. Das veräußerte **Grundstück ist dem Umlaufvermögen zuzurechnen** (§ 30a Abs 3 Z 1). Dies ist bei einem gewerblichen Grundstückshändler der Fall (siehe dazu Tz 76).

2. Das Grundstück ist einem Betrieb zuzurechnen, bei dem **ein Schwerpunkt seiner betrieblichen Tätigkeit in der Überlassung und Veräußerung von Grundstücken** liegt (§ 30a Abs 3 Z 2). Diese Voraussetzung ist nur dann erfüllt, wenn die Überlassung und Veräußerung von Grundstücken für sich betrachtet eine betriebliche Tätigkeit darstellt und diese Tätigkeit einen Schwerpunkt der gesamten betrieblichen Tätigkeit ausmacht; nach der Verwaltungspraxis ist dies ab einem Anteil von 20% am Umsatz der Fall.[337]) Die bloße – wenn auch gewerbliche – Vermietung ist daher von dieser Ausnahme nicht betroffen.

Sinn dieser Regelung ist die Schaffung eines Auffangtatbestandes für Sachverhalte, die von der Ausnahme für gewerbliche Grundstückshändler nicht erfasst sind. Dies betrifft in erster Linie die „Immobilienentwickler". Diese erwerben Grundstücke, sanieren bestehende Bausubstanz oder errichten neue Objekte und vermieten diese zT für

---

[335]) Die Erhöhung auf 30% wurde mit dem StRefG 2015/2016 BGBl I 2015/118 eingeführt.

[336]) Siehe EStR 2000 Rz 7985a.

[337]) Siehe EStR 2000 Rz 6686.

einen begrenzten Zeitraum, bevor das Grundstück wieder veräußert wird. Unabhängig davon, ob nun das Grundstück auf Grund der Nutzung dem Anlage- oder dem Umlaufvermögen zuzurechnen ist, soll diese Tätigkeit nicht dem besonderen Steuersatz unterliegen.

3. **Soweit eine Teilwertabschreibung vor dem 1. 4. 2012 vorgenommen wurde** (§ 30 a Abs 3 Z 3).

4. **Soweit stille Reserven übertragen werden, die vor dem 1. 4. 2012 aufgedeckt worden sind** (§ 30 a Abs 3 Z 4). Damit soll die durch die Übertragung aufgeschobene Besteuerung von stillen Reserven zum Tarif nachgeholt werden.

5. **Die Veräußerung des Grundstückes erfolgt gegen eine Rente, die nach dem Zuflussprinzip besteuert wird** (§ 30 Abs 4). Dies betrifft die Veräußerung von Grundstücken des Privatvermögens und im betrieblichen Bereich solche Fälle, in denen die Gewinnermittlung nach § 4 Abs 3 erfolgt (zB der Rechtsanwalt verkauft seine Kanzleiräumlichkeiten). Im Regelfall führt nämlich die Besteuerung nach dem Zufluss der Rente auf Grund des Stundungseffektes zu einer günstigeren Besteuerung als die Sofortbesteuerung mit dem besonderen Steuersatz (siehe auch Betriebsveräußerung gegen Rente; § 37 Abs 5).

3. Spekulationsgeschäfte (§ 31)

Literatur: *Beiser,* Teilentgeltliche Veräußerungen von Einzelwirtschaftsgütern in der Einkommensteuer, ÖStZ 2012, 514; *Wild,* Fruchtgenussrecht nach dem 1. Stabilitätsgesetz 2012, RdW 2012, 490; *Leitner/Urtz,* Die Ablösezahlung für ein Fruchtgenussrecht im außerbetrieblichen Bereich, ÖStZ 2013, 8; *Obermann,* Einkünfte aus Spekulationsgeschäften, SWK 2013, 1390; *Petutschnig,* Sind Bitcoins ertragsteuerpflichtig? ÖStZ 2014, 353; *Fuchs,* Steuerliche Behandlung von Kryptowährungen (virtuelle Währungen), AFS 2017, 125; *Geissler,* Bitcoins und andere Kryptowährungen, SWK 2017, 930; *Polivanova-Rosenauer,* Kryptowährung – eine weitere Anlageklasse oder ein Wirtschaftsgut sui generis? taxlex 2017, 376; *Brameshuber,* Blockchain Forks, ecolex 2018, 693; *Gewessler/Heilinger,* Steuerliche Einordnung von Kryptowährungen – eine neverending story? taxlex 2018, 145; *Varro/Sturma,* Ertragsteuerliche Beurteilung von Kryptowährungen und ICOs, in *Kirchmayr/Mayr/Hirschler/Kofler/Ehrke-Rabel,* Digitalisierung im Konzernsteuerrecht, Wien 2018, 128.

Als Spekulationsgeschäfte gelten Veräußerungsgeschäfte **über Wirtschafts- 136/1
güter des Privatvermögens,** wenn der Zeitraum zwischen Anschaffung und Veräußerung nicht mehr als **ein Jahr** beträgt.[338]) Maßgeblich für den Zeitpunkt der Anschaffung bzw der Veräußerung ist das schuldrechtliche **Verpflichtungsgeschäft.**[339]) Die Veräußerungen von Kapitalvermögen und von Grundvermögen fallen nicht unter den Spekulationstatbestand. Die Veräußerung von Kapitalvermögen einschließlich Derivaten wird in § 27 erfasst, die Veräußerung von Grundstücken in § 30.

[338]) Zur historischen Entwicklung vgl *Kirchmayr,* Besteuerung von Beteiligungserträgen 27 ff.

[339]) Siehe VwGH 23. 9. 2005, 2003/15/0105.

Mit der in §§ 27 und 30 besonders geregelten Besteuerung von Veräußerungsgewinnen aus Kapitalvermögen und Grundvermögen hat der Spekulationstatbestand erheblich an Bedeutung verloren. Nach der geltenden Rechtslage unterliegen nur mehr bewegliche Wirtschaftsgüter des Privatvermögens der Besteuerung nach § 31 (zB Edelmetalle, Gemälde, Antiquitäten). Derivate unterliegen – unabhängig von der Bezugsquote – dem § 27.[340])

Als Einkünfte sind der Unterschiedsbetrag zwischen dem Veräußerungserlös einerseits und den Anschaffungs- und Werbungskosten andererseits anzusetzen.

Entgegen der Bezeichnung kommt es prinzipiell nicht auf das Motiv für die Veräußerung an. Für das Vorliegen eines Spekulationsgeschäftes ist es daher gleichgültig, ob die Veräußerung subjektiv tatsächlich in Spekulationsabsicht erfolgte oder ob es sich etwa um einen Notverkauf handelte.[341]) Maßgebend ist allein das objektive Moment des zeitlichen Abstandes zwischen Anschaffung und Veräußerung.

136/2 Einkünfte aus Spekulationsgeschäften bleiben steuerfrei, wenn sie insgesamt im Kalenderjahr weniger als € 440 betragen haben **(Freigrenze).** Die Freigrenze bezieht sich auf die gesamten, aus Spekulationsgeschäften erzielten Einkünfte. Verluste aus Spekulationsgeschäften sind lediglich mit Überschüssen aus anderen Spekulationsgeschäften, nicht hingegen mit anderen Einkünften ausgleichsfähig (§ 31 Abs 4).

136/3 Soweit die Einkünfte aus dem Veräußerungsgeschäft zu den ersten sechs Einkunftsarten gehören, liegt kein Spekulationsgeschäft vor (§ 31 Abs 1).

Beispiel:

Bei einer Veräußerung von Münzen durch einen Münzhändler liegen stets Einkünfte aus Gewerbebetrieb vor. Werden Münzen aus dem Privatvermögen veräußert, liegt eine stpfl Veräußerung nur dann vor, wenn die Münzen innerhalb der Spekulationsfrist von einem Jahr ab der Anschaffung veräußert werden.

4. Einkünfte aus Leistungen (§ 29 Z 3)

Literatur: *Blazina,* Mehrfache Begünstigung bei der Verwertung von Patentrechten, SWK 2002, S 498; *Stangl,* Die steuerliche Behandlung von Aktienanleihen im Privatvermögen, ÖStZ 2002, 156; *Endfellner,* In Quizshows erzielte Spielgewinne im Spannungsfeld von Einkommen- und Schenkungssteuer, SWK 2003, S 75; *Biegler/Wöber,* Zur steuerlichen Behandlung von Optionsprämien, SWK 2003, S 702; *Schiebel,* Besteuerung der Aktienanleihe im Privatvermögen, RWZ 2003, 257; *Doralt,* Entgeltlicher Verzicht auf politische Funktionen – steuerfrei? RdW 2005, 454; *Pülzl,* Sind Gewinne aus der Millionenshow nicht steuerbar? ÖStZ 2005, 154; *Hammerl,* Stillhalterprämien als sonstige Leistung nach § 29 Z 3 EStG – EStR 2000 gesetzwidrig? RdW 2006, 110; *Gruber,* Die internationale Besteuerung von Aktienanleihen aus österreichischer Sicht – laufende Besteuerung, ÖStZ 2006, 130; *Lenneis/Aigner,* Zuwendungen aus ausländischen Stiftungen, SWI

[340]) Zur Abgrenzung zwischen Derivaten und Spekulationsgeschäften vgl *Kirchmayr/Perl* in *Doralt/Kirchmayr/Mayr/Zorn,* EStG[17] § 31 Tz 88.

[341]) Vgl VwGH 23. 2. 2011, 2010/13/0201.

2007, 343; *oV,* Entschädigungszahlungen bei Rücktritt vom Kaufvertrag über ein Grundstück, SWK 2007, S 20; *oV,* VwGH: Entgeltliche Abstandnahme von Besitzstörungsklage – Steuerpflicht nach § 29 Z 3 EStG, RdW 2008, 542; *Petritz,* Die Besteuerung des Trusts nach dem SchenkMG, taxlex 2008, 275; *Renner,* Steuerpflicht von Preisgeldern für die Teilnahme an Fernsehshows? SWK 2008, S 397; *Toifl,* Liechtensteinische Stiftungen – Irrwege der Intransparenz, taxlex 2008, 234; *Lang,* Leistungen nach § 29 Z 3 EStG, SWK 2010, S 417; *Atzmüller,* Nochmals: Leistungen nach § 29 Z 3 EStG 1988, SWK 2010, S 499; *Lang/Atzmüller,* Und nochmals: Einkünfte aus Leistungen nach § 29 Z 3 EStG, SWK 2010, S 553; *Renner,* Einkommensteuerpflicht für Gewinne aus Fernsehshows? FJ 2010, 151; *Marschner,* Avalprovision steuerpflichtig gem § 29 Z 3 EStG, UFSjournal 2012, 311; *Setina,* Entgeltlicher Verzicht auf Ausübung eines Vorkaufsrechts als sonstige Leistung iSd § 29 Z 3 EStG, UFSjournal 2012, 100; *Kanduth-Kristen/Komarek,* Steuerpflicht für Anerkennungspreise zur Prämierung wissenschaftlicher Arbeiten? SWK 2013, 703; *Leitner/Urtz,* Die Ablösezahlung für ein Fruchtgenussrecht im außerbetrieblichen Bereich, ÖStZ 2013, 8; *Stöger-Frank,* Steuerbarkeit eines Journalistenpreises, UFSjournal 2013, 339; *Watzinger,* Sind Wissenschaftspreise steuerbar? SWK 2013, 1261; *Daxkobler/Kerschner,* Wie gewonnen, so zerronnen? ÖStZ 2014, 166; *Petutschnig,* Sind Bitcoins ertragsteuerpflichtig? ÖStZ 2014, 353; *Beiser,* Avalprovisionen als Leistungsentgelt oder Derivat, SWK 2015, 1490; *Endfellner,* Der steuerpflichtige Gewinn in der Unterhaltungsshow, taxlex 2015, 155; *Knechtl,* Avalprovision als sonstige Einkünfte, BFGjournal 2015, 256; *Lang,* Die Mär vom taxativen Katalog der Einkunftsarten, SWK 2015, 1206; *Bergmann/Wödlinger,* Wissenschaftspreise sind nicht einkommensteuerpflichtig! SWK 2016, 422; *Novosel/Patloch,* Die entgeltliche Ablöse eines Veräußerungs- und Belastungsverbots, SWK 2016, 590; *Renner,* Einkommensteuerliche Beurteilung von Wissenschaftspreisen, ÖStZ 2016, 185; *Hammerl,* Grundstücksveräußerung: Entgelte für Zusatzvereinbarungen, RdW 2017, 717; *Leyrer,* Ablösezahlung für ein Fruchtgenussrecht, BFGjournal 2017, 213; *Leyrer,* Entgelt für Verzicht auf ein Wohnungsrecht – Sonstige Einkünfte? BFGjournal 2017, 252; *Leyrer,* Entgeltliche Ablöse von Fruchtgenussrechten im außerbetrieblichen Bereich, SWK 2017, 877; *Varro/Gruber,* Pflegevermächtnis einkommensteuerpflichtig? RdW 2017, 266; *Leyrer,* Ablöse eines Wohnungsgebrauchsrechts iZm der entgeltlichen Übertragung einer Liegenschaft, BFGjournal 2018, 285; *Leyrer/Resenig,* Entgeltlicher Verzicht auf ein Wohnungsgebrauchsrecht ist steuerpflichtig nach § 29 Z 3 EStG, BFGjournal 2018, 334; *Peyerl,* Nochmals: Einkunftsart bei Wohnrechtsablöse, SWK 2018, 1250; *Peyerl/Höber,* Entgeltlicher Verzicht auf ein Wohnrecht führt nicht zu Einkünften nach § 29 Z 3 EStG, RdW 2018, 191; *Zorn,* VwGH: Wohnrechtsablöse steuerpflichtig nach § 29 Z 3 EStG, RdW 2018, 190.

Zu den sonstigen Einkünften zählt § 29 Z 3 auch „Einkünfte aus Leistungen". Das Gesetz selbst nennt als Beispiele Einkünfte aus **gelegentlichen Vermittlungen** und aus der **Vermietung beweglicher Gegenstände.**[342]) Als „Leistung" gilt aber auch ein Verhalten, das darauf gerichtet ist, einem anderen einen wirtschaftlichen Vorteil zu verschaffen.[343]) Die Bestimmung kommt nur dann zur Anwendung, wenn die Einkünfte nicht bei den sechs übrigen Einkunftsarten **137**

[342]) Vgl zB VwGH 17. 12. 1998, 97/15/0060 (zur privaten Kfz-Vermietung) und VwGH 18. 2. 1999, 97/15/0018 (zur privaten Vermietung einer Yacht).

[343]) Siehe VwGH 25. 11. 1986, 86/14/0072, ÖStZB 1987, 322 und VwGH 30. 4. 2015, 2012/15/0182 (zu einer Avalprovision für die Verpfändung von im Privatvermögen befindlichen Geschäftsanteilen); kritisch zu einer extensiven Auslegung des Leistungsbegriffes *Lang,* SWK 2015, 1206.

zu erfassen sind und auch nicht zu den anderen Einkünften des § 29 zählen (absolute Subsidiarität).

Die Vermietung beweglicher Gegenstände ist dann eine Leistung iSd § 29 Z 3, wenn keine weiteren Leistungen hinzutreten, die für eine gewerbliche Vermietung sprechen.[344]) Einkünfte aus Gewerbebetrieb liegen dann vor, wenn die Vermietung beweglicher Sachen selbst die Merkmale eines Gewerbebetriebes erfüllt (zB Vermietung an einen größeren ständig wechselnden Kundenkreis, etwa Ruderbootvermietung, Kfz-Vermietung).

138 Im Übrigen umfasst der Leistungsbegriff des § 29 Z 3 zwar neben positivem Tun auch Unterlassen, Dulden und Verzichte, nicht aber die Veräußerung von Vermögenswerten: Entgelte für die Veräußerung privater Vermögensgegenstände sind demnach niemals nach § 29 Z 3 stpfl.[345])

Beispiele für Leistungen:

Verzicht auf Nachbarrechte;[346]) Verzicht auf ein Veräußerungs- und Belastungsverbot;[347]) entgeltlicher Verzicht auf die Ausübung eines Vorkaufsrechts;[348]) entgeltliche Abstandnahme von der Einbringung oder Fortführung von Besitzstörungsklagen;[349]) entgeltlicher Verzicht auf die Optionsausübung auf Abschluss eines Mietvertrages;[350]) Preisgelder für die Teilnahme an Unterhaltungsshows im Fernsehen (zB Dancing Stars), sofern kein Zusammenhang mit einer betrieblichen oder beruflichen Tätigkeit besteht;[351]) die entgeltliche Übernahme von finanziellen Wagnissen, wie die Übernahme einer persönlichen Haftung[352]) oder einer Sachhaftung[353]).

Keine Leistung liegt bei einem entgeltlichen Verzicht auf ein Recht vor (zB Mietrecht), weil Rechte grds Wirtschaftsgutcharakter haben.[354]) Dies gilt nur dann nicht, wenn sie höchstpersönlich sind und daher zivilrechtlich nicht übertragen werden können.[355]) Der entgeltliche Verzicht auf ein Wohnrecht (höchstpersönliches Recht) ist somit nicht als Einkünfte aus Spekulationsgeschäften, sondern aus sonstigen Leistungen zu erfassen.[356]) Wird das Wohnrecht aber im Zuge einer Grundstücksübertragung preismindernd eingeräumt, führt ein späterer Verzicht zu Gunsten des Erwerbers des Grundstücks zu nachträglichen Einkünften aus der Grundstücksveräußerung.[357])

Leistungseinkünfte sind nicht stpfl, wenn sie im Kalenderjahr weniger als € 220 betragen haben **(Freigrenze).** Verluste, die sich im Zusammenhang mit

---

[344]) Siehe VwGH 5. 9. 2012, 2012/15/0055 (zur Vermietung von Röntgengeräten an einen Röntgenarzt durch seine Ehefrau).

[345]) Siehe VwGH 3. 7. 2003, 99/15/0003; kritisch *Lang*, SWK 2010, 499.

[346]) Siehe VwGH 28. 1. 1997, 96/14/0012.

[347]) Siehe VwGH 23. 5. 2000, 95/14/0029.

[348]) Siehe VwGH 3. 7. 2003, 99/15/0003.

[349]) Siehe VwGH 25. 6. 2008, 2008/15/0132.

[350]) Siehe VwGH 28. 10. 2008, 2006/15/0091.

[351]) Siehe auch EStR 2000 Rz 101 a; vgl BFH 28. 11. 2007, IX R 39/06.

[352]) Siehe VwGH 3. 7. 2003, 98/15/0128.

[353]) Siehe VwGH 30. 4. 2015, 2012/15/0182.

[354]) Siehe UFS 22. 4. 2013, RV/0490-K/09.

[355]) Siehe VwGH 23. 5. 2000, 95/14/0029 (zu einem Veräußerungs- und Belastungsverbot) und VwGH 31. 1. 2018, Ro 2017/15/0018 (zur Ablöse eines Wohnrechts).

[356]) VwGH 31. 1. 2018, Ro 2017/15/0018; siehe auch UFS 9. 2. 2011, RV/0479-F/10.

[357]) Siehe BFG 18. 8. 2017, RV/5101768/2014; ebenso EStR 2000 Rz 6611.

Leistungen ergeben, sind zwar mit positiven Leistungseinkünften ausgleichsfähig, nicht aber mit anderen Einkünften.

5. Funktionsgebühren (§ 29 Z 4)

Literatur: *oV*, VwGH: Preisermäßigung für ausgeschiedene Gemeinderäte steuerpflichtig nach § 29 Z 4 EStG, RdW 2008, 803; *Heiss*, Steuerliche Behandlung von Entschädigungen für Feuerwehrfunktionäre, RFG 2013, 76; *Enzinger/Prinz*, Universitätsratsvergütungen im Steuer- und Sozialversicherungsrecht, taxlex 2016, 72; *Lang*, Die Vergütungen von Mitgliedern des Universitätsrates, SWK 2017, 448.

Die Rechtsordnung sieht vielfach vor, dass Personen Aufgaben für **öffentlich-rechtliche Körperschaften** erfüllen, ohne in einem Dienstverhältnis zu stehen. Soweit hierfür Entschädigungen oder Vergütungen gewährt werden, sind sie als Funktionsgebühren nach § 29 Z 4 unter die sonstigen Einkünfte einzureihen. Ausnahmsweise – und insoweit systemwidrig – sind jedoch in § 25 Abs 1 Z 4 einige Bezüge, die an sich als Funktionsgebühren einzustufen wären, durch den Gesetzgeber unter die Einkünfte aus nichtselbständiger Arbeit eingereiht worden. **139**

Wird der Präsident einer Landes-Arbeitskammer auf Grund eines freien Dienstvertrags tätig, führen die Bezüge zu Funktionsgebühren iSd § 29 Z 4, weil weder die Voraussetzungen des § 47 Abs 2 noch die des § 25 Abs 1 Z 4 erfüllt sind.[358]) Auch Sachbezüge können Funktionsgebühren darstellen.[359])

Für Funktionsgebühren ist eine Subsidiaritätsklausel nicht vorgesehen, so dass § 29 Z 4 auch dann zum Zuge kommt, wenn die Funktion im Zusammenhang mit einer betrieblichen oder beruflichen Tätigkeit übernommen wird (zB ein Angehöriger eines freien Berufes ist Mitglied eines Disziplinarausschusses; ein Universitätsprofessor wird zum Dekan gewählt;[360]) ein Dienstnehmer ist zugleich Gewerkschaftsfunktionär[361])). Es wird aber doch folgende Unterscheidung zu treffen sein: **140**

a) Ist die Übernahme der Funktion automatisch mit der betreffenden Berufstätigkeit verknüpft (ein Hochschullehrer ist etwa automatisch mit der Ernennung Prüfungskommissär für sein Fach), fallen die Bezüge nicht unter § 29 Z 4, sondern sind der betreffenden Haupteinkunftsart zuzurechnen.[362])

b) Bedarf die Übertragung der Funktion eines besonderen Übertragungsaktes (der erwähnte Hochschullehrer wird etwa auch für andere Prüfungsfächer oder von einer anderen Fakultät zum Prüfungskommissär bestellt), sind die Bezüge Funktionsgebühren iSd § 29 Z 4.

358) VwGH 25. 1. 2001, 95/15/0074.

359) VwGH 24. 9. 2008, 2006/15/0324,0374 (zu Strompreisermäßigungen für einen ehemaligen Bürgermeister).

360) Siehe VwGH 4. 3. 1980, 2266/79, ÖStZB 1980, 66.

361) Siehe VwGH 30. 1. 1990, 89/14/0212 und zum fortgesetzten Verfahren VwGH 20. 11. 1990, 90/14/0180.

362) So wohl auch Jakom/*Kanduth-Kristen*, EStG[11] § 29 Tz 52.

H. Gemeinsame Vorschriften (§ 32)

Literatur: *Buschmann/Mayerhofer,* Abzugsfähigkeit von Schuldzinsen; ÖStZ 2000, 675; *Kohlbacher,* Betriebsaufgabe durch Verpachtung trotz Firmenwert? RdW 2000, 379; *oV,* Zumutbarkeitsprüfung bei nachträglicher Betriebsaufgabe, RdW 2001, 696; *Tanzer,* Der Rückerwerb eigener Aktien – Rechtsgrundlagen und steuerliche Auswirkungen, in FS Krejci, Wien 2001, 1713; *Kronawetter,* Kapitalerhöhung aus Gesellschaftsmitteln mit nachfolgender Einlagenrückzahlung, SWK 2002, S 420; *Tanzer,* Schäden, Schadenersätze und Schadensbehebungen an Miet- und Pachtobjekten im Ertragsteuerrecht, SWK 2002, S 261; *Thiele,* Steuerliche Aspekte der Rechtsnachfolge von Werkschöpfern, ÖStZ 2002, 602; *oV,* Betriebsveräußerung und Entschädigungszahlung, GeS 2003, 39; *Ryda/Langheinrich,* Nachträgliche Einkünfte im Sinne des § 32 Z 2 EStG 1988, FJ 2004, 366; *Urnik/Fritz-Schmied,* Steueroptimierung bei Übertragung von Einzelunternehmen und Gesellschaftsanteilen, Wien 2006, 48 ff; *Lechner,* Ausgewählte Fragen zum Stiftungswiderruf, in FS W. Doralt, Wien 2007, 251; *Ludwig,* Die ertragsteuerliche Behandlung des Stifters als Letztbegünstigter bei Widerruf einer Privatstiftung, in FS W. Doralt, Wien 2007, 289; *oV,* VwGH: Nachträgliche Inanspruchnahme eines Mitunternehmers, RdW 2008, 364; *Ryda/Langheinrich,* Einkünfte im Sinne des § 32 EStG 1988, (Teil I) FJ 2009, 181, (Teil II) FJ 2009, 224; *Renner,* Nachträgliche Werbungskosten iZm dem Verkauf eines Mietobjekts, ecolex 2009, 900; *Kanduth-Kristen/Breschan,* Schuldzinsen als nachträgliche Betriebsausgaben, taxlex 2009, 4; *Beiser,* Quellentheorie oder Einkünfte aus einer ehemaligen betrieblichen Tätigkeit? ÖStZ 2010, 78; *Kortner,* Die Verteilung von Einkünften auf mehrere Besteuerungsperioden, sonstige periodenübergreifende Regelungen und rückwirkende Ereignisse im österreichischen Ertragsteuerrecht, (Teil I), FJ 2010, 309, (Teil II), FJ 2010, 337; *Marschner/Renner,* Nachträgliche Ausgaben bei Einkünften aus Vermietung und Verpachtung, SWK 2012, 1407; *Moser,* Nachträglicher Schuldzinsenabzug bei Einkünften aus V&V auch bei nicht steuerbarer Veräußerung der Immobilie, taxlex 2014, 279; *Urnik/Payrer,* Grundlegendes zu den sieben Einkunftsarten, in *Bertl/Djanani/Eberhartinger/Hirschler/Kanduth-Kristen/Tumpel/Urnik/Rohn/Kofler,* Handbuch der österreichischen Steuerlehre I[4], Teil 1: Theorie und Methoden, Steuerarten und Abgabenverfahren, Wien 2015, 117 ff; *Fragner/Seebacher,* Dreijahresverteilung einer Pensionsabfindung im Rahmen der Veranlagung, SWK 2016, 1048; *Setina,* Schuldnachlass mit vereinbartem Terminverlust als Teil des Veräußerungs-/Aufgabegewinns, BFGjournal 2017, 15.

Zu den Einkünften gehören gem § 32 Abs 1 auch:

141 1. **Entschädigungen,** die gewährt werden als Ersatz für entgangene oder entgehende Einnahmen, einschließlich eines Krankengeldes und vergleichbarer Leistungen bzw für die Aufgabe oder Nichtausübung einer Tätigkeit bzw für die Aufgabe von Bestandrechten im Zusammenhang mit Enteignungen oder unmittelbar drohenden Enteignungen (§ 32 Abs 1 Z 1);

142 2. Einkünfte aus einer **ehemaligen Tätigkeit** bzw einem früheren Rechtsverhältnis, und zwar auch dann, wenn sie dem Stpfl als Rechtsnachfolger zufließen (§ 32 Abs 1 Z 2).[363])

Die Funktion der beiden Bestimmungen ist zunächst deklarativer Natur: Sie stellen klar, dass auch die an Stelle originärer Einkünfte tretenden Ersatzeinkünfte bzw die aus einer bereits aufgegebenen Tätigkeit stammenden Einkünfte stpfl und dabei so zu behandeln sind wie die originären bzw früheren Einkünfte.

---

[363]) VwGH 24. 6. 2009, 2007/15/0251 (zum Bezug einer Folgeprovision durch die Witwe eines Versicherungsangestellten).

Beispiele:

Die Erbin eines Gewerbetreibenden, bei der nach dem Tod des Mannes eine vom Mann abgeschriebene Forderung eingeht, hat mit diesen Einnahmen Einkünfte aus Gewerbebetrieb.

Fällt die Forderung erst nach dem Tod des Mannes aus, dann führt der Forderungsausfall zu nachträglichen negativen betrieblichen Einkünften bei der Erbin.[364])

Findet der überlebende Gesellschafter den Pensionsanspruch der Witwe des verstorbenen Gesellschafters ab, liegen betriebliche Einkünfte vor.[365])

Auch die aus dem Erlass ehemals betrieblicher Verbindlichkeiten resultierenden Betriebsvermögensvermehrungen sind als positive nachträgliche Einkünfte iSd § 32 Abs 1 stpfl.[366])

Unter § 32 Abs 1 fällt auch die nachträgliche Änderung des Veräußerungserlöses nach einer Betriebsveräußerung.[367])

Die nachträgliche persönliche Inanspruchnahme eines ehemaligen Gesellschafters einer aufgelösten Personengesellschaft führt zu nachträglichen negativen Einkünften.[368])

Eine eigene Einkunftsart wird durch § 32 Abs 1 nicht begründet. Fehlt es bei den ursprünglichen Einkünften an der Steuerpflicht, so besteht auch keine Steuerpflicht für Entschädigungszahlungen.[369]) **143**

Beispiel:

Der Stpfl erhält eine Entschädigung für die Aufgabe eines Bestandrechts. Sofern das Bestandrecht nicht zu einem Betriebsvermögen gehört, besteht keine Steuerpflicht; sie wird auch nicht durch § 32 Abs 1 begründet.

Dessen ungeachtet bedarf es einer exakten Trennung zwischen originären Einkünften und Entschädigungen; denn für Entschädigungen iSd § 32 Abs 1 kommt uU eine Verteilung der Einkünfte auf 3 Jahre in Betracht (siehe dazu § 37 Abs 2 Z 2). **144**

Die Auslegung des Entschädigungsbegriffes ist strittig. Die Judikatur hat wiederholt den Standpunkt vertreten, dass Entschädigungsleistungen, die im Rahmen eines (weiterbestehenden) Betriebes anfallen, also nach allgemeinen Vorschriften Betriebseinnahmen sind, nicht unter § 32 Abs 1 fallen und daher nicht begünstigungsfähig sind.[370]) Zum EStG 1972 wurde hingegen die Auffassung vertreten, dass auch Entschädigungen im Rahmen von Gewinnbetrieben unter § 32 fallen. Eine Tarifermäßigung wurde aber nur zuerkannt, wenn die Entschädigung mehrere Jahre betraf, zusammengeballt anfiel und auch bilanziell keine periodengerechte Zuordnung möglich war.[371]) Diese Sicht wird auch für das EStG 1988 zutreffen, die begünstigte Besteuerung (Verteilung der Einkünfte auf

---

[364]) Dazu VwGH 22. 3. 1993, 91/13/0091.

[365]) VwGH 17. 10. 2001, 2001/13/0009.

[366]) VwGH 17. 4. 2008, 2006/15/0082 (zu einer zurückbehaltenen Verbindlichkeit im Zuge einer Einbringung); vgl auch VwGH 26. 2. 2014, 2009/13/0254.

[367]) VwGH 4. 2. 2009, 2006/15/0151 (zu einem nach Betriebsveräußerung eingetretenen Forderungsausfall; kein rückwirkendes Ereignis iSd § 295 a BAO).

[368]) VwGH 19. 3. 2008, 2008/15/0018.

[369]) VwGH 19. 9. 1989, 89/14/0107, ÖStZB 1990, 40.

[370]) VwGH 27. 6. 1960, 357/58, ÖStZB 1960, 109 und VwGH 30. 6. 1970, 974/70, ÖStZB 1971, 15 ua.

[371]) VwGH 8. 6. 1979, 2042, 2189/78, ÖStZB 1980, 157.

3 Jahre) wird jedoch nunmehr erst bei einem Entschädigungszeitraum von mindestens 7 Jahren gewährt (§ 37 Abs 2 Z 2). Überdies setzt eine Entschädigung begrifflich den Entgang von Einnahmen voraus.[372]) Zahlungen, die unabhängig von entgehenden Einnahmen geleistet werden, fallen nicht unter den Entschädigungsbegriff (und sind damit nicht begünstigungsfähig).[373]) Zahlungen, die auf Initiative des Berechtigten und damit freiwillig erfolgen, stellen keine Entschädigungen dar.[374])

Beispiel:

Ein buchführender Landwirt erhält von einer Seilbahngesellschaft eine einmalige Entschädigung für die Wertminderung seines Bodens und eine laufende Entschädigung für Wirtschaftserschwernisse. Die einmalige Entschädigung bleibt im Hinblick auf § 3 Abs 1 Z 33 außer Ansatz. Die Entschädigung für Wirtschaftserschwernisse ist, soweit sie tatsächlich Ausgleich für Mindereinnahmen ist, stpfl, aber begünstigungsfähig nach § 37 (bei einem Entschädigungszeitraum von mindestens 7 Jahren; bei einem vollpauschalierten Landwirt wäre sie durch die Pauschalierung erfasst, außer die Wirtschaftserschwernis führt zu einer Minderung des Einheitswertes). Soweit die Zahlung höher ist, ist sie keine Entschädigung und daher voll stpfl.[375])

Bei nach dem Tarif zu versteuernden Pensionsabfindungen an Stelle laufender Pensionszahlungen handelt es sich um Entschädigungen, die nach § 37 begünstigungsfähig sind (bei einem Entschädigungszeitraum von mindestens 7 Jahren), wenn sie als Ersatz von entgangenen und entgehenden Einnahmen gewährt werden, die gesamte Anwartschaft damit abgegolten wird und die Initiative nicht vom Berechtigten ausging.[376])

145 3. Rückzahlungen auf Grund einer **Kapitalherabsetzung,** die innerhalb von 10 Jahren nach einer Kapitalerhöhung aus Gesellschaftsmitteln erfolgt (§ 32 Abs 1 Z 3). Motiv: Da die Kapitalerhöhung steuerfrei ist (§ 3 Abs 1 Z 29), könnte auf dem Umweg über eine Kapitalerhöhung und eine steuerneutrale Kapitalherabsetzung mit Rückzahlung eine letztlich steuerfreie Ausschüttung von Kapitalgesellschaftsgewinnen erfolgen.

146 *frei*

I. Steuerfreie Einkünfte (§ 3)

Literatur: *Hilber,* Kapitalmarktoffensive-Gesetz, ecolex 2000, 895; *Beiser,* Die Besteuerung von Unfallrenten im Licht sozialstaatlicher Solidarität, SWK 2001, T 69; *Höfle,* Gesetzliche Unfallrenten: Besteuerung und Härteausgleich, SWK 2001, T 81; *Mekis,* Die unbegründbare und gleichheitswidrige Steuerbegünstigung von Aktienoptionen für das Management, SWK 2001, T 62; *Tumpel/Trenkwalder/Gruber,* Stock Options, SWK-Sonderheft 2001; *Achatz/Jabornegg/Resch,* Mitarbeiterbeteiligungen – Aktienoptionen, Wien 2002; *Postl,* Der Besteuerungszeitpunkt von Stock Options, ecolex 2002, 836; *Bendlinger,* Der grenzüberschreitende Einsatz von Arbeitnehmern im österreichischen und internationalen Steuer- und Sozialversicherungsrecht, FJ 2002, 250; *Doralt,* Essenseinladung ist nicht gleich Essenseinladung, RdW 2002, 52; *Kristen/Pinggera/Schön,* Abfertigung Neu –

[372]) Vgl VwGH 15. 1. 1986, 85/13/0109, ÖStZB 1986, 366.

[373]) Siehe VwGH 8. 6. 1979, 2042, 2189/78, ÖStZB 1980, 157 (zur Versicherungsleistung nach einem Brandschaden).

[374]) VwGH 20. 2. 1997, 95/15/0079 und VwGH 25. 10. 2001, 98/15/0092.

[375]) VwGH 19. 2. 1985, 84/14/107, ÖStZB 1985, 285; vgl auch RdW 1985, 166.

[376]) VwGH 25. 4. 2013, 2010/15/0158.

BMVG, Wien 2002; *Pülzl/Pircher,* Die steuerliche Berücksichtigung von Katastrophenschäden, RdW 2002, 624; *Pülzl,* § 3 EStG: Steuerbefreiungen für Suchtmittel – reif zum Abschuss? RdW 2002, 123; *ders,* Die systematische Einordnung des § 3 EStG im Schema der Einkommensteuerermittlung, ÖStZ 2002, 179; *ders,* Das Hochrechnungsverfahren nach § 3 Abs 2 EStG, ÖStZ 2002, 317; *Mack,* Familiensteuer, Familienbeihilfe und Verfassungsgerichtshof, ÖStZ 2002, 580; *Fritz-Schmied,* Die Behandlung von Zuwendungen in das Betriebsvermögen anlässlich der Beseitigung von Hochwasserschäden, SWK 2002, S 819; *Puchinger,* Die Steuerbefreiung gem. § 3 Abs 1 Z 11 EStG, ecolex 2003, 439; *ders,* Steuerbefreiung gemäß § 3 Abs 1 Z 10 EStG 1988 für konzerninterne Personalgestellung? ÖStZ 2003, 7; *Kofler/Payerer,* Die steuerliche Behandlung der Pensionsvorsorge de lege ferenda, ÖStZ 2003, 120; *Payerer,* Die steuerliche Behandlung der Pensionsvorsorge de lege lata in Österreich, ÖStZ 2003, 89; *Eberhartinger/Riegler,* Mitarbeiterpartizipation am Unternehmenserfolg, SWK 2003, 775; *Fritz-Schmied,* Die Realisation von „echten" Subventionen im Rahmen der steuerbilanziellen Gewinnermittlung, RWZ 2003, 266; *Knörzer,* Steuerbefreiung für Trinkgelder, FJ 2005, 87; *Grohmann,* Steuerliche Behandlung von Trinkgeldern, SWK 2005, S 49; *Prodinger,* Steuerfreie Trinkgelder – steuerpflichtige Sachbezüge von dritter Seite, SWK 2005, S 653; *Bendlinger/Walch,* Steuerfreistellung von Löhnen und Gehältern für begünstigte Auslandstätigkeit in der aktuellen Judikatur von UFS und VwGH, VWT 2006 H 6, 25; *Wagner/Puchinger,* Die Steuerbefreiung der Trinkgelder – eine Analyse des § 3 Abs 1 Z 16a EStG, FJ 2006, 83; *Fellner,* Einkommensteuerliche Begünstigung unter den Gesichtspunkten des Sachlichkeitsgebotes und des Leistungsfähigkeitsprinzips, in FS W. Doralt, Wien 2007, 61; *Bodis,* § 3 EStG: Begünstigte Auslandstätigkeiten verfassungs- und gemeinschaftswidrig? RdW 2007, 692; *Fritz-Schmied/Aichwalder,* Die unternehmens- bzw steuerrechtliche Behandlung von (öffentlichen) Investitionszuschüssen, RWZ 2007, 297; *Fritz-Schmied/Payerer,* Reisekosten-Novelle 2007: Die einkommen- und umsatzsteuerliche Behandlung von Reisekosten, taxlex 2007, 324; *Hofbauer/Kernbichler/Ninaus,* Die Reisekostennovelle 2007, ÖStZ 2007, 505; *Mühlberger,* Erlass zur Reisekostennovelle 2007 – eine Analyse, FJ 2007, 399; *Müller,* Die Reisekosten-Novelle 2007, SWK 2007, S 525; *Bieber/Lehner,* VfGH zur Steuerfreiheit von Trinkgeldern: § 3 Abs 1 Z 16a EStG verfassungskonform! taxlex 2008, 445; *Laudacher,* Kein Trinkgeld für den VfGH! SWK 2008, S 821; *Ludwig/Schindler,* Mitarbeiterbeteiligungsmodelle im Bilanz-, Gesellschafts- und Steuerrecht, RdW 2008, 683; *Moser/Schuster,* Über die Verteilungsfähigkeit privater Investitionszuschüsse, SWK 2008, S 328; *Prodinger,* VfGH zu Trinkgeldern – Auswirkung auf Bonusmeilen, SWK 2008, S 827; *Puchinger,* Neue Aussagen des BMF zur steuerfreien Montageregelung gem § 3 Abs 1 Z 10 EStG? FJ 2008, 107; *Sutter,* Trinkgeldbefreiung hält vor dem Verfassungsgerichtshof, ÖStZ 2008, 522; *Walch,* Steuerbefreiung in Zusammenhang mit begünstigter Auslandstätigkeit gemäß § 3 Abs. 1 Z 10 EStG, SWI 2008, 444; *Aigner,* AbgÄG 2009: Freibetrag für pauschale Reiseaufwandsentschädigungen von Sportlern, Schiedsrichtern und Sportbetreuern, taxlex 2009, 190; *Baumgartner,* Besteuerung postgradualer Stipendien und Schätzung von Fahrtaufwendungen in den USA, UFSjournal 2009, 55; *Fröhlich,* Steuerfreie Zulagen von Auslandsbeamten und damit zusamenhängende Werbungskosten, UFSjournal 2009, 364; *Hollik,* In Fortsetzung: Die Besteuerung des steuerfreien Arbeitslosengeldes, FJ 2009, 345; *Baldauf/Renner,* Privilegien – aber nur für Sportvereine? SWK 2009, T 73; *Jakoubek,* Spesenfreie Mitarbeiterkonten – Vorteil aus dem Dienstverhältnis? SWK 2009, S 899; *oV,* VwGH zum Begriff „Konzern" im EStG, RdW 2009, 867; *Peyerl,* Zuflusszeitpunkt, Bewertung und Besteuerung von Stock Options, FJ 2009, 337; *Doralt,* Sachbezug: Gratiskonto steuerpflichtig, Gratisflug steuerfrei? RdW 2010, 109; *Renner,* Einkommensteuerfreiheit von Sachzuwendungen des Arbeitgebers, UFSjournal 2010, 99; *Siart/Stegmayer,* Die neue Sportlerbesteuerung und ihre Umsetzung in der Praxis, SWK 2010, S 364; *Fellner,* Verfassungs- und gemeinschaftsrechtlich bedenkliche

Begünstigungen – doppelter Effekt bei Transferleistungen, SWK 2010, T 16; *Varro*, Steuerfreie Sachzuwendungen bei Betriebsveranstaltungen ohne Betriebsveranstaltung, RdW 2010, 532; *Zankl*, Gemeinschaftsrechtswidrigkeit des § 3 Abs. 1 Z 10 EStG 1988 infolge Einschränkung der Steuerbefreiung auf Arbeitnehmer inländischer Betriebe, UFSjournal 2010, 106; *Beiser*, Die unentgeltliche oder verbilligte Beförderung der eigenen Arbeitnehmer und ihrer Angehörigen (§ 3 Abs 1 Z 21 und § 49 Abs 3 Z 20 ASVG), RdW 2011, 243; *Laudacher*, Neue Befreiung für Auslandstätigkeiten widersprüchlich, bürokratisch und verfassungswidrig, SWK 2011, S 779; *Blasl/Zimprich*, Keine Steuerbefreiung von garantiertem Trinkgeld, SWK 2012, 560; *Schuster*, Die neue Sachbezugsregelung, SWK 2015, 1025; *Prinz*, Mitarbeiterrabatte nach dem Steuerreformgesetz 2015/2016, SWK 2015, 1081; *Bachl*, Mitarbeiterrabatt – das neue Supersteuersparmodell, SWK 2015, 1122; *Schuster*, Mitarbeiterrabatte: Bei 1.000 Euro ist noch lange nicht Schluss, SWK 2016, 609; *Schuster*, Die (lohn)steuerbegünstigte Gruppe, SWK 2016, 1157; *Zorn*, VwGH zu „bestimmten Gruppen von Arbeitnehmern“, RdW 2016, 633; *Jetschgo-Mahn*, Gruppenbildung für Steuerbegünstigungen des § 3 EStG – a never ending story, taxlex 2017, 72; *Hayden*, Pensionisten als Arbeitnehmer und leitende Angestellte als Gruppe von Arbeitnehmern iSd § 3 EStG, taxlex 2016, 184; *Hayden*, Mitarbeiterrabatte, taxlex 2016, 16; *Hayden/Varro*, Schließt die Sachbezugswerte-VO die (neue) Mitarbeiterrabattbegünstigung aus? SWK 2017, 570; *Beiser*, Mitarbeiterbeteiligungsstiftungen im Licht des Unionsrechts, RdW 2017, 859; *Bodis*, Mitarbeiterbeteiligungsstiftungen: Verstößt die Besteuerungssystematik tatsächlich gegen das Unionsrecht? RdW 2017, 865; *Hayden/Varro*, Neue Form der Mitarbeiterbeteiligungsstiftung, SWK 2017, 965; *Brightwell/Geweßler*, MitarbeiterBetStG 2017, ÖStZ 2018, 457.

147 Auf Grund der Definition des Einkommens bzw der Einkünfte unterliegen bestimmte Vermögensmehrungen von vornherein nicht der ESt (nicht steuerbare Einkünfte; siehe oben Tz 40). Daneben enthält das EStG in § 3 einen Katalog von Befreiungen von an sich steuerbaren Einkünften. Der Katalog beinhaltet allerdings auch Posten, die selbst bei Fehlen einer Befreiungsbestimmung unter keine der 7 Einkunftsarten fallen, also offenbar nur aus Gründen der Klarstellung ausdrücklich angeführt werden. Im Übrigen sind die **Motive** für die Befreiungen recht unterschiedlich. Es lassen sich mehrere Gruppen unterscheiden:

148 1. **Transferzahlungen der öffentlichen Hand.** Ihre Besteuerung wäre widersinnig, soweit es sich um netto kalkulierte Ersatzleistungen, Subventionen und Sozialhilfen handelt.

Beispiele (§ 3 Abs 1):

Versorgungsleistungen an Kriegsbeschädigte und Hinterbliebene (Z 1).

Bezüge aus öffentlichen Mitteln, die wegen Hilfsbedürftigkeit oder für Zwecke der Kunst, der Wissenschaft und Forschung gewährt werden, ferner Studien- und Schülerbeihilfen (Z 3). Unter öffentlichen Mitteln sind Mittel inländischer Körperschaften des öffentlichen Rechtes, entsprechender ausländischer Körperschaften, eines EU/EWR-Staates oder von Einrichtungen der EU zu verstehen. Öffentliche Mittel liegen auch dann vor, wenn es sich dabei um Mittel gesetzlich eingerichteter in- oder ausländischer privatrechtlicher Körperschaften handelt, an denen ausschließlich Körperschaften des öffentlichen Rechtes oder Einrichtungen der EU beteiligt sind, und die Finanzierung der Förderung überwiegend durch diese Gesellschafter erfolgt (§ 3 Abs 4).

Bestimmte Bezüge aus der Sozialversicherung (Z 4), nicht jedoch das Krankengeld, vergleichbare Ersatzzahlungen und Unfallrenten (zB das Wochengeld).

Arbeitslosenunterstützungen, Karenzurlaubsgeld und Kinderbetreuungsgeld (Z 5).

Zuwendungen aus öffentlichen Mitteln zur Anschaffung oder Herstellung von Wirtschaftsgütern des Anlagevermögens oder deren Instandsetzung (Z 6).

Leistungen aus dem Familienlastenausgleichsfonds (Z 7).

Bestimmte Bezüge der Soldaten und Zivildiener (Z 22, 23).

Steuerbefreit sind außerdem Stipendien und Preise iSd **Kunstförderungsgesetzes** (§ 3 Abs 3 KunstFG); die Befreiung wurde auf Druck der Öffentlichkeit ua mit der Begründung eingeführt, dass künstlerische Arbeit „nicht mit denselben Maßstäben wie normale Erwerbstätigkeit gemessen werden" könne (Ausschussbericht).[377]) Die Befreiung wird wohl gleichheitswidrig sein; denn es ist nicht einzusehen, warum andere Preise, zB Wissenschaftspreise, stpfl sind;[378]) darüber hinaus sind Preise allgemein von anderen Leistungsentgelten oft nicht zu unterscheiden.

2. Bestimmte Geld- und Sachbezüge bei **Arbeitnehmern.** Eine sachliche Rechtfertigung ist zT nicht ersichtlich. 149

Diese Leistungen sind idR nur dann befreit, wenn sie vom Arbeitgeber allen Arbeitnehmern oder bestimmten Gruppen seiner Arbeitnehmer gewährt werden (sog Gruppenerfordernis). Damit soll verhindert werden, dass nur ausgewählte Personen in den Genuss der steuerfreien Leistungen kommen. Dementsprechend ist die Definition der begünstigten Gruppe – die Frage, nach welchen Merkmalen eine „Gruppe" gebildet werden kann – von großer praktischer Bedeutung.[379]) Nach der jüngeren Judikatur des VwGH darf die Gruppenbildung nicht willkürlich erfolgen (etwa nach Maßstäben persönlicher Vorlieben oder Nahebeziehungen) und muss daher sachlich begründbar sein. Die festgelegten Gruppenmerkmale müssen allerdings nicht zwingend betriebsbezogen sein[380]), sondern hängen im Einzelfall auch von der Art des mit der Gruppenzugehörigkeit verbundenen Vorteils und vom Zweck der Steuerbefreiung ab.[381]) Die Auswahl der Personen, denen Zuschüsse für die Kinderbetreuung gewährt wird (§ 3 Abs 1 Z 13 lit b), muss demnach nicht nach ihrer Stellung im Betrieb erfolgen, sondern kann sich primär danach richten, ob Kinder vorhanden sind.

Beispiele:

Einkünfte von Personen, die an höchstens 18 Tagen im Kalenderjahr als Aushilfskräfte – bei einem oder mehreren Arbeitgebern – geringfügig beschäftigt sind, sofern diese auf Grund einer anderen Tätigkeit vollversichert sind (Z 11 lit a).[382])

Vorteile aus der Benützung von Betriebseinrichtungen (zB Kurhaus, Sportanlagen) und aus der Teilnahme an Betriebsveranstaltungen (Z 13 lit a, Z 14).

Zuschüsse des Arbeitgebers für die Betreuung von Kindern (bis zum 10. Lebensjahr) bis € 1.000 jährlich (Z 13 lit b).

---

[377]) Siehe dazu kritisch bereits *Herzog*, RdW 1997, 474.

[378]) Zur Steuerbarkeit von Preisen siehe oben Tz 40.

[379]) Vgl LStR 2002 Rz 75 ff.

[380]) So noch VwGH 18. 10. 1995, 95/13/0062, VwSlg 7039/F und VwGH 28. 5. 2002, 96/14/0019, 96/14/0040 und 96/14/0041.

[381]) VwGH 27. 7. 2016, 2013/13/0069; dazu *Zorn*, RdW 2016, 633; *Schuster*, SWK 2016, 1157.

[382]) Die Befreiungsbestimmung wurde befristet bis zum Jahr 2019 eingeführt (§ 124b Z 310), um den Arbeitskräftebedarf der Hotellerie- und Gastronomiebranche in Spitzenzeiten leichter decken zu können; vgl Ausschussbericht zum EU-AbgÄG 2016, 1243 BlgNR 25. GP; vgl LStR 2002 Rz 71 a.

Zuwendungen des Arbeitgebers für die Zukunftssicherung der Arbeitnehmer bis zu einem Höchstbetrag von € 300 jährlich (Z 15 lit a); der Vorteil aus der verbilligten oder unentgeltlichen Abgabe von Mitarbeiterbeteiligungen bis zu einem Betrag von € 3.000 pro Jahr (Z 15 lit b); der Vorteil aus der der verbilligten oder unentgeltlichen Abgabe von Aktien an „Arbeitgebergesellschaften“[383]) durch diese selbst oder durch eine Mitarbeiterbeteiligungsstiftung[384]) (Z 15 lit c).

Freiwillige soziale Zuwendungen an den Betriebsratsfonds oder zur Beseitigung von Katastrophenschäden (Z 16).

Ortsübliche Trinkgelder, die ein Arbeitnehmer anlässlich seiner Arbeitsleistung erhält (Z 16a);[385]) ein garantiertes monatliches Fixum an Trinkgeldern stellt allerdings kein Trinkgeld iSd § 3 Abs 1 Z 16a dar und ist daher von der Steuerbefreiung nicht erfasst[386]).

Tagesgelder (Verpflegungsmehraufwand) und Nächtigungsgelder auf Grund lohngestaltender Vorschriften (Z 16b).

Pauschale Fahrt- und Reiseaufwandsentschädigungen von Sportvereinen an Sportler, Schiedsrichter und Sportbetreuer (bis zu € 60 pro Einsatztag, höchstens € 540 pro Monat; Z 16c; verfassungsrechtlich bedenklich).[387])

Verabreichung freier oder verbilligter Mahlzeiten an nicht im Haushalt aufgenommene Arbeitnehmer sowie Gutscheine für Mahlzeiten – betragsmäßig begrenzt (Z 17).

Am Arbeitsplatz verabreichte Getränke (Z 18).

Zuwendungen für das Begräbnis des Arbeitnehmers oder bestimmter Angehöriger (Z 19).

Der geldwerte Vorteil aus unverzinslichen oder zinsverbilligten Gehaltsvorschüssen bis zu € 7.300 (Z 20).

Der geldwerte Vorteil[388]) aus dem kostenlosen oder verbilligten Bezug von Waren oder Dienstleistungen, die der Arbeitgeber oder ein verbundenes Konzernunternehmen im allgemeinen Geschäftsverkehr anbietet (Mitarbeiterrabatt); Rabatte bis 20% sind generell steuerfrei, höhere Rabatte nur, insoweit der geldwerte Vorteil € 1.000 im Jahr nicht überschreitet (Z 21).[389])

150 3. Erwerb von Anteilsrechten auf Grund einer Kapitalerhöhung aus Gesellschaftsmitteln (Z 29).

---

[383]) Arbeitgebergesellschaften sind gem § 4d Abs 5 Z 1 die Gesellschaft, die Arbeitgeber der begünstigten Arbeitnehmer ist, sowie die mit dieser verbundenen Konzerngesellschaft.

[384]) Mitarbeiterbeteiligungsstiftungen gem § 4d Abs 4 sind betriebliche Privatstiftungen, die Aktien an begünstigte Arbeitnehmer weitergeben, diese Aktien verwahren bzw verwalten und die damit verbundenen Stimmrechte einheitlich ausüben; dazu *Hayden/Varro,* SWK 2017, 965.

[385]) Nicht verfassungswidrig, VfGH 25. 9. 2008, G 19/08.

[386]) VwGH 26. 1. 2012, 2009/15/0173.

[387]) Dazu kritisch *Baldauf/Renner,* SWK 2009, T 73 und *Fellner,* SWK 2010, T 16.

[388]) Der geldwerte Vorteil bemisst sich gem § 15 Abs 2 Z 3 vom Verbraucherendpreis, allenfalls reduziert um übliche Preisnachlässe.

[389]) Die Steuerbefreiung für Mitarbeiterrabatte wurde mit dem StRefG 2015/2016 als Ersatz für frühere branchenspezifische Begünstigungen (zB Haustrunk im Brauereigewerbe) eingeführt; dazu *Mayr* in *Mayr/Lattner/Schlager,* Steuerreform 2015/16, 41 ff; vgl LStR 2002 Rz 103 ff.

4. Befreiungen bestimmter Einkünfte mit **Auslandsbezug** zur Vermeidung von Doppelbesteuerungen oder zur Förderung von Auslandsaktivitäten (vgl Z 8 bis 12, 24, 30 und 32). 151

Die Befreiung für Auslandsmontagen wurde durch den VfGH als verfassungswidrig aufgehoben.[390])

Mit dem AbgÄG 2011 wurde die Steuerbefreiung für Auslandstätigkeiten neu geregelt. Nunmehr besteht keine generelle Befreiung von Auslandsmontagen mehr. Werden Dienstnehmer in das Ausland entsendet, sind 60% ihrer Einkünfte aus dieser Auslandstätigkeit steuerfrei (mit der sozialversicherungsrechtlichen Höchstbeitragsgrundlage gedeckelt), wenn die (nicht auf Dauer angelegte) Tätigkeit länger als einen Monat, in einer Entfernung von mehr als 400 km von der österr Staatsgrenze entfernt ist und die Tätigkeit unter erschwerenden Umständen ausgeübt wird (zB erhöhte Sicherheitsgefährdung). Die Steuerfreiheit entfällt jedoch, wenn der Arbeitgeber die Kosten für mehr als eine Familienheimfahrt im Monat trägt, oder eine Schmutz-, Erschwernis- und/oder Gefahrenzulage steuerfrei ausbezahlt wird (siehe dazu auch Tz 738).

Bei Zusammentreffen von Arbeitslosengeld und ähnlichen Bezügen mit stpfl Arbeitslohn kann sich durch die Steuerfreiheit des Arbeitslosengeldes eine günstigere Nettoeinkommenssituation ergeben als bei ganzjähriger Beschäftigung (mit voller Steuerbelastung). Um dies zu vermeiden, verlangt § 3 Abs 2 eine Umrechnung der übrigen Einkünfte aus den Haupteinkunftsarten auf einen Jahresbetrag und eine Besteuerung des Einkommens mit dem derart ermittelten höheren Durchschnittssteuersatz (besonderer Progressionsvorbehalt); dabei ist bei der Umrechnung der Einkünfte das Werbungskostenpauschale noch nicht zu beachten. 152

Auch die steuerfreien Auslandsbezüge nach § 3 Abs 1 Z 11 lit b und Z 32 sind bei der Feststellung des Steuersatzes für das stpfl Einkommen zu berücksichtigen (§ 3 Abs 3).

5. **Abgeltungen von Wertminderungen von Grundstücken** iSd § 30 Abs 1, wenn die Wertminderung auf Grund von Maßnahmen im öffentlichen Interesse eintritt (§ 3 Abs 1 Z 33; siehe dazu Tz 134). 152/1

IV. Ermittlung der Einkünfte

§ 2 Abs 4 EStG unterscheidet 153

a) den **Gewinn** bei den betrieblichen Einkunftsarten,

b) den **Überschuss der Einnahmen über die Werbungskosten** bei den außerbetrieblichen Einkunftsarten.

Bis zum BBG 2011[391]) und dem 1. StabG 2012[392]) war der wesentliche Unterschied zwischen den betrieblichen und den außerbetrieblichen Einkünften die Erfassung von Veräußerungsgewinnen: Während im Betriebsvermögen Veräußerungsgewinne grds zu versteuern waren, wurden Veräußerungsgewinne im außerbetrieblichen Bereich (insb Liegenschaften, Kapitalvermögen)

---

390) VfGH 30. 9. 2010, G 29/10.

391) Budgetbegleitgesetz 2011 BGBl I 2010/111.

392) 1. Stabilitätsgesetz 2012 BGBl I 2012/22.

nur ausnahmsweise – idR als Spekulationsgeschäfte oder als Veräußerung von Beteiligungen – besteuert.

Diese unterschiedlichen Besteuerungsgrundsätze für Betriebs- und Privatvermögen beruhten auf der **Reinvermögenszugangstheorie,** die nur für das Betriebsvermögen galt und nach der jeder Veräußerungsvorgang zu versteuern war. Dagegen galt für das Privatvermögen die **Quellentheorie,** nach der nur die aus der Steuerquelle fließenden Einkünfte zu versteuern waren (Besteuerung nur der „Früchte", nicht aber der Veräußerung des Vermögensstammes).[393])

Dieser „Dualismus der Ermittlung der Einkünfte" führte zu erheblichen Unterschieden in der Besteuerung der einzelnen Einkunftsarten.

Heute besteht der wesentliche Unterschied zwischen den betrieblichen und den außerbetrieblichen Einkunftsarten in der Ermittlung der Einkünfte: Bei den betrieblichen Einkunftsarten erfolgt die Ermittlung der Einkünfte grds im Rahmen einer Gewinnermittlung durch Vermögensvergleich, bei den außerbetrieblichen Einkünften werden die Einkünfte ausschließlich nach einer Überschussrechnung auf Basis des Zu- und Abflussprinzips ermittelt.

A. Gewinnermittlung

Literatur: *Beiser,* Das Leistungsfähigkeitsprinzip – Irrweg oder Richtschnur? ÖStZ 2000, 413; *Deutsch/Rohatschek,* Bilanzierung, (Loseblattausgabe), Wien; *Novacek,* Zur Maßgeblichkeit des Handelsrechts für die steuerliche Gewinnermittlung (Teil III), FJ 2002, 12; *König/Rauhofer/Rief,* Die Stiftungsrichtlinien 2001, Wien 2002; *Bertl/Egger/Gassner/Lang/Nowotny* (Hrsg), Die Maßgeblichkeit der handelsrechtlichen Gewinnermittlung für das Steuerrecht, Wien 2002; *Herger,* Der Einfluss des Steuerrechts und der Bilanzpolitik auf die handelsrechtliche Jahresabschlussprüfung, VWT 2003 H 6, 16; *Novacek,* Sind Rechnungsabgrenzungen gemäß § 4 Abs 1 EStG verpflichtend? RdW 2003, 347; *Fritz-Schmied,* Verpflichtender Ansatz von Rechnungsabgrenzungsposten in der Steuerbilanz? ÖStZ 2003, 345; *Bertl/Hirschler,* Auswirkungen der Reform des Unternehmerbegriffs des UGB auf die steuerlichen Gewinnermittlungsvorschriften, SWK 2004, 391; *Bertl,* Das Maßgeblichkeitsprinzip und seine Auswirkungen auf die Erstellung von Handelsbilanzen, RWZ 2004, 106; *Nowotny,* Wo bringt das Unternehmensgesetzbuch wirklich Neues? (Teil I), VWT 2005 H 6, 34; *Lang/Schuch/Staringer* (Hrsg), Handbuch des Bilanzsteuerrechts, Wien 2005; *Grünberger,* Praxis der Bilanzierung, Wien 2005; *Pernt/Wenk,* Handbuch für Einnahmen-Ausgaben-Rechner, Wien 2005; *Egger/Samer/Bertl,* Der Jahresabschluss nach dem Unternehmensgesetzbuch, Wien 2006; *Puchinger/Goess,* Steuerlicher Handlungsbedarf auf Grund der Änderung der Rechnungslegung gem UGB? ecolex 2006, 1028; *Urnik,* Die Änderungen der steuerlichen Gewinnermittlungssystematik durch das StruktAnpG 2006, taxlex 2006, 300; *Hilber,* Strukturanpassungsgesetz 2006, ecolex 2006, 685; *Urtz,* Änderung der Gewinnermittlungsarten durch das Struktur-AnpG 2006, GeS 2006, 262; *Aigner,* Begleitmaßnahmen zum UGB – Überblick über geplante Änderungen der steuerlichen Gewinnermittlung, taxlex 2006, 297; *Hackl,* Änderung der Gewinnermittlungsart durch das UGB? SWK 2006, 721; *Auer,* Auswirkungen des UGB auf die steuerliche Gewinnermittlung, RWZ 2006/27; *Fritz-Schmied/Aichwalder,* Das Maßgeblichkeitsprinzip vor dem Hintergrund der Novellierung des HGB durch das UGB, RWZ 2006, 86; *Fraberger,* Handels- und steuerrechtliche Buchführungspflichten

---

[393]) Zur historischen Entwicklung vgl ausführlich *Kirchmayr,* Besteuerung von Beteiligungserträgen 25 ff.

im Konkurs im Wandel der Rechtsprechung, taxlex 2006, 427; *Mayr,* UGB-AnpG 2006: wichtige Änderungen bei der steuerrechtlichen Gewinnermittlung, RdW 2006, 245; *Mayr,* StruktAnpG 2006: Verbleib in § 5 EStG freiwillig möglich, RdW 2006, 307; *Mayr,* UGB und Steuerrecht, in FS Ruppe, Wien 2007, 466; *Watzinger,* Gewerbetreibende Buchführungspflicht ab 400.000 oder 700.000 Euro? SWK 2010, 815; *Beiser,* Die Wahl der Gewinnermittlungsart – Vermögensvergleich oder Einnahmen-Ausgaben-Rechnung? ÖStZ 2011, 239; *Prodinger,* Buchführungspflicht einer vermögensverwaltenden GmbH & Co KG, SWK 2012, 1090; *Doralt,* 1. StabG 2012: Ungewolltes Ende der Einnahmen-Ausgaben-Rechnung? RdW 2013, 695; *Beiser,* Die ertragsteuerrechtliche Gewinnermittlung für zwei Gewerbebetriebe, SWK 2014, 53; *ders,* Die Art der Gewinnermittlung bei Personengesellschaften, GesRZ 2014, 295; *Hirschler,* Ausgewählte Fragen zur Buchführungspflicht nach § 189 UGB und den §§ 124 und 125 BAO, in FS Tanzer, Die Bedeutung der BAO im Rechtssystem, Wien 2014, 405; *Marchgraber,* Das Ende der „umgekehrten" Maßgeblichkeit in § 208 Abs 2 UGB? RWZ 2014, 16; *Motal,* Unternehmereigenschaft und Rechnungslegungspflicht einer verdeckten Kapitalgesellschaft bei Vermögensverwaltung, ecolex 2014, 45; *Reinold,* Die GmbH & Co KG im Licht der Rechnungslegungspflicht, GesRZ 2014, 100; *Altenburger,* Rechnungslegungsreform und Ertragsteuerrecht – eine Würdigung aus betriebswirtschaftlicher Sicht, RWZ 2015, 204; *Hirschler,* Steuerrechtliche Auswirkungen der Bilanzrechtsreform, SWK 2015, 6; *ders,* Einheitsbilanz: Implikationen für das Steuerrecht, RWZ 2015, 210; *Kirchmayr/Achatz,* Der lange Weg zur Einheitsbilanz, taxlex 2015, 81; *Moser,* Das Rechnungslegungs-Änderungsgesetz 2014 aus steuerrechtlicher Sicht, taxlex 2015, 84; *Urnik/Urtz,* Übersicht über die Neuerungen des Rechnungslegungs-Änderungsgesetzes 2014, 2015, 153; *Beiser,* Eine Markteinkommensteuer – ein Vorschlag zur Diskussion, ÖStZ 2016, 525; *Bertl/Hirschler* (Hrsg), Handbuch der österreichischen Steuerlehre II – Steuerliche Gewinnermittlung und Steuerbilanzpolitik[3], Wien 2016; *Nowotny,* Rechnungslegung bei der Gesellschaft bürgerlichen Rechts, GesRZ 2016, 118; *Orlet,* Die schrittweise Annäherung des UGB an das EStG? ÖStZ 2016, 690; *Rohatschek/Broidl,* Einheitsbilanz – (k)ein erstrebenswertes Ziel? SWK 2018, 1190.

1. Überblick über die Gewinnermittlungsarten

Nach der Grundsatzdefinition des § 4 Abs 1 ist **Gewinn** der *„durch doppelte Buchführung zu ermittelnde Unterschiedsbetrag zwischen dem Betriebsvermögen am Schluß des Wirtschaftsjahres und dem Betriebsvermögen am Schluß des vorangegangenen Wirtschaftsjahres"*. Der Gewinn ergibt sich damit wie im Unternehmensrecht aus einem **Vermögensvergleich** (Bilanz) und einer **Erfolgsrechnung.** Bei Gewerbetreibenden, die nach § 189 UGB der Pflicht zur Rechnungslegung unterliegen und die den Gewinn daher nach UGB zu ermitteln haben, dient die Unternehmensbilanz als Grundlage für die Ermittlung des steuerlichen Gewinnes (§ 5 Abs 1). Abweichungen gegenüber der Gewinnermittlung nach § 4 Abs 1 ergeben sich vor allem im Bewertungsspielraum und im Umfang des Betriebsvermögens. 154

Der Vermögensvergleich setzt eine doppelte Buchführung voraus, die das gesamte Betriebsvermögen wertmäßig erfasst. Kleinere Unternehmen sind jedoch von der Buchführungspflicht befreit; sie können den Gewinn vereinfacht ermitteln, indem sie den **Überschuss der Betriebseinnahmen über die Betriebsausgaben** als Gewinn ansetzen (§ 4 Abs 3; Wahlrecht). Sie haben dazu eine Einnahmen-Ausgaben-Rechnung und – bei gewerblichen Unternehmen – ein Wareneingangsbuch zu führen (§ 127 BAO). Langfristig ergibt sich kein 155

Unterschied zur Gewinnermittlung durch Vermögensvergleich nach § 4 Abs 1; es kommt bloß zu Verschiebungen zwischen den einzelnen Gewinnermittlungsperioden.

156 **Buchführungspflicht** nach § 125 BAO besteht nur für **land- und forstwirtschaftliche Betriebe** bei einem Betriebsumsatz von mehr als € 550.000 oder bei einem Einheitswert von mehr als € 150.000. Erstmalig tritt die Buchführungspflicht erst bei zweimaligem Überschreiten der Umsatzgrenze bzw bei Überschreiten der Einheitswertgrenze nach einem Pufferjahr ein (§ 125 Abs 2 bzw Abs 3 BAO).

Für Einkünfte aus selbständiger Tätigkeit besteht nach § 125 BAO keine Buchführungspflicht, weil § 125 BAO ausdrücklich nur für land- und forstwirtschaftliche Betriebe gilt. Selbständig Tätige, die Angehörige eines freien Berufes iSd UGB sind, können unabhängig von ihrem Umsatz den Gewinn immer nach § 4 Abs 3 ermitteln. Nur bei Zusammenschlüssen in Form einer Kapitalgesellschaft kann Buchführungspflicht nach § 124 BAO bestehen (vgl § 54 WTBG 2017 und § 1 a RAO). Selbständig Tätige, die keine Angehörige eines freien Berufes sind, fallen bei Überschreiten der Umsatzgrenze von € 700.000 unter die Rechnungslegungspflicht des § 189 Abs 1 Z 3 UGB (siehe dazu Tz 166) und müssen daher gem § 124 BAO auch für steuerliche Zwecke Bücher führen; mangels Einkünften aus Gewerbebetrieb ermitteln sie ihren Gewinn allerdings nicht gem § 5 Abs 1, sondern nach § 4 Abs 1.

Zur **Buchführung** auch im Interesse der Abgabenerhebung ist nach § 124 BAO verpflichtet, wer nach dem **UGB oder anderen gesetzlichen Vorschriften** dazu verpflichtet ist. Das sind insb alle rechnungslegungspflichtigen Gewerbetreibenden (Gewinnermittlung nach § 5 Abs 1; Umsatzgrenze von € 700.000, siehe unten).

157 Eine weitere Vereinfachung der Gewinnermittlung bezwecken die **Durchschnittssätze nach § 17** (siehe dazu Tz 235 ff).

158 Es bestehen somit folgende **drei Gewinnermittlungsarten:**

1. **Betriebsvermögensvergleich nach § 5 Abs 1** für rechnungslegungspflichtige Gewerbetreibende (insb auch für Kapitalgesellschaften);

2. **Betriebsvermögensvergleich nach § 4 Abs 1** als allgemeine steuerliche Gewinnermittlungsart (allenfalls zwingend für land- und forstwirtschaftliche Betriebe oder freiwillig an Stelle einer Einnahmen-Ausgaben-Rechnung);

3. **Überschuss der Betriebseinnahmen über die Betriebsausgaben nach § 4 Abs 3,** wenn

a) keine Buchführungspflicht besteht (§§ 124, 125 BAO) und

b) nicht freiwillig Bücher für einen Vermögensvergleich (§ 4 Abs 1) geführt werden.

Die **Besteuerung nach Durchschnittssätzen gem § 17** stellt grds keine eigenständige Gewinnermittlungsart dar (siehe EStR 2000 Rz 4274 ff).[394]) Es handelt sich je nach Art der Pauschalierungsmethode um eine vereinfachte Form der Einnahmen-Ausgaben-Rechnung oder einer Bilanzierung (im Fall einer Vollpauschalierung).[395])

---

[394]) Anders jedoch VwGH 19. 9. 2013, 2011/15/0107. Siehe auch VwGH 21. 6. 2006, 2006/15/0041, wonach die Basispauschalierung eine eigenständige Gewinnermittlungsart basierend auf den Grundsätzen der Einnahmen-Ausgaben-Rechnung darstellt.

[395]) Siehe auch *Doralt* in *Doralt/Kirchmayr/Mayr/Zorn*, EStG[12] § 17 Tz 52 ff.

Übersicht nach den Einkunftsarten gegliedert: 159

	Land- und Forstwirtschaft	selbständige Arbeit		Gewerbebetrieb
		kein freier Beruf	freier Beruf	
Vermögensvergleich nach § 5 Abs 1	nie	nie	nie	Umsatz > € 700.000
Vermögensvergleich nach § 4 Abs 1	Umsatz > € 550.000 oder EW > € 150.000 oder freiwillig*	Umsatz > € 700.000 oder freiwillig*	freiwillig*	freiwillig, wenn Umsatz < € 700.000
Überschussrechnung nach § 4 Abs 3	wenn keine freiwillige oder verpflichtende Buchführung	wenn keine freiwillige oder verpflichtende Buchführung	wenn keine freiwillige Buchführung	wenn keine freiwillige oder verpflichtende Buchführung
Durchschnittssätze nach G und nach VO	wenn keine freiwillige oder verpflichtende Buchführung, nach G oder VO	wenn keine freiwillige oder verpflichtende Buchführung, nach G oder VO (nur Betriebsausgabenpauschalierung)		wenn keine freiwillige oder verpflichtende Buchführung, nach G oder VO

* Zwingend bei kapitalistischen Personengesellschaften (insb GmbH & Co KG).

2. Betriebsvermögensvergleich

a) Allgemeines

Literatur: *Fritz-Schmied/Aichwalder,* Die Maßgeblichkeit vor dem Hintergrund der Novellierung des HGB durch das UGB, RWZ 2006, 141; *Auer,* Auswirkungen des UGB auf die steuerliche Gewinnermittlung, RWZ 2006, 86; *Fritz-Schmied,* Verpflichtender Ansatz von Rechnungsabgrenzungsposten in der Steuerbilanz? ÖStZ 2003, 345; *Fritz-Schmied,* Die Realisation von „echten" Subventionen im Rahmen der steuerbilanziellen Gewinnermittlung, RWZ 2003, 266; *Barborka,* Neue Rückstellungen (Teil III), RdW 2004, 573; *Novacek,* Sind Rechnungsabgrenzungsposten gem § 4 Abs 1 EStG verpflichtend? RdW 2003, 347; *Herger,* Der Einfluss des Steuerrechts und der Bilanzpolitik auf die handelsrechtliche Jahresabschlussprüfung, VWT 2003 H 6, 16; *Fritz-Schmied,* Die steuerbilanzielle Gewinnermittlung, Wien 2005; *Urnik,* Die Änderungen der steuerlichen Gewinnermittlungssystematik durch das StruktAnpG 2006, taxlex 2006, 300; *oV,* Voraussetzungen für die Zulässigkeit einer freiwilligen Buchführung, SWK 2006, 102; *Hackl,* Änderung der Gewinnermittlungsart durch das UGB? SWK 2006, 721; *Hackl,* Erleichterungen beim unfreiwilligen Wechsel der Gewinnermittlungsart, SWK 2006, 801; *Hackl,* Freie Berufe in Handelsrecht und Steuerrecht, SWK 2006, 857; *Pircher,* Rechnungslegungspflicht nach UGB – Stolperstein für die begünstigte Betriebsaufgabe nach § 24 Abs 6 EStG, SWK 2006, 1167; *Gcess,* Vom HGB zum UGB: Der Unternehmer – eine Begriffsuche, FJ 2007, 172; *Sprengel,* Die Zukunft des Bilanzsteuerrechts, (Teil I) ÖStZ 2008, 418, (Teil II) ÖStZ 2008 450; *Urnik/Fritz-Schmied,* Modernisierung der Rechnungslegung in Österreich und Besteuerung, ÖStZ 2008, 496; *Petutschnig,* Rechnungslegungsrechts-Änderungsgesetz 2010 – Änderungen der Unternehmens- und Steuerbilanz, taxlex 2009, 460; *Beiser,* Vorschläge zur ertragsteuerlichen Gewinnermittlung durch Vermögensvergleich, SWK 2012, 929; *Marchgraber,* Das Ende der „umgekehrten" Maßgeblichkeit in § 208 Abs 2 UGB? RWZ 2014, 16; *Kirchmayr/Achatz,* Der lange Weg zur Einheitsbilanz, taxlex 2015, 81; *Urnik/Urtz,* Übersicht über die Neuerungen des Rechnungslegungs-Änderungsgesetzes 2014, ÖStZ 2015, 153; *Beiser,* Gesellschaften bürgerlichen Rechts: Keine Gewinnermittlung nach § 5 EStG, RdW 2016, 638; *Marschner/Renner,* Sind Aktien notwendiges Betriebsvermögen oder Privatvermögen? SWK 2018, 429; *Renner,* Risikogeschäfte in der Gewinnermittlung nach § 4 Abs 1 EStG, taxlex 2018, 241.

160 Der **Betriebsvermögensvergleich** ist die wichtigste und genaueste Gewinnermittlung. Er besteht in der Gegenüberstellung des Betriebsvermögens am Schluss des Wirtschaftsjahres und des Betriebsvermögens am Schluss des vorangegangenen Wirtschaftsjahres (zB: Gewinn des Jahres 02 = Betriebsvermögen am 31. 12. 02, vermindert um das Betriebsvermögen am 31. 12. 01). Der Jahresgewinn erfasst damit nicht nur die Warenerlöse und Erlöse aus Hilfsgeschäften, sondern vor allem auch Wertschwankungen des Betriebsvermögens. Soweit der Stpfl jedoch während des Wirtschaftsjahres Einlagen getätigt hat, wäre der Gewinn insoweit zu hoch; die Einlagen sind daher vom Gewinn, der sich aus dem Vermögensvergleich ergibt, abzuziehen; umgekehrt sind Entnahmen hinzuzurechnen. Damit werden außerbetrieblich bedingte Vermögensveränderungen bei der Gewinnermittlung ausgeschieden.

§ 4 Abs 1 ordnet dementsprechend an:

„Gewinn ist der [. . .] Unterschiedsbetrag zwischen dem Betriebsvermögen am Schluß des Wirtschaftsjahres und dem Betriebsvermögen am Schluß des vorangegangenen Wirtschaftsjahres. Der Gewinn wird durch Entnahmen nicht gekürzt und durch Einlagen nicht erhöht."

Grundlage des Betriebsvermögensvergleiches ist die jährliche Inventur, das ist die mengenmäßige Aufstellung des gesamten Betriebsvermögens (Bestandsaufnahme) mit der Angabe des Wertes. Der Umfang des Betriebsvermögens und seine Bewertung sind daher das Kernstück der Gewinnermittlung.

b) Arten des Betriebsvermögensvergleichs

Literatur: *Kepplinger,* Umfang der Rechnungslegungspflicht des Masseverwalters, RdW 2000, 590; *Mayr,* § 4 Abs 1 EStG: Rechnungsabgrenzung nach Wahl? RdW 2001, 240; *Doralt,* Steuermissbrauch bei Umgründungen, RdW 2001, 761; *Huber,* Zum behaupteten Steuermissbrauch bei Umgründungen, RdW 2002, 118; *Doralt,* Die fremdfinanzierte Entnahme im UmgrStG, RdW 2002, 120; *Beiser,* Umgründung im Lichte der Finanzierungsfreiheit, RdW 2002, 121; *Wiesner,* Unbare Entnahme – Eine Ergänzung, ÖStZ 2002, 178; *Beiser,* Die Fremdfinanzierung von Beteiligungen, SWK 2002, 299; *Novacek,* Sind Rechnungsabgrenzungen gemäß § 4 Abs 1 EStG verpflichtend? RdW 2003, 347; *Fritz-Schmied/Aichwalder,* Die Maßgeblichkeit vor dem Hintergrund der Novellierung des HGB durch das UGB, RWZ 2006, 141; *Auer,* Auswirkungen des UGB auf die steuerliche Gewinnermittlung, RWZ 2006, 86; *Fritz-Schmied,* Verpflichtender Ansatz von Rechnungsabgrenzungsposten in der Steuerbilanz? ÖStZ 2003, 345; *Fritz-Schmied,* Die Realisation von „echten" Subventionen im Rahmen der steuerbilanziellen Gewinnermittlung, RWZ 2003, 266; *Barborka,* Neue Rückstellungen (Teil III), RdW 2004, 573; *Urnik,* Die Änderungen der steuerlichen Gewinnermittlungssystematik durch das StruktAnpG 2006, taxlex 2006, 300; *Hackl,* Prüfung der Rechnungslegungspflicht kann viele Jahre zurückführen, SWK 2007, 981; *ders,* Beobachtungsjahre für den Eintritt der Rechnungslegungspflicht, SWK 2007, 1063; *Sulz/Oberkleiner,* Schutz des Grund und Bodens vor der Steuerpflicht, SWK 2009, 1201; *Beiser,* Vorschläge zur ertragsteuerlichen Gewinnermittlung durch Vermögensvergleich, SWK 2012, 929; *ders,* Die Art der Gewinnermittlung bei Personengesellschaften, GesRZ 2014, 295; *ders,* Gesellschaften bürgerlichen Rechts: Keine Gewinnermittlung nach § 5 EStG, RdW 2016, 638; *Nowotny,* Rechnungslegung bei der Gesellschaft bürgerlichen Rechts, GesRZ 2016, 118; *Renner,* Risikogeschäfte in der Gewinnermittlung nach § 4 Abs 1 EStG, taxlex 2018, 241.

Das EStG kennt **zwei Arten** des Betriebsvermögensvergleichs: 161

- Vermögensvergleich nach **§ 4 Abs 1** als rein steuerliche Gewinnermittlung nach den allgemeinen Grundsätzen ordnungsmäßiger Buchführung und
- Vermögensvergleich nach **§ 5 Abs 1** für rechnungslegungspflichtige Gewerbetreibende nach den unternehmensrechtlichen Grundsätzen ordnungsmäßiger Buchführung (GoB), jedoch unter Berücksichtigung der steuerlichen Gewinnermittlungsvorschriften.

Die beiden Arten unterscheiden sich in folgenden Punkten:

1. **Umfang des Betriebsvermögens:** Der Betriebsvermögensvergleich nach § 4 Abs 1 erfasst nur notwendiges Betriebsvermögen, die Gewinnermittlung nach § 5 Abs 1 lässt auch die Bildung von gewillkürtem Betriebsvermögen zu. 162

2. **Bewertung des Betriebsvermögens:** Bei der Gewinnermittlung nach § 4 Abs 1 richtet sich die Bewertung ausschließlich nach steuerrechtlichen Grundsätzen. Dagegen haben rechnungslegungspflichtige Gewerbetreibende (§ 5 Abs 1) zusätzlich die Bewertungsregeln nach UGB zu beachten; daraus ergibt sich eine Einengung steuerrechtlicher Wahlmöglichkeiten. Die Bildung von Rückstellungen und Rechnungsabgrenzungsposten ist nach § 4 Abs 1 zulässig, nach § 5 Abs 1 zwingend.[396]) 163

3. **Wirtschaftsjahr:** Das Wirtschaftsjahr stimmt grds mit dem Kalenderjahr überein. Rechnungslegungspflichtige Gewerbetreibende (und auch buchführende Land- und Forstwirte) können jedoch ein vom Kalenderjahr **abweichendes Wirtschaftsjahr** haben (Bilanzstichtag während des Kalenderjahres; § 2 Abs 5). Eine **Änderung** des gewählten Bilanzstichtages ist zulässig, wenn *„gewichtige betriebliche Gründe"* vorliegen, zB Saisonbetriebe, leichtere Inventur, nicht hingegen die Erzielung von Steuervorteilen. Vor der Umstellung ist die bescheidmäßige Zustimmung des FA einzuholen; das darf FA die Zustimmung bei Vorliegen gewichtiger betrieblicher Gründe nicht verweigern (§ 2 Abs 7). 164

Die **Gewinnermittlung nach § 5 Abs 1** gilt nur für jene Stpfl, die nach § 189 UGB oder anderen bundesgesetzlichen Vorschriften (zB VereinsG) rechnungslegungspflichtig sind und Einkünfte aus Gewerbebetrieb iSd § 23 beziehen („rechnungslegungspflichtige Gewerbetreibende"). 165

[396]) Siehe dazu Jakom/*Laudacher,* EStG 2018 § 9 Tz 8; anders jedoch *Mayr,* Rückstellungen 225 f, wonach auf Grund des Leistungsfähigkeitsprinzips auch bei der Gewinnermittlung nach § 4 Abs 1 die Bildung von Verbindlichkeitsrückstellungen zwingend sei.

Der Pflicht zur Rechnungslegung nach § 189 Abs 1 UGB unterliegen:
- Kapitalgesellschaften (Z 1) oder
- Personengesellschaften, bei denen
- alle unmittelbaren oder mittelbaren Gesellschafter mit ansonsten unbeschränkter Haftung tatsächlich nur beschränkt haftbar sind, weil es sich um inländische oder (vergleichbare) ausländische Kapitalgesellschaften handelt („kapitalistische Personengesellschaft"; zB GmbH & Co KG; Z 2 lit a), oder
- kein unbeschränkt haftender Gesellschafter eine natürliche Person oder eine Personengesellschaft mit einer natürlichen Person als unbeschränkt haftendem Gesellschafter ist (zB Verein & Co KG; Z 2 lit b) sowie
- alle anderen Unternehmer, die mehr als € 700.000 Umsatzerlöse im Geschäftsjahr erzielen (Z 3).

Trotz Überschreitens der Umsatzgrenze von € 700.000 pro Geschäftsjahr sind nicht nach § 189 UGB rechnungslegungspflichtig:
- Angehörige der freien Berufe;
- Land- und Forstwirte;
- Unternehmer iSd UGB, die keine betrieblichen Einkünfte iSd § 2 Abs 3 Z 1–3 beziehen und ihre Einkünfte als Überschuss der Einnahmen über die Werbungskosten ermitteln (zB Vermieter); und zwar auch dann, wenn die Tätigkeit im Rahmen einer eingetragenen Personengesellschaft ausgeübt wird, außer es liegt ein Fall des § 189 Abs 1 Z 2 lit a oder b vor.

166 Die Rechnungslegungspflicht und damit die Buchführungspflicht nach BAO tritt grds *ab dem zweiten Geschäftsjahr ein, das dem Überschreiten der € 700.000-Grenze in zwei aufeinander folgenden Geschäftsjahren folgt.* Sie tritt schon ab dem folgenden Geschäftsjahr ein, wenn der Schwellenwert von € 1.000.000 überschritten wird (§ 124 BAO iVm § 189 Abs 2 UGB).

167 *Beteiligt sich ein Gesellschafter als Mitunternehmer am Betrieb eines nach § 189 UGB rechnungslegungspflichtigen Gewerbetreibenden, gilt auch diese Gesellschaft als rechnungslegungspflichtiger Gewerbetreibender (§ 5 Abs 1 letzter Satz).*

168 Unterliegt ein Gewerbetreibender iSd § 23 nicht mehr der Pflicht zur Rechnungslegung gem § 189 UGB, weil in den vorangegangenen zwei Geschäftsjahren die € 700.000-Grenze nicht überschritten worden ist, kann der Stpfl *(bis zur Rechtskraft des Bescheides)* einen Antrag stellen, seinen Gewinn weiterhin nach § 5 Abs 1, wie ein rechnungslegungspflichtiger Gewerbetreibender, zu ermitteln (§ 5 Abs 2; freiwillige Gewinnermittlung nach § 5 Abs 1 oder Fortführungsoption).

169 Die **Gewinnermittlung nach § 4 Abs 1** ist grds für alle betrieblichen Einkünfte anzuwenden, soweit steuerlich eine Buchführungspflicht gem § 124 BAO oder § 125 BAO besteht und kein Anwendungsfall des § 5 Abs 1 gegeben ist:

Nach **§ 124 BAO** besteht Buchführungspflicht, wenn nach dem UGB oder anderen gesetzlichen Vorschriften Bücher zu führen sind. Das betrifft zB auch Unternehmer iSd UGB, die (steuerlich) Einkünfte aus selbständiger Arbeit erzielen, aber nicht Angehörige eines freien Berufes sind (zB Tanzschulen) und deren Umsatz in einem Kalenderjahr € 700.000 übersteigt. Für sie besteht Rechnungslegungspflicht gem § 189 UGB; sie fallen aber mangels Einkünften aus Gewerbebetrieb nicht unter § 5 und ermitteln daher ihren Gewinn nach § 4 Abs 1.

Die Buchführungspflicht gem **§ 125 BAO** betrifft ausschließlich Land- und Forstwirte.

Besteht keine Buchführungspflicht, kann der Gewinn durch Überschussrechnung nach § 4 Abs 3 ermittelt werden; die freiwillige Führung von Büchern, und damit die Gewinnermittlung nach § 4 Abs 1, ist aber immer zulässig.

Für kleinere Betriebe kommen außerdem Pauschalierungen in Betracht (vgl dazu § 17 und die darauf beruhenden Verordnungen).

c) Betriebsvermögen

Literatur: *Stoll,* Leasing, Steuerrechtliche Beurteilungsgrundsätze[2], Wien 1977; *Stoll,* Das Betriebsvermögen im Bilanzsteuerrecht, in *Gassner/Pointner* (Hrsg), Bilanz und Rechnungswesen, Wien 1981, 255; *Quantschnigg,* Aktivierungspflicht beim Abgeld – Emissionen im Betriebsvermögen des Emittenten, RdW 1986, 96; *Werndl,* Das wirtschaftliche Eigentum, Wien 1983; *Egger/Krejci* (Hrsg), Das Leasinggeschäft, Wien 1987; *Bauer,* Das steuerliche Wirtschaftsgut; Begriff, Auslegung, Abgrenzung, in GedS Lechner, Wien 1987, 17; *Weilinger,* Leasing in der Bilanz, Wien 1988; *Nidetzky/Quantschnigg/Riedl,* Leasing, Wien 1989; *Pirker,* Bilanzierung von Software, Wien 1997; *Buschmann/Mayerhofer,* Abzugsfähigkeit von Schuldzinsen, ÖStZ 2000, 675; *Fritz-Schmied,* Der Abzug „privater" Schuldzinsen unter Berücksichtigung der Bewertungsvorschriften des § 6 Z 4 und 5 EStG, SWK 2000, 580; *Fröhlich,* Eigenleistungen als Anschaffungskosten von immateriellen Vermögensgegenständen, SWK 2000, 923; *Grünberger,* Die Bilanzierung von Homepages, RdW 2001, 441; *Mayr,* Gewinnrealisierung im Steuerecht und Handelsrecht, Wien 2001; *ders,* § 4 Abs 1 EStG: Rechnungsabgrenzung nach Wahl? RdW 2001, 240; *oV,* Leasing: VwGH verlangt Aktivierung des Optionsrechts, RdW 2002, 51; *Prodinger,* Aktivierung eines Options-(Aufgriffs-) Rechtes beim Vollamortisationsleasing, RdW 2002, 179; *Doralt,* Leasing neu: Das branchenübliche Optionsrecht, RdW 2002, 182; *Bertl/Hirschler,* Aktivierungspflicht für anschaffungsnahen Erhaltungsaufwand, RWZ 2002, 262; *Thiele,* Steuerliche Aspekte der Rechtsnachfolge bei Werkschöpfern, ÖStZ 2002, 602; *Nemec,* Grundstück als Betriebsvermögen, SWK 2002, 380; *Urnik/Fritz-Schmied,* Die Zuordnung von Verbindlichkeiten bei entgeltlicher Übertragung von Grund und Boden, SWK 2002, 659; *Bruckner,* „Privatvermögen" einer Kapitalgesellschaft- Analyse und kritische Anmerkungen, ÖStZ 2003, 110; *Novacek,* Sind Rechnungsabgrenzungen gemäß § 4 Abs 1 EStG verpflichtend? RdW 2003, 347; *Prodinger,* Restwert-Kautions-Leasing von Immobilien, SWK 2003, 1206; *Fritz-Schmied,* Verpflichtender Ansatz von Rechnungsabgrenzungsposten in der Steuerbilanz? ÖStZ 2003, 345; *Novacek,* Sind Rechnungsabgrenzungsposten gem § 4 Abs 1 EStG verpflichtend? RdW 2003, 347; *Wiesner,* GmbH-Beteiligung als notwendiges Betriebsvermögen des Einzelunternehmens des Gesellschafters, RWZ 2003, 327; *Fraberger,* Bilanzierung und Besteuerung von CO_2-Emissionszertifikaten – ein alternativer Ansatz, SWK 2003, 1424; *Bruckner,* Privatvermögen einer Kapitalgesellschaft – Analyse und kritische Anmerkungen, ÖStZ 2003, 110; *Thiele,* Steuerliche Behandlung von Internet Domains, ÖStZ 2004, 119; *Pircher/Pülzl,* Steuerfreie Veräußerung des betrieblich genutzten Grund und Bodens als Spekulationstatbestand? SWK 2004, 1013; *Pircher/Pülzl,* Die steuerliche Behandlung von Grund und Boden beim Wechsel der Gewinnermittlung auf § 5 EStG, ÖStZ 2005, 202; *Thiele,* What's in a Domain-Name – Die

Bewertung von Internet Domains, ÖStZ 2006, 334; *Wiesner,* Bilanzsteuerrechtliches: Notwendiges Betriebsvermögen, Gewinnrealisierung, Teilwertabschreibung, Rückstellung, RWZ 2006, 258; *Kotschnigg,* Die Zurechnung beim Finanzierungsleasing: Aktuelle Probleme und der Versuch einer Lösung, RdW 2006, 468; *Prodinger,* Leasing – Änderungen der EStR 2000, SWK 2007, 94; *Blazina,* Fotolabor eines Vermögensverwalters als Betriebsvermögen? SWK 2007, 387; *Bertl/Hirschler,* Bilanzierung von gemischt genutzten Vermögensgegenständen, RWZ 2007, 165; *Prodinger,* Weitere Gedanken zum Vollamortisationsleasing, SWK 2007, 826; *Bertl/Hirschler,* Bilanzierung von Internet-Domain-Adressen, RWZ 2007, 132; *Gruber,* Die Zuordnung der GmbH-Beteiligung eines Gesellschafter-Geschäftsführers zum Betriebs- oder Privatvermögen, SWK 2009, 1447; *Bayer,* Beteiligungen an Kapitalgesellschaften als notwendiges Betriebsvermögen, RdW 2010, 546; *Doralt,* Beteiligung als notwendiges Betriebsvermögen, RdW 2010, 303; *Rauscher,* Wohnung für Geschäftsreisen: behauptete betriebliche Nutzung einer Mietwohnung, UFSjournal 2010, 101; *Prodinger,* Zurechnung des Leasinggutes beim Restwertleasing, SWK 2011, 1039; *Knechtl,* Fremdfinanzierte Wertpapiere als gewillkürtes Betriebsvermögen, SWK 2013, 1314; *Kühbacher,* Zur ausschließlichen betrieblichen Verwendung eines Kfz bei Vorhandensein eines Privat-PKW, SWK 2013, 571; *Marschner,* Betriebliche Fremdwährungskredite: anwendbarer Steuersatz für Kursverluste? SWK 2013, 1136; *oV,* VwGH: Risikowertpapiere als gewillkürtes Betriebsvermögen, RdW 2013, 492; *Renner,* Ende des Aufteilungsverbots auch außerhalb von Reisen? SWK 2014, 368; *ders,* VwGH zum wirtschaftlichen Eigentum: Auswirkungen auf Vermietungen von Kapitalgesellschaften an Gesellschafter, RdW 2014, 549; *Langheinrich/Ryda,* Stellung und Funktion von Wertpapieren im betrieblichen Bereich und deren steuerliche Behandlung im Rahmen der Gewinnermittlung, FJ 2015, 11; *Marschner,* Investmentfonds: Steuerpflicht aller Substanzgewinne im Betriebsvermögen ab der Veranlagung 2014, SWK 2015, 345; *Novosel,* Wirtschaftliches Eigentum und Absetzung für Abnutzung bei Fruchtgenussrechten an übertragenen Immobilien – Vorbehaltsfruchtgenuss, ÖStZ 2015, 13; *oV,* VwGH erneut: Wirtschaftliches Eigentum nur unter strengen Voraussetzungen, RdW 2015, 744; *Schuschnig/Fritz-Schmied,* Die bilanzielle Behandlung von selbst erstellten immateriellen Vermögensgegenständen des Anlagevermögens, RWZ 2015, 111; *Zöchling,* Passivseitige stille Reserven und Lasten in UGB und EStG, SWK 2015, 1191; *Rath/Sedlacek,* Aktivierungsverbot von selbst erstellten immateriellen Vermögensgegenständen des Anlagevermögens, VWT 2016, 326; *Beiser,* Die Zuordnung von Gebäuden ins Betriebs- oder Privatvermögen – Nutzflächenschlüssel versus Ertragswertschlüssel, ÖStZ 2017, 58; *Zorn,* VwGH: GmbH-Beteiligung als Betriebsvermögen beim Gesellschafter-Geschäftsführer, RdW 2017, 646; *Hager,* Fremdwährungskredite im Betriebsvermögen, SWK 2018, 1117; *Marschner/Renner,* Sind Aktien notwendiges Betriebsvermögen oder Privatvermögen? SWK 2018, 429; *Pircher/Meusburger/Messner,* Zuordnung von Wirtschaftsgütern zum Betriebsvermögen des Gesellschafter-Geschäftsführers, SWK 2018, 1297.

aa) Bedeutung der Zuordnung von Wirtschaftsgütern zum Betriebsvermögen

170 Ist ein Wirtschaftsgut dem Betrieb zuzuordnen, sind Einnahmen und Ausgaben, die mit diesem Wirtschaftsgut im Zusammenhang stehen, auch steuerlich zu erfassen (Betriebseinnahmen bzw Betriebsausgaben).

Beispiel:

Ein Transportunternehmer erleidet mit einem LKW einen Unfall. Dabei wird der LKW beschädigt, der Unternehmer wird verletzt. Die Prozesskosten für den Schadenersatz sind betriebsbedingte Aufwendungen, die Prozesskosten hinsichtlich des Schmerzengeldes sind privat bedingt. Der Schadenersatz selbst ist eine Betriebseinnahme, das Schmerzengeld ist nicht steuerbar.

Ob ein Wirtschaftsgut zum Betriebsvermögen gehört, ist nicht bloß wegen des laufenden Aufwands und der Abschreibungen, sondern auch im Hinblick auf Wertschwankungen, Veräußerungen oder Verluste entscheidend.

Beispiel:

Wird einem Hobbyfotografen der Fotoapparat gestohlen, dann kann sich dieser Verlust bei der ESt nicht auswirken, weil der Fotoapparat zu seinem Privatvermögen gehört. Verliert dagegen ein Berufsfotograf seinen Fotoapparat, vermindert sich dadurch sein Betriebsvermögen, der Schaden wird gewinnwirksam. Veräußert andererseits der Hobbyfotograf seinen Fotoapparat, berührt das sein Einkommen grds nicht *(siehe aber § 31 bzw Tz 136/1 ff)*. Dagegen hat der Berufsfotograf die entsprechende Einnahme als Aktivum auszuweisen, andererseits auch das Anlagevermögen um den Wert des dort ausgewiesenen Fotoapparates zu vermindern.

bb) Wirtschaftsgüter (Aktivierung und Passivierung)

Nur **Wirtschaftsgüter** zählen zum Betriebsvermögen und sind in den Vermögensvergleich aufzunehmen. Aufwendungen, die der Anschaffung (Herstellung) eines Wirtschaftsgutes dienen, sind daher ebenfalls als Betriebsvermögen auszuweisen. Derartige Aufwendungen bleiben dem Betrieb erhalten, sie bleiben gewinnneutral, man spricht daher von **„Aktivierung“**. Andere Aufwendungen, die nicht der Anschaffung oder Herstellung von Wirtschaftsgütern dienen, mindern dagegen als Betriebsausgaben den Gewinn, soweit die Bilanzierungsvorschriften nicht ausdrücklich anderes vorsehen (insb Rechnungsabgrenzungsposten). **171**

Beispiel:

a) Ein Bauunternehmer lässt seine Arbeiter ein neues Betriebsgebäude errichten. Material- und Lohnaufwand dienen der Herstellung des Wirtschaftsgutes „Betriebsgebäude“ und sind daher zu aktivieren.

b) Der Bauunternehmer lässt seine Arbeiter ein bestehendes Betriebsgebäude trockenlegen. Dieser Aufwand dient nicht der Herstellung, sondern bloß der Erhaltung eines Wirtschaftsgutes und ist daher nicht zu aktivieren.

Ob ein Aufwand der Anschaffung (Herstellung) eines Wirtschaftsgutes dient und daher zu aktivieren ist, ist nicht immer einfach zu beantworten. Eine Definition des Begriffs „Wirtschaftsgut“ fehlt im Gesetz, die Judikatur vertritt einen weiten Begriff: **Wirtschaftsgüter sind alle im wirtschaftlichen Verkehr nach der Verkehrsauffassung selbständig bewertbaren Güter jeder Art, nicht bloß Sachen (körperliche Gegenstände), sondern auch rechtliche und tatsächliche Zustände.**[397]) Selbständige Bewertungsfähigkeit wird dann angenommen, wenn im Rahmen des Gesamtkaufpreises des Unternehmens ein beson- **172**

[397]) Siehe VwGH 12. 1. 1983, 82/13/0174, ÖStZB 1983, 293; VwGH 22. 11. 2001, 98/15/0198; VwGH 19. 5. 2005, 2000/15/0093.

deres Entgelt *angesetzt werden würde.*[398]) Wirtschaftsgüter sind insb Bargeld, Waren, Erzeugnisse, ebenso Rechte oder Forderungen.

Für das Vorliegen eines Wirtschaftsgutes ist weder die Bilanzierungsfähigkeit[399]) noch die Einzelveräußerbarkeit[400]) eine Voraussetzung. Daher kann zB auch zivilrechtlich unselbständiges Zugehör einer Liegenschaft (der stehende Wald) steuerlich ein selbständiges Wirtschaftsgut sein; allerdings kommt der zivilrechlichen Selbständigkeit grds Indizwirkung für das Vorliegen eines Wirtschaftsgutes zu.[401])

Ungeachtet der selbständigen Bewertungsfähigkeit (und somit auch der Berücksichtigung einer AfA bei abnutzbaren Wirtschaftsgütern) und der daraus folgenden Eigenschaft als selbständiges Wirtschaftsgut, werden Wirtschaftsgüter, die die Nutzbarkeit von Grundstücken ermöglichen oder verbessern, von der FinVw als Teil des Grundstückes angesehen (siehe EStR 2000 Rz 6621). Dies betrifft Wirtschaftsgüter, die zivilrechtlich als Zubehör zu Grund und Boden gelten (zB Wege, Zäune, Drainagen, Straßen, Platzbefestigungen usw).[402]) Damit sollen diese Wirtschaftsgüter in die Ermittlung des Gewinnes aus Grundstücksveräußerungen einbezogen werden (siehe § 30 bzw Tz 118 ff). Nicht zum Grundstück gehören allerdings Wirtschaftsgüter, die selbst eine Nutzung des Grundstückes darstellen und land- und forstwirtschaftlichen Zwecken dienen (zB stehendes Holz, stehende Ernte, Rebanlagen usw) (siehe EStR 2000 Rz 6621 und Rz 5039 a).

173 **„Unkörperliche" Wirtschaftsgüter des Anlagevermögens** (zB Erfindungen, Know-how, Software) sind nur dann als Aktivposten auszuweisen, wenn sie entgeltlich erworben worden sind (§ 4 Abs 1, ebenso § 197 Abs 2 UGB zu immateriellen Gegenständen; siehe Tz 371).

Der Begriff des „Wirtschaftsgutes" setzt nicht ein Aktivum voraus; eine Verbindlichkeit ist – als negativer Wert – ebenfalls ein Wirtschaftsgut. Auch ein negatives Wirtschaftsgut ist nur anzunehmen, wenn dafür im Rahmen des Gesamtkaufpreises des Unternehmens ein besonderer – negativer – Wert angesetzt wird (**Passivierung**).

Beispiel:

Ein Unternehmer erwirbt eine Ware im Wert von € 10.000 mit einem Zahlungsziel von drei Monaten. Es liegt ein aktives Wirtschaftsgut (Ware) von € 10.000 und ein passives Wirtschaftsgut (Verbindlichkeit) in gleicher Höhe vor.

174 Es sind jedoch nicht nur bereits bestehende Verbindlichkeiten auszuweisen (zu „passivieren"), sondern auch **Rückstellungen** für ungewisse Verbindlichkeiten, die in späteren Perioden anfallen können, deren wirtschaftliche Ursache aber im laufenden Wirtschaftsjahr liegt (zB Rückstellungen für einen laufenden Prozess mit ungewissem Ausgang, Gewährleistungsrückstellungen für geltend gemachte Baumängel, Pensionsrückstellungen; siehe Tz 396 ff).

---

398) Siehe VwGH 27. 11. 1973, 790/73, ÖStZB 1974, 101 und VwGH 21. 10. 1999, 94/15/0088.

399) Siehe VwGH 19. 9. 1995, 92/14/0008.

400) Siehe VwGH 16. 11. 1993, 90/14/0077.

401) Siehe VwGH 19. 5. 2005, 2000/15/0093.

402) Siehe VwGH 20. 5. 2010, 2006/15/0238 (zur Wirtschaftsguteigenschaft von Straßen und Platzbefestigungen).

Rechnungsabgrenzungsposten dienen dazu, Ausgaben bzw Einnahmen der Periode zuzurechnen, zu der sie wirtschaftlich gehören und auf deren Ertrag sie sich daher auswirken sollen; sie werden auch als Forderungen oder Schulden an die kommende Geschäftszeit bezeichnet. Die bereits im Dezember bezahlte Miete für Jänner führt zB zu einer aktiven Rechnungsabgrenzung beim Mieter und zu einer passiven Abgrenzung beim Vermieter. 175

Rechnungsabgrenzungsposten sind keine Wirtschaftsgüter.[403]) Wären Rechnungsabgrenzungsposten Wirtschaftsgüter, dann müssten sie auch bei der Gewinnermittlung nach § 4 Abs 1 angesetzt werden.

Rückstellungen und Rechnungsabgrenzungsposten sind grds nur bei der Gewinnermittlung nach § 5 Abs 1 zwingend;[404]) allerdings verpflichtet uU der Grundsatz der Bilanzwahrheit und Bilanzklarheit auch den nicht rechnungslegungspflichtigen Stpfl zum Ausweis einer noch nicht geltend gemachten Schuld, wenn mit der Geltendmachung gerechnet werden muss.[405]) Nach den EStR 2000 Rz 416 und Rz 2399 besteht ein Wahlrecht;[406]) dies ist aber strittig.[407])

cc) Umfang des Betriebsvermögens, Abgrenzung zum Privatvermögen

Abhängig von der Beziehung zum Betrieb unterscheidet man notwendiges Betriebsvermögen, gewillkürtes Betriebsvermögen und (notwendiges) Privatvermögen.

Notwendiges Betriebsvermögen sind jene Wirtschaftsgüter, die objektiv erkennbar zum unmittelbaren Einsatz im Betrieb selbst bestimmt sind und ihm auch tatsächlich dienen.[408]) 176

Ungeeignet ist hingegen die Definition, nach der notwendiges Betriebsvermögen dann vorliegt, „wenn das Wirtschaftsgut nach seiner objektiven Beschaffenheit zum Einsatz im Betrieb bestimmt ist".[409]) Ob ein Wirtschaftsgut zum notwendigen Betriebsvermögen oder zum notwendigen Privatvermögen gehört, richtet sich nicht nach der „objektiven Beschaffenheit", die immer dieselbe bleibt. ZB richtet sich die Zugehörigkeit eines Kühlschrankes nicht nach seiner objektiven Beschaffenheit, sondern nach seinem Einsatz im Betrieb. Die objektive Beschaffenheit des Kühlschrankes ist im Privat- und Betriebsvermögen dieselbe. Maßgebend für die Zuordnung zum Betriebsvermögen sind die Zweckbestimmung des Wirtschaftsgutes (Nutzung), die Besonderheit des Betriebes

[403]) Siehe VwGH 10. 12. 1985, 85/14/0078, ÖStZB 1986, 248; anders BFH 13. 8. 1957, I 46/57 U, BStBl 1957 III 350.

[404]) Siehe VfGH 3. 7. 1965, V 9/65, ÖStZ 1965, 281 (zur Bildung von Pensionsrückstellungen).

[405]) Siehe VwGH 2. 6. 1976, 1667/75, ÖStZB 1977, 20 (zur Inanspruchnahme eines Bürgen).

[406]) Ebenso *Quantschnigg/Schuch* § 5 Tz 55.

[407]) Siehe *Doralt/Mayr* in *Doralt/Kirchmayr/Mayr/Zorn*, EStG[14] § 6 Tz 323; für eine Verpflichtung zur Bildung von Rechnungsabgrenzungsposten auf Grund des Prinzips der periodengerechten Gewinnermittlung UFS 12. 2. 2009, RV/0243-W/07 und Jakom/*Marschner*, EStG 2018 § 4 Tz 188.

[408]) Siehe VwGH 20. 2. 1998, 96/15/0192 und VwGH 2. 10. 2014, 2011/15/0162; siehe auch BFH 23. 7. 1975, I R 6/73, BStBl 1976 II 179.

[409]) Siehe VwGH 23. 1. 2002, 98/13/0213.

und des Berufszweiges sowie die Verkehrsauffassung. Subjektive Momente, wie zB der Anschaffungsgrund, sind für die Qualifikation nicht entscheidend.[410])

Problematisch ist die allgemeine Aussage des VwGH, für das notwendige Betriebsvermögen sei „nicht die konkrete tatsächliche Nutzung, sondern die **typischerweise zu vermutende Nutzung** als alleine erheblich anzusehen".[411]) Diese Aussage steht mit den übrigen Entscheidungsgründen eher in einem Gegensatz; es ging um eine HiFi-Anlage, die zwar in einem Werkstättenraum aufgestellt war, jedoch auf Grund des Aufteilungsverbots deshalb zum Privatvermögen gezählt wurde, weil ihre Verwendung nicht unwesentlich auch privaten Interessen des Stpfl diente; wäre die HiFi-Anlage ausschließlich von Arbeitnehmern verwendet worden, dann wäre sie als notwendiges Betriebsvermögen anerkannt worden.

Zum notwendigen Betriebsvermögen gehören nicht nur Wirtschaftsgüter, die unmittelbar dem Betriebszweck dienen, es genügt, wenn das Wirtschaftsgut mittelbar dem Betrieb dient.[412]) **„Notwendiges"** Betriebsvermögen bedeutet nicht, dass das Wirtschaftsgut für den Betrieb notwendig (unentbehrlich) ist, die Bezeichnung ist insoweit irreführend (problematisch ist daher auch die Begründung des VwGH, wenn er die Dienstwohnung für die Tochter deshalb nicht anerkennt, weil sie für den Betrieb nicht notwendig sei).[413])

Beispiele für notwendiges Betriebsvermögen:

Betriebs- und Geschäftsausstattung, Betriebsgrundstücke, Waren, Forderungen und Verbindlichkeiten aus dem Verkauf bzw Ankauf von Waren, Bargeld und Wertpapiere aus Betriebseinnahmen,[414]) Beteiligung eines Kaufmannes an einer Einkaufsgenossenschaft,[415]) eines Fremdenverkehrsbetriebes an einer Sessellift-GmbH,[416]) Sozialeinrichtungen,[417]) WC, Waschgelegenheit, Teeküche bei ausschließlich betrieblich genutzten Räumlichkeiten außerhalb des Wohnungsverbandes;[418]) Garage am Betriebsort, auch wenn das Fahrzeug zum Privatvermögen gehört (und EStR 2000 Rz 509);[419]) Schottervorkommen eines Schotterabbaubetriebes.[420]) Alleine die Verpfändung von Privatvermögen für einen Betriebskredit macht aus Privatvermögen noch nicht notwendiges Betriebsvermögen.[421])

177 **Gewillkürtes Betriebsvermögen** sind solche Wirtschaftsgüter, die weder dem Betrieb noch den privaten Bedürfnissen des Stpfl unmittelbar dienen und

[410]) Siehe VwGH 2. 10. 2014, 2011/15/0162.

[411]) Siehe VwGH 28. 2. 1995, 91/14/0231.

[412]) Siehe VwGH 19. 11. 1974, 1298/73, ÖStZB 1975, 29 (zur Schneefräse eines Zahnarztes).

[413]) Siehe VwGH 29. 5. 1985, 83/13/0136, ÖStZB 1986, 106; kritisch auch *Quantschnigg*, RdW 1986, 96.

[414]) Siehe VwGH 24. 2. 1976, 1099/75, 272/76, ÖStZB 1976, 112.

[415]) Siehe VwGH 18. 3. 1975, 1301/74, ÖStZB 1975, 180.

[416]) Siehe VwGH 26. 5. 1971, 150/71, ÖStZB 1971, 259.

[417]) Siehe VwGH 30. 10. 1974, 1724/72, ÖStZB 1975, 30; widersprüchlich VwGH 25. 9. 1964, 1164/63, ÖStZB 1965, 4.

[418]) Siehe VwGH 20. 11. 1996, 89/13/0259.

[419]) Siehe VwGH 2. 8. 2000, 97/13/0019.

[420]) Siehe VwGH 19. 12. 2013, 2012/15/0024.

[421]) Siehe VwGH 10. 4. 1997, 94/15/0211.

die der Stpfl zum Betriebsvermögen erklärt hat. Sie gehören weder zum notwendigen Betriebsvermögen noch zum notwendigen Privatvermögen.[422]) Voraussetzung für ein gewillkürtes Betriebsvermögen ist, dass das Wirtschaftsgut in irgendeiner Weise dem Betrieb förderlich ist – etwa durch ein betriebliches Interesse an einer fundierten Kapitalausstattung; zB unbebaute oder vermietete Liegenschaften.[423]) Ist die Vermietung der eigentlichen betrieblichen Tätigkeit des Vermieters förderlich, dann liegt notwendiges Betriebsvermögen vor.[424]) Auch Risikovermögen kommt als gewillkürtes Betriebsvermögen in Betracht.[425]) Wirtschaftsgüter, die den Betriebserfolg auf Dauer mindern oder sogar gefährden, kommen als gewillkürtes Betriebsvermögen nicht in Betracht.[426])

Notwendiges Privatvermögen sind jene Wirtschaftsgüter, die objektiv erkennbar der privaten Bedürfnisbefriedigung dienen (zB Einfamilienhaus, Wohnungseinrichtung, PKW; wenn diese Gegenstände privat genutzt werden; Darlehen zur Anschaffung solcher Wirtschaftsgüter); nur das **sonstige Privatvermögen** kommt als gewillkürtes Betriebsvermögen in Betracht.[427]) **178**

Die **traditionelle Einteilung** unterscheidet nur das notwendige Betriebsvermögen, das notwendige Privatvermögen und das gewillkürte Betriebsvermögen. Aus dieser Dreiteilung ergibt sich jedoch ein Bereich von Wirtschaftsgütern, die weder zum notwendigen Betriebsvermögen noch zum notwendigen Privatvermögen gehören. Zählt sie der Stpfl nicht zum gewillkürten Betriebsvermögen, ergibt sich daraus der vierte Bereich des **sonstigen Privatvermögens.**[428])

Die Bildung von gewillkürtem Betriebsvermögen ist **nur bei der Gewinnermittlung nach § 5 Abs 1 zulässig** (vgl § 5 Abs 1 zweiter Satz).[429]) **179**

Notwendiges Betriebsvermögen ist zwingend in die Bilanz aufzunehmen, doch ist die **buchmäßige Behandlung** bei Vorliegen eines notwendigen Betriebsvermögens oder eines notwendigen Privatvermögens unbeachtlich; entscheidend ist die **Art der Nutzung.** Notwendiges Betriebsvermögen liegt daher auch dann vor, wenn es entgegen den allgemeinen Bilanzierungsgrundsätzen nicht in die Bilanz aufgenommen wird (ebenso EStR 2000 Rz 472).[430]) Eine Entnahme von notwendigem Betriebsvermögen bzw Einlage von notwendigem Privatvermögen kann nur durch eine (nachhaltige) Zweckänderung erreicht **180**

---

[422]) Vgl VwGH 17. 1. 1995, 94/14/0077.

[423]) Siehe VwGH 12. 12. 1995, 94/14/0091.

[424]) Siehe VwGH 24. 5. 2007, 2006/15/0031.

[425]) Siehe VwGH 21. 11. 1995, 92/14/0152 (zu Silberbeständen einer Armaturen-KG); eher kritisch BFH 18. 12. 1996, XI R 52/95 (zu Goldbarren und Risikokapital).

[426]) Siehe VwGH 13. 10. 1999, 98/13/0200 (zu Filmrechten).

[427]) Siehe VwGH 24. 6. 2004, 2001/15/0002.

[428]) Siehe dazu auch VwGH 18. 10. 2005, 2001/14/0042.

[429]) Anders BFH 14. 11. 1972, VIII R 100/69, BStBl 1973 II 289 und BFH 31. 5. 2001, IV R 49/00; die Differenzierung nach der Gewinnermittlungsart ablehnend *Stoll* in *Gassner/Pointner*, Bilanz und Rechnungswesen 267; siehe auch VfGH 13. 12. 1972, B 145/72, ÖStZB 1973, 128 (Differenzierung verfassungsrechtlich unbedenklich).

[430]) Siehe VwGH 23. 1. 2002, 98/13/0213; VwGH 26. 2. 2015, 2012/15/0005.

werden; wird aber bloß die betriebliche Nutzung eingestellt, ohne dass eine private Nutzung begründet wird, bleibt das Wirtschaftsgut dennoch Betriebsvermögen;[431]) dies gilt auch für unbrauchbare Wirtschaftsgüter.[432]) Bei **gewillkürtem Betriebsvermögen** gilt dagegen die buchmäßige Behandlung als **Ausdruck der subjektiven Absicht** des Stpfl und ist daher entscheidend.[433]) Unzulässig ist die Zuführung von Privatvermögen zum gewillkürten Betriebsvermögen aus bloß steuerlichen Überlegungen, etwa um einen drohenden Verlust (zB aus Wertpapieren) von der einkommensteuerrechtlich unbeachtlichen Privatsphäre in den betrieblichen Bereich zu verlagern;[434]) unzulässig ist auch eine rückwirkende Einbuchung des gewillkürten Betriebsvermögens.[435])

181 Verbindlichkeiten (Darlehen) zur Anschaffung von Betriebsvermögen oder für die laufenden täglichen Geschäftsfälle gehören zum Betriebsvermögen. Maßgeblich ist das **Veranlassungsprinzip:** Die Verbindlichkeiten müssen ursächlich und unmittelbar den Betrieb betreffen. Zur Prüfung der betrieblichen Veranlassung ist auf den Zeitpunkt der Schuldaufnahme abzustellen.[436]) Werden Geldmittel laufend dem Betrieb entnommen, obwohl ein Geldmittelüberschuss nicht vorhanden ist, dann führt die dadurch notwendig gewordene Fremdmittelaufnahme nicht zu einer betrieblich veranlassten Schuld;[437]) die Zinsen sind daher keine Betriebsausgaben.

182 Zum Betriebsvermögen gehören auch die noch nicht fälligen oder noch nicht entrichteten **Betriebssteuern,** soweit sie bereits entstanden sind.[438])

dd) Gemischt genutzte Wirtschaftsgüter

183 Ein Wirtschaftsgut kann nur entweder Betriebsvermögen oder Privatvermögen sein.[439])

Wird ein Wirtschaftsgut sowohl betrieblich als auch privat genutzt, sind folgende Fälle zu unterscheiden:

184 – **Überwiegend betriebliche Nutzung** führt zu notwendigem Betriebsvermögen;[440]) sämtliche Aufwendungen sind zunächst Betriebsausgaben. Die

[431]) Siehe UFS 20. 1. 2009, RV/0492-W/05.

[432]) Siehe VwGH 28. 3. 1990, 86/13/0182.

[433]) Siehe VwGH 12. 12. 1995, 94/14/0091.

[434]) Siehe VwGH 21. 11. 1995, 92/14/0152; VwGH 28. 5. 1997, 92/13/0273.

[435]) Siehe VwGH 14. 1. 1986, 84/14/0038, ÖStZB 1986, 359.

[436]) Siehe VwGH 23. 3. 2000, 97/15/0164.

[437]) Siehe VwGH 27. 1. 1998, 94/14/0017 (zur Ablehnung des Zwei-Konten-Modells) und VwGH 10. 9. 1998, 93/15/0051.

[438]) Vgl dazu *Stoll,* Steuerschuldverhältnis 117; siehe auch VwGH 11. 12. 1964, 2334/63, ÖStZB 1965, 54 (zur Umsatzsteuerschuld) und VwGH 26. 11. 1985, 85/14/0076, ÖStZB 1987, 446 (zu Sozialversicherungsbeiträgen).

[439]) Siehe VwGH 10. 7. 1996, 96/15/0124; gegen die Ganzheitsmethode bei gemischt genutzten Wirtschaftsgütern *Stoll* in *Gassner/Pointner,* Bilanz und Rechnungswesen 266 f.

[440]) Siehe VwGH 20. 5. 2010, 2008/15/0096.

private Nutzung ist als Entnahme bei der Gewinnermittlung zu berücksichtigen.[441]) Bei der Veräußerung ist der Erlös nicht um einen Privatanteil zu kürzen.[442])

Wird ein Wirtschaftsgut in mehreren Betrieben desselben Stpfl verwendet, ist es dem Betriebsvermögen jenes Betriebes zuzurechnen, in dem es überwiegend genutzt wird.[443])

– **Überwiegend private Nutzung** führt grds zu Privatvermögen; der auf die betriebliche Nutzung entfallende Teil der Gesamtaufwendungen ist eine Betriebsausgabe. Bei der Gewinnermittlung nach § 5 Abs 1 können bei überwiegend privater Nutzung die Voraussetzungen für gewillkürtes Betriebsvermögen vorliegen; idF kann der rechnungslegungspflichtige Gewerbetreibende daher auch bei nur teilweiser betrieblicher Nutzung das Wirtschaftsgut in das Betriebsvermögen aufnehmen.[444]) 185

Bei **Grundstücken** ist zu unterscheiden:

– Werden **einzelne Grundstücksteile** unterschiedlich verwendet (zB Werkstätte im Erdgeschoss, Wohnung im 1. Stock), dann ist das Grundstück (Gebäude) in einen betrieblichen und einen privaten Teil aufzuteilen.[445]) Nicht benutzbare Räume sind in die Verhältnisrechnung nicht einzubeziehen.[446]) Die Aufteilung ist nicht vorzunehmen, wenn der betrieblich oder privat genutzte Teil von untergeordneter Bedeutung ist. Der VwGH nimmt als Richtlinie eine 20%-Grenze an.[447]) Die Aufwendungen für den unter dieser Grenze betrieblich bzw privat genutzten Teil sind als Nutzungseinlage bzw Nutzungsentnahme zu berücksichtigen. Rechnungslegungspflichtige Gewerbetreibende können den nicht betrieblich genutzten Gebäudeteil als gewillkürtes Betriebsvermögen behandeln, außer der nicht betrieblich genutzte Teil gehört zum notwendigen Privatvermögen, zB weil er eigenen Wohnzwecken dient. 186

Besteht an einem gemischt genutzten Gebäude ein Mietrecht, das sowohl den betrieblich als auch den privat bzw außerbetrieblich genutzten Teil erfasst, ist das Mietrecht ebenfalls entsprechend aufzuteilen (zB der Mieter nutzt das gemietete Gebäude zT für seinen Betrieb und zT außerbetrieblich).[448])

– Werden hingegen **dieselben Grundstücksteile** zeitlich abwechselnd oder gleichzeitig teils privat, teils betrieblich genutzt, ist ebenfalls auf das Über-

---

[441]) Siehe VwGH 10. 4. 1997, 94/15/0211; VwGH 22. 12. 2011, 2008/15/0227.

[442]) Siehe VwGH 10. 7. 1996, 96/15/0124 (zu einem teils privat genutzten Betriebs-PKW).

[443]) Siehe VwGH 26. 11. 1991, 91/14/0188.

[444]) Vgl VwGH 3. 4. 1964, 2013/62, Slg 3055.

[445]) Als Aufteilungsschlüssel dient zB die Nutzfläche (VwGH 19. 3. 2013, 2010/15/0085), aber auch die Kubatur, wenn die Raumhöhen in den einzelnen Teilen deutlich abweichen (VwGH 26. 7. 2007, 2007/15/0133); auch eine unterschiedliche Nutzbarkeit, Wertigkeit, ist zu berücksichtigen (VwGH 13. 12. 1989, 85/13/0041, ÖStZB 1990, 205).

[446]) Siehe VwGH 29. 7. 1997, 93/14/0062.

[447]) Siehe VwGH 19. 3. 2013, 2010/15/0085.

[448]) Siehe VwGH 20. 5. 2010, 2008/15/0096.

wiegen abzustellen.[449]) Die betriebliche bzw private Nutzung ist als Nutzungseinlage bzw Nutzungsentnahme zu berücksichtigen.

187 **Geänderte Bedeutung der Aufteilung gemischt genutzter Grundstücke:** Die Aufteilung eines teils betrieblich und teils privat genutzten Gebäudes in Betriebsvermögen einerseits und Privatvermögen andererseits war für die Rechtslage vor dem 1. StabG 2012 im Fall der Veräußerung von besonderer Bedeutung; denn die Veräußerung des privat genutzten Teils war nach der damaligen Rechtslage steuerfrei (soweit nicht ein Spekulationsgeschäft vorlag; dazu Tz 118). Da nach der neuen Rechtslage Grundstücke im Privatvermögen und im Betriebsvermögen grds steuerlich gleich behandelt werden, hat die Abgrenzung an Bedeutung verloren.

ee) Wirtschaftliches Eigentum

188 Für die Zuordnung von Wirtschaftsgütern ist nicht das zivilrechtliche, sondern das **wirtschaftliche Eigentum** entscheidend: „*Wirtschaftsgüter, über die jemand die Herrschaft gleich einem Eigentümer ausübt, werden diesem zugerechnet*“ (§ 24 Abs 1 lit d BAO). Ein vom zivilrechtlichen Eigentum abweichendes wirtschaftliches Eigentum wird dann angenommen, wenn ein anderer als der zivilrechtliche Eigentümer die positiven Befugnisse des Eigentums (Gebrauch, Verbrauch, Belastung, Veräußerung) ausüben und auch den zivilrechtlichen Eigentümer auf die Zeit der möglichen Nutzung von der Einwirkung ausschließen kann.[450]) Die Einräumung eines Veräußerungs- und Belastungsverbotes zu Gunsten eines Fruchtgenussberechtigten begründet alleine noch kein wirtschaftliches Eigentum des Fruchtnießers.[451]) Für die Begründung von wirtschaftlichem Eigentum an **Grund und Boden** ist insb maßgeblich, wer die Chance von Wertsteigerungen bzw das Risiko von Wertminderungen trägt (siehe auch EStR 2000 Rz 124).[452]) **Mietrechte** begründen grds kein wirtschaftliches Eigentum des Mieters; sie können aber dazu führen, wenn dem Mieter zB eine besonders günstige Kaufoption oder sonst eine eigentümerähnliche Stellung eingeräumt wird. **Treuhändig erworbene Wirtschaftsgüter** sind dem Treugeber zuzurechnen (§ 24 Abs 1 lit c BAO). Siehe im Einzelnen Band II, Tz 121 ff.

189 Die Bilanzierung in der **Unternehmensbilanz** orientiert sich ebenfalls am wirtschaftlichen Eigentum (vgl § 196 a Abs 1 UGB).[453])

190 Ein Anwendungsfall des wirtschaftlichen Eigentums sind **„Leasingverträge“** (Finanzierungsleasing). Der steuerliche Vorteil der Miete gegenüber dem

---

[449]) Siehe VwGH 12. 11. 1985, 85/14/0114, ÖStZB 1986, 266 (zum Gymnastikraum eines Arztes, der zT für Therapiezwecke verwendet wird); VwGH 19. 9. 1989, 88/14/0172, ÖStZB 1990, 35 (zum Kinderspielzimmer, das neben den eigenen Kindern auch „Gäste-Kindern“ zur Verfügung steht); VwGH 5. 7. 1994, 91/14/0110; VwGH 19. 3. 2013, 2010/15/0085.

[450]) Siehe VwGH 18. 12. 1997, 96/15/0151.

[451]) Vgl VwGH 28. 11. 2007, 2007/14/0021; siehe auch VwGH 13. 9. 2018, Ra 2018/15/0055 (zu GmbH-Anteilen).

[452]) Siehe VwGH 12. 12. 2007, 2006/15/0123; VwGH 19. 10. 2016, Ra 2014/15/0039.

[453]) Siehe auch *Hirschler*, Bilanzrecht § 196 Rz 23.

Kauf liegt darin, dass das Mietentgelt (Leasingrate) als Betriebsausgabe den Gewinn und damit idR die Steuerbelastung sofort vermindert, während im Fall des Kaufes der Kaufpreis zunächst aktiviert werden muss. Manche Leasingverträge sehen daher ein Mietentgelt vor, das innerhalb der vereinbarten Mietdauer (Grundmietzeit) dem Kaufpreis einschließlich der Finanzierungskosten entspricht (Vollamortisationsvertrag). Dem Mieter wird dafür das Recht eingeräumt, den Mietgegenstand nach Ablauf der Mietzeit zu einem bloßen Anerkennungspreis zu kaufen (Optionsrecht). In einem solchen Fall wird allerdings der Mieter als wirtschaftlicher Eigentümer und damit als Käufer zu betrachten sein (ausführlich EStR 2000 Rz 136 ff). Die FinVw rechnet das wirtschaftliche Eigentum dann noch dem Vermieter zu, wenn der Mieter das Wirtschaftsgut nach Ablauf der Grundmietzeit mindestens zum Buchwert abzüglich eines Abschlages von 20% erwerben kann, und die Grundmietzeit zwischen 40% und 90% der Nutzungsdauer beträgt (siehe EStR 2000 Rz 136 f und Rz 3223 f).

Beispiel:

Die Anschaffungskosten eines Wirtschaftsgutes mit einer Nutzungsdauer von acht Jahren betragen € 80.000. Die Grundmietzeit beträgt vier Jahre. Der voraussichtliche Verkehrswert des Wirtschaftsgutes am Ende der Grundmietzeit ist mit € 32.000 anzunehmen (Abschlag von 20% von € 40.000).

Kann der Leasingnehmer das Wirtschaftsgut um € 32.000 oder weniger erwerben, dann ist das Wirtschaftsgut dem Leasingnehmer zuzurechnen (Leasingvertrag ist als Kauf zu qualifizieren).

Nach dem VwGH sprechen folgende Kriterien für den Kauf, dh für das wirtschaftliche Eigentum eines Leasingnehmers:[454]) **191**

1. Optionsrecht des Leasingnehmers auf späteren Kauf oder spätere Miete zu einem wirtschaftlich unbedeutenden Entgelt;

2. die Mietdauer entspricht der betriebsgewöhnlichen Nutzungsdauer;[455])

3. Anfertigung des Leasinggegenstandes nach den speziellen Bedürfnissen des Mieters, die eine anderweitige Verwendung nach Ablauf der Vertragsdauer wirtschaftlich nicht sinnvoll erscheinen lassen (Spezialleasing).

Das **branchenübliche Anbot,** das Wirtschaftsgut nach der Grundmietzeit zu einem vereinbarten Restwert erwerben zu können, begründet zwar kein Optionsrecht,[456]) doch kann im Rahmen der freien Beweiswürdigung gegebenenfalls ein **Optionsrecht** angenommen werden.[457]) Wäre nach der Gestaltung des Leasingvertrages eine Nichtausübung der eingeräumten Kaufoption gegen jede (wirtschaftliche) Vernunft, kann nur ein ausdrücklicher Verzicht des Leasingnehmers auf das Optionsrecht die Zurechnung des Leasinggutes beim Leasingnehmer verhindern.[458])

[454]) Siehe VwGH 5. 12. 1972, 2391/71, ÖStZB 1973, 99.
[455]) Siehe VwGH 29. 6. 1995, 93/15/0107.
[456]) Siehe VwGH 27. 8. 1991, 91/14/0065.
[457]) Siehe VwGH 22. 11. 2001, 98/15/0198.
[458]) Siehe VwGH 17. 11. 2004, 2000/14/0180.

d) Entnahmen

Literatur: *Stoll,* Gewinnrealisierung ohne Umsatzakt, in *Ruppe* (Hrsg), Gewinnrealisierung im Steuerrecht, Köln 1981, 207; *Gassner,* Die Bilanzierung von offenen und verdeckten Einlagen und Entnahmen, in *Bertl/Mandl/Mandl/Ruppe* (Hrsg), Praxisfragen der Bilanzierung, Wien 1991, 33; *Langheinrich/Ryda,* Die steuerliche Behandlung von außerbetrieblich veranlassten Wertveräußerungen des Betriebsvermögens, Entnahmen und Einlagen, FJ 2000, 310; *Wiesner,* Einbringungsbedingte Entnahmebesteuerung, RWZ 2001, 228; *Wiesner,* Einlagen und Entnahmen, RWZ 2005, 332; *Furherr,* Überhöhte unbare Entnahmen bei einer Einbringung, GES 2013, 315.

192 *„Entnahmen sind alle nicht betrieblich veranlaßten Abgänge von Werten (zB von Bargeld, Waren, Erzeugnissen und anderen Wirtschaftsgütern des Umlaufvermögens, von Leistungen, von Wirtschaftsgütern des Anlagevermögens oder von Nutzungen solcher Wirtschaftsgüter)"* (§ 4 Abs 1 dritter Satz).

Jede Minderung des Betriebsvermögens kürzt gleichzeitig den Gewinn. Soweit der Wertabgang nicht betrieblich veranlasst ist, ist der aus dem Betriebsvermögensvergleich abgeleitete Gewinn entsprechend zu erhöhen: Die vermögensmindernde **Entnahme** ist dem Ergebnis aus dem Betriebsvermögensvergleich hinzuzurechnen. Dabei werden gleichzeitig die **stillen Reserven** gewinnwirksam, die sich aus dem Unterschied zwischen Buchwert und Entnahmewert ergeben (zur Bewertung mit dem Teilwert siehe Tz 379). Damit wird ein ähnlicher Gewinnausweis erzielt wie im Fall der Veräußerung (Entnahme als Gewinnausweis ohne Veräußerungsvorgang).[459])

Eine Ausnahme von der gewinnwirksamen Aufdeckung der stillen Reserven besteht für **Entnahmen von Grund und Boden.** Sofern im Fall einer fiktiven Veräußerung des entnommenen Grund und Bodens im Entnahmezeitpunkt der besondere Steuersatz nach § 30a anwendbar wäre, erfolgt die Entnahme **zum Buchwert** (§ 6 Z 4 zweiter Satz). Die Besteuerung der stillen Reserven erfolgt bei der späteren Grundstücksveräußerung.

193 Eine Entnahme ist immer dann anzunehmen, wenn der Stpfl Wirtschaftsgüter des Betriebsvermögens bzw andere Vorteile (zB Nutzungen) in seine Privatsphäre überführt. Auch in der Bilanz nicht ausgewiesene Wirtschaftsgüter (insb selbst hergestellte immaterielle Wirtschaftsgüter) können Gegenstand einer Entnahme sein (siehe auch EStR 2000 Rz 2479).[460]) Die eigene Arbeitskraft des Stpfl ist kein Wirtschaftsgut; sie stellt auch keinen von vornherein der betrieblichen Sphäre zurechenbaren Vorteil dar und kann daher nicht entnommen werden (zB ein Arzt behandelt Familienangehörige). Siehe auch Tz 380 ff.

Beispiele:

Schenkung von Betriebsvermögen,[461]) Verzicht auf eine betriebliche Forderung aus privaten Gründen,[462]) Gewährung eines Darlehens aus Betriebsmitteln aus persönlichen

[459]) Siehe dazu *Stoll* in *Ruppe,* Gewinnrealisierung 207.

[460]) Vgl BFH 23. 3. 1995, IV R 94/93.

[461]) Siehe VwGH 14. 5. 1969, 1447/68, ÖStZB 1969, 159.

[462]) Siehe VwGH 3. 11. 1970, 122/69, ÖStZB 1971, 96.

Gründen,[463]) Umwandlung betrieblich genutzter Räume in privat genutzte Räume,[464]) private Nutzung des Firmen-PKW durch den Unternehmer (private Nutzung des Firmen-PKW durch einen Dienstnehmer führt dagegen nicht zu einer Entnahme, sondern zu einem geldwerten Vorteil beim Dienstnehmer),[465]) vom Geschäftspartner kostenlos gewährte Reise zur Befriedigung privater Interessen (Incentive-Reisen).[466]) Bei Kapitalgesellschaften ist zu unterscheiden, ob eine Entnahme (Verwendung eines Wirtschaftsgutes des Betriebsvermögens für außerbetriebliche Zwecke) oder aber eine verdeckte Gewinnausschüttung an den Gesellschafter vorliegt.

Die Entnahme von **notwendigem Betriebsvermögen** erfolgt durch die **194**
betriebsfremde Verwendung. Bei einem rechnungslegungspflichtigen Gewerbetreibenden ist jedoch zu prüfen, ob die Voraussetzungen für die Behandlung als **gewillkürtes Betriebsvermögen** vorliegen. Dann würde die betriebsfremde Verwendung allein keine Entnahme darstellen; die Entnahme erfolgt erst durch Ausbuchung aus dem Betriebsvermögen.

Beispiele:

1. Ein nicht rechnungslegungspflichtiger Gewerbetreibender vermietet die von ihm bisher betrieblich genutzten Büroräume. Er führt sie jedoch in seinen Büchern weiterhin als Betriebsvermögen. Es liegt dennoch eine Entnahme vor. Der gleiche Sachverhalt bei einem rechnungslegungspflichtigen Gewerbetreibenden führt zu gewillkürtem Betriebsvermögen; die Mieteinnahmen sind dann weiterhin als Betriebseinnahmen zu erfassen.

2. Ein rechnungslegungspflichtiger Gewerbetreibender benutzt seine bisher betrieblich genutzten Büroräume als Wohnung. Es liegt eine Entnahme vor (notwendiges Privatvermögen), unabhängig davon, ob sie in den Büchern kenntlich gemacht worden ist oder nicht.

Die Entnahme von notwendigem Betriebsvermögen ist allerdings nur **194/1**
dann möglich, wenn es für eine **andere Nutzung geeignet** oder wenn wegen Wertlosigkeit eine andere betriebliche Verwendung auszuschließen ist.[467])

Weitere Fälle einer Entnahme sind: **195**

Entnahme des gewillkürten Betriebsvermögens durch **Wechsel der Gewinnermittlung** von § 5 Abs 1 auf § 4 Abs 1,[468]) **Überführung von Wirtschaftsgütern** von einem Betrieb in einen anderen Betrieb desselben Stpfl[469]) (vgl § 6 Z 6 zur Überführung in eine ausländische Betriebsstätte, siehe Tz 389 ff).

Eine Entnahme liegt auch vor, wenn der Erbe einen Pflichtteilsberechtig- **196**
ten mit Betriebsvermögen des Nachlasses bzw Erblassers abfindet. Die stillen

---

[463]) Siehe VwGH 2. 5. 1958, 1090/56, ÖStZB 1958, 94.

[464]) Siehe VwGH 20. 11. 1968, 1685/67, ÖStZB 1969, 55.

[465]) Siehe VwGH 6. 4. 1981, 3051/79, ÖStZB 1982, 146.

[466]) Siehe BFH 22. 7. 1988, III R 175/85, BStBl 1988 II 995.

[467]) Siehe VwGH 14. 9. 2017, Ro 2015/15/0027 (zur fehlenden Entnahmefähigkeit eines Klientenstockes bei einem Wirtschaftstreuhänder).

[468]) Siehe VwGH 12. 12. 1995, 94/14/0091.

[469]) Siehe VwGH 17. 12. 1980, 2429/77, ÖStZB 1981, 287 (mit gleichzeitiger Einlage im anderen Betrieb).

Reserven sind dann beim Erben und nicht beim Pflichtteilsberechtigten zu versteuern;[470]) dies gilt auch bei der Abfindung von Vermächtnisnehmern.[471]) Wird der Pflichteilsberechtigte aber mit nachlassfremdem Betriebsvermögen abgefunden, dann liegt eine Leistung an Zahlungs statt und damit eine Veräußerung vor (siehe EStR 2000 Rz 134 f).

Die Frage, ob der Erbe oder der Vermächtnisnehmer die stillen Reserven zu versteuern hat, ist für den Wert der Zuwendung von wesentlicher Bedeutung. Genauso unterscheidet sich der Wert einer Erbschaft – trotz gleichen Verkehrswertes – erheblich, wenn einmal Privatvermögen, dann Betriebsvermögen mit hohen stillen Reserven vererbt wird. Die latenten Steuern kürzen den Wert der Erbschaft (zivilrechtlich allenfalls von Bedeutung); auch bei Errichtung eines Testaments sollte daran gedacht werden.

e) Einlagen

Literatur: *Gassner,* Die Bilanzierung von offenen und verdeckten Einlagen und Entnahmen, in *Bertl/Mandl/Mandl/Ruppe* (Hrsg), Praxisfragen der Bilanzierung, Wien 1991, 33; *Langheinrich/Ryda,* Die steuerliche Behandlung von außerbetrieblich veranlassten Wertveräußerungen des Betriebsvermögens, Entnahmen und Einlagen, FJ 2000, 310; *Wiesner,* Einlagen und Entnahmen, RWZ 2005, 332; *Beiser,* Einlagen und unentgeltliche Erwerbe in Einkommen- und Körperschaftsteuer – eine systematische Abgrenzung, ÖStZ 2012, 223; *Kovar,* Einlagen von Grundstücken und Veräußerung von zuvor eingelegten Grundstücken, SWK 2012, 1473; *Bertl/Hischler,* Die Bewertung von Einlagen und Zuwendungen im Bilanzsteuerrecht seit Inkrafttreten des AbgÄG 2012, RWZ 2013, 42.

197 *„Einlagen sind alle Zuführungen von Wirtschaftsgütern aus dem außerbetrieblichen Bereich"* (§ 4 Abs 1 vierter Satz).

Der Begriff der Einlage ergibt sich aus der Umkehrung des Begriffes der Entnahme: **Einlagen** sind alle Wirtschaftsgüter, die der Stpfl dem Betrieb zu betrieblichen Zwecken aus der außerbetrieblichen Sphäre zuführt. Dagegen sind Betriebs**einnahmen** betrieblich veranlasste Zuführungen zum Betriebsvermögen; sie werden nicht aus der außerbetrieblichen Sphäre dem Betrieb zugeführt.

198 Einlagen und Entnahmen sind komplementäre Begriffe.[472]) Nutzungseinlagen sind daher ebenso zu bejahen wie (die ausdrücklich im Gesetz erwähnten) Nutzungsentnahmen; inwieweit sich der Begriff der Nutzungseinlage in der ESt und der KSt deckt, ist strittig.[473])

Beispiel:

Ein Privat-PKW wird zeitweise für betriebliche Zwecke genutzt. Der auf die betriebliche Nutzung entfallende Aufwand ist Betriebsausgabe; es liegt eine Nutzungseinlage vor (Aufwand an Privatkonto).

---

[470]) Siehe VwGH 5. 8. 1993, 88/14/0060.

[471]) Siehe VwGH 20. 11. 1990, 89/14/0156; zu Miterben siehe *Stoll,* Rentenbesteuerung[4] Tz 904 ff.

[472]) Siehe *Beiser,* ÖStZ 1985, 146 ff, 151 und StuW 1991, 137 f.

[473]) Siehe dazu *Kirchmayr* in *Achatz/Kirchmayr,* KStG (2011) § 8 Rz 104 ff und *Marschner,* Einlagen in Kapitalgesellschaften (2015) 75 ff.

Die Form der Einlage entspricht mit umgekehrtem Vorzeichen jener der Entnahme. Die Einlage von notwendigem Betriebsvermögen ergibt sich durch die entsprechende betriebliche Verwendung des Wirtschaftsgutes; bei gewillkürtem Betriebsvermögen durch die in den Büchern zum Ausdruck gebrachte Aufnahme des Wirtschaftsgutes in das Betriebsvermögen. 199

f) Grundsätze der Bilanzlehre

aa) Die Maßgeblichkeit der Unternehmensbilanz für die Steuerbilanz

Literatur: *Tanzer,* Die Maßgeblichkeit der Handelsbilanz für die Bewertung in der Steuerbilanz, in *Raupach* (Hrsg), Werte und Wertermittlung im Steuerrecht, Köln 1984, 55; *Hofians,* Bilanzierungshilfen des Handelsrechtes im Bilanzsteuerrecht, Wien 1985; *Ruppe,* Auswirkungen einer Reform der Rechnungslegung auf die steuerliche Gewinnermittlung, in *Egger/Ruppe* (Hrsg), Reform der Rechnungslegung in Österreich, Wien 1987, 231; *Egger,* Bilanzierungshilfen, eine bilanzrechtliche Notwendigkeit? in GedS Lechner, Wien 1987, 61; *Wassermeyer,* Die Maßgeblichkeit der Handelsbilanz für die Steuerbilanz und die Umkehr dieses Grundsatzes, in *Doralt* (Hrsg), Probleme des Steuerbilanzrechts, Köln 1991, 29; *Achatz,* Bildung und Funktion der Bewertungsreserve, in *Bertl/Mandl/Mandl/Ruppe* (Hrsg), Rechnungslegungsvorschriften, Wien 1992, 45; *Ruppe,* Rechnungslegungsreform und Bilanzsteuerrecht, in *Bertl/Mandl/Mandl/Ruppe* (Hrsg), Rechnungslegungsvorschriften, Wien 1992, 291; *oV,* VwGH und Maßgeblichkeit, RdW 2000, 699; *Knaus,* Privatstiftungen und Maßgeblichkeitsprinzip, SWK 2000, 1240; *Himmelreich,* Folgen der Aushöhlung des Maßgeblichkeitsprinzips, in FS Müller, München 2001; *Mayr,* Gewinnrealisierung, Wien 2001; *Zorn,* Entwicklungen in der Rechtsprechung zum Abgabenrecht, ÖStZ 2001, 186; *ders,* Gewinnrealisierung im Steuerecht, RdW 2001, 580; *Novacek,* Steuerlicher Rückstellungsbegriff und handelsrechtliche Maßgeblichkeit, FJ 2001, 11; *ders,* Zur Maßgeblichkeit des Handelsrechts für die steuerliche Gewinnermittlung (Teil I), FJ 2001, 346, (Teil II), FJ 2001, 383, (Teil III), FJ 2002, 12; *Zorn,* Beantwortung dreier vermeintlicher Zweifelsfragen, SWK 2001, 1249; *Barborka,* Nochmals: Drei Zweifelsfragen des steuerlichen Herstellungskostenbegriffes; Entgegnung auf eine Replik von *Zorn,* Steuerliche Gewinnermittlung und Maßgeblichkeit, SWK 2002, 716; *Drescher,* Zur Zukunft des deutschen Maßgeblichkeitsgrundsatzes, Düsseldorf 2002; *Wiesner,* Bilanzsteuerrechtliches: Forderungsbewertung, Grundsatz der besseren Einsicht, Betriebsvermögenszugehörigkeit, Maßgeblichkeitsgrundsatz, Rückstellung für den Handelsvertreter-Ausgleichsanspruch, RWZ 2002, 44; *Barborka,* Auswirkungen der verlängerten Gewährleistungsfristen auf die Rückstellungen – Handelsrechtlicher Ansatz und steuerliche Beschränkungen, RWZ 2002, 365; *Kotschnigg,* Ausgewählte Fragen zur verdeckten Gewinnausschüttung, SWK 2002, 1132; *Bertl/Egger/Gassner/Lang/Nowotny,* Die Maßgeblichkeit der Handelsrechtlichen Gewinnermittlung für das Steuerecht, Wien 2003; *oV,* Einkommensteuer und Maßgeblichkeit, RdW 2003, 404; *Herger,* Der Einfluss des Steuerrechts und der Bilanzpolitik auf die handelsrechtliche Jahresabschlussprüfung; VWT 2003 H 6, 16; *Seicht,* Steuerrechtliche Ansatz- und Bewertungsvorschriften in bilanztheoretischer Sicht, GesRZ 2003, 59; *Bertl/Hirschler,* Die bilanzielle Behandlung geringwertiger Vermögensgegenstände, RWZ 2003, 325; *Barborka,* Die zeitliche Komponente der Werterhellung bei Rückstellungen gemäß VwGH, BFH sowie EuGH, RWZ 2003, 289; *Bertl/Fraberger,* Bilanzierung von „hybriden Kapitalherabsetzungen", RWZ 2003, 372; *Barborka,* Rückstellungen aus der Sicht der neuen VwGH-Judikatur und der EStR 2000, RdW 2003, 49; *Barborka,* Ausgewählte Rückstellungen und das Steuerrecht – Vergleich mit geltendem Handelsrecht und den EStR 2000, RdW 2003, 231; *Barborka,* Altbekannte Rückstellungen unter neuen Aspekten – Handels- und steuerrechtliche Behandlung, RdW 2003, 736; *Wiesner,* Rückstellungen im Einkommensteuerrecht, RWZ 2004, 16; *Bertl/Greimel/Klostermann,* Das Maßgeblichkeitsprinzip und seine Auswirkungen auf die Erstellung von Handelsbilanzen, RWZ 2004, 106; *Beiser,* Finanzierungsförderungen und Investitionszuschüsse in Handels- und Steuerbilanz (Teil I), ÖStZ 2004, 301, (Teil II), ÖStZ 2004,328; *Bertl/Greimel/Klostermann,* Das Maßgeblichkeitsprinzip und seine Auswirkungen auf die Erstellung von Handelsbilanzen, RWZ 2004, 106; *Bertl/Hirschler,* Bilanzielle Behandlung der langfristigen Auftragsfertigung in Handels- und Steuerbilanz, RWZ 2004, 364; *Barborka,* Altbekannte Rückstellungen unter neuen Aspekten, RdW 2004, 507; *Bertl/Hirschler,* Umfang des steuerrechtlichen Mindestansatzes von Herstellungskosten, RWZ 2005, 104; *oV,* VwGH: Steuerliche Bilanzierung nach Sonder-Handelsrecht? RdW 2005, 647; *Petritz,* Rückstellungen für Jahresabschlusskosten unzulässig? GeS 2005, 335; *Kirchmayr/Achatz,* Von der Maßgeblichkeit der Handelsbilanz zu ihrer Unmaßgeblichkeit in der steuerlichen Gewinnermittlung, taxlex 2005, 541; *Achatz,* Steuerliches Aktivierungsverbot für Verwaltungs- und Vertriebskosten bei langfristiger Fertigung? taxlex 2005, 552; *Schragl/Grau,* Unternehmensgesetzbuch und Gewinnermittlung: Gestaltungsmöglichkeiten und fragliche Aufdeckung stiller Reserven, RdW 2005, 452; *Fritz-Schmied,* Die steuerbilanzielle Gewinnermittlung, Wien 2005; *Auer,* Auswirkungen des UGB auf die steuerliche Gewinnermittlung, RWZ 2006, 86; *Fritz-Schmied/Aichwalder,* Das Maßgeblichkeitsprinzip vor dem Hintergrund der Novellierung des HGB durch das UGB, RWZ 2006, 141; *Wiesner,* Bilanzsteuerrechtliches: Notwendiges Betriebsvermögen, Gewinnrealisierung, Teilwertabschreibung, Rückstellung, RWZ 2006, 258; *Aigner/Sedlacek,* Die handels- und steuerrechtliche Behandlung der Wandlungs- und Optionsprämie bei Nichtausübung von Wandel- und Optionsrechten, RdW 2006, 111; *Puchinger/Goess,* Steuerlicher Handlungsbedarf auf Grund der Änderung der Rechnungslegung gem UGB? ecolex 2006, 1028; *Mayr,* UGB-AnpG 2006: wichtige Änderungen bei der steuerrechtlichen Gewinnermittlung, RdW 2006, 245; *Urnik,* Die Änderungen der steuerlichen Gewinnermittlungssystematik durch das StruktAnpG 2006, taxlex 2006, 300; *D. Grünberger,* IAS/IFRS 2007 Praxisleitfaden mit Fallbeispielen, Wien 2006; *Hirschler,* UGB-Anpassung – vergebene Chance zur Vereinheitlichung der Gewinnermittlungsvorschriften, in FS W. Doralt, Wien 2007, 109; *Roth,* Die Konvergenz von Unternehmens- und Steuerrecht im neuen UGB, in FS W. Doralt, Wien 2007, 379; *Tanzer,* Steuerrechtliche Gewinnermittlung und Rechnungslegung nach dem UGB, in FS W. Doralt, Wien 2007, 431; *Mayr,* UGB und Steuerrecht, in FS Ruppe, Wien 2007, 466; *Fritz-Schmied,* Zur Notwendigkeit eines umgekehrten Maßgeblichkeitsprinzips, ÖStZ 2009, 508; *Beiser,* Pauschale Rückstellungen und pauschale Wertberichtigungen, RdW 2011, 303; *Fritz-Schmied,* Die Durchbrechung des Maßgeblichkeitsprinzips in Zusammenhang mit Veräußerungen von Kapitalanlagen und Grundstücken, SWK 2012, 1197; *Marchgraber,* Das Ende der „umgekehrten" Maßgeblichkeit in § 208 Abs. 2 UGB? RWZ 2014, 16; *Moser,* RÄG 2014 – auf dem Weg zur „Einheitsbilanz"? ecolex 2014, 997; *Hirschler,* Einheitsbilanz: Implikationen für das Steuerrecht, RWZ 2015, 210; *Kirchmayr/Achatz,* Der lange Weg zur Einheitsbilanz, taxlex 2015, 81; *Lindbauer,* Die Einheitsbilanz aus unternehmensrechtlicher Sicht, RWZ 2015, 215; *Moser,* Das Rechnungslegungs-Änderungsgesetz 2014 aus steuerrechtlicher Sicht, taxlex 2015, 84; *Urnik/Urtz,* Übersicht über die Neuerungen des Rechnungslegungs-Änderungsgesetzes 2014, ÖStZ 2015, 153; *Beiser,* Gesellschaften bürgerlichen Rechts: Keine Gewinnermittlung nach § 5 EStG, RdW 2016, 638; *Marchgraber/Seiler,* Maßgeblichkeit ausländischer handelsrechtlicher Grundsätze ordnungsmäßiger Buchführung, SWI 2016, 169; *Orlet,* Die schrittweise Annäherung des UGB an das EStG? ÖStZ 2016, 690; *Bertl/Hirschler,* Stetigkeitsprinzip und erstmalige Anwendung der Effektivzinsmethode, RWZ 2017, 179; *Rohatschek/Broidl,* Einheitsbilanz – (k)ein erstrebenswertes Ziel? SWK 2018, 1190.

Das **Maßgeblichkeitsprinzip** ergibt sich aus § 5 Abs 1: **200**

„Für die Gewinnermittlung jener Steuerpflichtigen, die nach § 189 UGB oder anderen bundesgesetzlichen Vorschriften der Pflicht zur Rechnungslegung unterliegen und die Einkünfte aus Gewerbebetrieb (§ 23) beziehen, sind die unternehmensrechtlichen Grundsätze ordnungsmäßiger Buchführung maßgebend, außer zwingende steuerrechtliche Vorschriften treffen abweichende Regelungen."

Nach § 189 Abs 1 UGB ist jeder Unternehmer mit Umsatzerlösen von mehr als € 700.000 pro Geschäftsjahr und Betrieb verpflichtet, Bücher zu führen und in diesen seine unternehmensbezogenen Geschäfte und die Lage seines Vermögens nach den Grundsätzen ordnungsmäßiger Buchführung (GoB) ersichtlich zu machen.

Die Rechtfertigung des Maßgeblichkeitsprinzipes liegt im Vereinfachungsgedanken: Wenn bereits eine Gewinnermittlung auf der Grundlage eines Vermögensvergleiches vorliegt, dann soll nicht unabhängig davon ein zweiter Vermögensvergleich für die Ermittlung des steuerlichen Gewinnes durchgeführt werden. Dies war auch der historische Anlass für das Maßgeblichkeitsprinzip im preußischen EStG 1891.[474])

Unternehmensbilanz und Steuerbilanz verfolgen allerdings **unterschiedliche Zielsetzungen:** Während die Unternehmensbilanz am Gläubigerschutz orientiert ist, orientiert sich die Steuerbilanz am Leistungsfähigkeitsprinzip. Der VwGH verfolgt daher seit einiger Zeit eine Loslösung der Steuerbilanz von der Unternehmensbilanz und sieht ihren Hauptanwendungsbereich nur mehr im Bereich der Teilwertabschreibungen und Rückstellungen.[475])

Rechtspolitisch ist keine klare Linie zu erkennen. Einerseits wird in Teilbereichen die Angleichung von Unternehmens- und Steuerbilanz verfolgt (zB die Abschaffung der antizipierten Teilwertabschreibung bei Umlaufvermögen durch das RÄG 2010[476]); Angleichungen in Bewertungsfragen durch das RÄG 2014[477])), andererseits wurden die Unterschiede von Unternehmens- und Steuerbilanz durch das 1. StabG 2012 aber wieder verstärkt (ins durch die vom UGB abweichend geregelte Bewertung von Einlagen und Entnahmen von Grundstücken).

Aus dem Maßgeblichkeitsprinzip ergeben sich nachstehende Schlussfolgerungen:

1. Der rechnungslegungspflichtige Gewerbetreibende hat eine den Grundsätzen ordnungsmäßiger Buchführung entsprechende Unternehmensbilanz zu errichten. **201**

2. Die Unternehmensbilanz ist die Grundlage für die steuerliche Gewinnermittlung, sie ist zusammen mit der Gewinn- und Verlustrechnung dem FA daher ebenfalls vorzulegen (§ 44 Abs 1). Die Errichtung einer von der Unternehmensbilanz (inhaltlich) unabhängigen Steuerbilanz kommt nicht in Betracht. **202**

3. Die steuerrechtlichen Vorschriften gehen vor, soweit sie von den unternehmensrechtlichen Grundsätzen ordnungsmäßiger Buchführung abweichen. Die Ansätze der Unternehmensbilanz sind dann für steuerliche Zwecke zu **203**

[474]) Zur historischen Entwicklung siehe *Ruppe* in *Egger/Ruppe,* RLG-Reform 235; *Tanzer* in *Raupach,* Wertermittlung 57.

[475]) Siehe *Zorn,* ÖStZ 2001, 186.

[476]) Rechnungslegungsrechts-Änderungsgesetz 2010 BGBl I 2009/140.

[477]) Rechnungslegungs-Änderungsgesetz 2014 BGBl I 2015/22.

berichtigen. Dies führt je nach Umfang der Änderungen zu einer **von der Unternehmensbilanz abgeleiteten Steuerbilanz** oder zu einer bloßen Korrektur der Unternehmensbilanz durch Zusätze (§ 44 Abs 2; sog steuerliche **„Mehr-Weniger-Rechnung“**). In der Praxis wird die Unternehmensbilanz oft bereits so gestaltet, dass sie (zumindest weitgehend) auch den steuerlichen Anforderungen entspricht.

Die Maßgeblichkeit der Unternehmensbilanz für die Steuerbilanz bedeutet insb:

204 1. Keine Änderung in der Steuerbilanz, wenn der Ansatz in der Unternehmensbilanz steuerrechtlich zulässig ist.[478])

Beispiele:

1. In der Unternehmensbilanz werden geringwertige Wirtschaftsgüter, deren Anschaffungskosten unter € 400 liegen, nicht aktiviert, sondern voll als Betriebsausgaben abgesetzt. Da dies für Zwecke der Steuerbilanz ebenfalls zulässig ist (§ 13), bleibt es bei diesem Ansatz; wegen der Maßgeblichkeit der Unternehmensbilanz darf auch in der Steuerbilanz keine Aktivierung erfolgen.

2. In der Unternehmensbilanz werden die geringwertigen Wirtschaftsgüter mit den Anschaffungskosten aktiviert. Wegen der Maßgeblichkeit der Unternehmensbilanz darf der Stpfl in der Steuerbilanz vom Wahlrecht des § 13 nicht Gebrauch machen.

205 2. Änderung der Steuerbilanz, wenn der Ansatz zwar in der Unternehmensbilanz zulässig ist, aber gegen zwingende steuerliche Vorschriften verstößt.

Beispiele:

1. In der Unternehmensbilanz wurde eine Aufwandsrückstellung gebildet (zB Rückstellung für eine bevorstehende Reparatur). Die Rückstellung kann in die Steuerbilanz nicht übernommen werden, weil steuerlich eine Aufwandsrückstellung nicht zulässig ist (§ 9).

2. In der Unternehmensbilanz wird ein im Jahr 2010 im Privatvermögen erworbenes Grundstück zum 1. 1. 2018 eingelegt und gem § 202 Abs 1 UGB mit dem beizulegenden Wert bewertet. Dieser Wert kann in die Steuerbilanz nicht übernommen werden, weil das Grundstück gem § 6 Z 5 lit b mit den Anschaffungskosten zu bewerten ist.

206 Entsprechen die Ansätze in der Unternehmensbilanz nicht den Grundsätzen ordnungsmäßiger Buchführung (unrichtige Unternehmensbilanz), besteht keine Bindung. Der Ansatz in der abgeleiteten Steuerbilanz ist dann gegebenenfalls von Amts wegen zu berichtigen.

Beispiel:

Der Reparaturaufwand für ein Betriebsgebäude wurde in der Unternehmensbilanz aktiviert. Dies widerspricht den Grundsätzen ordnungsmäßiger Buchführung und genauso den steuerlichen Vorschriften. In der Steuerbilanz ist der Aufwand daher als Betriebsausgabe abzusetzen.

---

[478]) Siehe VwGH 10. 12. 1985, 85/14/0078, ÖStZB 1986, 248; anders BFH 3. 2. 1969, GrS 2/68, BStBl 1969 II 291 (ein unternehmensrechtliches Aktivierungswahlrecht führt zu einer Aktivierungspflicht in der Steuerbilanz, weil andernfalls steuerrechtlich nicht der volle Gewinn erfasst werden könnte).

Werden in der Unternehmensbilanz **Zuschreibungen** vorgenommen (zB Abschreibungen rückgängig gemacht, vgl § 208 Abs 1 UGB), sind diese Zuschreibungen auch für den steuerlichen Wertansatz maßgebend und erhöhen den steuerlichen Gewinn dieses Jahres (§ 6 Z 13). **207**

Auf Grund des Maßgeblichkeitsgrundsatzes müssten steuerliche Begünstigungen bereits in der Unternehmensbilanz ausgewiesen werden (bspw § 13). Andererseits dürfen in der Unternehmensbilanz stille Reserven nicht willkürlich gebildet werden, für die Bewertung bestehen Untergrenzen; wirtschaftspolitisch motivierte und auch gesetzlich eingeräumte niedrigere Ansatz- und Bewertungswahlrechte in der Steuerbilanz würden deshalb an der Unternehmensbilanz scheitern. Um dies zu vermeiden, ist die Geltendmachung bestimmter steuerlicher Begünstigungen unabhängig von der Behandlung im unternehmensrechtlichen Jahresabschluss möglich; teilweise hat ein Ausweis im Anlageverzeichnis zu erfolgen (§ 8 Abs 2, § 12 Abs 1 und Abs 8). **208**

Keinen entscheidenden Einfluss auf die Erstellung der Bilanz haben die verschiedenen **Bilanztheorien.** Nach der **statischen** Bilanztheorie ist der Gewinn durch einen reinen Vermögensvergleich zu ermitteln, der keinen Aufschluss darüber gibt, ob der Gewinn bzw Verlust bloß auf Wertänderungen im Betriebsvermögen oder auf die Leistung des Betriebes zurückzuführen ist. Nach der **dynamischen** Bilanztheorie sind die Bilanzwerte bloße Verrechnungsgrößen noch nicht verbrauchter Ausgaben. Wertänderungen der Betriebsanlagen haben nicht die Bedeutung wie nach der statischen Bilanztheorie. Weder die Unternehmensbilanz noch die Steuerbilanz kann einer der beiden Theorien zugeordnet werden. Die Vermögensaufstellung ist zwar grds von der statischen Bilanzauffassung geprägt, doch sind zB die Bildung von Rückstellungen, die gleichmäßige Verteilung des Aufwandes für Betriebsvermögen auf die Nutzungsdauer, typisch für die dynamische Bilanztheorie. **209**

Dass es hier keine einheitliche Linie gibt, zeigt insb die Rsp des VwGH zur Rückstellung für den noch nicht konsumierten Urlaub von Dienstnehmern.[479]) Der VwGH erklärt dort zunächst, dass das ESt-Recht mehr auf der statischen Bilanzauffassung basiere und dass die auf der dynamischen Bilanzauffassung beruhende Forderung nach richtiger Periodenabgrenzung nicht überspitzt werden dürfe; gleichzeitig hält er aber eine Passivierung jener Bezüge, die der Unternehmer seinen Arbeitnehmern während des Urlaubs zu zahlen hat, für zulässig, weil nur diese Vorgangsweise eine korrekte Abgrenzung des Periodengewinnes zulasse, und folgt damit der dynamischen Bilanzauffassung.

bb) Grundsätze ordnungsmäßiger Buchführung

Literatur: *Torggler,* Zeitgerechte Eintragung in Handelsbücher, RWZ 2000, 321; *oV,* Ordnungsmäßigkeit von Büchern und Aufzeichnungen gemäß § 131 BAO bei Anwendung von MS Excel oder eines vergleichbaren EDV-Programmes, ÖStZ 2002, 493 = RdW 2002, 703; *Lattner,* Ordnungsmäßigkeit von Büchern und Aufzeichnungen, AStN 2002, H 17, 1; *Hirschler,* Einheitsbilanz: Implikationen für das Steuerrecht, RWZ 2015, 210.

Nach § 5 Abs 1 sind bei der Gewinnermittlung von rechnungslegungspflichtigen Gewerbetreibenden die **unternehmensrechtlichen** Grundsätze ordnungsmäßiger Buchführung maßgebend (GoB). Hingegen ist die Gewinner- **210**

[479]) Siehe VwGH 23. 1. 1974, 1138/72, ÖStZB 1974, 133.

mittlung nach § 4 Abs 1 an die **allgemeinen** Grundsätze ordnungsmäßiger Buchführung gebunden (§ 4 Abs 2).

211 Die **allgemeinen Buchführungsgrundsätze** ergeben sich insb aus § 131 BAO und aus dem Wesen eines Betriebsvermögensvergleichs; sie sollen vor allem die Grundsätze der Bilanzwahrheit, der Bilanzvollständigkeit und der Bewertungsstetigkeit sichern.[480]) Die Grundsätze ordnungsmäßiger **unternehmensrechtlicher Buchführung** beziehen sich darüber hinaus auch auf die Ermittlung und Bewertung des Betriebsvermögens. Daraus ergeben sich Unterschiede zwischen der Gewinnermittlung nach § 4 Abs 1 und § 5 Abs 1.

Sowohl nach § 4 Abs 1 als auch nach § 5 Abs 1 ist der Gewinn durch eine doppelte Buchführung zu ermitteln. Die Geschäftsfälle und das Vermögen müssen unter Einhaltung der Formvorschriften der §§ 124 ff BAO erfasst sein.

212 Die **Eintragungen** sollen der Zeitfolge nach geordnet, vollständig, richtig und zeitgerecht vorgenommen werden. Die Aufzeichnungen sollen in einer lebenden Sprache geführt werden; handelt es sich dabei nicht um eine im Abgabenverfahren zulässigen Amtssprache, ist eine beglaubigte Übersetzung vorzulegen. Bücher und Aufzeichnungen, die nicht gebunden geführt werden, sollen in einem Kontenregister festgehalten werden; die Überprüfung der Eintragungen soll jederzeit möglich sein. Löschungen (Streichungen) sollen den ursprünglichen Inhalt der Eintragung nicht unleserlich machen. Werden Datenträger verwendet, sollen Eintragungen und Aufzeichnungen nicht in einer Weise verändert werden können, dass der ursprüngliche Inhalt nicht mehr ersichtlich ist. Bei Verwendung von Datenträgern muss die inhaltsgleiche, vollständige und geordnete Wiedergabe bis zum Ablauf der gesetzlichen Aufbewahrungsfrist jederzeit gewährleistet sein (§ 131 BAO). Gewerbliche Unternehmer sind verpflichtet, ein Wareneingangsbuch zu führen, wenn sie den Gewinn nicht durch Vermögensvergleich auf Grund einer ordnungsmäßigen Buchführung ermitteln (§ 127 und § 128 BAO). Buchführende Land- und Forstwirte haben besondere Verzeichnisse und Aufzeichnungen zu führen (Grundstücksverzeichnis, Anbau- und Ernteverzeichnis, Viehregister, Naturalienregister; durch VO geregelt). Besondere Bestimmungen bestehen auch für die Führung von Büchern und Aufzeichnungen im Ausland sowie für die Erfassung von Bareinnahmen zum Zweck der Losungsermittlung (§ 131 b BAO; „Registrierkassenpflicht").

213 Die **Aufbewahrungspflicht** dauert sieben Jahre; sie gilt für Bücher und Aufzeichnungen, die dazugehörigen Belege und Geschäftspapiere oder sonstigen Unterlagen mit einem für die Abgabenerhebung bedeutenden Inhalt. Die Frist läuft vom Schluss des Kalenderjahres, für das die letzte Eintragung in die Bücher (Aufzeichnungen) vorgenommen worden ist (§ 132 BAO).

214 Bücher und Aufzeichnungen, die den Formvorschriften (§ 131 BAO) entsprechen, haben die **Vermutung ordnungsmäßiger Führung** für sich und sind der Erhebung der Abgaben zu Grunde zu legen, wenn nicht ein begründeter Anlass gegeben ist, ihre sachliche Richtigkeit in Zweifel zu ziehen (§ 163 BAO). Ist die Buchführung nicht ordnungsgemäß, dann ist die Behörde grds zur **Schätzung** berechtigt (§ 184 Abs 3 BAO).

215 Die Ordnungsmäßigkeit der Buchführung hat jedoch nicht bloß die verfahrensrechtlichen Folgen einer Schätzung; sie ist auch **materiellrechtliche Voraussetzung** für den Verlustabzug. Nach der Rsp des VfGH ist der Verlust-

[480]) Siehe ErläutRV BlgNR 621 17. GP 64 (zu § 4 Abs 2).

abzug allerdings auch bei Nichtordnungsmäßigkeit der Buchführung zu gewähren, wenn der Verlust seiner Höhe nach errechnet werden kann und das Ergebnis auch überprüfbar ist.[481])

cc) Bilanzberichtigung und Bilanzänderung

Literatur: *Konecny,* Abschreibung „vergessener" Wirtschaftsgüter, RdW 2002, 245; *oV,* Stellungnahme zur Rechnungslegung: Änderung von Jahresabschlüssen und Anpassung der Handelsbilanz an die Steuerbilanz (IDW RS HFA 6, Stand: 4. 9. 2001), RWZ 2002, 254; *Walla/Walla,* Bilanzberichtigung bzw Änderung der Nutzungsdauer, SWK 2005, 1445; *D. Fröhlich,* Bilanzberichtigung oder bloße AfA-Korrektur bei unrichtiger Abschreibung von Wirtschaftsgütern des abnutzbaren Anlagevermögens, SWK 2007, 784; *Bertl/Hirschler,* Unternehmens- und steuerrechtliche Behandlung einer Bilanzberichtigung, RWZ 2008, 102; *Doralt,* Überhöhte AfA: Bilanzberichtigung bis zur Wurzel? RdW 2008, 360; *Beiser,* Die Einmalerfassung im Licht des Abgabenänderungsgesetzes 2012, RdW 2012, 684; *Bertl/Hirschler,* Bilanzberichtigung und „subjektiver Fehlerbegriff", RWZ 2013, 279; *Prodinger,* Totalgewinnermittlung im Lichte des Abgabenänderungsgesetzes 2012, SWK 2013, 25; *Knechtl,* Fehlerberichtigung bei der Einkünfteermittlung neu geregelt, SWK 2013, 430; *Titz,* AbgÄG 2012: Neuerungen bei der steuerlichen Bilanzberichtigung, RWZ 2013, 6; *Atzmüller/Bodis,* Inkrafttreten der Bilanzberichtigung gemäß § 4 Abs 2 EStG – Zeitpunkt der erstmaligen Zu- oder Abschläge, RdW 2015, 661; *Hirschler,* Die Bilanzberichtigung nach dem Abgabenänderungsgesetz 2012, SWK 2015, 1187; *Arnoldi,* Zur Wiederaufnahme als Alternative zur „Bilanzberichtigung neu", FJ 2016, 240; *Beiser,* Bilanzberichtigung nur zu Lasten der Abgabepflichtigen? SWK 2016, 418; *Prodinger/Hacksteiner,* Steuerliche Bilanzberichtigung zur Berücksichtigung von Prüfungsergebnissen, SWK 2016, 411; *dies,* Steuerliche Bilanzberichtigung zur Berücksichtigung von Betriebsprüfungs- und GPLA-Ergebnissen, SWK 2016, 830; *Sadlo,* Mehrsteuern aus GPLA-Prüfung als Grund für Bilanzberichtigung an der Wurzel, RdW 2016, 223; *Brugger/Marchgraber,* Fehlerberichtigung gemäß § 4 Abs 2 Z 2 EStG und VwGH-Rechtsprechung zur Wiederaufnahme auf Antrag – Gesetzesänderung nötig? ÖStZ 2017, 431; *Raab/Renner,* Subjektive Richtigkeit der Bilanz und Berichtigung an der Wurzel, GES 2017, 278; *dies,* Subjektive Richtigkeit oder Berichtigung der Bilanz, ÖStZ 2017, 357; *Wiesner,* Bilanzberichtigung, RWZ 2017, 181; *Zorn,* VwGH: Bilanzberichtigung und subjektive Richtigkeit, RdW 2017, 450; *Bodis/Ebner/Hammerl,* EStR-Wartungserlass 2018 – wichtigste Änderungen im Überblick, RdW 2018, 453; *Prodinger/Hacksteiner,* Steuerliche Bilanzberichtigung zur Berücksichtigung von Prüfungsergebnissen – erste Entscheidung des VwGH, SWK 2018, 341; *Schweisgut,* Berichtigung an der Wurzel oder im Jahr der Vorschreibung? SWK 2018, 524; *Zorn,* VwGH zur Bilanzberichtigung nach Korrektur der Rechtsansicht bei GPLA-Prüfung, RdW 2018, 54.

Eine **Bilanzberichtigung** liegt vor, wenn ein **unrichtiger** Bilanzansatz **216**
berichtigt wird. Bei einer **Bilanzänderung** wird ein **zulässiger** Bilanzansatz durch einen anderen zulässigen Bilanzansatz ersetzt (vgl § 4 Abs 2).

Bilanzberichtigung **217**

Die **Bilanzberichtigung** dient dazu, die Bilanz mit den zwingenden Vorschriften des EStG und – bei rechnungslegungspflichtigen Gewerbetreibenden –

[481]) Siehe VfGH 26. 2. 1996, B 370/95; siehe dazu auch *Lindinger,* Der Verlustabzug aus verfassungsrechtlicher Sicht, in FS Ruppe 433.

mit den zwingenden Grundsätzen ordnungsmäßiger Buchführung in Einklang zu bringen.[482]) Hat der Stpfl die GoB eingehalten, bleibt die Bilanz richtig, auch wenn sich im Nachhinein die objektive Unrichtigkeit herausstellt (**subjektive Richtigkeit der Bilanz**) (ebenso EStR 2000 Rz 642).[483]) Maßgebend ist die Erkennbarkeit für den sorgfältigen Unternehmer im Zeitpunkt der Bilanzerstellung.[484]) Die subjektive Richtigkeit der Bilanz bezieht sich allerdings nur auf tatsächliche Umstände, eine unzutreffende Rechtsansicht begründet keine subjektive Richtigkeit der Bilanz.[485])

Der Stpfl ist zur Berichtigung auch dann verpflichtet, wenn er die Bilanz bereits beim FA eingereicht hat. Die Bilanzberichtigung ist an keine Frist gebunden und in jedem Stadium des Verfahrens durchzuführen.[486]) Nach dem Grundsatz der Amtswegigkeit des Verfahrens (§ 115 BAO) hat die Behörde von sich aus die Berichtigung durchzuführen, wenn sie einen unrichtigen Bilanzansatz – zB im Zuge einer Betriebsprüfung – feststellt.

218 Eine Bilanzberichtigung hat insb zu erfolgen, wenn

a) Bilanzposten fehlen (zB notwendiges Betriebsvermögen),

b) Bilanzposten unrichtig sind (zB unrichtige Bewertung; unterlassene Aktivierung),

c) Bilanzposten zu Unrecht aufgenommen wurden (zB Aktivierung von Instandhaltungsaufwand),

d) und dies dem Stpfl bei der Bilanzerstellung bekannt war oder bekannt sein musste (ebenso EStR 2000 Rz 643).[487])

Betrifft die Bilanzberichtigung Veranlagungsjahre, die bereits rechtskräftig veranlagt sind, und kann der Fehler im Ursprungsjahr („Wurzeljahr“) wegen **eingetretener Verjährung** nicht mehr steuerwirksam berichtigt werden, dann kann die Steuerwirksamkeit der Bilanzberichtigung im Wurzeljahr von Amts wegen oder auf Antrag in einer späteren Periode nachgeholt werden (§ 4 Abs 2 Z 2). Dabei gilt Folgendes:

– Die Fehlerberichtigung im Wurzeljahr ist **nur** auf Grund eingetretener Verjährung nicht mehr möglich; es muss daher für das Wurzeljahr grds ein Verfahrenstitel für die Durchbrechung der Rechtskraft vorliegen.[488])

– Die Fehlerberichtigung ist **im ersten,** zum Zeitpunkt der Bescheiderlassung noch **nicht verjährten Veranlagungszeitraum** steuerwirksam nachzuholen.

---

[482]) Siehe VwGH 7. 2. 1990, 88/13/0241.

[483]) Siehe VwGH 27. 4. 2017, Ra 2015/15/0062.

[484]) Siehe VwGH 27. 4. 2017, Ra 2015/15/0062 und VwGH 26. 11. 2002, 99/15/0075; siehe auch BFH 23. 5. 1984, I R 266/81, BStBl 1984 II 723.

[485]) Siehe VwGH 29. 3. 2006, 2001/14/0091; ebenso *Zorn/Varro* in *Doralt/Kirchmayr/Mayr/Zorn,* EStG[17] § 4 Tz 129.

[486]) Siehe *Zorn/Varro* in *Doralt/Kirchmayr/Mayr/Zorn,* EStG[17] § 4 Tz 131.

[487]) Siehe VwGH 27. 4. 2017, Ra 2015/15/0062.

[488]) Siehe EStR 2000 Rz 652 f: Eine Bilanzberichtigung hat auf Grund der tatsächlichen Umstände im Wurzeljahr zu erfolgen und stellt daher kein rückwirkendes Ereignis iSd § 295 a BAO dar (siehe dazu VwGH 24. 9. 2014, 2010/13/0062).

– Der richtige Totalgewinn wird durch **Ansatz von Zu- und Abschlägen** ermittelt.

– Die Fehlerberichtigung ist nur dann und insoweit vorzunehmen, als der Fehler in den **Folgejahren** nach dem Jahr der Berichtigung **noch steuerliche Auswirkungen haben kann.**

Damit ist eine Fehlerberichtigung insb dann möglich, wenn eine Wiederaufnahme wegen Verjährung nicht mehr möglich ist.

Beispiele:

1. In einem bereits verjährten Veranlagungsjahr (idR mehr als fünf Jahre zurück) wurde bei einem Gebäude ein Herstellungsaufwand zu Unrecht sofort abgeschrieben; richtigerweise hätte der Aufwand aktiviert und im Wege der AfA auf die Nutzungsdauer verteilt werden müssen. Da der Fehler auch die Folgejahre betrifft, ist er zu berichtigen.

2. Ein privater Aufwand wurde in einem bereits verjährten Veranlagungsjahr zu Unrecht als Betriebsausgabe geltend gemacht. Da der Fehler sich hier auf die Folgejahre nicht auswirkt, unterbleibt in diesem Fall eine Fehlerberichtigung.

Inkrafttreten:

Die Fehlerberichtigung in der dargestellten Form gilt ab 2013 (AbgÄG 2012[489])) und ist erstmals bei der Veranlagung für das Jahr 2004 auf Fehler anzuwenden, die Veranlagungszeiträume ab 2003 betreffen (§ 124b Z 225 idF BGBl I 2015/163).

Bilanzänderung 219

Bei der **Bilanzänderung** tritt an die Stelle eines richtigen Bilanzansatzes ein anderer, ebenfalls richtiger Bilanzansatz. Nach Einreichung der Bilanz beim FA ist eine Bilanzänderung nur zulässig, wenn die Änderung *„wirtschaftlich begründet“* ist. Bei der Gewinnermittlung nach § 4 Abs 3 kommen die Grundsätze der Bilanzänderung nicht zur Anwendung (es gibt keine Bilanz), daher kann der Stpfl die in der Steuererklärung beantragten Investitionsbegünstigungen bis zur Rechtskraft der Veranlagung zurücknehmen.[490]) Dies muss wohl auch für Investitionsbegünstigungen bei Bilanzierern gelten, die unabhängig von der Behandlung im unternehmensrechtlichen Jahresabschluss geltend gemacht werden können (zB Übertragung stille Reserven).[491])

„Wirtschaftlich begründet“ ist eine Bilanzänderung nach der Rsp dann nicht, wenn sie bloß dazu dient, einen zunächst nicht erkannten Steuervorteil zu erlangen[492]) oder das steuerliche Mehrergebnis einer Betriebsprüfung ausglei-

---

[489]) Abgabenänderungsgesetz 2012 BGBl I 2012/112.

[490]) Vgl VwGH 23. 6. 1982, 3666/80, ÖStZB 1983, 134; siehe auch *Beiser*, RdW 1985, 162.

[491]) Vgl dazu VwGH 30. 6. 2010, 2005/13/0036 (zur mittlerweile ausgelaufenen Eigenkapitalzuwachsverzinsung); zum Ausweis der Übertragung stiller Reserven siehe EStR 2000 Rz 3874.

[492]) Siehe VwGH 3. 11. 1976, 1345/76, ÖStZB 1977, 127 und VwGH 26. 9. 1984, 84/13/0075, ÖStZB 1985, 195.

chen soll.[493]) Dagegen ist eine Bilanzänderung zulässig, wenn ein Wirtschaftsgut erstmals im Rahmen einer Betriebsprüfung aktiviert worden ist und von den Herstellungs- bzw Anschaffungskosten nachträglich eine Investitionsbegünstigung beantragt wird. Der VwGH hält allgemein eine Bilanzänderung bei „veränderter Sachlage" für zulässig; eine ausreichend „veränderte Sachlage" liegt dann vor, wenn das steuerliche Mehrergebnis einer Betriebsprüfung die Investitionsplanung und Liquiditätssituation des Betriebes tatsächlich gefährdet.[494]) Die Investitionsplanung wird zB dann gefährdet, wenn die falsche Investitionsbegünstigung geltend gemacht wird.[495])

Beispiel:

Der Stpfl hat auf Grund eines Bilanzierungswahlrechtes die Möglichkeit, den Gewinn und damit die Steuerbelastung für das laufende Wirtschaftsjahr erheblich zu reduzieren (zB Übertragung stiller Reserven). Infolge der unerwarteten Zahlungsunfähigkeit eines Kunden werden jedoch Forderungen in erheblichem Umfang abgeschrieben. Eine weitere Gewinnreduzierung durch die Inanspruchnahme des Bilanzierungswahlrechts erübrigt sich wegen der Forderungsabschreibung. Bei der Veranlagung anerkennt das FA die Forderungsabschreibung jedoch nicht; es kommt daher zu einer Gewinnerhöhung. Der Stpfl würde nun gerne das Bilanzierungswahlrecht nützen und beantragt eine Bilanzänderung. Der Antrag wird voraussichtlich abgelehnt werden.

220 Die relativ enge Auslegung der Zulässigkeit von Bilanzänderungen ist umstritten. Bilanzierungswahlrechte sollen dem Stpfl innerhalb eines gewissen Rahmens die Möglichkeit geben, den Gewinn und damit die Steuerbelastung für das jeweilige Wirtschaftsjahr zu beeinflussen. Ändert sich die Grundlage, auf der ein gesetzlich gewährtes Bilanzierungswahlrecht ausgeübt worden ist, weil der Gewinn bei der ESt-Veranlagung gegenüber der Erklärung wesentlich erhöht wird, müsste daher eine Bilanzänderung grds und nicht nur ausnahmsweise zulässig sein.[496])

Gegen eine am Gesetzeszweck orientierte großzügigere Haltung spricht nicht, dass damit auch im Fall einer Abgabenverkürzung ein steuerliches Mehrergebnis vermieden werden könnte. Finanzstrafrechtliche Folgen können durch eine Bilanzänderung nicht verhindert werden. Im Fall einer Abgabenhinterziehung wird es allerdings gerechtfertigt sein, dem Stpfl nicht zusätzlich die Möglichkeit einer Bilanzänderung zu gewähren.

dd) Bilanzzusammenhang

Literatur: *Tanzer,* Das Gebot der inneren Bilanzstetigkeit im Handels- und Steuerrecht, in GedS Lechner, Wien 1987, 407; *oV,* Gesamtgewinn – Periodengewinn, RdW 2000, 51; *Wiesner,* Periodengerechte Besteuerung versus Gesamtgewinnbesteuerung, RWZ 2003, 360; siehe auch oben cc.

---

493) Siehe VwGH 19. 4. 1988, 87/14/0081, ÖStZB 1988, 477 und VwGH 25. 10. 1995, 94/15/0035.

494) Siehe VwGH 19. 4. 1988, 87/14/0081, ÖStZB 1988, 477.

495) Vgl VwGH 21. 9. 1988, 87/13/0176, ÖStZB 1989, 51.

496) Siehe BFH 29. 1. 1952, I 103/51 U, BStBl 1952 III 57; siehe auch *Gassner,* FJ 1983, 169; vgl auch VfGH 25. 6. 1992, G 58/92, ÖStZB 1993, 459 (zur Verfassungswidrigkeit des Verbots der nachträglichen Erhöhung der Rücklage für den nichtentnommenen Gewinn im Zuge einer Wiederaufnahme); dazu auch *Beiser,* RdW 1993, 191.

Der Betriebsvermögensvergleich (§ 4 Abs 1) besteht in der Gegenüberstellung des Endvermögens eines Wirtschaftsjahres und des Endvermögens des vorangegangenen Wirtschaftsjahres. Das bedeutet, dass die Eröffnungsbilanz zum 1. 1. jeden Jahres ident ist mit der Schlussbilanz zum 31. 12. des Vorjahres. Daher sind Wahlrechte, die in der Schlussbilanz des Vorjahres ausgeübt worden sind, für die Eröffnungsbilanz des Folgejahres bindend (Bilanzidentität). Eine niedrige Bewertung eines Aktivums in der Schlussbilanz des Vorjahres führt zwar zu einem niedrigeren Gewinn im Vorjahr, jedoch auch zu einem höheren Gewinn in einem Folgejahr (Zweischneidigkeit der Bilanz). 221

Beispiel:

Der Stpfl schafft verschiedene geringwertige Anlagegüter (Anschaffungskosten bis € 400) mit einer zweijährigen Nutzungsdauer an und setzt sie nach § 13 im Jahr der Anschaffung in voller Höhe als Betriebsausgabe ab. Im Jahr der Anschaffung ist der Gewinn – verglichen mit dem Fall der Aktivierung – um die Hälfte der Anschaffungskosten niedriger, dafür im Folgejahr entsprechend höher.

Eine **Durchbrechung des Bilanzzusammenhanges** ist nur möglich, wenn das **Gesetz** in der Eröffnungsbilanz ausnahmsweise einen von der Schlussbilanz abweichenden Wert zulässt. Das war zum 1. 1. 1953 der Fall, als das SEBG 1954[497]) eine Aufwertung gegenüber der Schlussbilanz zum 31. 12. 1952 zuließ. Für Wirtschaftsgüter, die vor 1953 angeschafft worden sind, ist dieser Stichtag weiterhin zu beachten. 222

frei 223–226

Von dem hier behandelten allgemeinen Bilanzzusammenhang (**Bilanzidentität**) **sind die Bewertungsgleichmäßigkeit** (**materielle Bilanzkontinuität, Bewertungsstetigkeit**) und die Beibehaltung der Bilanzgliederung und Ausweispraxis (**formelle Bilanzkontinuität, Gliederungs-, Ansatzstetigkeit**) als weitere Bilanzierungsgrundsätze zu unterscheiden. Sie gewährleisten die Vergleichbarkeit der Bilanzen mehrerer Perioden. Eine Änderung einmal gewählter Bilanzierungsmethoden (Ausweis, Gliederung und Bewertung) in den folgenden Bilanzen darf nur in besonderen Ausnahmefällen erfolgen. Weiters zu unterscheiden ist der Grundsatz des **Wertzusammenhangs,** nach dem der Bilanzansatz für Wirtschaftsgüter grds nicht über den letzten Bilanzansatz hinausgehen darf. 227

3. Überschuss der Betriebseinnahmen

Literatur: *Stoll,* Gewinnrealisierung ohne Umsatzakt, in *Ruppe* (Hrsg), Gewinnrealisierung im Steuerrecht, Köln 1981, 207; *Mandl/Bertl/Winterheller,* Einnahmen-Ausgaben-Rechnung, Wien 1982; *Taucher,* Das Zufluss-Abfluss-Prinzip im Einkommensteuerrecht, Wien 1983; *Urtz,* Veräußerung von Anlagevermögen bei der Gewinnermittlungsart nach § 4 Abs 3 EStG, ÖStZ 1997, 98; *Mayr,* Zufluss und Einnahmen – Eine Begriffsverwirrung, RdW 1999, 176; *Hilber,* Individualpauschalierungs-Verordnung, ecolex 2000, 153; *Siart/Temm,* In welchem Jahr sind Anfang Jänner bezahlte Dezember-Gehälter abzugsfähig? SWK 2001, 1338; *dies,* Zeitliche Zuordnung von regelmäßig wiederkehren-

[497]) Schillingeröffnungsbilanzengesetz BGBl 1954/190.

den Einnahmen und Ausgaben, SWK 2002, 413; *Keppert,* Flankierende Maßnahmen für Einnahmen-Ausgaben-Rechner und Hochwasserkatastrophe, SWK 2002, 1229 (1233); *Pülzl,* Darlehenskonvertierung bei Einnahmen-Ausgaben-Rechnung und im außerbetrieblichen Bereich, SWK 2002, 1362; *Puchinger,* Neue Verlustvortragsregelung bei Einnahmen-Ausgaben-Rechnern, FJ 2006, 317; *Atzmüller,* Freibetrag für investierte Gewinne und Pauschalierung, SWK 2006, 1197; *Pülzl,* Anschaffung von Wertpapieren als Investitionsförderung, SWK 2006, 1087; *Renner,* Verlustvortrag eines Freiberuflers: Anlaufverluste trotz Betriebserwerb, RdW 2006, 56; *Kanduth-Kristen/Rutter,* Freibetrag für investierte Gewinne (FBiG) gem § 10 EStG idF des KMU-FörderungsG 2006, taxlex 2006, 683; *Urtz,* Änderung der Gewinnermittlungsarten durch das StruktAnpG 2006, GeS 2006, 262; *Hilber,* Änderungen im EStG durch das BBG 2007, taxlex 2007, 244; *Herbst,* Die (steuer-)bilanzielle und einkommensteuerliche Behandlung von Fremdwährungskrediten, taxlex 2008, 409; *Eitler/Herzog/Schuh,* Praktische Einnahmen-Ausgaben-Rechnung[9], Wien 2009; *Hilber,* Vorliegen einer freiwilligen Buchführung, UFS 2009, 175; *Brugger,* Zufluss bei beherrschenden Gesellschaftern und Geschäftsführern, ecolex 2010, 601; *Beiser,* Die Wahl der Gewinnermittlungsart – Vermögensvergleich oder Einnahmen-Ausgaben-Rechnung? ÖStZ 2011, 239; *Gaedke,* Welche Wirtschaftsgüter unterliegen keinem regelmäßigen Wertverzehr? SWK 2012, 756; *Kortner,* 1. Stabilitätsgesetz 2012 – Die steuerrechtlichen Maßnahmen, FJ 2012, 117; *Doralt,* 1. StabG 2012: Ungewolltes Ende der Einnahmen-Ausgaben-Rechnung? RdW 2013, 695; *Knechtl,* Fehlerberichtigung bei der Einkünfteermittlung neu geregelt, SWK 2013, 430; *Hayden/Hayden,* Kreditkartenzahlung: Der Zeitpunkt des steuerlichen Zu- und Abflusses, RdW 2016, 361; *Hirschler/Sulz/Oberkleiner,* Verkehrswertzusammenschluss bei Einnahmen-Ausgaben-Rechnern zulässig, BFGjournal 2016, 175; *van Bakel-Auer/Haselsteiner/Hirschler/Kanduth-Kristen/Schimmer/Stückler,* Grundlagen der steuerlichen Gewinnermittlung, in *Bertl/Djanani/Eberhartinger/Kofler/Tumpel,* Handbuch der österreichischen Steuerlehre II[3], Steuerliche Gewinnermittlung und Steuerbilanzpolitik, Wien 2016, 23; *Renner,* Rückgängigmachung zugeflossener Geschäftsführerbezüge nicht möglich, SWK 2016, 1085; *Fritz-Schmid/Kudert/Urnik,* Der Erlass einer Forderung bei Kapitalgesellschaften als Schuldnerunternehmen – Steuerliche Effekte und Gestaltungsüberlegungen in Abhängigkeit von der Einkünfteermittlungsmethode beim Gesellschafter, StAW 2017, 199; *Zirngast/Weinzierl/Leistentritt,* Steuerhandbuch für Freiberufler, Wien 2017, 92; *Inreiter/Marschner,* Steuerrechtliche Überlegungen zu „KRYPTO" – einem Mining-Geschäftsmodell, taxlex 2018, 19; *Pernt/Berger/Unger,* Handbuch für Einnahmen-Ausgaben-Rechner[4], Wien 2018; *Siart,* Die EAR in der (Unternehmens-)Praxis, Wien 2018.

„Der Überschuß der Betriebseinnahmen über die Betriebsausgaben darf dann als Gewinn angesetzt werden, wenn keine gesetzliche Verpflichtung zur Buchführung besteht und Bücher auch nicht freiwillig geführt werden." (§ 4 Abs 3 erster Satz)

a) Verhältnis zur Gewinnermittlung durch Vermögensvergleich

228 Während beim Vermögensvergleich die einzelnen Geschäftsfälle daraufhin untersucht werden, ob sie die Höhe des Betriebs*vermögens* beeinflussen und dementsprechend zu Aktivierungen oder zu Passivierungen führen, werden nach § 4 Abs 3 Geschäftsfälle (zB Forderungen und Verbindlichkeiten, Wareneinund -verkauf) erst bzw bereits dann wirksam, wenn sie bezahlt werden („Einnahmen-Ausgaben-Rechnung"; Ausnahme beim Anlagevermögen sowie bei bestimmten Vorauszahlungen nach § 4 Abs 6).

Daher führen zB geleistete Anzahlungen vor Erhalt der Ware zu gewinnmindernden Betriebsausgaben, andererseits aber auch erhaltene Vorauszahlungen der Kunden vor Lieferung der Ware zu gewinnerhöhenden Betriebseinnahmen.

Beispiel:

Das Betriebsvermögen besteht am 31. 12. 01 in Bargeld iHv € 50.000 und in einem Warenbestand von € 5.000, wovon noch € 2.000 zu bezahlen sind. Im Laufe des Jahres 02 kauft der Unternehmer Waren um € 47.000 bar und um € 3.000, die erst im Jahr 03 bezahlt werden. Die aus 01 offene Differenz von € 2.000 wird im Jahr 02 bezahlt.

Die Waren werden im Jahr 02 bis auf einen Restbestand von € 5.000 gegen € 60.000 Barzahlung und € 10.000 Kredit, der erst 03 bezahlt wird, verkauft.

Gewinnermittlung nach § 4 Abs 3

Betriebseinnahmen 02	€ 60.000
Betriebsausgaben 02	€ 49.000
Gewinn	€ 11.000

Der Eingang der Restforderung von € 10.000 und die Bezahlung von € 3.000 Waren werden erst 03 gewinnwirksam, die Bezahlung der Restschuld aus 01 wird dagegen 02 wirksam.

Gewinnermittlung nach § 4 Abs 1

Betriebsvermögen 31. 12. 02	
Ware	€ 5.000
Kassa (€ 50.000 – € 47.000 – € 2.000 + € 60.000)	€ 61.000
Forderung	€ 10.000
	€ 76.000
Verbindlichkeit	–€ 3.000
	€ 73.000
Betriebsvermögen 31. 12. 01	€ 53.000
Gewinn 02	€ 20.000

Unter dem Gesichtspunkt der Gesamtgewinnbesteuerung eines Unternehmens führt die Einnahmen-Ausgaben-Rechnung zum selben Ergebnis wie der Vermögensvergleich nach § 4 Abs 1, es kommt bloß zur Gewinnverschiebung zwischen den einzelnen Perioden (Grundsatz der **Totalgewinngleichheit;**[498]) anders dagegen im Vergleich zur Gewinnermittlung nach § 5, weil dort gewillkürtes Betriebsvermögen gebildet werden kann).

Die Gewinnermittlung nach § 4 Abs 3 ist gegenüber § 4 Abs 1 zwar eine vereinfachte Gewinnermittlung, es gelten aber grds die gleichen Regeln wie für § 4 Abs 1. Das sind insb: **229**

Entnahmen (zB von Waren) sind bei der Überschussrechnung hinzuzurechnen, **Einlagen** sind abzuziehen.

Nur **notwendiges Betriebsvermögen** wird berücksichtigt (keine Bildung von gewillkürtem Betriebsvermögen).

---

[498]) Vgl VwGH 25. 7. 2013, 2011/15/0046.

Der Kauf von Anlagegütern führt nicht im Jahr der Ausgabe zu einer Gewinnkürzung, sondern gegebenenfalls nur die anteilige **Absetzung für Abnutzung** (§ 7 Abs 3; bei abnutzbarem Anlagevermögen). Auch nicht abnutzbares Anlagevermögen ist zu aktivieren und dessen Anschaffungs- oder Herstellungskosten erst bei Ausscheiden aus dem Betriebsvermögen abzusetzen.[499]) Nicht zulässig ist eine **Teilwertabschreibung** (weil es sich bei § 6 um Bewertungsvorschriften handelt[500])), Absetzungen für **außergewöhnliche technische oder wirtschaftliche Abnutzung** bei abnutzbarem Anlagevermögen sind hingegen möglich (§ 8 Abs 4). Daher können sich im Verhältnis zum Betriebsvermögensvergleich (§ 4 Abs 1 und § 5) Unterschiede in der (Folge-)Bewertung von Anlagevermögen ergeben, wenn die Voraussetzungen für eine Teilwertabschreibung vorliegen, aber nicht für eine Absetzung für außergewöhnliche technische oder wirtschaftliche Abnutzung (reine Wertminderung ohne Änderung der Nutzungsdauer) (vgl EStR 2000 Rz 688). Beim Umlaufvermögen sind die Ausgaben bei der Gewinnermittlung nach § 4 Abs 3 hingegen sofort in voller Höhe gewinnwirksam, weshalb es hierfür auch keiner Teilwertabschreibung bedarf.

Investitionsbegünstigungen (zB § 12, § 108 c) und die Sofortabschreibung **geringwertiger Wirtschaftsgüter** (§ 13) können in Anspruch genommen werden, ebenso der **Gewinnfreibetrag** (§ 10).

Für künftige **Abfertigungsansprüche** kann (anders als für Pensionszusagen) ein steuerfreier Betrag gebildet werden (§ 14 Abs 5 idF BBG 2007[501])).

Der **Verlustabzug** ist möglich, wenn die Verluste durch ordnungsgemäße Einnahmen-Ausgaben-Rechnung ermittelt worden sind und soweit Verluste nicht bereits in der Veranlagung vorangegangener Kalenderjahre berücksichtigt wurden (§ 18 Abs 6 idF AbgÄG 2016[502])).[503])

230 Nur Betriebseinnahmen und Betriebsausgaben sind für den Gewinn maßgeblich, nicht dagegen das Betriebsvermögen; Entnahmen und Einlagen von **Geld** sind daher für die Gewinnberechnung ohne Belang. Um dem Prinzip der Totalgewinngleichheit zu entsprechen, ist jedoch die Entnahme von **Sachwerten** – unabhängig davon, ob es sich um Anlage- oder Umlaufvermögen handelt, als Betriebseinnahme zu erfassen.[504]) Dabei ist grds der Teilwert anzusetzen, für Grund und Boden der Buchwert (§ 6 Z 4). Bei Entnahme von (abnützbaren) Anlagevermögen ist zudem der (Rest-)Buchwert als Betriebsausgabe zu erfassen (weil während der Zugehörigkeit zum Betriebsvermögen auch bei EAR allenfalls nur die laufende AfA abgesetzt wird). Umgekehrt mindert die **Einlage** von Anlagevermögen nur entsprechend einer laufenden AfA den Gewinn. Einlagen von Umlaufvermögen oder geringwertigen Wirtschaftsgütern mindern hingegen als sofortige Betriebsausgabe den Gewinn. Auch hier ist grds der Teilwert

---

[499]) VwGH 16. 6. 1987, 86/14/0190.

[500]) VwGH 16. 12. 1998, 96/13/0007 (zur bloßen Wertminderung einer Darlehensforderung); siehe dazu Tz 340 ff; vgl auch VfGH 14. 12. 1977, B 439/76, VfSlg 8207/1977 (nicht verfassungswidrig).

[501]) Budgetbegleitgesetz 2007 BGBl I 2007/24.

[502]) AbgabenänderungsG 2016 BGBl I 2016/117.

[503]) Ab der Veranlagung 2016 uneingeschränkt, davor bei EAR auf die letzten drei Kalenderjahre beschränkt (§ 18 Abs 7 idF Steuerreformgesetz 2015/2016 BGBl I 2015/118).

[504]) VwGH 30. 11. 1999, 94/14/0158.

maßgeblich (§ 6 Z 5 lit d[505])). Eine Ausnahme besteht für Grundstücke und bestimmte Edelmetalle, wenn sie zum Umlaufvermögen gehören. Der Einlagewert wird in diesen Fällen erst abgesetzt, wenn sie wieder aus dem Betriebsvermögen ausscheiden (§ 4 Abs 3 vierter Satz).[506])

Der Diebstahl aus der Betriebskasse, der Verlust eines betriebsbedingt gewährten Darlehens und der Wegfall einer Beteiligung mindern als Substanzverluste der Betriebssphäre den Gewinn.[507]) Umgekehrt führt der betrieblich bedingte Nachlass einer Darlehensverbindlichkeit zu Betriebseinnahmen.[508]) Der Empfang und die Rückzahlung betrieblicher Darlehen führt ansonsten nicht zu Betriebseinnahmen und Betriebsausgaben.[509])

Für die **zeitliche Zuordnung** der Betriebseinnahmen und Betriebsausgaben gilt die allgemeine Regel des § 19; maßgebend ist daher der Zeitpunkt, in dem die Einnahme zugeflossen oder die Ausgabe getätigt worden ist (Tz 485). Der Bareinkauf von Waren oder Anzahlungen im Dezember führen zu einer Gewinnminderung (Betriebsausgabe) im alten Jahr (Dezember), auch dann, wenn die Ware erst im nächsten Jahr geliefert oder verkauft wird. Um übermäßige Gewinnmanipulationen zu verhindern, verlangt das Gesetz für bestimmte **Vorauszahlungen** eine wirtschaftliche Zuordnung (zB für Zinsen- und Mietvorauszahlungen, vgl § 4 Abs 6; ausführlich Tz 290). **231**

Durchlaufende Posten, das sind Beträge, die im Namen und für Rechnung eines anderen vereinnahmt und verausgabt werden, bleiben unberücksichtigt; nach Wahl des Stpfl können auch USt- und Vorsteuerbeträge als durchlaufende Posten behandelt werden (§ 4 Abs 3 zweiter und dritter Satz; das Wahlrecht kann auch noch im Berufungsverfahren ausgeübt werden; der Stpfl kann auch jedes Kalenderjahr neu wählen[510])). **232**

Im Fall der Veräußerung eines Betriebes, dessen Gewinn nach § 4 Abs 3 ermittelt wird, ist ein Übergang zum Betriebsvermögensvergleich zu unterstellen (§ 24 Abs 2 zweiter Satz; dazu Tz 251 ff und 577); bei Veräußerungen von Wirtschaftsgütern des Anlagevermögens sind die Einnahmen um die Anschaffungskosten abzüglich Abschreibungen (entspricht dem Buchwert) zu kürzen. **233**

b) Voraussetzung für die Gewinnermittlung durch Überschussrechnung

Die Voraussetzungen sind: **234**

1. **Keine Buchführungspflicht** nach UGB oder anderen gesetzlichen Vorschriften (§ 124 BAO) oder nach § 125 BAO (das sind Umsatz- und Einheits-

---

505) Kapitalvermögen und Grundstücke werden grds mit den Anschaffungs- oder Herstellungskosten eingelegt, es sei denn, der Teilwert ist niedriger; vgl § 6 Z 5 lit a bis c.

506) Steuerliche Verluste, denen keine tatsächliche Vermögensminderung zu Grunde liegt, sollen dadurch verhindert werden; vgl ErläutRV 360 BlgNR 25. GP 7 f.

507) VwGH 2. 4. 1979, 1145/78, ÖStZB 1980, 2; VwGH 28. 10. 1981, 0604/78, ÖStZB 1982, 211; VwGH 28. 6. 1988, 87/14/0118, ÖStZB 1989, 37; VwGH 25. 7. 2013, 2011/15/0046.

508) VwGH 15. 1. 2008, 2006/15/0116.

509) VwGH 22. 4. 1998, 95/13/0143.

510) VwGH 25. 6. 2007, 2002/14/0090.

wertgrenzen für land- und forstwirtschaftliche Betriebe, vgl Tz 156). Für Einkünfte aus Gewerbebetrieb und aus selbständiger Tätigkeit besteht nach § 125 BAO generell keine abgabenrechtliche Buchführungspflicht.

2. **Keine freiwillige ordnungsmäßige Buchführung** (§ 4 Abs 3 erster Satz).

Bloße Bestandsübersichten zum Schluss eines (Wirtschafts-)Jahres genügen nicht für die Annahme einer Buchführung und somit auch nicht für die Wahl der Gewinnermittlung gem § 4 Abs 1.[511]) Eine Buchführung setzt eine laufende Erfassung aller Geschäftsvorfälle voraus.[512]) Zur (doppelten) Buchführung gehören die Bestandsrechnung, die Erfolgsrechnung und die Erstellung eines Inventariums.[513]) Nach dem BFH ist die Gewinnermittlung durch Überschussrechnung erst durch Erstellung eines Abschlusses ausgeschlossen.[514])

4. Durchschnittssätze (§ 17)

Literatur: *Stoll,* Gewinnrealisierung ohne Umsatzakt, in *Ruppe* (Hrsg), Gewinnrealisierung im Steuerrecht, Köln 1981, 207; *KWT/BMF,* Die Auslegung der Pauschalierungsverordnungen, SWK 2000, 24; *Gaedke/Schwarz,* Die neuen Pauschalierungsbestimmungen, SWK 2000, 30, 105 und 325; *Schrottmeyer,* Die neuen Pauschalierungsverordnungen, ecolex 2000, 241 und 317; *Hilber,* Individualpauschalierungs-Verordnung, ecolex 2000, 153; *Grabher/Gasser,* Grenzen der (Individual-)Pauschalierung – eine kritische Betrachtung aus aktuellem Anlass, RdW 2000, 185; *Atzmüller,* Basispauschalierung bei Grundstücksveräußerung durch Freiberufler, RdW 2002, 244; *Bartl,* Pauschalierungen im Überblick, FJ 2002, 57; *Atzmüller,* Basispauschalierung bei Grundstücksveräußerung durch Freiberufler, RdW 2002, 244; *Petschnigg,* Ermittlung der Einkünfte aus Land- und Forstwirtschaft, SWK 2002, 22; *Petschnigg,* Die Politiker-Pauschalierung, SWK 2002, 92; *Petschnigg,* Die Handelsvertreter-Pauschalierung, SWK 2002, 136; *Petschnigg,* Die Sportler-Pauschalierung, SWK 2002, 329; *Petschnigg,* Pauschalierung für Gaststätten- und Beherbergungsbetriebe, SWK 2002, 376; *Petschnigg,* Die Künstler/Schriftsteller-Pauschalierung, SWK 2002, 532; *Petschnigg,* Pauschalierung für nicht buchführende Lebensmitteleinzel- oder Gemischtwarenhändler, SWK 2002, 563; *oV,* Gaststätten- und Lebensmittelhändlerpauschalierung bei Betriebsverpachtung, SWK 2003, 838; *Petschnigg,* Land- und forstwirtschaftliche Zweifelsfragen, SWK 2003, 1123; *oV,* Keine Anwendung der Handelsvertreterpauschalierung auf Versicherungsmakler, SWK 2003, 1267; *oV,* Auswirkungen von Fest-Umsätzen auf die Gastwirtepauschalierung, SWK 2003, 1269; *Urban,* Verkauf eines pauschalierten Forstbetriebes, SWK 2003, 1414; *Hilber,* Die neue Pauschalierungs-Verordnung, ecolex 2004, 395; *Schwaiger,* Gemeinschaftsrechtswidrigkeit der Pauschalbesteuerung der Land- und Forstwirte? SWK 2004, 756; *Fritz-Schmied,* Gestaltungsüberlegungen in Hinblick auf die Inanspruchnahme der Branchen-Pauschalierungsverordnung 2005, SWK 2004, 1123; *Doralt,* Sportlerverordnung und Werbeeinkünfte, RdW 2004, 180; *Sedlacek,* GmbH Geschäftsführer: 6% oder 12% Betriebsausgabenpauschale? SWK 2004, 1469; *Petschnigg,* Land- und forstwirtschaftliche Zweifelsfragen Buschenschank: Bisherige Verwaltungspraxis bleibt aufrecht, SWK 2004, 1473; *Gasser,* Anwendung der Handelsvertreterpauschalierung auf selbstständig tätige Vermögens-, Anlage- und Finanzberater, SWK 2005, 389; *Renner,* Pauschalierung und Investiti-

[511]) VwGH 10. 5. 1994, 90/14/0173; VwGH 23. 3. 1999, 97/14/0172.

[512]) VwGH 31. 7. 1996, 92/13/0015.

[513]) Siehe dazu BMF, RdW 1993, 385; RME, SWK 1995, A 290.

[514]) BFH 25. 2. 2009, IX R 26/08; BFH 2. 6. 2016, IV R 39/13.

onszuwachsprämie, SWK 2005, 939; *Hammerl,* LuF: Änderung der Pauschalierungsverordnung geplant, SWK 2005, 1045; *Petschnigg,* Neue Pauschalierungsverordnung für Land- und Forstwirte, SWK 2005, 1099; *Stipsits,* Pauschalierungen im Überblick, taxlex 2005, 304; *Röthlin/Plassak,* Einkommensteuerliche Pauschalierung bei Journalisten, SWK 2006, 1043; *Fuchs,* Pauschalierung und Freibetrag für investierte Gewinne gemäß § 10 EStG i.d.F. KMU-FG 2006, SWK 2006, 1130; *Atzmüller,* Freibetrag für investierte Gewinne und Pauschalierung, SWK 2006, 1197; *Beiser,* Freibetrag für investierte Gewinne trotz Pauschalierung? SWK 2006, 1265; *Silber,* Neuerungen für pauschalierte Land- und Forstwirte; ÖStZ 2006, 121; *Zapfl,* Gewinnermittlung Landwirtschaft ab 2006 Was verbirgt sich hinter dem Begriff „pauschalierter Landwirt"? taxlex 2006, 395; *Brauner,* Land- und forstwirtschaftliche Pauschalierungs-Verordnung 2006, VWT 2006, H 4, 34; *Portele,* Land- und forstwirtschaftlicher Nebenerwerb und Nebentätigkeiten (Teil I), taxlex 2006, 476; *Urban,* Pauschale Gewinnermittlung bei nichtbuchführungspflichtigen Winzern, FJ 2007, 171; *R. Hack,* Änderung der Pauschalierungsverordnung für Lebensmittelhändler und Gaststätten in Vorbereitung, SWK 2007, 743; *Zapfl,* Pauschalierte Gewinnermittlung Landwirtschaft ab 2006 bis einschließlich 2010, taxlex 2007, 138; *Prodinger,* Umsatzgrenze und Basispauschalierung, SWK 2008, 346; *Jilch,* Die Landwirtepauschalierung für die Jahre 2011 bis 2015 – Ein Überblick über die wesentlichen Änderungen, SWK 2011, 71; *Pircher,* Gastgewerbliche Pauschalierung im Fadenkreuz des UFS, SWK 2011, 861; *ders,* Weitere Überlegungen zur gastgewerblichen Pauschalierungsverordnung, SWK 2011, 1042; *Prodinger,* Basispauschalierung und Gewinnfreibetrag – ein Vorteilhaftigkeitsvergleich, SWK 2011, 1092; *Renner,* Basispauschalierung schon im Jahr der Betriebseröffnung, SWK 2011, 1098; *Schürer-Waldheim,* Verfassungswidrigkeit der Pauschalierung in der Land- und Forstwirtschaft, SWK 2011, 792; *Baldauf,* Neues zur Gaststättenpauschalierung, SWK 2012, 1271; *Pülzl,* Vollpauschalierung in der Land- und Forstwirtschaft und Präjudizialität, AFS 2012, 313; *Knechtl,* Kein Vertreterpauschale für allgemeine Aufgaben der Geschäftsführung, SWK 2012, 1107; *ders,* Keine Umsatzgrenze bei der Basispauschalierung im Jahr der Betriebseröffnung, ecolex 2012, 168; *Krassnig,* Die neue Gastgewerbepauschalierung, SWK 2013, 345; *Mitterer/Pachinger,* Gaststättenpauschalierung – eine (un)mögliche Entscheidung und das Ende eines Steuerparadieses? SWK 2013, 437; *Ryda/Langheinrich,* Die Pauschalierung von Betriebsausgaben und Werbungskosten gemäß § 17 EStG 1988 (Teil I – III), FJ 2013, 114, 150 und 189; *Reinold,* Sonderbetriebsausgaben bei Basispauschalierung möglich? taxlex 2014, 38; *Schwaighofer,* Amtsmissbrauch durch Erlassung von (Pauschalierungs-)Verordnungen? ÖJZ 2014, 160; *Wakounig/Trauner/Kamleithner,* Die land- und forstwirtschaftliche Hauptfeststellung 2014 – SWK-Spezial, Wien 2014; *Hammerl,* Land- und Forstwirtschaft-PauschalierungsVO 2015 ab 2015 anwendbar, RdW 2015, 64; *ders,* Zusammenspiel Einheitswert und LuF-PauschVO 2015, RdW 2015, 196; *Höbaus/Meyerhofer,* Pauschalierungen und ihre Anwendung im Steuerrecht, Graz 2015; *Kanduth-Kristen,* Optimale Höhe von Geschäftsführerbezügen und Vorteilhaftigkeitsvergleich zwischen Einzelunternehmen und Ein-Personen-GmbH, taxlex 2015, 230; *Jilch,* Die Besteuerung pauschalierter Land- und Forstwirte[5], Wien – Graz 2016; *Renner,* Wahlrecht des Steuerpflichtigen zur Inanspruchnahme einer ertragsteuerlichen Pauschalierung, BFGjournal 2016, 432; *ders,* Anwendbarkeit des Vertreterpauschales auch für Versicherungsmakler, BFGjournal 2017, 245; *Steinwendner,* Die Pauschalierungsverordnung für nichtbuchführende Gewerbetreibende ist gesetzwidrig! SWK 2017, 1340; *Atzmüller,* Novellierung der Pauschalierungsverordnung für nichtbuchführende Gewerbetreibende, SWK 2018, 594; *ders,* Neuerliche Novellierung der Pauschalierungsverordnung für nichtbuchführende Gewerbetreibende, SWK 2018, 1160; *Blasina,* Vertreterpauschalierung verfassungswidrig, BFGjournal 2018, 102; *Ceipek,* Die Vertreterpauschalierung ist bis 2017 weiter anzuwenden, SWK 2018, 695; *Schwaiger,* Mögliche Prolongierung von Gesetzwidrigkeiten der Pauschalierungsverordnung, SWK 2018, 852; *Steinwendner*, Die geänderte Pauschalierungsverordnung für nichtbuchführende Gewerbetreibende ist erneut verfassungswidrig, SWK 2018, 758.

235 § 17 sieht zwei verschiedene Arten von Durchschnittssätzen vor:

- **Durchschnittssätze für Betriebsausgaben** auf Grund des Gesetzes (Betriebsausgabenpauschalierung nach § 17 Abs 1 bis 3);
- **Durchschnittssätze für Gruppen von Stpfl** auf Grund von Verordnungen (Verordnungsermächtigung nach § 17 Abs 4 und 5).

Betriebsausgabenpauschalierung („Basispauschalierung")

236 **Gewerbetreibende** und **selbständig Erwerbstätige** (nicht Land- und Forstwirte) können im Rahmen der Gewinnermittlung nach § 4 Abs 3 die **Betriebsausgaben mit** einem Durchschnittssatz vom Umsatz iSd § 125 Abs 1 BAO ansetzen (§ 17 Abs 1). Nicht zum Umsatz zählen erhaltene Kostenersätze für Reise- und Fahrtkosten des Stpfl (durchlaufender Posten, siehe Tz 237). Der **Durchschnittssatz** beträgt grds **12% (höchstens jedoch € 26.400)** vom Umsatz; er reduziert sich auf **6% (höchstens € 13.200)** bei folgenden Einkünften bzw Tätigkeiten:

- Kaufmännische oder technische Beratung (gleichgültig, ob freiberuflich oder gewerblich);
- Tätigkeiten iSd § 22 Z 2 (vermögensverwaltende Tätigkeiten, Gesellschafter-Geschäftsführer);
- schriftstellerische, vortragende, wissenschaftliche, unterrichtende oder erzieherische Tätigkeit.

237 Neben den pauschal abgesetzten Betriebsausgaben dürfen nur

- **Ausgaben für den Eingang an Waren, Rohstoffen,** Halberzeugnissen, Hilfsstoffen und Zutaten, die zur Weiterveräußerung angeschafft werden,
- **Ausgaben für Löhne** (einschließlich Lohnnebenkosten) und für Fremdlöhne, soweit diese unmittelbar in Leistungen eingehen, die den Betriebsgegenstand des Unternehmens bilden,
- **Pflichtbeiträge zur gesetzlichen Sozialversicherung,** an BV-Kassen und zu Versorgungs- und Unterstützungseinrichtungen der Kammern der selbständig Erwerbstätigen sowie
- **Reise- und Fahrtkosten,** soweit ihnen ein Kostenersatz in gleicher Höhe gegenübersteht (diese stellen wirtschaftlich gesehen nur Durchlaufposten dar, wenn sie der Auftraggeber übernimmt[515])),

als Betriebsausgaben abgesetzt werden (§ 17 Abs 1) (siehe EStR 2000 Rz 4117 ff). Nicht gesondert geltend gemacht werden dürfen insb Absetzungen für Abnutzung, Versicherungsbeiträge, Mieten und Zinsen. Das Betriebsausgabenpauschale ist immer vom Umsatz iSd § 125 BAO zu bemessen, welcher auf den

[515]) Unabhängig davon, ob sie von vornherein übernommen oder nachträglich ersetzt werden; EStR 2000 Rz 4127 a.

Umsatzbegriff des UStG verweist. Da der Umsatz stets vom Entgelt ohne USt bemessen wird (§ 4 Abs 10 UStG), wird die USt für das Pauschale nicht mitgerechnet.

Die **Basispauschalierung setzt voraus:** 238

- **Einkünfte aus selbständiger Arbeit oder aus Gewerbebetrieb,**
- **Gewinnermittlung nach § 4 Abs 3,**
- die **Umsätze des vorangegangenen Wirtschaftsjahres dürfen nicht mehr als € 220.000** betragen haben,
- aus der **Steuererklärung** muss hervorgehen, dass der Stpfl von der Pauschalierung Gebrauch macht (§ 17 Abs 2 Z 3; dabei genügt es, wenn dies aus den Beilagen zur Steuererklärung, dh der Aufstellung der Betriebsausgaben, hervorgeht) (EStR 2000 Rz 4133).

Im Jahr der Betriebseröffnung ist mangels Umsätze des vorangegangenen Wirtschaftsjahres die Anwendung der Basispauschlierung stets möglich.[516])

Die Basispauschalierung kann auch nach Einreichen der Steuererklärung 239 bis zur Rechtskraft des Bescheides in Anspruch genommen werden bzw es kann auf sie nachträglich auch verzichtet werden.[517])

Geht der Stpfl in einer späteren Veranlagungsperiode von der Betriebsaus- 240 gabenpauschalierung auf den Einzelnachweis der Betriebsausgaben über, so ist eine **erneute Betriebsausgabenpauschalierung frühestens nach Ablauf von fünf Wirtschaftsjahren** zulässig (§ 17 Abs 3). Der Rücktritt von einer erstmalig beanspruchten Basispauschalierung stellt jedoch keinen „Übergang" auf eine andere Form der Gewinnermittlung iSd § 17 Abs 3 dar und löst daher keine fünfjährige Sperrfrist aus.[518])

Die Sperrwirkung richtet sich nur gegen denselben Stpfl und nicht auch gegen den Rechtsnachfolger (EStR 2000 Rz 4134).

Durchschnittssätze für Gruppen von Steuerpflichtigen

Nach § 17 Abs 4 kann der Bundesminister für Finanzen im Verordnungs- 241 weg für Gruppen von Stpfl Durchschnittssätze für die Ermittlung des Gewinnes aufstellen. Die Durchschnittssätze sind auf Grund von Erfahrungen über die wirtschaftlichen Verhältnisse bei der jeweiligen Gruppe von Stpfl festzusetzen. Durchschnittssätze kommen in Betracht für land- und forstwirtschaftliche Betriebe, selbständig Erwerbstätige und Gewerbebetriebe.

Voraussetzung ist, dass keine ordnungsmäßigen Bücher geführt werden, 242 die eine Gewinnermittlung durch Betriebsvermögensvergleich ermöglichen (auch nicht freiwillig). Dies ergibt sich aus dem Grundgedanken, dass entsprechend den vorhandenen Unterlagen die jeweils genauere Gewinnermittlungsart vorzuziehen ist. Besteht Buchführungspflicht (§ 4 Abs 1 oder § 5 Abs 1), ist die Durchschnittssatzbesteuerung auf jeden Fall ausgeschlossen.

---

516) VwGH 25. 10. 2011, 2008/15/0200.

517) VwGH 27. 2. 2003, 99/15/0143.

518) VwGH 21. 9. 2006, 2006/15/0041.

Die Verordnung kann vorsehen:

243 a) eine **Reingewinnermittlung** (Vollpauschalierung): Der Gewinn ergibt sich aus Prozentsätzen vom Einheitswert oder Umsatz oder aus bestimmten Betriebsmerkmalen, die einen Rückschluss auf den Umsatz und Gewinn erlauben, wie zB Lage, Ausstattung und Zahl der Arbeitnehmer. Die Reingewinnermittlung ist für land- und forstwirtschaftliche Betriebe bis zu einem Einheitswert von € 75.000 vorgesehen (siehe Tz 244/1).[519]) Vollpauschalierungen bestehen weiters für das Gaststätten- und Beherbergungsgewerbe (letztmalig für den Veranlagungszeitraum 2012[520])) und den Lebensmitteleinzel- und Gemischtwarenhandel.[521])

244 b) eine **Betriebsausgabenpauschalierung** (Teilpauschalierung): Die Einnahmen (Umsätze) sind aufzuzeichnen, die Betriebsausgaben werden in Prozentsätzen vom Umsatz pauschal festgesetzt. Meist können neben den pauschalierten Betriebsausgaben bestimmte andere Ausgaben in ihrer tatsächlichen Höhe geltend gemacht werden (zB Wareneinkauf, Löhne, Abschreibungen vom Anlagevermögen). Die Betriebsausgabenpauschalierung besteht derzeit durch Verordnung für land- und forstwirtschaftliche Betriebe bei einem Einheitswert von € 75.000 bis zu € 130.000, für das Gastgewerbe seit 2013,[522]) sowie für kleine Gewerbebetriebe.[523]) Für Drogisten wurde auf Grund einer Verordnung die gesetzliche Basispauschalierung bis zu einer Umsatzgrenze von € 700.000 zugelassen.[524]) Weitere Teilpauschalierungen bestehen für Handelsvertreter,[525]) Künstler und Schriftsteller.[526])

244/1 Seit der Wirksamkeit neuer – im Rahmen der Hauptfeststellung 2014 festgestellter – Einheitswerte gelten für die Anwendbarkeit der land- und forstwirtschaftlichen Voll- bzw Teilpauschalierungen neue Grenzen, die auch gesetzlich festgelegt sind (§ 17 Abs 5 a). Eine Vollpauschalierung ist demnach grds nur bis zu einem Einheitswert von € 75.000 zulässig. Überschreitet der Betrieb ein Flächenausmaß von 60 Hektar selbstbewirtschafteter reduzierter landwirtschaftlicher Nutzfläche oder (nachhaltig) einen Viehbestand von 120 Vieheinheiten, ist die Vollpauschalierung auch bei einem geringeren Einheitswert nicht zulässig. Ist die Vollpauschalierung nicht möglich, kann der Gewinn mittels Teilpauschalierung ermittelt werden, die allerdings nur mehr bis zu einem Einheitswert von € 130.000 zulässig ist.[527])

---

519) §§ 2 ff Land- und Forstwirtschaft-PauschalierungsV 2015 BGBl II 2013/125 idF BGBl II 2014/164.

520) Gaststätten- und Beherbergungsgewerbe VO BGBl II 1999/227; nunmehr Teilpauschalierung nach der GastgewerbepauschalierungsV 2013 BGBl II 2012/488.

521) Lebensmitteleinzel- und Gemischtwarenhändler VO BGBl II 1999/228 idF BGBl II 2003/633.

522) GastgewerbepauschalierungsV 2013 BGBl II 2012/488.

523) Nichtbuchführende Gewerbetreibende VO BGBl 1990/55 idF BGBl II 2018/215.

524) § 2 Drogisten VO BGBl II 1999/229.

525) Handelsvertreter VO BGBl II 2000/95 idF BGBl II 2003/635.

526) Künstler/Schriftsteller-PauschalierungsV BGBl II 2000/417 idF BGBl II 2003/636.

527) Siehe auch *Hammerl*, RdW 2015, 64 und 196.

Die Pauschalierung der Land- und Forstwirtschaft ist aus **verfassungsrechtlicher** Sicht nicht unproblematisch. Trotz der zum 1. 1. 2014 durchgeführten Hauptfeststellung ist fraglich, ob die pauschale Gewinnermittlung anhand von Einheitswerten den Erfahrungen des täglichen Lebens entspricht und auf Grund der Verwaltungsökonomie sachlich gerechtfertigt ist.[528]) Denn einerseits sind Einheitswerte als Pauschalierungsmaßstab kaum geeignet, den tatsächlichen Gewinn zu repräsentieren, andererseits dürften die Durchschnittssätze nicht realistisch sein.[529]) Ein Gesetzes- bzw Verordnungsprüfungsverfahren vor dem VfGH scheiterte bislang an der fehlenden Präjudizialität.[530]) **244/2**

5. Schätzung

Literatur: *Hlavenka,* Ein Beitrag zur Einordnung der Schätzung in das Abgabenverfahren, ÖStZ 1993, 359; *Sarnthein,* Gewinnermittlungsart bei Schätzung, ÖStZ 1997, 206; *Langheinrich/Ryda,* Schätzung der Grundlagen für die Abgabenerhebung, (Teil I) FJ 2001, 316, (Teil II) FJ 2001, 352; *Fischerlehner,* Gewinnermittlung durch Schätzung, in GedS Köglberger, Praxis der steuerlichen Gewinnermittlung, Wien 2015, 81. Weitere Literaturnachweise in Bd II zu 9. Kapitel, VI.

Der Gewinn ist durch Schätzung zu ermitteln, soweit die Abgabenbehörde die Grundlagen für die Abgabenerhebung nicht ermitteln oder berechnen kann (§ 184 Abs 1 BAO), insb wenn der Stpfl seine Mitwirkungs- und Auskunftspflicht hinsichtlich solcher Umstände verletzt, die für die Abgabenermittlung wesentlich sind (§ 184 Abs 2 BAO). Die Schätzungsbefugnis wird daher zB auch bei einem unaufgeklärten Vermögenszuwachs ausgelöst.[531]) Ferner ist der Gewinn zu schätzen, „*wenn der Abgabepflichtige Bücher oder Aufzeichnungen, die er nach den Abgabenvorschriften zu führen hat, nicht vorlegt oder wenn die Bücher oder Aufzeichnungen sachlich unrichtig sind oder solche formelle Mängel aufweisen, die geeignet sind, die sachliche Richtigkeit der Bücher oder Aufzeichnungen in Zweifel zu ziehen*“ (§ 184 Abs 3 BAO). **245**

Fehlen brauchbare Unterlagen für die Gewinnermittlung überhaupt, kommt es zu einer **Vollschätzung** (auch **Globalschätzung**);[532]) können aus den Unterlagen die Besteuerungsgrundlagen zT ermittelt werden, ist hinsichtlich der fehlenden Besteuerungsgrundlagen eine **Teilschätzung** vorzunehmen;[533]) gegebenenfalls auch zu Gunsten des Stpfl.[534]) **246**

---

[528]) ZB VfGH 29. 9. 1973, B 182/73 VfSlg 7136; VfGH 26. 2. 1983, B 527/79 VfSlg 9624.

[529]) Ausführlich *Kofler/Schellmann,* Verfassungsrechtliche Aspekte der land- und forstwirtschaftlichen Vollpauschalierung, SPRW 2011 Steu A, 89; *dies,* SWK 2012, 318 f; vgl auch *Peyerl,* SWK 2007, 823.

[530]) VfGH 9. 10. 2012, B 539/12 VfSlg 19.683.

[531]) VwGH 8. 2. 2007, 2004/15/0094; VwGH 28. 2. 2012, 2008/15/0005.

[532]) VwGH 23. 6. 1992, 92/14/0028; VwGH 21. 12. 2010, 2009/15/0040.

[533]) VwGH 17. 10. 2001, 98/13/0233.

[534]) VwGH 24. 2. 1982, 81/13/0159, ÖStZB 1982, 293 (zu Betriebsausgaben eines Fußballschiedsrichters); VwGH 15. 5. 1997, 95/15/0093 (zu Aufwendungen für Schwarzarbeitskräfte und Schwarzeinkäufe).

Beispiel:

Im Zuge einer Nachkalkulation anlässlich einer Betriebsprüfung werden zu geringe Warenerlöse festgestellt. Die Betriebsausgaben einschließlich der Ausgaben für Wareneinkäufe sind jedoch offensichtlich vollständig aufgezeichnet. Es wird bloß eine Teilschätzung hinsichtlich der Einnahmen zu erfolgen haben.

247 Eine Schätzung erfolgt auch dann, wenn den Stpfl kein Verschulden am Fehlen der Aufzeichnungen trifft (zB Verlust der Unterlagen durch Brand; Fehler von Angestellten; Ablauf der Aufbewahrungsfrist). Aus welchem Grund der Schätzungstatbestand erfüllt wird, ist also für das Abgabenverfahren ohne Belang.[535]) Ist die Buchführung formell ordnungsgemäß, so spricht die Vermutung auch für ihre sachliche Richtigkeit (§ 163 BAO). Statistische Auffälligkeiten reichen für die Wiederlegung der Richtigkeitsvermutung nicht aus. Dies muss durch weitere Erkenntnisse abgesichert werden.[536]) Die Abgabenbehörde ist aber zur Schätzung berechtigt, wenn auf Grund einer Nachkalkulation das Ergebnis der Aufzeichnungen von den allgemeinen Erfahrungssätzen wesentlich abweicht.[537]) Abweichungen des Umsatzes bis zu 10% sind idR zuzubilligen.[538]) Es besteht jedoch kein Rechtsanspruch darauf, dass eine Schätzung nur bei einer Abweichung von über 10% erfolgt.[539]) Bei formell ordnungsmäßiger Buchführung besteht dann eine Schätzungsberechtigung, wenn ein begründeter Anlass besteht, ihre sachliche Richtigkeit in Zweifel zu ziehen (zB wenn die Einsichtnahme der Betriebsprüfung in die Grundaufzeichnungen verweigert wird).[540]) Die Abweichungen dürfen nicht durch besondere Umstände und Verhältnisse des Stpfl erklärbar sein.[541])

Bei völligem Fehlen der Aufzeichnungen widerspricht es nicht den Denkgesetzen, dass neben den nachgewiesenen Vorgängen auch noch weitere Vorgänge gleicher Art nicht aufgezeichnet wurden.[542]) Die Erfahrungswerte müssen nachprüfbar und schlüssig aus Beweismitteln gewonnen und dem Stpfl vorgehalten werden; bloße Behauptungen genügen dafür nicht.[543]) Die Abgabenbehörde hat dem Stpfl insb die relevanten Merkmale der Ver-

---

[535]) VwGH 27. 4. 1994, 92/13/0011; VwGH 25. 6. 1997, 97/15/0058; VwGH 16. 12. 1999, 95/15/0011 (zur gutgläubigen Unterlassung von Aufzeichungen eines Weinbaubetriebes); VwGH 28. 11. 2001, 96/13/0210 (zur unterlassenen Erklärung in Folge der Fehlinterpretation gesetzlicher Bestimmungen).

[536]) VwGH 18. 9. 2013 2009/13/0146.

[537]) VwGH 25. 10. 1996, 92/17/0265; siehe auch VwGH 27. 5. 2015, Ra 2014/13/0031.

[538]) VwGH 13. 9. 1977, 88/77, ÖStZB 1978, 79; VwGH 21. 9. 1993, 88/14/0110; VwGH 25. 6. 1997, 96/15/0070 (zu einer Schätzung bei 10,3% Abweichung); siehe auch *Stoll*, BAO, 1741; kritisch zur Nachkalkulation *Loitlsberger*, JfBW 1985, 94.

[539]) VwGH 4. 2. 2009, 2007/15/0146 (insb wenn die Kalkulation genau durchgeführt werden kann).

[540]) VwGH 27. 11. 2001, 97/14/0110.

[541]) VwGH 13. 2. 1991, 89/13/0260.

[542]) VwGH 28. 11. 2001, 96/13/0210; VwGH 21. 10. 2004, 2000/13/0043; VwGH 10. 8. 2010, 2009/17/0129.

[543]) VwGH 19. 12. 1990, 86/13/0094; siehe auch VwGH 29. 7. 2010, 2007/15/0229.

gleichsbetriebe bekannt zu geben (zB durchschnittlicher jährlicher Umsatz, Anzahl der Arbeitnehmer, Lage, Ausstattung des Unternehmens).[544]) Die Schätzung kann einen Sicherheitszuschlag beinhalten.[545]) Das Risiko der – einer jeden Schätzung immanenten – Ungenauigkeit trägt der Stpfl, der dazu Anlass gegeben hat.[546])

Stützt sich die Behörde bei der Schätzung auf eigene Erfahrungssätze, hat sie anzugeben, wie diese Erfahrungssätze ermittelt wurden; es ist nicht nur die Schätzungsberechtigung zu begründen, sondern auch das Schätzungsergebnis.[547]) Für die Schätzungsbefugnis genügen formelle Buchführungsmängel; ein Nachweis der tatsächlichen Unrichtigkeit ist nicht erforderlich.[548]) **Nicht zulässig** ist eine Schätzung, wenn die vorhandenen Unterlagen eine genaue Gewinnermittlung ermöglichen.[549]) Die Behörde hat stets alle Mittel der Sachverhaltsermittlung einzusetzen; sie darf erst bei Versagen aller entsprechenden Verfahrenshandhaben zur Schätzung greifen und hat dabei trotz Pflichtverletzung des Stpfl die Schätzung darauf anzulegen, dem Ziel der Erfassung und Berücksichtigung des materiell Richtigen zu dienen.[550])

Als **Schätzungsmethoden** kommen ua in Betracht **248**

a) äußerer Betriebsvergleich: die Ergebnisse eines anderen vergleichbaren Betriebes werden übernommen;[551])

b) innerer Betriebsvergleich: Vergleich der Ergebnisse desselben Betriebes durch mehrere Jahre;[552])

c) Schätzung nach dem Lebensaufwand: wenn der Stpfl einen Lebensaufwand tätigt, der mit dem ausgewiesenen Betriebsergebnis in Widerspruch steht;[553])

d) Schätzung nach dem Vermögenszuwachs: wenn der Vermögenszuwachs mit dem Betriebsergebnis in Widerspruch steht;[554])

---

[544]) RME, ÖStZ 1994, 167.

[545]) Mit Einschränkungen, wenn sich die Angaben des Stpfl im Rahmen der Erfahrungssätze halten (vgl VwGH 11. 1. 1984, 83/13/0009, ÖStZB 1984, 438 und VwGH 2. 10. 2014, 2012/15/0123).

[546]) VwGH 16. 2. 2000, 95/15/0050; VwGH 21. 10. 2004, 2000/13/0043.

[547]) VwGH 25. 5. 1988, 86/13/0083, ÖStZB 1988, 555; VwGH 20. 12. 1994, 90/14/0211 (zur Feststellung des Privatanteils durch die Behörde in üblicher Höhe); VwGH 29. 7. 2010, 2007/15/0229 (zur bloßen Wiedergabe von Aktenteilen ohne zusammenfassende Sachverhaltsdarstellung und Beweiswürdigung).

[548]) VwGH 30. 11. 1999, 94/14/0173.

[549]) VfGH 11. 10. 1983, B 254/79, ÖStZB 1984, 216.

[550]) VwGH 25. 9. 2002, 97/13/0158.

[551]) VwGH 16. 12. 1991, 90/15/0067; VwGH 4. 9. 2003, 99/13/0094 (zu einem Taxibetrieb).

[552]) VwGH 26. 6. 1984, 83/14/0251, ÖStZB 1985, 109; VwGH 19. 12. 1990, 86/13/0094 (zu einem Friseurbetrieb); VwGH 22. 3. 2010, 2007/15/0265 (zu einem Tierarzt).

[553]) VwGH 24. 2. 1998, 95/13/0083; VwGH 2. 7. 2002, 2002/14/0016.

[554]) VwGH 28. 3. 2000, 96/14/0107 (zu hohen Bareinlagen aus angeblichen Casinogewinnen); VwGH 9. 12. 2004, 2000/14/0166; VwGH 27. 2. 2014, 2009/15/0212.

e) kalkulatorische Schätzung: insb auf Grund des Wareneinsatzes und/oder des Lohnaufwandes;[555])

f) Sicherheitszuschlag: als selbständige Schätzungsmethode bei unvollständigen Aufzeichnungen für die ungeprüft gebliebenen Aufzeichnungen.[556]) Ein Sicherheitszuschlag ist jedoch von der Behörde einzelfallbezogen zu begründen.[557])

Die Wahl der Schätzungsmethode steht der Behörde grds frei; sie hat aber jene Methode zu wählen, die im Einzelfall am geeignetsten erscheint.[558]) Die Behörde kann auch mehrere Schätzungsmethoden kombinieren, sie ist dazu jedoch nicht verpflichtet.[559]) Das Schätzungsverfahren muss einwandfrei abgeführt werden, die zum Schätzungsergebnis führenden Gedankengänge müssen schlüssig und folgerichtig sein und das Ergebnis, das in der Feststellung der Besteuerungsgrundlagen besteht, muss mit der Lebenserfahrung im Einklang stehen. Das gewählte Verfahren muss stets auf das Ziel gerichtet sein, diejenigen Besteuerungsgrundlagen zu ermitteln, die die größte Wahrscheinlichkeit für sich haben. Hierbei muss die Behörde im Rahmen des Schätzungsverfahrens auf alle vom Stpfl substanziiert vorgetragenen, für die Schätzung relevanten Behauptungen, eingehen.[560])

249 Die **Schätzung** ist **keine eigene Gewinnermittlungsart.**[561]) An die für den Stpfl im Einzelfall geltende und von ihm zulässigerweise gewählte Gewinnermittlungsart hat sich die Behörde auch im Fall der Schätzung zu halten.[562]) Fehlt eine ordnungsmäßige Buchführung überhaupt und ist die Gewinnermittlung nach § 4 Abs 3 zulässig, so war der Gewinn nach der früheren Rsp des VwGH auch gegen den Willen und zum Nachteil des Stpfl nach § 4 Abs 3 zu schätzen.[563]) Nunmehr betont der VwGH, dass der Betriebsvermögensvergleich die allgemeine Gewinnermittlungsart ist und dass die Behörde daher im Einzelfall zu begründen hat, warum sie den Gewinn nach § 4 Abs 3 schätzt; insb müsse die Schätzung nach § 4 Abs 3 zu einem der wirtschaftlichen Leistungsfähigkeit des Stpfl entsprechenden Besteuerungsergebnis führen.[564]) Die Schätzung ist

---

[555]) VwGH 16. 7. 1996, 92/14/0140 (zur Schätzung bei einem Würstelstand); VwGH 23. 2. 2011, 2007/13/0098 (zu einem Taxibetrieb).

[556]) VwGH 19. 3. 1985, 84/14/0144, ÖStZB 1985, 368 (zu einem Anwalt, bei dem die Aufzeichnungen nur stichprobenweise geprüft wurden); VwGH 30. 9. 1998, 97/13/0088.

[557]) VwGH 2. 10. 2014, 2012/15/0123 (zu einem Milchverarbeitungsbetrieb einer Personengesellschaft).

[558]) VwGH 20. 1. 2000, 95/15/0015.

[559]) VwGH 27. 2. 2014, 2009/15/0212 (zu einem Chiropraktiker).

[560]) VwGH 20. 4. 2004, 2001/13/0204 und VwGH 2. 7. 2002, 2002/14/0003.

[561]) Siehe *Zorn/Varro* in *Doralt/Kirchmayr/Mayr/Zorn,* EStG[17] § 4 Tz 12.

[562]) VwGH 11. 9. 1997, 95/15/0132; nur in begründeten Fällen kann sie davon abgehen; vgl VwGH 18. 5. 1956, 0549/52, VwSlg 1434 F/1956.

[563]) VwGH 7. 4. 1981, 1289, 1326 ff/79, ÖStZB 1982, 134 (zur Schätzung eines Diebes); VfGH 11. 3. 1981, B 181/79, VfSlg 9055/1981 (nicht denkunmöglich).

[564]) VwGH 28. 1. 2005, 2002/15/0110; VwGH 25. 2. 1997, 95/14/0112 (dazu *Sarnthein,* ÖStZ 1997, 206).

aber grds nach § 4 Abs 3 vorzunehmen, wenn der Gewinn bisher danach ermittelt worden ist.[565])

Die Tatsache der Schätzung allein schließt die Ordnungsmäßigkeit der Buchführung nicht aus. Häufig kommt es zB zu Teilschätzungen hinsichtlich privater Nutzungsanteile am Betriebsvermögen oder zu Schätzungen nichtabzugsfähiger Repräsentationsaufwendungen, die die Ordnungsmäßigkeit der Buchführung nicht berühren (Tz 210 ff). 250

6. Wechsel der Gewinnermittlungsart

Literatur: *Reinisch,* Unentgeltliche Betriebsübertragung mit Änderung der Gewinnermittlungsart – stille Reserven aus Grund und Boden unversteuert? RdW 2000, 189; *Eiselsberg/Sedlacek,* „Hälftesteuersatz" für Übergangsgewinne, SWK 2000, 353; *oV,* VwGH: Keine Todfallsbilanz beim Einnahmen-Ausgaben-Rechner; RdW 2000, 501; *Schrottmeyer,* Aktuelles Judikat zu Übergangsgewinnen, ÖStZ 2000, 294; *Kofler/Kofler,* Die Umsatzsteuer beim Wechsel der Gewinnermittlungsart von § 4 Abs 3 auf § 4 Abs 1 EStG, SWK 2002, 802; *Urtz,* Wechsel der Gewinnermittlungsart, in GedS Gassner, Handbuch des Bilanzsteuerrechts, Wien 2005, 171; *Hackl,* Änderung der Gewinnermittlungsart durch das UGB? SWK 2006, 721; *Hackl,* Erleichterungen beim unfreiwilligen Wechsel der Gewinnermittlungsart, SWK 2006, 801; *Beiser,* Ein Wechsel der Gewinnermittlungsart anlässlich von Einbringungen, SWK 2006, 833; *Puchinger/Goess,* Steuerlicher Handlungsbedarf aufgrund der Änderung der Rechnungslegung gem UGB? ecolex 2006, 1028; *Peyerl,* Grund und Boden beim Wechsel der Gewinnermittlungsart, SWK 2008, 517; *Urban,* Übergangsgewinn und Übergangsverlust in der Land- und Forstwirtschaft, SWK 2008, 931; *Mayr,* Der Wechsel der steuerlichen Gewinnermittlung, in FS Pircher, 67; *Hirschler/Oberkleiner/Sulz,* Einbringung – Wechsel der Gewinnermittlungsart, Ermittlung des Verkehrswerts, UFSjournal 2009, 272; *Petutschnig,* Rechnungslegungsrechts-Änderungsgesetz 2010 – Änderungen der Unternehmens- und Steuerbilanz, taxlex 2009, 460; *Wiesner,* Steuerfolgen des Wechsels der Gewinnermittlungsart bei Beendigung der betrieblichen Aktivitäten, RWZ 2009, 105; *Beiser,* Die Wahl der Gewinnermittlungsart – Vermögensvergleich oder Einnahmen-Ausgaben-Rechnung? ÖStZ 2011, 239; *Sulz/Oberkleiner,* Kein rechnerischer doppelter Wechsel der Gewinnermittlung? SWK 2011, 899; *Wiesner,* Realteilung und doppelter Wechsel der Gewinnermittlungsart, RWZ 2013, 313; *Hirschler/Sulz/Oberkleiner,* Gesamter Übergangsverlust ist zum Einbringungsstichtag abzusetzen – keine Siebentelung, UFSjournal 2013, 72; *Hirschler/Sulz/Oberkleiner,* Restlicher Übergangsverlust ist zum Einbringungsstichtag abzusetzen, BFGjournal 2014, 376; *Marschner,* BFG: Restlicher Übergangsverlust ist zum Einbringungsstichtag abzusetzen, GeS 2014, 480; *Raab/Renner,* Absetzbarkeit des restlichen Übergangsverlusts zum Einbringungsstichtag, BFGjournal 2014, 335; *Pilgermair,* Mögliche Steuerverschiebungen bei Zusammenschlüssen und Realteilungen von Freiberuflern, RdW 2015, 531; *Hirschler/Sulz/Oberkleiner,* Zeitpunkt der Erfassung des Übergangsgewinns bei Einbringung eines Betriebs in eine GmbH, BFGjournal 2016, 394; *van Bakel-Auer/Haselsteiner/Hirschler/Kanduth-Kristen/Schimmer/Stückler,* Wechsel der Gewinnermittlungsart, in *Bertl/Djanani/Eberhartinger/Kofler/Tumpel,* Handbuch der österreichischen Steuerlehre II³, Steuerliche Gewinnermittlung und Steuerbilanzpolitik, Wien 2016, 45.

Die Gewinnermittlungsarten führen im einzelnen Gewinnermittlungszeitraum zu unterschiedlichen Ergebnissen, daher **ist** beim Wechsel der Gewinn- 251

[565]) VwGH 20. 1. 2010, 2007/13/0034 (zu einem Textileinzelhandel).

ermittlungsart **auszuschließen, dass Veränderungen des Betriebsvermögens** (Betriebseinnahmen, Betriebsausgaben) **doppelt** oder **nicht** erfasst werden (Verbot der Doppelerfassung und Nichterfassung; § 4 Abs 10 Z 1; EStR 2000 Rz 689).[566])

252 Dies geschieht durch Zu- und Abschläge, die zu einem **Übergangsgewinn (-verlust)** führen. Ein Wechsel der Gewinnermittlungsart ist nur zu Beginn eines Kalenderjahres möglich (ausgenommen im Fall einer Betriebsaufgabe oder -veräußerung bei der Einnahmen-Ausgaben-Rechnung). Der Übergangsgewinn ist idR dem ersten Gewinnermittlungszeitraum nach dem Wechsel zuzurechnen. Dagegen besteht für den Übergangsverlust eine Verteilungspflicht auf die nächsten sieben Gewinnermittlungszeiträume (§ 4 Abs 10 Z 1 zweiter und dritter Satz). Bei Betriebsveräußerungen bzw -aufgaben ist der Übergangsgewinn oder (restliche) Übergangsverlust beim Gewinn des letzten Gewinnermittlungszeitraumes vor Veräußerung oder Aufgabe zu berücksichtigen (§ 4 Abs 10 Z 1 vierter Satz).

Der Wechsel der Gewinnermittlungsart ist an keinen Antrag und an keine Zustimmung des FA gebunden.

Beispiel:

01: Überschussrechnung; bezahltes Warenlager zum 31. 12.: € 10.000.

02: Übergang auf § 4 Abs 1; Aktivierung des Warenbestandes von € 10.000 (bei § 4 Abs 1 steuerneutral), Übergangsgewinn im Jahr 02: € 10.000.

253 Durch weitere Zu- und Abschläge bzw entsprechende Bilanzansätze ist sicherzustellen, dass die **Folgen** aus **einer Änderung der Gewinnermittlungsgrundsätze** beim Übergangsgewinn (-verlust) erfasst werden (§ 4 Abs 10 Z 2); beim Übergang auf die Gewinnermittlung gem § 5 Abs 1 ist insb eine bisher unterlassene Teilwertabschreibung beim Umlaufvermögen sowie der Ansatz von Rechnungsabgrenzungsposten zu berücksichtigen; beim Übergang von § 4 Abs 3 auf § 4 Abs 1 sind Teilwertabschreibungen, beim Übergang von § 5 Abs 1 auf § 4 Abs 1 oder Abs 3 die im Zuge der Entnahme des gewillkürten Betriebsvermögens aufgedeckten stillen Reserven (§ 6 Z 4) Teil des Übergangsgewinns(-verlusts).

254 Bei **Grund und Boden** ergeben sich aus dem Wechsel der Gewinnermittlungsart keine Auswirkungen, weil die Besteuerung von Grundstücksveräußerungen grds nicht von der Gewinnermittlungsart abhängt (Entnahme zum Buchwert § 6 Z 4; anders die Rechtslage bis 31. 3. 2012 vor dem 1. StabG 2012[567])).

255 **Steuerfreie Rücklagen,** die auf Grund eines Wechsels von der Gewinnermittlung gem § 5 Abs 1 zu einer anderen Gewinnermittlungsart vor dem 1. 4. 2012 gebildet worden sind, sind fortzuführen. Im Fall des Ausscheidens des Grund und Bodens aus dem Betrieb (Veräußerung, Entnahme) oder im Fall der Betriebsveräußerung oder -aufgabe, sind die stillen Reserven – soweit sie noch vorhanden sind – mit dem besonderen Steuersatz zu versteuern (§ 30a; § 124b Z 212).

[566]) Siehe auch VfGH 6. 12. 1983, B 344/82, VfSlg 9890.

[567]) 1. Stabilitätsgesetz 2012 BGBl I 2012/22.

Der Wechsel von der Pauschalierung auf die Einzelermittlung führt dann zu einem Wechsel der Gewinnermittlungsart, wenn die Pauschalierung auf einer anderen Gewinnermittlungsart beruht. 256

Pauschalierungen sind entweder eine vereinfachte Form der Gewinnermittlung nach § 4 Abs 3 oder nach § 4 Abs 1:

– Die **Vollpauschalierung** der **Land- und Forstwirte** wird in der VO keiner Gewinnermittlungsart ausdrücklich zugeordnet; sie ist aber als Gewinnermittlung nach § 4 Abs 1 zu sehen (siehe EStR 2000 Rz 4250).

– Die **Teilpauschalierung** ist eine Form der Gewinnermittlung nach § 4 Abs 3. Dies gilt sowohl für die Basispauschalierung nach § 17 Abs 1 als auch für die Teilpauschalierungen auf Grund der Verordnungen (siehe oben Tz 235 ff); § 4 Abs 10 gilt daher auch für den Wechsel von der Teilpauschalierung auf die Gewinnermittlung nach § 4 Abs 1 oder § 5.[568])

Der Übergangsgewinn wird mit dem ermäßigten Steuersatz erfasst, wenn er im Rahmen einer begünstigten Betriebsveräußerung oder -aufgabe anfällt (§ 37 Abs 1, 5).

7. Betriebsausgaben und Betriebseinnahmen

a) Allgemeines

„Betriebsausgaben sind die Aufwendungen oder Ausgaben, die durch den Betrieb veranlaßt sind“ (§ 4 Abs 4). Entsprechendes gilt – ohne dass das Gesetz darauf ausdrücklich hinweist – für Betriebseinnahmen. Auch Einnahmen sind nur dann Betriebseinnahmen, wenn sie durch den Betrieb veranlasst sind.[569]) Ein mittelbarer Zusammenhang mit dem Betrieb genügt.[570]) 257

Beide Begriffe – Betriebseinnahmen und Betriebsausgaben – finden sich bei der Gewinnermittlung nach § 4 Abs 3 (Überschuss der Betriebseinnahmen über die Betriebsausgaben) im Gesetz, sie haben jedoch für den Vermögensvergleich die gleiche Bedeutung. Betriebseinnahmen erhöhen, Betriebsausgaben vermindern das Betriebsvermögen und werden damit auch beim Vermögensvergleich gewinnwirksam. Ein Unterschied nach der Gewinnermittlungsart besteht hinsichtlich des Zeitpunktes, wann eine Einnahme bzw Ausgabe gewinnwirksam wird: Bei der Überschussrechnung nach § 4 Abs 3 sind Einnahmen und Ausgaben dem Kalenderjahr zuzurechnen, in dem sie zugeflossen bzw geleistet worden sind (§ 19; Ausnahme beim Anlagevermögen und bei bestimmten Vorauszahlungen nach § 4 Abs 6), beim Vermögensvergleich sind sie dem Wirtschaftsjahr zuzurechnen, zu dem sie wirtschaftlich gehören. Der Gesetzeswortlaut von § 4 Abs 4 stellt daher sowohl auf Ausgaben als auch auf Aufwendungen ab. 258

Auch die Anschaffung bzw Herstellung von Wirtschaftsgütern des Betriebsvermögens führt zu betrieblich veranlassten Ausgaben; auf Grund der gleichzeitigen Aktivie- 259

[568]) Siehe *Doralt* in *Doralt/Kirchmayr/Mayr/Zorn,* EStG[20] § 17 Tz 28/5 f.

[569]) VwGH 18. 1. 1983, 82/14/0076, ÖStZB 1983, 292.

[570]) VwGH 17. 1. 1989, 88/14/0010, ÖStZB 1989, 278.

rung spricht man zumeist jedoch nicht von Betriebsausgaben. Ebenso werden die Abschreibungen nicht zu den Betriebsausgaben gezählt, obwohl ein betrieblich veranlasster Aufwand vorliegt. Es handelt sich dabei mehr um terminologische Fragen. Anschaffungskosten aktivierter Wirtschaftsgüter oder Abschreibungen werden verschiedentlich auch als **Betriebsausgaben im weiteren Sinn** bezeichnet.

260 Ausgaben, die mit der Erhaltung (Instandhaltung, Instandsetzung) von Betriebsvermögen im Zusammenhang stehen **(Erhaltungsaufwand),** sind regelmäßig Betriebsausgaben, gleichgültig, ob es sich um notwendiges oder gewillkürtes Betriebsvermögen handelt.

b) Die betriebliche Veranlassung von Betriebsausgaben

Literatur: *Ruppe,* Die Abgrenzung der Betriebsausgaben/Werbungskosten von den Privatausgaben, in *Söhn* (Hrsg), Die Abgrenzung der Betriebs- oder Berufssphäre von der Privatsphäre im Einkommensteuerrecht, Köln 1980, 103; *Tanzer,* Die Abzugsfähigkeit von Geldstrafen und Geldbußen im Einkommensteuerrecht, in *Söhn* (Hrsg), Die Abgrenzung der Betriebs- oder Berufssphäre von der Privatsphäre im Einkommensteuerrecht, Köln 1980, 227; *Tanzer,* Die gewinnmindernde Abzugsfähigkeit von Geldstrafen im Abgabenrecht, Wien 1983; *Lechner,* Betriebliche Finanzierung und steuerlicher Schuldzinsenabzug – ein Beitrag zu Abgrenzung betrieblicher und privater Schuldzinsen GedS Lechner, Wien 1987, 189; *Beiser,* Der Abzug von Schuldzinsen in der Einkommensteuer, Berlin 1990; *Fritz-Schmied,* Der Abzug „privater" Schuldzinsen unter Berücksichtigung der Bewertungsvorschrift des § 6 Z 4 und 5 EStG, SWK 2000, 580; *Stoll,* Steuerfreie Einnahmen – Abzugsfähigkeit der damit zusammenhängenden Ausgaben, Wien 2000; *Thiele,* Ertragsteuerliche Behandlung von Verfahrenskosten, RdW 2000, 442; *Fink,* Änderung der Bemessungsgrundlage zur Geltendmachung des Bildungsfreibetrags, SWK 2001, 57; *Grünberger,* Die Bilanzierung von Homepages, RdW 2001, 44; *Leonhart,* Wartezimmer-Zeitschriften steuerlich nicht abzugsfähig, Österr. Zahnärzte-Zeitung 2001, 16; *Blazina,* Kartellstrafen ein Kavaliersdelikt? SWK 2002, 449; *Wiesner,* Betriebliche Veranlassung von drohenden Lasten und Schäden im Zusammenhang mit einer Kapitalgesellschaft, RWZ 2002, 325; *Wolf/Kauba,* Das Zinsenabzugsverbot bei Beteiligungen Analyse des bisherigen Schrifttums – Entwicklung eines neuen Lösungsansatzes, SWK 2002, 93; *Blazina,* Kartellstrafen ein Kavaliersdelikt? SWK 2002, 449; *Beiser,* Fremdfinanzierung von Gewinnausschüttungen? ÖStZ 2002, 96; *Joklik-Fürst,* Prüfungsschwerpunkt bei rechtsberatenden Berufen: Durchlaufende Posten, ÖStZ 2002, 198; *Renner,* Abzugsfähige und nicht abzugsfähige Spenden aus Sicht der Gesetzes- und der Verwaltungspraxis, SWK 2002, S 790; *Schlager/Steinlechner/Wührer,* Events als Betriebsausgabe, SWK 2003, 701; *Hödl,* Pauschale Betriebsausgaben im Gewerbebetrieb? SWK 2003, 1097; *Wiesner,* Zuwendungen an die spendenbegünstigte Gesellschafter-Körperschaft als Betriebsausgabe oder als verdeckte Ausschüttung, RWZ 2004, 139; *Hörtnagl,* Gesellschaftsteuer bei GmbH & Co K(E)G als Betriebsausgabe? ÖStZ 2004, 15; *Doralt,* EU-Geldbußen und Zahlungen zur Diversion steuerlich abzugsfähig? RdW 2004, 117; *Renner,* Spenden an den Gesellschafter als abzugsfähige Betriebsausgaben, SWK 2004, 961; *oV,* Zinsen eines zur Begleichung der Einkommensteuer aufgenommenen Kredits sind keine Betriebsausgabe, SWK 2004, 1345; *Renner,* Anerkennung eines „Angehörigendienstverhältnisses" trotz zu niedrigen Lohns, RdW 2005, 574; *oV,* Zahlungen des Gesellschafter-Geschäftsführers auf Grund der Übernahme von Schulden „seiner" GmbH sind keine Betriebsausgaben, SWK 2005, 669; *Bachl,* Abzugsfähigkeit von Strafen und Geldbußen bei Kapitalgesellschaften, ecolex 2005, 397; *Atzmüller,* Die widersprüchliche Behandlung deliktischen Verhaltens in der Einkommenssteuer, RdW 2006, 308;

Twardosz, Entnahme von Betriebsvermögen: Neues zum Schuldzinsenabzug? GeS 2006, 319; *Wiesner,* Gesellschafter- bzw Gesellschaftsdarlehen, RWZ 2006, 175; *Bertl/Hirschler,* Bilanzielle Behandlung von Kosten einer due diligence im Zusammenhang mit dem Erwerb einer Beteiligung, RWZ 2007, 294; *Doralt,* Einkünfte der Urheberwitwe und Tantiemezahlungen an die Pflichtteilsberechtigten, RdW 2007, 756; *Kraft-Kinz/Klostermann/Posautz,* Die Steuerpflicht von Incentives, insbesondere zwischen Pharmaunternehmen und Ärzten, SWK 2007, 753; *Renner,* Diebstahl eines Fahrzeuges im Betriebsvermögen während privaten Besuchs, SWK 2007, 1307; *Vock,* Die Einladung zu einem Ärztekongress, 2007, 1069; *Bauer,* Abzugsfähigkeit von Aufwendungen iZm der Fussball-EM 2008 in Österreich, UFS 2008, 36; *Marschner/Lehner,* Steuerliche Zuordnung von Tilgungsträgern bei endfälligen Darlehen; SWK 2008, 461; *Novacek,* Schuldzinsenabzug in Deutschland und Österreich, ÖStZ 2008, 206; *Renner,* Abzugsfähigkeit von Lehrgangskosten mit privater Mitveranlassung, RdW 2008, 804; *Thiele,* BFH: Neues zur Absetzbarkeit von Strafverteidigerkosten, ÖStZ 2008, 364; *Urnik/Gerstgraser,* Zur steuerlichen Abzugsfähigkeit von Kosten der Kinderbetreuung im Rahmen von Betriebsausgaben und Werbungskosten, SWK 2008, 511; *Beiser,* Betriebsunterbrechungs- und Berufsunfähigkeitsversicherung in ertragsteuerlicher Sicht, ÖStZ 2009, 482; *Fritz-Schmied,* Das Erfordernis einer (nahezu) ausschließlichen betrieblichen/beruflichen Veranlassung von Aufwendungen, ÖStZ 2010, 402; *Blazina,* Belegmäßig nicht nachgewiesene Betriebsausgaben, taxlex 2011, 354; *oV,* VwGH: Schadenersatz auch bei vorsätzlicher Schädigung als Betriebsausgabe absetzbar, RdW 2011, 363; *oV,* VwGH zur Bürgschaft eines Rechtsanwaltes wegen erhoffter Aufträge, RdW 2011, 365; *Lachmayer,* Die steuerliche Abzugsfähigkeit von Geldstrafen und Geldbußen bei Körperschaften, RdW 2011, 308; *Renner,* Abgrenzung von Anschaffungskosten und sofort abzugsfähigen Betriebsausgaben bei Publikumsgesellschaften, SWK 2011, 724; *Langheinrich/Ryda,* Abgrenzung zwischen „Privater Lebensführung", Betriebsausgaben und Werbungskosten (Teil I und II), FJ 2012, 262 und 303; *Moser,* Die betriebliche Veranlassung der Kosten von Gesellschafterversammlungen, SWK 2012, 1207; *Baldauf,* Betriebsausgaben und Werbungskosten: ohne Ausgaben und ohne Kosten? SWK 2014, 1210; *Merzo/Vondrak,* Ertragsteuerliche Abzugsfähigkeit von Kosten der Verfahren vor den Verwaltungsgerichten, ecolex 2014, 176; *Bieber/Ettmayer,* Zur steuerlichen Abzugsfähigkeit kartellrechtlicher Geldbußen, SWK 2015, 1379; *Renner,* (Nicht-)Abzugsfähigkeit von Schadenersatzzahlungen und Verteidigungskosten, SWK 2015, 369; *Steiger,* Familienhafte Mitarbeit – wann sind Familienmitglieder anzumelden? taxlex 2015, 124; *Haselsteiner/Reiter,* Schließungskosten als „Red Flags" bei Außenprüfungen – Die steuerliche Abzugsfähigkeit von Schließungskosten im Zusammenhang mit Funktionsverlagerungen, taxlex 2016, 120; *Novacek,* Zahlungen des Unternehmers an nahestehende Personen als Betriebsausgabe, FJ 2016, 164; *Peyerl,* VwGH zur persönlichen Zurechnung von Betriebsausgaben, ÖStZ 2016, 564; *Urban,* Dokumentationsverpflichtungen – immer schon ein „Must-have", taxlex 2016, 166; *Zorn,* VwGH zu nicht betrieblich veranlassten Zinszahlungen an liechtensteinische Stiftung, RdW 2016, 163; *ders,* VwGH zu nicht betrieblich veranlassten Zinszahlungen an liechtensteinische Stiftung, RdW 2016, 213; *ders,* VwGH zu Strafverteidigungskosten als Betriebsausgaben, RdW 2016, 634; *Beiser,* Betriebsausgaben nur zu 60%? RdW 2017, 180; *Leyrer/Luka,* (Mindest-)Kriterien für den Betriebsausgabenabzug für Fremdleistungen? RdW 2017, 647; *Endfellner,* Strafen, strafähnliche Ausgaben und Verfahrenskosten im Ertragsteuerrecht – Eine ewige Diskussion im Ertragsteuerrecht: Was ist privat, was betrieblich verursacht? taxlex 2017, 7; *Renner,* Beurteilung der Kosten einer Due-Diligence-Prüfung bei Beteiligungserwerb, SWK 2017, 579; *Laudacher,* Strafverteidigungskosten aufgrund von Kartellbußen der Europäischen Kommission sind abzugsfähig, SWK 2018, 567; *Marschner/Renner,* Abzugsfähigkeit von Strafverteidigungskosten – Relevanz des Kausalzusammenhangs mit dem Betrieb, taxlex 2018, 248.

261 Betriebsausgaben sind Aufwendungen, die durch den Betrieb **veranlasst** sind. Eine Überprüfung unter den Gesichtspunkten der Notwendigkeit und Angemessenheit ist grds nicht vorzunehmen, auch unzweckmäßige oder vermeidbare Aufwendungen iZm dem Betrieb sind abzugsfähig; doch kann die Unangemessenheit und Unüblichkeit ein Indiz dafür sein, dass die Aufwendungen nicht betrieblich veranlasst sind.[571]) Nur für bestimmte Luxusgüter (zB Kfz, Antiquitäten, Perserteppiche) ist eine Angemessenheitsprüfung vorgesehen (siehe Tz 633 f).

262 Die Betriebsausgaben müssen in einem **wirtschaftlichen** Zusammenhang mit dem Betrieb stehen; liegen mehrere Betriebe vor, ist zu prüfen, durch welchen Betrieb die Ausgaben veranlasst sind.[572])

Die irrtümliche Bezahlung einer Nichtschuld führt zu keinem Abfluss einer Betriebsausgabe.[573]) Aufwendungen zur Erzielung künftiger Betriebseinnahmen sind nur dann Betriebsausgaben, wenn ein ausreichender Zusammenhang mit den künftigen Betriebseinnahmen besteht.[574]) Aufwendungen, die nach der Liquidation oder Veräußerung des Unternehmens anfallen, können uU **nachträgliche Betriebsausgaben** sein (zB Prozesskosten für ausstehende Honorare, nicht hingegen nachträglicher Instandhaltungsaufwand).[575]) **Zinsen für ehemalige Betriebsschulden** sind insoweit abzugsfähig, als sie nicht durch die Verwertung vorhandener betrieblicher Aktiva abgedeckt werden konnten und der Stpfl alle ihm zumutbaren Schritte zur Tilgung der Verbindlichkeit gesetzt hat.[576]) Sind zwar genügend Aktiva vorhanden, bestehen jedoch hinsichtlich des Veräußerungserlöses Auszahlungshindernisse bzw hinsichtlich der zurückbehaltenen Aktivwerte Verwertungshindernisse, so sind die Schuldzinsen dennoch als nachträgliche Betriebsausgaben abzugsfähig.[577])

Wird nach der Betriebsaufgabe ein Wirtschaftsgut in das Privatvermögen übernommen (zB ein vormaliges Betriebsgebäude) und in der Folge zur Erzielung von Einkünften genutzt (zB Vermietung und Verpachtung), stellt sich die Frage nach der Abzugsfähigkeit der damit zusammenhängenden Fremdfinanzierungszinsen als nachträgliche Betriebsausgaben gem § 32 Abs 1 Z 2: Die Bewertung der in das Privatvermögen übernommenen Wirtschaftsgüter erfolgt mit dem gemeinen Wert (§ 24 Abs 3). Nach den EStR 2000 Rz 1437 sind die Fremdfinanzierungszinsen insoweit abzugsfähig, als in Höhe des gemeinen Wertes des Wirtschaftsgutes eine Tilgung der Verbindlichkeiten nicht zumutbar ist. Es wird nach der Übernahme ins Privatvermögen jährlich überprüft, ob der Stpfl einen Einnahmenüberschuss erzielt; dabei ist auch auf das Vermögen des Stpfl

---

571) VwGH 30. 5. 2001, 95/13/0288; widersprüchlich VwGH 23. 4. 1985, 84/14/0119, ÖStZB 1986, 208 (Notwendigkeitsprüfung beim häuslichen Arbeitszimmer; siehe auch VwGH 18. 10. 2017, 2016/13/0028.

572) VwGH 29. 5. 2001, 2001/14/0090.

573) VwGH 1. 7. 1992, 91/13/0084.

574) VwGH 27. 6. 2000, 95/14/0134.

575) VwGH 11. 12. 1984, 84/14/0004, ÖStZB 1985, 196.

576) VwGH 22. 10. 1996, 95/14/0018 (dazu *Kempf*, RdW 1996, 607); vgl auch RME, ÖStZ 1995, 363 und *Hirschler*, SWK 1996, A 615. Siehe auch UFS 11. 4. 2005, RV/0629-L/03.

577) BMF, RdW 1996, 393.

Bedacht zu nehmen; ebenso wird überprüft, ob der Rückkauf einer Lebensversicherung zumutbar ist. Wird ein allfälliger Einnahmenüberschuss nicht für die Kredittilgung verwendet, wird die Betriebsschuld insofern zur Privatschuld. Der Stpfl soll grundsätzlich nicht durch die fehlende Abzugsfähigkeit der Fremdfinanzierungszinsen gezwungen sein, das Wirtschaftsgut zu veräußern, um diese zu tilgen. Dagegen sieht der VwGH eine „Zumutbarkeit" der Veräußerung als nicht rechtserheblich an und versagt damit den Zinsabzug, wenn die Verwertung der Aktiva des Wirtschaftsgutes zur Verbindlichkeitsdeckung ausreicht; betrieblich veranlasstes Handeln eines Stpfl im Zeitpunkt der Beendigung seines betrieblichen Engagements besteht nach der Rsp des VwGH im Einsatz der verbliebenen Aktiva zur Abdeckung der Betriebsschulden.[578])

Nicht abzugsfähig sind **Geldstrafen** (zB Polizeistrafen), auch wenn sie mit dem Betrieb im Zusammenhang stehen (§ 20 Abs 1 Z 5 lit b idF AbgÄG 2011[579])); denn die Abzugsfähigkeit würde den Pönalcharakter (das Ausmaß) der Strafe unwirksam machen (zB Geldstrafen wegen Verletzung der Importpreisverordnung).[580]) **263**

Dient die **Geldstrafe zur Abschöpfung der Bereicherung** des Stpfl (§ 20 StGB), dann ist sie abzugsfähig, wenn bei der Bemessung der Geldstrafe bzw Ermittlung der Bereicherung vom Betrag vor Abzug der ESt ausgegangen worden ist (Gewinnabschöpfung).[581]) Nicht abzugsfähig sind EU-Geldbußen oder Geldbußen nach dem österr Kartellgesetz, weil sie rein bestrafender Natur sind und damit nicht als vorteilsabschöpfend angesehen werden können.[582]) **264**

Die Kosten des Strafverfahrens sind dann abzugsfähige Betriebsausgaben, wenn das dem Verfahren zugrunde liegende Verhalten ausschließlich aus betrieblichen Gründen gesetzt wurde, also betrieblich veranlasst war. Damit bleibt der Pönalcharakter der Strafe erhalten.[583]) **265**

Ob die Kosten eines Zivilprozesses als Betriebsausgaben abzugsfähig sind, hängt von der Natur des Prozessgegenstandes ab. Maßgeblich ist, ob der strittige Anspruch betrieblich veranlasst ist. Bei Aufrechnung einer betrieblich veranlassten mit einer nicht betrieblich veranlassten Forderung ist maßgeblich, ob die betrieblich veranlasste Forderung strittig ist.[584])

Vertragsstrafen (Konventionalstrafen) sind keine Strafen, sondern pauschalierter Schadenersatz und daher abzugsfähig (siehe EStR 2000 Rz 1649). **266**

Säumniskosten im Rahmen eines Abgabenverfahrens (zB Säumniszuschläge) stellen ebenfalls keine Strafe dar; ihre Abzugsfähigkeit richtet sich **267**

---

578) VwGH 15. 6. 2005, 2001/13/0174.

579) Abgabenänderungsgesetz 2011 BGBl I 2011/76.

580) VwGH 30. 6. 1961, 994/59, ÖStZB 1961, 35; VwGH 3. 6. 1986, 86/14/0061, ÖStZB 1987, 197 (Überladung von LKW-Zügen); VwGH 25. 4. 2001, 99/13/0221 (Geschwindigkeitsüberschreitung) .

581) ErläutRV 1212 BlgNR 24. GP 17 (zum AbgÄG 2011). Siehe auch BVerfG 23. 1. 1990, 1 BvL 4/87; der BFH lässt den Abzug als Billigkeitsmaßnahme zu (BFH 24. 7. 1990, VIII R 194/84).

582) EStR 2000 Rz 1523 a.

583) VwGH 21. 4. 2016, 2013/15/0182 und VwGH 22. 3. 2018, 2017/15/0001 (zu einer EU-Kartellgeldbuße).

584) VwGH 24. 3. 2015, 2013/15/0002.

danach, ob sie mit einer abzugsfähigen oder nicht abzugsfähigen Steuer im Zusammenhang stehen. Daher sind zB Säumniszuschläge wegen verspäteter Bezahlung der USt abzugsfähig, nicht aber Säumniszuschläge wegen verspäteter Bezahlung der ESt.

268 Schadenersatzzahlungen sind als Betriebsausgaben absetzbar, sofern das der Ersatzpflicht zugrundeliegende pflichtwidrige Verhalten der betrieblichen Sphäre zuzurechnen ist.[585])

Aufwendungen iZm einem **Verkehrsunfall** auf einer beruflichen Fahrt sind jedenfalls bei grober Fahrlässigkeit nicht der beruflichen Sphäre zuzurechnen.[586]) Ebenso nicht abzugsfähig ist der Vermögensverlust durch einen **Diebstahl,** wenn dieser nicht so gut wie ausschließlich betrieblich veranlasst ist.[587]) Nicht abzugsfähig sind außerdem **strafrechtlich** verbotene Geld- und Sachzuwendungen wie Schmiergelder udgl (vgl Tz 644).[588])

269 **Verträge zwischen nahen Angehörigen** werden nur dann anerkannt (und können daher nur dann zu Betriebsausgaben führen), wenn sie

1. nach außen ausreichend zum Ausdruck kommen,
2. einen eindeutigen, klaren und jeden Zweifel ausschließenden Inhalt haben und
3. auch zwischen Familienfremden unter den gleichen Bedingungen abgeschlossen worden wären.[589])

Handelt es sich um Freundschaften, muss im Einzelfall geprüft werden, ob diese Beziehung Zweifel an der betrieblichen Veranlassung aufkommen lässt. Bloße Bekanntschaften, selbst wenn diese bereits sehr lange dauern, reichen jedenfalls nicht aus, um eine Person gleich einem nahen Angehörigen zu behandeln.[590])

Die gleichen Kriterien gelten für **Verträge zwischen einer Kapitalgesellschaft und ihren beherrschenden Gesellschaftern**[591]) sowie für Verträge zwischen einer GmbH und den am Unternehmen der GmbH beteiligten stillen Gesellschaftern, die gleichzeitig Gesellschafter der GmbH sind.[592])

Zur Abgrenzung gegenüber der privaten Sphäre und zur Frage, inwieweit Repräsentationsaufwendungen und unangemessene Aufwendungen nach § 20 von der Abzugsfähigkeit ausgeschlossen sind, vgl Tz 629 ff.

---

[585]) VwGH 1. 6. 2017, 2015/15/0070 mwN.

[586]) VwGH 26. 6. 1974, 1505/73, ÖStZB 1974, 285 und VwGH 25. 1. 2000, 97/14/0071.

[587]) BFH 18. 4. 2007, XI R 60/04 (zum Diebstahl eines betrieblichen PKW während einer privaten Fahrt).

[588]) Ausführlich zur Abzugsfähigkeit von Geldstrafen *Tanzer,* Die gewinnmindernde Abzugsfähigkeit von Geldstrafen im Abgabenrecht, Wien 1983.

[589]) VwGH 18. 10. 1995, 95/13/0176.

[590]) VwGH 26. 3. 2014, 2011/13/0036.

[591]) VwGH 23. 6. 1998, 97/14/0075 und VwGH 26. 3. 2013, 2009/13/0071 (zu Bürgschaftszahlungen eines Gesellschafter-Geschäftsführers für die Gesellschaft).

[592]) VwGH 24. 9. 1996, 93/13/0022.

c) Die Nachweispflicht für Betriebsausgaben

Literatur: *Stoll,* Ermessen im Steuerrecht, Wien 2001; *Schröcker,* Die steuerliche Abzugsfähigkeit von Auslandsprovisionen aus dem Blickwinkel der Betriebsprüfung, SWK 2002, 479; *Schröcker,* Das Spannungsverhältnis zwischen Empfängerbenennung, freier Beweiswürdigung und Schätzung, SWK 2002, 828; *Thunshirn/Kézsa,* Bewirtungsspesen eines Rechtsanwaltes, SWK 2004, 528; *Lochmann,* Die erhöhte Mitwirkungspflicht bei Auslandssachverhalten im Abgabenverfahren in Österreich und Deutschland, ÖStZ 2004, 169; *Furherr,* Erhöhte Mitwirkungspflicht bei Auslandssachverhalten im Konzernverbund: Belegbeschaffung aus dem Ausland, ÖStZ 2004, 98; *Tschernutter/Joklik-Fürst,* Berufsrechtliche Verschwiegenheitspflichten der Freiberufler (I), ÖStZ 2006, 87; *Blazina,* Keine Buchung ohne Beleg, SWK 2007, 53; *ders,* Einer muss der Nowak sein – Zur Abzugsfähigkeit von Auslandsprovisionen, SWK 2007, 911; *Holzinger,* Empfängerbenennung als überragendes Prinzip des Steuerrechts? SWK 2013, 1413; *Labner,* Empfänger unbekannt – die Abzugsfähigkeit von Aufwendungen gemäß § 162 BAO, taxlex 2013, 60; *Sattlegger,* Erhöhte Mitwirkungspflicht bei Auslandssachverhalten, ÖStZ 2014, 474; *Lachmayer/Renner,* Nichtbenennung der Empfänger von Aufwendungen: Zuschlag zur Körperschaftsteuer trotz Nichtgeltendmachung als Betriebsausgabe, RdW 2016, 67; *Holzinger/Puljic,* Beschränkung der Freiheit des Kapitalverkehrs iZm Kapitalanlagefonds – Ist die erhöhte Mitwirkungspflicht bei Auslandssachverhalten nichts wert? ecolex 2017, 1212; *Renner,* Zuschlag zur Körperschaftsteuer bei unterlassener Empfängerbenennung, SWK 2017, 1344; *Bendlinger,* Empfängerbenennung bei Auslandssachverhalten und deren Grenze, VWT 2018, 124.

Macht der Stpfl Betriebsausgaben geltend, kann die Abgabenbehörde verlangen, dass er die Empfänger der geltend gemachten Betriebsausgaben genau bezeichnet; die Anerkennung als Betriebsausgaben ist dann von der Nennung des Empfängers abhängig (§ 162 BAO; **„Gläubiger- bzw Empfängerbenennung“**). Leicht erkennbarer Zweck dieser Ermessensvorschrift ist es, vom Empfänger vermutlich nicht versteuerte Gelder beim Leistenden der ESt zu unterwerfen.[593]) Ebenso sind Empfänger von Waren zur gewerblichen Weiterveräußerung zu benennen. Wird der Empfänger nicht genannt, dann sind die Aufwendungen für die Ware nicht abzugsfähig.[594]) Werden der Gewinn oder die Betriebsausgaben wegen fehlender Unterlagen durch Schätzung ermittelt, ist die gleichzeitige Anwendung des § 162 BAO problematisch.[595]) **270**

Macht ein Stpfl typische Aufwendungen der privaten Lebensführung als Betriebsausgaben geltend, obliegt ihm der Nachweis der betrieblichen Veranlassung dieser Aufwendungen entgegen der allgemeinen Lebenserfahrung.[596]) Gem § 119 BAO hat der Steuerpflichtige nach Maßgabe der Abgabenvorschriften für den Bestand und Umfang einer Abgabepflicht oder für die Erlangung abgabenrechtlicher Begünstigungen bedeutsame Umstände offenzulegen. Dies betrifft

[593]) *Stoll,* Steuerschuldverhältnis 169, 174.

[594]) VwGH 31. 1. 2001, 98/13/0156; kritisch *Zorn* in *Doralt/Kirchmayr/Mayr/Zorn,* EStG[19] § 4 Tz 273/1.

[595]) *Stoll,* BAO, 1728.

[596]) VwGH 22. 2. 2007, 2006/14/0020 mwN; VwGH 26. 4. 2012, 2009/15/0088 (zur beruflichen Nutzung einer Fotokamera durch eine Gemeinderätin); VwGH 18. 12. 2013, 2011/13/0119; VwGH 18. 12. 2013, 2011/13/0119.

ausschließlich Tatsachen[597]) und nicht die rechtliche Beurteilung[598]). Eine allgemeine Nachweispflicht ohne Aufforderung durch die Abgabenbehörden trifft den Stpfl nur, wenn diese gesetzlich verankert ist.

d) Betriebsausgabenpauschalierung

271 Bei den Einkünften aus selbständiger Arbeit oder aus Gewerbebetrieb können die **Betriebsausgaben mit einem Durchschnittssatz von 12% (höchstens € 26.400) bzw von 6% (höchstens € 13.200) der Umsätze** ermittelt werden (§ 17 Abs 1 bis 3). Sowohl die USt als auch USt-Gutschriften sind darin enthalten.[599]) Die Pauschalierung ist nur dann zulässig, wenn der Gewinn nach § 4 Abs 3 ermittelt wird[600]) und die Umsätze des Vorjahres nicht mehr als € 220.000 – bzw für Drogisten € 700.000 – betragen (ausführlich siehe oben Tz 236 ff). Dennoch handelt es sich dabei um eine eigenständige Gewinnermittlungsart, basierend auf den Grundsätzen der Einnahmen-Ausgaben-Rechnung.[601])

272 Zusätzlich gibt es die **Betriebsausgabenpauschalierung** für nichtbuchführende Gewerbetreibende **auf Grund einer Verordnung** des BMF (die Verordnung stützt sich auf § 17 Abs 4). Für land- und forstwirtschaftliche Betriebe mit einem Einheitswert von € 75.000 bis € 130.000 besteht ebenfalls eine Betriebsausgabenpauschalierung (zur Pauschalierung land- und forstwirtschaftlicher Betriebe nach Durchführung einer neuen Hauptfeststellung der land- und forstwirtschaftlichen Einheitswerte siehe Tz 244/1).

e) Im Gesetz ausdrücklich aufgezählte Betriebsausgaben

Literatur: *Thunshirn,* Bildungsaufwendungen nach der Steuerreform 2000, RdW 2000, 47; *Atzmüller,* Bildungsaufwendungen nach der Steuerreform 2000, RdW 2000, 182; *Achatz/Leitner,* Die Betriebsstiftung – zu den ertragsteuerlichen Konsequenzen von Einlagen und Zuwendungen am Praxisfall einer Forschungsstiftung, in FS Werilly, Wien 2001; *Schneider,* Steuerliche Begünstigung von Forschung und Entwicklung in der Bilanz, Wien 2000; *Fuchs,* Die Arbeiterbeteiligungs-Stiftung, ecolex 2001, 121; *Arnold/Bachl,* Ausgewählte Fragen der Belegschaftsbeteiligungsstiftung, ecolex 2001, 226; *Oberleitner,* Sozialversicherung bei Einbringung als Betriebsausgabe, SWK 2001, 623; *Schneider,* Überlegungen zum Forschungsfreibetrag, SWI 2001, 213; *Trenkwalder/Gruber,* Mitarbeiterbeteiligung Stock Options – Steuerliche Gestaltungsmöglichkeiten nach dem KMOG, RWZ 2001, 15; *Tumpel/Trenkwalder/Gruber,* Belegschaftsbeteiligungsstiftung, in SWK-Sonderheft Stock Options, Wien 2001; *Blazina,* Gewährung eines Forschungsfreibetrages im Rahmen einer Betriebsprüfung, SWK 2002, 47; *Achatz/Jabornegg/Resch,* Mitarbeiterbeteiligung – Aktienoptionen, Wien 2002; *Grabenwarter,* Die Stiftung in der Praxis, Wien 2002; *König/Rauhofer/Rief,* Die Stiftungsrichtlinien 2001, Wien 2002; *Fritz-Schmied,* Die Behandlung von Zuwendungen in das Betriebsvermögen anlässlich der Beseitigung von Hochwasserschäden, SWK 2002, 1275; *Renner,* Abzugsfähige und nicht abzugsfähige

[597]) BFG 15. 5. 2017, RV/6100951/2015.
[598]) VwGH 28. 10. 1997, 97/14/0121.
[599]) VwGH 26. 7. 2017, 2015/13/0003.
[600]) Siehe auch VwGH 19. 12. 2012, 2009/13/0036.
[601]) VwGH 19. 9. 2013, 2011/15/0107.

Spenden aus der Sicht der Gesetzes- und der Verwaltungspraxis, SWK 2002, 1198; *Herzog,* Konjunktur und Katastrophe, RdW 2002, 682; *Pülzl/Pircher,* Steuerliche Berücksichtigung von Katastrophenschäden, RdW 2002, 624; *Aigner/Reinisch,* Abzugsfähigkeit von Aus- und Fortbildungskosten in Deutschland und Österreich, SWK 2003, 446; *Fritz-Schmied/Payerer,* Die Abzugsfähigkeit von Aufwendungen für ein (ordentliches) Universitätsstudium, SWK 2003, 751; *Bachl,* Bildungsfreibetrag im Konzern, ecolex 2003, 197; *Schuch/Wehinger,* Steuerliche Forschungsförderung bei Auslandsforschung, ecolex 2005, 192; *Aigner,* Förderung der Auftragsforschung durch neuen Forschungsfreibetrag, taxlex 2005, 267; *Wehinger,* Neue(r) Forschungsfreibetrag(-prämie) für Auftragsforschung, ecolex 2005, 714; *oV,* Wie man zu einem Spendenbegünstigungsbescheid kommt, SWK 2005, 670; *Hack,* Neuer Forschungsfreibetrag für Auftragsforschung, taxlex 2006, 7; *Kirchmayr/Achatz,* Reform des Spendenabzugs in Diskussion, taxlex 2006, 385; *Hackl,* Neue überschießende Anforderungen für die Abzugsfähigkeit von BMSVG-Beiträgen, SWK 2008, 409; *Nitsch,* UFS und Spendenabzug gemäß § 4 a EStG 1988, UFSjournal 2009, 392; *Mayr,* Familienpaket und Spendenabzug, RdW 2009, 228; *Neugebauer,* Die neue Absetzbarkeit von Spenden, WT 2009, 120; *Peyerl,* Spendenabzug: Steuergesetzgeber tritt Datenschutz mit Füßen, ÖStZ 2010, 56; *Gerhartl,* Spenden an Forschungseinrichtungen als unionsrechtliches Problem, RdW 2011, 437; *Hörtnagl/Seidner,* Spendenabzug neu: Tierschutz weiterhin nicht förderungswürdig? ÖStZ 2011, 317; *Kühbacher,* Die Spendenbegünstigung des § 4 a Z 1 lit. a bis d EStG ist unionsrechtswidrig! SWK 2011, 1031; *Lang,* Spendenabzug und Steuerpolitik, SWK 2011, 595; *Mayr/Hammerl,* Spendenabzug für Umweltschutz und Tierheime, ÖStZ 2011, 187; *Schuh,* Die Neuregelung des Spendenabzuges in § 4 a EStG, SWK 2011, 1235; *Staribacher/Malainer,* Privatpilotenschein als Umschulungskosten für Linienpilotenausbildung, RdW 2012, 60; *Chini/Grafl,* Steuerliche Behandlung von Ärzte-Beiträgen zum Wohlfahrtsfonds, SWK 2013, 1347; *Langheinrich/Ryda,* Die ertragsteuerliche Behandlung von im Zusammenhang mit Katastrophen stehenden Aufwendungen und Spenden, FJ 2013, 305; *Sadlo,* Attraktivierung des Stiftungswesens durch Gemeinnützigkeitsgesetz 2015, ÖStZ 2015, 708; *Thorbauer,* Steuerliche Angehörigenjudikatur im Zusammenhang mit Privatstiftungen, PSR 2015, 20; *Hayden/Hayden,* Was steckt im Gemeinnützigkeitspaket für Stiftungen? PSR 2016, 5; *Zirngast/Renner,* Neuerungen beim Spendenabzug: Begünstigte Zwecke und Empfänger, SWK 2016, 133; *Beiser,* Mitarbeiterbeteiligungsstiftungen im Licht des Unionsrechts, RdW 2017, 859; *Bodis,* Mitarbeiterbeteiligungsstiftungen: Verstößt die Besteuerungssystematik tatsächlich gegen das Unionsrecht? RdW 2017, 865; *Hammerl,* Aktuelle Fragen zur Spendenbegünstigung, RdW 2017, 582; *Hayden/Varro,* Neue Form der Mitarbeiterbeteiligungsstiftung, SWK 2017, 965; *Marschner,* Gedanken zur neuen Mitarbeiterbeteiligungsstiftung, ZFS 2017, 138; *Zirngast/Brauneis,* Das Spendenabzugsbemessungsgrundlagenkarussell, ÖStZ 2017, 165; *Zirngast,* Neuerungen beim Spendenabzug durch das AbgÄG 2016 und das Innovationsstiftungsgesetz, SWK 2017, 540; *Bodis/Ebner/Hammerl,* EStR-Wartungserlass 2018 – wichtigste Änderungen im Überblick, RdW 2018, 453; *Geringer,* Allgemeine Voraussetzungen für die Abzugsfähigkeit „erlaufener" Spenden, taxlex 2018, 343.

Mit der Einleitung „*Betriebsausgaben sind jedenfalls* [. . .]" werden in § 4 Abs 4 folgende Aufwendungen als Betriebsausgaben aufgezählt:

1. Beiträge zu gesetzlichen **Pflichtversicherungen** (zB GSVG, AlVG), entsprechende Pflichtbeiträge zu Unterstützungskassen der Kammern der selbständig Erwerbstätigen und Pflichtbeiträge von freien Dienstnehmern an betriebliche Vorsorgekassen; freiwillige Beiträge im Rahmen gesetzlicher Versicherungen begründen idR keine Betriebsausgaben (mit Ausnahme freiwilliger **273**

Krankenversicherungsbeiträge; sie kommen als Sonderausgaben in Betracht; § 4 Abs 4 Z 1).

274 Beiträge zu einer ausländischen Pflichtversicherung gelten als Beiträge zu einer gesetzlichen Sozialversicherung iSd § 4 Abs 4 Z 1, wenn die ausländische Pflichtversicherung einer inländischen gesetzlichen Sozialversicherung entspricht (EStR 2000 Rz 1236).

275 2. Zuwendungen an **Pensions- und betriebliche Unterstützungskassen,** grds jedoch nur, soweit die Zuwendungen 10% der Lohn- und Gehaltssumme der Leistungsberechtigten nicht übersteigen (§ 4 Abs 4 Z 2).

276 3. Zuwendungen an den **Betriebsratsfonds** bis zu 3% der Lohn- und Gehaltssumme (§ 4 Abs 4 Z 3).

276/1 4. Der **Verwaltungskostenbeitrag** gem § 118 BAO (**Advanced Ruling**) und § 118 a BAO (**Forschungsbestätigung;** siehe dazu Tz 461) und die für die Bestätigung eines Wirtschaftsprüfers gem § 108 c Abs 8 getätigten Aufwendungen (§ 4 Abs 4 Z 4).

277 5. Aufwendungen des Stpfl für **Aus- und Fortbildungsmaßnahmen,** wenn diese in einem Veranlassungszusammenhang zur konkret ausgeübten oder einer damit verwandten beruflichen Tätigkeit stehen. Die Eignung der dafür getätigten Aufwendungen zur Erreichung dieses Ziels ist ausreichend.[602]) Es kommt folglich nicht darauf an, ob in einer Ex-post-Betrachtung das angestrebte Ziel tatsächlich erreicht wird. Weiters Aufwendungen für umfassende **Umschulungsmaßnahmen,** die auf die tatsächliche Ausübung eines anderen Berufes abzielen.[603]) Ob sich der Stpfl durch die Ausübung eines anderen Berufes eine neue Einkunftsquelle verschaffen will, muss für den Einzelfall anhand objektiver Kriterien nach dem Gesamtbild der Verhältnisse beurteilt werden.[604]) Die Aufgabe oder wesentliche Einschränkung der bisherigen Tätigkeit spricht für eine entsprechende erwerbsorientierte Umschulung.[605]) Es kommt jedoch nicht darauf an, ob es dem Stpfl nach Abschluss der Umschulung tatsächlich gelingt, den angestrebten Beruf zu ergreifen, weil mit der Ausbildung selbst keine Garantie verbunden ist, nach ihrem Abschluss im einschlägigen Bereich beruflich tätig sein zu können.[606]) Ausbildungskosten dienen der Vorbereitung auf den Beruf, dagegen dienen Fortbildungskosten dazu, in einem bereits ausgeübten Beruf auf dem Laufenden zu bleiben und den jeweiligen Anforderungen gerecht zu werden. In diesem Bereich sind auch **Studienbeiträge** für ein Universitätsstudium abzugsfähig (§ 4 Abs 4 Z 7).

278 *frei*

279 6. Geld- oder Sachaufwendungen iZm der **Hilfestellung in Katastrophenfällen** (zB Hochwasser, Erdrutsche, Muren- und Lawinenabgänge), wenn sie der Werbung dienen (§ 4 Abs 4 Z 9).

---

[602]) VwGH 31. 3. 2011, 2009/15/0198.

[603]) VwGH 28. 6. 2017, 2016/15/0065.

[604]) VwGH 15. 9. 2011, 2008/15/0321; VwGH 27. 4. 2017, 2015/15/0069; VwGH 28. 6. 2017, 2016/15/0065 (zur Abzugsfähigkeit des Jus-Studiums einer Hauptschullehrerin).

[605]) VwGH 24. 7. 2017, 2015/15/0069.

[606]) VwGH 23. 5. 2013, 2011/15/0159 und VwGH 28. 6. 2017, 2016/15/0065.

7. Aufwendungen für die **Pflege des stehenden Holzes** und **Wiederaufforstungskosten** bei land- und forstwirtschaftlichen Betrieben, sofern für das stehende Holz der höhere Teilwert (§ 6 Z 2 lit b) nicht angesetzt wird (§ 4 Abs 8). **280**

8. **Zuwendungen an Privatstiftungen,** wenn die Privatstiftung ausschließlich betrieblichen Zwecken dient (§ 4 Abs 11 Z 1). Das Gesetz unterscheidet vier Arten von betrieblichen Privatstiftungen (vgl § 4 d): **281**

- Unternehmenszweckförderungsstiftungen,
- Arbeitnehmerförderungsstiftungen,
- Belegschaftsbeteiligungsstiftungen,
- Mitarbeiterbeteiligungsstiftungen.

Sind die Voraussetzungen des § 4 d nicht erfüllt, führen Zuwendungen aus dem Betriebsvermögen an eine betriebliche Privatstiftung regelmäßig zu einer Entnahme (Zuwendung einzelner Wirtschaftsgüter aus nicht betrieblichem Anlass) bzw zu einem steuerneutralen Buchwertabgang (Zuwendung von Betrieben, Teilbetrieben und Mitunternehmeranteilen).

9. Als Betriebsausgaben gelten nach § 4 a außerdem Zuwendungen (Spenden) an bestimmte Forschungseinrichtungen und gemeinnützige Einrichtungen, soweit sie 10% des Gewinnes des Wirtschaftsjahres nicht übersteigen; maßgeblich ist der Gewinn (§ 4 a Abs 3 und Abs 4) vor Berücksichtigung von Zuwendungen gem §§ 4 b, 4 c und des Gewinnfreibetrages gem § 10 (siehe dazu Tz 462/1 ff). Folgende Fälle sind erfasst: **282**

a) Zuwendungen an **Universitäten,** den Forschungsförderungsfonds, bestimmte Vereine uä zur Forschung und Erwachsenenbildung, an die Nationalbibliothek und an Museen; Zuwendungen aus dem Privatvermögen sind als Sonderausgaben abzugsfähig (ebenfalls eingeschränkt; siehe dazu Tz 621). Die Zuwendungen müssen ins der österreichischen Wissenschaft dienen. **283**

Gleichartige Zuwendungen sind auch abzugsfähig, wenn sie an entsprechende Forschungseinrichtungen in der EU bzw im EWR geleistet werden.

b) Zuwendungen an (in- oder ausländische) Körperschaften, die ausschließlich **mildtätigen Zwecken** (§ 37 BAO), der **Entwicklungshilfe,** der nationalen und/oder internationalen **Katastrophenhilfe,** dem **Umwelt-, Natur- und Artenschutz** oder im Wesentlichen (zumindest 75%) dem Betrieb eines **Tierheimes** dienen, bzw an Körperschaften, deren ausschließlicher Zweck das Sammeln von Spenden für die genannten Zwecke ist. Begünstigt sind auch Zuwendungen an **freiwillige Feuerwehren** und die Landesfeuerwehrverbände (§ 4 a Abs 6). Voraussetzung ist ein Spendenbegünstigungsbescheid des Spendenempfängers. **284**

f) Reisekosten

Literatur: *Grübl,* Das Ende der Diäten als Betriebsausgaben? SWK 2000, 883; *Müller,* Reisekosten in der Praxis, SWK-Sonderheft 2000; *Reinisch,* Wegverlagerung des Familienwohnsitzes – Kosten der doppelten Haushaltsführung nicht abzugsfähig? RdW 2000, 570; *Hilber,* Abzugsfähigkeit von Reiseaufwendungen, ecolex 2001, 623; *Doralt,* VfGH: Verwirrung um das Tagesgeld, ÖStZ 2002, 320; *ders,* Nochmals: VfGH zum Tagesgeld, ÖStZ 2002, 377; *Pülzl,* Befristete Auswärtstätigkeit: auf Dauer angelegt? SWK 2002, 636; *Patka,* Änderungen bei den Tages- und Nächtigungsgeldern bei Selbstständigen?

LVaktuell 2003 H 4, 34; *Pülzl,* Aktuelles zu Pendlerpauschale, doppelter Haushaltsführung und Familienheimfahrten, SWK 2003, 1043; *Atzmüller,* VwGH: Widersprüchliches zum Tagesgeld, RdW 2003, 731; *Hödl,* Das Ende der steuerlichen „Tagesreise“? SWK 2004, 1271; *Hörtnagl,* Das schleichende Ende der Tagesgelder (oder wie man ein Steuerprivileg neu erschafft), RdW 2005, 186; *Pülzl,* Doppelte Haushaltsführung und verlustbringende Tätigkeit am Familienwohnsitz, SWK 2005, 761; *Aigner,* Berufsbedingte doppelte Haushaltsführung, taxlex 2005, 440; *Fellner,* Einkommensteuerrechtliche Begünstigungen unter den Gesichtspunkten des Sachlichkeitsgebotes und des Leistungsfähigkeitsprinzips, in FS W. Doralt, Wien 2007, 61; *Wanke/Jahns,* Doppelte Haushaltsführung, wenn sich der Familienwohnsitz bei den Eltern befindet? UFSjournal 2009, 102; *Doralt,* Aufteilung von teils beruflich, teils privat bedingten Reisekosten, RdW 2010, 168; *Kühbacher,* Zur Abzugsfähigkeit gemischt veranlasster Reiseaufwendungen, SWK 2010, 313; *Atzmüller,* Die Fremdbestimmtheit im Steuerrecht – eine fremdbestimmte Reise zu einem unbestimmten Rechtsbegriff, RdW 2011, 433; *Beiser,* Pendlerpauschale bei wechselnden Fahrtstrecken, SWK 2011, 1089; *Daxkobler/Kerschner,* Die Durchbrechung des Aufteilungsverbots bei gemischt veranlassten Reisen, ÖStZ 2011, 413; *Kühbacher,* Zur anteiligen Abzugsfähigkeit von Reiseaufwendungen, ÖStZ 2011, 441; *Lachmayer,* Neue VwGH-Judiaktur zu Reisekosten und das Kriterium der Fremdbestimmtheit, ÖStZ 2011, 181; *Pfeiffer,* Zum Aufteilungsverbot – VwGH erweitert Reisekostenabsetzbarkeit, ecolex 2011, 459; *Prodinger,* Veranlassungsprinzip bei Reisekosten in den LStR, SWK 2011, 885; *Renner,* „Mischreisen“: Aufteilungsgebot oder Aufteilungsverbot? SWK 2011, 427; *ders,* Neues zur Abzugsfähigkeit von Reisen mit Mischprogramm, SWK 2011, 510; *Zorn,* Neue VwGH-Rechtsprechung zum Aufteilungsverbot bei Reisen, ÖStZ 2011, 123; *Schuster,* Doppelte Haushaltsführung selbst bei privater Veranlassung? SWK 2012, 370; *Renner,* Ende des Aufteilungsverbots auch außerhalb von Reisen? SWK 2014, 368; *Hudobnik,* Pauschale Reiseaufwandsentschädigungen im Steuerabzugsverfahren, taxlex 2016, 187.

285 Betriebsausgaben sind auch die Mehraufwendungen für **Verpflegung und Unterkunft** bei ausschließlich durch den Betrieb veranlassten Reisen (§ 4 Abs 5). Der Begriff der Reise entspricht dem in § 16 Abs 1 Z 9 verwendeten Begriff, er ist aber von der Dienstreise nach § 26 Z 4 zu unterscheiden.[607]) Als Reise gilt nur die Fortbewegung über größere Entfernungen von der Betriebsstätte weg; als Richtmaß gelten 20 bis 25 km.[608]) Fahrten von einem Wiener Gemeindebezirk in einen anderen sind keine Reisen iSd § 4 Abs 5,[609]) ebenso nicht die täglichen Fahrten zwischen Wohnort und Betriebsstätte;[610]) ein Verpflegungsmehraufwand kann daher nicht geltend gemacht werden. Keine Reise liegt auch vor bei Fahrten zwischen Wohnort bzw Betriebsort und Filialbetrieb, in dem sich der Stpfl ständig während eines Teiles der Woche aufhält, von dem er aber täglich an seinen Wohnort bzw Betriebsort zurückkehrt.[611])

---

[607]) Vgl VwGH 8. 10. 1998, 97/15/0073; siehe auch EStR 2000 Rz 1378.

[608]) VwGH 6. 3. 1984, 83/14/0128, ÖStZB 1984, 453 und VwGH 3. 7. 1990, 90/14/0069 (bei 30 km ist die Grenze jedenfalls überschritten). Siehe auch VfGH 2. 7. 1982, B 314/79, ÖStZB 1984, 159 (keine verfassungsrechtlichen Bedenken, auch nicht im Verhältnis zu § 26 Z 4).

[609]) VwGH 20. 9. 1995, 94/13/0253.

[610]) VwGH 26. 4. 1989, 86/14/0030, ÖStZB 1989, 451.

[611]) VwGH 19. 2. 1979, 2463/78, ÖStZB 1979, 218 und VwGH 20. 6. 1973, 56/72, ÖStZB 1973, 268 (der Filialbetrieb begründet einen weiteren Mittelpunkt der Tätigkeit).

Kosten einer Studienreise sind nur dann abzugsfähig, wenn auf Grund des Reiseprogramms und der Durchführung der Reise die Möglichkeit eines privaten Reisezweckes nahezu ausgeschlossen ist. Bei einem sog Mischprogramm (zB Studienreise kombiniert mit Besichtigungsprogramm) ist zu unterscheiden, ob die Reise in einen gesonderten beruflichen und privaten Abschnitt geteilt werden kann (zB berufliche Reise mit angeschlossenem privatem Aufenthalt) oder ob es sich bei dieser Reise um eine Reise mit untrennbarer beruflicher und privater Veranlassung handelt (zB Studienreise).[612]) Handelt es sich um untrennbare Aufwendungen, sind nach der Rsp des VwGH die gesamten Reisekosten nicht abzugsfähig. Kann die Reise jedoch in einen beruflichen und privaten Abschnitt getrennt werden, sind die Reisekosten im entsprechenden Verhältnis aufzuteilen, es sei denn, es handelt sich um eine „fremdbestimmte" Reise. Darunter versteht der VwGH Reisen, denen sich der Stpfl aus beruflichen oder betrieblichen Gründen nicht entziehen kann (zB Gerichtstermin eines Rechtsanwaltes)[613]). Kann der Stpfl die Reisekosten nicht als Betriebsausgaben iSd § 4 Abs 5 geltend machen, weil er außerbetriebliche Einkünfte erzielt (zB vom Arbeitgeber angeordnete Dienstreise), enthält § 16 Abs 1 Z 9 eine gleichlautende Bestimmung, sodass die Reisekosten bei Vorliegen der Voraussetzungen als Werbungskosten abzugsfähig sind. **286**

Offen bleibt die Abgrenzung einer fremdbestimmten Reise. Eine Reise zu einem geschäftlichen Treffen mit einem Geschäftspartner kann einerseits in dem Sinne fremdbestimmt sein, dass diese Besprechung betrieblich erforderlich ist, andererseits könnte aber auch der Geschäftspartner zu der Besprechung anreisen. Es stellt sich daher die Frage, ob es sich hier um eine fremdbestimmte Reise handelt, mit der Konsequenz, dass im Fall eines anschließenden privaten Aufenthaltes an dem Reiseziel die gesamten Reisekosten oder nur ein Teil der Reisekosten abzugsfähig sind. Ein mögliches Abgrenzungskriterium wäre hier die wirtschaftliche Bedeutung bzw das „wirtschaftliche Gewicht" des Geschäftspartners.

Weiters ist das Konstrukt der fremdbestimmten Reise problematisch, wenn der berufliche Anlass durch den anschließenden privaten Aufenthalt weit in den Hintergrund rückt (zB an eine eintägige Dienstreise wird ein zweiwöchiger Urlaub am Ort der Dienstreise angehängt). Nach der Rsp des VwGH wäre eine solche Reise fremdbestimmt; daher wären die gesamten Reisekosten abzugsfähig, obwohl die private Veranlassung weitaus überwiegt. Aus diesen Gründen liegt nach der FinVw eine fremdbestimmte berufliche Reise nur dann vor, wenn der Stpfl keine zeitliche Dispositionsmöglichkeit hinsichtlich des Antrittes der Reise hat und mindestens die Hälfte der Aufenthaltstage betrieblichen Zwecken gewidmet ist.[614]) Für diese Beurteilung zählen An- und Abreisetage als berufliche Tage; Wochenenden, Feiertage und Ersatzruhetage bleiben allerdings unberücksichtigt.[615])

Dass im Fall einer fremdbestimmten Reise die Reisekosten nicht in eine betriebliche bzw berufliche Komponente aufgeteilt werden, sondern zur Gänze abzugsfähig sind, erscheint nicht sachgerecht. Besonders, weil es nach Ansicht der FinVw lediglich auf die mangelnde zeitliche Dispositionsmöglichkeit hinsichtlich des Antrittes der Reise und

---

[612]) VwGH 26. 6. 1990, 89/14/0125.

[613]) VwGH 27. 1. 2011, 2010/15/0043; VwGH 27. 1. 2011, 2010/15/0197 mit Hinweis auf BFH 21. 9. 2009, GrS 1/06, BStBl 2010 II 672.

[614]) LStR 2002 Rz 295d.

[615]) LStR 2002 Rz 295c.

nicht auch auf die Abreise ankommt. Der Stpfl ist folglich hinsichtlich seiner Abreise völlig frei und kann an den beruflich bedingten Teil der Reise noch einen Privaturlaub anhängen, der als Teil der „fremdbestimmten" Reise abzugsfähig ist (vorausgesetzt, die Hälfte der Aufenthaltstage ist betrieblichen Zwecken gewidmet). Ein Unterschied zu einer Reise, die in einen beruflichen und privaten Abschnitt geteilt werden kann, ist hier nicht ersichtlich.

287 Mehraufwendungen für die **Verpflegung** sind ohne Nachweis ihrer Höhe als Betriebsausgaben anzuerkennen, soweit sie die in § 26 Z 4 festgesetzten Pauschalbeträge (für Dienstreisen Nichtselbständiger) nicht übersteigen **(Tagesgelder).** Höhere Aufwendungen für Verpflegung sind nicht zu berücksichtigen. Aufwendungen für die **Unterkunft** (einschließlich Frühstück) können entweder ebenfalls ohne Nachweis der tatsächlichen Kosten in Höhe der für Dienstreisen Nichtselbständiger geltenden Pauschalbeträge als Betriebsausgaben abgesetzt werden **(Nächtigungsgelder),** oder bei Nachweis der tatsächlich angefallenen Kosten in der tatsächlichen Höhe. Krankheitsbedingter Verpflegungsmehraufwand ist nicht berücksichtigungsfähig.[616])

§ 4 Abs 5 bezieht sich nur auf eigene Reisekosten des Unternehmers; zahlt er zB seinen Dienstnehmern Reisekostenersätze, die die Sätze des § 26 Z 4 übersteigen, liegen (unabhängig von der steuerlichen Behandlung bei den Empfängern) in voller Höhe Betriebsausgaben vor.

288 Von den Reisekosten iSd § 4 Abs 5 (Verpflegung und Unterkunft) sind die **Fahrtspesen** zu unterscheiden;[617]) sie sind in ihrer tatsächlichen Höhe Betriebsausgaben. Die Wahl des Verkehrsmittels ist dem Stpfl freigestellt.

Abzugsfähig sind auch die Kosten für die Fahrten zwischen Wohnort und Betriebsstätte, nicht dagegen solche für Heimfahrten zum Mittagessen, es sei denn, dass die arbeitsfreie Zwischenzeit aus betrieblichen Gründen extrem lang ist.[618]) Hat der Stpfl seinen Wohnsitz aus privaten, insb aus familiären Gründen nicht in der üblichen Entfernung vom Betriebsort, dann sind die Fahrtspesen jedoch nicht abzugsfähig (nach EStR 2000 Rz 1528 gilt eine Entfernung bis zu 120 km noch als üblich).

289 Aufwendungen für eine doppelte Haushaltsführung sind – mit Ausnahme des Verpflegungsaufwandes – dann abzugsfähig, wenn der Stpfl an beiden Orten beruflich tätig ist oder beide Ehegatten (Lebensgefährten) an verschiedenen Orten berufstätig sind und eine tägliche Rückkehr zum Familienwohnsitz nicht zumutbar ist.[619]) Abzugsfähig sind jedoch nur Kosten für eine angemessene, notwendige und zweckentsprechende Wohnung am Beschäftigungsort.[620]) Die Kosten für Familienheimfahrten sind nur insoweit abzugsfähig, als sie das höchste Pendlerpauschale nicht übersteigen (§ 20 Abs 1 Z 2 lit e).

---

[616]) VwGH 22. 11. 2001, 98/15/0029.

[617]) VwGH 8. 10. 1998, 97/15/0073.

[618]) VwGH 23. 11. 1977, 1311/77, ÖStZB 1978, 111.

[619]) VwGH 16. 3. 1988, 85/13/0154, ÖStZB 1988, 405; VwGH 29. 1. 1998, 96/15/0171; VwGH 14. 9. 2017, 2016/15/0080; VwGH 24. 3. 2015, 2012/15/0074; VwGH 29. 1. 2015, 2011/15/0173.

[620]) VwGH 14. 9. 2017, 2016/15/0080.

Eine doppelte Haushaltsführung ist steuerlich nicht anzuerkennen, wenn der Familienwohnsitz vom Beschäftigungsort beider Ehegatten wegverlegt wird und später der neue Familienwohnsitz von einem Ehegatten als Beschäftigungsort genützt wird (dies gilt nicht, wenn der zweite Wohnsitz von vornherein berufsbedingt gegründet wurde).[621])

g) Nicht aktivierungspflichtige Vorauszahlungen

„Nicht aktivierungspflichtige Vorauszahlungen von Beratungs-, Bürgschafts-, Fremdmittel-, Garantie-, Miet-, Treuhand-, Vermittlungs-, Vertriebs- und Verwaltungskosten müssen gleichmäßig auf den Zeitraum der Vorauszahlung verteilt werden, außer sie betreffen lediglich das laufende und das folgende Jahr“ (§ 4 Abs 6). 290

Die Verteilungspflicht für nicht aktivierungspflichtige Vorauszahlungen gilt zwar allgemein für die Gewinnermittlung; ihre Bedeutung beschränkt sich jedoch auf § 4 Abs 1 und § 4 Abs 3. Bei der Gewinnermittlung nach § 5 sind für Vorauszahlungen regelmäßig Rechnungsabgrenzungsposten zu bilden. Wird eine Geldleistung in erster Linie für den Abschluss des Mietvertrages als solchen und nicht für die zeitraumbezogene Nutzung des Mietobjektes erbracht („Mietrechtablöse“), dann liegt die Anschaffung eines aktivierungspflichtigen Wirtschaftsgutes („Mietrecht“) vor. Der Aufwand ist dann im Wege der AfA auf die Nutzungsdauer zu verteilen;[622]) für eine Anwendung des § 4 Abs 6 bleibt kein Raum.

Für die außerbetrieblichen Einkunftsarten besteht eine gleichartige Verteilungspflicht (§ 19 Abs 3).

Beispiel:

Der Stpfl, der seinen Gewinn nach § 4 Abs 3 ermittelt, leistet im Jänner 01 für sein Geschäftslokal eine Mietvorauszahlung

a) für April 01 bis Dezember 02: Es ist keine Verteilung nach § 4 Abs 6 vorzunehmen, die Vorauszahlung ist sofort als Betriebsausgabe zu verrechnen;

b) für April 01 bis März 03: Die Vorauszahlung ist – aliquot nach Monaten – auf die Jahre 01 bis 03 zu verteilen.

h) Mitgliedsbeiträge an Berufs- und Wirtschaftsverbände

Beiträge für die freiwillige Mitgliedschaft bei Berufs- und Wirtschaftsverbänden können nur insoweit als Betriebsausgaben abgesetzt werden, als sie in *„angemessener, statutenmäßig festgesetzter Höhe“* geleistet werden (§ 4 Abs 9).[623]) Die Vorschrift geht auf die EStG-Novelle 1975[624]) zurück und hatte einen ausschließlich tagespolitischen Hintergrund: Sie sollte verhindern, dass die Parteienfinanzierung auf dem Umweg über – als Betriebsausgaben abzugsfähige – Mitgliedsbeiträge an Berufsverbände erfolgt. 291

[621]) VwGH 28. 3. 2000, 96/14/0177; kritisch *Reinisch,* RdW 2000, 570.

[622]) VwGH 12. 1. 1993, 88/14/0077 (zur Abgrenzung einer Mietvorauszahlung vom Mietrecht).

[623]) VwGH 15. 12. 1994, 93/15/0002 (zur Überzahlung).

[624]) Einkommensteuergesetznovelle 1975 BGBl 1975/391.

292 Zur Ergänzung wurde mit der EStG-Novelle 1975 gleichzeitig eine **„Abgabe von Zuwendungen"** eingeführt: Berufsverbände unterliegen mit ihren freiwilligen Zuwendungen an politische Parteien oder andere Organisationen, die nicht selbst als Berufs- und Wirtschaftsverband anzusehen sind (auch gemeinnützige Organisationen), einer Abgabe von 15% der Zuwendung. Mit der Abgabe soll dem Umstand Rechnung getragen werden, dass die Beiträge, aus denen sich der Berufsverband finanziert, bei den Mitgliedern Betriebsausgaben waren.

i) Betriebseinnahmen

Literatur: *Mayr,* Gewinnrealisierung im Steuerrecht und Handelsrecht, Wien 2002; *Beiser,* Der Ausgleichsanspruch des Handelsvertreters in der Handels und Steuerbilanz, ÖStZ 2002, 374; *Tanzer,* Schäden, Schadenersätze und Schadensbehebung an Miet- und Pachtobjekten im Ertragsteuerrecht, SWK 2002, 353; *Rohatschek,* Bilanzierungs- und Ausweisfragen von Zuschüssen und Subventionen, RWZ 2002, 141; *Ryda/Langheinrich,* Der (Betriebs-)Einnahmenbegriff im Ertragsteuerrecht, FJ 2004, 291; *Kutschera,* Durchführungserlass zur Barbewegungsverordnung, SWK 2007, 331; *Hilber,* Barbewegungs-Verordnung, ecolex 2007, 59; *Doralt,* Einladung zu den Salzburger Festspielen – steuerpflichtige Einnahme? RdW 2007, 756; *Kraft-Kinz/Klostermann/Posautz,* Die Steuerpflicht von Incentives, insbesondere zwischen Pharmaunternehmen und Ärzten, (Teil I) SWK 2007, 753, (Teil II) SWK 2007, 800; *Hutter,* Schuldnachlass als Betriebseinnahmen bei einem Land- und Forstwirt, UFSjournal 2013, 23; *Langheinrich,* Die steuerliche Behandlung von gestohlenen oder veruntreuten Geldern in der Judikatur des BFG/UFS, FJ 2015, 158; *Langheinrich/Ryda,* Stellung und Funktion von Wertpapieren im betrieblichen Bereich und deren steuerliche Behandlung im Rahmen der Gewinnermittlung, FJ 2015, 2011; *Bertl* (Hrsg), Gewinnrealisierung, Wien 2012; *Marschner,* Investmentfonds: Steuerpflicht aller Substanzgewinne im Betriebsvermögen ab der Veranlagung 2014, SWK 2015, 345; *Beiser,* Gesellschaften bürgerlichen Rechts: Keine Gewinnermittlung nach § 5 EStG, RdW 2016, 638; *Petritz/Grimmer,* Initial Coin Offering – eine neue Art der Unternehmensfinanzierung und ihre steuerlichen Auswirkungen, taxlex 2017, 382; *Leyrer/Resenig,* Umsatzsteuergutschriften erhöhen bei Ausüben der Regelbesteuerungsoption die Betriebseinnahmen, SWK 2018, 1453.

293 Betriebseinnahmen sind alle Zugänge in Geld oder Geldeswert, die durch den Betrieb veranlasst sind;[625]) als Einnahmen gelten begrifflich die Roheinnahmen, nicht gekürzt um allfällige mit den Einnahmen im Zusammenhang stehende Ausgaben. Ein mittelbarer Zusammenhang mit betrieblichen Vermögen genügt.[626]) Bereits in der Gründungsphase des Betriebes und nach der Beendigung der betrieblichen Tätigkeit können betriebliche Einnahmen anfallen. Dazu müssen die Wertzugänge durch den künftigen bzw den beendeten Betrieb veranlasst sein.[627]) (siehe EStR 2000 Rz 1004).[628])

[625]) VwGH 18. 1. 1983, 82/14/0076, ÖStZB 1983, 292.

[626]) Vgl VwGH 27. 3. 2002, 2000/13/0020 (zu Zahlungen aus dem Sozialfonds der AKM und der Austro-Mechana – sog Altersquote bzw Altersausgleich – an einen ehemaligen Komponisten).

[627]) EStR 2000 Rz 1004.

Einnahmen entstehen bei der Veräußerung von Wirtschaftsgütern, ebenso beim Tausch oder bei unentgeltlichen Zuwendungen an den Betrieb (zB Werbegeschenke, vom Geschäftspartner kostenlos gewährte Reise) und bei der Rückerstattung von Ausgaben.

Bei der Gewinnermittlung nach § 4 Abs 3 sind die Betriebseinnahmen unmittelbar der Gewinnermittlung zu Grunde zu legen, unabhängig davon, ob spätere Ausgaben damit im Zusammenhang stehen (zB Verkauf einer noch nicht bezahlten Ware), beim Vermögensvergleich sind die mit einer Vereinnahmung allenfalls verbundenen Verpflichtungen gleichzeitig zu passivieren. Die vereinnahmte USt zählt zu den Betriebseinnahmen; bei der Gewinnermittlung nach § 4 Abs 3 kann der Stpfl die USt und die abziehbare Vorsteuer wahlweise auch als durchlaufende Posten behandeln.

Nach Ansicht des BFH können Betriebseinnahmen auch dann vorliegen, wenn der Stpfl als Betriebsinhaber unentgeltliche Zuwendungen erhält, mit denen weder ein zuvor begründeter Rechtsanspruch erfüllt, noch eine in der Vergangenheit erbrachte Leistung vergütet werden soll. Dieser Grundsatz gilt somit auch für **Zuwendungen von Todes wegen**; erforderlich ist nur der wirtschaftliche Bezug der Zuwendung zum Betrieb.[629])

Beispiel: Der Bewohner eines Altenheims setzt das Altenheim in seinem Testament als Erben ein. Nach dem Tod des Bewohners hat das Altenheim die Erbschaft als Betriebseinnahme auszuweisen und daher zu versteuern.

Ein betrieblich veranlasster Schulderlass führt beim Schuldner zu einer Betriebseinnahme.[630]) **294**

Der Verzicht auf Einnahmen führt zu keinen Einnahmen. Wird der Verzicht auf eine zum Betriebsvermögen gehörige Forderung aus privaten Gründen erklärt, dann liegt allerdings eine Entnahme der Forderung vor.

Beispiele:

1. Ein Gewerbetreibender überlässt den Betrieb zeitweise seinem Sohn unentgeltlich. Der Verzicht auf Einnahmen führt zu keiner fiktiven Einnahme.

2. Ein Gewerbetreibender verpachtet den Betrieb an seinen Sohn gegen Entgelt. Der Sohn bleibt den Pachtzins schuldig, der Gewerbetreibende verzichtet später auf die Bezahlung der geschuldeten Beträge. Der Verzicht ist ebenfalls der privaten Sphäre zuzurechnen; hier ist jedoch eine betriebliche Forderung bereits entstanden. Der Verzicht ändert nichts an der Steuerpflicht, die Forderung gilt als entnommen (dafür erhöht auch die aus privaten Gründen erlassene Betriebsschuld beim Sohn nicht den Gewinn, die Ausbuchung der Pachtschuld führt gleichzeitig zu einer Einlage).[631])

---

[628]) VwGH 17. 3. 1976, 1534/75, VwSlg 4955 F/1976 und VwGH 29. 6. 2016, 2013/15/0286 (zum Abzug von Schuldzinsen nach Betriebsaufgabe).

[629]) BFH 14. 3. 2006, VIII R 60/03 (zu letztwilligen Zuwendungen an eine Altersheim-Betriebsgesellschaft).

[630]) VwGH 16. 12. 2015, 2013/15/0148 (zu Bankschulden eines Tierzuchtbetriebes) und VwGH 28. 10. 2013, 2011/15/0046.

[631]) VwGH 16. 2. 1962, 2093/60, VwSlg 2593 F/1962; ebenso BFH 12. 4. 1989, I R 41/85, BStBl 1989 II 612 (zum schenkweisen Wegfall einer Pachterneuerungsrückstellung).

295 Betriebseinnahmen sind auch Subventionen aus öffentlichen Mitteln für den Betrieb. Im Fall von steuerfreien Subventionen (§ 3 Abs 1 Z 3, Z 5 lit d und e und Z 6), sind die damit im Zusammenhang stehenden Aufwendungen nach § 20 Abs 2 nicht abzugsfähig bzw kürzen sie nach § 6 Z 10 die Anschaffungs- oder Herstellungskosten. Private Subventionen für Anlageinvestitionen sind Betriebseinnahmen – und zwar im Zeitpunkt der Herstellung der Anlage, wenn die Zuwendung für eine einmalige Leistung erbracht wird (Herstellung eines Kabel-TV-Anschlusses) oder zeitanteilig, wenn die Zuwendung eine zeitraumbezogene Leistung des Anlagenerrichters abgelten soll.[632])

Betriebseinnahmen sind auch Ausgleichszahlungen der Agrarmarkt Austria (AMA) aus Mitteln der EU, des Bundes und des Landes zur Fruchtfolgeförderung.[633]) Kunstpreise und Stipendien nach dem Kunstförderungsgesetz sind von der ESt befreit (§ 3 Abs 3 KunstFG).[634]) Dagegen ist ein Wissenschaftspreis, der von einem privaten Verein gespendet wird, auch dann stpfl, wenn das Preisgeld für die weitere wissenschaftliche Arbeit verwendet werden muss.[635])

296 **Betriebseinnahmen in Form von in- oder ausländischen Kapitalerträgen unterliegen** grds den **besonderen Steuersätzen von 25% bzw 27,5%** nach § 27a. Nach Maßgabe des § 93 Abs 3 unterliegen **inländische Kapitalerträge dem KESt-Abzug.** Mit dem KESt-Abzug unterliegen diese Einkünfte der **Endbesteuerung** (ausgenommen Gewinne aus der Veräußerung von Kapitalvermögen und aus Derivaten; § 97 Abs 1). Endbesteuert sind danach inländische Kapitalerträge

- aus **Geldeinlagen bei Banken** (iSd § 27 Abs 2 Z 2),
- aus **Forderungswertpapieren** (iSd § 27 Abs 2 Z 2),
- aus **Gewinnanteilen** (iSd § 27 Abs 2 Z 1 lit a; das sind im Wesentlichen Dividenden) und
- gewisse Erträge aus **Kapitalanlagefonds** (siehe § 186 und § 188 InvFG 2011 iVm § 27).

297 Die (eingeschränkte) Endbesteuerung bzw Sondersatzbesteuerung im betrieblichen Bereich gilt auch dann, wenn das Kapitalvermögen der Besicherung eines Betriebskredites dient; die Zinsen aus dem Betriebskredit sind idR zur Gänze abzugsfähig, obwohl die Erträge nur mit 25% bzw 27,5% besteuert werden. Aufwendungen iZm endbesteuerten bzw sondersatzbesteuerten Kapitalerträgen sind nicht abzugsfähig (§ 20 Abs 2).

297/1 Der Erlös aus der **Veräußerung von Grundstücken des Betriebsvermögens** stellt ebenfalls Betriebseinnahmen dar. Gewinne aus Grundstücksveräußerungen unterliegen grds dem **besonderen Steuersatz iHv 30%** (ausführlich dazu oben, siehe Tz 131 ff).

---

[632]) VwGH 18. 12. 1996, 94/15/0148 und VwGH 29. 10. 2003, 2000/13/0090 und VwGH 18. 1. 1994, 90/14/0124; kritisch dazu *Quantschnigg*, RdW 1994, 154.

[633]) VwGH 22. 3. 2006, 2001/13/0289.

[634]) Dazu *Herzog*, RdW 1997, 474.

[635]) VwGH 17. 9. 2003, 2001/14/0211.

8. *Bewertungsvorschriften*

a) Allgemeines

Literatur: *Gassner/LahodnyKarner,* Der Grundsatz der Bewertungsstetigkeit im Bilanzrecht, in FS Egger, Rechnungswesen und Controling, Wien 1997; *oV,* VwGH: Apothekenkonzession nicht abnutzbar – kein Teil des Firmenwertes, RdW 2000, 180; *Lechner/Schuch,* Apothekenkonzession kein Bestandteil des Firmenwertes, SWK 2000, 533; *Mayr,* Gewinnrealisierung und Anschaffungszeitpunkt, RdW 2000, 381; *Gassner/Lahodny-Karner/Urtz,* in *Straube,* HGB[2] § 201, Wien 2000; *Grünberger,* Der Festwertansatz in einem neuen Licht, SWK 2000, 735; *Beiser,* Die Gewinnrealisierung im Steuerrecht und Handelsrecht, ÖStZ 2001, 335; *ders,* Aktienanleihen in ertragsteuerlicher Sicht RdW 2001, 620; *Bertl/Hirschler,* Festbewertung von abnutzbaren Sachanlagevermögen, RWZ 2001, 190; *Mayr,* Gewinnrealisierung, Wien 2001; *Steiner,* Krankenanstaltenrechtliche Bewilligung als abnutzbarer Teil des Firmenwerts? SWK 2001, 1251; *Zorn,* Gewinnrealisierung im Steuerecht im Steuerecht, RdW 2001, 569; *Doralt,* der „Ausgleichsposten" – ein Steuerprivileg für Leasingunternehmen, RdW 2002, 53; *Prodinger,* Der „Ausgleichsposten" – kein Steuerprivileg für Leasingunternehmen, RdW 2002, 248; *Seicht,* Steuerrechtliche Ansatz- und Bewertungsvorschriften in bilanztheoretischer Sicht, GesRZ 2003, 59; *Pröll,* „Bebauungsabschlag" bei Grundstücken, UFS 2007, 44; *Egger/Samer/Bertl,* Der Jahresabschluss nach dem Unternehmensgesetzbuch[12], Wien 2008; *Millauer,* Zahlungen an einen Mitbewerber für Betriebsstilllegung, RdW 2007, 752; *Quantschnigg/Mayr,* Gebäude, Grundstück und Grund und Boden im EStG, RdW 2007, 118; *Beiser,* Der Tausch von Fremdwährungen, SWK 2008, 415; *Fritz-Schmied,* Die (stete) Ausübung von Wertansatzwahlrechten in „prinzipieller" Beurteilung, RWZ 2008, 294; *Herbst,* Die (steuer)bilanzielle und einkommensteuerliche Behandlung von Fremdwährungskrediten, taxlex 2008, 409; *Pircher/Pülzl,* Fremdwährungsdarlehen im bilanziellen Bereich: Das Problem und seine Lösung, SWK 2008, 1023; *Stefaner,* Pensionsgeschäfte als Finanzierungsinstrumente in der Krise? RdW 2008, 806; *Urtz,* VwGH: Gewinne aus der Konvertierung von Fremdwährungskrediten, GeS 2008, 80; *Wiesner,* Konvertierung eines Fremdwährungsdarlehens, RWZ 2008, 73; *Wiesner,* Konvertierung von Fremdwährungskrediten im Bereich des Bilanzsteuerrechts, RWZ 2008, 282; *Zorn,* Gewinnrealisierung bei Konvertierung von Fremdwährungskrediten, SWK 2008, 375; *Küting/Tesche,* Der Stetigkeitsgrundsatz im verabschiedeten neuen deutschen Bilanzrecht, DStR 2009, 1491; *Beiser,* Die Reichweite des Trennungs- und Durchgriffsprinzips bei Kombination von Kapitalgesellschaften und Mitunternehmerschaften, SWK 2010, 596; *Grangl/Rohner,* BudgBG 2011 – Kapitaleinkünfte im betrieblichen Bereich, taxlex 2011, 73; *Jann/Koppensteiner,* Vermögenszuwachssteuer – Verlustverrechnung bei betrieblich gehaltenen Kapitalanlagen, SWK 2011, 478; *Killinger,* Ausgewählte Fragen im Zusammenhang mit dem Erwerb von Emissionszertifikaten im Rahmen von Versteigerungen, SWK 2011, W 3; *Schlager,* KESt neu im AbgÄG 2011: Besser spät als nie, RdW 11/375; *Sylle,* Equity-Ansatz als Verfahren der Nettokapitalisierung zur Bestimmung des Shareholder Value, SWK 2011, W 75; *Bergmann,* „Verunglückte Realteilungen", GeS 2012, 97; BMF-Info zur neuen Grundstücksbesteuerung in Frage und Antwort, RdW 2012, 540; *Bruckner,* Die neue Immobilienbesteuerung im 1. StabG 2012 (BGBl I 2012/22), ÖStZ 2012, 177; *Daxkobler,* Bewertungsfragen zur rückwirkenden Übertragung von nichtbegünstigtem Vermögen iSd Art IV UmgrStG, ÖStZ 2012, 246; *Fellner,* Domainübertragung: Liegt eine Entnahme oder ein Verkauf vor? UFSj 12, 134; *Hammerl/Mayr,* StabG 2012: Die neue Grundstücksbesteuerung, RdW 2012, 167; *Herzog,* Die neue Immobilienbesteuerung ab 1. 4. 2012, SWK 2012, 563; *Killinger,* Ausweisfragen und erstmalige Bewertung von gratis zugeteilten Emissionszertifikaten im UGB, SWK 2012, 1130; *Moshammer/Tumpel,* Der Ministerialentwurf zum AbgÄG 2012, SWK 2012, 905; *Papst,* Kapitalanlageverluste im Betriebsvermögen, SWK 12, 1248;

Puchinger/Marschner, Der Ministerialentwurf zum AbgÄG 2012, FJ 2012, 270; *Schlager,* Auswirkungen des Sparpakets auf die Unternehmensbesteuerung, RWZ 2012, 66; *Strimitzer,* Immobilien im Vermögen von Privatstiftungen und Körperschaften öffentlichen Rechts, SWK 2012, 39; *Wendt,* Entwicklungstendenzen auf dem Gebiet des Bilanzsteuerrechts in der Rechtsprechung des BFH, ÖStZ 2012, 297; *Wiesner,* Paradigmenwechsel im Umgründungssteuerrecht durch den Unabhängigen Finanzsenat (UFS)? RWZ 2012, 165; *Kanduth-Kristen,* Steueroptimierung bei Unternehmensübertragung unter besonderer Berücksichtigung der Grundstücksbesteuerung nach dem 1. StabG 2012, ÖStZ 2013, 249; *Titz,* Das Bilanzsteuerrecht in Gegenwart und Zukunft (2013); *Beiser,* Gewinnrealisierung oder Schenkung bei einer Übertragung von Kommanditanteilen mit negativem Eigenkapital, SWK 2014, 94; *Bertl/Hirschler,* Einheitstheorie bei Grund und Boden sowie Gebäude im Unternehmens- und Steuerrecht, RWZ 2014, 12; *Laibacher,* Aus für das Steuersparmodell nach dem DBA Brasilien? SWI 2014, 311; *Moser,* RÄG 14 – auf dem Weg zur „Einheitsbilanz“? ecolex 2014, 997; *Reinweber,* Einkommensteuer-Update: Aktuelles auf einen Blick, SWK 2014, 1283; *Varro/Würrer,* Grenzüberschreitende Sitzverlegung innerhalb der EU: Der nächste Schritt in Richtung Steuerwettbewerb? RdW 2014, 553; *Fritz-Schmied,* Die Auflösung der Zuschreibungsrücklage gemäß § 124b Z 270a EStG, taxlex 2015, 395; *Hirschler,* Steuerrechtliche Auswirkungen der Bilanzrechtsreform, SWK 2015, 6; *Kofler/Rosenberger,* RuSt 2015: Highlights aus dem Workshop „Internationales Steuerrecht“, RdW 2015, 805; *Kofler M.,* Tagungsbericht über die Wiener Bilanzrechtstage 2015 zum Thema „Reform der Rechnungslegung in Österreich“, RWZ 2015, 142; *Moser,* Das RÄG 2014 aus steuerrechtlicher Sicht, taxlex 2015, 84; *Papst,* Übersicht über die Neuerungen des RÄG 2014, ÖStZ 2015, 161; *Rzepa,* Ertragsteuerliche Behandlung von Ablösezahlungen im Profifußball, SWK 2015, 1037; *Kirchmayr/Achatz,* BFG zu Einkünften aus Kapitalvermögen, taxlex 2016, 301; *Kühbacher,* Hat ein Rangrücktritt ertragsteuerliche Folgen? SWI 2016, 621; *Macho,* Country-by-Country Reporting oder: Alle wissen alles? taxlex 2016, 143; *Marschner,* BFG: Verlust ist bei betrieblichen Fremdwährungskrediten zu halbieren, SWK 2016, 769; *Novosel/Weinhandl,* Die Zuschreibungsrücklage iSd § 124b Z 270 EStG – Analyse der Auflösungstatbestände (Teil 1), ÖStZ 16, 597, (Teil 2), ÖStZ 16, 630; *Orlet,* Die schrittweise Annäherung des UGB an das EStG? ÖStZ 2016, 690; *Peyerl,* BFG: Verluste aus Fremdwährungsdarlehen nur zur Hälfte abzugsfähig, RdW 2016, 570; *Beiser,* Betriebsausgaben nur zu 60%? RdW 2017, 180; BMF-Info, Steuerliche Behandlung von Kryptowährungen (virtuelle Währungen), SWK 2017, 1021; *Ebner/Wojciechowski,* Passive Rechnungsabgrenzung von einmaligen privaten Zuschüssen, taxlex 2017, 296; *Renner,* Aufwendungen iZm einer fehlgeschlagenen GmbH-Gründung, GES 2017, 114; *Brezina,* Der Utility-Token als (vermeintlicher) Gutschein, SWK 2018, 1258; *Harrer,* Bewertung festverzinslicher Nostro-Wertpapiere bei Banken, SWK 2018, 957; *Huber/Pichler,* Bodenwertminderung, Liegenschaftsbewertung, taxlex-SRa 2018, 253; *Huber/Pichler,* Wertminderung durch Dienstbarkeiten, taxlex-SRa 2018, 127; *Kurahs,* Gewinnerhöhende Auflösung unbewegter Sparguthaben in der Bankbilanz, SWK 2018, 1245.

298 Aus der Gewinnermittlung durch Vergleich des Betriebsvermögens am Schluss des Wirtschaftsjahres mit dem Betriebsvermögen am Schluss des vorangegangenen Wirtschaftsjahres ergeben sich die Notwendigkeit einer Vermögensaufstellung und die Notwendigkeit, das Vermögen zu bewerten. Die Bewertungsvorschriften beeinflussen unmittelbar den Gewinn.

299 Die allgemeinen Bewertungsgrundsätze für das Abgabenrecht enthält das **Bewertungsgesetz 1955**[636]). Sie gelten allerdings nur subsidiär, soweit sich aus

[636]) Bewertungsgesetz 1955 BGBl 1955/148.

den abgabenrechtlichen Vorschriften nicht etwas anderes ergibt (§ 1 Abs 1 BewG). Das Einkommensteuerrecht enthält in § 6 eigene Bewertungsvorschriften. Daher kommt das BewG bei der ertragsteuerrechtlichen Bewertung nur ausnahmsweise zur Anwendung (zB bei Bewertung der Betriebsaufgabe nach § 24 Abs 3 zu gemeinen Werten; bei Ermittlung des Kapitalwertes von Renten nach § 29 Z 1). Neben den steuerlichen Bewertungsvorschriften sind bei der Gewinnermittlung nach § 5 Abs 1 auch die **unternehmensrechtlichen** Bewertungsvorschriften (Grundsätze ordnungsmäßiger Buchführung; § 201 UGB) zu beachten.

Für die einkommensteuerrechtliche Bewertung bestehen folgende allgemeine Grundsätze:

aa) Grundsatz der Einzelbewertung

Das Einkommensteuerrecht folgt dem Grundsatz der Einzelbewertung (§ 6: *„Für die Bewertung der einzelnen Wirtschaftsgüter des Betriebsvermögens gilt* . . .“; siehe auch § 201 Abs 2 Z 3 UGB). Eine Gesamtbewertung des Unternehmens für Zwecke der Ermittlung des Betriebsvermögens ist nicht möglich. Daher muss grds jedes Wirtschaftsgut bei der Aufstellung der Bilanz einzeln bewertet werden. Auswirkungen dieses Grundsatzes ergeben sich zB dann, wenn ein Wirtschaftsgut an Wert verliert, ein anderes an Wert gewinnt. Die Einzelbewertung verhindert in solchen Fällen den automatischen Wertausgleich. **300**

Beispiel:

Im Betriebsvermögen befindet sich ua ein Warenposten, dessen Wert gegenüber den Anschaffungskosten im vorangegangenen Wirtschaftsjahr um € 30.000 gestiegen ist. Ein anderer Warenposten ist gegenüber den Anschaffungskosten um € 30.000 im Wert gesunken.

Eine Aufwertung über die Anschaffungskosten hinaus ist idR bei Wertsteigerungen nicht zulässig, dagegen ist im Fall des Wertverlustes eine Abwertung vorzunehmen (siehe unten Tz 347 ff und 354 ff). Daher kann der in der Bilanz ausgewiesene Wert des Betriebsvermögens sinken, obwohl nach den tatsächlichen Werten insgesamt keine Veränderung eingetreten ist. **301**

Besteht ein Wirtschaftsgut aus mehreren Teilen (zB Maschinen), dann erfasst die Einzelbewertung nicht die Teile, sondern das **einheitliche Wirtschaftsgut.** Für die Teile eines Wirtschaftsgutes ergibt sich daraus ein Wertausgleich. Steigt der Wert eines Teiles (zB des Aggregats für ein Förderband), während der andere Teil (das Förderband) im Wert sinkt, wird der Wertverlust durch die Wertsteigerungen kompensiert. Damit wird das Problem der Einzelbewertung sichtbar: Sie hängt davon ab, ob jeweils **ein** Wirtschaftsgut oder **mehrere** selbständige Wirtschaftsgüter vorliegen. Die Judikatur löst diese Frage mit dem Hinweis auf die Verkehrsauffassung danach, ob eine bei der Veräußerung besonders ins Gewicht fallende Selbständigkeit des Wirtschaftsgutes gegeben ist, sodass dafür im Rahmen des Gesamtkaufpreises ein besonderes Entgelt angesetzt zu werden pflegt.[637]) **302**

[637]) VwGH 27. 11. 1973, 0790/73, ÖStZB 1974, 101.

303 Bei **bebauten Grundstücken** gelten der Grund und Boden einerseits und das Gebäude andererseits als zwei getrennte Wirtschaftsgüter;[638]) daher sind zB Wertverluste im Gebäude nicht mit Wertsteigerungen aus dem Grund und Boden auszugleichen. Dies wird aus der neu geregelten Besteuerung des Grundvermögens abgeleitet. Der VwGH hat bisher Grund und Boden mit dem Gebäude als einheitliches Wirtschaftsgut betrachtet.[639]) **Einbauten in Gebäude,** wie sanitäre Anlagen, Zentralheizungen udgl, sind trotz kürzerer Lebensdauer mit dem Gebäude einheitlich zu bewerten.[640]) Der BFH vertritt bei abweichender früherer Judikatur heute ebenfalls diese Auffassung.[641]) **Einbaumöbel** und Wandvertäfelungen sind dagegen vom Gebäude getrennt zu bewerten.[642])

Praktische Bedeutung gewinnt diese Frage, vom Wertausgleich abgesehen, ua bei der AfA von Wirtschaftsgütern, deren Teile eine unterschiedliche Lebensdauer aufweisen.

304 Der Grundsatz der Einzelbewertung schließt jedoch nicht aus, dass **Gruppen gleichartiger Gegenstände** zusammengefasst werden und ihr Wert gemeinsam festgestellt wird;[643]) in Betracht kommen dafür Gegenstände des Finanzanlage- und des Vorratsvermögens, Wertpapiere, sowie andere gleichartige oder annähernd gleichwertige bewegliche Vermögensgegenstände (vgl § 209 Abs 2 UGB). Ebenso zulässig ist die sog **Festwertmethode:** Abnutzbare Wirtschaftsgüter des Anlagevermögens können zusammengefasst und mit einem festen (gleich bleibenden) Wert angesetzt werden, sofern sie regelmäßig ersetzt werden, ihr Bestand in seiner Größe, seinem Wert und seiner Zusammensetzung voraussichtlich nur geringen Veränderungen unterliegt und ihr Gesamtwert von untergeordneter Bedeutung ist[644]) (siehe auch § 209 Abs 1 UGB); eine weitergehende „stichhaltige wirtschaftliche Begründung"[645]) wird nach § 209 Abs 1 UGB nicht mehr erforderlich sein. An Stelle einer AfA sind die Neuzugänge sofort als Betriebsausgaben abzusetzen (Beispiele sind etwa Hotelwäsche, Geschirr, Werkzeug; nach § 209 Abs 1 UGB auch Roh-, Hilfs- und Betriebsstoffe).

bb) Stichtagsbewertung

305 Bewertungsstichtag ist der Tag, zu dem das Betriebsvermögen für Zwecke des Betriebsvermögensvergleichs zu bewerten ist; das ist der letzte Tag des abgelaufenen Wirtschaftsjahres (Schluss des Wirtschaftsjahres). Nach den Verhältnissen des Bilanzstichtages hat sich die Bewertung zu richten. Entsteht daher

[638]) EStR 2000 Rz 583.

[639]) VwGH 22. 9. 1992, 88/14/0088; anders BFH 16. 7. 1968, GrS 7/67, BStBl II 1969, 108.

[640]) Vgl zB VwGH 4. 3. 2009, 2006/15/0203 (zu einer Sauna- und Wellnessanlage); VwGH 20. 10. 1971, 0970/71, ÖStZB 1972, 96; ebenso UFS 26. 2. 2009, RV/0008-L/06 (Originalentscheidung zu einem gemauerten Kachelofen bzw integrierter Klima- und Belüftungsanlage).

[641]) BFH 26. 11. 1973, GrS 5/71, BStBl II 1974, 132.

[642]) VwGH 1. 3. 1983, 82/14/0156, ÖStZB 1984, 20.

[643]) VwGH 23. 4. 1965, 0768/64, ÖStZB 1965, 125.

[644]) EStR 2000 Rz 2138.

[645]) VwGH 25. 2. 1987, 85/13/0103, ÖStZB 1987, 379.

etwa an einem Lastwagen am ersten Tag des neuen Wirtschaftsjahres durch Unfall ein Totalschaden, so muss er dennoch in der Schlussbilanz des Vorjahres mit dem vollen Wert ausgewiesen werden, obwohl im Zeitpunkt der Vermögensaufstellung der Schaden bereits bekannt war. Die Maßgeblichkeit des Bewertungsstichtages und die „periodengerechte" Gewinnermittlung bedingen einander. **Wertveränderungen zwischen den Bilanzstichtagen** sind **nicht** zu berücksichtigen (zB der Kurswert eines Wertpapiers sinkt zwischen den Bilanzstichtagen, ist aber zum Bilanzstichtag wieder angestiegen).[646])

Die Verhältnisse des Bilanzstichtages sind auch dann maßgebend, wenn sie dem Stpfl am Stichtag selbst noch nicht bekannt waren, aber vor der Bilanzerstellung bekannt werden. Entsteht zB bei einem LKW ein Totalschaden am 30. 12. bei einer Fahrt im Ausland, so wird dieser Umstand auch dann in der Vermögensaufstellung zum 31. 12. zu berücksichtigen sein, wenn der Stpfl von dem Unfall erst später erfahren hat. Ebenso sind Umstände zu berücksichtigen, die nach dem Bilanzstichtag eine bessere Einsicht in die Verhältnisse am Bilanzstichtag ermöglichen („werterhellende Umstände"). **306**

Der Grundsatz lautet daher:[647])

Für die Bilanzansätze sind die Verhältnisse maßgebend, wie sie am Bilanzstichtag bestanden haben. Ereignisse, die nach dem Bilanzstichtag eingetreten sind und am Bilanzstichtag nicht vorhersehbar waren, sind nicht zu berücksichtigen. **307**

Zu berücksichtigen sind jedoch Tatsachen, die objektiv bereits am Bilanzstichtag bestanden haben, auch wenn sie dem Stpfl erst zwischen dem Stichtag und der Bilanzerstellung bekannt werden. Werterhellende Umstände sind zu berücksichtigen.

Danach ist zu unterscheiden: **308**

- wert**erhellende** Umstände nach dem Bilanzstichtag sind bei der Bilanzerstellung zu berücksichtigen,
- wert**beeinflussende** Umstände nach dem Bilanzstichtag sind nicht zu berücksichtigen.

Eine erst **nach der Bilanzerstellung** erworbene bessere Kenntnis führt bei erheblichen Wertverlusten nach dem Gläubigerschutzgedanken zu einer **Berichtigungspflicht.** Eine nachträglich erkannte Unterbewertung, die zu einer Steuerersparnis geführt hat, ist nach den allgemeinen Offenlegungs- und Wahrheitspflichten dem FA anzuzeigen (§ 139 BAO). Jede nachträgliche Berichtigung setzt jedoch voraus, dass die entsprechenden Umstände am Bilanzstichtag zumindest vorhersehbar waren; maßgeblich ist die Sorgfalt des ordentlichen Unternehmers. Keine werterhellenden Umstände liegen vor, wenn die am Bilanzstichtag noch bestehende Klage vor der Bilanzerstellung rechtskräftig abgewiesen wird. Vielmehr handelt es sich dabei um einen wertverändernden Umstand, der erst zum folgenden Bilanzstichtag zu berücksichtigen ist.[648]) **309**

---

[646]) BFH 5. 2. 1981, IV R 87/77, BStBl II 1981, 432.

[647]) Vgl zB VwGH 26. 9. 1984, 82/13/0051, ÖStZB 1985, 196 und VwGH 16. 12. 1997, 93/14/0177.

[648]) BFH 30. 1. 2002, I R 68/00; VwGH 27. 11. 2001, 98/14/0052; VwGH 4. 11. 1998, 93/13/0186 (zu einem nach dem Bilanzstichtag geschlossenen Vergleich).

Erhebliche Bedeutung erhalten diese Fragen im Rahmen der Bewertung von Forderungen. Wird die Zahlungsunfähigkeit eines Schuldners vor der Bilanzerstellung bekannt, ist damit allein die Bewertung der Forderung zum Bilanzstichtag noch nicht geklärt. Die Zahlungsunfähigkeit muss am letzten Bilanzstichtag bereits bestanden haben oder vorhersehbar gewesen sein, um zu diesem Bilanzstichtag auch eine Wertberichtigung zu rechtfertigen.[649]) Andererseits verbietet das Nachholverbot (Tz 223) die Geltendmachung des Forderungsverlustes in einem späteren Jahr. Im Zweifel wird man daher Verluste, die bei der Bilanzerstellung bekannt sind, berücksichtigen.

cc) Bewertungsstetigkeit

310 Die allgemeinen Grundsätze ordnungsmäßiger Buchführung sind nicht im Detail kodifiziert; daraus ergibt sich ein gewisser Spielraum auch in der Bewertung des Betriebsvermögens. Würde die Bewertung in jedem Wirtschaftsjahr nach anderen, ebenfalls zulässigen Methoden erfolgen, könnte damit der steuerliche Gewinn beeinflusst werden. Es ist daher nicht zulässig, in der Steuerbilanz von einmal gewählten Bewertungs- und Bilanzierungsgrundsätzen willkürlich abzugehen, Abschreibungsmethoden oder – bei gleich bleibenden Verhältnissen – die **Abschreibungsdauer** zu ändern, **Abzinsungssätze** jährlich neu zu wählen oder zwischen **Abgrenzung und Nichtabgrenzung von nicht die Gewinnperiode betreffenden Aufwendungen (zB Urlaubsentgelte)** zu wechseln.[650]) Ein Wechsel ist jedoch insb dann zulässig, wenn sich die wirtschaftlichen Umstände geändert haben.[651])

311 **Investitionsbegünstigungen** unterliegen nicht dem Stetigkeitsprinzip; ihrer Zielsetzung nach sollen sie, der jeweiligen wirtschaftlichen Situation entsprechend, in Anspruch genommen werden.

Im UGB ist der Grundsatz der Bewertungsstetigkeit für die Unternehmensbilanz explizit festgelegt (§ 201 Abs 2 Z 1 UGB).

dd) Verbot des Ausweises nicht verwirklichter Gewinne

312 Nicht verwirklichte Gewinne dürfen nicht ausgewiesen werden. Die Gewinnverwirklichung tritt erst ein, **wenn die Leistung erbracht ist,** bei Wirtschaftsgütern, wenn das wirtschaftliche Eigentum übergegangen ist; der Vertrag muss „wirtschaftlich erfüllt" sein.[652]) Gewinne aus abgrenzbaren Teilleistungen sind der Gewinnperiode zuzurechnen, in der die Teilleistung erbracht worden ist.[653])

---

[649]) VwGH 2. 6. 1976, 1667/75, ÖStZB 1977, 20 und VwGH 27. 9. 1995, 92/13/0310; vgl auch BFH 21. 11. 1989, IX R 10/84, BStBl II 1990, 213 (zur Bewertung bestrittener Forderungen).

[650]) Vgl VwGH 26. 2. 1975, 1125/74, ÖStZB 1975, 164.

[651]) VwGH 11. 4. 1978, 2705/77, ÖStZB 1978, 280 (zur erstmaligen Abzinsung von Forderungen, wenn sich die durchschnittliche Laufzeit geändert hat).

[652]) BFH 27. 2. 1986, IV R 52/83, BStBl II 1986, 552; vgl auch VwGH 24. 5. 2007, 2004/15/0033 und EStR 2000 Rz 2153.

[653]) VwGH 1. 12. 1981, 81/14/0017, 0032, ÖStZB 1982, 258 (zu Honorarforderungen eines Steuerberaters).

Als maßgeblicher Zeitpunkt der Gewinnrealisierung wird auch der Zeitpunkt des Überganges der Preisgefahr gesehen.[654])

313 Ist der Vertrag vom Leistungsverpflichteten noch nicht erfüllt (**schwebende Geschäfte**), dann würde beim Verkäufer der Ausweis der Leistungsverpflichtung einerseits und der Forderung andererseits eine vorzeitige Gewinnrealisierung bewirken. Daher unterbleibt der Ausweis in der Bilanz. Hat der Leistungsempfänger eine Anzahlung geleistet, dann hat der Leistungsverpflichtete die Anzahlung mit einer Verbindlichkeit in gleicher Höhe zu neutralisieren.[655]) Dagegen mindern Verluste das Vermögen auch dann, wenn sie noch nicht realisiert sind. **Drohenden Verlusten** aus schwebenden Geschäften (dazu zählen auch Dauerschuldverhältnisse) ist daher durch Rückstellungen Rechnung zu tragen. **Wertverluste** des Betriebsvermögens sind – nach Maßgabe des § 6 – auszuweisen, während Wertsteigerungen als nicht realisierte Gewinne unberücksichtigt bleiben. Wegen der gegensätzlichen Behandlung der nicht realisierten Verluste und nicht realisierten Gewinne spricht man auch vom **„Imparitätsprinzip"**. Die unterschiedliche Behandlung ist allerdings Ausfluss desselben Grundgedankens, nämlich des **Vorsichtsprinzips** (vgl § 201 Abs 2 Z 4 UGB).

Leasingunternehmen können den Unterschiedsbetrag zwischen den Buchwerten sämtlicher vermieteter Wirtschaftsgüter und den Teilwerten sämtlicher Forderungen aus der Vermietung als **aktiven/passiven Ausgleichsposten** ansetzen (§ 6 Z 16).[656])

314 Der **Tausch** eines Wirtschaftsgutes gegen ein anderes wird steuerlich als Veräußerung des hingegebenen und Anschaffung des im Tausch erworbenen Wirtschaftsgutes angesehen; Veräußerungspreis des hingegebenen und Anschaffungspreis des erworbenen Wirtschaftsgutes ist jeweils der gemeine Wert des hingegebenen Wirtschaftsgutes (§ 6 Z 14 lit a).[657]) Ist der gemeine Wert des hingegebenen Wirtschaftsgutes höher als sein Buchwert, kommt es daher zu einer Gewinnrealisierung. Die **Einlage** oder die **Einbringung von Wirtschaftsgütern** und sonstigem Vermögen **in eine Körperschaft** gilt dann als Tausch, wenn sie nicht unter das UmgrStG[658]) fällt oder das UmgrStG dies vorsieht (§ 6 Z 14 lit b).

314/1 Die Konvertierung eines Fremdwährungsdarlehens in eine andere Währung, die nicht über einen fixen Wechselkurs an den Euro gebunden ist, stellt keinen Tausch verschiedener Wirtschaftsgüter dar; zur Realisierung eines allfälligen Kursgewinnes kommt es erst bei und nach Maßgabe der Tilgung des Darlehens oder bei einer Konvertierung in den Euro oder in eine an den Euro fix gebundene andere Währung. Das gilt gleichermaßen für die Einnahmen-Ausgaben-Rechnung[659]) wie auch für den Vermögensvergleich[660]) und ebenso im außerbetrieblichen Bereich[661]).

[654]) Ausführlich dazu *Doralt/Mayr* in *Doralt/Kirchmayr/Mayr/Zorn*, EStG[13] § 6 Tz 41.

[655]) Siehe dazu *Doralt/Mayr* in *Doralt/Kirchmayr/Mayr/Zorn*, EStG[13] § 6 Tz 44 ff.

[656]) Dazu *Prodinger*, RdW 2002, 248; kritisch *Doralt*, RdW 2002, 53 und *Papst*, Leasing 116 ff.

[657]) Kritisch *Mayr*, Gewinnrealisierung 115 ff.

[658]) Umgründungssteuergesetz BGBl 1991/699.

[659]) VwGH 15. 1. 2008, 2006/15/0116; dazu *Zorn*, SWK 2008, 375.

[660]) VwGH 27. 8. 2008, 2008/15/0127.

[661]) VwGH 24. 9. 2008, 2006/15/0255.

b) Bewertungsmaßstäbe

Literatur: *Doralt,* Der Teilwert als Anwendungsfall des Going-Concern-Prinzips – Eine Kritik an der Teilwertkritik, in *Raupach* (Hrsg), Werte und Wertermittlung im Steuerrecht, Köln 1984, 141; *Doralt,* Die Bilanzierung und Bewertung von Forderungen in der Handelsbilanz, in FS Stoll, Wien 1990, 163; *Urnik,* Die ertragsteuerliche Behandlung der umsatzsteuerlichen § 12-Abs.-10-Korrektur, SWK 2000, 390; *Bertl/Hirschler,* Teilwertabschreibungen des derivativen Firmenwerts, RWZ 2000, 260; *Carlé,* Die Zukunft des anschaffungsnahen Aufwands, DStZ 2001, 377; *Fritz-Schmied,* Die differenten Anwendungsvoraussetzungen der AfaA und der Teilwertabschreibung, RWZ 2001, 21; *Grünberger,* Die Bilanzierung von Homepages, RdW 2001, 440; *Mayr,* Gewinnrealisierung, Wien 2001; *ders,* Steuerbilanz: Die Qual der Wahl? ÖStZ 2001, 226; *Bertl/Hirschler,* Aktivierungspflicht für anschaffungsnahen Erhaltungsaufwand, RWZ 2002, 262; *dies,* Opfertheorie – Bilanzielle Behandlung, RWZ 2002, 353; *Mayr,* Anschaffungsnaher Erhaltungsaufwand gerechtfertigt? ÖStZ 2002, 44; *Beiser,* Der Teilwert im Wechsel zwischen Substanz- und Ertragswert, ÖStZ 2002, 506; *Konecny,* BFH: Ende des anschaffungsnahen Erhaltungsaufwandes, RdW 2002, 497; *Doralt,* Der gemeine Wert und denkunmögliche Auslegung, RdW 2002, 369; *Mayr,* Herstellungsaufwand im Handelsrecht und Steuerrecht, ÖStZ 2003, 41; *Fritz-Schmied,* Die Realisation von „echten" Subventionen im Rahmen der steuerbilanziellen Gewinnermittlung, RWZ 2003, 266; *Beiser,* Opfertheorie trotz Gebäudeabbruch, ÖStZ 2004, 66; *Hammerl,* Fiktive Anschaffungskosten und gemeiner Wert bei Gebäuden, RdW 2005, 49; *Ryda/Langheinrich,* Bedeutung des Teilwertes bei der Bewertung von Wirtschaftsgütern, FJ 2005, 1; *Langheinrich/Ryda,* Die Anschaffungs- und Herstellungskosten im Steuerrecht, FJ 2005, 44; *Zepitsch,* Anschaffungsnaher Erhaltungsaufwand: UFS folgt aktueller BFH-Rechtsprechung! RdW 2005, 321; *oV,* UFS: Anschaffungsnahe Erhaltungsaufwendungen – Betriebsbereitschaft maßgeblich, ÖStZ 2005, 312; *Bertl/Hirschler,* Bilanzielle Behandlung der Räumungskosten nach Erwerb eines Grundstücks, RWZ 2005, 6; *Bertl/Hirschler,* Umfang des steuerrechtlichen Mindestansatzes von Herstellungskosten, RWZ 2005, 104; *Bertl/Hirschler,* Anschaffungsnaher Erhaltungsaufwand – Änderung der Rechtsprechung auch in Österreich!? RWZ 2005, 196; *oV,* VwGH: Absetzbarkeit der Gebäudeabbruchkosten, RdW 2005, 450; *Bertl/Hirschler,* Abbruch eines zum Betriebsvermögen zählenden Gebäudes, RWZ 2005, 232; *Fraberger,* VwGH: Gilt die „Opfertheorie" im EStG 1988 noch? GeS 2005, 442; *Gruber/Klostermann,* VwGH: Abkehr von der „Opfertheorie", taxlex 2005, 437; *Zorn,* VwGH: Aufgabe der Opfertheorie, RdW 2006, 248; *Fröhlich,* Erneuerung eines Wasserleitungsnetzes: Erhaltung oder Herstellung? RdW 2006, 529; *Albrecht,* Gebäudeabriss – Ende der Opfertheorie, ÖStZ 2006, 274; *Bertl/Hirschler,* Neues zum Ende der Opfertheorie, RWZ 2006, 173; *Bertl/Hirschler,* Bilanzierung von negativen Anschaffungskosten einer Beteiligung, RWZ 2007, 65; *Werndl,* Was bleibt von der Opfertheorie? in FS W. Doralt, Wien 2007, 515; *H. Grünberger,* Das Ende der Opfertheorie? SWK 2007, 359; *Gruber,* Fragen und Lösungsansätze zur Behandlung von Aufwendungen für den Schutzbereich eines Flughafens, in FS Ruppe, Wien 2007, 165; *Zorn,* Erneuerung einer Wasserleitung – Erhaltung oder Herstellung, RdW 2007, 1471; *Atzmüller/Hammerl/Mayr,* Highlights aus dem EStR-Wartungserlass 2008, RdW 2008, 116; *Bauer,* Konsistente Rechtsprechungslinie des VwGH zu Erhaltungs- und Herstellungsaufwendungen, ÖStZ 2008, 168; *Doralt,* Dacherneuerung bei einem gekauften Dachboden, RdW 2008, 419; *ders,* UFS zum Dachbodenausbau durch den Wohnungseigentümer, RdW 2008, 549; *Fritz-Schmied,* Zur Abgrenzung von Herstellungsaufwendungen und Erhaltungsaufwendungen, taxlex 2008, 404; *Häusle,* Bilanzielle Behandlung von Erschließungsbeiträgen, SWK 2008, 962; *Renner,* Abgrenzung zwischen Herstellung und Erhaltung bei Umbaumaßnahmen, ÖStZ 2008, 202; *Schima/Gruber,* VwGH zu thesaurierenden Investmentfondsanteilen im Betriebsvermögen, ÖStZ 2008, 548; *Beiser*, Wirtschaftsgut und Nutzenpotential markieren die Grenzlinie zwischen Erhaltung und Herstellung, ÖStZ 2009, 4; *Beiser*, Aktivierungspflicht bei Anschaffung und Abriss eines Gebäudes? ÖStZ 2010, 507; *Lang*, Herstellungsaufwand – Der Begriff im Unternehmens- und Steuerrecht, RdW 2010, 106; *Renner*, Aktivierungspflicht oder Sofortabsetzbarkeit anschaffungsnahen Erhaltungsaufwands, ÖStZ 2010, 399; *Fritz-Schmied*, Variable Kaufpreisvereinbarungen, SWK 2011, W 15; *Grangl/Rohrer*, Steuerliche Behandlung eines gemischt genutzten Gebäudes, RWP 2011, 18; *Hirschler*, Schlägt der Opfertheorie die letzte Stunde? SWK 2011, 1244; *St. Lang*, Sind Modernisierungsmaßnahmen eine „Verbesserung“? RdW 2012, 690; *Marschner/Puchinger*, AbgÄG 2011 & InvFG 2011 „reloaded“ (Teil I), FJ 2011, 268; *Moshammer*, Zweifelsfragen zu § 6 Z 2 lit c EStG, SWK 2011, 715; *Marchgraber*, Firmenwertabschreibung in der Unternehmensgruppe und Beteiligungszuschreibung, ÖStZ 2012, 269; *Schmidl/Grün*, Neues Beurteilungskriterium bei Gebäudeanschaffungen, SWK 2012, 25; *Mayr*, Grundstücksbesteuerung im betrieblichen Bereich, RdW 2013, 42; *Vaishor*, KStR 2013: Neuerungen bei Teilwertabschreibungen im Sinne des § 12 Abs 3 KStG, SWK 2013, 783; *Marchgraber*, Die Zuschreibung übertragener Beteiligungen nach Umgründungen, RWZ 2014, 293; *Wurm*, Zuschreibungen von Beteiligungen nach Umgründungen, SWK 2014, 1024; *Gruber*, RÄG 2014: Einführung einer allgemeinen Zuschreibungspflicht, GES 2015, 81; *Marchgraber*, Die Wertaufholungs- und Zuschreibungspflicht nach dem RÄG 2014, JKU Tax 2015, 20; *Urnik/Urtz*, Übersicht über die Neuerungen des Rechnungslegungs-Änderungsgesetzes 2014, ÖStZ 2015, 153; *Fritz-Schmied*, Der (derivative) Firmenwert in inhaltlicher und betragsmäßiger Ausgestaltung, JEV 2016, 112; *Fritz-Schmied/Kanduth-Kristen*, Wertaufholung im Unternehmensrecht und Maßgeblichkeit gemäß § 6 Z 13 EStG – Geltung dem Grunde und der Höhe nach? RWZ 2016, 352; *Pröll*, Fiktive Anschaffungsnebenkosten als Teilwertbestandteil, ÖStZ 2016, 352.

Bewertungsmaßstäbe sind die **Anschaffungskosten,** die **Herstellungskosten,** der **Teilwert** und der **gemeine Wert.** **315**

aa) Anschaffungskosten, Herstellungskosten, Erhaltungsaufwand

Die Begriffe Anschaffungs- und Herstellungskosten sind aus dem Unternehmensrecht übernommen (§ 203 Abs 2 und 3 UGB); sie sind daher – soweit nicht steuerrechtliche Sondervorschriften bestehen – nach den unternehmensrechtlichen Vorschriften auszulegen. **316**

Anschaffungskosten sind „*die Aufwendungen, die geleistet werden, um einen Vermögensgegenstand zu erwerben und ihn in einen betriebsbereiten Zustand zu versetzen, soweit sie dem Vermögensgegenstand einzeln zugeordnet werden können. Zu den Anschaffungskosten gehören auch die Nebenkosten sowie die nachträglichen Anschaffungskosten. Anschaffungspreisminderungen sind abzusetzen*“ (§ 203 Abs 2 UGB).

Beim Erwerb von Forderungen zu leistende Aufschläge auf den Tilgungsbetrag (Nennwert) bei einem Erwerb „über pari“ sind Teil der Anschaffungskosten des Wertpapiers und nicht sofort abzugsfähiger Aufwand, denn in diesem Fall geht § 6 Z 2 lit a zwingend dem § 56 BWG vor.[662]) **317**

Zu den **Nebenkosten** gehören die (idR anschaffungsnahen) Aufwendungen, die mit der Anschaffung in einem unmittelbaren Zusammenhang stehen. **318**

[662]) VwGH 26. 7. 2005, 2002/14/0039.

Beispiele:

Transportkosten, Montagekosten, Vertragserrichtungskosten,[663] Schätzungskosten,[664] Grunderwerbsteuer, Vermittlungsprovisionen.

Sind **Anschlusskosten** speziell für den Betrieb einer Maschine erforderlich, zählen sie zu den Anschaffungskosten.[665]

Dekontaminierungsaufwendungen für Grundstücke, deren Erfordernis dem Erwerber bereits beim Erwerb der Grundflächen bekannt war, stellen nachträgliche Anschaffungskosten dar.[666]

Nicht zu aktivieren sind zB Kosten auf Grund von Rechtsstreitigkeiten oder von Testläufen (EStR 2000 Rz 2187).

319 Zu **Anschaffungspreisminderungen** führen Rabatte, Skonti, aber auch sonstige Preisnachlässe, zB wegen Gewährleistung.

Ein zeitlicher Zusammenhang der Nebenkosten mit der Anschaffung ist nicht erforderlich; der zeitliche Zusammenhang ist aber ein Indiz für den sachlichen Zusammenhang.[667] Aufwendungen, die nach erstmaliger Erreichung der Betriebsbereitschaft entstehen, sind keine Anschaffungskosten.[668]

320 Zu den Anschaffungskosten wurde auch der **anschaffungsnahe Erhaltungsaufwand** gezählt. Das sind Aufwendungen, die in zeitlicher Nähe zur Anschaffung getätigt werden. Dazu gehören insb Aufwendungen, die das Wirtschaftsgut erst in einen **betriebsbereiten Zustand** versetzen, darüber hinaus aber auch zB bloße „Schönheitsreparaturen". Der BFH hat den Begriff des anschaffungsnahen Erhaltungsaufwandes aufgegeben und rechnet unter Hinweis auf das dHGB Erhaltungsaufwendungen nur dann zu den Anschaffungskosten, wenn sie dazu dienen, das Wirtschaftsgut in einen betriebsbereiten Zustand zu versetzen (siehe auch § 203 Abs 2 UGB).[669] Der Auffassung des BFH ist mittlerweile auch der VwGH gefolgt.[670] Die FinVw zählt anschaffungsnahe Erhaltungsaufwendungen, die vor dem 1. 1. 2011 angefallen sind, weiterhin zu den Anschaffungskosten; mit Zustimmung des Stpfl können die anschaffungsnahen Erhaltungsaufwendungen aber auch als sofort abzugsfähiger Aufwand behandelt werden (EStR 2000 Rz 262; siehe dazu auch unten Tz 331).

Zu Aufwendungen, die eine wesentliche Verbesserung des Wirtschaftsgutes bewirken, siehe unten Tz 334 f.

321 **Fremdkapitalzinsen** iZm der Anschaffung dürfen nicht (auch nicht bei langer Lieferdauer) aktiviert werden. Dies gilt sowohl für das Anlagevermögen als auch für das Umlaufvermögen (vgl § 203 Abs 4 und § 206 Abs 2 UGB). Fremdkapitalzinsen für bereits gelieferte oder hergestellte Wirtschaftsgüter gehören ebenfalls nicht zu den Anschaffungskosten; bei langfristiger Fälligkeit (mehr als drei Monaten) ist der Kaufpreis abzuzinsen; die Anschaffungskosten bestehen nur im Barwert des Kauf-

---

[663] VwGH 22. 9. 1971, 0406/71, ÖStZB 1972, 47.

[664] VwGH 12. 5. 1967, 1302/66, ÖStZB 1967, 160.

[665] VwGH 20. 5. 2010, 2007/15/0153 (zu einer Windenergieanlage).

[666] VwGH 19. 04. 2006, 2001/13/0294, ÖStZ 2006, 349.

[667] VwGH 27. 3. 1974, 1621/73, ÖStZB 1974, 233.

[668] EStR 2000 Rz 2188.

[669] Dazu *Konecny*, RdW 2002, 497; *Mayr*, ÖStZ 2003, 41.

[670] VwGH 30. 6. 2010, 2005/13/0076.

preises.[671]) Die Verbindlichkeit ist dagegen mit dem Nominalwert auszuweisen.[672]) Die Differenz zwischen abgezinstem Kaufpreis und Verbindlichkeit zum Nominalwert ist zu aktivieren und auf die Zeit der Stundung zu verteilen (analog zum Damnum; entspricht der Behandlung von Zinsaufwand bei Fremdfinanzierung).

Für **Wertsicherungsbeträge** gelten die gleichen Grundsätze wie für Fremdkapitalzinsen; entfallen sie auf einen Zeitraum nach der Anschaffung des Wirtschaftsgutes, so sind sie als Betriebsausgaben sofort abzusetzen.[673]) 322

Beispiele:

1. Anschaffung einer Maschine zum Kaufpreis von € 100.000, gestundet auf 5 Jahre. Barwert rund € 70.000. Das ergibt: Anschaffungskosten € 70.000, Verbindlichkeit € 100.000; der Differenzbetrag von € 30.000 ist zu aktivieren und auf die Laufzeit zu verteilen.

2. Anschaffung einer Maschine zum Kaufpreis von € 70.000, zahlbar in 5 Jahren, jedoch wertgesichert. Anschaffungskosten bleiben mit dem Kaufpreis ident; die jährliche Erhöhung der Verbindlichkeit um die Wertsicherung wird als Aufwand des jeweiligen Jahres wirksam.

Beim **Tausch** von Wirtschaftsgütern gilt als Anschaffungskosten der gemeine Wert des hingegebenen Wirtschaftsgutes (§ 6 Z 14 lit a). 323

Beispiele:

1. Um ein für den Betriebsausbau dringend benötigtes Nachbargrundstück (gemeiner Wert € 10.000) zu erwerben, ist der Stpfl bereit, ein wesentlich höherwertiges, von ihm aber nicht benötigtes Grundstück (gemeiner Wert € 20.000) hinzugeben. Die Anschaffungskosten des Nachbargrundstückes betragen € 20.000.

2. Der Stpfl tauscht ein Betriebsfahrzeug mit einem Buchwert von € 10.000, dessen Verkaufswert nach der Eurotax € 15.000 beträgt, gegen ein anderes Fahrzeug, dessen Wert nach der Eurotax € 18.000 beträgt. Die Anschaffungskosten des erworbenen Fahrzeuges sind mit € 15.000 anzusetzen, der Veräußerungsgewinn beträgt also € 5.000.

Die **Herstellungskosten** entsprechen den Anschaffungskosten bei im Betrieb selbst hergestellten Wirtschaftsgütern. 324

Zu den unternehmensrechtlichen Herstellungskosten gehören

– *„die Aufwendungen, die für die **Herstellung** eines Vermögensgegenstandes, seine **Erweiterung** oder für eine über seinen ursprünglichen Zustand hinausgehende **wesentliche Verbesserung** entstehen. Bei der Berechnung der Herstellungskosten sind auch angemessene Teile dem einzelnen Erzeugnis nur mittelbar zurechenbarer **fixer und variabler Gemeinkosten** in dem Ausmaß, wie sie auf den Zeitraum der Herstellung entfallen, einzurechnen. Sind die Gemeinkosten durch offenbare **Unterbeschäftigung** überhöht, so dürfen nur die einer durchschnittlichen Beschäftigung entsprechenden Teile dieser Kosten eingerechnet werden.*
– *Aufwendungen für **Sozialeinrichtungen** des Betriebes, für freiwillige Sozialleistungen, für betriebliche Altersversorgung und Abfertigungen dürfen eingerechnet werden.*

[671]) VwGH 14. 1. 1986, 85/14/0134, ÖStZB 1986, 359 (zu mehrjährigen Ratenzahlungen).
[672]) VwGH 25. 11. 1966, 0599/66, ÖStZB 1967, 47.
[673]) VwGH 28. 4. 1987, 85/14/0066, ÖStZB 1988, 106.

– *Kosten der* ***allgemeinen Verwaltung und des Vertriebes*** *dürfen nicht in die Herstellungskosten einbezogen werden*" (§ 203 Abs 3 UGB).[674])

Der unternehmensrechtliche und steuerrechtliche Herstellungskostenbegriff decken sich; für freiwillige Sozialaufwendungen besteht auch steuerrechtlich ein Wahlrecht.[675])

325 **Fremdkapitalzinsen,** die auf den Herstellungszeitraum eines Wirtschaftsgutes entfallen (Bauzeitzinsen), sind aktivierungsfähig, nicht jedoch aktivierungspflichtig (§ 203 Abs 4 UGB; vergleichsweise besteht bei der fremdfinanzierten Anschaffung ein Aktivierungsverbot, siehe oben); für die Steuerbilanz wird ebenfalls ein Wahlrecht angenommen.[676]) Sind die Herstellungskosten überhöht (zB schlechte Betriebsorganisation, hohe Anschaffungskosten der Produktionsmittel, Schnellbaukosten) – ohne dass eine Unterbeschäftigung (siehe oben) vorliegt – gelten dennoch die tatsächlichen Aufwendungen als Herstellungskosten.

Steuerrechtlich und unternehmensrechtlich dürfen nicht die gesamten Selbstkosten aktiviert werden; im Einzelnen besteht für folgende Kostenbestandteile ein Aktivierungsgebot, -verbot oder -wahlrecht.

326

Kostenbestandteile	Aktivierungspflicht	Aktivierungsverbot	Aktivierungswahlrecht
1. Materialkosten			
– Fertigungsmaterial (zB Rohstoffe)	×		
– Materialgemeinkosten (zB Bezugs-, Lagerkosten)	×		
2. Fertigungskosten			
– Fertigungslöhne	×		
– Fertigungsgemeinkosten (zB Energiekosten, Schmiermittel, Kleinwerkzeuge, Verwaltungskosten der Produktion, AfA von den Produktionsstätten)	×		
– Sondereinzelkosten der Fertigung (zB spezielle Werkzeuge, besondere Entwicklungsarbeiten)	×		
– Fremdkapitalzinsen (auf den Herstellungszeitraum entfallende)			×
– Sozialaufwendungen			×
= Herstellungskosten			
+ Verwaltungsgemeinkosten		×	
+ Vertriebskosten		×	
= Selbstkosten			
+ Gewinn			
= Verkaufspreis (ohne USt)			

674) Vgl § 6 Z 2 lit a.

675) EStR 2000 Rz 2199.

676) EStR 2000 Rz 2201.

Bei **Fertigungsaufträgen,** deren Ausführung sich über mehr als zwölf Monate erstreckt, dürfen in der Unternehmensbilanz ausnahmsweise auch angemessene Teile der Verwaltungs- und Vertriebskosten als Herstellungskosten angesetzt werden (§ 206 Abs 3 UGB). Steuerrechtlich ist dies jedoch nicht zulässig.[677]) 327

Eine **Abgrenzung der Herstellung von der Anschaffung** ist bilanzmäßig idR nicht von Bedeutung (ausgenommen etwa iZm der Fremdfinanzierung oder bei unkörperlichen Wirtschaftsgütern des Anlagevermögens).

Nicht zu den Anschaffungs- oder Herstellungskosten gehören: 328

- Zuschüsse aus öffentlichen Mitteln, die nach § 3 Abs 1 Z 3, Z 5 lit d und e und Z 6 steuerfrei sind, sowie steuerfreie Zuwendungen iSd § 3 Abs 1 Z 16 (§ 6 Z 10); private Subventionen sind nicht mit den Anschaffungskosten zu verrechnen;[678])
- grds die nach § 12 auf ein Wirtschaftsgut übertragenen stillen Reserven (§ 12 Abs 4);
- die als **Vorsteuer** abzugsfähige USt; Berichtigungen, die sich aus einer späteren Änderung der für den Vorsteuerabzug maßgeblichen Verhältnisse ergeben (§ 12 Abs 10 und 11 UStG), sind jedoch bloß als Betriebseinnahmen bzw -ausgaben zu behandeln, führen also nicht zu einer Änderung der Anschaffungs- oder Herstellungskosten (§ 6 Z 11 und 12);
- bei **unentgeltlichem Erwerb von Grundstücken** nach dem 31. 7. 2008 die GrESt sowie Eintragungsgebühren und Nebenkosten (§ 20 Abs 1 Z 6).

Erhaltungsaufwand (Instandhaltungs- und Instandsetzungsaufwand) dient dazu, das Wirtschaftsgut in einem ordnungsmäßigen Zustand zu erhalten oder diesen wiederherzustellen. Dazu gehören insb die regelmäßig in gewissen Zeitabständen wiederkehrenden notwendigen Ausbesserungen. Erhaltungsaufwand ist im Jahr der Aufwendung in voller Höhe gewinnmindernd geltend zu machen (Ausnahme: Instandsetzungsaufwand bei vermieteten Wohngebäuden; siehe unten). Die Abgrenzung gegenüber dem (aktivierungspflichtigen) Herstellungsaufwand erfolgt danach, ob durch den Aufwand die **Wesensart des Wirtschaftsgutes** geändert wird (dann Herstellungsaufwand).[679]) Vor allem bei Gebäuderenovierungen ist diese Frage oft umstritten; dass dabei besseres Material verwendet wird, ist belanglos. Dagegen führt ein Gebäudeumbau zu Herstellungsaufwand. Die Erneuerung des schadhaften Daches im Zuge eines Dachausbaues ist Erhaltungsaufwand.[680]) Dies gilt allerdings nur dann, wenn das Gebäude durch den Umbau des Dachstuhles keine wesentliche Vergrößerung 329

---

[677]) Vgl *Doralt/Mayr* in *Doralt/Kirchmayr/Mayr/Zorn,* EStG[13] § 6 Tz 119; ebenso EStR 2000 Rz 2199.

[678]) VwGH 18. 1. 1994, 90/14/0124.

[679]) VwGH 12. 3. 1969, 1741/68, ÖStZB 1969, 102 und VwGH 24. 9. 2007, 2006/15/0333; aussagekräftig auch BFH 13. 9. 1984, IV R 101/8, BStBl II 1985, 49.

[680]) VwGH 9. 6. 1980, 55, 186/79, ÖStZB 1981, 95 (nur der Dachausbau ist zu aktivieren); vgl auch EStR 2000 Rz 6453; anders BFH 9. 5. 1995, IX R 88/90 (es liegen insgesamt Herstellungsaufwendungen vor).

erfährt;[681]) insoweit muss offen bleiben, ob die Verwaltungspraxis hier nicht über die Judikatur hinausgeht.[682])

330 **Beispiele für Erhaltungsaufwand:** Umdecken des Daches, Erneuerung des Verputzes, Einfügen einer Betondecke statt einer Holzdecke, Ersatz eines Schindeldaches durch ein Leichtmetalldach, Umstellung einer Zentralheizung auf einen anderen Brennstoff.

Beispiele für Herstellungsaufwand: Einziehen oder Entfernen von Trennwänden, Verlegen von Eingängen, Fenstern uä, Portalumbau, Errichtung eines Satteldaches auf einer zuvor mit einem Flachdach bedeckten Garage,[683]) Umstellung von Einzelöfen auf eine Zentralheizung.

Beispiel zur Abgrenzung: Wird anlässlich der Erneuerung einer Steigleitung nicht nur minderwertiges Material durch ein höherwertiges ersetzt, sondern die bisherige Steigleitung auch erweitert (verstärkt), so liegt insgesamt aktivierungspflichtiger Herstellungsaufwand vor.[684]) Herstellungsaufwand liegt auch dann vor, wenn ein voll abgeschriebenes Wirtschaftsgut dergestalt generalüberholt wird, dass die Produktivität massiv erhöht wird.[685])

331 **Aktivierungspflichtig** ist Erhaltungsaufwand ausnahmsweise dann (und wird damit zu Anschaffungs- oder Herstellungsaufwand), wenn er mit **Herstellungsaufwand** zusammenfällt (zB Ausmalen der Räume nach einem Umbau[686])); kein Zusammenhang jedoch, wenn Herstellungs- und Erhaltungsaufwand in zwei verschiedenen Etagen eines Miethauses anfallen[687]) oder wenn der Erhaltungsaufwand unabhängig vom Herstellungsaufwand notwendig ist[688]).

332 Nach der älteren Judikatur des VwGH gehörten der Restbuchwert des abgerissenen Gebäudes und die Abbruchkosten zu den Herstellungskosten des neuen Gebäudes, wenn ein funktionsfähiges Gebäude abgerissen wurde, um die Errichtung eines neuen Gebäudes zu ermöglichen **(„Opfertheorie“).**[689]) Nach der neuen Rsp des VwGH sind dagegen die Abbruchkosten und der Restbuchwert sofort abzugsfähig.[690])

Reparaturen wegen außergewöhnlicher Einwirkungen zählen zum Erhaltungsaufwand; wurde das Wirtschaftsgut jedoch zerstört, liegt aktivierungspflichtiger Herstellungsaufwand vor.

---

[681]) VwGH 12. 3. 1969, 1741/68, ÖStZB 1969, 102.

[682]) Dazu *Doralt,* RdW 2008, 419.

[683]) VwGH 28. 10. 1997, 97/14/0005.

[684]) VwGH 3. 2. 1967, 1285/66, ÖStZB 1967, 93; in diesem Sinne auch VwGH 24. 9. 2007, 2006/15/0333 (zu einer Wasserleitung einer Brauerei).

[685]) VwGH 16. 12. 2009, 2009/15/0079 (zu einer Produktionsanlage).

[686]) Vgl VwGH 11. 5. 1993, 92/14/0229.

[687]) Vgl VwGH 28. 10. 1975, 1281/74, ÖStZB 1976, 49.

[688]) Vgl VwGH 9. 6. 1980, 55/79, ÖStZB 1981, 95 (zur Dacherneuerung im Zuge eines Dachausbaues).

[689]) VwGH 9. 6. 1980, 55, 186/79, ÖStZB 1981, 95 und VwGH 15. 2. 1994, 93/14/0175.

[690]) VwGH 27. 11. 2014, 2011/15/0088; VwGH 25. 1. 2006, 2003/14/0107; VwGH 28. 5. 2015, 2012/15/0104; vgl auch VwGH 27. 4. 2005, 2000/14/0110; VwGH 7. 6. 2005, 2002/14/0011; VwGH 21. 9. 2005, 2001/13/0278. Zum allenfalls verbleibenden Anwendungsbereich der „Opfertheorie“ siehe *Werndl,* Was bleibt von der Opfertheorie? in FS Doralt, Wien 2007, 515 und *Bertl/Hirschler,* RWZ 2006, 173.

Instandsetzungsaufwendungen für **Mietwohngebäude** (Gebäude, die zu Wohnzwecken an Dritte, nicht jedoch an betriebszugehörige Arbeitnehmer, entgeltlich überlassen werden), sind gleichmäßig **auf 15 Jahre zu verteilen.** Instandsetzungsaufwendungen, für die steuerfreie Subventionen verwendet wurden, sind nicht abzugsfähig. 333

Instandsetzungsaufwendungen sind jene Aufwendungen, „*die nicht zu den Anschaffungs- oder Herstellungskosten gehören und allein oder zusammen mit Herstellungsaufwand den Nutzungswert des Gebäudes wesentlich erhöhen oder seine Nutzungsdauer wesentlich verlängern*“ (§ 4 Abs 7). 334

Eine gleichartige Verteilungspflicht von Instandsetzungsaufwendungen findet sich bei den Einkünften aus Vermietung und Verpachtung, wo auch der größere Anwendungsbereich besteht (ausführlich siehe daher Tz 518).

Die unternehmensrechtlichen Bewertungsvorschriften zählen Aufwendungen zur **wesentlichen Verbesserung** eines Wirtschaftsgutes über seinen ursprünglichen Zustand hinaus zum Herstellungsaufwand (§ 203 Abs 3 UGB).[691]) Eine Übertragung dieser unternehmensrechtlichen Bewertungsvorschrift auf das Steuerrecht wird allerdings abgelehnt, weil das Steuerrecht mit den Instandsetzungsaufwendungen wesentliche Verbesserungen eigenständig regelt. 335

bb) Teilwert und gemeiner Wert

Neben den Anschaffungs- oder Herstellungskosten erwähnt § 6 – als spezifisch steuerrechtlichen Wertmaßstab – den **Teilwert.** Der Begriff des Teilwertes wurde vom RFH entwickelt und findet sich erstmals im deutschen EStG 1934. 336

Die Legaldefinition lautet (§ 6 Z 1):

„*Teilwert ist der Betrag, den der **Erwerber des ganzen Betriebes** im Rahmen des Gesamtkaufpreises für das **einzelne Wirtschaftsgut** ansetzen würde; dabei ist davon auszugehen, daß der **Erwerber den Betrieb fortführt**.*“

Der Teilwert ist demnach ein Schätzwert, er beruht auf der Fiktion einer Betriebsveräußerung. Es ist der Wert, den das einzelne Wirtschaftsgut wegen seiner Zugehörigkeit zum Betrieb, also unter Berücksichtigung seiner Bedeutung für das Unternehmen, hat. Mit dem Fortführungsgedanken folgt der Teilwert dem „Going-Concern-Prinzip“ (§ 201 Abs 2 Z 2 UGB).

Beim Teilwert handelt es sich ebenso wie beim gemeinen Wert um einen objektiven Wert.[692]) Daher berechtigt die Einräumung eines Pfandrechtes an einer Liegenschaft nicht zu einer Teilwertabschreibung an diesem Grundstück: dient es der Besicherung von Verbindlichkeiten, führen nämlich die Verbindlichkeiten zu einer Minderung des Betriebsvermögens. Der objektive Wert des Grundstücks wird dadurch nicht berührt.[693])

---

[691]) Vgl auch BFH 12. 9. 2001, IX R 52/00 (dazu *Konecny,* RdW 2002, 497); siehe auch *Mayr,* ÖStZ 2003, 41.

[692]) Vgl VwGH 28. 4. 1994, 93/16/0186.

[693]) Vgl VwGH 28. 4. 1994, 93/16/0186.

Durch die Berücksichtigung des Fortführungsgedankens unterscheidet sich der Teilwert vom **gemeinen Wert,** der in § 10 Abs 2 BewG definiert wird:

337 *„Der gemeine Wert wird durch den Preis bestimmt, der im gewöhnlichen Geschäftsverkehr nach der Beschaffenheit des Wirtschaftsgutes bei einer Veräußerung zu erzielen wäre.“*

Der gemeine Wert ergibt sich aus dem Marktwert, ohne Zusammenhang mit dem Betrieb; der gemeine Wert entspricht damit dem Liquidationswert bei Einzelveräußerung.[694]) Der Teilwert schließt die Anschaffungsnebenkosten mit ein (zB GrESt),[695]) dagegen ist der gemeine Wert ein Verkaufswert (zB der gemeine Wert eines Grundstücks versteht sich daher ohne GrESt, der Teilwert enthält auch die GrESt).

Für **Anteile an Kapitalgesellschaften** und Genussscheine genügt ein einzelner Verkauf für die Ableitung des gemeinen Wertes von Anteilen nicht (arg: „aus Verkäufen“ in § 13 Abs 2 BewG).[696]) Von einer Mehrzahl von Verkäufen kann nur dann gesprochen werden, wenn bei mehreren miteinander nicht im Zusammenhang stehenden Verkaufsvorgängen Anteile veräußert werden.[697]) Beim **Anlagevermögen** liegt der Teilwert regelmäßig über dem gemeinen Wert.[698])

Beispiel:

Eine um € 20.000 neu angeschaffte Maschine hat zwar einen Teilwert von € 20.000, weil der fiktive Erwerber des Unternehmens diesen Betrag aufwenden müsste, um eine gleichwertige neue Maschine anzuschaffen. Der gemeine Wert liegt jedoch unter den Anschaffungskosten, weil im Allgemeinen bei einer Weiterveräußerung die Anschaffungskosten nicht mehr erzielt werden können.

338 Bei Wirtschaftsgütern des **Umlaufvermögens** wird hingegen der Teilwert (= Einkaufspreis) idR unter dem gemeinen Wert liegen, weil dieser sich am erzielbaren Veräußerungspreis orientiert.

339 Bei der Ermittlung des Teilwertes stehen die **Wiederbeschaffungskosten** im Vordergrund.[699]) Der Einzelveräußerungspreis (gemeiner Wert, Liquidationswert) kommt als Teilwert lediglich für jene Wirtschaftsgüter in Betracht, die entbehrlich sind und an deren Wiederbeschaffung kein Interesse besteht (zB Ladenhüter oder nicht mehr benötigtes und überzähliges Anlagevermögen; maßgeblich ist dann der Absatzmarkt).

Solange keine Maßnahmen zur Betriebsstilllegung getroffen worden sind, kann eine schlechte Ertragslage nicht zu einem Absinken der Teilwerte unter die Wiederbeschaffungswerte führen.[700])

---

[694]) Vgl VwGH 6. 3. 1989, 86/15/0109, ÖStZB 1989, 446.

[695]) VwGH 19. 12. 2012, 2009/13/0032 und VwGH 29. 4. 1992, 90/13/0031.

[696]) Vgl zB VwGH 15. 3. 2001, 2000/16/0110.

[697]) VwGH 19. 6. 1989, 88/15/0077 (nicht in der ÖStZB veröffentlicht) und VwGH 6. 3. 1978, 1172/77, ÖStZB 1978, 262.

[698]) VwGH 22. 9. 1992, 92/14/0064.

[699]) VwGH 20. 10. 1971, 1055/69, ÖStZB 1972, 102.

[700]) VwGH 14. 12. 1992, 90/15/0184.

Da allerdings auch die Ermittlung des Teilwertes – ebenso wie jene des gemeinen Wertes – oft schwierig ist, bestehen folgende **Wertvermutungen:**

340 1. Der **Teilwert im Zeitpunkt der Anschaffung** oder Herstellung entspricht den tatsächlichen Anschaffungs- oder Herstellungskosten.[701] Das gilt auch für Liebhaberpreise oder überhöhte Kaufpreise wegen einer vom Verkäufer ausgenutzten Zwangslage des Erwerbers. Denn es ist davon auszugehen, dass der fiktive Erwerber sich von gleichen Überlegungen hätte leiten lassen. Nur offensichtliche Fehlmaßnahmen rechtfertigen andere Werte.

341 2. Bei **nicht abnutzbaren Anlagegütern** entspricht auch der spätere Teilwert zumindest den seinerzeitigen Anschaffungs- bzw Herstellungskosten.[702]

Je kürzer der zeitliche Abstand zwischen Anschaffungszeitpunkt und Bilanzstichtag ist, desto stärker wirkt die Vermutung der Übereinstimmung von Teilwert und Anschaffungskosten und desto größer sind die an den Nachweis einer Teilwertminderung zu stellenden Anforderungen.[703]

342 3. Bei **abnutzbaren Anlagegütern** entspricht der Teilwert den Anschaffungs- oder Herstellungskosten vermindert um die AfA.[704]

343 4. Beim **Umlaufvermögen** entspricht der Teilwert den Wiederbeschaffungskosten.[705]

344 Der Gegenbeweis, insb im Fall einer Fehlmaßnahme oder gesunkener Wiederbeschaffungskosten, ist zulässig (zB Teilwertabschreibung wegen Überdimensionierung[706] oder wenn sich der Anschaffungspreis nachträglich auf Grund objektiver Umstände als überhöht herausstellt[707]); dagegen keine Teilwertabschreibung etwa wegen Schnellbaukosten: der fiktive Erwerber des Unternehmens hätte dies ebenfalls in Kauf genommen[708])).

Erwirbt der Stpfl zur Sicherung des Fortbestandes des Unternehmens eine Liegenschaft zu einem überhöhten Kaufpreis (von den lästigen Nachbarn), dann ist für die Feststellung des Teilwertes dieser Liegenschaft nicht die Frage entscheidend, ob ein fiktiver Erwerber des Unternehmens die Liegenschaft zu denselben Bedingungen erworben hätte; entscheidend ist vielmehr, welchen Wert der fiktive Erwerber im Rahmen des Gesamtkaufpreises für die Liegenschaft ansetzen würde. Der Entscheidung[709] ist zuzustimmen, sie widerspricht allerdings den bisherigen Grundsätzen; danach müsste zB bei Schnellbaukosten eine Teilwertabschreibung zulässig sein. Doch auch Schnellbaukosten rechtfertigen keine Teilwertabschreibung, weil der fiktive Erwerber sie ebenfalls in Kauf genommen hätte.[710]

---

[701] VwGH 15. 6. 1983, 1419/79, ÖStZB 1984, 88.

[702] Vgl VwGH 29. 4. 1992, 90/13/0228.

[703] VwGH 26. 7. 2006, 2006/14/0016.

[704] VwGH 22. 9. 1992, 88/14/0088.

[705] VwGH 11. 11. 1953, 3183/52, ÖStZB 1954, 13.

[706] BFH 17. 9. 1987, III R 201-202/84, BStBl II 1988, 488.

[707] VwGH 18. 1. 1984, 82/13/0173, ÖStZB 1984, 374.

[708] Vgl BFH 4. 7. 1990, GrS 1/89, BStBl II 1990, 830.

[709] VwGH 11. 8. 1993, 92/13/0096; VwGH 26. 7. 2006, 2006/14/0016; ebenso EStR 2000 Rz 2234.

[710] Dazu *Mayr* in *Doralt/Kirchmayr/Mayr/Zorn*, EStG[13] § 6 Tz 149.

345 Gegenüber den Anschaffungs- und Herstellungskosten ist der Teilwert dann anwendbar, wenn er unter den Anschaffungs- oder Herstellungskosten (nach Abzug einer allfälligen AfA) bzw unter dem Buchwert liegt. Ein höherer Teilwert würde nicht realisierte Gewinne ausweisen und darf nicht angesetzt werden.

346 In der Lehre ist der Teilwertbegriff umstritten. Das Gebot, den Gesamtkaufpreis des Betriebes zu schätzen, sei wenig sinnvoll und werde praktisch nicht befolgt; es werde bloß mit Wertvermutungen gearbeitet. Die Kritik ist nicht berechtigt: Bewertungsregeln, die allgemein befriedigen, gibt es nicht; in der Unternehmensbilanz entspricht der Teilwert dem *„am Abschlussstichtag beizulegenden Wert“* (§ 204 Abs 2 UGB).[711]) Auch der Vorwurf, Teilwert sei der Betrag, auf den sich der Stpfl und die FinVw einigen, trifft zB auf den gemeinen Wert genauso zu. Die große praktische Bedeutung des Teilwertes ergibt sich aus der Abschreibung auf den niedrigeren Teilwert, wenn der Buchwert höher ist. Soweit ein Bewertungswahlrecht besteht, kann damit der stpfl Gewinn gesteuert werden. Die Teilwertabschreibung setzt eine Gewinnermittlung durch Vermögensvergleich voraus; nur im Vermögensvergleich kann die Teilwertabschreibung wirksam werden. Bei der Gewinnermittlung nach § 4 Abs 3 gibt es keinen Vermögensvergleich, daher auch keine Teilwertabschreibung, sondern nur die AfA nach den §§ 7 und 8; dazu gehört auch die **Absetzung für außergewöhnliche technische oder wirtschaftliche Abnutzung (AfaA),** die jedoch gesunkene Wiederbeschaffungspreise nicht berücksichtigt; sie unterscheidet sich insoweit von der Teilwertabschreibung.

cc) Bewertung der Wirtschaftsgüter des Anlagevermögens, die der Abnutzung unterliegen (§ 6 Z 1)

Literatur: *Achatz,* Zuschreibungen – offene Rechtsprobleme und Gestaltungsmöglichkeiten, in *Bertl/Bertl/Mandl/Ruppe* (Hrsg), Praxisfragen der Bilanzierung, Wien 1991, 181; *Bachl,* Apothekenkonzessionen nicht Teil des Firmenwertes, ecolex 2000, 901; *Blazina,* Dauerbrenner: Abschreibungen von Apothekenkonzessionen, SWK 2000, 789; *Nowotny/Tichy,* in *Straube,* HGB² § 198, Wien 2000; *Bertl/Hirschler,* Die Abgrenzung von Anlage- und Umlaufvermögen, RWZ 2001, 226; *Fritz-Schmied,* Die differenten Anwendungsvoraussetzungen der AfaA und der Teilwertabschreibung, RWZ 2001, 21; *Mayr,* Steuerbilanz: Die Qual der Wahl? ÖStZ 2001, 226; *Steiner,* Krankenanstaltenrechtliche Bewilligung als abnutzbarer Teil des Firmenwerts? SWK 2001, 1251; *Doralt,* Der Firmenwert nach US-GAAP und IAS – ein Vorbild für die Steuerreform? RdW 2002, 501; *Beiser,* Der Teilwert im Wechsel zwischen Substanzwert und Ertragswert, ÖStZ 2002, 506; *Schloffer-Stampler,* Die Zuschreibungspflicht bei Beteiligungen gemäß § 6 Z 13 EStG, SWK 2003, 1189; *Bertl/Hirschler,* Kriterien für die Abgrenzung von Anlage- und Umlaufvermögen, RWZ 2005, 167; *D. Aigner,* BMF klärt Zweifelsfragen zur steuerlichen Behandlung von Markenrechten, SWK 2006, 332; *Bovenkamp/Cupal,* Bilanzierung von Baurechten, SWK 2007, 721; *Pröll,* Teilwertabschreibung auf Gebäude des Anlagevermögens – „voraussichtlich dauernde Wertminderung“, UFS 2007, 84; *Beiser,* Chipkarten im Bilanz- und Steuerrecht, SWK 2010, 1279; *ders,* Gebäude: Teilwertabschreibung oder außergewöhnliche Abnutzung? ÖStZ 2010, 77; *ders,* Aktivierungspflicht bei Anschaffung und

[711]) Vgl *Doralt,* ÖStZ 1989, 63.

Abriss eines Gebäudes? ÖStZ 2010, 507; *Bergmann/Lehner,* Doppelabschreibung von abnutzbaren Wirtschaftsgütern, taxlex 2010, 177; *Moser,* Änderung der Nutzungsdauer des Anlagevermögens, SWK 2010, 677; *Raab/Renner,* Zeitpunkt der ertragsteuerlichen Realisierung einer Zuschreibung gemäß § 6 Z 13 EStG 1988, UFSj 2013, 253; *Moser,* Das Rechnungslegungs-Änderungsgesetz 2014 aus steuerrechtlicher Sicht, taxlex 2015, 84; *Kanduth-Kristen/Fritz-Schmied,* Wertminderung von Betriebsgebäuden, SWK 2016, 1120.

Literatur zur bisherigen Behandlung des Firmenwertes siehe unten A.8.d).

„*Abnutzbares Anlagevermögen ist mit den Anschaffungs- oder Herstellungskosten, vermindert um die Absetzung für Abnutzung nach den §§ 7 und 8, anzusetzen. . . . Ist der Teilwert niedriger, so kann dieser angesetzt werden. . . . Bei Wirtschaftsgütern, die bereits am Schluss des vorangegangenen Wirtschaftsjahres zum Anlagevermögen gehört haben, darf der Bilanzansatz, abgesehen von den Fällen der Z 13, nicht über den letzten Bilanzansatz hinausgehen*“ (§ 6 Z 1; nach Z 13 sind Zuschreibungen in der Unternehmensbilanz auch für den steuerrechtlichen Wertansatz maßgebend und erhöhen den steuerlichen Gewinn). **347**

Zum **Anlagevermögen** gehören jene Wirtschaftsgüter, die dazu bestimmt sind, **dauernd,** dh auf die betriebsgewöhnliche Nutzungsdauer oder zumindest einen größeren Zeitraum davon, dem Geschäftsbetrieb zu dienen (§ 198 Abs 2 UGB).[712]) Typisches Anlagevermögen sind Betriebsgebäude, Geschäftseinrichtung und Maschinen. Dagegen zählen zum **Umlaufvermögen** Gegenstände, die nicht dazu bestimmt sind, dauernd dem Geschäftsbetrieb zu dienen (§ 198 Abs 4 UGB), zB Wirtschaftsgüter, die zum Verkauf bestimmt sind (Waren), Hilfs- und Betriebsstoffe und Forderungen (ausgenommen Ausleihungen, vgl § 224 Abs 2 iVm § 227 UGB). Das gleiche Wirtschaftsgut kann in einem Betrieb zum Umlaufvermögen, in einem anderen Betrieb zum Anlagevermögen gehören (zB gehören Kraftfahrzeuge bei einem Kfz-Händler zum Umlaufvermögen, dagegen gehört das Kfz, das der Unternehmer in seinem Betrieb nutzt, zum Anlagevermögen). **348**

Zum Umlaufvermögen gehören auch Wirtschaftsgüter mit einer Nutzungsdauer von weniger als einem Jahr.[713])

Nur **abnutzbares** Anlagevermögen ist Gegenstand der Bewertung nach § 6 Z 1. Abnutzbar sind Wirtschaftsgüter, die einem Wertverzehr unterliegen. Dazu gehören nicht nur Sachen, sondern auch Rechte. Abnutzbar sind daher insb Gebäude, Maschinen, Geschäftseinrichtungen, Mietrechte, Patente; nicht dagegen zB Grund und Boden, Beteiligungen, Konzessionen, Antiquitäten.[714]) Der (entgeltlich erworbene) **Firmenwert** gilt seit dem EStG 1988 allgemein als abnutzbares Wirtschaftsgut. Nach der FinVw bestehen auch keine Bedenken, ein entgeltlich erworbenes **Markenrecht** wie einen Firmenwert auf 15 Jahre verteilt abzuschreiben.[715]) **349**

[712]) VwGH 16. 6. 1987, 86/14/0188, ÖStZB 1988, 71.

[713]) VwGH 25. 6. 1998, 96/15/0251.

[714]) VwGH 24. 9. 1996, 94/13/0240 und VwGH 31. 7. 2012, 2008/13/0082 (ein historisches Instrument eines Berufsmusikers ist ein abnutzbares Wirtschaftsgut).

[715]) EStR 2000 Rz 3195.

350 Der Firmenwert ergibt sich aus dem Unterschiedsbetrag zwischen dem Kaufpreis für das gesamte Unternehmen und dem Wert der einzelnen Wirtschaftsgüter (bewertet zum Teilwert; vgl § 203 Abs 5 UGB).

Nach früherer Auffassung zählte nur der „personenbezogene" Firmenwert, also insb (aber nicht nur) der Praxiswert der freien Berufe, zu den abnutzbaren Wirtschaftsgütern. Nach dem EStG 1988 „gilt" der Firmenwert ausdrücklich auch bei Land- und Forstwirten und bei Gewerbetreibenden als abnutzbar. Damit hat der Gesetzgeber den Streit um die Abnutzbarkeit des Firmenwertes zumindest im Wege einer Fiktion beendet.[716]) Während die Nutzungsdauer des Praxiswertes nicht gesetzlich geregelt ist (idR kann er auf 5 Jahre abgeschrieben werden)[717]), ist der Firmenwert bei land- und forstwirtschaftlichen Betrieben und bei Gewerbebetrieben gem § 8 Abs 3 auf 15 Jahre verteilt abzuschreiben. Ob ein (gewerblicher) Firmenwert oder ein Praxiswert vorliegt, richtet sich nach dem Inhalt der Tätigkeit und nicht nach der Einkunftsart.[718])

351 Die Bewertung erfolgt grds mit den **Anschaffungs- oder Herstellungskosten,** vermindert um die AfA nach den §§ 7 und 8 (Normal- und Sonder-AfA). **Ist der Teilwert niedriger,** *kann* **dieser angesetzt werden;** es besteht also steuerrechtlich ein Wahlrecht.

352 Bei der **Gewinnermittlung nach § 5 Abs 1** *ist* für das Anlagevermögen der **niedrigere Teilwert** anzusetzen, jedoch nur bei **voraussichtlich dauernder Wertminderung** (§ 204 Abs 2 UGB).

Nach der Rsp des BFH ist bei abnutzbarem Anlagevermögen eine Wertminderung nur dann von Dauer, wenn die Wertminderung voraussichtlich mindestens die halbe Restnutzungsdauer umfasst.[719]) Nach den EStR[720]) ist eine Wertminderung nicht dauerhaft, wenn durch die lineare AfA innerhalb der halben Restnutzungsdauer der niedrigere Teilwert ohnehin erreicht würde.

Damit gelten für das abnutzbare Anlagevermögen bei der Gewinnermittlung nach § 5 Abs 1 die gleichen Voraussetzungen wie schon bisher für § 4 Abs 1; denn bei der Gewinnermittlung nach § 4 Abs 1 hat die Rsp eine Teilwertabschreibung schon bisher nur bei dauernder (und erheblicher) Wertminderung zugelassen.[721]) Der Unterschied besteht allerdings darin, dass bei einer dauernden Wertminderung bei der Gewinnermittlung nach § 4 Abs 1 der niedrigere Teilwert angesetzt werden *darf* und bei der Gewinnermittlung nach § 5 Abs 1 angesetzt werden *muss.* Der VwGH lässt eine Teilwertabschreibung nur im Jahr der Wertminderung zu.[722]) In einer späteren Entscheidung[723]) nimmt

---

[716]) Vgl *Ruppe,* GesRZ 1988, 190.

[717]) EStR 2000 Rz 3189.

[718]) EStR 2000 Rz 2298; dazu allerdings *Doralt* in *Doralt/Kirchmayr/Mayr/Zorn,* EStG[12] § 8 Tz 44.

[719]) BFH 29. 4. 2009, I R 74/08.

[720]) EStR 2000 Rz 2281.

[721]) Problematisch, siehe *Doralt/Mayr* in *Doralt/Kirchmayr/Mayr/Zorn,* EStG[13] § 6 Tz 167 f.

[722]) VwGH 13. 12. 1995, 92/13/0081 (zur Gewinnermittlung nach § 5 Abs 1).

[723]) VwGH 30. 9. 1998, 97/13/0033, ÖStZB 1999, 320.

der VwGH in diesem Zusammenhang nur Bezug auf die Gewinnermittlung nach § 5 EStG. Da auch bei der Gewinnermittlung nach § 4 Abs 1 EStG ein Vermögensvergleich stattfindet, kann hier die Teilwertabschreibung ebenfalls nur im Jahr der Wertminderung zustehen.

Ist der **Teilwert höher als der Buchwert,** so darf der höhere Teilwert grds nicht angesetzt werden (**uneingeschränkter Wertzusammenhang,** Beibehaltungszwang; § 6 Z 1 letzter Satz). Dies gilt für die Gewinnermittlung nach § 4 Abs 1. Dieser Grundsatz wird nur im Fall der Zuschreibung nach § 6 Z 13 durchbrochen: Wird in der Unternehmensbilanz nach Maßgabe der unternehmensrechtlichen GoB eine Zuschreibung vorgenommen, so ist die **Zuschreibung auch für den steuerlichen Wertansatz maßgebend** und erhöht den steuerlichen Gewinn dieses Jahres (§ 6 Z 13). Nach geltendem Recht besteht für das Anlagevermögen ein Aufwertungszwang, wenn die Gründe für eine frühere außerplanmäßige Abschreibung weggefallen sind (gilt nicht für den Firmenwert; § 208 Abs 1 und 2 UGB); eine Identität der Gründe ist nicht Voraussetzung, maßgeblich sind nicht die einzelnen Ursachen des früheren Wertverlustes, sondern der Wertverlust an sich.[724]) 353

Die Zuschreibung erfolgt beim abnutzbaren Anlagevermögen bis zum fortgeschriebenen Normal-AfA- Wert.

Zur Zuschreibung verpflichtet sind nach § 6 Z 13 nicht nur Unternehmer, die ihren Gewinn nach § 5 Abs 1 ermitteln, sondern alle Stpfl mit einem unternehmensrechtlichen Jahresabschluss (zB rechnungslegungspflichtige Unternehmer iSd UGB, die keine Einkünfte aus Gewerbebetrieb erzielen, siehe dazu EStR 2000 Rz 430 h).

Beispiele:

1. Im Anlagevermögen befindet sich eine Maschine mit einem Buchwert zum vorangegangenen Bilanzstichtag von € 25.000. Die Normalabschreibung beträgt € 5.000. Wegen Neuentwicklungen beträgt der Teilwert der Maschine nur mehr € 5.000.

a) Gewinnermittlung nach § 4 Abs 3: Teilwertabschreibung ausgeschlossen,

b) Gewinnermittlung nach § 4 Abs 1: Wahl zwischen Teilwert und AfA,

c) Gewinnermittlung nach § 5 Abs 1: Pflicht zur Teilwertabschreibung.

Würde etwa der Teilwert € 18.000 betragen, dann wäre die Teilwertabschreibung sowohl bei der Gewinnermittlung nach § 4 Abs 1 als auch bei der Gewinnermittlung nach § 5 Abs 1 ausgeschlossen (keine dauernde und erhebliche Wertminderung).

Beträgt der Teilwert € 22.000, ist der steuerrechtliche Wert bei allen Gewinnermittlungsarten mit € 20.000 anzusetzen, weil die Normalabschreibung jedenfalls vorgenommen werden muss.

2. Im Anlagevermögen befindet sich eine Maschine mit Anschaffungskosten von € 50.000 und einem Buchwert von € 30.000 (darin enthalten eine Übertragung stiller Reserven von € 8.000). Der Teilwert beträgt € 42.000. Nach § 5 Abs 1 könnten in Verbindung mit § 6 Z 13 € 8.000 zugeschrieben werden, wenn auch in der Unternehmensbilanz aufgewertet wird (Aufwertung auf € 38.000); eine Zuschreibung bei § 4 Abs 1 ist nur ausnahmsweise zulässig, wenn gleichzeitig ein unternehmensrechtlicher Jahresabschluss zu erstellen ist.

---

[724]) EStR 2000 Rz 2584.

dd) Bewertung der Wirtschaftsgüter des Anlagevermögens, die nicht der Abnutzung unterliegen, und des Umlaufvermögens (§ 6 Z 2)

Literatur: *Doralt,* Der Firmenwert in der Handels- und Steuerbilanz, Berlin 1976; *Werndl,* Unternehmensbewertung im Steuerrecht – Geschäftswert und Anteilsbewertung, in *Raupach* (Hrsg), Werte und Wertermittlung im Steuerrecht, Köln 1984, 399; *Achatz,* Zuschreibungen – offene Rechtsprobleme und Gestaltungsmöglichkeiten, in *Bertl/Bertl/Mandl/Ruppe* Hrsg), Praxisfragen der Bilanzierung, Wien 1991, 181; *Egger,* Ist das Niederstwertprinzip noch aktuell? RWZ 2000, 302; *Bertl/Fraberger,* Die Bewertung von Beteiligungen, RWZ 2001, 184; *Bertl/Hirschler,* Bilanzierung einer bestrittenen Forderung, RWZ 2001, 10; *Fraberger,* Das Wiener Verfahren 1996 zur Bewertung von Anleihen an Kapitalgesellschaften – Grundsätze und Zweifelsfragen, RWZ 2001, 70; *Grünberger,* Die Bilanzierung von Homepages, RdW 2001, 440; *Bertl/Hirschler,* Kapitalberichtigung aus Gesellschaftsmitteln, RWZ 2002, 103; *Schloffer-Stampler,* Wertberichtigung von Auslandsforderungen, SWK 2004, 459; *H. Grünberger,* Wertberichtigung von Auslandsforderungen, SWK 2004, 870; *Kotschnigg,* Der Nachweis einer kürzeren Nutzungsdauer bei Gebäuden, SWK 2004, 1242; *Thiele,* Steuerliche Behandlung von Internet-Domains, ÖStZ 2004, 119; *Thiele,* Steuerliche Abschreibung von Domainanschaffungskosten, ÖStZ 2005, 473; *Thiele,* What's in a Domain-Name – Die Bewertung von Internet Domains, ÖStZ 2006, 334; *D. Aigner,* BMF klärt Zweifelsfragen zur steuerlichen Behandlung von Markenrechten, SWK 2006, 332; *Keppert,* Immobilienbewertung für ertragsteuerliche Zwecke, ÖStZ 2007, 217 und 246; *Bertl/Hirschler,* Bewertung von Beteiligungen im Anlage- und Umlaufvermögen, RWZ 2009, 138; *Brauner/Stöger/Urban,* Die Behandlung des Vermögensgegenstandes Wald im Ertragsteuerrecht, SWK 2010, 514; *Herbst,* Haben Sachverständige zur Bewertung von Grund und Boden ex nunc wieder Saison? taxlex 2010, 5 (Teil I), taxlex 2010, 49 (Teil II); *Kirchmayr-Schliesselberger/Achatz,* Zuschreibungen als umgekehrte Teilwertabschreibungen, taxlex 2010, 261; *Doralt,* VwGH: Abschied von der Bilanzbündeltheorie? RdW 2011, 552; *Mayr/Titz,* Steuerwirksame Zuschreibung nach ausschüttungsbedingter Teilwertabschreibung, RdW 2012, 554; *Moser,* Zur Bewertung von Beteiligungen im Einzelabschluss nach UGB und StR (I), ecolex 2012, 347; *Moser,* Zur Bewertung von Beteiligungen im Einzelabschluss nach UGB und StR (II), ecolex 2012, 427; *Moser,* BFH: Teilwertabschreibung von Aktien und Aktien-Investmentfondsanteilen bei gesunkenem Börsenkurs, RWZ 2012, 134; *Bubeck,* Die Teilwertabschreibung von Beteiligungen des Anlagevermögens – Voraussetzungen für die steuerliche Anerkennung, ÖStZ 2014, 524; *Loukota,* Die Praxisrelevanz des jüngsten OECD-Berichts zu den Immaterialgütern, SWI 2014, 546; *Papst,* Forderungsabschreibung trotz unterlassener Eintreibungsmaßnahmen, RdW 2015, 737; *Urnik/Urtz,* Übersicht über die Neuerungen des Rechnungslegungs-Änderungsgesetzes 2014, ÖStZ 2015, 153; *Haumer,* Rechtliches versus wirtschaftliches Eigentum bei immateriellen Wirtschaftsgütern, SWI 2016, 484; *Baumüller,* Geschäfts- oder Firmenwert – wichtige Begriffe im kurzen Überblick, SWK 2017, 644.

354 *„Nicht abnutzbares Anlagevermögen und Umlaufvermögen sind mit den Anschaffungs- oder Herstellungskosten anzusetzen. Ist der Teilwert niedriger, so kann dieser angesetzt werden. Bei Wirtschaftsgütern, die bereits am Schluß des vorangegangenen Wirtschaftsjahres zum Betriebsvermögen gehört haben, kann der Steuerpflichtige in den folgenden Wirtschaftsjahren den Teilwert auch dann ansetzen, wenn er höher ist als der letzte Bilanzansatz; es dürfen jedoch höchstens die Anschaffungs- oder Herstellungskosten angesetzt werden. Eine pauschale Wertberichtigung für Forderungen ist nicht zulässig . . .“* (§ 6 Z 2 lit a).

§ 6 Z 2 lit a erfasst alle Wirtschaftsgüter, die nicht unter Z 1 fallen, das sind also

1. das nicht abnutzbare Anlagevermögen (Grund und Boden, Beteiligungen, außerdem zB auch Konzessionen, Antiquitäten [siehe dazu auch Tz 349]; nach § 227 UGB iVm § 224 UGB zählen auch Ausleihungen, das sind Forderungen, die dem Geschäftsbetrieb auf Dauer gewidmet sind – mit einer Laufzeit von mindestens fünf Jahren – zum Anlagevermögen); 355

2. das Umlaufvermögen (zB Waren, Hilfs- und Betriebsstoffe, halb fertige Erzeugnisse, Reparaturmaterial, Wertpapiere, soweit sie nicht zum Anlagevermögen gehören, Forderungen). 356

Sowohl für das nicht abnutzbare Anlagevermögen als auch für das Umlaufvermögen gilt das **Anschaffungs- bzw Herstellungskostenprinzip,** dh also die gleiche Bewertung wie für das abnutzbare Anlagevermögen, wobei dort die AfA bloß den naturgemäßen Unterschieden Rechnung trägt. Auch die Möglichkeit, auf den niedrigeren Teilwert abzuwerten, deckt sich mit § 6 Z 1. Diese Übereinstimmung der Bewertungsgrundsätze der Z 1 und der Z 2 (bis auf den Wertzusammenhang) gilt jedoch nur bei der Gewinnermittlung nach § 4 Abs 1. 357

Nach der Rsp ist eine Teilwertabschreibung allerdings nur dann zulässig, wenn die Wertminderung erheblich und dauernd eingetreten ist; das gilt in gleicher Weise für das Umlaufvermögen[725]) wie für das Anlagevermögen.[726]) 358

Auch bei der **Gewinnermittlung nach § 5 Abs 1** ist beim **Anlagevermögen** eine Teilwertabschreibung grds nur **bei voraussichtlich dauernder Wertminderung** vorgesehen, in diesem Fall allerdings zwingend. Nur bei **Finanzanlagen** dürfen außerplanmäßige Abschreibungen auch dann vorgenommen werden, wenn die Wertminderung voraussichtlich nicht von Dauer ist (§ 204 Abs 2 UGB, zweiter Satz; zu den Finanzanlagen nach § 224 Abs 2 UGB gehören insb Beteiligungen und Ausleihungen). 359

Von Finanzanlagen abgesehen gelten damit für die **Wertberichtigung von Anlagevermögen** unabhängig von der Gewinnermittlungsart die gleichen Grundsätze; der Unterschied liegt allerdings darin, dass bei der Gewinnermittlung nach § 5 Abs 1 bei dauernder Wertminderung abgewertet werden *muss*, während bei der Gewinnermittlung nach § 4 Abs 1 abgewertet werden *darf*. 360

Das **Umlaufvermögen** unterliegt bei der Gewinnermittlung nach § 5 dem **strengen Niederstwertprinzip** (unabhängig von der Dauer der Wertminderung ist der niedrigere Wert zwingend anzusetzen): Sind die Anschaffungs- oder Herstellungskosten höher als der beizulegende Zeitwert (dieser entspricht dem Börsenkurs oder Marktwert; § 189a Z 4 UGB), dann muss der niedrigere Zeitwert angesetzt werden (§ 207 UGB); das heißt, es ist auch dann der niedrigere Zeitwert anzusetzen, wenn keine dauernde Wertminderung vorliegt; Zwischenwerte sind ausgeschlossen. Bei der Gewinnermittlung nach § 4 Abs 1 besteht bei dauernder Wertminderung ein Wahlrecht. 361

Die Unterschiede in der Bewertung abnutzbarer Wirtschaftsgüter des Anlagevermögens und des Umlaufvermögens im Vergleich zum abnutzbaren 362

[725]) VwGH 15. 9. 1993, 91/13/0125.

[726]) VwGH 18. 7. 1995, 91/14/0047; *Doralt*, RdW 1997, 40.

Anlagevermögen im Fall eines gestiegenen Teilwertes wurden durch das RÄG 2014[727]) entschärft:

- Beim **abnutzbaren Anlagevermögen** darf der letzte Bilanzansatz nicht bzw nur ausnahmsweise überschritten werden: grds besteht ein **uneingeschränkter Wertzusammenhang.** Ist der Teilwert höher als der Buchwert (fortgeschriebene Anschaffungskosten), darf der höhere Teilwert grds nicht angesetzt werden (siehe oben Tz 353). Dies gilt für die Gewinnermittlung nach § 4 Abs 1 (vgl § 6 Z 1); ein **eingeschränkter Wertzusammenhang** besteht im Fall der **Zuschreibung** im unternehmensrechtlichen Jahresabschluss nach § 208 Abs 1 UGB (Zuschreibungsgebot): Hier gilt der Grundsatz der Maßgeblichkeit: wird in der Unternehmensbilanz nach Maßgabe der GoB eine Zuschreibung vorgenommen, ist diese Zuschreibung auch für den steuerlichen Wertansatz maßgebend und erhöht den steuerlichen Gewinn dieses Jahres (vgl § 6 Z 13).[728])
- Beim **nichtabnutzbaren Anlagevermögen** und **Umlaufvermögen** ist eine Aufwertung bis zu den Anschaffungs- oder Herstellungskosten zulässig **(eingeschränkter Wertzusammenhang),** dh bei der Gewinnermittlung nach § 4 Abs 1 besteht ein Wahlrecht.[729]) Bei der Gewinnermittlung nach § 5 gilt ein Zuschreibungsgebot (vgl § 208 Abs 1 UGB).

Zur Zuschreibung verpflichtet sind nach § 6 Z 13 nicht nur Unternehmer, die ihren Gewinn nach § 5 Abs 1 ermitteln, sondern alle Stpfl mit einem unternehmensrechtlichen Jahresabschluss (zB rechnungslegungspflichtige Unternehmer iSd UGB, die keine Einkünfte aus Gewerbebetrieb erzielen, siehe dazu EStR 2000 Rz 430 h).

Soweit Zuschreibungen im Rahmen des eingeschränkten Wertzusammenhangs vorgenommen werden, kommt es zum Ausweis nicht realisierter Gewinne; dies lässt sich damit rechtfertigen, dass bloß Verluste wieder rückgängig gemacht werden.[730])

363 Bei der **Gewinnermittlung nach § 4 Abs 1** besteht für nichtabnutzbares Anlagevermögen und Umlaufvermögen im Fall eines gestiegenen Teilwertes ein Wahlrecht: Es kann auf den höheren Teilwert, höchstens bis zu den Anschaffungs- oder Herstellungskosten, aufgewertet werden.

364 Bei **Gewinnermittlung nach § 5 Abs 1** ist das **Wertaufholungsgebot** nach § 208 Abs 1 UGB zu beachten: Danach ist Zuschreibung auf den höheren Wert zwingend; ausgenommen ist nur der Geschäfts- bzw Firmenwert (§ 208 Abs 2 UGB).

365 **Beteiligungen** (und damit Anlagevermögen) sind Anteile an anderen Unternehmen, die bestimmt sind, dem eigenen Geschäftsbetrieb durch Herstellung einer dauernden Verbindung zu diesem Unternehmen zu dienen (vgl § 189 a Z 2 UGB). Das ist bei einem Anteilsbesitz von 20% im Zweifel anzunehmen (§ 189 a Z 2 UGB). Wegen des stärkeren Einflusses, den eine Beteiligung mit sich bringt, kann bei der Bewertung des Aktienpaketes nicht vom Börsen-

---

727) BGBl I 2015/22.

728) EStR 2000 Rz 2148 und Rz 2283.

729) EStR 2000 Rz 2144.

730) VwGH 18. 5. 1971, 1582/69, ÖStZB 1972, 34.

wert ausgegangen werden (Paketzuschlag);[731]) außerdem ist die Bedeutung für das Unternehmen zu berücksichtigen.[732]) Unternehmensrechtlich gelten **Anteile als unbeschränkt haftender Gesellschafter an einer unternehmerisch tätigen eingetragenen Personengesellschaft** stets als Beteiligungen (vgl § 189a Z 2 UGB), steuerrechtlich liegt jedoch eine Mitunternehmerschaft vor; bewertet wird daher nicht die Beteiligung als solche, sondern der Anteil am Betriebsvermögen der Gesellschaft (Tz 536 zur Bilanzbündeltheorie). Der Bilanzansatz entspricht dem jeweiligen steuerlichen Kapitalkonto (inklusive Ergänzungs- bzw Sonderkapital) des Gesellschafters der Personengesellschaft **(Spiegelbildtheorie).**[733])

Bei einer **Kapitalerhöhung aus Gesellschaftsmitteln** bleibt der Gesamt- **366**
wert der Anteile unverändert; für die Anteilsrechte und die Freianteile sind jene Beträge anzusetzen, die sich bei Verteilung des bisherigen Buchwerts entsprechend dem Verhältnis der Nennwerte der Anteilsrechte und Freianteile ergeben (§ 6 Z 15; für den Fall der späteren Veräußerung einzelner Anteile von Bedeutung).

Forderungen, zB aus der Veräußerung von Wirtschaftsgütern, zählen grds **367**
zum Umlaufvermögen und sind dementsprechend mit den Anschaffungskosten zu bewerten. Als Anschaffungskosten gilt idR der Nennwert der Forderung; bei Forderungen aus Lieferungen und Leistungen entspricht dies dem Fakturenbetrag.[734]) Der Teilwert der Forderung richtet sich nach der Fälligkeit, Verzinslichkeit und Einbringlichkeit.[735])

Noch keine Gefährdung der Einbringlichkeit stellen bloße Meinungsverschiedenheiten über eine Auflösung des in Rede stehenden Vertrages und allenfalls daraus ableitbare Wirkungen auf das vereinbarte Entgelt dar, wenn keine rechtliche Schritte wie etwa die Einleitung eines Schiedsgerichts- oder Zivilgerichtsverfahrens eingeleitet worden sind.[736])

Unverzinsliche Warenforderungen mit einer Laufzeit von durchschnittlich 3 Monaten oder mehr können daher abgezinst werden;[737]) dagegen ist bei einer bereits fälligen Forderung eine Abzinsung nicht gerechtfertigt.[738])

Eine **Wertberichtigung wegen Uneinbringlichkeit** ergibt sich unabhängig **368**
von der Gewinnermittlungsart zwingend aus dem Wirtschaftsgutbegriff (daher auch für § 4 Abs 3)[739]) und aus dem Grundsatz der Bilanzwahrheit. Dies gilt

[731]) BFH 7. 11. 1990, I R 116/86.

[732]) VwGH 2. 2. 1972, 1991/71, ÖStZB 1972, 134 (zur Beteiligung eines Fremdenverkehrsunternehmens an einer Sessellift-GmbH).

[733]) VwGH 27. 8. 1998, 96/13/0165.

[734]) VwGH 7. 2. 1958, 0013/57, ÖStZ 1958, 64.

[735]) VwGH 15. 9. 1970, 1518/69, ÖStZB 1971, 81 (zur Fälligkeit) und VwGH 21. 12. 1971, 285/69, ÖStZB 1972, 122 (zur Einbringlichkeit).

[736]) VwGH 11. 5. 2005, 2002/13/0021.

[737]) VwGH 11. 4. 1978, 2705, 2752/77, ÖStZB 1978, 280.

[738]) VwGH 24. 6. 2009, 2007/15/0221.

[739]) VwGH 15. 2. 1984, 83/13/0150, ÖStZB 1984, 451; vgl auch VwGH 2. 6. 1976, 1667/75, ÖStZB 1977, 20 (zu § 4 Abs 1).

konsequenterweise auch für die nur **teilweise** endgültige Uneinbringlichkeit (ebenso EStR 2000 Rz 2349).

369 Bei **Gefährdung der Einbringlichkeit** besteht nur bei der Gewinnermittlung nach § 5 Abs 1 eine Verpflichtung zur Wertberichtigung nach dem Niederstwertprinzip; bei der Gewinnermittlung nach § 4 Abs 1 besteht ein Wahlrecht. Der durch die endgültige Uneinbringlichkeit einer Forderung entstehende Verlust stellt auch bei der Einkünfteermittlung nach § 4 Abs 3 EStG eine Betriebsausgabe dar[740]).

370 **Pauschale Wertberichtigungen für Forderungen** sind nicht zulässig, und zwar auch dann nicht, wenn sie sich auf Erfahrungswerte stützen. Unzulässig sind danach aber offenkundig nur **pauschale Wertberichtigungen dem Grunde nach,** zB Wertberichtigungen aller neu entstandenen Forderungen im Ausmaß des durchschnittlichen Forderungsausfalles; weiterhin zulässig ist dagegen eine **pauschale Wertberichtigung der Höhe nach** von zweifelhaften Forderungen (zB Wertberichtigung überfälliger Forderungen auf Grund bisheriger Erfahrungswerte oder pauschale Wertberichtigung auf Grund konkreter Gefährdungshinweise, zB Länderrisiken; die bloße Herabstufung eines Landesratings genügt nicht.[741]) Die Abgrenzung einer pauschalen Wertberichtigung dem Grunde nach und einer pauschalen Wertberichtigung der Höhe nach ist allerdings problematisch. Jede pauschale Wertberichtigung bereits zweifelhafter Forderungen der Höhe nach lässt sich auf den gesamten Forderungsbestand umlegen und wäre dann eine Wertberichtigung dem Grunde nach.[742])

371 Immaterielle Wirtschaftsgüter zählen zu den abnutzbaren Anlagegütern, wenn sie durch Zeitablauf an Wert verlieren. Patentrechte, Lizenzen, Rezepte, Urheberrechte unterliegen unabhängig von einer Schutzfrist auch einer wirtschaftlichen Abnutzung.[743]) Nach der FinVw kann ein entgeltlich erworbenes Markenrecht wie ein Firmenwert auf fünfzehn Jahre verteilt abgeschrieben werden.[744]) Nicht abnutzbar sind dagegen Konzessionen. Werden immaterielle Wirtschaftsgüter im Rahmen einer Geschäftsübernahme miterworben, tritt die Frage auf, ob sie Teil des Firmenwertes sind und dessen steuerliches Schicksal hinsichtlich der Abnutzbarkeit teilen. Die Beurteilung ist von der selbständigen Bewertbarkeit abhängig, also davon, ob im Rahmen des Gesamtkaufpreises dafür ein besonderes Entgelt angesetzt wird (selbständiges Wirtschaftsgut). Die Abgrenzung ist wegen der AfA notwendig.[745])

372 Der (abnutzbare) **Firmenwert** ist vom (nichtabnutzbaren) **Grund und Boden** zu trennen. Der Wert des Grund und Bodens wird sich auch dann am Verkehrswert orientieren, wenn der Ertrag des Unternehmens maßgeblich von der Lage bestimmt wird. Daher gehört der bereits im Verkehrswert berücksichtigte Lagevorteil (zB Ortszentrum) zum Wert des Grund und Bodens. Dagegen erhöht der Lagevorteil (Standortvorteil)

740) VwGH 15. 2. 1984, 83/13/0150, ÖStZB 1984, 451.
741) EStR 2000 Rz 2378.
742) Vgl *Doralt,* RdW 1994, 24; *Kirchmayr,* ÖStZ 1994, 97.
743) Vgl VwGH 2. 10. 1964, 1390/63, ÖStZB 1965, 11.
744) EStR 2000 Rz 3195.
745) Siehe dazu *Doralt* in *Doralt/Kirchmayr/Mayr/Zorn,* EStG[12] § 8 Tz 48.

einer Blumenhandlung bei einem Friedhof nicht den Wert des Grund und Bodens, sondern gehört zum Firmenwert (besonderer spezifischer Standortvorteil).[746])

Für **unkörperliche** Wirtschaftsgüter des Anlagevermögens darf ein Aktivposten nur angesetzt werden, wenn sie entgeltlich erworben worden sind. Selbst hergestellte unkörperliche Wirtschaftsgüter sind daher nicht zu aktivieren (§ 4 Abs 1; entspricht im Wesentlichen dem Aktivierungsverbot für „immaterielle" Wirtschaftsgüter nach § 197 Abs 2 UGB). 373

Die **Land- und Forstwirtschaft** ist vom Grundsatz des Wertzusammenhanges insoweit ausgenommen, als für „*Wirtschaftsgüter mit biologischem Wachstum*" auch der Ansatz eines (über den Anschaffungs- oder Herstellungskosten liegenden) höheren Teilwertes zulässig ist (§ 6 Z 2 lit b). Damit kann die schlagartige Aufdeckung der stillen Reserven im Zeitpunkt der Veräußerung und ein allfälliger Nachteil aus dem progressiven Steuertarif vermieden werden. 374

Die Aufwertung ist auch bei der Gewinnermittlung nach § 4 Abs 3 zulässig; das Wahlrecht kann jährlich ausgeübt werden (kein Stetigkeitsgebot).

Die Formulierung **„Wirtschaftsgüter mit biologischem Wachstum"** ist ein schönes Beispiel moderner Legistik; gemeint sind schlicht und einfach Pflanzen und Tiere.

c) Bewertung von Verbindlichkeiten (§ 6 Z 3)

Literatur: *Ruppe,* Steuerliche Probleme der Mezzaninfinanzierung, in *Bertl/Mandl/Mandl/Ruppe,* Unternehmensfinanzierung und Kapitalanlage nach der Steuerreform. Wien 1990, 101; *Ruppe,* Stille Beteiligung – ausgewählte Bilanzierungs- und Steuerprobleme, in *Bertl/Mandl/Mandl/Ruppe,* Praxisfragen der Bilanzierung, Wien 1991, 27; *Beiser,* Die Abzinsung von Verbindlichkeiten und Rückstellungen im Licht des Leistungsfähigkeitsprinzips, SWK 2000, 1220; *Konecny,* Nachträglich gewährtes Disagio in der Handels- und Steuerbilanz, RWZ 2001, 204; *Seicht,* Die Bewertung von langfristigen Fremdwährungsverbindlichkeiten, RWZ 2001, 180; *Beiser,* Das Realisationsprinzip und die Besteuerung nach der Leistungsfähigkeit des Steuerpflichtigen, SWK 2001, 1016; *Konecny,* Das Leistungsfähigkeitsprinzip als Maßstab für die Bewertung von Passivposten? SWK 2001, 929; *Quantschnigg/Konecny,* Disagio und Geldbeschaffungskosten in Handels- und Steuerbilanz, in *Bertl/Egger/Gassner/Lang/Nowotny,* Erfolgsabgrenzungen in Handels- und Steuerbilanz, Wien 2001; *Bertl/Hirschler,* Bewertung von über- und unterverzinslichen Verbindlichkeiten, RWZ 2003, 34; *Bertl/Hirschler,* Bilanzierung von Wertsicherungsklauseln, RWZ 2004, 14; *Bertl/Hirschler,* Bilanzielle Behandlung der Wertpapierleihe, RWZ 2004, 323; *Petritz,* Passivposten für Gutscheinmünzen, RWZ 2006, 268; *Moser,* Aktivierung von Geldbeschaffungskosten ohne Verbindlichkeit? SWK 2013, 519; *Kraßnig,* Die bilanzielle Behandlung regulativer Vermögenswerte und Schulden in der Energiewirtschaft, RWZ 2014, 43; *Moser,* Zeitpunkt des Ansatzes von (bestrittenen) Schadenersatzforderungen, SWK 2014, 75; *Titz,* Rechnungslegungs-Änderungsgesetz 2014: Steuerlich relevante Neuerungen auf der Passivseite in *Bertl/Eberhartinger/Egger/Kalss,* Reform der Rechnungslegung in Österreich, Wien 2015; *Aigner/Moshammer/Tumpel,* Abzinsung unverzinslicher Verbindlichkeiten? RdW 2015, 186; *Beiser,* Zinslose Verbindlichkeiten im Licht des Realisationsprinzips, SWK 2015, 769; *Mayr,* Verbindlichkeiten und Rückstellungen nach dem RÄG 2014, ÖStZ 2015, 189; *Titz,* Abzinsung von Rückstellungen und Verbindlichkeiten im Lichte des EStR-Wartungserlasses 2015, RWZ

[746]) Problematisch daher VwGH 20. 2. 1992, 88/13/0099 (zu einem Gasthaus in der Nähe eines Stadions oder Bahnhofs).

2015, 315; *Velte,* Bewertung von sonstigen langfristigen Rückstellungen nach dem RÄG 2014 und AbgÄG 2014, RWZ 2015, 263; *Zöchling,* Passivseitige stille Reserven und Lasten in UGB und EStG, SWK 2015, 1191; *Kanduth-Kristen,* Verbindlichkeiten in Krise und Insolvenz – ein Rechtsvergleich zwischen Österreich und Deutschland, StAW 2016, 205; *Novacek,* Abzinsung von Verbindlichkeiten, FJ 2016, 258; *Fritz-Schmied/Kudert/Urnik,* Der Erlass einer Forderung bei Kapitalgesellschaften als Schuldnerunternehmen, StAW 2017, 199.

Zu Renten und dauernden Lasten siehe Literatur zu VIII.

375 *„Verbindlichkeiten sind gemäß Z 2 lit a zu bewerten"* (§ 6 Z 3), das heißt mit den Anschaffungskosten. Als Anschaffungskosten ist der Rückzahlungsbetrag anzusetzen, den der Stpfl beim Eingehen der Schuld schuldig geworden ist.[747]) Auch bei der Bewertung von Verbindlichkeiten dürfen nicht verwirklichte Gewinne nicht ausgewiesen werden. Eine Verbindlichkeit darf erst dann aus der Bilanz ausgeschieden werden, wenn sie getilgt oder erlassen worden ist.[748]) Ist mit der Inanspruchnahme durch den Gläubiger nicht mehr zu rechnen, so ist die Verbindlichkeit – auch wenn sie noch besteht – nicht mehr auszuweisen.[749]) Dagegen ist eine verjährte Verbindlichkeit weiterhin auszuweisen, wenn der Stpfl von einer möglichen Verjährungseinrede objektiv erkennbar – zB aus geschäftlichen Rücksichten – nicht Gebrauch machen will.

376 Teilwert einer Verbindlichkeit ist der Betrag, den der fiktive Erwerber des Betriebes ansetzen würde, das ist der Bar- oder Zeitwert. Bei normalen Verzinsungs- und Rückzahlungsbedingungen deckt er sich mit dem Nennbetrag (Rückzahlungsbetrag). Besonders niedrig verzinsliche, langfristige Verbindlichkeiten bedeuten zwar eine geringere Last, der Ansatz des niedrigeren Teilwertes würde jedoch zum Ausweis eines nicht verwirklichten Gewinnes führen und wird daher als unzulässig angesehen.[750]) Eine Steigerung der Verbindlichkeit (zB aus einer Wertsicherung) ist dagegen auszuweisen.[751]) Steigt der Rückzahlungsbetrag der Verbindlichkeit (zB bei Fremdwährungsverbindlichkeiten auf Grund eines höheren Wechselkurses der Fremdwährung), dann *muss* bei der Gewinnermittlung nach § 5 Abs 1 bzw *darf* bei der Gewinnermittlung nach § 4 Abs 1 der höhere Rückzahlungsbetrag angesetzt werden (Teilwert). Dies gilt sinngemäß, wenn der Rückzahlungsbetrag wieder absinkt: Bei der Gewinnermittlung nach § 5 besteht wiederum eine Zuschreibungspflicht (bis max zu den ursprünglichen Anschaffungskosten), bei der Gewinnermittlung nach § 4 Abs 1 ein Wahlrecht.

377 Zwingend zu aktivieren und auf die Laufzeit der Verbindlichkeit zu verteilen sind

– der **Unterschiedsbetrag** (Abgeld, Damnum, Disagio) zwischen dem Rückzahlungsbetrag und dem aufgenommenen Betrag;

---

[747]) VwGH 24. 5. 1993, 92/15/0041.

[748]) Vgl VwGH 24. 5. 1993, 92/15/0041 (zum Erlöschen der Schulden durch Zahlung der Ausgleichsquote).

[749]) VwGH 27. 9. 2000, 96/14/0141 (unter Verweis auf die unternehmensrechtlichen GoB und das Leistungsfähigkeitsprinzip).

[750]) VwGH 25. 11. 1966, 0599/66, ÖStZB 1967, 47.

[751]) VwGH 30. 6. 1987, 86/14/0035, ÖStZB 1988, 132.

– sowie die unmittelbar mit den Verbindlichkeiten zusammenhängenden **Geldbeschaffungskosten** (zB Provisionen, Gebühren; § 6 Z 3; nach den EStR 2000 Rz 2464 bis zu einem Betrag von € 900 sofort absetzbar).

Auch in der **Unternehmensbilanz** besteht für das **Disagio** eine Aktivierungspflicht (§ 198 Abs 7 UGB); **Geldbeschaffungskosten** sind idR in voller Höhe aufwandswirksam; nur wenn sie zeitraumbezogen sind, besteht eine Aktivierungspflicht als Rechnungsabgrenzungsposten.[752])

Die Verteilung kann ertragsteuerlich *gleichmäßig* oder entsprechend *abweichenden unternehmensrechtlichen Grundsätzen ordnungsmäßiger Buchführung* (zB auch degressiv) vorgenommen werden. **378**

Beispiel:

Es wird ein Darlehen von € 90.000 gewährt, das nach 10 Jahren mit € 100.000 zurückzubezahlen ist.

Der Unterschiedsbetrag (Abgeld, Damnum, Disagio) ist auf die Laufzeit zu verteilen. Der Tilgungsbetrag (€ 100.000) ist als Anschaffungskosten der Verbindlichkeit zu passivieren, das Disagio (€ 10.000) ist zu aktivieren und innerhalb von 10 Jahren abzuschreiben.

d) Bewertung von Entnahmen und Einlagen

Literatur: *Stoll,* Ertragsbesteuerung der Personengesellschaften, Wien 1977 (72 ff); *Stoll,* Gewinnrealisierung ohne Umsatzakt, in *Ruppe* (Hrsg), Gewinnrealisierung im Steuerrecht, Köln 1981, 207; *Gassner,* Die Bewertung von Entnahmen und Einlagen, verdeckten Gewinnausschüttungen und verdeckten Einlagen, in *Raupach* (Hrsg), Werte und Wertermittlung im Steuerrecht, Köln 1984, 245; *Fritz-Schmied,* Der Abzug „privater" Schuldzinsen unter Berücksichtigung der Bewertungsvorschriften des § 6 Z 4 und 5, SWK 2000, 580; *Langheinrich/Ryda,* Die steuerliche Behandlung von außerbetrieblichen veranlassten Wertveränderungen des Betriebsvermögens, Entnahmen und Einlagen, FJ 2000, 310; *Wiesner,* Einbringungsbedingte Entnahmebesteuerung, RWZ 2001, 228; *W. Loukota,* § 6 Z 6 EStG und die Niederlassungsfreiheit, SWI 2001, 67; *Aigner,* Gemeinschaftsrechtliche Fragen der Überführung von Wirtschaftsgütern und der Wegzugsbesteuerung, ÖStZ 2002, 398; *Scheuerle,* § 6 Z 6 EStG und die Entstrickung, SWI 2003, 176; *Lochmann,* Gemeiner Wert – Wertermittlung einschließlich Umsatzsteuer und unabhängig von der Handelsstufe, SWK 2004, 876; *Beiser,* Einkommensteuerliche Entnahmebewertung und USt, SWK 2006, 1231; *Redei,* Grenzüberschreitende Leistungsbeziehungen zwischen Betrieben, RdW 2005, 247; *Wiesner,* Einlagen und Entnahmen, RWZ 2005, 332; *D. Aigner,* Begleitmaßnahmen zum UGB – Überblick über geplante Änderungen der steuerlichen Gewinnermittlung, taxlex 2006, 297; *Fritz-Schmied,* StruktAnpG 2006: Die Neuregelung der Einlagenbewertung gem § 6 Z 5 EStG, taxlex 2006, 524; *Schuchter,* StrukturanpG 2006: Die neue Einlagenbewertung, GeS 2006, 276; *oV,* VwGH: Gemeiner Wert bei Entnahme ist ein Nettobetrag, RdW 2007, 53; *Macho/Steiner/Ruess,* Verrechnungspreise kompakt, Wien 2007; *Farmer,* Der tätigkeitsbezogene Betriebsbegriff, RdW 2009, 130; *Ehrke-Rabel/Tumpel,* Sacheinlagen in Gesellschaften, SWK 2010, 778; *Macho/Csoklich,* Produktionsverlagerung und Ertragsteuerrecht, ÖStZ 2009, 443; *Kofler,* Die Einlage wertgeminderter Beteiligungen in das Betriebsvermögen, taxlex 2010, 173; *Krickl/Breyer,* Nichtfestsetzungskonzept im Zusammenhang mit Einkünften

752) Vgl *Bertl/Hirschler,* RWZ 1998, 238.

aus Erfindungen, SWI 2010, 253; *Marecek,* Betriebsstättengewinnermittlung – Das Verhältnis zwischen Stammhaus und Betriebsstätte, ÖStZ 2010, 191; *Moshammer,* EuGH zur Zulässigkeit grenzüberschreitender Verrechnungspreiskorrekturen, SWI 2010, 215; *Daurer,* SWI-Jahrestagung: Verrechnungspreise bei Übernahme von Bürgschaftsgarantien, SWI 2011, 55; *Doralt,* Verluste im Kapitalvermögen: Flucht ins Betriebsvermögen? RdW 2011, 363; *Macho/Perneki,* Verrechnungspreise: Benchmarking mittels Datenbankstudien – Fluch oder Segen? SWI 2011, 294; *Manessinger*/Schlatzer, Die österreichischen Verrechnungspreisrichtlinien 2010 (Teil 2) – Methodik der Verrechnungspreisermittlung, ÖStZ 2011, 30; *Manessinger/Schlatzer,* Die österreichischen Verrechnungspreisrichtlinien 2010 (Teil 3), Konzerninterner Leistungsverkehr/Warenlieferungen, ÖStZ 2011, 137; *Manessinger/Schlatzer,* Die österreichischen Verrechnungspreisrichtlinien 2010 (Teil 4) – Konzerninterner Leistungsverkehr/Dienstleistungen allgemeiner Art und Finanzdienstleistungen, ÖStZ 2011, 255; *Manessinger/Schlatzer,* Die österreichischen Verrechnungspreisrichtlinien 2010 (Teil 5) – Konzerninterner Leistungsverkehr/Lizenzgebühren und Kostenverteilungsverträge, ÖStZ 2011, 308; *Manessinger/Schlatzer,* Die österreichischen Verrechnungspreisrichtlinien 2010 (Teil 6), Konzerninterner Leistungsverkehr/Konzernstrukturänderungen und Dokumentationspflichten, ÖStZ 2011, 398; *Dommes,* OECD veröffentlicht „Interim Discussion Draft" zu Verrechnungspreisaspekten bei immateriellen WG, SWI 2012, 349; *Kovar,* Einlage von Grundstücken und Veräußerung von zuvor eingelegten Grundstücken, SWK 2012, 1473; *Loidl/Moshammer,* Zweifelsfragen zu § 6 Z 6 EStG anhand von Praxisfällen, SWI 2012, 446; *Loidl/Moshammer,* Rs National Grid Indus: Wende in der Wegzugsbesteuerung? SWI 2012, 177; *Obermann,* Inländische Depotumbuchungen bei gleichzeitiger Entnahme der Wertpapiere aus dem Betriebsvermögen, SWK 2012, 873; *Perneki/Dorfer,* Fremdvergleichsanalyse bei Verrechnungspreisen: Neue Wege durch den additiven Ansatz? SWI 2012, 165; *Stöger,* Zur Gewinnrealisierung von auf Wertpapiere übertragenen stillen Reserven durch deren Einbringung in einen Spezialfonds, ÖBA 2012, 124; *Fuchs,* Höhe des Teilwerts der Entnahme, AFS 2013, 173; *Geutebrück,* Wegzugsbesteuerung betrieblichen Vermögens – Auswirkungen der Rs National Grid Indus, in FS Bertl 649; *Lechner,* Wegzugsbesteuerung, Kapitalgesellschaften und immaterielle Wirtschaftsgüter, FJ 2013, 77; *Schlager,* Der Kampf gegen „BEPS" am Beispiel der Verlagerung von unkörperlichen Wirtschaftsgütern, ÖStZ 2013, 336; 311; *Mair/Nekrasov,* Kurswechsel in der „Wegzugsbesteuerung"? taxlex 2014, 144; *Pinetz/Schaffer,* Kapitalverkehrsfreiheit und Exit-Tax-Bestimmungen: Änderung der Entstrickungsbesteuerung bei Drittstaaten notwendig? ÖStZ 2014, 423; *Sattlegger,* Einkunftsabgrenzung im Rahmen von Verrechnungspreiskorrekturen, SWK 2014, 943; *Schlager/Titz,* Ertragsteuerliche Änderungen im AbgÄG 2015: Neues zur Einkünftezurechnung, Einlagenrückzahlung und „Wegzugsbesteuerung", RWZ 2015, 375; *Spies,* Die Wegzugsbesteuerung im österreichischen Recht: System oder Chaos? (Teil 1), ÖStZ 2015, 283; *Spies,* Die Wegzugsbesteuerung im österreichischen Recht: System oder Chaos? (Teil 2), ÖStZ 2015, 316; *Angerer-Mittermüller,* Die Weg(zugs)besteuerung nach dem AbgÄG 15, JKU Tax 1/16, 40; *Hirschler/Knesl,* Nichtfestsetzungs- und Ratenzahlungskonzept gemäß § 6 Z 6 EStG, ÖStZ 2016, 257; *Manessinger/Taferner,* Gesetzliche Verpflichtung zur Verrechnungspreisdokumentation, SWK 2016, 756; *Manessinger/Taferner,* Durchführungsverordnung zur standardisierten Verrechnungspreisdokumentation, SWK 2016, 824; *Manessinger/Taferner,* Verrechnungspreisdokumentationsgesetz beschlossen, SWK 2016, 950; *Manessinger/Steiner,* Das VPDG aus der Sicht der Beratung, taxlex 2016, 138; *Mechtler/Spies,* Die Entstrickungsbesteuerung im betrieblichen Bereich nach dem AbgÄG 2015, RdW 2016, 697; *Mechtler/Spies,* Die Entstrickungsbesteuerung bei beschränkter Steuerpflicht nach dem AbgÄG 2015, SWI 2016, 504; *Mechtler/Spies,* Der neue Entstrickungstatbestand im Ertragsteuerrecht nach dem AbgÄG 2015, StAW 2016, 135; *Mechtler,* Anti-BEPS-RL: Umsetzungsbedarf bei der Wegzugsbesteuerung,

RdW 2016, 859; *Pinetz/Schaffer,* Unionsrechtskonformität der neuen Entstrickungsbesteuerung („Exit Tax") im Hinblick auf Drittstaatssachverhalte, ÖStZ 2016, 377; *Schilcher,* Neuregelung der „Wegzugsbesteuerung" im EStG, SWI 2016, 160; *Schragl/Stefaner,* Die neue Wegzugsbesteuerung im betrieblichen Bereich, SWK 2016, 753; *Schwaiger/Macho,* Das Verrechnungspreisdokumentationsgesetz, taxlex 2016, 136; *Wild,* Die neue Entstrickungsbesteuerung im AbgÄG 15, taxlex 2016, 4; *Bednar/ Bergmann,* Ertragsteuerliche Behandlung unentgeltlicher Vermögensübertragungen im Zusammenhang mit Personengesellschaften, GES 2017, 319; *Bergmann,* Unentgeltliche Übertragung von Mitunternehmereranteilen mit negativem Kapitalkonto, Ges 2017, 54; *Bramo-Hackl,* Verrechnungspreisdokumentation für Klein- und Mittelbetriebe, SWK 2017, 989; *Gottholmseder,* Ausgewählte Zweifelsfragen zum Verrechnungspreis-Dokumentationsgesetz, TPI 2017, 19; *Manessinger/Taferner,* Durchführungsverordnung zum VPDG veröffentlicht, SWK 2017, 346; *Marchgraber,* Zuschreibungspflicht nach Einlagenrückzahlungen iSd § 4 Abs 12 EStG? RdW 2017, 867; *Schrottmeyer/Strauß,* Praktische Aspekte zum Verrechnungspreisdokumentationsgesetz, TPI 2017, 16; *Urnik/Kandler,* Zum Risiko des Wegfalls von Verlusten im Rahmen von Betriebs- und Anteilsübertragungen, Jahrbuch Bilanzsteuerrecht 2017, 41; *Bernegger,* Konzerninterne Lizenzgebühr, TPI 2018, 32.

Siehe auch oben IV, A, 2, d und e.

„Entnahmen sind mit dem Teilwert im Zeitpunkt der Entnahme anzusetzen. Grund und Boden ist mit dem Buchwert im Zeitpunkt der Entnahme anzusetzen, sofern nicht eine Ausnahme vom besonderen Steuersatz gemäß § 30a Abs 3 vorliegt. Der Entnahmewert tritt für nachfolgende steuerrelevante Sachverhalte an die Stelle der Anschaffungs- oder Herstellungskosten" (§ 6 Z 4).

Bewertungsfragen iZm **Entnahmen** (zum Begriff Tz 192) ergeben sich bei Sachentnahmen und bei der Entnahme von Nutzungen und Leistungen (Dienstleistungen). Sie sind grds mit dem **Teilwert** anzusetzen, und zwar unabhängig von Anschaffungs- oder Herstellungskosten, dh also auch mit dem allenfalls höheren Teilwert. Maßgebend ist der Zeitpunkt der Entnahme,[753]) nicht etwa der Bilanzstichtag. Die Differenz zwischen Buchwert und Teilwert führt zum Gewinnausweis im Zeitpunkt der Entnahme. Wird der Betrieb aufgegeben und das Betriebsvermögen in das Privatvermögen überführt, liegt keine Entnahme aus dem Betrieb vor. Die Bewertung erfolgt mit dem gemeinen Wert (§ 24 Abs 3, siehe auch Tz 579). Im Hinblick auf die Liquidation (Aufgabe) des Unternehmens ist hier allerdings der gemeine Wert mit dem Teilwert ident. **379**

Der gemeine ertragsteuerliche Wert, der für die „Entnahme" von Wirtschaftsgütern in das Privatvermögen im Zuge der Betriebsaufgabe anzusetzen ist, ist ein **Nettobetrag** ohne USt.[754]) **380**

Für die **Entnahme von Grundvermögen** gilt Folgendes: **380/1**

Die Entnahme von **Grund und Boden** erfolgt – abweichend von der grds Entnahmebewertung mit dem Teilwert – zum Buchwert. Dies ergibt sich aus der steuerlichen Gleichbehandlung des Grund und Bodens im betrieblichen und außerbetrieblichen Bereich. Für das **Gebäude** ist allerdings der Teilwert anzusetzen (damit sollen die im betrieblichen Bereich entstandenen stillen

---

[753]) VwGH 6. 4. 1994, 91/13/0211.

[754]) VwGH 25. 10. 2006, 2004/15/0093; ebenso *Beiser,* SWK 2006, 1231.

Reserven bereits im Zeitpunkt der Entnahme besteuert werden). Die gleichen Grundsätze gelten für die Betriebsaufgabe (§ 24 Abs 3).

Gehört das Grundstück zum Umlaufvermögen, dann ist für das Grundstück (einschließlich Grund und Boden) der Teilwert im Zeitpunkt der Entnahme maßgeblich.

381 Die **eigene Arbeitskraft** des Stpfl ist nicht Gegenstand der Entnahme; stellt der Unternehmer im Rahmen seines Betriebes ein Wirtschaftsgut für den privaten Gebrauch unter Verwendung seiner eigenen Arbeitskraft her, sind nur die tatsächlichen Aufwendungen (Material, Löhne, sonstige Selbstkosten) mit dem Teilwert als Entnahme zu bewerten. Entnimmt der Stpfl dagegen ein Wirtschaftsgut, das zunächst für den Betrieb hergestellt wurde (zB Waren), ist der Teilwert des fertigen Wirtschaftsgutes anzusetzen; die eigene Arbeitsleistung wird daher miteinbezogen.

382 Die Entnahme von Nutzungen (Verwendung von Betriebsvermögen im privaten Bereich) wird mit den anteiligen Kosten bewertet (anteilige AfA, anteilige Betriebskosten, anteilige Finanzierungskosten).[755])

383 **Einlagen** (zum Begriff Tz 197 f) sind grds mit dem Teilwert im Zeitpunkt der Zuführung anzusetzen (§ 6 Z 5 lit d). Maßgebend ist dabei der Kenntnisstand zum Zeitpunkt der Einlage; nachträglich gewonnene Erkenntnisse über den Wert zu diesem Zeitpunkt berechtigen nicht zu einer rückwirkenden Änderung des Einlagewertes.[756])

384 Werden Wirtschaftsgüter eingelegt und innerhalb der Spekulationsfrist (gerechnet ab dem Zeitpunkt der Anschaffung) veräußert, dann ist der Spekulationsgewinn aufzuteilen: Der auf die Zeit der Zugehörigkeit zum Privatvermögen entfallende Gewinn in Höhe der Differenz zwischen Anschaffungskosten und Teilwert ist als Spekulationsgewinn zu besteuern; der auf die Zeit der Betriebszugehörigkeit entfallende Gewinn ist in Höhe der Differenz zwischen dem Veräußerungserlös und dem Buchwert als betrieblicher Gewinn zu versteuern (nach dem 31. 3. 2012 ist dies nur mehr bei Einlagen von beweglichen Wirtschaftsgütern, deren Veräußerung unter § 31 fällt, relevant).

385 Die Einlage von **Grundstücken** erfolgt mit den **Anschaffungs- bzw Herstellungskosten** (§ 6 Z 5 lit b). Sie sind um Herstellungsaufwendungen zu erhöhen, wenn diese nicht bereits bei der Einkünfteermittlung zu berücksichtigen waren. Soweit das Grundstück der Einkünfteerzielung gedient hat (insb VuV), kürzen sich die Anschaffungs- oder Herstellungskosten insb um die AfA bzw Sonderabschreibungen. Ist der Teilwert im Zeitpunkt der Einlage niedriger, ist dieser anzusetzen.

385/1 Abweichend vom Ansatz der Anschaffungs- oder Herstellungskosten sind **Gebäude und grundstücksgleiche Rechte des Altvermögens** (zum 31. 3. 2012 wäre bei einer gedanklichen Veräußerung § 30 idF vor dem 1. StabG 2012 nicht zur Anwendung gekommen) mit dem **Teilwert** im Zeitpunkt der Einlage anzusetzen (§ 6 Z 5 lit c).

386 Wird ein **unkörperliches Wirtschaftsgut** in der Privatsphäre selbst geschaffen oder durch Schenkung oder Erbschaft **unentgeltlich erworben** und danach in den Betrieb eingelegt, so greift nach dem Gesetzeswortlaut auch hier

---

[755]) Vgl VwGH 18. 2. 1999, 98/15/0192.

[756]) VwGH 29. 3. 2006, 2004/14/0063 (zu einem Schottervorkommen).

das Aktivierungsverbot nach § 4 Abs 1 ein. Dagegen spricht der Gesetzeszweck für die Anwendung der allgemeinen Regeln der Einlagenbewertung; das ist der Teilwert.[757]) Nach *Ruppe* ist der Teilwert zu ermitteln und dieser sofort als Betriebsausgabe abzuziehen (dies entspricht im Ergebnis der Herstellung des Wirtschaftsgutes im Betrieb).[758])

Beteiligungen, Wertpapiere und Derivate, deren Veräußerung nach § 27 zu erfassen wäre, sind **stets mit den Anschaffungskosten** anzusetzen, wenn diese niedriger sind als der Teilwert im Einlagezeitpunkt (§ 6 Z 5 lit a). **387**

Wertpapiere (zB Aktien) die vor dem 1. 1. 2011 erworben wurden und vor dem 1. 10. 2011 erworbene Derivate sind mit dem Teilwert zum Zeitpunkt der Einlage zu bewerten (§ 124b Z 181).

Bei der **Überführung von Wirtschaftsgütern von einem inländischen Betrieb in einen anderen inländischen Betrieb desselben Stpfl** liegen eine Entnahme und zugleich eine Einlage vor.[759]) Die Bewertung erfolgt in beiden Fällen mit dem Teilwert, daher decken sich Entnahme- und Einlagewert. **388**

Der VwGH folgt damit einem engen Betriebsbegriff: Auch innerhalb der gleichen Einkunftsart ist bei der Überführung eines Wirtschaftsgutes von einem Betrieb in einen anderen Betrieb desselben Stpfl eine Entnahme anzunehmen, die stillen Reserven sind aufzudecken. Nach einem weiten Betriebsbegriff können dagegen die Betriebe, für die der Gewinn nach den gleichen Grundsätzen ermittelt wird, als **ein gemeinsamer Betrieb** verstanden werden. Bei einem Wechsel von einem Betrieb in einen anderen Betrieb wäre dann der Buchwert anzusetzen; die Aufdeckung und Versteuerung der stillen Reserven wird vermieden, solange das Wirtschaftsgut im Betriebsvermögen verbleibt.[760]) Beim engen Betriebsbegriff müssen dagegen stille Reserven versteuert werden, obwohl sie noch nicht realisiert sind. Um dies zu vermeiden, kann nach der FinVw der Teilwert mit den Anschaffungskosten vermindert um die laufende AfA (entspricht dem Buchwert, jedoch ohne Investitionsbegünstigungen) angesetzt werden.[761])

Bei dem **Wechsel von einem inländischen Betrieb (bzw einer inländischen Betriebsstätte) in einen ausländischen Betrieb (bzw eine ausländische Betriebsstätte)** sind die Wirtschaftsgüter mit einem fremdüblichen Veräußerungspreis zu bewerten (§ 6 Z 6 lit a). Das gilt sinngemäß für sonstige Leistungen (§ 6 Z 6 lit a letzter Satz) und beim Eintritt sonstiger Umstände, die zu einer Einschränkung des österr Besteuerungsrechts im Verhältnis zu anderen Staaten führen (zB bei Änderung eines DBA; § 6 Z 6 lit b). Damit wird vermieden, dass anlässlich des Wechsels von Wirtschaftsgütern vom Inland in das Ausland stille Reserven unversteuert bleiben oder durch eine fremdunübliche Verrechnungspreisgestaltung beim Veräußerungsvorgang oder bei der Erbringung einer sonstigen Leistung Gewinne ins Ausland verlagert werden. Das Gleiche gilt auch dann, wenn der Betrieb ins Ausland verlegt wird; nach den EB sind die Be- **389**

[757]) EStR 2000 Rz 2500.

[758]) *Ruppe,* GesRZ 1988, 188.

[759]) VwGH 17. 12. 1980, 2429/77, ÖStZB 1981, 287.

[760]) BFH 16. 3. 1967, IV 72/65, BStBl III 1967, 318 und BFH 7. 10. 1974, GrS 1/73, BStBl II 1975, 168.

[761]) EStR 2000 Rz 436 und Rz 5926 zu Mitunternehmerschaften.

stimmungen für die Betriebsveräußerung analog anzuwenden (zB Freibetrag, Hälftesteuersatz, Verteilungsbegünstigung).

Die Steuer auf die durch den Transfer aufgedeckten stillen Reserven ist auf Antrag in **Raten** zu entrichten (§ 6 Z 6 lit c) bei

- Überführung von Wirtschaftsgütern innerhalb eines Betriebes desselben Stpfl oder Verlegung von Betrieben oder Betriebstätten in einen Mitgliedstaat der EU oder in einem Mitgliedstaat des EWR, oder
- Einschränkung des österr Besteuerungsrechtes.

Die Raten sind für Wirtschaftsgüter des Anlagevermögens gleichmäßig über einen Zeitraum von 5 Jahren zu entrichten (§ 6 Z 6 lit d); bei Umlaufvermögen ist ein Zeitraum von 2 Jahren vorgesehen (§ 6 Z 6 lit e). Die erste Rate ist mit Ablauf eines Monats nach Bekanntgabe des Abgabenbescheides fällig; weitere Raten sind jeweils am 30. 6. der Folgejahre fällig. Beim Anlagevermögen sind offene Raten unter bestimmten Umständen fällig zu stellen (zB Veräußerung der Wirtschaftsgüter; vgl § 6 Z 6 lit d).

Die angeführten Regeln gelten entsprechend für den umgekehrten Fall, also beim Wechsel von Wirtschaftsgütern bzw Betriebsstätten aus dem Ausland ins Inland, bei der Erbringung einer sonstigen Leistung aus dem Ausland für das Inland oder bei Entstehung des österr Besteuerungsrechts auf Grund sonstiger Umstände (§ 6 Z 6 lit f und g).[762])

Bis zum AbgÄG 2015[763]) galt bei der Überführung von Wirtschaftsgütern das **Nichtfestsetzungskonzept:** Die Festsetzung der Steuer unterblieb grds bis zur tatsächlichen Veräußerung bzw bis zur späteren Verlegung der Betriebsstätte („Besteuerungsaufschub"; kein Ratenzahlungskonzept). Werden solche Wirtschaftsgüter wieder in das Inland überführt, sind die fortgeschriebenen Buchwerte bzw die Anschaffungskosten, höchstens aber der gemeine Wert, anzusetzen (§ 6 Z 6 lit h iVm § 27 Abs 6 Z 1 lit e).

e) Eröffnung und entgeltlicher Erwerb eines Betriebes

Literatur: *Stoll,* Rentenbesteuerung[4], Wien 1997; *Wiesner,* Bei Betriebsveräußerung unter dem Buchwert kein Ansatz eines negativen Firmenwertes, RWZ 2000, 11; *Denk,* Gedanken zum jüngsten Erkenntnis des VwGH über den negativen Geschäfts- (Firmen-) wert, SWK 2000, 673; *Vodrazka,* Die Anlässe zur Bewertung ganzer Unternehmen und deren Auswirkungen auf diese, SWK 2011, W 63.

Weitere Literatur zum Firmenwert siehe oben A, 8, c.

*„Bei **Eröffnung** eines Betriebes sind die Wirtschaftsgüter mit den Anschaffungs- oder Herstellungskosten anzusetzen. Einlagen sind gemäß Z 5 zu bewerten"* (§ 6 Z 8 lit a).

*„Bei **entgeltlichem Erwerb** eines Betriebes sind die Wirtschaftsgüter mit den Anschaffungskosten anzusetzen"* (§ 6 Z 8 lit b).

390 **Eröffnung** eines Betriebes iSd § 6 Z 8 lit a ist die Neugründung eines Betriebes im Gegensatz zum entgeltlichen Erwerb eines bereits bestehenden

---

762) Dazu *Schilcher,* SWI 2016, 160.

763) Abgabenänderungsgesetz 2015 BGBl I 2015/163.

Betriebes. Die Bewertung erfolgt zu Anschaffungs- oder Herstellungskosten, wenn die Wirtschaftsgüter im Zuge der Gründung angeschafft oder hergestellt werden; die Zuführung von Wirtschaftsgütern (zB aus dem Privatvermögen) zu einem in Gründung befindlichen Betrieb stellt hingegen eine Einlage dar; für die Bewertung gilt somit § 6 Z 5.

Beim **entgeltlichen Erwerb eines bereits bestehenden Betriebes** sind die Wirtschaftsgüter mit den Anschaffungskosten anzusetzen. Die Anschaffungskosten sind mit dem Teilwert anzunehmen; die Differenz zwischen dem Gesamtkaufpreis und den mit dem Teilwert bewerteten Wirtschaftsgütern ergibt den Firmenwert (§ 203 Abs 5 UGB).[764]) **391**

f) Unentgeltlicher Erwerb des Betriebes und einzelner Wirtschaftsgüter

Literatur: *Stoll,* Rentenbesteuerung[4], Wien 1997; *Reinisch,* Unentgeltliche Betriebsübertragung mit Änderung der Gewinnermittlungsart – stille Reserven aus Grund und Boden unversteuert? RdW 2000, 189; *Beiser,* Die „Vererbbarkeit" von Verlustvorträgen im Rechtsvergleich zwischen Österreich und Deutschland, RdW 2000, 571; *Knörzer,* Fortsetzungsklausel ohne Abfindung und ohne Wagnistheorie, FJ 2002, 161; *Beiser,* Einlagen und unentgeltliche Erwerbe in Einkommen- und Körperschaftsteuer – eine systematische Abgrenzung, ÖStZ 2012, 223; *Urnik,* Ertragsteuerliche Risiken bei der unentgeltlichen Übertragung überschuldeter Betriebe: Immobilienertragsteuerpflicht für Grundstücke? JEV 2016, 104.

Wird ein **Betrieb,** ein Teilbetrieb oder der Anteil an einer Personengesellschaft (Mitunternehmeranteil) **unentgeltlich übernommen** (zB Schenkung oder Erbschaft), so hat der Rechtsnachfolger die Buchwerte des bisherigen Betriebsinhabers (Anteilsinhabers) zu übernehmen (§ 6 Z 9 lit a; **Buchwertfortführung**). **392**

Ein **entgeltlicher Betriebserwerb** liegt vor, wenn als Gegenleistung ein angemessenes wirtschaftliches Äquivalent gewährt wird. Liegt der Kaufpreis aus privaten Motiven unter (oder über) dem tatsächlichen Wert (gemischte Schenkung), ist insgesamt ein **unentgeltlicher Erwerb** anzunehmen.[765]) Wird ein real überschuldeter Betrieb aus privaten Gründen unentgeltlich übernommen, dann führt auch die Übernahme sämtlicher Passiva zu keinem entgeltlichen Erwerb.[766]) Wird allerdings ein überschuldeter Betrieb von einem fremden Dritten übernommen, ist davon auszugehen, dass der Wert des übertragenen Betriebes jedenfalls dem Stand der Betriebsschulden entspricht, weil Fremde einander idR nichts zu schenken pflegen. Es liegt daher ein entgeltlicher Vorgang vor; beim Veräußerer ist ein Veräußerungsgewinn in Höhe der Differenz von Buchwert der Aktiva und den übernommenen Passiva (abzüglich der Veräußerungskosten) anzusetzen.[767]) **393**

---

[764]) Vgl *Doralt/Mayr* in *Doralt/Kirchmayr/Mayr/Zorn,* EStG[14] § 6 Tz 397.

[765]) VwGH 18. 2. 1999, 97/15/0021; vgl auch *Stoll,* Rentenbesteuerung[4] Tz 386 ff; dagegen ist nach dem BFH auch der niedrigere Kaufpreis den Anschaffungskosten zu Grunde zu legen (BFH 10. 7. 1986, IV R 12/81, BStBl II 1986, 811).

[766]) VwGH 24. 9. 1996, 95/13/0290.

[767]) EStR 2000 Rz 5681 a.

Unentgeltlich ist der Erwerb durch **Erbschaft,** auch wenn die Erbschaft etwa mit Legaten, Vermächtnissen oder Pflichtteilsansprüchen belastet ist. Teilen sich mehrere Erben den Nachlass real und übernimmt ein Erbe den Betrieb, dann erfolgt der Betriebserwerb ebenfalls unentgeltlich.[768]) Übernimmt jedoch ein Miterbe den Betrieb oder ein Grundstück und findet er die anderen Miterben mit nachlassfremdem Vermögen ab, dann liegt hinsichtlich der durch die Miterben übertragenen Anteile am Betrieb oder am Grundstück ein entgeltlicher Erwerb vor, wenn der Wertausgleich mindestens die Hälfte des gemeinen Wertes der übertragenen Anteile beträgt.[769])

394 Werden **einzelne Wirtschaftsgüter** aus *betrieblichem Anlass unentgeltlich erworben,* sind sie mit den fiktiven Anschaffungskosten zu bewerten (§ 6 Z 9 lit b; dies kann zB bei aufwendigen Werbegeschenken zu erheblichen Gewinnrealisierungen führen). Eine Teilwertabschreibung wegen mangelnder Nutzbarkeit müsste zulässig sein.[770]) Liegt *kein* betrieblicher Anlass für den unentgeltlichen Erwerb vor, wird eine Einlage unterstellt (§ 6 Z 9 lit b letzter Satz); der Wertzuwachs bleibt damit in der steuerlich unbeachtlichen Privatsphäre.

395 **Zuwendungen von Privatstiftungen** sind im betrieblichen Bereich in Höhe der fiktiven Anschaffungskosten als Betriebseinnahmen zu erfassen (§ 4 Abs 11 Z 2 lit a).[771]) Es findet eine Gleichbehandlung mit dem außerbetrieblichen Bereich statt (§ 15 Abs 3 Z 2 lit b). Die fiktiven Anschaffungskosten sind um negative Anschaffungskosten des zugewendeten Wirtschaftsgutes bzw negative Buchwerte des zugewendeten sonstigen Vermögens zu vermindern: Trotz des negativen Buchwertes bzw der negativen Anschaffungskosten können stille Reserven auf die betroffenen Wirtschaftsgüter entfallen. Durch die Minderung der fiktiven Anschaffungskosten um negative Anschaffungskosten bzw negative Buchwerte werden die stillen Reserven beim Zuwendungsempfänger weiterhin erfasst, die anlässlich der Zuwendung andernfalls endgültig der Besteuerung entzogen wären. Dies gilt für zugewendetes Vermögen, das in der Privatstiftung im Zuwendungszeitpunkt steuerlich negative Anschaffungskosten (Beteiligungen, die umgründungsveranlasst mit steuerlich negativen Anschaffungskosten gestiftet und mit solchen zugewendet werden) bzw Buchwerte (von zugewendeten Betrieben oder Mitunternehmeranteilen) aufweist. Mit dem Absenken der Anschaffungskosten bzw des Buchwertes wird erreicht, dass anlässlich der Zuwendung weder die Privatstiftung noch der Zuwendungsempfänger besteuert, aber die stille Reserve bei der Realisierung durch den Zuwendungsempfänger erfasst wird.[772])

Die Zuwendung unterliegt bei natürlichen Personen der Endbesteuerung (§ 97 Abs 1 iVm § 27 Abs 5 Z 7).

---

[768]) EStR 2000 Rz 134 a ff.

[769]) EStR 2000 Rz 134 b ff.

[770]) Dazu kritisch *Gassner,* SWK 1990, A I 391.

[771]) *Wiesner,* RdW 1993, 344.

[772]) ErläutRV 686 BlgNR 22. GP 11 (zum AbgÄG 2004).

9. Rückstellungen, Rücklagen

Literatur: *Platzer,* Rückstellungen für schwebende Dauerschuldverhältnisse im Bilanzsteuerrecht, GedS Lechner, Wien 1987, 293; *Stoll,* Rückstellungen für Aufwendungen zur Errichtung von Umweltschutzanlagen, GedS Lechner, Wien 1987, 371; *Altenburger,* Aktuelle Fragen zum Ansatz und zur Bewertung von Rückstellungen, in *Bertl/Mandl/Mandl/Ruppe* (Hrsg), Praxisfragen der Bilanzierung, Wien 1991, 77; *Heidinger/Königsmaier,* Bewertung und Ausweis des Sozialkapitals, Handelsrecht versus Steuerrecht, in *Bertl/Mandl/Mandl/Ruppe* (Hrsg), Rechnungslegungsvorschriften, Wien 1992, 131; *Ruppe,* Rechnungslegungsreform und Bilanzsteuerrecht, in *Bertl/Mandl/Mandl/Ruppe* (Hrsg), Rechnungslegungsvorschriften, Wien 1992, 291; *Bertl/Hirschler,* Europarechtliche Beurteilung der Pauschalrückstellung, RWZ 2000, 9; *Bertl/Hirschler,* Angemessenheit einer Pensionsrückstellung für Gesellschafter-Geschäftsführer bei Nichtanrechnung einer gesetzlichen Pension, RWZ 2000, 226; *Damböck,* Unternehmerwechsel und Abfertigungsrückstellung, ÖStZ 2000, 477; *Beiser,* Die Abzinsung von Verbindlichkeiten und Rückstellungen im Licht des Leistungsfähigkeitsprinzips, DB 2001, 296; *Grünberger,* Finanzierung über Steuerstundung, ÖStZ 2001, 259; *Haring/Wala,* Zum 80%igen Rückstellungsansatz gem § 9 Abs 5 EStG, ÖStZ 2001, 480; *Mayr,* Steuerbilanz: Die Qual der Wahl? ÖStZ 2001, 226; *Barborka,* Die Genesis einer Nicht-Rückstellung: GSVG-Nachzahlung, RdW 2001, 118; *ders,* Allgemeine Grundsätze der Rückstellungsbildung und die EStR 2000, RdW 2001, 493; *ders,* Das ABC der Rückstellungen in den EStR 2000, RdW 2001, 623; *Grünberger,* Drohverlustrückstellungen aufgrund von Terminkursen, RdW 2001, 699; *Kirchmayr,* Rückstellungen für Firmenjubiläumsgelder, RdW 2001, 371; *Novacek,* Steuerliche Rückstellungen für Ausgleichsansprüche der Handelsvertreter, RdW 2001, 762; *Barborka/Rab,* Werterhellung bei Rückstellung, RWZ 2001, 199; *Felbinger,* Unsicherheiten bezüglich der steuerlichen Anerkennung von Pensionszusagen an Gesellschafter-Geschäftsführer, SWK 2001, 1049; *Fritz-Schmied,* Die Behandlung von Auflösungsgewinnen infolge der erstmaligen Anwendung des § 9 Abs 5 EStG, SWK 2001, 866; *Kirchmayr,* Investmentfonds als Wertpapierdeckung nach § 14 Abs 5 EStG, SWK 2001, 311; *Konecny,* Das Leistungsfähigkeitsprinzip als Maßstab für die Bewertung von Passivposten? SWK 2001, 929; *Haring/Wala,* Betriebswirtschaftliche Anmerkungen zum Ansatz von (Sozialkapital-)Rückstellungen in der Steuerbilanz, FJ 2002, 4; *Bruckner,* Abfertigung Neu – Überblick und steuerliche Zweifelsfragen, ÖStZ 2002, 446; *Konecny,* Entscheidung einer Behörde: Werterhellend – wertbeeinflussend? RdW 2002, 371; *Kristen/Pinggera/Schön,* Abfertigung Neu, Wien 2002; *dies,* Abfertigung Neu, RdW 2002, 386; *Wiesner,* Bilanzsteuerrechtliches: Forderungsbewertung, Grundsatz der besseren Einsicht, Betriebsvermögenszugehörigkeit, Maßgeblichkeitsgrundsatz, Rückstellung für den Handelsvertreter-Ausgleichsanspruch, RWZ 2002, 44; *Barborka,* Auswirkungen der verlängerten Gewährleistungsfristen auf die Rückstellungen, RWZ 2002, 365; *Seicht,* Die „Abfertigung Neu", RWZ 2002, 299; *Novacek,* Rückstellungen für Ausgleichsansprüche von Handelsvertretern – Neues zu diesen Rückstellungen? FJ 2002, 330; *Beiser,* Abfertigung-Neu – Chancen und Risken, SWK 2002, 1261; *Casey-Rudorfer,* Einfluss der neuen Gewährleistungsregeln auf die Rückstellungsbildung, SWK 2002, 453; *Kotschnigg,* Drohverlustrückstellungen für Verwertungsverluste aus Leasinggeschäften – eine erste Zusammenfassung, SWK 2002, 581; *Barborka,* Rückstellungen aus der Sicht der neuen VwGH-Judikatur und der EStR 2000, RdW 2003, 49; *ders,* Ausgewählte Rückstellungen und das Steuerrecht, RdW 2003, 231; *Novacek,* Rückstellungen für Ausgleichsansprüche der Handelsvertreter, RdW 2003, 290; *Bertl/Hirschler,* Rückstellungen für unter der Bilanz ausgewiesene Garantieverpflichtungen, RWZ 2003, 72; *Barborka,* Zur Rückstellung für Handelsvertreter-Ausgleichsansprüche, SWK 2003, 883; *D. Aigner,* Rückstellung für Ausgleichsansprüche von Handelsvertretern, ÖStZ 2003, 395; *Hopf/Bach,* VfGH lässt Abfertigungsrückstellungen für AG-Vorstände zu, SWK 2003, 293; *Preining,* Die Behandlung von Abfertigungsrückstellungen 2002 und in den Folgejahren, SWK 2003, 105; *Rauscher/ Grübler,* Die Rückstellung für nicht konsumierten Urlaub im Lichte des § 9 EStG, SWK 2003, 756; *Scherlin,* Nochmals: Rückstellung für nicht konsumierten Urlaub im Lichte des § 9 EStG, SWK 2003, 898; *Buschmann/Punzhuber,* Rückstellung für nicht konsumierte Urlaube – neue Erkenntnisse? SWK 2003, 954; *Rauscher/Grübler,* Und nochmals: Rückstellung für nicht konsumierten Urlaub im Lichte des § 9 EStG, SWK 2003, 1084; *Barborka/Sterl,* Die Bildung von Rückstellungen gemäß § 5 Altfahrzeugverordnung, SWK 2003, 1059; *Haunold/Tumpel/Widhalm,* EuGH: Pauschale Rückstellungsbildung unter Umständen handelsrechtlich geeignetste Bewertungsmethode, SWI 2003, 196; *Lang,* Verfassungsrechtliche Bedenken gegen die für Versicherungsunternehmen geltenden steuerlichen Beschränkungen zur Bildung von Rückstellungen, VR 2003, 174; *Mayr,* Rückstellungen, Wien 2004; *Reiter,* Die neuen Fachgutachten zur Pensions- und Abfertigungsrückstellung, RWZ 2004, 349; *Petritz,* Rückstellungen für Jahresabschlusskosten unzulässig? GeS 2005, 335; *Doralt,* Rückstellungen: 80-%-Grenze auch bei eingetretener Leistungspflicht? Was heißt „Laufzeit"? RdW 2005, 241; *D. Kirchmayr,* Rückstellung für Jubiläumsgelder – Fluktuationsabschlag, taxlex 2005, 548; *Ressler,* Die Ertragsalimentierungsformel im Lichte der jüngeren Rückstellungsjudikatur, SWK 2005, 647; *Weber,* Provisionen für vermittelte Aufträge zum Bilanzstichtag, SWK 2005, 845; *Laudacher,* Rückstellung für ungewisse Verbindlichkeiten betreffend Provisionen von Handelsvertretern, SWK 2005, 1242; *Doralt,* Rückstellungen für Betrug und Steuerhinterziehung? RdW 2006, 108; *D. Aigner/Stockinger,* Passivischer Ausweis von Drohverlustrückstellungen, taxlex 2006, 209; *Bertl/Hirschler,* Rückstellungsbildung für Kosten der Archivierung von Geschäftsunterlagen, RWZ 2006, 257; *Wiesner,* Bilanzsteuerrechtliches: Notwendiges Betriebsvermögen, Gewinnrealisierung, Teilwertabschreibung, Rückstellung, RWZ 2006, 258; *Petritz,* Passivposten für Gutscheinmünzen, RWZ 2006, 268; *Griesmeier,* Rückstellung für Jubiläumsgelder, taxlex 2006, 251; *Hofbauer,* Die steuerliche Berücksichtigung von Earn-out-Klauseln, taxlex 2006, 642; *Bertl/Hirschler,* Aufwandsrückstellung für zukünftige Umweltschutzmaßnahmen, RWZ 2006, 289; *Bertl/Hirschler,* Rückstellung für Kosten einer Betriebsprüfung, RWZ 2006, 324; *Granzer,* Aufhebung der Wertpapierdeckung durch den VfGH – Vorsicht Falle! ASoK 2006, 442; *Haslehner,* Pflicht zur Wertpapierdeckung für Rückstellungen nach § 14 EStG verfassungswidrig! taxlex 2006, 692; *Puchinger/Gaier,* Wertpapierdeckung für Pensions- und Abfertigungsrückstellungen adé? SWK 2006, 1268; *Marschner/Puchinger,* Keine Wertpapierdeckung für Abfertigungs- und Pensionsrückstellungen mehr, FJ 2006, 405; *Holoubek/Lang,* Abfertigungs- und Pensionsrückstellungen nur durch Wertpapiere verfassungswidrig, ecolex 2006, 1046; *Bertl/ Hirschler,* Bilanzsteuerliche Folgen der Erhöhung der Pensionszusage ohne sofortige Verbuchung derselben, RWZ 2007, 9; *dies,* Bilanzierung von harten Patronatserklärungen, RWZ 2007, 101; *dies,* Bilanzielle Behandlung von Aufwendungen im Zusammenhang mit dem Abbruch von Gebäuden, RWZ 2007, 257; *Weber-Grellet,* Der Erfüllungsrückstand, in FS W. Doralt, Wien 2007, 501; *Petritz,* Die geplante Neuregelung der Wertpapierdeckung für die Pensionsrückstellung, SWK 2007, 429; *Zorn,* Keine Drohverlustrückstellung aus Leasingverträgen, RdW 2007, 430; *Beiser,* Ansammlungsrückstellung im Lichte des Realisations- und Nettoprinzips, RdW 2008, 363; *Bertl/Hirschler,* Bilanzielle Behandlung der Rücknahme von Altbatterien, RWZ 2008, 33; *Doralt/Perl,* Ansammlung oder Vollrückstellung? RdW 2008, 226; *oV,* VwGH: Provisionen für erst künftig ausgeführte Verträge nicht rückstellbar, RdW 2008, 419; *oV,* VwGH: Bedingter Zinsaufwand der Banken – Rückstellung oder Verbindlichkeit? RdW 2008, 540; *Perl,* § 14 EStG: Wertpapierdeckung wieder verfassungswidrig? RdW 2008, 114; *Zimprich,* Passivierung von Zinsdifferenzen für Kapitalsparbücher – Rückstellung oder Verbindlichkeit? SWK 2008, 1143; *Felbinger,* BMF bringt mehr Klarheit zu beitragsorientierten Pensionszusagen, SWK 2010,

507; *Peyerl,* Rückstellungen aufgrund des Bundes-Umwelthaftungsgesetzes, RdW 2010, 235; *Renner,* Zeitpunkt der Bildung einer Rückstellung, ecolex 2010, 902; *Varro,* Der Steuerstundungseffekt von Rückstellungen, RdW 2010, 602; *Beiser,* Pauschale Rückstellungen und pauschale Wertberichtigungen, RdW 2011, 303; *Knechtl,* Prozesskostenrückstellung erfordert einen anhängigen Prozess, SWK 2012, 932; *Fellinger/Haring,* Die steuerliche Anerkennung von Rückstellungen für „Rückbauverpflichtungen" bei Bergbahnen, SWK 2013, 377; *Wittmann,* Rückstellungen für Aufwendungen zukünftiger Betriebsprüfungen – Neue Akzente durch den BFH, RdW 2013, 50; *Hilber,* Neue steuerliche Rücklagen durch das RÄG 2014, ecolex 2015, 68; *Hirschler,* Steuerliche Auswirkungen der Bilanzrechtsreform, SWK 2015, 6; *Moser,* Das Rechnungslegungs-Änderungsgesetz 2014 aus steuerrechtlicher Sicht, taxlex 2015, 84; *Urnik/Urtz,* Übersicht über die Neuerungen des Rechnungslegungs-Änderungsgesetzes 2014, ÖStZ 2015, 153.

a) Allgemeines

Plant ein Unternehmer in einem späteren Wirtschaftsjahr bedeutende Investitionen, wird er zweckmäßigerweise bereits in den Vorjahren nicht den gesamten erwirtschafteten Gewinn dem Unternehmen entziehen, sondern **„Rücklagen"** bilden; nur der nach Abzug der Rücklage verbleibende Betrag wird unternehmensrechtlich als „Gewinn" bezeichnet. Rücklagen sind daher aus den Erträgnissen des Unternehmens gebildetes Eigenkapital. Der **periodengerechten** Gewinnermittlung im Steuerrecht entspricht es, dass solche Rücklagen in dem Jahr zu versteuern sind, in dem die entsprechenden Erträge erwirtschaftet worden sind. Grundsätzlich können Rücklagen daher nur in der Unternehmensbilanz zu Lasten des Gewinnes gebildet werden, in der Steuerbilanz sind sie Teil des Gewinnes (**„versteuerte Rücklagen"**). Nur in Ausnahmefällen, insb zur Investitionsförderung, müssen Rücklagen nicht versteuert werden (**„nicht versteuerte Rücklagen"**); darunter fällt zB die Übertragung stiller Reserven (§ 12). **396**

Dass das Unternehmen uU gesetzlich – aus Gläubigerschutzgedanken – zur Bildung von Rücklagen gezwungen ist (zB gesetzliche Rücklagen nach § 130 Abs 3 AktG oder § 23 GmbHG), ändert nicht den Eigenkapitalcharakter der Rücklage.

Seit dem RÄG 2014 dürfen in der Unternehmensbilanz unversteuerte Rücklagen durch den Wegfall des § 205 UGB nicht mehr gesondert ausgewiesen werden. Bestehende unversteuerte Rücklagen sind ab dem nach dem 31. 12. 2015 beginnenden Geschäftsjahr den Gewinnrücklagen zuzuführen. Die in den unversteuerten Rücklagen enthaltenen passiven latenten Steuern sind in den Rückstellungen auszuweisen (§ 906 Abs 31 UGB). In der Steuerbilanz dürfen die unversteuerten Rücklagen im Rahmen der Mehr-Weniger-Rechnung weiterhin ausgewiesen werden.

Anders liegt der Fall, wenn mit einem **Aufwand mit unbestimmten Eintrittszeitpunkt** gerechnet wird, der **wirtschaftlich** das **abgelaufene Wirtschaftsjahr** betrifft, also **mit einer gewissen Wahrscheinlichkeit voraussehbar** ist, *oder* wenn der **Aufwand dem Grunde nach schon sicher und nur der Höhe nach unbestimmt** ist.[773]) Dann entspricht es den unternehmensrechtlichen **397**

[773]) VwGH 22. 4. 1986, 84/14/0056, ÖStZB 1987, 138; VfGH 9. 12. 1997, G 403/97, ÖStZB 1998, 119, Punkt 6.2.1, zur Jubiläumsgeldrückstellung.

Grundsätzen ordnungsmäßiger Buchführung, solche ungewisse Verbindlichkeiten durch **Rückstellungen** zu berücksichtigen, wobei die Höhe gegebenenfalls zu schätzen ist. Rückstellungen sind daher im Gegensatz zu Rücklagen nicht Eigenkapital, sondern **Fremdkapital.** Die Zuordnung ist allerdings oft schwierig und umstritten. Wurde zB eine Maschine im abgelaufenen Wirtschaftsjahr beschädigt, dann ist der Schaden diesem Wirtschaftsjahr zuzurechnen, auch wenn die Reparatur – etwa aus Zeitgründen – erst im Folgejahr vorgenommen wird. Die Judikatur anerkennt jedoch eine Rückstellung für unterlassene Reparaturen nicht.[774]) Zur Abgrenzung dient folgende Regel: Rückstellungen ergeben sich auf Grund ungewisser Verbindlichkeiten gegenüber **Dritten;** Verbindlichkeiten „sich selbst gegenüber" sind hingegen Rücklagen und vermindern das Vermögen nicht.[775])

Unter diesem Gesichtspunkt sind auch die **Rückstellungen für künftige Aufwendungen (Aufwandsrückstellungen)** zu beurteilen: Auch wenn sie ihre Ursache im abgelaufenen Wirtschaftsjahr haben, fallen sie nicht unter den Begriff der Rückstellung, wenn eine Verbindlichkeit gegenüber einem Dritten fehlt. Daher ist zB eine Rückstellung für die unterlassene Reparatur (siehe oben) steuerlich nicht zulässig, auch wenn betriebswirtschaftlich eine Vorsorge geboten sein wird; sie sind nur in der Unternehmensbilanz zulässig (§ 198 Abs 8 Z 2 UGB).

398 **Nach dem rechtlichen Entstehungsgrund** lassen sich Rückstellungen folgendermaßen einteilen:

- Rückstellungen auf Grund **privatrechtlicher Verpflichtungen** (zB Gewährleistungsverpflichtungen),
- Rückstellungen auf Grund **öffentlich-rechtlicher Verpflichtungen** (zB Entsorgungspflichten; in diesen Zusammenhang ausdrücklich § 124b Z 86 zur Entsorgung von Altfahrzeugen),
- Rückstellungen auf Grund **wirtschaftlicher Verpflichtungen** (zB Kulanzleistungen).

399 Von den Rückstellungen sind die **Wertberichtigungen** zu Forderungen zu unterscheiden. Sie werden dann gebildet, wenn eine Forderung zweifelhaft geworden ist (zB weil der Schuldner sie bestreitet oder zahlungsunfähig ist), und mindern den Wert der Forderung. Rückstellungen sind dagegen selbständige negative Wirtschaftsgüter.

400 Rückstellungen sind ebenso wie eine Wertberichtigung Ausdruck des Vorsichtsprinzips. *Rückstellungen* sind aufzulösen, sobald der Grund für ihre Bildung weggefallen ist; die *Wertberichtigung* kann dagegen bei der Gewinnermittlung nach § 4 Abs 1 bis zur Realisierung der Forderung weitergeführt werden (§ 6 Z 13 gilt nur für das Anlagevermögen). Bei der Gewinnermittlung nach § 5 Abs 1 hat bei wiederhergestellter Einbringlichkeit der Forderung eine Zuschreibung gem § 208 Abs 1 UGB auch in der Steuerbilanz zu erfolgen.

---

[774]) VwGH 22. 11. 1957, 1301/54, ÖStZB 1958, 9; vgl auch EB zu § 9, ÖStZ 1993, 199.

[775]) BFH, BStBl 2001 II 570.

Bei der Gewinnermittlung nach **§ 4 Abs 1** ist die Bildung von Rückstellungen **zulässig,** bei der Gewinnermittlung nach **§ 5 Abs 1** ist die Bildung von Rückstellungen **verpflichtend**[776]). Bei Verbindlichkeitsrückstellungen lässt sich allenfalls aus dem Grundsatz der Bilanzwahrheit auch bei der Gewinnermittlung nach § 4 Abs 1 eine Rückstellungspflicht ableiten[777]). Bei der Gewinnermittlung nach **§ 4 Abs 3** gibt es keine Rückstellung[778]), für Abfertigungsverpflichtungen kann jedoch ein steuerfreier Betrag nach § 14 Abs 5 gebildet werden. **401**

In der Steuerbilanz dürfen Rückstellungen nur gebildet werden für **402**

1. Abfertigungen,
2. laufende Pensionen, Pensionsanwartschaften und für Jubiläumsgelder,
3. sonstige ungewisse Verbindlichkeiten,
4. drohende Verluste aus schwebenden Geschäften (§ 9 Abs 1 Z 4).

In der Steuerbilanz ist die Bildung von Rückstellungen im Vergleich zur Unternehmensbilanz eingeschränkt (vgl § 198 Abs 8 UGB). Unzulässig sind in der Steuerbilanz vor allem pauschale Rückstellungen (§ 9 Abs 3), Rückstellungen für Zuwendungen anlässlich eines Firmenjubiläums (§ 9 Abs 4) und Aufwandsrückstellungen. Auch für latente Steuern, die bei der Aufdeckung stiller Reserven anfallen, ist in der Steuerbilanz keine Rückstellung zu bilden; dies ergibt sich daraus, dass auch die Einkommensteuerschuld keine Betriebsausgabe ist (in der Unternehmensbilanz ist hingegen nach § 198 Abs 9 UGB eine Rückstellung zu bilden).

Eine Rückstellung kann nur im Jahr des Entstehens des Schuldgrundes oder der Aufwandsursache gebildet werden; eine unterlassene Rückstellung kann in einem späteren Jahr nicht nachgeholt werden[779]), allenfalls kommt eine Berichtigung nach § 4 Abs 2 in Betracht. Rückstellungen für zukünftige Entsorgungspflichten sind nicht sofort in voller Höhe, sondern zeitanteilig als **Ansammelrückstellung** zu bilden[780]).

Eine Rückstellung kann nur für Aufwendungen gebildet werden, die sofort als **Betriebsausgaben** abzugsfähig sind. Für Aufwendungen, die als Anschaffungs- oder Herstellungskosten von Anlagevermögen zu aktivieren sind, kann eine Rückstellung nicht gebildet werden[781]).

Mit dem AbgÄG 2014 wurde eine **Abzinsung** für Rückstellungen eingeführt. Rückstellungen, die am Bilanzstichtag eine Laufzeit von mehr als 12 Monaten haben, sind mit 3,5% abzuzinsen (§ 9 Abs 5). Ausgenommen davon sind die Rückstellungen für Abfertigungen und Pensionszusagen, für die eigene Regelungen bestehen. **402/1**

---

[776]) VwGH 30. 10. 2003, 99/15/0261, ÖStZB 2004, 85; VwGH 26. 7. 2006, 2006/14/0106, ÖStZB 2007, 143.

[777]) Dazu *Mayr,* ÖStZ 2001, 226.

[778]) VwGH 7. 4. 1981, 1289/79, ÖStZB 1982, 134.

[779]) VwGH 25. 2. 1998, 97/14/0015, ÖStZB 1998, 726; 27. 1. 2009, 2006/13/0062, ÖStZB 2009, 405.

[780]) Dazu *Doralt/Perl,* RdW 2008, 226; in diesem Sinn auch ausdrücklich § 124b Z 86 EStG und § 906 Abs 8 UGB zur Entsorgung von Altfahrzeugen.

[781]) VwGH 26. 5. 2004, 99/14/0261, ÖStZB 2004, 611, zu einer Brandschutzanlage.

Die Abzinsung der Rückstellungen wurde mit dem AbgÄG 2014 eingeführt (zuvor galt eine pauschale Abzinsung iHv 20%). Neben der richtigen Einschätzung über die Höhe des Erfüllungsbetrages hat auch die Schätzung des Erfüllungszeitpunktes so genau wie möglich zu erfolgen. Zur Vereinfachung wäre daher eher eine pauschale Abzinsung zweckmäßig. In der Unternehmensbilanz sind Rückstellungen mit einem „marktüblichen Zinssatz" abzuzinsen (§ 211 Abs 2 UGB).

403 **Steuerstundungseffekt aus Rückstellungen:**

Rückstellungen in der Steuerbilanz führen zu einem – von der Dauer der Rückstellung abhängigen – uU erheblichen Steuerstundungseffekt.

Beispiel:

Für einen Schaden von € 100.000, der (erst) in 10 Jahren droht, wird eine Rückstellung gebildet. Im Jahr der Bildung der Rückstellung vermindert sich der Gewinn um € 70.892 (€ 100.000/$1,035^{10}$) und damit auch die Steuerbelastung. Bei einem Steuersatz von 50% ergibt sich daher ein Stundungseffekt von € 35.446. Legt der Stpfl die € 35.446 bis zum Eintritt des Schadens in 10 Jahren zu einem Zinsfuß von zB 4% an, dann beträgt der Zinsenvorteil € 1.418 pro Jahr, in 10 Jahren summiert sich daher der Vorteil auf € 14.178 (ohne Zinseszinsen gerechnet).– Damit reduziert sich der drohende Schaden von ursprünglich € 100.000 um € 14.178 auf € 85.822 (vor Steuern gerechnet, weil auch der Schaden vor Steuern gerechnet wird). Durch die laufende Dotierung wird der Gewinn über die Laufzeit weiter vermindert. Im Jahr nach der Bildung der Rückstellung (Restlaufzeit 9 Jahre) beträgt die Dotierung € 2.481 (Rückstellungsansatz abzgl € 100.000/$1,035^{9}$) und vermindert den Gewinn und damit die Steuerbelastung auch im zweiten Jahr.

Die Abzinsung von Rückstellungen (siehe oben Tz 402/1) reduziert zwar den Vorteil, beseitigt ihn aber nicht. Der Steuerstundungseffekt der Rückstellung wird dann besonders deutlich sichtbar, wenn der drohende Schaden später nicht einmal eintritt. Rechtspolitisch wäre daher die Bildung von Rückstellungen in der Steuerbilanz zu überdenken; sie lassen sich auch nicht mit dem Periodenprinzip rechtfertigen, weil das Leistungsfähigkeitsprinzip dem Periodenprinzip vorgeht. An Stelle der Rückstellung wäre ein entsprechender Verlustrücktrag einzurichten.

b) Rückstellungen für ungewisse Verbindlichkeiten

404 Die Ungewissheit kann sowohl dem Grunde als auch der Höhe nach bestehen. Ungewiss kann zB sein, ob der Stpfl überhaupt in Anspruch genommen wird, ungewiss kann auch der Umfang der Inanspruchnahme sein. Am Bilanzstichtag muss die Verpflichtungsgrundlage jedoch bereits vorhanden sein, aus der die endgültige Verbindlichkeit hervorgeht (zB Bürgschaft, Gewährleistungsverpflichtung). Die bloße Möglichkeit einer Inanspruchnahme, also der Verpflichtungsgrund allein, genügt für eine Rückstellung nicht[782]), die Inanspruchnahme muss „ernstlich" drohen[783]), dh mit der Inanspruchnahme muss mit

[782]) VwGH 18. 1. 1994, 90/14/0124, ÖStZB 1994, 575, zur möglichen Rückzahlungspflicht eines Investitionszuschusses; ebenso VwGH 15. 3. 1995, 92/13/0271, ÖStZB 1995, 542, zu einer Garantieverpflichtung.

[783]) VwGH 27. 3. 1996, 93/15/0223, ÖStZB 1996, 491.

„größter Wahrscheinlichkeit" zu rechnen sein[784]). Auch eine öffentlich rechtliche Verpflichtung ist noch nicht entstanden, wenn die betreffende Rechtsnorm eine Frist für ihre Erfüllung enthält, die am maßgeblichen Bilanzstichtag noch nicht abgelaufen ist[785]). Das Gesetz erklärt dazu ausdrücklich: Es müssen „konkrete Umstände nachgewiesen werden können, nach denen im jeweiligen Einzelfall mit dem Vorliegen oder dem Entstehen einer Verbindlichkeit (eines Verlustes) ernsthaft zu rechnen ist" (§ 9 Abs 3 zweiter Satz). Für die Bildung und die Höhe der Rückstellung sind die Verhältnisse am Bilanzstichtag maßgebend[786]). Nach dem Bilanzstichtag gewonnene werterhellende Erkenntnisse sind zu berücksichtigen (eher einschränkend EStR 2000 Rz 3318; dazu *Doralt*, EStG[12], § 9 Tz 31).

Eine Rückstellung ist nicht zu bilden, wenn die drohende Verbindlichkeit durch eine Versicherung[787]) oder durch einen durchsetzbaren Regressanspruch gedeckt ist[788]). Ebenso vertretbar erscheint es, die Rückstellung zwar auszuweisen, jedoch den Regressanspruch in gleicher Höhe zu aktivieren[789]). **404/1**

Ist die Ungewissheit beseitigt, steht also zB die Inanspruchnahme aus einer Haftung bereits fest, dann kann die Haftung nicht mehr als Rückstellung, sondern muss als Verbindlichkeit – und daher auch bei der Gewinnermittlung nach § 4 Abs 1 – bilanziert werden. **405**

Ist der Aufwand dem Grunde nach sicher und bloß der Höhe nach unsicher, dann ist nach *Lechner* nicht eine Rückstellung zu bilden, es ist vielmehr eine Verbindlichkeit auszuweisen, deren Höhe zu schätzen ist[790]). Auswirkungen dieser Auffassung ergeben sich je nach der Gewinnermittlungsart: Der Ausweis einer Verbindlichkeit ist auch nach § 4 Abs 1 verpflichtend. Ist an der Inanspruchnahme des Bürgen nicht mehr zu zweifeln, liegt keine Rückstellung, sondern eine nach § 4 Abs 1 zwingend auszuweisende Verbindlichkeit vor. Der VwGH nimmt darüber hinaus im Falle der Gewinnermittlung nach § 4 Abs 1 eine Passivierungspflicht selbst dann an, wenn die Inanspruchnahme wahrscheinlich ist[791]).

frei **406**

Pauschale Rückstellungen dürfen nicht gebildet werden (§ 9 Abs 3 erster Satz), und zwar auch dann nicht, wenn Erfahrungswerte aus der Vergangenheit vorliegen (vgl EB zu § 9 Abs 3). Liegen *„konkrete Umstände"* für eine drohende Verbindlichkeit vor, sind Rückstellungen (nur) für den Einzelfall zulässig (§ 9 Abs 3 zweiter Satz). **407**

---

[784]) VwGH 7. 8. 2001, 97/14/006, ÖStZB 2002, 666, zur allenfalls verschärften Rsp siehe *Barborka*, RdW 2003, 49.

[785]) BFH, BStBl 2008 II 516, zu einer Nachrüstverpflichtung bei Tankstellen.

[786]) VwGH 15. 7. 1998, 97/13/0190, ÖStZB 1998, 872.

[787]) UFS 10. 6. 2005, RV/0802-W/02.

[788]) VwGH 8. 3. 1982, 216/80, ÖStZB 1982, 354.

[789]) In diesem Sinne EStR 2000 Rz 3464 unter Hinweis auf VwGH 13. 9. 1988, 87/14/0132, ÖStZB 1989.

[790]) ÖStZ 1983, 42; in diesem Sinne auch VwGH 25. 6. 2008, 2006/15/0059, ÖStZB 2009, 111, zu Fixzinsen bei Kapitalsparbüchern.

[791]) VwGH 8. 3. 1982, 216/80, ÖStZB 1982, 354; gestützt auf den Grundsatz der Bilanzwahrheit, vgl auch VwGH 13. 9. 1988, 87/14/0132, ÖStZB 1989, 34.

Dagegen können in der Unternehmensbilanz pauschale Rückstellungen bereits im Jahr der Lieferung (Leistung) gebildet werden und sind dort uU auf Grund des Vorsichtsprinzips auch geboten, wenn auf Grund von Erfahrungswerten mit späteren Schadenersatz- oder Gewährleistungsansprüchen gerechnet werden muss (zB pauschale Gewährleistungsrückstellungen im Baugewerbe für erfahrungsgemäß später auftretende Baumängel).

408 **Jubiläumsrückstellungen** für Zuwendungen anlässlich eines Firmenjubiläums dürfen nicht gebildet werden (§ 9 Abs 4)[792]). Das Rückstellungsverbot für Zuwendungen anlässlich eines Dienstjubiläums wurde vom VfGH aufgehoben[793]).

Neben konkret drohenden Inanspruchnahmen aus Bürgschaften und bereits geltend gemachten Gewährleistungsansprüchen sind folgende Aufwendungen rückstellungsfähig: Prozesskosten[794]), ferner Provisionsverpflichtungen[795]), die Kosten der Abschlussprüfung durch den Wirtschaftsprüfer[796]), nicht jedoch die damit verbundenen Personalkosten des geprüften Unternehmens[797]). Rückstellungsfähig sind weiters Patentrechtsverletzungen[798]), Abbruchkosten eines Bauwerkes oder einer Betriebsanlage[799]), die Ansprüche des Insolvenzverwalters aus der Fortführung des insolventen Unternehmens[800]) oder die unten zu behandelnden Pensionszusagen, nicht aber zB unterlassene Reparaturen (siehe oben) oder Wiederaufforstungskosten[801]).

c) Rückstellungen für drohende Verluste aus schwebenden Geschäften

409 Ist der Vertrag vom Leistungsverpflichteten noch nicht erfüllt (schwebendes Geschäft), dann ist das Geschäft in der Bilanz noch nicht auszuweisen; der Ausweis der eigenen Leistungsverpflichtung einerseits und der Forderung andererseits würde einen vorzeitigen Gewinnausweis bewirken. Dies würde gegen das Realisationsprinzip verstoßen.

Übersteigt jedoch am Bilanzstichtag der Wert der eigenen Leistungsverpflichtung den Wert der Gegenleistung, droht also aus dem Geschäft ein Verlust, so ist dieser Verlust nach dem Vorsichtsprinzip sofort auszuweisen (§ 198 Abs 8 UGB, § 9 Abs 1 Z 4 EStG; vgl EStR 2000 Rz 3320).

410 Typische **Anwendungsfälle** sind wesentliche Preisänderungen nach Vertragsabschluss; der entgehende Gewinn ist nicht zu berücksichtigen[802]).

---

[792]) Vorher zulässig: VwGH 25. 1. 1994, 90/14/0073, ÖStZB 1994, 533; wohl verfassungswidrig: *Mayr*, RdW 1999, 370.

[793]) VfGH 9. 12. 1997, G 403/97, ÖStZB 1998, 119; siehe auch § 14 Abs 12.

[794]) VwGH 30. 9. 1987, 86/13/0153, ÖStZB 1986, 258, der Prozess muss allerdings am Bilanzstichtag bereits laufen.

[795]) VwGH 19. 4. 1963, 2255/61, ÖStZB 1963, 153.

[796]) VwGH 15. 12. 1961, 2321/60, Slg 2559.

[797]) VwGH 13. 4. 2005, 2001/13/0122, ÖStZB 2005, 621.

[798]) VwGH 15. 6. 1983, 1419 ua/79, ÖStZB 1984, 88; Anm RdW 1984, 189.

[799]) VwGH 27. 11 2001, 2001/14/0081.

[800]) Vgl VwGH 16. 2. 2006, 2005/14/0033, ÖStZB 2006, 492.

[801]) VwGH 26. 11. 1974, 1840/73, ÖStZB 1975, 99.

[802]) Ausführlich *Platzer* in GedS Lechner 297, unter Hinweis auf BFH, BStBl 1984 II 56; widersprüchlich allerdings insoweit, als der BFH bei der vergleichbaren Teilwertabschreibung eine angemessene Gewinnspanne berücksichtigt.

Drohende Verluste aus schwebenden Geschäften können sich auch bei Dauerschuldverhältnissen ergeben (zB bei Mietverträgen, wenn die Aufwendungen des Vermieters in der vereinbarten Miete keine Deckung finden[803])). Von den Rückstellungen für drohende Verluste sind die **vorbelasteten Einnahmen** zu unterscheiden: Drohende Verluste aus schwebenden Geschäften werden bilanziert, weil an Stelle des erhofften Gewinnes aus einem Geschäft mit einem Verlust gerechnet werden muss; bei vorbelasteten Einnahmen werden Gewinne realisiert, denen jedoch künftige Aufwendungen gegenüberstehen. ZB können die aus einem **Importkoppelungsgeschäft** zu erwartenden Verluste bereits im Jahr der Gewinnrealisierung aus dem Exportgeschäft passiviert werden[804]). **411**

Die **Rückstellung** ist mit **3,5%** abzuzinsen, es sei denn, ihre Laufzeit beträgt am Bilanzstichtag weniger als 12 Monate (§ 9 Abs 5). **412**

d) Pensionsrückstellungen

Für rechtsverbindlich zugesicherte Pensionen sind nach unternehmensrechtlichen Grundsätzen Rückstellungen zu bilden[805]). Bei der Gewinnermittlung nach § 5 Abs 1 besteht daher eine Verpflichtung zur Bildung von Rückstellungen; Unternehmer, die den Gewinn nach § 4 Abs 1 ermitteln, sind dazu berechtigt. Bei der Gewinnermittlung nach § 4 Abs 3 kann eine Pensionsrückstellung nicht gebildet werden (auch kein steuerfreier Betrag). Rückstellungen für Pensionszusagen an Gesellschafter-Geschäftsführer von Personengesellschaften können steuerlich nicht zu Lasten des Gewinnes gebildet werden[806]). Bei Kapitalgesellschaften sind dagegen Pensionsrückstellungen für Gesellschafter-Geschäftsführer in angemessener Höhe zulässig[807]), und zwar unabhängig von der Einkunftsart des Geschäftsführers und vom Vorliegen eines arbeitsrechtlichen Dienstverhältnisses[808]). **413**

Die Voraussetzungen für die Bildung von Pensionsrückstellungen und ihre zulässige Höhe sind in § 14 EStG gesetzlich normiert. Danach können Pensionsrückstellungen nur für schriftliche, rechtsverbindliche und eingeschränkt (vergleichbar dem Betriebspensionsgesetz) widerrufliche Pensionszusagen und für direkte Leistungszusagen iSd Betriebspensionsgesetzes in Rentenform gebildet werden (zu beitragsorientierten direkten Pensionszusagen siehe EStR 2000 Rz 3380a ff). Bei der Ermittlung der Höhe ist grundsätzlich nach versicherungsmathematischen Grundsätzen vorzugehen, es ist jedoch für die Ermittlung des Kapitalwertes bei der Abzinsung ein Rechnungszinsfuß von 6% zu Grunde zu legen; die zugesagte Pension darf **80% des letzten laufenden Aktivbezuges** nicht übersteigen (siehe im Einzelnen § 14 Abs 6 und die Übergangsregelung in § 116 Abs 4). **414**

---

803) BFH, BStBl 1984 II 56.

804) VwGH 7. 2. 1958, 2177/54, Originalentscheidung; siehe auch BFH, BStBl 2002 II 655 zu einer künftigen Preisminderungspflicht.

805) VfGH 3. 7. 1965, V 9/65, ÖStZB 1965, 281; siehe auch § 198 Abs 8 UGB und § 211 Abs 2 UGB sowie die Übergangsvorschriften in Art X Abs 2 bis 4 RLG.

806) VwGH 10. 11. 1971, 959/70, ÖStZB 1972, 137.

807) VwGH 9. 11. 1982, 82/14/0090, 0093, ÖStZB 1983, 311; 22. 5. 2002, 99/15/0059, ÖStZB 2002, 603; 26. 11. 2002, 99/15/0223, ÖStZB 2003, 565.

808) *Zorn*, Geschäftsführung 100.

Für die Bildung einer Pensionsrückstellung ist Voraussetzung, dass eine Zusage auf Leistungen in Rentenform vorliegt, es genügt nicht, wenn in erster Linie eine Einmalzahlung gewährt wird und nur bestimmte Mitarbeiter auf die Auszahlung in Rentenform optieren können[809]).

Spätestens am Schluss jedes Wirtschaftsjahres müssen grundsätzlich Wertpapiere im Nennbetrag von mindestens 50% des am Schluss des vorangegangenen Wirtschaftsjahres in der Bilanz ausgewiesenen Rückstellungsbetrages vorhanden sein **(Wertpapierdeckung).** Entspricht die Wertpapierdeckung im Wirtschaftsjahr (auch nur vorübergehend) nicht den gesetzlichen Erfordernissen, dann ist der Gewinn um 30% der Wertpapierunterdeckung zu erhöhen. Entsteht eine Wertpapierunterdeckung dadurch, dass während des Wirtschaftsjahres Wertpapiere getilgt werden, kommt es dann zu keinem Gewinnzuschlag, wenn eine Ersatzbeschaffung von Wertpapieren innerhalb von zwei Monaten erfolgt (EStR 2000 Rz 3403 a).

Die ursprünglich auf inländische Wertpapiere eingeschränkte Wertpapierdeckung wurde vom VfGH als verfassungswidrig aufgehoben[810]), allerdings in ähnlicher Form unter Berücksichtigung EU-rechtlicher Vorschriften wieder eingeführt. Die Bedenken des VfGH richteten sich gegen das Erfordernis der Wertpapierdeckung insoweit, als die Wertpapiere nicht für die Besicherung der Ansprüche verwendet werden mussten. Durch die in § 14 Abs 7 festgeschriebene Verpflichtung zur Besicherung der Pensionsanwartschaften wurde diesen Bedenken Rechnung getragen.

Das Erfordernis der Wertpapierdeckung begründet in der Steuerbilanz einerseits eine Erschwernis, andererseits ein Wahlrecht und steht damit mit der zwingenden Passivierungspflicht in der Unternehmensbilanz in Widerspruch (gilt entsprechend für die Abfertigungsrückstellung).

e) Abfertigungsrückstellungen

415 Für Abfertigungen, die auf Grund gesetzlicher Anordnung (zB § 23 AngG) oder auf Grund eines Kollektivvertrages bezahlt werden müssen, können nach § 14 Abs 1 bis 6 Rückstellungen gebildet werden (bei der Gewinnermittlung nach § 4 Abs 3 ein steuerfreier Betrag). Eine allfällige vertragliche Anrechnung von Vordienstzeiten kann berücksichtigt werden. Bei der Gewinnermittlung nach § 5 Abs 1 besteht eine Verpflichtung zur Bildung von Rückstellungen (§ 198 Abs 8 UGB).

416 Für Vorstandsmitglieder bzw Gesellschafter-Geschäftsführer von Kapitalgesellschaften kommt eine Abfertigungsrückstellung auch dann in Betracht, wenn ein arbeitsrechtlicher Anspruch nicht vorliegt, aber auf Grund einzelvertraglicher Vereinbarung ein vergleichbarer Anspruch besteht (§ 14 Abs 1 Z 3).

417 Die Abfertigungsrückstellung kann im Ausmaß von höchstens 45% (60% für Anwartschaftsberechtigte, die am Bilanzstichtag das 50. Lebensjahr vollendet haben) der am Bilanzstichtag bestehenden fiktiven Ansprüche (Auflösung des Dienstverhältnisses wird unterstellt) gebildet werden.

Nach dem BMSVG bestehen die arbeitsrechtlichen Ansprüche auf Abfertigungen für neue Dienstverhältnisse nicht mehr gegen den Arbeitgeber sondern gegenüber einer betrieblichen Vorsorgekasse, an die der Arbeitgeber Beiträge leistet. Bei zum 31. 12. 2002 bestehenden Dienstverhältnissen konnte der Abfertigungsanspruch entweder fortgeführt

---

809) VwGH 21. 10. 2004, 2000/13/0133, ÖStZB 2005, 181.

810) VfGH 6. 10. 2006, G-48/06.

oder ebenfalls auf eine betriebliche Vorsorgekasse übertragen werden. Die Abfertigungsrückstellung hat daher nur mehr für die bereits zu diesem Zeitpunkt bestehenden Abfertigungsansprüche Bedeutung.

Eine Rückdeckungsversicherung für Abfertigungen schließt eine Rückstellung für Abfertigungen nicht aus (vgl EStR 2000 Rz 3368 zur Abfertigungsrücklage). Die Rückdeckungsversicherung ist keine echte Risikoversicherung, sondern wird regelmäßig als Ansparmodell angeboten. **418**

10. Absetzung für Abnutzung

Literatur: *Ruppe,* Zur persönlichen Zurechnung von Aufwendungen, speziell von Absetzungen für Abnutzung, in GedS Lechner, Wien 1987, 327; *Stoll,* Änderung von Bilanzierungsweisen unter dem Blickwinkel von Treu und Glauben am Beispiel der Berechnung der Absetzung für Abnutzung, in FS Heidinger, Praxis und Zukunft der Unternehmensbesteuerung, Wien 1995, 357; *Ruppe,* Firmenwert und firmenwertähnliche Wirtschaftsgüter in der Steuerbilanz, in FS Egger, Rechnungswesen und Controlling, Wien 1997, 415; *Bachl,* Apothekenkonzessionen nicht Teil des Firmenwerts, ecolex 2000, 901; *Bertl/Hirschler,* Teilwertabschreibung des derivativen Firmenwerts, RWZ 2000, 260; *Lechner/Schuch,* Apothekenkonzessionen kein Bestandteil des Firmenwerts, SWK 2000, 533; *Prodinger,* Liegenschaften[2], Wien 2001; *Mayr,* Steuerbilanz: Qual der Wahl? ÖStZ 2001, 226; *Fritz-Schmied,* Die differenten Anwendungsvoraussetzungen der AfaA und der Teilwertabschreibung, RWZ 2001, 21; *Steiner,* Krankenanstaltliche Bewilligung als abnutzbarer Teil des Firmenwerts, SWK 2001, 1251; *Kohler/Wakounig,* Steuerleitfaden zur Vermietung[8], Wien 2002; *Wolf,* Der Fruchtgenuss bei Betriebsübertragungen, ÖStZ 2002, 39; *Doralt,* AfA bei Vorbehaltsfruchtgenuss, RdW 2002, 54; *ders,* Der Firmenwert nach US-GAAP und IAS – ein Vorbild für die Steuerreform? RdW 2002, 501; *Grünberger/Grünberger,* IAS und US-GAAP 2002/2003, Wien 2002; *Bertl/Fraberger,* Bilanzierung von Marken, RWZ 2002, 374; *Herzog,* Konjunktur und Katastrophe, RdW 2002, 682; *Pülzl/Pircher,* Steuerliche Berücksichtigung von Katastrophenschäden, RdW 2002, 624; *Stingl,* Entgeltliche Einräumung des Fruchtgenusses im Steuerrecht, immolex 2003, 127; *Seicht,* Steuerrechtliche Ansatz- und Bewertungsvorschriften in bilanztheoretischer Sicht, GesRZ 2003, 59; *Ryda/Langheinrich,* Die Absetzung für Abnutzung von Wirtschaftsgütern im betrieblichen und außerbetrieblichen Bereich, (Teil I) FJ 2003, 159, (Teil II) FJ 2003, 200, (Teil III) FJ 2003, 229; *Aigner,* Zweifelsfragen zur steuerlichen Behandlung von Markenrechten, ÖStZ 2003, 321; *oV,* AfA-Satz bei Gebäudevermietung aus dem Betriebsvermögen, RdW 2003, 599; *Kopf,* Über die Abnutzbarkeit bildender Kunst, SWK 2004, 103; *Eberle,* Expertenwissen von Gutachtern vs. starre gesetzliche Nutzungsdauervorgaben, SWK 2004, 823; *Kotschnigg,* Der Nachweis einer kürzeren Nutzungsdauer bei Gebäuden, SWK 2004, 1242; *Lenneis,* Fiktive Anschaffungskosten – Sach- oder Ertragswert? UFS 2004, 341; *oV,* VwGH: AfA auch ohne Baurechnung, RdW 2004, 364; *oV,* VwGH: Im außerbetrieblichen Bereich nur technische Nutzungsdauer maßgeblich, RdW 2004, 697; *Pummerer,* Wirtschaftliche Nutzungsdauer im außerbetrieblichen Bereich, ÖStZ 2005, 159; *Twardosz,* Der Nachweis der Nutzungsdauer im außerbetrieblichen Bereich, ÖStZ 2005, 308; *Pummerer,* Replik „Der Nachweis der Nutzungsdauer im außerbetrieblichen Bereich", ÖStZ 2005, 403; *Walla/Walla,* Bilanzberichtigung bzw Änderung der Nutzungsdauer, SWK 2005, 1445; *Windberger,* Liegenschaftsbewertung im Abgabenverfahren, ÖStZ 2005, 22; *Doralt,* AfA und Kilometergeld auch für ein fremdes Fahrzeug? RdW 2005, 242; *Thiele,* Steuerliche Abschreibung von Domainanschaffungskosten, ÖStZ 2005, 473; *Hammerl,* Fiktive Anschaffungskosten und gemeiner Wert bei Gebäuden, RdW 2005, 49; *Resatz/Malloth/Stingl,* Fiktive Anschaffungskosten und Vergleichswertverfahren, ÖStZ 2005, 311; *Petschnigg,* Betriebsgebäude in Leichtbauweise, SWK 2007, 358; *D. Fröhlich,* Bilanzberichtigung oder bloße AfA-Korrektur bei unrichtiger Abschreibung von Wirtschaftsgütern des abnutzbaren Anlagevermögens, SWK 2007, 784; *Doralt,* Überhöhte AfA: Bilanzberichtigung bis zur Wurzel? RdW 2008, 360; *Kanduth-Kristen,* Die Behandlung des Firmenwertes im EStG, taxlex 2008, 268; *Perl,* Absetzung für außergewöhnliche wirtschaftliche Abnutzung wegen gesunkener Rentabilität? RdW 2008, 742; *Stocker/Wolf,* Fruchtgenüsse innerhalb der Familie, taxlex 2008, 176; *Wiesner,* Firmenwertabschreibung, RWZ 2008, 4; *Bodis/Pampel,* KBG 2009: Vorzeitige Abschreibung, RdW 2009, 239; *Doralt,* Steuerreform: Einzelunternehmen bleiben diskriminiert, RdW 2009, 42; *Flooh/Gruber/Höserle,* Zusätzliche Investitionsanreize durch degressive Abschreibung? SWK 2009, 45; *dies,* Update: Zusätzliche Investitionsanreize durch vorzeitige Abschreibung? SWK 2009, 540; *Grangl/Petutschnig,* Investitionsförderung durch Steuerreformgesetz 2009 und Konjunkturbelebungsgesetz 2009, ÖStZ 2009, 172; *Grünberger,* Einführung einer vorzeitigen Absetzung für Abnutzung, SWK 2009, 505; *Herbst,* Ertragsteuerliche Begünstigung von Gebäude- und Mieterinvestitionen, taxlex 2009, 317 (Teil I), taxlex 2009, 382 (Teil II); *Hristov,* Die geplante vorzeitige Absetzung für Abnutzung im Konjunkturbelebungsgesetz 2009, taxlex 2009, 88; *Moser,* Spezialfragen im Zusammenhang mit der Einführung einer vorzeitigen Absetzung für Abnutzung, SWK 2009, 551; *Pampel,* Die vorzeitige AfA gem § 7 a EStG in der Unternehmensbilanz, RdW 2009, 497; *Perl,* Fruchtgenuss: UFS für oder gegen eine AfA-Verrechnung? RdW 2009, 498; *ders,* „Altersbedingte Abnutzung" ab Anschaffung? RdW 2009, 547; *Puchinger,* Die vorzeitige Absetzung für Abnutzung, FJ 2009, 47; *Puchner/Brandstätter,* Vorzeitige Abschreibung – Bestimmung des Anschaffungszeitpunkts, SWK 2009, 749; *Beiser,* Der Beginn der AfA (z.B. bei Seilbahnen, Sessel- und Schleppliften), SWK 2010, 549; *ders,* Gebäude: Teilwertabschreibung oder außergewöhnliche Abnutzung? ÖStZ 2010, 77; *Bergmann/Lehner,* Doppelabschreibung von abnutzbaren Wirtschaftsgütern, taxlex 2010, 177; *Endfellner/Plankenstener,* Aufwendungen für steuerlich abzugsfähige Hilfsmittel von Menschen mit Behinderung: aufgrund des Abflussprinzips keine AfA möglich, SWK 2010, 97; *Heu,* Geschäfts-(Firmen-)wertbilanzierung nach dem Rechnungslegungsrechts-Änderungsgesetz 2010, FJ 2010, 153; *Moser,* Änderung der Nutzungsdauer des Anlagevermögens, SWK 2010, 677; *oV,* VwGH: Auch bei Betriebsgebäuden Beginn der AfA mit Fertigstellung, RdW 2010, 234; *Schmidt,* Gewinnfreibetrag und vorzeitige Abschreibung auch bei Mietkauf, SWK 2010, 1324; *Blasina,* Das Fahrrad im Steuerrecht, SWK 2011, 469; *Grangl/Petutschnig,* Das Abschreibungskonzept des GKKB-Richtlinienvorschlags, SWI 2011, 483; *Heber,* Bilanzberichtigung und Nachholverbot im Lichte des § 293 c BAO, SWK 2011, 994; *Hütter,* Aktuelle Entwicklungen zum Nachholverbot, taxlex 2011, 249; *Tumpel/Mooshammer,* Ministerialentwurf zum AbgÄG 2011, SWK 2011, 49; *Wiesner,* Periodenrichtige AfA, RWZ 2011, 169; *Böck,* 100-jährige AfA für historische „Guarneri-Violine", UFSjournal 2012, 359; *Arnold/Metzler,* Die Absetzung für Substanzverringerung im Lichte der Anwendung der DCF-Methode, SWK 2013, 1130; *Enengel,* AfA für ein Bürogebäude mit Massivkern und eingeschobenen Bürocontainern, UFSjournal 2013, 49; *Knechtl,* Fehlerberichtigung bei der Einkünfteermittlung neu geregelt, SWK 2013, 430; *Krassnig,* Inkonsistenzen bei der Gebäude-AfA im Lichte der neuen Immobilienbesteuerung, SWK 2013, 779; *Labner,* Beginn der AfA bei Anschaffung oder bei Nutzung? taxlex 2013, 285; *Marschner,* AfA-Berechtigung einer Fruchtgenussberechtigten, BFGj 2014, 364; *Walder,* Grundstücksveräußerungen und Nutzungsdauer von Gebäuden, SWK 2014, 789; *Wiesner,* Absetzung für Substanzverringerung und Teilwertabschreibung bei einem Schottervorkommen und Anerkennung von Lizenzzahlungen, RWZ 2014, 75; *Atzmüller/Bodis,* Inkrafttreten der Bilanzberichtigung gem§ 4 Abs 2 EStG – Zeitpunkt der erstmaligen Zu- oder Abschläge, RdW 2015, 661; *Lang,* Immobilienbesteuerung NEU – Änderungen durch das Steuerreformgesetz 2015/2016, immolex 2015, 234; *Moser,* Änderungen in der Ertragsbesteuerung von Immobilien durch das Steuerreformgesetz 2015/2016, taxlex 2015, 240; *Moser,* Fruchtgenuss bei Immobilien – Geltendmachung der Abschreibung, insb bei Investitionen des Fruchtnießers, bau aktuell 2015, 112; *Neubauer,* Firmenwertabschreibung im Rahmen eines Asset Deals, FJ 2015, 202; *Novosel,* Wirtschaftliches Eigentum und AfA bei Fruchtgenussrechten an übertragenen Immobilien – Vorbehaltsfruchtgenuss, ÖStZ 2015, 13; *Prodinger,* Rückwirkende Änderungen der Abschreibungen und der Instandsetzungen. Sind die Änderungen durch die Steuerreform 2016 verfassungsrechtlich gedeckt? SWK 2015, 1320; *Schlager,* Steuerreform 2015/2016: Steuerliche Änderungen für Unternehmen, RWZ 2015, 224; *Bodis,* BMF-Info zur ertragsteuerlichen Behandlung von Grundstücken – betriebliche AfA, RdW 2016, 500; *Bodis/Pfeiffer,* Vorbehaltsfruchtgenuss an Grundstücken – Behandlung der AfA in der Einkommen- und in der Umsatzsteuer, RdW 2016, 645; *Doralt,* AfA beim Fruchtgenuss – und beim Vorerben? RdW 2016, 133; *Herzog,* Einkommensteuerliche Änderungen bei den Grundstücken ab 2016, SWK 2016, 1035; *Kanduth-Kristen,* AfA-Sätze für betrieblich genutzte Gebäude, taxlex 2016, 40; *Kanduth-Kristen/Fritz-Schmied,* Wertminderungen von Betriebsgebäuden, SWK 2016, 1120; *Kanduth-Kristen/Hudobnik,* AfA-Sätze für betrieblich genutzte Gebäude ab 1. 1. 2016, taxlex 2016, 229; *Pircher,* Abschreibungsvolumen versus Abschreibungsbasis bei Betriebsaufgabe, SWK 2016, 504; *Kohler,* Denkmalschutzbegünstigung: Abschreibung auf einen längeren Zeitraum zulässig? SWK 2017, 653; *Prodinger,* Unterschiedliche AfA-Sätze laut VfGH verfassungskonform, SWK 2017, 789; *Pülzl,* Gebäudeabschreibung nach EStG 1988 und die deutschen AfA-Tabellen, AFS 2017, 122; *Renner,* Keine verfassungsrechtliche Bedenken gegen den Abschreibungssatz von 1,5% bei vermieteten Gebäuden, BFGjournal 2017, 169; *ders,* Absetzung für außergewöhnliche Abnutzung bei Vermietung und Verpachtung, ecolex 2017, 1020; *Ryda/Langheinrich,* Die AfA für Gebäude und der auf diese getätigten Aufwendungen – eine Betrachtung im Lichte der Neuerungen des StRefG 2015/2016, FJ 2017, 13; *dies,* Die steuerliche Behandlung von in Zusammenhang mit der Anschaffung einer Vorsorgewohnung anfallenden Aufwendungen, FJ 2018, 6; *Prodinger,* Nachweis einer abweichenden Nutzungsdauer, SWK 2018, 310; *Renner,* Aufteilung von Anschaffungskosten bebauter Grundstücke, SWK 2018, 514; *Wolf,* Betriebsaufgabe und Gebäudereserven, SWK 2018, 1329; *Zimprich,* Funktionsänderung eines Gebäudes stellt Herstellungsvorgang dar, SWK 2018, 913.

a) Allgemeines

Wirtschaftsgüter, deren Verwendung oder Nutzung sich auf einen Zeitraum von mehr als einem Jahr erstreckt (**abnutzbares Anlagevermögen**), sind entsprechend ihrer betriebsgewöhnlichen Nutzungsdauer abzuschreiben. Die Anschaffungs- oder Herstellungskosten sind gleichmäßig auf die Gesamtdauer der Verwendung oder Nutzung zu verteilen („Absetzung für Abnutzung" – **AfA;** § 7 Abs 1). **419**

Der Abnutzung unterliegen Wirtschaftsgüter dann, wenn ihr Wert durch die Benutzung allmählich aufgezehrt wird, sie also technisch oder wirtschaftlich verschleißen oder durch Zeitablauf wertlos werden (vgl § 6 Z 1; Tz 347 ff). Auch Rechte können der Abnutzung unterliegen.[811]) Wirtschaftsgüter, deren Nutzungsdauer nicht mehr als ein Jahr beträgt, sind Hilfsmaterial und damit Umlaufvermögen; sie sind im Zeitpunkt ihrer Verwendung als Betriebsausgaben abzusetzen.[812])

---

[811]) VwGH 19. 9. 1973, 261/72, ÖStZB 1974, 59.

[812]) VwGH 24. 4. 1953, 1786/51, ÖStZB 1953, 68.

420 Der **Anwendungsbereich** des § 7 erstreckt sich auf die Gewinnermittlungsarten der §§ 4 und 5; die gleichen Grundsätze gelten aber auch für die außerbetrieblichen Einkunftsarten im Rahmen der Werbungskosten (§ 16 Abs 1 Z 8), insb bei den Einkünften aus Vermietung und Verpachtung.

421 Zur AfA berechtigt ist nur der Eigentümer des Wirtschaftsgutes, also nicht der Pächter, Mieter oder sonstige Nutzungsberechtigte. Entscheidend ist das wirtschaftliche Eigentum (§ 24 BAO).[813]) **Aufwendungen des Mieters** (Pächters) auf die Bestandsache wie insb Neuadaptierungen (Portalumbau udgl) gehen zwar als unselbständige Bestandteile des Gebäudes in das (zivilrechtliche) Eigentum des Vermieters über, sie sind jedoch steuerlich als selbständige (körperliche) Wirtschaftsgüter anzusetzen,[814]) die im wirtschaftlichen Eigentum des Mieters stehen; sie sind daher vom Mieter (Pächter) entsprechend ihrer Nutzungsdauer, begrenzt mit der voraussichtlichen Mietdauer abzuschreiben.[815])

Überlässt der Eigentümer einem Dritten **unentgeltlich den Fruchtgenuss** an einem Wirtschaftsgut, dann werden die Einkünfte dem Fruchtnießer zugerechnet (siehe dazu oben Tz 56). In diesem Fall kann weder der Eigentümer noch der Fruchtnießer die AfA für das betreffende Wirtschaftsjahr geltend machen; der Eigentümer deshalb nicht, weil er keine Einkunftsquelle hat, und ebenso der Fruchtnießer nicht, weil ihn – mangels wirtschaftlichen Eigentums – der Wertverzehr nicht trifft. Behält sich dagegen der Eigentümer den Fruchtgenuss vor und überträgt er das Eigentum an einen Dritten, dann lässt es die FinVw zu, wenn der Eigentümer dem Fruchtnießer eine Miete in Höhe der AfA verrechnet („Substanzabgeltung").[816]) Die Miete ist dann beim Fruchtnießer abzugsfähig; der Eigentümer hat keine Einkunftsquelle, weil sich AfA und Miete aufheben.[817]) Die deutsche hL und Rsp kommen ebenfalls zu diesem Ergebnis, allerdings ohne den Umweg über eine Zahlung für Substanzabgeltung. Denn nach der Aufwandsverteilungsthese stellt die AfA die Verteilung des Aufwandes über die Nutzungsdauer des Wirtschaftsgutes dar. Hat der Vorbehaltsfruchtnießer diesen Aufwand getragen, steht ihm die AfA solange zu, als ihm aus der Nutzung dieses Wirtschaftsgutes Einkünfte zuzurechnen sind.[818])

422 Dient ein **Gebäude teils privaten, teils betrieblichen Zwecken** und ist die betriebliche Nutzung nur von untergeordneter Bedeutung (unter 20%), so ist das ganze Gebäude dem Privatvermögen zuzuordnen. Die AfA vom betrieblich genutzten Anteil ist als Nutzungseinlage zu berücksichtigen.[819]) Ist dagegen die private Nutzung von untergeordneter Bedeutung, so stellt das gesamte Gebäude Betriebsvermögen dar; die AfA ist daher vom Gesamtgebäude vorzunehmen, die private Nutzung ist als Nutzungsentnahme zu berücksichtigen.

In der Betriebswirtschaftslehre hat die AfA nicht die Aufgabe, die Anschaffungskosten auf die Nutzungsdauer zu verteilen. Es geht vielmehr darum, bilanzmäßig für den Ersatz des Wirtschaftsgutes Vorsorge zu treffen. Daher verlangt die Betriebswirtschafts-

---

813) VwGH 15. 3. 1988, 88/14/0009, ÖStZB 1988, 402.
814) Vgl VwGH 4. 2. 1976, 1338/75, ÖStZB 1976, 119.
815) VwGH 17. 11. 1992, 92/14/0141.
816) EStR 2000 Rz 113 a.
817) Kritisch *Doralt* in *Doralt/Kirchmayr/Mayr/Zorn*, EStG[13] § 7 Tz 15.
818) Siehe BFH 4. 6. 1996, IX R 59/94 und *Schmidt/Kulosa*, dEStG (2017) § 7 Rn 60.
819) Vgl VwGH 26. 5. 1981, 81/14/0006, ÖStZB 1982, 82.

lehre die Wiederbeschaffungskosten als Bemessungsgrundlage für die AfA; aus dieser unterschiedlichen Betrachtungsweise erklärt sich auch der Vorwurf der Betriebswirtschaftslehre, dass die geltende steuerliche Abschreibungsmethode zu einer Scheingewinnbesteuerung führt.

b) Beginn der AfA

Die AfA beginnt mit der Nutzung (**Inbetriebnahme**) des Wirtschaftsgutes (§ 7 Abs 2), nicht bereits mit seiner Anschaffung.[820]) Ein im Dezember angeschafftes, aber erst im Jänner in Betrieb genommenes Wirtschaftsgut unterliegt daher ab Jänner der AfA. Eine Inbetriebnahme kann jedoch bereits vor einem unmittelbar betrieblichen Einsatz auf Grund von Vorbereitungshandlungen gegeben sein.[821]) Der Probebetrieb einer Anlage ist noch keine Inbetriebnahme.[822]) **423**

Bei einer altersbedingten Abnutzung (zB bei Gebäuden) beginnt die AfA jedoch bereits mit der **Anschaffung oder Herstellung bzw Fertigstellung.**[823]) Voraussetzung ist aber auch im Fall der altersbedingten AfA, dass das Wirtschaftsgut fertig gestellt ist;[824]) keine AfA, solange die Neuadaptierung der Räume nicht abgeschlossen ist.[825])

Wird ein Wirtschaftsgut im Wirtschaftsjahr mehr als sechs Monate genutzt, steht die volle **Jahres-AfA** zu, sonst die **Hälfte** (§ 7 Abs 2). Dies ist nur im Jahr der Inbetriebnahme bzw der Veräußerung von Bedeutung. **424**

Bei einem Rumpfwirtschaftsjahr, das weniger als sechs Monate beträgt, kommt nur eine Halbjahres-AfA in Betracht; treffen in einem Kalenderjahr ein **Rumpfwirtschaftsjahr** mit weniger als sechs Monaten und ein Rumpfwirtschaftsjahr mit mehr als sechs Monaten zusammen, kann dennoch insgesamt nur eine volle Jahres-AfA geltend gemacht werden, wenn beide Rumpfwirtschaftsjahre zusammen nicht mehr als 12 Monate betragen.[826])

Nach dem Gesetzeswortlaut könnte angenommen werden, dass bei Wirtschaftsgütern, die nur zeitweise (im Wirtschaftsjahr weniger als 6 Monate) konkret eingesetzt werden, ebenfalls nur die Halbjahres-AfA zusteht (zB nur gelegentlich eingesetzte Maschinenanlagen). In diesen Fällen ist aber die nur gelegentliche Nutzung bereits in der Nutzungsdauer berücksichtigt, soweit die konkrete Nutzung für die Nutzungsdauer überhaupt relevant ist. Das Gleiche gilt für in Saisonbetrieben eingesetzte Wirtschaftsgüter.

Beispiele:

1. Eine Maschine wird im Jänner angeschafft und in Betrieb genommen. Das Wirtschaftsjahr läuft vom 1. 4. bis 31. 3. Es ist eine Halbjahres-AfA vorzunehmen.

---

[820]) Vgl VwGH 25. 11. 2002, 97/14/0010.

[821]) VwGH 28. 5. 2008, 2006/15/0125 (zur Anschaffung eines Laptops in den Ferien eines Lehrers).

[822]) VwGH 4. 3. 2009, 2006/15/0378.

[823]) VwGH 23. 2. 2010, 2008/15/0027.

[824]) VwGH 25. 2. 2009, 2006/13/0170.

[825]) Vgl auch UFS 1. 12. 2009, RV/0317-W/07.

[826]) Siehe VwGH 28. 1. 2015, Ra 2014/13/0025.

2. Ein Stpfl nimmt im September den Betrieb auf. Das Wirtschaftsjahr (Rumpfwirtschaftsjahr) endet am 31. 12. Wird im Rumpfwirtschaftsjahr eine Maschine angeschafft und in Betrieb genommen, ist auch in diesem Fall nur eine Halbjahres-AfA vorzunehmen.

c) Nutzungsdauer

425 Die Anschaffungs- oder Herstellungskosten sind auf die **„betriebsgewöhnliche Nutzungsdauer“** aufzuteilen (§ 7 Abs 1). Das ist der Zeitraum, in dem das Wirtschaftsgut nach objektiven Gesichtspunkten im betreffenden Betrieb nutzbar sein wird. Die subjektive Absicht des Stpfl einer kurzen Nutzung (zB beabsichtigter baldiger Verkauf) ist unbeachtlich.[827]) Maßgeblich ist nicht die oft längere technische, sondern die **wirtschaftliche** Nutzungsdauer;[828]) sie wird bei **Maschinen** zumeist mit 5 bis 10 Jahren bemessen, es sind immer die individuellen betrieblichen Verhältnisse zu berücksichtigen. Ein Lkw unterliegt zB in einem Bauunternehmen einer anderen Abnutzung als in einem reinen Transportunternehmen. Die Nutzungsdauer ist zu schätzen; dabei sind die Art des Wirtschaftsgutes und Umstände, die sich aus der besonderen Nutzungsform im Betrieb ergeben, zu beachten.[829]) Ausnahmen bestehen nur, soweit das Gesetz eine bestimmte Nutzungsdauer unterstellt.

Bei **Betriebsgebäuden** kann ohne Nachweis der Nutzungsdauer eine Abschreibung iHv bis zu **2,5%** (40 Jahre) geltend gemacht werden; bei einer Überlassung für Wohnzwecke ist jedoch nur eine AfA iHv **1,5%** (66 $^2/_3$ Jahre) zulässig (§ 8 Abs 1). Bei gewerblich vermieteten Gebäuden richtet sich der AfA-Satz nach der Verwendung durch den Mieter.[830]) Gehört jedoch das vermietete Gebäude zum Privatvermögen des Vermieters, dann werden als Werbungskosten höchstens 1,5% AfA anerkannt (Nutzungsdauer 66 $^2/_3$ Jahre), soweit nicht ein höherer Satz (kürzere Nutzungsdauer) nachgewiesen wird (§ 16 Abs 1 Z 8 lit d). Der AfA-Satz von 1,5% gilt bei Privatgebäuden für den Vermieter auch dann, wenn der Mieter das Mietobjekt betrieblich nutzt.[831])

Eine allenfalls kürzere Nutzungsdauer kann nur dann angenommen werden, wenn sie nachgewiesen wird.[832]) Die gesetzlichen AfA-Sätze gelten auch für Superädifikate (Gebäude auf fremden Grund und Boden)[833]) und für Gebäude, die in gebrauchtem Zustand erworben wurden.

Für andere Wirtschaftsgüter gelten die gesetzlichen AfA-Sätze nicht (zB Silos oder nur in Betriebspausen betretbare Maschinenumhüllungen).[834]) Dienen Bauwerke jedoch

---

[827]) VwGH 7. 9. 1993, 93/14/0081.

[828]) Vgl VwGH 23. 5. 1996, 94/15/0060 (zu einem PC).

[829]) VwGH 28. 5. 2002, 98/14/0169.

[830]) EStR 2000 Rz 3148.

[831]) VwGH 20. 11. 1996, 94/15/0132. Siehe auch VfGH 23. 2. 2017, E 1795/2016 (unterschiedliche AfA-Sätze im betrieblichen und außerbetrieblichen Bereich nicht verfassungswidrig; kritisch dazu *Prodinger,* SWK 2017, 792 f).

[832]) Vgl VwGH 11. 5. 2005, 2001/13/0162.

[833]) VwGH 23. 5. 2007, 2004/13/0052.

[834]) EStR 2000 Rz 3140 a.

auch dem Aufenthalt des Bedienungspersonals, stellen sie keine Maschinenumhüllungen, sondern Gebäude dar.[835])

Mietrechte sind, soweit Anschaffungskosten vorliegen (zB Ablösezahlungen), auf die Vertragsdauer verteilt abzuschreiben; das gilt grds auch für Mietereinbauten. Bei Verträgen mit unbestimmter Vertragsdauer ist die voraussichtliche Dauer zu schätzen; bei erheblichen Investitionen kann sie auch deutlich über 10 Jahre betragen.[836]) Die gleichen Grundsätze gelten für Aufwendungen auf die Bestandsache (zB Portalumbau; siehe dazu auch oben). Der **Firmenwert** land- und forstwirtschaftlicher sowie gewerblicher Betriebe ist gleichmäßig auf 15 Jahre verteilt abzusetzen (§ 8 Abs 3). Hingegen wird der **Praxiswert** von freiberuflich Tätigen auf einen kürzeren Zeitraum (etwa 5 Jahre) abzuschreiben sein (eine gesetzliche Regelung fehlt hier, siehe auch Tz 350). 426

Bei einem unentgeltlich erworbenen **Fruchtgenussrecht** kann eine AfA nicht geltend gemacht werden.[837])

Bei **PKW** und **Kombinationskraftwagen** (ausgenommen Fahrschulkraftfahrzeuge und Fahrzeuge zur gewerblichen Personenbeförderung [zB Taxis]; ebenso Kleinlastkraftwagen und -busse, VO BGBl II 2002/193) ist eine Nutzungsdauer von mindestens **8 Jahren** zu Grunde zu legen (ergibt einen AfA-Satz von 12,5%; § 8 Abs 6 Z 1; unwiderlegbare Vermutung). Ist die betriebsgewöhnliche Nutzungsdauer länger als 8 Jahre, so ist nach der FinVw die tatsächliche Nutzungsdauer anzusetzen.[838]) Bei **Gebrauchtfahrzeugen** muss die Gesamtnutzungsdauer mindestens 8 Jahre betragen. Wird das **Kfz geleast** und ist im Mietentgelt eine niedrigere Nutzungsdauer unterstellt, so ist für den Unterschiedsbetrag ein Aktivposten anzusetzen.[839]) 427

Die AfA ist im jeweiligen Wirtschaftsjahr zwingend anzusetzen, eine Nachholung in späteren Perioden kommt daher grds nicht in Betracht (**Nachholverbot).**[840]) Wurde in den Vorperioden eine AfA irrtümlich unterlassen oder zu hoch angesetzt, und sind die entsprechenden Vorperioden bereits rechtskräftig veranlagt, kommt eine Berichtigung nach § 4 Abs 2 in Betracht (siehe dazu Tz 223 ff). War die unrichtige Bemessung der AfA dem Stpfl aber nicht vorwerfbar, kommt eine Bilanzberichtigung auf Grund der subjektiven Richtigkeit der Bilanz nicht in Betracht; in diesem Fall ist die AfA dadurch zu korrigieren, dass der Restbuchwert über die korrigierte Restnutzungsdauer zu verteilen ist.[841]) 428

Eine **Änderung** der einmal gewählten Nutzungsdauer ist nur dann zulässig, wenn sich die Verhältnisse wesentlich geändert haben (zB ein Tagbetrieb wird auf Tag- und Nachtbetrieb umgestellt) oder die Nutzungsdauer von 429

[835]) VwGH 22. 4. 2009, 2007/15/0307 (zu einer Berg- und Talstation eines Sesselliftes).

[836]) Vgl VwGH 17. 11. 1992, 92/14/0141 (zu einem befristeten Mietrecht bei langjährigem Kündigungsverzicht).

[837]) UFS 28. 1. 2010, RV/3639-W/08; siehe auch EStR 2000 Rz 6440b.

[838]) EStR 2000 Rz 3213.

[839]) Siehe dazu *Doralt* in *Doralt/Kirchmayr/Mayr/Zorn,* EStG[12] § 8 Tz 89.

[840]) Siehe VwGH 27. 5. 1987, 84/13/0270, ÖStZB 1988, 38.

[841]) Siehe VwGH 27. 4. 2017, Ra 2015/15/0062; siehe auch EStR 2000 Rz 3120.

Anfang an unrichtig geschätzt worden und die Abweichung von der richtigen Nutzungsdauer erheblich ist. Eine erhebliche Abweichung liegt idR dann vor, wenn diese 20% oder mehr beträgt.[842]) Bloße Schwankungen der Nutzung sind grds unbeachtlich.[843]) Auch die Absicht, das Wirtschaftsgut vor Ablauf der betriebsgewöhnlichen Nutzungsdauer zu erneuern, rechtfertigt keine erhöhte AfA.[844]) **Nachträgliche Anschaffungs- oder Herstellungskosten** erhöhen den Restbuchwert und sind idR auf die Restnutzungsdauer zu verteilen. Verlängert sich durch den nachträglichen Aufwand die Restnutzungsdauer, so ist diese neu festzusetzen; bei Gebäudeinvestitionen, die den Charakter eines eigenständigen Gebäudeteils aufweisen (zB Aufstockung, An- und Zubauten), kommen die gesetzlich vorgesehenen AfA-Sätze zur Anwendung. Die Restnutzungsdauer eines Gebäudes verlängert sich insb dann, wenn der Investitionsaufwand den Restbuchwert des Betriebsgebäudes übersteigt und die Restnutzungsdauer des Gebäudes kürzer ist als die für die Zusatzinvestition ermittelte Nutzungsdauer.[845])

Beispiel:

a) Restbuchwert des Gebäudes € 1 Mio; Aufstockung des Gebäudes € 500.000. Da der Investitionsaufwand den Restbuchwert nicht übersteigt, wird er gemeinsam mit dem Restbuchwert auf die bestehende Restnutzungsdauer abgeschrieben.

b) Restbuchwert des Gebäudes € 500.000; Aufstockung des Gebäudes € 1 Mio. Da der Investitionsaufwand den Restbuchwert übersteigt, ist die Nutzungsdauer für das gesamte Gebäude neu festzusetzen.

430 Bei der **Anschaffung bereits gebrauchter Anlagegüter** ist die Restnutzungsdauer ebenfalls neu festzusetzen;[846]) es besteht keine Bindung an die Nutzungsdauer des Rechtsvorgängers. Daher hat der Erwerber eines vom Verkäufer bereits voll abgeschriebenen Wirtschaftsgutes die Nutzungsdauer neu festzusetzen.

431 Anschaffungs- oder Herstellungskosten zur **Denkmalpflege für Betriebsgebäude** können auf 10 Jahre abgeschrieben werden, soweit für die Aufwendungen keine öffentlichen Förderungsmittel oder ein Investitionsfreibetrag in Anspruch genommen werden. Die Anschaffung des Gebäudes selbst fällt nicht unter diese Begünstigung (§ 8 Abs 2). Bei der Vermietung und Verpachtung sind die vergleichbaren Aufwendungen idR auf 15 Jahre verteilt abzusetzen (§ 28 Abs 3 Z 3).

432 Neben der normalen Abnutzung kann auch eine **außergewöhnliche technische** (zB Beschädigung, Brand, Bruch) oder **wirtschaftliche Abnutzung** (zB Neuerfindungen, Geschmackswandel) eintreten (AfaA; § 8 Abs 4). Die Ertraglosigkeit eines Wirtschaftsgutes rechtfertigt allenfalls eine außergewöhnliche

[842]) EStR 2000 Rz 3119.

[843]) VwGH 10. 10. 1978, 483 ua/78, ÖStZB 1979, 158.

[844]) VwGH 17. 12. 1980, 2429/77, 3440/80, ÖStZB 1981, 287.

[845]) EStR 2000 Rz 3164.

[846]) VwGH 7. 5. 1969, 1484/68, ÖStZB 1969, 150 (zum Kauf eines 85 Jahre alten Hauses, dessen Nutzungsdauer vom FA mit 50 Jahren angesetzt wurde).

Abschreibung,[847]) nicht dagegen die bloße Wertminderung zB infolge gesunkener Wiederbeschaffungskosten.[848]) Die AfaA kann nur im Jahr der außergewöhnlichen Abnutzung geltend gemacht werden.[849])

Eine außergewöhnliche technische oder wirtschaftliche Abnutzung rechtfertigt ebenso eine Abschreibung auf den niedrigeren Teilwert („Teilwertabschreibung"); insoweit stehen die beiden Rechtsinstitute in Konkurrenz, wenn auch die Teilwertabschreibung einen weiteren Anwendungsbereich hat (zB Abschreibung wegen gesunkener Wiederbeschaffungskosten). Bedeutung kommt der Absetzung für außergewöhnliche technische oder wirtschaftliche Abnutzung im Rahmen der Gewinnermittlung nach § 4 Abs 3 und bei den Einkünften aus Vermietung und Verpachtung zu (keine Teilwertabschreibung, jedoch AfaA zulässig). Zudem kann die AfaA zu einem unter dem Teilwert liegenden Ansatz führen;[850]) zB wenn zwar die Nutzung beeinträchtigt worden ist, die Anschaffungskosten aber gestiegen sind (daher eventuell AfaA von LKW nach Einführung des Nachtfahrverbotes[851])).

Abbruchkosten eines Gebäudes: Wird ein Gebäude abgerissen, um ein neues errichten zu können, dann liegt hinsichtlich des abgerissenen Gebäudes eine außergewöhnliche technische oder außergewöhnliche wirtschaftliche Abnutzung vor (gemeinsam mit den Abbruchkosten sofort abzugsfähig).[852]) Wird allerdings ein Grundstück mit einem bereits abbruchreifen Gebäude erworben, dann gehören die Abbruchkosten zu den Anschaffungskosten des Grund und Bodens.[853])

Bei **Abbaubetrieben** (Bergbauunternehmen, Steinbrüchen, Schottergru- **433**
ben ua), die einen Verbrauch der Substanz mit sich bringen, sind Absetzungen für Substanzverringerung vorzunehmen (§ 8 Abs 5).

d) Bemessungsgrundlage

Bemessungsgrundlage für die AfA sind die Anschaffungs- oder Herstel- **434**
lungskosten; im Fall der Einlage und des unentgeltlichen Erwerbs sind die nach § 6 Z 5 bzw Z 9 lit b zu ermittelnden Werte maßgeblich **(Teilwert bzw fiktive Anschaffungskosten).** Nachträgliche Anschaffungs- oder Herstellungskosten erhöhen die Bemessungsgrundlage; bei einer nachträglichen Verringerung der Anschaffungs- oder Herstellungskosten (zB Skonto) ist der angepasste Buchwert auf die Restnutzungsdauer zu verteilen.

Maßgeblich ist immer das **einheitliche (selbständig bewertbare) Wirt-** **435**
schaftsgut; nutzen sich die Teile davon unterschiedlich ab, so ergibt sich daraus keine getrennte AfA. Bei Betriebsgebäuden wird der Grundsatz der Einheitlichkeit seit dem EStG 1988 durchbrochen: Einzelne Gebäudeteile können je nach

[847]) VwGH 25. 11. 1986, 86/14/0045, ÖStZB 1987, 300 (zur außergewöhnlichen Abschreibung der Anschaffungskosten eines Mietrechtes).

[848]) VwGH 15. 3. 1957, 0630/56, ÖStZB 1957, 57.

[849]) Vgl VwGH 22. 10. 2002, 96/14/0106.

[850]) RFH 1. 3. 1939, VI 125/39, RStBl 1939, 630.

[851]) RdW 1990, 29; *Kirchmayr*, Abschreibungen/außergewöhnliche Abschreibung/Teilwertabschreibung im Steuerrecht, in *Bertl/Eberhartinger/Egger* (Hrsg), Abschreibungen in der Handels- und Steuerbilanz (2005) 235.

[852]) VwGH 27. 11. 2014, 2011/14/0088.

[853]) VwGH 18. 5. 1962, 2221/61, VwSlg 2651 F/1962; siehe auch EStR 2000 Rz 2618.

Nutzung einer unterschiedlichen Nutzungsdauer unterliegen, wobei aber eine Bagatellgrenze von 10% der Nutzfläche zu beachten ist.[854]) Nachträgliche Gebäudeinvestitionen, die nicht den Charakter eines eigenständigen Gebäudeteils aufweisen, wie zB Heizungsanlagen, sanitäre Anlagen, Aufzugsanlagen usw sind nach den allgemeinen Kriterien abzuschreiben.[855]) Erhöhen diese Gebäudeinvestitionen den Restbuchwert, sind sie auf die Restnutzungsdauer zu verteilen. Verlängert sich dadurch die Restnutzungsdauer, dann muss diese neu festgesetzt werden (dazu Tz 429).

Bei einem bebauten Grundstück ist die AfA nur vom Gebäudeteil vorzunehmen; der Wert des Grund und Bodens (nicht abnutzbar) ist aus den Anschaffungskosten herauszurechnen.

Bei Gebäuden, die der Erzielung von Einkünften aus Vermietung und Verpachtung dienen, besteht die gesetzliche Vermutung, dass 40% der Anschaffungskosten des gesamten Grundstücks auf den Grund und Boden entfallen (§ 16 Abs 1 Z 8 lit d EStG). Abweichungen ergeben sich aus der GrundanteilsV 2016. Dieses Aufteilungsverhältnis ist widerlegbar.[856])

436 Ist mit einem erheblichen Schrottwert zu rechnen, dann bleiben die Anschaffungs- oder Herstellungskosten dennoch AfA-Bemessungsgrundlage. Es ist aber zulässig, die AfA zu beenden, wenn der Schrottwert erreicht ist;[857]) nach dem BFH sind die Anschaffungs- oder Herstellungskosten um den Schrottwert zu verringern, wenn dieser wesentlich ist.[858])

437 Im Fall einer **Abschreibung auf den niedrigeren Teilwert** ist dieser die neue Bemessungsgrundlage; eine AfA im selben Wirtschaftsjahr ist ausgeschlossen.[859])

e) AfA-Methode, lineare AfA

438 Die Anschaffungs- oder Herstellungskosten sind **gleichmäßig** verteilt, dh in gleichen Jahresbeträgen, auf die betriebsgewöhnliche Nutzungsdauer abzusetzen (**lineare** AfA; § 7 Abs 1). Andere AfA-Methoden, wie etwa die degressive AfA oder die Leistungs-AfA sind steuerlich nicht zulässig.

Die Beschränkung auf die lineare AfA ergibt sich daraus, dass die degressive AfA im Ergebnis einer vorzeitigen Abschreibung entspricht.

f) vorzeitige AfA

438/1 Für Wirtschaftsgüter, die im Jahr 2009 und 2010 angeschafft oder hergestellt worden sind, war eine vorzeitige Abschreibung in Höhe von 30% der Anschaffungs- oder Herstellungskosten zulässig (§ 7 a; Konjunkturbelebungsgesetz 2009; mit Ausnahmen, zB für Gebäude). Vor dem EStG 1988 gab es ebenfalls eine vorzeitige Abschreibung.

---

[854]) EStR 2000 Rz 3155.

[855]) EStR 2000 Rz 3164.

[856]) EStR 2000 Rz 6447.

[857]) EStR 2000 Rz 3111.

[858]) BFH 1. 10. 1992, IV R 97/91 (zum Schlachtwert einer Milchkuh).

[859]) EStR 2000 Rz 3112.

11. Geringwertige Wirtschaftsgüter

Literatur: *Quantschnigg,* Die Investitionszuwachsprämie – Ein Zuwachs im Steuerwesen? ÖStZ 2003, 140; *oV,* VwGH: Einheitliches Wirtschaftsgut und Sachgesamtheit, RdW 2003, 403; *Bertl/Hirschler,* Die bilanzielle Behandlung geringwertiger Vermögensgegenstände, RWZ 2003, 325; *Beiser,* Chipkarten im Bilanz- und Steuerrecht, SWK 2010, 1279; *Doralt,* § 13 EStG: Keine Sofortabschreibung für Baugerüste, RdW 2014, 234; *Petutschnig/Schallmeiner,* Begutachtungsentwurf des RÄG 2014 – Neuerungen für den Einzel- und Konzernabschluss nach UGB, RWZ 2014, 330; *Dokalik/Hirschler,* § 13 EStG, in SWK-Spezial RÄG 2014 – Reform des Bilanzrechts², Wien 2016; *Zorn,* VwGH: Schlüsselkarten als Umlaufvermögen der Skiliftgesellschaft, RdW 2017, 330; *Brameshuber,* § 13 EStG – Anpassungsbedarf und Bedeutungszuwachs? taxlex 2018, 244.

Die Anschaffungs- oder Herstellungskosten abnutzbarer Wirtschaftsgüter **439** des Anlagevermögens können, wenn diese Kosten für das einzelne Wirtschaftsgut **€ 400 nicht übersteigen,** bei der Gewinnermittlung nach § 4 Abs 1 und § 5 Abs 1 (unabhängig von der Behandlung im unternehmensrechtlichen Jahresabschluss) im Jahr der Anschaffung oder Herstellung, bei der Gewinnermittlung nach § 4 Abs 3 im Jahr der Verausgabung voll als Betriebsausgaben geltend gemacht werden (§ 13). Der Zweck dieser Bestimmung ist die Vereinfachung des Rechnungswesens bei Bagatellbeträgen. Die Sofortabschreibung ist auch anlässlich eines Unternehmenserwerbes zulässig.

„*Wirtschaftsgüter, die aus Teilen bestehen, sind als Einheit aufzufassen, wenn* **440** *sie nach ihrem wirtschaftlichen Zweck oder nach der Verkehrsauffassung eine Einheit bilden*“ (§ 13 vorletzter Satz); sie können nicht zum Zweck des Sofortabzuges nach § 13 in einzelne Teile zerlegt werden; zB **Kinobestuhlung**[860]); **Gestühl** eines Vortragssaales, **Beleuchtungskörper,** wenn sie auf Grund ihres Erscheinungsbildes im Raum eine Einheit bilden, eine **Möbelgarnitur**[861]); moderne **Baugerüste**[862]). Dagegen bildet die **Geschäftseinrichtung** keine Einheit,[863]) ebenso nicht ein **Schreibtisch mit dazugehörigem Beistelltisch.**[864]) Ein **PC (mit Monitor)** bietet auch ohne Drucker und Maus sinnvolle Einsatzmöglichkeiten; die Teile stellen damit kein einheitliches Wirtschaftsgut dar.[865])

Das als Einheit geltende Wirtschaftsgut iSd § 13 ist nicht ident mit dem einheitlichen Wirtschaftsgut (Einzelbewertung iSd § 6; siehe dazu Tz 302) und ist auch nicht mit der Gesamtsache oder Sachgesamtheit iSd § 302 ABGB gleichzusetzen.[866])

Für **Wirtschaftsgüter,** die **zur entgeltlichen Überlassung** bestimmt sind, **441** ist die Sofortabschreibung ausgeschlossen (§ 13 letzter Satz).

---

860) Siehe VwGH 8. 5. 2003, 99/15/0036.

861) Siehe VwGH 20. 11. 1964, 1671/63, ÖStZB 1965, 30.

862) Siehe VwGH 30. 1. 2014, 2011/15/0084; anders noch VwGH 13. 10. 1961, 741/61, ÖStZB 1962, 27 (zu als Gerüstteile verwendete Leitern und Bretter, die aber auch für andere Zwecke verwendet werden konnten).

863) Siehe VwGH 30. 6. 1987, 87/14/0046, ÖStZB 1988, 140.

864) Siehe BFH 21. 7. 1998, III R 110/95.

865) Siehe VwGH 5. 10. 1993, 91/14/0191.

866) Anders jedoch VwGH 30. 1. 2014, 2011/15/0084 und VwGH 8. 5. 2003, 99/15/0036.

Ist die **entgeltliche Überlassung eines geringwertigen Wirtschaftsgutes Nebenzweck** einer anderen Hauptleistung, soll nach Auffassung des Finanzausschusses die Sofortabschreibung weiterhin möglich sein (zB entgeltliche Überlassung von Gasflaschen, wenn der Hauptzweck die Lieferung von darin befindlichem Gas ist) (siehe ebenso EStR 2000 Rz 3895).

12. *Investitionsbegünstigungen*

Literatur allgemein: *Frühwirth/Schwaiger,* Die Geltendmachung einer Investitionszuwachsprämie in den Jahren 2002 und 2003 nach § 108e EStG, ecolex 2002, 919; *Hilber,* Konjunkturbelebungsgesetz 2002, ecolex 2002, 205; *Herzog,* Konjunktur und Katastrophe, RdW 2002, 682; *Pülzl/Pircher,* Steuerliche Berücksichtigung von Katastrophenschäden, RdW 2002, 624; *Denk,* Bilanzsteuerliche Aspekte des Konjunkturbelebungsgesetzes 2002, SWK 2002, 668; *Hilber,* Prämienbegünstigter Investitionszuwachs, SWK 2002, 1324; *Hilber,* Die Investitionsbegünstigungen im Überblick, SWK 2002, 1168; *Schellner,* Steuerliche Behandlung von Aufwendungen für Katastrophenschäden und Absetzbarkeit von Spenden an Hochwassergeschädigte, WT 2002/5, 22; *Quantschnigg,* Die Investitionszuwachsprämie – Ein Zuwachs im Steuerwesen? ÖStZ 2003, 140; *Gedlicka,* Zur bilanziellen Behandlung der Prämien und anderer Begünstigungen des Konjunkturbelebungspaketes nach HGB, IAS und US-GAAP, SWK 2003, 311; *Neumeister,* Steuerliche Investitionszuwachsprämie und handelsrechtlicher Jahresabschluss, SWK 2003, 318; *Maukner/Rohatschek,* Kritik an der sofortigen ertragswirksamen Erfassung der Investitionszuwachsprämie, SWK 2003, 379; *Blazina,* Staatliche Prämien, die auch Verlustbetrieben Vorteile bringen, FJ 2003, 129; *Denk/Gaedke,* Zur Inanspruchnahme von Prämienbegünstigungen, SWK 2003, 836; *Fröhlich,* Die Bilanzierung der neu geschaffenen Steuerbegünstigungen 2002 nach HGB und IAS, RWZ 2003, 39; *D. Grünberger,* Investitionsbegünstigungen: Österreich im internationalen Schlusslicht, RdW 2003, 471; *Bruckner,* Brauchen wir wirklich noch mehr Forschungsförderung? persaldo 2004, H 3, 29; *Kanduth-Kristen,* Investitionsbegünstigungen im Ertragsteuerrecht – ein Überblick, taxlex 2005, 348; *Exl/Konrad,* Steuerliche Begünstigungen für Investitionen in Sachanlagen, ÖStZ 2006, 226; *Exl/Konrad,* Steuerliche Begünstigungen für Investitionen in Humankapital, ÖStZ 2006, 255; *Zorn,* Die Judikatur des VwGH zur IZP nach § 108e EStG, SWK 2007, 24; *Demal,* Kein IZP-Anspruch für Leasing-LKWs, SWK 2007, 781; *Herbst,* Novität beim Kreis prämienbegünstigter Wirtschaftsgüter iSd IZP „post mortem", taxlex 2009, 40; *Schwaiger,* VwGH wendet Mindestbehaltedauer von 50% bei Investitionszuwachsprämie an! SWK 2012, 609; *Beiser,* Der Gewinnfreibetrag als Investitionsbegünstigung? SWK 2017, 764; *Hirschler/Wytrzens/Aumayr,* Steuerfreie Betriebseinnahmen (Investitionsbegünstigungen), in *Bertl/Hirschler,* Handbuch der österreichischen Steuerlehre II – Steuerliche Gewinnermittlung und Steuerbilanzpolitik[3], Wien 2016, 267; *Novosel/Patloch,* Österreichische Investitionsförderungen und der deutsche Investitionsabzugsbetrag, SWK 2017, 665.

Weitere Literatur zu Investitionsbegünstigungen siehe unten A.12.b), c) und d).

a) Übersicht

442 Derzeit bietet das Einkommensteuerrecht zur Förderung der Investitionstätigkeit – dh zur (An-)Schaffung von Wirtschaftsgütern des Betriebsvermögens – folgende Begünstigungen:

- Übertragung stiller Reserven (§ 12),
- Forschungsprämien (§ 108c),
- investitionsbedingter Gewinnfreibetrag (§ 10).

Der Gewinnfreibetrag teilt sich in den Grundfreibetrag und den investitionsbedingten Gewinnfreibetrag. Im Unterschied zum investitionsbedingten Gewinnfreibetrag stellt der Grundfreibetrag keine Investitionsbegünstigung dar; er kann unabhängig von einer Investition in Anspruch genommen werden (siehe dazu auch Tz 462/1 ff). **443**

Allgemeine Voraussetzungen der Investitionsbegünstigungen sind: **444**

- **betriebliche Einkünfte** (Land- und Forstwirtschaft, selbständige Arbeit, Gewerbebetrieb);
- **Gewinnermittlung nach § 5, § 4 Abs 1 oder § 4 Abs 3** (keine Pauschalierung bei Einnahmen-Ausgaben-Rechnung).

b) Übertragung stiller Reserven (§ 12)

Literatur zur Übertragung stiller Reserven: *Denk,* Die bilanzielle Behandlung steuerlicher Freibeträge und Rücklagen nach dem Steuerreformgesetz 2000 und der „Altrückstellungen" im Sinne des Budgetbegleitgesetzes 2001, ÖStZ 2001, 59; *Atzmüller,* Übertragungsrücklage: Fristenlauf bei zeitverschobener Gewinnrealisierung, RdW 2000, 314; *Niedermaier,* VfGH prüft Übertragungsverbot von stillen Reserven auf Finanzanlagen (§ 12 Abs 3 EStG), ecolex 2002, 840; *Bertl/Hirschler,* Übertragung stiller Reserven bei bebauten Grundstücken, RWZ 2003, 100; *Knörzer,* Privatstiftungen: Zwischenbesteuerung für Beteiligungsveräußerungen nach dem Zuflussprinzip? RdW 2003, 114; *Widhalm,* Privatstiftungen: Zeitpunkt der Aufdeckung stiller Reserven aus zwischensteuerpflichtigen Einkünften iSd § 31 EStG, RdW 2003, 229; *Hammerl,* Übertragung stiller Reserven bei höherer Gewalt nach der Steuerreform? RdW 2004, 302; *Michl/Wilplinger,* Übertragung stiller Reserven und Steuerreform 2005, SWK 2004, 1283; *Demeter,* Schadenfall als Steuerfalle? taxlex 2006, 520; *Laudacher,* Übertragungsrücklage bei zwischenzeitig „betriebslosen" Kapitalgesellschaften, ecolex 2007, 290; *Marchgraber,* Übertragung stiller Reserven und Unionsrecht, SWI 2012, 361; *Beiser,* Die steuerfreie Übertragung stiller Reserven aus unionsrechtlicher Sicht, SWI 2014, 111; *Binder,* EuGH: Deutsche Regelung zur Übertragung stiller Reserven (§ 6 b dEStG) unionsrechtswidrig – Auswirkungen auf Österreich zu erwarten, ecolex 2015, 606; *Hirschler,* Steuerrechtliche Auswirkungen der Bilanzrechtsreform, SWK 2015, 6; *Kühbacher,* Der Inlandsbezug bei der Übertragung stiller Reserven aus Sicht des Unionsrechts, ÖStZ 2015, 633; *Kanduth-Kristen,* § 12 EStG und (Ersatz-)Investitionen in einer ausländischen Betriebsstätte, SWI 2016, 216; *Kühbacher,* Ist die Einschränkung der Übertragung stiller Reserven auf natürliche Personen wirklich verfassungskonform? SWK 2016, 863; *Steinhauser,* Bilanzielle Umgliederung von Kapitalgesellschaftsanteilen bei Veräußerungsabsicht? SWK 2018, 101.

Werden nicht mehr benötigte Wirtschaftsgüter des Anlagevermögens veräußert, um mit dem Erlös Neuinvestitionen vorzunehmen, kommt es zur Auflösung stiller Reserven, wenn der Buchwert des veräußerten Wirtschaftsgutes unter dem Verkaufswert liegt. Der Erlös aus der Veräußerung kann daher nicht in seiner vollen Höhe zur Anschaffung eines neuen Wirtschaftsgutes verwendet werden, weil der auf die stillen Reserven entfallende Teil um die durch die Veräußerung ausgelöste Ertragsteuerbelastung gekürzt wird. Die daraus resultierenden Probleme wurden früh erkannt: Ein Betriebsgebäude brannte ab, die Versicherungsentschädigung war höher als der Buchwert des Gebäudes. In Höhe der Differenz musste die Versicherungsentschädigung zunächst versteuert werden, für die Neuerrichtung des Gebäudes reichte daher die Versicherungsentschädigung nicht aus. Der RFH entschied in diesem Fall, dass stille **445**

Reserven, die ohne den Willen des Stpfl realisiert werden, auf das Ersatzwirtschaftsgut übertragen werden können.[867])

446 Die heute geltende Regelung (§ 12) erfasst sowohl den von der Judikatur entwickelten **Grundsatz der Nichtrealisierung stiller Reserven** bei Ausscheiden von Wirtschaftsgütern des Anlagevermögens aus dem Betriebsvermögen infolge höherer Gewalt als auch die Übertragung stiller Reserven als investitionsfördernde Maßnahme.

Die Übertragung stiller Reserven ist auf natürliche Personen und Personengesellschaften eingeschränkt; in der Körperschaftsteuer gibt es eine entsprechende Begünstigung nicht (abgeschafft aus Anlass der Ermäßigung des KSt-Satzes auf 25% seit 2005; strittig allerdings für Fälle höherer Gewalt[868])).

Wird der Gewinn nach § 5 ermittelt, kann die Übertragung der stillen Reserven steuerlich unabhängig von der Behandlung im unternehmensrechtlichen Jahresabschluss in der Mehr-Weniger-Rechnung erfolgen; sie ist allerdings im Anlageverzeichnis nach § 7 Abs 3 auszuweisen (§ 12 Abs 1 letzter Satz).

Die Bindung an die Behandlung im unternehmensrechtlichen Jahresabschluss (umgekehrte Maßgeblichkeit) wurde durch das RÄG 2014[869]) für Wirtschaftsjahre, die nach dem 31. 12. 2015 beginnen, aufgegeben (§ 124b Z 271). Wurde in Vorjahren auf Grund der Vornahme einer Übertragung stiller Reserven eine Bewertungsreserve nach § 205 UGB gebildet, kann diese unabhängig vom unternehmensrechtlichen Jahresabschluss als steuerliche Rücklage fortgeführt werden (Fortführungswahlrecht); § 205 UGB ist auf diese weiter anzuwenden; wird die Rücklage aufgelöst, erhöht diese Zuschreibung auch den steuerlichen Gewinn (§ 6 Z 13); dies gilt auch für den Fall der Nichtinanspruchnahme des Fortführungswahlrechts.[870])

447 Als **investitionsfördernde Maßnahme** setzt § 12 voraus:

a) **natürliche Person,** der das ausgeschiedene Wirtschaftsgut zuzurechnen war;

b) **Veräußerung** (daher auch Tausch, Tilgung, nicht aber eine Entnahme);

c) **Zugehörigkeitsdauer** zum Betriebsvermögen im Zeitpunkt der Veräußerung von mindestens

- 7 Jahren allgemein;
- 15 Jahren bei Grundstücken, auf die bereits stille Reserven übertragen wurden;
- 15 Jahren für Gebäude, die nach § 8 Abs 2 (Denkmalpflege) abgeschrieben wurden;

d) **Anschaffung oder Herstellung von Anlagevermögen** (siehe Tz 451 ff).

448 Nach den EStR 2000 Rz 3880 ff sind für die Behaltefrist die selbständigen Wirtschaftsgüter **Grund und Boden** einerseits und **Gebäude** andererseits zu unterscheiden. Wurden stille Reserven zB nur auf das nachträglich errichtete Gebäude übertragen, können die auf den Grund und Boden entfallenden stillen Reserven bei einer Veräußerung

[867]) Siehe RFH 2. 4. 1930, VI A 514/30, RStBl 1930, 313.

[868]) Siehe *Hammerl*, RdW 2004, 302.

[869]) Rechnungslegungs-Änderungsgesetz 2014 BGBl I 2015/22.

[870]) Siehe Jakom/*Kanduth-Kristen*, EStG[11] § 12 Tz 1.

bereits nach 7 Jahren übertragen werden, die stillen Reserven des Gebäudes jedoch erst nach 15 Jahren.

Das Wirtschaftsgut muss in diesem Zeitraum zum Betriebsvermögen **desselben Stpfl** gehört haben;[871]) nur im Fall der Buchwertfortführung (insb unentgeltlicher Betriebserwerb nach § 6 Z 9 lit a) laufen die Behaltefristen des Rechtsvorgängers weiter (siehe EStR 2000 Rz 3879). Bei einer Personengesellschaft ist die erforderliche Behaltefrist für jeden Gesellschafter gesondert zu prüfen (siehe auch EStR 2000 Rz 5959).[872]) Liegen die Voraussetzungen nicht für alle Mitunternehmer vor, kann die Übertragung der stillen Reserven nur für jene Mitunternehmer erfolgen, die die Behaltefrist erfüllen; dies ist in entsprechenden Ergänzungsbilanzen zum Ausdruck zu bringen. 449

Scheidet das Wirtschaftsgut infolge **„höherer Gewalt"** oder **„behördlichen Eingriffs"** aus dem Betriebsvermögen aus, können die dabei aufgedeckten stillen Reserven (Versicherungsentschädigung, Enteignungsentschädigung, Schadenersatz) unabhängig davon übertragen werden, wie lange das Wirtschaftsgut bereits zum Betriebsvermögen gehört hat (vgl § 12 Abs 5). Mit „höherer Gewalt" sind alle jene Fälle erfasst, in denen Wirtschaftsgüter „ohne oder gar gegen den Willen" des Stpfl aus dem Betriebsvermögen ausscheiden;[873]) es darf sich dabei aber nicht um eine typische Betriebsgefahr handeln (siehe EStR 2000 Rz 3864). Unter einem „behördlichen Eingriff" sind Enteignungen und enteignungsähnliche Maßnahmen, nicht jedoch eine Zwangsversteigerung zu verstehen.[874]) 450

Die Übertragung stiller Reserven steht dem Stpfl frei. Voraussetzungen sind:

1. Übertragung auf Wirtschaftsgüter des **Anlagevermögens,** die in einer **inländischen Betriebsstätte verwendet** werden; Wirtschaftsgüter, die auf Grund einer entgeltlichen Überlassung überwiegend im Ausland eingesetzt werden, gelten nicht als in einer inländischen Betriebsstätte verwendet (§ 12 Abs 3 Z 2). 451

Die Einschränkung der Übertragung stiller Reserven auf Anlagevermögen einer inländischen Betriebsstätte ist unionsrechtlich problematisch. Nach dem EuGH-Urteil in der Rs *Kommission/Deutschland* verstößt eine Bestimmung, die eine Stundung der Steuerschuld für Gewinne aus der Veräußerung von Anlagevermögen nur dann gewährt, wenn eine Ersatzinvestition in einer inländischen Betriebsstätte vorgenommen wird, gegen die Niederlassungsfreiheit.[875]) Dieses Urteil ist zu § 6b dEStG ergangen und auf Grund der vergleichbaren Zielsetzung bzw Ausgestaltung des § 12 auch auf die österr Rechtslage übertragbar.[876]) Allerdings muss ein Mitgliedstaat nicht auf das Recht, die im

---

[871]) Siehe VwGH 27. 6. 1973, 611/72, ÖStZB 1974, 4 und VfGH 20. 6. 1983, B 33/80.

[872]) VwGH 6. 3. 1973, 200/73, ÖStZB 1973, 205.

[873]) Siehe VwGH 8. 6. 1979, 1340, 1418/78, ÖStZB 1980, 84.

[874]) Siehe VwGH 25. 10. 1995, 94/15/0009; VwGH 9. 9. 1998, 95/14/0017.

[875]) EuGH 16. 4. 2015, C-591/13, *Kommission/Deutschland;* siehe auch *Binder,* ecolex 2015, 606.

[876]) Siehe auch *Kanduth-Kristen,* SWI 2016, 216; anders jedoch *Kühbacher,* ÖStZ 2015, 633, wonach das Urteil nicht auf die österr Rechtslage übertragbar ist, weil eine

Inland entstandenen stillen Reserven zu besteuern, verzichten. Vielmehr sind bei Übertragung stiller Reserven auf Wirtschaftsgüter einer ausländischen Betriebsstätte die Grundsätze der Wegzugsbesteuerung anzuwenden, weil dieser Fall wirtschaftlich einer Überführung der Wirtschaftsgüter ins Ausland gleichkommt. An Stelle einer Steuerstundung könnte daher – wie in § 6 Z 6 und nunmehr auch in § 6b Abs 2a dEStG – eine Entrichtung der Steuer in Raten vorgesehen werden.[877])

452 2. Stille Reserven aus **sonstigen körperlichen Wirtschaftsgütern** sind auf sonstige körperliche Wirtschaftsgüter zu übertragen (§ 12 Abs 4 Z 3), stille Reserven aus **unkörperlichen Wirtschaftsgütern** auf unkörperliche Wirtschaftsgüter (§ 12 Abs 4 Z 4).

453 3. Eine Übertragung auf **Grund und Boden** kommt nur dann in Betracht, wenn auch die stillen Reserven aus der Veräußerung von Grund und Boden stammen (§ 12 Abs 4 Z 1).

453/1 4. Eine Übertragung auf **Gebäude** ist nur dann zulässig, wenn die stillen Reserven aus der Veräußerung eines Gebäudes oder von Grund und Boden stammen (§ 12 Abs 4 Z 2).

Bei bebauten Grundstücken können die stillen Reserven auf Grund und Boden und Gebäude im Verhältnis der aktivierten Beträge aufgeteilt oder zur Gänze auf Grund und Boden oder Gebäude übertragen werden (die gänzliche Übertragung auf Grund und Boden ist allerdings nur dann möglich, wenn die stillen Reserven auch zur Gänze aus der Veräußerung von Grund und Boden stammen).

454 5. Stille Reserven können **nicht übertragen werden** auf die Anschaffungskosten von

- Betrieben und Teilbetrieben,
- Beteiligungen an Personengesellschaften und
- Finanzanlagen (zB Aktien, GmbH-Anteile, Forderungswertpapiere; § 12 Abs 4 zweiter Satz).

455 6. **Stille Reserven,** die **aus der Veräußerung von Betrieben,** Teilbetrieben oder Beteiligungen an Personengesellschaften stammen, können nicht übertragen werden (§ 12 Abs 4 zweiter Satz); dies gilt auch für stille Reserven aus einer Betriebsaufgabe.[878])

456 Anstatt die stillen Reserven im Jahr der Aufdeckung auf die Anschaffungs- oder Herstellungskosten anderer Wirtschaftsgüter zu übertragen, kann der Stpfl sie einer steuerfreien Rücklage zuführen (vgl § 12 Abs 8; **Übertragungsrücklage;** Wahlrecht). Die Übertragungsrücklage kann **innerhalb von 12 Monaten** ab dem Ausscheiden des Wirtschaftsgutes auf die (Teil-)Anschaffungskosten oder (Teil-)Herstellungskosten von Anlagevermögen übertragen werden (**stichtagsbezogene Übertragungsfrist;** Wahlrecht). Ist der Entschädigungsanspruch strittig, tritt an die Stelle des Ausscheidens des Wirtschaftsgutes der Zeitpunkt

---

Steuerstundung nach § 12 – anders als nach § 6b dEStG – nicht nur ein Besteuerungsrecht an den stillen Reserven aus der Veräußerung, sondern auch an den mit dem Ersatzwirtschaftsgut generierten Gewinnen erfordert.

[877]) Siehe dazu *Schmidt,* dEStG[36] § 6b Rn 54; dagegen für eine Auslandsübertragungsrücklage *Kanduth-Kristen,* SWI 2016, 216.

[878]) Siehe VwGH 8. 2. 2007, 2006/15/0044.

der Aufdeckung der stillen Reserve (erstmalige Bilanzierbarkeit bzw Zufluss der Entschädigung).[879]) Die **Übertragungsfrist** beträgt **24 Monate** bei Ausscheiden infolge höherer Gewalt und behördlichen Eingriffs, ebenso bei der Übertragung auf die Herstellungskosten eines Gebäudes, wenn innerhalb von 12 Monaten ab Ausscheiden des Wirtschaftsgutes mit der Bauführung begonnen worden ist. Für die Verwendung der Rücklage gelten die oben angeführten Einschränkungen. Rücklagen, die nicht bis zum Ablauf der Verwendungsfrist übertragen wurden, sind im betreffenden Wirtschaftsjahr gewinnerhöhend aufzulösen (§ 12 Abs 10). Wird die Übertragungsrücklage anlässlich einer Betriebsveräußerung aufgelöst, gehört der aufgelöste Betrag zum laufenden Gewinn.[880])

Eine vorzeitige **freiwillige Auflösung** der Rücklage ist grds nicht zulässig **457** (nur bei der Verwendungsfrist von 24 Monaten von Bedeutung).

Bei der **Gewinnermittlung nach § 4 Abs 3** gelten die gleichen Grundsätze **458** sinngemäß; an Stelle der Rücklage ist ein steuerfreier Betrag zu bilden (§ 12 Abs 8 und 9). Maßgebend ist allerdings nicht der Zeitpunkt des Ausscheidens des Wirtschaftsgutes, sondern der Monat, in dem der Erlös zufließt.[881])

Werden stille Reserven auf andere Wirtschaftsgüter übertragen, gelten als **459** Anschaffungs- oder Herstellungskosten die um die übertragenen Rücklagen gekürzten Beträge (§ 12 Abs 6; wichtig zB für die Bemessungsgrundlage der AfA). Eine Übertragung stiller Reserven auf eingelegte Wirtschaftsgüter ist nicht zulässig.[882])

Bei Einkünften aus Waldnutzungen infolge höherer Gewalt (zB Hochwasser, Insektenfraß, Windbruch) können 50% dieser Einkünfte als stille Reserve auf andere körperliche Wirtschaftsgüter übertragen oder einer Übertragungsrücklage bzw einem steuerfreien Betrag zugeführt werden (§ 12 Abs 7). Der Restbetrag ist mit dem halben Durchschnittssteuersatz zu besteuern; anstatt und auch neben der Übertragung der stillen Reserven kann der Gesamtbetrag mit dem ermäßigten Steuersatz versteuert werden (§ 37 Abs 6).

c) Forschungsprämie

Literatur zur Forschungsförderung: *Schneider,* Steuerliche Begünstigungen von Forschung und Entwicklung in der Bilanz, Wien 2000; *Schneider,* Überlegungen zum Forschungsfreibetrag, SWI 2001, 213; *Wiesner,* Forschungsfreibetrag bei Vorliegen steuerfrei subventionierter Forschungsaufwendungen, RWZ 2002, 354; *Blazina,* Gewährung eines Forschungsfreibetrages im Rahmen einer Betriebsprüfung, SWK 2002, 47; *oV,* Subventionen kürzen Bemessungsgrundlage für den Forschungsfreibetrag, RdW 2002, 755; *Silber,* Forschungsfreibeträge versus Forschungsprämie neu, ÖStZ 2003, 316; *Heitzinger/Silber,* Änderung der Forschungsfreibeträge, ÖStZ 2003, 534; *Kofler,* Beschränkung der Forschungsförderung auf Inland EU-widrig, ÖStZ 2005, 198; *Schuchter,* AbgÄG 2005: Neuerungen bei Forschung und Entwicklung sowie bei Bildung, taxlex 2005, 592; *Schuch/*

[879]) Vgl EStR 2000 Rz 3885.

[880]) Siehe VwGH 30. 10. 2001, 2001/14/0111.

[881]) Vgl VwGH 26. 6. 1984, 83/14/0234, 0235, ÖStZB 1985, 98; siehe auch EStR 2000 Rz 3888.

[882]) Siehe VwGH 14. 5. 1991, 89/14/0012; BFH 11. 12. 1984, IX R 27/82, BStBl 1985 II 250.

Wehinger, Steuerliche Forschungsförderung bei Auslandsforschung, ecolex 2005, 192; *Wehinger,* Die steuerliche Förderung von Forschung und Entwicklung in Österreich, in *Thömmes/Lang/Schuch,* Investitions- und Steuerstandort Österreich, 63; *Mayr,* Auftragsforschung: Neuer Freibetrag, RdW 2005, 382; *Mayr,* Auftragsforschung: Neuer Freibetrag vorrangig beim Arbeitgeber, RdW 2005, 508; *D. Aigner,* Förderung der Auftragsforschung durch neuen Forschungsfreibetrag, taxlex 2005, 267; *Wehinger,* Neue(r) Forschungsfreibetrag (-prämie) für Auftragsforschung, ecolex 2005, 714; *Hilber,* Praxishinweise zur Forschungsprämie, SWK 2005, 978; *Hack,* Der Forschungsfreibetrag und die Forschungsprämie in der Prüfungspraxis, ÖStZ 2006, 236; *Hack,* Richtigstellung zum Artikel „Der Forschungsfreibetrag und die Forschungsprämie in der Prüfungspraxis", ÖStZ 2006, 378; *Hack,* Neuer Forschungsfreibetrag für Auftragsforschung, taxlex 2006, 7; *dies,* Klinische Studien in der kommerziellen pharmazeutischen Forschung und steuerliche Forschungsförderung, (Teil 1) ÖStZ 2007, 292, (Teil 2) ÖStZ 2007, 325; *Hilber,* § 10 EStG – kein Ausschluss für bestimmte Bezieher selbständiger Einkünfte, ecolex 2007, 377; *Mitterlehner,* Steuerliche Forschungsförderung in Österreich, (Teil I) VWT 2007 H 2, 15, (Teil II) VWT 2007 H 3, 20; *Nemec,* Geltendmachung von Sonderprämien der §§ 108 c – f EStG 1988 vergessen? SWK 2007, 1075; *Schneider,* Wie soll sich die steuerliche F&E-Förderung in Österreich weiterentwickeln? SWK 2008, 1275; *Fellinger,* Die Änderung der steuerlichen Forschungsförderung als Vorbild für eine Änderung in der steuerlichen Bildungsförderung? ÖStZ 2011, 213; *Atzmüller/Schlager,* Forschungsprämie im 1. StabG 2012: Chancen für Steuerpflichtige, Finanz und Wirtschaftsprüfer, RWZ 2012, 106; *Mitterlehner/Theinschnack/Handl,* Die Neuregelung der Forschungsprämie durch das 1. Stabilitätsgesetz 2012, SWK 2012, 803; *Fellinger,* Die Neuerungen bei der Geltendmachung einer steuerlichen Forschungsförderung, ÖStZ 2012, 509; *Schmidt-Karall,* Forschungsprämie und Bestätigung des Wirtschaftsprüfers – berufsrechtliche Einordnung dieser Leistung und damit verbundene Anforderungen, RWZ 2012, 130; *dies,* Update zur Bestätigungsleistung des Wirtschaftsprüfers im Zusammenhang mit der Forschungsprämie und der Spendenbegünstigung nach dem Begutachtungsentwurf zum AbgÄG 2012, RWZ 2012, 209; *Wiesinger/Laubner,* Neuerungen bei der steuerlichen Forschungsprämie, taxlex 2012, 303; *Atzmüller,* EStR-Wartungserlass 2013: Steuerliche Forschungsförderung neu, RdW 2013, 363; *Baldauf,* Was bringt ein Jahresgutachten? SWK 2013, 677; *El-Sayed/Massoner,* Neues zur Forschungsprämie: Die Einbindung der FFG in das Prämienverfahren, taxlex 2013, 130; *Geißler,* Die Ermittlung von Aufwendungen für Forschungen im Sinne der Forschungsförderung des § 108 c EStG, RWZ 2013, 37; *Jann/Füreder/Jahn,* Die Forschungsprämienverordnung 2012, SWK 2013, 393; *Jann/Pock,* Forschungsprämie – das neue Verfahren, RWZ 2013, 52; *Milla/Dam-Ratzesberger,* Änderung der Forschungsförderung und deren rechnungstechnische Abbildung im UGB und IFRS, RWZ 2013, 48; *Kühbacher,* Ist der Inlandsbezug bei der Forschungsprämie zulässig? SWI 2014, 481; *Pilgermair/Kühbacher/Pülzl,* Forschungsförderung im Steuerrecht und in der Privatwirtschaftsverwaltung, ÖStZ-Spezial 2014; *Stückler,* Insolvenzrechtliche Behandlung von Prämien, SWK 2014, 662; *Kovar/Freese/Laure,* Wirtschaftsstandort Österreich – Erhöhung der Forschungsprämie auf 12%, ecolex 2015, 736; *Krickl/Jerabek/Koller,* Abgrenzungsfragen im Zusammenhang mit der Forschungsprämie: experimentelle Entwicklung vs Produktion, taxlex 2015, 92; *Atzmüller/Mayr,* Steuerliche Forschungsförderung in Österreich, IStR 2017, 143; *Steiner/Hochreiter,* Ausschluss von Forschungsprämie bei Aktivitäten in einer ausländischen temporären Betriebsstätte? taxlex 2017, 321; *Gregori,* Umfang förderbarer Aufwendungen und Zweifelsfragen zur Bemessungsgrundlage für die Forschungsprämie des § 108 c EStG, taxlex 2018, 267; *Mitterlehner/Wallner,* Merkmale begünstigter Forschung und Entwicklung, SWK 2018, 25; *dies,* Element der Neuheit und Lösung einer Unsicherheit im Lichte der Judikatur, SWK 2018, 317; *dies,* Die Begriffe „Neuheit" und „Unsicherheit" im Frascati-Manual, SWK 2018, 350; *dies,* Umfang und

Abgrenzung begünstigter Forschung & Entwicklung, SWK 2018, 499; *dies*, Forschungsprämie – Einkommensteuerrichtlinien-Wartungserlass 2018, RdW 2018, 461; *Petschnigg*, Highlights aus dem EStR Wartungserlass 2018, SWK 2018, 856.

aa) Forschungsprämie für wissenschaftliche Forschung (§ 108c Abs 2 Z 1)

Für **Aufwendungen zur Forschung und experimentellen Entwicklung**, die systematisch und unter Einsatz wissenschaftlicher Methoden durchgeführt wird (wissenschaftliche Forschung), kann eine **Forschungsprämie iHv 14%** der Aufwendungen (Ausgaben) gebildet werden. Die Forschungsprämie kann jedoch nur dann geltend gemacht werden, wenn die Forschung in einem inländischen Betrieb oder einer inländischen Betriebsstätte erfolgt (unionsrechtlich bedenklich[883])). 460

Für Forschungsaufwendungen in Wirtschaftsjahren, die vor dem 1. 1. 2011 begannen, konnte auch ein Forschungsfreibetrag in Höhe von 25% geltend gemacht werden.

Der Forschungsbegriff des § 108c orientiert sich am **„Frascati manual"** und wird in der ForschungsprämienVO[884]) näher definiert.

Forschung und experimentelle Entwicklung ist eine schöpferische Tätigkeit, die auf systematische Weise unter Verwendung wissenschaftlicher Methoden mit dem Ziel durchgeführt wird, den Stand des Wissens zu vermehren sowie neue Anwendungen dieses Wissens zu erarbeiten (Anhang I A 1. der ForschungsprämienVO). Sie umfasst ua auch Forschung im Bereich von Dienstleistungen.

Zu den begünstigungsfähigen Forschungsaufwendungen gehören Löhne und Gehälter, unmittelbar der Forschung dienende Aufwendungen und Investitionen, Finanzierungsaufwendungen sowie der Forschung zuordenbare Gemeinkosten (§ 1 Abs 2 der ForschungsprämienVO). Externe Aufwendungen – insb für Subforschung – sind nicht begünstigt (§ 1 Abs 3 der ForschungsprämienVO).

Die Forschungsprämie wird als Steuergutschrift gewährt (§ 108c Abs 4).

Eine Forschungsprämie darf nur dann gewährt werden, wenn der Stpfl ein Gutachten der Forschungsförderungsgesellschaft (FFG) vorlegt, nach dem es sich bei dem durchgeführten Projekt um Forschung iSd § 108c handelt (**Jahresgutachten,** § 108c Abs 7). An Stelle dieses Gutachtens kann auch eine kostenpflichtige **Forschungsbestätigung** nach § 118a BAO durch die Abgabenbehörde beantragt werden. Voraussetzung dafür ist ebenfalls ein Gutachten der FFG über den Forschungscharakter des zu beurteilenden Projektes. Liegt eine solche Forschungsbestätigung vor, genügt in den Folgejahren die Glaubhaftmachung, dass das durchgeführte Projekt nicht wesentlich von dem der Forschungsbestätigung zu Grunde liegenden Projekt abweicht (§ 108c Abs 7). Auf Antrag ergeht über die Höhe der Forschungsprämie ein Feststellungsbescheid (§ 108c Abs 9). 461

---

[883]) Ebenso Jakom/*Lenneis*, EStG[11] § 108c Tz 1; siehe auch EuGH 16. 6. 2011, C-10/10, *Kommission gegen Österreich;* anders *Atzmüller/Mayr*, IStR 2017, 143 ff.

[884]) ForschungsprämienVO BGBl II 2012/515.

bb) Forschungsprämie für die Auftragsforschung (§ 108c Abs 2 Z 2)

462 Für von einem inländischen Betrieb oder einer inländischen Betriebsstätte **in Auftrag gegebene Forschung und experimentelle Entwicklung** iSd § 108c Abs 2 Z 1 kann eine **Forschungsprämie iHv 14%** der Aufwendungen geltend gemacht werden. Diese Forschungsprämie kann nur für Aufwendungen iHv maximal € 1 Mio pro Wirtschaftsjahr geltend gemacht werden. Der Auftragnehmer muss eine Forschungseinrichtung mit Sitz in einem Mitgliedstaat der EU oder des EWR sein, die nicht unter beherrschendem Einfluss des Auftraggebers steht bzw nicht Mitglied einer Unternehmensgruppe ist, zu der auch der Auftraggeber gehört.

Hinsichtlich der begünstigten Forschung und experimentellen Entwicklung knüpft diese Prämie an die Forschungsprämie nach § 108c Abs 2 Z 1 an („Frascati-Prämie"); der Unterschied besteht lediglich darin, dass die Prämie gem Z 2 dem Auftraggeber zusteht (siehe auch EStR 2000 Rz 8209b).

d) Gewinnfreibetrag (§ 10)

Literatur: *Atzmüller/Mayr,* Ungebrauchtes Wirtschaftsgut aus alten Bestandteilen? RdW 2008, 361; *Aigner/Moshammer/Schneiderbauer,* Freibetrag für investierte Gewinne versus Gewinnfreibetrag; *Doralt,* Steuerreform: Einzelunternehmen bleiben diskriminiert, RdW 2009, 42; *Fellinger,* Steuerreform und Konjunkturpaket 2009 unter besonderer Berücksichtigung der §§ 11a und 10 EStG, in *Urnik/Fritz-Schmied,* Jahrbuch Bilanzsteuerrecht 09, Wien 2009; *Fuchs,* Gewinnfreibetrag (GFB) ersetzt ab 2010 FBiG, UFSaktuell 2009, 68; *Grangl/Petutschnig,* Investitionsförderung durch Steuerreformgesetz 2009 und Konjunkturbelebungsgesetz 2009, ÖStZ 2009, 172; *Fritz-Schmied,* Die Aliquotierung des Gewinnfreibetrages iSd § 10 EStG bei Mitunternehmern, taxlex 2009, 417; *Herzog/Rainer,* StRefG 2009, der neue Einkommensteuertarif, RdW 2009, 233; *Krassnig,* Steuerreform 2009: Ein weiterer Schritt in Richtung rechtsformneutraler Besteuerung kleiner und mittlerer Unternehmen? SWK 2009, 911; *Mayr,* StRefG 2009: Gewinnfreibetrag neu, RdW 2009, 236; *Reinisch/Tiefengraber,* Der neue Gewinnfreibetrag, taxlex 2009, 86; *M. Wagner,* Freibetrag für investierte Gewinne und Gewinnfreibetrag – VwGH versus Gesetzgeber? ÖStZ 2009, 484; *Herzog/Schlager,* Zweifelsfragen zu §§ 10 und 11a EStG, RdW 2010, 103; *Hirschler/Grangl,* Rechtsformwahl 2010, 126; *Schmidt,* Gewinnfreibetrag und vorzeitige Abschreibung auch bei Mietkauf, SWK 2010, 1324; *Kanduth-Kristen/Kampitsch/Komarek,* Der „neue" Gewinnfreibetrag gemäß § 10 EStG idF 1. StabG 2012 – eine erste Analyse, taxlex 2012, 182; *Kanduth-Kristen/Komarek,* Die Aufteilung des Gewinnfreibetrages gem § 10 EStG bei mehreren Einkunftsquellen im Verlustfall, taxlex 2012, 441; *dies,* Beseitigung der Benachteiligung aufgrund der Aufteilung des Gewinnfreibetrags gem § 10 EStG bei mehreren Betrieben – ein Vorschlag de lege ferenda, ÖStZ 2012, 542; *Atzmüller,* Verlust durch Gewinnfreibetrag? RdW 2013, 696; *Blasina,* Gewinnfreibetrag bei Einbringung – Nur Anschaffungen bis zum Einbringungsstichtag sind verwertbar, SWK 2013, 1201; *Bodis/Hammerl,* EStR Wartungserlass 2015 – wichtigste Änderungen im Überblick (Teil 1), RdW 2015, 510; *Kanduth-Kristen/Komarek,* Deckelung des Gewinnfreibetrags iSd § 10 EStG idF 1. StabG 2012 bei Mitunternehmerschaften, taxlex 2013, 277; *dies,* Verlustentstehung oder -erhöhung durch den Gewinnfreibetrag gem § 10 EStG ab Veranlagung 2012 möglich! taxlex 2013, 413; *Atzmüller,* Nochmals: Gewinnfreibetrag und Verlustentstehung, SWK 2014, 345; *Kanduth-Kristen/Komarek,* Gewinnfreibetrag und Verlustentstehung, SWK 2014, 83; *dies,* Der Gewinnfreibetrag iSd § 10 EStG ab 2013 im Überblick, VWT 2014, 93; *Rainer,* Kuriositäten bei der Begünstigung der Sonstigen Bezüge und beim Gewinnfreibetrag, ÖStZ 2014, 581; *Kanduth-Kristen/Komarek,* Der Gewinnfreibetrag gem § 10 EStG bei Mitunternehmerschaften mit Gewinnen aus der Überlassung von Kapital, taxlex 2015, 152; *dies,* Die Zuordnung und Nachversteuerung von Gewinnfreibeträgen gemäß § 10 EStG nach dem StRefG 2015/2016, taxlex 2015, 304; *Novosel/Patloch,* Nachträgliche Berücksichtigung des investitionsbedingten Gewinnfreibetrags gemäß § 10 EStG, taxlex 2015, 187; *oV,* Investitionsbedingter Gewinnfreibetrag und Handelsvertreterpauschalierung, SWK 2015, 1335; *Hammerl,* Wertpapierrückkauf bei investitionsbedingtem Gewinnfreibetrag, RdW 2016, 215; *Stöger-Frank,* Amtsrevision: (Vergessene) Geltendmachung eines investitionsbedingten Gewinnfreibetrages, BFGjournal 2016, 221; *Atzmüller,* Nochmals: Der Gewinnfreibetrag im Fall einer Betriebsveräußerung oder -aufgabe, SWK 2017, 655; *Beiser,* Der Gewinnfreibetrag im Fall einer Betriebsveräußerung oder -aufgabe, SWK 2017, 498; *derselbe,* Der Gewinnfreibetrag als Investitionsbegünstigung? SWK 2017, 764; *Fuchs,* Investitionsbedingter Gewinnfreibetrag, zeitliche Begrenzung für Antragstellung, ÖStZ 2017, 542; *Endfellner,* Die Mitunternehmerschaft im EStG – Die laufende ertragsteuerliche Behandlung im Überblick, taxlex 2018, 100.

Natürliche Personen, die **betriebliche Einkünfte** erzielen, können im Rahmen der Ermittlung dieser Einkünfte einen Gewinnfreibetrag geltend machen. **462/1** Dies gilt unabhängig von der Art der Gewinnermittlung. Der Gewinnfreibetrag beträgt bis zu **13% des Gewinnes** (ausgenommen Veräußerungsgewinne und mit dem besonderen Steuersatz nach § 27a versteuerte Kapitaleinkünfte nach § 27 Abs 2 Z 1 und 2; Gewinnanteile und Zinsen), höchstens jedoch € 45.350 (§ 10 Abs 1).

Der Gewinnfreibetrag reduziert sich für den € 175.000 übersteigenden Gewinnanteil auf 7% und für den € 350.000 übersteigenden Gewinnanteil auf 4,5%. Für Gewinnanteile über € 580.000 steht kein Gewinnfreibetrag mehr zu.

Beim Gewinnfreibetrag ist zwischen dem Grundfreibetrag und dem investitionsbedingten Gewinnfreibetrag zu unterscheiden. **462/2** Der **Grundfreibetrag** ist investitionsunabhängig. Er steht jedem Stpfl für einen Gewinn bis zu € 30.000 im Kalenderjahr zu (§ 10 Abs 1 Z 3); der Grundfreibetrag beträgt daher höchstens € 3.900. Dieser Grundfreibetrag steht auch dann zu, wenn der Gewinn nach Durchschnittssätzen ermittelt wird (Basis- oder Branchenpauschalierung; § 10 Abs 1 Z 6); er ist von Amtswegen zu berücksichtigen (siehe EStR 2000 Rz 3825).

Übersteigt der Gewinn € 30.000, kann für den übersteigenden Betrag ein **investitionsbedingter Gewinnfreibetrag** geltend gemacht werden (§ 10 Abs 1 Z 4). **462/3** Vom € 30.000 übersteigenden Gewinn können bis zu 13% (zur Staffelung des Gewinnfreibetrages siehe oben) gewinnmindernd geltend gemacht werden, soweit dieser Freibetrag in den Aufwendungen für die Anschaffung oder Herstellung von abnutzbaren körperlichen Anlagegütern oder bestimmten Wertpapieren Deckung findet. Eine allfällige Absetzung für Abnutzung steht daneben weiterhin zu (§ 10 Abs 1 Z 5). Bei Mitunternehmerschaften können die Gesellschafter den Freibetrag mit einem der Gewinnbeteiligung entsprechenden Teilbetrag ansetzen.

Bei Inanspruchnahme einer Basis- oder Branchenpauschalierung steht ein investitionsbedingter Gewinnfreibetrag nicht zu (§ 10 Abs 1 Z 6).

462/4 Für folgende Wirtschaftsgüter kann ein investitionsbedingter Gewinnfreibetrag nicht geltend gemacht werden (§ 10 Abs 4):

- PKW und Kombi (außer Fahrschulfahrzeuge und Taxis);
- Luftfahrzeuge;
- geringwertige Wirtschaftsgüter;
- gebrauchte Wirtschaftsgüter;
- Wirtschaftsgüter, die von einem Unternehmen erworben werden, das unter beherrschendem Einfluss des Stpfl steht (Missbrauchsregelung);
- Wirtschaftsgüter, für die eine Forschungsprämie gem § 108c in Anspruch genommen wurde.

462/5 Die angeschafften oder hergestellten abnutzbaren Anlagegüter müssen eine betriebsgewöhnliche Nutzungsdauer von mindestens vier Jahren haben und in einer Betriebsstätte im Inland verwendet werden, die der Erzielung betrieblicher Einkünfte dient.

Wertpapiere müssen dem Anlagevermögen ab der Anschaffung mindestens vier Jahre gewidmet werden.

Scheiden abnutzbare körperliche Anlagegüter vor Ablauf der Frist von vier Jahren aus dem Betrieb aus, oder werden sie in das Ausland verbracht, ist der Freibetrag für investierte Gewinne im Jahr des Ausscheidens bzw Verbringens gewinnerhöhend anzusetzen (ausgenommen im Falle einer entgeltlichen Überlassung in einen Mitgliedstaat der EU oder des EWR; § 10 Abs 5 Z 1). Beim Ausscheiden bzw Verbringen von Wertpapieren in das Ausland kann die Gewinnerhöhung durch Ersatzbeschaffungen verhindert werden; die Frist von vier Jahren wird dadurch nicht unterbrochen (§ 10 Abs 5 Z 2). Im Falle des Ausscheidens infolge höherer Gewalt oder eines behördlichen Eingriffs unterbleibt der gewinnerhöhende Ansatz (§ 10 Abs 5 Z 3 letzter Absatz).

Die Möglichkeit, den investitionsbedingten Gewinnfreibetrag für Investitionen in bestimmte Wertpapiere geltend zu machen, war für Wirtschaftsjahre, die nach dem 30. 6. 2014 endeten, auf Wohnbauanleihen eingeschränkt. Diese Einschränkung war befristet und für Wirtschaftsjahre, die nach dem 31. 12. 2016 begannen, nicht mehr anzuwenden (§ 124b Z 252). Der investitionsbedingte Gewinnfreibetrag kann daher wieder für alle Wertpapiere geltend gemacht werden, die sich für eine Wertpapierdeckung nach § 14 Abs 7 qualifizieren.

463–480 *frei*

B. Überschuss der Einnahmen über die Werbungskosten

1. Allgemeines

481 Bei den außerbetrieblichen Einkunftsarten (§ 2 Abs 3 Z 4 bis 7) ergeben sich die Einkünfte aus dem *„Überschuss der Einnahmen über die Werbungskosten"* (§ 2 Abs 4).

Sind die Werbungskosten höher als die Einnahmen, führt dies zu Verlusten. Die Verluste sind mit Einkünften anderer Einkunftsarten grds **ausgleichs-**

fähig (Ausnahmen im Rahmen der Einkünfte aus Kapitalvermögen und sonstiger Einkünfte; §§ 27, 29 Z 3, §§ 30, 31), **aber nicht vortragsfähig** (§ 18 Abs 6).

Wertsteigerungen werden ebenso wie Wertverluste erst aus Anlass der **Veräußerung** steuerwirksam, sofern der Veräußerungsvorgang dem Grunde nach steuerbar ist (ausgenommen die Fälle einer außergewöhnlichen technischen oder wirtschaftlichen Abnutzung). Zur Änderung der Rechtslage durch die Besteuerung von Veräußerungsgewinnen bei Kapitalvermögen und Grundvermögen ab 1. 4. 2012 siehe oben Tz 91 ff und Tz 118 ff.

Durchlaufende Posten, das sind Einnahmen und Ausgaben im Namen und für Rechnung eines anderen, sind auszuscheiden; die USt und die abziehbare Vorsteuer können wahlweise als durchlaufende Posten behandelt werden (§ 15 Abs 1; § 16 Abs 1).

2. Einnahmen

Literatur: *Taucher,* Das Zufluss-Abfluss-Prinzip im Einkommensteuerrecht, Wien 1983; *Egner/Wildner,* Besteuerung von Stock Options – Überbesteuerung oder Besteuerungslücke? FR 2001, 62; *Hagen,* Besteuerung von Aktienoptionen als Arbeitslohn bei einem unbeschränkt Steuerpflichtigen, FR 2001, 726; *Ton,* Steuer- und rechnungslegungsrechtliche Aspekte von Stock Options, GesRZ 2001, 78; *Damböck,* Stock Options aus Arbeitnehmersicht, ÖStZ 2001, 115; *Haunold,* Die steuerliche Behandlung von Stock Options beim Dienstnehmer, SWK 2001, 83; *Zehetner/Wolf,* Die Besteuerung von Stock Options, ecolex 2001, 24; *Doralt,* Stiftungen: Nutzungszuwendungen an Begünstigte, RdW 2002, 125; *König,* Die Vermögens- und Nutzungszuwendungen von eigen- bzw gemischtnützigen Privatstiftungen, RdW 2002, 311; *Postl,* Der Besteuerungszeitpunkt von Stock Options, ecolex 2002, 836; *Prodinger,* Bonusmeilen als Sachbezug? SWK 2002, 993; *Kohler/Wakounig,* Steuerleitfaden zur Vermietung[8], Wien 2002; *Eberhartinger/Riegler,* Mitarbeiterpartizipation am Unternehmenserfolg, SWK 2003, 775; *D. Aigner/G. Aigner,* Bewertung von Stock Options – Ist § 7 der Sachbezugs-VO verfassungskonform? ÖStZ 2003, 497; *Schuster/Hannak,* GmbH-Geschäftsführer und Sachbezug, SWK 2004, 1128; *Doralt,* Luxusvilla: Nutzungsbewertung für Begünstigte und Gesellschafter, RdW 2004, 571; *Langheinrich/Ryda,* Der (Betriebs)einnahmenbegriff im Ertragssteuerrecht, FJ 2004, 291; *Holowaty,* Klarstellung für die Personalverrechnung, SWK 2005, 425; *Gaedke,* VwGH: Sachbezugsverordnung bei wesentlich beteiligten Geschäftsführern nicht anwendbar, SWK 2005, 666; *Payer,* Lebensversicherungen für Arbeitnehmer, SWK 2005, 1475; *Kanduth-Kristen,* PKW-Sachbezug beim Gesellschafter-Geschäftsführer, taxlex 2005, 260; *dies,* Nochmals: PKW-Sachbezug beim Gesellschafter-Geschäftsführer, taxlex 2005, 544; *Gaedke,* Zur geplanten Änderung der Sachbezugsverordnung, SWK 2006, 471; *Schuster/Aigner,* Vielflieger und deren steuerliche Sorgen, SWK 2006, 597; *Trattler,* Sachbezüge, taxlex 2006, 547; *Schuster,* PKW-Sachbezug und Arbeitnehmerbeiträge, SWK 2006, 1049; *Weber/Freudhofmeier,* Übliche und angemessene Sachzuwendungen bei Betriebsveranstaltungen sind steuerfrei, SWK 2006, 1375; *Kraft-Kinz/Klostermann/Posautz,* Die Steuerpflicht von Incentives, insbesondere zwischen Pharmaunternehmen und Ärzten, SWK 2007, 753; *A. Bauer,* Aktienrückerwerb einer Gesellschaft aus steuerlicher Sicht, taxlex 2008, 417; *Frei/Zimprich,* Einlagenrückzahlung – ein alter Hut? SWK 2008, 1379; *Zöchling,* Verlustabdeckung durch Gesellschafter und spätere Gewinnausschüttung: Einlagenrückzahlung oder Beteiligungsertrag? RdW 2008, 425; *Soini-Wolf/Hebenstreit,* Rückzahlung von Einlagen, UFSjournal 2009, 217; *Staringer,* Die fremdfinanzierte Einlagenrückzahlung bei Kapitalgesellschaften, ÖStZ 2009, 153; *Brugger,* Einnahmenerzielung bei der Gutschrift von Bonusmeilen, ecolex 2010, 703; *Doralt,* Sachbezug: Gratiskonto steuerpflichtig, Gratisflug steuerfrei? RdW 2010, 109; *Renner,* Steuerpflicht von Bonusmeilen aus einem „Vielfliegerprogramm", SWK 2010, 817; *Stradinger,* Sachbezug bei Privatnutzung eines dienstgebereigenen Fahrzeugs, ecolex 2010, 292; *Blasl,* Änderung der Sachbezugswerteverordnung hinsichtlich der Wohnraumbewertung, SWK 2012, 1405; *Blasl/Zimprich,* Neuregelung des Sachbezuges bei Zinsersparnissen, SWK 2013, 342; *Gottholmseder/Shubshizky,* Firmenwagen: Streichung des Pendlerpauschales verfassungswidrig? SWK 2013, 423; *Doralt,* Das Sachbezüge-Paradoxon, RdW 2014, 668; *Kofler/Tumpel,* Vielleicht doch kein „Sachbezüge-Paradoxon", RdW 2014, 739; *Tausch/Wallner,* Das scheinbare Sachbezüge-Paradoxon: Einige weitere Überlegungen, ÖStZ 2015, 198; *Gansterer,* Firmen-Pkw: Sachbezugswert angemessen? RdW 2015, 128; *Varro,* Sachbezug für Elektrofahrzeuge: Vorrang der Ökologie vor dem Leistungsfähigkeitsprinzip, taxlex 2015, 251; *Schuster,* Der neue PKW-Sachbezug – ein ökologisches Update, SWK 2015, 1125; *Hayden/Varro,* Geldbezug oder Sachbezug (Sach-/Nutzungsüberlassung)? taxlex 2016, 358; *dies,* Steuerlich vorteilhafter: Sachbezug (Dienstwohnung) oder doppelte Haushaltsführung? RdW 2016, 847; *dies,* Widersprüche beim Pkw-Sachbezug, RdW 2017, 454; *Varro,* Treibstoffkosten im Sachbezug für Dienstwagen? SWK 2017, 128; *Prieler,* Anhebung der Angemessenheitsgrenze für PKW? SWK 2017, 575; *Unterberger/Kandler,* PKW beim wesentlich beteiligten Gesellschafter-Geschäftsführer einer GmbH, SWK 2019, 328.

„*Einnahmen liegen vor, wenn dem Steuerpflichtigen Geld oder geldwerte Vorteile im Rahmen der Einkunftsarten des § 2 Abs 3 Z 4 bis 7 zufließen. Die Veräußerung von Wirtschaftsgütern führt nur dann zu Einnahmen, wenn dies ausdrücklich angeordnet ist.*" (§ 15 Abs 1).

482 **„Im Rahmen der Einkunftsart"** bedeutet, dass nur solche Einnahmen relevant sind, die mit der erbrachten Leistung im Zusammenhang stehen. Die Einnahmen können auch von dritter Seite gewährt werden (zB ein Politiker erhält auf Grund seiner Politikerstellung von dritter Seite Zuwendungen oder geldwerte Vorteile.[885]) Auch Einnahmen bzw Vorteile, die sich ein Arbeitnehmer ohne oder gegen den Willen seines Arbeitgebers verschafft, fallen darunter und gehören als Vorteil aus dem Dienstverhältnis zu den Einkünften aus nichtselbständiger Tätigkeit (zB veruntreute Gelder, Bestechungsgelder oder gestohlene Waren).[886])

483 **„Geldwerte Vorteile"** haben vor allem bei den Einkünften aus **nichtselbständiger Arbeit** Bedeutung. Als Beispiel nennt das Gesetz Wohnung, Heizung, Beleuchtung, Kleidung, Kost, Waren, die Überlassung von Kraftfahrzeugen zur Privatnutzung und sonstige **Sachbezüge**; sie sind mit den um übliche Preisnachlässe verminderten **üblichen Endpreisen des Abgabeortes** anzusetzen (§ 15 Abs 2 Z 1). Aus Gründen der Verwaltungsvereinfachung werden diese Werte, insb etwa für Wohnung und Kost, aber auch für Kfz, mit der Sachbe-

[885]) *Doralt,* RdW 1989, 33.

[886]) VwGH 30. 6. 2005, 2002/15/0087 zur Überweisung aus der Amtskassa auf das private Sparbuch; VwGH 31. 7. 2013, 2009/13/0194 zur Veruntreuung von Kundengeldern durch einen Bankfilialleiter; BFG 14. 1. 2019, RV/7102265/2015: es besteht allerdings bei Malversionen eines Dienstnehmers keine Lohnsteuerpflicht.

zugswerteVO einheitlich festgesetzt.[887]) Die entsprechenden Ansätze liegen zum Teil unter den tatsächlichen Preisen (Verkehrswerten) und führen dann zu erheblichen Steuervorteilen.[888])

Zu den geldwerten Vorteilen gehört auch der begünstigte Erwerb von Mitarbeiterbeteiligungen am Unternehmen (siehe aber die Befreiungsbestimmungen in § 3 Abs 1 Z 15 lit b und c; dazu oben Tz 149).

Geldwerte Vorteile im Rahmen der Einkünfte aus **Vermietung und Verpachtung** sind etwa auch Herstellungsmaßnahmen des Mieters (siehe auch Tz 108). Ist der Mieter auf Grund des Mietvertrages zur Herstellung verpflichtet, dann fließt dem Vermieter der Vorteil im Zeitpunkt der Investition zu. Ist der Mieter zur Herstellung bloß berechtigt, dann fließt der Vorteil dem Vermieter erst im Zeitpunkt der Übergabe (Räumung) mit dem dann noch vorhandenen Wert zu.

Zu den Einnahmen zählen ua auch **Schadenersatzleistungen** für entgangene oder entgehende Einnahmen, nicht dagegen Ersatzleistungen für Vermögensschäden (Substanzverluste). Entschädigung nach dem Gleichbehandlungsgesetz für entgangene Einnahmen sind stpfl, dagegen sind Entschädigungen für sexuelle Belästigung (vergleichsweise wie Schmerzengeld) nicht als Einkünfte zu erfassen (vgl LStR 2002 Rz 656 b).

Versicherungsentschädigungen für Erhaltungsaufwand (zB Rohrbruch) gehören zu den Einnahmen, der Erhaltungsaufwand gehört zu den Werbungskosten, womit die Einnahme neutralisiert wird.

Als Einnahmen gelten auch zurückgewährte Werbungskosten (zB zurück- **484**
bezahlte Sozialversicherungsbeiträge)[889]), vom Dienstgeber ersetzter Werbungskostenaufwand (soweit es sich nicht um durchlaufende Gelder bzw Auslagenersätze handelt; § 26 Z 2), vom Dienstgeber ersetzte Polizeistrafen[890]), vom Dienstgeber ersetzte Unfallkosten[891]), ebenso etwa zurückerhaltener Erhaltungsaufwand bei einem vermieteten Gebäude (zB bei mangelhaften Reparaturen).

Für den **Zeitpunkt** des Zufließens der Einnahmen sind die allgemeinen **485**
Regeln des § 19 maßgeblich (siehe Tz 49).

§ 15 enthält auch Bestimmungen betreffend Zuwendungen von und an Privatstiftungen:

Bei **Zuwendungen (des Stifters) an die Privatstiftung** sind die zugewen- **486**
deten Wirtschaftsgüter bei der Stiftung im gesamten **außerbetrieblichen Bereich** mit jenen Werten anzusetzen, die für die Einkunftsermittlung beim Stifter maßgeblich waren oder gewesen wären (§ 15 Abs 3 Z 1; geht der Bewertung nach § 16 Abs 1 Z 8 vor).

Hat der Stifter die zugewendeten Wirtschaftsgüter zur **außerbetrieblichen Einkunftserzielung** benutzt, so hat die Privatstiftung die AfA von derselben Bemessungs-

[887]) BGBl II 2001/416.

[888]) Kritisch vgl *Doralt,* RdW 1988, 432; *Doralt,* RdW 2003, 727; *Gansterer,* RdW 2015, 128.

[889]) VwGH 23. 10. 1990, 89/14/0178, ÖStZB 1991, 303.

[890]) VwGH 29. 1. 1991, 91/14/0002, ÖStZB 1991, 555.

[891]) VwGH 16. 3. 1989, 89/14/0056, ÖStZB 1989, 282.

grundlage zu berechnen, von der sie der Stifter berechnet hat. Wurden die zugewendeten Wirtschaftsgüter beim Stifter zur **betrieblichen Einkunftserzielung** benutzt, so ist zu unterscheiden: Bei einer nicht betrieblich veranlassten Zuwendung aus dem Betriebsvermögen des Stifters (Entnahme) hat die Privatstiftung die AfA vom Entnahmewert des Wirtschaftsgutes (idR Teilwert) im Zeitpunkt der Zuwendung zu berechnen. Hat der Stifter die zugewendeten Wirtschaftsgüter **weder zur betrieblichen noch zur außerbetrieblichen Einkunftserzielung** genutzt, so sind für die Ermittlung der AfA-Bemessungsgrundlage die Bewertungsbestimmungen des § 16 Abs 1 Z 8 zu beachten: Dabei sind grds die tatsächlichen (historischen) Anschaffungs- oder Herstellungskosten relevant (lit a), die fiktiven Anschaffungskosten zum Zeitpunkt der erstmaligen Nutzung zur Einkünfteerzielung dürfen nur noch bei zum 31. 3. 2012 nicht steuerverfangenen Grundstücken (Altvermögen), die erstmalig zur Erzielung von Einkünften verwendet werden, angesetzt werden (lit c). Bei vom Stifter unentgeltlich erworbenen Wirtschaftsgütern ist stets auf den Wertansatz des Rechtsvorgängers abzustellen (lit b).

Von der Privatstiftung betrieblich genutztes Vermögen ist dagegen nach § 6 Z 5 zu bewerten.

487 **Zuwendungen der Privatstiftung** sind mit jenem Betrag anzusetzen, der im Zeitpunkt der Zuwendung hätte aufgewendet werden müssen (**fiktive Anschaffungskosten.** Nach dem Gesetzwortlaut sind die fiktiven Anschaffungskosten um negative Anschaffungskosten des zugewendeten Wirtschaftsgutes bzw negative Buchwerte des zugewendeten sonstigen Vermögens zu vermindern; § 15 Abs 3 Z 2 lit b) [892]). Es wird eine Anschaffung fingiert (vgl § 15 Abs 3 Z 2 lit a; KESt-pflichtig beim Empfänger). Daher sind im Falle der Zuwendung von Grundstücken bei einer späteren Veräußerung durch den Zuwendungsempfänger die fiktiven Anschaffungskosten als Anschaffungskosten des Grundstückes anzusetzen.

488 Die **Einlagenrückzahlung von Körperschaften** führt grds auch im außerbetrieblichen Bereich zu einem Aktivtausch; der rückgezahlte Betrag führt zu einer Verminderung der Anschaffungskosten der Beteiligung. Soweit der rückgezahlte Betrag die Anschaffungskosten übersteigt, kann eine Steuerpflicht nach Maßgabe des § 27 Abs 3 eintreten (§ 15 Abs 4 verweist auf § 4 Abs 12; siehe auch Kap Körperschaftsteuer, Tz 994 f).

3. Werbungskosten

Literatur: *Ruppe*, Die Abgrenzung der Betriebsausgaben/Werbungskosten von den Privatausgaben, in *Söhn* (Hrsg), Die Abgrenzung der Betriebs- oder Berufssphäre von der Privatsphäre im Einkommensteuerrecht, Köln 1980, 103; *Taucher*, Das Zufluss-Abfluss-Prinzip im Einkommensteuerrecht, Wien 1983; *Thunshirn*, Bildungsaufwendungen nach der Steuerreform 2000, RdW 2000, 47; *Atzmüller*, Bildungsaufwendungen nach der Steuerreform 2000, RdW 2000, 182; *Hilber*, Individualpauschalierungs-Verordnung, ecolex 2000, 153; *Stingl/Rauscher*, Nochmals: Zur Bewertung fiktiver Anschaffungskosten von Liegenschaften, ÖStZ 2000, 140; *Grabher/Gasser*, Grenzen der (Individual-)Pauschalierung – eine kritische Betrachtung aus aktuellem Anlaß, RdW 2000, 185; *Reinisch*, Weg-

[892]) Dazu *Mayr/Hayden* in *Doralt/Kirchmayr/Mayr/Zorn* (Hrsg), EStG[19] § 15 Tz 167.

verlegung des Familienwohnsitzes – Kosten der doppelten Haushaltsführung nicht abzugsfähig? RdW 2000, 570; *Buschmann/Mayerhofer,* Abzugsfähigkeit von Schuldzinsen, ÖStZ 2000, 675; *Temm,* Sind Studiengebühren für ein Universitätsstudium Betriebsausgaben bzw Werbungskosten? SWK 2000, 1111; *Atzmüller,* VfGH prüft Tagesgeld-Regelung, RdW 2001, 113; *Pülzl,* Die Rolle des Arbeitgebers bei Berücksichtigung des Pendlerpauschales, SWK 2001, 1361; *Stangl,* Einkommensteuerliche Beurteilung fremdfinanzierter Rentenversicherungen, ecolex 2001, 654; *Tiedtke/Wälzholz,* Die steuerliche Aufteilung von Schuldzinsen bei kreditfinanziertem Erwerb von gemischt genutztem Grundbesitz, FR 2001, 225; *Holzapfel,* Die Sozialversicherungsbeiträge des österreichischen Grenzgängers, SWI 2001, 206; *Pülzl/Pircher,* Steuerliche Berücksichtigung von Katastrophenschäden, RdW 2002, 624; *Konecny,* BFH: Ende des anschaffungsnahen Erhaltungsaufwandes, RdW 2002, 497; *Bertl/Hirschler,* Aktivierungspflicht für anschaffungsnahen Erhaltungsaufwand, RWZ 2002, 262; *W. D.,* VwGH Tagesgeld nur bei Nächtigung, RdW 2002, 370; *Laudacher,* Fahrtaufwendungen zwischen Wohnung und Arbeitsstätte bei Primarärzten, SWK 2002, 91; *Knörzer,* Parkplatzgebühren sind keine Werbungskosten, FJ 2002, 310; *Doralt,* VfGH: Verwirrung um das Tagesgeld, ÖStZ 2002, 320; *ders,* Nochmals: VfGH zum Tagesgeld, ÖStZ 2002, 377; *oV,* Reisen nach Wien-Umgebung, RdW 2002, 433; *Holzapfel,* Beitragsleistungen von Grenzgängern an private Krankenversicherungsgesellschaften limitiert abzugsfähig, SWI 2002, 387; *Müller,* Reisekosten in der Praxis, SWK-Sonderheft 2002; *Kofler,* Zur Abzugsfähigkeit von Promotionskosten, SWK 2002, 566; *Petschnigg,* Die Politiker-Pauschalierung SWK 2002, 92; *Haunold/Tumpel/Widhalm,* EuGH: Abzugsfähigkeit von Altersversicherungsbeiträgen und Dienstleistungsfreiheit, SWI 2002, 546; *Aigner/Reinisch,* Abzugsfähigkeit von Aus- und Fortbildungsaufwendungen in Deutschland und Österreich, SWK 2003, 446; *Fritz-Schmied/Payerer,* Die Abzugsfähigkeit von Aufwendungen für ein (ordentliches) Universitätsstudium, SWK 2003, 751; *Mayr,* Herstellungsaufwand im Handels- und Steuerrecht, ÖStZ 2003, 41; *oV,* VwGH: Kein Rechtsanspruch auf Kilometergeld-Ansatz als Werbungskosten, RdW 2003, 347; *W. D.,* Reisekostenvergütungen in Deutschland – ein Vergleich, RdW 2003, 165; *Atzmüller,* VwGH: Widersprüchliches zum Tagesgeld, RdW 2003, 731; *Lang/W. Loukota,* Das Erfordernis der Beibringung eines inländischen Besteuerungsnachweises, nach § 102 Abs 1 Z 3 Satz 2 EStG, SWI 2003, 67; *Freudhofmeier,* Reisekosten und Reiseaufwandsentschädigungen in der Praxis (Teil I), FJ 2003, 371; (Teil II), FJ 2003, 405; *Kohler,* Hausherr wohnt im eigenen Mietgebäude, SWK 2003, 481; *Ritz,* Abänderung nach § 295 a BAO, SWK 2003, 1448; *Pülzl,* VfGH/VwGH: Keine Berücksichtigung der tatsächlichen Fahrtkosten zwischen Wohnung und Arbeitsstätte, SWK 2003, 1003; *Pülzl,* Aktuelles zur Pendlerpauschale, doppelter Haushaltsführung und Familienheimfahrten, SWK 2003, 1043; *Doralt,* Kein Verlustvortrag bei Diensteinkünften? RdW 2003, 287; *Renner,* Negierung beruflichen Engagements – Notwendigkeit oder Ungerechtigkeit im Steuerrecht, RdW 2004, 706; *Knörzer,* Studiengebühren: VfGH prüft, FJ 2004, 156; *Fröhlich,* Tagesgeld bei eintägigen Reisen, UFS 2004, 348; *Pischinger,* Werbungskosten eines Universitätsprofessors im Zusammenhang mit Bibliotheksstudien im Ausland, UFS 2004, 348; *Doralt,* AbgÄG 2003: Bescheidänderung wegen rückwirkender Ereignisse, RdW 2004, 57; *Knörzer,* Neue Judikatur zur doppelten Haushaltsführung, SWK 2004, 308; *Pülzl,* VwGH zur Absetzbarkeit von Fahrtkosten zwischen mehreren Arbeitsstätten, SWK 2004, 643; *Hammerl,* Aufwendungen für ein Universitätsstudium als Werbungskosten, SWK 2004, S 859; *Hammerl,* Berufsbedingter Doppelwohnsitz: 2.200 €-Grenze überholt, RdW 2004, 756; *oV,* VwGH: Unentgeltliche Lehrtätigkeit und Werbungskosten, RdW 2004, 442; *Fellner,* Kosten eines männlichen Models für Fitnessstudio, Solarium, Friseur und Make-Up, UFS 2004, 290; *Lenneis,* Einkunftsquelleneigenschaft von leerstehenden Wohnungen, UFS 2004, 156; *Kofler,* Abzugsfähigkeit von Studienkosten, JAP 2004/2005, 110; *Hofbauer,* Vorweggenommene Werbungskosten und Vorsteuerabzug bei Vermietung und Verpachtung, GeS 2004, 117; *Zorn*, Familienheimfahrt: Übersiedlung aus Bosnien unzumutbar? RdW 2005, 784; *Doralt*, AfA und Kilometergeld auch für ein fremdes Fahrzeug? RdW 2005, 242; *Hörtnagl*, Das schleichende Ende der Tagesgelder (oder wie man ein Steuerprivileg neu erschafft), RdW 2005, 186; *Taucher*, Abzugsfähige Bildungsaufwendungen, FJ 2005, 341; *Holowaty*, Klarstellung für die Personalverrechnung: Änderungen bei den Werbungskosten, SWK 2005, 516; *Steiger*, Sozialversicherungsbeiträge im Einkommensteuerrecht, FJ 2005, 73; *Sedounik*, Werbungskosten für Politiker, RFG 2005, 159; *Pummerer*, Wirtschaftliche Nutzungsdauer im außerbetrieblichen Bereich, ÖStZ 2005,159; *Pummerer*, Replik „Der Nachweis der Nutzungsdauer im außerbetrieblichen Bereich", ÖStZ 2005, 403; *Renner*, Werbungskosten für Politiker: gleicher Maßstab wie für andere Steuerpflichtige? SWK 2005, 347; *oV*, Bürgschaftszahlungen als Werbungskosten, SWK 2005, 993; *oV*, VwGH: Notwendige Instandsetzung als Teil des Herstellungsaufwandes, RdW 2005, 48; *Vrignaud*, ESt-Praxis: Tipps zu Fahrtenbuch und Kilometergeld, GeS 2005, 338; *D. Aigner*, Berufsbedingte doppelte Haushaltsführung, taxlex 2005, 440; *Birklbauer*, Versicherungssteuer als Werbungskosten bei der Anschaffung eines Rentenstammrechts, taxlex 2005, 129; *Mühlberger*, Jüngste UFS-Rechtsprechung zur Abzugsfähigkeit von Kosten für Aus- und Fortbildung sowie für Umschulung, FJ 2006, 429; *Mühlberger*, Wohnungskosten einer ledigen Studentin keine als Werbungskosten abzugsfähige Ausbildungskosten, FJ 2006, 429; *Mühlberger*, Umschulungsmaßnahme eines Lehrers durch Absolvierung eines Jus-Studiums, FJ 2006, 430; *oV*, Werbungskosten für ein Arbeitszimmer bei vorübergehender Erwerbslosigkeit, SWK 2006, 331; *oV*, BFH: Werbungskosten trotz gescheiterter Investition, SWK 2006, 367; *Mühlberger*, UFS zum Pendlerpauschale, FJ 2006, 143; *Renner*, BFH: Aufwendungen eines Lehrers für Snowboardkurse können Werbungskosten sein, SWK 2006, 969; *Röthlin/Plassak*, Einkommensteuerliche Pauschalierung bei Journalisten, SWK 2006, 1043; *Renner*, Erweiterung des Dienstreisebegriffs durch lohngestaltende Vorschriften verfassungswidrig, SWK 2006, 1125; *oV*, Werbungskosten bei gescheiterter Vermietungstätigkeit, SWK 2006, 1233; *Fröhlich*, UFS zum Herstellungsaufwand, RdW 2006, 466; *Lenneis*, Fiktive Anschaffungskosten – Ertragswert- versus Vergleichswertmethode? UFS 2006, 8; *Stingl*, Abgrenzung Instandhaltungsaufwand/Instandsetzungsaufwand bei Vermietungen, immolex 2006, 113; *Ryda/Langheinrich*, Behandlung der Fahrtkosten zwischen Wohnung und Arbeitsstätte sowie zwischen einem an der Arbeitsstätte begründeten Wohn- und dem Familienwohnsitz, FJ 2006, 271; *Puchinger*, Ende des Aufteilungsverbots bei privat mitveranlassten Aufwendungen? FJ 2006, 447; *Raab*, Werbungskosten von Politikern, RFG 2007, 26; *Petschnigg*, Einkünfte aus Vermietung und Verpachtung: Pauschalierung der Werbungskosten, SWK 2007, 389; *Pülzl*, Weiße Berufskleidung eines Arztes nicht abzugsfähig? SWK 2007, 1073; *Renner*, BFH zur Werbungskosteneigenschaft einer Pensionierungsfeier, SWK 2007, 434; *ders*, Aufwendungen eines Arbeitnehmers für Bewirtung und Werbung, RdW 2007, 491; *ders*, Aufwendungen für Ärztekongresse als Werbungskosten, SWK 2007, 654; *ders*, Kosten einer Feier anlässlich eines Dienstjubiläums, SWK 2007, 549; *ders*, Aufwendungen zur Feststellung der Kontaminierung eines vermieteten Grundstücks, SWK 2007, 753; *ders*, Kosten einer Unternehmensbewertung beim Erwerb von GmbH-Anteilen, SWK 2007, 869; *ders*, Diebstahl eines Fahrzeuges im Betriebsvermögen während privaten Besuchs, SWK 2007, 1307; *Taucher*, Einlagen in die außerbetriebliche Sphäre, in FS W. Doralt, Wien 2007, 453; *Beiser*, Werbungskosten nach der Emeritierung, RdW 2007, 309; *Zorn*, VwGH zur sofortigen Absetzbarkeit beim Bauherrenmodell, RdW 2007, 366; *Beiser*, Werbungskosten für das Snowboard einer Lehrerin? SWK 2008, 850; *Krasser*, Wie sind Zahlungen an den Reparaturfonds steuerrechtlich zu handhaben? UFS 2008, 116; *Kofler*, Die steuerliche Berücksichtigung der doppelten Haushaltsführung, taxlex 2008, 8; *Kuprian*, UFS und Reisekosten, UFSjournal 2008, 4; *Markowetz*, Buchwertfortführung bei unentgeltlicher Gebäudeübetragung, SWK 2008, 1139; *Marschner/Puchinger*, Schenkungsmeldegesetz 2008 bringt Änderungen für Schenkungen, Grundstücke und Stiftungen, FJ 2008, 134; *dies,* Schenkungsmeldegesetz 2008 „reloaded", FJ 2008, 221; *Pülzl,* VwGH zur Darlehenskonvertierung im außerbetrieblichen Bereich: „Der Kreis schließt sich", FJ 2008, 441; *ders,* Zur Reichweite des Verkehrsabsetzbetrages und des Pendlerpauschales, SWK 2008, 1063; *ders,* Zur Abzugsfähigkeit von Umschulungskosten für Nebentätigkeit, SWK 2008, 1099; *Renner,* Werbungskosteneigenschaft eines Snowboards: Unterschiedliche Rechtsansicht von VwGH und BFH, RdW 2008, 542; *Schuster,* Über die eingeschränkte Anwendbarkeit des Kilometergeldes, SWK 2008, 1321; *Thiele,* BFH: Neues zur Absetzbarkeit von Strafverteidigerkosten, ÖStZ 2008, 364; *Zech,* Prozesskosten als Werbungskosten bei den Einkünften aus Kapitalvermögen, UFSjournal 2008, 43; *Baldauf,* Pendlerpauschale verfassungswidrig? RdW 2009, 123; *Dalbauer,* Die Abzugsfähigkeit von Strafverteidigerkosten nach VwGH und BFH, RdW 2009, 305; *Doralt,* Der neue „kausale" Werbungskostenbegriff und die Fahrtkosten zum Arbeitsplatz, RdW 2009, 371; *ders,* § 295 a BAO (rückwirkendes Ereignis) – ein halber Flop? RdW 2009, 502; *Endfellner,* Radln um's Kilometergeld, FJ 2009, 429; *Hammerl/Herzog,* Die AfA-Bemessungsgrundlage bei Mietgebäuden im Privatbesitz, RdW 2009, 44; *Renner,* Werbungskosten aus Vermietung und Verpachtung bei leerstehender Wohnung, ÖStZ 2009, 158; *ders,* Absetzung für außergewöhnliche Abnutzung als Werbungskosten bei Gebäudevermietung, SWK 2009, 508; *Sutter/Pfau,* Abzugsverbot bei ausländischen Kapitalerträgen hält auch ohne Absicherung im EndbesteuerungsG vor dem VfGH, ÖStZ 2009, 513; *Waldner/Braitc,* Kann eine Verbindlichkeit Gegenstand eines Spekulationsgeschäftes sein? RdW 2009, 169; *D. Fröhlich,* Typisierende Betrachtungsweise und doppelte Haushaltsführung, SWK 2010, 463; *Renner,* Spannender Spagat: abzugsfähige vs nichtabszugsfähige Ausgaben, ecolex 2010, 383; *Wanke/Peth,* Krative Fortbildung – Werbungskosten oder private Lebensführung? UFSjournal 2010, 140; *oV,* VwGH: Aufteilungsverbot bleibt unverändert, Reisekosten dennoch absetzbar, RdW 2011, 169; *Moser,* Verlustverwertung bei Einkünften aus Vermietung und Verpachtung, SWK 2011, 1248; *Hörtnagl-Seidner,* Häusliche Computer als Arbeitsmittel: BFH für hälftige Aufteilung der Aufwendungen, RdW 2012, 112; *Maleiner/Staribacher,* VwGH: Kosten für Privatpilotenschein als Werbungskosten absetzbar, RdW 2012, 494; *Schuster,* Persönlichkeitsbildung als Werbungskosten, SWK 2012, 934; *Staribacher/Maleiner,* Privatpilotenschein als Umschulungskosten für Linienpilotenausbildung, RdW 2012, 49; *Gottholmseder/Shubshitzky,* Firmenwagen: Streichung des Pendlerpauschales verfassungswidrig? SWK 2013, 423; *Marchgraber,* Schuldzinsenabzug bei der Veräußerung fremdfinanzierter Immobilien, ÖStZ 2013, 383; *Haas,* Immobilienbesteuerung und Werbungskostenabzug, SWK 2014, 571; *Prodinger,* Rückwirkende Änderungen der Abschreibungen und der Instandsetzungen, SWK 2015, 1320; *Reinold/Stückler,* Steuerreformgesetz 2015/16: Neuerungen im Bereich der Ertragsbesteuerung von Immobilien, ÖStZ 2015, 403; *Mechtler,* SteuerreformG 2015: Neufassung des Abzugsverbots bei der ImmoESt, RdW 2015, 590; *Mayr,* Grund- und Boden-Anteil bei vermieteten Gebäuden, RdW 2016, 419; *Prodinger,* Grundanteilverordnung – pauschale Ermittlung des Grundanteils, SWK 2016, 737; *Herzog,* Einkommensteuerliche Änderungen bei den Grundstücken ab 2016, SWK 2016, 1035; *Kanduth-Kristen/Kampitsch,* Werbungskostenabzug bei privaten Grundstücksveräußerungen, ÖStZ 2017, 502; *Bodis/Prodinger,* Offene Fragen bei der Ermittlung des Grundanteils, SWK 2017, 359; *Prodinger,* Ermittlung des Grundanteils – neue Aussage des BMF, SWK 2017, 1111; *Kanduth-Kristen/Kampitsch,* Abzugsverbot bei sonderbesteuerten und Verlustausgleich bei privaten Grundstücksveräußerungen, SWK 2018, 81; *Renner,* Aufteilung von Anschaffungskosten bebauter Grundstücke, SWK 2018, 514; *Ebner/Lachmayer,* Grundstücksbesteuerung: Schedulensystem und Werbungskostenabzug verfassungskonform, RdW 2018, 113; *Prodinger,* Ermittlung des Grundanteils durch den Grundstückswert, SWK 2019, 30.

a) Begriff, Unterschied zu Betriebsausgaben

489 Als „Werbungskosten" bezeichnet das EStG jene Aufwendungen, die bei den außerbetrieblichen Einkunftsarten zur Ermittlung der stpfl Einkünfte von den Einnahmen abzuziehen sind. Das Gesetz definiert sie als *„Aufwendungen oder Ausgaben zur Erwerbung, Sicherung oder Erhaltung der Einnahmen"* (§ 16 Abs 1).

Vergleichsweise definiert § 4 Abs 4 die Betriebsausgaben als *„Aufwendungen oder Ausgaben, die durch den Betrieb veranlasst sind"*. Aus dem unterschiedlichen Gesetzeswortlaut wurde früher abgeleitet, dass als Werbungskosten nur notwendige oder zweckmäßige Aufwendungen abzugsfähig sind (*finaler Werbungskostenbegriff* im Gegensatz zum *kausalen Betriebsausgabenbegriff*). Der Begriff „Werbungskosten" sei enger als der Begriff „Betriebsausgaben"; während für Betriebsausgaben ein **mittelbarer Zusammenhang** mit dem Betrieb genüge, sei für Werbungskosten ein **unmittelbarer Zusammenhang** erforderlich.[893]) Darüber hinaus soll der Begriff der Werbungskosten **je nach Einkunftsart einen unterschiedlichen Inhalt** haben und sich nur im Bereich der Vermietung und Verpachtung dem Begriff der Betriebsausgaben nähern.[894])

Die inhaltliche Unterscheidung zwischen Betriebsausgaben und Werbungskosten ist allerdings abzulehnen. Im Ergebnis besteht auch in der Rsp – von Einzelfällen abgesehen – Übereinstimmung zwischen Werbungskosten und Betriebsausgaben.[895]) Eine Differenzierung zwischen Werbungskosten und Betriebsausgaben (oder zwischen den Werbungskosten bei unterschiedlichen Einkunftsarten) würde grds dem Gleichheitsgebot des Art 7 Abs 1 B-VG widersprechen.[896])

Wenn zB der VwGH die Kleidung beim (nicht selbständig tätigen) Beamten „wegen der nur mittelbaren Beziehung zu seinen Einkünften" nicht als abzugsfähig anerkennt,[897]) dann wäre danach die Kleidung des (selbständig tätigen) Steuerberaters abzugsfähig; tatsächlich wird dessen Kleidung jedoch ebenso wenig als Betriebsausgabe anerkannt.

In jüngerer Zeit hat auch der VwGH die **grds Gleichbehandlung von Werbungskosten und Betriebsausgaben** ausdrücklich anerkannt; bei Aufwendungen, „die ihrer Art nach eine private Veranlassung nahe legen, darf die Veranlassung durch die Einkünfteerzielung nur dann angenommen werden, wenn sich die Aufwendungen für die betriebliche oder berufliche Tätigkeit notwendig erweisen. Die Notwendigkeit bietet in derartigen Fällen das verlässliche Indiz der betrieblichen oder beruflichen Veranlassung".[898])

Die Verwaltungspraxis vertritt ebenfalls einen kausalen Werbungskostenbegriff: Werbungskosten sind Aufwendungen, die beruflich „veranlasst" sind; es genügt ein objektiver Zusammenhang, ein unmittelbarer Zusammenhang wird offenkundig nicht vorausgesetzt (LStR 2002 Rz 223 ff). Notwendigkeit oder Zweckmäßigkeit des Aufwandes ist grds nicht erforderlich; lediglich bei Aufwendungen, die ihrer Art nach die Möglichkeit einer privaten Veranlassung vermuten lassen, ist die Notwendigkeit iS einer objektiv

---

893) VwGH 27. 6. 1989, 88/14/0112, ÖStZB 1990, 53.

894) VwGH 20. 9. 2001, 96/15/0231, ÖStZB 2002, 608.

895) ZB VwGH 21. 1. 2001, 99/13/0245, ÖStZB 2001, 528; siehe auch *Zorn/Stanek* in *Doralt/Kirchmayr/Mayr/Zorn,* EStG[20] § 16 Tz 2 ff.

896) *Zorn/Stanek* in *Doralt/Kirchmayr/Mayr/Zorn,* EStG[20] § 16 Tz 3.

897) VwGH 7. 5. 1979, 3313/78, ÖStZB 1980, 37.

898) VwGH 29. 5. 1996, 93/13/0013, ÖStZB 1997, 87; siehe *Sarnthein,* ÖStZ 1996, 420.

sinnvollen Einsatzmöglichkeit zu untersuchen.[899]) Daher sind zB die Kosten für eine freiwillige Anschaffung neuer statt der vom Dienstgeber beigestellten Büromöbel als Werbungskosten anzuerkennen.[900])

Betriebsfeiern, die nicht der Unternehmer, sondern ein leitender Mitarbeiter finanziert, sind zwar beruflich veranlasst, werden aber nicht zum Werbungskostenabzug zugelassen;[901]) anders BFH zu den Bewirtungsaufwendungen anlässlich der Ruhestandsfeier eines Offiziers.[902])

Aufwendungen und Ausgaben für den **Erwerb** oder **Wertminderungen von Wirtschaftsgütern** sind nur insoweit als Werbungskosten abzugsfähig, als dies ausdrücklich vorgesehen ist (§ 16 Abs 1 zweiter Satz). **Aufwendungen iZm dem Vermögensstamm** sind jedoch dann abzugsfähig, wenn sie **gleichzeitig auch mit den Einnahmen in Zusammenhang** stehen. Der Umstand, dass der Vermögensstamm zum Privatvermögen gehört, hindert die Abzugsfähigkeit der laufenden Aufwendungen nicht. 490

Aufwendungen iZm nicht stpfl Einnahmen sind generell nicht abzugsfähig (§ 20 Abs 2 erster TS).[903]) Bei Aufwendungen in Zusammenhang mit Einkünften, bei denen ein besonderer Steuersatz angewendet werden (§ 27 und § 30) kann, ist zu differenzieren (§ 20 Abs 2 zweiter und dritter TS):

– Aufwendungen iZm **Kapitaleinkünften** (§ 27) sind nicht abzugsfähig, wenn ein besonderer Steuersatz **anwendbar ist;**[904])

– Aufwendungen iZm **Grundstücksveräußerungen (§ 30)** sind nicht abzugsfähig, wenn der besondere Steuersatz **angewendet wird.** Davon ausgenommen sind nur die Kosten der Mitteilung, Selbstberechnung und Entrichtung der ImmoESt sowie Minderbeträge aus Vorsteuerberichtigungen nach § 6 Z 12 (siehe dazu oben Tz 123 f).

Auf Grund der unterschiedlichen Formulierung („anwendbar ist" und „angewendet wird") greift das Abzugsverbot bei Aufwendungen iZm Grundstücksveräußerungen nicht, wenn zur Regelbesteuerung optiert wird; in diesem Fall wird der besondere Steuersatz gerade nicht „angewendet". Demgegenüber kommt es bei Aufwendungen iZm Kapitaleinkünften nicht darauf an, weil auch bei der Ausübung der Regelbesteuerungsoption ein besonderer Steuersatz – dem Grunde nach – anwendbar ist. Nach der Rechtslage bis zum StRefG 2015/2016 war das Abzugsverbot hingegen für beide Einkunftsarten gleich ausgestaltet und damit unabhängig von der Ausübung der Regelbesteuerungsoption anwendbar. Für Aufwendungen iZm Grundstücksveräußerungen wurde dies vom VfGH als verfassungswidrig eingestuft.[905])

Werbungskosten können auch dann vorliegen, wenn die Ausgaben vor Beginn der Einnahmenerzielung anfallen (**vorbereitende Werbungskosten;** 491

---

[899]) Vgl VwGH 12. 4. 1994, 91/14/0024.

[900]) UFS 23. 6. 2006, RV/0724-L/05.

[901]) Vgl *Zorn/Stanek* in *Doralt/Kirchmayr/Mayr/Zorn,* EStG[20] § 16 Tz 28 f

[902]) BFH 11. 1. 2007, VI R 52/03, BStBl II 2007, 317.

[903]) Siehe zB VwGH 25. 4. 2013, 2010/15/0099 (zur Nichtabzugsfähigkeit von Aufwendungen für Familienheimfahrten, die iZm steuerfreien Bezügen stehen).

[904]) Dieses Abzugsverbot ist durch das EndbesteuerungsG vorgegeben und damit verfassungsrechtlich abgesichert.

[905]) VfGH 30. 11. 2017, G 183/2017; dazu *Ebner/Lachmayer,* RdW 2018, 113.

zB Aufwendungen zur Postensuche, Wahlkampfkosten zur Erreichung eines politischen Mandates).[906]) Ebenso sind **nachträgliche Werbungskosten** im Zusammenhang mit in der Vergangenheit zugeflossenen Einnahmen abzugsfähig (zB Kosten eines Zivilprozesses gegen oder Schadenersatzleistungen an den ehemaligen Arbeitgeber).

b) Einzelne im Gesetz aufgezählte Werbungskosten

492 1. **Schuldzinsen** und auf besonderen Verpflichtungsgründen beruhende **Renten** und **dauernde Lasten,** soweit sie mit einer Einkunftsart in wirtschaftlichem Zusammenhang stehen.

Zu den Schuldzinsen zählen zB Zinsen für ein Darlehen zur Anschaffung oder Erhaltung eines Gebäudes, aus dem Einkünfte aus Vermietung und Verpachtung erzielt werden, oder Zinsen für ein Darlehen zur Anschaffung von Wertpapieren. Werden im Zuge eines Erwerbes einer Einkunftsquelle auch Schulden übernommen, die mit der Einkunftsquelle nicht in einem Zusammenhang stehen, sind die Zinsen für diese Schulden nicht abzugsfähig.[907]) Soweit die Einnahmen steuerfrei sind oder ein besonderer Steuersatz anwendbar ist (bzw angewendet wird), sind auch die Schuldzinsen nicht abzugsfähig (§ 20 Abs 2).[908])

Beispiel:

Der Stpfl hat ein Mietobjekt mit Fremdmitteln finanziert, die Zinsen sind daher bei den Mieteinnahmen (Einkünfte aus VuV) als Werbungskosten abzugsfähig, auch wenn das Mietgebäude später veräußert wird.

Wird dagegen das Gebäude privat genutzt, dann sind die Zinsen auch bei der späteren Veräußerung nicht abzugsfähig.[909])

Renten und dauernde Lasten kommen als Werbungskosten in Betracht, wenn ein Zusammenhang mit außerbetrieblichen Einkünften besteht (zB Schadenersatzrente bei einer Verletzung, für die der Vermieter haftet). Steht die Rente mit dem Erwerb der Einkunftsquelle im Zusammenhang (zB Erwerb eines Miethauses gegen Leibrente), so sind die Rentenzahlungen insoweit abzugsfähig, als die Summe der verausgabten Beträge den Wert der Gegenleistung (§ 29 Z 1) übersteigt (§ 16 Abs 1 Z 1 letzter Satz).

493 2. **Abgaben** und **Versicherungsbeiträge,** soweit sie sich auf Wirtschaftsgüter beziehen, die dem Stpfl zur Einnahmenerzielung dienen (zB Grundsteuer, nicht aber die zu den Anschaffungskosten zählende Grunderwerbsteuer und Grundbuchsgebühr). Zu den abzugsfähigen Versicherungsprämien zählen insb Gebäudeversicherungen (zB Feuer-, Sturmschaden- oder Gebäudehaftpflichtversicherung) (vgl EStR 2000 Rz 4041).

---

[906]) VwGH 31. 1. 2001, 99/13/0249, ÖStZB 2001, 528; VwGH 28. 5. 1986, 85/13/0045, ÖStZB 1987, 200; vgl LStR 2002 Rz 10230; zur Vermietung und Verpachtung siehe auch Tz 523.

[907]) VwGH 22. 11. 2006, 2004/15/0121, ÖStZB 2007, 293.

[908]) Das Abzugsverbot ist verfassungskonform; VfGH 30. 11. 2017, G 183/2017.

[909]) Siehe dazu *Marchgraber,* ÖStZ 2013, 383; *Ebner/Lachmayer,* RdW 2018, 113.

3. **Pflichtbeiträge** zu gesetzlichen Interessenvertretungen (zB Arbeiterkammerumlage), Betriebsratsumlagen und Beiträge für die freiwillige Mitgliedschaft bei Berufsverbänden (zB Gewerkschaftsbeiträge, eingeschränkt analog zu § 4 Abs 9; siehe Tz 291). **494**

4. Beiträge zu **Pflichtversicherungen** (Sozialversicherung) und vergleichbare Beiträge zu in- und ausländischen Versicherungen.[910]) **495**

5. Von Arbeitnehmern zu entrichtende **Wohnbauförderungsbeiträge.** **496**

6. Ausgaben für **Fahrten zwischen Wohnung und Arbeitsstätte** (im Einzelnen siehe unten Tz 508). **497**

7. Aufwendungen für **Arbeitsmittel** (zB Werkzeug und Berufskleidung). Die übliche Bekleidung fällt unter die nichtabzugsfähigen Aufwendungen nach § 20; auch der schwarze Anzug eines Orchestermitgliedes ist nicht abzugsfähig.[911]) Ist die Nutzungsdauer der Arbeitsmittel länger als ein Jahr, sind die Anschaffungs- oder Herstellungskosten im Wege der AfA zu berücksichtigen. **498**

8. **Absetzung für Abnutzung** und für Substanzverringerung; hier gelten die allgemeinen Regeln der §§ 7 und 8 (siehe Tz 419 ff); Hauptanwendungsfälle sind Gebäude im Rahmen der Vermietung und Verpachtung, doch kommen etwa auch Arbeitsmittel nichtselbständig Tätiger in Betracht (im Einzelnen siehe unten Tz 513 ff). **499**

9. **Geringwertige Wirtschaftsgüter:** Die Sofortabsetzung geringwertiger Wirtschaftsgüter nach § 13 (Anschaffungs- oder Herstellungskosten von höchstens € 400; siehe Tz 439) gilt auch für außerbetriebliche Einkünfte. **500**

10. **Mehraufwendungen für Verpflegung und Unterkunft** bei ausschließlich beruflich veranlassten Reisen. Diese Aufwendungen können bei Nachweis in tatsächlicher Höhe, ohne Nachweis nur in Höhe der Pauschalbeträge in § 26 Z 4 geltend gemacht werden. Zu den Aufwendungen gehören **501**

- **Nächtigungskosten:** Ohne Nachweis ihrer tatsächlichen Höhe ist ein Pauschbetrag von € 15 (inkl Frühstück; vgl § 26 Z 4 lit c) abzugsfähig.
- **Tagesgelder:** Sie decken den Verpflegungs*mehraufwand* ab und sind mit dem Pauschalbetrag von € 26,40 abzugsfähig, wobei der volle Betrag für 24 Stunden zusteht (§ 26 Z 4 lit b).[912])

[910]) Siehe dazu VwGH 21. 11. 2018, Ra 2017/13/0042, wonach Beiträge im Rahmen einer ausländischen Versicherungspflicht nur soweit abzugsfähig sind, als sie den Pflichtbeiträgen „in der gesetzlichen Sozialversicherung" entsprechen.

[911]) VwGH 11. 4. 1984, 83/13/0048, ÖStZB 1984, 375; Aufwendungen für bürgerliche Kleidung sind nur dann abzugsfähig, wenn eine private Nutzung nachweislich ausgeschlossen ist; vgl VwGH E 26. 11. 1997, 95/13/0061, 1998, 477 (zu Aufwendungen einer Schauspielerin für auf der Bühne getragene bürgerliche Kleidung); ebenso VwGH 10. 9. 1998, 96/15/0198, 1999, 155 (zu Damenkleidern eines Kabarettisten); für weitere Einzelfälle siehe *Zorn/Stanek* in *Doralt/Kirchmayr/Mayr/Zorn,* EStG[13] § 16 Tz 220.

[912]) Nach der Judikatur können Tagesgelder nur geltend gemacht werden, wenn eine Nächtigung erforderlich ist, weil bei eintägigen Reisen ein Verpflegungsmehraufwand zB durch die Mitnahme von Lebensmitteln vermieden werden kann; VwGH 28. 9. 2011, 2007/13/0138; VwGH 30. 10. 2001, 95/14/0013; demgegenüber ist die Verwaltungspraxis großzügiger, vgl LStR 2002 Rz 311, wonach die gegenteilige VwGH-Judikatur „nicht anzuwenden" ist.

Es gelten die gleichen Grundsätze wie im Fall der Gewinnermittlung, insb auch die **Mindestentfernung von 25 km** (vgl Tz 285). Begründet der Dienstnehmer von der Betriebsstätte seines Dienstgebers entfernt einen **neuen Mittelpunkt seiner Tätigkeit,** so ist er dann nicht mehr auf einer Reise.[913]) Zu einem (weiteren) Mittelpunkt der Tätigkeit wird ein Ort bei einem **durchgehenden Einsatz von zumindest einer Woche** (fünf aufeinander folgende Arbeitstage)[914]), bei **wöchentlich wiederholenden Einsätzen** nach einer angemessenen Anlaufphase (wohl ebenfalls fünf bis sieben Tage)[915]) oder bei einem wiederkehrenden aber unregelmäßigen Einsatz von über 15 Tagen im Kalenderjahr (vgl LStR 2002 Rz 301).

Im Vergleich zur Reise ist der Begriff der „Dienstreise" iS des § 26 Z 4 wesentlich weiter. Eine „Dienstreise" liegt bereits dann vor, „wenn ein Arbeitnehmer über Auftrag des Arbeitgebers seinen Dienstort (Büro, Betriebsstätte, Werksgelände, Lager usw) zur Durchführung von Dienstverrichtungen verlässt", also auch bei nur kurzen Entfernungen. Entschädigungen für solche Dienstreisen zählen nicht zu den Einkünften. Die Regelung der Werbungskosten und Betriebsausgaben ist daher gegenüber § 26 Z 4 ungünstiger,[916]) wurde aber trotz Differenzierung innerhalb derselben Einkunftsart nicht als verfassungswidrig aufgehoben.[917])

Zu **Studienreisen,** insb zur Abgrenzung eines beruflichen vom privaten Aufwand (sog Mischaufwand) siehe Tz 286.

502 **Fahrtspesen** sind nicht ausdrücklich im Gesetz angeführt; sie fallen unter den allgemeinen Werbungskostenbegriff und sind in ihrer tatsächlichen Höhe abzugsfähig. Bei Verwendung eines eigenen Kfz kann zwar das amtliche Kilometergeld geltend gemacht werden, doch besteht kein Rechtsanspruch auf Kilometergeld-Ansatz; insb bei hohen Kilometerzahlen (ab 30.000 km jährlich) wird das Kilometergeld nicht anerkannt (vgl auch LStR 2002 Rz 371 ff).[918])

Zu den Fahrtspesen zwischen Wohnung und Arbeitsstätte (Pendlerpauschale) siehe unten Tz 508.

503 11. **Aus- und Fortbildungskosten** (im Einzelnen siehe Tz 509 f).

c) Rückzahlung von Einnahmen

504 Zu den Werbungskosten zählt die Erstattung (Rückzahlung) von Einnahmen, sofern weder der Zeitpunkt des Zufließens der Einnahmen noch der Zeitpunkt der Erstattung willkürlich festgesetzt wurde (§ 16 Abs 2 erster Satz). Diese Regelung gilt für alle außerbetrieblichen Einkünfte. Gleichgültig ist, ob die Einnahmen steuerbegünstigt waren (zB sonstige Bezüge) oder nicht. Die

---

[913]) VwGH 6. 4. 1988, 87/13/0079, ÖStZB 1988, 405 (zu einem mehrmonatigen Einsatz auf einer Baustelle; es kann allerdings eine Dienstreise iSd § 26 Z 4 zweiter Tatbestand vorliegen).

[914]) VwGH 21. 9. 1993, 93/14/0136, ÖStZB 1994, 205.

[915]) Vgl dazu VwGH 2. 8. 1995, 93/13/0099, ÖStZB 1996, 144.

[916]) VwGH 11. 11. 1987, 87/13/0129, ÖStZB 1988, 288.

[917]) VfGH 2. 7. 1982, B 314/79, ÖStZB 1984, 159; zu den Betriebsausgaben siehe Tz 285 ff.

[918]) VwGH 17. 12. 2002, 2002/14/0081, ÖStZB 2003,186.

Rückzahlung steuerfrei bezogener Einnahmen stellt hingegen keine Werbungskosten dar (§ 20 Abs 2) (vgl EStR 2000 Rz 6105).[919])

Irrtümlich zu hoch ausbezahlte und mit nur 6% versteuerte sonstige Bezüge kürzen danach der vollen Progression unterliegende Einnahmen (ebenso LStR 2002 Rz 319).[920]) Sachgerechter dürfte jedoch eine Berücksichtigung im Jahr des Zuflusses der zu einem späteren Zeitpunkt wieder rückgängig gemachten Einnahmen sein, was seit der Einführung des § 295a BAO aus verfahrensrechtlicher Sicht grds möglich wäre;[921]) nach der Judikatur des VwGH ist allerdings die Bestimmung des § 295a BAO rein verfahrensrechtlicher Natur und hat keinen Einfluss auf den Tatbestand materieller Abgabengesetze; ob einem nachträglich eingetretenen Ereignis abgabenrechtliche Wirkung für die Vergangenheit zukommt, muss sich demnach aus den materiellen Abgabengesetzen ergeben.[922]) Die Rückzahlung (zur Gänze) steuerfreier Bezüge stellt keine Werbungskosten dar und hat daher keinen Einfluss auf die Progression. Der Zeitpunkt des Zufließens der Einnahmen und die Erstattung der Einnahmen darf nicht „willkürlich" festgesetzt worden sein; damit soll ein Missbrauch verhindert werden.[923])

d) Durchschnittssätze

Gem § 17 Abs 6 kann der/die BMF (an Stelle des Werbungskostenpauschbetrags nach § 16 Abs 3) Durchschnittssätze für Werbungskosten im Verordnungsweg für bestimmte Gruppen von Stpfl nach den jeweiligen Erfahrungen der Praxis festlegen. Eine entsprechende Durchschnittssatzverordnung besteht seit 1993 für **Artisten, Bühnenangehörige, Fernsehschaffende, Journalisten, Musiker, Forstarbeiter, Hausbesorger, Heimarbeiter, Vertreter und Mitglieder einer Stadt-, Gemeinde- oder Ortsvertretung.**[924]) **505**

e) Werbungskosten bei den einzelnen Einkunftsarten

aa) Einkünfte aus nichtselbständiger Arbeit

Bei den Einkünften aus nichtselbständiger Arbeit sieht das Gesetz ein **Werbungskostenpauschale** in der Höhe von € 132 jährlich vor (sofern kein Anspruch auf den Pensionistenabsetzbetrag besteht, § 16 Abs 3.[925]) Auf das Pauschale sind **nicht anzurechnen:** Pflichtbeiträge zu gesetzlichen Interessenvertre- **506**

---

[919]) Werden Einkünfte zurückgezahlt, die mit einem besonderen Steuersatz besteuert wurden (Einkünfte aus Kapitalvermögen und Einkünfte aus Grundstücksveräußerungen) kommt nach dem Gesetzeswortlaut das Abzugsverbot gem § 20 Abs 2 zur Anwendung; nach der Verwaltungspraxis ist allerdings ein Abzug aus verfassungsrechtlichen Überlegungen dennoch zulässig.

[920]) VwGH 30. 5. 1995, 92/13/0276, ÖStZB 1996, 56.

[921]) *Ritz,* BAO[6] § 295a Tz 19; *Doralt,* RdW 2004, 57; *Ritz,* SWK 2003, 1448.

[922]) VwGH 1. 9. 2015, Ra 2015/15/0035; VwGH 4. 2. 2009, 2006/15/0151; *Ritz,* BAO[6] § 295a Tz 16 ff.

[923]) Siehe dazu allerdings *Zorn/Stanek* in *Doralt/Kirchmayr/Mayr/Zorn,* EStG[13] § 16 Tz 207 ff.

[924]) BGBl II 2001/382.

[925]) Vgl auch VwGH 27. 3. 1996, 96/13/0012, ÖStZB 1997, 11 (zu einem im Ruhestand befindlichen Beamten).

tungen (ausgenommen Betriebsratsumlagen) und freiwillige Mitgliedsbeiträge an berufliche Interessenvertretungen (zB ÖGB), die Beiträge zur Pflichtversicherung, Wohnbauförderungsbeiträge, das Pendlerpauschale, etwaige Kosten des Arbeitnehmers für den Werkverkehr und die Erstattung (Rückzahlung) von Einnahmen. Das Werbungskostenpauschale steht in voller Höhe zu, auch wenn Einkünfte nicht im ganzen Jahr bezogen wurden oder die unbeschränkte Steuerpflicht nicht im ganzen Jahr bestanden hat.

507 Sind die Werbungskosten höher als das Pauschale (zB bei hohen Aufwendungen für Arbeitsmittel), können die tatsächlichen, nachgewiesenen Aufwendungen geltend gemacht werden (Arbeitnehmerveranlagung, Freibetragsbescheid).[926]) Aufwendungen für Verpflegung und Unterkunft können nach dem Gesetzeswortlaut nur geltend gemacht werden, soweit sie das Werbungskostenpauschale übersteigen. Daraus resultiert ein weiterer Nachteil gegenüber § 26 Z 4, wonach die vom Dienstgeber geleisteten Reisewegvergütungen nicht zu den Einkünften zählen.

508 Ausgaben des Arbeitnehmers für **Fahrten zwischen Wohnung und Arbeitsstätte** sind grds mit dem **Verkehrsabsetzbetrag** (iHv € 400; § 33 Abs 5 Z 1) abgegolten (§ 16 Abs 1 Z 6 lit a). Ein **(zusätzliches) Pendlerpauschale** ist dann vorgesehen, wenn die **einfache Fahrtstrecke 20 km** übersteigt (je nach Entfernung € 696 bis € 2.016 jährlich); maßgeblich ist nicht die kürzeste Straßenverbindung, sondern die sinnvollerweise benützte Verbindung.[927]) Es ist nicht maßgeblich, ob die Wohnung und/oder die Arbeitsstätte im Inland oder im Ausland gelegen ist.[928]) Ist die Benützung eines **Massenbeförderungsmittels unzumutbar,** dann steht ein **erhöhtes Pendlerpauschale** zu (ab **2 km** je nach Entfernung zwischen € 372 und € 3.672 jährlich).

Der Umfang des gewährten Pendlerpauschales ist abhängig von der Anzahl der Tage pro Monat, an denen der Weg Wohnung – Arbeitsstätte zurückgelegt wird (ab 4 bis 7 Tage: ein Drittel des Pauschales; 8 bis 10 Tage: zwei Drittel des Pauschales; ab 11 Tagen steht das volle Pauschale zu). Das Pendlerpauschale steht allerdings nicht zu, wenn die Fahrtkosten für die Wegstrecke Wohnung – Arbeitsstätte als Familienheimfahrten steuerlich geltend gemacht werden (§ 16 Abs 1 Z 6 lit e).

Steht allerdings dem Arbeitnehmer für die Fahrten zwischen Wohnung und Arbeitsstätte ein dienstgebereigenes Fahrzeug zur Verfügung, besteht kein Anspruch auf Pendlerpauschale.

Besteht ein Anspruch auf ein Pendlerpauschale, ist zusätzlich ein Absetzbetrag in Höhe von € 2 pro Kilometer der einfachen Fahrstrecke zwischen Wohnung und Arbeitsplatz zu berücksichtigen (**„Pendlereuro“;** § 33 Abs 5 Z 4).

Wann die Benützung eines Massenverkehrsmittels „zumutbar“ ist, wird unterschiedlich ausgelegt: Nach den ErlRV richtet sich die Zumutbarkeit nach der unterschiedlichen Fahrtdauer mit dem Massenbeförderungsmittel einerseits und dem PKW anderer-

---

[926]) Vgl VwGH 17. 12. 1996, 92/14/0176, ÖStZB 1997, 602.

[927]) VwGH 16. 7. 1996, 96/14/0002, ÖStZB 1997, 304.

[928]) VwGH 8. 2. 2007, 2004/15/0102, ÖStZB 2007, 481.

seits. Dagegen geht die Verwaltungspraxis von einer Zeitstaffel aus (LStR 2002 Rz 255). Das Gesetz selbst enthält keine Anhaltspunkte, allerdings besteht eine Verordnungsermächtigung zur näheren Festlegung der Kriterien betreffend der Ermittlung der Entfernung und der Zumutbarkeit der Benützung eines Massenverkehrsmittels.

Höhere tatsächliche Aufwendungen werden auch dann nicht berücksichtigt, wenn der Arbeitnehmer sie nachweisen kann (anders beim allgemeinen Werbungskostenpauschale). Durch den Verkehrsabsetzbetrag bzw das Pendlerpauschale abgegolten sind allerdings nur typischerweise für Fahrten zwischen Wohnung und Arbeitsstätte anfallende Aufwendungen. Daher sind insb Kosten eines Unfalles während der Fahrt zwischen Wohnung und Arbeitsstätte gesondert als Werbungskosten abzugsfähig, wenn sie die allgemeinen Regeln des Werbungskostenabzuges erfüllen.[929])

Aufwendungen für eine **doppelte Haushaltsführung** sind als Werbungskosten abzugsfähig, soweit sie berufsbedingt sind (dazu Tz 289). **508/1**

Aufwendungen des Arbeitnehmers für **Aus- und Fortbildung** iZm der ausgeübten oder einer damit verwandten beruflichen Tätigkeit sind ebenfalls als Werbungskosten abzugsfähig. Ausbildungskosten dienen der Vorbereitung auf den Beruf, dagegen dienen Fortbildungskosten dazu, in einem bereits ausgeübten Beruf auf dem Laufenden zu bleiben und den jeweiligen Anforderungen gerecht zu werden.[930]) Aus Anlass von Aus- und Fortbildungsmaßnahmen anfallende Nächtigungskosten sind betraglich begrenzt absetzbar.[931]) **509**

Umschulungsmaßnahmen sind abzugsfähig, wenn sie auf eine tatsächliche Ausübung eines anderen Berufes abzielen.

Die Kosten eines **ordentlichen Universitätsstudiums** sind als Werbungskosten abzugsfähig, soweit sie als Aus- oder Fortbildungsmaßnahmen oder als Umschulungsmaßnahmen iSd § 16 Abs 1 Z 10 anzusehen sind; die ursprünglich gegenteilige Rechtslage war verfassungswidrig.[932]) Die Kosten für ein **postgraduales Studium** sind als Werbungskosten abzugsfähig, wenn das postgraduale Studium mit dem abgeschlossenen ersten Studium, auf Grund dessen der Beruf ausgeübt wird, derart qualifiziert verflochten ist, dass dadurch die Ausweitung der Berufskenntnisse und Fähigkeiten ermöglicht wird.[933]) **510**

bb) Einkünfte aus Kapitalvermögen

Als Werbungskosten kommen bei dieser Einkunftsart lediglich Aufwendungen in Betracht, die direkt mit der Erwerbung, Sicherung oder Erhaltung der Erträgnisse (§ 27 Abs 2) im Zusammenhang stehen (zB laufende Depotgebühren, Finanzierungsaufwendungen iZm der Anschaffung der Erträgnisse abwerfenden Kapitalvermögens). Aufwendungen auf die Kapitalanlage selbst können dem Grunde nach nur dann Werbungskosten darstellen, wenn sie bei der Ermittlung eines stpfl Substanzgewinnes aus Kapitalanlagen (§ 27 Abs 3) zu **511**

[929]) VwGH 19. 12. 2012, 2009/13/0015.
[930]) VwGH 24. 9. 1999, 99/14/0096, ÖStZB 2000, 61.
[931]) Siehe *Zorn/Stanek* in *Doralt/Kirchmayr/Mayr/Zorn,* EStG[13] § 16 Tz 203/6.
[932]) VfGH 28. 9. 2004, G 89/04, ÖStZB 2005, 603.
[933]) VwGH 31. 1. 2002, 2001/15/0098, ÖStZB 2002, 576.

berücksichtigen sind (zB Verkaufspesen). Zudem dürfen nach § 20 Abs 2 Aufwendungen und Ausgaben nicht abgezogen werden, soweit sie mit Einkünften, auf die ein besonderer Steuersatz (25% bzw 27,5%) gem § 27 a Abs 1 anwendbar ist, in einem unmittelbaren wirtschaftlichen Zusammenhang stehen. Das Abzugsverbot gilt auch für jene Fälle, in denen der Stpfl auf die Anwendung des besonderen Steuersatzes auf Grund der Regelbesteuerungsoption (§ 27 a Abs 5) verzichtet und von einer freiwilligen Veranlagung zum Tarifsteuersatz Gebrauch macht .[934]) Damit werden in der Regel iZm Einkünften aus Kapitalvermögen keine Werbungskosten geltend gemacht werden können.[935])

Das Abzugsverbot nach § 20 Abs 2 ist auch dann anzuwenden, wenn die dem besonderen Steuersatz nach § 27 a unterliegenden Einkünfte zu betrieblichen Einkünften führen.[936])

Beim stillen Gesellschafter sind die Verluste aus der Beteiligung nicht im Jahr der Entstehung zu berücksichtigen; es bleiben jedoch in der Folge die Gewinnanteile, die zur Auffüllung einer durch Verluste herabgeminderten Einlage zu verwenden sind, außer Ansatz (§ 27 Abs 2 Z 4; siehe oben Tz 94).

cc) Einkünfte aus Vermietung und Verpachtung

512 Zu den Werbungskosten zählen die **laufenden Aufwendungen** im Zusammenhang mit dem Bestandobjekt bzw der Vermietung (Grundsteuer, Betriebskosten, Erhaltungsaufwand) und die Anschaffungs- oder Herstellungskosten des Gebäudes. Die Anschaffungs- oder Herstellungskosten werden im Wege der **AfA** nach Maßgabe der Nutzungsdauer des Gebäudes geltend gemacht. Ohne Nachweis der Nutzungsdauer können jährlich 1,5% der Bemessungsgrundlage (entspricht einer Nutzungsdauer von 67 Jahren) als AfA geltend gemacht werden (§ 16 Abs 1 Z 8 lit d). Investitionsbegünstigungen sind den betrieblichen Einkunftsarten vorbehalten und kommen daher bei den Einkünften aus Vermietung und Verpachtung nicht in Betracht. Geringwertige Wirtschaftsgüter bis € 400 (§ 13) können im Jahr der Anschaffung abgeschrieben werden (§ 16 Abs 1 Z 8 lit a).

Zinsen für die Fremdfinanzierung des Mietgebäudes stehen mit den Mieteinnahmen in Zusammenhang und sind daher als Werbungskosten abzugsfähig. Wird allerdings das Mietgebäude nicht mehr vermietet, sondern soll es veräußert werden, dann stehen die Zinsen nicht mehr mit der Vermietung in Zusammenhang, sondern mit dem zum besonderen Steuersatz zu versteuernden Veräußerungsgewinn (daher ab diesem Zeitpunkt nicht mehr abzugsfähig) (siehe dazu oben Tz 492).

513 **Bemessungsgrundlage** der AfA sind grds die **tatsächlichen Anschaffungskosten oder Herstellungskosten** des Gebäudes; wird ein bebautes Grund-

---

[934]) Nicht verfassungswidrig VfGH 17. 6. 2009, B 53/08, ÖStZB 2010, 335; siehe dazu auch oben Tz 490.

[935]) Ein Werbungskostenabzug ist allerdings iZm Einkünften möglich, bei denen gem § 27 a Abs 2 kein besonderer Steuersatz anwendbar ist; bspw Einkünfte aus einer echten stillen Gesellschaft oder nichtverbrieften Derivaten.

[936]) Nach den EB zum BBG 2011 in Hinblick auf den besonderen Steuersatz verfassungskonform; siehe ErlRV 981 BlgNR 24. GP 115.

stück um einen Gesamtkaufpreis angeschafft, ist der Wert des Grund und Bodens somit auszuscheiden. Wird der Anteil des Grund und Bodens und des Gebäudes nicht im konkreten Fall nachgewiesen, ist ein gesetzliches Aufteilungsverhältnis von 40% (Grund und Boden) zu 60% (Gebäude) vorgesehen (allerdings nicht anwendbar, wenn die tatsächlichen Verhältnisse offenkundig erheblich davon abweichen; § 16 Abs 1 Z 8 lit d).[937])

Zu beachten ist auch die dazu erlassene GrundanteilV 2016[938]), die mehrere Aufteilungskategorien vorsieht; die Einordnung erfolgt anhand der geographischen Lage des Grundstücks und allenfalls anhand der Anzahl der Wohn- bzw Geschäftseinheiten im betreffenden Objekt. In Gemeinden mit weniger als 100.000 Einwohnern und in denen der durchschnittliche Quadratmeterpreis für baureifes Land[939]) weniger als 400 Euro beträgt, ist ein Grundanteil von 20% auszuscheiden (demnach entfallen auf das Gebäude 80%). In allen anderen Gemeinden wird nach der Anzahl der Wohn- bzw Geschäftseinheiten differenziert: umfasst das Gebäude höchstens 10 Wohn- bzw Geschäftseinheiten, ist ein Grundanteil von 40% auszuscheiden, bei mehr Wohn- bzw Geschäftseinheiten ist ein Grundanteil von 30% auszuscheiden.[940])

Bei unentgeltlichem Erwerb von vermieteten Gebäuden sind als Bemessungsgrundlage für die AfA die Anschaffungs- bzw Herstellungskosten des Rechtsvorgängers anzusetzen und damit die von ihm bisher geltend gemachte AfA fortzuführen (§ 16 Abs 1 Z 8 lit b). **514**

Für unentgeltliche Erwerbe vor dem 1. 8. 2008 (geändert mit dem Schenkungsmeldegesetz) konnten als AfA-Bemessungsgrundlage die fiktiven Anschaffungskosten im Zeitpunkt des unentgeltlichen Erwerbes angesetzt werden; damit kam es bei jedem unentgeltlichen Erwerb zu einer Erhöhung der Bemessungsgrundlage und zu einem Neubeginn der AfA.

Bei **Zuwendungen an Privatstiftungen** sind bei der Stiftung jene Werte anzusetzen, die für die Einkunftsermittlung beim Stifter maßgeblich waren oder gewesen wären (§ 15 Abs 3 Z 1; siehe dazu Tz 486). Bei **Zuwendungen der Privatstiftung an Begünstigte und Letztbegünstigte** ist die AfA dagegen stets von den **fiktiven Anschaffungskosten** vorzunehmen (Anschaffungsfiktion; § 15 Abs 3 Z 2 lit b). **514/1**

Aufwendungen für ein **Schätzgutachten** zur Ermittlung der fiktiven Anschaffungskosten dienen der Einkunftsermittlung und sind daher als **Werbungskosten** absetzbar.[941])

Wurde ein Mietgebäude **bisher privat genutzt** und wird es danach erstmals vermietet, dann sind als Bemessungsgrundlage für die AfA die **histori-** **515**

---

[937]) Das gesetzliche Aufteilungsverhältnis wurde mit dem StRefG 2015/2016 eingeführt; bis dahin wurde nach der Verwaltungpraxis (von Extremfällen abgesehen) ein pauschales Aufteilungsverhältnis von 20% (Grund und Boden) zu 80% (Gebäude) zugestanden.

[938]) BGBl II 2016/99; in § 16 Abs 1 Z 8 lit d findet sich eine ausdrückliche Ermächtigung des BMF, an Hand geeigneter Kriterien abweichende Aufteilungsverhältnisse durch VO festzulegen.

[939]) Nach § 2 Abs 1 GrundanteilV 2016 sind dies als Bauland gewidmete und voll aufgeschlossene unbebaute Grundstücke.

[940]) Dazu *Mayr*, RdW 2016, 419; vgl EStR 2000 Rz 6447.

[941]) *Beiser*, SWK 1999, 24, 325; strittig; vgl *Zorn/Stanek* in *Doralt/Kirchmayr/Mayr/Zorn*, EStG[13] § 16 Tz 220.

schen Anschaffungskosten anzusetzen (§ 16 Abs 1 Z 8 lit a). Wird dagegen ein **Mietgebäude des Altvermögens** iSd § 30 Abs 4 (siehe dazu Tz 126) erstmals vermietet, sind die **fiktiven Anschaffungskosten** zum Zeitpunkt der Vermietung anzusetzen (§ 16 Abs 1 Z 8 lit c).

Die fiktiven Anschaffungskosten sind nach der Verwaltungspraxis auch bei einem unentgeltlichen Erwerb eines Altgebäudes anzusetzen, wenn der Rechtsvorgänger das Gebäude zunächst vermietet und dann privat genutzt hat, und der Rechtsnachfolger das Gebäude neuerlich vermietet, sofern die private Nutzung mehr als 10 Jahre gedauert hat (EStR 2000 Rz 6432). Im Gesetz ist diese Regelung mehrfach nicht gedeckt: 1. das Gesetz sieht keine fiktiven Anschaffungskosten nach einer zwischenzeitigen privaten Verwendung vor, 2. gibt es keinen Hinweis auf eine Sonderregelung für einen unentgeltlichen Erwerb und 3. gibt es im Gesetz keinen Hinweis auf eine Zehnjahresfrist.

Beispiele:

Der Stpfl hat ein Grundstück (nachgewiesener Gebäudeanteil 80% vom Grundstück)

a) 2018 um € 100.000 angeschafft und sofort vermietet: AfA-Bemessungsgrundlage € 80.000;

b) 2018 geerbt; der Rechtsvorgänger hat das Grundstück im Jahr 2005 um € 100.000 gekauft und seitdem durchgehend vermietet: die AfA-Bemessungsgrundlage bleibt unverändert auch beim Rechtsnachfolger € 80.000;

c) im Jahr 2018 geerbt; der Rechtsvorgänger hat das Gebäude im Jahr 2005 um € 100.000 angeschafft und seitdem selbst bewohnt; der Stpfl (als Erbe) vermietet erstmals das Gebäude. Die AfA bemisst sich von den historischen Anschaffungskosten des Gebäudes im Jahr 2005 in Höhe von € 80.000.

d) im Jahr 2000 um € 100.000 angeschafft (Altgebäude iSd § 30 Abs 4) und seitdem selbst bewohnt; der Stpfl vermietet 2018 erstmals das Gebäude. Die AfA bemisst sich von den fiktiven Anschaffungskosten des Gebäudes im Jahr 2018.

516 Aufwendungen zur **Erhaltung** des Gebäudes sind entweder

- **Instandhaltung** oder
- **Instandsetzung.**

517 **Instandhaltungsaufwand** ist

- im Zeitpunkt der Zahlung (Abfluss) in voller Höhe abzuziehen
- oder – wenn der Aufwand nicht regelmäßig jährlich anfällt – auf Antrag gleichmäßig auf 15 Jahre zu verteilen (§ 28 Abs 2).[942)]

Mit der Aufteilung auf 15 Jahre soll vermieden werden, dass der Stpfl infolge eines außerordentlich hohen Reparaturaufwandes einen Verlust aus Vermietung und Verpachtung erleidet, den er möglicherweise mit anderen Einkünften nicht ausgleichen kann (im Bereich der Vermietung und Verpachtung gibt es keinen Verlustvortrag; siehe dazu unten Tz 625).

517/1 Aufwendungen auf Grund außergewöhnlicher technischer oder wirtschaftlicher Abnutzung (zB Gebäudeabriss) oder andere außergewöhnliche Aufwendungen, die keine Instandhaltungs-, Instandsetzungs- oder Herstel-

---

942) Bis zum StRefG 2015/2016 war ein zehnjähriger Verteilungszeitraum vorgesehen.

lungsaufwendungen darstellen (zB Schadenersatzleistungen), können ebenfalls auf Antrag auf 15 Jahre verteilt werden.

Damit reagierte der Gesetzgeber auf die Rsp des VfGH zum Verlustvortrag bei außerbetrieblichen Einkunftsquellen (siehe Tz 625).[943]) An Stelle des Verlustvortrages soll die Entstehung von Verlusten bei Vermietung und Verpachtung durch eine erweiterte Verteilungsmöglichkeit von Aufwendungen weitgehend vermieden werden.[944])

Instandsetzungsaufwendungen für Wohngebäude sind zwingend auf **15 Jahre verteilt** abzusetzen, soweit sie nicht durch steuerfreie Subventionen gedeckt sind.[945]) 518

Soweit Instandsetzungsaufwendungen mit Hilfe steuerfreier Subventionen erfolgen, sind sie aus der Einkunftsermittlung auszuscheiden (§ 28 Abs 2).

Die Aufteilung von Instandsetzungsaufwand auf 15 Jahre betrifft nur **Wohngebäude;** bei anderen Gebäuden müsste der Instandsetzungsaufwand sofort abgeschrieben werden, selbst dann, wenn er zu Verlusten führt und ein Verlustausgleich nicht möglich ist. Das Wahlrecht, den Instandsetzungsaufwand wie den Instandhaltungsaufwand auf 15 Jahre zu verteilen, fehlt. Eine Analogie, wie von der Verwaltunsgpraxis vertreten, scheint jedoch gerechtfertigt (vgl EStR 2000 Rz 6457).

Instandsetzungsaufwendungen sind *„jene Aufwendungen, die nicht zu den Anschaffungs- oder Herstellungskosten gehören und allein oder zusammen mit Herstellungsaufwand*

- *den Nutzungswert des Gebäudes wesentlich erhöhen oder*
- *seine Nutzungsdauer wesentlich verlängern“* (§ 28 Abs 2; siehe auch § 4 Abs 7).

Zum Instandsetzungsaufwand gehören insb der **Austausch wesentlicher Gebäudeteile** wie Türen und Fenster, Dach und Dachstuhl, Elektro-, Gas-, Wasser- und Heizungsinstallationen (vgl EStR 2000 Rz 6469),[946]) wenn diese zur Gänze oder im selben Gebäude zu mehr als 25% ausgetauscht werden (EStR 2000 Rz 6463).[947]) Instandsetzungsmaßnahmen sind insb dann anzunehmen, wenn ein vernachlässigtes Gebäude renoviert wird; punktuelle Verbesserungen stellen dagegen keinen Instandsetzungsaufwand dar und sind als Instandhaltung sofort abzugsfähig.[948])

Bei entgeltlicher **Übertragung des Gebäudes auf eine andere Person** (Kauf) können die restlichen (offenen) Teilbeträge nicht mehr abgesetzt werden (weder vom Verkäufer noch vom Käufer). Nur bei unentgeltlichem **Erwerb** (Erbschaft, Schenkung, Vermächtnis) kann der Rechtsnachfolger die Teilbeträge ab dem der Übertragung folgenden Kalenderjahr weiter geltend machen (§ 28 Abs 2). 519

---

[943]) VfGH 30. 9. 2010, G 35/10.

[944]) Anlass für die Entscheidung des VfGH war die Aufgabe der Opfertheorie durch den VwGH; siehe dazu oben Tz 332.

[945]) Bis zum StRefG 2015/2016 war ein zehnjähriger Verteilungszeitraum vorgesehen.

[946]) Zur Frage der Wesentlichkeit siehe VwGH 27. 5. 15, 2012/13/0024.

[947]) Siehe dazu allerdings *Doralt/Kirchmayr/Mayr/Zorn,* EStG[9] § 28 Tz 117 ff.

[948]) VwGH 20. 12. 2006, 2003/13/0044, ÖStZB 2007, 391.

Beispiel:

Der Vermieter hat das Gebäude im Jahr 2016 um € 150.000 instand gesetzt.

1. 2018 verkauft er das Gebäude: Die Fünfzehntelabsetzung kann für 2016 bis 2018 vom Vermieter geltend gemacht werden, der Rest (€ 120.000) geht verloren, doch wird der Instandsetzungsaufwand im Kaufpreis und damit in der Bemessungsgrundlage des Käufers seinen Niederschlag finden.

2. Im Jahr 2018 schenkt der Vermieter das Gebäude seinem Sohn: Der Sohn muss die AfA des Vaters fortsetzen, und kann außerdem die Fünfzehntelabschreibungen ab dem folgenden Kalenderjahr fortsetzen. Im Übertragungsjahr steht der Absetzungsbetrag grds dem Rechtsvorgänger zu, doch kann nach der Verwaltungspraxis dieser Betrag zwischen dem Rechtsvorgänger und dem Rechtsnachfolger nach Monaten aliquotiert werden (vgl EStR 2000 Rz 6486). Schenkt der Vater daher das Gebäude seinem Sohn zum 1. 7. 2018, so kann sowohl der Vater wie auch der Sohn jeweils die Hälfte des auf dieses Kalenderjahr entfallenden Instandsetzungszehntels steuerlich geltend machen (jeweils € 5.000).

520 **Herstellungsaufwand** liegt immer dann vor, wenn die **Wesensart** des Wirtschaftsgutes **verändert** wird,[949]) und ist grds auf das Gebäude zu aktivieren (zB Dachausbau, Umbau). Für bestimmte Arten von Herstellungsaufwand gibt es jedoch Ausnahmen. So sind **Verbesserungs- und Sanierungsaufwendungen** nach dem MRG (bei Gebäuden, die dem Vollanwendungsbereich des MRG unterliegen), dem WohnhaussanierungsG, dem StartwohnungsG, den landesgesetzlichen Vorschriften über die Förderung der Wohnhaussanierung und dem DenkmalschutzG auf Antrag auf **15 Jahre verteilt** abzusetzen (**Fünfzehntelabsetzung,** § 28 Abs 3). Werden diese Aufwendungen mit Hilfe gesetzlich vorgesehener Mietenerhöhungen finanziert (vgl § 18 MRG), können sie auch auf die kürzere Laufzeit der erhöhten Mieten verteilt werden, mindestens aber auf **10 Jahre.**

521 Die entgeltliche **Übertragung des Gebäudes auf eine andere Person** während der Laufzeit der (Zehntel- bis) Fünfzehntelabschreibung führt zu folgenden Konsequenzen:

1. **Verlust der restlichen (Zehntel- bis) Fünfzehntelabschreibung;** nur bei unentgeltlicher Übertragung (Schenkung, Erbschaft) kann der Rechtsnachfolger die restlichen Teilbeträge ab dem der Übertragung folgenden Kalenderjahr geltend machen (§ 28 Abs 3; wie bei der regulären Fünfzehntelabsetzung, siehe oben).

2. Wird ein **Altgebäude** iSd § 30 Abs 4 (siehe dazu Tz 126) für das in den vergangenen 15 Jahren eine **Fünfzehntelabschreibung** geltend gemacht worden ist, veräußert, dann erhöht sich der (pauschalierte) Veräußerungsgewinn um die Hälfte dieser Abschreibungen (siehe § 30 Abs 4).

522 **Ablösezahlungen des Vermieters** an den scheidenden Mieter für die Aufgabe des Mietrechts gehören zu den (nachträglichen) Anschaffungskosten des Gebäudes und sind daher auf die Restnutzungsdauer des Gebäudes (jedenfalls mit 1,5%) verteilt abzuschreiben .[950]) Hat der Mieter jedoch eine **Wohnungs-**

[949]) VwGH 23. 9. 1997, 93/14/0095, 0096, ÖStZB 1998, 420.

[950]) VwGH 19. 9. 1989, 88/14/0174, ÖStZB 1990, 86.

verbesserung durchgeführt und leistet der Vermieter Ersatz dafür (§ 10 MRG), so kann er diesen Betrag auf **10 Jahre** verteilt absetzen (§ 28 Abs 4; auch hier Verlust der Zehntelabschreibung bei entgeltlicher Übertragung des Gebäudes).

Vorbereitende Werbungskosten, die vor der Einnahmenerzielung entstehen (zB Schuldzinsen, „altersbedingte" AfA), sind abzugsfähig, wenn die ernsthafte Absicht zur Erzielung von Einkünften klar erwiesen ist.[951]) **Planungskosten** für ein zur Vermietung bestimmtes Gebäude sind auch dann Werbungskosten, wenn die Errichtung des Gebäudes unterbleibt.[952]) Die Vermietungsabsicht muss klar und eindeutig nach außen hin in Erscheinung getreten sein.[953]) **523**

Wird ein **Gebäude nicht mehr vermietet,** sondern zB privat genutzt, dann sind ab diesem Zeitpunkt die Aufwendungen nicht mehr als Werbungskosten abzugsfähig;[954]) noch nicht abgesetzte Zehntelbeträge für Instandhaltungs- und Instandsetzungsaufwendungen können allerdings in den Folgejahren als nachträgliche Werbungskosten bzw im Falle einer betrieblichen Nutzung als Betriebsausgaben abgesetzt werden (EStR 2000 Rz 6487). **524**

V. Einkünfte von Personenvereinigungen

Monografien: *Ruppe,* Die grundstücksverwaltende Kommanditgesellschaft und ihre steuerliche Behandlung, Wien 1982; *Reiner,* Einkünftefeststellung bei Personengesellschaften, Wien 1994; *Urtz,* Personengesellschaften im internationalen Steuerrecht, Wien 2001; *Altenbeck,* Die Ermittlung der Einkünfte aus einer im Betriebsvermögen gehaltenen Beteiligung an einer immobilienverwaltenden Personengesellschaft im geltenden Steuerrecht, Frankfurt 2002; *Reinweber/Seiser/Wascher,* Praxishandbuch der Personengesellschaften, St. Georgen 2004; *Hochedlinger/Fuchs,* Stille Gesellschaft, Wien 2006; *Hochedlinger/Fuchs,* Stille Gesellschaft, Wien 2007; *Bergmann,* Personengesellschaften im Ertragsteuerrecht, Wien 2009; *Bertl/Eberhartinger/Egger/Kalss/Lang/Nowotny/Riegler/Schuch/Staringer* (Hrsg), Die Personengesellschaft im Unternehmens- und Steuerrecht, Wien 2013; *KWT,* Personengesellschaften – in GedS Karl Bruckner, Wien 2013; *Fritz/Perktold,* Die „neue" Gesellschaft bürgerlichen Rechts, Wien 2014; *Bergmann/Ratka,* Handbuch Personengesellschaften², Wien 2016.

Sonstige Lit: *Tanzer,* Die Wahl der Gesellschaftsform im Abgabenrecht, GesRZ 2002, 26; *Resch,* Abgrenzungsfragen zur geplanten offenen Personengesellschaft, SWK 2004, 395; *Krejci,* Gesellschaftsrechtliche Neuerungen des UGB, JBl 2004, 10; *Kapferer,* Die Stille Gesellschaft und deren Rechnungslegung, RWZ 2004, 82; *Pössinger,* Die Wahl der geeignetsten Rechtsform nach der Steuerreform 2004/05, SWK 2005, 741; *Haeseler/Hörmann,* Anmerkungen zur ertragsteuerlichen Benachteiligung von nicht-kapitalgesellschaftlichen Unternehmen, taxlex 2005, 545; *Heiss,* Gesellschaftsformen und deren Besteuerung, RFG 2005/50; *Schuchter,* Personengesellschaften in der Gruppenbesteuerung, taxlex 2005, 183; *Wala/Szauer,* Steueroptimale Rechtsform versus rechtsformneutrale Unternehmensbesteuerung, taxlex 2006, 388; *S. Bydlinski,* Das Unternehmensgesetzbuch im Überblick, ÖJZ 2006, 41; *Krejci,* UGB: Zur OG, KG und GesbR, ÖJZ 2006, 53; *Rauter,*

[951]) VwGH 25. 11. 1986, 86/14/0045, ÖStZB 1987, 300; VwGH 29. 7. 1997, 93/14/0132, ÖStZB 1998, 342.

[952]) BFH, BStBl 1997 II 603.

[953]) VwGH 20. 9. 2001, 96/15/0231, ÖStZB 2002, 608.

[954]) VwGH 27. 7. 1994, 92/13/0175, ÖStZB 1995, 78.

Eingetragene Personengesellschaften, JAP 2005/2006/38; *Nowotny,* Das Unternehmensgesetzbuch und Abgabenrecht, RdW 2006, 259; *Verweijen,* Das Recht der Personengesellschaften, NZ 2007, 1; *Keinert,* Rechnungslegungspflicht auch bei GesbR als „verdeckter juristischer Person“? ecolex 2007, 253; *J. W. Steiner,* Die GesbR nach Inkrafttreten des UGB, RdW 2007, 262; *Fritz-Schmied/Rutter,* Steuerliche Behandlung von Anschaffungs- bzw Veräußerungsgeschäften zwischen einer Personengesellschaft und ihren Gesellschaftern, ÖStZ 2007, 479; *Beiser,* Die Reichweite des Trennungs- und Durchgriffsprizips bei Kombination von Kapitalgesellschaften und Mitunternehmerschaften, SWK 2010, 596; *Steirer/Schröder,* Achtung: Der Gewinnfreibetrag bei Personengesellschaften beträgt nicht immer 13% vom Gewinn! SWK 2011, 699; *Baumann/Raab,* Veräußerung von Anteilen an vermögensverwaltenden Personengesellschaften – AbgÄG 2012 regelt die Besteuerung im außerbetrieblichen Bereich, ÖStZ 2012, 589; *Kaufmann/Haider/Winnerroither,* Gewinnverteilungsfragen bei Personengesellschaften, ÖStZ 2012, 392; *Knechtl,* Einkunftsquelle Verlustbeteiligungsmodell? ÖStZ 2012, 349; *Pinetz,* Auswirkung der umgründungssteuerlichen Rückwirkung auf die Stellung als Mitunternehmer gem § 23 Z 2 EStG, ecolex 2012, 1115; *Renner,* Einbringung einer Privatverbindlichkeit in eine vermögensverwaltende Personengesellschaft, SWK 2012, 66; *Wagner,* Genussrechte: Sonderfragen im Zusammenhang mit Personengesellschaften, FJ 2012, 313; *Petritz-Klar,* Der Begriff des ausländischen Kapitalanlagefonds nach dem AIFMG, RdW 2013, 501; *Bodis/Hammerl,* 2. AbgÄG 2014 – Die wichtigsten Änderungen im EStG, RdW 2014, 728; *Beiser,* Personengesellschaften im Bericht der Steuerreform-Kommission 2014 – Vereinfachung oder weitere Inkonsistenzen? RdW 2015, 134; *ders,* Arbeitnehmer oder Mitunternehmer? ÖStZ 2015, 386; *Beiser,* Gesellschaften bürgerlichen Rechts: Keine Gewinnermittlung nach § 5 EStG, RdW 2016, 638; *ders,* Die Gestaltungsfreiheit der Unternehmer im Licht des arm's length-Prinzips, RdW 2016, 708; *Bednar/Bergmann,* Ertragsteuerliche Behandlung unentgeltlicher Vermögensübertragungen im Zusammenhang mit Personengesellschaften, GeS 2017, 319; *Wiedermann/Wilplinger,* Steueroptimierung bei Personengesellschaften, ecolex 2018, 74.

A. Allgemeines

525 Das EStG besteuert die einzelne natürliche Person. **Personenvereinigungen** unterliegen als solche nicht der ESt, sie sind nicht ESt-Subjekt. Dennoch werden auch ihre Einkünfte steuerlich erfasst, und zwar nach folgenden Möglichkeiten:

1. Die Einkünfte werden unmittelbar auf die Mitglieder der Personenvereinigung aufgeteilt und bei diesen versteuert, oder
2. die Personenvereinigung unterliegt mit ihren Einkünften einer anderen Ertragsteuer, nämlich der KSt. Dies ist jedoch nur dann der Fall, wenn die erzielten Einkünfte den Gesellschaftern (Mitgliedern) nicht zugerechnet werden können (§ 3 KStG).

Im Rahmen der ESt ist nur die erste Gruppe zu behandeln. Das sind die Einkünfte von

- **Personengesellschaften** (Zusammenschlüsse auf gesellschaftsrechtlicher Basis, idR mit betrieblichen Einkünften, sog Mitunternehmerschaften) und von
- **Miteigentumsgemeinschaften** (Zusammenschlüsse auf zivilrechtlicher Basis, idR mit außerbetrieblichen Einkünften, insb aus Vermietung und Verpachtung).

Die Ermittlung und Aufteilung der auf die Mitglieder entfallenden Einkünfte ergibt sich aus dem EStG; die BAO regelt die verfahrensrechtliche Durchführung (Feststellung der Einkünfte, § 188 BAO).

B. Personenvereinigungen mit betrieblichen Einkünften

1. Mitunternehmerschaften

Literatur: *Ruppe,* stille Beteiligungen – ausgewählte Bilanzierungs- und Steuerprobleme, in *Bertl/Mandl/Mandl/Ruppe,* Bilanzierung, Wien 1991, 9; *Bertl/Hirschler,* Die Realisation von Gewinn- und Verlustanteilen aus Personengesellschaften, RWZ 2000, 191; *oV,* VwGH: Atypisch stille Gesellschaft auch an einer vermögensverwaltenden GmbH, RdW 2000, 249; *Bachl,* Annahme einer Mitunternehmerschaft bei gemeinsam betriebenem Kaffeeschmuggel, ecolex 2000, 156; *Wiesner,* Aberkennung einer atypisch stillen Mitunternehmerschaft mit dem Hauptgesellschafter der IdH-GmbH und Vorliegen von Wiederaufnahmsgründen, RWZ 2000, 73; *Pinkernell,* Einkünftezurechnung bei Personengesellschaften, Berlin 2001; *Paus,* Unterschlagung durch den Gesellschafter einer Personengesellschaft, FR 2001, 244; *oV,* Entnahme oder Veräußerung bei Beendigung einer Personengesellschaft, RdW 2002, 494; *Wiesner,* Dienstverhältnis des als Gesellschafter-Geschäftsführer der Komplementär-GmbH tätigen Kommanditisten, RWZ 2002, 311; *Wiesner,* Grundstücksveräußerung der liquidierenden Personengesellschaft an den Personengesellschafter, RWZ 2002, 263; *Paus,* Rückdeckungsversicherungen für Pensionszusagen an den Gesellschafter-Geschäftsführer einer Personengesellschaft, FR 2002, 75; *Hofbauer,* Angemessenheit der Gewinnverteilung einer KG, GeS 2003, 44; *oV,* Beteiligung gewerblicher KG an vermögensverwaltender Personengesellschaft, GeS 2003, 369; *Wiesner,* Rechtsbeziehungen zwischen GmbH und dem Einzelunternehmen des Gesellschafters, RWZ 2003, 294; *Laudacher,* Beratungsleistungen bei einer Personengesellschaft, SWK 2004, 1203; *Hofbauer,* Angemessenheit der Gewinnverteilung einer KG, GeS 2004, 44; *Obermair,* Abgrenzung zwischen Mitunternehmerschaft und partiarischem Darlehen, GeS 2004, 254; *Zech,* Zuweisung von Verlusten an Kommanditisten einer vermögensverwaltenden Kommanditerwerbsgesellschaft, UFS 2004, 343; *Hörtnagl,* Gesellschaftsteuer bei GmbH und Co K(E)G als Betriebsausgabe? RdW 2004, 15; *Heinrich,* Sanierungsgewinne bei Mitunternehmerschaften, insbesondere Kommanditisten, RdW 2004, 305; *oV,* Gesellschaft des Freiberuflers mit Familienmitgliedern, RdW 2004, 760; *Kanduth-Kristen,* Ertragsteuerliche Besonderheiten in der Insolvenz von Personengesellschaften, taxlex 2005, 113; *Eberhartinger,* Wirkung der Steuerreform auf die Finanzierung der Personen- und Kapitalgesellschaft, RWZ 2005, 151; *Postl,* VwGH zur Mitunternehmerschaft mit nahen Angehörigen, ecolex 2005, 246; *Petritz,* VwGH setzt strengen Prüfungsmaßstab für die Beteiligung Familienangehöriger an einer freiberuflichen Personengesellschaft, GeS 2005, 172; *oV,* VwGH: Wechsel Sonderbetriebsvermögen – Gesellschaftsvermögen, RdW 2005, 451; *oV,* VwGH: Mitunternehmerstellung des Treugebers, GeS 2005, 300; *Kauba,* VwGH: Abkehr vom engen Betriebsbegriff? RdW 2006, 249; *Mayr,* UGB-AnpG 2006: wichtige Änderungen bei der steuerrechtlichen Gewinnermittlung, RdW 2006, 245; *Nowotny,* Das Unternehmensgesetzbuch und Abgabenrecht, RdW 2006, 259; *Nowotny,* Übergangsfragen des UGB anhand praktischer Beispiele, RdW 2006, 543; *Reich-Rohrwig/Schneider,* Wesentliche Änderungen im Recht der Personengesellschaften nach dem UGB, ecolex 2006, 389; *Murschitz,* Die Übergangsbestimmungen für die Personengesellschaften, ecolex 2006, 760; *Fida/Rechberger,* Zu den Auswirkungen des UGB auf die Rechnungslegungspflicht von eingetragenen Erwerbsgesellschaften, RWZ 2006, 6; *Fida/Rechberger,* Neues und Klargestelltes im Unternehmensgesetzbuch, RWZ 2006, 197; *Nowotny,* UGB – Was bringt es Neues für die Personengesellschaften? RdW 2007, 142;

Fritz-Schmied/Urnik, Personengesellschaften und Gewinnermittlung: Durchgriff auf das Sonderbetriebsvermögen? ÖStZ 2007, 146; *Fritz-Schmied/Rutter,* Steuerliche Behandlung von Anschaffungs- bzw Veräußerungsgeschäften zwischen Personengesellschaften und ihren Gesellschaftern, RdW 2007, 479; *Fuchs,* Ist der steuerliche Begriff „Beteiligung nach Art eines stillen Gesellschafters" obsolet? SWK 2007, 57; *Kauba,* Überführung von Wirtschaftsgütern bei Personengesellschaften, in FS W. Doralt, Wien 2007, 127; *Huber,* Markteinkommenstheorie und Mitunternehmerschaften, in FS Ruppe, Wien 2007, 227; *Wassermeyer,* Sondervergütungen und Sonderbetriebsvermögen im Abkommensrecht, in FS Ruppe, Wien 2007, 681; *oV,* VwGH: Nachträgliche Inanspruchnahme eines Mitunternehmers, RdW 2008, 364; *Bergmann,* Abfärbetheorie: Personengesellschaften mit mehreren Betrieben derselben Einkunftsart möglich? ÖStZ 2008, 360; *ders,* Mitunternehmerschaft und UGB: Unternehmerrisiko ohne Beteiligung an stillen Reserven und Firmenwert? RdW 2008, 168; *Beiser,* Die Mitunternehmerqualität im Licht des UGB, SWK 2009, 1159; *Bergmann,* Neue ertragsteuerliche Beurteilung der atypisch stillen Gesellschaft seit dem UGB? SWK 2009, 792; *ders,* Der neue Mitunternehmerbegriff seit dem UGB, GesRZ 2009, 22; *Moser,* Zur Frage der Vergütung der Komplementär-GmbH in der GmbH & Co KG, SWK 2009, 1463; *Beiser,* Mitunternehmeranteile als Einbringungsgegenstand – Gestaltungsfreiheit versus Missbrauch, ÖStZ 2010, 562; *Steiger,* Zwei neue Entscheidungen zum Kommanditisten, taxlex 2010, 321; *Wanke/Peth,* Auch in der Landwirtschaft keine zwangsweise begründete Mitunternehmerschaft zwischen Ehegatten, UFSjournal 2010, 214; *Beiser,* Mitunternehmerschaften und DBA, ÖStZ 2011, 453; *Bergmann,* EStR-Wartungserlass 2010: Neues zur „Abfärbetheorie" bei Personengesellschaften, GES 2011, 86; *Doralt,* VwGH: Abschied von der Bilanzbündeltheorie? RdW 2011, 552; *Beiser,* Die Ertragsbesteuerung von Grundstücksveräußerungen bei Personengesellschaften, RdW 2012, 428; *Kaufmann/Haider/Winnerroither,* Gewinnverteilungsfragen bei Personengesellschaften, ÖStZ 2012, 392; *dies,* Die Einkünftefeststellung bei Personengesellschaften, ÖStZ 2012, 416; *Kanduth-Kristen/Komarek,* Deckelung des Gewinnfreibetrags iSd § 10 EStG idF 1. StabG 2012 bei Mitunternehmerschaften, taxlex 2013, 277; *Knechtl,* Basispauschalierung bei Mitunternehmerschaften, ecolex 2013, 1107; *KWT – FS für Steuerrecht,* Personengesellschaften – in GedS Bruckner, Wien 2013; *oV,* VwGH: Veräußerungsgewinn bei „schenkungsweiser" Übertragung eines KG-Anteils mit negativem Kapitalkonto, RdW 2013, 750; *Beiser,* Verluste eines Kommanditisten im Fall eines negativen Eigenkapitals – eine systematische Analyse, ÖStZ 2014, 484; *Reinold,* Sonderbetriebsausgaben bei Basispauschalierung möglich? taxlex 2014, 38; *oV,* VwGH zur atypisch stillen Gesellschaft, RdW 2014, 294; *Beiser,* Arbeitnehmer oder Mitunternehmer? ÖStZ 2015, 386; *Bergmann,* Unmittelbare Zurechnung von Wirtschaftsgütern des Personengesellschaftsvermögens an die Gesellschafter, GeS 2015, 45; *ders,* § 23 a EStG: Verlustverwertungsbeschränkung für kapitalistische Mitunternehmer, GeS 2015, 354; *Hayden,* § 23 a EStG neu – Verlustverrechnungsbremse bei kapitalistischen Mitunternehmern, taxlex 2015, 237; *Herzog/Lachmayer,* Wartetastenregelung für Verluste von kapitalistischen Mitunternehmern, in *Mayr/Lattner/Schlager,* Steuerreform 2015/16, SWK Spezial 2015, 59; *Hübner-Schwarzinger/Schwarzinger/Wiesner,* Gedanken zum kapitalistischen Mitunternehmer im Ertrag- und Umgründungssteuerrecht, SWK 2015, 1182; *Kanduth-Kristen/Komarek,* Der Gewinfreibetrag gem § 10 EStG bei Mitunternehmerschaften mit Gewinnen aus der Überlassung von Kapital, taxlex 2015, 152; *Stanek,* Verluste kapitalistischer Mitunternehmer nach § 23 a EStG, in *Hirschler/Jirousek/Melhardt/Nolz/Sutter/Urtz,* Steuerreform 2015/2016, 14; *Varro,* Verluste bei kapitalistischen Mitunternehmern, ecolex 2015, 738; *Beiser,* Eigenkapital und Verlustausgleich bei kapitalistischen Mitunternehmern – § 23 a EStG ab 1. 1. 2016, RdW 2016, 219; *ders,* Ergänzende Anschaffungskosten aus einem Kauf eines Mitunternehmeranteils und § 23 a EStG, SWK 2016, 647; *ders,* Linear zu besteuernde Einkünfte im Verlustausgleich nach § 23 a EStG, SWK 2016, 692;

ders, Gesellschaften bürgerlichen Rechts: Keine Gewinnermittlung nach § 5 EStG, RdW 2016, 638; *Bergmann/Ratka,* Handbuch Personengesellschaften², Wien 2016; *Bergmann/Stanek,* BMF-Information zu § 23 a EStG, GeS 2016, 362; *Knechtl,* Wie man sein negatives Kapitalkonto erfolgreich los wird, ecolex 2016, 1107; *Schlager,* Die neue BMF-Info zu § 23 a EStG im Überblick, SWK 2016, 986; *Zorn,* VwGH: Alineare Verlustzuweisung bedarf wirtschaftlicher Gründe, RdW 2017, 588; *Endfellner,* Die Mitunternehmerschaft im EStG, taxlex 2018, 100; *Hofmann,* Weitere Anmerkungen zu VwGH: Alineare Verlustzuweisung bedarf wirtschaftlicher Gründe, RdW 2018, 55; *Kanduth-Kristen,* Ertragsbesteuerung von Mitunternehmerschaften – Vereinfachung durch Reform der Behandlung von Leistungsbeziehungen und Sonderbetriebsvermögen? StAW 2018, 1; *Zorn,* VwGH zum Ausscheiden atypisch stiller Gesellschafter mit negativem Kapitalkonto, RdW 2018, 116.

Zu den betrieblichen Einkünften zählen auch „*Gewinnanteile der Gesellschafter von Gesellschaften, bei denen die Gesellschafter als Mitunternehmer anzusehen sind*" (§ 23 Z 2, zu den Einkünften aus Gewerbebetrieb; vergleichbare Regelungen bei den Einkünften aus Land- und Forstwirtschaft in § 21 Abs 2 Z 2 und aus selbständiger Arbeit in § 22 Z 3). **526**

Die Bestimmungen betreffen dem Wortlaut nach nur **Gesellschaften.** Die Judikatur erstreckt den Anwendungsbereich aber in wirtschaftlicher Betrachtungsweise auch auf bloße (Miteigentums-)Gemeinschaften. Die **eheliche Gütergemeinschaft** kann zu einer Mitunternehmerschaft führen, wenn die Einkünfte durch beide Ehegatten gemeinsam erzielt werden.[955]) **Mehrere Erben** (eines Einzelunternehmens oder eines Mitunternehmeranteils) werden mit dem Todestag zu einer Mitunternehmerschaft, selbst wenn sie nach der Einantwortung ihren Anteil veräußern.[956]) **527**

§ 23 Z 2 betrifft nur Gesellschaften, deren Gesellschafter als **Mitunternehmer** anzusehen sind. Der Mitunternehmerbegriff wird nicht näher erläutert, doch führt das Gesetz die **offene Gesellschaft** und die **Kommanditgesellschaft** als Beispiele für Mitunternehmerschaften an (widerlegbare Vermutung[957])). Daraus ist nicht nur zu schließen, dass Gesellschafter einer OG oder KG regelmäßig Mitunternehmer sind (auch der beschränkt haftende Kommanditist). Es ist daraus auch abzuleiten, dass der Mitunternehmerbegriff durch Merkmale bestimmt wird, die typisch für die Gesellschafter dieser Personengesellschaften sind.[958]) Entscheidend sind nach der Judikatur insb die Unternehmerinitiative und das Unternehmerrisiko:[959]) **Unternehmerinitiative** entfaltet, wer auf das betriebliche Geschehen Einfluss nehmen kann (zB durch das Recht auf Ge- **528**

[955]) Siehe VwGH 21. 10. 1980, 2385/79, ÖStZB 1981, 186 und VwGH 21. 2. 1996, 92/14/0041.

[956]) Siehe VwGH 22. 12. 1976, 1688/74, ÖStZB 1977, 155.

[957]) Siehe VwGH 23. 2. 1994, 90/13/0042.

[958]) Vgl *Torggler* in *Ruppe,* Familienverträge 346; siehe dazu auch *Bergmann* in *Bergmann/Ratka,* Handbuch Personengesellschaften² Tz 13/3 ff sowie kritisch zum herrschenden Mitunternehmerbegriff Tz 13/27 ff.

[959]) Siehe VwGH 19. 10. 2016, Ra 2015/15/0046 und VwGH 29. 6. 1995, 94/15/0103.

schäftsführung und Vertretung, Stimm-, Widerspruchs- und Kontrollrechte); ob tatsächlich Einfluss genommen wird, ist nicht relevant. Ein **Unternehmerrisiko** liegt dann vor, wenn der Mitunternehmer am Gewinn und am Verlust und zumindest im Fall der Auflösung der Gesellschaft auch an den stillen Reserven (einschließlich Firmenwert) beteiligt ist. Eine Beteiligung an den stillen Reserven bei Ausscheiden aus der fortbestehenden Gesellschaft ist nicht erforderlich; daher ist eine Abfindung nur zu Buchwerten für eine Mitunternehmerschaft nicht schädlich. Nach dem Gesamtbild der Verhältnisse ist auch die Haftung für Gesellschaftsschulden zu berücksichtigen.[960]) Bei genügend Unternehmerrisiko kann auch dann eine Mitunternehmerschaft vorliegen, wenn keine Unternehmerinitiative gegeben ist.[961])

Ist die Haftung des Mitunternehmers gegenüber Dritten eingeschränkt oder gar ausgeschlossen und ist keine ausgeprägte Mitunternehmerinitiative vorhanden, liegt eine **kapitalistische Mitunternehmerbeteiligung** vor; in diesem Fall sind Verluste aus der Beteiligung nur eingeschränkt verrechenbar (§ 23 a; siehe dazu unten Tz 553/1 f).

529 Als Mitunternehmerschaft kommen neben den im Gesetz ausdrücklich erwähnten OG und KG hauptsächlich die **Gesellschaft bürgerlichen Rechts** und die Europäische wirtschaftliche Interessenvereinigung (EWIV) in Betracht. Die Mitunternehmerschaft muss nach außen nicht in Erscheinung treten.[962]) Die **echte stille Gesellschaft,** bei der der stille Gesellschafter bloß am Gewinn des Unternehmens beteiligt ist, begründet keine Mitunternehmerschaft (daher Einkünfte aus Kapitalvermögen, soweit die Beteiligung nicht zu einem Betriebsvermögen gehört; § 27 Abs 2 Z 4). Wird dem stillen Gesellschafter auf Grund des Gesellschaftsvertrages jedoch auch eine Beteiligung an den stillen Reserven und am Firmenwert eingeräumt (atypische oder **unechte stille Gesellschaft**), liegt eine Mitunternehmerschaft vor.[963]) Dies ist auch dann möglich, wenn die Beteiligung an den stillen Reserven und am Firmenwert nur für den Fall der Unternehmensveräußerung bzw für den Fall der Auflösung der Gesellschaft vereinbart ist, nicht aber für den Fall des Ausscheidens des Stillen:[964]) die grds Beteiligung an den stillen Reserven darf aber nicht derart eingeschränkt werden, dass sie in den Regelfällen der Beendigung der Gesellschaft nicht zum Tragen kommt.[965])

530 Dieselben Grundsätze gelten für **Unterbeteiligungen,** die ein Gesellschafter (Mitunternehmer) einem Dritten an seiner Beteiligung einräumt. Es bestehen keine unmittelbaren Rechtsbeziehungen des Unterbeteiligten zur Gesellschaft. Hat der Unterbeteiligte gegen den Hauptbeteiligten nur Anspruch auf einen Gewinnanteil, entspricht seine Stellung der eines stillen Gesellschafters. Ist er an der Beteiligung einschließlich ihrer anteiligen stillen Reserven und am

---

960) Siehe VwGH 13. 12. 1995, 93/13/0253.

961) Siehe VwGH 23. 2. 1994, 93/15/0163 (zu einem atypisch stillen Gesellschafter, dem auf Grund des Gesellschaftsvertrages jegliche Einflussnahme auf das betriebliche Geschehen verwehrt war); ebenso *Stoll,* Publikumsgesellschaften 53 ff.

962) Siehe VwGH 29. 11. 1994, 93/14/0150.

963) Siehe VwGH 23. 2. 1994, 93/15/0163.

964) Siehe VwGH 13. 12. 1995, 93/13/0253 und VwGH 9. 2. 1982, 81/14/0060, ÖStZB 1982, 293.

965) Siehe VwGH 17. 5. 1989, 85/13/0176, ÖStZB 1990, 59.

Firmenwert beteiligt, dann wird der Unterbeteiligte als Mitunternehmer angesehen.[966])

Als Mitunternehmer kommen nicht nur natürliche, sondern auch juristische Personen in Betracht (zB zwei Kapitalgesellschaften bilden eine OG). Besondere Vorteile bot früher die **GmbH & Co KG:** Gesellschaftsrechtlich ermöglichte sie die Haftungsbeschränkung auf die Einlage, gleichzeitig vermied sie die steuerliche Doppelbelastung der Gewinne mit KSt und ESt. Mit dem besonderen Steuersatz gem § 27a bzw der Steuerabgeltung (§ 97) für Gewinnanteile an Kapitalgesellschaften bestehen jedoch die früheren steuerlichen Vorteile der GmbH & Co KG nicht mehr.

Ist an einer Personengesellschaft wiederum eine Personengesellschaft beteiligt (doppelstöckige Personengesellschaft), sind die Gesellschafter der beteiligten Personengesellschaft gleichzeitig Mitunternehmer der untergeordneten Personengesellschaft. Da einkommensteuerrechtlich Vergütungen einer Mitunternehmerschaft den Gesellschaftern zugerechnet werden, führt dies zu einem Durchgriff durch eine beteiligte Mitunternehmerschaft auf deren Gesellschafter.

Arbeitsgemeinschaften (ARGE; insb im Baugewerbe) sind als Gesellschaf- **531**
ten bürgerlichen Rechts idR Mitunternehmerschaften. Beschränkt sich jedoch eine ARGE auf die Erfüllung eines einzigen Werk- oder Werklieferungsvertrages (zB Errichtung eines Bauwerkes), gilt nach der FinVw die Betriebsstätte der ARGE anteilig als Betriebsstätte der Mitglieder, wenn der Auftragswert € 700.000 (ohne USt) nicht übersteigt (§ 2 Abs 4); dabei ist der vereinbarte Auftragswert maßgebend und es findet keine periodische Betrachtung statt.[967]) Bei einer auf ein unter der Betragsgrenze liegendes Einzelprojekt gerichteten ARGE ist daher eine einheitliche Bilanzierung nicht erforderlich; die Gesellschafter können Bilanzierungswahlrechte unterschiedlich in Anspruch nehmen, die Gewinnfeststellung unterbleibt (§ 188 Abs 4 lit d BAO).

Ist eine Gesellschaft als Mitunternehmerschaft anzusehen, ergeben sich daraus gem § 23 Z 2 folgende **Konsequenzen** (gilt entsprechend für die Mitunternehmerschaften im Bereich der Land- und Forstwirtschaft und der selbständigen Arbeit):

a) Der Erfolg (Gewinn oder Verlust) der Mitunternehmerschaft wird ein- **532**
kommensteuerrechtlich nicht bei der Gesellschaft besteuert, sondern **unmittelbar den Gesellschaftern** zugerechnet. Der Gesellschafter hat seinen Gewinnanteil in dem Veranlagungsjahr zu versteuern, in dem das Wirtschaftsjahr der Gesellschaft endet; auf den Zeitpunkt und die Möglichkeit der Entnahme des Gewinnanteils kommt es nicht an.

Bei Kapitalgesellschaften dagegen wird der gesamte Gewinn (Verlust) der Gesellschaft zugerechnet. Die offen oder verdeckt ausgeschütteten Gewinnanteile – und nur diese – werden überdies den Anteilseignern zugerechnet, wobei für die zeitliche Zuordnung bei privatem Anteilsbesitz der Ausschüttungszeitpunkt entscheidend ist (§ 19).

b) Die Gewinnanteile der Mitunternehmer sind nicht Einkünfte aus Kapi- **533**
talvermögen, sondern **betriebliche Einkünfte;** die Gesellschafter werden als

---

[966]) Siehe dazu *Doralt/Kauba* in *Doralt/Kirchmayr/Mayr/Zorn*, EStG[10] § 23 Tz 236f.

[967]) Siehe EStR 2000 Rz 5822.

„Mit-“Unternehmer und nicht – wie bei den Kapitalgesellschaften oder beim echten stillen Gesellschafter – als bloße Kapitalgeber angesehen.

534 c) **Vergütungen,** die Gesellschafter auf Grund besonderer schuldrechtlicher Vereinbarungen etwa für die Geschäftsführertätigkeit, für die Hingabe von Darlehen oder für Vermietung und Verpachtung von Wirtschaftsgütern beziehen, sind ebenfalls als **betriebliche** und nicht als außerbetriebliche Einkünfte zu erfassen (siehe § 23 Z 2; dazu weiter unten Tz 543 ff). Ziel der Vorschrift ist die Gleichbehandlung von Einzel- und Mitunternehmern.[968]) Diese Hinzurechnung greift auch bei einer mittelbaren Beteiligung über eine andere Mitunternehmerschaft **(mehrstöckige Mitunternehmerschaft).**[969])

Da der Gesellschafter als „Mit-“Unternehmer angesehen wird, gibt es steuerrechtlich genauso wie beim Einzelunternehmer **keinen Leistungsaustausch mit dem Unternehmen.** Erhält daher der Gesellschafter für die Mitarbeit im Unternehmen auf Grund eines Dienstvertrages ein gesondertes Entgelt, ist dieses Entgelt genauso Teil des Gewinnes wie beim Einzelunternehmer der Unternehmerlohn. Dasselbe ergibt sich, wenn ein Gesellschafter der Gesellschaft Darlehen oder sonstige Wirtschaftsgüter entgeltlich zur Nutzung überlässt. Die darüber errichteten Verträge und die vom Gesellschaftsverhältnis zivilrechtlich zu trennenden Ansprüche der Gesellschafter gegen die Gesellschaft führen steuerrechtlich nicht zu Einkünften aus Kapitalvermögen oder aus Vermietung und Verpachtung. Sie gehören vielmehr zu den jeweiligen betrieblichen Einkünften. **Leistungsbeziehungen zwischen der Gesellschaft und dem Betrieb eines Gesellschafters** werden hingegen grds anerkannt, wenn sie wie Fremdgeschäfte abgewickelt werden (siehe ausführlich unten Tz 545 ff).

Bei Kapitalgesellschaften sind Vergütungen an die Gesellschafter, soweit sie sich im Rahmen dessen bewegen, was einem Nichtgesellschafter für die entsprechende Leistung zu zahlen wäre (fremdüblich), Einkünfte aus nichtselbständiger oder selbständiger Arbeit bzw aus Vermietung und Verpachtung oder aus Kapitalvermögen.

2. Gewinnermittlung

a) Theorien zur Gewinnermittlung bei Personengesellschaften

535 Zum Verständnis der Ertragsbesteuerung der Personengesellschaften haben sich im Wesentlichen folgende Theorien entwickelt:

- Bilanzbündeltheorie,
- Theorie der Alleininhaberschaft,
- Theorie der einheitlichen Gewinnermittlung.

536 Die älteste dieser Theorien ist die **Bilanzbündeltheorie.** Sie wurde bereits 1928 vom RFH entwickelt.[970]) Die Bilanzbündeltheorie sieht die Beteiligung des Gesellschafters als eigenen „Teilbetrieb“ des Gesamtunternehmens. Somit ist die Personengesellschaft die Zusammenfassung dieser (Teil-)Betriebe und die Bilanz das „Bündel“ der fiktiven Einzelbilanzen der (Teil-)Betriebe.

---

[968]) Siehe VwGH 4. 7. 1995, 91/14/0199, 0200.

[969]) Siehe VwGH 17. 6. 1992, 87/13/0157.

[970]) Siehe RStBl 1928, 322.

ZB tritt der Gesellschafter bei einem Veräußerungsgeschäft zwischen ihm und der Gesellschaft bei konsequenter Anwendung der Bilanzbündeltheorie teilweise mit seinem eigenen (Teil-)Betrieb in Beziehung (Einlagen bzw Entnahmen), teilweise aber auch mit den (Teil-)Betrieben der anderen Gesellschafter (Geschäfte unter Fremden).[971]) Ebenso könnten die einzelnen Gesellschafter Bilanzierungswahlrechte unterschiedlich ausüben. Diese Überspitzung wird jedoch auch von Vertretern der Bilanzbündeltheorie abgelehnt.[972])

Die von *Stoll* entwickelte **Theorie der Alleininhaberschaft** geht anders als die Bilanzbündeltheorie grds von einem einheitlichen Betrieb der Gesellschaft aus. Der Gesellschafter ist im Verhältnis zu diesem Betrieb so zu behandeln wie ein Einzelunternehmer im Verhältnis zu seinem Einzelunternehmen.[973]) Ein Gesellschafter kann daher als Privatperson mit seiner Gesellschaft nur im Wege von Entnahmen und Einlagen in Beziehung treten. Hat dagegen der Gesellschafter einen eigenen Betrieb und tritt dieser Betrieb mit dem Betrieb der Gesellschaft in Geschäftsbeziehung, werden diese Geschäfte wie Geschäfte unter Fremden behandelt. **537**

Für die **Theorie der einheitlichen Gewinnermittlung** ist die Personengesellschaft zwar kein ESt-Subjekt, jedoch ein eigenes Gewinnermittlungssubjekt. Dies gilt auch für Geschäfte zwischen der Privatsphäre des Gesellschafters und der Gesellschaft, sodass – anders als bei der Theorie der Alleininhaberschaft – diese Geschäfte zur Gänze wie Geschäfte unter Fremden zu behandeln sind. Die Eigenschaft der Gesellschaft als Gewinnermittlungssubjekt ist nur dort durchbrochen, wo das Gesetz selbst eine Durchbrechung vorsieht, nämlich in § 23 Z 2 für taxativ aufgezählte Leistungsbeziehungen und in § 24 für die Veräußerung des Gesellschaftsanteiles. Die Theorie der einheitlichen Gewinnermittlung ist in Deutschland herrschend.[974]) **538**

Die **Rsp des VwGH** dazu ist nicht einheitlich: Lange ging der VwGH von der Bilanzbündeltheorie aus,[975]) die er allerdings nicht „überspitzt" angewendet wissen will,[976]) und kommt im Bereich der Leistungsbeziehungen zum gleichen Ergebnis wie die Theorie der Alleininhaberschaft: Fremdübliche Geschäfte zwischen dem Betrieb der Gesellschaft und dem Betrieb des Gesellschafters werden anerkannt,[977]) die in § 23 Z 2 taxativ aufgezählten Leistungsbeziehungen gelten nicht als Gewinnanteil, wenn sie zu fremdüblichen Konditionen aus dem Betrieb des Gesellschafters erbracht werden (siehe dazu auch unten).[978]) In seiner **jüngeren Rsp** bezeichnet der VwGH allerdings die Personengesellschaft als **539**

[971]) Siehe auch Jakom/*Peyerl*, EStG 2018 § 23 Tz 192 und EStR 2000 Rz 5927 ff.

[972]) Siehe *Pokorny*, ÖStZ 1980, 139.

[973]) Siehe *Stoll*, Personengesellschaften 56 ff.

[974]) Siehe BFH 25. 6. 1984, GrS 4/82, BStBl 1984 II 751; *Knobbe-Keuk*, Bilanz- und Unternehmenssteuerrecht[9] 415 ff; für Österreich *Zorn*, Geschäftsführung 159 und *Doralt/Kauba* in *Doralt/Kirchmayr/Mayr/Zorn*, EStG[10] § 23 Tz 209 f.

[975]) Siehe VwGH 15. 11. 1992, 88/14/0093 und VwGH 17. 6. 1992, 87/13/0157.

[976]) Siehe VwGH 17. 2. 1988, 87/13/0028, ÖStZB 1988, 451.

[977]) Siehe VwGH 3. 11. 1981, 2919, 3154/80, ÖStZB 1982, 194.

[978]) Siehe VwGH 4. 7. 1995, 91/14/0199, 0200.

eigenes „Gewinnermittlungssubjekt" und verwendet damit eine Terminologie, die der einheitlichen Gewinnermittlung des BFH folgt (siehe dazu auch unten Tz 548).[979])

Bei Anwendung der Theorie der einheitlichen Gewinnermittlung wäre somit insb die Verwaltungspraxis der Aufteilung von fremdüblichen Veräußerungsgeschäften zwischen Gesellschafter und Gesellschaft in einen Veräußerungs- und einen Einlage-/Entnahmevorgang (siehe dazu oben Tz 536) zu hinterfragen, weil bei der einheitlichen Gewinnermittlung insgesamt von einem Veräußerungsvorgang auszugehen wäre.[980])

b) Bilanzierung, Betriebsvermögen

540 Für die Aufteilung des Gewinnes unter den Gesellschaftern wird von einer einheitlichen Gesellschaftsbilanz ausgegangen (gilt auch, soweit die Bilanzbündeltheorie vertreten wird). Den individuellen Gegebenheiten bei den Gesellschaftern ist in **Ergänzungsbilanzen** Rechnung zu tragen. Dies ist zB dann erforderlich, wenn ein Gesellschafter seinen Anteil von einem ausscheidenden Gesellschafter erworben hat und nunmehr von der Gesellschaftsbilanz abweichende Anschaffungskosten, Abschreibungen udgl auszuweisen hat („Ergänzungsbilanz" im engeren Sinn). Wenn der Gesellschafter der Gesellschaft privates Vermögen zur Verfügung stellt, ist dieses Vermögen als Sonderbetriebsvermögen in die Gewinnermittlung der Gesellschaft aufzunehmen; wenn der Gesellschafter Vergütungen von der Gesellschaft erhält, die seinem Gewinn zuzurechnen sind, sind diese Vergütungen ebenso im Rechenwerk der Gesellschaft zu berücksichtigen (**„Sonderbilanz"**).

541 Die **Gewinnermittlungsart** folgt den allgemeinen Grundsätzen. Ist die Mitunternehmerschaft rechnungslegungspflichtig (§ 189 Abs 1 Z 2 und Z 3 UGB) und liegen Einkünfte aus Gewerbebetrieb vor, erfolgt die Gewinnermittlung für alle Mitunternehmer nach § 5 Abs 1. Außerdem ist die Gewinnermittlung nach § 5 Abs 1 auch dann anzuwenden, wenn sich ein Gesellschafter als Mitunternehmer am Betrieb eines rechnungslegungspflichtigen Gewerbetreibenden beteiligt (§ 5 Abs 1 letzter Satz). Diese Vorschrift hat vor allem für die atypisch stille Beteiligung am Betrieb eines rechnungslegungspflichtigen Gewerbetreibenden Bedeutung. In diesem Fall ist die atypisch stille Gesellschaft zur Gewinnermittlung nach § 5 Abs 1 verpflichtet, obwohl für die stille Gesellschaft mangels unternehmerischer Tätigkeit an sich keine Rechnungslegungspflicht nach § 189 Abs 1 UGB besteht.[981])

542 Wirtschaftsgüter der Gesellschaft, die dem Betrieb der Gesellschaft dienen, sind Betriebsvermögen; insoweit unterscheidet sich die Zuordnung nicht von

---

979) Siehe VwGH 20. 12. 2016, Ro 2015/15/0020; siehe auch VwGH 27. 1. 2011, 2008/15/0218, dazu *Doralt*, RdW 2011, 552. Siehe auch *Fellner* in *Hofstätter/Reichel*, EStG[65] § 23 Tz 402 und *Bergmann* in *Bergmann/Ratka*, Handbuch Personengellschaften[2] Tz 13/56 ff.

980) Siehe auch Jakom/*Peyerl*, EStG 2018 § 23 Tz 192 und *Fritz-Schmied/Rutter*, RdW 2007, 479.

981) Vgl *Doralt/Herzog/Mayr* in *Doralt/Kirchmayr/Mayr/Zorn*, EStG[11] § 5 Tz 45 ff.

den allgemeinen, auch für den Einzelunternehmer geltenden Grundsätzen.[982]) Steht ein Wirtschaftsgut im Eigentum eines Gesellschafters (zB ein Grundstück), dient es aber dem gemeinsamen Betrieb, zählt es ebenfalls zum (notwendigen) Betriebsvermögen der Gesellschaft. Derartiges **Sonderbetriebsvermögen** ist in der Ergänzungsbilanz des Gesellschafters auszuweisen (Sonderbetriebsvermögen I).

Für das Vorliegen von Sonderbetriebsvermögen muss der Gesellschafter das Wirtschaftsgut allerdings selbst zur Erzielung seines Gewinnanteiles aus der Gesellschaft nutzen. Erfolgt somit die entgeltliche Nutzungsüberlassung an die Gesellschaft nicht durch den Gesellschafter, sondern durch einen Dritten auf Grund eines Fruchtgenussrechts am überlassenen Wirtschaftsgut, liegt grds kein Sonderbetriebsvermögen vor, es sei denn, es handelt sich um Missbrauch (zB unter nahen Angehörigen).[983])

Zum Sonderbetriebsvermögen zählen aber auch Wirtschaftsgüter, die der Beteiligung des betreffenden Gesellschafters dienen (zB Schulden, mit denen die Beteiligung finanziert wurde; Sonderbetriebsvermögen II). Zum Wechsel von Wirtschaftsgütern vom Sonderbetriebsvermögen in das Betriebsvermögen der Gesellschaft und umgekehrt siehe unten c.

Nach Auffassung des VwGH kann auch **gewillkürtes Sonderbetriebsvermögen** gebildet werden.[984])

c) Leistungsbeziehungen Gesellschaft – Gesellschafter

§ 23 Z 2 zählt nach dem Gesetzeswortlaut zu den Einkünften aus Gewerbe- **543**
betrieb nur *„Vergütungen, die die Gesellschafter von der Gesellschaft für ihre Tätigkeit im Dienste der Gesellschaft oder für die Hingabe von Darlehen oder für die Überlassung von Wirtschaftsgütern bezogen haben“* (also insb **Geschäftsführervergütungen, Darlehenszinsen und Mietzinszahlungen**). Dazu bestehen folgende Grundaussagen des VwGH:[985])

frei **544**

- Leistet der Gesellschafter als Privater, ist die Vergütung für diese „private“ Leistung Bestandteil des Gewinnes, den der leistende Gesellschafter aus der Personengesellschaft als „Vorweggewinn“ erhält (siehe dazu Tz 545/1). Daher zählt die Vergütung für die Geschäftsführung zu den Gewinneinkünften; Vergütungen für die Überlassung von Wirtschaftsgütern sind Sonderbetriebseinnahmen, die überlassenen Wirtschaftsgüter werden zu Sonderbetriebsvermögen.[986])
- Leistet jedoch der Gesellschafter mit seinem selbständigen Betrieb an die **545**
  Personengesellschaft, ist die Vergütung für diese „betriebliche“ Leistung

[982]) Siehe *Stoll*, Personengesellschaften 44.

[983]) Siehe EStR 2000 Rz 5913.

[984]) Siehe VwGH 21. 12. 1993, 89/14/0186 und auch EStR 2000 Rz 5919; ebenso BFH 23. 1. 1992, XI R 36/88, BStBl 1992 II 721. Siehe auch *Quantschnigg/Schuch* § 23 Tz 37.2 und *Zorn*, Geschäftsführung 201.

[985]) Siehe VwGH 28. 2. 1989, 89/14/0019, ÖStZB 1989, 379.

[986]) Siehe VwGH 19. 3. 2002, 99/14/0134.

nicht Teil seines Gewinnes aus der Personengesellschaft; sie bleibt Gewinn des selbständigen Betriebes („zwischenbetrieblicher Leistungsaustausch“).[987]) Dies gilt für alle Betriebe des Gesellschafters, unabhängig von der Einkunftsart.

546 Erbringt umgekehrt die Gesellschaft Leistungen an den Gesellschafter (zB Darlehensgewährung oder Vermietung an den Gesellschafter), ist ein Leistungsaustausch nur dann anzuerkennen, wenn die Gesellschaft an einen Betrieb des Gesellschafters und zu üblichen Bedingungen leistet;[988]) leistet die Gesellschaft an den privaten Bereich des Gesellschafters, gilt die Leistung als entnommen und das Entgelt als eingelegt (siehe dazu jedoch Tz 548).[989])

547 Aus dieser Rsp ergibt sich sohin als weiterer allgemeiner Grundsatz: **Zwischenbetriebliche Leistungen** zwischen Personengesellschaft und Gesellschafter werden **anerkannt,** gleichgültig, ob es sich um Leistungen an die Gesellschaft oder um Leistungen der Gesellschaft an den Gesellschafter handelt. Sie müssen jedoch unter fremdüblichen Bedingungen erfolgen und es darf kein enger sachlicher und wirtschaftlicher Zusammenhang zwischen dem Betrieb der Gesellschaft und dem Betrieb des Gesellschafters bestehen (zB ein Erfinder und gleichzeitig Gesellschafter einer KG überlässt gegen ein fremdübliches Entgelt der KG sein Patent).[990])

548 Dagegen sind **Leistungsbeziehungen zwischen der Gesellschaft und dem außerbetrieblichen Bereich** des Gesellschafters entsprechend der Bilanzbündeltheorie anteilig als **Einlage bzw Entnahme** zu behandeln.[991])

Dieser allgemeine Grundsatz gilt auch für Veräußerungsgeschäfte (siehe dazu aber auch oben Tz 536 ff).[992])

Folgt man dagegen der **Einheitsbilanz,**[993]) sind Anschaffungs- und Veräußerungsgeschäfte zwischen Gesellschaft und Gesellschafter auch über Privatvermögen steuerlich anzuerkennen (keine Einlage bzw Entnahme).

Im Schrifttum wurde auch teilweise die Auffassung vertreten, dass auch Leistungsbeziehungen zwischen der Gesellschaft und dem privaten Bereich des Gesellschafters anzuerkennen sind, sofern sie unter fremdüblichen Bedingungen erfolgen und insoweit ebenfalls der Einheitsbilanz gefolgt. Nur die ausdrücklich im Gesetz aufgezählten Vergütungen der Gesellschaft an den Gesellschafter (für Tätigkeit im Dienste der Gesellschaft, Darlehensgewährung oder Überlassung von Wirtschaftsgütern an die Gesellschaft) werden dem Gewinn hinzugerechnet. Gewährt umgekehrt zB die Gesellschaft an den Gesellschafter für eine private Anschaffung ein Darlehen, liegt keine Entnahme vor, vielmehr sind die Zinseinnahmen bei der Gesellschaft Betriebseinnahmen.[994])

---

[987]) Siehe auch VwGH 8. 5. 2003, 99/15/0036.

[988]) Siehe VwGH 1. 12. 1992, 92/14/0151.

[989]) Siehe VwGH 30. 5. 1995, 92/13/0018.

[990]) Siehe VwGH 25. 4. 2002, 95/15/0048 und VwGH 4. 7. 1995, 91/14/0199, 0200.

[991]) Vgl VwGH 21. 2. 2001, 95/14/0007.

[992]) Siehe VwGH 3. 11. 1981, 2919, 3154/80, ÖStZB 1982, 194 (zu Warengeschäften).

[993]) Zur derzeit nicht eindeutig geklärten Rechtslage bzw Rsp siehe oben Tz 539 und *Doralt,* RdW 2011, 552.

[994]) Siehe *Quantschnigg/Schuch* § 23 Tz 40 ff und *Zorn,* Geschäftsführung 161 f.

Wechselt ein Wirtschaftsgut aus dem Betriebsvermögen der Gesellschaft in das Sonderbetriebsvermögen eines Gesellschafters (oder umgekehrt), wird je nach Sachlage eine (anteilige) Entnahme/Einlage, ein Veräußerungs-/Anschaffungsvorgang oder Buchwertfortführung angenommen.[995]) Nach der Verwaltungspraxis kommt es, sofern es sich nicht um eine Entnahme von Grund und Boden handelt, nur dann zu einer Buchwertfortführung, wenn es im Zuge der Verschiebung des Wirtschaftsgutes zu keiner Änderung der Beteiligungsquote kommt (zB ein Betriebsgrundstück einer GmbH & Co KG wird an den zu 100% beteiligten Kommanditisten in sein Sonderbetriebsvermögen übertragen). In allen anderen Fällen sind die stillen Reserven des übertragenen Wirtschaftsgutes zur Gänze aufzudecken.[996]) **549**

Wird ein Wirtschaftsgut aus dem Sonderbetriebsvermögen eines Gesellschafters in das Betriebsvermögen eines selbständigen Betriebes desselben Gesellschafters oder unentgeltlich in das Sonderbetriebsvermögen eines anderen Gesellschafters übertragen, liegt eine Entnahme/Einlage vor.[997]) Bei entgeltlicher Übertragung zwischen den beiden Gesellschaftern liegen eine Veräußerung und eine Anschaffung vor.[998]) **550**

d) Zurechnung der Gewinne und Verluste

Auf Grund des § 23 Z 2 (ebenso § 21 Abs 2 Z 2 und § 22 Z 3) wird der Gewinn der Personenvereinigung (Mitunternehmerschaft) **direkt** den Gesellschaftern **zugerechnet.** Der Gewinn oder Verlust wird dem Gesellschafter in dem Zeitpunkt zugerechnet, in dem das Wirtschaftsjahr der Gesellschaft endet, auch wenn der Gewinn bzw Verlust erst später dem Gesellschafter gutgeschrieben bzw angelastet wird. Ein Verlust kann nach den allgemeinen Vorschriften mit anderen Einkünften ausgeglichen oder gegebenenfalls, soweit die Voraussetzungen erfüllt sind, auch vorgetragen werden (zum Verlustausgleichsverbot des § 2 Abs 2a bei Verlustzuweisungsgesellschaften siehe jedoch Tz 595). Da Kapitalgesellschaften Steuersubjekte sind (Trennungsprinzip), wird das steuerliche Ergebnis der Kapitalgesellschaft und nicht dem Gesellschafter zugerechnet. **551**

Grundlage für die Gewinnverteilung ist der Gesellschaftsvertrag, bei Fehlen einer **vertraglichen Vereinbarung** ist die gesetzlich vorgesehene Gewinnaufteilung entsprechend den Kapitalanteilen maßgeblich (§ 121 Abs 1 UGB).[999]) Der Anteil an Gewinn oder Verlust entspricht daher grds dem Verhältnis der fixen Kapitalkonten, die im Eigentkapital ausgewiesen werden. Die FinVw kann von dieser Verteilung abgehen, wenn die tatsächlichen Verhältnisse dem nicht **552**

---

[995]) Siehe dazu *Doralt/Kauba* in *Doralt/Kirchmayr/Mayr/Zorn,* EStG[10] § 23 Tz 260 ff.

[996]) Siehe EStR 2000 Rz 5931 mit Verweis auf VwGH 19. 5. 2005, 2000/15/0179.

[997]) Siehe VwGH 21. 1. 1987, 86/13/0060, ÖStZB 1987, 379 und VwGH 17. 12. 1980, 2429/77, 3440/80, ÖStZB 1981, 271; siehe auch EStR 2000 Rz 5932. Nach EStR 2000 Rz 5933 ist jedoch die Übertragung eines Wirtschaftsgutes aus dem Sonderbetriebsvermögen in den Betrieb des Gesellschafters steuerneutral, wenn der Mitunternehmeranteil Betriebsvermögen dieses Betriebes ist.

[998]) Siehe auch EStR 2000 Rz 5930.

[999]) Siehe VwGH 29. 5. 1990, 90/14/0002.

entsprechen.[1000]) Aber auch eine von den Kapitalanteilen abweichende vertragliche Regelung der Gewinn- und Verlustverteilung (**alineare Gewinnverteilung**) muss den Beiträgen der Gesellschafter entsprechen. Besteht keine Nahebeziehung unter den Gesellschaftern, kann üblicherweise davon ausgegangen werden, dass die Vereinbarung einer alinearen Gewinnverteilung den Beiträgen der Gesellschafter entspricht.[1001]) Bei Bestehen einer Nahebeziehung ist die Angemessenheit der Vereinbarung zu prüfen (zB bei einer Familiengesellschaft). Die Übernahme eines **Haftungsrisikos** rechtfertigt jedenfalls eine vom Vermögensanteil abweichende Gewinnverteilung;[1002]) bei der Komplementär-GmbH einer GmbH & Co KG hat der VwGH eine Entschädigung iHv 10% des Eigenkapitals als angemessen angesehen.[1003])

Eine alineare Gewinnverteilung unter Fremden ist aber jedenfalls dann als unangemessen anzusehen, wenn durch eine weit über den Kapitalanteil hinausgehende Verlustzuweisung zu Beginn der Beteiligung wirtschaftlich eine Beteiligung an Verlusten aus Vorperioden bewirkt wird; in diesem Fall ist die Verlustverteilung entsprechend den Kapitalanteilen zu korrigieren.[1004])

553 Die Verteilung von Verlusten erfolgt nach den gleichen Grundsätzen wie die Gewinnverteilung. Übersteigen die Verluste auf Grund der Verlustzuweisungen die Einlage des Gesellschafters, entsteht ein **negatives Kapitalkonto.** Dieses negative Kapitalkonto ist auch steuerlich wirksam, doch ist im Fall des Ausscheidens des Gesellschafters aus der Gesellschaft jedenfalls der Betrag seines negativen Kapitalkontos zu versteuern, den er nicht auffüllen muss (§ 24 Abs 2). Damit werden vor allem jene Fälle erfasst, in denen ein Kommanditist Verlustzuweisungen über seine Einlage hinaus steuerlich verwerten konnte.

553/1 Einem **kapitalistischen Mitunternehmer** sind Gewinne und Verluste entsprechend den allgemeinen Gewinn- und Verlustverteilungsgrundsätzen zuzurechnen. Verluste sind allerdings nur insoweit ausgleichs- und vortragsfähig, als durch sie nicht ein negatives Kapitalkonto entsteht oder sich erhöht. Solche Verluste stellen **Wartetastenverluste** dar und sind nur mit zukünftigen Gewinnen aus dieser Beteiligung oder im Umfang eines positiven Saldos von späteren Einlagen und Entnahmen zu verrechnen (§ 23 a).

Eine kapitalistische Mitunternehmerbeteiligung liegt dann vor, wenn die **Haftung des Mitunternehmers ausgeschlossen oder eingeschränkt** ist (zB Kommanditist, atypisch stiller Gesellschafter) **und** er **keine ausgeprägte Mitunternehmerinitiative** entfaltet. Beide Voraussetzungen müssen **kumulativ** erfüllt sein.[1005])

553/2 Für die Beurteilung der **Haftungsbeschränkung** des Gesellschafters ist auf die **gesellschaftsrechtliche Haftung** abzustellen; allfällige Haftungserweiterungen im Innen-

---

[1000]) Siehe VwGH 21. 10. 1980, 2385/79, ÖStZB 1981, 186.

[1001]) Vgl VwGH 26. 4. 2006, 2001/14/0196.

[1002]) Siehe VwGH 6. 5. 1980, 1345, 1372/79, ÖStZB 1981, 71.

[1003]) Siehe VwGH 29. 7. 1997, 93/14/0128.

[1004]) Siehe VwGH 1. 6. 2017, Ro 2015/15/0017; siehe auch *Zorn,* RdW 2017, 588 und kritisch *Hofmann,* RdW 2018, 55.

[1005]) Siehe auch *Lachmayer* in *Doralt/Kirchmayr/Mayr/Zorn,* EStG[18] § 23 a Tz 31 und *Hayden,* taxlex 2015, 237.

verhältnis oder die vertragliche Vereinbarung von Haftungserweiterungen gegenüber Dritten, aber auch eine Haftungsbeschränkung bloß im Innenverhältnis, sind für die Frage der grds Anwendbarkeit des § 23 a nicht relevant.[1006]) Von Relevanz ist allerdings die tatsächliche Inanspruchnahme auf Grund solcher Haftungserweiterungen für die Verrechnung von Wartetastenverlusten iSd § 23 a.

Die Haftungsbeschränkung alleine ist nicht ausreichend für die Anwendung des 553/3
§ 23 a. Zusätzlich ist auch das Fehlen einer **ausgeprägten Mitunternehmerinitiave** erforderlich. Mitunternehmerinitiative ist grds dann gegeben, wenn der Gesellschafter auf das betriebliche Geschehen Einfluss nehmen kann, also die Möglichkeit hat bei unternehmerischen Entscheidungen mitzuwirken.[1007]) Dazu sind idR Stimm-, Kontroll- und Widerspruchsrechte ausreichend (siehe dazu auch oben Tz 528).[1008]) Eine „ausgeprägte" Mitunternehmerinitiative muss daher über dieses Mindestmaß hinausgehen und in einer aktiven Mitarbeit im Unternehmen bestehen.[1009]) Sie ist somit jedenfalls gegeben, wenn der nicht oder beschränkt haftende Mitunternehmer die laufende Geschäftsführung besorgt; nicht ausreichend hierfür sind eine bloß gelegentliche Teilnahme an Besprechungen sowie die Mitwirkung an der Geschäftsführung in Ausnahmefällen oder bei außerordentlichen Geschäften.[1010]) Die ausgeprägte Mitunternehmerinitiative ist stets im Einzelfall zu beurteilen, wobei das erforderliche zeitliche Ausmaß der Mitarbeit insb von der Art der Mitarbeit abhängig sein wird; Tätigkeiten, die mit dem Betriebsgegenstand keinen Zusammenhang aufweisen, können wohl nicht zu einer ausgeprägten Mitunternehmerinitiative führen (zB Reinigung).[1011])

Vom **Ausgleichs- und Vortragsverbot** betroffen sind nur solche Verluste, 553/4
die aus der betrieblichen Tätigkeit der Gesellschaft erwachsen. Verluste auf Grund eines Überhanges von Sonderbetriebsausgaben des Gesellschafters sind nicht erfasst und daher unbeschränkt ausgleichs- und vortragsfähig. Das Ausgleichs- und Vortragsverbot wird dann wirksam, wenn durch den Verlustanteil des Gesellschafters dessen **steuerliches Kapitalkonto** negativ wird bzw sich sein negatives Kapitalkonto erhöht. Das steuerliche Kapitalkonto setzt sich aus dem starren oder auch fixen Einlagekonto und dem Verrechnungskonto des Gesellschafters zusammen und erfasst auch die Ergänzungsbilanzen im Fall eines nachträglichen Gesellschafterbeitrittes; nicht erfasst sind jedoch die Werte des Sonderbetriebsvermögens und die Sonderbetriebseinnahmen und -ausgaben des Gesellschafters. Einlagen und Entnahmen des Gesellschafters erhöhen und verringern das steuerliche Kapitalkonto.[1012])

1006) Siehe EStR 2000 Rz 6025 und *Lachmayer* in *Doralt/Kirchmayr/Mayr/Zorn*, EStG[18] § 23 a Tz 27 f; ebenso Jakom/*Peyerl*, EStG 2018 § 23 a Tz 15 und *Bergmann* in *Bergmann/Ratka*, Handbuch Personengesellschaften[2] Tz 13/175.

1007) Siehe VwGH 27. 2. 2008, 2005/13/0050; siehe auch EStR 2000 Rz 5805 f und Jakom/*Peyerl*, EStG 2018 § 23 Tz 128.

1008) Siehe VwGH 23. 2. 1994, 93/15/0163 und VwGH 25. 6. 1997, 95/15/0192.

1009) ErläutRV 684 BlgNR 25. GP 17 (zum StRefG 2015/2016); anders wohl *Bergmann* in *Bergmann/Ratka*, Handbuch Personengesellschaften[2] Tz 13/178.

1010) Siehe ErläutRV 684 BlgNR 25. GP 17 (zum StRefG 2015/2016).

1011) Siehe *Lachmayer* in *Doralt/Kirchmayr/Mayr/Zorn*, EStG[18] § 23 a Tz 36; siehe dazu auch *Bergmann* in *Bergmann/Ratka*, Handbuch Personengesellschaften[2] Tz 13/179.

1012) Zum maßgeblichen Kapitalkonto siehe EStR 2000 Rz 6033 ff; siehe auch *Lachmayer* in *Doralt/Kirchmayr/Mayr/Zorn*, EStG[18] § 23 a Tz 41 ff und *Schlager*, SWK 2016, 986.

553/5 **Wartetastenverluste** aus Vorjahren sind zwingend mit Gewinnen aus der kapitalistischen Beteiligung zu verrechnen;[1013]) dazu zählen auch Übergangs- und Veräußerungsgewinne, jedoch nicht Gewinne aus einem Überhang von Sonderbetriebseinnahmen und Sonderbetriebsausgaben.[1014])

Einkünfte, die einem besonderen Steuersatz unterliegen (Einkünfte aus Kapitalvermögen, siehe dazu Tz 106/1 und 106/4; Einkünfte aus Grundstücksveräußerungen, siehe dazu Tz 130 und 133), erhöhen bzw vermindern das steuerliche Kapitalkonto.[1015])

Wartetastenverluste wandeln sich zu **ausgleichs- und vortragsfähigen Verlusten,** wenn in einem späteren Wirtschaftsjahr ein positiver Saldo von **Einlagen und Entnahmen** vorliegt, wobei nur tatsächlich geleistete Einlagen zu berücksichtigen sind. Als Einlage gilt auch die tatsächliche Haftungsinspruchnahme des Gesellschafters. Nicht zu berücksichtigen sind daher ausstehende und kurzfristige Einlagen.[1016])

553/6 Wird der **kapitalistische Mitunternehmer zu einem vollhaftenden Gesellschafter,** sind ab diesem Veranlagungszeitraum alle noch nicht verrechneten Wartetastenverluste **voll ausgleichs- und vortragsfähig** (vgl § 23 a Abs 4).

Ändert sich hingegen nicht die gesellschaftsrechtliche Haftung des Gesellschafters, sondern das Ausmaß der Mitunternehmerinitiative durch eine **intensivierte Mitarbeit,** ist § 23 a zwar ab dem Veranlagungszeitraum des Eintritts der Änderung nicht mehr anzuwenden; bisher entstandene Wartetastenverluste werden aber nicht voll ausgleichs- und vortragsfähig.[1017])

Durch die **Beendigung der Mitunternehmerschaft** bzw durch die **Übertragung der Beteiligung** kommt es zu keinem Ausgleich bzw Vortrag der Wartetastenverluste. Die Wartetastenverluste sind mit allfälligen Veräußerungs- bzw Aufgabegewinnen zu verrechnen; verbleibende Wartetastenverluste können nur im Fall einer späteren tatsächlichen Haftungsinanspruchnahme ausgeglichen bzw vorgetragen werden und gehen daher idR verloren.[1018]) Wird die Beteiligung unentgeltlich übertragen, gehen die Wartetastenverluste auf den Übernehmer über;[1019]) dies gilt auch für die Übertragung im Rahmen einer Einbringung nach Art III UmgrStG.[1020])

[1013]) Siehe EStR 2000 Rz 6042.

[1014]) Siehe EStR 2000 Rz 6041; ebenso Jakom/*Peyerl,* EStG 2018 § 23 a Tz 42 und *Herzog/Lachmayer* in *Mayr/Lattner/Schlager,* SWK Spezial: Steuerreform 2015/16, 62; anders *Lachmayer* in *Doralt/Kirchmayr/Mayr/Zorn,* EStG[18] § 23 a Tz 57.

[1015]) Siehe EStR 2000 Rz 6036.

[1016]) Siehe EStR 2000 Rz 6044 f.

[1017]) Nach EStR 2000 Rz 6047 ist bei einer unterjährigen Intensivierung der Mitarbeit auf das Überwiegen im Wirtschaftsjahr abzustellen; ebenso *Lachmayer* in *Doralt/Kirchmayr/Mayr/Zorn,* EStG[18] § 23 a Tz 79; anders *Wiesner* in *Wiesner/Grabner/Wanke,* EStG § 23 a Tz 20 und wohl auch *Bergmann* in *Bergmann/Ratka,* Handbuch Personengesellschaften[2] Tz 13/200.

[1018]) Siehe EStR 2000 Rz 6048.

[1019]) Siehe EStR 2000 Rz 6048.

[1020]) Siehe EStR 2000 Rz 6051.

e) Veräußerung von Anteilen an einer Personengesellschaft und Auflösung der Gesellschaft

Veräußert der Gesellschafter einer Personengesellschaft **seinen Anteil** an einen Dritten oder an einen anderen Gesellschafter, ist der auf ihn entfallende Anteil am Buchwert des Betriebsvermögens (Kapitalkonto) dem Veräußerungspreis gegenüberzustellen. Die daraus resultierende Aufdeckung stiller Reserven führt zu einem Veräußerungsgewinn, der nach denselben Grundsätzen wie eine Betriebsveräußerung behandelt wird (§ 24 Abs 1, siehe dazu Tz 572 f). Ist das **Kapitalkonto negativ,** ist als Veräußerungsgewinn jedenfalls der Negativstand zu erfassen, soweit der Gesellschafter das Kapitalkonto nicht auffüllen muss (§ 24 Abs 2 letzter Satz). 554

Werden Beteiligungen an Mitunternehmerschaften beim Gesellschafter im Betriebsvermögen gehalten, sind sie in der Steuerbilanz des Gesellschafters nicht mit den Anschaffungskosten, sondern mit dem Betrag, der dem Kapitalkonto entspricht, anzusetzen (Spiegelbildtheorie).[1021]) Eine Teilwertabschreibung der Beteiligung selbst ist danach nicht möglich, weil sich sonst Verluste doppelt auswirken könnten.[1022])

Der Erwerber des Anteils hat in seiner Teilbilanz von den Anschaffungskosten auszugehen. Daher kommt es spätestens bei der Veräußerung eines Gesellschaftsanteils über dem Buchwert zu erheblichen Abweichungen in den Teilbilanzen der Gesellschafter. Übernehmen die verbleibenden Gesellschafter zu gleichen Teilen den Anteil des ausscheidenden Gesellschafters, erfolgen die Aufwertungen bei allen Gesellschaftern gleichmäßig (neben einem allenfalls zu aktivierenden Firmenwert). Eine einheitliche Bilanz ist in diesem Fall daher weiterhin möglich; ansonsten sind Ergänzungsbilanzen erforderlich. 555

Leisten die verbleibenden Gesellschafter einem ausscheidenden Gesellschafter eine Zahlung über den tatsächlichen Wert des Anteils hinaus und dient der Mehrbetrag nicht dazu, dessen Vermögenswerte zu erwerben oder sonstige Leistungen abzugelten, sondern ihn zum Ausscheiden zu veranlassen, weil sein Verbleib für den Betrieb der Gesellschaft schädigend wirkt (sog **lästiger Gesellschafter**),[1023]) dann ist dieser Mehrbetrag nicht zu aktivieren, sondern sofort als Betriebsausgabe abzugsfähig.[1024]) Beim ausscheidenden Gesellschafter stellt die gesamte Zahlung einen Veräußerungserlös dar. 556

Wird eine **Personengesellschaft aufgelöst** und das Vermögen veräußert oder aufgeteilt, liegt eine Betriebsveräußerung vor, die nach § 24 zu beurteilen ist. 557

Wird der Betrieb der Gesellschaft unter den Mitunternehmern entsprechend ihrer Anteile aufgeteilt, indem jeder Mitunternehmer einen Teilbetrieb übernimmt, erfolgt die Teilung nach Maßgabe des Art V UmgrStG zu Buchwer-

---

[1021]) Siehe VwGH 19. 3. 2002, 99/14/0134.

[1022]) Siehe VwGH 27. 8. 1998, 96/13/0165.

[1023]) Siehe EStR 2000 Rz 5998; siehe auch *Fraberger/Papst* in *Doralt/Kirchmayr/Mayr/Zorn*, EStG[18] § 24 Tz 200.

[1024]) Siehe VwGH 15. 3. 1961, 1590/58, ÖStZB 1961, 78 und VwGH 18. 11. 1987, 84/13/0083, ÖStZB 1988, 228. Siehe auch EStR 2000 Rz 5999.

ten **(Realteilung).** Wird der Betrieb nicht in Form von Teilbetrieben auf die einzelnen Mitunternehmer aufgeteilt (zB werden nur einzelne Wirtschaftsgüter übertragen), liegt keine Realteilung, sondern eine Betriebsveräußerung vor (§ 24 Abs 7).

C. Personenvereinigungen mit außerbetrieblichen Einkünften

Literatur: *Baumann/Raab,* Veräußerung von Anteilen an vermögensverwaltenden Personengesellschaften – AbgÄG 2012 regelt die Besteuerung im außerbetrieblichen Bereich, ÖStZ 2012, 589; *Bergmann,* Einjährige Spekulationsfrist bei der Veräußerung von Anteilen an grundstücksverwaltenden Personengesellschaften? GES 2012, 152; *oV,* VwGH zur Bilanzierung der Beteiligung an vermögensverwaltender Personengesellschaft, RdW 2014, 235.

Genauso wie bei Personengesellschaften mit betrieblichen Einkünften stellt sich die Frage der Ermittlung der Einkünfte bei Personenvereinigungen mit außerbetrieblichen Einkünften.

558 In Betracht kommen vor allem **Miteigentumsgemeinschaften** mit Einkünften aus Vermietung und Verpachtung, eventuell auch aus Kapitalvermögen. Steht also insb ein Mietobjekt im Miteigentum mehrerer Personen, sind auch die Einkünfte aus Vermietung und Verpachtung quotenmäßig den Miteigentümern zuzurechnen. Die Zurechnung erfolgt auf Grund einer analogen Anwendung des § 23 Z 2, erforderlich ist jedoch eine Beteiligung nach Art einer Mitunternehmerschaft.[1025]) Übernimmt ein Miteigentümer die Hausverwaltung für die Miteigentümergemeinschaft gegen eine Sonderhonorierung, zählt bei ihm ein gesondertes (fremdübliches) Entgelt für die Hausverwaltung nicht zu den Einkünften aus Vermietung und Verpachtung, weil eine § 23 Z 2 vergleichbare Bestimmung in § 28 nicht existiert; es liegen beim verwaltenden Miteigentümer Einkünfte aus sonstiger selbständiger Arbeit vor und auf Seiten der Miteigentümergemeinschaft Werbungskosten.[1026])

Unterschiedliche Werbungskosten entstehen insb bei unterschiedlichen Kaufpreisen der Miteigentumsanteile (Bemessungsgrundlage für die AfA) und aus Zinsenbelastungen, wenn die Anteile mit Darlehen angeschafft worden sind. Auch die Fünfzehntelabsetzung bei Instandhaltungsaufwendungen (§ 28 Abs 2) muss nicht einheitlich für alle Miteigentümer erfolgen.

559 Betreibt eine **Personengesellschaft** ausschließlich Vermögensverwaltung, erzielt sie damit nur außerbetriebliche Einkünfte. Verlustzuweisungen an Kommanditisten sind in diesem Fall mit der Hafteinlage begrenzt, weil der Kommanditist den seine Einlage übersteigenden Verlustanteil wirtschaftlich nicht zu tragen hat.[1027]) Ist eine vermögensverwaltende Personengesellschaft auch nur in

[1025]) Siehe VwGH 25. 6. 1997, 95/15/0192; siehe auch EStR 2000 Rz 6016.

[1026]) Siehe EStR 2000 Rz 6017; siehe auch VwGH 12. 9. 1989, 88/14/0137, ÖStZB 1990, 34 und VwGH 21. 9. 1993, 90/14/0057; anders jedoch *Preisl,* RdW 1986, 382.

[1027]) Siehe aber VwGH 21. 2. 2001, 2000/14/0127-0130 (kein begrenzte Verlustzuweisung, wenn der Kommanditist über seine Hafteinlage hinaus eine Haftungs- oder Garantieerklärung abgegeben hat). Siehe auch EStR 2000 Rz 6018.

geringem Umfang gewerblich tätig, gilt sie in vollem Umfang als Gewerbebetrieb (§ 2 Abs 4).[1028]) Beteiligt sich eine vermögensverwaltende Personengesellschaft an einer gewerblichen Personengesellschaft, erzielt sie Einkünfte aus Gewerbebetrieb; die gewerbliche Tätigkeit der Untergesellschaft färbt gem § 2 Abs 4 auf die beteiligte Gesellschaft ab (**Abfärbetheorie**).[1029]) Beteiligt sich dagegen eine gewerbliche Personengesellschaft oder eine Kapitalgesellschaft an einer vermögensverwaltenden Personengesellschaft, wird aus der vermögensverwaltenden Personengesellschaft keine gewerbliche Personengesellschaft (keine Geltung der **Geprägetheorie**).[1030])

D. Die Feststellung von Einkünften

Literatur: *Ellinger,* Die Feststellung der Einkünfte aus Gewerbebetrieb gemäß § 188 BAO bei international tätigen Mitunternehmerschaften, in FS 30 Jahre WU Wien, Besteuerung und Bilanzierung international tätiger Unternehmen, Wien 1998, 105; *Ryda/Langheinrich,* Probleme im Zusammenhang mit der ertragsteuerlichen Erfassung der Einkünfte eines echten stillen Gesellschafters bei nachfolgender abweichender rechtlichen Beurteilung des zugrunde liegenden stillen Gesellschaftsverhältnis, FJ 2000, 276; *oV,* VwGH: Einschränkung von Feststellungsbescheiden nach § 188 BAO, RdW 2005, 392; *Ritz,* Keine einheitliche Wirkung von Feststellungsbescheiden, SWK 2006, 838; *Kotschnigg,* Der Anfang vom Ende der einheitlichen Gewinnfeststellung im traditionellen Sinn, SWK 2006, 928; *Trauner/Schweinberger,* Die Aufteilung/Zurechnung der Einkünfte aus Land- und Fortwirtschaft, taxlex 2007, 134; *Paterno/Steindl,* Zur Reichweite der Einheitlichkeit der Einkommensfeststellung bei Unternehmensgruppen, ÖStZ 2011, 221; *Kaufmann/Haider/Winnerroither,* Gewinnverteilungsfragen bei Personengesellschaften, ÖStZ 2012, 392; *dies,* Die Einkünftefeststellung bei Personengesellschaften, ÖStZ 2012, 416; *Nemec,* Keine einheitliche und gesonderte Feststellung von Einkünften bei „Vermietung an sich selbst", SWK 2012, 294; *oV,* VwGH: Einheitliche Entscheidung über Erklärungen der Einkünfte von Personengesellschaften, RdW 2012, 688; *Heinrich,* Die zwei Ebenen der Erklärungspflicht für gesondert festgestellte Einkünfte – Konsequenzen der verspäteten oder unterlassenen Erklärung, in FS Tanzer, Die Bedeutung der BAO im Rechtssystem, Wien 2014, 45; *Schimmer,* Die ertragsteuerliche Erfassung von Arbeitsgemeinschaften nach dem 2. AbgÄG 2014, ÖStZ 2015, 380; *Harrer/Pira,* Die (nicht) unternehmerisch tätige Bau-ARGE, RdW 2016, 451; *Tanzer,* Die GmbH & Co KG im Abgabenverfahrensrecht, in GedS Arnold², Wien 2016, 233; *Zorn,* VwGH: Verlustvortrag kraft Rechtskraft, RdW 2016, 210; *ders,* VwGH: Auslandsverlust zwingend im Feststellungsbescheid der KG, RdW 2016, 696.

Ein zentrales Problem gemeinsamer Einkunftsquellen mehrerer Personen ist die Feststellung der Einkünfte. Das Verfahrensrecht sieht für die wichtigsten Fälle (betriebliche Einkünfte und Einkünfte aus der Vermietung und Verpachtung unbeweglichen Vermögens) eine Feststellung vor (§ 188 BAO). **560**

Dabei werden für alle Beteiligten die Einkünfte aus der Einkunftsquelle in einem einheitlichen Verfahren ermittelt und bescheidmäßig festgestellt. Die einheitliche Feststellung erfasst den Gewinn bzw den Überschuss der Einnah- **561**

[1028]) Siehe VwGH 29. 11. 1994, 93/14/0150.

[1029]) Siehe EStR 2000 Rz 5831 a.

[1030]) Siehe auch EStR 2000 Rz 6015.

men über die Werbungskosten der Steuerquelle insgesamt und enthält zugleich die Aufteilung auf die Beteiligten (§ 188 Abs 3 BAO).

562 Die Einkünfte werden somit nicht im Rahmen der ESt-Veranlagung, sondern in einem eigenen Verfahren, das mit einem Feststellungsbescheid endet, ermittelt.

563 Die besondere Bedeutung der gesonderten Feststellungen ergibt sich daraus, dass die Sonderbetriebsausgaben bzw Sonderwerbungskosten bereits bei der Feststellung der Einkünfte geltend gemacht werden müssen. Wird dies unterlassen, können sie bei der ESt-Veranlagung nicht berücksichtigt werden. Die ESt-Veranlagung ist an die Feststellung gebunden (§ 192 BAO). Worüber der Feststellungsbescheid nicht abspricht, wird im Einzelveranlagungsverfahren abgesprochen.[1031])

Vor allem Betriebsausgaben oder Werbungskosten, die sowohl mit einer eigenen Einkunftsquelle des Stpfl als auch mit einer gemeinsamen Steuerquelle im Zusammenhang stehen, werden daher im Zweifel im Rahmen der einheitlichen Feststellung der Einkünfte aus der gemeinsamen Einkunftsquelle geltend zu machen sein.

Sonderbetriebsausgaben entstehen einem Gesellschafter aus seiner Beteiligung (zB Rechtsanwaltskosten aus einem Streit mit den übrigen Gesellschaftern), aus seinem Sonderbetriebsvermögen (AfA, sonstige Aufwendungen, Zinsen für einen Kredit zur Beteiligungsfinanzierung) oder aus seinen Aufwendungen im Zusammenhang mit Sonderbetriebseinnahmen (Sondervergütungen nach § 23 Z 2).

564 Eine Feststellung im Fall der **Vermietung und Verpachtung** ist nur dann möglich, wenn die festzustellenden Einkünfte bei allen Beteiligten Einkünfte aus Vermietung und Verpachtung darstellen (§ 188 Abs 1 BAO). Ist ein Anteil Bestandteil eines Betriebsvermögens, erfasst die Feststellung nur die auf die anderen Anteile entfallenden Einkünfte.[1032])

VI. Die Besteuerung von Veräußerungsgeschäften

A. Überblick über die Besteuerung von Veräußerungsgeschäften

Wie schon mehrfach angedeutet, führt der Dualismus der Einkünfteermittlung zu einer unterschiedlichen steuerlichen Behandlung der Ergebnisse, die bei der Veräußerung von Vermögensgegenständen erzielt werden:

565 1. Ergebnisse, die bei der Veräußerung von Wirtschaftsgütern des **Betriebsvermögens** erzielt werden, sind einkommensteuerrechtlich prinzipiell beachtlich; Gewinne sind stpfl, Verluste ausgleichsfähig. Dieser Grundsatz wird jedoch mehrfach durchbrochen:

a) Unter den Voraussetzungen des § 12 (**Übertragung stiller Reserven**) sind Veräußerungsgewinne der Besteuerung zumindest vorläufig entzogen.

[1031]) Siehe VwGH 18. 10. 2005, 2004/14/0154; dazu *Kotschnigg,* SWK 2006, 672.

[1032]) Siehe VwGH 20. 5. 1987, 86/13/0068, ÖStZB 1988, 41 und VwGH 10. 6. 1975, 661/74, ÖStZB 1975, 226; ebenso EStR 2000 Rz 6528; kritisch *Ruppe,* Grundstücksverwaltende KG 37 ff; aA auch *Reiner,* Einkünftefeststellung bei Personengesellschaften 53 f.

b) Bei **Einbringung** von Betrieben in Körperschaften, bei Zusammenschlüssen und bei anderen umgründungsbedingten Veräußerungen findet auf Grund des UmgrStG unter bestimmten Voraussetzungen keine Gewinnrealisierung statt (dazu unten 4. Kap).

c) Gewinne, die bei der Veräußerung[1033]) von **Grundstücken** des Anlagevermögens erzielt werden, unterliegen idR dem besonderen Steuersatz in Höhe von 30%; Verluste aus der Veräußerung[1034]) solcher Grundstücke sind vorrangig mit anderen Grundstücksgewinnen desselben Betriebs ausgleichsfähig; ein allfälliger Restbetrag ist zu 60% mit anderen betrieblichen Gewinnen ausgleichsfähig (§ 6 Z 2 lit d).

Davon abgesehen finden sich in § 24 besondere Regeln über die steuerliche Behandlung von Betriebsveräußerungen und Betriebsaufgaben (dazu unten B).

2. Ergebnisse, die bei der Veräußerung von Wirtschaftsgütern des **Privat- 566
vermögens** erzielt werden, sind einkommensteuerlich grds unbeachtlich (§ 15 Abs 1), ausgenommen es handelt sich um Kapitalvermögen oder Grundstücke (siehe dazu oben Tz 91 ff und Tz 118 ff); Sonderregelungen bestehen für Spekulationsgeschäfte (§ 31), für die Veräußerung gegen Renten (§ 29 Z 1) und für die Abschichtung stiller Gesellschafter (§ 27 Abs 3). Die Ausgleichsfähigkeit von Verlusten ist in diesen Fällen allerdings teilweise eingeschränkt.

B. Veräußerung (Aufgabe) eines Betriebes, Teilbetriebes oder Mitunternehmeranteiles

Literatur: *Margreiter/Wakounig/Glega,* Steuerliche Sonderbilanzen², Wien 1996; *Fraberger,* Der steueroptimale Tod, Wien 1997; *Pülzl/Reitschuler,* Entschädigungsleistungen im Zuge einer Betriebsveräußerung – § 24 lex specialis zu § 32 EStG? RdW 2000, 115; *Metzler,* Umgehung der Veräußerungsgewinnbesteuerung durch Einbringung, RdW 2000, 117; *Kohlbacher,* Betriebsaufgabe durch Verpachtung trotz Firmenwert? RdW 2000, 379; *Petschnigg,* Gebäudebegünstigung bei Betriebsaufgabe, SWK 2000, 33; *Wolf,* Betriebsübertragung in Theorie und Praxis, Wien 2000; *Schrottmeyer,* Erwerbsunfähigkeit infolge von Berufsverboten? SWK 2001, 314; *Märkle,* Die Betriebsunterbrechung und der ruhende Betrieb in der Ertragsbesteuerung, BB 2002, 17; *Wolf,* Unternehmensnachfolge aus gesellschaftsrechtlicher und steuerrechtlicher Sicht, Wien 2002; *Doralt,* Der gemeine Wert und denkunmögliche Auslegung, RdW 2002, 369; *Ziegler,* Rückwirkende Verlustzuweisung mit steuerfreier Betriebsaufgabe, RdW 2002, 555; *Wolf,* Unternehmensnachfolge mit negativem Kapital, FJ 2002, 195; *Petschnigg,* Gebäudebegünstigung bei Betriebsaufgabe gemäß § 24 Abs 6 EStG, WT 2002, H 6, 30; *oV,* Nachträgliche Änderung bei Anrechnung der Erbschafts- und Schenkungssteuer auf die Einkommensteuer, RdW 2003, 111; *D. Aigner/Kofler,* Anwendung des Freibetrags nach § 24 Abs 4 EStG bei Körperschaften? SWK 2003, 482; *D Aigner/Kofler,* Nochmals: Anwendung des Freibetrags nach § 24 Abs 4 EStG bei Körperschaften? SWK 2003, 911; *Ritz,* Änderung nach § 295 a BAO, SWK 2003, 1448; *Doralt,* AbgÄG 2003: Bescheidänderung wegen rückwirkender Ereignisse, RdW 2004, 57; *Atzmüller/Herzog/Mayr,* AbgÄG 2004: Wichtiges aus der Einkommensteuer, RdW 2004, 621; *Novak,* Steuerbegünstigungen des Veräuße-

[1033]) Gilt ebenso für Zuschreibungen oder Entnahmegewinne.

[1034]) Gilt ebenso für Teilwertabschreibungen, Absetzungen für außergewöhnliche technische oder wirtschaftliche Abnutzung und Entnahmeverluste.

rungsgewinnes nach § 24 EStG im Rechtsvergleich, SWI 2004, 77; *Lochmann,* Gemeiner Wert – Wertermittlung einschließlich Umsatzsteuer und unabhängig von der Handelsstufe, SWK 2004, 876; *Kofler/Kofler/Urnik,* Handbuch der Betriebsaufgabe und Wechsel der Gewinnermittlung², Wien 2004; *Vock,* Betriebsveräußerung: Wiederaufnahme der Erwerbstätigkeit als „rückwirkendes Ereignis", RdW 2005, 510; *Urban,* Veräußerung von Forstbetrieben, taxlex 2007, 142; *Lenneis,* Zeitpunkt der Betriebsaufgabe oder: Lügen haben lange Beine, UFS 2007, 128; *Doralt,* Betriebsveräußerung: Widersprüche und Reformbedarf, in FS Ruppe, Wien 2007, 99; *Ehrke-Rabel,* Betriebsaufgabe durch den Tod eines Erfinders? RdW 2009, 610; *Pröll,* Betriebsaufgabe: Der gemeine Wert und seine „Tücken", ÖStZ 2009, 78; *D. Aigner,* Hauptwohnsitzbefreiung bei Betriebsaufgabe für den Grundanteil, taxlex 2010, 103; *Bergmann,* Betriebsveräußerung und -aufgabe, in *Bergmann/Ratka* (Hrsg), Handbuch Personengesellschaften (2011) 557; *Straka,* Hauptwohnsitzbefreiung nur bei Betriebsaufgabe, UFSjournal 2011, 326; *Beiser,* Die Auffüllung eines negativen Kommanditkapitals durch Schenkung mit nachfolgender Veräußerung des Kommanditanteils, SWK 2012, 1415; *Pircher,* Die Betriebsaufgabe und die Gebäudebegünstigung im Lichte des 1. StabG 2012, SWK 2012, 757; *Tanzer,* Die Anrechnung von Erbschafts- und Schenkungssteuer bei Personenverschiedenheit und Mehrfacherwerben, SWK 2012, 1212; *Kanduth-Kristen,* Steueroptimierung bei Unternehmensübertragung unter besonderer Berücksichtigung der Grundstücksbesteuerung nach dem 1. StabG 2012, ÖStZ 2013, 249; *Rohn,* Unentgeltliche Übertragung von Kommanditanteilen, JEV 2013, 20; *Beiser,* Gewinnrealisierung oder Schenkung bei einer Übertragung von Kommanditanteilen mit negativem Eigenkapital? SWK 2014, 94; *ders,* Verluste eines Kommanditisten im Fall eines negativen Eigenkapitals – eine systematische Analyse, ÖStZ 2014, 484; *Weinhandl,* Die Gebäudebegünstigung im Ertragsteuerrecht, SWK 2014, 735; *Kanduth-Kristen,* Steueroptimierung bei Betriebsübertragung unter besonderer Berücksichtigung der Grundstücksbesteuerung nach dem StRefG 2015/2016, ÖStZ 2016, 557; *Pircher,* Abschreibungsvolumen versus Abschreibungsbasis bei Betriebsaufgabe, SWK 2016, 504; *Bergmann,* Keine Erwerbstätigkeit bei „kapitalistischer" Mitunternehmereigenschaft, GES 2016, 38; *Urnik,* Ertragsteuerliche Risiken bei der unentgeltlichen Übertragung überschuldeter Betriebe: ImmoEStPflicht für Grundstücke? JEV 2016, 104; *Höber/Peyerl,* Einkünfteverteilung gem § 37 Abs 2 EStG nach dem Tod, SWK 2017, 1273; *Hudobnik,* Können kapitalistische Mitunternehmer iSd § 23a Abs 2 EStG die Hälftesteuersatzbegünstigung iZm § 37 Abs 5 Z 3 EStG in Anspruch nehmen? taxlex 2017, 224; *Steiger,* Hälftesteuersatz für Pensionsabfindung auch für wesentlich beteiligten Gesellschafter-Geschäftsführer anwendbar! taxlex 2018, 275.

1. Abgrenzung

567 Zu den betrieblichen Einkunftsarten werden in den §§ 21 bis 23 jeweils auch die Veräußerungsgewinne iS des § 24 gerechnet.[1035]) Veräußerungsgewinne sind Gewinne, die erzielt werden

- bei Veräußerung bzw Aufgabe des ganzen Betriebes,
- bei Veräußerung bzw Aufgabe eines Teilbetriebes,
- bei Veräußerung eines Mitunternehmeranteils.

Diese Gewinne sind an sich bereits von der allgemeinen Gewinndefinition erfasst: Bei Veräußerung eines Betriebes (Teilbetriebes) müsste sich nach Maßgabe der vorhandenen stillen Reserven und des Firmenwertes ein Gewinn, allen-

[1035]) Siehe zB § 21 Abs 2 Z 3.

falls auch ein Verlust ergeben. Die **normative Bedeutung** des § 24 liegt aber darin, dass

a) die allgemeinen Gewinnermittlungsvorschriften im Hinblick auf die besondere Situation der Betriebsveräußerung bzw -aufgabe modifiziert werden und

b) eine begünstigte steuerliche Behandlung für den derart ermittelten Gewinn angeordnet wird.

Die **unentgeltliche** Übertragung eines Betriebes (Teilbetriebes, Mitunternehmeranteils) führt idR nicht zu einer Aufdeckung der stillen Reserven. Der Übernehmende hat die Buchwerte fortzuführen (§ 6 Z 9 lit a); zu Zuwendungen von Privatstiftungen vgl § 4 Abs 11 Z 2 und oben Tz 395.

Die **Veräußerung eines ganzen Betriebes** liegt vor, wenn ein Betrieb als organische Gesamtheit in einem einheitlichen wirtschaftlichen Vorgang entgeltlich einem anderen übertragen wird. Werden hierbei einzelne, bisher im Betriebsvermögen befindliche Wirtschaftsgüter (zB Grundstücke) nicht mitübereignet, sondern entnommen, so steht dies der Annahme einer Betriebsveräußerung prinzipiell nicht entgegen. Entscheidend ist, ob die übereigneten bzw mitvermieteten Wirtschaftsgüter bisher die wesentliche Grundlage des Betriebes bildeten,[1036]) die dem Erwerber die Weiterführung des Unternehmens ermöglichen;[1037]) unerheblich ist, ob der Erwerber den Betrieb tatsächlich fortführt.[1038]) **568**

Zu einer faktischen Betriebsteilung kann es kommen, wenn im Rahmen einer Betriebsübertragung einzelne unwesentliche Wirtschaftsgüter zurückbehalten werden (zB Forstparzellen oder einzelne Klienten eines Klientenstockes) und diese weiterhin betrieblich genutzt werden. Bilden die Wirtschaftsgüter weiterhin einen eigenständig lebensfähigen Betrieb, liegt keine Entnahme mit nachfolgender Einlage in einen neu gegründeten Betrieb sondern eine bloße Betriebsschrumpfung und Fortführung des bisherigen Betriebes vor.[1039])

Eine **Veräußerung eines Teilbetriebes** liegt vor, wenn ein organisch in sich geschlossener, mit einer gewissen Selbständigkeit ausgestatteter Teil des Betriebes[1040]) einem anderen entgeltlich übertragen wird. Die Teilbetriebseigenschaft ist aus der Sicht des Veräußerers und nicht des Erwerbers zu beurteilen.[1041]) Die Selbständigkeit des Teilbetriebes muss schon vor der Übertragung nach außen in Erscheinung getreten sein.[1042]) Unternehmensteile, die im **569**

[1036]) Siehe dazu die Einzelfälle in *Fraberger/Papst* in *Doralt/Kirchmayr/Mayr/Zorn,* EStG[18] § 24 Tz 43; Vgl EStR 2000 Rz 5509 ff.

[1037]) Vgl zB VwGH 24. 6. 2010, 2006/15/0270, wonach die Art, der Umfang und die geschäftliche Wirkungsweise des übertragenen Betriebes aufrechterhalten werden können müssen.

[1038]) VwGH 31. 10. 2000, 98/15/0040, ÖStZB 2001, 441.

[1039]) EStR 2000 Rz 2529.

[1040]) Vgl VwGH 17. 2. 1999, 97/14/0165, ÖStZB 1999, 508 und VwGH 18. 12. 1997, 96/15/0140, ÖStZB 1998, 485.

[1041]) VwGH 7. 8. 1992, 88/14/0063, ÖStZB 1993, 232; VwGH 14. 9. 1993, 93/15/0012, ÖStZB 1994, 211 zur Frage eines forstwirtschaftlichen Teilbetriebes.

[1042]) VwGH 25. 5. 2004, 2000/15/0120, ÖStZB 2004, 616.

Wege einer Vermögensverwaltung bewirtschaftet werden, bilden keinen Teilbetrieb.[1043]) Maßgebend ist, dass der übereignete Teil für sich lebensfähig ist und eine Fortsetzung der Erwerbstätigkeit des bisherigen Inhabers erlaubt. Tatsächliche Fortführung des Teilbetriebes ist nicht erforderlich.

570 **Aufgabe des Betriebes** (Teilbetriebes) liegt vor, wenn der Betrieb nicht im Ganzen übereignet, sondern eingestellt wird (Aufgabe der betrieblichen Tätigkeit[1044]) und die Wirtschaftsgüter entweder einzeln veräußert oder in das Privatvermögen übernommen oder verpachtet werden.[1045]) Eine Betriebsaufgabe liegt auch dann vor, wenn ein Betrieb nicht mehr nach wirtschaftlichen Grundsätzen geführt wird und zur Liebhaberei wird; das bisherige Betriebsvermögen wird dabei in einem einheitlichen wirtschaftlichen Vorgang ins Privatvermögen überführt.[1046])

Die Betriebsverlegung im Inland stellt grds keine Betriebsaufgabe dar; eine solche kann nur vorliegen, wenn nach dem Gesamtbild der Verhältnisse der alte und der neue Betrieb wirtschaftlich nicht ident sind (bspw weil dem Standort oder einem ortsbezogenen Kundenstock eine so entscheidende Bedeutung zukommt, dass der an einem anderen Standort weitergeführte Betrieb einer Neueröffnung gleichkommt).[1047])

Die Betriebsverlegung ins Ausland kann mit einer Betriebsaufgabe verglichen werden.[1048]) Dabei ist gem § 6 Z 6 der Wert (Fremdvergleichswert) des gesamten Betriebes einschließlich eines Firmenwertes zu ermitteln und den Buchwerten gegenüberzustellen,[1049]) bei Verlegungen ab dem 1. 1. 2016 in einen EU/EWR-Staat kann die Abgabenschuld auf Antrag in Raten entrichtet werden.

Dagegen führt der Tod des Erfinders idR zu keiner Betriebsaufgabe; der Erbe hat hinsichtlich des Betriebsvermögens die Buchwerte fortzuführen.[1050])

Von Betriebsaufgabe bzw -veräußerung iSd § 24 kann nur gesprochen werden, wenn die Werte des Betriebsvermögens in einem wirtschaftlich einheitlichen Vorgang veräußert oder in das Privatvermögen übernommen werden. Eine sich über einen längeren Zeitraum erstreckende Liquidation kann demnach nicht zu einem (begünstigten) Aufgabegewinn führen.[1051]) Welcher Zeitraum angemessen kurz ist, kann nur nach den Verhältnissen des Einzelfalles

---

[1043]) VwGH 21. 11. 2001, 98/15/0157, ÖStZB 2002, 944.

[1044]) VwGH 4. 2. 2009, 2006/15/0182.

[1045]) VwGH 19. 9. 1995, 91/14/0222, ÖStZB 1996, 285.

[1046]) VwGH 16. 2. 1983, 81/13/0044, ÖStZB 1983, 390; nach den LRL 2012 Rz 34 werden bei Wechsel zur Liebhaberei die stillen Reserven in den Wirtschaftsgütern nicht sofort aufgedeckt, sondern erst wenn sie veräußert oder privat genutzt werden (nachhängiges Betriebsvermögen).

[1047]) Vgl *Fraberger/Papst* in *Doralt/Kirchmayr/Mayr/Zorn*, EStG[18] § 24 Tz 148.

[1048]) Siehe VwGH 19. 3. 2008, 2005/15/0076 zur analogen Anwendungen der Bestimmungen über Betriebsveräußerungen.

[1049]) Siehe *Fraberger/Papst* in *Doralt/Kirchmayr/Mayr/Zorn*, EStG[18] § 24 Tz 149; vgl EStR 2000 Rz 2517 und 5639.

[1050]) VwGH 1. 10. 2008, 2006/13/0123.

[1051]) VwGH 29. 11. 2006, 2003/13/0065; VwGH 22. 12. 1993, 92/13/0185; VwGH 27. 8. 1991, 90/14/0230, ÖStZB 1992, 128.

entschieden werden).[1052]) Keine Betriebsaufgabe liegt vor, wenn der Betrieb nur vorübergehend eingestellt wird, also ruht (**Betriebsunterbrechung;** Ruhen des Betriebes) oder wenn ein Betrieb eingestellt und verpachtet wird, der Verpächter im Rahmen des Pachtvertrages aber eine weitere Tätigkeit übernimmt, die nicht typischerweise zur Gebrauchsüberlassung gehört und die Merkmale eines Gewerbebetriebes erfüllt.[1053])

Daraus ergibt sich auch eine differenzierte Behandlung von **Betriebsverpachtungen:** Wird der Betrieb mit der Absicht verpachtet, die betriebliche Tätigkeit später wieder aufzunehmen, so liegt keine Betriebsaufgabe, sondern bloßes Ruhen des Betriebes vor. Ein Aufgabegewinn ist nicht zu ermitteln. Der Pachtzins ist den betrieblichen Einkünften zuzurechnen.[1054]) Wird der Betrieb verpachtet und besteht nicht die Absicht, ihn später wieder aufzunehmen, so ist der Vorgang einer Betriebsaufgabe gleichzuhalten (Ermittlung des Aufgabegewinnes). Äußere Anzeichen dafür sind etwa die Zurücklegung der Gewerbeberechtigung, das Alter bzw Pensionierung des Verpächters oder die Veräußerung statt Verpachtung der Geschäftseinrichtung an den Pächter.[1055]) Die Mitteilung des Stpfl, dass er den Betrieb aufgibt, bewirkt für sich keine Betriebsaufgabe sondern hat allenfalls Indizwirkung; einer nachträglichen Erklärung kommt keine Bedeutung zu, wenn die Umstände bei der Verpachtung nicht für eine Betriebsaufgabe gesprochen haben.[1056]) Im Falle der Betriebsaufgabe durch Verpachtung sind die Einnahmen beim Verpächter als Einkünfte aus Vermietung und Verpachtung anzusetzen (vgl § 28 Abs 1 Z 2). 571

Entgegen dieser Rsp und Verwaltungspraxis begründet die Verpachtung eines Betriebes keine Betriebsaufgabe: Da bei einer Betriebsverpachtung der Firmenwert in der Hand des Verpächters verbleibt, der Firmenwert aber nur Betriebsvermögen sein kann, ist eine Betriebsaufgabe als Folge einer Betriebsverpachtung ein Widerspruch in sich.[1057])

Bei einer **Betriebsaufspaltung** (Verpachtung des Betriebsvermögens an ein neu gegründetes Unternehmen, insb eine Kapitalgesellschaft) kann nicht davon ausgegangen werden, dass das nunmehrige Besitzunternehmen (Verpächter) mit der bloßen Verpachtung weiterhin eine gewerbliche Tätigkeit ausübt.[1058]) Die Betriebsaufspaltung ist daher idR mit einer Betriebsaufgabe verbunden.[1059])

Veräußerung eines Mitunternehmeranteils liegt vor, wenn ein Mitunternehmer aus der Gesellschaft ausscheidet und sein Anteil entweder gegen eine 572

[1052]) VwGH 23. 3. 1988, 87/13/0065, ÖStZB 1988, 407; mehrere Monate sind bei Grundstücksveräußerungen unschädlich.

[1053]) VwGH 18. 6. 1979, 3345/78, 1207/79, ÖStZB 1980, 98.

[1054]) VwGH 25. 6. 2008, 2008/15/0088, ÖStZB 2009, 80.

[1055]) vgl VwGH 16. 1. 1999, 97/14/0089, ÖStZB 1999, 442; VwGH 19. 2. 1997, 94/13/0206, ÖStZB 1998, 130; VwGH 17. 5. 2000, 98/15/0009, ÖStZB 2001, 443.

[1056]) VwGH 18. 11. 2008, 2006/15/0253; vgl EStR 2000 Rz 5649.

[1057]) Siehe *Fraberger/Papst* in *Doralt/Kirchmayr/Mayr/Zorn*, EStG[18] § 24 Tz 165; in diesem Sinne VwGH 14. 9. 2017, Ro 2015/15/0027, wonach die Verpachtung eines Klientenstockes zu keiner Betriebsaufgabe führen kann, weil sich dieser nicht zur Privatnutzung eignet und daher nicht in das Privatvermögen überführt werden kann.

[1058]) VwGH 18. 6. 1979, 3345/78, 1207/79, ÖStZB 1980, 98; VwGH 9. 3. 1982, 81/14/0131, ÖStZB 1982, 360.

[1059]) Siehe aber VwGH 14. 9. 2017, Ro 2015/15/0027 zur Verpachtung eines Klientenstockes an die beherrschte GmbH.

Abfindungssumme den übrigen Gesellschaftern zuwächst oder von einem neu eintretenden Gesellschafter gegen Entgelt übernommen wird. Eine Veräußerung eines **Teilanteils** liegt vor, wenn ein neuer Gesellschafter in eine bestehende Personengesellschaft eintritt und die bisherigen Gesellschafter Anteile ihrer Beteiligungen an ihn veräußern, weiters wenn die bisherigen Gesellschafter ihre Beteiligungsverhältnisse ändern und dafür ein Entgelt geleistet wird. Der Veräußerungsgewinn ergibt sich als Differenz zwischen dem Veräußerungserlös (Abfindungsbetrag) und dem Stand des Kapitalkontos.

573 Scheidet ein Mitunternehmer mit **negativem Kapitalkonto** aus der Gesellschaft aus, so ist als Veräußerungsgewinn jedenfalls der Betrag seines negativen Kapitalkontos zu erfassen, den er nicht auffüllen muss (§ 24 Abs 2 letzter Satz).

Persönlich haftende Gesellschafter sind idR schon unternehmensrechtlich zur Auffüllung eines negativen Kapitalkontos verpflichtet; verzichten die übrigen Gesellschafter darauf, so liegt darin für den Ausscheidenden ein Vermögensvorteil, der konsequenterweise als Veräußerungsgewinn zu versteuern ist. Eine spätere Entlassung aus der Auffüllungsverpflichtung führt erst in diesem Zeitpunkt zu nachträglichen Einkünften gem § 32 Abs 1 Z 2.[1060])

Bei Kommanditisten ist eine solche Sicht nicht möglich, weil sie zur Auffüllung der Einlage idR nicht verhalten sind, ihnen somit kein zusätzlicher Vermögensvorteil zukommt.[1061]) Die Steuerpflicht kann bei ihnen nur damit gerechtfertigt werden, dass sie die Verluste, die zu dem Negativstand geführt haben, idR steuerlich geltend machen konnten (Ausgleichsgedanke).[1062])

Die Veräußerung eines Anteils an einer **Kapitalgesellschaft** führt niemals – auch nicht bei wesentlicher oder Mehrheitsbeteiligung – zu einem Veräußerungsgewinn iS des § 24. Ein allfälliger Gewinn ist nur stpfl, wenn die Beteiligung zu einem Betriebsvermögen gehört oder wenn die Bedingungen des § 27 (Einkünfte aus Kapitalvermögen, siehe dazu oben Tz 91 ff) gegeben sind.

2. Ermittlung des Veräußerungsgewinnes (Aufgabegewinnes)

Literatur: *Pülzl/Reitschuler,* Entschädigungsleistungen im Zuge einer Betriebsveräußerung, RdW 2000, 115; *Wolf,* Unternehmensnachfolge mit negativem Kapital, FJ 2002, 195.

574 Wird ein Betrieb (Teilbetrieb) veräußert, so ist für den Veräußerungszeitpunkt der Wert der (anteiligen) Aktiva nach den Bestimmungen des § 4 Abs 1 bzw § 5 Abs 1 zu ermitteln. Diesen Buchwerten ist der Veräußerungserlös gegenüberzustellen. Zum Veräußerungserlös zählt nicht nur der bar entrichtete Kaufpreis bzw die Kaufpreisforderung, sondern auch der Wert der übernommenen Verbindlichkeiten. Vom ermittelten Differenzbetrag sind die im Zusammenhang mit der Veräußerung entstandenen Kosten abzuziehen. Durch diese Anordnung des Gesetzes wird eine exakte Trennung des letzten laufenden Erfolges und des Veräußerungserfolges erreicht.

[1060]) VwGH 3. 9. 2008, 2006/13/0167.

[1061]) Ebenso schon VwGH 26. 6. 1968, 1225/65, ÖStZB 1968, 176.

[1062]) Vgl auch VwGH 19. 5. 1987, 86/14/0104, ÖStZB 1988, 116; VwGH 21. 2. 1996, 94/14/0160, ÖStZB 1996, 604.

Beispiel: 575

Rechnungslegungspflichtiger Gewerbetreibender mit abweichendem Wirtschaftsjahr; Bilanzstichtag 30. 6.

Bilanz zum 30. 6.

Anlagevermögen	200.000	Verbindlichkeiten	350.000
Umlaufvermögen	400.000	Eigenkapital	250.000
	600.000		600.000

Der Betrieb wird zum 31. 12. desselben Jahres veräußert. Die Bilanz zu diesem Zeitpunkt hat folgendes Aussehen:

Bilanz zum 31. 12.

Anlagevermögen	180.000	Verbindlichkeiten	300.000
Umlaufvermögen	320.000	Eigenkapital	200.000
	500.000		500.000

Dem Betrieb wurden zwischen 1. 7. und 31. 12. € 60.000 bar entnommen.
Der Erwerber zahlt € 400.000 bar und übernimmt die Verbindlichkeiten.

Ermittlung des *laufenden Ergebnisses* des Rumpfwirtschaftsjahres:

Betriebsreinvermögen zum 31. 12.	€ 200.000
– Betriebsreinvermögen zum 30. 6.	– € 250.000
	– € 50.000
+ Entnahmen	+ € 60.000
laufender Gewinn	€ 10.000

Ermittlung des *Veräußerungsgewinnes (Bruttomethode):*

Veräußerungserlös bar	€ 400.000
übernommene Verbindlichkeiten	€ 300.000
Veräußerungserlös insgesamt	€ 700.000
– Wert des Betriebsvermögens (Aktiva) zum 31. 12.	€ 500.000
Veräußerungsgewinn	€ 200.000

Zum selben Ergebnis kommt man, wenn man lediglich den Barkaufpreis (€ 400.000) ansetzt und ihm das Betriebsreinvermögen (Eigenkapital) im Zeitpunkt der Veräußerung (€ 200.000) gegenüberstellt (Nettomethode).

Bei der Veräußerung eines Betriebes müssen steuerfrei gebildete Rücklagen gem § 12 aufgelöst werden; sie erhöhen den letzten laufenden und nicht den Veräußerungsgewinn.[1063]) Dagegen kann bei der Veräußerung oder Aufgabe eines Teilbetriebes die Rücklage weitergeführt werden.[1064])

Die Veräußerung von Grundstücken unterliegt idR dem besonderen Steuersatz nach § 30a. Die Veräußerungsgewinne sind daher weder beim Gesamtbetrag der Einkünfte noch beim Einkommen zu berücksichtigen, sondern gesondert zu erfassen. Sie sind daher auch nicht Teil des Veräußerungsgewinnes iSd § 24.[1065]) Sind im Betriebsvermögen auch Grundstücke enthalten, 576

[1063]) VwGH 30. 10. 2001, 2001/14/0111, ÖStZB 2002, 813.

[1064]) VwGH 26. 11. 1991, 91/14/0188, ÖStZB 1992, 615.

[1065]) *Fraberger/Papst* in *Doralt/Kirchmayr/Mayr/Zorn*, EStG[18] § 24 Tz 168/1.

ist daher der Veräußerungserlös um den auf die Grundstücke entfallenden Teil zu kürzen. Die Aufteilung des Kaufpreises kann dabei nach dem Sachwertverhältnis erfolgen (Verhältnis des Wertes der Grundstücke einerseits und des Wertes des übrigen Betriebsvermögens andererseits).[1066])

Wird allerdings von der Regelbesteuerungsoption Gebrauch gemacht, unterliegen die Gewinne aus der Veräußerung der Grundstücke ebenfalls dem Normaltarif und sind daher Teil des Veräußerungsgewinnes nach § 24 (wobei durch die Regelbesteuerungsoption die Möglichkeit der pauschalen Gewinnermittlung nach § 30 Abs 4 nicht verloren geht).[1067])

Dieselben Regeln gelten für Kapitalvermögen, das dem besonderen Steuersatz nach § 27a unterliegt.[1068])

577 Hat der Veräußerer seinen Gewinn bisher nach **§ 4 Abs 3** ermittelt, so ist zuerst ein Wechsel der Gewinnermittlungsart auf § 4 Abs 1 vorzunehmen (ein sich ergebender Übergangsgewinn kann uU der begünstigten Besteuerung des § 37 Abs 5 unterliegen). Anschließend ist nach den gleichen Grundsätzen vorzugehen.

578 Für die Ermittlung des Veräußerungsgewinnes ist es gleichgültig, wann der Erlös zufließt. Bei **Ratenzahlungen** ist dementsprechend die volle, allenfalls jedoch abgezinste Kaufpreisforderung anzusetzen. Dies gilt auch bei (bisheriger) Gewinnermittlung gem § 4 Abs 3.[1069]) Wird der Kaufpreis verzinslich gestundet oder eine Wertsicherungsklausel wirksam, so stellen diese Einnahmen Einkünfte aus Kapitalvermögen iSd § 27 dar.[1070]) Ebenso stellen spätere Veränderungen des Veräußerungserlöses Einkünfte aus einer ehemaligen betrieblichen Tätigkeit gem § 32 Abs 1 Z 2 dar.[1071]) Dagegen wird bei einer **Betriebsveräußerung gegen Rente** nicht ein Veräußerungsgewinn ermittelt; vielmehr sind die Rentenzahlungen nach Überschreiten der Buchwerte entsprechend dem Zufluss zu versteuern (ergibt sich aus § 37 Abs 7).[1072])

Auch für im Betriebsvermögen enthaltene Grundstücke kommt der besondere Steuersatz nach § 30a Abs 4 im Falle der Betriebsveräußerung gegen Rente nicht zur Anwendung. In diesem Fall sind die auf die Grundstücke entfallenden Gewinne Teil des Veräußerungsgewinnes iSd § 24 (wie bei der Regelbesteuerungsoption).[1073])

579 Bei **Betriebsaufgabe** sind für die veräußerten Wirtschaftsgüter die Veräußerungserlöse anzusetzen, für nicht veräußerten (sondern entnommenen) Grund und Boden der Buchwert und für die nicht veräußerten übrigen Wirt-

---

[1066]) Siehe dazu EStR 2000 Rz 5659 ff.

[1067]) Vgl EStR 2000 Rz 5659 e.

[1068]) *Fraberger/Papst* in *Doralt/Kirchmayr/Mayr/Zorn*, EStG[18] § 24 Tz 168/2; vgl EStR 2000 Rz 5659 e.

[1069]) VwGH 6. 4. 1955, 3046/53, ÖStZB 1955, 82.

[1070]) VwGH 20. 9. 2007, 2007/14/0073 zu Einnahmen auf Grund einer Wertsicherung.

[1071]) VwGH 4. 2. 2009, 2006/15/0151 zu einem nach Betriebsveräußerung eingetretenen Forderungsausfall.

[1072]) Vgl EStR 2000 Rz 7032.

[1073]) Siehe auch EStR 2000 Rz 5675.

schaftsgüter der **gemeine Wert** im Zeitpunkt der Betriebsaufgabe (§ 24 Abs 3). Bei Aufgabe eines Betriebes, an dem mehrere Personen beteiligt waren, ist für jeden einzelnen Beteiligten der gemeine Wert jener Wirtschaftsgüter anzusetzen, die er bei der Auseinandersetzung erhalten hat.

Auch wenn die Betriebsaufgabe selbst ein zeitraumbezogener Vorgang ist (siehe oben), ist der Gewinn aus der Betriebsaufgabe auf einen **Zeitpunkt** zu ermitteln (zeitpunktbezogener Betriebsaufgabegewinn). Zeitpunkt der Betriebsaufgabe ist jener Zeitpunkt, in dem die Aufgabehandlungen so weit fortgeschritten sind, dass dem Betrieb die wesentlichen Grundlagen entzogen sind.[1074]) **580**

Zum (begünstigten) **Aufgabegewinn** gehört der Gewinn aus der Veräußerung bzw Entnahme jener Wirtschaftsgüter, die Gegenstand der Betriebsaufgabe sind, die aber nicht zur normalen Geschäftstätigkeit gehören. Daher gehören zum Aufgabegewinn vor allem die Gewinne aus der Veräußerung des Anlagevermögens im Zeitraum der Betriebsaufgabe,[1075]) nicht dagegen der Gewinn aus dem Abverkauf des Warenlagers.[1076]) **581**

3. *Begünstigungen des Veräußerungsgewinnes*

Literatur: *V. Doralt/Kohlbacher,* Die Besteuerung der Betriebsveräußerung – §§ 24 und 37 EStG, Wien 1998; *Petschnigg,* Gebäudebegünstigung bei Betriebsaufgabe, SWK 2000, 33; *Schrottmeyer,* Die Besteuerung von Beteiligungsveräußerungen, SWK 2000, 891; *Atzmüller,* Einkünfteverteilung und Verlustausgleich, RdW 2000, 568; *Reinisch,* Hälftesteuersatz auch für Betriebsveräußerung gegen Rente? RdW 2001, 372; *D. Aigner/H. Aigner,* Die Halbsatzbegünstigung des § 37 Abs 5 bei Veräußerungsgewinnen aus Kommanditanteilen, SWK 2002, 1239; *Schrottmeyer,* Erwerbsunfähigkeit infolge von Berufsverboten? SWK 2002, 314; *Petschnigg,* Gebäudebegünstigung bei Betriebsaufgabe, WT 2002/6, 30; *oV,* Nachträgliche Änderung bei Anrechnung der Erbschafts- und Schenkungssteuer auf die Einkommensteuer, RdW 2003, 111; *Doralt,* Die Erwerbsunfähigkeit bei der Betriebsveräußerung und der gestorbene Steuerpflichtige, RdW 2003, 472; *Schrottmeyer,* Kritik an der jüngsten VwGH-Judikatur zur Erwerbsunfähigkeit iSd § 37 EStG, SWK 2003, 682; *Petschnigg,* Betriebsveräußerung gegen Kaufpreisrenten, VWT 2003 H 2, 30; *Burgstaller,* Anrechnung der Erbschafts- und Schenkungssteuer auf die Einkommensteuer, GeS 2003, 264; *Novak,* Steuerbegünstigungen des Veräußerungsgewinnes nach § 24 EStG im Rechtsvergleich, SWI 2004, 77; *Pülzl,* Keine zusätzliche Einschränkung für vereinfachte Inanspruchnahme des halben Durchschnittssteuersatzes auf Veräußerungsgewinne, SWK 2004, 819; *Vock,* Betriebsveräußerung: Wiederaufnahme der Erwerbstätigkeit als „rückwirkendes Ereignis“, RdW 2005, 510; *Doralt,* § 37 EStG: Arbeitsverbot nach Betriebsveräußerung – eine sinnvolle Steuerpolitik? RdW 2005, 646; *Zorn,* Einkommensteuerlicher Hälftesteuersatz bei Betriebsveräußerung gegen Rente, RdW 2005, 716; *Hilber,* Adaptierung der Gebäudebegünstigung in § 24 Abs 6 EStG, ecolex 2005, 244; *Kohlbacher,* § 24 Abs 6: Vorsicht bei Gebäudebegünstigung und Wohnungseigentum! RdW 2005, 188; *Tissot,* Gebäudebegünstigung im Rahmen einer Unternehmensaufgabe gem. § 24 Abs. 6 EStG – Neue Gestaltungsmöglichkeiten auf Grund des

[1074]) VwGH 20. 10. 1993, 91/13/0168, ÖStZB 1994, 259; VwGH 16. 12. 1999, 97/15/0134, ÖStZB 2000, 212; siehe dazu *Doralt,* RdW 1994, 188.

[1075]) VwGH 23. 5. 1990, 89/13/0193, ÖStZB 1990, 431.

[1076]) VwGH 27. 6. 1989, 88/14/0133, ÖStZB 1989, 459; EStR 2000 Rz 5658; siehe dazu auch *Fraberger/Papst* in *Doralt/Kirchmayr/Mayr/Zorn,* EStG[18] § 24 Tz 133 ff.

AbgÄG 2004, SWK 2005, 115; *Tissot,* Gebäudebegünstigung im Rahmen einer Unternehmensaufgabe gem. § 24 Abs. 6 EStG – Zeitpunkt der Optionsausübung, SWK 2005, 310; *Huber,* Wie wird die Betriebsaufgabe steuerlich bevorzugt? SWK 2005, 667; *D. Aigner,* Gebäudebegünstigung bei Betriebsaufgabe, taxlex 2005, 88; *Zorn,* Einkommensteuerlicher Hälftesteuersatz bei Betriebsveräußerung gegen Rente, RdW 2005, 716; *Mühlberger,* Besteuerung der Abfertigung eines wesentlich beteiligten Gesellschafter-Geschäftsführers nach § 37 Abs 1 iVm § 37 Abs 5 EStG, FJ 2006, 339; *Pircher,* Rechnungslegungspflicht nach UGB – Stolperstein für die begünstigte Betriebsaufgabe nach § 24 Abs 6 EStG, SWK 2006, 1167; *Beiser,* Betriebsaufgabe und Hauptwohnsitzbefreiung, SWK 2006, 1324; *Blazina,* Gebäudebegünstigung im neuen Kleid, FJ 2006, 135; *Quantschnigg/Mayr,* Gebäude, Grundstück, Grund und Boden im EStG, RdW 2007, 118; *Beiser,* Betriebsaufgabe und Hauptwohnsitzbefreiung, RdW 2007, 243; *ders,* Betriebsaufgabe und Hauptwohnsitzbefreiung, SWK 2007, 317; *Kohler,* Halber Steuersatz auch für Verzinsung, SWK 2007, 790; *Doralt,* Betriebsveräußerung: Widersprüche und Reformbedarf, in FS Ruppe, Wien 2007, 99; *Beiser,* Betriebsaufgabe und Hauptwohnsitzbefreiung, SWK 2010, 93; *Kanduth-Kristen,* Steueroptimierung bei Unternehmensübertragung unter besonderer Berücksichtigung der Grundstücksbesteuerung nach dem 1. StabG 2012, ÖStZ 2013, 249; *Kraft,* Veräußerungsgewinne aus Kommanditbeteiligungen und Einstellung der Erwerbstätigkeit, BFGjournal 2015, 180; *Renner,* Veräußerung einer kapitalistischen Mitunternehmerbeteiligung: kein Hälftesteuersatz trotz zeitlicher Nähe zur Einstellung der übrigen Erwerbstätigkeit, ÖStZ 2015, 279; *Höber/Peyerl,* Einkünfteverteilung gem § 37 Abs 2 EStG nach dem Tod, SWK 2017, 1273; *Hudobnik,* Können kapitalistische Mitunternehmer iSd § 23 a Abs 2 EStG die Hälftesteuersatzbegünstigung iZm § 37 Abs 5 Z 3 EStG in Anspruch nehmen? taxlex 2017, 224.

582 Für den Veräußerungs- bzw Aufgabegewinn iSd § 24 bestehen einkommensteuerrechtlich folgende Begünstigungen:

- Ermäßigung der Progression: Verteilungsbegünstigung oder Hälftesteuersatz,
- Steuerfreibetrag: € 7.300 (alternativ),
- Anrechnung der Grunderwerbsteuer oder Stiftungseingangssteuer (letzteres nur im Falle einer Stiftung relevant),
- Steuerbefreiung für den Hauptwohnsitz.

Mit der Begünstigung für den Veräußerungsgewinn werden heute in erster Linie soziale Ziele verfolgt (Hälftesteuersatz als Altersbegünstigung, Steuerbefreiung für das auch als Hauptwohnsitz genutzte Betriebsgebäude); ansonsten soll dem Umstand Rechnung getragen werden, dass im Falle der Betriebsveräußerung alle stillen Reserven gleichzeitig aufgedeckt werden, woraus sich eine Progressionsverschärfung ergeben kann, die gemildert werden soll (Verteilungsbegünstigung, Freibetrag).

Soweit die Veräußerung von Betriebsgrundstücken oder Kapitalvermögen einem besonderen Steuersatz unterliegt, kommen die Begünstigungen für den Veräußerungsgewinn nicht zur Anwendung, weil die aus diesen Wirtschaftsgütern stammenden stillen Reserven nicht Teil des Veräußerungs- oder Aufgabegewinnes sind (sofern nicht die Regelbesteuerungsoption ausgeübt wird).[1077)]

[1077)] *Fraberger/Papst* in *Doralt/Kirchmayr/Mayr/Zorn,* EStG[18] § 37 Tz 17/1; dazu oben Tz 576.

a) Hälftesteuersatz (Altersbegünstigung)

Der Steuersatz für den Veräußerungsgewinn (§ 24) ermäßigt sich auf die Hälfte des auf das gesamte Einkommen entfallenden Durchschnittssteuersatzes, wenn der Betrieb deswegen veräußert oder aufgegeben wird, weil der Stpfl 583

- gestorben ist und dadurch eine Betriebsveräußerung oder -aufgabe veranlasst wird,
- erwerbsunfähig ist oder
- das 60. Lebensjahr vollendet hat und seine Erwerbstätigkeit einstellt (§ 37 Abs 5).

Ebenso begünstigt ist der aus Anlass der Veräußerung zu ermittelnde Übergangsgewinn (Übergang von der Einnahmen-Ausgaben-Rechnung auf Vermögensvergleich). Der Hälftesteuersatz steht nur bei der Veräußerung oder Aufgabe des gesamten Betriebes, nicht aber bei Aufgabe oder Veräußerung eines Teilbetriebes zu.[1078])

Im Normalfall ist der Hälftesteuersatz eine Altersbegünstigung. Nach den Gesetzesmaterialien rechtfertigt sich der Hälftesteuersatz nach § 37 Abs 5, weil das Gesetz „eine zwangsweise Beendigung der Tätigkeit unterstellt". Erforderlich für die Anwendung des Hälftesteuersatzes ist daher, dass eine Erwerbstätigkeit ausgeübt worden ist. Nur wenn diese Erwerbstätigkeit beendet wird, können die Voraussetzungen des Hälftesteuersatzes vorliegen. Wirkt ein Mitunternehmer (Kommanditist, stiller Gesellschafter) nicht an der werbenden Tätigkeit der Mitunternehmerschaft mit (kapitalistische Mitunternehmerbeteiligung), ist die Aufgabe oder Veräußerung dieses Mitunternehmeranteiles nicht begünstigt.[1079]) 584

Der Hälftesteuersatz wegen altersbedingter Einstellung der Erwerbstätigkeit kommt nur zur Anwendung, wenn der Veräußerungs- oder Übergangsgewinn durch die Einstellung der Erwerbstätigkeit bedingt ist bzw in engem zeitlichen Zusammenhang steht.[1080])

Sind die Voraussetzungen nicht erfüllt, kommt die Verteilungsbegünstigung in Betracht (§ 37 Abs 2; siehe unten). Der begünstigte Steuersatz für Veräußerungs- und Übergangsgewinne steht nur über Antrag und nur dann zu, wenn seit der Eröffnung oder dem letzten entgeltlichen Erwerb mindestens sieben Jahre verstrichen sind. Bei Veräußerung gegen Rente steht der Hälftesteuersatz nicht zu (§ 37 Abs 7).

Die Begünstigung ist unausgewogen: Wenn der **Stpfl gestorben** ist und deshalb der Betrieb (von den Erben) veräußert oder aufgegeben wird, dann kommt die Begünstigung den Erben zu, auf die die sozialen Motive des Gesetzgebers nicht zutreffen. Die Veräußerung oder Aufgabe des Betriebes wegen **Erwerbsunfähigkeit** stellt nur auf Behinderungen des Stpfl selbst ab; muss er dagegen seine Erwerbstätigkeit etwa aus zwingenden familiären Gründen oder deshalb einstellen, um einen Angehörigen pflegen zu können, steht

---

[1078]) Vgl EStR 2000 Rz 7310.

[1079]) VwGH 4. 6. 2008, 2003/13/0077; VwGH 22. 3. 2010, 2008/15/0094; siehe auch EStR 2000 Rz 7319; kritisch *Doralt*, RdW 2008, 607.

[1080]) VwGH 4. 6. 2008, 2003/13/0077.

die Begünstigung nicht zu. Die Begünstigung kommt bei der **altersbedingten Beendigung** zu einem zu frühen Zeitpunkt zur Anwendung, verglichen mit dem gesetzlichen Pensionsantrittsalter, dafür muss die gesamte Erwerbstätigkeit eingestellt werden, der Gesamtumsatz der weiter ausgeübten Tätigkeit darf € 22.000 und die gesamten Einkünfte aus der ausgeübten Tätigkeit dürfen € 730 im Kalenderjahr nicht übersteigen (§ 24 Abs 6 Z 3 und § 37 Abs 5 Z 3; das kommt einem Berufsverbot gleich).[1081])

b) Verteilungsbegünstigung

585 Sind seit der Eröffnung oder dem letzten entgeltlichen Erwerbsvorgang sieben Jahre verstrichen, dann kann der Veräußerungsgewinn (§ 24) auf Antrag beginnend mit dem Jahr der Veräußerung auf drei Jahre verteilt werden (§ 37 Abs 2). Die Verteilungsbegünstigung kommt daher insb dann in Betracht, wenn die Voraussetzungen für den Hälftesteuersatz (Alter, Erwerbsunfähigkeit oder Tod) nicht erfüllt sind. Die Verteilungsbegünstigung kann aber bei einem niedrigen Veräußerungsgewinn generell günstiger sein, insbwenn auf Grund der Verteilung in den drei Jahren die Einkünfte jeweils unter der Besteuerungsgrenze liegen.

Die Verteilungsbegünstigung setzt voraus, dass der Veräußerungsgewinn in nur einem Veranlagungsjahr entsteht (§ 37 Abs 7; daher auf Veräußerungen gegen Rente nicht anwendbar; im Ergebnis ebenso wie beim Hälftesteuersatz).

c) Freibetrag

586 Fällt die Veräußerung nicht unter den Hälftesteuersatz und wird auch von der Verteilungsbegünstigung nicht Gebrauch gemacht, dann ist der Veräußerungsgewinn nur insoweit stpfl, als er den Betrag von € 7.300 übersteigt. Der Freibetrag steht in diesem Fall von Amts wegen zu. Bei der Veräußerung eines Teilbetriebes oder Mitunternehmeranteils steht der Freibetrag nur anteilig zu. Bei der Veräußerung gegen Rente steht der Freibetrag nicht zu (§ 24 Abs 4 letzter Teilstrich).

d) Anrechnung der Grunderwerbsteuer oder Stiftungseingangssteuer

587 Wurde der veräußerte Betrieb (Teilbetrieb, Mitunternehmeranteil) vom Veräußerer innerhalb der letzten drei Jahre erworben und wurde infolge des Erwerbes **Grunderwerbsteuer** für miterworbene Grundstücke entrichtet, so wird die ESt vom Veräußerungsgewinn im Ausmaß der sonst entstehenden Doppelbelastung der stillen Reserven auf Antrag ermäßigt oder erlassen (§ 24 Abs 5).[1082])

Das Gleiche gilt, wenn für das veräußerte Vermögen Stiftungseingangssteuer entrichtet worden ist (§ 24 Abs 5 zur ESt, richtig wäre die Anrechnung im KStG zu regeln gewesen).

[1081]) Kritisch dazu *Doralt,* RdW 2005, 646; nach den EStR 2000 Rz 7322 ist die (Wieder-)Aufnahme einer Erwerbstätigkeit nach Ablauf eines Jahres nach einer Betriebsveräußerung bzw -aufgabe grundsätzlich unschädlich.

[1082]) Zur Berechnung vgl EStR 2000 Rz 6680.

Die Anrechnung der GrESt bzw StiftESt geht auf die frühere Anrechnung der Erbschafts- und Schenkungssteuer auf die ESt zurück, die für Erbschafts- und Schenkungssteuervorgänge vor 1. 8. 2008 auch weiterhin gilt.[1083]) Der Anwendungsbereich der Neuregelung ist allerdings gering.

e) Steuerbefreiung für den Hauptwohnsitz

Bei Betriebsaufgabe unterbleibt unter bestimmten Voraussetzungen[1084]) 588
auf Antrag die Besteuerung der stillen Reserven von zum Betriebsvermögen gehörenden **Gebäudeteilen,** wenn der Stpfl in dem Gebäude seinen Hauptwohnsitz hatte (§ 24 Abs 6).[1085]) Grund und Boden ist bei Ausscheiden aus dem Betriebsvermögen mit dem Buchwert zu bewerten (§ 24 Abs 3), wodurch es zu keiner Aufdeckung stiller Reserven kommt.[1086]) Motiv: Der Stpfl kann in diesem Fall das Gebäude nicht verkaufen, hätte aber trotzdem die uU hohen stillen Reserven zu versteuern. Die Begünstigung gilt nur für die Aufgabe eines Betriebes, nicht aber für die Veräußerung eines Betriebes[1087]) oder für die Aufgabe eines Teilbetriebes.[1088]) Dagegen müsste die Begünstigung in Anbetracht der Motive des Gesetzgebers auch auf den Fall der Liquidation des Unternehmens anzuwenden sein.[1089])

Wird das begünstigte Gebäude oder der Gebäudeteil innerhalb von fünf Jahren veräußert, sind die unversteuert gebliebenen stillen Reserven nachzuerfassen. Dabei gilt die Veräußerung als rückwirkendes Ereignis iSd § 295 a BAO.[1090]) Erfolgt hingegen eine Nutzung zur Erzielung von Einkünften (bspw durch Vermietung), ist der steuerliche Wertansatz des Gebäudes um die unversteuerten stillen Reserven zu kürzen, womit sich eine geringere AfA-Bemessungsgrundlage ergibt.[1091])

VII. Ermittlung des Einkommens

Nach der Ermittlung der Einkünfte (auf Grund der Gewinnermittlungs- 589
vorschriften oder durch die Berechnung des Überschusses der Einnahmen über die Werbungskosten) ist zwecks Ermittlung des Einkommens der Gesamtbetrag der Einkünfte unter Vornahme des Verlustausgleiches zu bilden; davon sind

---

[1083]) Die gesetzlich noch immer vorgesehene Anrechnung der Erbschafts- oder Schenkungssteuer hat praktisch keinen Anwendungsbereich mehr.

[1084]) Die (personenbezogenen) Voraussetzungen entsprechen jenen für den Hälftesteuersatz gem § 37 Abs 5, weiters dürfen auf das Gebäude keine stillen Reserven übertragen worden sein; siehe dazu oben Tz 583 ff.

[1085]) Von der Begünstigung waren bei Betriebsaufgaben vor dem 1. 4. 2012 auch auf dem zugehörigen Grund und Boden entfallende stille Reserven erfasst; VwGH 28. 10. 2009, 2009/15/0168; VwGH 14. 12. 2006, 2005/14/0038.

[1086]) Vgl EStR 2000 Rz 5699.

[1087]) VwGH 24. 6. 2003, 2000/14/0178, ÖStZB 2003, 515.

[1088]) Vgl EStR 2000 Rz 5705.

[1089]) *Doralt,* RdW 2011, 762.

[1090]) Siehe dazu EStR 2000 Rz 5714 ff.

[1091]) VwGH 30. 6. 2015, 2013/15/0169.

die Sonderausgaben, außergewöhnlichen Belastungen sowie der Freibetrag gem § 105 abzuziehen. Dabei ist zu berücksichtigen, dass bestimmte Aufwendungen das Einkommen weder als Betriebsausgaben oder Werbungskosten noch als Sonderausgaben oder außergewöhnliche Belastungen schmälern dürfen (nicht abzugsfähige Aufwendungen; § 20).

A. Verlustausgleich

Literatur: *Bruckner,* Was Verlustbeteiligungen wirklich bringen, SWK 2000, 49; *Partl/Pircher,* Verlust – quo vadis? SWK 2001, 533; *Krickl/Biebl,* Behandlung von Verlusten nach Einführung des § 2 Abs 2b EStG, SWK 2001, 806; *Stangl,* Einkommensteuerliche Beurteilung fremdfinanzierter Rentenversicherungen, ecolex 2001, 654; *Trenkwalder/Firlinger,* Berücksichtigung ausländischer Betriebsstättenverluste im Lichte des VwGH-Erkenntnisses vom 25. 9. 2001, ÖStZ 2001, 550; *Ziegler,* Rückwirkende Verlustzuweisung mit steuerfreier Betriebsaufgabe, RdW 2002, 555; *Kopf,* Verbot der doppelten Verwertung negativer Vermietungseinkünfte, SWI 2002, 426; *Pummerer,* Änderung der Rechtsansicht des BMF zur Pensionsvorsorge über fremdfinanzierte Rentenversicherungsmodelle, ÖStZ 2002, 403; *Knörzer,* Nachgezahlter Arbeitslohn hindert Verlustausgleich, FJ 2002, 386; *Labner,* Verlustverrechnung gem § 117 Abs 7 Z 1 EStG, SWK 2002, 601; *Eberhartinger/Ondrej,* § 2 Abs 2a EStG – Eine betriebswirtschaftliche Analyse der Rendite vor Steuern und nach Steuern für Verlustbeteiligungsmodelle, RWZ 2003, 65; *Jann/Weidlich,* Das Verschwinden des negativen Progressionsvorbehalts, SWI 2003, 263; *Wotschke/Hengstberger,* Anwendung des Verlustausgleichsverbotes nach § 2 Abs 2a EStG bei fremdfinanzierten Rentenversicherungsverträgen, SWK 2003, 677; *Lenneis,* Verlustverrechnung nach § 2 Abs 2b EStG bei halbsatzbegünstigten Einkünften, UFS 2003, 22; *Urnik/Fritz-Schmied,* Nachversteuerung von nicht entnommenen Gewinnen und Verlustverrechnung, ÖStZ 2004, 71; *Mang,* Verwertung von Auslandsverlusten nach dem SteuerreformG 2005 – Pflicht oder Wahlrecht? SWI 2004, 486; *Atzmüller,* Zur Nachversteuerung ausländischer Verluste, RdW 2005, 243; *Schneider,* Die Berücksichtigung von Auslandsverlusten nach § 2 Abs 8 EStG und § 9 Abs 6 Z 6 KStG, taxlex 2005, 194; *Novacek,* Mindestbesteuerung im Einkommensteuerrecht, FJ 2005, 51; *Lechner,* Ausgleich und Nachversteuerung ausländischer Verluste, SWI 2005, 465; *Pölzl,* Die Nachversteuerung ausländischer Betriebsstättenverluste, in FS Loukota 396; *Unger/Wagner,* Die Berücksichtigung ausländischer Verlustrückträge im österreichischen Steuerrecht, SWI 2005, 426; *Arming/Knörzer,* Verfassungsrechtliche Probleme der Spekulationsbesteuerung privater Wertpapiergeschäfte in Deutschland und in Österreich, taxlex 2005, 372; *Novacek,* Gemeinschaftsrechtliche Grundsätze der unbeschränkten und beschränkten Steuerpflicht, FJ 2006, 359; *Schuh,* Auslandsverluste im österreichischen Steuerrecht – § 2 Abs 8 EStG, ÖStZ 2006, 314; *Föhls/Mamut/Stürzlinger,* BFH-Rechtsprechungsübersicht, ecolex 2007, 285; *Lindinger,* Der Verlustabzug aus verfassungsrechtlicher Sicht, in FS Ruppe, Wien 2007, 433; *Brugger/Dziurdź,* Verlustverrechnungsgrenze und echte stille Beteiligung, ÖStZ 2010, 427; *Knechtl,* Einkunftsquelle Verlustbeteiligungsmodell? ÖStZ 2012, 349; *Stürzlinger,* Einschränkung bei der Berücksichtigung von Auslandsverlusten, taxlex 2012, 188; *Beiser,* Die Ertragsbesteuerung von Immobilien im Licht des Gleichheitssatzes, SWK 2012, 826; *Marchgraber,* Schuldzinsenabzug bei der Veräußerung fremdfinanzierter Immobilien, ÖStZ 13/700, 383; *Papst,* Regelbesteuerungsoption bei Immobilien und Kapitalvermögen: Ungleichbehandlung verfassungsrechtlich geboten, ÖStZ 2013, 387; *Beiser,* Abzugsverbot und Verlustausgleichsverbot im Visier des VfGH, SWK 2017, 1009; *Leyrer,* Privater Grundstücksverkauf und Abzug von Werbungskosten, SWK 2017, 584.

Der Verlustausgleich betrifft negative Ergebnisse der einzelnen Einkunftsarten. Verluste, die ohne Zusammenhang mit einer der sieben Einkunftsarten erzielt wurden (etwa Verluste aus Liebhaberei; Verluste bei Wirtschaftsgütern des Privatvermögens), sind einkommensteuerlich irrelevant. Der Verlustausgleich ist Kennzeichen der synthetischen, an der persönlichen Leistungsfähigkeit orientierten ESt: Der Stpfl ist nur insoweit leistungsfähig, als sein Einkommen nach Berücksichtigung von Verlusten einzelner Einkunftsarten positiv ist. Dessen ungeachtet ist der Verlustausgleich in verschiedenen Fällen ausdrücklich verboten oder implizit ausgeschlossen: **590**

Das Gesetz regelt insb folgende Fälle: **591**

1. Verluste aus **Leistungen** iSd § 29 Z 3 sind nur mit positiven Leistungseinkünften ausgleichsfähig, nicht hingegen mit anderen Einkünften. **592**

2. Verluste aus **privaten Grundstücksveräußerungen** sind vorrangig mit Gewinnen aus privaten Grundstücksveräußerungen auszugleichen; ein verbliebener Verlust ist zu 60% nur mit Einkünften aus der Vermietung und Verpachtung von Grundstücken (§ 28 Abs 1 Z 1 und 4) ausgleichsfähig,[1092]) nicht hingegen mit anderen Einkünften (§ 30 Abs 7). Dabei ist allerdings von einer Totalbetrachtung des Veräußerungsgeschäftes auszugehen: Nachträgliche Aufwendungen aus einer Grundstücksveräußerung sind abzugsfähig, soweit sie in früheren Veräußerungsgewinnen aus demselben Geschäft Deckung finden (periodenübergreifende Betrachtung;[1093]) gilt wohl auch für private Grundstücksveräußerungen und andere Verlustausgleichsverbote).[1094]) **593**

3. Verluste aus der **Veräußerung von außerbetrieblichen Kapitalvermögen** dürfen mit Einkünften aus anderen Einkunftsarten nicht ausgeglichen werden (§ 27 Abs 8 Z 4); zum Verlustausgleich innerhalb der Kapitaleinkünfte siehe oben Tz 106/1. **594**

4. Negative Einkünfte aus einer Beteiligung an **Gesellschaften oder Gemeinschaften** sind nicht ausgleichsfähig, wenn das **Erzielen steuerlicher Vorteile im Vordergrund** steht; sie sind mit positiven Einkünften aus derselben Beteiligung frühestmöglich zu verrechnen (§ 2 Abs 2 a TS 1). **595**

5. Verluste aus Betrieben, deren Unternehmensschwerpunkt(e) im **Verwalten unkörperlicher Wirtschaftsgüter** oder in der **gewerblichen Vermietung von Wirtschaftsgütern** gelegen ist, sind nicht ausgleichsfähig; sie sind aber mit späteren Gewinnen aus demselben Betrieb frühestmöglich zu verrechnen (§ 2 Abs 2 a TS 2). **596**

6. Verlustanteile eines echten **stillen Gesellschafters** sind nicht zu berücksichtigen, jedoch mit späteren positiven Einkünften, die zur Auffüllung der Einlage verwendet werden, zu verrechnen (§ 27 Abs 2 Z 4 bzw § 27 Abs 8 Z 2). **597**

[1092]) Der auf 60% gekürzte Verlust ist gleichmäßig auf 15 Jahre zu verteilen und im jeweiligen Jahr mit positiven Einkünften aus Vermietung und Verpachtung auszugleichen; alternativ kann auf eine sofortige Verrechnung im Jahr der Verlustentstehung optiert werden.

[1093]) VfGH 11. 12. 2002, B 941/02, ÖStZB 2003, 478; VwGH 27. 5. 2003, 98/14/0065, ÖStZB 2003, 501 zu Spekulationsgeschäften.

[1094]) Ebenso EStR 2000 Rz 6660 a und 6677.

598 7. Ausländische Verluste, die **vor Begründung der unbeschränkten Steuerpflicht** im Ausland erzielt wurden, können nicht ausgeglichen werden;[1095]) anders bei inländischen Verlusten beschränkt Stpfl (§ 18 Abs 6 iVm § 102 Abs 2 Z 2).

599 8. Verluste aus **ausländischen Einkunftsquellen** sind grds ausgleichsfähig, wenn sie nicht im Ausland berücksichtigt werden konnten (§ 2 Abs 8 Z 3). Ausländische Verluste sind auch dann abzugsfähig, wenn das Besteuerungsrecht auf Grund von DBA dem ausländischen Staat zukommt oder Österreich auf die Besteuerung verzichtet (§ 48 BAO, § 103); ein DBA kann einen Besteuerungsanspruch lediglich einschränken, nicht aber ausdehnen; eine Verlustdoppelverwertung im In- und Ausland ist nicht zulässig.[1096]) Die Auslandsverluste müssen nach österr Recht ermittelt werden, allerdings kann höchstens der nach ausländischem Steuerrecht ermittelte Verlust des betreffenden Wirtschaftsjahres berücksichtigt werden (Verlustdeckel).

600 Bis zum AbgÄG 2014[1097]) war in § 2 Abs 2b zudem eine Verrechnungsgrenze vorgesehen. Danach konnten Verluste aus Vorjahren nur bis zu 75% der positiven Einkünfte ausgeglichen werden.

600/1 Bei der Ermittlung des Gewinnes aus einer betrieblichen Einkunftsart sind zuerst Verluste mit Gewinnen innerhalb desselben Betriebes auszugleichen (**„innerbetrieblicher Verlustausgleich“**). Zu einem innerbetrieblichen Verlustausgleich kommt es dann, wenn neben dem laufenden Gewinn oder Verlust im selben Wirtschaftsjahr ein Übergangsgewinn oder -verlust und/oder ein Aufgabegewinn oder -verlust besteht, der mit dem laufenden Gewinn oder Verlust zu verrechnen ist. In welcher Reihenfolge der innerbetriebliche Verlustausgleich erfolgt, steht dem Stpfl frei.[1098])

601 Der Verlustausgleich ist (nach dem innerbetrieblichen Verlustausgleich) zunächst innerhalb der einzelnen Einkunftsarten durchzuführen (**horizontaler Verlustausgleich**). Verluste aus einem Gewerbebetrieb sind somit zunächst mit dem Gewinn aus einem anderen Gewerbebetrieb auszugleichen. Das gilt auch, wenn neben dem Verlust aus dem einen Betrieb etwa ein Veräußerungsgewinn iS des § 24 aus dem anderen Betrieb erzielt wird.

Beispiel:

Laufender Verlust aus Gewerbebetrieb	– € 22.000
Veräußerungsgewinn aus Gewerbebetrieb	+ € 15.000
Einkünfte aus nicht selbständiger Arbeit	+ € 30.000

Der Veräußerungsgewinn ist zunächst um den Freibetrag von € 7.300 gem § 24 Abs 4 zu kürzen, weil es sich dabei um eine sachliche, auf den Veräußerungsgewinn bezogene Begünstigungsvorschrift und nicht um eine tarifliche Maßnahme handelt.[1099])

[1095]) VwGH 28. 5. 2009, 2008/15/0034; VwGH 29. 3. 2017, Ro 2015/15/0004, dazu *Kofler*, GES 2017, 161; siehe dazu EStR 2000 Rz 8059.

[1096]) VwGH 25. 9. 2001, 99/14/0217, ÖStZB 2002, 474.

[1097]) BGBl I 2014/13.

[1098]) VwGH 24. 2. 2004, 99/14/0250.

[1099]) Vgl VwGH 22. 6. 1983, 83/13/24, ÖStZB 1984, 76; BFH 16. 12. 1975, BStBl 1976 II 360.

Der Restgewinn aus der Veräußerung von € 7.700 ist mit dem laufenden Verlust zu verrechnen, verbleiben € 14.300 Verlust, der mit den Einkünften aus nicht selbständiger Arbeit von € 30.000 verrechnet wird, verbleiben € 15.700 Einkünfte aus nicht selbständiger Arbeit.

Unzulässig wäre es, den laufenden Verlust aus Gewerbebetrieb zur Wahrung der tariflichen Begünstigung für den Veräußerungsgewinn in voller Höhe mit den Einkünften aus nicht selbständiger Arbeit zu verrechnen.[1100])

Verbleibt nach Vornahme des horizontalen Verlustausgleiches ein Verlust bei einer Einkunftsart, so ist dieser mit den positiven Ergebnissen anderer Einkunftsarten auszugleichen (**vertikaler Verlustausgleich**). Hierbei sind Verluste primär mit Einkünften zu verrechnen, die keine tarifliche Begünstigung genießen, weil es gerechtfertigt erscheint, im Falle einer mehrfachen Verrechnungsmöglichkeit den Verlust so zu verrechnen, dass eine vom Gesetzgeber vorgesehene Tarifbegünstigung erhalten bleibt. 602

Beispiel:

Laufender Verlust aus Land- und Forstwirtschaft	– € 10.000
Gewinn aus der Veräußerung eines Kommanditanteils	+ € 8.000
Einkünfte aus Vermietung und Verpachtung	+ € 7.000

Der Verlust (LuF) ist primär mit den nicht begünstigten Einkünften aus Vermietung und Verpachtung auszugleichen. Der Restwert von € 3.000 ist mit dem Veräußerungsgewinn von € 8.000 zu verrechnen; der begünstigte Veräußerungsgewinn beträgt € 5.000.

Aus demselben Grund sind positive Einkünfte primär mit Verlusten zu verrechnen, die nicht vortragsfähig sind.

Beispiel:

Verlust aus Gewerbebetrieb	– € 8.000
Verlust aus Vermietung und Verpachtung	– € 5.000
nicht endbesteuerte Einkünfte aus Kapitalvermögen	+ € 4.000

Die nicht sondersteuersatzbesteuerten Einkünfte aus Kapitalvermögen sind primär mit dem Verlust aus Vermietung und Verpachtung zu verrechnen; es verbleibt ein nicht vortragsfähiger Verlust aus Vermietung und Verpachtung in Höhe von € 1.000. Der Verlust aus Gewerbebetrieb ist in vollem Umfang vortragsfähig.

Vom Verlustausgleich ist der **Verlustabzug** (in den Folgejahren) zu unterscheiden; siehe dazu gleich unter Tz 623 ff.

B. Sonderausgaben (§ 18)

Allgemeine Literatur: *Beiser,* Der Abzug von Schuldzinsen in der Einkommensteuer, Berlin 1990; *ders,* Mit Steuern steuern? ÖStZ 2000, 354; *Thomanetz,* Vermeidung der Steuerpflicht für private Pensionsversicherungen, SWK 2000, 347; *Beiser,* Das Leistungsfähigkeitsprinzip – Irrweg oder Richtschnur? ÖStZ 2000, 413; *Pinter,* Steuerliche Förderung von Internetzugängen, SWK 2003, 835; *Buxbaum/Hable,* Steuerliche Förderung von Breitband-Internetzugängen, SWK 2003, 950; *Urnik,* Abzugsfähige Sonderaus-

[1100]) Vgl VwGH 22. 1. 1993, 93/15/0020.

gaben und Lenkung, SWK 2003, 906; *Lang/W. Loukota,* Der Inlandsbezug bei Sonderausgaben nach § 102 Abs 2 Z 2 Satz 1 EStG, GeS 2003, 354; *W. D.,* Internetzugang als Sonderausgabe, RdW 2004, 64; *Metzler,* EuGH-Fall Conjin: Österreichische Sonderausgaben gemeinschaftsrechtskonform? SWI 2006, 417; *Renner,* Praktischer Ratgeber für Steuererklärungen von Personengesellschaften, SWK 2018, 642.

603 **Sonderausgaben** sind taxativ aufgezählte Aufwendungen und Verrechnungsposten, die vom Gesamtbetrag der Einkünfte abzuziehen sind. Sieht man vom **Verlustabzug** ab, so ist ihnen gemeinsam, dass sie nicht mit der Erzielung der Einkünfte im Zusammenhang stehen, sondern der **privaten Lebensführung** zuzurechnen sind und daher Einkommensverwendung darstellen. § 18 Abs 1 ordnet demgemäß an, dass Beträge, die als Betriebsausgaben oder Werbungskosten einzustufen sind, insoweit nicht als Sonderausgaben abgezogen werden können. Inhaltlich bestehen zwischen den einzelnen Posten keine Gemeinsamkeiten, auch die Motive für den Abzug sind verschieden: Der Abzug wird zum Teil zugelassen, weil die **Leistungsfähigkeit** des Stpfl vermindert erscheint, zum Teil auch, um bestimmte **Sparformen** und **Vorsorgeaufwendungen** zu begünstigen. Im Einzelnen zählen zu den Sonderausgaben:

1. Renten und dauernde Lasten

Literatur: Siehe unten VIII.

604 Die Abzugsfähigkeit von Renten als Sonderausgaben ist an folgende **Voraussetzungen** geknüpft:

a) Die Renten dürfen **weder Betriebsausgaben noch Werbungskosten** sein.

b) Die Rente muss auf besonderen **Verpflichtungsgründen** beruhen, somit rechtlich erzwingbar sein. Als Verpflichtungsgründe kommen neben privatrechtlichen Vereinbarungen vor allem gerichtliche Entscheidungen und Vergleiche, aber auch unmittelbare gesetzliche Verpflichtungen in Betracht. Im Zusammenhang mit § 20 ergibt sich jedoch, dass Renten nicht abzugsfähig sind, wenn sie an gesetzlich unterhaltsberechtigte Personen geleistet werden oder wenn die Verpflichtung zur Leistung aus freien Stücken eingegangen wurde.

c) Werden Renten als **Gegenleistung** für die Übertragung von Wirtschaftsgütern zugesagt, die nicht der Einkünfteerzielung dienen, so sind die Renten zwar prinzipiell Sonderausgaben; ihr Abzug ist jedoch nur insoweit zulässig, als die Summe der gezahlten Beträge den Wert der übertragenen Wirtschaftsgüter übersteigt (das ist bei Geld der Nominalwert und bei anderen Wirtschaftsgütern der Rentenbarwert). Das Gleiche gilt, wenn Renten mit einem Einmalbetrag abgefunden werden. Die Bestimmung korrespondiert mit der Besteuerung wiederkehrender Bezüge in § 29 Z 1. Bei Grundstücksveräußerungen korrespondiert die Besteuerung des Veräußerungsgewinnes nicht mit der Abzugsfähigkeit der Rente als Sonderausgabe: Die Besteuerung der Rente beginnt mit dem Übersteigen der Anschaffungskosten (§ 30), dagegen setzt die Abzugsfähigkeit als Sonderausgabe erst ab Überschreiten des Rentenbarwertes ein (EStR 2000 Rz 7055 b).

Beispiel:

Der Stpfl erhält gegen Bezahlung eines Einmalbetrages von € 100.000 eine Jahresrente von € 10.000. Die Jahresrenten sind ab dem 11. Jahr abzugsfähig. Wird die Rente nicht für einen Einmalbetrag gezahlt, sondern für die Hingabe eines anderen (beweglichen) Wirtschaftsgutes, tritt an die Stelle des Einmalbetrages der Barwert der Rente.

Auf Grund der Einschränkungen bleiben wenig Fälle übrig, in denen Ren- 605
ten in voller Höhe als Sonderausgaben abgezogen werden können (etwa private **Schadens- oder Unfallrenten;**[1101]) Versorgungsrenten, die anlässlich des Überganges eines Betriebes zwischen nahen Verwandten vereinbart werden). Ist die Abzugsfähigkeit dem Grunde nach zu bejahen, so können die Renten ohne betragsmäßige Obergrenze abgezogen werden.

Schuldzinsen sind nicht als Sonderausgaben abzugsfähig. Diese Einschränkung ist zwar systematisch konsequent, weil die Abzugsfähigkeit mit Leistungsfähigkeitsüberlegungen nicht gerechtfertigt werden kann, wirft aber Probleme im Hinblick auf die Gleichmäßigkeit der Besteuerung auf: Stpfl mit betrieblichen Einkünften haben die Möglichkeit, Kredite im Betrieb aufzunehmen, Schuldzinsen als Betriebsausgaben zu verrechnen und private Aufwendungen (etwa ESt-Zahlungen) über Entnahmen zu finanzieren: Mittelbar werden damit privat veranlasste Zinsen abzugsfähig.[1102])

2. Beiträge zu Versicherungen

Literatur: *Holzapfel,* Beitragsleistungen von Grenzgängern an private Krankenversicherungsgesellschaften limitiert abzugsfähig, SWI 2002, 387; *Payerer,* Die steuerliche Behandlung der Pensionsvorsorge de lege lata in Österreich (Teil I), ÖStZ 2003, 89; *H. Kofler,* Die steuerliche Behandlung der Pensionsvorsorge de lege ferenda (Teil II), ÖStZ 2003, 120; *G. Kofler,* Ramstedt: Benachteiligung von Beitragszahlungen an ausländische Rentenversicherer nicht mit der Dienstleistungsfreiheit vereinbar! ÖStZ 2003, 404; *Herzog,* SV-Pflichtbeiträge bei Liebhaberei, RdW 2006, 462; *oV,* Verpfändung einer Lebensversicherung ist sonderausgabenschädlich, SWK 2006, 1008; *Prodinger,* Abzugsfähigkeit von Versicherungsbeiträgen als Sonderausgabe, SWK 2012, 767; *Ryda,* Ertragsteuerliche Behandlung von Pflichtversicherungsbeiträgen eines unentgeltlich tätig werdenden Gesellschafter-Geschäftsführers, BFGjournal 2015, 321; *Knechtl,* Höherversicherung und Einschränkung des Sonderausgaben-Abzugs, SWK 2016, 889.

Als Sonderausgaben gem § 18 Abs 1 Z 2 können Beiträge zu bestimmten 606
freiwilligen Personenversicherungen geltend gemacht werden, sofern der der Zahlung zugrundeliegende Vertrag **vor dem 1. 1. 2016 abgeschlossen wurde,** und zwar zu

- **freiwilligen Kranken-, Unfall- oder Pensionsversicherungen,**
- **Lebensversicherungen,**
- **freiwilligen Witwen-, Waisen-, Versorgungs- und Sterbekassen,**
- **Pensionskassen,**
- betrieblichen Kollektivversicherungen iSd § 18 f VAG und
- ausländischen Einrichtungen iSd § 5 Z 4 PKG.

[1101]) VwGH 14. 6. 1988, 87/14/0171, ÖStZB 1989, 55.

[1102]) Siehe dazu bspw VwGH 27. 1. 1998, 94/14/0017, 561 (zur Ablehnung des Zwei-Konten-Modells); VwGH 10. 9. 1998, 93/15/0051, ausführlich Tz 181.

Eine Sonderausgabe kann nicht geltend gemacht werden, wenn für die Versicherungsprämie eine Prämienbegünstigung nach BMSVG bzw § 108 g in Anspruch genommen worden ist.

607 Beiträge an ausländische Versicherungen sind dann abzugsfähig, wenn das Unternehmen Sitz oder Geschäftsleitung im Inland hat oder dem Unternehmen die Erlaubnis zum Geschäftsbetrieb im Inland oder einem anderen EU/EWR-Staat erteilt worden ist (vgl § 18 Abs 1 Z 2 zweiter Satz).[1103])

Pflichtversicherungsbeiträge zur Sozialversicherung sind regelmäßig Betriebsausgaben oder Werbungskosten. Pflichtversicherungsbeiträge aus Anlass von Liebhabereitätigkeiten sind als Sonderausgaben abzugsfähig.[1104])

Beiträge zu **Sach**versicherungen (Haftpflichtversicherung; Hausratversicherung; Feuerversicherung) sind prinzipiell nicht abzugsfähig, außer sie fallen im Zusammenhang mit der Einkünfteerzielung an. Die Kfz-Haftpflichtversicherung ist bei Arbeitnehmern, welche mit dem eigenen Kfz zur Arbeitsstätte fahren, im Verkehrsabsetzbetrag (§ 33 Abs 5 Z 1) und im Pauschbetrag gem § 16 Abs 1 Z 6 berücksichtigt; bei beruflich bzw betrieblich veranlassten Fahrten mit einem zum Privatvermögen gehörenden Fahrzeug ist die Versicherung im Kilometergeld berücksichtigt.

608 **Lebensversicherungen** sind nur in Form von **Rentenversicherungen** als Sonderausgaben absetzbar. **Kapitalversicherungen,** die nach dem 31. 5. 1996 abgeschlossen werden, kommen für Sonderausgaben nicht mehr in Betracht (§ 18 Abs 1 Z 2 dritter Satz). Damit soll eine verstärkte Förderung der Pensionseigenvorsorge erreicht werden (EB).

Prämien für **Kapitalversicherungsverträge,** die **bis längstens 31. 5. 1996** abgeschlossen worden sind, bleiben unter den bisherigen gesetzlichen Voraussetzungen (Mindestbindung idR 20 Jahre; gleichhoch versichertes Ablebensrisiko) weiterhin abzugsfähig.

609 Beiträge zu **Rentenversicherungsverträgen** sind nur abzugsfähig, wenn eine **mindestens auf die Lebensdauer** zahlbare Rente vereinbart ist (§ 18 Abs 1 Z 2 fünfter Satz). Eine Option auf Kapitalabfindung ist unschädlich; allerdings kommt es im Falle der Kapitalabfindung zu einer Nachversteuerung (§ 18 Abs 4 Z 1 erster Satz letzter Teilstrich; LStR 2002 Rz 481).

610 Grundsätzlich gilt auch für Sonderausgaben das Abflussprinzip,[1105]) besteht jedoch der Versicherungsbeitrag in einer **Einmalprämie,** so wäre der Abzug nur im Jahr der Leistung des Beitrages bis zum maßgeblichen Höchstbetrag möglich. Auf Antrag werden Einmalprämien jedoch gleichmäßig auf 10 Jahre verteilt berücksichtigt (§ 18 Abs 1 Z 2 sechster Satz).

610/1 Seit dem StRefG 2015/16[1106]) sind Beiträge zu Verträgen, deren Abschluss ab dem 1. 1. 2016 stattfand, nicht als Sonderausgabe abzugsfähig.[1107]) Der Abzug als Sonderausgabe für bestehende Verträge ist letztmalig für das Veranlagungsjahr 2020 möglich (§ 124 b Z 285).

[1103]) VwGH 20. 1. 1999, 98/13/0002.

[1104]) Vgl VwGH, 20. 4. 2006, 2004/15/0038.

[1105]) VwGH 25. 10. 2000, 2000/13/0148.

[1106]) Steuerreformgesetz 2015/2016, BGBl I 2015/118.

[1107]) ErlRV 684 25. GP 13.

Beiträge für eine **freiwillige Weiterversicherung** einschließlich des **Nachkaufs von Versicherungszeiten** in der gesetzlichen Pensionsversicherung und vergleichbare Beiträge an Versorgungs- und Unterstützungseinrichtungen der Kammern der selbständig Erwerbstätigen sind weiterhin als Sonderausgabe absetzbar (§ 18 Abs 1 a). Einmalprämien können auf Antrag auf zehn Jahre verteilt werden.

3. Aufwendungen für Wohnraumschaffung und Wohnraumsanierung

Literatur: *oV*, Sonderausgaben für Wohnraumsanierung, SWK 2002, 961; *Baldauf*, Erwerb der bisherigen BUWOG-Mietwohnung abzugsfähig, SWK 2005, 423; *Bilger/Amann*, Die Abzugsfähigkeit von Aufwendungen für den Erwerb und den Endausbau einer Eigentumswohnung als Sonderausgabe, UFSjournal 2013, 161; *Pinetz*, Die Gesamtnutzfläche bei Sonderausgaben zur Wohnraumschaffung, ecolex 2013, 374, 916; *Fuhrmann*, Wohnraumschaffung: Errichtereigenschaft ist nach § 18 Abs 1 Z 3 lit a EStG 1988 nicht Voraussetzung für die Abzugsfähigkeit von Aufwendungen als Sonderausgabe, immolex 2015, 81; *Hilber*, Darlehensrückzahlungen zur Wohnraumschaffung als Topf-Sonderausgabe, AFS 2015, 101; *Kampitsch/Reinold*, VwGH bejaht Einrechnung von Mietzeiten bei der Hauptwohnsitzbefreiung, SWK 2018, 382.

Aufwendungen, die unmittelbar oder mittelbar zur Schaffung von Wohnraum und zur Wohnraumsanierung getätigt werden, sind, wenn mit der tatsächlichen Bauführung oder Sanierung vor dem 1. 1. 2016 begonnen wurde bzw der der Zahlung zugrundeliegende Vertrag vor dem 1. 1. 2016 abgeschlossen wurde, gem § 18 Abs 1 Z 3 in folgenden Formen als Sonderausgaben abzugsfähig:

a) Beträge, die von einem Wohnungswerber zur **Schaffung von Wohn-** **611**
raum an gemeinnützige Bauvereinigungen, an Bauträger, deren Unternehmensgegenstand die Schaffung von Wohnungseigentum ist, oder an Gebietskörperschaften geleistet werden. Die Beträge müssen mindestens 8 Jahre gebunden sein.

b) Beträge, die der Stpfl selbst für die **Errichtung von Eigentumswoh-** **612**
nungen oder Eigenheimen aufwendet, die in einem Mitgliedstaat der EU oder des EWR (mit umfassenden Amtshilfeabkommen) gelegen sind. Unter Eigenheim ist ein Wohnhaus mit nicht mehr als zwei Wohnungen zu verstehen und es kann auch im Eigentum von mehreren Personen oder ein Gebäude auf fremdem Grund sein. Ein Eigenheim und eine Eigentumswohnung muss zu mindestens zwei Drittel der Gesamtnutzfläche des Gebäudes bzw der Wohnung Wohnzwecken dienen, muss unmittelbar nach der Fertigstellung (nach den EB der Zeitpunkt der erstmaligen Benutzbarkeit) dem Stpfl für zumindest zwei Jahre als Hauptwohnsitz dienen. – Die Begünstigung betrifft nur die **Errichtung** von Eigentumswohnungen oder Eigenheimen. Der Zweiterwerb oder weitere Erwerbe sind nicht begünstigt. Wohl aber können bei einem erworbenen Haus Aufwendungen zur Schaffung weiterer Wohnräume als Sonderausgaben geltend gemacht werden. Auch die Aufwendungen für den Erwerb von Baugrund sind abzugsfähig. Begünstigt sind auch die Anschaffungskosten für ein Gebäude im Ausland.

Für Bauausführungen, die vor dem 1. 1. 2011 begonnen wurden, ist die Rechtslage vor dem BBG 2011 anzuwenden. In diesen Fällen muss das Eigenheim oder die Eigentumswohnung insbe nicht der Hauptwohnsitz des Stpfl sein; in europarechtskonformer Interpretation der alten Rechtslage sind aber auch Bauausführungen in anderen EU- oder EWR-Staaten begünstigt (ab 2013 nur in EWR-Staaten mit umfassender Amtshilfe; siehe dazu LStR 2002 Rz 503 a).

613 c) Ausgaben zur **Sanierung von Wohnraum** (über unmittelbaren Auftrag des Stpfl) durch befugte Unternehmer, und zwar sowohl für Herstellungsaufwendungen als auch für Instandsetzungsaufwendungen (einschließlich Aufwendungen für energiesparende Maßnahmen;).[1108])

614 d) **Rückzahlungen von Darlehen,** die für die Schaffung von begünstigtem Wohnraum oder für die Sanierung von Wohnraum iSd lit a bis c aufgenommen wurden, sowie **Zinsen** für derartige Darlehen. Den Darlehen sind Eigenmittel der Bauträger iS der lit a gleichgestellt. Die Begünstigung kann nicht nur vom Errichter, sondern auch vom Rechtsnachfolger, der zur Tilgung des Darlehens verpflichtet ist, geltend gemacht werden(LStR 2002, Rz 440).[1109])

614/1 Die Möglichkeit, Aufwendungen für Wohnraumschaffung und Wohnraumsanierung als Sonderausgaben abzusetzen, wurde mit dem StRefG 2015/16[1110]) abgeschafft. Wenn mit der tatsächlichen Bauführung oder Sanierung vor dem 1. 1. 2016 begonnen bzw der der Zahlung zugrundeliegende Vertrag vor dem 1. 1. 2016 abgeschlossen wurde, sind darauf entfallende Aufwendungen letztmalig für das Veranlagungsjahr 2020 abzugsfähig (§ 124 b Z 285).

4. Aufwendungen zum Erwerb von Genussscheinen und jungen Aktien

615 Aufwendungen natürlicher Personen für die Anschaffung von **Genussscheinen** iS des Beteiligungsfondsgesetz[1111]) und für die Erstanschaffung (Ersterwerb) **junger Aktien** (dh von Aktien, die bei Gründung oder im Zuge einer ordentlichen Kapitalerhöhung ausgegeben werden) konnten als Sonderausgaben abgezogen werden, wenn der Aufwand vor 2011 getätigt worden ist.

Voraussetzung war der Erwerb bei einem inländischen Kreditinstitut und die Hinterlegung im Depot durch 10 Jahre bei sonstiger Nachversteuerung. Insoweit hat die Bestimmung für vor 2011 angeschaffte Genussscheine und Aktien weiterhin Bedeutung.

Betragsmäßige Begrenzungen

616 Für Beiträge zu Versicherungen und Pensionskassen, für Aufwendungen zur Wohnraumschaffung und Wohnraumsanierung besteht ein **einheitlicher Höchstbetrag** von € 2.920 jährlich. Dieser Betrag erhöht sich um € 2.920, wenn dem Stpfl der Alleinverdienerabsetzbetrag oder der Alleinerzieherabsetzbetrag zusteht.

[1108]) Vgl UFS 19. 10. 2005, RV/1417- W/05 (zur Anschaffung einer Sicherheitstür); UFS 8. 4. 2005, RV/0146- I/04 (zur Kachelofensanierung).

[1109]) VwGH 14. 6. 1988, 85/14/0150, ÖStZB 1989, 9.

[1110]) Steuerreformgesetz 2015/2016, BGBl I 2015/118.

[1111]) BGBl 1982/111.

Beziehern des Alleinverdienerabsetzbetrages gleichgestellt sind Personen, die mehr als 6 Monate im Kalenderjahr in aufrechter Ehe oder eingetragener Partnerschaft leben und deren (Ehe-)Partner (§ 106 Abs 3) Einkünfte von höchstens € 6.000 jährlich erzielen (vgl § 33 Abs 4 Z 1).

Vom Einkommen absetzbar ist jedoch nur ein **Viertel** der tatsächlich geleisteten Sonderausgaben, maximal ein Viertel der zustehenden Höchstbeträge (Sonderausgabenviertel).

Beispiel:

Alleinverdiener mit 1 Kind; Höchstbetrag somit € 5.840 (€ 2.920 + € 2.920). Werden € 4.000 an Sonderausgaben geleistet, so sind € 1.000 absetzbar, werden € 8.000 geleistet, so sind € 1.460 absetzbar.

Beiträge für eine freiwillige **Weiterversicherung** einschließlich des **Nachkaufs von Versicherungszeiten** in der gesetzlichen Pensionsversicherung und vergleichbarer Beiträge an Versorgungs- und Unterstützungseinrichtungen der Kammern der selbständig Erwerbstätigen unterliegen keiner betragsmäßigen Begrenzung (§ 18 Abs 3 Z 2).

Beträgt der Gesamtbetrag der Einkünfte mehr als € 36.400, so vermindert **617**
sich das Sonderausgabenviertel gleichmäßig in einem solchen Ausmaß, dass sich bei einem Gesamtbetrag der Einkünfte von € 60.000 ein absetzbarer Betrag in Höhe des Sonderausgabenpauschales ergibt (§ 18 Abs 3 Z 2).

Für Sonderausgaben gem § 18 Abs 1 Z 2 und 3 (Versicherungsbeiträge, Wohnraumschaffung) steht ein **Pauschbetrag** von € 60 zu (§ 18 Abs 2).

Nachversteuerung

Eine Nachversteuerung von Sonderausgaben hat (nach § 18 Abs 4) insb zu **618**
erfolgen, wenn

- die **Ansprüche aus dem Versicherungsvertrag** ganz oder teilweise **abgetreten** oder **rückgekauft** werden oder durch eine Kapitalzahlung **abgegolten** werden bzw wenn eine Vorauszahlung oder Verpfändung der Ansprüche aus dem Versicherungsvertrag erfolgt (siehe dazu § 18 Abs 4 Z 1);
  Werden als Sonderausgaben abgesetzte Versicherungsprämien ohne Nachversteuerung vorausgezahlt, rückgekauft oder sonst rückvergütet, dann vermindern die rückvergüteten Beträge beginnend ab dem Kalenderjahr der Rückvergütung die aus diesem Vertrag als Sonderausgaben absetzbaren Versicherungsprämien (§ 18 Abs 1 Z 2 letzter Satz).
- die **8-jährig gebundenen Beträge** (§ 18 Abs 1 Z 3 lit a) vor Ablauf von 8 Jahren rückgezahlt werden (siehe dazu § 18 Abs 4 Z 2 lit a);
- **innerhalb von 5 Jahren** nach Erwerb eines Bauplatzes **keine Baumaßnahmen** gesetzt werden (siehe dazu § 18 Abs 4 Z 2 lit b).

Die Nachversteuerung ist derart vorzunehmen, dass die bisher abgezogenen Beträge im Jahr, in dem die Voraussetzungen für die Nachversteuerung vorliegen, mit einem Satz von 30% besteuert werden (§ 18 Abs 5).

Wird der Nachversteuerungstatbestand im selben Jahr gesetzt, in dem Sonderausgaben geltend gemacht werden, dann stehen die Sonderausgaben von vornherein nicht zu.[1112])

5. Kirchenbeiträge

Literatur: *Mühlberger,* Klarstellung betreffend zweckgebundene Kirchenbeiträge, FJ 2006, 188; *Kohler,* Programmiertes Chaos beim Kirchenbeitrag, SWK 2017, 728; *Hinterberger,* Der Kirchenbeitrag in der Steuererklärung, SWK 2018, 297.

619 Beiträge an in Österreich gesetzlich anerkannte Kirchen und Religionsgesellschaften, und vergleichbare Kirchen und Religionsgesellschaften, die ihren Sitz in einem EU/EWR-Staat haben, können bis zu einem jährlichen Höchstbetrag von € 400 als Sonderausgaben geltend gemacht werden (§ 18 Abs 1 Z 5).

6. Steuerberatungskosten

Literatur: *oV,* Steuerberatungskosten als Betriebsausgaben oder als Sonderausgaben, RdW 2003, 46; *Urtz,* Steuerberatungskosten: Betriebs- oder Sonderausgaben, GeS 2003, 169; *Bohr/Kämpfer,* Abzug für Steuerberatung, ecolex 2006, 874; *Endfellner,* Als Sonderausgaben (nicht) abzugsfähige Steuerberatungskosten, FJ 2011, 237; *Setina,* Deutsche Steuerberatungskosten als Sonderausgaben, BFGjournal 2016, 217; *Leitner,* Sondersteuersatzeinkünfte: Steuerberatungskosten als Sonderausgaben abzugsfähig? ÖStZ 2018, 49.

620 Soweit Steuerberatungskosten nicht als Betriebsausgaben oder Werbungskosten einzustufen sind, können sie als Sonderausgaben geltend gemacht werden, sofern sie an berufsrechtlich befugte Personen geleistet werden (§ 18 Abs 1 Z 6).

Steuerberatungskosten sind jedenfalls Betriebsausgaben, wenn sie mit Steuern in Zusammenhang stehen, die selbst Betriebsausgaben sind. Nur soweit Betriebsausgaben nicht vorliegen, liegen Sonderausgaben vor. Bei der ESt, die selbst keine abzugsfähige Betriebssteuer ist, liegen Sonderausgaben insoweit vor, als die Kosten „nur dem Zweck dienen, die Grundlagen für die Ermittlung der ESt festzustellen bzw die ESt-Erklärung abzufassen".[1113]) Die Verwaltungspraxis zählt bei den betrieblichen Einkünften Steuerberatungskosten zur Gänze zu den Betriebsausgaben (einschließlich der Erstellung der ESt-Erklärung); bei den außerbetrieblichen Einkünften (zB VuV) wird danach unterschieden, ob die Kosten schwerpunktmäßig die Einkünfteermittlung betreffen (dann zur Gänze Werbungskosten), oder ob sie schwerpunktmäßig die ESt-Erklärung betreffen (siehe LStR 2002 Rz 562 ff). Selbständige Buchhalter, gewerbliche Buchhalter und Unternehmensberater sind nicht zur Steuerberatung befugt; an sie geleistete Honorare stellen daher keine Sonderausgaben dar.[1114])

[1112]) VwGH 22. 4. 1998, 93/13/0219.

[1113]) VwGH 24. 10. 2002, 98/15/0145 (zu Steuerberatungskosten eines pauschalierten Landwirts).

[1114]) Vgl VwGH 22. 12. 2005, 2002/15/0064.

7. Zuwendungen für Wissenschaft, Forschung und humanitäre Zwecke

Literatur: *Renner,* Abzugsfähige und nicht abzugsfähige Spenden aus Sicht des Gesetzes und der Verwaltungspraxis, SWK 2002, 1198; *Nitsch,* UFS und Spendenabzug gemäß § 4 a EStG 1988, UFSjournal 2009, 392; *Neugebauer,* Die neue Absetzbarkeit von Spenden, WT 2009, 120; *Lindinger/Oberleitner,* StRefG 2009 – Abzugsfähigkeit für mildtätige Zwecke, Entwicklungshilfezusammenarbeit und Katastrophenhilfe, taxlex 2009, 93; *Renner,* Förderung des Körpersports: gemeinnützig, aber nicht mildtätig, UFSjournal 2009, 360; *Baldauf,* Die Abzugsfähigkeit von Spenden als Sonderausgaben, SWK 2011, 1194 (weiters siehe auch IV., A. 7, e); *Baldauf,* Die Abzugsfähigkeit von Spenden als Sonderausgaben, SWK 2011, 888; *Kühbacher,* Die Spendenbegünstigung des § 4 a Z 1 lit a bis d EStG ist unionsrechtswidrig! SWK 2011, 783; *Mayr/Hammerl,* Spendenabzug für Umweltschutz und Tierheime, ÖStZ 2011, 313, 187; *Baldauf,* Spendenbegünstigung, in *Baldauf/Renner/Wakounig* (Hrsg), Die Besteuerung der Vereine[10] (2012), 356; *Atzmüller,* Elektronische Datenübermittlung betrieblicher Sonderausgaben, SWK 2016, 1433; *Atzmüller,* Kirchenbeitrag und Sonderausgaben-Datenübermittlung, SWK 2017, 836; *Kohler,* Programmiertes Chaos beim Kirchenbeitrag, SWK 2017, 728; *Scheichenbauer,* Die Datenübermittlungspflicht von Spendenorganisationen im Lichte des Gleichheitsgrundsatzes, taxlex 2017, 76; *Zirngast,* Neuerungen beim Spendenabzug durch das AbgÄG 2016 und das InnovationsstiftungsG, SWK 2017, 540; *Zirngast,* Die Sonderausgaben-Datenübermittlungsverordnung, SWK 2017, 722; *Geringer,* Allgemeine Voraussetzungen für die Abzugsfähigkeit „erlaufener" Spenden, taxlex 2018, 343; *Geringer,* Abzugsfähigkeit „erlaufener Spenden" – Unterschiede bei Zuwendung aus dem Betriebs-/Privatvermögen, taxlex 2018, 377.

Zuwendungen an begünstigte Einrichtungen iSd § 4 a Abs 3 Z 1, 2 und 3 **621**
und Abs 4 (an Universitäten, Museen usw; dazu Tz 283) können, soweit sie nicht aus einem Betriebsvermögen erfolgen, als Sonderausgaben geltend gemacht werden (§ 18 Abs 1 Z 7 lit a).

Ebenfalls als Sonderausgaben abzugsfähig sind **Geldzuwendungen** aus dem Privatvermögen an (in- oder ausländische) Körperschaften, die ausschließlich **mildtätigen Zwecken** (§ 37 BAO), der **Entwicklungshilfe,** der nationalen und/oder internationalen **Katastrophenhilfe, dem Umwelt-, Natur- und Artenschutz, Kunst und Kultur, Wissenschaft, Forschung und Lehre** dienen, oder im Wesentlichen (zumindest zu 75%) dem Betrieb eines behördlich genehmigten Tierheimes dienen. Abzugsfähig sind auch Geldzuwendungen an Körperschaften, deren ausschließlicher Zweck das Sammeln von Spenden für die genannten Zwecke ist, sowie Geldzuwendungen an freiwillige Feuerwehren und die Landesfeuerwehrverbände (§ 18 Abs 1 Z 7 lit b). Voraussetzung ist eine Eintragung als begünstigte Einrichtung in einer vom FA Wien 1/23 zu führenden Liste (§ 4 a Abs 7). Für die Aufnahme in diese Liste muss glaubhaft gemacht werden, dass Maßnahmen zur Erfüllung der Datenübermittlungsverpflichtung (dazu Tz 622/1) getroffen wurden.

Die Liste der begünstigten Spendenempfänger kann auf der Homepage des BMF abgerufen werden. Eine Zuwendung an einen Empfänger, der keine feste örtliche Einrichtung im Inland unterhält, ist durch den Zuwendenden auf Verlangen der Abgabenbehörde durch Vorlage eines Beleges nachzuweisen.

621/1 Zur Förderung der Errichtung von gemeinnützigen und spendenbegünstigten Stiftungen sind seit 2016 Zuwendungen zur Vermögensausstattung einer (gemeinnützigen) Stiftung abzugsfähig (§ 18 Abs 1 Z 8). Allerdings müssen nach Ablauf von fünf Jahren nach der Errichtung die Voraussetzungen für die Aufnahme der Stiftung in die Liste der begünstigten Spendenempfänger vorliegen. Betragsmäßig sind diese Zuwendungen im Kalenderjahr der erstmaligen Zuwendung sowie den folgenden vier Jahren insgesamt mit € 500.000 beschränkt.

Die Eintragung einer Körperschaft in die Liste begünstigter Spendenempfänger ist nur dann zulässig, wenn die Körperschaft oder eine Vorgängerorganisation der Körperschaft seit mindestens drei Jahren ununterbrochen spendenbegünstigten Zwecken dient. Neu errichtete Stiftungen könnten daher ohne diese Sonderregelung in den ersten drei Jahren keine begünstigten Spendenempfänger sein.

621/2 Die Abzugsfähigkeit aller Zuwendungen an begünstigte Spendenempfänger ist begrenzt: Zusammen mit Zuwendungen aus dem Betriebsvermögen dürfen sie 10% des Gesamtbetrages der sich nach Verlustausgleich ergebenden Einkünfte des laufenden Kalenderjahres nicht übersteigen.

621/3 Auch Zuwendungen an die seit 1. 1. 2017 möglichen Innovationsstiftungen für Bildung iSd § 1 ISBG[1115]) sind als Sonderausgaben abzugsfähig (§ 18 Abs 1 Z 9). Wenn diese Zuwendungen gemeinsam mit Zuwendungen aus dem Betriebsvermögen den Gesamtbetrag der Einkünfte nicht übersteigen, sind sie bis zu einem Betrag von € 500.000 jedenfalls als Sonderausgabe abzugsfähig. Erst wenn die Zuwendungen € 500.000 übersteigen, ist – wie bei anderen freigiebigen Zuwendungen – eine 10%-Begrenzung des sich nach Verlustausgleich ergebenden Gesamtbetrags der Einkünfte beachtlich.

Sonderausgaben für nahe Angehörige:

622 Sonderausgaben kann prinzipiell nur derjenige geltend machen, der zur Leistung der Aufwendungen verpflichtet ist und bei dem sie tatsächlich abfließen. Versicherungsbeiträge, Beiträge für die freiwillige Weiterversicherung und den Nachkauf von Versicherungszeiten in der gesetzlichen Pensionsversicherung, Aufwendungen für Wohnraum und Kirchenbeiträge kann der Stpfl aber auch dann als (eigene) Sonderausgaben geltend machen, wenn er sie für seinen nicht dauernd getrennt lebenden (Ehe-)Partner (§ 106 Abs 3) und für seine Kinder (§ 106) leistet (§ 18 Abs 3 Z 1). Zudem können die Bestimmungen über die Ausgaben zur Wohnraumschaffung und Wohnraumsanierung auch dann angewendet werden, wenn innerhalb des Personenkreises nach § 18 Abs 3 Z 1 (nicht dauernd getrennt lebender (Ehe-)Partner und Kinder iS des § 106) Geldgeber oder Darlehensschuldner einerseits und Errichter (Eigentümer) bzw Wohnungswerber (Nutzungsberechtigter, Bestandnehmer) andererseits nicht ident sind (§ 18 Abs 3 Z 3 lit b). Durch diese Bestimmung wird zB die Nachversteuerung in jenen Fällen verhindert, in denen ein Ehegatte eine Eigentumswohnung oder ein Eigenheim errichtet und hierfür die vorzeitig rückgezahlten

[1115]) Innovationsstiftung-Bildung-Gesetz, BGBl I 2017/28.

und als Sonderausgaben berücksichtigt gewesenen (8-jährig gebundenen) Beträge des anderen Ehegatten verwendet; ebenso führt danach die vorzeitige Verwendung von prämienbegünstigt angesparten Bausparverträgen von minderjährigen Kindern zur Errichtung eines den Eltern gehörenden Eigenheimes nicht zur Nachversteuerung.[1116]) Bloße Lebensgefährten zählen nicht zum begünstigten Personenkreis .[1117])

Automatische Datenübermittlung **622/1**

Für Kirchenbeiträge, Spenden an begünstigte Empfänger und Beiträge für die freiwillige Weiterversicherung und den Nachkauf von Versicherungszeiten in der gesetzlichen Pensionsversicherung besteht seit Jänner 2017 ein verpflichtender Informationsaustausch (§ 18 Abs 8). Die Stpfl müssen ihre Daten an die Empfänger übermitteln, die diese in der Folge verpflichtend an die FinVw weiterleiten.

Erfasst sind ausschließlich als Sonderausgaben zu berücksichtigende Beträge. Aus dem Betriebsvermögen geleistete Zuwendungen gem § 4 a sind folglich nicht von der automatischen Datenübermittlung betroffen. Ebenso muss der Empfänger eine feste örtliche Einrichtung im Inland haben – liegt diese nicht vor, ist eine Berücksichtigung als Sonderausgabe weiterhin im Wege der Veranlagung möglich.

Will der Stpfl seine Beiträge und Zuwendungen als Sonderausgaben absetzen, muss er dem Empfänger seinen **Vor-** und **Zunamen** sowie das **Geburtsdatum** bekanntgeben. Der Zahlungsempfänger hat den Abgabenbehörden bis Ende Februar des Folgejahres, im Wege von FinanzOnline, den Gesamtbetrag aller vom Stpfl zugewandten Beträge zu übermitteln.

Im Interesse des Datenschutzes erfolgt die Identifizierung des Stpfl anhand eines aus Name und Geburtsdatum generierten „verschlüsselten, bereichsspezifischen Personenkennzeichens für Steuern und Abgaben" (vbPK SA).

Hat der Stpfl die erforderlichen Informationen nicht bis Ende Februar des Folgejahres an die empfangende Organisation übermittelt, oder dieser die Übermittlung an die Behörden ausdrücklich untersagt, verzichtet er damit auf die steuerliche Berücksichtigung dieser Beträge. Eine spätere Aufrollung im Wege der Veranlagung ist grds nicht möglich.

8. Verlustabzug

Literatur: *Beiser,* Die „Vererbbarkeit" von Verlustvorträgen im Rechtsvergleich zwischen Österreich und Deutschland, RdW 2000, 571; *Jürets,* Mögliche Steuervorteile durch Einschränkungen des Verlustabzuges im Budgetbegleitgesetz 2001, SWK 2000, 1155; *Farmer/Freund,* Die Verwertung von Auslandsverlusten, WT 2001/1, 27; *Krickl/Biebl,* Behandlung von Verlusten nach Einführung des § 2 Abs 2 b EStG, SWK 2001, 806; *Partl/Pircher,* Verlust – quo vadis? SWK 2001, 533; *Wolf,* Die Beschränkung des Verlustabzuges – verfassungswidrig? SWK 2001, 1266; *Labner,* Verlustverrechnung gem § 117

[1116]) *Sailer/Kranzl/Mertens/Bernold* § 18 Tz 18/50.

[1117]) UFSaktuell 2005, 360.

Abs 7 Z 1 EStG, SWK 2002, 601; *Doralt,* Kein Verlustvortrag bei Diensteinkünften? RdW 2003, 287; *Hruschka/Bendlinger,* Der Verlustvortrag für österreichische Betriebsstätten deutscher Unternehmer, SWI 2003, 271; *Lang/W. Loukota,* Der Inlandsbezug bei Sonderausgaben nach § 102 Abs 2 Z 2 Satz 1 EStG, GeS 2003, 354; *Doralt,* „Vortragsgrenze" und „Verrechnungsgrenze": Zwei verunglückte Begriffe, RdW 2004, 56; *Renner,* Anlaufverluste bei Sortimentsumstellung eines Handelsbetriebes? RdW 2004, 505; *Rauner,* Liebhaberei bei einem Jagdbetrieb/Vortragsfähigkeit von Anlaufverlusten, UFS 2004, 338; *Wiesner,* Bescheidberichtigung wegen des Geltendmachens der bei einer vermögensverwaltenden GmbH angefallenen Verlustvorträge, RWZ 2004, 200; *Hohenwarter,* VwGH: Verlustvortrag beschränkt Steuerpflichtiger – Verstoß gegen die Niederlassungsfreiheit, GeS 2004, 281; *Mang,* Verwertung von Auslandsverlusten nach dem SteuerreformG 2005 – Pflicht oder Wahlrecht? SWI 2004, 486; *Prechtl,* Verlustausgleichsbeschränkungen im Einkommensteuerrecht, Wien 2005; *Novacek,* Der Verlust im österreichischen Abgabenrecht, Wien 2005; *Metzler,* Vortragsfähigkeit von Anlaufverlusten nach Betriebsübernahme, GeS 2005, 29; *Renner,* Verlustvortrag eines Freiberuflers: Anlaufverluste trotz Betriebserwerb, RdW 2006, 56; *Renner,* Verlustvortrag für Anlaufverluste eines Notars, UFS 2006, 16; *Renner,* Anlaufverluste bei Sortimentumstellung eines Handelsbetriebs, RdW 2006, 791; *Giesinger,* Der Verlust des Mantelkaufjahres ist vortragsfähig, SWK 2006, 365; *Twardosz,* Neues zum Mantelkauf, GeS 2006, 128; *Novacek,* Steuerberatungskosten und Verlustabzug bei beschränkter Steuerpflicht, ÖStZ 2007, 131; *Lindinger,* Der Verlustabzug aus verfassungsrechtlicher Sicht, in FS Ruppe, Wien 2007, 433; *Migglautsch,* Rs „Lakebrink" – Verlustverwertung durch negativen Progressionsvorbehalt, ecolex 2007, 545; *Bieber/Zimprich,* Übertragung von Verlustvorträgen durch Vererbung und Schenkung? taxlex 2008, 314; *Atzmüller,* Verlustvortrag: der VfGH und eine rasche Gesetzesreparatur, RdW 2010, 797; *Hammerl,* Kein Verlustvortrag bei außerbetrieblichen Einkünften – Ein VfGH-Erkenntnis und seine Folgen, FJ 2010, 367; *Kirchmayr-Schliesselberger/Achatz,* Kein Verlustvortrag im außerbetrieblichen Bereich? taxlex 2011, 1; *Varro,* Verlustverwertung bei Einkünften aus Kapitalvermögen – verfassungsrechtliche Bedenken, taxlex 2011, 75; *Brauneis/Schuschnig,* Die Verlustverwertung iRd Einkünfte aus Kapitalvermögen, ÖStZ 2012, 814, 426; *Hasanovic/Spies,* SWI-Jahrestagung: Verlustvorträge bei Wegzug einer natürlichen Person, SWI 2012, 224; *Kirchmayr/Achatz,* Kein Verlustausgleich und kein Verlustvortrag im außerbetrieblichen Bereich, taxlex 2012, 249; *Hasanovic,* Ver(d)erblichkeit des Verlustvortrags, ecolex 2013, 1108; *Novacek,* VwGH zur Vererblichkeit des Verlustvortrages, FJ 2013, 252; *Stückler,* Verluste nur bei Übernahme des Betriebs vererbbar? ÖStZ 2013, 889, 487; *Zorn,* VwGH zur Vererblichkeit des Verlustvortrages, RdW 2013, 365, 354; *Endfellner,* Geltendmachung ausl Verluste, AFS 2014, 20; *Hirschler/Sulz/Oberkleiner,* Ein vergessener Verlustabzug ist ein verlorener Verlustabzug, BFGjournal 2015, 279; *Peyerl,* Verlustübergang auf die Erben nur bei Betriebsfortführung? ÖStZ 2015/743, 602; *Beiser,* Ein Ausgleich von Verlusten über mehrere Perioden im Licht des Gleichheitssatzes, ÖStZ 2016, 669; *Peyerl,* Verlustübergang auf die Erben nur bei Betriebsfortführung, SWK 2016, 1464; *Renner,* Einschränkung des Verlustabzugs bei außerbetrieblichen Einkünften: Verstoß gegen das Nettoprinzip? BFGjournal 2016, 302; *Grafl/Lochmann,* Der Verlustvortrag im Spannungsfeld zwischen materiellem Recht und Verfahrensrecht, SWK 2017, 873; *Treisch/Groever,* Verlustverrechnung bei Kapitaleinkommen in Deutschland, Italien und Österreich, SWI 2018, 29; *Ritz,* Beschwerdezinsen und Verlustvortrag, SWK 2018, 94; *Hirschler/Sulz/Oberkleiner,* Klärung der persönlichen Verlustvortragsberechtigung nach errichtender Umwandlung, BFGjournal 2018, 105; *Schwaiger,* Verlustabzug in den Folgejahren nur bei Fixierung des Verlusts im Bescheid des Verlustentstehungsjahres, BFGjournal 2018, 280; *Hirschler/Sulz/Oberkleiner,* Zeitpunkt der Geltendmachung von Verlustvorträgen nach einer Einbringung bei Neugründung, BFGjournal 2018, 204;.

Verluste, die innerhalb eines Kalenderjahres nicht ausgeglichen werden können, dürfen unter bestimmten Voraussetzungen in die folgenden Jahre vorgetragen und dann als Sonderausgaben abgezogen werden. Die Bedingungen sind im Einzelnen:

a) Es muss sich um Verluste aus den drei **betrieblichen Einkunftsarten** handeln. Nicht vortragsfähig sind Verluste aus außerbetrieblichen Einkunftsarten, wie etwa Vermietung und Verpachtung (siehe dazu auch unten). 623

Nicht vortragsfähig sind auch Auslandsverluste, die vor der Begründung der unbeschränkten Steuerpflicht entstanden sind (keine europarechtlichen Bedenken, weil das Territorialitätsprinzip zu keiner Diskriminierung führt).[1118])

b) Der Verlustvortrag ist unabhängig von der Gewinnermittlungsart zeitlich unbegrenzt möglich. 624

Bis zum StRefG 2015/16[1119]) konnte von Stpfl die ihren Gewinn nach § 4 Abs 3 ermittelten, nur Verluste der vorangegangenen 3 Jahre als Sonderausgabe geltend gemacht werden.

Übergangsverluste aus dem Wechsel der Gewinnermittlungsart sind auf die nachfolgenden 7 Jahre verteilt abzusetzen (§ 4 Abs 10). Es handelt sich dabei um eine Gewinnermittlungsvorschrift, während der Verlustabzug zur Ermittlung des Einkommens gehört.

c) Der Verlust muss auf Grund **ordnungsmäßiger Buchführung** oder durch **ordnungsgemäße Einnahmen-Ausgaben-Rechnung** ermittelt worden sein (§ 18 Abs 6 zweiter Satz). Voraussetzung ist jedoch nicht eine formell ordnungsmäßige Buchhaltung. Ein Verlustabzug ist immer dann zulässig, *„wenn der Verlust – allenfalls auch nach Korrektur der Buchhaltung durch den Stpfl oder auf Grund einer Betriebsprüfung – seiner Höhe nach errechnet werden kann und das Ergebnis auch überprüfbar ist“.*[1120]) Die Buchführung muss nur im Verlustentstehungsjahr ordnungsmäßig sein.[1121]) 625

Die Höhe des vortragsfähigen Verlustes ergibt sich – mit Bindung für die Folgejahre – grds aus der Veranlagung des Verlustjahres.[1122]) Die Entscheidung über die Vortragsfähigkeit und den Umfang des Verlustverbrauches erfolgt dagegen im Ausgleichsjahr und nicht im Verlustentstehungsjahr.[1123]) Es kann jedoch anlässlich einer Betriebsprüfung ein Feststellungsbescheid über die Vortragsfähigkeit des Verlustes erlassen werden.[1124])

d) Abzugsfähig sind Verluste, *„die in einem vorangegangenen Jahr entstanden sind“* (§ 18 Abs 6 erster Satz). 626

[1118]) VwGH 28. 5. 2009, 2008/15/0034.

[1119]) Steuerreformgesetz 2015/2016, BGBl I 2015/118.

[1120]) VfGH 3. 3. 1987, G 170/86, ÖStZB 1987, 394; VfGH 10. 12. 1992, B 227/91; VfGH 26. 2. 1996, B 370/95; ebenso VwGH 29. 6. 2005, 2002/14/0132; VwGH 25. 6. 1997, 94/15/0083; ausführlich *Lindinger* in FS Ruppe 433.

[1121]) UFS 13. 1. 2006, RV/0052-I/02.

[1122]) VwGH 25. 6. 2008, 2006/15/0085.

[1123]) VwGH 5. 5. 1992, 92/14/0018; 14. 4. 1994, 92/15/0169; anders jedoch VfGH 12. 10. 1987, B 27/86, ÖStZB 1988, 287.

[1124]) VwGH 29. 9. 2004, 2001/13/0013; 28. 10. 1998, 97/14/0086.

627 e) Der Verlustabzug steht **dem Stpfl zu, der den Verlust erwirtschaftet hat.** Der Verlustabzug geht daher grds nicht auf den Erwerber bzw den Geschenknehmer des Unternehmens über, er ist vielmehr auch in diesem Fall unverändert beim selben Stpfl im Rahmen der Sonderausgaben zu verrechnen.

Nur im Rahmen einer **unentgeltlichen Übertragung von Todes wegen** kann der Verlustabzug auf den (oder quotenmäßig auf die) Erben übergehen. Dies aber nur insoweit, als auch der verlustverursachende Betrieb durch den Stpfl von Todes wegen unentgeltlich übernommen wurde (unerheblich ist, ob der Betrieb im Wege der Gesamtrechts- oder Einzelrechtsnachfolge von Todes wegen übergeht; dazu EStR 2000 Rz 4537 a ff).[1125])

628 f) Ein Ausgleich oder Abzug der Verluste in den Vorjahren darf nicht möglich gewesen sein; wurde der Verlustabzug nicht frühestmöglich geltend gemacht, kann er nicht nachgeholt werden.[1126]) Wurde der Verlustabzug (irrtümlich) unterlassen, dann ist ein fiktiver Verlustabzug vorzunehmen, in den Folgejahren darf nur mehr der Restbetrag berücksichtigt werden.[1127]) Der Verlustabzug nimmt innerhalb der Sonderausgaben eine Sonderstellung ein, weil es sich um eine bloße Verrechnungspost und nicht um tatsächliche Aufwendungen handelt. Steuerpolitisch ist der Verlustabzug deshalb geboten, weil die Nichtberücksichtigung von Verlusten aus Vorjahren zur Besteuerung eines Gewinnes führt, den es bei Betrachtung eines längeren Zeitraumes tatsächlich nicht gegeben hat.

Ein **Verlustrücktrag** – die Geltendmachung von Verlusten späterer Jahre bei der Veranlagung früherer Jahre (unter Umständen im Wege der Wiederaufrollung der Veranlagung) – ist dem österr ESt-Recht weitgehend unbekannt (vgl § 37 Abs 9 für eine 3-jährige Verteilungsmöglichkeit für Künstler und Schriftsteller).[1128]) In Deutschland ist ein einjähriger Verlustrücktrag möglich.

Bei beschränkt Stpfl steht ein Verlustabzug nur insoweit zu, als die Verluste in inländischen Betriebsstätten entstanden sind, es sei denn, es handelt sich um Verluste aus unbeweglichem Vermögen im Rahmen der beschränkt stpfl Einkünfte aus Gewerbebetrieb (§ 102 Abs 2 Z 2).

C. Nicht abzugsfähige Aufwendungen (§ 20)

Literatur: *Ruppe,* Die Abgrenzung der Betriebsausgaben/Werbungskosten von den Privatausgaben, in *Söhn* (Hrsg), Die Abgrenzung der Betriebs- oder Berufssphäre von der Privatsphäre im Einkommensteuerrecht, Köln 1980, 103; *Ruppe,* Unerlaubte Provisionen, Zuwendungen und Vorteile in steuerlicher Sicht, in *Krejci/Ruppe/Schick,* Unerlaubte Provisionen, Zuwendungen und Vorteile, Wien 1982; *Stoll,* Steuerfreie Einnahmen – Abzugsfähigkeit der damit zusammenhängenden Ausgaben, Wien 2000; *Buschmann/Mayerhofer,* Abzugsfähigkeit von Schuldzinsen, ÖStZ 2000, 675; *Reinisch,* Wegverlage-

[1125]) VwGH 25. 4. 2013, 2010/15/0131, *Renner* in *Doralt/Kirchmayr/Mayr/Zorn* (Hrsg), EStG[20] § 18 Tz 323/1.

[1126]) VwGH 20. 9. 1977, 931/77, ÖStZB 1978, 47; VfGH 12. 6. 2018, E 3349/2017 (Verlustfestsetzung im Einkommensteuerbescheid des Verlustentstehungsjahres erforderlich).

[1127]) VwGH 20. 9. 1977, 931/77.

[1128]) vgl UFS 1. 12. 2005, RV/0653-G/05.

rung des Familienwohnsitzes – Kosten der doppelten Haushaltsführung nicht abzugsfähig? RdW 2000, 570; *Oberleitner,* Schadenersatz wegen zu hoher Einkommensteuer, SWK 2000, 951; *Hilber,* Zur Abzugsfähigkeit von Bewirtungsspesen, ecolex 2001, 552; *Neuber,* Die aktuelle steuerliche Rechtslage zum Arbeitszimmer, ÖStZ 2001, 274; *Beiser,* Die Fremdfinanzierung von Beteiligungen, SWK 2002, 299; *Dannecker/Leitner,* Schmiergelder, Wien 2002; *Müller,* Reisekosten in der Praxis, SWK-Sonderheft 2002; *oV,* Essenseinladung ist nicht gleich Essenseinladung, RdW 2002, 52; *oV,* Events als betriebliche Veranstaltung, RdW 2002, 754; *oV,* Subventionen kürzen Bemessungsgrundlage für den Forschungsfreibetrag, RdW 2002, 755; *Ryda/Langheinrich,* Der Konnex der ertragsteuerlichen Berücksichtigung von Aufwendungen für ein häusliches Arbeitszimmer zur Ausübung einer spezifischen betrieblichen bzw beruflichen Tätigkeit, FJ 2002, 372; *Mayr,* Luxustangente bei Gebrauchtwagen, SWK 2003, 51; *ders,* Räumlich getrenntes einheitliches Arbeitszimmer, SWK 2003, 101; *Schlager/Steinlechner/Wührer,* Events als Betriebsausgabe, SWK 2003, 701; *Strasser,* Aufwendungen für Geburtstagsfest eines Rechtsanwaltes nicht abzugsfähig, GeS 2003, 16; *Blazina,* Steuerliche Absetzbarkeit von Provisionen und Schmiergeldern, FJ 2003, 350; *Farmer/Mayer,* Räumlich getrenntes einheitliches Arbeitszimmer, SWK 2003, 101; *Knörzer,* Reise-Mischprogramm ergibt keine Werbungskosten, FJ 2003, 26; *Thunshirn/Kézsa,* Bewirtungsspesen eines Rechtsanwaltes, SWK 2004, 528; *Huber/Petritz,* Die steueroptimale Gestaltung des häuslichen Arbeitszimmers, GeS 2004, 479; *Binder,* „Luxustangente“ in Bewegung, FJ 2004, 409; *Sedounik,* Werbungskosten für Politiker, RFG 2005, 159; *Bachl,* Abzugsfähigkeit von Strafen und Geldbußen bei Kapitalgesellschaften, ecolex 2005, 397; *D. Aigner,* Berufsbedingte doppelte Haushaltsführung, taxlex 2005, 440; *Knörzer,* UFS ändert Berechnungsmodus für Reisekosten bei Familienheimfahrten, FJ 2005, 161; *Zorn,* Angemessenheitsgrenze von 34.000 Euro bis zur Veranlagung 2004 ausreichend, SWK 2005, 387; *Pülzl,* Doppelte Haushaltsführung und verlustbringende Tätigkeit am Familienwohnsitz, SWK 2005, 761; *Wagner,* PKW-Angemessenheitsverordnung gleichheitswidrig? RdW 2005, 184; *Knörzer,* Das letzte Wort zur Angemessenheitsgrenze für PKW, FJ 2005, 123; *Renner,* Werbungskosten von Politikern: gleicher Maßstab wie für andere Steuerpflichtige? SWK 2005, 347; *Bachl,* Ertragsteuerliches Abzugsverbot für Verbandsgeldbußen, ecolex 2006, 245; *Mayr,* Luxustangente bei geleasten Gebrauchtwagen, RdW 2006, 595; *Atzmüller,* Die widersprüchliche Behandlung deliktischen Verhaltens in der Einkommensteuer, RdW 2006, 308; *Puchinger,* Ende des Aufteilungsverbotes bei privat mitveranlassten Aufwendungen? FJ 2006, 447; *Mühlberger,* Jüngste UFS-Rechtsprechung zur Abzugsfähigkeit von Kosten für Aus- und Fortbildung sowie für Umschulung, FJ 2006, 429; *oV,* Aufteilung der Aufwendungen für ein Arbeitszimmer? RdW 2006, 54; *Postl,* VwGH zur Abzugsfähigkeit eines Arbeitszimmers bei mehreren Einkunftsquellen, taxlex 2006, 294; *Raab,* Werbungskosten von Politikern, RFG 2007, 26; *Mühlberger,* Abzugsfähigkeit eines Arbeitszimmers im Wohnungsverband bei Vortragenden, FJ 2007, 146; *Beiser,* AbgÄG 2009: Ein Abzugsverbot mehr, ein Stück Nettoprinzip weniger, RdW 2009, 299; *Atzmüller,* Kein Abzugsverbot mehr, kein Stück Nettoprinzip weniger, RdW 2009, 374; *Kuprian/Freisinger,* UFS und Werbungskosten von Lehrpersonal, UFSjournal 2009, 44; *Bodis,* UFS – auch Goldfüllfeder abzugsfähig? RdW 2009, 739; *ders,* Zur Absetzbarkeit „luxuriöser“ Arbeitsmittel, RdW 2010, 174; *Endfellner/Tengg,* Ausgaben für Hund und Katz im Einkommensteuerrecht, SWK 2009, 1103; *Vondrak,* UFS: Jahresnetzkarte unterliegt dem Aufteilungsverbot, GeS 2009, 349; *Renner,* Abgrenzung zwischen Arbeitszimmer im Wohnungsverband und auf andere Weise beruflich genutzten Räumen, ÖStZ 2009, 375; *Blazina,* Verteuerung bei Angemessenheitsprüfung, SWK 2010, 309; *Fritz-Schmied,* Das Erfordernis einer (nahezu) ausschließlichen betrieblichen/beruflichen Veranlassung von Aufwendungen, ÖStZ 2010, 402; *Heber,* Schmier-, Bestechungs- und Schutzgelder im Ertragsteuerrecht, ÖStZ 2010, 405; *Puchinger,* Zur Absetzbarkeit von „Luxus“-Schreibgeräten, RdW 2010, 110;

Aiglsdorfer, Reisekosten für Schüleraustauschprogramm: kein sehr strenges Aufteilungsverbot bei gemischt veranlassten Reisen, UFSjournal 2010, 138; *Doralt,* Aufteilung von teils beruflich, teils privat bedingten Reisekosten, RdW 2010, 168; *Renner,* Neue Rechtsansicht des deutschen BMF zum steuerlichen Aufteilungsverbot, SWI 2010, 440; *Zech,* Abzugsfähigkeit von Sponsorzahlungen als Betriebsausgaben, UFSjournal 2010, 175; *Lachmayer,* Die steuerliche Abzugsfähigkeit von Geldstrafen und Geldbußen bei Körperschaften, RdW 2011, 308; *oV,* VwGH: Aufteilungsverbot bleibt unverändert, Reisekosten dennoch absetzbar, RdW 2011, 169; *Daxkobler/Pamperl,* Die ertragsteuerliche Behandlung des Arbeitszimmers auf dem Prüfstand, ÖStZ 2012, 217; *Labner,* Aufteilungs- und Abzugsverbot im EStG, taxlex 2012, 50; *Renner,* Aktuelle Judikatur zu auswärtiger Fortbildung mit „Mischprogramm", ÖStZ 2012, 243; *ders,* Aufwendungen für Persönlichkeitsbildungsseminare einer Sozialpädagogin, ÖStZ 2012, 246; *Beiser,* Die Ertragsbesteuerung von Immobilien im Licht des Gleichheitssatzes, SWK 2012, 826; *Fuchs,* Strafbarkeit als Vorfrage des steuerlichen Abzugsverbots, SWK 2012, 502; *Hörtnagl-Seidner,* Häusliche Computer als Arbeitsmittel: BFH für hälftige Aufteilung der Aufwendungen, RdW 2012, 112; *Kerschner,* Digitalkamera einer Gemeinderätin ist nicht abzugsfähig, ecolex 2012, 820; *Labner,* Arbeitszimmer – ja oder nein? taxlex 2012, 306; *Langheinrich/Ryda,* Abgrenzung zwischen „Privater Lebensführung", Betriebsausgaben und Werbungskosten, FJ 2012, 262; *Laudacher,* Bewirtungskosten und berufsrechtliche Verschwiegenheitverpflichtung, UFSj 2012, 5; *Renner,* Bewirtungsaufwand für einen „Galaempfang" eines Hotels mit Restaurant, SWK 2012, 762; *Schuster,* Abzugsfähige Weihnachten, SWK 2012, 1516; *Urban,* Einkommensteuerliche Abzugsmöglichkeiten ausgewählter Gesundheitsprodukte, ÖStZ 2012, 401; *Haas,* Sponsoring im Steuerrecht, SWK 2013, 1433; *Huber,* Das neue Korruptionsstrafrecht aus Sicht des steuerlichen Abzugsverbots, SWK 2013, 525; *Ludwig,* Stipendiengestützte Ausbildungskosten keinem Werbungskosten-Abzug zugänglich, FJ 2013, 250; *Marchgraber,* Schuldzinsenabzug bei der Veräußerung fremdfinanzierter Immobilien, ÖStZ 2013, 383; *Aigner/Kofler/Moshammer/Tumpel,* Verfassungsrechtliche Aspekte der Besteuerung freiwilliger Abfertigungen bei Vorstandsmitgliedern, SWK 2014, 907; *Fiebinger/Kienast,* Gehälter von Topmanagern und der VfGH, ecolex 2014, 1089; *Kirchmayr,* Abzugsverbot bei Grundstücksveräußerungen verfassungswidrig? taxlex 2014, 245; *Kirchmayr,* Schwerpunkt AbgÄG 2014: Managergehälter über € 500.000 nicht abzugsfähig! taxlex 2014, 93; *Kühbacher,* Zum Aufteilungsverbot beim häuslichen Arbeitszimmer, SWI 2014, 228; *Mechtler/Pinetz,* Managergehälter: VfGH prüft nur den Vertrauensschutz, RdW 2014, 486; *Novacek,* Abzugsbegrenzung für Arbeits- und Werkleistungsentgelte, Pensionen, freiwillige Abfertigungen und diesbezügliche Rückstellungen, FJ 2014, 78; *Oberbauer,* Aufwendungen für ein Karrierecoaching als Werbungskosten, ecolex 2014, 83; *Plott,* Beschränkte Abzugsfähigkeit von (Manager-) Gehältern über 500.000 €, RdW 2014, 91; *Renner,* Ende des Aufteilungsverbots auch außerhalb von Reisen? SWK 2014, 368; *Renner,* Steuerliche Folgen der Teilnahme von Dienstnehmern an Veranstaltungen ihres Arbeitgebers mit Erlebnischarakter, RdW 2014, 159; *Shubshizky,* Neuregelung zur Besteuerung von „Golden Handshakes", SWK 2014, 450; *Beiser,* Das objektive Nettoprinzip und die Abzugsverbote nach § 20 Abs 1 Z 7 und 8 EStG und § 12 Abs 1 Z 8 EStG, ÖStZ 2015, 49; *Bieber/Ettmayer,* Zur steuerlichen Abzugsfähigkeit kartellrechtlicher Geldbußen, SWK 2015, 1379; *Binder,* Rückstellungen für „Managergehälter", ÖStZ 2015, 533; *Gebetsroither,* Ist Strafschadenersatz abzugsfähig? SWK 2015, 1548; *Lachmayer,* VfGH bestätigt Abzugsverbot für „Managergehälter", SWK 2015, 313; *Mechtler,* StRefG 2015: Neufassung des Abzugsverbots bei der ImmoESt, RdW 2015, 590; *Mechtler/Pinetz,* Managergehälter: Abzugsverbot nicht verfassungswidrig! ecolex 2015, 148; *Mechtler/Pinetz,* Zurückweisung des Normprüfungsantrags zum Abzugsverbot bei der ImmoESt durch den VfGH, ecolex 2015, 604; *Renner,* (Nicht-)Abzugsfähigkeit von Schadenersatzzahlungen und Verteidigungskosten, SWK 2015, 369; *Renner,*

Aufwendungen für eine Feier aus beruflichem und privatem Anlass, SWK 2015, 1453; *Schaunig/Varro*, VfGH zu „Managergehältern": Anfang vom Ende des objektiven Nettoprinzips? GesRZ 2015, 233; *Staringer*, Der VfGH denkt: Das Abzugsverbot für Managergehälter lenkt. Keine Red' davon! ÖStZ 2015, 81; *Heffermann/Jann*, Abzugsverbot für „Golden Handshakes" – stillschweigende Erweiterung durch BMF auf sämtliche Dienstverhältnisse? ÖStZ 2016, 141; *Kühbacher*, BFH: Es bleibt beim Aufteilungsverbot für häusliche Arbeitszimmer, SWI 2016, 316; *Laudacher*, Nachweisverpflichtung des § 20 Abs 1 Z 3 EStG versus § 91 WTBG, SWK 2016, 152; *ders*, Abzugsfähigkeit von Verteidigungskosten iZm einem EU-Wettbewerbsverstoß, SWK 2016, 1240; *Renner*, Einladungen zu Sport-Großereignissen: Repräsentation, RdW 2016, 635; *Zorn*, VwGH zu Strafverteidigungskosten als Betriebsausgaben, RdW 2016, 634; *Endfellner*, Strafen, strafähnliche Ausgaben und Verfahrenskosten im Ertragsteuerrecht, taxlex 2017, 7; *Prieler*, Anhebung der Angemessenheitsgrenze für PKW? SWK 2017, 575; *Schlager/Steinmaurer/Wallisch*, Professionelles Event-Marketing – VwGH gibt der unternehmerischen Entscheidung den Vorrang, SWK 2017, 140; *Wolf*, Der Steuerfall Tesla, SWK 2017, 934; *Lachmayer*, Pendlerpauschale, Kinderbetreuungskosten und die Selektivität des Werbungskostenbegriffs, SWK 2018, 554; *Laudacher*, Strafverteidigungskosten aufgrund von Kartellbußen der Europäischen Kommission sind abzugsfähig, SWK 2018, 567.

1. Allgemeines

Aufwendungen, die nicht mit der Erzielung der Einkünfte im Zusammenhang stehen, sondern die private Lebensführung betreffen, sind einkommensteuerrechtlich prinzipiell nicht abzugsfähig. Soweit derartige Aufwendungen allerdings zur Sicherung des sog Existenzminimums getätigt werden oder ansonsten Ausdruck einer verminderten Leistungsfähigkeit sind, wird ihnen durch die Tarifgestaltung (zB Besteuerungsgrenze, Alleinverdienerabsetzbetrag, Alleinerzieherabsetzbetrag), durch die Berücksichtigung außergewöhnlicher Belastungen (§ 34), zum Teil auch durch Sonderausgaben (§ 18) Rechnung getragen. **629**

Die Abgrenzung der Aufwendungen für die private Lebensführung von solchen, die mit der Erzielung der Einkünfte zusammenhängen, somit durch den Betrieb veranlasst sind (Betriebsausgaben, § 4 Abs 4) oder der Erwerbung, Sicherung und Erhaltung der Einnahmen dienen (Werbungskosten, § 16 Abs 1), bereitet theoretisch wie praktisch erhebliche Schwierigkeiten. Erzielt der Stpfl etwa Einkünfte durch Einsatz seiner Arbeitskraft, so dienen typische Aufwendungen der Lebensführung (etwa der Ernährung) zugleich der Erhaltung der Arbeitskraft und damit zumindest indirekt der Einkünfteerzielung.

§ 20 stellt einerseits Regeln für diese schwierige Grenzziehung auf, denen im unterschiedlichen Ausmaß rechtsbegründende Bedeutung zukommt. ZT werden hier auch Aufwendungen (Ausgaben), die Betriebsausgaben oder Werbungskosten darstellen, bewusst vom Abzug ausgeschlossen (zB Aufwendungen für das Arbeitszimmer im Wohnungsverband; unangemessene Aufwendungen für PKW etc). Andererseits spricht die Bestimmung in Abs 1 Z 4 über die Zurechnung von freiwilligen Zuwendungen und Zuwendungen an gesetzlich unterhaltsberechtigte Personen ab und ergänzt damit § 29 Z 1 (wiederkehrende Bezüge). Schließlich wird in Abs 2 klargestellt, dass Ausgaben im Zusammenhang mit nicht stpfl Einnahmen nicht abgezogen werden dürfen und ebensowe- **630** nig Ausgaben im Zusammenhang mit Einkünften, bei denen ein Sondersteuersatz vorgesehen ist (Kapitalerträge, auf die ein besonderer Steuersatz gem § 27a Abs 1 anwendbar ist, sowie Einkünfte aus Grundstücksveräußerungen, auf die der besondere Steuersatz gem § 30a Abs 1 angewendet wird; dazu oben Tz 490).

§ 20 Abs 1 untersagt den Abzug bei den einzelnen Einkunftsarten. Die Aufwendungen dürfen daher keinesfalls als Betriebsausgaben oder Werbungskosten geltend gemacht werden. Im Übrigen können die bei den einzelnen Einkunftsarten nichtabzugsfähigen Aufwendungen bei Zutreffen der gesetzlichen Voraussetzungen als Sonderausgaben oder außergewöhnliche Belastungen abgezogen werden (§ 20 Abs 3 letzter Satz). Ausgenommen sind lediglich die in § 20 Abs 1 Z 4 genannten Zuwendungen, die nicht als Sonderausgaben, und die strafbaren Zuwendungen (§ 20 Abs 1 Z 5), die weder als Sonderausgaben noch als außergewöhnliche Belastung abgezogen werden dürfen (§ 20 Abs 3 Satz 1).

2. Die Abzugsverbote im Einzelnen

Im Einzelnen verbietet § 20 den Abzug folgender Aufwendungen:

631 a) Aufwendungen für den **Haushalt** des Stpfl und den **Unterhalt seiner Familie (Z 1).** Das Abzugsverbot hat vorwiegend klarstellende Bedeutung: § 20 Abs 1 Z 1 schließt nicht bestimmte Arten von Aufwendungen vom Abzug aus, entscheidend ist der jeweilige Zweck der Aufwendung *(für den Haushalt, für den Unterhalt).* Ist der Zweck der Aufwendung auf die private Sphäre gerichtet (zB eigene Wohnung, „bürgerliche" Kleidung, normale Lebenshaltungskosten), dann ist der Abzug ausgeschlossen; ist der Zweck der Aufwendung hingegen auf die betriebliche/berufliche Sphäre gerichtet, dann hindert § 20 Abs 1 Z 1 den Abzug nicht (zB Hotelzimmer und Verpflegungsmehraufwand auf einer berufsbedingten Reise; aber auch die Personalverpflegung von Ehegatten.[1129])

632 b) Aufwendungen für die **Lebensführung, selbst wenn sie die wirtschaftliche oder gesellschaftliche Stellung des Stpfl mit sich bringt (Z 2 lit a).** Sie sind auch dann nicht abzugsfähig, wenn sie zur Förderung des Berufes oder der Tätigkeit des Stpfl erfolgen. Es handelt sich dabei um Aufwendungen, die (in erster Linie) zur Lebensführung gehören, also Privatausgaben sind, aber auch (in zweiter Linie) dem Beruf dienen bzw ihn fördern. Im Ergebnis besteht nach der Rsp nur bei nicht einwandfreier Trennbarkeit ein absolutes Abzugsverbot.[1130]) Ist eine einwandfreie Trennbarkeit von Betriebs- bzw Berufs- und Privataufwand gegeben, dann lässt die Rsp den betrieblich bzw beruflich bedingten Aufwand zum Abzug zu.[1131])

Die Abgrenzung ist dennoch schwierig; denn ob eine einwandfreie Trennbarkeit von Betriebs- bzw Berufs- und Privataufwand gegeben ist, wird von Fall zu Fall unterschiedlich beantwortet.

[1129]) VwGH 19. 5. 1987, 85/14/0118, ÖStZB 1988, 109; gegenteilig noch VwGH 30. 9. 1980, 1421/79, ÖStZB 1981, 179.

[1130]) Vgl zB VwGH 17. 9. 1990, 89/14/0277, ÖStZB 1991, 233 (zur Pistole eines Strafrichters); VwGH 15. 11. 1995, 94/13/0142 (zur Zahnprothese eines Werbesprechers).

[1131]) VwGH 23. 4. 2002, 98/14/0219 (zu typischer Berufskleidung).

Bei gemischter (betrieblicher und privater) Nutzung eines Kfz wird eine Aufteilung anerkannt,[1132]) ebenso bei Telefonkosten[1133]) und bei Verpflegung auf Dienstreisen (Abzug der Haushaltsersparnis; zur Rechtslage vor dem EStG 1988, siehe unten d)[1134]). **Keine Aufteilung** wurde anerkannt bei der Armbanduhr eines Arztes[1135]) oder beim Bezug einer Tageszeitung.[1136]) Nach der Judikatur unterliegen insb Wirtschaftsgüter wie Fernseher, Radio, MP3-Player, Foto(digital)kamera und Filmkamera keiner Aufteilung.[1137]) Kosten von **Studienreisen** sind nur abzugsfähig, wenn sie im Rahmen einer lehrgangsmäßigen Organisation oder sonst in einer Weise durchgeführt werden, dass ihre ausschließliche oder weitaus überwiegend berufliche Bedingtheit einwandfrei erkennbar ist und die Möglichkeit eines privaten Reisezweckes „nahezu" ausgeschlossen ist[1138]) (zur geänderten Rsp des VwGH zur anteilsmäßigen Abzugsfähigkeit der Aufwendungen bei teils privat veranlassten Reisekosten siehe Tz 286).

c) **Betrieblich oder beruflich veranlasste Aufwendungen,** die auch die **Lebensführung** des Stpfl berühren, und zwar insoweit, als sie nach allgemeiner Verkehrsauffassung **unangemessen hoch** sind **(Z 2 lit b).** Dies gilt für Aufwendungen im Zusammenhang mit PKW und Kombi, Flugzeugen, Sport- und Luxusbooten, Jagden, geknüpften Teppichen, Tapisserien und Antiquitäten, und zwar auch dann, wenn die jeweiligen Wirtschaftsgüter ausschließlich betrieblich genutzt werden.[1139]) **633**

Es handelt sich dabei um Aufwendungen, die (in erster Linie) durch den Betrieb bzw Beruf veranlasst, also Betriebsausgaben bzw Werbungskosten sind, die aber (in zweiter Linie) die Lebensführung berühren. Das **Gesetz zählt** die **Wirtschaftsgüter,** die der Angemessenheitsprüfung unterliegen, **erschöpfend auf** (EB zu § 20 Abs 1 Z 2 lit b). Eine Angemessenheitsprüfung der Höhe nach kommt somit bei anderen Wirtschaftsgütern nicht in Betracht.[1140]) Die **Angemessenheitsgrenze** zieht der VwGH nach der Verkehrsauffassung unabhängig vom geschäftlichen oder sozialen Status des Stpfl; auch „Gewinne in Milliardenhöhe" rechtfertigen keine höheren Angemessenheitsgrenzen.[1141]) Auch die FinVw zieht zur Ermittlung der angemessenen Aufwendungen zum Teil die Vergleichskosten eines zweckentsprechenden Wirtschaftsgutes (zB bei Sport- und Luxusbooten) bzw einer Normalausstattung (zB bei Antiquitäten) heran, zum Teil knüpft sie schematisch an betragsmäßige Obergrenzen (zB bei Teppichen € 730/m^2).[1142]) Dagegen ist nach den Gesetzesmaterialien für die Frage der Angemessenheit „auf die jeweilige Stellung des Stpfl und nicht auf einen abstrakten Maßstab der Angemessenheit abzustellen".[1143]) Die Angemessenheitsgrenze für **PKWs** und Kombis wird in der PKW-Angemes-

[1132]) VwGH 10. 7. 1957, 800/56, ÖStZB 1957, 96.

[1133]) VwGH 16. 2. 1983, 81/13/0044, ÖStZB 1983, 390.

[1134]) VwGH 7. 11. 1952, 2118/50, ÖStZB 1953, 12.

[1135]) VwGH 18. 11. 1960, 291/60, ÖStZB 1961, 11.

[1136]) VwGH 16. 12. 1986, 84/14/0110, ÖStZB 1987, 480; siehe allerdings VwGH 10. 9. 1998, 96/15/0198 (zu einem Kabarettisten).

[1137]) VwGH 27. 1. 2011, 2010/15/0197.

[1138]) VwGH 6. 10. 1976, 1608/76, ÖStZB 1977, 50.

[1139]) VwGH 21. 10. 1999, 97/15/0184.

[1140]) Vgl EStR 2000 Rz 4763; aA VwGH 17. 9. 1997, 94/13/0001 (zu einem Fahrrad); in diesem Sinne auch *Bodis*, RdW 2009, 739 (zu einer Goldfüllfeder).

[1141]) VwGH 27. 6. 1995, 92/15/0144 (zu einem PKW).

[1142]) Vgl EStR 2000 Rz 4795.

[1143]) Siehe dazu auch *Kotschnigg*, ÖStZ 1991, 174.

senheitsVO[1144]) mit € 40.000 inkl USt, NoVA und Sonderausstattung angesetzt (die Angemessenheitsgrenze gilt auch bei Leasingfahrzeugen)[1145]).

Wird Unangemessenheit festgestellt, ist nur der angemessene Teil der Anschaffungskosten einkünfterelevant. Das gilt für die AfA, für Veräußerungs- und Entnahmegewinne. Bei laufenden Aufwendungen ist gesondert zu prüfen, ob ihr Ausmaß auf die Unangemessenheit des Wirtschaftsgutes zurückzuführen ist (die Betriebskosten eines Luxus-Pkw müssen nicht unbedingt höher sein als die eines angemessenen Fahrzeuges); nur die wertabhängigen laufenden Aufwendungen (zB Finanzierungs- oder Versicherungskosten) sind anteilsmäßig nicht abzugsfähig (§ 1 letzter Satz PKW-AngemessenheitsVO)[1146]). Laut VwGH gehören auch die Haftpflichtversicherungsprämien und die motorbezogene Versicherungssteuer zu den wertabhängigen Kosten.[1147])

Die **Angemessenheitsprüfung** ist sowohl im Bereich der **Betriebsausgaben** als auch im Bereich der **Werbungskosten** vorzunehmen.[1148])

634 Nur **„Aufwendungen, die auch die Lebensführung des Stpfl berühren"** sind auf ihre Angemessenheit zu prüfen. Eine Angemessenheitsprüfung unterbleibt daher, wenn die Aufwendungen **Leistungsinhalt** sind (dem Kunden dienen) und die Lebensführung des Unternehmers nicht berühren (zB bei Perserteppichen im Hotel). In ähnlicher Weise unterbleibt nach der Verwaltungspraxis die Angemessenheitsprüfung, wenn die Wirtschaftsgüter „unmittelbar der Betriebsausübung" dienen.[1149])

635 d) **Verpflegungsmehrkosten** aus Anlass von Reisen, soweit sie nach § 4 Abs 5 und § 16 Abs 1 Z 9 nicht abzugsfähig sind **(Z 2 lit c);** insb wenn sie die in § 26 Z 4 genannten Pauschbeträge übersteigen oder bei Fortbewegungen im Nahebereich.

636 e) Aufwendungen oder Ausgaben für ein **Arbeitszimmer im Wohnungsverband samt Einrichtung** sowie für **Einrichtungsgegenstände der Wohnung (Z 2 lit d).** Im Wohnungsverband liegt ein Arbeitszimmer dann, wenn es über keinen vom Eingang des Wohnhauses getrennten Zugang verfügt.[1150]) Das Abzugsverbot für das Arbeitszimmer (samt Einrichtung) gilt dann nicht, wenn das Arbeitszimmer den **Mittelpunkt der gesamten betrieblichen und beruflichen Tätigkeit** des Stpfl bildet. Bei Einkünften aus **Vermietung und Verpachtung** sind die Aufwendungen für ein häusliches Arbeitszimmer keinesfalls abzugsfähig, weil weder eine betriebliche noch eine berufliche Tätigkeit vorliegt.[1151])

Nach der Rsp genügt es, wenn das Arbeitszimmer **für die betreffende Einkunftsquelle** den Mittelpunkt darstellt.[1152]) Außerhalb des Arbeitszimmers liegt der Tätigkeits-

[1144]) BGBl II 2004/466.

[1145]) VwGH 18. 12. 2008, 2006/15/0169.

[1146]) Vgl EStR 2000 Rz 4780 f.

[1147]) VwGH 18. 12. 2008, 2006/15/0169; dagegen *Blazina*, SWK 2010, 309.

[1148]) Vgl EStR 2000 Rz 4763.

[1149]) Vgl EStR 2000 Rz 4765 f.

[1150]) VwGH 19. 12. 2000, 99/14/0283.

[1151]) VwGH 30. 9. 1999, 98/15/0211, wohl zu weitgehend.

[1152]) VwGH 27. 5. 1999, 98/15/0100.

schwerpunkt zB bei Lehrern,[1153]) Vortragenden,[1154]) bei Versicherungsvertretern[1155]) und bei Richtern; hingegen liegt der Tätigkeitsschwerpunkt im Arbeitszimmer zB bei Schriftstellern, Gutachtern, Komponisten und Opernsängern.[1156]) Für die Abzugsfähigkeit ist es außerdem erforderlich, dass das Arbeitszimmer nach der Tätigkeit **notwendig** ist, dass es **nahezu ausschließlich beruflich genutzt** wird und auch **entsprechend eingerichtet** ist.[1157]) **Typische Arbeitsmittel und Büroeinrichtung** (zB Computer, Kopier- und Faxgeräte) gehören nicht zu den Einrichtungsgegenständen und sind daher vom Abzugsverbot nicht umfasst.[1158]) **Berufstypische Räume** wie Kanzleiräume, Labors und Ordinationsräume fallen nicht unter das Abzugsverbot.[1159]) Eine Abzugsfähigkeit der Aufwendungen für das Arbeitszimmer ist nicht schon deshalb anzunehmen, weil im Arbeitszimmer gelegentlich eine Sekretärin arbeitet oder ein Parteienverkehr stattfindet.[1160]) Dient das Arbeitszimmer mehreren Tätigkeiten, ist es aber nicht für alle Tätigkeiten der Mittelpunkt, sind die Aufwendungen in abzugsfähige und nichtabzugsfähige aufzuteilen.[1161])

f) **Aufwendungen für Familienheimfahrten,** soweit sie das höchste Pendlerpauschale (derzeit € 3.672 jährlich bzw € 306 pro angefangenen Monat) übersteigen (Z 2 lit e). **637**

Übt der Stpfl **berufliche Tätigkeiten regelmäßig an zwei verschiedenen Orten** aus und befindet sich an einem der beiden Orte der Familienwohnsitz, dann sind die Fahrten zwischen den beiden Orten keine „Familienheimfahrten".

g) **Repräsentationsaufwendungen bzw -ausgaben (Z 3):** Das Gesetz enthält keine Definition des äußerst unscharfen Begriffes „Repräsentationsaufwendungen", sondern nennt nur ein einziges Beispiel: Es zählen dazu *„auch Aufwendungen anlässlich der Bewirtung von Geschäftsfreunden"*. **638**

Das Abzugsverbot für Repräsentationsaufwendungen nach der Z 3 wurde mit der EStG-Novelle 1975 neben dem der Z 2 lit a normiert. Historisch entspricht die Begriffsbestimmung der Repräsentationsaufwendungen allerdings den nichtabzugsfähigen Aufwendungen nach Z 2 lit a;[1162]) auch die Judikatur hat in der Vergangenheit (vor der EStG-Novelle 1975) wiederholt die Bewirtung von Geschäftsfreunden unter Z 2 lit a subsumiert.[1163])

Nach der Rsp sind unter Repräsentationsaufwendungen iS der Z 3 alle Aufwendungen zu verstehen, die zwar **durch den Beruf** des Stpfl **bedingt bzw im Zusammenhang mit der Erzielung von stpfl Einkünften** anfallen, aber auch

[1153]) VwGH 20. 1. 1999, 98/13/0132; VwGH 29. 1. 2003, 99/13/0076 f; VwGH 24. 6. 2004, 2001/15/0052; VwGH 9. 9. 2004, 2001/15/0181.

[1154]) VwGH 19. 4. 2006, 2002/13/0202; VwGH 3. 7. 2003, 99/15/0177; VwGH 22. 1. 2004, 2001/14/0004.

[1155]) VwGH 26. 6. 2004, 2003/13/0166.

[1156]) VwGH 23. 5. 2007, 2006/13/0055 (zu einer Opernsängerin).

[1157]) VwGH 12. 9. 1996, 94/15/0073.

[1158]) Vgl LStR 2002 Rz 327.

[1159]) Vgl LStR 2002 Rz 325.

[1160]) VwGH 26. 5. 2004, 2001/14/0040; großzügiger dagegen LStR 2002 Rz 325.

[1161]) VwGH 24. 10. 2005, 2001/13/0272; siehe dazu ausführlich LStR 2002 Rz 333 ff.

[1162]) Vgl RStBl 1935, 41.

[1163]) VwGH 18. 1. 1963, 1594/62, ÖStZB 1963, 101; VwGH 12. 5. 1967, 1527/65, ÖStZB 1967, 121.

sein gesellschaftliches Ansehen fördern, es ihm **also ermöglichen, zu „repräsentieren".**[1164])

639 **Inhaltlich** beschränkt sich die Z 3 auf **Bewirtungsspesen** und diesen vergleichbare Aufwendungen.[1165]) Der Begriff „Bewirtung" umfasst auch die Kosten für die **Unterkunftsgewährung.**[1166]) Kleinere Sachgeschenke (**Gelegenheitsgeschenke**) an Klienten, Kunden oder sonstige Geschäftsfreunde zählt der VwGH einmal zu den Aufwendungen nach Z 2 lit a,[1167]) ein anderes Mal zu den Repräsentationsaufwendungen nach Z 3[1168]) oder undifferenziert zu den Aufwendungen nach Z 2 lit a und Z 3.[1169])

Bewirtungsspesen anlässlich der Bewirtung von Geschäftsfreunden sind dann **zur Hälfte abzugsfähig,** wenn der Stpfl nachweist, dass die „Bewirtung der **Werbung** dient und die betriebliche oder berufliche Veranlassung weitaus überwiegt" (§ 20 Abs 1 Z 3 zweiter Satz). Die bloße Glaubhaftmachung genügt nicht.[1170])

640 Als **Werbung** ist „im wesentlichen eine Produkt- und Leistungsinformation zu verstehen".[1171])

Bei **Rechtsanwälten** ebenso wie bei einem **Dienstleistungsunternehmen** kommt „allenfalls eine **Leistungsinformation**" als Werbeaufwand in Betracht, wobei allerdings davon auszugehen ist, dass bei Rechtsanwälten auf Grund der strengen Werberichtlinien weder eine Produkt- noch eine Leistungsinformation zulässig ist. Eine Uminterpretation des Werbeaufwandes in einen werbeähnlichen Aufwand ergibt sich daraus nicht.[1172])

Bei einem **Privatsanatorium** dient eine Veranstaltung (Neueröffnung eines Spitalstraktes) insoweit der Werbung, als sie dazu dient, **Ärzte zur Nutzung des Sanatoriums zu bewegen,** und damit die Auslastung des Hauses zu erhöhen, nicht dagegen, soweit als Gäste Vertreter der Landesregierung (Aufsichtsbehörde), der finanzierenden Bank und der Konkurrenzspitäler geladen werden.[1173])

Bei einem **Kammerfunktionär** dienen **Informationsbeschaffung, Informationsaustausch und Projektbesprechungen nicht der Werbung,** daher sind die Aufwendungen nicht abzugsfähig, selbst wenn sie ausschließlich berufsbedingt sind.[1174])

Bei einem **politischen Funktionär** können Bewirtungen anlässlich **konkreter Wahlveranstaltungen** zu steuerlich abzugsfähigen Aufwendungen führen.[1175])

Bewirtungskosten eines **Pressebetreuers** sind steuerlich nicht abzugsfähig.[1176])

[1164]) VwGH 22. 1. 1985, 84/14/0035, ÖStZB 1985, 242; VwGH 15. 7. 1998, 93/13/0205, ÖStZB 1999, 272.

[1165]) *Kofler/Wurm* in *Doralt/Kirchmayr/Mayr/Zorn*, EStG[20] § 20 Tz 28 ff.

[1166]) VwGH 21. 10. 1986, 84/14/0054, ÖStZB 1987, 334; VwGH 27. 5. 1998, 97/13/0031, ÖStZB 1998, 703.

[1167]) VwGH 2. 12. 1987, 86/13/0002, ÖStZB 1988, 314.

[1168]) VwGH 3. 10. 1990, 89/13/0002; VwGH 11. 7. 1995, 91/15/0145.

[1169]) VwGH 29. 5. 1985, 84/13/0091, ÖStZB 1986, 43.

[1170]) VwGH 3. 6. 1992, 91/13/0176.

[1171]) VwGH 29. 11. 2000, 95/13/0026.

[1172]) VwGH 26. 9. 2000, 94/13/0260.

[1173]) VwGH 19. 12. 2002, 99/15/0141, mit Aufteilung der Aufwendungen.

[1174]) VwGH 29. 11. 2000, 95/13/0026.

[1175]) VwGH 17. 9. 1997, 95/13/0245.

[1176]) VwGH 30. 4. 2003, 98/13/0071.

Bei einem **Diplomaten** gehören Bewirtungsspesen, zu denen er beruflich verpflichtet ist, nicht zu den Repräsentationsaufwendungen iSd § 20, sondern zu Werbungskosten iSd § 16 Abs 1 (voll abzugsfähig) [1177])

Für Stpfl, die **Ausfuhrumsätze** tätigen, kann der BMF mit Verordnung **Durchschnittssätze für abzugsfähige Repräsentationsaufwendungen** nach den jeweiligen Erfahrungen der Praxis festsetzen (§ 20 Abs 1 Z 3 vorletzter Satz). Eine entsprechende Verordnung wurde allerdings zum EStG 1988 bisher nicht erlassen.

h) **Freiwillige Zuwendungen, Zuwendungen an gesetzlich unterhaltsberechtigte Personen (Z 4):** Freiwillige Zuwendungen sind Ausgaben, denen **keine wirtschaftlichen Gegenleistungen gegenüberstehen** und die **ohne zwingende rechtliche Verpflichtung** des Gebers getätigt werden; sie gehören idR zu den nichtabzugsfähigen Kosten der Lebensführung (Ausnahme: zB Spendenabzug nach § 4 a; § 18 Abs 1 Z 7 und 8). Die Bestimmung verbietet den Abzug freiwilliger Zuwendungen auch dann, wenn die Zuwendung im Einzelfall durch betriebliche oder berufliche Erwägungen mitveranlasst ist,[1178]) weiters wenn die Zuwendung auf einer den Zuwendenden verpflichtenden Vereinbarung beruht, die verpflichtende Vereinbarung aber freiwillig eingegangen worden ist.[1179]) Die rechtliche Erzwingbarkeit nimmt einer Zuwendung das Merkmal der Freiwilligkeit nur dann, wenn sich der Stpfl nicht aus freien Stücken zur Zuwendung verpflichtet hat.[1180]) Beruht die freiwillige Zuwendung allerdings auf rein wirtschaftlicher Grundlage, dann sind die Zahlungen trotz Freiwilligkeit abzugsfähig (zB freiwillige Zuwendungen an die Belegschaft; Trinkgelder und Kulanzleistungen). **641**

Bei sog **Sponsorverträgen** werden die Zuwendungen des Unternehmers als Betriebsausgaben anerkannt, sofern der Gesponserte sich zur Werbung für das Unternehmen verpflichtet und dazu auch geeignet ist.[1181]) Bei Sponsorleistungen für kulturelle Veranstaltungen wird lediglich auf die Bedeutung der Veranstaltung (entsprechende regionale Breitenwirkung) und die Bekanntgabe der Sponsortätigkeit abgestellt.[1182]) **642**

Unter das Abzugsverbot fallen ferner familiär bedingte freiwillige Zuwendungen (zB Taschengeld an die großjährige Tochter für die Mitarbeit im Betrieb)[1183]) und Zahlungen auf Grund einer **gesetzlichen Unterhaltspflicht.** **643**

[1177]) VwGH 27. 11. 2001, 2000/14/0202.

[1178]) VwGH 10. 8. 2005, 2005/13/0049 (zur finanziellen Unterstützung eines maroden Fußballvereins durch den Bürgermeister); VwGH 22. 1. 1965, 1450/64, ÖStZB 1965, 72 (zu Spenden an Kinderdörfer an Stelle von Weihnachtsgeschenken an Kunden); die Verwaltungspraxis ist allerdings in Einzelfällen großzügiger; siehe dazu *Zorn* in *Doralt/Kirchmayr/Mayr/Zorn*, EStG[19] § 4 Tz 330 unter Spenden, Sponsorverträge.

[1179]) VwGH 26. 9. 1958, 936/57, ÖStZB 1958, 107 (zu Rentenzahlungen an die Schwester bei freiwilliger Verpflichtung); VwGH 16. 12. 1997, 93/14/0023 (zu einer freiwillig geleisteten Ehrenpension).

[1180]) VwGH 7. 9. 1990, 90/14/0093.

[1181]) Vgl VwGH 25. 1. 1989, 88/13/0073, ÖStZB 1989, 300.

[1182]) Vgl EStR 2000 Rz 1643.

[1183]) VwGH 27. 2. 1959, 1371/57, ÖStZB 1959, 58; vgl auch VwGH 21. 7. 1993, 91/13/0163.

Derartige Zuwendungen (zB Unterhaltsrente) können auch nicht als Sonderausgaben abgezogen werden (§ 20 Abs 3). Korrespondierend verfügt § 29 Z 1, dass solche Bezüge beim Empfänger nicht stpfl sind. Der Abzug als außergewöhnliche Belastung wird durch das Abzugsverbot nicht ausgeschlossen, scheitert aber seit dem EStG 1988 meist an § 34 Abs 7.

Als (nichtabzugsfähige) Zuwendung an unterhaltsberechtigte Personen gelten auch Abgeltungsbeträge, die gem § 98 ABGB an Ehegatten für ihre Mitwirkung im Erwerb des anderen Ehegatten geleistet werden, weil hier die familienhafte Grundlage im Vordergrund steht.[1184]) Ebenso sind Ausgleichszahlungen nach § 94 EheG nicht abzugsfähig.[1185]) Zahlungen zwischen Familienangehörigen, denen eine nach fremdüblichen Grundsätzen gestaltete Leistungs-Gegenleistungs-Beziehung zu Grunde liegt (zB Dienstvertrag, Mietvertrag), sind hingegen nicht nach § 20 Abs 1 Z 4 zu beurteilen, sondern kommen als Betriebsausgaben oder Werbungskosten, gegebenenfalls auch als Sonderausgaben (zB außerbetriebliche Versorgungsrente) in Betracht.

644 i) Nicht abzugsfähig sind auch

– Geld- und Sachzuwendungen, deren Gewährung oder Annahme mit gerichtlicher Strafe bedroht ist,

– **Strafen und Geldbußen,** die von Gerichten, Verwaltungsbehörden oder Organen der EU verhängt werden,

– Verbandsgeldbußen nach dem Verbandsverantwortlichkeitsgesetz,

– **Abgabenerhöhungen nach dem Finanzstrafgesetz** und

– Leistungen aus Anlass eines Rücktrittes von der Strafverfolgung nach der Strafprozessordnung oder dem Verbandsverantwortlichkeitsgesetz **(Diversion) (Z 5).**

Die Prozesskosten (Strafverteidigungskosten) können allerdings nach der Judikatur des VwGH unabhängig vom Abzugsverbot für die Strafe selbst und unabhängig von einer allfälligen Verurteilung geltend gemacht werden, wenn die mit Strafe bedrohte Tat bzw Handlung unmittelbar aus der betrieblichen Tätigkeit des Stpfl entspringt.[1186])

Zur Abzugsfähigkeit von Strafen siehe auch oben Tz 263 ff.

Das Abzugsverbot soll unter anderem Schmier- und Bestechungsgelder treffen, die im Zusammenhang mit einer betrieblichen Tätigkeit geleistet werden. Derartigen Zahlungen konnte die FinVw allerdings auch schon früher die Abzugsfähigkeit versagen, wenn der Empfänger der Beträge nicht genannt wurde (§ 162 BAO). Die Zuwendungen bleiben dennoch beim Empfänger stpfl.[1187]) Ob Strafbarkeit gegeben ist, ist von den Finanzbehörden nach eigener Anschauung zu beurteilen (Vorfragenbeurteilung iS des § 116 BAO), eine Verurteilung ist nicht erforderlich.

[1184]) VwGH 21. 7. 1993, 91/13/0163.

[1185]) VwGH 23. 4. 1998, 95/15/0191 (zu einer Rentenleistung).

[1186]) VwGH 22. 3. 2018, Ro 2017/15/0001 (zu Strafverteidigungskosten iZm einer EU-Kartellgeldbuße); danach zielt der vorsätzliche Beschluss eines Unternehmens auf Kartellbildung auf Umsatz- und Gewinnmaximierung ab und liegt daher im ausschließlichen betrieblichen Interesse.

[1187]) *Nolz,* ÖStZ 1982, 11.

Die Vorschrift ist insoweit problematisch, als sie sich einseitig gegen den Geber richtet (Nichtabzugsfähigkeit der Zuwendung), obwohl nach den strafrechtlichen Wertungen oft der Empfänger als strafwürdiger anzusehen ist.[1188]) Sie behindert auch die Aufklärung von Straftaten, weil sie den Geber mit dem steuerlichen Nachteil der Nichtabzugsfähigkeit der Zuwendung bedroht. Anlassfall der Regelung war eine Nötigung in deren Rahmen eine Geschäftsfrau verdeckte Provisionen bezahlen musste um einen Auftrag zu erhalten. Zur Nichtabzugsfähigkeit von Geldstrafen siehe Tz 263 ff.

Nach der Verwaltungspraxis können Geldzuwendungen durch das Opfer einer Erpressung allerdings abzugsfähig sein, wenn sie der betrieblichen Sphäre zuzuordnen sind.[1189])

j) **Personensteuern (Z 6):** Zu den nichtabzugsfähigen Aufwendungen zählen die ESt und die sonstigen Personensteuern;[1190]) dies gilt auch für ausländische Personensteuern. Diese Steuern sind somit auch dann nicht abzugfähig, wenn ihre Zahlung ausschließlich mit Einkünften oder Einkunftsquellen zusammenhängt. Nebenansprüche zu Personensteuern (zB Verspätungszuschlag, Säumniszuschlag, Stundungs- und Aussetzungszinsen; vgl § 3 Abs 2 BAO) sind vom Abzugsverbot mitumfasst.[1191]) Steuerberatungskosten können jedoch als Sonderausgaben abgezogen werden (§ 18 Abs 1 Z 6). **645**

Nichtabzugsfähig ist auch die Grunderwerbsteuer, wenn sie aus Anlass einer unentgeltlichen Grundstücksübertragung (zB im Rahmen einer Betriebsschenkung) anfällt; vom Abzugsverbot erfasst sind auch die Eintragungsgebühr in das Grundbuch und alle weiteren Nebenkosten. Fällt die Grunderwerbsteuer, die Eintragungsgebühr und weitere Nebenkosten im Rahmen eines entgeltlichen Grundstückserwerbes an, sind sie Teil der Anschaffungskosten des Grundstückes; soweit diese Kosten auf ein Gebäude entfallen, sind sie im Rahmen der AfA abzugsfähig.

Nichtabzugsfähig ist die auf Umsätze gem § 3 Abs 2 und § 3 a Abs 1 a UStG (die einer Lieferung gegen Entgelt gleichgestellte Leistung; „Eigenverbrauch") entfallende USt, soweit eine Entnahme iS des § 4 Abs 1 vorliegt, sowie die auf den Eigenverbrauch iSd § 1 Abs 1 Z 2 lit a UStG entfallende USt. Das Abzugsverbot ist konsequent: Mit der Besteuerung des „Eigenverbrauchs" soll der Unternehmer hinsichtlich der entnommenen Gegenstände (nichtabzugsfähigen Aufwendungen) dem privaten Letztverbraucher, der die auf ihn im Preis überwälzte USt einkommensteuerlich nicht abziehen kann, gleichgestellt werden. Abzugsfähig ist die USt auf den Eigenverbrauch von gemischt genutzten Grundstücken, soweit für den nicht unternehmerisch genutzten Teil eine Vorsteuer geltend gemacht werden konnte und diese als Einnahme angesetzt worden ist (§ 20 Abs 1 Z 6).

[1188]) Dazu *Ruppe* in *Krejci/Ruppe/Schick,* Unerlaubte Provisionen, Zuwendungen und Vorteile 96.

[1189]) EStR 2000 Rz 1523.

[1190]) Ebenso darunter fallen zB auch Ablösezahlungen für Hand- und Zugdienste nach Gemeinderecht; VwGH 14. 11. 1958, 129/58, ÖStZB 1959, 34.

[1191]) Vgl VwGH 15. 12. 1982, 81/13/0025, ÖStZB 1983, 235; VwGH 26. 11. 1996, 92/14/0078; bei der KSt bejaht der BFH jedoch den Abzug von Stundungszinsen, BStBl 1989 II 116.

Nicht unter das Abzugsverbot für Personensteuern fällt der **Verwaltungskostenbeitrag für einen Auskunftsbescheid** nach § 118 BAO (Advanced Rulling) und für eine **Forschungsbestätigung** nach § 118 a BAO sowie die Aufwendungen für die Bestätigung eines Wirtschaftsprüfers gem § 108 c Abs 8 (§ 4 Abs 4 Z 4).

645/1 k) Entgelte für Arbeits- oder Werkleistungen, soweit diese den Betrag von € 500.000 pro Person und Wirtschaftsjahr übersteigen (sog „**Managergehälter**"; **Z 7**).[1192]) Neben dem laufenden Geldbezug sind auch Sachbezüge erfasst (Summe aller Geld- und Sachleistungen).[1193]) Teil des Entgeltes sind auch Leistungen und Vorteile, die beim Empfänger auf Grund der Bestimmungen des § 3 oder § 26 (Arbeitgeberbeiträge zu Pensionskassen) steuerfrei oder nicht steuerbar sind, soweit nicht reine Aufwandsersätze vorliegen. Als Empfänger sind nicht nur aktuell beschäftigte Personen erfasst, sondern auch in der Vergangenheit beschäftigte Personen. Vom Abzugsverbot erfasst sind weiters Rückstellungen für Entgelte, die in Zukunft geleistet werden müssen.

Neben Entgelten für unmittelbar beschäftigte oder Werkleistungen erbringende Personen sind auch Entgelte für von Dritten überlassene Personen vom Abzugsverbot umfasst, sofern diese im geschäftlichen Organismus des Beschäftigers einem Dienstnehmer vergleichbar organisatorisch eingegliedert sind (Arbeitskräftegestellung). In solchen Fällen gilt die Vergütung für die Überlassung als Entgelt (Z 7 lit a).[1194])

Das Abzugsverbot auf Seiten des Zahlers tangiert nicht die Besteuerung der Einkünfte beim Empfänger.

645/2 l) **Aufwendungen für Entgelte,** die beim Empfänger **sonstige Bezüge nach § 67 Abs 6** darstellen, soweit sie auf Grund ihrer Höhe bei diesem **nicht mit dem Steuersatz von 6%** zu versteuern sind. Das sind Bezüge, die bei oder nach Beendigung des Dienstverhältnisses anfallen, wie insb freiwillige Abfertigungen und Abfindungen.

Mit dem begünstigten Steuersatz von 6% werden die sonstigen Bezüge nur besteuert, wenn sie ein Viertel der laufenden Bezüge der letzten zwölf Monate, höchstens aber den Betrag, der dem Neunfachen der monatlichen Höchstbeitragsgrundlage gem § 108 ASVG entspricht, nicht überschreiten. Die so ermittelte Betragsgrenze erhöht sich weiter bei einer Dienstzeit von mindestens 3 Jahren (bei 3 Jahren um 2/12 der laufenden Bezüge der letzten 12 Monate, danach gestaffelt bis zu einer Dienstzeit von 25 Jahren; § 67 Abs 6 Z 2). Die Erhöhung ist allerdings unabhängig von der Dienstzeit gedeckelt mit der dreifachen monatlichen Höchstbeitragsgrundlage gem § 108 ASVG.

645/3 m) Entgelte für die **Erbringung von beauftragten Bauleistungen** iSd § 82 a, wenn diese **bar** gezahlt werden und den Betrag von **€ 500** (für die jeweilige Leistung) übersteigen (**Z 9**).[1195])

[1192]) Das Abzugsverbot ist verfassungskonform; VfGH 9. 12. 2014, G 136/2014 ua; dazu zB *Schaunig/Varro,* VfGH zu „Managergehältern": Anfang vom Ende des objektiven Nettoprinzips? GesRZ 2015, 233.

[1193]) Vom Abzugsverbot nicht umfasst sind Aufwendungen, die durch die Arbeits- oder Werkleistung veranlasst sind, die aber nicht mittelbar oder unmittelbar an den Erbringer dieser Leistung, sondern an einen Dritten geleistet werden (zB Lohnnebenkosten); vgl dazu EStR 2000 Rz 4852 b.

[1194]) Vgl EStR 2000 Rz 4852 e.

[1195]) Vgl EStR 2000 Rz 4852 o.

Erfasst sind Entgelte, die einem Subunternehmen für weitervergebene Bauleistungen gezahlt werden. Das Abzugsverbot kommt somit nur bei unternehmerischen Tätigkeiten zur Anwendung. Die Definition der umfassten Bauleistungen ergibt sich aus § 19 Abs 1 a UStG: Das sind alle Leistungen, die der Herstellung, Instandsetzung, Instandhaltung, Reinigung, Änderung und Beseitigung von Bauwerken dienen.[1196])

n) **Ausgaben im Zusammenhang mit nicht stpfl Einnahmen und mit Einkünften, die einem besonderen Steuersatz unterliegen:** Nichtabzugsfähig sind Ausgaben, die **646**

- mit nicht stpfl Einnahmen oder
- mit Kapitaleinkünften, auf die ein besonderer Steuersatz gem § 27 a Abs 1 anwendbar ist, oder
- mit Einkünften aus der Veräußerung von Grundstücken, auf die der besondere Steuersatz gem § 30 a Abs 1 angewendet wird, in unmittelbarem wirtschaftlichen Zusammenhang stehen.

Das Abzugsverbot greift bei Kapitaleinkünften nach dem Gesetzeswortlaut auch dann, wenn für die dem besonderen Steuersatz unterliegenden Einkünfte die Regelbesteuerungsoption ausgeübt wird und sie tarifmäßig erfasst werden (§ 20 Abs 2 iV mit § 27 a Abs 5).[1197]) Bei Einkünften aus Grundstücksveräußerungen gilt dies hingegen nicht; hier bewirkt die Ausübung der Regelbesteuerungsoption (§ 30 a Abs 2) eine Abzugsmöglichkeit für mit der Veräußerung verbundene Aufwendungen (siehe dazu oben Tz 490).

Bleiben bei der Einkünfteermittlung Einnahmen außer Ansatz bzw werden überhaupt keine Einnahmen erzielt (zB ehrenamtliche Tätigkeit), so dürfen Aufwendungen, welche diese Einnahmen unmittelbar betreffen, nicht abgezogen werden. Betroffen sind davon einerseits Aufwendungen im Zusammenhang mit steuerbaren, aber steuerfrei gestellten Einnahmen (zB Aufwendungen iZm ausländischen Einkünften, die durch DBA freigestellt sind), andererseits auch Aufwendungen, die durch steuerfreie Einnahmen abgedeckt werden (Beispiel: Der Lohnaufwand für einen behinderten Dienstnehmer ist insoweit nicht abzugsfähig, als dafür nach dem Arbeitsmarktförderungsgesetz (Behinderteneinstellungsgesetz) Beihilfen steuerfrei bezogen werden);[1198]) ferner Aufwendungen zur Erlangung von Vermögensmehrungen, die gar nicht der ESt unterliegen (zB Kosten eines Erbschaftsstreites).

Nur Aufwendungen, die in einem konkreten Zusammenhang mit steuerfreien Einnahmen stehen, sind nichtabzugsfähig (zB durch steuerfreie Subventionen geförderte Forschungsaufwendungen);[1199]) stehen dagegen die Aufwendungen nicht in einem konkreten Zusammenhang mit steuerfreien Einnahmen, dann bleiben sie abzugsfähig (zB steuerfreie Subventionen an einen Not leidenden Betrieb).

[1196]) Vgl EuGH 13. 12. 2012, Rs C-395/11, BLV Wohn- und Gewerbebau GmbH.

[1197]) Nicht verfassungswidrig, VfGH 17. 6. 2009, B 53/08 zur vergleichbaren Rechtslage vor dem BBG 2011.

[1198]) VwGH 30. 6. 1987, 87/14/0041, ÖStZB 1988, 38; siehe auch EStR 2000 Rz 4853 ff.

[1199]) VwGH 22. 10. 2002, 2002/14/0030.

D. Außergewöhnliche Belastungen (§ 34)

Literatur: *Beiser*, Das Leistungsfähigkeitsprinzip – Irrweg oder Richtschnur? ÖStZ 2000, 413; *oV*, Familienbesteuerung 1999 verfassungskonform? SWK 2000, 781; *Mack*, Nochmals: Familienbesteuerung 1999 verfassungskonform? SWK 2000, 1147; *oV*, VfGH: Familienbesteuerung für haushaltszugehörige Kinder verfassungskonform, SWK 2001, 81; *Mack*, Familiensteuer, Familienbeihilfe und Verfassungsgerichtshof, ÖStZ 2002, 580; *Lenneis*, Voraussetzungen für den Abzug von Begräbniskosten als außergewöhnliche Belastung, RdW 2002, 183; *oV*, VfGH: Unterhalt an Auslandskinder einkommensteuerlich absetzbar, RdW 2002, 366; *Pülzl/Pircher*, Steuerliche Berücksichtigung von Katastrophenschäden, RdW 2002, 624; *Pülzl*, VwGH zur Bemessungsgrundlage des Selbstbehalts: Steuerfreie Einkünfte bleiben außer Ansatz, SWK 2002, 134; *Knörzer*, „Mehraufwendungen" für das behinderte Kind, FJ 2002, 347; *Ruppe*, Familienbesteuerung und Verfassungsgerichtshof, ÖStZ 2003, 148; *Pülzl*, Familienbesteuerung: Halbteilungsgrundsatz und Selbstbehalt, FJ 2002, 318; *Gaedke*, Aufwendungen zur Beseitigung von Katastrophenschäden, SWK 2002, 987; *Beiser*, Außergewöhnliche Belastung für Hochwasseropfer, SWK 2002, 1037; *Kresbach*, Familienbesteuerung: Gleiche Steuerlasten für alle unterhaltspflichtigen Väter, ÖStZ 2003, 294; *Pülzl*, Neuerliche Reduktion der Bemessungsgrundlage des Selbstbehalts, SWK 2003, 551; *Knörzer*, Mehraufwand für behindertengerechtes Bad als außergewöhnliche Belastung, FJ 2003, 262; *Knörzer*, Sanierung einer vom Hochwasser zerstörten Fußgängerbrücke ist keine außergewöhnliche Belastung, FJ 2003, 415; *Pülzl*, Neues zur außergewöhnlichen Belastung, ecolex 2003, 613; *Pülzl*, Außergewöhnliche Belastung und Gegenwerttheorie, ÖStZ 2003, 519; Pülzl, Außergewöhnliche Belastung: Selbstbehalt nach Gutdünken? SWK 2004, 471;*Wagner*, UFS: Keine außergewöhnliche Belastung aus Kindergartenkosten trotz Existenzgefährdung, SWK 2004, 796; *Pülzl*, Außergewöhnliche Belastung: Außergewöhnlichkeit einer Haushaltshilfe, RdW 2004, 252; *Knörzer*, Kindergartengeld: Auch bei Existenzgefährdung keine außergewöhnliche Belastung, FJ 2004, 270; *Knörzer*, Kosten eines Vaterschaftsprozesses als außergewöhnliche Belastung, FJ 2004, 309; *Knörzer*, Kuraufenthalt als außergewöhnliche Belastung, FJ 2005, 122; *Kanduth-Kristen/Stipsits*, Flutkatastrophe in Asien: Steuerliches Trostpflaster für Betroffene und Angehörige, taxlex 2005, 4; *Langheinrich/Ryda*, Kinder im Steuerrecht (Teil II a), FJ 2005, 272; *Langheinrich/Ryda*, Kinder im Steuerrecht (Teil II b), FJ 2005, 312; *Pülzl*, Außergewöhnliche Belastung bei Behinderung: Kosten für Beschäftigungstherapie neben Heilkosten ieS absetzbar? taxlex 2006, 590; *Zorn*, VwGH: Künstliche Befruchtung als außergewöhnliche Belastung, RdW 2006, 53; *Mühlberger*, Kosten anlässlich der Schneekatastrophe sind außergewöhnliche Belastungen, FJ 2006, 188; *Mühlberger*, In-vitro-Fertilisation als außergewöhnliche Belastung bedingt abzugsfähig, FJ 2006, 224; *Markowetz*, Auswärtige Berufsausbildung von Kindern – Studienwechsel, SWK 2006, 908; *Demal*, Außenseitermedizin als außergewöhnliche Belastung bei Behinderung? SWK 2007, 89; *Doralt*, Außergewöhnliche Belastung: Dividendenbezieher begünstigt – Selbstbehalt verfassungswidrig? RdW 2007, 55; *Doralt*, Gebäudeschäden: Außergewöhnliche Belastung nur nach Katastrophen? RdW 2009, 607; *Renner*, Behinderungsbedingte Umbaumaßnahmen als außergewöhnliche Belastungen, SWK 2010, 319; *Kanduth-Kristen/Grün*, Ertragsteuerliche Begünstigungen für Kinder im Überblick, taxlex 2010, 352; *Blasl/Zimprich*, Kinderbetreuungskosten samt Verpflegungskosten als außergewöhnliche Belastung, SWK 2011, 1100; *Doralt*, Gesundheitsvorsorge (Schutzimpfung) keine außergewöhnliche Belastung? RdW 2011, 369; *Grün*, VwGH: Adoptionskosten sind außergewöhnliche Belastungen, taxlex 2011, 321; *Doralt*, Wohnungsmiete als außergewöhnliche Belastung bei Schwerstbehinderung? RdW 2012, 177; *ders*, Außergewöhnliche Belastung: „Großschäden" statt „Katastrophenschäden"? RdW 2012, 744; *Endfellner*, Kosten für ein Begräbnis in der Heimat als außergewöhnliche Belastung,

AFS 2012, 94; *Hackl*, Wie „kundenfreundlich" erweisen sich außergewöhnliche Belastungen in Theorie und Praxis? SWK 2012, 489; *Katzlinger*, Zivilprozesskosten – eine außergewöhnliche Belastung? ÖStZ 2012, 92; *Kerschner*, Thermenbesuche als außergewöhnliche Belastung? ecolex 2012, 1118; *Klinglmair*, Auswärtige Berufsausbildung als außergewöhnliche Belastung gem § 34 Abs 8 EStG, FJ 2012, 144; *Nemec*, Besuch eines Fitnessstudios bei medizinischer Indikation als außergewöhnliche Belastung, UFSjournal 2012, 264; *Renner*, Kuraufenthalt im Ausland als außergewöhnliche Belastung, ecolex 2011, 854; *ders*, Nachsorgeuntersuchung (k)eine außergewöhnliche Belastung? UFSjournal 2012, 25; *Baldauf*, Fahrtkosten zum Arzt, ins Krankenhaus und zur Kur neben Kfz-Freibetrag, SWK 2013, 434; *ders*, Kosten der Kinderbetreuung als außergewöhnliche Belastung, SWK 2013, 606; *Doralt*, VwGH: Wohnungsmiete einer Behinderten als außergewöhnliche Belastung, RdW 2013, 299; *Doralt*, Außergewöhnliche Belastung: Aushebelung des Selbstbehalts durch Fremdfinanzierung, RdW 2013, 567; *Wanke*, Ist die Zwangsläufigkeit Tatbestandsmerkmal bei auswärtiger Berufsausbildung? UFSjournal 2013, 316; *Endfellner*, Aktuelle Judikatur zu behinderungsbedingten Ausgaben, SWK 2013, 974; *ders*, Vorsorgemaßnahmen bewirken keine außergewöhnliche Belastung, AFS 2013, 213; *Langheinrich/Ryda*, Die ertragsteuerliche Behandlung von im Zusammenhang mit Katastrophen stehenden Aufwendungen und Spenden, FJ 2013, 305; *dies*, Krankheit und Behinderung im Einkommensteuerrecht (Teil I und II), FJ 2013, 227 und 281; *Mayr/Kufner/Krammer*, Pflegeheim als außergewöhnliche Belastung, RdW 2013, 691; *Pilgermair/Endfellner*, Unterhaltspflichten zwischen nahen Angehörigen und ihre Auswirkung auf die außergewöhnliche Belastung, SWK 2013, 1268; *Renner*, Antritt einer überschuldeten Erbschaft als außergewöhnliche Belastung, ecolex 2013, 378; *Renner*, Behinderungsbedingter Umbau einer Wohnung als außergewöhnliche Belastung, RdW 2013, 230; *Doralt*, Außergewöhnliche Belastung: Kürzt das Pflegegeld den Sachaufwand? RdW 2014, 427; *Knechtl*, Keine außergewöhnliche Belastung bei Mitverursachung der Unterhaltsverpflichtung, SWK 2014, 104; *Merzc/Vondrak*, Einkommensteuerliche Abzugsfähigkeit von Kosten der Verfahren vor den Verwaltungsgerichten, ecolex 2014, 176; *Nemec*, Kinderbetreuung als außergewöhnliche Belastung, BFGjournal 2014, 56; *Nemec*, VwGH versagt Kosten für Fitnessstudio Anerkennung als außergewöhnliche Belastung, BFGjournal 2014, 397; *Neubauer*, Kosten eines Fitnessstudiobesuchs als außergewöhnliche Belastung? ecolex 2014, 1102; *Renner*, Pflege(heim)kosten als außergewöhnliche Belastung, BFGjournal 2014, 45; *Endfellner*, Sittliche Verpflichtung im Rahmen der außergewöhnlichen Belastung, AFS 2015, 104; *ders*, Behandlungskosten im Ausland: Ausmaß der außergewöhnlichen Belastung, taxlex 2015, 184; *Fuchs*, Aufwendungen für Infrarotkabine als außergewöhnliche Belastung, AFS 2015, 231; *Kittl*, Alternativmedizinische Behandlung als außergewöhnliche Belastung? BFGjournal 2015, 446; *Renner*, „Essen auf Rädern" als außergewöhnliche Belastung abzugsfähig, BFGjournal 2015, 129; *ders*, BFG und außergewöhnliche Belastungen, BFGjournal 2015, 172; *ders*, Erhöhter Lebensmittelaufwand bei Bulimie als außergewöhnliche Belastung, BFGjournal 2015, 370; *ders*, Außergewöhnliche Belastungen: Hürdenlauf für Kranke und Behinderte? SWK 2015, 1212; *ders*, BFH: Behinderungsbedingter Umbau einer Yacht keine außergewöhnliche Belastung, RdW 2015, 529; *Beiser*, Unterhaltsleistungen als außergewöhnliche Belastungen im Licht der Rechtsprechung des VfGH, iFamZ 2016, 4; *Beiser*, Ein Ausgleich von Verlusten über mehrere Perioden im Licht des Gleichheitssatzes – Wider die Diskriminierung von Verlusten aus nichtselbständiger Arbeit, außergewöhnlichen Belastungen und dauernden Lasten, ÖStZ 2016, 669; *Doralt*, Der Lift bei einer Mietwohnung als außergewöhnliche Belastung, RdW 2016, 360; *Kittl*, Sonderklassegebühren im Blickwinkel der außergewöhnlichen Belastung, BFGjournal 2016, 126; *Endfellner*, Das Hörgerät als außergewöhnliche Belastung, taxlex 2016, 42; *Moser*, Berücksichtigung von Kosten der Ausbildung von Schülern/Studenten im Ausland, SWK 2016, 1285; *Novacek*, Behinderungsbedingte Wohnungskosten als außergewöhnliche Belastung, FJ 2016, 219; *Renner,* Aufzugskosten wegen Behinderung noch immer strittig? RdW 2016, 135; *ders,* Außergewöhnliche Belastungen: Kosten der Unterbringung im Einbettzimmer eines Spitals zwangsläufig? RdW 2016, 357; *ders,* Alternative Krebstherapie als außergewöhnliche Belastung, RdW 2016, 573; *ders,* Vitaminpräparate und Nahrungsergänzungsmittel sind keine außergewöhnliche Belastung, BFGjournal 2016, 168; *ders,* Aufwendungen für „Essen auf Rädern": keine außergewöhnliche Belastung, BFGjournal 2016, 391; *Zorn,* VwGH: Behinderungsbedingte Wohnungskosten keine außergewöhnliche Belastung, RdW 2016, 429; *Endfellner,* Die außergewöhnliche Belastung in der Nussschale, taxlex 2017, 144; *ders,* Deutschkurs als außergewöhnliche Belastung – Liegt eine außergewöhnliche Belastung nach dem Grundtatbestand vor? taxlex 2017, 42; *Hilber,* Begräbniskosten: Gesamtrahmen statt Aufteilung auf Grabmal und Bestattung, AFS 2017, 56; *Hörtenhuber/Langer,* Berücksichtigung von Sonderausgaben und außergewöhnlichen Belastungen bei der Bemessung des Pensionistenabsetzbetrags, ecolex 2017, 165; *Knechtl,* Prozesskosten als außergewöhnliche Belastung ohne Selbstbehalt, ecolex 2017, 1109; *Mechtler-Höger,* Rechtsanwaltskosten in Zusammenhang mit einem Arzthaftungsprozess als außergewöhnliche Belastung? BFGjournal 2017, 354; *Miladinovic/Ramharter,* Fahrtkosten zwischen sozialer Einrichtung und Hauptwohnsitz als außergewöhnliche Belastung, ecolex 2017, 810; *Pilgermair/Endfellner,* Die Geltendmachung von außergewöhnlichen Belastungen aus datenschutzrechtlicher Sicht, SWK 2017, 916; *Pülzl,* Stufenweise Ermittlung des Selbstbehalts nach § 34 Abs 4 EStG? SWK 2017, 838; *Renner,* „Essen auf Rädern" als außergewöhnliche Belastung, ecolex 2017, 715; *Renner,* Prozess- und Mediationskosten in einem Obsorgestreit als außergewöhnliche Belastung, BFGjournal 2017, 438; *ders,* Prozesskosten sowie Mediationskosten in einem Sorgerechtsstreit als außergewöhnliche Belastung, ecolex 2017, 1216; *Ryda/Langheinrich,* Die ertragsteuerliche Berücksichtigung der Begräbniskosten als außergewöhnliche Belastung, FJ 2017, 137; *Schantl,* Erhöhter Nahrungsmittelbedarf bei Bulimie als außergewöhnliche Belastung, BFGjournal 2017, 442; *dies,* Kosten für Heiler sind keine außergewöhnliche Belastung, BFGjournal 2017, 96; *Stöger-Frank,* Auswärtige Berufsausbildung eines Kindes, BFGjournal 2017, 448; *Wakounig,* Prozesskosten als außergewöhnliche Belastung, ecolex 2017, 257; *Zemrosser,* Einschulung in die Anwendung von Blindensoftware als außergewöhnliche Belastung, BFGjournal 2017, 450; *Albrecht/Albrecht,* Invalidenfahrzeug steuerlich absetzbar, SWK 2018, 1003; *Endfellner,* Im Jahr 2017 veröffentlichte Entscheidungen zur außergewöhnlichen Belastung, VWT 2018, 30; *Hirsch,* Der Ministerialentwurf zum Familienbonus Plus, taxlex 2018, 140; *Knechtl,* Keine außergewöhnliche Belastung, wenn ein nachträglich eingebauter Lift für einen größeren Personenkreis nutzbar ist, ecolex 2018, 851; *Raab,* Steuerliche Abzugsfähigkeit von beruflich bedingten Krankheitskosten, taxlex 2018, 172; *Renner,* Zahlung zur Erfüllung des Sanierungsplans im Insolvenzverfahren über das Vermögen des Sohnes als außergewöhnliche Belastung, ecolex, 2018, 84; *ders,* Behandlung in Privatklinik: (idR) keine außergewöhnliche Belastung, ecolex 2018, 373; *ders,* Elektro-Sportrollstuhl als Behindertenhilfsmittel, taxlex 2018, 182; *ders,* Frei erwerbbares Behandlungsgerät als Heilbehelf, taxlex 2018, 339; *ders,* Rechtsanwaltskosten ohne Anwaltszwang nicht zwangsläufig, SWK 2018, 1370; *Schantl,* Einbauküche ist keine außergewöhnliche Belastung, taxlex 2018, 184; *Stöger-Frank,* Amtsrevision – Rechtsanwaltskosten iZm einem Arzthaftungsprozess als außergewöhnliche Belastung? BFGjournal 2018, 354; *Sutter,* Kosten für zwingenden Deutschkurs des (zuziehenden) Ehepartners als zulässige außergewöhnliche Belastung, AnwBl 2018, 328.

647 Die Kosten der Lebensführung werden bis zur Höhe eines Grundbedarfes (sog Existenzminimum) von der ESt durch Steuerabsetzbeträge freigestellt. Darüber hinausgehende Kosten der Lebensführung können die Bemessungsgrundlage der ESt grds nicht mindern. Eine Ausnahme gilt für außergewöhnliche (ag) Belastungen gem § 34. Grundgedanke dieser Vorschrift ist, dass Aufwendungen der Lebensführung, die ihrer Art und Höhe nach atypisch sind und denen sich der Stpfl nicht entziehen kann, die persönliche Leistungsfähigkeit mindern und daher steuerlich berücksichtigt werden müssen.

Der Abzug von Aufwendungen als ag Belastungen ist an folgende **Voraussetzungen** geknüpft:

1. Die Aufwendungen dürfen ihrer Art nach weder Betriebsausgaben oder **648**
Werbungskosten noch Sonderausgaben darstellen (§ 34 Abs 1 letzter Satz).

2. Die Belastung muss eine **außergewöhnliche** sein, dh sie muss höher sein **649**
als jene, die der Mehrzahl der Stpfl gleicher Einkommensverhältnisse und gleicher Vermögensverhältnisse erwächst (§ 34 Abs 2). Kosten der privaten Lebensführung, die einem Großteil der Stpfl erwachsen, sind nicht abzugsfähig.[1200])

3. Die Belastung muss **zwangsläufig** erwachsen (dem Grunde und der **650**
Höhe nach; siehe auch LStR 2002 Rz 829). Dies ist anzunehmen, wenn der Stpfl sich der Belastung aus **tatsächlichen, rechtlichen oder sittlichen Gründen** nicht entziehen kann (§ 34 Abs 3). Zwangsläufigkeit ist insb nicht anzunehmen, wenn sich die ag Belastung als Folge eines Verhaltens darstellt, zu dem sich der Stpfl freiwillig entschlossen hat.[1201]) Der Grundsatz findet seine Grenze dort, wo nach dem Urteil vernünftig denkender Menschen ein unmittelbarer Kausalzusammenhang zwischen Ursache und Folge nicht mehr gegeben ist.[1202])

4. Die Aufwendungen müssen die **wirtschaftliche Leistungsfähigkeit** des **651**
Stpfl wesentlich **beeinträchtigen.** Das ist dann der Fall, wenn die Aufwendungen den in § 34 Abs 4 festgesetzten **Selbstbehalt** überschreiten.

Der **Selbstbehalt beträgt 6% bis 12% des Einkommens** vor Abzug der ag Belastung. Der Prozentsatz vermindert sich um einen Prozentpunkt, wenn der Alleinverdiener- bzw Alleinerzieherabsetzbetrag zusteht, wenn der Alleinverdiener- oder Alleinerzieherabsetzbetrag nicht zusteht, der Stpfl mehr als sechs Monate im Kalenderjahr verheiratet oder eingetragener Partner ist und der nicht dauernd getrennt lebende (Ehe-)Partner Einkünfte von höchstens € 6.000 jährlich erzielt und für jedes Kind iSd § 106. Da für die zeitliche Zurechnung einer ag Belastung das Abflussprinzip maßgebend ist,[1203]) kann es im Hinblick auf den Selbstbehalt vorteilhaft sein, Ausgaben in einem Jahr geballt anfallen zu lassen.[1204]) Gewisse ag Belastungen unterliegen keinem Selbstbehalt (dazu unten).

[1200]) VwGH 19. 9. 2016, Ro 2015/15/0009 (zu Verpflegungskosten); BFG 25. 4. 2017, RV/1100719/2016 (zu „Essen auf Rädern“; allenfalls Zustellkosten als ag Belastung); VwGH 31. 5. 2017, 2015/13/0023 (zu krankheitsbedingten Mehrkonsum an Lebensmitteln).

[1201]) VwGH 22. 9. 1981, 81/14/0097, ÖStZB 1982, 214 (zur einvernehmlichen Scheidung); VwGH 19. 3. 1998, 95/15/0024; VwGH 29. 1. 2002, 2001/14/0218; VwGH 21. 10. 2015, 2014/13/0038 (zu Pflegekostenersatz); VwGH 30. 1. 2014, 2010/15/0191 (zu Kosten für die medizinische Betreuung eines freiwillig angeschafften Hundes); VwGH 18. 12. 2017, Ra 2017/15/0016.

[1202]) VwGH 10. 3. 1981, 2363/80, ÖStZB 1982, 6.

[1203]) VwGH 24. 9. 1986, 84/13/0214, ÖStZB 1987, 139.

[1204]) Siehe aber *Fuchs* in *Doralt/Kirchmayr/Mayr/Zorn,* EStG[20] § 34 Tz 14f (zur willkürlichen Verschiebung).

Die mit festen Steuersätzen besteuerten sonstigen Bezüge iSd § 67 erhöhen das für die Berechnung des Selbstbehaltes anzusetzende Einkommen.[1205])

Dagegen sind für die Berechnung des Selbstbehalts folgende Einnahmen außer Acht zu lassen:

- nach § 3 steuerfreie Einkünfte[1206]) und
- mit dem besonderen Steuersatz nach § 27 a bzw § 30 a zu versteuernde Einkünfte (sie sind weder beim Gesamtbetrag der Einkünfte noch beim Einkommen iSd § 2 Abs 2 zu berücksichtigen; § 27 a Abs 1 und § 30 a Abs 1).[1207])

652 5. Es muss sich um Aufwendungen handeln, die zu einer **endgültigen Belastung** des Stpfl, somit zu einer Vermögensminderung führen. Aufwendungen, die lediglich eine Vermögensumschichtung zur Folge haben (etwa Erwerb einer Wohnung oder sonstiger Wirtschaftsgüter), denen somit ein entsprechender Gegenwert gegenübersteht, können nicht abgezogen werden (**„Gegenwertlehre“).**[1208]) Allerdings kann von der Schaffung eines Gegenwertes nicht ausgegangen werden, wenn Aufwendungen für behindertengerechte Einrichtung oder Ausgestaltung eines Gebäudes getätigt werden, die bei einer unterstellten Verwertung nicht abgegolten werden.[1209]) Ebenso wenig können Aufwendungen abgezogen werden, soweit ihnen Leistungen Dritter (etwa Versicherungen, Familienbeihilfe) gegenüberstehen **(Gebot des Vorteilsausgleichs).** Dies gilt auch dann, wenn die Ersatzleistung nicht im selben Kalenderjahr ausbezahlt wird.[1210])

653 6. **Unterhaltsleistungen** für Dritte sind nur insoweit abzugsfähig, als sie zur Deckung von Aufwendungen gewährt werden, die beim Unterhaltsberechtigten selbst eine ag Belastung darstellen würden (§ 34 Abs 7 Z 4; zB Krankheitskosten für Angehörige).

Mit der Einschränkung der Abzugsfähigkeit von Unterhaltsleistungen wollte der Gesetzgeber in erster Linie die Abzugsfähigkeit des **Heiratsgutes** bzw der Ausstattung als ag Belastung beseitigen.[1211])

Unterhaltsleistungen für **Kinder** sind mit der Familienbeihilfe, dem Kinderabsetzbetrag (Unterhaltsabsetzbetrag) sowie mit dem Familienbonus Plus und dem Kindermehrbetrag abgegolten (§ 34 Abs 7 Z 1 und 2). Unterhaltsleistungen an volljährige Kinder, für die keine Familienbeihilfe ausbezahlt wird, sind nicht als ag Belastung zu berücksichtigen (§ 34 Abs 7 Z 5; Verfassungsbestimmung). Nach der Rsp des VfGH muss zumindest die Hälfte der Einkommensteile, die zur Bestreitung des Unterhalts der

---

[1205]) LStR 2002 Rz 834.

[1206]) VwGH 12. 9. 2001, 96/13/0066.

[1207]) Kritisch *Doralt,* RdW 2007, 55.

[1208]) VwGH 22. 10. 1996, 92/14/0172; VwGH 10. 9. 1998, 96/15/0152; BFG 5. 5. 2015, RV/6100068/2012. Siehe auch VwGH 29. 4. 2015, 2012/13/0012 (zu Aufwendungen für die häusliche Pflege als ag Belastung bei vorheriger Schenkung eines Grundstücks durch die Pflegebedürftige).

[1209]) VfGH 13. 3. 2003, B 785/02 (zur behindertengerechten Einrichtung eines Badezimmers).

[1210]) VwGH 24. 4. 1970, 1734/68, ÖStZB 1970, 177.

[1211]) *Beiser,* RdW 1988, 208.

Kinder erforderlich sind, steuerfrei bleiben.[1212]) Dem hat der Gesetzgeber durch Anhebung der Familienbeihilfe und des Kinderabsetzbetrages Rechnung getragen.[1213]) Dagegen wurde die Entscheidung des VfGH in jenen Fällen nicht umgesetzt, in denen zwar Unterhaltspflichten bestehen, aber keine Familienbeihilfen und Kinderabsetzbeträge gewährt werden. Daher sind Unterhaltspflichten gegenüber Kindern ohne Anspruch auf Familienbeihilfe (zB für ständig im Ausland lebende Kinder) als ag Belastung zu berücksichtigen (eingeschränkt nunmehr auf Kinder, die sich nicht im Inland, der Schweiz oder in einem EU/EWR-Staat aufhalten; § 34 Abs 7 Z 2 iVm § 33 Abs 4 Z 3).[1214])

Unterhaltsleistungen für den (**Ehe-)Partner** sind keine ag Belastung.[1215])

7. Die ag Belastungen sind **von Amts wegen** zu berücksichtigen (keine Antragsgebundenheit);[1216]) der Nachweis einer ag Belastung obliegt aber in erster Linie der Partei.[1217]) Lohnsteuerpflichtige machen die ag Belastungen im Wege der Arbeitnehmerveranlagung geltend. **654**

8. Es darf kein Abzugsverbot bestehen (vgl etwa § 20 Abs 1 Z 5 hinsichtlich strafbarer Zuwendungen). **655**

Die übrigen Abzugsverbote des § 20 gelten nicht für die ag Belastung (vgl § 20 Abs 3). § 20 liegt die Trennung in steuerlich relevante Aufwendungen und Aufwendungen der Lebensführung zu Grunde, bei der ag Belastung handelt es sich hingegen gerade um Aufwendungen der Lebensführung.[1218])

9. Nach der Judikatur muss es sich um Aufwendungen handeln, die das Einkommen belasten. Vorgänge, die sich in der Vermögensebene ereignen und damit ihrer Art nach das Vermögen belasten, kommen als ag Belastung nicht in Betracht.[1219]) Bei Aufwendungen, die teils aus laufendem Einkommen, teils aus Vermögen geleistet werden, ist eine Verhältnisrechnung anzustellen.[1220]) Im Bereich des Privatvermögens ist eine Unterscheidung, ob ein Aufwand aus dem laufenden Einkommen oder dem Vermögen bestritten wird, regelmäßig nur schwer möglich.[1221]) Nach der Judikatur und der Verwaltungspraxis gelten Aufwendungen im Zweifel als aus dem laufendem Einkommen geleistet, wenn sie darin Deckung finden.[1222]) **656**

[1212]) VfGH 28. 11. 1997, G 451/97.

[1213]) Verfassungskonform: VfGH 30. 11. 2000, B 1340/00 (zu haushaltszugehörigen Kindern); VfGH 27. 6. 2001, B 1285/00; VfGH 27. 10. 2001, B 1286/00 (zu nicht haushaltszugehörigen Kindern); ebenso VwGH 25. 4. 2002, 2001/15/0200; vgl auch VwGH 8. 2. 2007, 2006/15/0108 (zur Nachzahlung von Unterhalt).

[1214]) VfGH 4. 12. 2001, B 2366/00.

[1215]) VfGH 10. 6. 1992, B 1257/91.

[1216]) Siehe *Fuchs* in *Doralt/Kirchmayr/Mayr/Zorn,* EStG[20] § 34 Tz 7.

[1217]) VwGH 19. 11. 1998, 95/15/0071.

[1218]) VwGH 16. 10. 2002, 98/13/0179.

[1219]) VwGH 21. 9. 1976, 2339/74, ÖStZB 1977, 66 (zur Überlassung einer vor Jahren angeschafften Eigentumswohnung als Heiratsgut).

[1220]) VwGH 15. 3. 1988, 87/14/0071, ÖStZB 1988, 411.

[1221]) *Fuchs* in *Doralt/Kirchmayr/Mayr/Zorn,* EStG[20] § 34 Tz 27/2.

[1222]) Siehe UFS 14. 8. 2013, RV/1167-W/12 und LStR 2002 Rz 821.

Ohne Selbstbehalt sind folgende Aufwendungen zu berücksichtigen (§ 34 Abs 6):

657 1. Aufwendungen zur Beseitigung von **Katastrophenschäden** können im Ausmaß der erforderlichen Ersatzbeschaffungskosten geltend gemacht werden, ggf auch mit Neupreisen (§ 34 Abs 6).[1223])

658 2. Aufwendungen des Stpfl für die **Berufsausbildung** eines Kindes außerhalb des Wohnortes gelten dann als ag Belastung, wenn im Einzugsbereich des Wohnortes[1224]) keine entsprechende Ausbildungsmöglichkeit besteht.[1225]) Das Vorliegen einer rechtlichen oder sittlichen Verpflichtung zur Finanzierung einer auswärtigen Ausbildung ist nicht gesondert zu prüfen, die Prüfung erstreckt sich ausschließlich auf den Teilaspekt des Fehlens einer „entsprechenden" Ausbildungsmöglichkeit im Einzugsbereich des Wohnortes.[1226]) Unter Einzugsbereich des Wohnortes ist jener Bereich zu verstehen, in dem die tägliche Hin- und Rückfahrt zum Ausbildungsort zeitlich noch als zumutbar anzusehen ist;[1227]) in- und ausländische Studien sind gleich zu behandeln.[1228]) Es steht ein Pauschbetrag von € 110 pro Monat der Berufsausbildung zu (§ 34 Abs 8). Schulgeld kann (in Ausnahmefällen) neben dem Pauschbetrag ag Belastung sein.[1229])

659 3. **Kinderbetreuungskosten** sind seit dem JStG 2018[1230]) nicht mehr als ag Belastung absetzbar, sondern durch den Familienbonus Plus gem § 33 Abs 3a abgegolten (ab 1. 1. 2019; siehe Tz 697).

Davor waren Aufwendungen für die Kinderbetreuung bis höchstens € 2.300 pro Kind und Kalenderjahr absetzbar, wenn es das 10. Lebensjahr noch nicht vollendet hatte (vgl § 34 Abs 9 idF vor JStG 2018). Voraussetzung dafür war, dass dem Stpfl oder seinem (Ehe-)Partner für das Kind mehr als sechs Monate der Kinderabsetzbetrag (Unterhaltsabsetzbetrag) zustand und sich das Kind nicht ständig im Ausland aufhielt. Weiters musste die Betreuung in einer öffentlichen institutionellen Kinderbetreuungseinrichtung, einer privaten institutionellen Kinderbetreuungseinrichtung, die den landesgesetzlichen Vorschriften über Kinderbetreuungseinrichtungen entspricht, oder durch eine pädagogisch qualifizierte Person erfolgen.[1231])

660 4. Mehraufwendungen für körperlich oder geistig erheblich **behinderte Kinder,** für die erhöhte Familienbeihilfe bezogen wird (§ 8 Abs 4 FLAG), sind als ag Belastung zu berücksichtigen, soweit sie die Summe der pflegebedingten Geldleistungen (zB Pflegegeld) übersteigen (§ 34 Abs 6).

[1223]) Zum Begriff des Katastrophenschadens *Doralt,* RdW 2012, 744.

[1224]) VwGH 29. 6. 1995, 93/15/0104 und VwGH 27. 1. 1994, 92/15/0131.

[1225]) VwGH 21. 9. 1993, 93/14/0078 und VwGH 20. 12. 2016, Ra 2014/15/0011 (grds zumutbare öffentliche Verkehrsmittel müssen tatsächlich an jedem Schultag verkehren); siehe auch die VO BGBl 1995/624.

[1226]) VwGH 30. 1. 2014, 2012/15/0037.

[1227]) VwGH 31. 10. 2000, 95/15/0196 und VwGH 31. 1. 2018, Ra 2017/15/0104 (keine allgemeine Mindestentfernung).

[1228]) VwGH 25. 9. 2002, 98/13/0167.

[1229]) VwGH 20. 12. 1994, 94/14/0087.

[1230]) Jahressteuergesetz 2018 BGBl I 2018/62.

[1231]) VwGH 30. 9. 2015, 2012/15/0211 (zur Ausbildung einer pädagogisch qualifizierten Person); dazu *Fuchs* in *Doralt/Kirchmayr/Mayr/Zorn,* EStG[20] § 34 Tz 75/2 f.

5. Zur Abgeltung von ag Belastungen, die durch eine eigene **Körperbehinderung** (einschließlich geistiger Behinderung) oder durch eine Behinderung des (Ehe-)Partners oder des Kindes entstehen, werden dem Stpfl Freibeträge gewährt, die nach dem Grad der Minderung der Erwerbsfähigkeit gestaffelt sind (§ 35). An Stelle des Freibetrages können die tatsächlichen ag Belastungen geltend gemacht werden (§ 35 Abs 5). Werden pflegebedingte Geldleistungen (Pflegegeld, Pflegezulage oder Blindenzulage) bezogen, können Mehraufwendungen durch die eigene Behinderung oder durch die Behinderung des (Ehe-) Partners oder des Kindes geltend gemacht werden, soweit sie die pflegebedingten Geldleistungen übersteigen (§ 34 Abs 6). 661

Beispiele für ag Belastungen: Nicht durch Versicherungen gedeckte Kosten iZm **Krankheiten** und zwangsläufigen Kuraufenthalten (auch von unterhaltsberechtigten Personen); Kosten einer künstlichen Befruchtung oder Adoption im Fall einer nicht freiwillig herbeigeführten Fortpflanzungsunfähigkeit;[1232]) Kosten eines Kuraufenthalts, wenn die Zwangsläufigkeit durch ein ärztliches Zeugnis nachgewiesen werden kann;[1233]) Kosten von Krankenbesuchen;[1234]) Zahlungen auf Grund einer Bürgschaft, die der Bürge aus sittlichen Gründen (Beistandspflicht) übernehmen musste;[1235]) (einmalige) Schadenersatzzahlungen, die ohne (besonderes) schuldhaftes Verhalten des Schädigers zu leisten sind; Kosten für einen Deutschkurs des Ehepartners, wenn dieser ohne ausreichende Deutschkenntnisse ausgewiesen werden würde;[1236]) notwendige Kosten zur Verfolgung und Durchsetzung des in der Person des (unterhaltsberechtigten) Kindes begründeten Sonderbedarfes (notwendige und zweckmäßige, nicht aber vorsätzlich herbeigeführte Rechtsverfolgungskosten)[1237]). 662

Kosten der Beschaffung einer **Wohnung** führen idR nur zu einer Vermögensumschichtung und sind daher nicht begünstigungsfähig. Aufwendungen für eine **Hausgehilfin** können nur ausnahmsweise zu einer ag Belastung führen, etwa bei dauernder Krankheit oder notwendiger Berufstätigkeit der Hausfrau.[1238]) **Begräbniskosten** sind in erster Linie aus der Verlassenschaft zu bestreiten (§ 549 ABGB). Sie führen daher nur insoweit zu einer ag Belastung, als Verlassenschaft vorhanden ist; ihre Abzugsfähigkeit ist dann auch nicht auf Erben beschränkt.[1239]) Nach der Judikatur zählen zu den Begräbniskosten auch die Kosten für die Bewirtung der Trauergäste, wenn sie vom gegenüber dem Verstorbenen Unterhaltspflichtigen getragen werden.[1240]) Werden Aufwendungen aus **Krediten** bestritten, so wird eine ag Belastung bei Zutreffen der sonsti-

[1232]) VwGH 3. 11. 2005, 2002/15/0124 und VwGH 6. 7. 2011, 2007/13/0150.

[1233]) VwGH 22. 12. 2004, 2001/15/0116 und VwGH 28. 10. 2004, 2001/15/0164.

[1234]) VwGH 13. 5. 1986, 85/14/0181, ÖStZB 1987, 70.

[1235]) VwGH 21. 9. 1993, 93/14/0105; vgl auch VwGH 15. 2. 1994, 93/14/0227.

[1236]) VwGH 18. 12. 2017, 2017/15/0016.

[1237]) VwGH 26. 7. 2017, 2016/13/0026.

[1238]) VwGH 11. 5. 1993, 90/14/0019; VwGH 13. 12. 1995, 93/13/0272; VwGH 2. 8. 1995, 94/13/0207 (zu einem Witwer).

[1239]) Vgl *Pülzl*, RdW 1999, 553.

[1240]) VwGH 31. 5. 2011, 2008/15/0009.

gen Voraussetzungen erst mit Tilgung des Kredites anerkannt.[1241]) In diesem Fall gehören auch die Zinsen zu den ag Belastungen.[1242])[1243]) Ausgaben für die **Ersatzbeschaffung** von notwendigen Wirtschaftsgütern können nur dann ag Belastungen sein, wenn sie iZm außergewöhnlichen (zwangsläufigen) Vermögenseinbußen stehen und die Ersatzbeschaffung zwangsläufig ist.[1244])

663 **Keine** ag Belastung bewirken insb:

- Unterhaltsleistungen an geschiedene Ehegatten;
- Unterhaltsleistungen an Kinder aus geschiedenen Ehen oder an uneheliche Kinder (siehe dazu jedoch Tz 653);
- Unterstützung mittelloser Angehöriger;
- Abgeltungsbeträge nach § 98 ABGB, auch wenn sie aus Anlass der Scheidung der Ehe gezahlt werden;
- Aufwendungen für die eigene Berufsausbildung.

E. Steuerfestsetzung bei Schulderlass im Rahmen eines Insolvenzverfahrens – „Sanierungsgewinn" (§ 36)

Literatur: *Mayer,* Zum Wegfall des steuerfreien Sanierungsgewinnes, SWK 2000, 1152; *Kristen,* Erlass des BMF zur Nichtfestsetzung der Steuer auf Sanierungsgewinn, ZIK 2000, 15; *Denk,* Der Sanierungsgewinn im Ertragsteuerrecht, in *Feldbauer-Durstmüller/Schlager,* Krisenmanagement – Sanierung – Insolvenz², Wien 2002; *Käferböck,* Neuere Entwicklungen bei der steuerlichen Behandlung von Sanierungsgewinnen, ecolex 2001, 186; *Laudacher,* Abstandnahme von der Festsetzung der Ertragsteuer auf den Sanierungsgewinn, SWK 2001, 1268; *Kofler,* Steuerliche Begünstigung übertragender Sanierungen? ecolex 2002, 683; *oV,* VwGH: Kein Rechtsschutz vor UFS und VwGH bei Sanierungsgewinnen, RdW 2003, 227; *Wiesner,* Steuerliche Behandlung ausgleichsbedingter Schuldnachlässe seit 1998, RWZ 2003, 74; *Pülzl,* Neuerliche Reduktion der Bemessungsgrundlage, SWK 2003, 51; *Doralt,* „Steuer einschließlich Gewinn" – Sanierungsgewinn für Sprachakrobaten, RdW 2003, 406; *Kanduth-Kristen,* Steuerliche Behandlung des Sanierungsgewinnes, ÖStZ 2003, 513; *Dolezal-Huber/Rödler,* Endgültiges Aus für die Sanierung von Unternehmen auf Grund der ertragsteuerlichen Konsequenzen? ecolex 2004, 634; *Heinrich,* Sanierungsgewinne bei Mitunternehmerschaften, insbesondere Kommanditisten, RdW 2004, 305; *Fröhlich/Unger,* Steuerfestsetzungen im Rahmen von Insolvenzverfahren, SWK 2005, 1245; *Knörzer,* Neues im Insolvenzsteuerrecht, SWK 2005, 1465; *Kanduth-Kristen,* Ertragsteuerliche Besonderheiten in der Insolenz von Personengesellschaften, taxlex 2005, 113; *Kanduth-Kristen,* AbgÄG 2005: Steuerliche Änderungen betreffend das Insolvenzverfahren, taxlex 2005, 578; *Riederer,* Der Sanierungsgewinn im Steuer- und Sozialversicherungsrecht, SWK 2006, 809; *Kanduth-Kristen,* Steuerliche Behandlung von Schulderlässen und Sanierungsgewinnen, taxlex 2006, 436; *Kanduth-Kristen,* Steuerliche Neuerungen für das Insolvenzverfahren, ZIK 2006/43; *Farmer/Walder,* Rechnungslegung und Besteuerung in der Krise, in FS W. Doralt, Wien 2007, 35; *Langheinrich/Ryda,* Die steuerliche Behandlung eines auf Schulderlässen basierenden

[1241]) VwGH 15. 7. 1998, 95/13/0270; anders *Taucher,* RdW 1989, 173; siehe auch *Doralt,* RdW 1999, 441.

[1242]) LStR 2002 Rz 817.

[1243]) Offen nach VwGH 15. 7. 1998, 95/13/0270.

[1244]) VwGH 28. 5. 1980, 1104/78, ÖStZB 1981, 53.

Gewinnes, FJ 2009, 98; *Kanduth-Kristen/Stefaner,* „Verlustrettung" und Unternehmenssanierung, in *Achatz/Aigner/Kofler/Tumpel,* Praxisfragen der Unternehmensbesteuerung, Wien 2011, 301; *Helml,* Betriebliche Sanierung – ertragsteuerliche Aspekte, in FS Schlager, Steuergestaltung und Betriebswirtschaft, Wien 2012, 525; *Laudacher,* Nachlass von Bankschulden – nachträgliche betriebliche Einkünfte oder Sanierungsgewinn? ecolex 2012, 170; *Hutter,* Schuldnachlass als Betriebseinnahmen bei einem Land- und Forstwirt, UFSjournal 2013, 23; *Kanduth-Kristen,* Verbindlichkeiten in Krise und Insolvenz – ein Rechtsvergleich zwischen Österreich und Deutschland, StAW 2016, 205; *Kühbacher,* Hat ein Rangrücktritt ertragsteuerliche Folgen? SWI 2016, 621; *Fraberger/Papst/Pilz/Pilz,* Ertragsteuer, Umsatzsteuer und sonstige Abgaben, in *Poltsch/Bertl/Fraberger/Reckenzaun/Isola/Petsch,* Praxishandbuch Insolvenzabwicklung, Wien 2016, 153.

Der aus dem Schulderlass resultierende Gewinn wird steuerlich begünstigt, weil ansonsten die durch den Forderungsverzicht ausgelöste Steuerbelastung einerseits die Entschuldung des Stpfl gefährden würde, andererseits die Gläubiger an einer Sanierung des Stpfl weniger interessiert sein könnten, wenn der Hauptvorteil aus dem Forderungsverzicht dem Fiskus zufließt (zur Entwicklung der Bestimmung siehe unten Tz 669). **664**

Die Begünstigung kommt nur in Betracht für den **Erlass betrieblicher Schulden** im Rahmen der

- Erfüllung eines Sanierungsplanes nach §§ 140 ff IO[1245]),
- Erfüllung eines Zahlungsplanes (§§ 193 ff IO) oder
- Erteilung einer Restschuldbefreiung nach Durchführung eines Abschöpfungsverfahrens (§§ 199 ff IO).

frei **665–666**

Bei der **Ermittlung des begünstigten Sanierungsgewinnes** ist der durch den Schuldnachlass entstehende Gewinn auch für den Verlustausgleich zu berücksichtigen. Ein Sanierungsgewinn ist daher nur insoweit begünstigt, als er nach Ausgleich mit Verlusten des Betriebes (innerbetrieblicher Verlustausgleich), Verlusten aus der gleichen Einkunftsart (horizontaler Verlustausgleich) und Verlusten aus anderen Einkunftsarten (vertikaler Verlustausgleich) noch vorhanden ist.[1246]) **667**

Die Steuerbegünstigung besteht in einem **Steuernachlass:** Die Steuer, die auf den Gewinn entfällt, der aus dem Schulderlass resultiert, wird im gleichen Prozentausmaß erlassen, in dem auch die Gläubiger auf ihre Forderungen verzichten (§ 36 Abs 3). Beträgt zB die Sanierungsquote 40% und demgemäß der Forderungsnachlass 60%, dann wird auch die auf den Schuldenerlass entfallende Steuer iHv 60% nachgelassen. Der Schuldenerlass muss nicht zur Sanierung des Unternehmens geführt haben; die Begünstigung steht vielmehr auch dann zu, wenn das Unternehmen gleichzeitig mit dem Schuldenerlass eingestellt wird. **668**

[1245]) Insolvenzordnung RGBl 1914/337.

[1246]) Siehe VwGH 30. 3. 2011, 2008/13/0010; vgl auch VwGH 24. 10. 2013, 2012/15/0054.

669 Bis zum AbgÄG 2005[1247]) lautete die Überschrift des § 36 „Sanierungsgewinn". Bis zum StruktAnpG 1996[1248]) war der Sanierungsgewinn zur Gänze steuerfrei, danach wurde die Befreiung aufgegeben, weil gleichzeitig der Verlustvortrag, der bis dahin befristet war, zeitlich unbefristet eingeführt worden ist. Damit war sichergestellt, dass grds die Verlustvorträge zum Ausgleich mit dem Sanierungsgewinn herangezogen werden können, soweit die Verluste in der Vergangenheit nicht mit anderen Einkünften verrechnet worden sind. Eine Steuerbefreiung für Sanierungsgewinne würde daher zu einer Doppelbegünstigung führen. Ergab sich allerdings im Rahmen von Ausgleichsverfahren dennoch ein Steueranspruch, konnte dieser erfahrungsgemäß nicht durchgesetzt werden. In derartigen Fällen gewährte der Fiskus einen Steuernachlass auf der Grundlage des § 206 BAO (EStR 2000 Rz 7252). Mit dem BudBG 2003[1249]) wurde die Erlassregelung in das Gesetz übernommen.[1250]) Im KStG setzt die Begünstigung weiterhin die Sanierung, also die Fortführung des Unternehmens voraus (vgl § 23 a KStG).

670 Nach der FinVw kann die Begünstigung auch im Rahmen eines **außergerichtlichen Ausgleichs** in Anspruch genommen werden, soweit die sonstigen Voraussetzungen des § 36 erfüllt sind (EStR 2000 Rz 7272). Die EStR 2000 stützen sich auf § 206 BAO, der dafür allerdings keine taugliche Rechtsgrundlage darstellt.

F. Freibeträge (§§ 105 und 106 a)

671 Bei der Berechnung der ESt (LSt) ist von den Einkünften ein **Freibetrag** für Inhaber von **Amtsbescheinigungen und Opferausweisen** iHv € 801 abzuziehen (§ 105).

Ein **Kinderfreibetrag** ist letzmalig bei der Veranlagung für 2018 abzuziehen, wenn für das Kind mehr als sechs Monate im Kalenderjahr ein Kinderabsetzbetrag (Unterhaltsabsetzbetrag) bezogen wurde; dieser Freibetrag beträgt pro Jahr € 220 bzw jeweils € 132 im Fall der Aufteilung (§ 106 a). Mit dem JStG 2018 wurde der Kinderfreibetrag durch den Familienbonus Plus ersetzt (§ 33 Abs 3 a; siehe dazu Tz 697).

VIII. Exkurs: Überblick über die Besteuerung von Renten

Literatur: *Stoll,* Rentenbesteuerung[4], Wien 1997; *Hänsel,* Steuerreformgesetz 2000: Die Neuregelung der Rentenbesteuerung, FJ 2000, 34; *Thomanetz,* Vermeidung der Steuerpflicht für private Pensionsversicherungen, SWK 2000, S 277; *Doktor,* Steuerliche Beurteilung regelmäßiger Zuwendungen des Stifters an die Stiftung, SWK 2000, 463; *Kofler,* Die entgeltliche Übertragung von Betrieben, Teilbetrieben und Mitunternehmeranteilen gegen Leibrente nach dem StRefG 2000, WT 2000/4 + 5, 32; *Beiser,* Das Leistungsfähigkeitsprinzip – Irrweg oder Richtschnur? ÖStZ 2000, 413; *Fink,* Auslegung der Neuregelung der Rentenbesteuerung, SWK 2000, 887; *Beiser,* Unterhaltsrenten in der Einkommensteuer, ÖStZ 2001, 606; *Stangl,* Einkommensteuerliche Beurteilung fremdfinanzierter Rentenversicherungen, ecolex 2001, 654; *Bachl,* Rentenbarwertfaktoren gem § 16 BewG verfassungswidrig? ecolex 2002, 281; *Kilches,* VfGH prüft Leibrentenbesteuerung und Strafbestimmungen im Kommunalsteuergesetz, FJ 2002, 163; *Kristen/Pinggera/Schön,* Abfertigung Neu, RdW 2002, 386; *dies,* Abfertigung Neu, Wien 2002; *Kovar/Vondrak,*

[1247]) Abgabenänderungsgesetz 2005 BGBl I 2005/161.
[1248]) Strukturanpassungsgesetz 1996 BGBl 1996/201.
[1249]) Budgetbegleitgesetz 2003 BGBl I 2003/71.
[1250]) Siehe auch ErläutRV 59 BlgNR 22. GP 169 (zum BudBG 2003).

Fremdfinanzierte Rentenversicherungsmodelle, persaldo 2002 H 3, 5; *Thomanetz,* Private Pensionsvorsorge und Einkommensteuerpflicht, SWK 2002, 796; *Berger,* Betriebsübergabe gegen Rente in Deutschland, Österreich und der Schweiz, Köln 2002; *Kofler/Payerer,* Die steuerliche Behandlung der Pensionsvorsorge de lege ferenda; ÖStZ 2003, 120; *Payerer,* Die steuerliche Behandlung der Pensionsvorsorge de lege lata in Österreich (Teil I), ÖStZ 2003, 89; *Petschnigg,* Betriebsveräußerungen gegen Kaufpreisrente, WT 2003/2, 30; *Thomanetz,* Zur Neuregelung der Besteuerung privater Lebensversicherungsrenten, SWK 2003, 1005; *Wotschke/Hengstberger,* Anwendung des Verlustausgleichsverbotes nach § 2 Abs 2a EStG bei fremdfinanzierten Rentenversicherungsverträgen, SWK 2003, 677; *Urnik,* Die Übertragung von Wirtschaftsgütern gegen Rentenvereinbarungen, SWK 2003, 1416; *Kofler/Urnik,* Ein Dauerbrenner: Übertragung gegen Renten – Auswirkungen des Budgetbegleitgesetzes 2003, in FS Wundsam, Wien 2003, 399; *Doralt,* Lesbare Steuergesetze – Gegenleistungsrente für Sprachakrobaten, RdW 2003, 407; *Stingl,* Rentenbesteuerung ab 2004, immolex 2004, 176; *Birklbauer,* Versicherungssteuer als Werbungskosten bei der Anschaffung eines Rentenstammrechts, taxlex 2005, 129; *Zorn,* Einkommensteuerlicher Hälftesteuersatz bei Betriebsveräußerung gegen Rente, RdW 2005, 716; *Doralt,* VfGH: Mehrbedarfsrente steuerfrei, RdW 2007, 180; *Wagner,* VfGH: Keine Besteuerung kraft Rentenform von Mehrbedarfsrenten, FJ 2007, 43; *Neumayr/Steiner,* Schadenersatzrenten und ihre Besteuerung, Zak 2007/66; *Hajicek,* Rentenbesteuerung im Einkommensteuerrecht, Wien 2008; *Wanke,* Notwendige aleatorische Moment bei einer Zeitrente, UFSjournal 2009, 105; *oV,* VwGH: Steuerpflicht testamentarisch eingeräumter Renten, RdW 2010, 305; *Holzapfel,* Praktische Konsequenzen der deutsch-österreichischen Rentenbesteuerung, SWI 2011, 392; *Knechtl,* Steuerpflicht bei Dienstleistungsrenten, SWK 2012, 1518; *Beiser,* Wiederkehrende Bezüge im Licht des Leistungsfähigkeitsprinzips, ÖStZ 2013, 173; *ders,* Pflegekosten im Wechselspiel zwischen Zivilrecht und Einkommensteuer, ÖStZ 2013, 575; *Bodis/Hammerl,* EStR-Wartungserlass 2013: Neue Grundstücksbesteuerung (II), RdW 2013, 411; *oV,* VwGH: Werbungskosten bei Rentenmodell auf Wartetaste, RdW 2013, 299; *Fuhrmann/Löw,* Besteuerung von Renten anlässlich der Übertragung von Immobilien, ZLB 2014, 94; *oV,* VwGH zu Schadenersatzrenten, RdW 2014, 371; *Bodis/Hammerl,* EStR Wartungserlass 2015 – wichtigste Änderungen im Überblick (Teil 1), RdW 2015, 510; *E. Pamperl,* Rentenbesteuerung – quo vadis? ÖStZ 2015, 51; *Peyerl,* Steuerrechtliche Aspekte des neuen Pflegevermächtnisses, SWK 2017, 618; *ders,* Das Pflegevermächtnis: Bewertung und steuerrechtliche Aspekte, iFamZ 2017, 45; *Varro/Gruber,* Pflegevermächtnis einkommensteuerpflichtig? RdW 2017, 266.

Da es sich bei der steuerlichen Behandlung der Renten um einen komplexen Problemkreis handelt, bei dem zahlreiche Querverbindungen innerhalb des EStG zu beachten sind und verschiedene Abgrenzungsfragen auftauchen, wird dieses Gebiet hier zusammenfassend dargestellt.

Begriffliches:

Renten sind regelmäßig wiederkehrende Leistungen auf Grund eines besonderen vermögenswerten Anspruches, der als **Rentenstammrecht** bezeichnet wird. Von Raten unterscheiden sich Renten dadurch, dass bei ihnen der insgesamt zu entrichtende Betrag nicht feststeht, weil das Aufhören der Rentenzahlungen vom Eintritt eines ungewissen Ereignisses abhängt, die Leistungen also **aleatorischen Charakter** haben.[1251]) Das maßgebliche aleatorische Moment **672**

[1251]) Siehe VwGH 9. 11. 1982, 82/14/0109, ÖStZB 1983, 234 und VwGH 29. 3. 1993, 92/15/0052.

stellt die Lebenserwartung, dh den Zeitpunkt des Todes einer Person, dar (zB des Rentenberechigten) und kann auch nicht durch ein anderes aleatorisches Moment ersetzt werden.[1252]) Dabei werden Leibrenten und Zeitrenten unterschieden. Bei einer **Leibrente** hängt die Laufzeit der Rente ausschließlich von der Lebensdauer einer Person ab. Bei einer **Zeitrente** ist sowohl zwingend auf die Lebensdauer einer Person als auch auf einen Zeitraum oder ein alternatives Ereignis abzustellen; in einem solchen Fall liegt aber nur dann eine Rente im steuerlichen Sinn vor, wenn die vereinbarte Höchstdauer der Rente wesentlich geringer ist, als die Lebenserwartung der Person.[1253]) Dies gilt auch für den umgekehrten Fall einer Mindestlaufzeit über die voraussichtliche Lebenserwartung einer Person hinaus; ist diese Mindestlaufzeit wesentlich länger als die voraussichtliche Lebenserwartung, liegt keine Rente im steuerlichen Sinn vor.[1254])

673 **Dauernde Lasten** sind Leistungsverpflichtungen, die für einen längeren Zeitraum einem anderen gegenüber in Gestalt von Geld- oder Sachleistungen zu erbringen sind. Ein längerer Zeitraum liegt nur dann vor, wenn die Leistungsverpflichtung über **mindestens 10 Jahre** besteht.[1255]) Dauernde Lasten erfordern den Abfluss von Vermögenswerten, ein bloßes Dulden stellt keine dauernde Last dar (zB bei einem Wohn- oder Fruchtgenussrecht).[1256]) Renten stellen idR einen Unterfall von dauernden Lasten dar[1257]) und werden gleichbehandelt; in der Folge ist daher nur mehr von Renten die Rede.

674 Für die steuerliche Beurteilung ist die Unterscheidung von Gegenleistungs- und Zuwendungsrenten von Bedeutung. Bei **Gegenleistungsrenten** (Kaufpreisrenten) wird die Zahlung der Rente als (wirtschaftlich äquivalente) Gegenleistung für die Übertragung von Wirtschaftsgütern vereinbart, bei **Zuwendungsrenten** (Versorgungsrente, Unterhaltsrente) fehlt es an einer Gegenleistung des Rentenberechtigten. Ferner ist zwischen der Behandlung beim Rentenverpflichteten und beim Rentenberechtigten zu unterscheiden. Aus der Sicht des Rentenverpflichteten (Rentenzahlers) ist primär die Frage zu beantworten, ob und – wenn ja – unter welchem Titel die gezahlten Rentenbeträge abzugsfähig sind; darüber hinaus stellt sich bei Gegenleistungsrenten die Frage nach der Höhe der Anschaffungskosten der gegen Rentenvereinbarung erworbenen Wirtschaftsgüter. Hinsichtlich des Rentenberechtigten (Rentenempfängers) ist – spiegelbildlich – primär die steuerliche Behandlung der zufließenden Renten von Interesse; insb stellt sich bei Gegenleistungsrenten die Frage, ob und in welcher Höhe die Veräußerung eines Wirtschaftsgutes gegen Renten zu stpfl Einkünften führt.

674/1 Die Grundsätze für die Unterscheidung von Gegenleistungs- und Zuwendungsrenten wurden auch durch die Neuregelung der Grundstücksbesteuerung

[1252]) Siehe VwGH 31. 7. 2013, 2009/13/0056.

[1253]) Siehe VwGH 31. 7. 2013, 2009/13/0056.

[1254]) Siehe *Stoll*, Rentenbesteuerung⁴ Rz 56.

[1255]) Siehe VwGH 31. 7. 2013, 2009/13/0056 und VwGH 24. 9. 2003, 2000/13/0188. Siehe auch *Büsser* in *Hofstätter/Reichel*, EStG § 18 Abs 1 Z 1, Tz 5.

[1256]) Siehe *Büsser* in *Hofstätter/Reichel*, EStG § 18 Abs 1 Z 1, Tz 5.

[1257]) Siehe VwGH 22. 4. 1999, 97/15/0137.

nicht geändert.[1258]) Allerdings sind Einkünfte aus der Veräußerung eines Grundstücks aus dem Privatvermögen gegen eine Gegenleistungsrente nach dem 31. 3. 2012 nicht nach § 29 Z 1, sondern nach § 30 stpfl.

A. Behandlung des Rentenverpflichteten

1. Betriebliche Gegenleistungsrenten

Eine betriebliche Gegenleistungs- oder Kaufpreisrente liegt dann vor, **675**
wenn ein Betrieb, ein Teilbetrieb, ein Mitunternehmeranteil oder einzelne Wirtschaftsgüter des Betriebsvermögens gegen Eingehen einer Rentenverpflichtung erworben werden; die Rente muss angemessen sein (75% bis 125% des Wertes der Gegenleistung).

Erwirbt der Stpfl gegen Eingehen einer Rentenverpflichtung einen Betrieb, gilt als Anschaffungskosten prinzipiell der gem § 16 BewG nach versicherungsmathematischen Methoden ermittelte Barwert der Rentenverpflichtung (siehe dazu unten Tz 677).[1259]) Die Rentenverpflichtung ist mit diesem Wert zu passivieren. Die erworbenen Wirtschaftsgüter sind nach der Regel des § 6 Z 8 lit b zu bewerten (Anschaffungskosten); der Differenzbetrag zum Gesamtkaufpreis (zum Rentenbarwert) ist als Firmenwert auszuweisen. Die Rentenverpflichtung ist zu jedem Bilanzstichtag neu zu bewerten. Die durch die gesunkene Lebenserwartung des Rentenberechtigten ausgelöste Verminderung der Rentenverpflichtung ist als Ertrag auszuweisen. Die tatsächlichen Aufwendungen für die Rentenzahlungen führen auf der anderen Seite zu Betriebsausgaben. Der Differenzbetrag beeinflusst den Erfolg (wirtschaftlich betrachtet stellt dieser Saldo die Zinsenkomponente der Rente dar). Bei Wegfall der Rentenverpflichtung durch Tod des Berechtigten ist das Passivum gewinnerhöhend aufzulösen, die Wertansätze der Wirtschaftsgüter sind jedoch nicht zu korrigieren (keine nachträgliche Minderung der Anschaffungskosten).[1260]) Wird umgekehrt für die Rente eine Wertsicherungsklausel schlagend, ist das Passivum entsprechend zu erhöhen; eine nachträgliche Erhöhung der Anschaffungskosten hat zu unterbleiben.[1261]) Ebenso bleiben die Anschaffungskosten unverändert, wenn die tatsächlichen Rentenzahlungen den Rentenbarwert übersteigen.[1262])

Wird der Gewinn gem § 4 Abs 3 ermittelt, wird die Rentenschuld ebenfalls **676**
(gedanklich) passiviert. Aus dem Kapitalwert der Rente und den übernommenen Schulden werden die Anschaffungskosten der Aktiva abgeleitet (Bewertung nach § 6 Z 8 lit b). Die Rentenzahlungen (und übernommenen Schulden) sind im Verhältnis der Teilwerte des Anlage- und Umlaufvermögens (nach Berück-

---

[1258]) Siehe EStR 2000 Rz 7014a.

[1259]) Siehe VwGH 30. 11. 1993, 90/14/0107; zur Anwendung des Rentenbarwertes nach § 16 BewG siehe EStR 2000 Rz 7020a.

[1260]) Vgl VwGH 21. 4. 1961, 2966/58, ÖStZB 1961, 110.

[1261]) Vgl *Stoll*, Rentenbesteuerung[4] Tz 745; ebenso VwGH 13. 5. 1986, 83/14/0089, ÖStZB 1987, 162 und VwGH 28. 4. 1987, 85/14/0066, ÖStZB 1988, 106.

[1262]) Siehe VwGH 24. 11. 1980, 716, 818/79, ÖStZB 1981, 266.

sichtigung der unmittelbar zurechenbaren Schulden) aufzuspalten.[1263]) Der Teil, der auf das Umlaufvermögen entfällt, ist im Zeitpunkt der Verausgabung Betriebsausgabe. Der auf das Anlagevermögen entfallende Teil ist erst dann als Betriebsausgabe abzugsfähig, wenn die Rentenzahlungen den Rentenbarwert übersteigen.[1264]) Bei **vorzeitigem Wegfall der Rentenschuld** ist der bestehende Rentenbarwert als Betriebseinnahme zu behandeln, soweit die Rentenschuld auf das Anlagevermögen entfällt.[1265]) Soweit die Rentenschuld auf das Umlaufvermögen entfällt, kommt es zu keiner Betriebseinnahme; der Wegfall der Rentenschuld findet bereits im fehlenden Betriebsausgabenabzug seinen Niederschlag.

Die vorstehenden Grundsätze gelten entsprechend beim Erwerb einzelner Wirtschaftsgüter des Betriebsvermögens gegen Kaufpreisrenten.

2. Außerbetriebliche Gegenleistungsrenten

677 Eine außerbetriebliche Gegenleistungsrente liegt dann vor, wenn ein Wirtschaftsgut des Privatvermögens gegen Eingehen einer Rentenverpflichtung erworben wird (zB Erwerb einer Liegenschaft gegen Rente). Die Rente muss eine angemessene Gegenleistung darstellen (50% bis 125% des Wertes des übertragenen Wirtschaftsgutes; § 20 Abs 1 Z 4). Als Anschaffungskosten des Wirtschaftsgutes wird der nach § 16 BewG ermittelte Barwert der Rente angenommen. Der Barwert wird durch eine **versicherungsmathematische Berechnung** auf Basis der Erlebenswahrscheinlichkeit der Person ermittelt, von deren Ableben die Rentenlaufzeit abhängig ist;[1266]) als Abzinsungszinssatz ist gem § 16 Abs 1 iVm § 15 Abs 1 BewG ein Satz iHv 5,5% anzuwenden. Von diesem Wert ist bspw zur Ermittlung der AfA auszugehen, wenn das erworbene (abnutzbare) Wirtschaftsgut der Einkünfteerzielung dient (etwa ein Mietobjekt).[1267])

678 Übersteigen die Rentenzahlungen den Barwert der Rente, dann sind beim Rentenverpflichteten ab diesem Zeitpunkt die Rentenzahlungen abzugsfähig, und zwar als Werbungskosten, wenn das erworbene Wirtschaftsgut der Erzielung außerbetrieblicher Einkünfte dient (zB Mietgebäude), oder als Sonderausgaben, wenn das erworbene Wirtschaftsgut privat genutzt wird.

Bei einer Rente gegen einen Geldbetrag ist nicht der Barwert, sondern der Geldbetrag maßgeblich.

Wird ein Grundstück gegen Rente nach dem 31. 3. 2012 veräußert, liegen nicht Einkünfte nach § 29 Z 1, sondern Einkünfte nach § 30 vor. Stpfl sind die Einkünfte ab dem Zeitpunkt, in dem die Rentenzahlungen die Anschaffungs- bzw Herstellungskosten des Grundstücks übersteigen. Beim Rentenverpflichteten sind die Rentenzahlungen

---

[1263]) Vgl VwGH 15. 4. 1980, 3259/79, ÖStZB 1981, 33.

[1264]) Siehe VwGH 29. 11. 1972, 79/71, ÖStZB 1973, 113; siehe auch EStR 2000 Rz 7036 und Rz 7043; kritisch *Stoll*, Rentenbesteuerung[4] Tz 696 ff.

[1265]) Siehe EStR 2000 Rz 7036 und Rz 7043; siehe auch BFH 31. 8. 1972, IV R 93/67, BStBl 1973 II 51.

[1266]) Die Erlebenswahrscheinlichkeit ergibt sich aus der nach § 16 Abs 2 BewG ergangenen ErlebenswahrscheinlichkeitsV (BGBl II 2009/20).

[1267]) Siehe EStR 2000 Rz 7041.

dagegen erst ab Überschreiten des Rentenbarwertes als Sonderausgaben bei Nutzung des erworbenen Grundstücks zur Erzielung von Einkünften aus Vermietung und Verpachtung als Werbungskosten abzugsfähig.[1268])

3. Versorgungsrenten

Wird ein **Betrieb (Teilbetrieb, Mitunternehmeranteil)** gegen Rente übertragen, stellt aber die Rente aus privaten Motiven keine angemessene Gegenleistung dar, liegt eine Versorgungsrente vor (§ 18 Abs 1 Z 1 letzter Satz iVm § 20 Abs 1 Z 4; im Gesetz wird der Begriff „Versorgungsrente" allerdings nicht verwendet). **679**

Die Versorgungsrente ist beim Rentenverpflichteten von der ersten Rentenzahlung an als Sonderausgabe absetzbar (anders die Gegenleistungsrente, die erst nach Übersteigen des Rentenbarwerts steuerwirksam ist). Die Übertragung eines Betriebes (Teilbetriebes, Mitunternehmeranteiles) gegen Versorgungsrente ist ein unentgeltlicher Vorgang (somit Buchwertfortführung nach § 6 Z 9 lit a).

Von einer Versorgungsrente spricht man dann, wenn die Rente **weniger als 75% oder mehr als 125% des angemessenen Wertes** der Gegenleistung beträgt. Beträgt allerdings der Wert der Rente mehr als 200% des Wertes des übertragenen Betriebes, liegt eine steuerlich unbeachtliche Unterhaltsrente vor.[1269]) **680**

Die Abzugsfähigkeit der Versorgungsrente als Sonderausgabe ergibt sich daraus, dass einerseits ihre Höhe aus privaten Motiven vom Wert der Gegenleistung abweicht, aber dennoch eine „Rente auf Grund eines besonderen Verpflichtungsgrundes" vorliegt. Dieser Regelfall einer Versorgungsrente wird daher wegen der privaten Motive auch als außerbetriebliche Versorgungsrente bezeichnet. Wird dagegen eine Versorgungsrente **aus betrieblichen Gründen** gewährt (zB Pensionsleistung für den ehemaligen Betriebsinhaber oder seine Witwe), sind die Rentenzahlungen als Betriebsausgaben abzugsfähig. Die außerbetriebliche und die betriebliche Versorgungsrente unterscheiden sich daher nur in den Motiven und in der steuerlichen Einordnung der Abzugsfähigkeit, nicht aber im effektiven steuerlichen Ergebnis.

Die außerbetriebliche Versorgungsrente wurde mit dem StRefG 2000[1270]) gesetzlich verankert, nachdem der VwGH die ursprünglich bloß als Verwaltungspraxis gehandhabte Versorgungsrente mangels einer gesetzlichen Grundlage nicht mehr anerkannte.[1271]) Für die betriebliche Versorgungsrente fehlt weiterhin eine gesetzliche Grundlage; angesichts der erwähnten Änderung der Rsp des VwGH zur außerbetrieblichen Versorgungsrente kann nicht angenommen werden, dass der VwGH die betriebliche Versorgungsrente anerkennen würde. Es müssten daher die gleichen Regelungen zur Anwendung kommen wie bei einem unentgeltlichen Betriebserwerb.

Ursprünglich waren Versorgungsrenten sowohl iZm der Übertragung von Betrieben als auch iZm der Übertragung von Privatvermögen möglich. Mit dem StRefG 2000 wurde die Versorgungsrente aber nur für Betriebsübertragungen gesetzlich geregelt. Wird kein Betrieb (Teilbetrieb, Mitunternehmeranteil), sondern Privatvermögen gegen

[1268]) Siehe EStR 2000 Rz 7035 b.
[1269]) Siehe EStR 2000 Rz 7027 und Rz 7046.
[1270]) Steuerreformgesetz 2000 BGBl I 1999/106.
[1271]) Siehe VwGH 26. 1. 1999, 93/14/0045 (Änderung der Rsp).

eine unangemessene Rente übertragen, sind folglich die Grundsätze der Versorgungsrente nicht anwendbar, es kann entweder nur eine Gegenleistungs- oder eine Unterhaltsrente vorliegen.[1272]) Bei einer unterwertigen Rente wird eine freiwillige Rente (Unterhaltsrente) angenommen, bei einer überwertigen Rente wird der angemessene Anteil als Gegenleistungsrente behandelt, sofern die Rente nicht derart unangemessen hoch ist, dass sie zur Gänze als Unterhaltsrente zu beurteilen ist (siehe dazu unten Tz 681). Die Nichtabzugsfähigkeit der Rentenzahlungen als Sonderausgaben bei Übertragung von Einzelwirtschaftsgütern des Privatvermögens gegen eine unangemessen niedrige Rente ist verfassungsrechtlich unbedenklich.[1273])

4. Unterhaltsrenten, freigebige Renten

681 Rentenzahlungen an unterhaltsberechtigte Personen und freigebige Renten sind, selbst wenn sie auf einem besonderen Verpflichtungsgrund beruhen, nicht als Sonderausgaben abzugsfähig (§ 18 Abs 1 Z 1 iVm § 20 Abs 1 Z 4).[1274]) Eine nicht abzugsfähige freigebige Rente liegt auch dann vor, wenn anlässlich der Übertragung eines Wirtschaftsgutes eine unangemessen niedrige Rente vereinbart wird (50%-Grenze).[1275]) Eine unangemessen hohe Rente ist mit dem angemessenen Teil als Gegenleistungsrente zu behandeln **(gemischte Rente);** die Angemessenheitsgrenze orientiert sich hier an der 125%-Grenze. Über 200% ist die Rente als freigebige Rente insgesamt nicht abzugsfähig.

Für die Einordnung der Rente ist auf den Zeitpunkt der Übernahme der Rentenverpflichtung abzustellen.[1276])

5. Sonstige Renten

682 Rentenzahlungen ohne Zusammenhang mit einer Einkunftsquelle, die auch nicht als Gegenleistung für die Übertragung von Wirtschaftsgütern oder auf Grund einer Unterhaltspflicht geleistet werden, jedoch auf einem besonderen Verpflichtungsgrund beruhen, sind in voller Höhe als Sonderausgaben zu berücksichtigen (zB Schadenersatzrente wegen eines Unfalls).[1277])

B. Behandlung des Rentenberechtigten

1. Betriebliche Gegenleistungsrenten

683 Veräußert der Stpfl seinen Betrieb, ist der Veräußerungsgewinn gem § 24 durch Gegenüberstellung des Veräußerungspreises und des Betriebsvermögens (zu Buchwerten) zu ermitteln. Erfolgt die Veräußerung gegen Renten, wird von

[1272]) Siehe VwGH 24. 2. 2005, 2004/15/0157; VwGH 28. 1. 2005, 2000/15/0045; VwGH 2. 7. 2002, 2000/14/0140.

[1273]) Siehe VfGH 12. 3. 2004, B 181/03.

[1274]) Vgl VwGH 28. 3. 2001, 98/13/0019 (zur Freiwilligkeit bei einer Erfüllungsübernahme nach § 1404 ABGB).

[1275]) Vgl VwGH 27. 4. 2005, 2005/14/0007 und 2005/14/0008 (zur Einordnung einer Leibrente als Kaufpreisrente oder als freigebige Rente).

[1276]) Siehe VwGH 24. 3. 2009, 2004/13/0063.

[1277]) Siehe VwGH 14. 6. 1988, 87/14/0171, ÖStZB 1989, 55.

der Praxis als Veräußerungspreis nicht etwa der (gem § 16 BewG versicherungsmathematisch ermittelte) Barwert der Rentenberechtigung angesetzt. Ein Veräußerungsgewinn wird vielmehr erst dann angenommen, wenn die laufenden Rentenzahlungen den Wert des Betriebsvermögens (zu Buchwerten) im Zeitpunkt der Veräußerung übersteigen (Zuflussprinzip).[1278]) Die fernerhin zufließenden Renten sind nachträgliche betriebliche Einkünfte. Die Progressionsermäßigungen nach § 37 (Verteilungs- und Halbsatzbegünstigung) und der Freibetrag nach § 24 kommen nicht zur Anwendung.[1279]) Wird die Rentenzahlung eingestellt, bevor der Wert des Betriebsvermögens erreicht ist (zB Insolvenz), liegt ein ausgleichs- und vortragsfähiger Verlust vor.

Durch die neue Grundstücksbesteuerung kommt es bei Veräußerung eines Betriebes gegen Rente idR zu keinen Änderungen. Der auf Grundstücke entfallende Teil der Rentenzahlungen ist daher bei der Ermittlung des Veräußerungsgewinnes iSd § 24 nicht gesondert anzusetzen, weil auf Grund der steuerlichen Erfassung der Rentenzahlungen nach Maßgabe des Zufließens,[1280]) der besondere Steuersatz nach § 30a Abs 1 nicht zur Anwendung kommt.[1281])

Werden lediglich einzelne Wirtschaftsgüter des Betriebes gegen Renten veräußert, ist der Rentenanspruch nach versicherungsmathematischen Grundsätzen zu ermitteln und zu aktivieren. Die Differenz zum Buchwert ist erfolgswirksam. Der Rentenanspruch ist jährlich neu zu bewerten (Aufwand), die Rentenzahlungen sind als Betriebseinnahmen anzusetzen. **684**

2. Außerbetriebliche Gegenleistungsrenten

Werden Wirtschaftsgüter des Privatvermögens gegen Renten veräußert, ist zunächst zu prüfen, ob es sich – abhängig von der Art des Wirtschaftsgutes – um eine private Grundstücksveräußerung nach § 30, ein Spekulationsgeschäft nach § 31 bzw um die Veräußerung von Kapitalvermögen nach § 27 handelt; die §§ 27, 30 und 31 haben Vorrang vor der Besteuerung nach § 29 Z 1.[1282]) Nach den §§ 27, 30 bzw 31 besteht Steuerpflicht, sobald die laufenden Rentenzahlungen die seinerzeitigen Anschaffungskosten des Wirtschaftsgutes übersteigen (zB des Kapitalvermögens oder des Grundstückes). Werden die Rentenzahlungen vor Erreichen der Anschaffungskosten eingestellt, entsteht ein Verlust. **685**

Beispiel:

A veräußert 2013 ein Grundstück, das er 2005 um € 100.000 erworben hat, gegen eine Leibrente von jährlich € 20.000. Es liegt eine private Grundstücksveräußerung iSd § 30 vor. Steuerpflicht ist daher gegeben, sobald die Rentenzahlungen die ursprünglichen Anschaffungskosten übersteigen (somit erstmals im sechsten Jahr).

[1278]) Siehe EStR 2000 Rz 5672; kritisch *Stoll,* Rentenbesteuerung[4] Tz 397 ff.

[1279]) Siehe *Stoll,* Rentenbesteuerung[4] Tz 427 und 433; siehe auch VwGH 23. 9. 2005, 2003/15/0104 und *Zorn,* RdW 2005, 716.

[1280]) Siehe EStR 2000 Rz 5672.

[1281]) Siehe EStR 2000 Rz 5675.

[1282]) Vgl VwGH 13. 9. 1978, 2931/76, ÖStZB 1979, 125 (zur Rechtslage vor dem BBG 2011).

686 Bei Gegenleistungsrenten kommt es somit nur mehr in Ausnahmefällen (Veräußerung eines beweglichen Wirtschaftsgutes gegen Rente) zur Steuerpflicht auf Grund der Rentenform gem § 29 Z 1. Die Steuerpflicht tritt in diesen Fällen erst dann ein, wenn die Rentenzahlungen den gem § 16 BewG kapitalisierten Wert der Rentenverpflichtung (Rentenbarwert) übersteigen.

687 Wird die Rente als Gegenleistung für einen Geldbetrag gezahlt (zB Rente auf Grund eines Versicherungsvertrages[1283])), tritt an die Stelle des Rentenbarwerts der Geldbetrag zum Nominalwert. In diesem Fall wird deutlich, dass die Besteuerung der Rente einer Zinsenbesteuerung entspricht (abgesehen vom Risikofaktor).

687/1 Werden Rentenversicherungen fremdfinanziert, stellen die Zinsen für die Fremdfinanzierung Werbungskosten für die Einkünfte aus der Rentenversicherung dar. Allerdings sind diese nur insoweit im Jahr der Verausgabung als vorweggenommene Werbungskosten abzugsfähig, als absehbar ist, dass in künftigen Jahren stpfl Einkünfte aus der Rentenversicherung bezogen werden; ist dies nicht der Fall, sind die angesammelten Ausgaben frühestmöglich mit positiven Einkünften aus der Rentenversicherung zu verrechnen.[1284]) Bei fremdfinanzierten Rentenversicherungsmodellen, bei denen auch der Aufbau eines Tilgungsträgers inkludiert ist, sind die Fremdfinanzierungsaufwendungen anteilig dem Rentenstammrecht und dem Tilgungsträger zuzuordnen, sodass diese nur zT Werbungskosten bei den Einkünften aus der Versicherungsrente darstellen.[1285])

3. Versorgungsrenten

688 Versorgungsrenten sind beim Rentenberechtigten wiederkehrende Bezüge nach § 29 Z 1; bei einer betrieblichen Versorgungsrente (siehe oben Tz 679 f) bezieht der Rentenberechtigte nachträgliche Betriebseinnahmen.

4. Unterhaltsrenten, freigebige Renten

689 Renten, die beim Verpflichteten gem § 20 Abs 1 Z 4 nicht als Sonderausgaben abzugsfähig sind (Unterhaltsrenten, freigebige Renten), sind beim Rentenberechtigten keine wiederkehrenden Bezüge iSd § 29 Z 1.

5. Sonstige Renten

690 Renten aus der österr Sozialversicherung zählen ebenso wie Renten aus einer ausländischen gesetzlichen Sozialversicherung, die einer inländischen entspricht, gem § 25 Abs 1 Z 3 zu den Einkünften aus nichtselbständiger Arbeit. Zu den selbständig Tätigen siehe oben Tz 69.

691 Renten ohne Zusammenhang mit der Einkünfteerzielung, mit Vermögensübertragungen oder Unterhaltsverpflichtungen sind kraft Rentenform in voller Höhe gem § 29 Z 1 stpfl. Schadenersatzrenten, die dem Ausgleich des

---

[1283]) Siehe dazu VwGH 29. 6. 2016, 2013/15/0307 und VwGH 21. 4. 2005, 2004/15/0155; siehe auch *oV*, RdW 2013, 299.

[1284]) Siehe VwGH 29. 6. 2016, 2013/15/0307 und VwGH 19. 3. 2013, 2010/15/0141.

[1285]) Siehe VwGH 29. 6. 2016, 2013/15/0307.

durch die Schädigung eingetretenen persönlichen **Mehrbedarfs** des Opfers dienen sollen, erhöhen die wirtschaftliche Leistungsfähigkeit des Rentenempfängers nicht und sind daher nicht steuerbar,[1286]) wenn der Mehrbedarf dem Grunde nach die Voraussetzungen der außergewöhnlichen Belastung nach den §§ 34 und 35 erfüllt.[1287]) Nicht stpfl sind auch Schadenersatzrenten, die an die Stelle einer sonst bestehenden Unterhaltsverpflichtung treten und diese ersetzen (Unterhaltsersatzrente).[1288])

Wird durch eine Rentenleistung ein Verdienstentgang ersetzt, stellt die Rente eine stpfl Einnahme iSd § 32 Z 1 dar; wobei der Ersatz eines Verdienstentganges auch dann vorliegt, wenn die Rente betriebliche Mehraufwendungen ersetzen soll;[1289]) die Renten sind bei jener Einkunftsart zu erfassen, die durch die Rente ersetzt wird.[1290])

Renten anlässlich der Übertragung von Betrieben, Teilbetrieben, Mitunternehmeranteilen 692

	Gegenleistungsrente	(außerbetriebliche) Versorgungsrente	Unterhaltsrente
Wertverhältnis versicherungsmath. Rentenbarwert zuzüglich allfälliger Einmalbeträge zum Wert des Betriebsvermögens	75% – 125%	unter 75% oder zwischen 125% und 200%	über 200%
Entgeltlichkeit/ Unentgeltlichkeit	entgeltlich	unentgeltlich, auch bezüglich Betriebsgrundstücke	unentgeltlich, auch bezüglich Betriebsgrundstücke
Behandlung beim Rentenverpflichteten (Käufer)	Ansatz des versicherungsmath. Barwerts als Anschaffungskosten Passivierung des versicherungsmath. Barwerts als Rentenverbindlichkeit Rentenzahlungen sind Betriebsausgaben, jährliche Verminderung des Rentenbarwerts ist Betriebseinnahme	Buchwertfortführung Renten stellen ab der ersten Zahlung Sonderausgaben dar (bei der betrieblichen Versorgungsrente Betriebsausgaben)	Buchwertfortführung Renten sind nicht abzugsfähig

---

[1286]) Siehe VfGH 7. 12. 2006, B 242/06; siehe auch EStR 2000 Rz 7011.

[1287]) Siehe VwGH 18. 10. 2012, 2009/15/0148.

[1288]) Siehe EStR 2000 Rz 7015; siehe auch BFH 26. 11. 2008, X R 31/07.

[1289]) Siehe VwGH 24. 4. 2014, 2011/15/0197 (zu einer Rente, die den Aufwand für infolge eines Unfalles erforderliche Hilfskräfte bei bestimmten betrieblichen Tätigkeiten abgelten soll).

[1290]) Siehe EStR 2000 Rz 7018 a.

	Gegenleistungsrente	(außerbetriebliche) Versorgungsrente	Unterhaltsrente
Behandlung beim Rentenberechtigten (Verkäufer)	Veräußerungsgewinn erst, wenn Rentenzahlungen den Wert des übertragenen Betriebsvermögens übersteigen keine Progressionsermäßigungen nach § 37, kein Freibetrag nach § 24	keine Ermittlung eines Veräußerungsgewinns Renten stellen ab dem ersten Empfang Einkünfte nach § 29 Z 1 dar (bei der betrieblichen Versorgungsrente Betriebseinnahmen). Dies gilt auch für den auf Betriebsgrundstücke entfallenden Rententeil, weil bei unentgeltlichen Rechtsgeschäften § 30 nicht anwendbar ist	keine Ermittlung eines Veräußerungsgewinns Renten sind nicht stpfl

693 **Renten anlässlich der Übertragung von Privatvermögen (Einzelwirtschaftsgütern)**

	Gegenleistungsrente	Gemischte Rente	Unterhaltsrente
Wertverhältnis versicherungsmath. Rentenbarwert zuzüglich allfälliger Einmalbeträge zu Wert des Wirtschaftsgutes	50% – 125%	zwischen 125% und 200%	unter 50% oder über 200%
Entgeltlichkeit/ Unentgeltlichkeit	entgeltlich	bis 100% entgeltlich, Rest unentgeltlich	unentgeltlich
Behandlung beim Rentenverpflichteten (Käufer)	Ansatz des Barwerts nach § 16 BewG bzw des Geldbetrages als Anschaffungskosten (für AfA bei VuV oder für eine spätere Grundstücksveräußerung oder einen späteren Spekulationstatbestand von Bedeutung) Renten stellen ab Überschreiten des Barwerts nach § 16 BewG bzw nach Überschreiten des Geldbetrages Sonderausgaben dar (Werbungskosten bei außerbetrieblicher Einkunftserzielung)	Aufspaltung der Rente: bis 100% liegt eine Gegenleistungsrente vor, der Rest ist als Unterhaltsrente zu behandeln	keine Anschaffung Renten sind nicht abzugsfähig

	Gegenleistungsrente	Gemischte Rente	Unterhaltsrente
Behandlung beim Rentenberechtigten (Verkäufer)	Steuerpflicht nach den §§ 27, 30 oder 31 ab Überschreiten der Anschaffungskosten, sonst führen Renten ab Überschreiten des Barwerts nach § 16 BewG bzw nach Überschreiten des Geldbetrages zu Einkünften nach § 29 Z 1	Aufspaltung der Rente: bis 100% liegt eine Gegenleistungsrente vor, der Rest ist als Unterhaltsrente zu behandeln	keine Ermittlung eines Veräußerungsgewinns Renten sind nicht steuerpflichtig

IX. Berechnung der ESt

A. Tarif und Absetzbeträge

Literatur: *Kresbach,* Mit Wochengeld kaum mehr Alleinverdiener, FJ 2000, 330; *Kristen,* Familienbesteuerung, Wien 2000; *Oberleitner,* Familientransfer und Individualbesteuerung, RdW 2000, 630; *ders,* Alleinverdienerabsetzbetrag für beide (Ehe-)Partner? SWK 2000, 1025; *Kropf,* Werden beschränkt steuerpflichtige EU-Bürger durch Nichtgewährung des Alleinverdienerabsetzbetrages unzulässig diskriminiert? SWI 2001, 245; *Zorn,* Kindesunterhalt und Verfassungsrecht, SWK 2001, 1289; *Hollik/Hollik,* Der Euro-Einkommensteuertarif 2002 und dessen Unebenheiten, FJ 2002, 237; *Mack,* Familiensteuer, Prozentrechnung und Verfassungsgerichtshof, SWK 2002, 677; *Kofler,* De Groot: Arbeitnehmerfreizügigkeit gebietet eine volle steuerliche Berücksichtigung der persönlichen und familiären Situation im Wohnsitzstaat, ÖStZ 2003, 184; *Novacek,* Berücksichtigung persönlicher Verhältnisse nach Gemeinschaftsrecht, RdW 2003, 535; *Kresbach,* Familienbesteuerung: Gleiche Steuerlasten für alle unterhaltspflichtigen Väter, ÖStZ 2003, 294; *Ruppe,* Familienbesteuerung und Verfassungsgerichtshof, ÖStZ 2003, 148; *Pülzl,* VfGH billigt Einschleifregelung des Pensionistenabsetzbetrages, SWK 2003, 524; *Hilber,* Höhe des Pensionistenabsetzbetrages bei ausländischer Pension, SWK 2003, 1405; *Mühlehner,* Berechnung des Progressionsvorbehalts gem § 33 Abs 10 EStG widerspricht EG-Recht, SWI 2003, 61; *Knörzer,* Pensionistenabsetzbetrag verfassungskonform, FJ 2003, 170; *Pülzl,* Teilweiser Ausschluss der Pensionsbezieher von der Negativsteuer sachgerecht? FJ 2003, 376; *Knörzer,* Unterhaltsabsetzbetrag auch bei wechselseitiger Unterhaltsverpflichtung der Eltern gegenüber den Kindern, FJ 2003, 415; *Knörzer,* Novellierung des Pensionistenabsetzbetrages, FJ 2003, 416; *Knörzer,* Kirchliche Trauung und eheähnliche Gemeinschaft, FJ 2004, 25; *Hollik,* Der Einkommensteuertarif ab 2004, FJ 2003, 206; *Knörzer,* Verkehrsabsetzbetrag steht auch ohne lohnsteuerpflichtige Betriebsstätte zu, FJ 2005, 28; *Hollik,* Die Einkommensteuer-Tarifreform ab 2005 (Teil I), FJ 2005, 37; (Teil II), FJ 2005, 68; (Teil III), FJ 2005, 102; (Teil IV), FJ 2005, 222; *Langheinrich/Ryda,* Kinder im Steuerrecht (Teil I), FJ 2005, 226; *Pülzl,* Tarifreform 2005: Wurden die gesetzlichen Ziele erreicht? SWK 2005, 1472; *D. Fröhlich,* Alleinverdienerabsetzbetrag bei ausländischem Familienwohnsitz, SWK 2006, 1003; *Pasqualini,* Alleinverdienerabsetzbetrag auch für beschränkt steuerpflichtige Ehegatten? FJ 2006, 324; *Reiner,* Beschränkte Steuerpflicht: Ist § 102 Abs 3 EStG eine Einkommens- oder eine Tarifbestimmung? RdW 2006, 720; *Hofer/Ladner,* Kalte Progression in Österreich, ÖStZ 2007, 325; *Millauer,* Alleinverdienerabsetzbetrag bei Familienwohnsitz im Ausland? RdW 2007, 593; *Kanduth-Kristen,* Pensionistenabsetzbetrag bei Auslandpensionisten, taxlex 2009, 128; *Kresbach,* Steuerentlastung des Kindesunterhaltes auch für getrennt lebende Eltern, ÖStZ 2009, 534; *Haring/*

Niemann/Palan/Rünger, Verteilungswirkungen der Familienbesteuerung und familienbezogener Transferleistungen in Österreich, ÖStZ 2012, 132; *Rainer,* Die Entwicklung des Eingangssteuersatzes in den letzten 40 Jahren, ÖStZ 2012, 127; *Ryda/Langheinrich,* Die Bedeutung und Funktion der Steuerabsetzbeträge des § 33 Abs 2 bis 6 EStG 1988, FJ 2012, 333. *Kanduth-Kristen/Gregori,* Pendlerförderung NEU, taxlex 2013, 125; *Krumpl,* Pflichtveranlagung bei zwei Dienstverhältnissen, SWK 2013, 1085; *Lachmayer,* Ist dem Staat jedes Kind gleich viel wert? SWK 2013, 1449; *Puchinger,* Pendlerförderung „neu", FJ 2013, 124; *Bräumann,* Die steueroptimale Familie (2014); *Herzog,* Jahresübergreifende Progressionsglättung, SWK 2014, 1516; *Koneczny,* Das Ende der „kalten Progression" ist unverzichtbar, SWK 2014, 1247; *Langheinrich,* BFG-Entscheidungen zum AVAB, BFGjournal 2014, 440; *Loser,* Zur gegenwärtigen Diskussion über die kalte Progression, ÖStZ 2014, 295; *Kresbach,* Neuregelung des AVAB als steuerrechtliche Abgeltung, SWK 2015, 1043; *Reitschuler,* Aufkommens- und Verteilungswirkung der Steuerreform 2015/2016, ÖStZ 2015, 589; *Ruhdorfer,* EStG: Neuer Tarif und Absetzbeträge, in *Mayr/Lattner/Schlager* (Hrsg), Steuerreform 2015/16, SWK-Spezial (Juli 15) 2015; *Steiger,* Steuerreform 2015/2016 – lohnsteuer- und sozialversicherungsrechtlicher Teil, taxlex 2015, 244; *Steinhauser,* Negativsteuer und Steuerreform, SWK 2015, 619; *Beiser,* Unterhaltsleistung als außergewöhnliche Belastung im Lichte der Rechtsprechung des VfGH, iFamZ 2016, 4; *Heber,* Progressiver Steuertarif bei Zu- und Wegzug nach und aus Österreich, ÖStZ 2016, 150; *Pülzl,* StRef 2015/2016: Negativsteuer und SV-Rückerstattung, FJ 2016, 95; *Hörtenhuber/Langer,* Berücksichtigung von ausländischen Pensionseinkünften bei der Bemessung des Pensionistenabsetzbetrags, SWI 2017, 200; *Langheinrich/Ryda,* Die ertragsteuerlichen Absetzbeträge im Lichte des StRefG 2015/16, FJ 2017, 74; *Pülzl,* Verkehrsabsetzbetrag und Rückerstattung von SozV- und anderen Beiträgen, AFS 2017, 82; *Bräumann,* Der Ministerialentwurf zum „Familienbonus Plus", SWK 2018, 470; *Endfellner/Puchinger,* Der Familienbonus Plus, FJ 2018, 143; *Hirsch,* Der Ministerialentwurf zum Familienbonus Plus, taxlex 2018, 140; *Kanduth-Kristen,* Der Familienbonus Plus nach der Regierungsvorlage zum JStG 2018, SWK 2018, 882; *Knechtl,* Steht beschränkt Steuerpflichtigen der Pendlereuro zu? SWK 2018, 1439; *Kufner/Ruhdorfer,* Familienbonus Plus – Antworten auf häufige Fragen, RdW 2018, 448; *Kunesch,* Familienbonus Plus und Kindermehrbetrag – Indexierung von steuerlichen Familienbegünstigungen, PV-Info 2018, 13; *Lang/Langer,* Unionsrechtliche Überlegungen zur länderweisen Indexierung des „Familienbonus Plus", SWK 2018, 667; *Puchinger,* Familienbonus Plus ab Jänner 2019, FJ 2018, 71; *Spilker/Tumpel,* Sind Pendlerbegünstigungen noch zeitgemäß? SWK 2018, 1503; *Kocher/Proksch,* Die Lohnverrechnung 2019, SWK 2019, 11; *Knechtl,* Alleinverdienerabsetzbetrag erfordert die Auszahlung von Kinderabsetzbeträgen, BFGjournal 2019, 6.

694 Auf das Einkommen (§ 2 Abs 2) ist der Tarif gem § 33 Abs 1 EStG anzuwenden. Der ESt-Tarif ist ein **progressiver Durchschnittssatztarif.**

695 Einkommensteuertarif

Die Einkommensteuer beträgt jährlich:

Einkommen	Einkommensteuer	Steuersatz
bis € 11.000	€ 0	0%
über € 11.000 – € 18.000	$\frac{(\text{Einkommen} - € 11.000) \times € 1.750}{€ 7.000}$	25%
über € 18.000 – € 31.000	$\frac{(\text{Einkommen} - € 18.000) \times € 4.550}{€ 13.000} + € 1.750$	35%

Einkommen	Einkommensteuer	Steuersatz
über € 31.000 – € 60.000	$\frac{\text{(Einkommen – € 31.000)} \times \text{€ 12.180}}{\text{€ 29.000}} + \text{€ 6.300}$	42%
über € 60.000 – € 90.000	$\frac{\text{(Einkommen – € 60.000)} \times \text{€ 14.400}}{\text{€ 30.000}} + \text{€ 18.480}$	48%
über € 90.000 – € 1.000.000	$\frac{\text{(Einkommen – € 90.000)} \times \text{€ 455.000}}{\text{€ 910.000}} + \text{€ 32.880}$	50%
über € 1.000.000	(Einkommen – € 1.000.000) × 0,55 € 487.880	55%

Die Tarifstufen wurden mit dem StRefG 2015/2016 neu geregelt. Anstatt der bis dahin geltenden Tarifstufen (36,5%, 43,21% und 50%) wurden sechs Tarifstufen eingeführt. Damit ergab sich eine Abflachung der Progression und eine Entlastung der Stpfl in allen Progressionsstufen.[1291]) Der Spitzensteuersatz für Einkommensteile über eine Million Euro ist für die Jahre 2016 bis 2020 (derzeit) zeitlich befristet (§ 33 Abs 1 letzter Satz).

Unbeschränkt stpfl Sportler, die im Rahmen von Sportveranstaltungen überwie- **696**
gend im Ausland auftreten, können die pauschale Ermittlung des in Österreich stpfl Einkommens beantragen. Danach sind 33% aller im Kalenderjahr erzielten Einkünfte aus der Tätigkeit als Sportler, einschließlich Werbetätigkeit in Österreich zu besteuern. Die Anrechnung im Ausland entrichteter Steuern ist ausgeschlossen (VO BGBl II 2000/418; allerdings ohne gesetzlicher Rechtsgrundlage).

Die ermittelte ESt wird um verschiedene **Absetzbeträge** gekürzt:

1. **Familienbonus Plus** (§ 33 Abs 3 a): Der Familienbonus Plus ist als ers- **697**
ter Absetzbetrag von der ermittelten ESt anzusetzen. Er ist nicht abzuziehen, als er die errechnete ESt übersteigt; dh die übersteigende Differenz im Ausmaß des Negativbetrages ist nicht gutzuschreiben (zur Negativsteuer siehe unten Tz 701). Anspruch auf den Familienbonus Plus steht jenen (unbeschränkt) Stpfl für ein Kind zu,

a) für das Familienbeihilfe nach dem Familienlastenausgleichgesetz 1967[1292]) gewährt wird und

b) das sich ständig in einem Mitgliedstaat der EU, des EWR oder in der Schweiz aufhält.

Die **Anspruchsberechtigung** hängt mit dem Unterhaltsabsetzbetrag zusammen (vgl § 33 Abs 4 Z 3).

Die **Höhe** des Familienbonus Plus ist abhängig von:

a) Hält sich das Kind ständig in Österreich auf, beträgt der Familienbonus Plus:

- € 125 monatlich, dh € 1.500 jährlich, bis zu dem Monat, in dem das Kind das 18. Lebensjahr vollendet;
- € 41,68, dh € 500,16 jährlich, ab dem Monat, nach dem das Kind das 18. Lebensjahr vollendet, solange Familienbeihilfe gewährt wird.

[1291]) Vgl ErläutRV 684 BlgNR 25. GP 21.

[1292]) FLAG 1967, BGBl Nr 1967/376 idF BGBl I Nr 2018/83.

b) Hält sich ein Kind ständig in einem anderen Mitgliedstaat der EU, des EWR oder der Schweiz auf, bestimmt sich die **Höhe** des Familienbonus Plus (sowie der sonstigen Absetzbeträge nach Abs 4 und des Kindermehrbetrags) nach den tatsächlichen Lebenshaltungskosten. Für die Ermittlung der tatsächlichen Lebenshaltungskosten wird der vom Statistischen Amt der EU veröffentlichte Bericht „Vergleichende Preisniveaus des Endverbrauchs der privaten Haushalte einschließlich indirekter Steuern" herangezogen. Der BMF hat auf Grund der VO-Ermächtigung entsprechend des Berichts des Statistischen Amts der EU die Beträge für den Familienbonus Plus, für die Alleinverdiener-, Alleinerzieher- und Unterhaltsabsetzbeträge sowie für den Kindermehrbetrag in der Familienbonus Plus-Absetzbeträge-EU-AnpassungsVO festgelegt (§ 33 Abs 3 a Z 2 lit b).[1293]) Diese Beträge werden alle zwei Jahre angepasst (§ 33 Abs 3 a Z 2 lit a).[1294])

Der Familienbonus Plus kann vom anspruchsberechtigten Stpfl für jedes Kind gesondert beantragt werden. Der Höhe nach kann der Familienbonus Plus zur Gänze oder jeweils zur Hälfte – zu Gunsten beider anspruchsberechtigter Stpfl – beantragt werden.[1295]) Die Entscheidung über die Aufteilung des Familienbonus Plus zwischen den beiden anspruchsberechtigten Stpfl ist für das ganze Kalenderjahr zu treffen, sofern die Verhältnisse sich nicht ändern (Abs 3 a Z 3 lit c).

Mit dem Familienbonus Plus wird dem Umstand Rechnung getragen, dass erwerbstätige Stpfl, die Kinder haben, weniger leistungsfähig sind, als Kinderlose mit gleichem Einkommen.[1296])

698 2. **Alleinverdienerabsetzbetrag (AVAB,** § 33 Abs 4 Z 1): Ist ein Ehegatte dem anderen gegenüber zur Unterhaltsleistung verpflichtet, so ist seine Leistungsfähigkeit geringer, als wenn er das Einkommen allein verbrauchen kann. Diese Unterhaltsbelastung wurde früher durch unterschiedliche Steuertarife (Steuergruppen) berücksichtigt, seit 1974 jedoch nur noch durch den AVAB.[1297])

Der AVAB beträgt jährlich:

bei einem Kind iSd § 106 Abs 1	€ 494
bei zwei Kindern iSd § 106 Abs 1	€ 669
ab dem dritten Kind ..... für jedes Kind zusätzlich	€ 220

Hält sich das Kind in anderen Mitgliedstaaten der EU, des EWR oder in der Schweiz auf, bestimmt sich die Höhe des AVAB – wie auch beim Familienbonus Plus – nach den tatsächlichen Lebenshaltungskosten des Kindes und ist entsprechend dem Preisniveau der Höhe nach indexiert (§ 33 Abs 4 Z 4; siehe

---

[1293]) Familienbonus Plus-Absetzbeträge-EU-AnpassungsVO, BGBl II 2018/257.

[1294]) Zur unionsrechtlichen Würdigung siehe *Lang/Langer,* SWK 2018, 667; kritisch *Bräumann,* SWK 2018, 470.

[1295]) EStR 2000 Rz 770.

[1296]) ErlRV 190 BlgNR 26. GP 1.

[1297]) Vgl auch VwGH 12. 11. 1986, 85/13/0090, ÖStZB 1987, 278.

Tz 697).[1298]) Dies gilt auch für alle übrigen Absetzbeträge des Abs 4 (Alleinerzieher-, Abs 4 Z 2 und Unterhaltsabsetzbetrag, Abs 4 Z 3).

Alleinverdiener ist ein Stpfl mit mindestens einem Kind (§ 106 Abs 1)[1299]), der mehr als sechs Monate mit einer unbeschränkt stpfl Person in einer Partnerschaft (Ehe, eingetragene Partnerschaft oder Lebensgemeinschaft) lebt (§ 33 Abs 4 Z 1)[1300]); wobei der Partner Einkünfte von höchstens € 6.000 jährlich erzielt. Eine Lebensgemeinschaft liegt dann vor, wenn das gemeinschaftliche Zusammenleben auf Dauer angelegt ist. Indizien für ein derartiges Zusammenleben sind ua die polizeiliche Meldung an ein- und demselben Wohnort, eine gemeinschaftliche Zustelladresse, die gemeinsame Anschaffung einer Wohnung und die kirchliche Trauung.[1301]) Es kann aber wie in einer Ehe das eine oder andere Merkmal fehlen.[1302]) Eine berufliche Abwesenheit hebt das gemeinsame Wohnen in einer bestehenden Wohngemeinschaft dann nicht auf, wenn beide Partner außerhalb dieser beruflich notwendigen Abwesenheit miteinander in Gemeinschaft leben.[1303])

Der (Ehe-)Partner darf stpfl Einkünfte in Höhe von bis zu € 6.000 erzielen. Steuerfreie Einkünfte sind, von wenigen Ausnahmen abgesehen, nicht zu berücksichtigen. Zu berücksichtigen sind jedoch zB das Wochengeld, Einkünfte für bestimmte Auslandstätigkeiten, für Entwicklungshilfe, als Abgeordneter zum EU-Parlament, auf Grund von zwischenstaatlichen (DBA) oder anderen völkerrechtlichen Vereinbarungen steuerbefreite Einkünfte. Einkünfte, die dem besonderen Steuersatz unterliegen sind ebenfalls anzusetzen; die allgemeine Regel, dass dem besonderen Steuersatz unterliegende Kapitaleinkünfte bzw Einkünfte aus Grundstücksveräußerungen beim Einkommen unberücksichtigt bleiben, ist auf das Einkommen des (Ehe-)Partners nicht anzuwenden (§ 27a Abs 1; § 30a Abs 1).[1304]) Der AVAB steht pro (Ehe-)Partnerschaft nur einmal zu. Erfüllen beide (Ehe-)Partner die Voraussetzungen für den AVAB, hat derjenige mit den höheren Einkünften Anspruch auf den AVAB, bei gleich hohen Einkünften der haushaltsführende (Ehe-)Partner. 699

Voraussetzung für den AVAB ist, dass sich das Kind ständig in einem Mitgliedstaat der EU, des EWR oder der Schweiz aufhält. Dies gilt auch für alle übrigen Absetzbeträge des Abs 4 (Alleinerzieherabsetzbetrag, Abs 4 Z 2 und Unterhaltsabsetzbetrag, Abs 4 Z 3) sowie für den Kinderabsetzbetrag (Abs 3).

Die Bagatellgrenze bezieht sich auf die stpfl **Einkünfte** des (Ehe-)Partners. Bezieht der (Ehe-)Partner etwa Einkünfte aus nichtselbständiger Arbeit, so können die Bruttobezüge über € 6.000 liegen, weil von ihnen zur Ermittlung der Einkünfte noch das Werbungskostenpauschale, ein allfälliges Pauschale gem § 16 Abs 1 Z 6 udgl abzuziehen sind.

Für Stpfl, die nach § 1 Abs 4 als unbeschränkt stpfl behandelt werden, ist die unbeschränkte Steuerpflicht des (Ehe-)Partners nicht erforderlich.

[1298]) Familienbonus Plus-Absetzbeträge-EU-AnpassungsVO, BGBl II 2018/257.

[1299]) Nicht verfassungswidrig VfGH 29. 9. 2011, G 27/11.

[1300]) VwGH 28. 3. 2000, 99/14/0307.

[1301]) VwGH 30. 6. 1994, 92/15/0212.

[1302]) VwGH 16. 12. 2003, 2000/15/0101.

[1303]) VwGH 21. 10. 2003, 99/14/0224 *(UNO-Soldat).*

[1304]) LStR 2002 Rz 774 aE; EStR 2000 Rz 6682 aE.

700 3. Anspruch auf einen Absetzbetrag im Ausmaß des Alleinverdienerabsetzbetrages haben auch **Alleinerzieher** (**Alleinerzieherabsetzbetrag,** § 33 Abs 4 Z 2).

Der Alleinerzieherabsetzbetrag beträgt jährlich:

bei einem Kind iSd § 106 Abs 1	€ 494
bei zwei Kindern iSd § 106 Abs 1	€ 669
ab dem dritten Kind	für jedes Kind zusätzlich € 220

Alleinerzieher sind Stpfl mit mindestens einem Kind iS des § 106 Abs 1, die mehr als sechs Monate im Kalenderjahr nicht in einer Gemeinschaft mit einem (Ehe-)Partner leben. Damit soll die besondere Belastung, der allein stehende Personen mit Kindern im Erwerbsleben ausgesetzt sind, berücksichtigt werden.

Die Höhe des Alleinerzieherabsetzbetrags für Kinder, die sich ständig in einem Mitgliedstaat der EU, des EWR oder der Schweiz aufhalten, ist der Höhe nach indexiert (siehe dazu oben; siehe Tz 697).[1305]

701 Ist die Einkommensteuer nach Anwendung des Tarifs und nach Berücksichtigung der Absetzbeträge gem § 33 Abs 2 negativ, so sind der **AVAB oder** der **Alleinerzieherabsetzbetrag im Ausmaß des Negativbetrages gutzuschreiben** (**Negativsteuer,** § 33 Abs 8 Z 1). Nicht negativsteuerfähig ist der Familienbonus Plus, der nur in der Höhe der errechneten ESt nach dem Tarif (Abs 1) zur Anwendung kommt (§ 33 Abs 2 Z 1).

Ergibt sich nach § 33 Abs 1 eine ESt unter € 250 Euro und steht der Alleinverdiener- oder der Alleinerzieherabsetzbetrag zu, steht bei Vorhandensein eines Kindes (§ 106 Abs 1) ein **Kindermehrbetrag** in der Höhe der Differenz zwischen € 250 und der ESt nach § 33 Abs 1 pro Kind zu (§ 33 Abs 7).

Alleinverdienende Stpfl sind jene Stpfl, denen der Alleinverdienerabsetzbetrag zusteht; alleinerziehende Stpfl sind jene Stpfl, denen der Alleinerzieherabsetzbetrag zusteht (siehe oben; § 33 Abs 4 Z 1 und Z 2).

Hält sich das Kind in anderen Mitgliedstaaten der EU, des EWR oder in der Schweiz auf, wird der Kindermehrbetrag nach den tatsächlichen Lebenshaltungskosten des Kindes entsprechend dem Preisniveau der Höhe nach indexiert (siehe Tz 697).[1306]

Darüber hinaus ist seit dem StRefG 2015/2016 eine **SV-Rückerstattung** für Stpfl vorgesehen, die einen Anspruch auf einen Verkehrsabsetzbetrag oder auf einen Pensionistenabsetzbetrag haben und deren Steuerberechnung nach Berücksichtigung des Tarifs und der Absetzbeträge nach Abs 4 bis 6 einen Betrag von unter null ergibt (§ 33 Abs 8 Z 2 und 3).

Mit dieser Regelung profitieren **Niedrigverdiener,** weil somit alle Absetzbeträge bei der Berechnung der ESt berücksichtigt werden – nach Berücksichtigung des Tarifs und der Absetzbeträge nach Abs 4 und 6 beträgt die berechnete ESt unter null – und darüber

[1305]) Familienbonus Plus-Absetzbeträge-EU-AnpassungsVO, BGBl II 2018/257.
[1306]) Familienbonus Plus-Absetzbeträge-EU-AnpassungsVO, BGBl II 2018/257.

hinaus eine SV-Rückerstattung ermöglicht wird. (**Negativsteuer/SV-Rückerstattung;** § 33 Abs 2 und 8).[1307])

IRd Ermittlung der Negativsteuer sind auf Grund zwischenstaatlicher oder anderer völkerrechtlicher Vereinbarungen steuerfreie Einkünfte wie stpfl Einkünfte zu behandeln. Der Kinderabsetzbetrag bleibt außer Ansatz. Die Gutschrift hat im Wege der Veranlagung zu erfolgen (§ 33 Abs 8).

4. **Kinderabsetzbetrag** und **Unterhaltsabsetzbetrag:** Unterhaltsleistun- **702**
gen für ein Kind werden in Form von Kinderabsetzbeträgen (§ 33 Abs 3) oder Unterhaltsabsetzbeträgen berücksichtigt (§ 33 Abs 4 Z 3).

Der **Kinderabsetzbetrag** beträgt monatlich € 58,40 für jedes Kind; er wird ausschließlich zusammen mit der Familienbeihilfe ausbezahlt und steht idR jedem Familienbeihilfenbezieher zu (praktisch somit keine Steuerentlastung, sondern eine Erhöhung der Familienbeihilfe). Der Kinderabsetzbetrag ist nicht bei der Einkommensteuerveranlagung zu berücksichtigen.[1308]) Zu Unrecht bezogene Kinderabsetzbeträge sind zurückzuzahlen (§ 26 FLAG). Für Kinder, die sich ständig außerhalb eines Mitgliedstaates der EU, des EWR oder der Schweiz aufhalten, steht kein Kinderabsetzbetrag zu (§ 33 Abs 3 Satz 2).

Stpfl, die gegenüber nicht haushaltszugehörigen Kindern unterhaltspflich- **703**
tig sind (uneheliche Kinder, Kinder aus einer geschiedenen Ehe), wird ein **Unterhaltsabsetzbetrag** gewährt (€ 29,20 für das erste Kind, € 43,80 für das zweite Kind und € 58,40 für jedes weitere Kind pro Monat). Der Unterhaltsabsetzbetrag setzt die tatsächliche Leistung des Unterhalts voraus. Darüber hinaus darf weder dem Stpfl noch dem nicht dauernd vom Stpfl getrenntlebenden (Ehe-)Partner eine Familienbeihilfe gewährt werden. Der Kinderabsetzbetrag für den familienbeihilfeberechtigten Elternteil bleibt davon unberührt. Der Geldunterhalt ist aber im Ausmaß der überschießenden Besteuerung zu kürzen.[1309])

Ist der Unterhaltsverpflichtete auch Familienbeihilfenbezieher für ein anderes Kind (für andere Kinder), so erfolgt für Zwecke der Kinderstaffel keine Zusammenrechnung (EB zu § 33 Abs 4).

Für Kinder stand bis zum 31. 12. 2018 außerdem ein **Kinderfreibetrag** zu, der von den Einkünften abgezogen wurde (jährlich € 220, im Fall der Aufteilung € 132; § 106 a). Der Kinderfreibetrag wurde im Zuge der Einführung des Familienbonus Plus iRd JStG 2018 gestrichen.[1310])

Zusätzlich zur Familienbeihilfe haben Personen für jedes dritte und weitere Kind Anspruch auf einen **Mehrkindzuschlag** (§ 9 FLAG 1967 idF BudBG 2011). Dieser beträgt monatlich € 20. Der Mehrkindzuschlag ist an den Anspruch auf Familienbeihilfe geknüpft und steht nicht zu, wenn das versteuernde Einkommen (§ 33 Abs 1) des anspruchsberechtigten Elternteils und seines im gemeinsamen Haushalt lebenden Ehegatten oder Lebensgefährten € 55.000 übersteigt.

[1307]) ErläutRV 684 BlgNR 25. GP 22.

[1308]) VwGH 15. 11. 2005, 2004/14/0106.

[1309]) VfGH 27. 6. 2001, B 1285/00.

[1310]) JStG 2018, BGBl I 2018/62 ab 1. 1. 2019.

704 5. Bei Einkünften aus einem bestehenden Dienstverhältnis stehen zu (§ 33 Abs 5):

a) ein **Verkehrsabsetzbetrag** von € 400 jährlich (Abs 5 Z 1);

Der Verkehrsabsetzbetrag soll dem Aufwand für die Fahrt zur Arbeitsstätte Rechnung tragen. Es handelt sich somit um Werbungskosten, die systemwidrig in Form eines Steuerabzuges (statt Abzuges von der Bemessungsgrundlage) berücksichtigt werden (zum Pendlerpauschale siehe Tz 508).

In den Verkehrsabsetzbetrag wurde der Arbeitnehmerabsetzbetrag integriert (€ 54 jährlich, wenn die Einkünfte im Wege des LSt-Abzuges zu erfassen waren; ein gleich hoher Betrag wurde auch Grenzgängern gewährt idF des Grenzgängerabsetzbetrags, abgeschafft durch StRefG 2015/2016). Zudem wurde für geringverdienende Pendler ein erhöhter Verkehrsabsetzbetrag vorgesehen (siehe sogleich).[1311])

b) ein **erhöhter Verkehrsabsetzbetrag** (Abs 5 Z 2):

- von € 690 bei Anspruch auf ein Pendlerpauschale (§ 16 Abs 1 Z 6), wenn das Einkommen des Stpfl € 12.200 im Kalenderjahr nicht übersteigt (Abs 5 Z 2 Satz 1);
- gleichmäßig (absteigend) einschleifend auf mindestens € 400 bei Einkommen zwischen € 12.200 und € 13.000 (§ 33 Abs 5 Z 2 Satz 2).

c) Besteht ein Anspruch auf eine Pendlerpauschale, ist zusätzlich ein Absetzbetrag in Höhe von € 2 pro Kilometer der einfachen Fahrstrecke zwischen Wohnung und Arbeitsplatz zu berücksichtigen (**„Pendlereuro“**; § 33 Abs 5 Z 4).

Der **Verkehrsabsetzbetrag,** der **erhöhte Verkehrsabsetzbetrag,** der **Pendlereuro** sowie der **(erhöhte) Pensionistenabsetzbetrag** (siehe unten) **sind insoweit auch abzuziehen, als sie jene Steuer übersteigen, die auf die zum laufenden Tarif zu versteuernden nichtselbständigen Einkünfte entfällt** (§ 33 Abs 2). Damit wird eine Negativsteuer ermöglicht (zur **Negativsteuer/SV-Rückerstattung** Tz 701).

705 6. Ein **Pensionistenabsetzbetrag** in Höhe von € 400 jährlich steht Stpfl zu, die Bezüge aus früheren Dienstverhältnissen, Pensionen aus der Sozialversicherung usw beziehen, soweit dem Stpfl nicht auch ein Verkehrsabsetzbetrag, erhöhter Verkehrsabsetzbetrag oder ein Pendlereuro zusteht. Der Pensionistenabsetzbetrag wird zwischen Pensionsbezügen von € 17.000 bis € 25.000 linear auf Null ausgeschliffen (§ 33 Abs 6 Z 3).[1312]) Die Rechtfertigung für diesen Absetzbetrag kann allenfalls darin erblickt werden, dass die fraglichen Personen infolge ihres fortgeschrittenen Alters im Durchschnitt mit Mehraufwendungen der Lebensführung zu rechnen haben, somit ihr steuerlich berücksichtigungswürdiges Existenzminimum höher liegt.

Der Pensionistenabsetzbetrag erhöht sich auf € 764, wenn der Stpfl bei jährlichen Pensionseinkünften von nicht mehr als € 19.930 mehr als sechs Monate im Kalenderjahr in einer (Ehe-)Partnerschaft (Ehe, eingetragene Partnerschaft, Lebensgemeinschaft) lebt, keinen Anspruch auf den Alleinverdienerabsetzbetrag hat, und die Einkünfte des (Ehe-) Partners € 2.200 im Kalenderjahr nicht übersteigen. Dieser **erhöhte Pensionistenabsetzbetrag** dient als Ersatz für den Entfall des Alleinverdienerabsetzbetrages ohne Kinder für Pensionistenpaare mit geringem Familieneinkommen.

[1311]) ErlRV 684 BlgNR 25. GP 1.

[1312]) Nicht verfassungswidrig VfGH 23. 11. 2012, B 331/12.

Besteht Anspruch auf den Pensionistenabsetzbetrag, so darf die Werbungskostenpauschale gem § 16 Abs 3 nicht abgezogen werden (§ 33 Abs 6). Es wird vermutet, dass den Pensionisten Werbungskosten im Durchschnitt nicht mehr erwachsen. Tatsächlich erwachsende Werbungskosten werden im Wege der Veranlagung berücksichtigt.

Der Familienbonus Plus, der AVAB und der Alleinerzieherabsetzbetrag sind durch Verwendung eines amtlichen Vordrucks (Formular E 30) für die **Erklärung über das Vorliegen der Voraussetzungen** bei der laufenden Lohnverrechnung durch den Arbeitgeber zu berücksichtigen (§ 129 Abs 1; wobei der AVAB und der Alleinerzieherabsetzbetrag grds von Amts wegen zu berücksichtigen sind).[1313]) Der Arbeitgeber hat die Erklärung dem Lohnkonto des Arbeitnehmers hinzuzufügen (§ 129 Abs 3). Selbiges gilt auch für den erhöhten Pensionistenabsetzbetrag. **706**

frei **707**

B. Ermäßigung der Progression (§§ 37, 38)

Literatur: *Lenneis,* Vorabentscheidungsersuchen eines Berufungssenats zur Kapitalverkehrsfreiheit, SWI 2000, 25; *Staringer,* Auslandsdividenden und Kapitalverkehrsfreiheit, ÖStZ 2000, 26; *Schrottmeyer,* Aktuelles Judikat zu Übergangsgewinnen, ÖStZ 2000, 138; *ders,* Begünstigung außerordentlicher Einkünfte, SWK 2000, 288; *Eiselsberg/Sedlacek,* „Hälftesteuersatz" für Übergangsgewinne! SWK 2000, 353; *oV,* VwGH: Übergangsgewinn nach der Stammfassung stets begünstigt, RdW 2000, 181; *Züger,* Endbesteuerung vor dem EuGH, SWK 2000, 385; *Langheinrich,* Übergangsgewinn und ermäßigter Steuersatz, FJ 2000, 108; *Doktor,* Freiwilliger Wechsel der Gewinnermittlung, SWK 2000, 537; *oV,* Ungleichbehandlung bei der Dividendenbesteuerung im Widerspruch zur Kapitalverkehrsfreiheit, ÖStZ 2000, 301; *Bachl,* Besteuerung von Übergangsgewinnen; Entscheidungsanmerkung, ecolex 2000, 382; *Schrottmeyer,* Übergangsgewinne, Entscheidungsanmerkung, ecolex 2000, 447; *Kohler,* Alle Schriftsteller oder was! SWK 2000, 791; *Keppert,* Einschränkung der Halbsatz- und Endbesteuerung auf Gewinnanteile aus inländischen Körperschaften gemeinschaftswidrig? SWK 2000, 776; *Schrottmeyer,* Die Besteuerung von Beteiligungsveräußerungen, SWK 2000, 891; *Atzmüller,* Einkünfteverteilung und Verlustausgleich, RdW 2000, 568; *Rauscher,* Die einkommensteuerliche Behandlung von Anteilsrechten an Agrargemeinschaften, SWK 2000, 1114; *oV,* EU-Kommission: Österreich soll ungleiche Besteuerung von Wertpapieren abstellen, ÖStZ 2000, 609; *Pülzl/Reitschuler,* Entschädigungsleistungen im Zuge einer Betriebsveräußerung, RdW 2000, 115; *Staringer,* Dividendenbesteuerung und Kapitalverkehrsfreiheit in *Lechner/Staringer/Tumpel,* Kapitalverkehrsfreiheit und Steuerrecht, Wien 2000; *Petschnigg,* Verteilung der Einkünfte selbständiger Künstler und Schriftsteller, SWK 2001, 58; *Schrottmeyer,* Erwerbsunfähigkeit infolge von Berufsverboten? SWK 2001, 314; *Pummerer,* Endbesteuerung oder Veranlagung nach dem Budgetbegleitgesetz 2001, SWK 2001, 138; *Hilber,* Die neue Künstlerbesteuerung in der Einkommensteuer, ecolex 2001, 138; *Reinisch,* Hälftesteuersatz auch für Betriebsveräußerungen gegen Rente? RdW 2001, 372; *Doralt,* Gewinnrücktrag für alle? RdW 2002, 310; *ders,* „Besondere Waldnutzung" – eine überholte Begünstigung, RdW 2002, 756; *Ryda/Langheinrich,* Verteilung der Einkünfte selbständiger Künstler und Schriftsteller gemäß § 37 Abs 9 EStG 1988, FJ 2002, 68; *D. Aigner/H. Aigner,* Die Halbsatzbegünstigung des § 37 Abs 5 EStG bei Veräußerungsgewinnen aus Kommanditanteilen, SWK 2002, 1239; *Toifl,* Besteuerung ausländischer Dividenden

[1313]) EStR 2000 Rz 785.

und Kapitalverkehrsfreiheit, SWI 2002, 458; *Tumpel*, Zweifel des Verwaltungsgerichtshofes an der Vereinbarkeit der Dividendenbesteuerung in Österreich mit der Kapitalverkehrsfreiheit, SWI 2002, 454; *Toifl*, Besteuerung ausländischer Dividendeneinkünfte und Kapitalverkehrsfreiheit, SWI 2002, 458; *Thiele*, Steuerliche Aspekte der Rechtsnachfolge bei Werkschöpfern, ÖStZ 2002, 602; *Reschny-Birox/Klaunzer*, Überblick der Besteuerung von in- und ausländischen Erträgen aus Kapitalanlagefonds im Veranlagungsjahr 2003 und Gedanken zur Vereinfachung des bestehenden Systems, FJ 2003, 408; *Beiser*, Auslandsausschüttungen im Lichte der Niederlassungs- und Kapitalverkehrsfreiheit, GesRZ 2003, 187; *Schmidt*, Reform der Besteuerung ausländischer Kapitalerträge bei natürlichen Personen (Teil I), GeS 2003, 187; *Tissot*, Besteuerung ausländischer Kapitaleinkünfte verfassungs- und EU-konform? RdW 2003, 672; *Wilhelm*, Die Besteuerung von Kapitalanlagen nach dem BBG 2003 aus Sicht des einfachen Anlegers (Teil I), ÖStZ 2003, 468; (Teil II), ÖStZ 2003, 493; *Schrottmeyer*, Kritik an der jüngsten VwGH-Judikatur zur Erwerbsfähigkeit iSd § 37 EStG, SWK 2003, 682; *Petschnigg*, Betriebsveräußerung gegen Kaufpreisrente, WT 2003/2, 30, *Fraberger*, Der steueroptimale Tod[2], Wien 2003; *Doralt*, Die Erwerbsunfähigkeit bei der Betriebsveräußerung und der gestorbene Steuerpflichtige, RdW 2003, 472; *Kofler/Kofler/Urnik*, Handbuch der Betriebsaufgabe und Wechsel der Gewinnermittlung[2], Wien 2004; *Kirchmayr*, Besteuerung von Beteiligungserträgen, Wien 2004; *Althuber*, Ungleichbehandlung von in- und ausländischen Kapitalerträgen gemeinschaftsrechtswidrig? GeS 2004, 251; *Toifl*, Diskriminierung ausländischer Kapitalerträge, RdW 2004, 250; *Toifl*, EuGH: Besteuerung ausländischer Dividenden mit dem Normalsteuersatz gemeinschaftsrechtswidrig! RdW 2004, 504; *Kofler*, Kommission/Frankreich: Nachteilige Besteuerung ausländischer Kapitalerträge ist nicht mit der Kapitalverkehrsfreiheit vereinbar, ÖStZ 2004, 199; *Marschner*, Auslandsveranlagung bevorzugt, ÖStZ 2004, 202; *Kofler*, Lenz: Österreich darf ausländische Kapitalerträge nicht diskriminieren, ÖStZ 2004, 343; *Kofler*, Weidert und Paulus: Unzulässigkeit der Beschränkung eines Freibetrages auf den Erwerb inländischer Aktien, ÖStZ 2004, 470; *Vock*, Besteuerung ausländischer Zinsen aus Bankeinlagen, ÖStZ 2004, 549; *Novak*, Steuerbegünstigungen des Veräußerungsgewinnes nach § 24 EStG im Rechtsvergleich, SWI 2004, 77; *Pülzl*, Keine zusätzliche Einschränkung für vereinfachte Inanspruchnahme des halben Durchschnittssteuersatzes auf Veräußerungsgewinne, SWK 2004, 819; *Zorn*, Einkommensteuerlicher Hälftesteuersatz bei Betriebsveräußerung gegen Rente, RdW 2005, 716; *Kirchmayr*, Zum Ende der Diskriminierung von ausländischen Investmentfonds, taxlex 2005, 30; *Hohenwarter*, Vorlagebeschluss des VwGH zur Kapitalverkehrsfreiheit im Verhältnis zu Drittstaaten, SWI 2005, 225; *Vock*, Betriebsveräußerung: Wiederaufnahme der Erwerbstätigkeit als „rückwirkendes Ereignis“, RdW 2005, 510; *Doralt*, § 37 EStG: Arbeitsverbot nach Betriebsveräußerung – eine sinnvolle Steuerpolitik? RdW 2005, 646; *Mühlberger*, Besteuerung der Abfertigung eines wesentlich beteiligten Gesellschafter-Geschäftsführers nach § 37 Abs 1 iVm § 37 Abs 5 EStG, FJ 2006, 339; *Mayr*, Immobilien-Investmentfondsgesetz: Steuerliche Änderungen, RdW 2006, 61; *Tumpel/Mayr*, Veräußerung von Dividendenscheinen, RdW 2006, 251; *Twardosz*, Veräußerung von Zinsscheinen, RdW 2006, 534; *Urban*, Veräußerung von Forstbetrieben, taxlex 2007, 142; *Kanduth-Kristen*, Progressionsvorbehalt bei DBA-Anwendung, taxlex 2008, 132.

708 § 37 sieht drei Arten von Progressionsermäßigungen vor:

- eine **Tarifbegünstigung** insb für Unternehmensveräußerungen,
- eine **Verteilungsbegünstigung** für stille Reserven auf drei bzw fünf Jahre,
- einen **Gewinnrücktrag** bei Einkünften aus künstlerischer und schriftstellerischer Tätigkeit.

Der **Durchschnittssteuersatz** ist **nach** Abzug der Absetzbeträge (mit Ausnahme des Kinderabsetzbetrages) zu ermitteln (§ 33 Abs 10). Ist jedoch bei der Berechnung der Steuer ein Progressionsvorbehalt auf Grund eines DBA zu berücksichtigen, ist der Durchschnittssteuersatz **vor** Abzug der Absetzbeträge zu ermitteln (§ 33 Abs 11).

1. Die Tarifbegünstigung

Die Tarifbegünstigung (Besteuerung mit dem **halben Durchschnittssteuersatz**) gilt für **709**

- außerordentliche Einkünfte (Abs 5),
- Einkünfte aus besonderen Waldnutzungen (Abs 6) sowie
- Einkünfte aus der Verwertung patentrechtlich geschützter Erfindungen (§ 38).

frei **710–712**

a) Außerordentliche Einkünfte (§ 37 Abs 5)

Außerordentliche Einkünfte sind **Veräußerungs- (Aufgabe-) und Übergangsgewinne,** wenn der Betrieb deswegen veräußert oder aufgegeben wird, weil der Stpfl **713**

- gestorben ist und dadurch eine Betriebsveräußerung oder -aufgabe veranlasst worden ist,
- erwerbsunfähig ist oder
- das 60. Lebensjahr vollendet hat und seine Erwerbstätigkeit einstellt (siehe Tz 584).

Für Veräußerungsgewinne steht der ermäßigte Steuersatz nur **über Antrag** und nur dann zu, wenn **seit der Eröffnung** oder **dem letzten entgeltlichen Erwerbsvorgang sieben Jahre verstrichen sind.**

Entfällt ein Teil des Veräußerungs- oder Aufgabegewinnes auf die Veräußerung oder Entnahme von **Grundstücken** iSd § 30 Abs 1 oder von **Kapitalvermögen** iSd § 27 Abs 3 und wird auf diesen Teil des Veräußerungs- oder Aufgabegewinnes der besondere Steuersatz gem § 30a bzw § 27a angewendet, liegen insoweit keine außerordentlichen Einkünfte vor. Der Hälftesteuersatz ist daher auf diesen Teil des Veräußerungs- oder Aufgabegewinnes nicht anwendbar. Wird allerdings von der Regelbesteuerungsoption Gebrauch gemacht oder ist der besondere Steuersatz nicht anwendbar, liegen insgesamt Veräußerungs- oder Aufgabegewinne iSd § 24 und somit auch außerordentliche Einkünfte vor (siehe dazu auch oben Tz 582).[1314])

Wird der Betrieb gegen Rente veräußert, dann liegen mangels Zusammenballung in einem Jahr keine „außerordentlichen" Einkünfte vor; die Renten sind nach Überschreiten des Buchwerts nach dem Zufluss zu besteuern (§ 37 Abs 7); zur begünstigten Besteuerung des Veräußerungsgewinnes siehe oben Tz 582ff.

[1314]) EStR 2000 Rz 7310a f.

b) Einkünfte aus besonderen Waldnutzungen (§ 37 Abs 6)

714 Die Tarifermäßigung wird gewährt, wenn es sich um außerordentliche Waldnutzungen oder um Waldnutzungen infolge höherer Gewalt handelt und kein Bestandsvergleich vorgenommen wird.[1315])

c) Verwertung von Patentrechten (§ 38)

Literatur: *Bauer,* Steuerliche Begünstigungen für Wissenschaft und Forschung, FJ 1963, 93; *Ruppe,* Einkünfte aus der Verwertung von Erfindungen, ÖStZ 1973, 262; *Stölzle,* Die Besteuerung der Einkünfte aus der Verwertung von Patent- und Urheberrechten nach dem EStG 1972, ÖStZ 1973, 250; *Gögele,* Geltungsgebiet des patentrechtlichen Schutzes, ÖStZ 1974, 55 (mit Stellungnahme *Ruppe,* 56); *Kausel,* Zur begünstigten Besteuerung der Einkünfte aus der Verwertung von Patent- und Urheberrechten – § 38 EStG 1972, FJ 1974, 41; *Bartosch,* Die immaterialgüterrechtsbezogenen Rechtswohltaten des § 38 EStG 1972 und ihre Anwendungsbereiche, FJ 1984, 149, 171, 192; *Hofians,* Begünstigter Steuersatz für Gutachtertätigkeit, ÖStZ 1988, 68; *Tumpel/Rief,* Patentverwertung und Ertragsbesteuerung, ecolex 1991, 199; *Steinwendner,* Steuerliche Begünstigung aus der Verwertung von Erfindungen nach dem Gebrauchsmustergesetz, SWK 1997, S 361; *Thiele,* Steuerliche Aspekte der Rechtsnachfolge bei Werkschöpfern, ÖStZ 2002, 602; *Blazina,* Mehrfache Begünstigung bei der Verwertung von Patentrechten, SWK 2002, 674; *Pinter,* Der Vorstand wird erfinderisch, SWK 2004, 1132; *Hochrieser,* Einkünfte eines Erfinders, UFSjournal 11, 394; *Mitterlehner/Mitterlehner,* Steueranreize für Forschung und Entwicklung – IFA-Nationalbericht Österreich für den IFA-Kongress 2015 in Basel, SWI 2015, 600; *Damberger,* Einkünfte aus der Verwertung patentrechtlich geschützter Erfindungen – Ort der Verwertung, Anwendung des Hälftesteuersatzes? – Glosse zu BFG 9. 3. 17, RV/1100719/2015, ecolex 2017, 891; *Angerer,* Keine Steuerbegünstigung, wenn keine Diensterfindungsvergütung im Sinne des Patentgesetzes vorliegt, BFGjournal 2018, 338; *Bramerdorfer/Kovacevic,* Steuerliche Behandlung von Diensterfindungsvergütungen, SWK 2018, 969; *Reinold,* Hälftesteuersatz für patentrechtlich geschützte Erfindungen: Ort der Verwertung, MR 2018, 297.

715 Begünstigt besteuert (mit dem halben Durchschnittssteuersatz) werden die Einkünfte aus der Verwertung **patentrechtlich** geschützter Erfindungen durch andere Personen.[1316]) Ob die Einkünfte aus der Einräumung von Nutzungsrechten (Lizenzen) oder aus der Veräußerung des Patents stammen, ist gleichgültig. Gleichgültig ist auch, welcher Einkunftsart die Verwertungseinkünfte zuzurechnen sind (zu Vergütungen für Diensterfindungen siehe allerdings § 67 Abs 7 und § 37 Abs 7 zweiter Satz). Nicht begünstigt sind die Einkünfte, die durch die Verwertung derartiger Erfindungen im eigenen Betrieb erzielt werden. Die Begünstigung steht nur dem Erfinder selbst zu, der den aufrechten Patentschutz nachzuweisen hat, nicht jedoch zB dem Erben.[1317])

Erfolgt die Verwertung durch eine Gesellschaft, an der der Patentinhaber beteiligt ist, so ist zu unterscheiden: Bei Verwertung durch eine Überlassung an eine Kapital-

---

[1315]) Kritisch *Doralt,* RdW 2002, 756.

[1316]) VwGH 22. 4. 2009, 2007/15/0017 (keine Begünstigung für die Verwertung von Gebrauchsmustern); UFS 15. 10. 12, RV/1706-W/11 (Zahlungen ohne Zusammenhang mit der Verwertung patentrechtlich geschützter Erfindungen sind nicht begünstigt).

[1317]) RME, ÖStZ 1996, 37; EStR 2000 Rz 7344.

gesellschaft steht die Begünstigung wegen des Trennungsprinzips in voller Höhe unabhängig vom Ausmaß der Beteiligung zu, sofern die Vergütung angemessen ist.[1318]) Bei einer Personengesellschaft steht die Begünstigung für jenen Teil der Lizenzeinkünfte nicht zu, der der eigenen Beteiligung des Lizenzgebers an der Personengesellschaft entspricht.[1319])

2. *Die Verteilungsbegünstigung (§ 37 Abs 2 und 3)*

Die Verteilungsbegünstigung (Verteilung auf drei Jahre) gilt über **Antrag** für folgende Einkünfte (§ 37 Abs 2; zum begünstigten Veräußerungsgewinn siehe auch oben Tz 582 ff):

a) **Veräußerungsgewinne** iS des § 24, wenn seit der Eröffnung oder dem **716**
letzten entgeltlichen Erwerb (des Betriebes, Teilbetriebes oder Mitunternehmeranteiles) sieben Jahre vergangen sind und die Tarifbegünstigung für außerordentliche Einkünfte nach Abs 5 nicht zum Zug kommt.

Entfällt ein Teil des Veräußerungsgewinnes auf **Grundstücke** oder **Kapitalvermögen,** die dem besonderen Steuersatz unterliegen, ist die Verteilungsbegünstigung insoweit nicht anwendbar (siehe auch oben Tz 713).

Wird der **Betrieb gegen Rente veräußert,** dann kommt nach § 37 Abs 7 die Progressionsermäßigung nicht zum Tragen (siehe dazu oben Tz 713). Erstreckt sich eine **Betriebsaufgabe über zwei Veranlagungszeiträume,** so steht die Progressionsermäßigung dennoch zu; denn der Aufgabegewinn ist für den Zeitpunkt zu ermitteln, in dem die Betriebsaufgabe im Wesentlichen als abgeschlossen gilt.[1320])

b) **Entschädigungen** iS des § 32 Abs 1 Z 1 (zT ebenfalls nur bei mindes- **717**
tens siebenjährigem Entschädigungszeitraum; zur Entschädigung im Rahmen einer Betriebsveräußerung).[1321])

c) Scheiden Wirtschaftsgüter durch **behördlichen Eingriff** (insb Enteig- **718**
nung) oder zur Vermeidung eines solchen nachweisbar drohenden Eingriffs aus dem Betriebsvermögen aus, so sind die stillen Reserven gem § 37 Abs 3 über Antrag gleichmäßig verteilt auf **fünf** Jahre anzusetzen und zu versteuern.[1322]) Dies gilt nicht, soweit die aufgedeckten stillen Reserven nach § 12 übertragen oder einer Übertragungsrücklage zugeführt werden.

d) **Besondere Einkünfte** iS des § 28 Abs 7 idF vor dem AbgÄG 2012 **719**
(Nachversteuerung von erhöhten Absetzungen bei Veräußerungen vor dem 1. 4. 2012), wenn nach Ablauf des Jahres der Erstabsetzung weitere sechs Jahre verstrichen sind.

[1318]) EStR 2000 Rz 7348.

[1319]) VwGH 8. 5. 1984, 83/14/0115, ÖStZB 1985, 87; EStR 2000 Rz 5875 ff; siehe dazu *Perl* in *Doralt/Kirchmayr/Mayr/Zorn,* EStG[11] § 38 Tz 24 ff.

[1320]) VwGH 20. 10. 1993, 91/13/0168, ÖStZB 1994, 258 (zeitpunktbezogene Betriebsaufgabe).

[1321]) *Pülzl/Reitschuler,* RdW 2000, 115.

[1322]) VwGH 21. 9. 1988, 87/13/0033, ÖStZB 1989, 193 (gilt auch bei Einstellung des von der Enteignung betroffenen Betriebes).

3. Der Gewinnrücktrag (§ 37 Abs 9)

720 Auf Antrag können **positive Einkünfte aus selbständiger künstlerischer Tätigkeit** iS des § 10 Abs 2 Z 5 UStG 1994 **und aus schriftstellerischer Tätigkeit** auf das laufende und die beiden vorangehenden Kalenderjahre gleichmäßig verteilt werden. Der Antrag ist in der Steuererklärung zu stellen;[1323]) die Veranlagungen für die beiden vorangehenden Jahre sind gegebenenfalls wieder aufzunehmen (§ 37 Abs 9). Die Einschränkung der Begünstigung auf künstlerische und schriftstellerische Einkünfte ist problematisch, weil der Bedarf für einen Gewinnrücktrag auch bei anderen Einkünften besteht.[1324])

721 *frei*

X. Erhebung der ESt

A. Veranlagung

Literatur: *Frotz/Repa,* VfGH: ESt-Sondervorauszahlung verfassungswidrig, ecolex 2002, 766; *Karbalaei,* Haftungslohnsteuer und Tilgungstatbestand in der Einkommensteuerfestsetzung, SWK 2002, 587; *Pülzl/Pircher,* Steuerliche Berücksichtigung von Katastrophenschäden, RdW 2002, 624; *Grünberger H,* Meldeverpflichtungen des Vereines auf Grund § 109 a, SWK 2003, 367; *Kutschera,* E-Finanz und die neuen Steuererklärungen, SWK 2004, 373; *Beiser/Pülzl,* ESt- und KSt-Vorauszahlung: Anpassungssperren sachlich gerechtfertigt? SWK 2005, 1305; *Prodinger,* Veranlagungsfreibetrag bei Einkünften aus nichtselbstständiger Arbeit ohne Lohnsteuerabzug, SWK 2006, 1276; *Krafft,* Verrechnung von Mindestkörperschaftsteuer mit Einkommensteuer des Gesellschafters nach Löschung der Gesellschaft, UFSjournal 2010, 401; *Blasina,* Unzulässig gewordener Vorauszahlungsbescheid, BFGjournal 2015, 330.

Die prinzipielle Erhebungsart der ESt ist die Veranlagung des Jahreseinkommens auf Grund einer Steuererklärung (§ 39 Abs 1). Unbeschränkt Stpfl haben für das abgelaufene Kalenderjahr (Veranlagungszeitraum) eine Steuererklärung abzugeben,

722 1. **ohne Rücksicht auf die Höhe des Einkommens,**

a) wenn das FA den Stpfl zur Abgabe einer Steuererklärung auffordert (§ 42 Abs 1 Z 1);

b) wenn das Einkommen ganz oder teilweise aus betrieblichen Einkünften besteht und der Gewinn auf Grund eines Betriebsvermögensvergleiches zu ermitteln war oder ermittelt worden ist (§ 42 Abs 1 Z 2);

c) wenn Einkünfte vorliegen, die dem besonderen Steuersatz nach § 27 a Abs 1 unterliegen, für die aber kein KESt-Abzug besteht. Eine Erklärungspflicht besteht nicht, wenn sich auch im Fall einer Regelbesteuerung keine Steuerpflicht ergibt (§ 42 Abs 1 Z 4);

d) wenn Einkünfte aus privaten Grundstücksveräußerungen (§ 30) erzielt werden, für die keine ImmoESt durch den Parteieinvertreter abgeführt wurde,

---

[1323]) VwGH 25. 6. 2008, 2008/15/0144.

[1324]) Kritisch daher *Fraberger/Papst* in *Doralt/Kirchmayr/Mayr/Zorn* EStG[18] § 37 Tz 139.

oder wenn die abgeführte ImmoESt auf Grund falscher Angaben des Stpfl keine Abgeltungswirkung entfaltet (§ 42 Abs 1 Z 5);

2. **bei Überschreiten bestimmter Einkommensgrenzen,** 723

- wenn das Einkommen mehr als € 11.000 betragen hat und darin keine LSt-pflichtigen Einkünfte enthalten sind (§ 42 Abs 1 Z 3 erster Fall);
- wenn das zu veranlagende Einkommen von Lohnsteuerpflichtigen mehr als € 12.000 betragen hat und die Voraussetzungen des § 41 Abs 1 Z 1, 2, 5, 6 oder 7 vorliegen (§ 42 Abs 1 Z 3 zweiter Fall).

Besteht keine Erklärungspflicht, so kann durch freiwillige Abgabe einer 724 ESt-Erklärung trotzdem eine Veranlagung erreicht werden (praktische Bedeutung: Erstattung von KESt oder ImmoESt bei Einkommen unter der Erklärungsgrenze). Zur Veranlagung von Lohnsteuerpflichtigen siehe unten Tz 743 ff.

Eine Veranlagung nach § 39 ist auf Antrag auch dann durchzuführen, wenn kein stpfl Einkommen erzielt wurde, aber eine Negativsteuer aus Alleinverdiener- bzw Alleinerzieherabsetzbetrag (§ 33 Abs 8) zu erstatten ist (§ 40).

Die Abgabe einer ESt-Erklärung stellt jedenfalls ein Anbringen iSd § 85 BAO dar, über das mit Bescheid abzusprechen ist (§§ 92, 198 BAO).[1325])

Die Übermittlung der Steuererklärung hat grds elektronisch zu erfolgen (§ 42). Die Verwendung eines amtlichen Vordrucks in Papierform ist nur bei Unzumutbarkeit der elektronischen Übermittlung mangels technischer Voraussetzungen vorgesehen. Die FinanzOnline-Erklärungsverordnung (FOnErklV[1326])) schränkt die Pflicht zur elektronischen Erklärungsabgabe auf jene Stpfl ein, die über einen Internetanschluss verfügen und wegen Überschreitens der Umsatzgrenze zur Abgabe von Umsatzsteuervoranmeldungen verpflichtet sind. Die Nichterfüllung der Pflicht zur elektronischen Erklärungsabgabe wird nicht sanktioniert, allerdings endet die Erklärungsfrist bei elektronischer Einreichung erst mit dem 30. Juni statt mit dem 30. April des Folgejahres. Individuelle Erstreckungen der Frist sind auf Antrag möglich; generelle Erstreckungen kann der BMF vorsehen (§ 134 BAO). Darüber hinaus bestehen Fristverlängerungen für Stpfl, die durch einen Steuerberater vertreten sind. Bei Verletzung der Erklärungspflicht kann ein Verspätungszuschlag von bis zu 10% der festgesetzten Abgabe auferlegt werden (§ 135 BAO); die Abgabe der Steuererklärung kann außerdem durch Zwangsstrafe erzwungen werden (§ 111 BAO). Allenfalls liegt auch eine Finanzordnungswidrigkeit vor (§ 51 FinStrG). 725

Der ESt-Erklärung müssen vorhandene Bilanzen und Gewinn- und Verlustrechnungen sowie Geschäftsberichte und Treuhandberichte beigefügt werden (§ 44 Abs 1 und Abs 3). Bei Gewinnermittlung gem § 4 Abs 3 muss die in der Beilage zur Steuererklärung E1 vorgesehene gruppenweise Gliederung der Betriebseinnahmen und Betriebsausgaben (Beilage E1 a) beigefügt werden (§ 44 Abs 4). Wer Einkünfte aus Vermietung und Verpachtung bezieht, muss die in der Beilage zur Steuererklärung E1 vorgesehene gruppenweise Gliederung der Einnahmen und Werbungskosten (Beilage E1 b) beifügen (§ 44 Abs 5). 725/1

[1325]) EStR 2000 Rz 7506.

[1326]) FinanzOnline-ErklärungsVO BGBl II 2006/512 idF BGBl II 2018/83.

726 Auf Grund der Steuererklärung wird die ESt für das betreffende Kalenderjahr mit Bescheid festgesetzt (§ 198 BAO). Auf die ESt sind jedoch vierteljährlich **Vorauszahlungen** zu entrichten (§ 45; 15. Februar, 15. Mai, 15. August, 15. November). Bei erstmaliger Aufnahme einer einkommensteuerpflichtigen Tätigkeit sind die Vorauszahlungen durch das FA bescheidmäßig auf Grund der voraussichtlich zu erwartenden ESt festzusetzen (vgl zur Anzeigepflicht § 120 Abs 2 BAO).[1327]) In den späteren Jahren werden die Vorauszahlungen jeweils gleichzeitig mit dem ESt-Bescheid festgesetzt. Die Vorauszahlungen sind dabei prinzipiell gleich der ESt-Schuld des letzten veranlagten Kalenderjahres, vermindert um die im Abzugswege einbehaltenen Steuerbeträge (LSt, KESt), aber einschließlich der nicht im Abzugswege erhobenen Steuer gem § 27a Abs 1 (§ 45 Abs 1). Dieser Betrag wird pauschal um 4% bzw 5% für jedes dem Veranlagungszeitraum folgende Kalenderjahr erhöht. Individuelle Anpassungen an die voraussichtliche (höhere oder niedrigere) Steuerschuld sind möglich. Vorauszahlungen bis zu einem Jahresbetrag von € 300 sind mit null festzusetzen. Nach dem 30. September dürfen Bescheide über eine Änderung der Vorauszahlungen für das laufende Kalenderjahr nicht mehr erlassen werden (ausgenommen auf Grund von vor dem 30. September gestellten Anträgen des Stpfl bzw im Rechtsmittelverfahren).

Auf die – sich auf Grund der Veranlagung ergebende – ESt-Schuld sind die festgesetzten Vorauszahlungen des betreffenden Kalenderjahres, die ImmoESt, die besondere Vorauszahlung nach § 30b Abs 4 und die einbehaltenen Steuerabzugsbeträge anzurechnen, soweit sie auf veranlagte Einkünfte entfallen (§ 46 Abs 1). Die Vorauszahlungen werden unabhängig davon angerechnet, ob sie auch tatsächlich entrichtet wurden,[1328]) weil sie eigenständig fällig gewordene Steuerschulden darstellen. Die positive Differenz ist als Abschlusszahlung mit Abgabenbescheid vorzuschreiben (§ 198 Abs 1 BAO) und wird mit Ablauf eines Monats nach Bescheidzustellung fällig (§ 210 BAO). Eine negative Differenz ist gutzuschreiben (§ 46 Abs 2). Die Gutschrift wird auf sonstige fällige Abgabenschuldigkeiten angerechnet, dem Stpfl zurückgezahlt oder auf Antrag umgebucht (§§ 215, 239ff BAO).

B. Lohnsteuerabzug

Kommentare und Gesamtdarstellungen: *Bernold/Mertens,* Die Lohnsteuer in Frage und Antwort, Wien 2018/2019; *Hofbauer/Krammer,* Lohnsteuer 2019, Wien 2018; *Prinz,* Personalverrechnung in der Praxis, Graz 2018.

Sonstige Literatur: *Hirschler/Jost,* Abfertigungsrückstellung und Umwandlung, RdW 2000, 575; *Winzer,* Steuerliche Behandlung der gesetzlichen Abfertigung bei Wiedereinstellung, SWK 2000, 540; *Kapferer,* Abgabenrechtliche Behandlung von Diensterfindungen, ecolex 2000, 704; *Oberleitner,* Haftung nach § 9 BAO für LSt und KESt, RdW 2000, 762; *Höfle,* Lohnsteuerbegünstigung für Arbeit am 8. Dezember 2000, SWK 2000, 1362; *Müller,* Steuerliche Konsequenzen der Mitarbeiterentsendung ins Ausland, SWI 2000, 397; *Haunold,* Die steuerliche Behandlung von Stock Options beim Dienstnehmer,

[1327]) EStR 2000 Rz 7562.

[1328]) Vgl EStR 2000 Rz 7574.

SWK 2001, 83; *Hauser/Möstl/Reininghaus,* Der Lehrbeauftragte im rechtlichen Umbruch, SWK 2001, 375; *Staringer,* Sondersteuersatz für Arbeitnehmer gerechtfertigt? ÖStZ 2001, 414; *Knörzer,* Verzugszinsen auf nachgezahlten Arbeitslohn, RdW 2001, 314; *Vock,* Die Besteuerung von Abfertigungen bei verminderter Arbeitszeit, RdW 2001, 442; *Reisch,* Änderungen bei begünstigter Pensionsabfindung? SWK 2001, 970; *Beiser,* Abfertigung neu – Chancen und Risken, SWK 2002, 1261; *Kofler,* Besteuerung der Bediensteten der Europäischen Gemeinschaften, ecolex 2002, 530; *Kristen/Pinggera/Schön,* Abfertigung Neu – Überblick über die Neuregelungen durch das betriebliche Mitarbeitervorsorgegesetz, RdW 2002, 386; *dies,* Abfertigung Neu², Wien 2004; *Langheinrich/Ryda,* Die Betriebsstätte aus der Sicht des nationalen und internationalen Steuerrechts, FJ 2002, 99; *Traxler/Doktor,* Begünstigte Besteuerung von Pensionsabfindungen gem § 67 Abs 4 und Abs 8 lit b EStG, SWK 2002, 1195; *Vrignaud,* Freiwillige Abfertigungen für Führungskräfte im System der neuen Mitarbeitervorsorge, ecolex 2002, 493; *oV,* Geltendmachung der Arbeitgeberhaftung für Lohnsteuer ist Ermessensentscheidung, RdW 2002, 431; *Bruckner,* Abfertigung Neu – Überblick und steuerlicher Zweifelsfragen, ÖStZ 2002, 446; *Holowaty,* Jahressechstel und sonstige Bezüge, SWK 2003, 1275; *Knörzer,* Vergleichssummen – Wie weit muss der Streit gehen? FJ 2003, 298; *Knörzer,* Vorrang der Antragsveranlagung gegenüber dem Lohnsteuererstattungsverfahren, FJ 2003, 332; *Tomandl/Achatz/Mazal,* Abfertigung Neu, Wien – Graz 2003; *Knörzer,* Sonstige Bezüge (§ 67 EStG), Wien 2003; *Binder/Schifko,* Abfertigung Neu – Die betriebliche Mitarbeitervorsorge in der Praxis², Wien 2003; *Wöber,* Die Besteuerung von Stock Options beim Dienstnehmer, Wien 2003; *Kocher/Müller,* Die Lohnverrechnung 2003, SWK 2003, 7; *Risak,* „Abfertigung Neu" für GmbH-Geschäftsführer und Vorstandsmitglieder von Aktiengesellschaften, GeS 2003, 163; *Felbinger,* Die Auslagerung von Abfertigungsverpflichtungen an eine Versicherung, SWK 2003, 840; *Rudich,* Steuern sparen durch Auslagerung von Abfertigungsverpflichtungen an Versicherungsunternehmen, WT 2003/1, 21; *Toifl,* Lohnsteuerabzug bei grenzüberschreitendem Arbeitskräfteverleih, SWI 2003, 200; *Freudhofmeier,* Die Auswirkung von Umgründungen auf die Lohnverrechnung, FJ 2003, 286; *Binder,* Arbeitnehmer im internationalen Steuer- und Sozialversicherungsrecht, (Teil I) FJ 2004, 420, (Teil II) FJ 2005, 66, (Teil III) FJ 2005, 233; *Pinter,* Der Vorstand wird erfinderisch, SWK 2004, 1132; *Freudhofmeier,* Schmutz- Erschwernis- und Gefahrenzulagen lohnsteuerfrei – Ja oder Nein? FJ 2004, 139; *Knörzer,* Steuerfreiheit für Sonn-, Feiertags- und Nachtarbeitszuschläge gerechtfertigt? ÖStZ 2004, 123; *Novacek,* Änderungen bei der Lohnsteuer und den Lohnabgaben, FJ 2004, 429; *Gaedke,* Trinkgelder im Gastgewerbe, SWK 2004, 1411; *Knörzer,* Lohnsteuerliche Auswirkungen des Entwurfs eines AbgabenänderungsG 2004, FJ 2004, 350; *Pössinger,* Vertraglicher Übertritt von Alt-Dienstnehmern in das System der Abfertigung neu, SWK 2004, 935; *Freudhofmeier,* Die Lohnsteuer (Teil I), FJ 2004, 422; (Teil II), FJ 2005, 9; *Ryda/Langheinrich,* Die ertragsteuerliche Behandlung bestimmter Zulagen und Zuschläge iSd § 68 EStG (Teil I), FJ 2005, 77; *Knörzer,* Lohnkontoführung nach der neuen Lohnkontoverordnung, RdW 2005, 389; *Sedlacek,* Das Steuer- und Sozialversicherungsverhältnis der GmbH-Geschäftsführer, SWK 2005, 1168; *Freudhofmeier,* Schmutz-, Erschwernis- und Gefahrenzulagen, SWK 2005, 1201; *Freudhofmeier,* Lohnsteuerliche Aspekte der Bezugsumwandlung, ecolex 2005, 595; *Felbinger,* Freiwillige Abfertigungszusage für GmbH-Geschäftsführer und Vorstände, SWK 2005, 877; *Freudhofmeier,* Die Besteuerung von Arbeitnehmereinkünften in Österreich, in *Thömmes/Lang/Schuch,* Investitions- und Steuerstandort Österreich, 133; *Freudhofmeier,* Behandlung der freiwilligen Abfertigung bei Übernahme eines Arbeitsvertrags, SWK 2006, 344; *Shubshizky,* Ist § 67 Abs 6 EStG für Dienstverhältnisse ab 2003 wirklich zur Gänze nicht mehr anwendbar? SWK 2006, 473; *Schuster/F. Aigner,* Vielflieger und deren steuerliche Sorgen, SWK 2006, 597; *Renner,* Erweiterung des Dienstreisebegriffs durch lohngestaltende Vorschriften verfassungswidrig, SWK 2006, 1125; *Freudhofmeier/Steiger,*

Der Dienstleistungsscheck (DLS), taxlex 2006, 85; *R. Reinisch,* Tod eines Dienstnehmers, FJ 2006, 213; *Hollik,* Die Vor- und Nachteile der Sechstelbegünstigung, (Teil I) FJ 2006, 380, (Teil II) FJ 2006, 452, (Teil III) FJ 2007, 50; *Kanduth-Kristen,* Der negative Leistungsanreiz des Veranlagungsfreibetrages, taxlex 2007, 476; *Trabe,* Rückzahlung von begünstigt versteuertem Arbeitslohn – kein rückwirkendes Ereignis? RdW 2007, 54; *Bendlinger,* Der Arbeitgeberbegriff im DBA-Recht, ÖStZ 2007, 284; *Mühlberger,* Umwandlung einer Zielerreichungs- in eine Lebensversicherungsprämie, FJ 2007, 104; *Renner,* Verbesserungsvorschläge von Grenzgängern: Tarifbesteuerung nicht EU-konform, SWI 2007, 213; *Fellner,* Einkommensteuerrechtliche Begünstigungen unter den Gesichtspunkten des Sachlichkeitsgebotes und des Leistungsfähigkeitsprinzips, FS W. Doralt, Wien 2007, 61; *Feuerstein,* Die gemeinschaftswidrige Besteuerung von Grenzgängern und von Beziehern ausländischer Pesionen, SWI 2007, 36; *Freudhofmeister/Feuerstein,* Kein Wechsel in das System Abfertigung „Neu" innerhalb des Konzerns, taxlex 2007, 229; *Hofer/Weissensteiner,* Firmenjubiläen und Sozialversicherung, ASoK 2007, 58; *Mühlberger,* Lohnsteuerliche Neuerungen im Budgetbegleitgesetz 2007, FJ 2007, 231; *Renner,* Verbesserungsvorschläge von Grenzgängern: Tarifbesteuerung nicht EU-konform, SWI 2007, 213; *Freudhofmeister/Hofer,* Lohnsteuerliche Begünstigungen bei Führungskräften, SWK 2008, 1029; *Gerhartl,* Steuerbegünstigte Prämien für Verbesserungsvorschläge im Betrieb, ÖStZ 2008, 69; *Hirschler,* Geschäftsführerverhältnisse im Lichte des UmgrStG, taxlex 2008, 84; *Lochmann,* Begünstigte Besteuerung von Verdienstentgangentschädigungen aus nichtselbständiger Arbeit, ÖStZ 2008, 449; *Vondrak,* Lohnsteuerabzug für Bonusmeilen, GeS 2008, 328; *Gerhartl,* Steuerfreie Überstundenzuschläge ab 1. 1. 2009, SWK 2009, 40; *Doralt,* Begünstigtes Jahressechstel auch von sonstigen Bezügen, RdW 2010, 240; *Prodinger,* Bonusmeilen: Steuerpflichtiger Sachbezug, jedoch keine Lohnsteuerpflicht, ÖStZ 2010, 310; *Weber,* Begünstigtes Jahressechstel auch von sonstigen Bezügen? RdW 2010, 365; *Beiser,* Abzugsverbot für freiwillige Abfertigungsleistungen? SWK 2011, T 161; *Doralt,* EStG § 83: Lohnsteuerhinterziehung im Zusammenwirken mit dem Arbeitnehmer, RdW 2011, 370; *Fragner,* Die Highlights aus dem LStR-Wartungserlass 2011, SWK 2011, 1075; *Gerhard,* Zusammenrechnung von Arbeitsverhältnissen für die Abfertigung, taxlex 2011, 417; *Hilber,* Neue Haftung für Lohnabgaben bei Bauleistungen, ecolex 2011, 73; *Huber,* Die Altersteilzeitvereinbarung – Problemstellungen in der Praxis, taxlex 2011, 208; *Kocher,* Ausdehnung der Auftraggeberhaftung ab 1. 1. 2011, taxlex 2011, 106; *Krafft,* UFS und Abgrenzung zwischen Dienstvertrag und Werkvertrag bei Hilfstätigkeiten, UFSjournal 2011, 85; *Kufner/Ninaus,* Highlights aus dem LStR-Wartungserlass 2011, RdW 2011, 557; *Kuprian,* Golden Handshake: freiwillige Abfertigung oder Zahlung für den Verzicht auf Arbeitsleistung? PV-Info 2011, 19; *Lattner/Weigand,* Wartungserlass 2010 zu den LStR 2002, ÖStZ 2011, 170; *Mühlberger,* Aktuelles aus der LSt, FJ 2011, 144; *Siart/Eckert,* Wirtschaftliche Grundlagen der „Sportlerbesteuerung", SWK 2011, 948; *Simon,* (Keine) Dreijahresverteilung für Pensionsabfindungen von nichtselbständig Tätigen? SWK 2011, S 84; *Steiger,* Zwei aktuelle Entscheidungen zum Sozialversicherungsrecht, taxlex 2011, 145; *ders,* LSt-Wartungserlass 2011 – Highlights, taxlex 2011, 342; *ders,* Vortragender als freier Dienstnehmer, taxlex 2011, 379; *ders,* Vertretungsarzt ist kein steuerlicher Dienstnehmer, taxlex 2011, 416; *Weber,* Sechstelbegünstigung für sonstige Bezüge, SWK 2011, S 33; *Ludwig,* Auftraggeberhaftungen, FJ 2012, 371; *Mazal,* Zur Abgrenzung Dienstvertrag und Werkvertrag, ecolex 2012, 565; *Pülzl,* Anmerkung zur steuerlichen Information des BMF zur Hausbetreuung nach dem HausbetreuungsG, SWK 2012, 601; *ders,* Zuflusszeitpunkt von Auftraggeberhaftungsbeträgen, SWK 2012, 1469; *Steiger,* Highlights aus dem LSt-Protokoll 2011, taxlex 2012, 32; *ders,* Verspachtelungsarbeiten als echte Dienstnehmer, taxlex 2012, 161; *ders,* Kanzleimitarbeit im Dienstverhältnis und selbständige Tätigkeit als Buchhalterin im Home-Office, taxlex 2012, 286; *ders,* Ziviltechniker als echte Dienstnehmer, taxlex 2012, 318; *ders,* Holzarbeiter als echte Dienstnehmer, taxlex 2012,

430; *Bendlinger,* Der Beschäftiger als Arbeitgeber bei der internationalen Gestellung von Arbeitskräften, SWI 2013, 432; *Bergmann/Bieber,* Steuerliche Abgrenzung von Arbeitskräfteüberlassung und Arbeitsvermittlung am Beispiel von „Poolschwestern/-pflegern" (Teil I), taxlex 2013, 348, (Teil II) taxlex 2013, 381; *Dziurdź,* Vermeidung der Doppelbesteuerung bei „diskriminierungsfreiem" Arbeitgeber-Begriff? ecolex 2013, 728; *Haas,* Auftraggeberhaftung und grenzüberschreitende Arbeitskräfteüberlassung, ÖStZ 2013, 440; *Steiger,* Familienhafte Mitarbeit oder echtes Dienstverhältnis? taxlex 2013, 162; *ders,* Warenpräsentatoren können freie Dienstnehmer sein – eine Übersicht, taxlex 2013, 228; *ders,* Lohnsteuerhaftung und Anrechnung beim Dienstnehmer, taxlex 2013, 298; *ders,* Nicht wesentlich beteiligte Gesellschafter-Geschäftsführer sind nicht unbedingt sozialversicherungsrechtliche Dienstnehmer, taxlex 2013, 329; *ders,* Wesentliche eigene Betriebsmittel „schützen" vor einem freien Dienstverhältnis gemäß § 4 Abs 4 ASVG, taxlex 2013, 401; *ders,* Freies Dienstverhältnis trotz Spesenersatz, Urlaub und Entgeltfortzahlung, taxlex 2013, 440; *Steiner,* VwGH zum Arbeitgeber-Begriff im DBA-Recht – alle Unklarheiten beseitigt? taxlex 2013, 420; *Derntl/Weinberger,* Auftraggeberhaftung (AGH) in der Vergabekette, taxlex 2014, 316; *Dziurdź,* Arbeitgeber-Eigenschaft und Betriebsstättenrisiko bei der Arbeitnehmer-Überlassung, ÖStZ 2014, 188; *Gassner,* Sind Prostituierte Unternehmer oder Dienstnehmer? SWK 2014, 1016; *Haas,* Änderungen bei der steuerlichen Behandlung grenzüberschreitender Arbeitskräftegestellungen, SWK 2014, 983; *ders,* Der neue Erlass zur grenzüberschreitenden Arbeitskräftegestellung – drohende Doppelbesteuerung im Verhältnis zu Deutschland, SWI 2014, 354; *Hofbauer-Steffel/Kiesenhofer,* Neuerungen zur Arbeitnehmer-Eigenschaft von Rechtsanwälten, ecolex 2014, 638; *Laudacher/Thallinger,* Die Prostitution als entgeltliche Dienstleistung nach Verwaltungspraxis und Rechtsprechung, BFGjournal 2014, 126; *Pinetz/Zeiler,* Der „wirtschaftliche" Arbeitgeber-Begriff nach Art 15 Abs 2 OECD-MA, SWI 2014, 18; *Steiger,* Entgelt für Werbeaufkleber vom Arbeitgeber – Einkünfte aus nicht selbständiger Tätigkeit, taxlex 2014, 156; *ders,* Sozialversicherungsrechtlicher Dienstnehmer ist nicht automatisch arbeitsrechtsrechtlicher Dienstnehmer, taxlex 2014, 228; *Varro,* Abweichendes Wirtschaftsjahr und seine Vorteile, RdW 2014, 97; *Beiser,* Arbeitnehmer oder Mitunternehmer? ÖStZ 2015, 511; *Blasina,* Unzulässig gewordener Vorauszahlungsbescheid, BFGjournal 2015, 330; *Geiger,* VwGH kappt Drittelbegünstigung für Barauszahlungen des Pensionskassenguthabens von Grenzgänger-Pensionisten, SWK 2015, 1101; *Haas,* Der wirtschaftliche Arbeitgeberbegriff im europäischen Rechtsvergleich, SWI 2015, 390; *Haas,* Änderungen iZm der grenzüberschreitenden Gestellung von Arbeitskräften ab 1. 12. 2014 bzw 1. 1. 2015, ÖStZ 2015, 295; *Knöll,* Der GmbH-Geschäftsführer im Steuerrecht, taxlex 2015, 89; *Kofler,* Managergehälter und freiwillige Abfertigungen, GES 2015, 1; *Steiger,* Ziviltechniker als echter Dienstnehmer, taxlex 2015, 61; *Steiger,* Vortragender kein echter Dienstnehmer nach dem ASVG, taxlex 2015, 160; *Steiger,* DB-Pflicht von wesentlich beteiligten Gesellschafter-Geschäftsführern – kein Unternehmerrisiko bei Bezugsober- und Untergrenzen, taxlex 2015, 288; *Zeiler/Pinetz,* SWI-Jahrestagung: Der wirtschaftliche Arbeitgeberbegriff nach Art 15 Abs 2 OECD-MA, SWI 2015, 164; *Denk,* Können (Vertretungs-)Ärzte steuerliche Dienstnehmer sein? taxlex 2016, 238; *Engelmann,* Lohnbarzahlungen in der Bauwirtschaft, taxlex 2016, 192; *Fragner/Seebacher,* Dreijahresverteilung einer Pensionsabfindung im Rahmen der Steuerveranlagung: „Schadensausgleich" für den Verlust eines Pensionsanwartschaftsrechts, SWK 2016, 1048; *Heffermann/Jann,* Abzugsverbot für „Golden Handshakes" – stillschweigende Erweiterung durch das BMF auf sämtliche Dienstverhältnisse? ÖStZ 2016, 141; *Hudobnik,* Pauschale Reiseaufwandsentschädigungen im Steuerabzugsverfahren, taxlex 2016, 187; *Pfeil/Urnik,* Die Steuerreform 2015/2016 zwischen Wirtschaftsimpuls und sozialer Gerechtigkeit, Wien 2016; *Schuster,* Günstigkeitsregel bei Versteuerung von Vergleichen, SWK 2016, 557; *Steiger,* Fremdgeschäftsführer kein steuerlicher Dienstnehmer, taxlex 2016, 206; *Wiesinger,*

Das Lohnbarzahlungsverbot des Steuerreformpaktes, bauaktuell 2016, 35; *Atzmüller,* Die antragslose Arbeitnehmerveranlagung, SWK 2017, 785; *Fragner,* Steuerpflichtige Mitarbeiterrabatte: Laufende oder sonstige Bezüge? PV-Info 2017, 12; *ders,* Sechsteloptimierung durch konzentrierte Auszahlung von laufenden und sonstigen Bezügen im ersten Kalenderhalbjahr, PV-Info 2017, 17; *ders,* Versteuerung einer freiwilligen Abfertigung gemäß § 67 Abs 6 EStG bei Konzernversetzung unter Mitnahme der gesetzlichen Abfertigungsansprüche, PV-Info 2017, 19; *ders,* Versteuerung der Teilabfindung des Pensionsanspruchs eines Rechtsanwalts gemäß § 67 Abs 4 EStG, PV-Info 2017, 10; *Knechtl,* Nettolohnvereinbarung für lohnsteuerliche Zwecke, taxlex 2017, 44; *Moser,* Die „steuerbegünstigte" Gruppe von Arbeitnehmern, ARaktuell 2017, 13; *Seebacher,* Massive Gehaltserhöhungen vor Ende des Dienstverhältnisses: Keine steuerliche Begünstigung der gesamten gesetzlichen Abfertigung, PV-Info 2017, 23; *ders,* Keine begünstigte Besteuerung einer Abfertigung bei einer unmittelbaren, im Wesentlichen unveränderten Fortsetzung des ersten Dienstverhältnisses, PV-Info 2017, 18; *ders,* Sozialplan: Kein Dienstgeberbeitrag für sonstige Bezüge iSd § 67 Abs 6 EStG auch für dem BMSVG unterliegende Arbeitnehmer, PV-Info 2017, 20; *Steiger,* Weisungsfreiheit eines Gesellschafter-Geschäftsführers und Tätigkeit als Rechtsanwalt, taxlex 2017, 118; *ders,* Keine Arbeitskräftegestellung beim Vermittler von „Schwestern" an Pflegeeinrichtungen, taxlex 2017, 179; *Angerer,* Keine Steuerbegünstigung, wenn keine Diensterfindungsvergütung im Sinne des Patentgesetzes vorliegt, BFGjournal 2018, 338; *Bramerdorfer/Kovacevic,* Steuerliche Behandlung von Diensterfindungsvergütungen, SWK 2018, 969; *Endfellner/Puchinger,* Der Familienbonus Plus, FJ 2018, 143; *Kanduth-Kristen,* Der Familienbonus Plus nach der Regierungsvorlage zum JStG 2018, SWK 2018, 882; *Kocher/Proksch,* Die Lohnverrechnung 2018, SWK 2018, 9; *Moser,* Die Entscheidungen des BFG und des VwGH im Jahr 2017 in den Bereichen der Arbeitnehmerveranlagung, SWK 2018, 394; *Petschnigg,* Highlights aus dem EStR-Wartungserlass 2018, SWK 2018, 856; *Seebacher,* Lohnsteuer-Update Februar 2018: Aktuelles auf einen Blick, SWK 2018, 303.

1. Allgemeines

727 Bei Einkünften aus nichtselbständiger Arbeit (siehe dazu oben Tz 85 f) wird die ESt durch Abzug vom Arbeitslohn erhoben (**Lohnsteuer,** LSt; § 47 ff).

728 Vom LSt-Abzug ausgenommen sind folgende Fälle:

a) Einkünfte aus nichtselbständiger Arbeit von einem Arbeitgeber, der keine Betriebsstätte im Inland hat (gilt nicht für ausländische Pensionskassen; § 47 Abs 1 letzter Satz);

b) Einkünfte aus nichtselbständiger Arbeit von Arbeitgebern, die nach völkerrechtlichen Normen nicht zum Steuerabzug verhalten werden können (etwa diplomatische Vertretungen), oder von sonstigen extraterritorialen Arbeitgebern (etwa über- oder zwischenstaatliche Organisationen);

c) Einkünfte aus nichtselbständiger Arbeit, die nicht vom Arbeitgeber stammen, sondern dem Arbeitnehmer von Dritten zufließen, sofern der Arbeitgeber nicht von diesen Zahlungen weiß oder wissen musste (§ 78 Abs 1), sowie gegen den Willen des Arbeitgebers verschaffte Vorteile aus dem Dienstverhältnis.[1329])

[1329]) VwGH 4. 6. 1985, 85/14/0016, ÖStZB 1986, 41 und VwGH 25. 2. 1997, 95/14/0112 (zu veruntreuten Waren).

Zu im Rahmen eines Dienstverhältnisses von einem Dritten geleisteten Vergütungen siehe Tz 739.

Schuldner der LSt ist der Arbeitnehmer (§ 83 Abs 1). Die Berechnung, 729
Einbehaltung und Abfuhr der LSt obliegt aber dem Arbeitgeber, der auch für die richtige Einbehaltung und Abfuhr der LSt haftet (§§ 78, 79 und 82). Der Arbeitnehmer wird nur in den in § 83 Abs 2 taxativ aufgezählten Fällen in Anspruch genommen, in denen entweder eine Arbeitnehmerveranlagung zu erfolgen hat (§ 41 Abs 1), eine Verwirklichung von Nachversteuerungstatbeständen von Sonderausgaben nach § 18 Abs 4 gegeben ist oder eine ausländische Pensionskasse die LSt nicht erhoben hat. Der Arbeitnehmer kann unmittelbar in Anspruch genommen werden, wenn er und der Arbeitgeber gemeinsam vorsätzlich eine Verkürzung der abzuführenden LSt bewirken (§ 83 Abs 3).

Haftung bei Bauleistungen für Subunternehmen:
Werden Bauleistungen durch einen Subunternehmer erbracht, haftet der Auftraggeber für die vom Subunternehmer abzuführenden lohnabhängigen Abgaben (somit auch für die LSt) bis zum Höchstausmaß von 5% des geleisteten Werklohnes (§ 82 a). Seit dem StRefG 2015/2016[1330]) gilt ein **Barzahlungsverbot für Bauleistungen,** wenn der Arbeitnehmer über ein bei einem Kreditinstitut geführtes Girokonto verfügt oder einen Rechtsanspruch auf ein Girokonto hat (§ 48).[1331])

Zu Beginn des Dienstverhältnisses ist die **„Anmeldung des Arbeitnehmers“** durch den Arbeitgeber erforderlich (§ 128); dabei hat der Arbeitnehmer auf einem amtlichen Vordruck Name, Sozialversicherungsnummer (allenfalls nur Geburtsdatum) und Wohnsitz bekannt zu geben und seine Identität nachzuweisen.

Den **Familienbonus Plus,** den Alleinverdiener-, Alleinerzieher- oder den erhöhten Pensionistenabsetzbetrag darf der Arbeitgeber (die pensionsauszahlende Stelle) nur dann berücksichtigen, wenn der Arbeitnehmer (Pensionist) eine entsprechende Erklärung (amtlicher Vordruck) über das Vorliegen der Voraussetzungen abgibt (§ 129).

Werbungskosten, Sonderausgaben und **außergewöhnliche Belastungen** 730
werden im Rahmen einer Veranlagung des Arbeitnehmers vom FA berücksichtigt.

Auf der Grundlage dieser Veranlagung ergeht ein **Freibetragsbescheid** (§ 63; für beschränkt stpfl Arbeitnehmer oder auf Antrag unbeschränkt stpfl Arbeitnehmer iSd § 1 Abs 4 darf jedoch kein Freibetragsbescheid ausgestellt werden, § 63 Abs 7). Im Freibetragsbescheid werden für das dem Veranlagungszeitraum zweitfolgende Kalenderjahr die zu berücksichtigenden Werbungskosten, Sonderausgaben, außergewöhnlichen Belastungen und Freibeträge nach den §§ 35 und 105 festgesetzt (zB ergeht im Jahr 2018 der Veranlagungsbescheid für das abgelaufene Jahr 2017 und gleichzeitig damit der Freibetragsbescheid für das kommende Jahr 2019 in Höhe der für das Jahr 2017 berücksichtigten Freibeträge). Neben dem Freibetragsbescheid erhält der Arbeitnehmer eine **„Mitteilung zur Vorlage beim Arbeitgeber“;** auf Grund dieser Mitteilung hat der Arbeitgeber im Rahmen des LSt-Abzuges die Freibeträge zu

[1330]) Steuerreformgesetz 2015/2016 BGBl I 2015/118.

[1331]) *Engelmann,* taxlex 2016, 192.

berücksichtigen (§ 64). Erreichen die tatsächlichen (voraussichtlichen) Werbungskosten, Sonderausgaben oder außergewöhnlichen Belastungen nicht die im Freibetragsbescheid ausgewiesene Höhe, dann kann der Arbeitnehmer auf ihre Berücksichtigung zur Gänze oder teilweise verzichten (§ 64 Abs 1). Wurde ein Freibetragsbescheid durch den Arbeitgeber berücksichtigt, kommt es zu einer Arbeitnehmerpflichtveranlagung (§ 41 Abs 1 Z 4; gleiches gilt bei Berücksichtigung des Zuzugsfreibetrags durch den Arbeitgeber, § 103 Abs 1 a).

Auf Antrag des Arbeitnehmers hat das FA keinen Freibetragsbescheid zu erlassen oder einen niedrigeren Freibetrag festzusetzen (§ 63 Abs 2; zB bei Wegfall von außergewöhnlichen Belastungen). Andererseits ist auf Antrag des Arbeitnehmers unabhängig vom Veranlagungsverfahren ein Freibetragsbescheid für das laufende Kalenderjahr insb dann zu erlassen, wenn der Arbeitnehmer glaubhaft macht, dass im Kalenderjahr zusätzliche Werbungskosten iHv mindestens € 900 oder Aufwendungen zur Beseitigung von Katastrophenschäden iSd § 34 Abs 6 vorliegen (§ 63 Abs 4; zusätzliche Sonderausgaben oder außergewöhnliche Belastungen können erst bei der Arbeitnehmerveranlagung berücksichtigt werden).

731 Bei der Ermittlung der LSt-Bemessungsgrundlage hat der Arbeitgeber zu berücksichtigen (§ 62, § 67 Abs 12):

a) das allgemeine Werbungskostenpauschale (€ 132);

b) das Sonderausgabenpauschale (€ 60);

c) Pflichtbeiträge zu gesetzlichen Interessenvertretungen und vom Arbeitgeber einbehaltene Mitgliedsbeiträge bei freiwilligen Berufsverbänden;

d) Sozialversicherungsbeiträge;

e) entrichtete Wohnbauförderungsbeiträge;

f) das Pendlerpauschale gem § 16 Abs 1 Z 6 lit i letzter Satz;

g) erstatteten (rückgezahlten) Arbeitslohn;

h) Freibeträge auf Grund eines Freibetragsbescheides (§ 63), wenn dem Arbeitgeber eine entsprechende Mitteilung vorgelegt wurde (§ 64);

i) Freibeträge gem § 35 (Freibetrag für Behinderte), § 103 Abs 1 a (Zuzugsfreibetrag) und § 105 (Freibetrag für Inhaber von Amtsbescheinigungen und Opferausweisen);

j) bei Expatriates den Pauschbetrag für Werbungskosten (20% der Bemessungsgrundlage, höchstens € 10.000; § 17 Abs 6 iVm § 1 Z 11 VO BGBl II 2001/382).

Expatriates sind Arbeitnehmer, die im Auftrag eines ausländischen Arbeitgebers in Österreich im Rahmen eines Dienstverhältnisses zu einem österr Arbeitgeber für höchstens fünf Jahre beschäftigt werden, während der letzten zehn Jahre keinen Wohnsitz im Inland hatten, ihren bisherigen Wohnsitz im Ausland beibehalten und für deren Einkünfte Österreich das Besteuerungsrecht zukommt (§ 1 Z 11 VO BGBl II 2001/382).

732 Der **Familienbonus Plus,** der **Alleinverdiener**-, **Alleinerzieher**- und der **Unterhaltsabsetzbetrag** sowie der (erhöhte) **Verkehrsabsetzbetrag** und der (erhöhte) **Pensionistenabsetzbetrag** werden nicht von der LSt-Bemessungsgrundlage abgezogen, sondern von der ermittelten LSt und wirken sich daher grds in voller Höhe steuermindernd aus (§ 66).

Beiträge für die freiwillige Mitgliedschaft bei Berufsverbänden können im Rahmen der Aufrollung (Neuberechnung der LSt) durch den Arbeitgeber im Monat Dezember berücksichtigt werden. Voraussetzung ist, dass der Arbeitnehmer ganzjährig nur bei diesem Arbeitgeber beschäftigt war und kein Krankengeld aus der gesetzlichen Krankenversicherung bezogen hat, der Arbeitgeber keine Freibeträge auf Grund einer Mitteilung zur Vorlage beim Arbeitgeber berücksichtigt hat und dem Arbeitgeber die entsprechenden Belege vorgelegt werden (§ 77 Abs 3). **733**

Der **LSt-Tarif** ist aus dem allgemeinen ESt-Tarif des § 33 abgeleitet (§ 66); **734**
LSt-Tarif und ESt-Tarif stimmen damit grds in der Höhe überein. In der Praxis werden hierfür LSt-Tabellen verwendet, welche die Steuerbeträge differenziert nach gängigen Lohnzahlungszeiträumen und Bezugshöhen ausweisen.

Tarifliche Sondervorschriften gelten für „sonstige Bezüge" und für bestimmte Zulagen und Zuschläge.

In bestimmten Fällen **fingiert** das Gesetz eine **Nettolohnvereinbarung** **734/1**
(vgl § 62 a). Dies gilt etwa dann, wenn der Arbeitgeber die sozialversicherungsrechtliche Anmeldeverpflichtung nicht erfüllt und die LSt nicht ordnungsgemäß einbehält und abführt oder den gezahlten Arbeitslohn nicht (vollständig) im Lohnkonto erfasst und er keine Bruttolohnvereinbarung nachweisen kann.

2. Besteuerung sonstiger Bezüge (§ 67)

Sonstige Bezüge sind Bezüge, die der Arbeitnehmer neben dem laufenden **735**
Arbeitslohn von demselben Arbeitgeber erhält, sofern sich die tatsächliche Auszahlung vom laufenden Bezug abhebt.[1332]) Es zählen dazu beispielsweise der 13. und 14. Monatsbezug, Belohnungen, Prämien, Abfertigungen udgl. Diese Bezüge sind in doppelter Hinsicht begünstigt (§ 67 Abs 1):

a) bis zum Betrag von € 620 bleiben sonstige Bezüge steuerfrei;

b) darüber hinaus sind sonstige Bezüge grds mit 6% zu versteuern.

Wenn das Jahressechstel höchstens € 2.100 beträgt (Freigrenze), unterbleibt die Besteuerung der sonstigen Bezüge (§ 67 Abs 1). Um bei geringfügiger Überschreitung der Freigrenze Härtefälle zu vermeiden, sieht § 41 Abs 4 eine Einschleifregelung vor; danach beträgt die Steuer höchstens 30% des € 2.000 übersteigenden Betrages (vgl auch § 77 Abs 4).

Der Freibetrag von € 620 und die Freigrenze von € 2.100 können bei jedem Dienstverhältnis berücksichtigt werden; die Anpassung erfolgt im Zuge der Veranlagung (§ 41 Abs 4 Satz 2).

Die Versteuerung mit 6% kommt jedoch nur insoweit zur Anwendung, als die sonstigen Bezüge (inklusive der ersten € 620) ein Sechstel der laufenden Bezüge nicht übersteigen (§ 67 Abs 2; sog **Sechstelgrenze**). Höhere sonstige Bezüge sind den laufenden Bezügen des Lohnzahlungszeitraumes hinzuzurechnen.

[1332]) VwGH 11. 4. 1984, 82/13/0090, ÖStZB 1984, 376.

735/1 Die Besteuerung der sonstigen Bezüge wurde durch das 1. StabG 2012 für höhere Einkünfte erhöht (**„Solidaritätsabgabe“**). Die sonstigen Bezüge werden mit bezugsabhängigen festen Bezügen besteuert. Bezüge bis zu € 620 werden mit 0% erfasst,

- die nächsten € 24.380 mit 6%,
- die nächsten € 25.000 mit 27% und
- die nächsten € 33.333 mit 35,75% besteuert.

Sonstige Bezüge, die € 83.333 übersteigen, sind wie ein laufender Bezug zum Tarif zu erfassen (§ 67 Abs 2 iVm Abs 10).

736 Besondere Besteuerungsmodalitäten sind innerhalb der sonstigen Bezüge insb für gesetzliche Abfertigungen, für Abfertigungen aus betrieblichen Vorsorgekassen, für sonstige Bezüge, die bei oder nach Beendigung des Dienstverhältnisses anfallen (zB freiwillige Abfertigungen an Dienstnehmer die dem System „Abfertigung alt“ unterliegen,[1333]) Abfindungen), sowie für Nachzahlungen und nachträgliche Zahlungen von Arbeitslohn vorgesehen. Abfertigungen auf Grund gesetzlicher Vorschriften sind dabei idR mit 6% zu versteuern (§ 67 Abs 3). Abfertigungen aus BV-Kassen sind ebenfalls mit 6% zu versteuern. Wird der Abfertigungsbetrag an ein Versicherungsunternehmen zur Verrentung, an ein Kreditinstitut zum ausschließlichen Erwerb von Anteilen an einen Pensionsinvestmentfonds oder an eine Pensionskasse übertragen, fällt keine LSt an; die Kapitalabfindung angefallener Renten unterliegt einer LSt von 6%. Zusätzliche Abfertigungsansprüche für Zeiträume, für die ein Anspruch gegenüber einer BV-Kasse besteht, sind wie ein laufender Bezug zu versteuern. Freiwillige Abfertigungen für Dienstnehmer, die dem System der „Abfertigung neu“ iSd BSMVG unterliegen, sind von der Begünstigung ausgenommen. Freiwillige Abfertigungen aus ab 2003 begonnenen Dienstverhältnissen (vgl § 46 BMSVG) unterliegen somit dem Regelsteuertarif.[1334])

Sonderregelungen bestehen für Arbeitnehmer, die dem Bauarbeiter- Urlaubs- und Abfertigungsgesetz (BUAG) unterliegen (siehe § 67 Abs 5) sowie für Vergleichszahlungen, Kündigungsentschädigungen, Nachzahlungen, Urlaubsentschädigungen, Pensionsabfindungen, Sozialpläne und Nachzahlungen im Insolvenzverfahren (siehe § 67 Abs 8).

737 Soweit **Pflichtbeiträge zu gesetzlichen Interessenvertretungen, Sozialversicherungsbeiträge** und **Wohnbauförderungsbeiträge** auf sonstige Bezüge entfallen, die mit festen Steuersätzen zu versteuern sind, sind sie vor Anwendung der festen Steuersätze in Abzug zu bringen (§ 67 Abs 12).

Die besondere Behandlung der sonstigen Bezüge wurde seinerzeit geschaffen, um die Besteuerung dieser Bezugsteile unter Verzicht auf einen Jahresausgleich der Steuerbelastung des voraussichtlichen Jahresarbeitslohnes anzupassen. Dieses **Vereinfachungsmotiv** ist in der BRD noch heute maßgebend (vgl § 39 b Abs 3 dEStG). In Österreich hin-

---

[1333]) Vgl VwGH 15. 9. 2011, 2007/15/0231 (keine „freiwillige Abfertigung“, wenn eine Zahlung geleistet wird, um den Dienstnehmer zur vorzeitigen Auflösung des Dienstverhältnisses zu bewegen). Siehe auch VfGH 9. 10. 2017, E 2536/2016 (Deckelung der Begünstigung für freiwillige Abfertigungen mit dem Dreifachen der ASVG-Höchstbeitragsgrundlage nach § 67 Abs 6 nicht verfassungswidrig).

[1334]) Vgl *Heffermann/Jann*, ÖStZ 2016, 141; LStR 2002 Rz 1087 a.

gegen ist die Besteuerung der sonstigen Bezüge im Laufe der Zeit zu einer der wichtigsten einkommensteuerlichen **Begünstigungen** der Arbeitnehmer ausgebaut worden. Problematisch ist dabei, dass die Begünstigung nicht gleichmäßig die Einkünfte aus nichtselbständiger Arbeit betrifft, sondern innerhalb dieser Einkunftsart nach Bezeichnung und Zahlungsmodalitäten von Bezügen differiert, wobei durch die Sechstelgrenze lediglich die gröbsten Ungleichmäßigkeiten verhindert werden.[1335]) Soweit sonstige Bezüge mehrere Kalenderjahre betreffen (etwa Nachzahlungen, Abfertigungen), lässt sich eine tarifliche Sonderbehandlung mit dem Leistungsfähigkeitsprinzip begründen. Diese sollte sich dann aber an § 37 orientieren.

3. Besteuerung bestimmter Zulagen und Zuschläge (§ 68)

Schmutz-, Erschwernis- und Gefahrenzulagen sowie Zuschläge für Sonn- **738** tags-, Feiertags- und Nachtarbeit und mit diesen Arbeiten zusammenhängende Überstundenzuschläge sind gem § 68 Abs 1 bis zu einem Betrag von € 360 pro Monat steuerfrei; zusätzlich werden Zuschläge für die ersten zehn Überstunden im Monat im Ausmaß von höchstens 50% des Grundlohnes, insgesamt höchstens jedoch € 86 monatlich nicht besteuert. Darüber hinaus erfolgt die Besteuerung nach dem Tarif. Um Manipulationen hinsichtlich der Bezeichnung von Bezügen und der Festsetzung von Überstunden zu unterbinden, macht § 68 die Begünstigung von der Einhaltung einer Reihe formaler Voraussetzungen abhängig.

4. Einbehaltung und Abfuhr der Lohnsteuer

Der Arbeitgeber hat für jeden Arbeitnehmer am Ort der Betriebsstätte **739** (§ 81) ein Lohnkonto zu führen, in dem sämtliche für den Steuerabzug relevanten Verhältnisse zu vermerken sind (siehe dazu § 76). Die LSt ist bei jeder Lohnzahlung zu berechnen und einzubehalten (§ 78). Die gesamte LSt, die in einem Kalendermonat einzubehalten war, ist spätestens am 15. des Folgemonats an das FA der Betriebsstätte abzuführen. Eine LSt-Erklärung des Arbeitgebers ist grds nicht vorgesehen; der Dienstgeber hat aber bis Ende Februar des Folgejahres für alle im Kalenderjahr beschäftigten Arbeitnehmer an das Betriebsstättenfinanzamt oder dem sachlich und örtlich zuständigen Krankenversicherungsträger die Lohnzettel elektronisch zu übermitteln (§ 84; zu den Sonderregelungen für Bezüge aus der Bauarbeiter-Urlaubs- und Abfertigungskasse siehe § 69 Abs 8).

Werden Vergütungen von einem Dritten im Rahmen eines Dienstverhältnisses geleistet, so sind die Zahlungen (des Dritten) in die Lohnverrechnung miteinzubeziehen, wenn der Arbeitgeber weiß oder wissen musste, dass Vergütungen geleistet werden (§ 78 Abs 1 letzter Satz; seit dem 2. AbgÄG 2014[1336])). Damit reagierte der Gesetzgeber auf die Rsp des VwGH, wonach Vergütungen von dritter Seite in die Lohnverrechnung des Arbeitgebers miteinzubeziehen sind, wenn die Zahlung des Dritten ihren Ursprung im Dienstverhältnis hat und wirtschaftlich dem Arbeitgeber zuzurechnen ist („Verkürzung des Zahlungsweges"; zB Provisionen an Bankmitarbeiter, die Bausparkassengeschäfte für eine Bausparkasse vermitteln).[1337])

[1335]) VfGH 18. 6. 2001, B 1437/00 (nicht gleichheitswidrig).

[1336]) 2. Abgabenänderungsgesetz 2014 BGBl I 2014/105.

[1337]) VwGH 24. 10. 2012, 2008/13/0106.

740 Dem Arbeitnehmer steht gegen eine vom Arbeitgeber zu verantwortende unrichtige (zu hohe) Einbehaltung der LSt nicht das **Rechtsmittel** einer unmittelbaren Beschwerde an das FA zur Verfügung. Es kann dies grds im Wege der Veranlagung richtigstellen und erhält die unrichtig einbehaltene LSt zurück. Sollte die Korrektur über eine Veranlagung nicht möglich sein, so kann der Arbeitnehmer – neben allfälligen zivilrechtlichen Schritten gegen den Arbeitgeber – beim FA der Betriebsstätte bis zum Ablauf des fünften Kalenderjahres, das auf das Jahr der Einbehaltung folgt, die Rückzahlung von zu Unrecht entrichteten LSt-Beträgen beantragen (§ 240 Abs 3 BAO). Über einen solchen Antrag ist mittels (rechtsmittelfähigen) Bescheides abzusprechen.

5. Mehrere Dienstverhältnisse

741 Erhält der Arbeitnehmer Arbeitslohn von mehreren Arbeitgebern gleichzeitig, dann berechnet jeder Arbeitgeber die LSt nur von dem von ihm ausbezahlten Lohn; dadurch wird einerseits die Progression nicht im gleichen Ausmaß wirksam wie bei einem Bezug des Gesamtlohnes nur von einem Arbeitgeber, andererseits werden auch bestimmte Absetzbeträge mehrfach berücksichtigt.

Damit dieser Vorteil nicht von Dauer ist, ist eine Arbeitnehmerpflichtveranlagung durchzuführen, wenn *„im Kalenderjahr zumindest zeitweise gleichzeitig zwei oder mehrere lohnsteuerpflichtige Einkünfte, die beim Lohnsteuerabzug gesondert versteuert wurden, bezogen worden sind“* (§ 41 Abs 1 Z 2). Zudem sind in diesem Fall vom Stpfl vierteljährliche Vorauszahlungen (basierend auf der ESt-Schuld bzw Abschlusszahlung für das letztveranlagte Kalenderjahr) zu leisten (§ 45 Abs 1 Satz).

742 Werden Pensionen aus der gesetzlichen Sozialversicherung sowie Bezüge oder Vorteile aus einem früheren (privaten) Dienstverhältnis iSd § 25 Abs 1 Z 1 bis 4 gemeinsam mit anderen gesetzlichen Pensionen oder Bezügen und Vorteilen aus einem früheren Dienstverhältnis von einer Stelle ausgezahlt, dann ist der LSt-Abzug für die gemeinsam ausgezahlten Beträge ausschließlich von der auszahlenden Stelle wahrzunehmen (§ 47 Abs 3; siehe auch Abs 5). Darüber hinaus kann der BMF anordnen, dass bei getrennter Auszahlung von zwei oder mehreren Pensionen aus der gesetzlichen Sozialversicherung sowie von Ruhegenussbezügen von Gebietskörperschaften eine der auszahlenden Stellen (Versicherungsträger, Gebietskörperschaft) die gemeinsame Versteuerung dieser Bezüge vornimmt (§ 47 Abs 4; siehe dazu auch die VO BGBl II 2001/55).

6. Veranlagung von Arbeitnehmern

743 Die LSt-Berechnung erfolgt auf Grund der Verhältnisse im maßgebenden Lohnzahlungszeitraum (Monat) nach einem umgerechneten Jahrestarif. Die Besteuerung im Lohnzahlungszeitraum wird also so vorgenommen, als wären die Verhältnisse (insb die Lohnhöhe) im ganzen Kalenderjahr gleich. Schwanken aber die Bezüge in den einzelnen Lohnzahlungszeiträumen, so ist die bezahlte LSt – auf das Jahr umgerechnet – zu hoch, soweit eine Aufrollung (§ 77 Abs 3) durch den Dienstgeber nicht möglich ist. Ebenso ist die einbehaltene LSt

regelmäßig zu hoch, wenn der Arbeitnehmer nicht das ganze Jahr beschäftigt ist und eine Umrechnung nach § 3 Abs 2 (insb bei Bezug von Arbeitslosengeld) unterbleibt. Auf der anderen Seite wird bei Arbeitnehmern, die in mehreren Dienstverhältnissen stehen, regelmäßig weniger LSt einbehalten, als wenn die gesamten Bezüge in einem einzigen Dienstverhältnis erzielt worden wären; Ursache dafür ist zum einen die Progression des Tarifs, zum anderen aber auch die mehrfache Berücksichtigung bestimmter Abzugsposten.

Die Arbeitnehmerveranlagung ermöglicht in diesen Fällen eine Besteuerung unter Berücksichtigung aller im Kalenderjahr für die Steuerhöhe maßgeblichen Umstände.

Das Gesetz unterscheidet **744**

- eine **Arbeitnehmerpflichtveranlagung** (§ 41 Abs 1);
- eine **freiwillige Arbeitnehmerveranlagung auf Antrag** (§ 41 Abs 2 Z 1) und
- eine **antragslose Veranlagung** (§ 41 Abs 2 Z 2).

Eine **Arbeitnehmerpflichtveranlagung** ist durchzuführen (§ 41 Abs 1 Z 1 **745** bis 12):

- wenn der Arbeitnehmer **andere** (als lohnsteuerpflichtige) **Einkünfte von mehr als € 730** bezogen hat;
- bei **mehreren Dienstverhältnissen** (mehreren lohnsteuerpflichtigen Einkünften), die **zumindest zeitweise gleichzeitig** bestanden haben;
- wenn **vorläufig besteuerte Bezüge von Krankengeld** (§ 69 Abs 2), bestimmte **Bezüge nach dem Heeresgebührengesetz** (§ 69 Abs 3), **erstattete Pflichtbeiträge** (§ 69 Abs 5), Auszahlungen durch den Insolvenz-Entgelt-Fonds (§ 69 Abs 6), Auszahlungen von Bezügen iSd Dienstleistungsscheckgesetzes (§ 69 Abs 7), Auszahlungen von Bezügen nach dem Bauarbeiter-Urlaubs- und Abfertigungsgesetz (§ 69 Abs 8) oder Rückzahlungen von Beiträgen für eine freiwillige Weiterversicherung in der gesetzlichen Pensionsversicherung zugeflossen sind (§ 69 Abs 9);
- wenn ein **Freibetragsbescheid** (§ 63 Abs 1) oder ein Freibetrag auf Grund einer Zuzugsbegünstigung (§ 103 Abs 1 a) im betreffenden Kalenderjahr in der Lohnverrechnung **berücksichtigt** wurde;
- wenn der **Alleinverdiener-**, der **Alleinerzieherabsetzbetrag,** der (erhöhte) **Pensionistenabsetzbetrag,** der (erhöhte) **Verkehrsabsetzbetrag** oder **Freibeträge gem § 35, § 17 Abs 6 iVm § 1 Z 11 VO BGBl II 2001/382 und § 105 zu Unrecht** berücksichtigt wurden;
- wenn unrichtigerweise ein **Pendlerpauschale** berücksichtigt wurde;
- wenn unrichtigerweise vom Arbeitgeber ein **Kinderbetreuungszuschuss** gewährt wurde;
- wenn steuerfreie Bezüge als Abgeordneter zum EU-Parlament bezogen wurden;
- wenn Einkünfte aus Kapitalvermögen bezogen oder entsprechende betriebliche Einkünfte bezogen werden, die dem besonderen Steuersatz von 25% bzw 27,5% gem § 27 a Abs 1, aber nicht der KESt unterliegen;

- wenn Einkünfte aus privaten Grundstücksveräußerungen erzielt wurden, für die durch den Parteienvertreter keine ImmoESt abgeführt wurde, oder wenn die abgeführte ImmoESt auf Grund falscher Angaben des Stpfl keine Abgeltungswirkung entfaltet;
- wenn der Arbeitnehmer unmittelbar in Anspruch genommen wird, weil er in Zusammenwirken mit dem Arbeitgeber vorsätzlich eine Verkürzung der LSt bewirkt hat;
- wenn unrichtigerweise ein **Familienbonus Plus** (§ 33 Abs 3 a) berücksichtigt wurde.

746 Liegen die Voraussetzungen für eine Pflichtveranlagung nicht vor, dann kann der Arbeitnehmer eine **freiwillige Veranlagung beantragen;** der Antrag kann innerhalb von fünf Jahren ab dem Ende des Veranlagungszeitraumes gestellt werden (§ 41 Abs 2 Z 1).

Eine freiwillige Arbeitnehmerveranlagung wird der Arbeitnehmer immer dann beantragen, wenn sich für ihn daraus eine Gutschrift ergibt, zB

- wenn dem Stpfl **erhöhte Werbungskosten, Sonderausgaben oder außergewöhnliche Belastungen entstanden sind** (und diese nicht oder nicht ausreichend in einem Freibetragsbescheid berücksichtigt wurden);
- wenn **die Summe der anderen Einkünfte einen Verlust ergeben hat** (Verlustveranlagung);
- wenn die **Veranlagung zu einer negativen ESt führt;**
- bei **unterschiedlich hohen Bezügen** bzw bei Einkünftebezug nur während eines Teiles des Jahres;
- zur Erstattung des **Alleinverdiener-, Alleinerzieherabsetzbetrages** sowie des (erhöhten) **Verkehrsabsetzbetrages** oder des (erhöhten) **Pensionistenabsetzbetrages.**

Erweist sich jedoch die freiwillige Arbeitnehmerveranlagung wider Erwarten als nachteilig, kann der Stpfl den Antrag auf Veranlagung im Wege einer Beschwerde **zurückziehen.**[1338])

746/1 Das FA hat von Amts wegen eine **antragslose Arbeitnehmerveranlagung** durchzuführen (§ 41 Abs 2 Z 2), wenn der Stpfl nicht darauf verzichtet hat und folgende Voraussetzungen vorliegen:

- bis Ende Juni des Folgejahres wurde keine Abgabenerklärung eingereicht;
- auf Grund der Aktenlage ist anzunehmen, dass nur lohnsteuerpflichtige Einkünfte vorliegen;
- aus der Veranlagung resultiert eine Steuergutschrift;
- auf Grund der Aktenlage ist nicht anzunehmen, dass sich aus einer freiwilligen Veranlagung eine höhere Steuergutschrift ergeben würde.

Wurde bis zum Ablauf des dem Veranlagungszeitraum zweitfolgenden Kalenderjahres keine Abgabenerklärung für den betroffenen Veranlagungszeitraum abgegeben, ist jedenfalls eine antragslose Veranlagung durchzuführen, wenn sich daraus eine Steuergutschrift ergibt (§ 41 Abs 2 Z 2 lit b).

[1338]) LStR 2002 Rz 911 b.

Wurde eine antragslose Veranlagung durchgeführt, kann der Stpfl dennoch innerhalb von fünf Jahren ab dem Ende des Veranlagungszeitraumes eine freiwillige Veranlagung gem § 41 Abs 2 Z 1 beantragen (siehe Tz 746). In diesem Fall hat das FA über den Antrag zu entscheiden und gleichzeitig den Bescheid auf Grund der antragslosen Veranlagung aufzuheben (41 Abs 2 Z 2 lit c).

Bei der Veranlagung von Arbeitnehmern ist von den anderen Einkünften ein **Veranlagungsfreibetrag** bis zu € 730 abzuziehen. Dieser vermindert sich um jenen Betrag, um den die anderen Einkünfte € 730 übersteigen. Das bedeutet, dass der Freibetrag nicht mehr abgezogen wird, wenn die anderen Einkünfte € 1.460 übersteigen (ab diesem Betrag somit eine **Freigrenze;** vgl § 41 Abs 3). **747**

Bezüge, die gem §§ 67 Abs 1 oder 68 steuerfrei belassen oder mit den festen Sätzen des § 67 oder mit den Pauschsätzen des § 69 Abs 1 versteuert werden, sind bei der Veranlagung von Arbeitnehmern außer Acht zu lassen bzw nach § 41 Abs 4 neu zu berechnen. Die von den laufenden Bezügen entrichtete LSt ist von der ermittelten ESt-Schuld in Abzug zu bringen.

Vorauszahlungen sind für lohnsteuerpflichtige Arbeitnehmer nur dann festzusetzen, wenn **748**

- **andere Einkünfte von mehr als € 730** vorliegen oder
- der Stpfl zumindest zeitweise **gleichzeitig zwei oder mehrere lohnsteuerpflichtige Einkünfte** bezogen hat (§ 45 Abs 1 zweiter Satz).

C. Kapitalertragsteuer

Literatur: *Züger,* Endbesteuerung vor dem EuGH, SWK 2000, 385; *Lechner/Staringer/Tumpel,* Kapitalverkehrsfreiheit und Steuerrecht, Wien 2000; *Heinrich,* Die Besteuerung von Index-Anleihen im Privatvermögen, ÖStZ 2000, 469; *Lang,* Der Zeitpunkt des Kapitalertragsteuerabzuges bei Zuwendungen einer Privatstiftung an Begünstigte, SWK 2001, 417; *Kofler/Schenk/Weiermayer,* Zeitpunkt des Zufließens von Zuwendungen einer Privatstiftung bei satzungsmäßiger Regelung für Zwecke der KESt, SWK 2001, 678; *Moritz,* zur Kapitalertragsteuer von Zero Bonds, SWK 2001 571; *Niescher,* Kapitalertragsteuer beim Erwerb von Nullkuponanleihen (Zero Bonds) während der Laufzeit, ÖStZ 2001, 102; *Blasina,* „Unmittelbarkeit" im internationalen Schachtelprivileg (§ 10 Abs 2 KStG) und bei der KESt-Befreiung gemäß § 94 a EStG, SWI 2002, 171; *Rauscher,* Behandlung von Anteilsrechten an körperschaftlich organisierten Agrargemeinschaften, SWK 2002, 409; *Prosenz,* Kapitalertragsteuer – vermeidbare Mehrbelastung für die Masse, ZIK 2002, 120; *Marschner,* Depotentnahmen sind nicht KESt-pflichtig, ÖStZ 2002, 234; *Beiser,* Die Einmalerfassung bei negativem Einbringungskapital und nachfolgender Umwandlung, GeS 2003, 144; *Beiser,* Auslandsausschüttungen im Licht der Niederlassungs- und Kapitalverkehrsfreiheit, GeS 2003, 187; *Heinrich,* VwGH: Revolution der Index-Anleihen-Besteuerung GeS 2003, 78; *Zorn,* Aktuelle einkommensteuerliche Probleme im Bereich der Kapitalveranlagungen, ÖStZ 2003, 164; *Kuschil/Kofler,* Abkommensrechtliche Entlastung von österreichischer Quellensteuer auf Dividenden, Zinsen und Lizenzgebühren, ÖStZ 2003, 225; *Mühlehner,* Erfordert die EU-Zinsenbesteuerungs-RL eine Änderung der österreichischen KESt? ÖStZ 2003, 86; *oV,* Neue Rechtsprechung zu ausländischen Kapitalveranlagungen, RdW 2003, 45; *Blasina,* Internationales Schachtelprivileg und Gemeinschaftsrecht, SWI 2003, 14; *Schiebel,* Besteuerung der Aktienanleihe im Privatvermögen, RWZ 2003, 257; *Schmidt,* Reform der

Besteuerung ausländischer Kapitalerträge bei natürlichen Personen (Teil I), GeS 2003, 187; *Pummerer,* Strukturierte Anlageprodukte – Ertragsteuerliche Behandlung strukturierter festverzinslicher Anlageprodukte im Privatvermögen, ÖStZ 2003, 73; *D. Aigner/H.-J. Aigner/G. Kofler,* Besteuerung von Kapitalerträgen nach dem österreichischen BudgetbegleitG 2003, IWB 2003, 593; *D. Aigner/H.-J. Aigner/G. Kofler,* Die Neuordnung der Besteuerung von Kapitalerträgen durch das BudgetbegleitG 2003, ecolex 2003, 480; *Wilhelm,* Die Besteuerung von Kapitalanlagen nach dem BBG 2003 aus Sicht des einfachen Anlegers (Teil I) ÖStZ 2003, 468; (Teil II), ÖStZ 2003, 493; *Reinisch,* KESt-Anrechnung für stillen Gesellschafter, RdW 2003, 533; *Rombold,* KESt-Erstattung durch Steuersenkung, SWK 2004, 367; *Althuber,* Ungleichbehandlung von in- und ausländischen Kapitalerträgen gemeinschaftsrechtswidrig? GeS 2004, 251; *Polivanova-Rosenauer/Toifl,* Besteuerung ausländischer Kapitalerträge und jüngste Rechtsprechung des EuGH, SWI 2004, 228; *Marschner,* Dividenden und Investmentfonds richtig in die Steuererklärung aufgenommen, SWK 2004, 559; *Haunold/Tumpel/Widhalm,* EuGH: Höherbesteuerung ausländischer Dividenden steht im Widerspruch zur Kapitalverkehrsfreiheit, SWI 2004, 470; *Puchinger/Hauser,* Auslands-KESt VO 2003 – eine erste Analyse, ÖStZ 2004, 5; *Laudacher,* Entscheidungen des unabhängigen Finanzsenates zu den §§ 27 iVm 93 bis 97 EStG 1988, UFS 2004, 476; *Pülzl,* Übernommene KESt: Eine systematische Betrachtung, ÖStZ 2004, 18; *Marschner,* Auslandsveranlagung bevorzugt, ÖStZ 2004, 202; *Blazina,* Verdeckte Ausschüttungen (Teil I), FJ 2004, 237; (Teil II), FJ 2004, 321; *Weiss,* Besteuerung strukturierter Produkte in Deutschland im Vergleich zu Österreich, ÖStZ 2005, 112; *Mirus/Rath,* Die neue Auslandsfonds-KESt, ecolex 2005, 155; *Kirchmayr,* Besteuerung von Indexzertifikaten verfassungsrechtlich problematisch? taxlex 2005, 108; *Markowetz,* Treuhändiges Halten von Anteilen an Kapitalgesellschaften: KESt-Abzug und Endbesteuerung, SWK 2005, 986; *Bendlinger/Kofler,* Mutter-Tochter-Richtlinie versus § 94 a EStG: Quellensteuerfreie Ausschüttungen bei „mittelbarer“ Beteiligung der Muttergesellschaft? ÖStZ 2005, 332; *Bendlinger/Kofler,* BMF zum Umfang der KESt-Befreiung nach § 94 a EStG, ÖStZ 2005, 412; *Mühlehner,* KESt-Pflicht bei Wegzug und EG-Recht, SWI 2005, 469; *Marschner,* Indexzertifikate: Wertaufholung unter dem Emissionskurs KESt-pflichtig? ÖStZ 2005, 451; *Mayr,* Turbo-Zertifikate KESt-pflichtig? RdW 2005, 383; *G. M.,* BMF zur EU-Quellensteuer und KESt, RdW 2005, 514; *Beiser/Klaunzer,* Die Besteuerung von Zinsbegrenzungsvereinbarungen (Caps und Floors), RdW 2005, 581; *Stangl,* Privatstiftungen: Unterjährige Veräußerung/unterjähriger Erwerb von Forderungswertpapieren und Zwischenbesteuerung, RdW 2005, 385; *Marschner,* Nochmals: Unterjährige Veräußerung/unterjähriger Erwerb von Forderungswertpapieren und Zwischenbesteuerung, RdW 2005, 512; *Stangl,* Zurechnungsfragen bei der unterjährigen Abtretung von Kapitalforderungen, RdW 2005, 719; *Marschner,* Zufluss von Zinsen – eine Replik zu Stangl, RdW 2005, 722; *Marschner,* Privatstiftungen und Kapitalertragsteuer: Änderungen durch das AbgÄG 2005 und den Wartungserlass 2005 zu den StiftR 2001, taxlex 2005, 620; *Prechtl,* Ausschüttungsfiktion der unbaren Entnahme bringt vorgezogene Besteuerung, SWK 2005, 1278; *Tumpel/Widhalm,* Steuerliche Einordnung von Turbo-Zertifikaten (Hebelprodukte), RdW 2005, 717; *Engel-Kazemi/Hohenblum,* Die Besteuerung von Kapitalerträgen in Österreich, in *Thömmes/Lang/Schuch,* Investitions- und Steuerstandort Österreich, 199; *Novak,* Besteuerung von Stiftungszuwendungen im Überblick, SWI 2005, 383; *Achatz,* Ansprüche des Fiskus gegen Wertpapiererwerber bei zu hoher KESt-Gutschrift? taxlex 2006, 203; *Mayr/Tumpel,* Veräußerung von Dividendenscheinen, RdW 2006, 251; *Gruber,* Die internationale Besteuerung von Aktienanleihen aus österreichischer Sicht – laufende Besteuerung, ÖStZ 2006, 130; *Twardosz,* Veräußerung von Zinsscheinen, RdW 2006, 534; *Marschner,* Indexzertifikate: Quo vadis? SWK 2006, 368; *Frei,* Regelungen im neuen § 18 Abs 2 UmgrStG nicht sachgerecht? SWK 2006, 57; *Bauer/Knirsch/Schanz,* Besteuerung von Kapitaleinkünften – Wie attraktiv sind Österreich und die Schweiz für deutsches Kapital? SWI 2006, 502; *Schuchter,* Abgabenrechtliche Behandlung von Aktienanleihen bei privaten Anlegern und Privatstiftungen, taxlex 2006, 644; *Kauba,* AbgÄG 2005: Unbare Entnahmen und Ausschüttungsfiktionen bei Umgründungen (§ 18 Abs 2 UmgrStG), taxlex 2006, 305; *Wolf,* Aktuelle Neuerungen bei Umgründungen, SWK 2006, 431; *Brauner,* Die Entnahmeregeln des § 16 UmgrStG nach dem AbgÄG 2005, VWT 2006 H 2, 26; *Moritz,* Die Neuregelung der Zertifikatsbesteuerung, SWK 2006, 1201; *Schuh,* AbgÄG 2005: Die Ausschüttungsfiktion gem § 18 Abs 2 UmgrStG – Offene Fragen und Kritikpunkte, RdW 2006, 116; *Loukota,* Ist § 94a EStG wirklich europarechtswidrig? SWI 2006, 13; *Biebl/Pfeiffer,* Rechtswidrigkeit der Diskriminierung von Dividenden gem § 94a EStG in EWR-Staaten, SWI 2006, 307; *Vock,* UGB: KESt-Pflicht für stille Gesellschaften erweitert, RdW 2006, 591; *Schuh,* Geldwerte Vorteile bei Eröffnung eines Bankkontos als Kapitaleinkünfte? RdW 2007, 181; *Korn,* Reform der Besteuerung von Kapitaleinkünften in Deutschland – Gemeinsamkeiten und Unterschiede zum österreichischen Vorbild, ÖStZ 2007, 222; *Vock,* KESt-Abzug bei Zahlung von Konzerndividenden in die Schweiz, SWI 2007, 171; *Haslinger,* Die Besteuerung von Dividenden – EuGH bestätigt Kritik an geltender Rechtslage, SWI 2007, 175; *Fuchs,* Abgrenzung Kapitalertrag und Substanz im Ertragsteuerrecht, in FS W. Doralt 81; *Kirchmayr,* Schuldverschreibungen – Grundsatzfragen der Abgrenzung von Zinsen und Stammrecht, in FS W. Doralt 185; *Schuch,* Die Besteuerung grenzüberschreitender Wertpapierleihe- und Repo-Geschäft, in FS W. Doralt, Wien 2007, 401; *Moritz,* Der steuerliche Durchgriff durch kombinierte Kapitalanlageprodukte, in FS Ruppe, Wien 2007, 479; *Widhalm,* Veräußerung von Zinsscheinen im Privatvermögen, in FS Ruppe, Wien 2007, 718; *Aigner,* Ausschüttungen von körperschaftlich organisierten Agrargemeinschaften nach der RV zum AbgÄG 2009, taxlex 2009, 259; *Twardosz,* Haftung für Kapitalertragsteuer, ÖStZ 2009, 317; *Kirchmayr/Mayr/Schlager,* Besteuerung von Kapitalvermögen, Wien 2011; *Schlager,* KESt neu im AbgÄG 2011: Besser spät als nie, RdW 2011, 360; *ders,* KESt-neu im BBG 2012: Verlustausgleich durch das Kreditinstitut, RdW 2011, 687; *Marschner,* Vermögenszuwachssteuer – Grundsätzliches zu Derivativem und Spekulativem, SWK 2011, 982; *ders,* Vermögenszuwachssteuer – ein Streifzug durch verschiedene Aspekte der Neuregelung, SWK 2011, 1091; *Mayr/Schlager,* VfGH: KESt-neu ab 1. 4. 2012 bestätigt, RdW 2011, 427; *Novacek,* Verfassungsrechtliche Bedenken gegen die Bruttobesteuerung bei der neuen Vermögenszuwachssteuer, ÖStZ 2011, 321; *Plott,* Gutschrift von Kapitalertragsteuer bei nachträglich gekürzten Kapitalerträgen, ÖStZ 2011, 291; *Marchgraber,* (KESt-)Zweifelsfragen bei Depotentnahmen und -übertragungen, RdW 2012, 366; *Novacek,* KESt-Befreiung für Outbounddividenden – Die Neufassung des § 94 EStG, ÖStZ 2012, 155; *Althuber/Varro,* Kapitalertragsteuerabzug bei ausländischen Pensionskassen europarechtswidrig? taxlex 2013, 5; *Lechner/Mayr/Tumpel,* Handbuch der Besteuerung von Kapitalvermögen, Wien 2013; *Stangl,* Einkünfte aus Derivaten und der besondere Steuersatz nach § 27a EStG, RdW 2013, 568; *Wild,* Die Auswirkungen der Kapitalmaßnahmen-VO auf Umgründungen, ÖStZ 2013, 464; *Bergmann,* Die Regelbesteuerungsoption des § 27a Abs 5 EStG nach dem AbgÄG 2015, SWK 2015, 1602; *ders,* Die Regelbesteuerungsoption des § 27a Abs 5 EStG nach dem StRefG 2015/2016, SWK 2015, 1359; *Peyerl/Marschner,* Die Besteuerung von Zinserträgen beim Kreditschuldner, SWK 2015, 538; *Plansky,* Aktuelles zur Steuerentlastung von KESt auf Dividendenausschüttungen, SWK 2015, 469.

Literatur zu Investmentfonds siehe unter XIV.

Bei bestimmten **inländischen Kapitalerträgen** wird die ESt durch Abzug vom Kapitalertrag **(Kapitalertragsteuer)** erhoben (§ 93 Abs 1); der Steuersatz beträgt je nach Art der Kapitaleinkünfte und je nachdem, ob der Empfänger eine natürliche Person oder eine Körperschaft ist, 25% oder 27,5% (§ 27a Abs 1 **749** und § 93 Abs 1a); in den meisten Fällen ist die ESt mit der KESt abgegolten (**Endbesteuerung**); in bestimmten Fällen wird anlässlich der Veranlagung die KESt auf die ESt angerechnet.

Inländische Kapitalerträge sind

750 a) **Einkünfte aus der Überlassung von Kapital;** bei Ausschüttungen aus Körperschaften (zB **Dividenden**), **Bankzinsen** und Zuwendungen von Privatstiftungen, wenn sich der **Schuldner der Kapitalerträge im Inland befindet.** Befindet sich der Schuldner dieser Kapitalerträge nicht im Inland (zB bei ausländischen Dividenden) oder in allen anderen Fällen (zB Anleihezinsen), liegen inländische Kapitalerträge dann vor, wenn sich die **auszahlende Stelle** im Inland befindet (§ 93 Abs 2 Z 1).

751 b) **Einkünfte** aus der **Veräußerung von Kapitalvermögen,** wenn eine **inländische depotführende Stelle** oder eine **inländische auszahlende Stelle** vorliegt und diese die Veräußerung abwickelt (zB **Veräußerung von Aktien** auf einem inländischen Wertpapierdepot, Veräußerung von verbrieften Derivaten; § 93 Abs 2 Z 2).[1339])

In diesen Fällen ist die ESt mit dem KESt-Abzug abgegolten (**Endbesteuerung;** siehe dazu unten D).

Bei der Veräußerung von GmbH-Anteilen kommt es mangels Vorliegens eines Depots zu keinem KESt-Abzug.

752 c) **bestimmte Ausschüttungen oder ausschüttungsgleiche Erträge eines inländischen** oder eines ausländischen **Kapitalanlagefonds** und eines inländischen oder eines ausländischen Immobilien-Investmentfonds (siehe dazu XIV). Die ESt gilt mit dem KESt-Abzug grds als abgegolten (**Endbesteuerung**); zu ausländischen Kapitalanlagefonds siehe unten Rz 813.

KESt-Pflicht besteht in allen diesen Fällen, wenn sich der Schuldner der Kapitalerträge bzw die auszahlende Stelle im Inland befindet (§ 95 Abs 2 Z 1).

753 Für den Abzug der KESt ist es grds gleichgültig, welcher Einkunftsart die Kapitalerträge beim Empfänger zuzurechnen sind (§ 93 Abs 3), ob der Empfänger eine natürliche oder juristische Person bzw ob er beschränkt oder unbeschränkt stpfl ist. Von diesem Grundsatz bestehen jedoch eine Reihe von Ausnahmen (siehe unten).

754 Für die Durchführung des KESt-Abzuges bei der Veräußerung von Kapitalvermögen besteht eine Reihe von gesetzlichen Vermutungen (siehe dazu § 93 Abs 4 und 5). Insbesondere:

755 – sind im Falle der Unkenntnis der tatsächlichen Anschaffungskosten des veräußerten Kapitalvermögens die Anschaffungskosten zur Ermittlung der Einkünfte iSd § 27 Abs 3 oder 4 mit dem gemeinen Wert zum Zeitpunkt der Depoteinlage anzusetzen, wobei sie um 0,5% für jeden seit der Anschaffung vergangenen Monat zu vermindern sind; die Anschaffungskosten sind aber zumindest mit dem halben gemeinen Wert zum Zeitpunkt der Depoteinlage anzusetzen (§ 93 Abs 4); und

756 – der Abzugsverpflichtete hat davon auszugehen, dass das veräußerte Kapitalvermögen **nicht im Betriebsvermögen gehalten** wird (sog „Privatvermögensvermutung"; § 93 Abs 5 erster TS).

[1339]) Die Abzugspflicht der KESt insb durch die Banken ist nicht verfassungswidrig, VfGH 16. 6. 2011, G 18/11.

Grundsätzlich gilt, dass **alle Kapitalerträge, die einem besonderen Steuersatz des § 27a Abs 1 (25% bzw 27,5%) unterliegen, auch dem KESt-Abzug unterliegen,** wenn eine inländische depotführende Stelle oder eine inländische auszahlende Stelle vorliegt. 757

Keine KESt ist ua abzuziehen (§ 94) 758

a) bei Identität von Gläubiger und Schuldner;

b) bei Kapitalerträgen von unbeschränkt stpfl Körperschaften (§ 1 Abs 2 KStG) auf Grund einer mindestens 10%igen Beteiligung an einer unbeschränkt stpfl Kapitalgesellschaft oder Genossenschaft, bzw auf Grund einer mindestens 10%igen Beteiligung an einer vergleichbaren ausländischen Körperschaft (entsprechend den Vorgaben der **Mutter-Tochter-Richtlinie**), wenn die Beteiligung mindestens 1 Jahr in diesem Ausmaß bestanden hat;

c) bei Zwischenbankeinlagen und bei Ausgleichszahlungen im Rahmen der Wertpapierleihe (ausgenommen bei inländischen Dividenden) unter Kreditinstituten;

d) bei Zinserträgen aus Einlagen bei ausländischen Betriebsstätten von Kreditinstituten;

e) bei Kapitalerträgen aus Geldeinlagen, sonstigen Forderungen bei Kreditinstituten, bei Kapitalerträgen aus Forderungswertpapieren und aus der Veräußerung von Kapitalvermögen, wenn

- der **Empfänger keine natürliche Person ist,**
- der Empfänger dem Abzugsverpflichteten bei Nachweis seiner Identität schriftlich erklärt, dass die Kapitalerträge als Betriebseinnahmen eines in- oder ausländischen Betriebes zu erfassen sind (**Befreiungserklärung**) und
- der Empfänger eine Gleichschrift der Befreiungserklärung unter Angabe seiner Steuernummer über den Abzugsverpflichteten dem FA zuleitet.

Gehören die Kapitalerträge nicht mehr zu den Betriebseinnahmen, ist eine **Widerrufserklärung** abzugeben.

f) bei bestimmten Kapitaleinkünften inländischer beschränkt stpfl Körperschaften iSd § 1 Abs 3 Z 2 und 3 KStG (Körperschaften öffentlichen Rechts und gemeinnützige Körperschaften);

g) bei Wegzug des Stpfl iSd § 27 Abs 6 Z 1; meldet der Stpfl dem Abzugsverpflichteten den Wegzug, ist der KESt-Abzug grds vorzunehmen, es sei denn der Stpfl kann dem Abzugsverpflichteten einen Nichtfestsetzungsbescheid gem § 27 Abs 6 Z 1 lit a vorweisen;

h) bei der Ausgabe von Anteilsrechten auf Grund einer Kapitalerhöhung aus Gesellschaftsmitteln;

i) bei bestimmten Kapitalerträgen, die einem -Investmentfonds oder einer Privatstiftung zugehen;

Steuerschuldner der KESt ist der Empfänger (Gläubiger) der Kapitalerträge (§ 95 Abs 1). Ähnlich wie bei der LSt haftet jedoch der Abzugsverpflichtete (der Schuldner der Kapitalerträge oder die auszahlende Stelle bzw die depotführende Stelle; § 95 Abs 2) für die Einbehaltung und Abfuhr der KESt. 759

Der Steuerschuldner wird nur in Ausnahmefällen in Anspruch genommen (§ 95 Abs 4).

760 **Höhe:** Die KESt beträgt 25% oder 27,5% (§ 27 a Abs 1). Dem Steuerabzug unterliegen die vollen Kapitalerträge (§ 20 Abs 2; Betriebsausgaben bzw Werbungskosten können bei endbesteuerungsfähigen Kapitalerträgen nicht geltend gemacht werden. Das gilt auch bei einer Veranlagung nach § 27 a Abs 5; siehe dazu § 20 Abs 2). Übernimmt der Schuldner die KESt für Rechnung des Gläubigers, so ist der übernommene Betrag als zusätzliche Leistung dem Kapitalertrag zuzurechnen (§ 27 Abs 5 Z 2; vor allem bei verdeckten Gewinnausschüttungen von Bedeutung). Die KESt beträgt in diesem Fall daher 37,93%[1340]) vom ausgeschütteten Bruttobetrag der Kapitalerträge.

761 Der Steuerabzug ist in dem Zeitpunkt vorzunehmen, in dem die Kapitalerträge dem Gläubiger zufließen (§ 95 Abs 3). Wird die Ausschüttung der Kapitalerträge von einer Körperschaft oder die Zuwendung von einer nicht gemeinnützigen Privatstiftung beschlossen, so gilt als Tag des Zufließens der im Beschluss bezeichnete Auszahlungstag. Fehlt es an einer solchen Festsetzung, so gilt als Zeitpunkt des Zufließens der Tag nach der Beschlussfassung. Bei Zinserträgen aus Bankeinlagen und bei Gewinnen aus der Veräußerung von Kapitalvermögen richtet sich der Zufluss für Zwecke der KESt grds nach § 19 (zum Wegzug bzw der Depotentnahme siehe § 95 Abs 3 Z 2 und 3).

Zum Zeitpunkt der Abfuhr der KESt siehe § 96 Abs 1.

D. Endbesteuerung

Literatur: *Lenneis,* Vorabentscheidungsersuchen eines Berufungssenats zur Kapitalverkehrsfreiheit, SWI 2000, 25; *Staringer,* Auslandsdividenden und Kapitalverkehrsfreiheit, ÖStZ 2000, 26; *Züger,* Endbesteuerung vor dem EuGH, SWK 2000, 385; *Schwaiger,* Kapitalertragsteuer von verdeckten Ausschüttungen, ÖStZ 2001, 543; *Haidinger/Kainberger,* Gesetzesprüfungsverfahren durch den VfGH hinsichtlich Endbesteuerung ausländischer Kapitalanlagefonds, SWK 2001, 965; *Lenneis,* Vorabentscheidung eines Berufungssenates zur Kapitalverkehrsfreiheit – Schlussanträge des Generalanwaltes, SWI 2002, 56; *oV,* Vorabentscheidungsersuchen des VwGH zu Auslandsdividenden, RdW 2002, 623; *Ehrke,* Nicht-Endbesteuerung von Kapitalerträgen aus ausländischen Investmentfonds verfassungswidrig! IStR 2002, 17; *Haidinger/Schragl,* VfGH-Erkenntnis über die Nicht-Endbesteuerung von ausländischen Investmentfonds, ÖStZ 2002, 262; *Kirchmayr,* Nicht-Endbesteuerung von Erträgen aus ausländischen Fonds verfassungswidrig, SWK 2002, 525; *Zorn,* Aktuelle einkommensteuerliche Probleme im Bereich der Kapitalveranlagungen, ÖStZ 2003, 164; *Achatz,* Kapitalertragsteuer und Endbesteuerung, in *Lechner/Staringer/Tumpel* (Hrsg), Kapitalertragsteuer, Wien 2003, 71; *Tissot,* Besteuerung ausländischer Kapitaleinkünfte verfassungs- und EU-konform? RdW 2003, 672; *Marschner,* Auslandsveranlagung bevorzugt, ÖStZ 2004, 202; *Bruckner,* Quo vadis Endbesteuerung? persaldo 2004 H 4, 29; *Althuber,* Ungleichbehandlung von in- und ausländischen Kapitalerträgen gemeinschaftsrechtswidrig? GeS 2004, 251; *Kofler,* Lenz: Österreich darf ausländische Kapitalerträge nicht diskriminieren, ÖStZ 2004, 343; *Kirchmayr/Polivanova-Rosenauer,* Benachteiligung inländischer Immobilienfonds? RdW 2004, 368; *Toifl,* EuGH: Besteuerung ausländischer Dividenden mit dem

---

[1340]) Zur Berechnungsmethode: *Quantschnigg/Schuch,* Einkommensteuer-Handbuch³ § 95 Tz 1.

Normalsteuersatz gemeinschaftsrechtswidrig, RdW 2004, 504; *Kirchmayr,* Besteuerung von Indexzertifikaten verfassungsrechtlich problematisch? taxlex 2005, 108; *Markowetz,* Treuhändiges Halten von Anteilen an Kapitalgesellschaften: KESt-Abzug und Endbesteuerung, SWK 2005, 986; *Moritz,* Das öffentliche Angebot iSd § 97 EStG nach dem Wartungserlass, SWK 2005, 942; *Beiser,* Verkaufte Ausschüttungen im Spannungsfeld der Endbesteuerung und Einmalerfassung, RdW 2006, 471; *Brugger,* Fiktivsteueranrechung und Endbesteuerung, taxlex 2009, 99; *Kirchmayr/Mayr/Schlager,* Besteuerung von Kapitalvermögen, Wien 2011; *Lechner/Mayr/Tumpel,* Handbuch der Besteuerung von Kapitalvermögen, Wien 2013.

Mit dem **Bundesverfassungsgesetz** über eine **Steuerabgeltung** bei Einkünften aus Kapitalvermögen durch Abzug einer Kapitalertragsteuer wurde der einfache Gesetzgeber ermächtigt, bei bestimmten Kapitalerträgen eine **Endbesteuerung** einzuführen.[1341]) Die verfassungsgesetzliche Ermächtigung war notwendig, weil gegen eine ausschließlich einfachgesetzliche Endbesteuerung verfassungsrechtliche Bedenken bestanden, soweit die Endbesteuerung bestimmte Kapitaleinkünfte gegenüber anderen Einkünften begünstigt.[1342]) **762**

Rechtspolitisch sollten mit der Endbesteuerung vor allem jene Kapitaleinkünfte erfasst werden, die früher geschützt durch das Bankgeheimnis der Besteuerung entzogen worden sind. Das EStG 1988 hatte dazu bereits eine KESt iH von 10% von Bankeinlagen und Forderungswertpapieren eingeführt, die jedoch die Besteuerung auch dieser Kapitaleinkünfte nach dem allgemeinen Tarif unberührt ließ und auf die ESt bloß anzurechnen war. Vorher bestand eine KESt im Wesentlichen nur für Gewinnanteile aus Kapitalgesellschaften und stille Beteiligungen. Mit der Endbesteuerung wurde die KESt zu einer „Steuerabgeltung" (vgl Überschrift über § 97), mit der bei bestimmten Kapitaleinkünften die ESt abgegolten wird. Die Endbesteuerung wurde mit Wirkung ab 1993 eingeführt und ab 1994 erweitert; ursprünglich betrug die KESt 22%, seit 1. 7. 1996 beträgt sie 25%, mit dem StRefG 2015/2016 wurde für bestimmte Kapitaleinkünfte ein weiterer Steuersatz von 27,5% eingeführt (§ 27 a Abs 1; siehe dazu Tz 99/1).

Die Endbesteuerung im Bereich der Einkommensteuer gilt für bestimmte Kapitaleinkünfte natürlicher Personen; sie gilt ferner im Bereich der KSt für Körperschaften, die nicht unter § 7 Abs 3 KStG fallen (zB Vereine, Privatstiftungen, Körperschaften öffentlichen Rechts). Endbesteuert sind Kapitalerträge, die einem besonderen Steuersatz nach § 27 a Abs 1 (in Höhe von 25% bzw 27,5%) unterliegen und bei denen KESt abgezogen wurde. Dies sind Kapitalerträge **763**

- aus der **Überlassung von Kapital** (zB **Geldeinlagen bei inländischen Banken,** aus **Aktien, GmbH-Anteilen, Genossenschaftsanteilen, Genussrechten,** und **Zuwendungen inländischer Stiftungen,** Ausschüttungen und ausschüttungsgleichen Erträgen aus Anteilscheinen an einem **Investmentfonds iSd Investmentfondsgesetzes** oder an einem ausländischen Investmentfonds und Ausschüttungen und ausschüttungsgleichen Erträgen aus Anteilscheinen an einem in- oder ausländischen **Immobilien-Investmentfonds;**
- aus der **Veräußerung von Kapitalvermögen** (zB Veräußerung von Aktien, GmbH-Anteilen oder Derivaten; § 97 Abs 1).

[1341]) BGBl 1993/11 idF BGBl I 2015/103, „Endbesteuerungsgesetz".
[1342]) Siehe *Doralt,* RdW 1992, 352.

Ausländische Kapitalerträge sind inländischen gleichgestellt.[1343]) So sind auch ausländische Kapitalerträge aus Aktien, GmbH-Anteilen, Genossenschaftsanteilen, Genussrechten und aus ausländischen Investmentfonds endbesteuert, wenn sich die auszahlende Stelle im Inland befindet.

Nicht im Inland bezogene Kapitalerträge und ausschüttungsgleiche Erträge ausländischer Investmentfonds sind mit einem besonderen Steuersatz nach § 27 a Abs 1 (25% bzw 27,5%) im Rahmen der Veranlagung zu besteuern.

764 Unter die Steuerabgeltung fallen Forderungswertpapiere sowie diesen entsprechende Genussrechte nur dann, wenn sie bei ihrer Begebung sowohl in rechtlicher Hinsicht als auch in tatsächlicher Hinsicht einem unbestimmten Personenkreis angeboten werden (Public-Placement-Papiere; § 27 a Abs 2 Z 2).

765 Die **Endbesteuerung** gilt sowohl im Bereich der Einkommensteuer als auch im Bereich der Körperschaftsteuer grds **unabhängig davon,** ob sich die **Kapitalanlagen im Privatvermögen oder im Betriebsvermögen befinden.** Endbesteuert sind damit auch betriebliche Kapitalanlagen von Einzelunternehmern, von Personengesellschaften, soweit daran natürliche Personen beteiligt sind, und von Körperschaften, die nicht unter § 7 Abs 3 KStG fallen. Das gilt jedoch nicht für **Gewinne aus der Veräußerung von Kapitalvermögen** (§ 97 Abs 1 lit a).[1344]) Sind diese Gewinne im Rahmen der betrieblichen Einkünfte zu erfassen, sind sie unabhängig davon, ob ein KESt-Abzug vorgenommen wurde, in die Steuererklärung aufzunehmen und mit dem Sondersatz zu veranlagen; die KESt ist in diesem Fall wie eine Vorauszahlung auf die ESt bzw KSt anzurechnen (§ 46 Abs 1 Z 3).

766 Soweit die ESt durch den KESt-Abzug als abgegolten gilt, sind die Kapitalerträge weder beim Gesamtbetrag der Einkünfte noch beim Einkommen (§ 2 Abs 2) zu berücksichtigen (§ 27 a Abs 1). Derartige Kapitalerträge bleiben daher zB

- bei der Bemessungsgrundlage für die Tarifierung einschließlich der Ermittlung des ermäßigten Durchschnittssteuersatzes und des Progressionsvorbehaltes,
- bei der Ermittlung des Selbstbehaltes für außergewöhnliche Belastungen und
- für die Ermittlung der Grenze der Steuererklärungspflicht

unberücksichtigt (gilt auch für die nach § 27 a Abs 1 mit 25% bzw 27,5% versteuerten ausländischen Kapitalerträge).

767– *frei*

768 Aufwendungen iZm Einkünften, auf die ein besonderer Steuersatz nach § 27 a Abs 1 anwendbar ist, sind nicht abzugsfähig (§ 20 Abs 2; siehe dazu oben Tz 490).

769 An Stelle der besonderen Steuersätze können Stpfl einen Antrag auf **Regelbesteuerung** stellen (§ 27 a Abs 5). Die Kapitalerträge sind allerdings auch bei

---

[1343]) Vgl VfGH 7. 3. 2002, G 278/01, ÖStZB 2002, 728 und EuGH 15. 7. 2004, C-315/02, „Lenz", ÖStZB 2005, 518.

[1344]) Ausgenommen sind somit betriebliche Einkünfte aus realisierten Wertsteigerungen gem § 27 Abs 3 und Einkünfte aus Derivaten gem § 27 Abs 4.

der Einbeziehung in die Veranlagung „zum Normaltarif“ ohne Abzug von Betriebsausgaben oder Werbungskosten anzusetzen (§ 20 Abs 2 und § 27 Abs 8 letzter Satz).[1345])

Die Regelbesteuerungsoption kann nur einheitlich für alle privaten und betrieblichen Kapitalerträge ausgeübt werden.

Im Fall der Regelbesteuerung sind die Kapitalerträge Teil des Gesamtbetrages der Einkünfte und damit des Einkommens; damit können sie bspw durch Verluste aus anderen Einkunftsarten oder durch Verlustvorträge reduziert werden und die Besteuerung erfolgt regulär zum Einkommensteuertarif. Dadurch kann auch eine Erstattung der einbehaltenen KESt erfolgen (wenn die Tarifsteuer geringer ist als die einbehaltene KESt).

Die Erstattung von KESt ist insb insoweit ausgeschlossen, als der Stpfl den Anspruch auf einen Alleinverdienerabsetzbetrag oder einen Kinderabsetzbetrag vermittelt (§ 27 a Abs 5).[1346])

Ein allfälliger **Verlustausgleich** nach § 27 Abs 8 ist grds von der depotfüh- 770
renden Stelle durchzuführen (§ 93 Abs 6). Erfolgt der Verlustausgleich nicht durch die depotführende Stelle, ist er im Rahmen der Veranlagung durchzuführen (Verlustausgleichsoption; § 97 Abs 2). Dabei sind die dem KESt-Abzug unterliegenden Kapitaleinkünfte auf Antrag unter Beibehaltung der besonderen Steuersätze von 25% bzw 27,5% zu veranlagen. Im Rahmen dieser Veranlagung kann der Verlustausgleich nach § 27 Abs 8 durchgeführt werden; die zu viel einbehaltene KESt ist dann zu erstatten. Der Antrag kann im Rahmen der Veranlagung innerhalb von fünf Kalenderjahren ab dem Ende des Veranlagungsjahres gestellt werden. Wurde das Jahr, in dem die Kapitaleinkünfte erzielt wurden, bereits rechtskräftig veranlagt, kann die Option nicht mehr ausgeübt werden.[1347])

Wie bei der Veranlagungsoption ist auch bei der Verlustausgleichsoption die Veranlagung ohne Abzug von Werbungskosten durchzuführen und die Erstattung der KESt ist insoweit ausgeschlossen, als der Stpfl den Anspruch auf einen Alleinverdienerabsetzbetrag oder einen Kinderabsetzbetrag vermittelt (§ 27 a Abs 5).

Die Verlustausgleichsoption ist auch eine Möglichkeit, einen unrichtigen KESt-Abzug – analog zu § 240 Abs 3 BAO – zu korrigieren.

E. Immobilienertragsteuer und besondere Vorauszahlung

Literatur: *Bodis/Schlager,* Immobilienertragsteuer – Erhebungssystem der neuen Grundstücksbesteuerung, RdW 2012, 173; *Kohler,* ImmoESt: Selbstberechnung kann nur zum Chaos führen, SWK 2012, 1375; *Urtz,* Die neue Immobilienbesteuerung, ÖStZ-Spe-

[1345]) Bruttobesteuerung; diese ist nicht verfassungswidrig, siehe VfGH 17. 6. 2009, B 53/08.

[1346]) Nach der Verwaltungspraxis wird (ohne gesetzliche Grundlage) auch bei ausländischen Kapitaleinkünften, die keinem KESt-Abzug unterlegen sind, eine sog „Mindestbesteuerung“ vorgenommen, um eine Gleichstellung mit KESt-pflichtigen Einkünften herzustellen; die zu entrichtende „Mindeststeuer“ entspricht dabei jenem KESt-Betrag, der im Fall der Regelbesteuerung nicht rückerstattet wird; vgl EStR 2000 Rz 6229.

[1347]) Sofern nicht eine Möglichkeit der Rechtskraftdurchbrechung, wie bspw gem § 303 BAO, vorhanden ist.

zial, Wien 2012; *Kanduth-Kristen,* OGH: ImmoESt ist keine Sondermasseforderung, ZIK 2013, 122; *Thunshirn,* ImmoESt: Finanzstrafrechtliche Aspekte für Parteienvertreter, ecolex 2013, 752; *Wilhelmer,* Selbstberechnung von Steuern/Gebühren: Haftung und Versicherung des Parteienvertreters, RdW 2013, 263; *Baldauf,* Die Funktion des Parteienvertreters iSd § 30c EStG 1988, SWK 2014, 1353; *Wenzl,* Mitteilungs-, Selbstberechnungs- und Abfuhrpflichten der Parteienvertreter bei der Immo-ESt, GES 2015, 300; *Ritz,* ImmoESt: Selbstberechnungsabgabe (iSd § 201 BAO) oder Abfuhrabgabe (iSd § 202 BAO)? ÖStZ 2015, 19; *Achatz,* Entschiedenes und noch zu Entscheidendes zur ImmoESt, in *Adamovich/Funk/Holzinger/Frank,* in FS Holzinger (2017) 1; *Denk,* ImmoESt: Zivilrechtliche Aufklärungspflicht und steuerrechtliche Haftung des Parteienvertreters, immolex 2017, 238; *Knöll,* Ist das ImmoESt-Erhebungssystem wirklich verfassungskonform? SWK 2017, 406.

770/1 Die auf Grundstücksveräußerungen gem § 30 entfallende ESt ist im Wege der **ImmoESt** oder einer **besonderen Vorauszahlung** zu entrichten. In beiden Fällen beträgt der Steuersatz 30% (§ 30b Abs 1 und Abs 4). Die ImmoESt ist durch einen an der Grundstücksveräußerung beteiligten Parteienvertreter (insb den mit der Vertragserrichtung betrauten Notar oder Rechtsanwalt) zu entrichten, die besondere Vorauszahlung hingegen durch den Stpfl selbst.

770/2 Seit dem 1. StabG 2012 ist eine **Grunderwerbsteuererklärung** ausschließlich durch den **Parteienvertreter** (Notar, Rechtsanwalt) auf elektronischem Weg über Finanz-Online einzubringen. Ermittelt der Parteienvertreter die GrESt selbst und führt sie an das FA ab (**Selbstberechnung der GrESt**), ist **zwingend** auch die ESt iZm der Grundstücksveräußerung durch den Parteienvertreter selbst zu berechnen und an das Wohnsitzfinanzamt des Stpfl abzuführen (**ImmoESt;** § 30c Abs 2 und Abs 3; zu den Ausnahmen von der Verpflichtung zur Selbstberechnung und Abfuhr der ImmoESt siehe unten Tz 770/6). Die ImmoESt ist spätestens am 15. Tag des zweitfolgenden Kalendermonats nach dem Zufluss der Einkünfte abzuführen (§ 30b Abs 1). Die Abfuhr der ImmoESt durch den Parteienvertreter hat grds **Abgeltungswirkung** für private Grundstücksveräußerungen. Auf Grund der Grundstücksveräußerung muss daher keine Steuererklärung abgegeben werden, bzw muss die Grundstücksveräußerung nicht in eine aus anderen Gründen abzugebende Steuererklärung aufgenommen werden (§ 30b Abs 2). Allerdings hat der Stpfl die Wahl, die Einkünfte aus der Grundstücksveräußerung freiwillig in die Veranlagung aufzunehmen (**Veranlagungsoption;** § 30b Abs 3).[1348]) Dies ist insb dann zweckmäßig, wenn im Zuge der Selbstberechnung ein Fehler unterlaufen ist oder auf Abzugsposten vergessen wurde.[1349]) Die **Verrechnung eines Verlustes** aus einer Grundstücksveräußerung mit Gewinnen aus anderen privaten Grundstücksveräußerungen oder aus Vermietung und Verpachtung kann nur im Wege einer Veranlagung geltend gemacht werden.

[1348]) Die Veranlagungsoption gem § 30b Abs 3 entspricht damit inhaltlich der Verlustausgleichsoption gem § 97 Abs 2.

[1349]) In der Praxis wird vom selbstberechnenden Parteienvertreter aus Vorsichtsgründen (Haftung) auf die Berücksichtigung einer Befreiungsbestimmung verzichtet; die Geltendmachung der entsprechenden Befreiung – die zu einer teilweisen oder gänzlichen Rückerstattung der ImmoESt führt – kann in diesen Fällen nur durch die Veranlagungsoption erfolgen.

Beispiel:

A veräußert am 1. 2. 2018 ein Grundstück um € 100.000. Die Anschaffungskosten betrugen € 80.000. Der vertragserrichtende Rechtsanwalt berechnet die GrESt selbst und führt sie an das FA ab. Die Bezahlung des Kaufpreises erfolgt in zwei Raten zu je € 50.000. Die erste Rate wird am 1. 6. 2018 geleistet, die zweite Rate am 1. 11. 2018. Mit dieser Rate fließen erst die Einkünfte in Höhe von € 20.000 zu, weil erst mit dieser Rate die Anschaffungskosten überschritten werden. Der Parteienvertreter hat daher bis spätestens 15. 1. 2019 die ImmoESt in Höhe von € 6.000 (30% von € 20.000) zu entrichten.

Keine Abgeltungswirkung hat die ImmoESt, wenn die Berechnung auf Basis **unrichtiger Angaben** des Stpfl erfolgte (§ 30b Abs 2); in diesem Fall besteht auf Grund der Einkünfte aus privaten Grundstücksveräußerungen die Pflicht, eine Steuererklärung abzugeben (§ 42 Abs 1 Z 5).

Der **Parteienvertreter haftet für die Entrichtung** der ImmoESt (Abfuhrhaftung). **770/3** Diese Haftung ist allerdings zeitlich beschränkt. Sie entfällt, wenn der Zufluss der Einkünfte nach mehr als einem Jahr nach Vornahme der Selbstberechnung erfolgt. In diesem Fall hat – obwohl durch den Parteienvertreter eine Selbstberechnung der GrESt und der ImmoESt vorgenommen wurde – der Stpfl selbst eine besondere Vorauszahlung (siehe unten Tz 770/5) zu entrichten.

Eine **Haftung für die Richtigkeit** der ImmoESt besteht grds nicht. Entspricht die ImmoESt auf Grund unrichtiger Angaben des Stpfl nicht den tatsächlichen Umständen des Sachverhaltes, entfaltet sie keine Abgeltungswirkung und der Stpfl ist erklärungspflichtig (§ 42 Abs 1 Z 5) bzw es liegt bei einer Arbeitnehmerveranlagung ein Pflichtveranlagungstatbestand vor (§ 41 Abs 1 Z 10). Hat der Parteienvertreter allerdings wider besseren Wissens die ImmoESt auf Basis der (unrichtigen oder unvollständigen) Angaben des Stpfl berechnet und entrichtet, dann haftet er auch für die inhaltliche Richtigkeit der ImmoESt (§ 30c Abs 3).

Auch Gewinne aus der Veräußerung eines **Betriebsgrundstückes** eines **770/4** Einzelunternehmers oder einer Mitunternehmerschaft sind bei Selbstberechnung der GrESt der ImmoESt zu unterwerfen. Eine Ausnahme davon besteht nur, wenn der Veräußerungsgewinn nicht dem besonderen Steuersatz unterliegt, weil das Grundstück dem Umlaufvermögen zuzurechnen ist (gewerblicher Grundstückshandel) oder es sich beim Veräußerer um einen Immobilienentwickler handelt (ein Schwerpunkt der betrieblichen Tätigkeit liegt in der Überlassung und Veräußerung von Grundstücken; § 30b Abs 4).

Wird bei einer betrieblichen Grundstücksveräußerung eine ImmoESt abgeführt, entfaltet diese allerdings **keine Abgeltungswirkung.** Der Gewinn aus der Grundstücksveräußerung ist dennoch in die Steuererklärung für das betreffende Kalenderjahr aufzunehmen und die ImmoESt ist anzurechnen. Im betrieblichen Bereich hat die ImmoESt daher nur die Wirkung einer Vorauszahlung.

Die Selbstberechnung der ImmoESt hat auch bei Grundstücksveräußerungen durch Körperschaften stattzufinden. Davon ausgenommen sind lediglich Körperschaften, die unter § 7 Abs 3 KStG fallen, und Privatstiftungen (§ 24 Abs 3 Z 4 KStG).

770/5 Wird durch den Parteienverteter **keine Selbstberechnung der GrESt** vorgenommen, sondern nur eine Abgabenerklärung abgegeben, entfällt die Verpflichtung, die ImmoESt selbst zu berechnen und abzuführen. Mit der GrESt-Erklärung erfolgt allerdings gleichzeitig eine **Mitteilung** über die an der Grundstücksveräußerung beteiligten Parteien und die Höhe des voraussichtlichen Abgabenanspruches an das zuständige FA des Veräußerers (§ 30c Abs 1). In diesem Fall ist durch den Stpfl eine **besondere Vorauszahlung** zu entrichten. Diese ist spätestens am 15. Tag des zweitfolgenden Monats nach dem Zufluss zu entrichten (§ 30b Abs 4). Außerdem sind die Einkünfte aus der Grundstücksveräußerung durch den Stpfl in die **Steuererklärung** des Kalenderjahres, in dem der Zufluss erfolgt, aufzunehmen. Die besondere Vorauszahlung ist dann im Rahmen der Veranlagung auf die Steuerschuld anzurechnen. Wurde die besondere Vorauszahlung in unrichtiger Höhe abgeführt, kommt es entweder zu einer Nachforderung oder zu einer Gutschrift.

Beispiel:

A veräußert am 1. 2. 2018 ein Grundstück um € 100.000. Die Anschaffungskosten betrugen € 80.000. Der vertragserrichtende Rechtsanwalt berechnet die GrESt nicht selbst und gibt daher lediglich eine Grunderwerbsteuererklärung und eine Mitteilung nach § 30c Abs 1 ab. Die Bezahlung des Kaufpreises erfolgt in zwei Raten zu je € 50.000. Die erste Rate wird am 1. 6. 2018 geleistet, die zweite Rate am 1. 11. 2018. Mit dieser Rate fließen erst die Einkünfte in Höhe von € 20.000 zu, weil erst mit dieser Rate die Anschaffungskosten überschritten werden. Der Stpfl hat daher bis spätestens 15. 1. 2019 die besondere Vorauszahlung in Höhe von € 6.000 (30% von € 20.000) zu entrichten und die Einkünfte aus der Grundstücksveräußerung in die Steuererklärung für das Kalenderjahr 2018 aufzunehmen.

770/6 Unter folgenden Voraussetzungen besteht auch **bei Vornahme einer Selbstberechnung der GrESt** durch den Parteienverter **keine Verpflichtung zur Berechnung und Abfuhr der ImmoESt** (§ 30c Abs 4):

1. Die Einkünfte aus der Grundstücksveräußerung unterliegen einer **Steuerbefreiung** (zB Hauptwohnsitzbefreiung, Herstellerbefreiung).

2. Der **Zufluss der Einkünfte** erfolgt voraussichtlich **später als ein Jahr** nach dem Abschluss des Veräußerungsgeschäftes (zu späteren Zuflüssen der Einkünfte, die zum Zeitpunkt des Vertragsabschlusses nicht absehbar waren, siehe Tz 770/3).

3. Im Zuge der Veräußerung des Grundstückes werden die **stillen Reserven** gem § 12 auf ein Ersatzgrundstück **übertragen** oder einer Übertragungsrücklage zugeführt.

4. Der Veräußerungserlös wird in Form einer **Rente** geleistet.

5. Das Grundstück wird im Rahmen einer **Zwangsversteigerung** (§§ 133 ff EO) veräußert.

Entfällt auf Grund eines der genannten Umstände die Selbstberechnung und Entrichtung der ImmoESt, ist die Steuer grds durch eine **besondere Vorauszahlung** durch den Stpfl selbst zu entrichten. Die Verpflichtung, eine besondere Vorauszahlung zu entrichten, entfällt allerdings in jenen Fällen, in denen die Grundstücksveräußerung von der ESt befreit ist, stille Reserven übertragen werden oder der besondere Steuersatz auf Grund einer Veräußerung gegen Rente nicht anwendbar ist (§ 30 c Abs 4). Im Falle der Veräußerung gegen Rente erfolgt die Besteuerung der Grundstücksveräußerung im Wege der Veranlagung zum Normaltarif.

F. Steuerabzug bei Einkünften aus Anlass der Einräumung von Leitungsrechten

Literatur: *Bergmann/Lehner,* Steuerliche Behandlung von Entschädigungsleistungen für die Inanspruchnahme von Grund und Boden, ÖStZ 2017, 272; *Atzmüller,* JStG 2018: Neuregelung der Besteuerung von Einkünften aus der Einräumung von Leitungsrechten, RdW 2018, 314; *Baumgartner,* Jahressteuergesetz 2018, RdW 2018, 310; *Böck,* Abzugsteuer bei Einkünften aus Anlass der Einräumung von Leitungsrechten, SWK 2018, 1110; *Endfellner/Puchinger,* Das Jahressteuergesetz 2018 – Ein Überblick, FJ 2018, 133; *Fuchs,* BMF-Information zur Veranlagung von Einkünften aus Anlass der Einräumung von Leitungsrechten (§ 107 EStG 1988), AFS 2018, 168; *Hirschler/Höltschl,* Jahressteuergesetz 2018: Ausgewählte Änderungen im EStG und UmgrStG, ÖStZ 2018, 379; *Schlager,* Jahressteuergesetz 2018 in Begutachtung: Highlights aus Sicht der Unternehmensbesteuerung, RWZ 2018, 111.

Mit dem Entgelt für die Einräumung von Leitungsrechten werden idR **verschiedene Komponenten** abgegolten; dabei handelt es sich um die Abgeltung für die Wertminderung des Bodens, das Benützungsentgelt für die Rechteeinräumung und idR Entschädigungen für Wirtschaftserschwernisse und Ertragsausfälle. Diese Komponenten sind steuerlich grds unterschiedlich zu behandeln:[1350]) Eine **Abgeltung der Bodenwertminderung** ist steuerfrei, wenn dieser eine Maßnahme im öffentlichen Interesse zu Grunde liegt (§ 3 Abs 1 Z 33.) Das **Benützungsentgelt** hingegen führt zu Einkünften aus Vermietung und Verpachtung oder zu betrieblichen Einkünften, wenn das betroffene Grundstück dem Betriebsvermögen zuzurechnen ist. Auch **Entschädigungen für Wirtschaftserschwernisse und Ertragsausfälle** sind stpfl; bei einem vollpauschalierten Land- und Forstwirt sind solche Entschädigungen aber nur dann gesondert zu den pauschal ermittelten Einkünften zu erfassen, wenn es auf Grund der Leitungsverlegung zu einer Minderung des Einheitswertes kommt.[1351]) **770/7**

Für die Ermittlung der Einkünfte ist daher eine Aufteilung der Entschädigungszahlung erforderlich. Diese ist grds auf Basis eines Sachverständigengutachtens vorzunehmen. In der Praxis erfolgt idR eine pauschale Aufteilung, die von der Art der betroffenen Flächen und der Art und des Ausmaßes der Beeinträchtigung abhängig ist; pauschal wird die steuerfreie Bodenwertminderung grds mit 30% der Entschädigungssumme angenommen;[1352]) abhängig vom Waldanteil der betroffenen Fläche kann bei Entschädigungen für Leitungsrechte (insb Strom- und Gasleitungen) der pauschal steuerfreie Anteil auf bis zu 60% des Gesamtentgeltes steigen.[1353])

[1350]) Siehe auch ErläutRV 190 BlgNR 26. GP 17 (zum JStG 2018).

[1351]) Siehe EStR 2000 Rz 4182.

[1352]) Siehe auch EStR 2000 Rz 4245.

[1353]) Siehe EStR 2000 Rz 5174.

770/8 Mit dem JStG 2018[1354]) wurde eine **Abzugsteuer** für die Einräumung bestimmter Leitungsrechte eingeführt (§ 107; anzuwenden auf Zahlungen auf Grund einer Einräumung von Leitungsrechten ab 1. 1. 2019). Die Abzugsteuer beträgt **10% der Entschädigungssumme** und hat **Abgeltungswirkung,** dh, die aus der Rechteeinräumung resultierenden Einkünfte sind weder beim Gesamtbetrag der Einkünfte noch beim Einkommen zu berücksichtigen (§ 107 Abs 1 und 5). **Bemessungsgrundlage** für die Abzugsteuer sind das Entgelt für die Rechteeinräumung, die Abgeltung für die Bodenwertminderung, Entschädigungen für Wirtschaftserschwernisse und Ertragsausfälle sowie weitere Zahlungen (zB für Wegenutzungen oder für die temporäre Nutzung weiterer Flächen, insb als Lagerflächen); die USt ist nicht der Teil der Bemessungsgrundlage (§ 107 Abs 4).[1355])

770/9 Die Abzugsteuer kommt nur für **Entschädigungszahlungen von bestimmten Infrastrukturunternehmen** zur Anwendung. Dabei handelt es sich um Elektrizitätsunternehmen, Erdgasunternehmen, dem Mineralrohstoffgesetz unterliegende Unternehmen, die Leitungsanlagen für Gas oder Erdöl betreiben, und Fernwärmeversorgungsunternehmen (§ 107 Abs 2). Bei diesen Unternehmen gilt die Bodennutzung immer als im öffentlichen Interesse (§ 107 Abs 3). Bei Entschädigungszahlungen für die Einräumung von Leitungsrechten durch andere Unternehmen oder bei Entschädigungszahlungen für die Einräumung anderer Dienstbarkeiten gelten die bisherigen Grundsätze (zB für die Nutzung einer Grundfläche als Lagerplatz, ohne vom Leitungsrecht selbst betroffen zu sein[1356])), dh, die Entschädigungszahlung ist entsprechend aufzuteilen und die stpfl Einkünfte sind in der Veranlagung zu erfassen.

770/10 Die Abzugsteuer ist vom Schuldner der Einkünfte (Infrastrukturunternehmen) bei jeder Zahlung einzubehalten und der Gesamtbetrag aller in einem Kalenderjahr einbehaltenen Beträge bis zum 15. Februar des Folgejahres elektronisch zu melden (unter Angabe der Zahlungsempfänger) und an das Betriebsfinanzamt abzuführen (§ 107 Abs 7; § 21 AVOG); das abzugspflichtige Unternehmen **haftet** für die Entrichtung der Zahlung.

Wurde die Abzugsteuer vom Abzugsverpflichteten nicht einbehalten und abgeführt, kann diese auch dem Zahlungsempfänger direkt vorgeschrieben werden, wenn die Haftung nicht oder nur erschwert durchsetzbar wäre (zB das Infrastrukturunternehmen ist insolvent) oder der Zahlungsempfänger von der Pflichtverletzung wusste und dies nicht unverzüglich dem FA gemeldet hat (§ 107 Abs 10).

770/11 Auf Antrag sind die Einkünfte, für die eine Abzugsteuer einbehalten wurde, in der Veranlagung mit dem progressiven Tarif zu erfassen (**Regelbesteuerungsoption;** § 107 Abs 11). Wenn ein Stpfl nicht die Höhe der Einkünfte nachweist, erfolgt bei Anwendung der Regelbesteuerungsoption die **Ermittlung der Einkünfte aber grds pauschal iHv 33%** der Bemessungsgrundlage für die Abzugsteuer.

1354) Jahressteuergesetz 2018 BGBl I 2018/62.

1355) Anders jedoch bei der pauschalen Aufteilung nach EStR 2000 Rz 5174.

1356) Siehe *Atzmüller*, RdW 2018, 314.

Die Einführung einer Abzugsteuer stellt grds sowohl für den Stpfl als auch für die FinVw eine erhebliche Verwaltungsvereinfachung dar. Allerdings erscheint die Höhe des Steuersatzes der Abzugsteuer – insb im Hinblick auf die bei korrekter Aufteilung der Entschädigungszahlungen oft sehr geringen steuerfreien Anteile – sehr niedrig; darin kann eine Begünstigung gesehen werden, insb für die Land- und Forstwirtschaft. Dies gilt auch für den Pauschalsatz bei Ausübung der Regelbesteuerungsoption: Nunmehr sind vom Gesamtbetrag der Entschädigungszahlungen lediglich 33% stpfl Einkünfte, während bisher idR nur 30% der Einnahmen pauschal als steuerfrei angesehen wurden. Es bestehen daher Bedenken, ob diese Regelung die Anforderungen an eine verfassungskonforme Pauschalierung erfüllt.[1357]

XI. Beschränkte Steuerpflicht

Literatur: Siehe dazu Kap 5.

Bei natürlichen Personen, die im Inland weder einen Wohnsitz noch ihren **771** gewöhnlichen Aufenthalt haben, erstreckt sich die Steuerpflicht nicht auf ihre gesamten Einkünfte, sondern lediglich auf die sog inländischen Einkünfte. Die Anknüpfung erfolgt also nicht nach dem Wohnsitzprinzip, sondern nach dem **Territorialitätsprinzip.** Im Mittelpunkt stehen die (inländischen) Einkünfte des beschränkt Stpfl. Seine persönlichen Verhältnisse treten in den Hintergrund. Die ESt der beschränkt Stpfl nimmt daher den Charakter einer **Objektsteuer** auf einzelne Einkünfte (**Schedulensystem**) an.

Die **inländischen Einkünfte** iSd beschränkten Steuerpflicht sind in § 98 taxativ aufgezählt. Es sind dies:

1. Einkünfte aus einer im Inland betriebenen **Land- und Forstwirtschaft** **772** (§ 21);

2. Einkünfte aus **selbständiger Arbeit** (§ 22), die im Inland **ausgeübt** **773** **oder verwertet** wird oder worden ist.[1358] Die Arbeit wird im Inland ausgeübt, wenn der Stpfl im Inland persönlich tätig geworden ist; die Arbeit wird im Inland verwertet, wenn sie zwar nicht im Inland persönlich ausgeübt wird, aber ihr wirtschaftlicher Erfolg der inländischen Volkswirtschaft zu dienen bestimmt ist.

Die Tätigkeit eines Vorstandes bzw Geschäftsführers einer inländischen Kapitalgesellschaft stellt immer eine Verwertung im Inland dar.[1359]

3. Einkünfte aus **Gewerbebetrieb** (§ 23), für den im Inland eine **Betriebs-** **774** **stätte** unterhalten wird oder ein **ständiger Vertreter** bestellt ist oder bei dem im Inland unbewegliches Vermögen vorliegt (zB Mieteinkünfte eines ausländischen Gewerbebetriebes aus einer im Inland gelegenen und vermieteten Liegenschaft und Gewinne aus der Veräußerung einer solchen Liegenschaft). Das Erfordernis der Betriebsstätte bzw des ständigen Vertreters entfällt in einigen

---

[1357]) Siehe zu diesen Anforderungen VfGH 14. 3. 2012, V 113/11 (zur Gaststättenpauschalierung). Kritisch auch *Kirchmayr*, Stellungnahme zum ME JStG 2018, 38/SN-36/ME 3 f.

[1358]) Vgl zB VwGH 20. 10. 1982, 81/13/0083, ÖStZB 1983, 181.

[1359]) VwGH 30. 3. 2006, 2002/15/0098.

Ausnahmefällen, und zwar bei Einkünften aus kaufmännischer oder technischer Beratung im Inland, aus der Gestellung von Arbeitskräften zur inländischen Arbeitsausübung, ferner für Einkünfte von Sportlern, Artisten und Mitwirkenden an Unterhaltungsdarbietungen.

Zu den Einkünften aus Gewerbebetrieb gehören auch Einkünfte aus einem im Inland gelegenen **unbeweglichen Vermögen** (zB Mieteinkünfte eines ausländischen Gewerbebetriebes aus einer im Inland gelegenen und vermieteten Liegenschaft und Gewinne aus der Veräußerung einer solchen Liegenschaft).

Mit der Einbeziehung von Liegenschaftseinkünften in die Einkünfte aus Gewerbebetrieb (AbgÄG 2005) ist in diesem Bereich die „Isolationstheorie" gegenstandslos (siehe unten).

775 4. Einkünfte aus **nichtselbständiger Arbeit** (§ 25), die im Inland (oder auf österr Schiffen) **ausgeübt oder verwertet** wird oder worden ist, sowie Einkünfte aus inländischen öffentlichen Kassen, die mit Rücksicht auf ein gegenwärtiges oder früheres Dienstverhältnis gewährt werden.

Österr Beamte, die ihren Dienstort im Ausland haben (Auslandsbeamte), gelten auf Grund von § 26 Abs 3 BAO stets als unbeschränkt stpfl.

776 5. Einkünfte aus **Kapitalvermögen** (§ 27), und zwar

- Einkünfte aus Gewinnanteilen aus inländischen Kapitalgesellschaften und Zuwendungen von inländischen Privatstiftungen (soweit KESt-pflichtig; § 98 Abs 1 Z 5 lit a),
- Inländische Zinsen und andere Erträgnisse aus Kapitalforderungen sowie inländische Stückzinsen (soweit KESt-pflichtig; § 98 Abs 1 Z 5 lit b),
- Einkünfte aus einer stillen Beteiligung an einem inländischen Unternehmen (§ 98 Abs 1 Z 5 lit c),
- Einkünfte aus Immobilieninvestmentfonds, wenn die Immobilien im Inland gelegen sind (§ 98 Abs 1 Z 5 lit d),
- Einkünfte aus der Veräußerung einer Beteiligung an einer inländischen Kapitalgesellschaft, wenn die Beteiligung (innerhalb der vorangegangenen 5 Jahre) mindestens 1% beträgt (§ 98 Abs 1 Z 5 lit e).

Daraus folgt: Beschränkte Steuerpflicht besteht bei

- Erträgen aus inländischen Aktien, GmbH-Anteilen, Genossenschaftsanteilen, Genussrechten, Partizipationskapital;
- Zuwendungen von inländischen Privatstiftungen;
- Erträgen aus echten stillen Beteiligungen an einem inländischen Unternehmen;
- Erträgen aus Einlagen oder Guthaben bei inländischen Kreditinstituten;
- Erträgen aus inländischem Grundbesitz aus in- oder ausländischen Immobilien-Investmentfonds;
- Erträgen aus der Veräußerung einer innerhalb der letzten 5 Jahre mindestens 1% betragenden Beteiligung an einer inländischen AG oder GmbH.

Keine beschränkte Stpfl besteht hingegen zB (siehe auch EStR 2000 Rz 7971) bei

- ausländischen Kapitalerträgen, die im Inland ausbezahlt werden;
- Veräußerung einzelner Aktien oder von GmbH-Beteiligungen, wenn die Beteiligungshöhe in den letzten 5 Jahren weniger als 1% betragen hat;
- Erträgen aus Privatdarlehen.

Unterliegen die Kapitalerträge ausländischer Anleger nicht der beschränkten Stpfl, **kann** die Bank (auszahlende Stelle) jedoch vom **KESt-Abzug absehen,** wenn ihr der Anleger seine **Ausländereigenschaft nachweist bzw glaubhaft macht.** Bei Zweifel an der Ausländereigenschaft wird daher die Bank aus Haftungsgründen den KESt-Abzug vornehmen.

6. Einkünfte aus **Vermietung und Verpachtung** iSd § 28. Voraussetzung ist, dass das unbewegliche Vermögen, die Sachinbegriffe oder Rechte im Inland gelegen oder in einem inländischen öffentlichen Buch oder Register eingetragen sind oder in einer inländischen Betriebsstätte verwertet werden (zur Isolationstheorie siehe unten Tz 780). **777**

Der beschränkten Steuerpflicht als Einkünfte aus Vermietung und Verpachtung unterliegen auch Einkünfte eines **Fotomodells** aus der Teilnahme an PR-Veranstaltungen und an Fotoshootings, Presseterminen und aus der Einräumung von Rechten am Namen wenn die Rechte einer in Österreich ansässigen Gesellschaft mit inländischer Betriebsstätte zur Verwertung überlassen werden.[1360])

7. Einkünfte aus **privaten Grundstücksveräußerungen** iSd § 30, wenn es sich um inländische Grundstücke handelt. **778**

Diese Vorschriften gelten auch auf dem Gebiet der Körperschaftsteuer; sie bestimmen demnach auch den Umfang der Steuerpflicht ausländischer Kapitalgesellschaften (vgl § 21 Abs 1 KStG). **779**

Auch für inländische Einkünfte iSd § 98 gilt grds das **Subsidiaritätsprinzip.** Demnach gehören etwa Einkünfte aus der Vermietung von inländischen Grundstücken oder Dividenden aus österr Aktien zu den Einkünften aus Gewerbebetrieb, wenn die Einkünfte im Rahmen einer inländischen Betriebsstätte erzielt werden. **780**

Werden allerdings Einkünfte aus Kapitalvermögen von einem ausländischen Gewerbebetrieb erzielt und können diese Einkünfte in Österreich nicht als gewerbliche Einkünfte erfasst werden, weil der betreffende Unternehmer in Österreich weder über eine Betriebsstätte noch über einen ständigen Vertreter verfügt, greift die sog **„Isolationstheorie“** ein. Danach werden die inländischen Einkünfte einer ausländischen Betriebsstätte nicht etwa der ausländischen Betriebsstätte zugerechnet (und wären damit im Inland steuerlich nicht mehr erfassbar); vielmehr werden sie von der ausländischen Betriebsstätte isoliert gesehen und damit zu außerbetrieblichen Einkünften.[1361]) Die Bedeutung der Isolationstheorie beschränkt sich auf Lizenzeinnahmen und auf Kapitalein-

[1360]) VwGH 19. 10. 2006, 2006/14/0109.

[1361]) Vgl VwGH 22. 9. 1992, 88/14/0244; VwGH 19. 10. 2006, 2006/14/0109.

künfte. Im Rahmen der Einkünfte aus Liegenschaften (Mieteinkünfte; Veräußerungsgewinne) ist sie gegenstandslos geworden, weil diese Einkünfte bei einem betrieblichen Zusammenhang als gewerbliche Einkünfte gelten.[1362])

Hinsichtlich der **Erhebung der ESt** bei beschränkt Stpfl sind folgende Fälle zu unterscheiden:

781 1. Bei beschränkt Stpfl, die **Einkünfte aus nichtselbständiger Arbeit** von einem inländischen Arbeitgeber beziehen, wird die Steuer im Wege des LSt-Abzuges einbehalten. Für beschränkt Lohnsteuerpflichtige erfolgt die Berechnung der LSt nach § 70. Danach sind idR auch bei beschränkt Stpfl die allgemeinen Tarifbestimmungen anzuwenden, wobei bei bestehendem Dienstverhältnis der (erhöhte) Verkehrsabsetzbetrag oder (bei Pensionisten) der (erhöhte) Pensionistenabsetzbetrag berücksichtigt wird. Der Alleinverdiener-, der Alleinerzieherabsetzbetrag und der Familienbonus Plus sind nicht zu berücksichtigen (§ 70 Abs 2 Z 1). Eine Berücksichtigung von außergewöhnlichen Belastungen ist nicht möglich, wohl aber sind steuerfreie Bezüge auszuscheiden und die Freibeträge gem §§ 67 und 68 zu berücksichtigen.

782 Bezieht der Arbeitnehmer lohnsteuerpflichtige Bezüge aus einer Tätigkeit als Schriftsteller, Vortragender, Künstler, Architekt, Sportler, Artist oder Mitwirkender an Unterhaltungsdarbietungen, dann erfolgt die Besteuerung mit einem pauschalen Steuersatz von 20% vom vollen Betrag (ohne Abzug von Werbungskosten) des stpfl Bezuges. Mit den Bezügen unmittelbar zusammenhängende Werbungskosten können vom vollen Betrag der Bezüge abgezogen werden, wenn sie ein in einem Mitgliedstaat der EU oder des EWR ansässiger beschränkt stpfl Arbeitnehmer seinem Arbeitgeber schriftlich mitteilt. Zieht der Arbeitgeber diese Werbungskosten ab, beträgt die LSt 25% (§ 70 Abs 2 Z 2).

783 Kommt der pauschale Steuersatz von 20% zur Anwendung, dann ist die ESt für den Arbeitslohn auch dann abgegolten, wenn der beschränkt stpfl Arbeitnehmer daneben noch andere inländische Einkünfte bezieht, und kein Antrag auf Veranlagung dieser Einkünfte gestellt worden ist (vgl § 102 Abs 1 Z 3).

784 2. Bezieht der beschränkt Stpfl KESt-pflichtige **Kapitalerträge,** dann ist der KESt-Abzug die Erhebung der ESt des beschränkt Stpfl; der beschränkt Stpfl kann jedoch zur Veranlagung optieren (§ 102 Abs 1 Z 3). Die Veranlagungsoption wurde im Hinblick auf das EuGH-Urteil vom 12. 6. 2003, C-234/01, „Gerritse" eingeführt.[1363])

784/1 3. Sowohl für private **Grundstücksveräußerungen** als auch für die Veräußerung von Betriebsvermögen gelten die Vorschriften zur **ImmoESt** oder **besonderen Vorauszahlung** entsprechend (§ 98 Abs 4; siehe dazu oben Tz 770/1 ff).

785 4. Daneben wird bei beschränkt Stpfl die ESt noch in folgenden Fällen im Abzugswege eingehoben **(besonderer Steuerabzug gem § 99):**

a) bei Einkünften aus im Inland ausgeübter oder verwerteter selbständiger Tätigkeit als Schriftsteller, Vortragender, Künstler, Architekt, Sportler, Artist oder Mitwirkender an Unterhaltungsdarbietungen;

[1362]) IdS auch EAS 2863.

[1363]) ErläutRV 686 BlgNR 22. GP 14 f (zum AbgÄG 2004).

b) bei Gewinnanteilen von Gesellschaftern (Mitunternehmern) einer ausländischen Gesellschaft, die an einer inländischen Personengesellschaft beteiligt ist. Ein Steuerabzug unterbleibt insoweit, als bekannt ist, welche natürliche oder juristische Personen Empfänger der Gewinnanteile sind;

Mit dieser Vorschrift soll eine einfache Abzugsbesteuerung in den Fällen ermöglicht werden, in denen die ausländischen Gesellschafter (die eigentlich beschränkt stpfl sind) nicht ermittelt werden können.

c) bei Einkünften aus der Überlassung von Urheberrechten, gewerblichen Schutzrechten etc iSd § 28 Abs 1 Z 3 (somit insb bei Lizenzzahlungen ins Ausland) unabhängig davon, ob die Einkünfte zu betrieblichen Einkünften führen oder Einkünfte aus Vermietung und Verpachtung begründen;

d) bei Aufsichtsratsvergütungen;

e) bei Einkünften aus im Inland ausgeübter kaufmännischer oder technischer Beratung und bei Einkünften aus der Gestellung von Arbeitskräften zur inländischen Arbeitsausübung;

f) bei Einkünften aus im Inland gelegenen Immobilien eines in- oder ausländischen Immobilien-Investmentfonds, dessen Anteile im In- oder Ausland nicht an einen unbestimmten Personenkreis angeboten werden;

g) bei Einkünften aus einer stillen Beteiligung an einem inländischen Unternehmen.

Der Steuerabzug ist vom Schuldner der Bezüge iHv 20% des vollen Betra- **786**
ges der Einnahmen (im Fall b) der Gewinnanteile) vorzunehmen (§ 100 Abs 1). Eine allenfalls vom Schuldner übernommene Abzugsteuer unterliegt ebenfalls dem Steuerabzug. Im Fall f) und g) beträgt die Abzugsteuer 27,5%. Ist der Schuldner eine Körperschaft iSd § 1 Abs 1 KStG, dann beträgt die Abzugsteuer 25% (§ 100 Abs 1 a).

Der Abzugsteuer unterliegt grds der volle **Bruttobetrag** der Einnahmen, ein Abzug von Betriebsausgaben kann hier (außer im Fall b); siehe EStR 2000 Rz 8006 a) nicht vorgenommen werden (**Bruttobesteuerung;** § 99 Abs 2 Z 1). Die Steuer ist uU sogar von bloßen Spesenersätzen zu erheben; nur soweit der beschränkt Stpfl eine Veranlagung beantragen kann, kann er im Rahmen der Veranlagung Werbungskosten bzw Betriebsausgaben geltend machen (§ 102 Abs 1 Z 3).

Beschränkt Stpfl, die in einem Mitgliedstaat der EU oder des EWR ansässig sind, können bereits im Rahmen des Steuerabzugs Betriebsausgaben oder Werbungskosten, die mit den Einnahmen in einem unmittelbaren Zusammenhang stehen, geltend machen. Der Stpfl muss die Aufwendungen dem Abzugsverpflichteten schriftlich mitteilen. Allerdings ist der Abzugsverpflichtete auf Grund seiner Haftung für die Abzugsteuer nicht verpflichtet (§ 100 Abs 2), den Steuerabzug vom Nettobetrag vorzunehmen (siehe EStR 2000 Rz 8006 e). In diesem Fall ist die Abzugsteuer mit 25% zu bemessen (**Nettobesteuerung;** § 99 Abs 2 Z 2 iVm § 100 Abs 1 zweiter Satz). Die Nettobesteuerung ist aber nicht zulässig, wenn der beschränkt stpfl Empfänger Ausgaben geltend macht, die € 2.000 übersteigen, und die steuerliche Erfassung zur inländischen Besteuerung beim Empfänger nicht ausreichend sichergestellt ist (§ 99 Abs 2 Z 2 zweiter Satz).

Die einbehaltene Abzugsteuer ist bis zum 15. des Folgemonates abzuführen.

„Schuldner“ der Bezüge und damit gegenüber dem FA zur Abfuhr der Abzugsteuer verpflichtet ist derjenige, der darüber zu entscheiden hat, ob und in welchem Umfang die Bezüge zu bezahlen sind.[1364])

786/1 Zinsen und Lizenzen zwischen verbundenen Unternehmen (Konzern) unterliegen insb innerhalb der EU keinem Quellensteuerabzug (§ 99 a).

786/2 Eine Abzugsbesteuerung kann insoweit unterbleiben, als nach dem anzuwendenden DBA eine Steuerpflicht im Inland entfällt.[1365]) Werden auf Grund von DBA entlastungsbedürftige Einkünfte von der österr Abzugsbesteuerung nicht bereits bei Auszahlung an der Quelle entlastet, kann der ausländische Empfänger eine Steuerrückzahlung beantragen, sofern keine Veranlagung durchgeführt wird (nach Maßgabe von § 240 BAO; siehe EStR 2000 Rz 8022).

787 5. Mit Einkünften, von denen weder der LSt-Abzug noch der KESt-Abzug noch der besondere Abzug gem §§ 99 bis 101 vorzunehmen sind, werden beschränkt Stpfl **veranlagt** (§ 102 Abs 1 Z 1).

787/1 Eine Pflicht zur Abgabe einer ESt-Erklärung besteht bei beschränkt Stpfl, wenn sie vom FA dazu aufgefordert werden oder wenn die gesamten inländischen nach § 102 zu veranlagenden Einkünfte mehr als € 2.000 betragen (§ 42 Abs 2).

788 **Über Antrag des beschränkt Stpfl sind** (selbständige und nichtselbständige) **Einkünfte,** bei denen die Besteuerung mit einem pauschalen Steuersatz erfolgte, **zu veranlagen.** Dabei können beschränkt Stpfl mit Einkünften aus im Inland ausgeübter oder verwerteter Tätigkeit als Schriftsteller, Vortragender, Künstler, Architekt oder Mitwirkender an Unterhaltungsdarbietungen – egal ob selbständig oder unselbständig – Betriebsausgaben und Werbungskosten, die an andere beschränkt Stpfl geleistet werden (zB an Mitarbeiter), bei der Veranlagung nur dann abziehen, wenn die inländische Besteuerung des Empfängers nachgewiesen wird; ein Nachweis ist nicht erforderlich, wenn der Empfänger in einem Mitgliedstaat der EU oder einem Mitgliedstaat des EWR ansässig ist (§ 102 Abs 1 Z 3).

789 Bei der Veranlagung sind im Vergleich zu unbeschränkt Stpfl folgende **Besonderheiten** zu beachten (vgl § 102 Abs 2):

a) Betriebsausgaben oder Werbungskosten dürfen nur insoweit berücksichtigt werden, als sie mit inländischen Einkünften in Zusammenhang stehen;

b) außergewöhnliche Belastungen sind nicht zu berücksichtigen, wohl aber Sonderausgaben, wenn sie sich auf das Inland beziehen.

Der **Verlustabzug** steht nur für Verluste zu, die in inländischen Betriebsstätten entstanden sind (§ 102 Abs 2 Z 2). Außerdem abzugsfähig sind auch Verluste aus der Veräußerung von Liegenschaften, die nicht zum Betriebsvermögen einer inländischen Betriebsstätte eines Gewerbebetriebes gehören.

[1364]) VwGH 19. 5. 1993, 91/13/0032.

[1365]) DBA- Entlastungsverordnung BGBl III 2005/92 idF BGBl II 2006/44.

c) die Begünstigung gem § 38 für Einkünfte aus der Verwertung von Patentrechten ist nicht anzuwenden;

d) der Veranlagungsfreibetrag gem § 41 steht nicht zu;

e) die Freibeträge gem §§ 35 und 105 kommen nicht zur Anwendung;

f) die Möglichkeit des Verlustausgleiches ist beschränkt (siehe oben Tz 598);

g) die ESt bemisst sich allein nach den Tarifvorschriften des § 33 Abs 1. Es stehen somit idR keine Absetzbeträge zu; davon ausgenommen sind die beim LSt-Abzug angesetzten Absetzbeträge (siehe dazu Tz 781).

h) dem Einkommen ist ein Betrag von € 9.000 hinzuzurechnen. Damit soll verhindert werden, dass beschränkt Stpfl das Existenzminimum sowohl durch ihren Wohnsitzstaat als auch durch Österreich – also doppelt – steuerfrei gestellt bekommen.[1366])

Die Progressionsermäßigung des § 37 steht auch dem beschränkt Stpfl zu. Ebenso gelten für beschränkt Stpfl die Steuerbefreiungen gem § 3.

Zum Zweck der Nichtdiskriminierung räumt § 1 Abs 4 beschränkt stpfl 790 Staatsangehörigen von EU- und EWR-Mitgliedsstaaten das Recht ein, mit ihren der beschränkten Steuerpflicht unterliegenden Einkünften **als unbeschränkt stpfl behandelt zu werden.** Voraussetzung dafür ist, dass ihre gesamten Welteinkünfte gem § 2 Abs 3 im Kalenderjahr mindestens zu 90% der österr ESt unterliegen oder dass die nicht der österr ESt unterliegenden Einkünfte nicht mehr als € 11.000 betragen. Inländische Einkünfte, die nach einem DBA nur der Höhe nach beschränkt besteuert werden dürfen (zB Dividenden, Zinsen und Lizenzen), gelten für die Anwendung des § 1 Abs 4 als nicht der österr ESt unterliegend. Die Höhe der nicht der österr ESt unterliegenden Einkünfte ist durch eine Bescheinigung der zuständigen ausländischen Abgabenbehörde nachzuweisen.

Der österr Gesetzgeber hat damit auf das „Schumacker-Urteil" des EuGH reagiert, wonach **nichtansässige Stpfl** den im Tätigkeitsstaat **ansässigen Stpfl** vergleichbar sind (und damit nicht diskriminiert werden dürfen), wenn sie den **wesentlichen Teil ihrer Einkünfte im Tätigkeitsstaat erzielen.**[1367])

XII. Bausparen

Das EStG enthält in den §§ 103 ff verschiedene als Sondervorschriften 791 bezeichnete Normen, die primär Begünstigungscharakter tragen. Sie sind zum überwiegenden Teil bereits im jeweiligen Sachzusammenhang besprochen worden (Zuzugsbegünstigung gem § 103, Freibetrag gem § 105 für Inhaber von Amtsbescheinigungen und Opferausweisen). Zu erörtern sind lediglich noch die Begünstigung des Bausparens (§ 108) und die prämienbegünstigte Zukunfts- und Pensionsvorsorge (§§ 108 g ff und §§ 108 a und 108 b; dazu unten XIII.).

Die Leistung von Beiträgen an inländische Bausparkassen, früher als Son- 792 derausgaben begrenzt abzugsfähig, wird seit dem EStG 1972 durch eine Erstat-

---

[1366]) ErläutRV 686 BlgNR 22. GP 14 f (zum AbgÄG 2004).

[1367]) EuGH 14. 2. 1995, C-279/93, *Schumacker*.

tung von ESt begünstigt, die dem Bausparer im Wege der Bausparkasse gutgeschrieben wird. Die Erstattung beträgt zumindest 1,5% der geleisteten Beiträge (§ 108 Abs 1 Z 2). Der vom BMF festzulegende Prozentsatz orientiert sich an der Durchschnittsrendite für Bundesanleihen, darf aber nicht weniger als 1,5% und nicht mehr als 4% betragen. Wirtschaftlich handelt es sich um eine Prämie, deren Regelung in einem Abgabengesetz fehl am Platz ist.

In persönlicher Hinsicht setzt die Begünstigung lediglich die unbeschränkte Steuerpflicht des Bausparers voraus.

793 Die Erstattung steht dem Stpfl jeweils nur für **einen** Bausparvertrag zu. Werden Beiträge, für die eine Steuererstattung geleistet wurde, vor Ablauf von sechs Jahren nach Vertragsschluss zurückgezahlt oder wird das Bausparguthaben innerhalb dieser Frist belehnt, so sind die Erstattungsbeträge zurückzuzahlen, es sei denn (vgl (§ 108 Abs 7),

a) der Bausparvertrag wurde wegen Todes des Bausparers aufgelöst;

b) der Bausparvertrag wird im Zuge der Aufteilung ehelicher Ersparnisse auf einen Ehegatten übertragen;

c) die Rückzahlung oder Sicherstellung dient bestimmten wohnungswirtschaftlichen Maßnahmen (zB Errichtung von Eigentumswohnungen);

d) die Rückzahlung oder Sicherstellung dient der Berufsausbildung oder der beruflichen Weiterbildung;

e) die Rückzahlung oder Sicherstellung dient der Betreuung und Hilfe sowie der medizinischen Behandlung des pflegebedürftigen Bausparers oder eines pflegebedürftigen nahen Angehörigen des Bausparers;

f) die Rückzahlung erfolgt aus einem Anwendungsfall der Einlagensicherung oder Anlegerentschädigung.

794 Die Begünstigung ist ebenfalls betragsmäßig begrenzt. Die maßgebende Bemessungsgrundlage darf € 1.200 jährlich nicht übersteigen (§ 108 Abs 2 erster Satz). Die Bemessungsgrundlage erhöht sich für den unbeschränkt stpfl (Ehe-)Partner iSd § 106 Abs 3 und für jedes Kind iSd § 106 Abs 1 um je € 1.200, sofern diese Personen nicht selbst die Erstattung in Anspruch genommen haben.

XIII. Abfertigung Neu und Zukunftsvorsorge

Literatur: *Macher,* Verordnung zu Pensionsinvestmentfonds, ÖStZ 2000, 2; *Thomanetz,* Vermeidung der Steuerpflicht für private Pensionsversicherungen, SWK 2000, S 277; *Bruckner,* Abfertigung Neu – Überblick und steuerliche Zweifelsfragen, ÖStZ 2002, 446; *Kristen/Pinggera/Schön,* Abfertigung Neu BMVG, Wien 2002; *dies,* Abfertigung Neu, Überblick über die Neuregelung durch das betriebliche Mitarbeitervorsorgegesetz, RdW 2002, 386; *Seicht,* Die „Abfertigung Neu", RWZ 2002, 299; *Beiser,* Abfertigung Neu – Chancen und Risken, SWK 2002, 1261; *Binder/Schifko,* Abfertigung Neu für Selbständige, SWK 2002, 1121; *Brauner/Prinz,* Abfertigung Neu: Eine erste Analyse, WT 2002, 26; *Pummerer,* Quantitative Überlegungen zur „Abfertigung neu", ÖStZ 2002, 286; *Bartl,* Die steuerlichen Begleitmaßnahmen zur betrieblichen Mitarbeitervorsorge – „Abfertigung neu", FJ 2002, 193; *Bartl,* Steuerliche Begleitmaßnahmen zur Abfertigung neu, FJ 2002, 241; *Fiebich,* Abfertigung neu – Vorteilsberechnung, SWK 2002, 1309; *Hilber,* Änderungen bei der Abfertigung neu, ecolex 2002, 921; *Vrignaud,* Freiwillige Abfertigungen für Führungskräfte im System der neuen Mitarbeitervorsorge, ecolex 2002, 493; *Binder/Schifko*, Abfertigung Neu², Wien 2003; *Tomandl/Achatz/Mazal*, Abfertigung Neu, Wien/Graz 2003; *Kofler/Payerer*, Die steuerliche Behandlung der Pensionsvorsorge de lege ferenda, ÖStZ 2003, 120; *Payerer*, Die steuerliche Behandlung der Pensionsvorsorge de lege lata in Österreich (Teil I), ÖStZ 2003, 89; *ders*, Die steuerliche Behandlung der prämienbegünstigten Zukunftsvorsorge gemäß §§ 108 g ff. EStG, SWK 2003, 110; *Urnik/Payerer*, Änderungen bei der prämienbegünstigten Zukunftsvorsorge gemäß §§ 108 g ff. EStG, SWK 2003, 407; *Preining*, Die Behandlung von Abfertigungsrückstellungen 2002 und in den Folgejahren, SWK 2003, 105; *Rauch*, Jüngere Entwicklungen im Bereich der Abfertigung Neu, ASoK 2003, 66; *Risak*, „Abfertigung neu" für GmbH-Geschäftsführer und Vorstandsmitglieder von Aktiengesellschaften, GeS 2003, 163; *Resch*, Betriebliches Mitarbeitervorsorgegesetz – Abfertigung neu, ÖJZ 2004, 481; *Payer*, Lebensversicherungen für Arbeitnehmer, SWK 2005, 1475; *Ryda/Langheinrich*, Die prämienbegünstigte Zukunftsvorsorge nach den §§ 108 g und b EStG 1988, FJ 2005, 173; *Freudhofmeier*, Behandlung der freiwilligen Abfertigung bei Übernahme eines Arbeitsvertrags, SWK 2006, 344; *Ryda/Langheinrich*, Die prämienbegünstigte Pensionsvorsorge nach den §§ 108 a bis 108 i EStG 1988, FJ 2006, 128; *Kriegner*, Ist die prämienbegünstigte Zukuftsvorsorge tatsächlich 10 Jahre unwiderruflich gebunden? ÖStZ 2009, 15; *Randl*, Hat die Prämienbegünstigte Zukunftsvorsorge den österreichischen Aktienmarkt nachhaltig gestärkt? ÖBA 2013, 619; *Shubshizky*, Freiwillige Abfertigungen auch im System Abfertigung neu lohnnebenkostenfrei? ASoK 2013, 447; *Patka*, Abgangsentschädigung, 6% Lohnsteuer auch für Abfertigung „Alt" und „Neu"-Fälle? PVP 2014, 58; *Ertl*, Prämienbegünstigte Zukunftsvorsorge und Geschäftsgrundlage – Zugleich Besprechung der Entscheidung des OGH 7 Ob 66/14 b, ecolex 2015, 14; *Kirchmayr/Achatz*, Zweite und dritte Säule der Altersvorsorge fair besteuert? taxlex 2015, 333; *Sadlo*, BFG: Völlige Nichtanwendbarkeit der „Viertelregelung" im neuen Abfertigungssystem, ARD 6470/15/2015; *Sadlo*, Besteuerung einer Vergleichssumme als Abfertigung iSd § 67 Abs 3 EStG, ARD 6490/20/2016; *Seebacher*, Die Highlights des LStR-Wartungserlasses 2015 – Zahlreiche Änderungen durch die Steuerreform, SWK 2016, 358.

A. Abfertigung Neu

Mit dem BMSVG[1368]) wird das Abfertigungssystem geregelt. Die steuerlichen Begleitmaßnahmen sehen eine weitgehende Steuerentlastung bzw -freistellung vor. **795**

Der Arbeitgeber hat ab dem Beginn des Arbeitsverhältnisses einen laufenden Beitrag iHv **1,53%** des monatlichen Entgeltes (sowie allfälliger Sonderzahlungen) an die **betriebliche Vorsorgekasse (BV-Kasse)** zu überweisen. **796**

Im Ausmaß von 1,53% des monatlichen Entgeltes stellen die Beiträge keinen stpfl Vorteil aus dem Dienstverhältnis dar (§ 26 Z 7 lit d); beim Arbeitgeber liegen Betriebsausgaben oder Werbungskosten vor (auch bei Überschreiten der 1,53%-Grenze). Zahlt der Arbeitgeber höhere Beiträge ein (freiwillig oder auf Grund eines KV), so liegt beim Arbeitnehmer ein stpfl Vorteil aus dem Dienstverhältnis vor (keine steuerfreie Zuwendung nach § 3 Abs 1 Z 15 lit a; LStR 2002 Rz 81 d). Kein Vorteil aus einem Dienstverhältnis sind die Übertragungen „alter" Abfertigungsansprüche (zur Abfertigungsrückstellung siehe oben Tz 415 ff) oder Ansprüche aus einer anderen BV-Kasse.

[1368]) Betriebliches Mitarbeiter- und Selbständigenvorsorgegesetz BGBl I 2002/100.

797 Abfertigungen aus BV-Kassen sind mit 6% zu versteuern (§ 67 Abs 3). Wird der Abfertigungsbetrag an ein Versicherungsunternehmen zur Verrentung, an ein Kreditinstitut zum ausschließlichen Erwerb von Anteilen an einem Pensionsinvestmentfonds oder an eine Pensionskasse übertragen, fällt keine LSt an (§ 67 Abs 3). Die Rentenauszahlungen sind steuerfrei (§ 29 Z 1 TS 3); die Kapitalabfertigung angefallener Renten unterliegt einer LSt iHv 6%.

Die Abfertigung Neu ist auf Dienstverhältnisse, die nach dem 31. 12. 2002 begründet wurden, anzuwenden. Für Dienstverhältnisse, die zum 31. 12. 2002 bereits bestanden haben, kann durch Einzelvereinbarung der Übertritt in das neue Abfertigungssystem vereinbart werden (§ 47 BMSVG). Der Übertritt erfolgt unter Einfrierung oder Übertragung der Altansprüche. Werden die Altansprüche eingefroren oder verbleibt der Stpfl im bisherigen Abfertigungssystem, so ist die Abfertigung wie bisher zu versteuern (siehe oben Tz 735 f).

798 *frei*

B. Prämienbegünstigte Zukunftsvorsorge

799 Die **Zukunftsvorsorge** (§§ 108 g ff) ist von ihrer Konzeption eine „Weiterentwicklung" der „Abfertigung Neu". Alle Stpfl sollen unabhängig davon, ob sie tatsächlich ESt bezahlen, in den Genuss einer geförderten Zukunftsvorsorge kommen. Ausgeschlossen sind lediglich Personen, die eine gesetzliche Alterspension beziehen.

800 Die Förderung ist als Prämie ausgestaltet. Die Prämie beträgt 2,75% zuzüglich des Prozentsatzes nach § 108 Abs 1. Die Prämie darf daher nicht weniger als 4,25% und nicht mehr als 6,75% betragen (§ 108 Abs 1 Z 2). Die „technische" Abwicklung der Prämienauszahlung folgt dem Konzept des § 108 a.

801 Die Prämie steht nur dann zu, wenn sich der Stpfl unwiderruflich zu einer mindestens zehnjährigen Kapitalbindung verpflichtet. Nach Ablauf der Zehnjahresfrist kann der Stpfl über sein Kapital nach Maßgabe des § 108 i Abs 1 Z 1, 2 oder 3 verfügen (vgl auch § 17 BMSVG). Demgemäß ist auch eine Herausnahme des Kapitals möglich, doch sind dann die gutgeschriebenen Prämien zur Hälfte zurückzuzahlen und die auf den Stpfl entfallenen Kapitalerträge mit 27,5% nachzuversteuern (§ 108 i Abs 1 Z 1 iVm § 108 g Abs 5).

Eine Kündigung des Versicherungsverhältnisses vor Ablauf der 10-Jahres-Frist ist zivilrechtlich nicht zulässig (siehe auch LStR 2002 Rz 1391).[1369]) Die Regelung der Verfügungsmöglichkeiten über die Ansprüche aus der Zukunftsvorsorge (§ 108 g) ist der betrieblichen Mitarbeitervorsorge nachgebildet (siehe Tz 797).

C. Pensionsvorsorge

802 Mit dem StRefG 2000 wollte der Gesetzgeber die private Pensionsvorsorge ähnlich dem Bausparen durch eine staatliche **Prämie** fördern (§§ 108 a und 108 b). Gefördert wurden:

- Beiträge zu einer **Pensionszusatzversicherung** (§ 108 b Abs 1);
- Beiträge zu einer **Pensionskasse** (§ 108 a Abs 1);

[1369]) Vgl zB OGH 7. 9. 2011, 7 Ob 138/11 m; OGH 21. 5. 2014, 7 Ob 66/14 b.

- Beiträge zu einer **betrieblichen Kollektivversicherung** (§ 93 VAG 2016);
- Beiträge für die **freiwillige Höherversicherung** in der gesetzlichen Pensionsversicherung sowie
- der Erwerb von Anteilen an einem prämienbegünstigten **Pensionsinvestmentfonds** (§ 108 b Abs 2).

Bei Vertragsabschluss ab dem 1. 1. 2004 steht die Prämie nur mehr für Beiträge zu einer Pensionskasse zu (§ 124 b Z 74). Die Förderung der Vorsorge durch Arbeitnehmer bei Eigenleistung von Pensionskassenbeiträgen wurde nicht aufgegeben, weil Pensionskassenbeiträge nicht als geförderte Zukunftsvorsorge unter §§ 108 g ff fallen.

XIV. Überblick über die Besteuerung der Erträge aus Anteilen an Wertpapier- und Immobilien-Investmentfonds

Literatur zu Wertpapier-InvF: *Lang,* Die Bedeutung des § 21 Abs 3 KStG für in- und ausländische Investmentfonds, in *Bergmann,* Praxisfragen zum Körperschaftsteuerrecht, Wien 2000, 145; *Widhalm,* Besteuerung von Investmentfonds und Kapitalverkehrsfreiheit, in *Lechner/Staringer/Tumpel,* Kapitalverkehrsfreiheit und Steuerrecht, Wien 2000, 119; *Frauwallner/Feiler,* Ertragsvereinnahmung bei thesaurierenden Fonds, SWK 2000, 363; *Hofmann,* Die Realisation von Erträgen aus Investmentfondsanteilen, SWK 2000, 727; *Macher,* Kapitalmarktoffensive – Geplante Neuregelung bei inländischen Fonds, ÖStZ 2000, 693; *Haidinger/Kainberger,* Gesetzesprüfungsverfahren durch den VfGH hinsichtlich Endbesteuerung ausländischer Kapitalanlagefonds, SWK 2001, 965; *Hallas,* Vollbesteuerung der Substanzgewinne ausländischer Investmentfonds im Ausland? ÖStZ 2001, 602; *Maier-Dietrich,* Investmentfonds im Überblick, SWK 2001, 1168; *Polster-Grüll,* Private Equity Fonds: Zur (Nicht-)Anwendbarkeit von § 42 InvFG, ecolex 2001, 768; *Kirchmayr,* Besteuerung von Investmentfonds nach dem KapitalmarktoffensiveG, RdW 2001, 54; *Kirchmayr/Schragl,* Nicht-Endbesteuerung von Erträgen aus ausländischen Fonds verfassungswidrig? RdW 2001, 568; *Marschner,* Änderung der steuerlichen Behandlung von Investmentfonds im Betriebsvermögen, SWK 2001, 675; *H.-J. Aigner,* Kapitalanlagefonds im Recht der Doppelbesteuerungsabkommen, Wien 2001; *Kofler/Kofler,* Investmentfondserträge bei Privatstiftungen, Klagenfurt/Linz, 2001; *D. Aigner,* Investmentfonds, Wien 2002; *Reisenhofer,* Investmentfondsgesetz, Wien 2002; *Aigner/Kofler,* Anwendung des internationalen Schachtelprivilegs auf ausschüttungsgleiche Erträge „schwarzer" Auslandsfonds? SWI 2002, 528; *Doralt,* Sicherungssteuer bei Übertragung auf ein inländisches Depot? ÖStZ 2002, 173; *Ehrke,* Nicht-Endbesteuerung von Kapitalerträgen aus ausländischen Investmentfonds verfassungswidrig! IStR 2002, 17; *Marschner,* Depotentnahmen sind nicht KESt-pflichtig, ÖStZ 2002, 234; *Marschner,* Investmentfonds richtig in die Steuererklärung aufgenommen, SWK 2002, 291; *Pircher/Pülzl,* Historische Entwicklung, aktueller Stand und Ausblick auf die Zukunft der Investmentfondsbesteuerung, ÖStZ 2002, 30; *Pülzl,* Besteuerung von Anteilen an Investmentfonds: Ist die „Sicherungssteuer" europarechtskonform? ÖStZ 2002, 215; *Tumpel,* Gedanken zur Reform der Investmentfondsbesteuerung, ÖStZ 2002, 9; *Wilhelm,* Aktuelle Sonderfragen der Besteuerung insbesondere ausländischer Investmentfonds, ÖStZ 2002, 98; *Majcen,* Die steuerliche Behandlung in- und ausländischer Investmentfonds im Betriebsvermögen, VWT 2002, H 5, 32; *Haidinger/Schragl,* VfGH-Erkenntnis über die Nicht-Endbesteuerung von ausländischen Investmentfonds, ÖStZ 2002, 262; *Kirchmayr,* Nicht-

Endbesteuerung von Erträgen aus ausländischen Investmentfonds verfassungswidrig! SWK 2002, 525; *Reschny-Birox/Klaunzer,* Totalreform der Besteuerung von ausländischen Investmentfondserträgen, SWK 2003, 633; *Reschny-Birox/Klaunzer,* Überblick der Besteuerung von in- und ausländischen Erträgen aus Kapitalanlagefonds im Veranlagungsjahr 2003 und Gedanken zur Vereinfachung des bestehenden Systems (Teil I), FJ 2003, 408; (Teil II), FJ 2004, 9; (Teil III), FJ 2004, 52; *D. Aigner/H.-J. Aigner/G. Kofler,* Besteuerung von Kapitalerträgen nach dem österreichischen BudgetbegleitG 2003, IWB 2003, 593; *D. Aigner/G. Kofler,* InvFR 2003: Doppelte KESt bei ausländischen Investmentfonds? RdW 2003, 600; *D. Aigner/G. Kofler,* Die steuerliche Behandlung von Investmentfonds bei eigennützigen Privatstiftungen (Teil I), ecolex 2003, 49; (Teil II), ecolex 2003, 124; *Neill,* Non-Discrimination and the Taxation of Investment Funds in Austria, in *Konezny/Zehetner,* Die Auswirkungen der Diskriminierungsverbote in der Praxis, Wien 2003; *Sedlaczek,* Kapitalertragsteuer und Investmentfonds, in *Lechner/Staringer/Tumpel* (Hrsg), Kapitalertragsteuer, Wien 2003; *Puchinger,* Investmentfonds & Steuern, Wien 2003; *Tissot,* Besteuerung ausländischer Kapitaleinkünfte verfassungs- und EU-konform? RdW 2003, 672; *Doppelbauer,* Besteuerung von Erträgen aus Investmentfonds, Wien 2003; *Tissot,* Begutachtungsentwurf zu den geänderten Investmentfondsrichtlinien, SWK 2003, 1265; *Wilhelm,* Die Besteuerung von Kapitalanlagen nach dem BBG 2003 aus der Sicht des einfachen Anlegers (Teil I), ÖStZ 2003, 468; (Teil II), ÖStZ 2003, 493; *Toifl,* DBA-Schutz von Investmentfonds, SWI 2003, 200; *Marschner,* Dividenden und Investmentfonds richtig in die Steuererklärung aufgenommen, SWK 2004, 559; *Kofler,* Besteuerung „schwarzer" Auslandsfonds verstößt gegen das EWR-Abkommen, ecolex 2004, 307; *Aigner/Prechtl,* Ausländische Kapitalanlagefonds und Kapitalverkehrsfreiheit, SWK 2004, 420; *Reschny-Birox/Klaunzer,* Das Ende der „schwarzen" ausländischen Fonds? SWK 2004, 1004; *Tumpel,* Ist die Durchgriffsbesteuerung bei Kapitalgesellschaften gem § 42 Abs 1 InvFG gemeinschaftsrechtswidrig? SWI 2004, 501; *Furherr,* VwGH bestätigt EU-Widrigkeit des § 42 InvFG, SWI 2004, 200; *Pilz,* Besteuerung von ausländischen Investmentfonds, SWK 2004, 1267; *Polivanova-Rosenauer,* VfGH: Pauschalbesteuerung schwarzer Investmentfonds ist verfassungswidrig, GeS 2004, 460; *Aigner,* Inländische Investmentfonds und internationales Schachtelprivileg, SWK 2004, 1504; *Moritz/Leitner,* Investmentfonds – die steuerliche Behandlung nach dem Budgetbegleitgesetz 2003, RFG 2004, 14; *Lohberger,* Behandlung ausschüttungsgleicher Erträge bei Wertverlust der entsprechenden thesaurierenden Fonds, SWK 2004, 1198; *Kirchmayr,* Pauschalbesteuerung von „schwarzen" ausländischen Investmentfonds widerspricht Gemeinschaftsrecht, GeS 2004, 109; *oV,* VwGH zu ausländischen Investmentfonds, RdW 2004, 179; *Kirchmayr,* VfGH: Schwarze Fonds – Gesetzesprüfung eingeleitet, RdW 2004, 300; *Kirchmayr,* Indexanleihen als ausländische Investmentfonds? RdW 2004, 640; *Mühlehner,* Nochmals: Indexanleihen als ausländische Investmentfonds? RdW 2004, 761; *Adametz* (Hrsg), Investmentfonds – DER Praktikerleitfaden, Wien 2004; *Vock,* Die Besteuerung inländischer Investmentfonds, Wien 2005; *G. M.,* BMF: Neues zu ausländischen Investmentfonds und zur Altersteilzeit, RdW 2005, 388; *Mayr,* BM für Finanzen zur Besteuerung ausländischer Investmentfonds nach dem AbgÄG 2004, RdW 2005, 252; *Konezny,* VfGH zur Besteuerung „schwarzer" Investmentfonds und die Reaktion des Gesetzgebers, RdW 2005, 55; *Gläser,* „Schwarze" Investmentfonds: VfGH und AbgÄG 2004, RdW 2005, 58; *Wilhelm,* Die Besteuerung ausländischer Investmentfonds nach dem AbgÄG 2004 aus der Sicht des einfachen Anlegers, ÖStZ 2005, 9; *Pilz,* Pauschalbesteuerung „schwarzer" ausländischer Investmentfonds aufgehoben, SWK 2005, 20; *Laudacher,* Aktuelle UFS-Entscheidung – Besteuerung der Erträge „schwarzer Fonds", SWK 2005, 312; *Puchinger/Exel,* Verfassungswidrige Besteuerung schwarzer Investmentfonds, FJ 2005, 29; *Kessler,* Besteuerung von ausschüttungsgleichen Erträgen bei Investmentfonds im Betriebsvermögen trotz Kursverlusten, SWK 2005, 795; *oV,* Pauschalbesteuerung ausländischer

„schwarzer" Investmentfonds, ÖStZ 2005, 138; *oV,* Diskriminierende Besteuerung von Auslandsdividenden inländischer Investmentfonds, ÖStZ 2005, 139; *Puchinger/Manessinger,* Ist die Besteuerung von schwarzen Investmentfonds verfassungswidrig? ÖStZ 2005, 4; *Marschner,* Investmentfonds oder Direktanlage, SWK 2005, 621; *Kirchmayr,* Zum Ende der Diskriminierung von ausländischen Investmentfonds, taxlex 2005, 30; *Schuchter,* Besteuerung schwarzer Investmentfonds nach dem Abgabenänderungsgesetz 2004, taxlex 2005, 31; *Strobach,* Indexpapiere und negative Zinsen bei Investmentfonds, SWK 2005, 1275; *Weninger,* UFS: § 10 Abs 2 KStG verstößt gegen Gemeinschaftsrecht, FJ 2005, 84; *Heidinger/Paul,* Kommentar zum Investmentfondsgesetz, Wien 2005; *Bertl/G. Kofler,* Die Behandlung von inländischen Investmentfonds im Ertragsteuerrecht, JAP 2005/2006, 176; *Marschner,* Investmentfonds in Fallbeispielen, Wien 2006; *Marschner,* Ausschüttungsgleiche Erträge eines thesaurierenden Investmentfonds erhöhen nicht die Anschaffungskosten, SWK 2006, 763; *Marschner,* Update: Investmentfonds richtig in die Steuererklärung aufgenommen, SWK 2006, 1012; *Cserny,* Besteuerung von Investmentfonds (Teil I), UFS 2007, 4; (Teil II), UFS 2007, 47; *Cserny,* Bewertung von thesaurierenden Investmentfondsanteilen im Betriebsvermögen, Anmerkungen zu der neueren Rechtsprechung des UFS, UFS 2007, 87; *Schima/Gruber,* Steuerliche Erfassung von thesaurierenden Investmentfonds im Betriebsvermögen – Kritik am UFS, ÖStZ 2007, 59; *Kirchmayr,* Investmentfonds – Ist der Ansatz ausschüttungsgleicher Erträge verfassungsrechtlich problematisch? in FS Ruppe, Wien 2007, 259; *Peritz/Cserny,* Steuerliche Gleichstellung ausländischer Fonds, RdW 2009, 116; *dies,* Nochmals: Pauschalbesteuerung von ausländischen schwarzen Investmentfonds, RdW 2009, 246; *Macher,* Fondsbesteuerung neu: Sind „ausschüttungsgleiche Erträge" noch zeitgemäß? ÖStZ 2011, 149; *Petritz-Klar,* Der Begriff des ausländischen Kapitalanlagefonds nach dem AIFMG, RdW 2013, 501; *dies,* Zweifelsfragen zum AIFMG aus steuerlicher Sicht, SWI 2013, 535; *Leitgeb/Strimitzer,* AIFMG – ausgewählte aufsichts- und steuerrechtliche Aspekte, RdW 2013, 522; *Blum/Pinetz,* Besteuerung ausländischer Investmentfonds (§ 42 InvFG 1993) im Lichte der Kapitalverkehrsfreiheit, RdW 2014, 303; *dies,* Besteuerung ausländischer Investmentfonds im AIFMG, RdW 2014, 490; *Hosp/Benedetter,* Unionsrechtswidrige Besteuerung liechtensteinischer Kapitalgesellschaften als ausländische Investmentfonds, ZFS 2014, 103; *Marschner,* Schwarze Investmentfonds: Kann der Selbstnachweis wirklich nur gegenüber der Bank erbracht werden? SWK 2014, 1095; *Pinetz,* Abgrenzungsfragen beim Begriff des „alternativen Investmentfonds" aus steuerrechtlicher Perspektive, SWK 2014, 708; *ders,* Die Ausnahmebestimmungen vom AIF-Begriff im Steuerrecht, SWK 2014, 1294; *ders,* Vereinbarkeit des § 42 Abs 1 InvFG 1993 mit der Kapitalverkehrsfreiheit, ecolex 2014, 276; *Blum/Pinetz,* Anwendungsbereich der reformierten Kapitalanlagefondsbesteuerung, in *Engel-Kazemi/Blum/Damm/Kammel/Pejhoysky/Pinetz* (Hrsg), Investmentfonds – Aufsicht und Besteuerung (2015) 71; *Engel-Kazemi/Teubenbacher,* Besteuerung von Investmentfonds in Österreich, in *Engel-Kazemi/Blum/Damm/Kammel/Pejhoysky/Pinetz* (Hrsg), Investmentfonds – Aufsicht und Besteuerung (2015) 91; *Marschner,* Investmentfonds: Steuerpflicht aller Substanzgewinne im Betriebsvermögen ab der Veranlagung 2014, SWK 2015, 345; *Hasanovic/Zeiler,* Selbstnachweis bei Nichtmeldefonds, SWK 2016, 518; *Brightwell/Luka,* Die neue Mittelstandsfinanzierungsgesellschaft als neuer Alternative Investment Fonds (AIF), ÖStZ 2017, 374; *Holzinger/Puljic,* Beschränkung der Freiheit des Kapitalverkehrs iZm Kapitalanlagefonds – Ist die erhöhte Mitwirkungspflicht bei Auslandssachverhalten nichts wert? ecolex 2017, 1212; *Marschner,* Investmentfonds in Buchhaltung und Steuererklärung, SWK 2017, 1249; *Bodis/Wild,* Ausgewählte Highlights der Investmentfondsrichtlinien 2018 (Teil 1), SWK 2018, 1232; *dies,* Ausgewählte Highlights der Investmentfondsrichtlinien 2018 (Teil 2), SWK 2018, 1286; *Marschner,* Investmentfonds: Zwingende Aktivierung von ausschüttungsgleichen Erträgen, SWK 2018, 1572.

Literatur zu Immobilien-InvF:

Resch/Nidetzky, Steuerliche Bestimmungen im Begutachtungsentwurf eines Immobilienfondsgesetzes, ecolex 2001, 724; *Herbst/Brehm,* Österreichische Immobilieninvestmentfonds – Wiener Steuerschmankerl? IWB 2002, 853; *Polivanova-Rosenauer,* What's going on in Austria – Developments in the income taxation of investment funds, European Taxation 2002, 507; *Habersack/Parschalk/Strobach/Wahl,* Immobilieninvestmentfondsgesetz, Wien 2003; *Pilz,* Das Immobilien-Investmentfondsgesetz im Überblick, SWK 2003, 1085; *Kleemann,* Zweifelsfragen zum Immobilien-Investmentfondsgesetz, SWK 2003, 1155; *Fuhrmann/Resch,* Immobilien-Investmentfondsgesetz, immolex 2003, 283; *Novak,* Veranlagung in Immobilieninvestmentfonds steuerlich attraktiv? ecolex 2003, 933; *Weichselberger-Chlap,* Das Portfolio offener Immobilienfonds nach dem österreichischen Bundesgesetz über Immobilienfonds, GesRZ 2003, 332; *Vock,* Immobilieninvestmentfonds riskant und steuerlich unattraktiv, RdW 2003, 665; *Majcen,* Immobilienaktien als („schwarze") Immobilienfonds? SWK 2003, 1299; *Urtz,* Besteuerung von Immobilien-Investmentfonds, GeS 2003, 387; *Fuchs,* Immobilieninvestmentfondsgesetz, Wien 2004; *Heidinger/Paul/Schmidt/Spranz/Urtz/Wachter,* Kommentar zum Immobilien-Investmentfondsgesetz, Wien 2004; *Nidetzky/Rainer* (Hrsg), Immobilien-Investmentfondsgesetz, Wien 2004; *Büchl/Macher,* Das Immobilien-Investmentfondsgesetz im Überblick, ÖBA 2004, 127; *Polivanova-Rosenauer/Toifl,* Steuerliche Behandlung von ausländischen Immobilienfonds (Teil I), GeS 2004, 96; *Ehrlich,* Fragen bei der Gründung von Immobilien-Investmentfonds, RdW 2004, 72; *Kirchmayr/Polivanova-Rosenauer,* Benachteiligung inländischer Immobilienfonds? RdW 2004, 368; *Vock,* Erträge aus einem inländischen Immobilienfonds im internationalen Steuerrecht, SWI 2005, 81; *G.M.,* Immobilien-Investmentfondsgesetz: Steuerliche Änderungen, RdW 2006, 61; *Knörzer,* Immobilienfonds-Novelle: Steuerliche Aspekte, taxlex 2006, 130; *Rainer,* Update Immobilien-Investmentfondsgesetz, immolex 2007, 6; *Fuhrmann/Resch/Göschl,* Neuerungen im ImmoInvFG, immolex 2007, 10; *Siller/Hölzl,* Wesentliche Erweiterung des Begriffs des ausländischen Immobilienfonds durch das AIFMG, ÖStZ 2014, 189; *Pejhovsky/Schwertner-Awais,* Die Besteuerung von Immobilieninvestmentfonds, in *Engel-Kazemi/Blum/Damm/Kammel/Pejhoysky/Pinetz* (Hrsg), Investmentfonds – Aufsicht und Besteuerung (2015) 189.

803 **Investmentfonds (Kapitalanlagefonds)** dienen dazu, die Anlagegelder einer Vielzahl von Investoren zu bündeln und unter einer professionellen Verwaltung bestmöglich anzulegen. Ein Anleger, der, statt direkt in Aktien oder Anleihen zu investieren, sein Geld in einem Investmentfonds anlegt, profitiert von niedrigeren Spesen und vom Know-how des Fondsmanagers, kann schon mit einem geringen Kapitaleinsatz eine Risikostreuung erreichen und braucht sich nicht um Investitionsentscheidungen zu kümmern. Die Besteuerung der Erträge aus Anteilen an Investmentfonds richtet sich nach den §§ 186 ff InvFG 2011 und nach den allgemeinen steuerrechtlichen Bestimmungen. Im Folgenden soll nur ein kurzer Überblick gegeben werden.

Im InvFG 2011[1370]) werden Investmentfonds auch als „OGAW" (Organismen zur gemeinsamen Veranlagung in Wertpapieren) bezeichnet. Mit dem InvFG 2011 werden EU-Richtlinien umgesetzt, wodurch eine allgemeine Durchstrukturierung in organisatorischer Hinsicht, nicht aber in steuerlicher Hinsicht getroffen wurde.

[1370]) BGBl I 2011/77.

Außer den Wertpapier-Investmentfonds können auf Grundlage des Immobilien-Investmentfondsgesetzes[1371]) auch Immobilien-Investmentfonds nach österr Recht aufgelegt werden. Das Immobilien-Investmentfondsgesetz regelt auch den Vertrieb und die Grundlagen der Besteuerung in- und ausländischer Immobilien-Investmentfonds. 804

Neben Investmentfonds und Immobilien-Investmentfonds werden auch alternative Investmentfonds (AIF) aufgelegt und vertrieben. Die aufsichtsrechtlichen Rahmenbedingungen für AIF sind unionsrechtlich harmonisiert und in Österreich im Alternative Investmentfonds Manager-Gesetz (AIFMG)[1372]) geregelt. AIF unterliegen praktisch keinen aufsichtsrechtlichen Vorgaben hinsichtlich der Vermögenswerte, in die sie investieren können, und dürfen deshalb (auf Grund des höheren Veranlagungsrisikos) nur unter engen Voraussetzungen an Privatanleger vertrieben werden. AIF werden steuerlich so behandelt wie Investmentfonds oder Immobilien-Investmentfonds, wenn sie in andere Vermögenswerte investieren, entsprechend der einschlägigen ertragsteuerlichen Bestimmungen (bspw bei Ausübung einer gewerblichen oder land- und forstwirtschaftlichen Tätigkeit; in diesen Fällen werden die den Anlegern zugerechneten Einkünfte nicht automatisch in Einkünfte aus Kapitalvermögen transformiert). 804/1

A. Investmentfonds

Ein Investmentfonds ist ein **aus Wertpapieren** und/oder **Geldmarktinstrumenten** und/oder bestimmten anderen **liquiden Finanzanlagen bestehendes Sondervermögen,** das in gleiche, in Wertpapieren verkörperte Anteile (Anteilscheine) zerfällt, **im Miteigentum der Anteilinhaber** steht, von einer Kapitalanlagegesellschaft verwaltet wird und nach den Bestimmungen des InvFG 2011 gebildet wurde. Obwohl die Anteilinhaber „Miteigentümer" der Fondswerte sind, steht die Verwaltung des Fondsvermögens nicht ihnen, sondern der **Kapitalanlagegesellschaft** zu. Bei ihren Investitionsentscheidungen hat die Kapitalanlagegesellschaft die Interessen der Anteilinhaber zu wahren und den Grundsatz der Risikostreuung einzuhalten. 805

Zum Zweck der besseren Information der Anleger hat die Kapitalanlagegesellschaft für den Fonds einen Rechenschaftsbericht zu erstellen, in dem die Erträge des Fonds darzustellen sind. Mögliche Erträge, die von einem Investmentfonds erzielt werden können, sind zB Dividendenerträge aus in- und ausländischen Aktien und Zinsen aus Bankeinlagen oder Forderungswertpapieren. Wenn die Fondsbestimmungen dies vorsehen, werden die Fondserträge nach Ablauf des Rechnungsjahres vom Fonds einbehalten und reinvestiert (thesaurierender Fonds); sonst werden die Erträge des Fonds zum Teil oder zur Gänze an die Anteilinhaber ausgeschüttet (ausschüttender Fonds). 806

Ein Investmentfonds ist **kein eigenes Steuersubjekt.** Nach dem Durchgriffsprinzip werden die Erträge vielmehr ausschließlich auf der Ebene des Anteilinhabers besteuert. Die Besteuerung richtet sich somit einerseits nach der 807

[1371]) BGBl I 2003/80.

[1372]) BGBl I 2013/135.

Art des Ertrags (Dividenden, Zinsen, Veräußerungsgewinne), andererseits nach der Art des Anteilinhabers (natürliche Person mit Privatvermögen, natürliche Person mit Betriebsvermögen, Kapitalgesellschaft, Privatstiftung etc). Wann Erträge realisiert werden, ergibt sich aus § 186 InvFG 2011: **Ausgeschüttete Erträge** werden erst im Ausschüttungszeitpunkt erfasst. Nicht ausgeschüttete Erträge – sog **ausschüttungsgleiche Erträge** – gelten spätestens nach Ablauf einer Frist von sieben Monaten nach Ende des Fondsgeschäftsjahres als ausgeschüttet. Als ausschüttungsgleiche Erträge gelten sämtliche nach Abzug der dafür anfallenden Kosten vereinnahmten Erträge, wie Zinsen, Dividenden, Substanzgewinne sowie ausschüttungsgleiche Erträge von im Fondsvermögen befindlichen Anteilen an anderen in- oder ausländischen Investmentfonds. Ausgeschüttete Erträge, die bereits als ausschüttungsgleiche Erträge besteuert worden sind, sind steuerfrei.

Nach den einzelnen Ertragsbestandteilen der **Ausschüttung** gegliedert ergibt sich für Anteilscheine, die sich auf einem Bankdepot im Inland befinden, folgende Übersicht:

808 – **Dividendenerträge aus inländischen Aktien** unterliegen dem KESt-Abzug bei Zahlung an den Investmentfonds (§§ 93 EStG iVm 94 Z 10 EStG), die nachfolgende Ausschüttung aus dem Investmentfonds unterliegt nicht der KESt (vgl § 94 Z 11 EStG). Mit dem KESt-Abzug ist bei natürlichen Personen und bei Körperschaften mit Einkünften aus Kapitalvermögen die Endbesteuerung verbunden (§ 97 EStG).

809 – **Dividendenerträge aus ausländischen Aktien, Zinsen, Einkünfte aus realisierten Wertsteigerungen und Derivaten** unterliegen keinem KESt-Abzug bei Zahlung an den Investmentfonds (§ 94 Z 10 EStG). Als Bestandteil einer tatsächlichen Ausschüttung oder des ausschüttungsgleichen Ertrages unterliegen sie allerdings dem KESt-Abzug, wenn sie von einer inländischen Stelle ausbezahlt werden (§ 93 Abs 2 EStG). Wenn sich der Anteil am Investmentfonds nicht auf einem inländischen Bankdepot befindet, werden die Erträge nicht von einer inländischen Stelle ausbezahlt, womit kein KESt-Abzug stattfindet. Die erzielten Einkünfte sind in diesem Fall im Rahmen der Veranlagung mit dem besonderen Steuersatz gem § 27a Abs 1 letzter Satz EStG zu versteuern (27,5%; Abgeltungswirkung).

810 Neben der steuerlichen Behandlung von Ausschüttungen ist auch die steuerliche Behandlung der **ausschüttungsgleichen Erträge** zu untersuchen: Ausschüttungsgleiche Erträge gibt es sowohl bei thesaurierenden Investmentfonds (hier gibt es keine Ausschüttungen) als auch bei ausschüttenden Investmentfonds (Substanzgewinne können hier thesauriert werden). Auf Grund der Ausschüttungsfiktion des § 186 Abs 2 Z 1 InvFG 2011 gelten die ausschüttungsgleichen Erträge als ausgeschüttet, wenn keine tatsächliche Ausschüttung sämtlicher Erträge stattfindet. Der fingierte Ausschüttungszeitpunkt ist entweder der Zeitpunkt der Auszahlung der KESt aus dem Fondsvermögen oder – wenn bis dahin keine KESt-Auszahlung erfolgt ist – der Ablauf einer Frist von sieben Monaten nach dem Ende des Fondsgeschäftsjahres.

811 Aufgliederung und Zusammensetzung der Ausschüttungen und ausschüttungsgleichen Erträge ist für Zwecke des KESt-Abzugs bzw der Veranlagung vom steuerlichen Vertreter des Investmentfonds an die österreichische Kontrollbank (OeKB) zu melden und von dieser zu veröffentlichen. Erfolgt keine Meldung, ist die Ausschüttung zur Gänze stpfl. Die ausschüttungsgleichen Erträge werden nach einer pauschalen Schätzmethode ermittelt und gelten jeweils als zum 31. 12. eines Jahres zugeflossen (§ 186 Abs 2 Z 3 InvFG 2011).

Der **Investmentfondsanteil** ist ein Wirtschaftsgut. Gewinne aus der Veräußerung von im Privatvermögen gehaltenen Anteilen sind Einkünfte aus Kapitalvermögen gem § 27 Abs 3 EStG (§ 186 Abs 3 InvFG 2011). 812

Als **ausländischer Investmentfonds** iSd Steuerrechts gelten sämtliche ausländischen OGAW und AIF, weiters, ungeachtet der Rechtsform, jeder einem **ausländischen Recht unterstehende Organismus,** der nach dem Gesetz, der Satzung oder der tatsächlichen Übung nach den Grundsätzen der **Risikostreuung** angelegt ist und im Ausland einer Niedrigbesteuerung unterliegt. Ausländische Veranlagungsgemeinschaften in Immobilien sind dabei ausgenommen; diese sind in § 42 ImmoInvFG geregelt (§ 188 Abs 1 Z 3 InvFG 2011). Auf Grund dieser weiten Definition können auch Anteile an Kapital- oder Personengesellschaften als Investmentfondsanteile klassifiziert werden. 813

Auch ein ausländischer Investmentfonds ist **kein eigenes Steuersubjekt.** Stpfl sind die Anteilinhaber mit den **ausgeschütteten Erträgen** und mit den **ausschüttungsgleichen Erträgen.** Die Bestimmungen des § 186 InvFG 2011 für inländische Investmentfonds sind auch für ausländische Investmentfonds anzuwenden (§ 188 Abs 1 InvFG 2011). 814

B. Inländische Immobilieninvestmentfonds

Ein inländischer Immobilieninvestmentfonds ist ein überwiegend aus 815

- bebauten Grundstücken,
- Grundstücken im Zustand der Bebauung (höchstens 40% des Wertes des Immobilieninvestmentfonds),
- unbebauten Grundstücken, die für eine alsbaldige Bebauung bestimmt sind (höchstens 30% des Wertes des Immobilieninvestmentfonds), und
- Baurechten, Superädifikaten, Miteigentum an Grundstücken oder Wohnungseigentum

bestehendes Sondervermögen. Die Vermögenswerte müssen entweder in einem Mitgliedstaat der EU oder des EWR belegen sein. Sämtliches Fondsvermögen steht im Alleineigentum der Kapitalanlagegesellschaft für Immobilien, die das Vermögen treuhändig für die Anteilinhaber verwaltet.

Zum Zweck der Information der Anteilinhaber hat die Kapitalanlagegesellschaft für Immobilien einen Rechenschaftsbericht und einen Halbjahresbericht zu erstellen, in dem die Erträge des Fonds darzustellen sind (§ 13 ImmoInvFG). 816

Erträge, die ein Immobilieninvestmentfonds erzielen kann, werden in Summe als „Jahresgewinn" bezeichnet. Der Jahresgewinn setzt sich zusammen aus:

- Bewirtschaftungsgewinnen,
- Aufwertungsgewinnen und
- Wertpapier- und Liquiditätsgewinnen (§ 14 Abs 2 ImmoInvFG).

Der Jahresgewinn des Immobilieninvestmentfonds ist in dem Ausmaß an die Anteilinhaber auszuschütten, in dem es die Fondsbestimmungen vorsehen. Insoweit keine Ausschüttung erfolgt, ist der auf die nicht ausgeschütteten Erträge entfallende KESt-Betrag auszuzahlen (§ 14 Abs 1 ImmoInvFG).

Anders als nach den allgemeinen Grundätzen des Einkommensteuerrechts werden bei der Besteuerung der Erträge aus einem Immobilieninvestmentfonds bereits noch nicht realisierte Substanzgewinne im vorhandenen Immobilienvermögen der Besteuerung unterworfen („Aufwertungsgewinne").

817 Ein inländischer Immobilieninvestmentfonds ist **kein eigenes Steuersubjekt,** vielmehr werden die Erträge ausschließlich auf Ebene des Anteilinhabers besteuert.

Tatsächlich ausgeschüttete Erträge führen nicht zu steuerbaren Einkünften (§ 40 Abs 1 Z 1 letzter Satz ImmoInvFG). Nicht ausgeschüttete Erträge werden als sog ausschüttungsgleiche Erträge spätestens mit Ablauf von sieben Monaten nach Ende des Fondsgeschäftsjahres dem Anteilinhaber zugerechnet. Die ausschüttungsgleichen Erträge sind stpfl Einnahmen und gelten bei im Privatvermögen gehaltenen Fondsanteilen als Einkünfte aus Kapitalvermögen (§ 40 Abs 1 Z 1 ImmoInvFG). Nicht zu versteuern sind Gewinne aus ausländischen Immobilien, wenn auf Grund eines DBA oder einer Maßnahme gem § 48 BAO die Einkünfte aus dieser Immobilie von der Besteuerung ausgenommen sind (§ 40 Abs 1 Z 1 ImmoInvFG). Für Zwecke des DBA-Rechts fallen Erträge aus Immobilieninvestmentfonds grds nicht unter den Dividendenartikel, sondern unter „Einkünfte aus unbeweglichem Vermögen".

818 Die Aufgliederung und Zusammensetzung der ausschüttungsgleichen Erträge ist für Zwecke des KESt-Abzuges vom steuerlichen Vertreter des Immobilieninvestmentfonds an die österreichische Kontrollbank (OeKB) zu melden und von dieser zu veröffentlichen (§ 40 Abs 2 Z 1 ImmoInvFG). Erfolgt keine Meldung, sind die ausschüttungsgleichen Erträge nach einer pauschalen Schätzmethode zu ermitteln und dem KESt-Abzug bzw der Besteuerung im Veranlagungswege zu unterziehen (§ 40 Abs 2 Z 2 ImmoInvFG).

819 Der Anteil am Immobilieninvestmentfonds ist ein Wirtschaftsgut. Gewinne aus der Veräußerung von im Privatvermögen gehaltenen Anteilen sind Einkünfte aus Kapitalvermögen gem § 27 Abs 3 EStG (§ 40 Abs 3 ImmoInvFG).

C. Ausländische Immobilieninvestmentfonds

820 Als ausländischer Immobilieninvestmentfonds gelten ausländische AIF in Immobilien, sofern diese nicht mit einer unter § 7 Abs 3 KStG fallenden Körperschaft vergleichbar sind, sowie, ungeachtet der Rechtsform, jede einem **ausländischen Recht unterstehende Veranlagungsgemeinschaft in Immobilien,** die nach Gesetz, Satzung oder tatsächlicher Übung nach den Grundsätzen der **Risikostreuung** iSd ImmoInvFG errichtet ist und im Ausland einer Niedrigbesteuerung unterliegt.

821 Auch ein ausländischer Immobilieninvestmentfonds ist **kein eigenes Steuersubjekt,** stpfl sind die Anteilinhaber mit den ausgeschütteten oder ausschüttungsgleichen Erträgen.

822 Die Bestimmungen der §§ 40f ImmoInvFG für inländische Investmentfonds sind auch auf ausländische Immobilien-Investmentfonds anzuwenden (§ 42 ImmoInvFG).

823–900 *frei*

3. Kapitel

Körperschaftsteuer

Kommentare: *Wiesner/Schneider/Spanbauer/Kohler,* KStG 1988, Wien 1996; *Renner/Strimitzer/Vock* (Hrsg), KStG 1988 (Loseblattausgabe), Wien; *Achatz/Kirchmayr* (Hrsg), KStG, Wien 2011; *Lang/Rust/Schuch/Staringer* (Hrsg), KStG[2], Wien 2016.

Sonstige: *Doralt/Hassler/Kranich/Nolz/Quantschnigg* (Hrsg), Die Besteuerung der Kapitalgesellschaft, in FS Egon Bauer, Wien 1986; *Bertl/Mandl/Mandl/Ruppe* (Hrsg), Die Kapitalgesellschaft nach der Steuerreform, Wien 1989; *Heidinger ua,* Rechtsformgestaltung II, Wien 1994; *Gassner/Lang,* Besteuerung und Bilanzierung international tätiger Unternehmen, Wien 1998; *Gassner/Lang/Wiesner,* Besteuerung von Unternehmensgruppen, Wien 1998; *Bergmann* (Hrsg), Praxisfragen zum Körperschaftsteuerrecht, in FS Werilly, Wien 2000; *Achatz/Kofler,* Ertragsteuern in Sanierung und Insolvenz von Körperschaften, in *Feldbauer-Durstmüller/Schlager,* Krisenmanagement – Sanierung – Insolvenz, Wien 2002, 823; *Heinrich,* Die Steuerneutralität von Beteiligungen, Habil Univ Graz 2003; *Achatz/Oberleitner,* Besteuerung und Rechnungslegung der Vereine, Wien 2004; *König/Schwarzinger* (Hrsg), Körperschaften im Steuerrecht, FS Wiesner, Wien 2004; *Kirchmayr,* Besteuerung von Beteiligungserträgen, Wien 2004; *Berger* (Hrsg), Der Verein im Steuerrecht I, Wien 2008; II, Wien 2010; *Achatz/Aigner/Kofler/Tumpel* (Hrsg), Praxisfragen der Unternehmensbesteuerung, Wien 2011; *Kohler/Quantschnigg/Wiesner* (Hrsg), Die Besteuerung der Vereine[10], Wien 2012; *Kirchmayr/Mayr* (Hrsg), Besteuerung der grenzüberschreitenden Konzernfinanzierung, Wien 2012; *Lang/Schuch/Staringer/Storck* (Hrsg), Aktuelle Fragen der Konzernfinanzierung, Wien 2013; *Mayr/Blasina/Schlager/Schwarzinger/Titz,* Körperschaftsteuer 2014/15, Wien 2015; *Kirchmayr/Mayr/Hirschler* (Hrsg), Abzugsverbote im Konzern, Wien 2015; *Beiser,* Steuern[16], Wien 2018, 159 ff; *Bergmann/Renner/Wurm* (Hrsg), Praxisbeispiele zur Körperschaftsteuer, Wien 2019.

Deutsche Kommentare und systematische Darstellungen (Auswahl): *Herrmann/Heuer/Raupach,* Einkommensteuer- und Körperschaftsteuergesetz (Loseblattausgabe), Köln; *Frotscher/Maas,* Kommentar zum KStG (Loseblattausgabe), Freiburg; *Gosch,* Körperschaftsteuergesetz[3], München 2015; *Streck,* KStG[9], München 2018; *Tipke/Lang,* Steuerrecht[23], Köln 2018; *Dötsch/Eversberg/Jost/Pung/Witt,* Die Körperschaftsteuer (Loseblattausgabe), Stuttgart.

Überblick

Die KSt erfasst das Einkommen der Körperschaften, das sind im Wesentlichen die **juristischen Personen des Privatrechts** (vor allem die Kapitalgesellschaften, Vereine und Stiftungen) und gleichgestellte Gebilde.[1]) Der Besteuerungsgegenstand ist ident mit dem der ESt. Der Steuersatz ist proportional (derzeit **25%**). **901**

Aus der Anerkennung der Körperschaften als eigene Steuersubjekte im Bereich der Einkommensbesteuerung folgt der sog **Dualismus der Unter-**

[1]) Dazu unten Tz 919 f.

nehmensbesteuerung (unterschiedliche Behandlung von Kapitalgesellschaften einerseits, Personengesellschaften bzw Einzelunternehmen andererseits). Dieser Dualismus wirft verschiedene steuerpolitische Probleme auf und reizt zur Steuergestaltung.[2]) Die Anerkennung der Körperschaften als Steuersubjekt erfordert es auch, zwischen den steuerlichen Auswirkungen auf der **Ebene der Gesellschaft** und auf der **Ebene des Gesellschafters** zu unterscheiden.

Besondere Probleme bereitet bei der Körperschaftsteuer das Verhältnis zwischen **Kapitalgesellschaft und Gesellschafter.** Es gilt der Grundsatz, dass Vermögensverschiebungen, die ihre Ursache im Gesellschaftsverhältnis haben (Einlagen, Kapitalerhöhungen, Kapitalherabsetzungen, Ausschüttungen), den Gewinn der Körperschaft nicht beeinflussen.[3]) Somit führen Einlagen nicht zu einer Gewinnerhöhung, Ausschüttungen nicht zu einer Gewinnminderung. Andererseits werden reguläre (fremdübliche) Leistungsbeziehungen zwischen Kapitalgesellschaften und ihren Gesellschaftern (zB Geschäftsführung, Darlehensgewährung, Veräußerung von Wirtschaftsgütern) auch steuerlich anerkannt (sodass angemessene Leistungsvergütungen an die Gesellschafter den Gewinn der Körperschaft vermindern können). Für die Praxis besteht damit ein gewisser Anreiz, (nicht abzugsfähige) Ausschüttungen in die Form von abzugsfähigen Leistungsvergütungen zu kleiden **(verdeckte Ausschüttung).**[4])

Die **einkommensteuerlichen Auswirkungen** von Beteiligungen an Kapitalgesellschaften ergeben sich bei Beteiligungen im Privatvermögen aus § 27 EStG (Einkünfte aus Kapitalvermögen), den Regelungen über den KESt-Abzug, die Endbesteuerung (Steuerabgeltung) und den besonderen Steuersatz (§ 27a EStG); das (individuelle) „Halbsatzverfahren" lief mit dem BBG 2011 („KESt-neu") aus und wurde durch ein „pauschales Halbsatzverfahren" ersetzt.[5]) Im Bereich der persönlichen Steuerpflicht stellt die Behandlung der **Körperschaften öffentlichen Rechts** (Gebietskörperschaften, Interessenvertretungen, Kirchen etc) eine Besonderheit dar.[6]) Der hierfür vom KSt-Recht entwickelte zentrale Begriff des **Betriebs gewerblicher Art** wird auch vom Umsatzsteuerrecht aufgegriffen (siehe § 2 Abs 3 UStG) und bestimmt dort den Unternehmensbereich der Körperschaften öffentlichen Rechts.

Körperschaftsteuerliche Sonderregelungen sind auch für **Konzerne** und sonstige Unternehmensverflechtungen erforderlich, damit es nicht bei Gewinndurchleitungen zu übermäßigen Steuerbelastungen kommt. Das österr Recht sieht grundsätzlich eine **Steuerbefreiung für Beteiligungserträge**[7]) sowie seit 2005 eine **Gruppenbesteuerung** vor; bei der Gruppenbesteuerung

---

[2]) Dazu unten Tz 904 ff.

[3]) Dazu unten Tz 964 ff.

[4]) Dazu unten Tz 976 ff.

[5]) Der besondere Steuersatz von 25% bzw 27,5% ist – in pauschaler Betrachtung – die Hälfte des Spitzensteuersatzes in der Einkommensteuer.

[6]) Dazu unten Tz 921 ff.

[7]) Dazu unten Tz 997 ff.

werden die Ergebnisse der Gruppenmitglieder dem Gruppenträger zugerechnet.[8])

Die **Liquidation von Kapitalgesellschaften** führt auf der Ebene der Gesellschaft grundsätzlich zu einer Versteuerung der bis dahin angesammelten stillen Reserven (die einkommensteuerlichen Folgen der Liquidation beim Gesellschafter regelt im Privatvermögen für seit dem 1. 1. 2011 angeschaffte Beteiligungen die Veräußerungsfiktion des § 27 Abs 6 Z 2 iVm § 27 Abs 3 EStG[9])). Unter den Voraussetzungen des **Umgründungssteuerrechtes**[10]) wird aber bei Verschmelzungen, Umwandlungen, Spaltungen und ähnlichen Umgründungsvorgängen auf eine Besteuerung dieser stillen Reserven vorläufig verzichtet.

I. Charakterisierung, Probleme, Alternativen, Reformvorschläge

Literatur: *Ruppe,* Die Doppelbelastung der Körperschaftsgewinne, Wien 1967; *Rasenack,* Die Theorie der Körperschaftsteuer, Berlin 1974; *Heidinger,* Betriebsteuer und vollsynthetische Einkommensteuer, Wien 1982; *Gassner/Lechner* (Hrsg), Österreichisches Steuerrecht und europäische Integration, Wien 1991; *Tumpel,* Harmonisierung der direkten Unternehmensbesteuerung in der EU, Wien 1994; *Matzka,* Das österreichische Steuerrecht im Liche der Freiheit des Kapitalverkehrs, Wien 1998; *Lechner/Staringer/Tumpel,* Kapitalverkehrsfreiheit und Steuerrecht, Wien 2000; *Tumpel/Kristen,* Steuerreform 2004/2005 und Rechtsformwahl, ÖStZ 2004, 162, 182; *Hirschler/Finkenzeller,* Die Auswirkungen der Steuerreform 2005 auf den Unternehmensstandort Österreich, ÖStZ 2004, 250; *Haslinger,* Die Besteuerung von Dividenden – EuGH bestätigt Kritik an geltender Rechtslage, SWI 2007, 175; *Heinrich,* Die Rechtsformneutralität der Besteuerung – rechtspolitisches Ziel oder rechtliches Gebot? in FS Ruppe, Wien 2007, 205; *Haslehner,* Die Kapitalverkehrsfreiheit gegenüber Drittstaaten am Beispiel ausländischer Dividendenerträge, taxlex 2007, 286; *Schön/Schreiber/Spengel* (Hrsg), A Common Consolidated Corporate Tax Base for Europe, Berlin Heidelberg 2008; *Oestreicher/Scheffler/Spengel/Wellisch,* Modell einer Konzernbesteuerung für Deutschland und Europa, ZEW Wirtschaftsanalysen, Baden-Baden 2008; *Mayr,* CCCTB: eine realistische Betrachtung, SWI 2008, 288; *Kubik/Massoner,* Der aktuelle Stand der Common Consolidated Coporate Tax Base (CCCTB): Was bisher geschah und noch geschehen wird, FJ 2009, 13; *Seitz,* Zur Optimierung der Besteuerung von Kapitalgesellschaften, in GedS Quantschnigg, Wien 2010, 423; *Mayr,* Zukunftskonzepte der Einkünfteermittlung, BiMoG, Maßgeblichkeitsgrundsatz und CCCTB, DStJG 2010, 327; *Aumayr/Mayr,* CCTB – Is There a Chance of a Breakthrough? European Taxation 2019, 153.

Die subjektive Steuerpflicht nach dem EStG trifft lediglich natürliche Personen. Das **„Einkommen" juristischer Personen** (sowie der sonstigen im KStG definierten Körperschaften), insb der Kapitalgesellschaften, wird einer eigenen Steuer, der **Körperschaftsteuer (KSt),** unterworfen. Während somit Personen- **902**

8) Dazu unten Tz 937 ff.

9) Dazu oben Kap Einkommensteuer, Tz 100 ff u 131 ff, vgl *Schlager/Mayr* in *Kirchmayr/Mayr/Schlager* (Hrsg), Besteuerung von Kapitalvermögen 12.

10) Dazu unten Kap Umgründungssteuergesetz, Tz 1101 ff.

gesellschaften, auch wenn sie – wie OG oder KG – als solche unternehmensrechtlich Gewinne erzielen, nicht als Steuersubjekte der Gewinnbesteuerung angesehen werden, sondern ihr Erfolg direkt den Gesellschaftern zugerechnet wird (**Durchgriffs- oder Transparenzprinzip**), werden juristische Personen bei der Gewinnbesteuerung als eigene Steuersubjekte anerkannt, die unabhängig neben den Gesellschaftern stehen (**Trennungsprinzip**). *„Die ganze Körperschaftsteuer beruht auf der Anerkennung der besonderen Rechtsnatur der Gesellschaft, die völlig unabhängig neben dem Gesellschafter steht."*[11])

903 Die KSt ist im Bereich der persönlichen Steuerpflicht vom Prinzip der **Maßgeblichkeit der (zivilrechtlichen) Rechtsform** geprägt. Für die Steuerrechtssubjektivität ist die gewählte zivilrechtliche Rechtsform, nicht der wirtschaftliche Gehalt maßgeblich. Daher ist die Einmann-Kapitalgesellschaft als Kapitalgesellschaft, die kapitalistisch organisierte Kommanditgesellschaft als Personengesellschaft zu besteuern.[12])

Bei bestimmten **„höchstpersönlichen Tätigkeiten"** (zB eines AG-Vorstands, Künstlers, Sportlers oder Schriftstellers) wurde von der Verwaltungspraxis aber steuerlich die Zwischenschaltung einer Kapitalgesellschaft abgelehnt und die Einkünfte wurden der jeweiligen natürlichen Person zugerechnet.[13]) Mit dem AbgÄG 2016 wurde – auch als Reaktion auf den VwGH[14]) – eine spezielle Zurechnungsbestimmung in § 2 Abs 4 a EStG eingefügt, die weitgehend der bisherigen Verwaltungspraxis entspricht.[15])

Aus der eigenen Steuersubjektivität der Körperschaften folgt ferner, dass zwischen der Sphäre der juristischen Person und der ihrer Gesellschafter (Mitglieder) scharf zu trennen ist. Auf Grund des Trennungsprinzips werden zB **vertragliche Beziehungen** zwischen der juristischen Person und ihren Gesellschaftern (Mitgliedern) grundsätzlich auch steuerlich anerkannt. Das Trennungsprinzip hat auch Bedeutung für die Behandlung von **Verlusten:** Verluste von Kapitalgesellschaften sind den Gesellschaftern nicht zuzurechnen, sondern nur bei der Kapitalgesellschaft vortragsfähig, während Verluste einer Personengesellschaft anteilig den Gesellschaftern zuzurechnen sind und bei diesen mit anderen Einkünften ausgeglichen werden können (= Vorteil des wechselseitigen Verlustausgleichs bei Personengesellschaften).

904 Die Steuersubjektivität der Körperschaften führt aber auch zu einer Doppelbelastung von Einkommensteilen. Beteiligt sich der Stpfl am Wirtschaftsleben als Gesellschafter einer Personengesellschaft, so wird ihm der Gewinn der

---

[11]) Vgl RFH, RStBl 1931, 741.

[12]) Vgl BFH 25. 6. 1984, GrS 4/82, BStBl 1984 II 751.

[13]) Vgl EStR 2000 Rz 104; dazu *Mayr,* RdW 2008, 420 und RdW 2009, 877; *Ehrke-Rabel/Zierler,* SWK 2009, 591; *Arnold,* ÖStZ 2009, 120; *Tanzer,* VÖJT 2003 III/1 und ÖStZ 2009, 123; *Beiser,* RdW 2009, 370; *Doralt,* RdW 2009, 545; *Renner,* RdW 2010, 170 und 423; *Bergmann,* taxlex 2009, 131 und GES 2010, 83; *Bergmann/Huber* in Praxisfragen der Unternehmensbesteuerung, Wien 2011, 33; *Achatz/Bieber* in *Achatz/Kirchmayr,* KStG § 7 Tz 19 ff; grundlegend *Bodis,* Einkünftezurechnung bei zwischengeschaltenen Kapitalgesellschaft, Wien 2011.

[14]) VwGH 4. 9. 2014, 2011/15/0149-6.

[15]) Vgl dazu EStR 2000 Rz 6025 ff.

Gesellschaft unmittelbar anteilig zugerechnet (Einfachbesteuerung). Wird die Rechtsform der Kapitalgesellschaft gewählt, so unterliegt der Gewinn zunächst der KSt und in der Folge – soweit er ausgeschüttet wird – beim Gesellschafter (natürliche Person) der ESt. Sofern diese **Doppelbelastung der Ausschüttungen** nicht durch besondere Vorkehrungen gemildert wird, hat sie eine unterschiedliche Gewinnsteuerbelastung der einzelnen Unternehmensformen zur Folge (**Dualismus der Unternehmensbesteuerung**) und beeinflusst die Wahl der Rechtsform. Sie führt ferner zu einer Diskriminierung der Beteiligungsfinanzierung gegenüber der Selbst- und Fremdfinanzierung und damit zu Verzerrungen auf dem Kapitalmarkt.

Während früher eine Doppelbelastung der Ausschüttungen in den meisten Staaten **905** ungemindert hingenommen wurde (sog **klassisches Körperschaftsteuersystem**), ist in den letzten Jahrzehnten die Frage aufgeworfen worden, ob bei Gewinnen, die unter Verwendung der Rechtsform der juristischen Person erzielt werden, tatsächlich eine höhere Belastung gerechtfertigt ist als bei anderen Rechtsformen. Die hierfür regelmäßig ins Treffen geführten Argumente sind nicht überzeugend. Der behauptete Vorteil der Haftungsbeschränkung ist kein Spezifikum der juristischen Person (Kommanditgesellschaften!), Vorteile bei der Kapitalbeschaffung (Zugänglichkeit des Kapitalmarktes) sind höchstens für große Aktiengesellschaften gegeben. Eine durchschnittlich bessere Rentabilität von Kapitalgesellschaften ist empirisch nicht nachzuweisen. In der in- und ausländischen Steuerpolitik herrscht daher die Meinung vor, dass die Doppelbelastung der Ausschüttungen bereits unter dem Aspekt der Gleichmäßigkeit und Neutralität der Besteuerung ausgeschaltet oder zumindest gemildert werden müsste.[16])

Ein erster denkbarer Weg zur **Vermeidung der Doppelbelastung** wäre die Beseiti- **906** gung der KSt als selbständige Steuer und die Erfassung des gesamten Körperschaftsgewinnes unmittelbar bei den Teilhabern (sog **Teilhabersteuer;** Angleichung an die Besteuerung der Personengesellschaften). Dieser Vorschlag ignoriert jedoch die weitgehende Verselbständigung der Körperschaften, führt bei den Anteilseignern zur Versteuerung von Gewinnen, die uU ihrer Verfügungsmacht vollständig entzogen sind, und wirft schwierige administrative Probleme auf.

Behält man die selbständige Gewinnbesteuerung der juristischen Personen bei, **907** so kann die materielle Doppelbelastung der Ausschüttungen durch verschiedene Maßnahmen vermieden werden.

Beim **Abzugssystem** erfolgt die Entlastung in der Sphäre der juristischen Person, indem Gewinnausschüttungen als abzugsfähige Betriebsausgaben eingestuft werden (den gleichen Effekt erzielt ein System, bei dem der Steuersatz für Ausschüttungen auf 0% gesenkt wird). Bei Verwirklichung des Abzugssystems müsste allerdings Vorsorge für jene Fälle getroffen werden, in denen die Ausschüttung beim Empfänger nicht der (inländischen) ESt oder KSt unterliegt. Das Abzugssystem erfordert daher insb Maßnahmen bei Ausschüttungen an ausländische Anteilseigner (die heute aus gemeinschaftsrechtlicher Sicht problematisch sind), bei Verschachtelungen und bei Ausschüttungen an öffentlichrechtliche Rechtsträger.

Beim **Anrechnungsverfahren** wird der gesamte Gewinn der juristischen Person **908** mit KSt belastet. Diese KSt hat jedoch hinsichtlich der Ausschüttungen nur vorläufigen Charakter; sie ist insoweit eine unselbständige Quellensteuer, die auf die ESt der Anteilseigner voll oder teilweise angerechnet wird. Liegt der Steuersatz des Anteilseigners unter

---

[16]) Vgl dazu zB *Ruppe,* Die steuerliche Doppelbelastung der Körperschaftsgewinne, Wien 1967; *Schön,* StuW 2000, 151; *Jachmann,* DStJG 2000, 9; *Hey,* DStJG 2001, 155.

dem KSt-Satz, so kommt es zu einer Steuergutschrift bzw zu einer Steuererstattung. Die Entlastung erfolgt also bei diesem Verfahren in der Sphäre der Anteilseigner.

909 Bei **Freistellungssystemen** erfolgt die Entlastung ebenfalls in der Sphäre der Anteilseigner. Denkbar sind die volle oder teilweise Befreiung der ausgeschütteten Gewinnanteile[17]) oder die Anwendung eines reduzierten Steuersatzes auf die Ausschüttungen (so die österreichische Lösung).[18])

910 Die **Betriebsteuer** bezweckt eine Trennung der Gewinnbesteuerung von der persönlichen Einkommensbesteuerung. Die Betriebsteuer will die Betriebsgewinne unabhängig von der Rechtsform erfassen. Dafür sollen der ESt nicht mehr die betrieblichen Gewinne, sondern nur mehr die Entnahmen bzw Ausschüttungen unterliegen: Im Zeitpunkt, in dem aus dem Gewinn (durch Entnahme bzw Ausschüttung) Haushaltseinkommen wird, soll eine Entlastung von der Betriebsteuer und eine Belastung mit der progressiven ESt erfolgen. – Der Vorschlag beruht auf der Überlegung, dass der betriebliche Gewinn kein geeigneter Gradmesser der persönlichen Leistungsfähigkeit ist und daher die Gewinnbesteuerung von der Haushaltseinkommensbesteuerung getrennt werden sollte.

911 Im **Ausland** kommen nach wie vor sehr unterschiedliche Systeme der Körperschaftsbesteuerung zur Anwendung. Das klassische System der Doppelbelastung ohne Milderung für die Ausschüttungen kennt zB die Schweiz; die meisten Staaten sind jedoch auf Freistellungs- bzw Entlastungssysteme (zB Teilfreistellung oder ermäßigte Steuersätze) übergegangen (zB Deutschland, Frankreich, Italien oder die USA); Deutschland ist im Zuge der Steuerreform 2000 von einem Vollanrechnungssystem zu einem Körperschaftsteuersystem mit niedrigem KSt-Satz und Ermäßigung der Steuerbelastung auf Gesellschafterebene übergegangen (Besteuerung bloß der halben Dividenden; sog „Halbeinkünfteverfahren").

912 Das österr Steuerrecht hatte mit dem **KStG 1966** die Doppelbelastung durch eine Ermäßigung des KSt-Tarifes für Ausschüttungen gemildert: Offene Ausschüttungen von Kapitalgesellschaften unterlagen dem halben KSt-Satz (System des gespaltenen KSt-Satzes). 1986 wurde dieses System durch eine Ermäßigung der von offenen Ausschüttungen zu entrichtenden ESt auf die Hälfte ergänzt. Die materielle Doppelbelastung war damit zumindest bei offenen Ausschüttungen von Kapitalgesellschaften praktisch beseitigt und eine weitgehende Gleichstellung von Personenunternehmen und Kapitalgesellschaften bzw von Beteiligungs- und Fremdfinanzierung erreicht worden.

913 Auf Grund der KSt-Reform 1988 – **KStG 1988** – und der Modifikationen durch die Steuerreformen 1993 und 2005 gilt **folgende Rechtslage:**

- Körperschaftsteuersatz iHv **25%** einheitlich für einbehaltene und ausgeschüttete Gewinne.
- **Auf Gesellschafterebene** (natürliche Personen):
  Bis 1. 4. 2012: Ermäßigung der ESt auf Gewinnanteile aller Art auf die Hälfte des Durchschnittsteuersatzes (sog Halbsatzverfahren; § 37 Abs 4 EStG idF vor BBG 2011).[19])

Aus unionsrechtlichen Gründen mussten das Halbsatzverfahren und eine an das Endbesteuerungssystem angelehnte Form der Besteuerung iHv 25% auch auf Gewinn-

---

[17]) So die Rechtslage in Deutschland seit 2001, siehe dazu unten Tz 911.

[18]) Dazu unten Tz 913.

[19]) Dazu *Doralt/Ruppe* I[10] Tz 709 ff.

anteile aus ausländischen (EU-)Gesellschaften ausgedehnt werden.[20]) Der Gesellschafter hatte im bisherigen System die Möglichkeit, an Stelle der Endbesteuerung für eine Veranlagung der Dividenden zu optieren; in diesem Fall konnte er für die Dividenden den Halbsatz in Anspruch nehmen. Wegen der Progressionswirkung, die durch Einbeziehung der Beteiligungserträge ausgelöst wird (sog Schatteneffekt), war die Veranlagung jedoch idR nur von Vorteil, wenn das Einkommen insgesamt nicht sehr hoch ist bzw die Ausschüttungen dominieren oder Verluste aus anderen Einkunftsarten vorliegen.

Seit 1. 4. 2012: Besonderer Steuersatz von **27,5%** für Gewinnanteile („pauschales Halbsatzverfahren";[21]) § 27a Abs 1 Z 2 EStG).[22]) Durch den KESt-Abzug ist die Einkommensteuer abgegolten **(Endbesteuerung).** Der Gesellschafter hat durch den KESt-Abzug seine ESt-Pflicht für die Dividenden erfüllt, und zwar auch dann, wenn die Beteiligung zu einem Betriebsvermögen gehört.

- Der **Gesellschafter** hat nunmehr die Möglichkeit der
  a) Verlustausgleichsoption (§ 97 Abs 2 EStG): Die der KESt unterliegenden Einkünfte werden in die Veranlagung aufgenommen, unterliegen jedoch dem besonderen Steuersatz von 27,5%; dadurch können nach Maßgabe von § 27 Abs 8 EStG allfällige Verluste (zB aus Aktienveräußerungen) gegengerechnet werden (wobei nach § 93 Abs 6 EStG grundsätzlich bereits die Banken den Verlustausgleich vorzunehmen haben).
  b) Regelbesteuerungsoption (§ 27a Abs 5 EStG): Sämtliche Einkünfte aus Kapitalvermögen werden statt mit dem besonderen Steuersatz mit den restlichen Einkünften zum progressiven Tarif besteuert.[23])
- Betriebsausgaben oder Werbungskosten im Zusammenhang mit den Anteilen (zB Schuldzinsen bei fremdfinanziertem Beteiligungserwerb) werden bei natürlichen Personen weder bei der Endbesteuerung noch bei der Veranlagung berücksichtigt (§ 20 Abs 2 EStG); zudem sind im außerbetrieblichen Bereich die Anschaffungsnebenkosten nicht zu berücksichtigen.
- Für juristische Personen wird durch eine **Beteiligungsertragsbefreiung** bei inländischen Beteiligungen (§ 10 KStG) die Einfachbelastung sichergestellt.[24])

[20]) EuGH 15. 7. 2004, C-315/02, *Lenz*, Slg I-7063; vgl dazu § 37 Abs 8 EStG idF vor BBG 2011 (nunmehr in §§ 27, 27a integriert); gegenüber Drittstaaten hätte in Bezug auf Direktinvestitionen allerdings der Normalsteuersatz beibehalten werden dürfen: EuGH 24. 5. 2007, C-157/05, *Holböck*, Slg I-4051.

[21]) Der besondere Steuersatz von 25% bzw 27,5% ist – in pauschaler Betrachtung – die Hälfte des Spitzensteuersatzes in der Einkommensteuer.

[22]) Dazu oben Kap Einkommensteuer, Tz 99/1.

[23]) Das wird zB bei einem niedrigen Durchschnittsteuersatz oder ausgleichsfähigen Verlusten aus anderen Einkunftsarten steuerlich von Vorteil sein; dazu oben Kap Einkommensteuer, Tz 769; vgl auch *Herzog* in *Kirchmayr/Mayr/Schlager*, Besteuerung von Kapitalvermögen 363.

[24]) Dazu unten Tz 997 ff.

Beispiele zur alternativen Endbesteuerung:

a) Veranlagung alt (bis 2011, vor „KESt-neu"):

914 (1)

Einkommen ohne Dividenden	€ 50.000	ESt	€ 15.914
Dividenden	€ 50.000	KESt	€ 12.500
ESt-Belastung bei Endbesteuerung somit			€ 28.414

Tarifbelastung: ESt-Belastung bei € 100.000: 40,24%.
Gesamtbelastung daher ca € 30.180.
Die Veranlagung brächte wegen des Schatteneffektes eine Mehrbelastung von ca € 1.766.

(2)

Einkommen (nur Dividenden)	€ 100.000
KESt 25%	€ 25.000

Tarifbelastung: ESt-Belastung bei € 100.000 ca 40,24%.
Halbsatz 20,12%, somit ESt-Belastung ca € 20.120.
Die Veranlagung brächte eine Erstattung von rund € 4.880.

b) Regelbesteuerungsoption (§ 27a Abs 5 EStG, seit 2012 „KESt-neu", idF StRefG 2015/2016):

(1)

Einkommen ohne Dividenden	€ 7.000	ESt	€ 0
Dividenden	€ 10.000	KESt	€ 2.750
ESt-Belastung bei Endbesteuerung somit			€ 2.750

Tarifbelastung: ESt-Belastung bei € 17.000: 8,82%.
Gesamtbelastung daher € 1.500.
Die Ausübung der Regelbesteuerungsoption brächte eine Erstattung von € 1.250.

(2)

Einkommen ohne Dividenden	€ 10.000	ESt	€ 0
Dividenden	€ 15.000	KESt	€ 4.125
ESt-Belastung bei Endbesteuerung somit			€ 4.125

Tarifbelastung: ESt-Belastung bei € 25.000: 16,8%.
Gesamtbelastung daher € 4.200.
Die Ausübung der Regelbesteuerungsoption brächte eine Mehrbelastung von € 75.

(3)

Einkommen ohne Dividenden	€ 21.000	ESt	€ 2.800
Dividenden	€ 3.000	KESt	€ 825
ESt-Belastung bei Endbesteuerung somit			€ 3.625

Tarifbelastung: ESt-Belastung bei € 24.000: 16,04%.
Gesamtbelastung daher € 3.850.
Die Ausübung der Regelbesteuerungsoption brächte wegen des Schatteneffektes eine Mehrbelastung von € 225.

915 Innerhalb der **EU** wird schon seit langem über Vorschläge zur KSt-Harmonisierung diskutiert. 1992 wurde im sog Ruding-Ausschuss eine Präferenz für eine Lösung geäußert, die dem gegenwärtigen österreichischen System nahe kommt, doch konnte selbst im Ausschuss keine Einigkeit erzielt werden. Unabhängig davon sind im Jahr 1990 mehrere Richtlinien für Spezialfragen auf dem Gebiet der direkten Steuern verabschiedet worden, die zT auch die KSt betreffen: Die **Mutter-Tochter-Richtlinie** will Mehrfachbelastungen von Gewinnen der in den EU-Staaten ansässigen Konzerne verhindern. Die Mitgliedstaaten haben danach folgende Maßnahmen zu treffen:

- Ausschüttungen einer EU-Tochtergesellschaft an eine EU-Muttergesellschaft (maßgebende Beteiligungsgrenze: mehr als 10%) werden vom Quellenstaat keiner Abzugssteuer unterworfen;

- bei der Muttergesellschaft werden entweder die EU-Dividenden steuerfrei gestellt oder es wird die von der Tochtergesellschaft im anderen Staat gezahlte KSt auf die KSt, die auf die Dividenden entfällt, angerechnet.

Österreich hat diese Richtlinie mit BGBl 1994/681 in österreichisches Recht umgesetzt (§ 94 a – nunmehr § 94 Z 2 – EStG[25]); § 10 KStG).

Die **Fusions-Richtlinie** ermöglicht steuerneutrale Umgründungen in der EU; das in Tz 1184 dargestellte Beispiel ist Ausfluss der Fusions-Richtlinie.[26])

Im Jahr 2003 wurde die Richtlinie über eine gemeinsame Steuerregelung für Zahlungen von **Zinsen und Lizenzgebühren** zwischen verbundenen Unternehmen verschiedener Mitgliedstaaten beschlossen, die eine Besteuerung derartiger Zahlungen ausschließlich im Ansässigkeitsstaat des Nutzungsberechtigten vorsieht. Die Richtlinie wurde mit BGBl I 2003/124 in österr Recht umgesetzt (§ 98 Abs 2, § 99 a EStG).

Ausgehend vom **OECD-BEPS-Projekt** wurden in den letzten Jahren auch auf **EU-Ebene** die Maßnahmen zur **Bekämpfung unfairer Steuervermeidungspraktiken** verstärkt. Als wichtigster Schritt wurde im Jahr 2016 die Richtlinie zur Bekämpfung von Steuervermeidungspraktiken mit unmittelbaren Auswirkungen auf das Funktionieren des Binnenmarkts (Anti-Tax Avoidance Directive – ATAD oder „**Anti-BEPS-Richtlinie**")[27]) verabschiedet. Die Anti-BEPS-RL sieht verschiedene Mechanismen zur Bekämpfung aggressiver Steuerplanung im Binnenmarkt vor, die auf eine Aushöhlung der Steuerbemessungsgrundlage (Gewinnverkürzung) im Binnenmarkt und der Verlagerung von Gewinnen in Drittländer ausgerichtet ist.[28]) Der Großteil der Bestimmungen der Anti-BEPS-RL musste bis zum 31. 12. 2018 umgesetzt werden, wobei viele Mitgliedstaaten zum Teil bereits Rechtsinstrumente im innerstaatlichen Recht kennen, die jenen in der Anti-BEPS-RL vergleichbar sind.[29]) In Österreich wurden mit dem Jahressteuergesetz 2018 (JStG 2018)[30]) jene Maßnahmen der Anti-BEPS-RL umgesetzt, die im österreichischen Steuerrecht noch nicht vorhanden waren (wie insb die Hinzurechnungsbesteuerung) bzw die bereits vorhandenen Bestimmungen an die Vorgaben der RL angepasst.[31])

Neben der Bekämpfung der internationalen Steuervermeidung verfolgt die Europäische Kommission seit vielen Jahren den Plan, die **Körperschaftsbesteuerung** in der Union **zu harmonisieren.** Nach längeren Vorarbeiten legte die Europäische Kommission 2011 einen Richtlinienentwurf für eine **CCCTB** vor (Common Consolidated Corporate Tax Base/Konsolidierte KSt-Bemessungsgrundlage). Die CCCTB würde nicht nur eine

---

[25]) Mit dem BBG 2011 wurde § 94 a in § 94 Z 2 EStG übernommen.

[26]) Zur Fusions-Richtline (Merger Direktive) vgl zB *Hofstätter/Hohenwarter-Mayr* in *Lang/Pistone/Schuch/Staringer*, Introduction to European Tax Law on Direct Taxation² 131 ff.

[27]) RL (EU) 2016/1164 des Rates vom 12. 7. 2016.

[28]) Siehe dazu *Kirchmayr/Mayr/Hirschler/Kofler* (Hrsg), Anti-BEPS-Richtlinie: Konzernsteuerrecht im Umbruch? Wien 2017.

[29]) Im österreichischen Steuerrecht ist beispielsweise das Konzept der Wegzugsbesteuerung bereits vorhanden, ebenso eine allgemeine Missbrauchsverhinderungsvorschrift (§ 22 BAO).

[30]) BGBl I 2018/62.

[31]) Siehe dazu *Mayr/Titz*, RdW 2018, 317; *Schlager*, RWZ 2018, 111; *Lang*, ÖStZ 2018, 419; auf Grund der sog ATAD 2 müssen im Jahr 2019 noch „Sondervorschriften für hybride Gestaltungen" umgesetzt werden, diese Umsetzung soll im 1. HJ 2019 erfolgen; vgl Begutachtungsentwurf zum Steuerreformgesetz I 2019/20, 147/ME 26. GP.

gemeinsame KSt-Bemesssungsgrundlage, sondern auch eine grenzüberschreitende Konsolidierung[32]) für die grenzüberschreitend tätigen Konzerne in der EU vorsehen.[33]) Die CCCTB ist ein ambitioniertes Projekt, konnte bisher aber – insb wegen der Konsolidierung – nicht umgesetzt werden (zB die vorgesehene Aufteilung des Konzern-Steueraufkommens auf die beteiligten EU-Mitgliedstaaten nach einer pauschalen Formel ist politisch nicht umsetzbar; problematisch ist zB ebenso die angedachte „Hauptsteuerbehörde", die – je nach Ansässigkeit der Konzernmutter – zB von Bulgarien oder Griechenland aus die Steuerprüfung eines EU-Konzerns koordinieren sollte).[34]) Im Jahr 2016 legte die Europäische Kommission einen neuen Vorschlag vor, der nunmehr aus zwei Richtlinien[35]) besteht und eine 2-Schritt-Strategie vorsieht: Als 1. Schritt soll eine gemeinsame KSt-Bemessungsgrundlage (**CCTB**) verabschiedet werden, anschließend als 2. Schritt die gemeinsame konsolidierte KSt-Bemessungsgrundlage (**CCCTB**).[36]) Während der österreichischen EU-Ratspräsidentschaft (2. Halbjahr 2018) wurde die CCTB forciert, eine Einigung unter den EU-Mitgliedsstaaten konnte aber nicht erreicht werden.[37])

916 Wesentliche Impulse für die Harmonisierung im Bereich der direkten Steuern hat in den letzten Jahren die Judikatur des **EuGH** zur steuerlichen Bedeutung der Grundfreiheiten gebracht.[38]) Für die Besteuerung der Körperschaften und ihrer Anteilseigner sind die Kapitalverkehrsfreiheit und die Niederlassungsfreiheit von zentraler Bedeutung. Der EuGH ist in seinen Urteilen im Wesentlichen zu dem Ergebnis gelangt, dass Differenzierungen, die zu einer ungünstigeren Behandlung von ausländischen Kapitalanlagen oder ausländischen Kapitalanlegern führen, dem Unionsrecht widersprechen.[39])

917 Die österr KSt ist ebenso wie die ESt eine **Personensteuer,** die bei (inländischer) beschränkter Steuerpflicht den Charakter einer Objektsteuer annimmt. Die KSt wird prinzipiell als Abschnittssteuer nach dem Einkommen des Kalen-

[32]) Bei der Konsolidierung wird der Konzern – vereinfacht gesagt – wie ein einziges Unternehmen behandelt, wodurch ua der Leistungsaustausch zwischen den Konzernunternehmen nicht zu einer Gewinnrealisierung führt (sog „Zwischenergebniseliminierung"); dadurch würde zwar die Problematik der Verrechnungspreise (dazu unten Kap Grundzüge des Internationalen Steuerrechts, Tz 1339 f) entfallen, allerdings müsste ua das gesamte Konzern-Steueraufkommen (bzw das Konzernergebnis) unter den beteiligten EU-Mitgliedstaaten aufgeteilt werden.

[33]) Dazu zB *Petutschnig,* ÖStZ 2001, 325; grundlegend zur CCCTB *Schön/Schreiber/Spengel* (Hrsg), A Common Consolidated Corporate Tax Base for Europe, Berlin/Heidelberg 2008; *Oestreicher/Scheffler/Spengel/Wellisch,* Modelle einer Konzernbesteuerung für Deutschland und Europa, ZEW Wirtschaftsanalysen, Baden-Baden 2008.

[34]) Kritisch zB *Mayr* in *Hey,* DStJG 2011, 327 (343).

[35]) COM/2016/0685 und COM/2016/0683.

[36]) Siehe dazu *Petutschnig,* RWZ 2017, 273.

[37]) Vgl aber *Aumayr/Mayr,* European Taxation 2019, 153.

[38]) Siehe dazu Band II[5] Tz 80.

[39]) ZB EuGH 13. 4. 2000, C-251/98, *Baars,* Slg I-2787; 6. 6. 2000, C-35/98, *Verkooijen,* Slg I-4071; 18. 9. 2003, C-168/01, *Bosal,* Slg I-9409; 15. 7. 2004, C-315/02, *Lenz,* Slg I-7063; 7. 9. 2004, C-319/02, *Manninen,* Slg I-7477; 12. 12. 2006, C-446/04, *Test Claimants in the FII Group Litigation,* Slg I-11753; 14. 12. 2006, C-170/05, *Denkavit,* Slg I-11949; *Amurta,* Slg I-9569; 10. 2. 2011, C-436/08 und C-437/08, *Haribo Lakritzen* und *Österreichische Salinen;* vgl dazu *Terra/Wattel/Marres/Vermeulen* (Hrsg), European Tax Law Volume 1: General topics and direct taxation[7] (2018); weiters zB *Lazarov* in *Lang/Pistone/Schuch/Staringer,* Introduction to European Tax Law on Direct Taxation[5] 61 ff.

derjahres im Wege der Veranlagung, ausnahmsweise (bei steuerabzugspflichtigen Einkünften) aber auch durch Steuerabzug erhoben. Finanzverfassungsrechtlich ist die KSt eine **gemeinschaftliche Bundesabgabe.** Ihr Aufkommen stieg bis 2008 auf ca € 6 Mrd, sank im Zuge der Finanz- und Wirtschaftskrise etwas ab und stieg für das Jahr 2018 auf über € 8 Mrd an.

Rechtsgrundlage der Körperschaftsbesteuerung ist seit 1. 1. 1989 das **KStG 1988,** BGBl 1988/401, das seit der Stammfassung mehrfach wesentlich modifiziert wurde. Daneben sind für die Körperschaftsbesteuerung viele Bestimmungen des EStG, vor allem über die Einkunftsarten und die Einkünfteermittlung, aber auch über die beschränkte Steuerpflicht oder den KESt-Abzug von Bedeutung. Die Rechtsfolgen der Umstrukturierung von Körperschaften regelt seit 1992 das Umgründungssteuergesetz, BGBl 1991/699.[40]) Seit 2001 gibt es auch eigene KSt-Richtlinien.[41]) Für die Körperschaftsteuer von Bedeutung sind ferner die Vereinsrichtlinien 2001[42]), die Stiftungssteuerrichtlinien 2009[43]) sowie die Liebhabereirichtlinien 2012.[44]) **918**

II. Persönliche Steuerpflicht

Allgemeine Literatur: *Staringer,* Doppelt ansässige Kapitalgesellschaften im Körperschaftsteuerrecht, in FS Werilly, Wien 2000, 277; *Kofler/Weiermayer,* Sitztheorie im Körperschaftsteuerrecht? RdW 2001, 630; *Rauscher,* Die Rechtsqualität von Agrargemeinschaften aus körperschaftsteuerrechtlicher Sicht, SWK 2001, S 474; *Biebl,* Körperschaftsteuer und Zuzug doppelt ansässiger Kapitalgesellschaften, RdW 2003, 171; *Rauscher,* Behandlung von Anteilsrechten an körperschaftlich organisierten Agrargemeinschaften, SWK 2003, S 307; *Gassner/Lang/Lechner/Schuch/Staringer* (Hrsg), Die beschränkte Steuerpflicht im Einkommen- und Körperschaftsteuerrecht, Wien 2003; *Aigner/Kofler/Tumpel,* Zuzug und Wegzug von Kapitalgesellschaften im Steuerrecht, Wien 2004; *Schindler,* Steuerrechtliche Folgen der Sitzverlegung einer Europäischen Aktiengesellschaft, ecolex 2004, 770; *Dommes ua,* Die englische Private Company Limited in Österreich – Steuerrechtliche Fragen, SWI 2005, 537; *Mamut,* Zur Körperschaftsteuerpflicht von Agrargemeinschaften, SWK 2008, S 444; *Peyerl,* Agrargemeinschaften-Erkenntnis des VfGH hat weitreichende steuerliche Konsequenzen, SWK 2008, S 756; *Vock,* Der EVTZ: eine unbekannte Körperschaft, ÖStZ 2009, 487; *Bieber/Finsterer/Lehner,* Besteuerung von in- und ausländischen Stiftungen und Typenvergleich (1. Teil), ZfS 2009, 31; *dies,* Besteuerung von in- und ausländischen Stiftungen und Typenvergleich (2. Teil), ZfS 2009, 63; *dies,* Besteuerung von in- und ausländischen Stiftungen und Typenvergleich (2. Teil), ZfS 2009, 126; *M. Doralt,* Zur Sitzverlegung ins Ausland im Licht von *Cartesio,* RdW 2009, 255; *Eckert,* Sitzverlegung in einen anderen Mitgliedstaat der EU, GesRZ 2009, 44; *Eckert,* Sitzverlegung von Gesellschaften nach der Cartesio-Entscheidung des EuGH, GesRZ 2009, 139; *Fraberger/Petritz/Eberl,* VwGH und OGH zu ausländischen Stiftungen: (In-)Transparenz – das ist hier die Frage . . ., taxlex 2009, 390; *Marschner,* Der Privatstiftung vergleichbare ausländische Stiftungen, FJ 2009, 291;

[40]) Dazu unten Tz 1101 ff.

[41]) KStR 2001, die mittlerweile als KStR 2013 neu verlautbart wurden.

[42]) AÖF 2002/65.

[43]) AÖF 2009/279; künftig StiftR.

[44]) AÖF 2012/52.

Leitner, Einkünftezurechnung an den ruhenden Nachlass? JEV 2010, 78; *Schuchter,* Aktuelle Rechtsprechung und Verwaltungspraxis zu ausländischen Stiftungen, Anstalten und Trusts, taxlex 2010, 93; *Bodis,* Einkünftezurechnung bei zwischengeschalteten Kapitalgesellschaften (2011); *Lang,* Steuerlicher „Durchgriff" durch liechtensteinische Stiftungen? ÖStZ 2011, 107; *Marschner,* Körperschaften öffentlichen Rechts und beschränkt Steuerpflichtige der zweiten Art, in *Kirchmayr/Mayr/Schlager* (Hrsg), Besteuerung von Kapitalvermögen (2011) 435; *Beiser,* Die ertragsteuerrechtliche Zurechnung bei Stiftungen in Liechtenstein nach der Ruppe-Formel, RdW 2012, 694; *Bodis/Mayr,* Auswirkungen der neuen Grundstücksbesteuerung auf Körperschaften, RdW 2012, 239; *Hammer,* Ausländische Stiftungen und vergleichbare Strukturen im österreichischen Steuerrecht (2012); *Lang,* Die beschränkte Körperschaftsteuerpflicht der zweiten Art kraft „umfassender Befreiung", ÖStZ 2012, 449; *Lang/Schuch/Staringer* (Hrsg), Einkünftezurechnung im Internationalen Steuerrecht (2012); *W. Loukota,* Entlastung ausländischer Pensionskassen von der österreichischen Kapitalertragsteuer, SWI 2012, 231; *Mayr,* Liechtensteinische Stiftung steuerlich anzuerkennen? RdW 2012, 433; *Strimitzer,* Immobilien im Vermögen von Privatstiftungen und Körperschaften öffentlichen Rechts, in *Perthold/Plott* (Hrsg), Stabilitätsgesetz 2012, SWK-Spezial 2012, 39; *Tanzer,* Liechtensteinische (Privat-) Stiftungen und ihre typenmäßige Einordnung sowie Einkünfteträgerschaft im österreichischen Ertragsteuerrecht, ZfS 2012, 13; *Wurm,* Erneute Erweiterung der beschränkten Steuerpflicht für inländische Körperschaften – Erfassung von Einkünften aus privaten Grundstücksveräußerungen, SWK 2012, 533; *Achatz/Oberleitner,* Besteuerung und Rechnungslegung der Vereine[2] (2013); *D. Aigner/G. Kofler/H. Kofler/Tumpel,* Die Besteuerung von Agrargemeinschaften, SPRW 2013, Steu A, 1; *Bodis/Ludwig,* Steuerlicher Durchgriff durch ausländische „Körperschaften", RdW 2013, 621; *Fraberger/Petritz,* Steuerabkommen Österreich – Liechtenstein/Schweiz, SWK-Spezial 2014; *Kubik,* Die steuerliche Behandlung eines common law Trusts in Österreich, ZFS 2013, 106; *Ludwig/Moshammer,* Steuerliche Sonderfragen zur Liechtenstein-Stiftung, PSR 2013, 62; *Petritz,* Das Steuerabkommen mit Liechtenstein, SWK 2013, 323; *Achatz/Mang/Lindinger,* Besteuerung der Körperschaften öffentlichen Rechts[3] (2014); *Blum/Pinetz,* Die liechtensteinische Stiftung im Spannungsfeld zwischen Intransparenz nach dem Steuerabkommen und Transparenz als ausländischer Investmentfonds, ÖStZ 2014, 255; *Frommelt/Kirchmayr/Schuchter,* Alle liechtensteinischen Stiftungen missbräuchlich? SWK 2014, 948; *Jung,* Die Societas Unius Personae – ein Hybrid aus nationalem und europäischem Recht, GesRZ 2014, 363; *Kanduth-Kristen/Kofler,* Außensteuerliche Änderungen durch das 2. AbgÄG 2014, ÖStZ 2015, 121; *Mayr/Schilcher,* 2. AbgÄG 2014: Neuerungen im KStG, RdW 2015, 54; *Pinetz,* Qualifikationsfragen bei der liechtensteinischen Anstalt, BFGjournal 2015, 17; *Ratka,* GmbH-Geschäftsanteil einer erloschenen Limited englischen Rechts, GesRZ 2015, 273.

A. Körperschaften

919 Der KSt unterliegen gem § 1 Abs 1 lediglich „Körperschaften". Als Körperschaften gelten:

1. Juristische Personen des privaten Rechts.

2. Betriebe gewerblicher Art von Körperschaften des öffentlichen Rechts.

3. Nichtrechtsfähige Personenvereinigungen, Anstalten, Stiftungen und andere Zweckvermögen.

Steuerpflichtig als juristische Personen des privaten Rechts sind demnach vor allem die **Kapitalgesellschaften** (AG, GmbH), die **Erwerbs- und Wirt-**

schaftsgenossenschaften (im Folgenden kurz Genossenschaften), Sparkassen, Versicherungsvereine auf Gegenseitigkeit (VVaG), **Vereine** und **Privatstiftungen** (nach dem Privatstiftungsgesetz – PSG[45]);[46]) darüber hinaus werden aber auch Gebilde ohne eigene Rechtspersönlichkeit, insb **Betriebe gewerblicher Art der Körperschaften des öffentlichen Rechts** erfasst. Die unter 3. genannten nichtrechtsfähigen Personenvereinigungen unterliegen der KSt nur, wenn ihr Einkommen nicht nach KStG oder EStG unmittelbar bei einem anderen Steuerpflichtigen zu versteuern ist (§ 3). Da dies idR der Fall ist, hat diese Steuerpflicht eine geringe praktische Bedeutung.

Personengesellschaften (insb die OG und die KG) gelten auf Grund des § 1 Abs 1 Z 3 grundsätzlich als Körperschaften[47]) und wären damit prinzipiell körperschaftsteuerpflichtig, sie werden aber durch § 3 von der Steuerpflicht ausgenommen.[48]) Die **ruhende Verlassenschaft** ist eine juristische Person[49]) und müsste dementsprechend körperschaftsteuerpflichtig sein.[50]) Einkommensteuerlich wird jedoch davon ausgegangen, dass der Erbe bereits mit dem Todestag in die Position des Erblassers eintritt; ab diesem Zeitpunkt werden daher die Verlassenschaftseinkünfte bei ihm erfasst.[51]) Zu einer KSt-Besteuerung der Verlassenschaft kommt es daher nur im Falle der herrenlosen Verlassenschaft.[52]) 920

Verflechtungen von Körperschaften (vor allem **Konzerne**) sind idR keine eigenen Körperschaften. Für sie sind vor allem die Bestimmungen des § 10 über die Steuerbefreiung der Beteiligungserträge und des § 9 über die Gruppenbesteuerung von Bedeutung.

B. Betriebe gewerblicher Art

Literatur: *Schellmann,* Der Mitunternehmerschaftsanteil als Betrieb gewerblicher Art, in FS Werilly, Wien 2000, 265; *Achatz/Leitner,* Körperschaften öffentlichen Rechts und ihre Privatisierung im Steuerrecht², Wien 2001; *Leitner,* Die Gemeinde als Steuerschuldner, ÖStZ 2002, 560; *Ehrke,* Investitionszuwachsprämie und Betriebe gewerblicher

---

[45]) BGBl 1993/694.

[46]) Ausführlich dazu zB *Hohenwarter-Mayr* in *Lang/Rust/Schuch/Staringer,* KStG² § 1 Rz 23 ff; zur mangelnden KSt-Pflicht von nicht regulierten Agrargemeinschaften: VwGH 18. 10. 2007, 2005/15/0016; kritisch *Mamut,* SWK 2008, S 444.

[47]) Ob Personengesellschaften zivilrechtlich als juristische Personen anzusehen sind, womit sie bereits auf Grund des § 1 Abs 2 Z 1 als Körperschaften gelten würden, ist umstritten; siehe dazu *Zib/Dellinger,* UGB Großkommentar, Band II § 105 Rz 6 ff.

[48]) Weil „ihr" Einkommen auf Grund der allgemeinen Regeln über die Einkünftezurechnung bzw der speziellen Bestimmungen des EStG (vgl etwa § 23 Z 2) direkt bei den Gesellschaftern erfasst wird; siehe dazu *Pinetz* in *Lang/Rust/Schuch/Staringer,* KStG² § 3 Rz 22 ff.

[49]) Seit dem Erbrechts-Änderungsgesetz 2015 (BGBl I 87/2015) nunmehr ausdrücklich gem § 546 ABGB; schon bis dahin wurde aber von der hL vertreten, dass der Nachlass als juristische Person anzusehen ist.

[50]) Ausführlich *Taucher,* Erbschaften und Ertragsteuern, Wien 1991, 177 ff.

[51]) Vgl VwGH 29. 6. 2005, 2002/14/0146, allerdings zur Rechtslage vor dem ErbRÄG 2015; siehe auch *Doralt/Kirchmayr/Mayr/Zorn,* EStG⁹ § 1 Tz 34.

[52]) Vgl VwGH 13. 3. 1997, 96/15/0102; siehe auch KStR 2013 Rz 115.

Art, RFG 2003, 8; *Beiser,* Versorgungsbetriebe – Segmentierung in Gewinn- und Verlustbetriebe? GesRZ 2003, 314; *Achatz,* Steuerrechtliche Aspekte von Ausgliederungen, RFG 2003, 52; *ders,* Finanzmittelüberlassung durch Körperschaften öffentlichen Rechts als neuer fiktiver Betrieb gewerblicher Art, RFG 2005, 25; *Beiser,* Verluste zum Wohl der Allgemeinheit („bonum commune") im Ertragsteuerrecht, GesRZ 2006, 178; *Achatz,* Der Betrieb gewerblicher Art zwischen Wettbewerbswidrigkeit und Wettbewerbsneutralität, in FS Doralt, Wien 2007, 1; *Raab,* Mischbetriebe von Körperschaften öffentlichen Rechts, ÖStZ 2008, 444 und 483; *Renner,* EU-AbgÄG 2016: Begünstigungen für Körperschaften öffentlichen Rechts, politische Parteien und Vereine, ÖStZ 2016, 457; *Bodis/Ebner,* Steuerliche Behandlung von geselligen Veranstaltungen gemeinnütziger Körperschaften oder Körperschaften öffentlichen Rechts, SWK 2016, 1229; *Ebner/Renner,* Aktuelles zu Vereins- und Parteifesten, ÖStZ 2017, 105.

921 Die Körperschaften des öffentlichen Rechts (Gebietskörperschaften – Bund, Länder, Gemeinden –, Kammern[53]), Sozialversicherungsträger, gesetzlich anerkannte Religionsgemeinschaften[54]), Österr Hochschülerschaft etc) und die ihnen gleichgestellten politischen Parteien[55]) sind als solche nicht unbeschränkt steuerpflichtig, wohl aber – aus Gründen der **Wettbewerbsneutralität** gegenüber privaten Unternehmen – insoweit, als sie eine gewerbliche Tätigkeit entfalten, dh mit ihren Betrieben gewerblicher Art. Daneben unterliegen die Körperschaften öffentlichen Rechts einer beschränkten Steuerpflicht mit bestimmten Einkünften.[56])

Beim österreichischen Gewerkschaftsbund (ÖGB) handelt es sich um einen Verein (privatrechtliche Berufsvereinigung) und nicht um eine Körperschaft öffentlichen Rechts;[57]) für den ÖGB und andere kollektivvertragsfähige Berufsvereinigungen sieht § 5 Z 13 eine Steuerbefreiung vor, die allerdings eng gefasst ist.[58])

922 **Betriebe gewerblicher Art (BgA)** sind

- wirtschaftlich selbständige Einrichtungen von Körperschaften des öffentlichen Rechts, die
- ausschließlich oder überwiegend einer nachhaltigen privatwirtschaftlichen Tätigkeit (ausgenommen Land- und Forstwirtschaft)

[53]) Vgl KStR 2013 Rz 46.

[54]) Vgl KStR 2013 Rz 44 f.

[55]) Gem § 1 Abs 3 Z 2 KStG sind politische Parteien wie Körperschaften des öffentlichen Rechts zu behandeln, wenn ihnen gem § 1 Abs 4 des Parteiengesetzes 2012 (BGBl I 56/2012) Rechtspersönlichkeit zukommt; zur Rechtslage vor dem EU-AbgÄG 2016 (BGBl I 77/2016) vgl Art VI AbgÄG 1975, BGBl 636/1975, dazu vgl *Langer,* ÖStZ 1976, 11.

[56]) Dazu unten Tz 1038.

[57]) Vgl KStR 2013 Rz 58; mit Rücksicht auf seine öffentlichen Funktionen wurde er früher erlassmäßig steuerlich wie eine Körperschaft des öffentlichen Rechts behandelt (Erlass aus dem Jahre 1952; vgl *Jiresch/Langer* 17), wobei nunmehr auch die Aussage in UStR Rz 270 an die KStR angepasst wurde.

[58]) Eine unbeschränkte Steuerpflicht besteht danach für nicht unmittelbar der Zweckerfüllung dienende wirtschaftliche Geschäftsbetriebe (gem § 31 BAO), land- und forstwirtschaftliche Betriebe und Gewerbebetriebe.

- von wirtschaftlichem Gewicht
- zur Erzielung von Einnahmen oder anderen wirtschaftlichen Vorteilen dienen.[59])

Der BgA kann selbst eine KöR sein;[60]) in diesem Fall ist die Tätigkeit der KöR insgesamt als BgA zu beurteilen (zB Hypothekenbanken der Länder); Gewinnerzielungsabsicht ist nicht erforderlich, Einnahmenerzielungsabsicht reicht aus.[61]) Die Tätigkeit der BgA gilt stets als Gewerbebetrieb.[62]) Die Anwendung von Liebhabereigrundsätzen[63]) ist damit ausgeschlossen.[64]) **Selbstversorgungsbetriebe (Innenbetriebe),** die durch Ausgabenersparnisse Vorteile für die Trägerkörperschaft im Bereich ihrer privatwirtschaftlichen Tätigkeit erzielen (zB selbständiger Kantinenbetrieb, in dem Dienstnehmer eines Verkehrsunternehmens verköstigt werden), sind steuerpflichtig.

Wirtschaftliche **Selbständigkeit** liegt vor, wenn eine gewisse Trennung von der Hoheitsverwaltung besteht (zB besondere Leitung, eigenes Personal, eigene Buchführung). Das Erfordernis einer Tätigkeit von **wirtschaftlichem Gewicht** soll Bagatellfälle (Gelegenheitsaktivitäten) von der Steuerpflicht ausnehmen. Der VwGH verneint eine Tätigkeit von wirtschaftlichem Gewicht, wenn die Umsätze unter der Bagatellgrenze des früheren § 21 Abs 6 UStG 1972 (S 40.000) liegen.[65]) Nach den KStR[66]) sind (dementsprechend) Gewinne und Verluste aus Tätigkeiten mit Umsätzen unter € 2.900 unerheblich. Beurteilt wird ausschließlich das wirtschaftliche Gewicht der Einnahmen, das Ausmaß der Kostendeckung ist als Kriterium für die Prüfung des wirtschaftlichen Gewichtes einer Tätigkeit nicht heranzuziehen.[67]) Die fixe Einnahmengrenze von € 2.900 ermöglicht zwar eine für die Praxis einfache Beurteilung, erscheint aber problematisch; geboten wäre vielmehr eine flexible, quantitative und qualitative Kriterien berücksichtigende Beurteilung des Gewichts der einzelnen Tätigkeiten.[68]) 923

Zu den BgA gehören auch die **Versorgungsbetriebe** der Gebietskörperschaften. Nach der taxativen Aufzählung des § 2 Abs 3 sind das Betriebe, die die Bevölkerung mit Wasser, Gas, Elektrizität oder Wärme versorgen;[69]) ferner Betriebe, die dem öffentlichen Verkehr (einschließlich Rundfunk) oder dem Hafenbetrieb dienen. 924

---

[59]) Ausführlich zu den BgA-Merkmalen *Achatz* in *Achatz/Kirchmayr,* KStG § 2 Tz 10 ff; *Sutter* in *Lang/Rust/Schuch/Staringer,* KStG[2] § 2 Rz 25 ff; KStR 2013 Rz 65 ff.

[60]) § 2 Abs 4 KStG.

[61]) § 2 Abs 1 KStG.

[62]) § 2 Abs 1 letzter Satz KStG.

[63]) Dazu unten Tz 961 ff.

[64]) Vgl § 5 Z 1 LiebhabereiVO; KStR 2013 Rz 74; vgl *Achatz* in *Achatz/Kirchmayr,* KStG § 2 Tz 126 ff.

[65]) ZB VwGH 3. 11. 1986, 86/15/35; VwGH 26. 1. 1994, 92/13/0097.

[66]) KStR 2013 Rz 68.

[67]) VwGH 17. 10. 2001, 99/13/0002; KStR 2013 Rz 70.

[68]) Verfassungsrechtliche Bedenken bei *Beiser,* JBl 1987, 215 ff; kritisch auch *Achatz* in *Achatz/Kirchmayr,* KStG § 2 Tz 58; vgl auch *Sutter* in *Lang/Schuch/Staringer,* KStG § 2 Rz 62.

[69]) Hinsichtlich der Wasserversorgung ergibt sich aus § 2 Abs 5, dass nur die Nutzwasserversorgung einen BgA bildet.

925 Betriebe, die überwiegend der Ausübung öffentlicher Gewalt[70]) dienen (= **Hoheitsbetriebe**),[71]) gehören **nicht zu den BgA.**[72]) Das Gesetz zählt dazu ausdrücklich auch Trinkwasserwerke, Forschungsanstalten, Friedhöfe,[73]) Anstalten zur Müllbeseitigung und Kanalisation (Schlachthöfe nicht mehr).[74]) **Mischbetriebe,** die teils privatwirtschaftliche, teils hoheitliche Aufgaben erfüllen, sind **BgA, wenn** die privatwirtschaftliche Tätigkeit **überwiegt.**[75]) Voraussetzung ist, dass es sich um einen einheitlichen Betrieb handelt (die privatwirtschaftliche Tätigkeit ist nicht von der hoheitlichen Tätigkeit abgrenzbar).[76]) – Land- und forstwirtschaftliche Betriebe von KöR unterliegen nicht der KSt.[77]) Ihre Einkünfte werden damit keiner Ertragsteuerbelastung unterworfen (unsystematisch).

926 § 2 Abs 2 stellt gewisse Tätigkeiten einem BgA gleich (**„fiktive BgA"**, wodurch diese Tätigkeiten isoliert betrachtet steuerpflichtig sind): So stehen die entgeltliche Überlassung eines BgA (zB **Verpachtung eines Betriebes**) und die

---

[70]) VwGH 17. 11. 2005, 2001/13/0239: *„Unter Ausübung öffentlicher Gewalt sind Tätigkeiten zu verstehen, durch die die Körperschaft öffentlichen Rechts Aufgaben erfüllt, die ihr in ihrer Eigenschaft als Träger der öffentlichen Gewalt eigentümlich und vorbehalten sind. Die Aufgaben können dabei ausdrücklich durch die Rechtsordnung übertragen sein oder sich aus dem allgemeinen Aufgabenbereich der Körperschaft öffentlichen Rechts ergeben."* Vgl weiters VwGH 4. 3. 2009, 2006/15/0071, wonach eine durch eine öffentlich rechtliche Körperschaft betriebene Privatuniversität kein Hoheitsbetrieb ist.

[71]) Zum Begriff siehe VwGH 14. 12. 1962, 913/62, Slg 2764 F; VwGH 28. 11. 1980, 1709/77.

[72]) Die Erbringung von Leistungen mit einem öffentlich-rechtlichen (hoheitlichen) Charakter für eine Körperschaft öffentlichen Rechts kann einen gemeinnützigen Zweck darstellen; vgl VwGH 10. 3. 2016, 2013/15/0216 zur Übernahme der Stadtwache einer Gemeinde durch eine GmbH.

[73]) VwGH 4. 2. 2009, 2006/15/0220: Vermietung einer Aufbahrungshalle stellt keinen BgA (sondern Hoheitsbetrieb) dar, wenn gesetzlich zwingend eine Vorschreibung der Benutzungsgebühr durch Bescheid vorgesehen ist; das gilt auch bei einer mittels Bescheid vorgeschriebenen pauschalen Hallengebühr: VwGH 4. 2. 2009, 2008/15/0174.

[74]) Schlachthöfe wurden mit dem BBG 2007 aus dem Bereich der Hoheitsbetriebe herausgenommen, um Wettbewerbsverzerrungen zu privat betriebenen Schlachthöfen zu vermeiden.

[75]) Vgl zB VwGH 28. 11. 2000, 99/14/0132.

[76]) Bei einem Hallenbad, das teilweise auch für die Erteilung von Schwimmunterricht an Pflichtschüler verwendet wurde, genügt für die Abgrenzung die zeitliche Trennbarkeit, VwGH 24. 4. 1980, 2730/77; dagegen wird als einheitlicher Betrieb die Herausgabe eines Amtsblattes betrachtet, hier ist dann maßgebend, ob nur der kleinere Teil hoheitlichen Zwecken – Kundmachungen – dient: VwGH 28. 11. 1980, 1709/77; vgl auch *Raab,* ÖStZ 2008, 444; 22. 12. 2011, 2010/15/0192 zur Abgrenzbarkeit der durch das Land Niederösterreich zu erbringenden Straßenerhaltung gegenüber der ASFINAG.

[77]) Eine Steuerpflicht ergibt sich allerdings unmittelbar bei der Trägerkörperschaft, wenn im Rahmen eines land- und forstwirtschaftlichen Betriebes Einkünfte aus Kapitalvermögen gem § 27 EStG oder Einkünfte aus Grundstücksveräußerungen gem § 30 EStG erzielt werden; vgl VwGH 27. 6. 2018, Ro 2016/15/0025 zur Veräußerungen von Grundstücken aus den landwirtschaftlichen Flächen einer Kirche (Römisch-katholische Pfarrpfründe).

entgeltliche Überlassung von Grundstücken durch Agrargemeinschaften zu anderen als land- und forstwirtschaftlichen Zwecken (zB Skipisten) einem BgA gleich. Einem BgA gleichgestellt ist weiters die Beteiligung einer KöR an einer **Personengesellschaft** als Mitunternehmer.[78])

Nach VwGH[79]) ist die Beteiligung selbst als BgA und damit als Steuersubjekt anzusehen; daher sind Leistungsvergütungen, die von der Personengesellschaft an die Trägerkörperschaft geleistet werden, nicht als Leistungsvergütungen iSd § 23 Z 2 EStG anzusehen, sondern Betriebsausgaben der Personengesellschaft.

Tätigkeiten, die keinen betrieblichen Charakter haben, sondern im einkommensteuerlichen Verständnis als **Vermögensverwaltung** einzustufen sind, führen im Übrigen bei einer KöR nicht zur Steuerpflicht. Daher unterliegt die normale Vermietungstätigkeit (etwa von Wohnhäusern durch Gemeinden) nicht der KSt;[80]) der Verkauf von Grundstücken unterliegt nunmehr – auch außerhalb eines BgA – generell der Steuerpflicht, weil mit dem StabG 2012 die beschränkte Steuerpflicht (der zweiten Art) auf private Grundstücksveräußerungen ausgedehnt worden ist.[81]) Strittig war, ob bloße Duldungsleistungen (zB Lizenzvergabe, Personalgestellung) einen BgA begründen. Die FinVerw bejaht bei der Personalgestellung (etwa an ausgegliederte Rechtsträger) im Allgemeinen die Eigenschaft als BgA,[82]) ebenso der VwGH, wenn das Merkmal der wirtschaftlichen Selbständigkeit grundsätzlich vorliegt.[83]) **Kapitalerträge** unterliegen auf Grund der Ausdehnung der KESt durch das BBG 2011 und der im BBG 2012 vorgesehenen Erweiterung von § 21 Abs 3 grundsätzlich der beschränkten Steuerpflicht (der zweiten Art), wobei Beteiligungserträge gem § 10 ausgenommen sind.[84]) 927

Steuersubjekt ist jeweils der einzelne BgA, nicht die öffentlich-rechtliche Körperschaft.[85]) Ein Ausgleich von Gewinnen und Verlusten zwischen verschie- 928

[78]) ZB ein Bundesland und eine Gemeinde führen in Form einer GesbR ein Landestheater: VwGH 29. 5. 2001, 2000/14/0195; siehe auch Tz 928.

[79]) VwGH 27. 3. 1996, 93/15/0209.

[80]) Vgl KStR 2013 Rz 74.

[81]) Vgl unten Tz 1041.

[82]) Vgl *Wiesner/Schneider/Spanbauer/Kohler,* § 2 Anm 8; vgl auch UStR 2000 Rz 272.

[83]) VwGH 24. 2. 2004, 98/14/0062, wonach beim Personalleasing an einen ausgegliederten Rechtsträger nur die wirtschaftliche Selbständigkeit problematisch sein kann; nach VwGH, 25. 11. 2010, 2007/15/0101, liegt wirtschaftliche Selbständigkeit bei der Personalgestellung vor allem dann vor, wenn dafür ein eigener Verrechnungskreis und ein besonderes Ausbildungserfordernis für die überlassenen Dienstnehmer auf Grund der besonderen Aufgaben des ausgegliederten Rechtsträgers besteht; siehe dazu auch VwGH 1. 9. 2015, 2012/15/0089, wonach die kirchliche Zweckbestimmung einer personalüberlassenden Körperschaft gegen die Annahme spricht, dass Krankenpflegepersonal (Ordensschwestern) je nach dem Bedarf des Krankenanstaltenbetriebes „angeworben" und „zur Verfügung gestellt" werden können, und insoweit eine Konkurrenzierung mit privaten Arbeitskräftevermittlern auf der Hand liegt; vgl auch *Achatz* in *Achatz/Kirchmayr,* KStG § 2 Tz 219.

[84]) Dazu unten Tz 1038.

[85]) VwGH 21. 11. 1991, 90/13/0098.

denen BgA kommt daher nicht in Betracht. Mehrere Versorgungsbetriebe werden jedoch als einheitlicher Betrieb behandelt, wenn sie organisatorisch zusammengefasst sind und unter gemeinsamer Leitung stehen (§ 2 Abs 3; sog **Versorgungsbetriebeverbund**).[86]) Im Übrigen wird von der Judikatur eine Zusammenfassung von BgA steuerlich anerkannt, wenn zwischen ihnen objektiv ein enger wirtschaftlicher, technischer oder organisatorischer Zusammenhang besteht (zB gemeinsame Betriebseinrichtungen, gemeinschaftliches Personal),[87]) wenn einander ergänzende Funktionen wahrgenommen werden (zB Herstellungs- und Handelsbetrieb);[88]) wenn gleichartige Einrichtungen (zB mehrere Kindergärten) organisatorisch zusammengefasst werden, bei Wiederholung gleichartiger Tätigkeiten oder bei intensiver Verbindung von an sich verschiedenartigen Tätigkeiten.[89]) Ein einheitlicher BgA ist auch anzunehmen, wenn mehrere Mitunternehmerbeteiligungen einer KöR – zB an Liftbetreibergesellschaften – einheitlich verwaltet werden.[90])

929 Betriebe, die von Körperschaften des öffentlichen Rechts in privatrechtlicher Form geführt werden (sog **ausgegliederte Rechtsträger,** zB Stadtwerke AG, verstaatlichte Unternehmen), sind nach den für diese Rechtsformen geltenden Vorschriften zu besteuern. Als Ausnahme von diesem Grundsatz stellt § 2 Abs 4 sicher, dass Versorgungsbetriebe der öffentlichen Hand im Rahmen einer Kapitalgesellschaft geführt werden können, ohne dass die verlustbringenden Aktivitäten als Liebhaberei auszuscheiden wären (Verlustausgleich also möglich). Auch eine verdeckte Gewinnausschüttung ist nicht anzunehmen, wenn eine solche Körperschaft der Trägerkörperschaft gegenüber Leistungen zu unangemessen niedrigen Entgelten erbringt (§ 2 Abs 4 letzter Satz KStG). Bei einem BgA könnte hingegen eine verdeckte Gewinnausschüttung vorliegen, wenn er Verluste deswegen erzielt, weil er Leistungen für die Trägerkörperschaft unentgeltlich oder zu unangemessen niedrigen Entgelten erbringt.

930 In Anbetracht der steuerlichen Verselbständigung des einzelnen BgA sind **Leistungsbeziehungen** zwischen der Körperschaft und dem Betrieb so zu beurteilen wie Beziehungen zwischen einer Körperschaft und ihrem einzigen Gesellschafter.[91]) Im Verhältnis des BgA zur Trägerkörperschaft sind somit auch die Grundsätze über verdeckte Einlagen und Ausschüttungen zu beachten. In der Praxis spielt vor allem die Nutzung von Wirtschaftsgütern (insb Grundstücke) der Trägerkörperschaft durch die BgA eine wichtige Rolle. Eine Trägerkörperschaft kann grundsätzlich einem BgA mit ertragsteuerlicher Wirkung Wirtschaftsgüter zur Nutzung überlassen (zB Grundstücke „vermieten“ oder Kredite

---

[86]) Siehe auch KStR 2013 Rz 79; dazu auch *Beiser,* GesRZ 2003, 314; *Achatz* in *Achatz/Kirchmayr,* KStG § 2 Tz 136.

[87]) VwGH 26. 5. 1981, 3642, 3888/80.

[88]) Bei einem E-Werk und einem Hallenbad trifft das nicht zu: VwGH 21. 11. 1991, 90/13/0098.

[89]) Siehe auch KStR 2013 Rz 67.

[90]) Siehe auch KStR 2013 Rz 84.

[91]) VwGH 17. 2. 1988, 86/13/0174; dazu *Achatz* in *Achatz/Kirchmayr,* KStG § 2 Tz 140.

„gewähren“). Dies unabhängig von der Tatsache, dass diese „Rechtsbeziehungen“ außerhalb des Ertragsteuerrechts mangels Rechtsfähigkeit des BgA nicht existieren. Die Abgrenzung „fremdüblicher“ Rechtsbeziehungen von Rechtsbeziehungen societatis causa ist allerdings nicht einfach, weil selbst originäres Betriebsvermögen des BgA durch die Trägerkörperschaft angeschafft werden muss. Damit ist – anders als im Verhältnis zwischen einem Gesellschafter und einer Gesellschaft – nicht sofort erkennbar, welche Wirtschaftsgüter ertragsteuerlich der Trägerkörperschaft und welche dem BgA zuzurechnen sind.[92])

C. Persönliche Befreiungen

Literatur: *Stoll,* Die Gemeinnützigkeit von Erwerbs- und Wirtschaftsgenossenschaften im Abgabenrecht (Vorträge und Aufsätze des Forschungsinstitutes für Genossenschaftswesen an der Universität Wien, Heft 8), Wien 1976; *Renner,* „Fanartikelverkauf“ eines Sportvereines, SWK 2001, S 285; *Baldauf,* Die Statuten des gemeinnützigen Vereines, SWK 2001, S 526; *Achatz* (Hrsg), Die Besteuerung der Non-Profit-Organisationen II, Wien 2001; *ders* (Hrsg), Die Besteuerung der Non-Profit-Organisationen III, Wien 2002; *Humann/Stift,* Steuerliche Praxisfragen bei Winzergenossenschaften, ÖStZ 2003, 105 (dazu *Perkounigg,* ÖStZ 2003, 329); *Zierler,* Zum steuerpflichtigen Bereich einer gemeinnützigen Kapitalgesellschaft, ÖStZ 2004, 9; *Achatz* (Hrsg), Die Besteuerung der Non-Profit-Organisationen I², Wien 2004; *Achatz/Oberleitner,* Besteuerung und Rechnunglegung der Vereine, Wien 2004; *Schlager,* Gemeinnützige Vereine und Berufssport, ÖStZ 2004, 220; *Prinz/Prinz,* Gemeinnützigkeit im Steuerrecht, Wien 2004; *Renner,* Handelsbetrieb einer gemeinnützigen Kapitalgesellschaft, ecolex 2004, 979; *ders,* Wirtschaftsförderung und Gemeinnützigkeit: unvereinbarer Gegensatz? ecolex 2005, 793; *ders,* Keine Gemeinnützigkeit eines Vereins zur Erlangung von Fördermitteln, taxlex 2005, 262; *ders,* Sponsoring: Steuerpflicht oder Steuerfreiheit beim Empfänger? SWK 2006, S 603; *Perl,* Die Vermögensbildung des gemeinnützigen Vereins, FJ 2006, 325; *ders,* Gemeinnützigkeit einer „Marketing-GmbH“, SWK 2007, S 563; *ders,* Gemeinnützige Zweckverfolgung und Auftragsforschung, SWK 2007, S 598; *ders,* UFS: Absehen von der Steuerpflicht auch für „gemeinnützige GmbH“ möglich, RdW 2009, 432; *Achatz/Kirchmayr,* Private Equity/Venture Capital Fonds: Was kommt, was bleibt? taxlex 2007, 197; *Renner,* „Betreubares Wohnen“ durch einen gemeinnützigen Verein: Betrieb oder Vermögensverwaltung? ÖStZ 2007, 431; *Migglautsch,* Private Equity – „Neugestaltung“ steuerbegünstigter Beteiligungsfinanzierung, ecolex 2007, 966; *Stefaner,* Verschlechterungen für Mittelstandsfinanzierungsgesellschaften: Kann die Finanzierungslücke der KMU tatsächlich geschlossen werden? SWK 2008, S 55; *ders,* Neuanlauf für die KMU-Förderung: Schaffung von Rahmenbedingungen für Private Equity und Venture Capital, SWK 2008, T 147; *Sutter/Schlager,* Perspektiven für bestehende Mittelstandsfinanzierungsgesellschaften nach der Genehmigung des MiFiG-Gesetzes 2007 durch die Europäische Kommission, ÖStZ 2008, 298; *Renner,* Verlust abgabenrechtlicher Begünstigung durch Einstellung der satzungsmäßigen Kerntätigkeit, SWK 2008, S 304; *Stefaner,* Mittelstandsfinanzierungsgesellschaften neu – Vergebene Chance zur Stärkung von KMU, FJ 2008, 88; *Lang,* „Alte“ Mittelstandsfinanzierungsgesellschaften und die für sie geltenden Übergangsvorschriften, ÖStZ 2010, 559; *Renner,* Gemeinnützigkeit eines Festivals organisierenden Kulturvereins, SWK 2011, S 628; *Daxkobler,* Bloße Konzertveranstaltungstätigkeit gemeinnützig? ecolex 2011/68; *Bodis/Mayr,* Auswirkungen der neuen Grundstücksbesteuerung auf Körperschaften, RdW 2012, 239; *Lang,* Die beschränkte KöSt-Pflicht der zweiten Art kraft

[92]) Siehe dazu im Detail KStR 2013 Rz 91.

„umfassender Befreiung“, ÖStZ 2012, 449; *Kohler/Quantschnigg/Wiesner* (Hrsg), Die Besteuerung der Vereine[10], Wien 2012; *Wurm*, Zweifelsfragen zur beschränkten Steuerpflicht für inländische Körperschaften nach der Neuordnung der Einkünfte aus Kapitalvermögen, SWK 2012, 431; *Wurm*, Erneute Erweiterung der beschränkten Steuerpflicht für inländische Körperschaften, SWK 2012, 533; *Naucke*, Die Besteuerung von Grundstücksveräußerungen inländischer Körperschaften des öffentlichen Rechts, ÖStZ 2015, 221; *Beiser*, Gemeinnützige Wohnbauträger in der Immobilienertragsteuer, SWK 2013, 646; *Marschner*, VwGH: Gemeinnützigkeit einer Stiftung nach dem BStFG, ZFS 2013, 34; *Renner* KStG 1988 und Vereinsrichtlinien 2001: Erleichterungen für gemeinnützige Organisationen, SWK 2013, 1143; *Fischerlehner/Ungar*, Wer anzeigt und meldet, ist nicht gemeinnützig, UFSjournal 2013, 270; *Pichler*, Auch durch Anbieten marktgängiger Leistungen kann Eigenschaft eines unentbehrlichen Hilfsbetriebs bestehen bleiben, UFSjournal 2013, 362; *Pülzl*, Anzeigepflicht bei Vereinen, SWK 2013, 892; *Weninger*, Privatstiftung und Gemeinnützigkeit – Steuerlicher Reformbedarf zum allgemeinen Wohl, PSR 2013, 164; *Heidenbauer*, Gemeinnützigkeitsrechtliche Ausschließlichkeit und Unmittelbarkeit im Rechtsvergleich, SWK 2015, 283; *Krammer/Hofer*, Grundlegende Änderungen im Profisport, SWK 2015, 441; *Lindinger*, Das Unmittelbarkeitsgebot des § 40 BAO als Kooperationsschranke, SWK 2015, 604; *Drapela*, Steuerliche Behandlung von Feuerwehrfesten, SWK 2015, 1005; *Ludwig*, Gemeinnützigkeit bei Vereinen, ÖStZ 2015, 190; *Renner*, BMF zur steuerlichen Behandlung von Profibetrieben gemeinnütziger Sportvereine im Mannschaftssport, ÖStZ 2015, 185; *Bodis/Ebner*, Steuerliche Behandlung von geselligen Veranstaltungen gemeinnütziger Körperschaften oder Körperschaften öffentlichen Rechts, SWK 2016, 1229; *Brightwell/Luka*, Die neue Mittelstandsfinanzierungsgesellschaft als neuer Alternative Investment Fonds (AIF), ÖStZ 2017, 374; *Bednar*, Mittelstandsfinanzierungsgesellschaftengesetz 2017, GES 2017, 373; *Steinhauser*, Mittelstandsfinanzierungsgesellschaften idF MiFiGG 2017, taxlex 2018, 6 – Siehe auch Bd II vor Tz 150. – Literatur zu Privatstiftungen siehe vor Tz 1050.

931 § 5 enthält einen Katalog von Steuerbefreiungen. Zum Teil handelt es sich um umfassende persönliche Befreiungen, in der überwiegenden Zahl der Fälle liegt hingegen eine Kombination von persönlicher und sachlicher Steuerbefreiung vor: Bestimmte Körperschaften sind mit bestimmten Tätigkeiten oder Einkünften befreit (Teilsteuerpflicht). Die Befreiungen beziehen sich nur auf die unbeschränkte Steuerpflicht. Die beschränkte Steuerpflicht (insb mit bestimmten Kapitalerträgen) bleibt bestehen (vgl § 1 Abs 3 Z 3)[93]). Befreiungen davon ergeben sich erst durch § 21.[94])

---

[93]) Die beschränkte Steuerpflicht bleibt nach § 1 Abs 3 Z 3 KStG idF StabG 2012 auch im Falle einer umfassenden (sondergesetzlichen) Befreiung bestehen, ausgenommen davon ist nach § 26c Z 31 nur die Österreichische Bundesfinanzierungsagentur; dazu *Bodis/Mayr*, RdW 2012, 239; kritisch *Lang*, ÖStZ 2012, 449; die gesetzliche Änderung war eine Reaktion auf VwGH 28. 4. 1999, 94/13/0018, zu einer Verwertungsgesellschaft, die auf Grund einer sondergesetzlichen Regelung von allen bundesgesetzlich geregelten Abgaben befreit war; der VwGH bezog die Befreiung auch auf die beschränkte Steuerpflicht im Zusammenhang mit der KESt; nach VwGH ging daher eine solche Befreiung über die Befreiung in § 5 hinaus, wobei der VwGH verkannte, dass die KESt im Zusammenhang mit der beschränkten Steuerpflicht mehr als nur eine schlichte „Erhebungsart“ der ESt/KSt ist; vgl auch VwGH 15. 6. 2005, 2001/13/0130; VwGH 26. 3. 2007, 2002/14/0072.

[94]) Vgl Tz 1039.

Von der unbeschränkten KSt-Pflicht sind nach § 5 ua **befreit:** 932

- Kreditinstitute, deren Geschäftsgegenstand ausschließlich die Übernahme von Bürgschaften und sonstigen Kredithaftungen ist;
- Körperschaften (inkl Betriebe gewerblicher Art), die ausschließlich und unmittelbar **gemeinnützigen, mildtätigen oder kirchlichen Zwecken** dienen; die Voraussetzungen und der Umfang der Befreiung richten sich hier nach §§ 34–47 BAO;[95]
- **Pensionskassen** iSd Pensionskassengesetzes, Unterstützungs- und Mitarbeitervorsorgekassen (genaue Voraussetzungen in § 6);
- bestimmte landwirtschaftliche Genossenschaften;
- Bauvereinigungen (Kapitalgesellschaften, Genossenschaften), die nach dem Wohnungsgemeinnützigkeitsgesetz als gemeinnützig anerkannt sind und deren Tätigkeit sich auf die in § 7 Abs 1–3 WGG genannten Geschäfte und Vermögensverwaltungen beschränkt; Details zur körperschaftsteuerlichen Behandlung der nicht befreiten Tätigkeiten enthält § 6 a;[96]
- **Privatstiftungen,** soweit sie nicht ohnehin als gemeinnützig anzusehen sind,[97] nach Maßgabe des **§ 13;**[98]
- gesellige Veranstaltungen von Körperschaften des öffentlichen Rechts, sofern diese zur Förderung eines gemeinnützigen Zweckes abgehalten werden[99], und gesellige Veranstaltungen von politischen Parteien unter bestimmten Voraussetzungen[100];
- kollektivvertragsfähige **Berufsvereinigungen** iSd § 4 Abs 2 ArbVerfG; die Befreiung betrifft den ÖGB, die Industriellenvereinigung, den Bankenverband etc;
- sog **Mittelstandsfinanzierungsgesellschaften** (MiFiG) nach Maßgabe des § 6 b; bei der komplizierten Regelung geht es um die Begünstigung für ein Finanzierungsinstrument, das ursprünglich die steuerlich geförderte Genussscheinfinanzierung ablösen sollte.[101] Auf Grund EU-rechtlicher (beihilfenrechtlicher) Probleme durften zunächst ab 1. 1. 2008 keine neuen MiFiGs mehr gegründet werden; durch das MiFiG-Gesetz 2007 wurde in der Folge eine Anpassung der Vorschriften an die Risikokapitalleitlinien der Europäischen Kommission unter Schaffung um-

[95]) Dazu Band II[6] Tz 150; VwGH 29. 7. 2010; 2007/15/0137 sowie VwGH 9. 8. 2001, 98/16/0395, wonach auch die Auflösungsbestimmung sicherstellen muss, dass das Vermögen begünstigten Zwecken zukommt; 14. 10. 2010, 2008/15/0191 zur Gemeinnützigkeit eines Festivals organisierenden Vereins, dazu *Renner,* SWK 2011, S 628; *Daxkobler,* ecolex 2011/68.

[96]) Hierzu *Wiesner,* SWK 1993, A 551 sowie KStR 2013 Rz 245 ff.

[97]) Oder unter die Regelungen für Pensionskassen fallen.

[98]) Dazu unten Tz 1050 ff.

[99]) Reaktion auf VfGH 15. 3. 1993, V 94/92, mit dem der sog Feuerwehrerlass, AÖF 1980/266, aufgehoben wurde.

[100]) Vgl *Renner,* ÖStZ 2016, 457; *Bodis/Ebner,* SWK 2016, 1229; *Ebner/Renner,* ÖStZ 2017, 105.

[101]) Vgl *Wiesner,* SWK 1993, A 553; KStR 2013 Rz 291 ff.

fangreicher Übergangsvorschriften vorgenommen.[102]) Zuletzt wurde mit dem MiFiGG 2017 das auslaufende Besteuerungsregime angepasst und prolongiert, wobei das Inkrafttreten der neuen Bestimmungen von der (bis dato nicht erfolgten) Nichtuntersagung durch die Europäische Kommission abhängt.[103])

933 Außerhalb des KStG sind KSt-Befreiungen zB für internationale Organisationen (etwa OPEC, UNIDO) oder mit Autobahn- und Schnellstraßenbau betrauten Sondergesellschaften vorgesehen.

Die gem § 5 von der KSt-Pflicht befreiten Körperschaften sind letztlich nur von der unbeschränkten Steuerpflicht befreit; sie unterliegen daher einer **beschränkten KSt-Pflicht.**[104]) Im Übrigen ist bei verschiedenen der in § 5 genannten Körperschaften die Steuerbefreiung von vornherein auf bestimmte Einkünfte beschränkt, was somit nur eine **Teilbefreiung** darstellt. Das gilt zB für Privatstiftungen.[105]) Auch bei gemeinnützigen Körperschaften ergibt sich aus den Vorschriften der BAO, dass die KSt-Befreiung nicht umfassend ist, sondern sich nur auf bestimmte Aktivitäten erstreckt (Steuerpflicht vor allem für bestimmte wirtschaftliche Geschäftsbetriebe; vgl § 45 Abs 1 und 3 BAO). Darauf bezieht sich der Freibetrag nach § 23 KStG.

D. Unbeschränkte und beschränkte Steuerpflicht

934 Körperschaften sind **unbeschränkt** und damit mit ihren sämtlichen (inländischen und ausländischen) Einkünften steuerpflichtig, wenn sie Geschäftsleitung oder Sitz im Inland haben.

Die **Geschäftsleitung** ist dort anzunehmen, wo sich der Mittelpunkt der geschäftlichen Oberleitung befindet, dh, wo die für die Geschäftsführung nötigen Maßnahmen von einigem Gewicht angeordnet werden.[106]) **Sitz** ist jener Ort, der durch Gesetz, Vertrag, Satzung, Stiftungsbrief und dgl bestimmt ist (§ 27 BAO).

935 **Beschränkte** Steuerpflicht hat im KSt-Recht (anders als im Einkommensteuerrecht) eine **zweifache Bedeutung** (§ 1 Abs 3):

1. Beschränkt steuerpflichtig sind zunächst die einer inländischen juristischen Person vergleichbaren Körperschaften, Personenvereinigungen und Vermögensmassen (somit nicht Betriebe gewerblicher Art), die **weder ihre Geschäftsleitung noch ihren Sitz im Inland** haben. Die beschränkte Steuerpflicht dieser „ausländischen" Körperschaften erstreckt sich hier auf Einkünfte iSd § 98 EStG (inländische Einkünfte; **beschränkte Steuerpflicht der ersten Art**);[107])

2. Beschränkt steuerpflichtig sind ferner inländische **Körperschaften des öffentlichen Rechts** sowie

---

[102]) Dazu *Sutter/Schlager,* ÖStZ 2008, 298; *Mayr/Schlager,* RdW 2010, 241; vgl auch KStR 2013 Rz 291 ff.

[103]) Vgl *Brightwell/Luka,* ÖStZ 2017, 374 und *Steinhauser,* taxlex 2018, 6.

[104]) Zur gesetzlichen Erweiterung durch das 1. StabG 2012 vgl oben Tz 931 (Fn); zur beschränkten KSt-Pflicht unten Tz 1038.

[105]) Dazu unten Tz 948 ff.

[106]) Vgl VwGH 23. 2. 1987, 85/15/0131.

[107]) Dazu unten Tz 1035.

3. Körperschaften, soweit sie nach § 5 oder nach anderen Bundesgesetzen von der Körperschaftsteuerpflicht **befreit** sind.

Die beiden letzten Fälle beziehen sich auf „inländische" Körperschaften (sog **„beschränkte Steuerpflicht der zweiten Art"**),[108]) wobei sich die Steuerpflicht vor allem auf Einkünfte erstreckt, bei denen die Steuer durch Steuerabzug erhoben wird (betroffen sind insb KESt-pflichtige Einkünfte, wie etwa Zinsen aus Bankeinlagen oder Forderungswertpapieren, sowie Einkünfte aus Aktienveräußerungen), sowie auf vergleichbare ausländische Einkünfte; seit dem 1. StabG 2012 sind auch Einkünfte aus Grundstücksveräußerungen erfasst.[109])

E. Beginn und Ende der Steuerpflicht

Literatur: *Kautz,* Die Vorgesellschaft im Körperschaftsteuerrecht, Wien 2000; *Aigner/Kofler/Tumpel,* Zuzug und Wegzug von Kapitalgesellschaften im Steuerrecht, Wien 2004; *Schindler,* Steuerrechtliche Folgen der Sitzverlegung einer Europäischen Aktiengesellschaft, ecolex 2004, 770.

Die KSt-Pflicht beginnt bei juristischen Personen des Privatrechts nicht **936**
erst mit dem Entstehen der Rechtspersönlichkeit, sondern in dem Zeitpunkt, in dem die Rechtsgrundlage (Satzung, Gesellschaftsvertrag, Vereinsstatuten, Stiftungserklärung etc) festgestellt ist und sie erstmalig nach außen in Erscheinung treten (für Letzteres genügt zB schon die Eröffnung eines Bankkontos).[110]) Der Zeitpunkt der Firmenbucheintragung einer Kapitalgesellschaft ist somit nicht maßgeblich.

Die Tätigkeit der sog **Vorgesellschaft,** die zwischen Beurkundung des Gesellschaftsvertrages und Firmenbucheintragung besteht, wird der (erst später rechtlich existent werdenden) Kapitalgesellschaft zugerechnet **(Identitätstheorie).**[111]) Für den Fall der Nichteintragung wird die betrieblich tätige (unechte) Vorgesellschaft als Mitunternehmerschaft eingestuft.[112]) Eine allenfalls vor der Gesellschaftsvertragserrichtung bestehende **Vorgründungsgesellschaft** ist hingegen nicht mit der späteren Kapitalgesellschaft identisch.[113])

Die Steuerpflicht dauert bis zum Untergang der Rechtspersönlichkeit, jedenfalls aber bis zur Beendigung der Vermögensverteilung (von Bedeutung für die Mindestkörperschaftsteuer; Firmenbuchlöschung ist nicht maßgeblich).[114])

---

[108]) Vgl zB *Hohenwarter* in *Lang/Schuch/Staringer,* KStG § 1 Rz 69 ff.

[109]) Dazu und zur Erweiterung durch das BBG 2012 unten Tz 1038 ff.

[110]) VwGH 4. 3. 1987, 84/13/0239.

[111]) VwGH 4. 3. 1987, 84/13/0239, so auch ausdrücklich § 4.

[112]) KStR 2013 Rz 147; dazu *Achatz/Bieber* in *Achatz/Kirchmayr,* KStG § 4 Tz 36.

[113]) VwGH 3. 7. 1991, 91/14/0062; grundsätzlich liegt eine Mitunternehmerschaft vor; die FinVw lässt innerhalb einer Zeitspanne von drei Monaten eine Zurechnung zur künftigen Kapitalgesellschaft zu. KStR 2013 Rz 143; zustimmend *Achatz/Bieber* in *Achatz/Kirchmayr,* KStG § 4 Tz 47.

[114]) Dazu unten Tz 1044.

F. Gruppenbesteuerung

Kommentare und Monographien: *Quantschnigg/Achatz/Haidenthaler/Trenkwalder/Tumpel* (Hrsg), Gruppenbesteuerung – Kommentar und systematische Darstellungen, Wien 2005; *Lang/Schuch/Staringer/Stefaner,* Grundfragen der Gruppenbesteuerung, Wien 2007; *Weninger,* Firmenwertabschreibung und Share-Deal, Wien 2008; *Wiesner/Kirchmayr/Mayr,* Gruppenbesteuerung, Praxiskommentar², Wien 2009; *Hohenwarter,* Verlustverwertung im Konzern, Wien 2009; *Kirchmayr/Mayr/Hirschler,* Gruppenbesteuerung, Wien 2014.

Zeitschriften: *Pummerer,* Gruppenbesteuerung aus Sicht der Betriebswirtschaftlichen Steuerlehre, ÖStZ 2004, 456; *Sedlaczek/Tissot,* Der Gruppenantrag, ÖStZ 2004, 483, 536; *Tissot,* Die geplante Gruppenbesteuerung – Ein erster Überblick, SWK 2004, S 306; *Stefaner,* Die neue Gruppenbesteuerung in Österreich als Kernstück der Steuerreform, SWK 2004, S 312; *Gassner,* Die neue Gruppenbesteuerung, SWK 2004, S 347; *Mitterlehner,* Firmenwertabschreibung und Gruppenbesteuerung, SWK 2004, S 503; *Zöchling/Fraberger,* Steuerumlagen aus gesellschafts-, bilanz- und steuerrechtlicher Sicht, SWK 2004, S 507; *Kohlhauser/Wette,* Was bringt die neue Firmenwertabschreibung im Rahmen der Gruppenbesteuerung? SWK 2004, S 604; *Kohlhauser,* Steuerfalle Gruppenbesteuerung? SWK 2004, S 867; *Stefaner/Weninger,* Eigene Anteile und stimmrechtslose Vorzugsaktien, SWK 2004, S 881; *Zöchling,* Gruppenbesteuerung und Auslandsverluste: Achtung Steuerfallen! SWK 2004, S 952; *Bachl,* Negativer Firmenwert und andere Hindernisse, SWK 2004, S 989; *Plansky/Stefaner/Weninger,* Die finanzielle Verbindung während des gesamten Wirtschaftsjahres, SWK 2004, S 993; *Tumpel/Tissot,* Erste Änderungen in der neuen Gruppenbesteuerung, SWK 2004, T 147; *Gassner/Haidenthaler,* Group Taxation in Austria, SWI 2004, 434; *Stefaner/Weninger,* Gruppenbesteuerung und Gemeinschaftsrecht, SWI 2004, 441; *dies,* Die wesentlichen Auswirkungen der Steuerreform 2005 auf die Unternehmensbesteuerung, ecolex 2004, 392; *dies,* Geplante Änderungen im österreichischen Gruppenbesteuerungsregime, ecolex 2004, 887; *Mayr,* Die neue Gruppenbesteuerung, RdW 2004, 246; *Doralt,* Firmenwertabschreibung von Beteiligungen – eine verantwortungsvolle Steuerpolitik? RdW 2004, 248; *Kauba/Krickl,* Steuerreform 2005: Gruppenbesteuerung und Steuerausgleich, RdW 2004, 312; *dies,* Gruppenbesteuerung: Steuerausgleich bei Gruppenfremden, RdW 2004, 365; *Wiesner/Mayr,* Zweifelsfragen zur Gruppenbesteuerung, RdW 2004, 491; *Stefaner/Weninger,* Gruppenbesteuerung: Vor- und Außergruppenverluste, RdW 2004, 564; *Wiesner/Mayr,* Neues zur Gruppenbesteuerung, RdW 2004, 629; *Stefaner/Weninger,* Gruppenbesteuerung: Mehr Gestaltungsspielraum bei der Konzernstrukturplanung, RWZ 2004, 296; *Hofstätter/Plansky,* Ein neuer „Firmenwert“ im KStG, RWZ 2004, 359; *Bucek,* Steuerumlagen im Rahmen der Gruppenbesteuerung, GeS 2004, 323; *Urtz,* Probleme der Firmenwertabschreibung im Rahmen der Gruppenbesteuerung, GeS 2004, 328; *Bartl,* Die Besteuerung von Unternehmensgruppen ab 2005, FJ 2004, 179; *Pernegger,* Die Einbeziehung ausländischer Körperschaften im Rahmen der Gruppenbesteuerung, ÖStZ 2005, 82; *Damböck/Galla,* Fremdfinanzierungskosten von Beteiligungen bei Gruppenbildung, ÖStZ 2005, 203; *Bruckner,* Gruppenbesteuerung – Top oder Flop? ÖStZ 2005, 227, 257; *Staringer,* Der Einfluss der Gruppenbesteuerung auf die Unternehmensorganisation, ÖStZ 2005, 495; *Hofstätter/Weninger,* Die Firmenwertabschreibung gem § 9 Abs 7 KStG: Werden nicht abzugsfähige Aufwendungen abzugsfähig? SWK 2005, S 351; *Grünberger,* Was Unternehmer über die Gruppenbesteuerung wissen sollten, SWK 2005, S 383; *Fida/Steindl,* Gruppenbesteuerung und Verbot der Einlagenrückgewähr, SWK 2005, S 555; *Stefaner/Weninger,* Gruppenbesteuerung: Unbeschränkte Verwertung ausländischer Verluste durch Cross-Over-Kaskaden, SWI 2005, 133; *Petritz/Schilcher,* Marks & Spencer – Erste Erkenntnisse aus dem Schlussantrag von Generalanwalt M. Poires Maduro, SWI

2005, 233; *Lang,* Marks & Spencer und die Auswirkungen auf das Steuerrecht der Mitgliedstaaten, SWI 2005, 255; *Wassermeyer,* Gemeinschaftsrechtliche und abkommensrechtliche Anforderungen an eine Gruppenbesteuerung, SWI 2005, 521; *Mühlehner,* Ausländische Organschaftsverhältnisse bei der Ermittlung ausländischer Verluste, SWI 2005, 529; *Kofler,* „Sandwichstrukturen" in der Gruppenbesteuerung: Ausländische Körperschaften als vermittelnde Gruppenmitglieder im Rahmen des § 9 Abs 4 KStG, taxlex 2005, 172; *Karollus/Kofler,* Eigene Anteile im Rahmen der finanziellen Verbindung nach § 9 Abs 4 KStG, taxlex 2005, 179; *Schuchter,* Personengesellschaften in der Gruppenbesteuerung, taxlex 2005, 183; *Haslehner/Pichler,* Beteiligungsgemeinschaft und Mindestdauer der Unternehmensgruppe, taxlex 2005, 203; *Aigner/Tumpel,* Anrechnungshöchstbetrag und Gruppenbesteuerung, taxlex 2005, 207; *Rödder/Stangl,* Die österreichische Gruppenbesteuerung aus der Sicht deutscher Unternehmen, taxlex 2005, 209; *Kessler/Daller,* Gruppenbesteuerungssysteme im internationalen Vergleich, taxlex 2005, 218; *Germuth/Toifl,* Zweifelsfragen iZm internationalen Aspekten der Gruppenbesteuerung, taxlex 2005, 226; *Tumpel/Tissot,* Grenzüberschreitende Verlustverrechnung in Unternehmensgruppen und Niederlassungsfreiheit, taxlex 2005, 230; *Postl,* Der mangelhafte Gruppenantrag, taxlex 2005, 234; *Zöchling/Fraberger/Eberl,* Steuerumlagen und die Aufteilung des Konzernvorteils bei der Gruppenbesteuerung, taxlex 2005, 242; *Aigner/Kofler,* Übergang bestehender Organschaften zur Gruppenbesteuerung, taxlex 2005, 251; *dies,* Körperschaftsteuersatzsenkung und Gruppenbesteuerung, taxlex 2005, 253; *Koppensteiner,* Zum Begriff der „finanziellen Verbindung" nach § 9 Abs 4 KStG, taxlex 2005, 442; *Hirschler,* Gruppenbesteuerung: Finanzielle Verbindung und Umgründung, taxlex 2005, 510; *Stefaner/Weninger,* Besteuerung von grenzüberschreitenden Unternehmensgruppen, ecolex 2005, 158; *Hofstätter/Plansky,* Die Behandlung von Beteiligungen iRd Gruppenbesteuerung, ecolex 2005, 160; *Doralt,* Gruppenbesteuerung – Widersprüche sachlich gerechtfertigt? RdW 2005, 50; *Wiesner/Mayr,* Aktuelle Zweifelsfragen zur Gruppenbesteuerung, RdW 2005, 566; *Kauba,* Gruppenbesteuerung: Anteilserwerb durch Nennkapitalerhöhung und Firmenwertabschreibung, RdW 2005, 648; *Fröhlich,* Auswirkungen der Gruppenbesteuerung auf latente Steuern im Konzernabschluss, RWZ 2005, 69; *Wiesner/Mayr,* Highlights aus dem Gruppenbesteuerungserlass, RWZ 2005, 97; *Hofstätter/Plansky/Stefaner/Weninger,* Gruppenbesteuerung: Zweifelsfragen zur finanziellen Verbindung, GeS 2005, 24; *Stefaner/Weninger,* Wichtige Punkte im neuen Gruppenbesteuerungs-Erlass, GeS 2005, 250; *Stefaner/Weninger,* Quasi-permanente Verwertung ausländischer Verluste iRd Gruppenbesteuerung, GeS 2005, 438; *Mayr,* Die neue Gruppenbesteuerung nach dem AbgÄG 2004, UFS-aktuell 2005, 6; *Wiesner/Mayr,* Gruppenbesteuerung: Beteiligungsgemeinschaft, Umgründungen und Marks & Spencer, RWZ 2006, 1; *Schmidt,* Verbot der Einlagenrückgewähr im Zusammenhang mit Steuerausgleichsvereinbarungen, RWZ 2006, 76; *Kofler,* Marks & Spencer: Bedingte Verpflichtung zur Hereinnahme von Verlusten ausländischer Tochtergesellschaften, ÖStZ 2006, 48; *Staringer,* Kann die Gruppenbesteuerung wieder abgeschafft werden? ÖStZ 2006, 493; *Haslehner,* Der Anschaffungszeitpunkt von Beteiligungen mit kartellrechtlicher Genehmigungspflicht, taxlex 2006, 102; *Stefaner,* Die grenzüberschreitende Gruppenbesteuerung auf dem Prüfstand des EuGH, GeS 2006, 25; *Schlager,* Können Verlustvorträge auch die Höhe des Firmenwertes nach § 9 Abs 7 KStG beeinflussen? GeS 2006, 365; *Wilplinger,* Anrechnung ausländischer Quellensteuern und Gruppenbesteuerung, FJ 2006, 173; *Stefaner/Weninger,* Gruppenbesteuerung: Die Optimierung der finanziellen Verbindung gem § 9 Abs 4 KStG, FJ 2006, 279; *Wilplinger,* Die „Fallen" der Gruppenbesteuerung, FJ 2006, 457; *Kolienz/Wiesner/Zöchling,* Aktuelle Entwicklungen im Unternehmens- und Konzernsteuerrecht, RdW 2006, 658; *Lang,* Die Firmenwertabschreibung des § 9 Abs 7 KStG aus verfassungsrechtlicher Sicht, in *Bertl ua* (Hrsg), Immaterielle Vermögenswerte, Wien 2006, 261; *Eberhartinger/Pummerer,* Tochterkapitalgesellschaft, Betriebsstätte und österreichische Gruppenbesteuerung – eine grenzüberschreitende Betrachtung, StuW 2007, 64; *Wollmann,* Gruppenbesteuerung und Fusionskontrolle, ecolex 2007, 156; *Damböck,* Verschmelzung und Gruppenbesteuerung, ecolex 2007, 158; *Puchner,* „Qualifizierte Unmittelbarkeit“ iZm. der Firmenwertabschreibung tatsächlich gerechtfertigt? SWK 2007, S 304; *ders,* Auswirkungen der „Kapitalverwässerung“ auf die Firmenwertabschreibung, SWK 2007, S 329; *Mühlehner,* Firmenwertabschreibung und andere Fragen der Transaktionsstrukturierung unter Berücksichtigung der Gruppenbesteuerung, in *Polster-Grüll/Zöchling/Kranebitter* (Hrsg), Handbuch Mergers & Aquisitions, Wien 2007, 171; *Zöchling/Haslinger,* Erwerb eines Mitgliedes einer Unternehmensgruppe – Gestaltungsmöglichkeiten und Steuerfallen, in *Polster-Grüll/Zöchling/Kranebitter* (Hrsg), Handbuch Mergers & Aquisitions, Wien 2007, 201; *Mayr/Wiesner,* Die österreichische Gruppenbesteuerung im Lichte von Marks & Spencer, Oy AA und CCCTB, in *Quantschnigg/Wiesner/Mayr* (Hrsg), Steuern im Gemeinschaftsrecht, FS Nolz, Wien 2008, 153; *Kornberger/Rödler,* Verwertung von Auslandsverlusten durch (Import)Umgründungen, in FS Nolz, Wien 2008, 97; *Reindl/Walter,* Umgründungen und Gruppenbesteuerung unter besonderer Berücksichtigung der Firmenwertabschreibung, in *Fraberger/Baumann/Plott/Waitz-Ramsauer* (Hrsg), Handbuch Konzernsteuerrecht, Wien 2008, 611; *Puchner,* Nacherfassung der Firmenwertabschreibung bei verschmelzungsbedingter „Anteilsdurchschleusung“? SWK 2007, S 815; *Staringer,* Firmenwertabschreibung und Verschmelzung, SWK 2007, S 787; *Kauba,* AbgSiG 2007: Nachversteuerung der Firmenwertabschreibung, RdW 2007, 696; *Wiesner/Mayr,* Gruppenbesteuerung: Umgründungsbedingte Nacherfassung vorgenommener Firmenwertabschreibungen, RdW 2007, 759; *Wollmann,* Gruppenbesteuerung und Fusionskontrolle, ecolex 2007, 156; *Baldauf/Pummerer,* Deutsche Zinsschranke und österreichische Gruppenbesteuerung, ÖStZ 2008, 272; *Beiser,* Gruppenende durch Umwandlung vor Ablauf der Mindestdauer – Rückabwicklung der Verlustverrechung, SWK 2008, S 785; *ders,* Gruppenende durch Verschmelzung vor Ablauf der Mindestdauer – Rückabwicklung der Verlustverrechung, SWK 2008, S 594; *Haslehner,* Zweifelsfragen der Gruppenbesteuerung: Konkurrierende finanzielle Verbindungen, taxlex 2008, 137; *Petutschnig,* Europarechtswidrige Kollision zwischen neuer deutscher Mantelkaufbestimmung und österreichischer Gruppenbesteuerung? ÖStZ 2008, 200; *Puchner,* Firmenwertabschreibung bei verschmelzungsbedingtem Gruppenträgerwechsel – Übertragbarkeit der Firmenwertabschreibung gerechtfertigt, SWK 2008, S 928; *Mamut,* SWI-Jahrestagung: Ermittlung der Verluste eines ausländischen Gruppenmitgliedes, SWI 2008, 56; *Puchner,* Teilwertabschreibungsverbote und die (K)Einfachbewertung von Verlusten, RdW 2008, 231; *B. Schneider,* Verfassungswidrige Nachversteuerung der Firmenwertabschreibung gem § 9 Abs 7 KStG? ecolex 2008, 173; *Urtz,* Der mangelhafte Gruppenantrag, GeS 2008, 29; *ders,* Die Frist zur Stellung des Gruppenantrages, GeS 2008, 76; *ders,* Gruppenbesteuerung: Mittelbare Beteiligung über eine Personengesellschaft, GeS 2008, 116; *Urtz/Haslehner,* Gruppenbesteuerung: Finanzielle Verbindungen über ausländische Gruppenmitglieder, GeS 2008, 208; *Aigner/Sedlacek,* Verschmelzungen des Gruppenträgers auf eine gruppenfremde Gesellschaft, SWK 2009, S 801; *Hofinger,* Ausscheiden ausländischer Gruppenmitglieder, taxlex 2009, 457; *Mamut/Schilcher,* Auswirkungen des EuGH-Urteils *Papillon* auf die österreichische Gruppenbesteuerung, taxlex 2009, 13; *Petritz,* EuGH und Gruppenbesteuerung, RdW 2009, 56; *Mayr,* Gruppenbesteuerung: wirtschaftliches Ausscheiden ausländischer Gruppenmitglieder, RdW 2009, 365; *Plansky/Stefaner,* Gruppenbesteuerung: Finanzielle Verbindung bei unterschiedlichen Bilanzstichtagen, RdW 2009, 742; *Plott,* Erwerb eines Gruppenmitglieds, ÖStZ 2009, 436; *Stefaner/Stieglitz,* Zweigniederlassungserfordernis für doppelt ansässige Gruppenträger – Verstoß gegen höherrangiges Recht? SWI 2009, 177; *Sulz/Oberkleiner,* Rückwirkende Begründung der Unternehmensgruppe, SWK 2009, S 658; *Stefaner,* Abgabenänderungsgesetz 2009: Änderungen für

Unternehmensgruppen, SWK 2009, T 76; *Brugger,* Anrechnungshöchstbetrag und Gruppenbesteuerung, SWI 2010, 466; *Eberhartinger/Hirschler/Petutschnig,* Firmenwertabschreibung im Rahmen einer Gruppenbesteuerung in Europa, SWI 2010, 55; *Haslehner,* Der Rolle der Beteiligungsgemeinschaft in der Unternehmensgruppe, SWK 2010, S 490; *ders,* Die Ergebnisaufteilung bei Beteiligungsgemeinschaften, SWK 2010, S 505; *ders,* Veräußerung von Beteiligungen an Gruppenmitglieder, taxlex 2010, 185; *Hirschler/Sulz,* Nachversteuerung des Firmenwerts bei Verschmelzung mit Anteilsauskehr ins Ausland, taxlex 2010, 381; *Hohenwarter-Mayr,* Die Rs. X Holding – ein weiterer Teil im Puzzle der grenzüberschreitenden Gruppenbesteuerung, SWI 2010, 163; *Laudacher,* Rechtswidrigkeit des „Feststellungsbescheides Gruppenmitglied", SWK 2010, S 573; *Mayr,* Gruppenbesteuerung: Verlustvortrag bei Umgründungen, RdW 2010, 536; *Plott,* Kann durch eine Umgründung auf Ebene der Gruppenmitglieder tatsächlich ein Verlustvortrag beim Gruppenträger untergehen? ÖStZ 2010, 436; *Mayr/Schlager,* Highlights aus dem KStR-Wartungserlass 2010, RdW 2010, 241; *Moser,* Einlagenrückgewähr durch Ergebnisabführungsvertrag? RdW 2010, 536; *Schlager,* AbgÄG 2010: Abschaffung von „Gruppenmitglieder-Beteiligungsgemeinschaften", RdW 2010, 309; *Staringer,* Die Gruppenbesteuerung in der Krise, GeS 2010, 31; *ders,* Die Zukunft der Gruppenbesteuerung, RdW 2010, 366; *Stefaner,* Zuschreibungspflicht bei Beteiligung an Gruppenmitgliedern, RdW 2010, 245; *Renner,* Gruppenbildung mit im Konkurs befindlicher Kapitalgesellschaft als Gruppenträger, ecolex 2011/112; *Tüchler,* Fortbestand der Gruppe bei Erweiterung durch Umgründung, ÖStZ 2011, 53; *Laudacher,* Anrechnung ausländischer Quellensteuer bei negativem Einkommen des Gruppenträgers, UFSjournal 2011, 273; *Beiser,* Ein Vorschlag zur Neuregelung der Gruppenbesteuerung, SWK 2011, T 67; *Haslehner,* Gruppenbesteuerung: Keine Gruppenbildung mit im Konkurs befindlicher Kapitalgesellschaft, GES 2011, 138; *ders,* Der Anrechnungshöchstbetrag in der Unternehmensgruppe, GES 2011, 298; *Tröszter,* Gruppenbesteuerung und Tax Holidays, SWI 2011, 303; *Gottholmseder,* Behandlung von Tax Holidays im Rahmen der Gruppenbesteuerung, SWI 2011, 127; *Doralt,* Umgründungsbedingter Verlust der Firmenwertabschreibung? RdW 2011, 118; *Zöchling,* Umgründungsbedingter Verlust der Firmenwertabschreibung: keine Steuerlücke, RdW 2011, 246; *Schmidsberger/Lipp,* Gruppenbesteuerung und Gesellschaftsrecht, RdW 2011, 385; *Siller/Stefaner,* Fortsetzung der Unternehmensgruppe bei Verschmelzung des Gruppenträgers, RdW 2011, 630; *Haslehner/Urtz,* Grenzen der Gruppenbesteuerung, in *Achatz/Aigner/Kofler/Tumpel* (Hrsg), Praxisfragen der Unternehmensbesteuerung, Wien 2011, 355; *Gatterer,* Wartungserlass 2011 (Art I) zu den UmgrStR im Zusammenhang mit der Gruppenbesteuerung, taxlex 2012, 85; *Hebenstreit/Knapp,* 7 Jahre Gruppenbesteuerung – ein Überblick über die bisherige UFS-Judikatur, taxlex 2012, 131; *Schlager,* Praxisfrage: Fortsetzung der Firmenwertabschreibung in anderer Gruppe möglich? RWZ 2012, 137; *Lehner,* BMF zur Gruppenbesteuerung – „Sandwichstrukturen" iSd Rs *Papillon* zulässig! GES 2012, 243; *Marchgraber,* Firmenwertabschreibung in der Unternehmensgruppe und Beteiligungszuschreibung, ÖStZ 2012, 269; *Mayr,* Gruppenbesteuerung: Ausländische Verluste mit ausländischem Ergebnis gedeckelt, RdW 2012, 308; *Kofler/Haslehner,* Auslandsverluste und ausländisches Steuerrecht: Neuregelung durch das StabG 2012, GES 2012, 350; *Hörtnagl-Seidner,* Gruppenbesteuerung – Deckelung ausländischer Verluste nach dem StabG 2012, RdW 2012, 552; *Schlager,* VwGH: Rückabwicklung der Gruppe auch bei „Verdichtung" vor Ablauf der Mindestdauer, RWZ 2012, 354; *Hohenwarter-Mayr,* Rs Philips Elektronics: Wende in der Verlustverwertung beschränkt Steuerpflichtiger, GES 2012, 505; *Heffermann/Wimpissinger,* Liquidationsverluste innerhalb der Steuergruppe, ÖStZ 2013, 43; *Pinetz/Schaffer,* Verlustvorträge bei Umgründungen in der Unternehmensgruppe, ÖStZ 2013, 80; *Sutter,* Rückabwicklung einer Gruppe nach Verschmelzung des einzigen Gruppenmitglieds mit dem Gruppenträger, ÖStZ 2013, 121; *Bendlinger,* Gruppenbesteuerung: Auslandsverluste aus

Steueroasen sind abzugsfähig, VWT 2014, 160; *Haslehner,* Verlustermittlung ausländischer Gruppenmitglieder, GES 2014, 89; *Haslehner,* Gruppenbesteuerung: Verlustzurechnung aus Staaten ohne Ertragsbesteuerung, GES 2014, 360; *Hebenstreit/Patloch,* Ausgewählte Fragestellungen iZm der Beendigung einer Gruppenmitgliedschaft durch Erklärung und Liquidation, ÖStZ 2014, 464; *Heffermann,* Neuerliche Einschränkungen bei der Gruppenbesteuerung, GES 2014, 127; *Hristov/Zeitlinger,* Änderungen innerhalb der Gruppenbesteuerung durch das AbgÄG 2014, taxlex 2014, 109; *Jann/Bernwieser,* Gruppenbesteuerung: „Doppelte Nachversteuerung" von Auslandsverlusten? ÖStZ 2014, 146; *Jirousek,* Begriff der „umfassenden Amtshilfe" im österreichischen Steuerrecht, ÖStZ 2014, 187; *Kofler/Marschner,* Änderungen im Außensteuerrecht, SWK 2014, 455; *Lachmayer,* AbgÄG 2014: Firmenwertabschreibung bei Gruppenbesteuerung abgeschafft, RdW 2014, 230; *Laudacher,* Teleologische Reduktion von § 12 Abs 3 Z 3 KStG auch für Teilwertabschreibungen als Folge eines Großmutterzuschusses, ecolex 2014, 1009; *Loidl,* AbgÄG 2014: Einschränkung des Gruppenbesteuerungsregimes im Hinblick auf drittstaatsansässige Körperschaften, ÖStZ 2014, 135; *Mayr/Titz,* AbgÄG 2014: Verlustberücksichtigung bei ausländischen Gruppenmitgliedern und Betriebsstätten eingeschränkt, RdW 2014, 221; *Neubauer,* Verlustermittlung ausländischer Gruppenmitglieder, ecolex 8/2014/303; *Papst,* Gruppenbesteuerung: Nachversteuerung mangels Amtshilfe verfassungsrechtlich bedenklich, ÖStZ 2014, 220; *Pinetz/Spies,* Unionsrechtliche Anforderungen an das Gruppenbesteuerungsregime des § 9 KStG: Ergebniskonsolidierung von inländischen Schwestergesellschaften, ecolex 2014, 1005; *Pinetz/Spies,* Ergebniskonsolidierung inländischer Schwestergesellschaften im Rahmen des § 9 KStG – Teil I, GES 2014, 470; *Raab/Renner,* Zurechnung der Verluste eines ausländischen, im Ansässigkeitsstaat von der Ertragsbesteuerung befreiten Gruppenmitglieds, BFGj 2014, 321; *Schilcher,* Neuerungen bei der Berücksichtigung von Auslandsverlusten im Rahmen der Gruppenbesteuerung, SWK 2014, 626; *Schimmer,* AbgÄG 2014: Änderungen der Berücksichtigung ausländischer Verluste im Rahmen der Unternehmensgruppe gem § 9 KStG, ÖStZ 6/2014/195, 140; *Schimmer,* Rs SCA Group Holding BV: Mögliche Auswirkungen des EuGH-Urteils auf die österreichische Unternehmensgruppe nach § 9 KStG, ÖStZ 2014, 458; *Stanek,* AbgÄG 2014: Die Fortführung der Firmenwertabschreibung in der Gruppenbesteuerung bei Tranchenerwerben, ÖStZ 2014, 453; *Tratlehner,* Konsequenzen aktueller EuGH-Rechtsprechung für die österreichische Gruppenbesteuerung, SWI 2014, 559; *Zeiler,* Mögliche Folgen einer Beihilferechtswidrigkeit der Firmenwertabschreibung des § 9 Abs 7 KStG, SWI 8/2014, 360; *Beiser,* Anrechnungsmethode bei der Gruppenbesteuerung, RdW 2015, 66; *Hohenwarter-Mayr,* EuGH: Weitere Liberalisierung nationaler Gruppenbesteuerungssysteme, RdW 2015, 201 und 266; *Kanduth-Kristen/Komarek,* VwGH zum Sanierungsgewinn eines Gruppenmitglieds, taxlex 2014, 64; *Kofler,* Gruppenträgereigenschaft und Liquidation, GeS 2015, 93 (Anmerkung zu VwGH 26. 11. 2014, 2011/13/0008); *Lachmayer,* Neues zu finalen Verlusten – Die Rechtssache Kommission/Großbritannien, C-172/13, ÖStZ 2015, 168; *Lang/Pinetz,* Siebentelung von Teilwertabschreibungen nach Begründung einer Unternehmensgruppe, SWK 2015, 403; *Mayr/Schilcher,* 2. AbgÄG 2014: Neuerungen im KStG, RdW 2015, 54;, 740; *Allram/Pinetz,* Ergebniszurechnung im Fall der Änderung des Gruppenträgers bei abweichenden Bilanzstichtagen in der Unternehmensgruppe, GES 2017, 389; *Allram/Pinetz,* VwGH zu errichtenden Umwandlungen in der Unternehmensgruppe, ÖStZ 2017, 624; *Komarek/Reinold/Zinnöcker,* Liquidationsbesteuerung bei fremdfinanzierten Zuschüssen und nicht abzugsfähigen Aufwendungen eines Gruppenmitglieds, ÖStZ 2017, 467; *Pinetz/Stefaner,* Zeitpunkt der Nachversteuerung bei Auflösung der Unternehmensgruppe durch unterjähriges Ausscheiden von Gruppenmitgliedern, GES 2017, 117; *Pinetz/Stefaner,* Liebhabereikörperschaft kann nicht Gruppenmitglied sein, GES 2017, 213; *Plott/Vaishor,* Nicht abgereifte Siebentelabschreibungen sind nicht auf Gruppenmitgliedsebene „eingesperrt", taxlex 2017, 234; *Wiesner,* Fortgesetzte Siebentel-Abschreibung in der Unternehmensgruppe, RWZ 2017, 211; *Gonaus,* Die Zuordnung von Verlusten in Unternehmensgruppen, ÖStZ 2018, 11; *Ehgartner,* Gruppenbesteuerung – Beteiligungsgemeinschaften auf „mittlerer Ebene", BFGjournal 2018, 201.

1. Entwicklung und Konzept

Zurechnungssubjekt des Einkommens ist prinzipiell die Körperschaft, die **937** dieses Einkommen erzielt hat (Prinzip der Individualbesteuerung). Eine **Ausnahme** galt bis 2004 im Falle der **Organschaft,**[115]) dh, wenn eine – formal selbständige – Körperschaft (Organgesellschaft) wirtschaftlich von einer anderen Körperschaft (Organträger) vollkommen abhängig und zwischen ihnen ein Ergebnisabführungsvertrag abgeschlossen worden war. Die wirtschaftliche Abhängigkeit setzte eine finanzielle, wirtschaftliche und organisatorische Eingliederung voraus. In diesem Fall war der steuerlich ermittelte Gewinn (Verlust) der Organgesellschaft dem Organträger zuzurechnen; im Ergebnis konnten damit Gewinne und Verluste verschiedener Rechtsträger miteinander ausgeglichen werden.

Die alte Organschaft war auf Grund der Notwendigkeit einer wirtschaftlichen und organisatorischen Eingliederung sowie eines Ergebnisabführungsvertrages nicht mehr zeitgemäß[116]) und wurde 2005 durch eine moderne **Gruppenbesteuerung** ersetzt; bestehende Organschaften konnten in die Gruppenbesteuerung überführt werden. Seither ist die Zahl der Unternehmensgruppen rasant gestiegen und beträgt mittlerweile bereits über 4.000. Die Gruppenbesteuerung mit ihren steuerlich attraktiven Folgen (zB Ergebniszurechnung, grenzüberschreitende Verlustberücksichtigung, Firmenwertabschreibung) soll den Wirtschaftsstandort Österreich stärken (auch im Vergleich zu den östlichen EU-Mitgliedstaaten),[117]) stand allerdings von Anbeginn im Mittelpunkt steuerpolitischer Diskussionen.[118])

Vereinfacht gesagt, geht es bei der Gruppenbesteuerung um den **Ausgleich** **938** **von Gewinnen und Verlusten** von finanziell verbundenen Unternehmen. Gewinne und Verluste von Mutter- und Tochtergesellschaften können durch die Bildung einer Unternehmensgruppe miteinander ausgeglichen und die Steuerbelastung kann (zumindest temporär) verringert werden.

[115]) Zur historischen Entwicklung der Organschaft zB *Wiesner/Kirchmayr/Mayr,* Gruppenbesteuerung² K6; *Achatz/Tumpel* in *Quantschnigg/Achatz/Haidenthaler/Trenkwalder/Tumpel,* Gruppenbesteuerung § 9 Abs 1 Rz 1.

[116]) Dazu zB *Wiesner/Kirchmayr/Mayr,* Gruppenbesteuerung² K28.

[117]) Bei Einführung der Gruppenbesteuerung kannte zB die Slowakei eine „Flat Tax" in der Einkommen- und Körperschaftsteuer von 19% (also einheitlichen Steuersatz von 19%), aber keine Gruppenbesteuerung; zwischenzeitlich hat zB Ungarn den KSt-Satz auf 9%, Bulgarien auf 10% gesenkt.

[118]) Zur „Zukunft der Gruppenbesteuerung" vgl *Staringer,* RdW 2010, 366; zu Modernisierungsvorschlägen vgl *Mayr,* IStR 2010, 633; zur verfassungsrechtlichen Rechtfertigung der Gruppenbesteuerung vgl *Wiesner/Kirchmayr/Mayr,* Gruppenbesteuerung² K55 a; *Achatz/Tumpel* in *Quantschnigg/Achatz/Haidenthaler/Trenkwalder/Tumpel,* Gruppenbesteuerung § 9 Abs 1 Rz 36; *Kirchmayr* in FS Schäffer 379.

Beispiel:

Die Kapitalgesellschaft A ist zu mehr als 50% an der Kapitalgesellschaft B beteiligt; A und B können eine Unternehmensgruppe bilden und dadurch ihre Ergebnisse ausgleichen. Erzielt A zB einen Gewinn von € 1 Mio, erleidet B hingegen einen Verlust von € 0,5 Mio, können A und B in der Unternehmensgruppe ihre Ergebnisse miteinander ausgleichen und haben nur € 0,5 Mio zu versteuern. Ohne die Bildung einer Unternehmensgruppe hat A gesondert € 1 Mio zu versteuern und kann den Verlust von B höchstens im Wege einer Teilwertabschreibung ausgleichen (B könnte den Verlust aber vortragen und mit späteren eigenen Gewinnen verrechnen).

Finanziell verbundene Körperschaften können eine Unternehmensgruppe bilden, die alten organschaftlichen Voraussetzungen der wirtschaftlichen und organisatorischen Eingliederung sowie der Ergebnisabführungsvertrag entfielen. Bei der Gruppenbesteuerung bleiben die Gruppenmitglieder zwar subjektiv körperschaftsteuerpflichtig; es wird auch für sie zunächst jeweils das steuerliche Ergebnis getrennt ermittelt. Eine objektive Steuerpflicht besteht für sie aber nicht, weil das jeweilige steuerliche Ergebnis zunächst dem übergeordneten Gruppenmitglied und letztlich dem Gruppenträger zugerechnet wird. Die Gruppenbesteuerung betrifft nur die steuerliche Behandlung der Unternehmensergebnisse, die unternehmensrechtlichen Ergebnisse bleiben – abgesehen vom notwendigen Steuerausgleich[119]) – unberührt.

Die wesentlichen Rechtsgrundlagen finden sich in **§ 9.** Die Zuständigkeit der Finanzämter bei der Besteuerung von Körperschaften in einer Unternehmensgruppe ist in einer Verordnung geregelt;[120]) grundsätzlich ist jenes FA mit erweitertem Aufgabenkreis zuständig, in dessen Amtsbereich sich der Sitz des Gruppenträgers befindet. Die Gruppenbesteuerung hat viele Auslegungsfragen hervorgerufen, von Seiten der FinVw werden diese in den KStR 2013 (Rz 1004 ff) beantwortet.

2. Gruppenträger und Gruppenmitglieder

939 An der Spitze der Unternehmensgruppe steht der **Gruppenträger** (§ 9 Abs 3). Als Gruppenträger kommen zunächst unbeschränkt steuerpflichtige Kapitalgesellschaften, Genossenschaften, Versicherungsvereine auf Gegenseitigkeit und Kreditinstitute in Betracht. Beschränkt steuerpflichtige EU-Gesellschaften sowie den Kapitalgesellschaften vergleichbare Gesellschaften mit Geschäftsleitung und Sitz im Europäischen Wirtschaftsraum können Gruppenträger sein, wenn sie mit einer österreichischen Zweigniederlassung im Firmenbuch eingetragen sind und die Beteiligung an den Gruppenmitgliedern der Zweigniederlassung zuzurechnen ist; dieselben Voraussetzungen (eingetragene Zweigniederlassung, Zurechnung der Beteiligungen zur Zweigniederlassung) gelten auch für in mehreren Staaten unbeschränkt steuerpflichtige Körperschaf-

---

[119]) Dazu unten Tz 955.

[120]) VO zur Durchführung des Abgabenverwaltungsorganisationsgesetzes 2010 (AVOG 2010 – DV), BGBl II 2010/165.

ten. Abgesehen vom Fall der Beteiligungsgemeinschaft[121]) kann eine Körperschaft nur Mitglied *einer* Unternehmensgruppe sein.[122])

In der Praxis fungieren vor allem unbeschränkt steuerpflichtige Kapitalgesellschaften (AG, GmbH) als Gruppenträger. Ausländische Körperschaften benötigen eine eingetragene österreichische **Zweigniederlassung.** Mit dem Begriff „Zweigniederlassung" wurde formal an das Unternehmens- und Gesellschaftsrecht angeknüpft. Die Zurechnung der Beteiligungen zur österreichischen Zweigniederlassung setzt steuerlich eine „Betriebsstätte" voraus, dh im Inland erfasste gewerbliche Einkünfte mit selbständigem Betriebsvermögen und eigener Buchführung.[123])

Als **Gruppenmitglieder** kommen zunächst unbeschränkt steuerpflichtige Kapitalgesellschaften oder Erwerbs- und Wirtschaftsgenossenschaften in Betracht. Je nach Positionierung innerhalb einer Unternehmensgruppe sind Gruppenmitglieder nur Beteiligungskörperschaften oder auch beteiligte Körperschaften: **940**

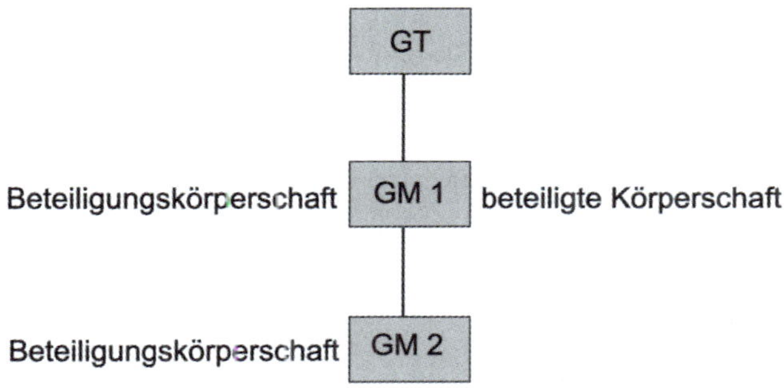

Im abgebildeten Beispiel ist Gruppenmitglied 1 in Bezug auf den (übergeordneten) Gruppenträger „Beteiligungskörperschaft" und in Bezug auf das (untergeordnete) Gruppenmitglied 2 „beteiligte Körperschaft". Gruppenmitglied 2 ist in der Unternehmensgruppe (als „unterstes" Gruppenmitglied) ausschließlich „Beteiligungskörperschaft".

Eine Besonderheit der österreichischen Gruppenbesteuerung ist das Einbeziehen von **ausländischen Gruppenmitgliedern.** Ausländische Gruppenmitglieder müssen einer inländischen Kapitalgesellschaft oder Erwerbs- oder Wirtschaftsgenossenschaft vergleichbar sein und dürfen ausschließlich Beteiligungskörperschaft (= untergeordnetes Gruppenmitglied) sein. Dadurch kann als ausländisches

---

121) Dazu unten Tz 945.

122) VwGH 26. 7. 2017, Ro 2016/13/0007.

123) *Wiesner/Kirchmayr/Mayr,* Gruppenbesteuerung² K111; *Trenkwalder* in *Quantschnigg/Achatz/Haidenthaler/Trenkwalder/Tumpel,* Gruppenbesteuerung § 9 Abs 3 Rz 22; aus unionsrechtlicher Sicht kritisch zum Kriterium der Zweigniederlassung zB *Tumpel/Tissot* in *Quantschnigg/Achatz/Haidenthaler/Trenkwalder/Tumpel,* Gruppenbesteuerung 444 ff; *Oberascher/Staringer* in *Lang/Schuch/Staringer/Stefaner,* Grundsatzfragen der Gruppenbesteuerung 29 (42 ff); zu den diesbezüglichen Entwicklungen in der Rsp des EuGH *Hohenwarter-Mayr,* RdW 2015, 266.

Gruppenmitglied grundsätzlich[124]) nur eine Körperschaft in der „ersten Auslandsebene" einbezogen werden. Seit 1. 3. 2014 können ausländische Körperschaften nur mehr dann Gruppenmitglieder sein, wenn sie in einem EU-Staat oder in einem Staat, mit dem eine umfassende Amtshilfe besteht, ansässig sind.[125])

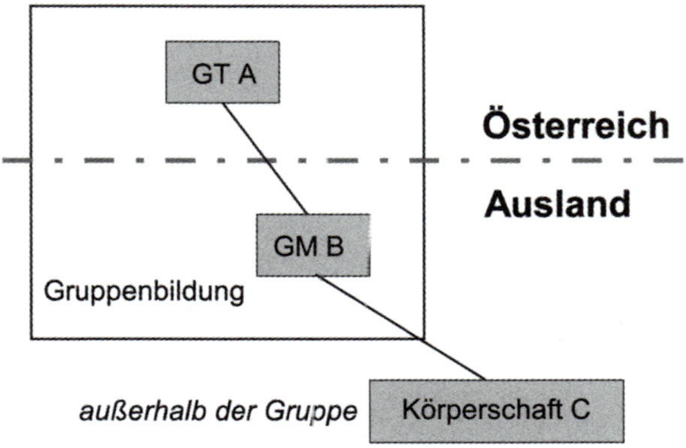

Da im Ausland nur eine Auslandsebene in die Unternehmensgruppe einbezogen werden kann, können im Beispiel Körperschaft A (als GT) und B (als GM) eine Unternehmensgruppe bilden, Körperschaft C kann hingegen nicht in die Unternehmensgruppe einbezogen werden.

Ausländische Gruppenmitglieder wurden auch in Hinblick auf die **EuGH-Rechtsprechung** (insb „Marks & Spencer")[126]) in die Gruppenbesteuerung einbezogen (nach EuGH müssen „finale" ausländische Verluste, die im Ausland endgültig nicht mehr verwertet werden können, berücksichtigt werden). Die österreichische Gruppenbesteuerung geht zB mit seiner Sofortberücksichtigung der ausländischen Verluste über die Vorgaben des EuGH hinaus, könnte andererseits bei der Nachversteuerung und der Begrenzung auf die erste Auslandsebene zu restriktiv sein (strittig).[127])

3. Finanzielle Verbindung

941 Als materielle Voraussetzung ist nur die **finanzielle Verbindung** von **mehr als 50%** am Grund-, Stamm- oder Genossenschafts**kapital und** an den **Stimm-**

---

[124]) Zu den Ausnahmen bei der finanziellen Verbindung sogleich; zudem lässt das BMF als Reaktion auf das EuGH-Urteil *„Papillon"* (EuGH 27. 11. 2008, C-418/07) eine Ergebniszurechnung inländischer Enkelgesellschaften zu, die über ein in einem anderen Mitgliedstaat ansässiges Gruppenmitglied gehalten werden, RdW 2012, 379, KStR 2013 Rz 1014; dazu *Lehner,* GES 2012, 243; *Hohenwarter-Mayr,* GES 2012, 505.

[125]) Mittlerweile besteht aber auch mit großen Drittstaaten wie China, Indien oder Russland eine umfassende Amtshilfe, vgl BMF-Info vom 7. 1. 2019, BMF-010221/0002-IV/8/2019.

[126]) EuGH 13. 12. 2005, C-446/03.

[127]) Dazu zB *Wiesner/Kirchmayr/Mayr,* Gruppenbesteuerung[2] K38 c ff; *Mamut/Schilcher* 169; *Metzler* 221; *Hohenwarter/Staringer* 385; allesamt in *Lang/Schuch/Staringer/Stefaner,* Grundfragen der Gruppenbesteuerung; *Kofler,* ÖStZ 2006, 48; *Lang,* SWI 2006, 3; *Petritz/Schilcher,* ecolex 2006, 147; *Hohenwarter,* Verlustverwertung im Konzern 517 ff.

rechten vorgesehen. Die finanzielle Verbindung von mehr als 50% kann über eine unmittelbare Beteiligung, aber auch über mittelbare Beteiligungen (über eine Personengesellschaft oder über andere Gruppenmitglieder) oder über eine Beteiligungsgemeinschaft hergestellt werden. Die **Ergebniszurechnung**[128]) folgt der finanziellen Verbindung; daher wird das Ergebnis eines Gruppenmitglieds immer der ausreichend finanziell verbundenen (übergeordneten) Körperschaft zugerechnet (wird in den Grafiken mittels Pfeil dargestellt).

Bei **mittelbarer** finanzieller Verbindung **über eine Personengesellschaft** ist die Beteiligung durchzurechnen.

Beispiele:[129])

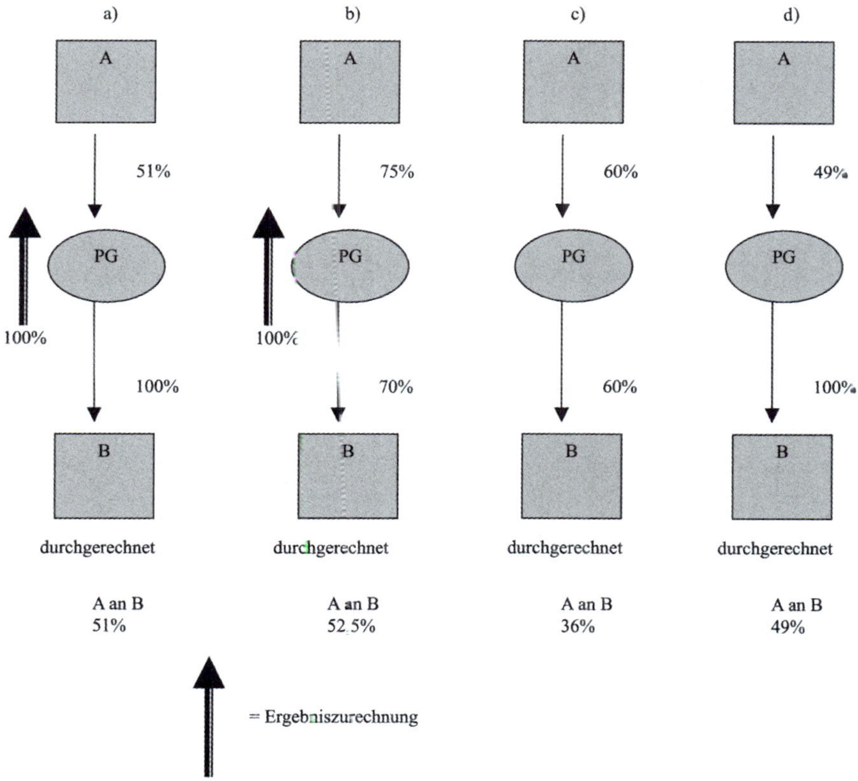

In den Fällen a) und b) ergibt sich durchgerechnet jeweils eine Beteiligung von mehr als 50%, sodass die Körperschaft A an der Körperschaft B ausreichend finanziell verbunden ist.

In den Fällen c) und d) liegt hingegen keine ausreichende Beteiligung vor; Körperschaft B kann daher nicht in die Gruppe einbezogen werden.

---

[128]) Zum Ausmaß der Ergebniszurechnung sogleich unten.

[129]) Adaptiert aus den KStR 2013 Rz 1038.

942 Bei **mittelbarer** finanzieller Verbindung **über ein anderes Gruppenmitglied** sind die durchgerechnete mittelbare Beteiligung und die unmittelbaren Beteiligungen zu addieren:

Beispiele:[130])

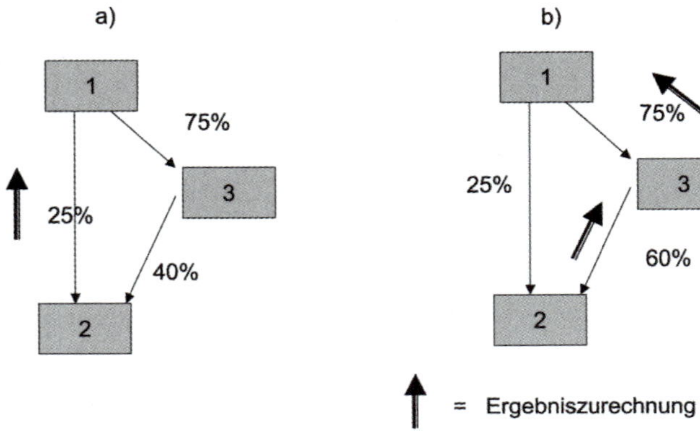

Im Fall a) hält die beteiligte Körperschaft 1 25% der Anteile an der Beteiligungskörperschaft 2 und 75% der Anteile an der Beteiligungskörperschaft 3. Letztere ist als beteiligte Körperschaft mit 40% an der Beteiligungskörperschaft 2 beteiligt. Isoliert betrachtet ist weder 1 noch 3 an 2 ausreichend zu mehr als 50% beteiligt. Da aber 1 an 2 nicht nur unmittelbar, sondern auch mittelbar über 3 beteiligt ist, beträgt die Beteiligung von 1 an 2 insgesamt 55% (25% unmittelbar und mittelbar durchgerechnet 30%).[131]) 3 dient 1 gewissermaßen als „Vehikel" zur Herstellung der ausreichenden finanziellen Verbindung; das Vehikel 3 ist nur in Bezug auf 1 Gruppenmitglied.

Da im Fall b) 3 bereits selbst zu mehr als 50% unmittelbar an 2 beteiligt ist, ist 3 beteiligte (übergeordnete) Körperschaft von 2 (die unmittelbare finanzielle Verbindung geht einer etwaigen mittelbaren finanziellen Verbindung von 1 vor). Das Einkommen von 2 wird 3 zugerechnet; es liegt eine dreigliedrige Unternehmensgruppe 1 – 3 – 2 vor.

943 Nach der hM und Verwaltungspraxis lassen sich **mittelbare Beteiligungen** auch **beliebig kombinieren,**[132]) um eine ausreichende finanzielle Verbindung von mehr als 50% herzustellen:

---

[130]) Adaptiert von KStR 2013 Rz 1044.

[131]) 75% multipliziert mit 40% ergeben mittelbar 30%; neben der Verwaltungspraxis vertreten ein solches Durchmultiplizieren: *Wiesner/Kirchmayr/Mayr,* Gruppenbesteuerung² K170; *Urtz* in *Achatz/Kirchmayr,* KStG § 9 Rz 193; *Tumpel/Tissot,* SWK 2004, 1190; *Hofstätter/Plansky/Stefaner/Weninger,* GeS 2005, 26; kritisch zB *Kofler* in *Quantschnigg/Achatz/Haidenthaler/Trenkwalder/Tumpel,* Gruppenbesteuerung § 9 Abs 4 Rz 53; *Obermair/Stefaner* in *Lang/Schuch/Staringer,* Grundsatzfragen der Gruppenbesteuerung 51 (82).

[132]) KStR 2013 Rz 1046; *Wiesner/Kirchmayr/Mayr,* Gruppenbesteuerung² K176; ausführlich *Urtz* in *Achatz/Kirchmayr,* KStG § 9 Rz 187; *Kofler* in *Quantschnigg/Achatz/Haidenthaler/Trenkwalder/Tumpel,* Gruppenbesteuerung § 9 Rz 41 ff.

Beispiel:

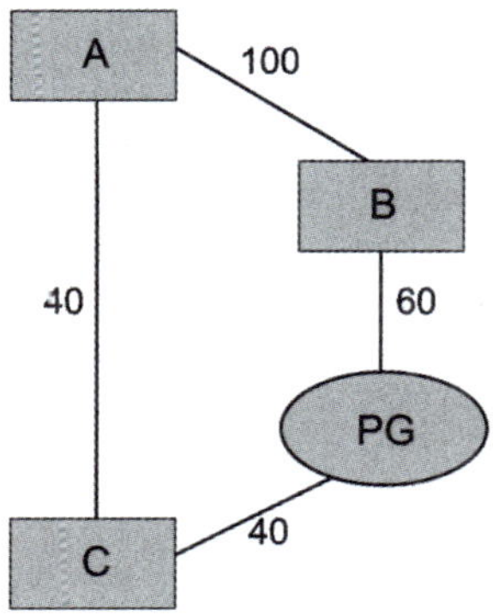

Im dargestellten Beispiel hat Kapitalgesellschaft B alleine an der Zielkörperschaft C keine ausreichende Beteiligung. Kapitalgesellschaft A hat neben seiner unmittelbaren 40-%-Beteiligung an C auch eine 100-%-Beteiligung an Gruppenmitglied B. B kann nun als „Vehikel" von A eine ausreichende mittelbare finanzielle Verbindung von 64% vermitteln (40% unmittelbar + mittelbar durchgerechnet 24%; die mittelbare finanzielle Verbindung über B wird mittelbar „hintereinander geschalten" über B und die PG vermittelt).

Die **mittelbare** finanzielle Verbindung lässt sich auch **über ausländische Gruppenmitglieder** herstellen; zu beachten ist dabei, dass ausländische Gruppenmitglieder untereinander nicht zu mehr als 50% finanziell verbunden sein dürfen, weil ansonsten eine nicht zulässige „zweite Auslandsebene" vorliegen würde: **944**

Beispiele:

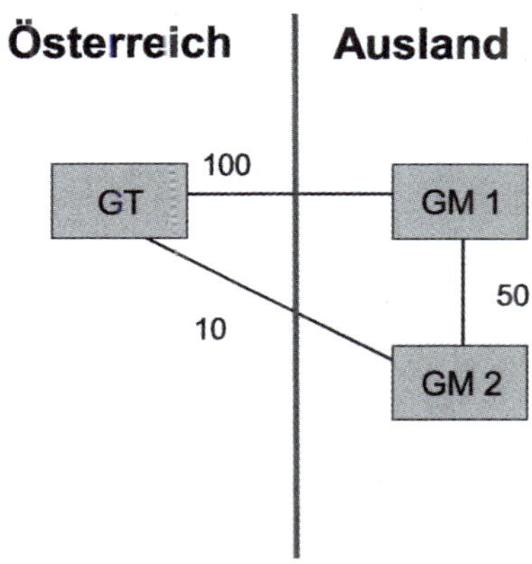

GM1 ist in Bezug auf GM2 nicht übergeordnetes Gruppenmitglied („beteiligte Körperschaft"), sondern vermittelt ausschließlich dem Gruppenträger GT die ausreichende finanzielle Beteiligung von mehr als 50%. Solange unter den ausländischen Gruppenmitgliedern keine finanzielle Verbindung iSd § 9 Abs 4 (von mehr als 50%) vorliegt, können diese beliebig untereinander beteiligt sein und der beteiligten inländischen Körperschaft eine ausreichende finanzielle Verbindung vermitteln. Wäre im Beispiel GM1 hingegen zu 51% an GM2 beteiligt, wäre GM1 selbst ausreichend finanziell beteiligt und damit beteiligtes (übergeordnetes) Gruppenmitglied, was gesetzlich nicht zulässig ist (GM2 könnte nicht in die Gruppe einbezogen werden).

Durch das Vermeiden von Beteiligungen von mehr als 50% könnte (theoretisch)[133]) auch eine Unternehmensgruppe mit folgenden ausländischen Gruppenmitgliedern gebildet werden:

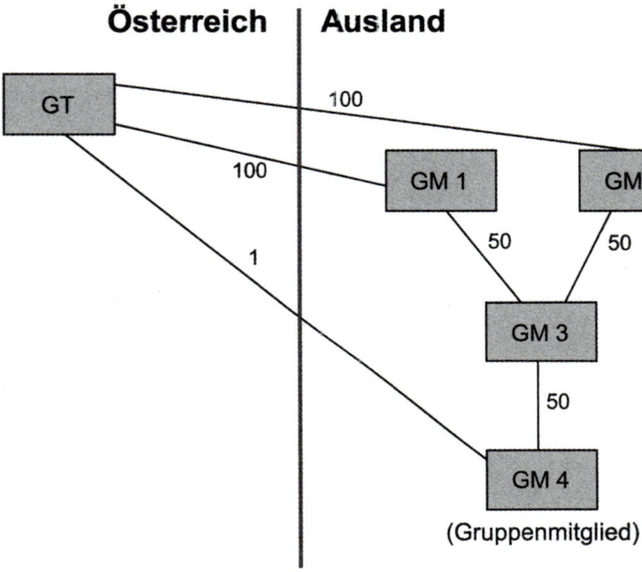

GM3 wird mittelbar über die beiden ausländischen Gruppenmitglieder GM1 und GM2 in die Gruppe einbezogen; GT erhält sodann 100% der Verluste von GM3 zugerechnet (zum Ausmaß der Verlustzurechnung siehe unten Tz 949). Um GM4 in die Gruppe einzubeziehen, benötigt GT eine weitere Beteiligung wie zB im Beispiel iHv 1%. GT erhält sodann im Beispiel die Verluste von GM4 iHv 51% zugerechnet.

4. Beteiligungsgemeinschaft

945 Hält eine Körperschaft für sich alleine keine ausreichende finanzielle Verbindung von mehr als 50%, kann diese Körperschaft unter bestimmten Voraussetzungen mit weiteren Körperschaften eine **Beteiligungsgemeinschaft** bilden. Voraussetzung für eine Beteiligungsgemeinschaft ist, dass ein Beteiligter zumindest **40%** hält (= **Hauptbeteiligter**) und jeder weitere **Minderbeteiligte** zumindest **15%** hält. Daher kann bereits mit einem Minderbeteiligten eine Beteiligungsgemeinschaft gebildet werden, weil durch die Mindestbeteiligungserfordernisse von 40% und 15% die notwendige finanzielle Verbindung von mehr als 50% erreicht wird. Maximal kann eine Beteiligungsgemeinschaft fünf Mitglie-

[133]) Das Beispiel soll das Einbeziehen von ausländischen Gruppenmitgliedern anhand eines theoretischen Extremfalles veranschaulichen.

der umfassen (40% + 4 Minderbeteiligte zu je 15%). Begründet wird die Beteiligungsgemeinschaft idR durch einen Syndikatsvertrag, möglich wäre auch die Gründung einer Personengesellschaft.[134])

Ursprünglich war es möglich, eine Beteiligungsgemeinschaft sowohl auf Ebene des Gruppenträgers („Gruppenträger-Beteiligungsgemeinschaft") als auch auf Ebene der Gruppenmitglieder („Gruppenmitglieder-Beteiligungsgemeinschaft") zu bilden. **946**

Beispiel:

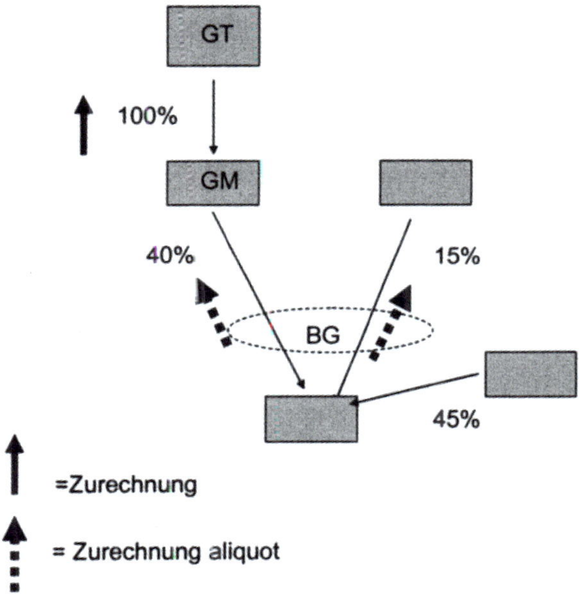

Das Beispiel zeigt eine **Gruppenmitglieder-Beteiligungsgemeinschaft.** Da GM an der Zielkörperschaft nur zu 40% beteiligt ist, benötigt es einen Beteiligungspartner und gründet mit der zu 15% beteiligten Körperschaft eine Beteiligungsgemeinschaft (die zu 45% an der Zielkörperschaft beteiligte Körperschaft könnte ebenfalls an der Beteiligungsgemeinschaft teilnehmen, nimmt aber – aus welchen Gründen auch immer – nicht teil). Zwischen GM und der zu 15% beteiligten Körperschaft wird ein schriftlicher Syndikatsvertrag geschlossen. Damit ist GM der Hauptbeteiligte, die zu 15% beteiligte Körperschaft der Minderbeteiligte der Beteiligungsgemeinschaft; die Zielkörperschaft wird über die Beteiligungsgemeinschaft in die Unternehmensgruppe einbezogen.

Die Beteiligungsgemeinschaft bewirkt, dass das **Ergebnis** der über die Beteiligungsgemeinschaft einbezogenen Zielkörperschaft **aliquot** – nach Maß-

---

[134]) In der Praxis werden fast nur schriftliche Syndikatsverträge geschlossen, die eine einheitliche Vorgehensweise bei der Verwaltung der Beteiligung (einschließlich einheitlichen Stimmverhaltens) vorsehen müssen, ausführlich zB *Wiesner/Kirchmayr/Mayr*, Gruppenbesteuerung[2] K124 ff.

gabe der Beteiligungsverhältnisse – den Beteiligungspartnern **zugerechnet** wird (im Beispiel im Verhältnis 40% zu 15%).

Seit 1. 7. 2010 dürfen **Gruppenmitglieder-Beteiligungsgemeinschaften nicht** mehr gebildet werden (bestehende Gruppenmitglieder-Beteiligungsgemeinschaften laufen bis 31. 12. 2020 weiter)[135]); **weiterhin zulässig** sind **Gruppenträger-Beteiligungsgemeinschaften.**

Beispiel:

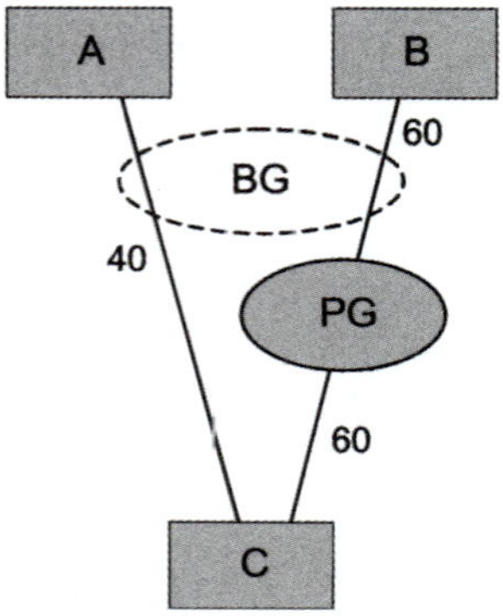

A, B und C gehören bisher keiner Gruppe an, möchten aber zusammen eine Gruppe bilden. Da weder A noch B an C ausreichend (zu mehr als 50%) finanziell verbunden sind, bilden sie eine Beteiligungsgemeinschaft (mittels Syndikatsvertrag). Hauptbeteiligter der Beteiligungsgemeinschaft ist A mit seiner 40-%-Beteiligung, weil B durchgerechnet nur zu 36% an C beteiligt ist; die Beteiligungsgemeinschaft wird auf Ebene des Gruppenträgers (= an der Spitze der Unternehmensgruppe) begründet. C wird durch die Beteiligungsgemeinschaft in die Gruppe einbezogen, das Ergebnis von C wird im Verhältnis 40% zu 36% A und B zugerechnet.

5. Ergebnisermittlung und Ergebniszurechnung

947 Jedes Gruppenmitglied hat zunächst für sich selbst sein Einkommen zu ermitteln. Dieses Einkommen (Ergebnis) wird der am Gruppenmitglied ausreichend finanziell verbundenen (übergeordneten) Körperschaft **zugerechnet;** diese verrechnet das zugerechnete Ergebnis mit dem eigenen Einkommen und rechnet wiederum das verrechnete (saldierte) Ergebnis dem nächsthöheren übergeordneten Gruppenmitglied zu. Dieser Vorgang setzt sich bis zum Gruppenträger fort (und kann ggf „lange" dauern)[136]). Der **Gruppenträger** wird sodann mit dem „Gruppeneinkommen" **veranlagt;** § 24 a sieht auf allen Ebenen einen Feststellungsbescheid vor (das Verfahren nach § 24 a ist damit zweistufig: zunächst Feststellungsbescheide für die jeweiligen Gruppenmitglieder und sodann die Körperschaftsteuerveranlagung des Gruppenträgers).[137])

---

[135]) § 26 c Z 18 KStG; KStR 2013 Rz 1015 ff; dazu *Schlager,* RdW 2010, 309.

[136]) Die grafischen Darstellungen zeigen kleine Unternehmensgruppen; in der Praxis haben Konzerne Unternehmensgruppen mit über 200 Gruppenmitgliedern gebildet.

[137]) Ausführlich zB *Wiesner/Kirchmayr/Mayr,* Gruppenbesteuerung² K418.

Bei **inländischen Gruppenmitgliedern** bewirkt die Gruppenbesteuerung eine **100%ige Zurechnung des steuerlichen Ergebnisses,** dh, sowohl die Besteuerung des gesamten Gruppengewinnes als auch die Verwertung des gesamten Gruppenverlustes erfolgen letztlich beim Gruppenträger; dies gilt bei inländischen Gruppenmitgliedern immer und damit auch dann, wenn die finanzielle Verbindung zB nur 51% ausmacht. Bei einer Beteiligungsgemeinschaft wird das Ergebnis den Beteiligungspartnern *aliquot – nach Maßgabe der Beteiligungsverhältnisse – zugerechnet.* **Verlustvorträge** der Tochtergesellschaften aus der Zeit vor Gruppenbegründung (**Vorgruppenverluste**) können nach § 9 Abs 6 Z 4 nur mit den eigenen künftigen Gewinnen verrechnet werden,[138]) Verlustvorträge des Gruppenträgers können hingegen weiterhin abgezogen und daher auch mit Gewinnen der Gruppenmitglieder verrechnet werden. **948**

Bei **ausländischen Gruppenmitgliedern** sind **lediglich** die steuerlichen **Verluste** der finanziell ausreichend beteiligten inländischen Körperschaft zuzurechnen (keine Zurechnung von ausländischen Gewinnen, weil Österreich hierfür kein Besteuerungsrecht hätte). Die Verlustzurechnung erfolgt aber **nur anteilsmäßig** (nach Ausmaß aller Beteiligungen am ausländischen Gruppenmitglied). **949**

Seit 2015 können Verluste ausländischer Gruppenmitglieder nur mehr bis **höchstens 75% des inländischen Gruppenergebnisses** verrechnet werden. Nicht berücksichtigte Verluste gehen in den Verlustvortrag des Gruppenträgers ein und können in Folgejahren verwertet werden.

Beispiel:[139])

Die inländische beteiligte Körperschaft 1 ist eine hundertprozentige Tochtergesellschaft des Gruppenträgers (GT) und unmittelbar zu 40% an der ausländischen Körperschaft beteiligt. Der Gruppenträger ist unmittelbar zu 10% an der ausländischen Körperschaft beteiligt. Weiters ist der Gruppenträger zu 60% an der inländischen Körperschaft 2 beteiligt, die ihrerseits zu 25% an der ausländischen Körperschaft beteiligt ist. 75% des Verlustes der ausländischen Körperschaft sind dem Gruppenträger zuzurechnen.

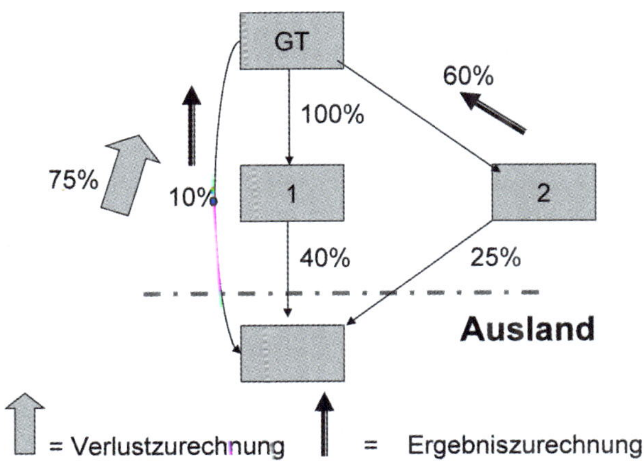

[138]) Dafür aber zu 100% (und nicht nur zu 75% gem § 8 Abs 4 Z 2).

[139]) Adaptiert aus KStR 2013 Rz 1075.

Die Verlustzurechnung ist bei ausländischen Gruppenmitgliedern auf die unmittelbaren Beteiligungen eingeschränkt; rechnet man im Beispiel die unmittelbaren Beteiligungen am ausländischen Gruppenmitglied zusammen, ergibt das 75% (10% +40% +25%); 75% des Verlustes werden daher zugerechnet.[140]) Von den inländischen Gruppenmitgliedern 1 und 2 bekommt GT das volle Ergebnis zugerechnet (auch von 2, obwohl die Beteiligung an 2 nur 60% beträgt); zum Ausmaß der Verlustzurechnung siehe auch das zweite Beispiel in Tz 944.

Fortsetzung des Beispiels:

Die steuerlichen Ergebnisse von GT und den Gruppenmitgliedern sind wie folgt: GT 50, GM1 70, GM2 –30, auslGM (nach Umrechnung auf österreichisches Steuerrecht) –150. Das inländische Gruppenergebnis beträgt somit 90 (50 + 70 – 30). Die ausländischen Verluste werden auf Grund der Beteiligungsverhältnisse zu 75%, also in einer Höhe von 112,5 (75% von 150), zugerechnet und dürfen bis maximal 75% des inländischen Gruppenergebnisses, also in einer Höhe von 67,5, verrechnet werden. Die nicht verrechneten Verluste in Höhe von 45 gehen in den Verlustvortrag des Gruppenträgers ein.

950 Die ausländischen Verluste sind auf österreichisches Steuerrecht **umzurechnen** (also keine direkte Übernahme eines zB indischen oder brasilianischen Verlustes).[141])

Die Umrechnung stellt in der Praxis die größte Schwierigkeit dar (gerade bei Umrechnung von „exotischen" Gruppenmitgliedern, weil die Rechtsgrundlagen oftmals nicht vergleichbar sind). Die FinVw verlangt eine „nachvollziehbare Umrechnung"; sollte das ausländische Steuerrecht erheblich vom österreichischen Steuerrecht abweichen, ist vom ausländischen Handelsrecht oder einem internationalen Abschluss nach IAS/IFRS oder US-GAAP auszugehen[142]) (zB bei einem chinesischen Gruppenmitglied wird ein internationaler Abschluss nach IAS/IFRS die Grundlage für die Umrechnung bilden, wobei insb die „Fair-Value-Bewertungen" nach IAS/IFRS zu korrigieren sind).

Damit Österreich die ausländischen Verluste nicht endgültig tragen muss, kommt es dann zu einer **Nachversteuerung** der zugerechneten ausländischen Verluste, wenn diese **im Ausland verwertet** werden (der ausländische Verlust befindet sich idR im ausländischen Verlustvortrag und wird in einer Folgeperiode im Ausland verrechnet).

Die Verlustberücksichtigung erfolgt mittels Umrechnung nach österreichischem Steuerrecht, während die Nachversteuerung auf die Verlustverwertung im Ausland blickt. Da die Verlustberücksichtigung und Nachversteuerung damit unterschiedlichen Steuerregimen folgen, ergaben sich in der Praxis

---

[140]) Im Falle einer mittelbaren Beteiligung über eine Personengesellschaft am ausländischen Gruppenmitglied wäre diese mittelbare Beteiligung – wie auch bei inländischen Gruppenmitgliedern – durchgerechnet zu berücksichtigen.

[141]) Vgl *Hohenwarter*, Verlustverwertung im Konzern 444 ff. Dazu ist bereits die Eröffnungsbilanz bei Aufnahme in die Gruppe unter Beachtung der zwingenden österreichischen steuerlichen Vorschriften umzurechnen, VwGH 29. 6. 2016, 2013/15/0253.

[142]) KStR 2013 Rz 1081 f; dazu zB *Wiesner/Kirchmayr/Mayr*, Gruppenbesteuerung[2] K280; *Urtz* in *Achatz/Kirchmayr*, KStG § 9 Rz 327; *Steiner/Vock* in *Renner/Strimitzer/Vock*, KStG § 9 Rz 554.

„Nachversteuerungslücken“ (zB aus einem ausländischen Gewinn ergab sich umrechnungsbedingt ein Verlust, der nie nachversteuert werden konnte, weil im Ausland kein Verlust vorlag). Diese Nachversteuerungslücken wurden mit dem 1. StabG 2012 geschlossen: Seit der Veranlagung 2012 hat zwar weiterhin eine Umrechnung auf österreichisches Steuerrecht zu erfolgen, es darf aber höchstens der nach ausländischem Steuerrecht ermittelte Verlust berücksichtigt werden; die Verlustberücksichtigung ist damit mit dem ausländischen Ergebnis gedeckelt.[143])

Eine Nachversteuerung des ausländischen Verlustes hat jedenfalls **spätestens bei Ausscheiden** des ausländischen Gruppenmitglieds aus der Unternehmensgruppe zu erfolgen.[144])

Scheidet ein Gruppenmitglied unterjährig, zB auf Grund eines Verkaufes der Beteiligung, aus der Unternehmensgruppe aus, erfolgt die Nachversteuerung mit Ablauf des dem Ausscheiden vorangegangenen Jahres.[145])

Im Falle der Liquidation des ausländischen Gruppenmitglieds ist der nachzuversteuernde Vermögensverlust um die während der Gruppenzugehörigkeit nicht steuerwirksamen Teilwertabschreibungen (dazu sogleich) zu kürzen.

6. Teilwertabschreibung und Firmenwertabschreibung

Teilwertwertabschreibungen auf und **Veräußerungsverluste** aus Beteili- **951**
gungen an Gruppenmitgliedern sind **nicht abzugsfähig** (§ 9 Abs 7). Dadurch soll eine doppelte Verwertung von Verlusten vermieden werden, weil die Verluste eines Gruppenmitglieds ohnehin zugerechnet werden (sich aber nicht mehr steuerwirksam auf den Wert der Beteiligung auswirken können). Eine steuerunwirksame Teilwertabschreibung senkt sehr wohl den Buchwert der

[143]) Vgl KStR 2013 Rz 1079; dazu *Mayr,* RdW 2012, 308; da der Verlustdeckel teilweise überschießend wirkt, wird im Schrifttum vertreten, dass sich nicht nur die Verlustberücksichtigung, sondern auch die Nachversteuerung nach inländischem Steuerrecht richten sollte, vgl *Kofler/Haslehner,* GES 2012, 350; *Hohenwarter,* Verlustverwertung im Konzern 435; *Plott* in *Perthold/Plott,* Stabilitätsgesetz 2012, 79 (89); vgl auch *Mayr* in ÖJT 2012 IV/2, 44.

[144]) Um unerwünschten Gestaltungen entgegenzuwirken, wurde mit dem AbgÄG 2009 dem tatsächlichen Ausscheiden ein wirtschaftliches Ausscheiden gleichgestellt; unter wirtschaftlichem Ausscheiden ist ein Verlust der Vergleichbarkeit iSd § 4 Z 1 lit c UmgrStG zu verstehen, dazu *Mayr,* RdW 2009, 365; bei tatsächlichem Ausscheiden kann es im Lichte der EuGH-Rechtsprechung *„Marks & Spencer“* geboten sein, bei „finalen“ ausländischen Verlusten diese noch einmal zu berücksichtigen („finale“ ausländische Verluste liegen vor, wenn diese im Ausland nicht mehr verwertet werden können), vgl *Wiesner/Kirchmayr/Mayr,* Gruppenbesteuerung[2] K38c; vgl auch *Kofler,* ÖStZ 2006, 48; *Hohenwarter,* Verlustverwertung im Konzern 525ff; *Mayr,* BB 2008, 1816; vgl auch BFH 9. 6. 2011, I R 100/09, wonach das Auslaufen eines zeitlich begrenzten Verlustvortrags zu keinen „finalen“ Verlusten führt. Bestand im Ausland von vorneherein keine Möglichkeit der Verlustverrechnung, etwa weil für bestimmte Einkünfte ein horizontales und vertikales Verlustausgleichsverbot besteht, liegen keine finalen Verluste vor (EuGH, 7. 11. 2013, C-322/1, *K;* siehe dazu *Lachmayer,* ÖStZ 2013, 565).

[145]) VwGH 27. 11. 2017, Ro 2017/15/0010.

Beteiligung, der Abschreibungsbetrag ist aber dem Gewinn wieder außerbilanzmäßig zuzurechnen.[146])

Als besonderen Steueranreiz für die Gruppenbesteuerung sah § 9 Abs 7 eine zwingende **Firmenwertabschreibung auf** erworbene **Beteiligungen an Gruppenmitgliedern vor.**[147]) Ursprünglich war die Firmenwertabschreibung auf den Erwerb unbeschränkt steuerpflichtiger Gruppenmitglieder beschränkt. Dies wurde vom EuGH als unionswidrig eingestuft, wodurch die Firmenwertabschreibung „ex tunc" auch für Beteiligungserwerbe an ausländischen Gruppenmitgliedern zustand.[148]) Als abschreibbarer Firmenwert galt dabei die Differenz zwischen dem Anschaffungspreis einerseits und dem aliquoten handelsrechtlichen Eigenkapital zuzüglich der stillen Reserven im nicht abnutzbaren Anlagevermögen andererseits, **max** jedoch **50% der Anschaffungskosten.** Ein positiver Firmenwert war beim Anteilseigner auf **15 Jahre** verteilt steuerlich abzuschreiben, ein negativer Firmenwert über 15 Jahre gewinnerhöhend aufzulösen.

Mit der Firmenwertabschreibung wurde der beim Beteiligungserwerb gegebene „Share Deal" einem Erwerb des Betriebes selbst („Asset Deal") angenähert; steuersystematisch war eine Firmenwertabschreibung auf eine Beteiligung allerdings ein Fremdkörper.[149]) Der Firmenwert nach § 9 Abs 7 sollte auch nicht mit dem nach § 203 Abs 5 UGB bzw § 8 EStG verwechselt werden, zumal er auch die stillen Reserven im nicht abnutzbaren Anlagevermögen und Umlaufvermögen umfasst. § 9 KStG fingierte, dass bei Anschaffung einer Beteiligung mit dem Kaufpreis auch ein Firmenwert der Beteiligungskörperschaft abgegolten wurde und dieser – bis zur Hälfte – auf 15 Jahre abnutzbar war. Da der in der Beteiligung tatsächlich vorhandene Firmenwert im Regelfall erhalten bleibt (solange die Beteiligung insgesamt nicht an Wert verliert), wird die vorgenommene Firmenwertabschreibung im Falle einer späteren Veräußerung über den Veräußerungsgewinn nacherfasst.

Keine Firmenwertabschreibung stand zu für Beteiligungsanschaffungen **im Konzern,** sowie auf **vermögensverwaltende Gruppenmitglieder.**[150]) Um Gestaltungen entgegenzuwirken, wurde eine umgründungsbedingte Nacherfassung vorgenommener Firmenwertabschreibungen vorgesehen (§ 9 Abs 7 letzter TS).[151])

---

[146]) Vgl KStR 2013 Rz 1107.

[147]) Gilt für Beteiligungserwerbe ab 1. 1. 2005.

[148]) EuGH 6. 10. 2015, Rs C-66/14, *Finanzamt Linz.* Bereits zuvor kritisch zum Ausschluss bei ausländischen Gruppenmitgliedern zB *Stefaner/Weninger,* SWI 2004, 441; *Hofstätter/Plansky,* RWZ 2004, 359; vgl auch *Tumpel/Tissot* in *Quantschnigg/Achatz/Haidenthaler/Trenkwalder/Tumpel,* Gruppenbesteuerung 474 ff; *Urtz* in *Achatz/Kirchmayr,* KStG § 9 Rz 451; rechtfertigend *Mayr* in *Lang/Schuch/Staringer/Stefaner,* Grundsatzfragen 15.

[149]) *Wiesner,* RWZ 2004, 33; *Mayr,* RdW 2004, 246; kritisch auch *Doralt,* RdW 2005, 50.

[150]) Das Gruppenmitglied muss „betriebsführend" sein; beim Kriterium der Betriebsführung ist auf allgemeine ertragsteuerliche Grundsätze zurückzugreifen.

[151]) Dazu zB *Wiesner/Mayr,* RdW 2007, 759; kritisch zB *Staringer,* SWK 2007, 1157; *Kauba,* RdW 2007, 696; kritisch zur Bewertung mit dem Verkehrswert *Doralt,* RdW 2001, 118; anders *Zöchling,* RdW 2011, 246.

Mit dem Abgabenänderungsgesetz 2014 wurde die **Firmenwertabschreibung** in der Unternehmensgruppe **abgeschafft.** Für Beteiligungsanschaffungen ab dem **1. 3. 2014** kann keine Firmenwertabschreibung mehr geltend gemacht werden. Noch nicht geltend gemachte Fünfzehntel aus Anschaffungen vor dem 1. 3. 2014 können weiterhin abgesetzt werden, wenn die Firmenwertabschreibung den Kaufpreis der Beteiligung beeinflussen konnte, also auf Grund des steuerlichen Vorteils wahrscheinlich ein höherer Kaufpreis bezahlt wurde.[152])

7. Dauer und Mindestdauer

Für das Einbeziehen in eine Unternehmensgruppe muss die finanzielle Verbindung von mehr als 50% während des gesamten Wirtschaftsjahres des jeweiligen Gruppenmitglieds bestehen.[153]) Vermögensübertragungen innerhalb der Unternehmensgruppe sind jedoch zulässig und schaden dem Weiterbestehen einer Unternehmensgruppe grundsätzlich nicht. **952**

Umgründungen (insb Verschmelzungen, Einbringungen und Spaltungen)[154]) innerhalb der Unternehmensgruppe sind grundsätzlich zulässig, sofern die Voraussetzungen der Gruppenbesteuerung (insb finanzielle Verbindung) eingehalten werden; ein umgründungsbedingtes Übertragen der Eigenschaft eines Gruppenmitglieds oder des Gruppenträgers auf eine gruppenfremde Körperschaft ist jedoch nicht zulässig.[155]) Der Eintritt des Gruppenträgers in die Liquidation (zB durch Insolvenz) beendet eine Unternehmensgruppe.[156])

Mindestdauer: Die Unternehmensgruppe muss für einen Zeitraum von mindestens **drei Jahren** bestehen; dabei müssen vom jeweiligen Gruppenmitglied die Ergebnisse von mindestens drei – jeweils zwölf Monate umfassenden – Wirtschaftsjahren zugerechnet werden. Neu eintretende Gruppenmitglieder müssen je für sich die Frist erfüllen. Wird die Frist nicht erfüllt (zB Veräußerung einer Beteiligung an einem Gruppenmitglied vor Zurechnung des dritten Ergebnisses), gilt das Ausscheiden als rückwirkendes Ereignis nach § 295 a BAO und es ist im Wege der Veranlagung und der Anpassung der abgeleiteten Bescheide jener Zustand herzustellen, der sich ohne Gruppenzugehörigkeit ergeben hätte (§ 9 Abs 10). **953**

Bei Ausscheiden eines Gruppenmitglieds hängt daher der Fortbestand der Unternehmensgruppe davon ab, ob noch andere Gruppenmitglieder in der Unternehmensgruppe verbleiben, die mit dem Gruppenträger die Gruppe fortführen können. Da jede Unternehmensgruppe einen Gruppenträger und zumindest ein Gruppenmitglied voraussetzt, ist bei Ausscheiden des Gruppenträgers die Gruppe jedenfalls (mangels Gruppenträgers) aufgelöst. Die Wirkungen des Ausscheidens hängen davon ab, ob die Mindestdauer erfüllt ist. Innerhalb der Mindestdauer wird bei Ausscheiden des Grup-

---

152) Diese Übergangsvorschrift war auf Grund des verfassungsrechtlich gewährleisteten Vertrauensschutzes notwendig.

153) Steuerlich wirksame rückwirkende Anteilserwerbe (etwa nach UmgrStG) sind auch für die Frage der finanziellen Verbindung maßgebend (§ 9 Abs 5).

154) Zu den Umgründungen unten Tz 1101 ff.

155) VwGH 28. 6. 2016, 2013/13/0066; dazu unten Tz 1275.

156) VwGH 26. 11. 2014, 2011/13/0008.

penträgers oder des einzigen Gruppenmitglieds die gesamte Unternehmensgruppe rückabgewickelt,[157]) bei Ausscheiden nur eines (von mehreren) Gruppenmitgliedern wird nur dieses rückabgewickelt (jeweils „ex tunc“), nach Ablauf der Mindestdauer wirkt das Ausscheiden „ex nunc“ (die steuerlichen Wirkungen bleiben für die Dauer der Zugehörigkeit aufrecht).[158])

8. Gruppenantrag

954 Formale Voraussetzung für die Bildung einer Unternehmensgruppe ist ein schriftlicher **Gruppenantrag,** der von sämtlichen inländischen Gruppenmitgliedern und dem Gruppenträger zu unterfertigen ist; der Gruppenantrag ist vom jeweiligen Gruppenmitglied vor Ablauf jenes Wirtschaftsjahres zu unterfertigen, für das die Zurechnung erstmalig wirksam sein soll. Der Gruppenantrag ist bei dem für den Gruppenträger zuständigen FA binnen Monatsfrist nach Unterfertigung durch das letzte Gruppenmitglied einzureichen. Liegen die Voraussetzungen für die Bildung einer Unternehmensgruppe vor, hat das FA dies gegenüber allen Beteiligten bescheidmäßig festzustellen (Feststellungsbescheid).

Die FinVw hat für den Gruppenantrag standardisierte Antragsformulare erstellt.[159]) Dabei sind im Gruppenantrag ua die Beteiligungsverhältnisse innerhalb der Unternehmensgruppe anzugeben. Sollten sich zB Änderungen bei den Beteiligungsverhältnissen ergeben, sind diese dem FA anzuzeigen; das FA hat den Feststellungsbescheid abzuändern (§ 9 Abs 9). Zu den möglichen Änderungen zählt auch der nachträgliche Eintritt eines neuen Gruppenmitglieds (ein neuer „Gruppenträger“ ist hingegen nicht zulässig).

955 Die Gruppenbesteuerung bewirkt eine rein steuerliche Zurechnung. Das Ergebnis des jeweiligen Gruppenmitglieds wird außerbilanziell zugerechnet. Eine unternehmensrechtliche Wechselwirkung besteht nur in Bezug auf den **Steuerausgleich.** In steuerlicher Hinsicht ist ausreichend, dass das Vorhandensein eines Steuerausgleichs im Gruppenantrag angegeben wird.

Da der Gruppenträger sowohl die KSt-Schuld für die vollen Gewinne sämtlicher Gruppenmitglieder trägt als auch den KSt-Vorteil aus den verwertbaren Verlusten zieht, ist jedoch aus unternehmensrechtlicher Sicht ein **Steuerausgleich** erforderlich, wonach der aliquote KSt-Aufwand dem jeweiligen Gruppenmitglied verrechnet wird bzw der KSt-Vorteil aus der Verlustverwertung an das Gruppenmitglied rückgeführt wird. Die Methode des Steuerausgleichs lässt das KStG offen, sie muss nach der Verwaltungspraxis aber zu „betriebswirtschaftlich sinnvollen Ergebnissen“[160]) führen (zB Verteilungs- oder Belastungsmethode; aber auch ein Ergebnisabführungsvertrag).[161]) Steuerumlagen zum

---

[157]) Zur Rückabwicklung der gesamten Unternehmensgruppe kommt es zB auch, wenn innerhalb der Mindestdauer das einzige Gruppenmitglied auf den Gruppenträger verschmolzen wird, VwGH 18. 10. 2012, 2009/15/0214; dazu *Schlager,* RWZ 2012, 354 und unten Tz 1276.

[158]) Dazu zB *Wiesner/Kirchmayr/Mayr,* Gruppenbesteuerung² K397 ff.

[159]) Auf der BMF-Homepage herunterladbar, www.bmf.gv.at/Service/formulare/inter-Steuern/pdfs/9999/G1.pdf (abgefragt am 9. 4. 2019).

[160]) KStR 2013 Rz 1587.

[161]) Zum Steuerausgleich ausführlich *Reich-Rohrwig* in *Wiesner/Kirchmayr/Mayr,* Gruppenbesteuerung² K655 ff; *Artmann/Lux* in *Quantschnigg/Achatz/Haidentahler/Trenkwalder/Tumpel,* Gruppenbesteuerung 285 ff.

Zweck des Ausgleichs der steuerlichen Wirkungen, die sich aus der Zurechnung des Einkommens ergeben, sind steuerneutral (§ 9 Abs 6 Z 5). Anders als bei der alten Organschaft kommt es bei der Gruppenbesteuerung damit nicht zu einer unternehmensrechtlichen Ergebnisüberrechnung; in unternehmensrechtlicher Hinsicht sind daher weiterhin Gewinnausschüttungen notwendig.[162])

III. Sachliche Steuerpflicht

A. Einkommensbegriff und Einkommensermittlung

1. Allgemeines

Literatur: *Cerha/Ludwig,* Die Qualifikation von Eigen- und Fremdkapital bei der Kapitalgesellschaft und ihre Auswirkung auf die Einkommensermittlung, in FS Werilly Wien 2000, 101; *Maurer/Perkounigg,* Genossenschaftliche Rückvergütungen, in FS Werilly, Wien 2000, 217; *Bruckner,* „Privatvermögen" einer Kapitalgesellschaft – Analyse und kritische Anmerkungen, ÖStZ 2003, 110; *Stangl,* Die außerbetriebliche Sphäre von Kapitalgesellschaften, Wien 2004; *ders,* Der VwGH zur außerbetrieblichen Sphäre von Kapitalgesellschaften, ÖStZ 2005, 39; *Urtz,* Neueste VwGH-Judikatur: Die Privatsphäre von Kapitalgesellschaften, GeS 2007, 9; *Wiesner,* Außerbetriebliches Vermögen einer Kapitalgesellschaft auf dem Prüfstand, RWZ 2007, 129; *Bendlinger,* Die Holdinggesellschaft im Fadenkreuz der Finanzverwaltung, ÖStZ 2007, 593; *G. Kofler,* Die „außerbetriebliche Vermögenssphäre" der Kapitalgesellschaft, in FS H. Kofler, Wien 2009, 103; *Pröll,* Außerbetriebliches Vermögen der Kapitalgesellschaft – Ertragsteuerliche Konsequenzen auf Gesellschafterebene, ÖStZ 2009, 288; *Burgstaller,* Welche Körperschaften sind aufgrund der Rechtsform nach unternehmensrechtlichen Vorschriften rechnungslegungspflichtig? SWK 2009, S 57; *Pröll,* Außerbetriebliches Gesellschaftsvermögen: Herleitung des angemessenen (objekttypischen) Nutzungsentgelts, UFSjournal 2009, 316; *Renner,* Neues zur Wohnraumüberlassung zwischen Kapitalgesellschaft und Gesellschaftern, ÖStZ 2010, 279; *Obenberger/Offner,* Der eigennützige Verein im Steuer- und Unternehmensrecht, SWK 2010, S 648; *Marchgraber,* Ist ein Porsche „außerbetriebliches Vermögen"? ecolex 2011/69; *Bieber,* Die außerbetriebliche Sphäre von Körperschaften iSd § 7 Abs 3 KStG, taxlex 2011, 364; *König/Stangl,* „Außerbetriebliche Sphäre" von Kapitalgesellschaften, in Praxisfragen der Unternehmensbesteuerung, Wien 2011, 61; *Mair,* Die außerbetriebliche Sphäre von Kapitalgesellschaften, RdW 2012, 623; *Brugger,* KStR 2013: verdeckte Ausschüttung an der Wurzel. Kein Rückgriff mehr auf die außerbetriebliche Sphäre der Gesellschaft, SWK 2013, 609; *Kirchmayr,* Verdeckte Ausschüttungen aus Kapitalgesellschaften, SWK 2014, 654; *Marschner/Renner,* Die Verwirrnisse um Mietverhältnsse zwischen Körperschaften und ihnen Nahestehenden, GES 2013, 458; *Mayr,* Wirtschaftliches Eigentum und außerbetriebliche Sphäre von Kapitalgesellschaften, RdW 2013, 303; *Renner,* Vermietung einer nach Vorgaben der Mieter adaptierten Immobilie durch eine Privatstiftung an den Stifter, ZfS 2013, 78; *Schaunig,* Die Degeneration der verdeckten Ausschüttung „an der Wurzel" – KStR 2013, taxlex 2014, 415; *Schlager/Titz,* Die KStR 2013 im Überblick, RWZ 2013, 70; *Zöchling,* KStR 2013: Aktualisierung der Verwaltungsansichten, SWK 2013, 513; *Blasina,* Wirtschaftliches Eigentum und Ausschüttung an der Wurzel, in *Blasina/Kirchmayr-Schliesselberger/Knörzer/Mayr/Unger* (Hrsg), Die Bedeutung der BAO im Rechtssystem, in FS Tanzer, Wien 2014, 139; *Pröll/Nikolaus/Brückner,*

[162]) Diese Gewinnausschüttungen sind gem § 10 KSt steuerneutral; aus diesem Grund gelten auch die Abzugsverbote des § 12 Abs 3 KStG innerhalb der Gruppenbesteuerung weiter, VwGH 28. 2. 2018, Ro 2016/15/0009.

Möblierungszuschlag für mitvermietete Einrichtungsgegenstände bei einer Luxusvilla, SWK 2014, 834; *Stangl,* Wurzelausschüttung von Wohnimmobilien, SWK 2014, 511; *Stangl/Widhalm,* Die Nutzungsüberlassung von Wohnimmobilien durch Kapitalgesellschaften an deren Gesellschafter und die Frage nach dem wirtschaftlichen Eigentum, in *Blasina/Kirchmayr-Schliesselberger/Knörzer/Mayr/Unger* (Hrsg), Die Bedeutung der BAO im Rechtssystem, in FS Tanzer, Wien 2014, 181; *Marschner/Renner,* VwGH bringt mehr Klarheit bei Zurechnung von Geschäftsführereinkünften, SWK 2015, 1527; *Kirchmayr-Schliesselberger,* Verdeckte Ausschüttungen aus Kapitalgesellschaften im Ertragsteuerrecht, in *Leitner* (Hrsg), Handbuch verdeckte Gewinnausschüttung², Wien 2014; *Tratlehner,* Die steuerliche Zurechnung von Luxusimmobilien, Wien 2015; *Pröll,* Eigens zur Vermietung errichtete Immobilien im (VwGH-)Licht des „funktionierenden Mietenmarktes", BFGjournal 2017, 357.

956 Die KSt wird bei unbeschränkt Stpfl nach dem **Einkommen** bemessen, das der Stpfl innerhalb eines Kalenderjahres bezogen hat (§ 7 Abs 1). Bei buchführungspflichtigen Körperschaften[163]) sowie bei buchführenden Körperschaften[164]), die eine Land- und Forstwirtschaft betreiben, ist ein vom Kalenderjahr abweichendes Wirtschaftsjahr steuerlich anzuerkennen (§ 7 Abs 5). Für die zeitliche Zuordnung der Gewinne und für den Wechsel des Bilanzstichtages gelten dieselben Grundsätze wie bei der ESt (§ 2 Abs 6 und 7 EStG).

Die Definition des Einkommens erfolgt in Anlehnung an das EStG: Als Einkommen gilt der Gesamtbetrag der Einkünfte aus den im § 2 Abs 3 EStG aufgezählten Einkunftsarten nach Ausgleich von Verlusten und nach Abzug der Sonderausgaben (§ 8 Abs 4) sowie des Freibetrags für begünstigte Zwecke gem § 23 (§ 7 Abs 2).

957 Eine Körperschaft kann danach rechtlich gesehen **sämtliche Einkunftsarten** haben (Einkünfte aus nichtselbständiger Arbeit scheiden jedoch faktisch aus), doch sind **zwei wichtige Ausnahmen** zu beachten:

1. Bei **Körperschaften,** die auf Grund der Rechtsform unternehmensrechtlich **zur Rechnungslegung verpflichtet** sind (zB Kapitalgesellschaften), bei rechnungslegungspflichtigen Erwerbs- und Wirtschaftsgenossenschaften und bei vergleichbaren unbeschränkt steuerpflichtigen ausländischen Körperschaften sind alle Einkünfte[165]) als Einkünfte aus Gewerbebetrieb zu behandeln (**Einkünftetransformation**[166]); § 7 Abs 3).[167])

---

[163]) Unabhängig davon, ob sich die Verpflichtung zur Rechnungslegung nur auf Grund ihrer Rechtsform oder aus anderen Gründen (zB bei Überschreitung der Umsatzgrenzen gem § 189 UGB) ergibt.

[164]) Eine Verpflichtung zur (unternehmensrechtlichen) Rechnungslegung ist dabei nicht notwendig, eine freiwillige Buchführung oder die abgabenrechtliche Verpflichtung zur Buchführung nach § 125 BAO reichen aus.

[165]) Es müssen allerdings dem Grunde nach steuerbare Einkünfte gem § 2 Abs 3 EStG vorliegen.

[166]) Die in der Vergangenheit teilweise (auch durch die FinVw) vertretene Rechtsansicht, wonach die Fiktion des § 7 Abs 3 die Entstehung eines (einzigen) einheitlichen Gewerbebetriebes bewirke („allumfassender Gewerbebetrieb"), dürfte überholt sein; nach der hA können auch §-7-Abs-3-Körperschaften mehrere Betriebe haben; siehe dazu

Beispiel:

Ein (nicht gemeinnütziger) Verein veräußerte vor 1. 4. 2012 ein Grundstück, das sich seit 13 Jahren im Vereinsvermögen befand. Der Veräußerungsgewinn unterlag nicht der KSt, weil die Bedingungen für ein Spekulationsgeschäft (§ 30 EStG idF vor StabG 2012) nicht erfüllt waren; bei Veräußerung ab 1. 4. 2012 liegen Einkünfte aus privaten Grundstücksveräußerungen gem § 30 EStG vor. Bei einer GmbH (ist auf Grund ihrer Rechtsform zur Rechnungslegung verpflichtet) liegen bei sonst gleichem Sachverhalt Einkünfte aus Gewerbebetrieb vor; bei Veräußerung des Grundstücks nach 1. 4. 2012 können auch die nach § 4 Abs 3 a EStG vorgesehenen Besonderheiten zur Anwendung kommen.[168])

Die Vorschrift ändert nichts am Umfang der zu erfassenden Einkünfte. Vermögensmehrungen, die nach EStG nicht als Einkünfte bzw Einkommen angesehen werden, sind auch bei buchführungspflichtigen Körperschaften grundsätzlich nicht zu erfassen (zB Schenkungen, Erbschaften, Personensteuervergütungen).[169])

2. Bei **BgA** gilt die Tätigkeit stets als **Gewerbebetrieb** (§ 2 Abs 1).

Für die **Ermittlung des Einkommens** von Körperschaften sind somit zunächst die Vorschriften des EStG über die Einkunftsarten und die Einkünfteermittlung zu beachten. Es gelten daher die Gewinnermittlungsvorschriften der §§ 4 bis 14 EStG einschließlich der Betriebsausgabenregelung und der Steuerbegünstigungen (auch zB Forschungsprämie nach § 108 c EStG); ferner auch die Steuerbefreiungen nach § 3 EStG (etwa Abs 1 Z 6).[170]) Für nicht buchführungspflichtige Körperschaften gelten auch die Regeln über die Ermittlung der außerbetrieblichen Einkünfte einschließlich der im EStG in diesem Zusammenhang vorgesehenen Freibeträge und Freigrenzen. Die nichtabzugsfähigen Aufwendungen erfahren im KStG eine eigene Regelung (§ 12). Zur Abzugsfähigkeit bestimmter (im EStG nicht abzugsfähiger) Aufwendungen siehe § 11. **958**

Die jeweilige **Art der Gewinnermittlung** richtet sich ebenfalls nach dem EStG. Zur Rechnungslegung nach § 189 UGB verpflichtete Steuersubjekte (insb Kapitalgesellschaften) haben ihren Gewinn daher nach § 5 EStG zu ermitteln. Gleiches gilt für rechnungslegungspflichtige BgA und Genossenschaften (für Genossenschaften auf Antrag unabhängig vom Bestehen einer Rechnungslegungspflicht nach § 189 UGB) sowie vergleichbare unbeschränkt steuerpflichtige ausländische Körperschaften (§ 7 Abs 3). Zur Situation bei Privatstiftungen siehe unten Tz 1050 ff. **959**

Achatz/Bieber in *Achatz/Kirchmayr,* KStG § 7 Tz 142 und *Naux* in *Lang/Rust/Schuch/Staringer,* KStG² § 7 Rz 167.

[167]) Ausnahmen für Privatstiftungen siehe unten Tz 1050.

[168]) Dazu *Bodis/Mayr,* RdW 2012, 239; zur neuen Grundstücksbesteuerung im betrieblichen Bereich vgl oben Tz 131 ff.

[169]) Vgl *Wiesner/Schneider/Spanbauer/Kohler,* § 7 Anm 12 und 32; siehe auch KStR 2013 Rz 350 iVm Rz 1319; nach KStR 2013 Rz 490 sind allerdings Zahlungen und Zuwendungen von fremden Dritten an Körperschaften, die unter § 7 Abs 3 fallen, in der Regel als Betriebseinnahme zu erfassen, sofern eine subjektive Bereicherungsabsicht vorliegt.

[170]) Vgl VwGH 25. 3. 1966, 1737/64.

Zusätzlich sind die speziellen Einkommensermittlungsvorschriften des KStG zu beachten.[171])

960 Ob **Kapitalgesellschaften** auch eine **außerbetriebliche Sphäre** haben können, war strittig, wird vom **VwGH** aber **bejaht:** Aus § 7 Abs 2 folge, dass die Betriebsvermögenseigenschaft von Wirtschaftsgütern bei Körperschaftsteuersubjekten nach den gleichen Grundsätzen zu beurteilen sei wie bei Einkommensteuersubjekten.[172]) Ist danach ein Wirtschaftsgut bereits bei der Anschaffung der außerbetrieblichen Sphäre zuzuordnen, sind Aufwendungen auf dieses Wirtschaftsgut sowie damit im Zusammenhang stehende Einnahmen steuerlich unbeachtlich.[173])

Auch wenn mit der verdeckten Ausschüttung (nicht einem Fremdvergleich standhaltende) Vorteilsgewährungen an Gesellschafter korrigiert werden können,[174]) nimmt der VwGH bei der Nutzungsüberlassung von Gebäuden in besonders gelagerten „Extremfällen" auch das „Institut" der außerbetrieblichen Sphäre von Kapitalgesellschaften an.[175]) Nach VwGH ist zu unterscheiden *„zwischen jederzeit im betrieblichen Geschehen (zB durch Vermietung) einsetzbaren Gebäuden einer Kapitalgesellschaft einerseits und Gebäuden, die schon ihrer Erscheinung nach (etwa besonders repräsentatives Gebäude oder speziell auf die Wohnbedürfnisse des Gesellschafters abgestelltes Gebäude) für die private Nutzung des Gesellschafters bestimmt sind, andererseits."* Gebäude der erstgenannten Kategorie (jederzeit im betrieblichen Geschehen einsetzbar) gehören jedenfalls zum Betriebsvermögen der Kapitalgesellschaft, auch wenn sie zu einer unangemessen niedrigen Miete dem Gesellschafter vermietet werden.[176]) In einem solchen Fall führt die Vermietung nach dem VwGH *„bei Vorliegen der weiteren Voraussetzung einer verdeckten Ausschüttung – zum Ansatz fremdüblicher Betriebseinnahmen (Mieterträgen) der Kapitalgesellschaft."*[177]) Gebäude der zweiten Kategorie (speziell auf die private Nutzung des Gesellschafters ausgelegt und daher nicht jederzeit im betrieblichen Geschehen einsetzbar) sind kein Betriebsvermögen der Kapitalgesellschaft; die Zuordnung zur außerbetriebliche Sphäre wurde vom VwGH etwas unglücklich als *„verdeckte Ausschüt-*

---

[171]) Dazu unten Tz 964 ff.

[172]) VwGH 20. 6. 2000, 98/15/0169; 24. 6. 2004, 2001/15/0002; VwGH 30. 6. 2005, 2001/15/0081; VwGH 26. 3. 2007, 2005/14/0091; vgl auch VwGH 23. 2. 2010, 2007/15/0003; anders BFH 4. 12. 1996, I R 54/95, DStR 1997, 492; BFH 22. 8. 2007, I R 32/06, BStBl II 2007, 961; kritisch zum BFH zB *Hüttemann,* DB 2007, 1608 und in FS Raupach 498; vgl dazu *Achatz/Bieber* in *Achatz/Kirchmayr,* KStG § 7 Tz 155; *Bieber,* taxlex 2011, 364.

[173]) Dies trifft insb auf Wirtschaftsgüter zu, die im Rahmen einer ertragsteuerlich unbeachtlichen Liebhabereitätigkeit eingesetzt werden oder die speziell auf die Bedürfnisse der Gesellschafter abgestimmt sind; vgl *Achatz/Bieber* in *Achatz/Kirchmayr,* KStG § 7 Tz 153.

[174]) Kritisch zum VwGH deshalb *Bruckner,* ÖStZ 2003, 110; *Stangl,* Die außerbetriebliche Sphäre von Kapitalgesellschaften (2004); *Urtz,* GeS 2007, 9; *König/Stangl* in Praxisfragen der Unternehmensbesteuerung, Wien 2011, 61.

[175]) Im Erkenntnis vom 26. 3. 2007, 2005/14/0091 ging es um eine Liegenschaft an einem Kärntner See („Bungalow"), die an den Gesellschafter-Geschäftsführer zur privaten Nutzung vermietet wurde.

[176]) Zur verdeckten Ausschüttung siehe unten Tz 975 ff.

[177]) VwGH 16. 5. 2007, 2005/14/0083; vgl auch VwGH 23. 2. 2010, 2007/15/003; zu den Kriterien für das Vorliegen einer vA siehe Tz 989.

tung an der Wurzel" bezeichnet[178]), was zu einem falschen Verständnis der ertragsteuerlichen Auswirkungen dieses Vorganges führen kann.[179]) Die Frage, welche Merkmale ein Gebäude aufweisen muss, damit es der außerbetrieblichen Sphäre zugeordnet werden kann, wird durch den VwGH nicht beantwortet. In einer Entscheidungsbesprechung stellt *Zorn* darauf ab, ob das betreffende Wohnobjekt „*schon seiner Erscheinung nach für die private Nutzung durch den Gesellschafter bestimmt sei*", wobei nach *Zorn* dabei auch auf die sonstige Tätigkeit der GmbH Bedacht zu nehmen ist.[180]) Der Umstand, dass die Kapitalgesellschaft ein Gebäude „am Markt" nicht gewinnbringend vermieten kann[181]), rechtfertigt alleine wohl nicht die Zuordnung zur außerbetrieblichen Sphäre.[182])

Die **steuerlichen Konsequenzen** der Zuordnung eines Wirtschaftsgutes zur außerbetrieblichen Sphäre sind **unklar;** nach der bisherigen Rechtsansicht der FinVw führte diese Zuordnung zum Übergang des wirtschaftlichen Eigentums auf den Gesellschafter, was eine volle verdeckte Ausschüttung der Anschaffungs-/Herstellungskosten zur Konsequenz hat („verdeckte Ausschüttung an der Wurzel").[183]) Diese Sichtweise wurde im Schrifttum kritisiert[184]) und dürfte nicht mit der VwGH-Judikatur im Einklang stehen.[185])

Unter welchen Voraussetzungen andere Wirtschaftsgüter als Grundstücke der außerbetrieblichen Sphäre einer Kapitalgesellschaft zugeordnet werden können, ist unklar. Der VwGH hat zB die Zuordnung eines „Luxussportwagens" zur außerbetrieblichen Sphäre in einem konkreten Fall abgelehnt.[186])

---

[178]) Vgl VwGH 23. 2. 2010, 2007/15/0003; VwGH 19. 3. 2013, 2009/15/0215; VwGH 25. 4. 2013, 2010/15/0139.

[179]) Vgl *Kirchmayr-Schliesselberger* in *Leitner* (Hrsg), Handbuch verdeckte Gewinnausschüttung² 137 (156 f).

[180]) *Zorn,* RdW 2007, 621; vgl auch *G. Kofler* in FS H. Kofler 103; *Mair,* RdW 2012, 623.

[181]) Siehe dazu auch unten Tz 989 (Beispiel 2).

[182]) Ebenso wenig der Umstand, dass es einem Gesellschaftern zu einer unangemessen niedrigen Miete zur Nutzung überlassen wird; vgl VwGH 23. 2. 2010, 2007/15/0003; dazu *Achatz/Bieber* in *Achatz/Kirchmayr,* KStG § 7 Tz 156.

[183]) KStR 2013 Rz 638; vgl *Mayr,* RdW 2013, 303.

[184]) Vgl *Achatz/Bieber* in *Achatz/Kirchmayr,* KStG § 7 Tz 158 mwN.

[185]) Eine aktuelle BMF-Info kündigt eine Änderung der KStR 2013 an; nach den allgemeinen Grundsätzen führt der Übergang eines Wirtschaftsgutes von der betrieblichen in die außerbetriebliche Sphäre zu einer (steuerpflichtigen) Entnahme auf Ebene der Kapitalgesellschaft, womit für die Annahme einer nachfolgenden (verdeckten) Ausschüttung iS einer Gewinnkorrektur (durch Ansatz eines angemessenen Nutzungsentgelts auf Ebene der Gesellschaft) kein Raum mehr bleibt, wohl aber auf Ebene des Gesellschafters; vgl BMF-Info über die steuerliche Behandlung von für Anteilsinhaber angeschafften bzw hergestellten Immobilien vom 17. 4. 2019, BMF-010216/0002-IV/6/2019; vgl dazu *Bruckner,* ÖStZ 2003, 110; *Achatz/Bieber* in *Achatz/Kirchmayr,* KStG § 7 Tz 160; *Kirchmayr-Schliesselberger* in *Leitner* (Hrsg), Handbuch verdeckte Gewinnausschüttung² 137 (158).

[186]) VwGH 14. 10. 2010, 2008/15/0178, dazu *Marchgraber,* ecolex 2011, 161; die FinVw schränkt den Anwendungsbereich der „außerbetrieblichen Sphäre" grundsätzlich auf Grundstücke ein, vgl KStR 2013 Rz 636; *Treer/Mayr* (Hrsg), Der Salzburger Steuerdialog 2008, 11 f; vgl auch UFS Linz, 14. 1. 2011, RV/1126-L/07 zur Betriebsvermögeneigenschaft von derivativen Finanzinstrumenten, dazu *Laudacher,* ecolex 2011/74.

2. Liebhaberei

Literatur: Siehe die Literatur im Kap Einkommensteuer vor Tz 38.

961 Die Tätigkeit einer Körperschaft muss zivilrechtlich gesehen nicht auf Gewinn gerichtet sein. Damit stellt sich die Frage, ob bei Körperschaften die im Bereich der ESt entwickelten Liebhabereigrundsätze zur Anwendung kommen, dh, ob eine Körperschaft, deren Tätigkeit auf Dauer nicht auf die Erzielung von Gewinnen oder Überschüssen gerichtet ist, überhaupt eine körperschaftsteuerlich relevante Einkunftsquelle besitzt. Der VwGH wendet die Liebhabereigrundsätze auch auf Körperschaften an.[187])

962 Die **LiebhabereiVO**[188]) ist auch auf das KStG gestützt und erfasst damit auch Kapitalgesellschaften.[189]) Für ihre Tätigkeit gilt daher die Liebhabereivermutung, wenn Verluste durch die Bewirtschaftung von Wirtschaftsgütern entstehen, die sich in besonderem Maße für eine Nutzung im Rahmen der Lebensführung eignen (Sport- und Freizeitausübung, Luxuswirtschaftsgüter) und typischerweise einer besonderen in der Lebensführung begründeten Neigung entsprechen (§ 1 Abs 2 Z 1 LiebhabereiVO), und wenn Verluste entstehen aus der Bewirtschaftung von Eigenheimen, Eigentumswohnungen und Mietwohngrundstücken mit qualifizierten Nutzungsrechten (§ 1 Abs 2 Z 3 LiebhabereiVO). Die Liebhabereivermutung gem § 1 Abs 2 Z 2 LiebhabereiVO (wenn die Verluste aus Tätigkeiten entstehen, die auf eine besondere in der Lebensführung begründete Neigung zurückzuführen sind) kommt hingegen bei Körperschaften nicht zur Anwendung, weil diese Tätigkeiten nur von natürlichen Personen ausgeübt werden können.[190]) – Andere Tätigkeiten, die durch die Absicht der Gesamtgewinnerzielung veranlasst sind, sind als Einkunftsquelle anzusehen, wenn die Absicht anhand objektiver Umstände nachvollziehbar ist.

Verlustbringende Tätigkeiten bei einzelnen Einheiten im Rahmen einer Körperschaft, die in wirtschaftlichem Zusammenhang mit weiteren Einheiten stehen, gelten nicht als Liebhaberei, wenn die Tätigkeit aus Gründen der Gesamtrentabilität, der Marktpräsenz oder der wirtschaftlichen Verflechtung aufrechterhalten wird (§ 1 Abs 3 LiebhabereiVO).

Beispiele:

1. Eine GmbH betreibt neben dem Handel mit EDV-Bedarf auch Handel mit französischen Spitzenweinen. Der Weinhandel wirft dauernd Verluste ab und entspringt der

---

[187]) VwGH 22. 9. 1987, 86/14/0196, dazu *Zorn,* ÖStZ 1989; aA *Gassner,* ÖStZ 1984, 138; VwGH 20. 11. 1996, 94/13/0226; vgl auch VwGH 28. 4. 2009, 2006/13/0140; VwGH 20. 10. 2009, 2007/13/0029; ausführlich *Achatz/Bieber* in *Achatz/Kirchmayr,* KStG § 7 Tz 40 ff.

[188]) 1. Fassung BGBl 1990/322, derzeitige Fassung BGBl 1993/33 (bereits mehrfach novelliert).

[189]) Vgl auch § 8 Abs 1 Z 1 LiebhabereiVO.

[190]) Vgl LRL 2012 Rz 130 ff; bei einer Tätigkeit (zB Reiseschriftstellerei) stellt sich die Frage der Liebhaberei nicht, weil tätigkeitsbezogene Verluste der Kapitalgesellschaft über die verdeckte Ausschüttung vollständig zu korrigieren sind, sodass bei der Kapitalgesellschaft kein Verlust verbleibt; anders offenbar *Achatz/Bieber* in *Achatz/Kirchmayr,* KStG § 7 Tz 61.

privaten Neigung des einzigen Gesellschafters; die Verluste sind deshalb nicht ausgleichsfähig.

2. Die Produktions-AG unterhält eine verlustbringende Sozialeinrichtung für die Arbeitnehmer und hat überdies ihre Forschungstätigkeit in eine eigene GmbH ausgegliedert, die dauernden Zuschussbedarf hat. Die Verluste der Sozialeinrichtung sind ausgleichsfähig, weil die Einrichtung die Motivation der Arbeitnehmer und damit die Gesamtrentabilität des Unternehmens positiv beeinflusst (§ 1 Abs 3 Liebhabereiverordnung[191]). Die Verluste der Forschungs-GmbH wären durch Einbeziehen in eine Unternehmensgruppe ausgleichsfähig.

3. Eine GmbH, deren Alleingesellschafter die Gemeinde X ist, betreibt ein Elektrizitätsversorgungsunternehmen samt Elektroinstallationsgewerbe und Elektrohandel sowie eine Parkgarage und ein verlustbringendes Hallenbad. Die GmbH bringt vor, dass der Betrieb des Hallenbades nur aufrechterhalten werde, um durch die Auslastung der Tourismusbetriebe und die damit verbundenen erhöhten Stromabnahmen eine höhere Rendite im Elektrizitätsversorgungsunternehmen zu erzielen. Die Verluste aus dem Hallenbad sind jedoch nicht ausgleichsfähig, weil ein bloßer „mittelbarer Zusammenhang" im Wege der „Umwegrentabilität" nicht hinreichend ist, um von Gründen der Gesamtrentabilität zu sprechen.[192])

Nach § 5 LiebhabereiVO sind die Grundsätze der VO nicht anzuwenden **963**
auf BgA von KöR,[193]) ferner nicht auf juristische Personen des privaten Rechts, an denen ausschließlich KöR beteiligt sind, wenn sie Versorgungs- und/oder Verkehrsbetriebe iSd § 2 Abs 4 betreiben (zB Stadtwerke-GmbH, die neben einem defizitären Verkehrsbetrieb auch gewinnbringende Versorgungsbetriebe führt), auf gemeinnützige Körperschaften und auf wirtschaftliche Geschäftsbetriebe iSd § 31 BAO. Auf Grund dieser Bestimmung kann nach der hL bei den genannten Betrieben oder Rechtsträger keine Liebhaberei vorliegen, womit die ausgeübte Tätigkeit jedenfalls steuerlich relevant ist.[194])

B. Einlagen, Einkommensverwendung, Kapitalherabsetzung, Einlagenrückzahlung

1. Einlagen

Literatur: *Urianek,* Einlagen gemäß § 4 Abs 12 EStG, SWK 2000, S 399; *Ziegler/Kauba,* Verdeckte Einlagen und verdeckte Ausschüttungen im Körperschaftsteuerrecht, in FS Werilly, Wien 2000, 335; *Wiesner,* Ausschüttungen oder Einlagenrückzahlungen, RWZ 2000, 225; *Trinkl/Jezek/Mayer,* Einlagen gem § 8 Abs 1 KStG 1988, ÖStZ 2001, 267; *Aigner/Aigner,* Nutzungseinlagen in Kapitalgesellschaften, SWK 2001, S 850; *Gassner,* Die verdeckte Einlage in Kapitalgesellschaften, Wien 2004; *Fraberger,* Besteuerung der Hingabe von Besserungskapital beim Schuldner, ÖStZ 2004, 232, 256; *Staringer,* Einlagen in Körperschaften und Umgründungen, in GedS Gassner, Wien 2005, 429; *Zorn,* Verzicht

---

[191]) Dazu LRL 2012 Rz 107.

[192]) Vgl VwGH 18. 12. 2008, 2006/15/0011; vgl auch VwGH 26. 3. 2007, 2006/14/0017.

[193]) Dazu auch VwGH 29. 5. 2001, 2000/14/0195.

[194]) Teilweise wird allerdings die Rechtsansicht vertreten, wonach trotz Nichtanwendbarkeit der LiebhabereiVO das Vorliegen von Liebhaberei nach den allgemeinen Grundsätzen festgestellt werden kann; vgl *Achatz/Bieber* in *Achatz/Kirchmayr,* KStG § 7 Tz 65 mwN.

des Gesellschafters einer Kapitalgesellschaft auf nicht voll werthaltige Forderungen, SWK 2005, S 913; *Sauer,* Kehrtwende in der steuerlichen Behandlung von Forderungsverzichten bei Kapitalgesellschaften! taxlex 2006, 56; *Petritz,* Steuersparmodell Forderungsverzicht im Konzern, GeS 2006, 125; *Schmidt/Riegler,* Das Verbot der Einlagenrückgewähr beim Cash Pooling, RWZ 2007, 97 (mit Anm *Wiesner,* RWZ 2007, 100); *Heinrich,* Forderungsverzichte von Gesellschaftern gegenüber ihren Kapitalgesellschaften – Stand der Rechtsprechung und offene Fragen, in FS Doralt, Wien 2007, 91; *Kofler,* Der unbedingte Forderungsverzicht des Gesellschafters, in FS Ruppe, Wien 2007, 272; *König,* Einlagen in Körperschaften nach dem BBG 2007, taxlex 2007, 366; *Bertl/Hirschler,* Gesellschaftsrechtlich motivierter Forderungsverzicht in UGB, EStG und KStG, RWZ 2007, 195; *Ressler,* Die Unterkapitalisierung im Körperschaftsteuerrecht, Wien 2008; *Schweisgut,* § 8 Abs 1 KStG idF BBG 2007 verfassungswidrig? SWK 2008, S 448; *Bernhart/Guzy,* Forderungsverzicht und verdecktes Eigenkapital, SWK 2009, S 465; *Steckenbauer-Gschwandtner,* Unentgeltliche Überlassung eines Wirtschaftsgutes des Anteilsinhabers an die Körperschaft, GES 2010, 181; *Eckerstorfer,* Steuerneutralität verfallener Geschäftsanteile an Genossenschaften, ecolex 2010/410; *Perkounigg,* Rechtsstreit entschieden: Auflösung verfallener Geschäftsanteile ist nicht steuerpflichtig, ÖStZ 2010, 477; *Wiesner,* Ertragsteuerliches rund um Beteiligungen, RWZ 2010, 294; *Doralt,* Unentgeltliche Geschäftsführung keine Nutzungseinlage, RdW 2011, 493; *Ressler,* Die Kriterien für verdecktes Eigenkapital, taxlex 2011, 368; *Beiser,* Aufwands- und Nutzungseinlagen in Kapitalgesellschaften, ÖStZ 2011, 489; *Wild,* VwGH zu Nutzungseinlagen, taxlex 2012, 142; *Ressler/Sauer,* Das verdeckte Eigenkapital im Körperschaftsteuerrecht; *Kirchmayr/Wild,* Nutzungseinlagen; *Kirchmayr/Truschnegg,* Forderungsverzicht zwischen verbundenen Unternehmen, alle in *Kirchmayr/Mayr,* Besteuerung der grenzüberschreitenden Konzernfinanzierung, Wien 2012; *Titz,* Abgrenzung von Eigen- und Fremdkapital im Ertragsteuerrecht; *Tüchler,* Gesellschafter-Fremdfinanzierung und verdecktes Eigenkapital; *Steindl,* Nutzungseinlagen und zinslose Konzerndarlehen; *Gruber,* Sanierungsbedingter Forderungsverzicht, alle in *Lang/Schuch/Staringer/Storck,* Aktuelle Fragen der Konzernfinanzierung, Wien 2013; *Mayr,* Wirtschaftliches Eigentum und außerbetriebliche Sphäre von Kapitalgesellschaften, RdW 2013, 303; *Steindl,* Nutzungseinlagen und zinslose Konzerndarlehen, in *Lang/Schuch/Staringer/Storck* (Hrsg), Aktuelle Fragen der Konzernfinanzierung (2013) 107; *Titz,* Die Abgrenzung von Eigen- und Fremdkapital im Ertragsteuerrecht, in *Lang/Schuch/Staringer/Storck* (Hrsg), Aktuelle Fragen der Konzernfinanzierung (2013) 15; *Tüchler,* Gesellschafter-Fremdfinanzierung und verdecktes Eigenkapital, in *Lang/Schuch/Staringer/Storck* (Hrsg), Aktuelle Fragen der Konzernfinanzierung (2013) 43; *Blasina,* Von Einlagen, Teilwerten und Jägerbällen, BFGjournal 2014, 60; *Karollus,* Einlagenrückgewähr und verdeckte Gewinnausschüttung, SWK 2014, 596; *Karollus,* Einlagenrückgewähr und verdeckte Gewinnausschüttung im Gesellschaftsrecht, in *Leitner* (Hrsg), Handbuch Verdeckte Gewinnausschüttung[2] (2014) 1; *Karollus,* Interdisziplinär auf den Punkt gebracht: Einlagenrückgewähr und verdeckte Gewinnausschüttung – Aus der Perspektive des Gesellschaftsrechts, SWK 2014, 596; *Obermann,* Entnahmen durch Gesellschafter-Geschäftsführer einer GmbH, SWK 2014, 1362; *Petritz-Klar,* Abzugsfähigkeit von Kuponzahlungen aus dem Additional Tier 1 Capital nach Basel III, RdW 2014, 48; *Raab/Renner,* Entnahmen des Geschäftsführers: Vermögensumschichtung oder Vermögensminderung? BFGjournal 2014, 93; *Raab/Renner,* Vorteilsausgleich zwischen Einlage und verdeckter Ausschüttung, BFGjournal 2014, 326; *Renner,* VwGH zum wirtschaftlichen Eigentum: Auswirkungen auf Vermietung von Kapitalgesellschaften an Gesellschafter, RdW 2014, 549; *Schaunig,* Das Mysterium der verdeckten Ausschüttung „an der Wurzel", taxlex 2014, 304; *Schaunig,* Die Degeneration der verdeckten Ausschüttung „an der Wurzel" – KStR 2013, taxlex 2014, 415; *Schaunig,* Die Evolution der verdeckten Ausschüttung „an der Wurzel" – Implikationen auf Anteilsinhaberebene, taxlex 2014, 376;

Schlager, 2. AbgÄG 2014: Überblick über die Änderungen der Unternehmensbesteuerung, RWZ 2014, 357; *Stangl/Widhalm*, Die Nutzungsüberlassung von Wohnimmobilien durch Kapitalgesellschaften an deren Gesellschafter und die Frage nach dem wirtschaftlichen Eigentum, in *Blasina/Kirchmayr/Schliesselberger/Knörzer/Mayr/Unger* (Hrsg), Die Bedeutung der BAO im Rechtssystem, in FS Tanzer, Wien 2014, 139; *Peyerl*, Die Verlagerung von Einkünften (2015); *Neubauer*, Darlehensgewährung an Gesellschaft oder verdeckte Einlage? taxlex 2015, 293; *Kauba*, Gesellschaftsrechtlich nicht gedeckte Einlagenrückzahlungen und verdeckte Ausschüttungen von Kapitalgesellschaften, SWK 2015, 1480; *Marschner*, Einlagen in Kapitalgesellschaften (2015); *Rzepa*, Einlagenrückzahlung von Körperschaften im AbgÄG 2015, RdW 2016, 62; *Kofler/Marschner/Wurm*, Zweifelsfragen nach § 4 Abs 12 EStG, SWK 2016, 1; *Stückler/Wytrzens*, Einlagenrückzahlungen nach dem AbgÄG 2015 – Ist alles Komplizierte kurzlebig? ÖStZ 2016, 177; *Titz/Wild*, Das Zusammenspiel der AFRAC-Stellungnahme zur unternehmensrechtlichen Ausschüttungssperre und der steuerlichen Innenfinanzierung, RWZ 2017, 191; *Ebner/Wild*, Die verdeckte Einlagenrückgewähr im Steuerrecht – Abgrenzung zwischen verdeckter Einlagenrückgewähr, Einlagenrückzahlung, offener und verdeckter Ausschüttung, RWZ 2018, 236.

Die steuerliche Neutralität von Gesellschaftereinlagen und ähnlichen Leistungen folgt bereits aus der Systematik des Gewinnbegriffes: Es handelt sich nicht um betrieblich veranlasste Vermögenszugänge. Die Bestimmung des § 8 Abs 1 stellt dies ausdrücklich klar: **Beiträge jeder Art, die von Personen in ihrer Eigenschaft als Gesellschafter oder Mitglieder geleistet werden, bleiben bei der Einkommensermittlung (der Körperschaft) außer Ansatz.**[195]) 964

Vermögenszuführungen, die Personen in ihrer Eigenschaft als Gesellschafter (Mitglieder) erbringen, sind daher auf Ebene der Körperschaft grundsätzlich unbeachtlich.[196]) Dies gilt unabhängig davon, ob sie bei Gründung der Gesellschaft (Körperschaft) oder später geleistet werden oder ob sie offen oder verdeckt (zB im Rahmen eines schuldrechtlichen Geschäftes) erfolgen.[197]) Bei den einlegenden Gesellschaftern erhöht sich der Beteiligungsansatz (Buchwert bzw Anschaffungskosten der Beteiligung) entsprechend.[198])

Werden Wirtschaftsgüter in die Gesellschaft eingelegt bzw eingebracht (Sacheinlagen), wird auf Grund einer gesetzlichen Fiktion ein Tauschvorgang angenommen (§ 8 Abs 1 iVm § 6 Z 14 lit b EStG). Beim Tausch liegt bei jedem der Tauschpartner jeweils eine Anschaffung und eine Veräußerung der Tauschgegenstände vor; als Veräußerungserlös des hingegebenen und zugleich als Anschaffungskosten des erworbenen Wirtschaftsgutes ist jeweils der gemeine Wert des hingegebenen Wirtschaftsgutes anzusetzen (§ 6 Z 14 lit a EStG).

---

[195]) Ausführlich *Kirchmayr* in *Achatz/Kirchmayr*, KStG § 8 Tz 1 ff.

[196]) Es findet allerdings eine Erhöhung des Einlagenstandes gem § 4 Abs 12 Z 3 EStG statt, was für eine spätere Einlagenrückzahlung von Relevanz ist.

[197]) VwGH 4. 8. 2010, 2007/13/0035 zur Steuerneutralität verfallener Geschäftsanteile an Genossenschaften; dazu *Eckerstorfer*, ecolex 2010/410; *Perkounigg*, ÖStZ 2010, 477; siehe auch *Ressler/Stürzlinger* in *Lang/Rust/Schuch/Staringer*, KStG[2] § 8 Rz 38 ff.

[198]) Werden für die Einlage zusätzliche Anteile gewährt (Kapitalerhöhung), findet eine Anschaffung dieser Anteile statt, ansonsten erhöhen sich die Anschaffungskosten der vorhandenen Beteiligung; vgl *Kirchmayr* in *Achatz/Kirchmayr*, KStG § 8 Tz 79.

Bei der Einlage findet somit beim einlegenden Gesellschafter eine Veräußerung des eingelegten Wirtschaftsgutes und eine Anschaffung von Anteilen an der empfangenden Gesellschaft[199]) statt; damit erhöhen sich die Anschaffungskosten der Beteiligung um den gemeinen Wert des eingelegten Wirtschaftsgutes.[200]) Da die Einlage somit eine Veräußerung des eingelegten Wirtschaftsgutes ist, kann beim Gesellschafter dadurch ein steuerpflichtiger Vorgang verwirklicht werden.[201])

Bei der empfangenden Gesellschaft ist die Einlage steuerneutral[202]), jedoch findet eine Anschaffung des eingelegten Wirtschaftsgutes statt; als Anschaffungskosten ist der gemeine Wert der hingegebenen Gesellschaftsrechte anzusetzen.[203])

Neben den Einlagen der Gesellschafter gibt es auch bei Körperschaften Einlagen aus der nicht betrieblichen in die betriebliche Sphäre iSd § 4 Abs 1 EStG (zB bei Vereinen),[204]) sie erhöhen ebenfalls nicht den Gewinn.

Bei Vermögenszuwendungen an Privatstiftungen findet die Bestimmung des § 8 Abs 1 nach hA keine Anwendung. Dies wird insb mit der Eigentümerlosigkeit der Privatstiftung und der damit verbundenen fehlenden Gesellschafterstellung des Stifters begründet. Zuwendungen werden außerdem nach § 15 Abs 3 Z 1 EStG als unentgeltliche Vorgänge angesehen, womit auch der Tauschgrundsatz gem § 6 Z 14 EStG nicht zur Anwendung kommt. Damit haben Zuwendungen grundsätzlich weder auf der Ebene des Stifters[205]) noch auf der Ebene der Privatstiftung ertragsteuerliche Konsequenzen.[206])

---

[199]) Dies gilt nach der hL selbst dann, wenn der einlegende Gesellschafter gar keine neuen Anteile erhält, zB weil keine Kapitalerhöhung stattfindet oder weil er bereits zu 100% beteiligt ist; in einem solchen Fall wird die Werterhöhung der vorhandenen Anteile als „Tauschleistung" angesehen; vgl *Kirchmayr* in *Achatz/Kirchmayr,* KStG § 8 Tz 99 ff; kritisch *Ressler/Stürzlinger* in *Lang/Rust/Schuch/Staringer,* KStG² § 8 Rz 62.

[200]) VwGH 28. 11. 2001, 99/13/0254 und 0250; VwGH 18. 4. 2007, 2003/13/0053; VwGH 19. 9. 2007, 2004/13/0050; VwGH 29. 7. 2010, 2007/15/0141 zum „Großmutterzuschuss", der auf allen Ebenen durchzuaktivieren ist (zu einer allfälligen Teilwertabschreibung siehe unten Tz 1024/1); vgl *Kirchmayr* in *Achatz/Kirchmayr,* KStG § 8 Tz 84 ff; KStR 2013 Rz 497.

[201]) Dies ist der Fall, wenn die Veräußerung steuerpflichtig ist, zB wenn ein Grundstück aus dem Privatvermögen eingelegt wird, weil damit der Tatbestand der privaten Grundstücksveräußerung gem § 30 EStG verwirklicht wird.

[202]) Die auf Grund der Einlage eingetretene Vermögenserhöhung auf Seiten der Gesellschaft wird steuerlich nicht erfasst; vgl *Ressler/Stürzlinger* in *Lang/Rust/Schuch/Staringer,* KStG² § 8 Rz 57.

[203]) Vgl VwGH 24. 2. 2011, 2010/15/0204; nach den KStR 2013 Rz 498 bestehen allerdings „aus Gründen der einfacheren Handhabung keine Bedenken, wenn auf beiden Seiten der gemeine Wert des eingelegten Wirtschaftsgutes oder sonstigen Vermögens angesetzt wird (‚Wertverknüpfung')", anstatt des gemeinen Wertes der hingegebenen Gesellschaftsrechte.

[204]) Dazu oben Tz 960.

[205]) Sofern die zugewendeten Wirtschaftsgüter nicht aus dem Betriebsvermögen des Stifters stammen; diesfalls geht der Zuwendung eine Entnahme voraus.

[206]) Vgl *Kirchmayr* in *Achatz/Kirchmayr,* KStG § 8 Tz 45 ff; *Ludwig* in *Arnold/Ludwig,* Stiftungshandbuch² Tz 5/94; ausführlich *Tanzer* in *Arnold/Stangl/Tanzer,* Privatstiftungs-Steuerrecht² II/201 ff.

Die nicht zu erfassenden Einlagen sind von den grundsätzlich steuerpflichtigen Leistungsentgelten abzugrenzen. Vor allem bei **Vereinen** bereitet die Abgrenzung zwischen echten Mitgliedsbeiträgen und verdeckten Leistungsentgelten Schwierigkeiten.[207]) 965

Leistungsentgelte liegen jedenfalls vor, wenn Sonderleistungen abgegolten werden und nicht die Leistungen im Rahmen der allgemeinen Vereinstätigkeit. Besteht die Tätigkeit des Vereines aber gerade in der Erbringung von Leistungen gegenüber den Mitgliedern (Bereitstellung von Einrichtungen, Beratung, Vermittlung, Hilfestellung in besonderen Situationen), so sind die Mitgliedsbeiträge in Wahrheit ebenfalls Leistungsentgelte. Die VwGH-Judikatur folgt dem (nur) für Vereine mit wirtschaftlicher Zielsetzung.[208])

Leistungsentgelte unterliegen – auch wenn sie als Mitgliedsbeiträge bezeichnet sind – grundsätzlich der Umsatzsteuer,[209]) nicht dagegen Gesellschaftereinlagen und echte Mitgliedsbeiträge.

Erfolgt eine **Kapitalerhöhung aus Gesellschaftsmitteln** durch Umbuchung von offenen Rücklagen oder Gewinnvorträgen (nominelle Kapitalerhöhung, Kapitalberichtigung), wobei neue Aktien oder Anteile (**Gratisaktien,** Freianteile) an die Gesellschafter ausgegeben werden, so wird der Vorgang steuerlich so gesehen, als hätte die Gesellschaft die erforderlichen Mittel zuerst ausgeschüttet und anschließend von den Gesellschaftern als Einlage erhalten **(Theorie der Doppelmaßnahme).** Bei den Gesellschaftern liegen daher dem Grunde nach Einkünfte vor (bei Beteiligung im Privatvermögen Einkünfte aus Kapitalvermögen iSd § 27 Abs 2 Z 1 EStG), die jedoch gem § 3 Abs 1 Z 29 EStG steuerfrei sind.[210]) 966

Von **verdeckten Einlagen** wird gesprochen, wenn ein Gesellschafter seiner Gesellschaft Vermögensvorteile zuwendet, die äußerlich nicht als Einlage in Erscheinung treten, ihre Ursache aber im Gesellschaftsverhältnis haben.[211]) 967

Beispiel:

Der Gesellschafter verzichtet aus gesellschaftlichen Überlegungen auf eine Forderung gegenüber der Gesellschaft; er zahlt der Gesellschaft höhere Preise, als im Geschäftsverkehr üblich ist; er überträgt seiner Gesellschaft Wirtschaftsgüter zu einem unangemessenen niedrigen Preis.[212])

---

[207]) Zur Abgrenzung von echten und unechten Mitgliedsbeiträgen siehe VereinsR Rz 432 bis 438.

[208]) VwGH 26. 1. 1993, 89/14/0234, betreffend Garantiefonds in der Kreditwirtschaft; VwGH 28. 4. 1993, 90/13/0245, zu einem Rechtshilfe- und Inkassoverein; VwGH 17. 3. 1999, 97/13/0089 zum Österreichischen Verband der Markenartikelindustrie; VwGH 17. 3. 1999, 97/13/0162 zur Studiengesellschaft für Sparkassen-Automation; kritisch zur Zielsetzung des Vereines als Abgrenzungskriterium *Kirchmayr* in *Achatz/Kirchmayr,* KStG § 8 Tz 137.

[209]) Dazu Band II[6] Tz 299.

[210]) Findet allerdings innerhalb von 10 Jahren eine Kapitalherabsetzung statt, werden die Rückzahlungen besteuert; dazu oben Kap Einkommensteuer, Tz 106.

[211]) Ausführlich *Kirchmayr* in *Achatz/Kirchmayr,* KStG § 8 Tz 49 ff; dazu auch *Ressler,* Unterkapitalisierung 28 ff.

[212]) ZB VwGH 27. 1. 2000, 97/15/0193; VwGH 16. 9. 2003, 99/14/0324.

Die durch verdeckte Einlagen bewirkte Vermögensmehrung hat ihre Wurzel im Gesellschaftsverhältnis und ist daher bei der Einkünfteermittlung nicht anzusetzen. Beim Gesellschafter sind (verdeckte) Einlagen als (nachträgliche) Anschaffungskosten der Beteiligung zu aktivieren (kein Aufwand, sondern Vermögensumschichtung).

Verzichtet der Gesellschafter aus gesellschaftsrechtlichen Gründen auf eine **nicht mehr voll werthaltige Forderung** gegenüber der Gesellschaft, so führte dies nach Auffassung des VwGH nicht zur Erhöhung des steuerlichen Gewinnes der GmbH; es handle sich in vollem Umfang um eine steuerneutrale Einlage.[213]) Bei dieser Sichtweise steht einer steuerwirksamen Verbindlichkeitsabschreibung bei der Gesellschaft eine nicht steuerwirksame Einlage beim Gesellschafter gegenüber.[214]) Der Gesetzgeber hat in Reaktion darauf explizit angeordnet, dass bei einem solchen Forderungsverzicht der Tauschgrundsatz des § 6 Z 14 EStG zur Anwendung kommt und dass der nicht mehr werthaltige Teil der Forderung steuerwirksam ist, somit hinsichtlich dieses Teiles bei der Gesellschaft eine Betriebseinnahme vorliegt (§ 8 Abs 1).[215])

968 Die Überlassung von Gegenständen an die Gesellschaft zum Gebrauch[216]) oder die Erbringung von Dienstleistungen[217]) ohne Entgelt oder gegen ein unangemessen niedriges Entgelt (sog **Nutzungseinlagen**) stellt nach deutscher Judikatur **keine** verdeckte **Einlage** dar;[218]) bei der Gesellschaft ist daher der Nutzungsvorteil nicht abzuziehen (anders bei Verzicht des Gesellschafters auf eine bereits entstandene Gehalts- oder Zinsenforderung). Dieser Sicht folgt auch die österr Verwaltungsübung[219]) und nunmehr offenkundig auch der VwGH (zur unentgeltlichen Geschäftsführung einer Gesellschafterin).[220])

969 Nach VwGH können die von der unentgeltlich geschäftsführenden Gesellschafterin getätigten Aufwendungen (Reisekosten, PC und Büromaterial) nicht abgezogen werden. *Doralt* schließt aus der Entscheidung des VwGH, dass ein von vornherein zwischen der Gesellschafterin und der Gesellschaft vereinbarter Spesenersatz anzuerkennen gewesen wäre; die Gesellschaft hätte aus dem Spesenersatz entsprechende Betriebsausgaben, die

---

213) VwGH 23. 9. 2005, 2003/15/0078, abweichend von BFH GrS 9. 6. 1997, BStBl 1998 II, 307; vgl *Wassermeyer,* DB 1990, 2288.

214) Dazu *Zorn,* SWK 2005, S 913; *Petritz,* GeS 2006, 125; *Heinrich* in FS Doralt 91; *Kofler* in FS Ruppe 272.

215) Dazu *Mayr,* RdW 2007, 241 f; kritisch zB *König,* taxlex 2007, 366; *Schweisgut,* SWK 2008, S 448; *Bernhart/Guzy,* SWK 2009, S 465, vgl auch *Kirchmayr* in *Achatz/Kirchmayr,* KStG § 8 Tz 114 ff; *Kirchmayr/Truschnegg,* in Besteuerung der grenzüberschreitenden Konzernfinanzierung 133; *Gruber,* in Aktuelle Fragen der Konzernfinanzierung 183.

216) ZB Betriebsausstattung oder Kapital.

217) ZB Geschäftsführungs- oder Beratungstätigkeit.

218) BFH GrS 26. 10. 1987, BStBl 1988 II, 348.

219) Vgl KStR 2013 Rz 501.

220) VwGH 6. 7. 2011, 2008/13/0234; der VwGH hat zwar nicht ausdrücklich, aber erkennbar entschieden, dass die unentgeltliche Geschäftsführertätigkeit keine Nutzungseinlage bewirkt, vgl *Doralt,* RdW 2011, 493; *Beiser,* ÖStZ 2011, 489; *Wild,* taxlex 2012, 142; *Kirchmayr/Wild* in Besteuerung der grenzüberschreitenden Konzernfinanzierung 119.

Gesellschaftergeschäftsführerin würde den Spesenersatz mit ihren Aufwendungen gegenverrechnen.[221]) Die Frage der Anerkennung von Nutzungseinlagen war im Schrifttum strittig; insb *Zorn*[222]) und *Gassner*[223]) traten für deren Anerkennung ein.[224]) *Wiesner* vertrat im Falle unentgeltlich oder zu unangemessenen Bedingungen zur Verfügung gestellter Wirtschaftsgüter, dass in Analogie zur betrieblichen Nutzung von Privatvermögen die Aufwendungen des Gesellschafters außerbilanziell der Gesellschaft zugerechnet werden können.[225])

Stellen die Gesellschafter der Gesellschaft Kapital in Form von Darlehen zur Verfügung, so sind derartige Vereinbarungen prinzipiell auch steuerlich anzuerkennen (insb Abzugsfähigkeit der – angemessenen – Schuldzinsen bei der Gesellschaft).[226]) Unter besonderen Umständen kann darin aber auch eine verdeckte Eigenkapitalzufuhr liegen (**verdecktes Eigenkapital**). Die Darlehen wären in diesem Fall wie Eigenkapital zu behandeln (entspricht einer Einlage der Geldmittel), die bezahlten „Zinsen" somit als Gewinnausschüttung anzusehen und bei der Gesellschaft in voller Höhe nicht abzugsfähig.[227]) Wiederholt hat der VwGH in diesem Zusammenhang allerdings betont, dass der Stpfl in der Wahl der Mittel, mit denen er den Betrieb führt, frei sei und dass an die den Finanzbehörden obliegende Beweisführung, dass Gesellschafterdarlehen als verdecktes Eigenkapital zu behandeln sind, besonders strenge Anforderungen zu stellen seien. Eine Umdeutung sei nur zulässig, wenn ganz besondere Umstände dafür sprächen, dass die Darlehenshingabe für die Gesellschaft objektiv den wirtschaftlichen Erfolg hatte, Eigenkapital zu ersetzen und daher eine Eigenkapitalzufuhr das wirtschaftlich Gebotene gewesen wäre.[228]) Abzustellen wird auf die Verhältnisse im Zeitpunkt der Darlehenszuzählung sein; eine spätere Änderung der wirtschaftlichen Verhältnisse kann nicht zu einer Umdeutung führen.[229]) **970**

Als besondere Umstände, die bei einer Gesamtbetrachtung letztlich eine Umdeutung rechtfertigen könnten, wurden in der **älteren Rsp** angesehen: **971**

- ein Missverhältnis zwischen dem Eigenkapital und dem auf Dauer benötigten Mittelbedarf;[230])

---

[221]) *Doralt*, RdW 2011, 493.

[222]) *Zorn*, Geschäftsführung 112.

[223]) *Gassner* in FS Bauer 88; *ders*, Verdeckte Einlagen 38 ff.

[224]) Zur Diskussion *Kirchmayr* in *Achatz/Kirchmayr*, KStG § 8 Tz 107; *Ressler/Stürzlinger* in *Lang/Rust/Schuch/Staringer*, KStG² § 8 Rz 36 f; *Steckenbauer-Gschwandtner*, GES 2010, 181; *Aigner/Aigner* in Praxisfragen der Unternehmensbesteuerung, Wien 2011, 159; *Steindl* in Aktuelle Fragen der Konzernfinanzierung 65.

[225]) In FS Bauer 373; ferner *Wiesner/Schneider/Spanbauer/Kohler* § 8 Anm 5; *Beiser*, ÖStZ 2011, 489.

[226]) Sofern keine steuerlich unbeachtliche Nutzungseinlage vorliegt; siehe oben.

[227]) Vgl KStR 2013 Rz 530 ff.

[228]) ZB VwGH 23. 10. 1984, 83/14/0257.

[229]) KStR 2013 Rz 531; VwGH 20. 4. 1982, 81/14/0195; VwGH 4. 3. 1983, 81/17/0102; kritisch *Ressler/Stürzlinger* in *Lang/Rust/Schuch/Staringer*, KStG² § 8 Rz 48.

[230]) VwGH 30. 3. 1953, 565/51, Slg 738 F: Das Fremdkapital ersetzt wirtschaftlich Eigenkapital; 18. 10. 1989, 88/13/0180: In diesem Erk wurde sogar eine atypisch stille Einlage in ein Darlehen umgedeutet.

- eine wesentlich unter dem Branchendurchschnitt liegende Eigenkapitalquote;[231])
- die Nichterlangbarkeit von Krediten bei Nicht-Gesellschaftern;[232])
- die Ausstattung des „Darlehens" (Beteiligung am Erfolg und am Vermögen; gesellschafterähnliche Rechte des Gläubigers).[233])

Nicht ausreichend ist es hingegen, dass Darlehen nicht zu gleich günstigen Bedingungen am Kapitalmarkt zu beschaffen gewesen wären.[234])

972 In der **jüngeren Rsp** werden derartige Darlehensverträge anhand der für Familienverträge entwickelten Kriterien überprüft.[235]) Maßgebend ist daher vor allem, ob es sich um klare Gestaltungen handelt, die inhaltlich einem Fremdvergleich standhalten. Bedenken erweckt in diesem Zusammenhang zB das Fehlen jeglicher Kreditsicherheiten, von klaren Vereinbarungen über die Verzinsung oder über die Modalitäten der Rückzahlung[236]) bzw der Umstand, dass ein fremder Dritter unter den gegebenen Verhältnissen kein Darlehen gewährt hätte.[237]) Auf das Missverhältnis zwischen Eigen- oder Fremdkapital kommt es nach dieser Rsp nicht mehr entscheidend an.[238])

973 Darlehen einer dem Gesellschafter nahestehenden Person können nur dann als verdecktes Eigenkapital gewertet werden, wenn der Gesellschafter die Darlehensgewährung veranlasst hat.[239])

974 Der unternehmensrechtliche Begriff des „eigenkapitalersetzenden Darlehens" ist mit dem Begriff des verdeckten Eigenkapitals im Steuerrecht nicht zu verwechseln und schon gar nicht deckungsgleich.

2. Einkommensverwendung (Entnahmen, offene und verdeckte Ausschüttungen)

Literatur: *Beiser,* Verdeckte Gewinnausschüttungen im Interesse des „bonum commune"? ÖStZ 2001, 493; *Schwaiger,* Kapitalertragsteuer von verdeckten Ausschüttungen, ÖStZ 2001, 543; *Kofler,* Fremdfinanzierte offene Gewinnausschüttungen im Steuerrecht, GesRZ 2002, 10; *Kotschnigg,* Ausgewählte Fragen zur verdeckten Gewinnausschüttung, SWK 2002, S 766; *Lang/Riedl,* Verdeckte Ausschüttungen an Körperschaften des öffentlichen Rechts, in *Gröhs ua* (Hrsg), Ausgliederungen, Wien 2002, 284; *Renner,* Spenden an den Gesellschafter als abzugsfähige Betriebsausgaben, SWK 2004, S 691; *Urnik/Fritz-Schmied,* Sind verdeckte Gewinnausschüttungen nach der Steuerreform 2005 noch sinnvoll? SWK 2004, S 713; *Kanduth-Kristen,* Die „optimale" Höhe von Geschäftsführerbezügen nach der Steuerreform 2005, SWK 2004, S 722; *Kirchmayr,* Besteuerung

[231]) VwGH 23. 10. 1984, 83/14/0257.

[232]) Fremdvergleich; VwGH 30. 3. 1953, 565/51, Slg 738 F ua.

[233]) VwGH 20. 3. 1974, 1157/72.

[234]) VwGH 23. 10. 1984, 83/14/0257.

[235]) Vgl zB VwGH 28. 4. 1999, 97/13/0068; VwGH 14. 12. 2000, 95/15/0127; dazu *Wiesner,* RWZ 2001, 41.

[236]) VwGH 21. 10. 2004, 2000/13/0179; VwGH 14. 12. 2006, 2006/14/0025.

[237]) VwGH 26. 7. 2006, 2004/14/0151; vgl auch VwGH 18. 12. 2008, 2006/15/0208.

[238]) Vgl auch KStR Rz 530 f.

[239]) VwGH 18. 12. 1990, 89/14/0133; die Beweislast liegt bei der Behörde.

von Beteiligungserträgen, Wien 2004; *Blazina*, Verdeckte Ausschüttungen, FJ 2004, 237, 321; *Kanduth-Kristen*, PKW-Sachbezug beim Gesellschafter-Geschäftsführer, taxlex 2005, 260, 544; *Beiser*, Verkaufte Ausschüttungen im Spannungsfeld der Endbesteuerung und Einmalerfassung, RdW 2006, 471; *Renner*, Verdeckte Ausschüttung bei Negativsaldo auf dem Verrechnungskonto, SWK 2006, S 630; *Kofler*, Die fremdfinanzierte Gewinnausschüttung, in FS Doralt, Wien 2007, 197; *Polster-Grüll/Vlasits*, Fremdfinanzierte Gewinnausschüttungen abzugsfähig, taxlex 2007, 91; *Marschner*, Die fremdfinanzierte Ausschüttung – Ende mit Schrecken? FJ 2007, 191; *Zorn*, Fremdfinanzierte Ausschüttung von Gewinnen einer Kapitalgesellschaft, RdW 2007, 120; *Roller/Schwaiger/Steiner*, Vorteilsausgleich bei konzerninternen Geschäften, SWK 2007, S 602; *Pröll*, Verdeckte Gewinnausschüttung: Liegenschaftsbewertung durch den ordentlichen Geschäftsführer, RdW 2007, 433; *Wiesner*, Neues zur verdeckten Ausschüttung, RWZ 2007, 328; *Achatz/Kirchmayr*, Zinsen für fremdfinanzierte Gewinnausschüttung als Betriebsausgabe abzugsfähig! taxlex 2007, 85; *Ressler*, Fremdfinanzierte Gewinnausschüttungen und Einlagenrückzahlungen, ecolex 2007/97; *Renner*, Verdeckte Ausschüttung an einen Anteilseigner bei widerrechtlicher Verschaffung eines Vermögensvorteils durch einen Nahestehenden, ÖStZ 2007, 454; *Blazina*, Ferrari zum Dumpingpreis, SWK 2007, S 259; *Roller*, Übertragung eines Grundstücks aus einer GmbH an einen Gesellschafter, SWK 2007, S 766; *Renner*, Kilometergeld als verdeckte Ausschüttung, ecolex 2007/239; *Hack/Semrau-Deutsch*, Herstellergarantien – Kostenüberwälzung auf Vertriebsgesellschaft im Konzern zulässig, taxlex 2007, 521; *Bauer*, Abzugsfähigkeit von Fremdkapitalzinsen bei fremdfinanzierter Gewinnausschüttung, ecolex 2008/62; *Novacek*, Fremdfinanzierung von Gewinnausschüttungen, Einlagenrückzahlungen und Entnahmen, ÖStZ 2008, 64; *Lukas/Toifl*, Verdeckte Gewinnausschüttung im Steuer-, Zivil-, Gesellschafts- und Strafrecht, RdW 2009, 669; *Lehner*, Alineare Ausschüttungen von Kapitalgesellschaften, ÖStZ 2009, 366; *Novacek*, Alineare Ausschüttungen von Kapitalgesellschaften, ÖStZ 2009, 518; *Csoklich/Macho*, Produktionsverlagerung und Ertragssteuerrecht, ÖStZ 2009, 443; *Wiesner*, Steuerliche Anerkennung einer Pensionszusage an den Gesellschafter und von „Entnahmen" des Gesellschafters, RWZ 2009, 140; *Beiser*, Fremdübliche Vermietung oder verdeckte Ausschüttung/Zuwendung? SWK 2009, S 903; *Wiesner*, Typische Problemfelder im Bereich der Körperschaftsteuer, RWZ 2009, 48; *Pröll/Schwaiger*, Der „Geschäftsführerwert" bei grenzüberschreitenden Transaktionen aus österreichischer Sicht, SWI 2009, 536; *Twardosz*, Hohes Verrechnungskonto eines Gesellschafters, SWK 2009, S 374; *Leitner* (Hrsg), Handbuch verdeckte Gewinnausschüttung, Wien 2010; *Rödler/Krickl/Jerabek*, Ertragsteuerliche Zweifelsfragen zu Genussrechten; *Renner*, Verdeckte Ausschüttungen bei Dienstverhältnissen zwischen Gesellschaften und ihren Gesellschaftern; *Tumpel*, Steuerliche Behandlung von Genussrechten an Teilvermögen; *Trenkwalder*, Forderung versus Einlagen – der Versuch einer Abgrenzung, alle in GedS Quantschnigg, Wien 2010, 493; *Renner*, Neues zur Wohnraumüberlassung zwischen Kapitalgesellschaft und Gesellschaftern, ÖStZ 2010, 279; *Wiesner*, Verschiedenes zur verdeckten Ausschüttung, RWZ 2010, 37; *Renner*, Freiwillige Abfertigungszusage an den Gesellschafter-Geschäftsführer, SWK 2010, S 459; *Kerschner*, Kein Vorteilsausgleich bei Investitionen in gemietete Objekte, ecolex 2011/187; *Dziurdź*, § 8 Abs 2 KStG erfasst auch Körperschaftsteuerzahlungen, ecolex 2011/298; *Wiesner*, Verdeckte Ausschüttung an einen (noch) Nicht-Gesellschafter, RWZ 2011, 329; *Renner*, Konzernfinanzierung und verdeckte Ausschüttung; *Kirchmayr*, Genussrechte und Besserungskapital im Konzern; *Mair*, Fremdfinanzierte Ausschüttung und Einlagenrückzahlung, alle in *Kirchmayr/Mayr* (Hrsg), Besteuerung der grenzüberschreitenden Konzernfinanzierung, Wien 2012; *Brugger/Dziurdź*, Fremdfinanzierte Ausschüttungen und Einlagenrückzahlungen, in *Lang/Schuch/Staringer/Storck*, Aktuelle Fragen der Konzernfinanzierung, Wien 2013, 107; *Marschner*, UFS: Rechtswidrige Gewinnausschüttung und verdeckte Ausschüttung,

GeS 2013, 201; *ders,* VwGH: Durchgeleitete verdeckte Ausschüttung, GeS 2013, 263; *ders,* VwGH: Unterpreisige Abtretung einer Forderung als Verzicht sowie Nutzung von außerbetrieblichem Vermögen der Gesellschaft als verdeckte Ausschüttung, GeS 2013, 410; *Marschner/Renner,* Die Verwirrnisse um Mietverhältnisse zwischen Körperschaften und ihnen Nahestehende, GeS 2013, 458; *Mayr,* Wirtschaftliches Eigentum und außerbetriebliche Sphäre von Kapitalgesellschaften, RdW 2013, 303; *Raab/Renner,* Unterlassene Verzinsung bei Rückforderung von zu Unrecht ausgeschütteten Gewinnanteilen als verdeckte Ausschüttung, UFSjournal 2013, 146; *dies,* Verdeckte Ausschüttungen durch Darlehensgewährungen an den Gesellschafter-Geschäftsführer, UFSjournal 2013, 253; *dies,* Zulässigkeit der Wertberichtigung einer Forderung gegenüber der Muttergesellschaft, UFSjournal 2013, 258; *dies,* Nachträgliche Beseitigung einer verdeckten Ausschüttung, UFSjournal 2013, 263; *Rauscher,* Neues zur Vermietung von Wohnimmobilien durch Kapitalgesellschaften an Gesellschafter, SWK 2013, 717; *Renner,* Aufwendungen für Opernballbesuch mit „Stargästen", SWK 2013, 1186; *ders,* Umsatztantiemen an einen Gesellschafter: verdeckte Ausschüttung? UFSjournal 2013, 356; *ders,* Vermietung einer nach Vorgaben der Mieter adaptierten Immobilie durch eine Privatstiftung an den Stifter, ZfS 2013, 78; *Schlager/Titz,* Die KStR 2013 im Überblick, RWZ 2013, 70; *Schwaiger,* Gebrauchsüberlassung einer Wohnimmobilie durch Privatstiftung, UFSjournal 2013, 309; *Zöchling,* KStR 2013: Aktualisierung der Verwaltungsansichten, SWK 2013, 513; *Bach,* Verdeckte Gewinnausschüttung und unternehmensrechtliche Bilanzierung, SWK 2014, 785; *ders,* Verdeckte Gewinnausschüttung und unternehmensrechtliche Bilanzierung, in *Leitner* (Hrsg), Handbuch Verdeckte Gewinnausschüttung[2] (2014) 283; *Bachl,* Betriebswirtschaftliche Bewertungsfragen und verdeckte Gewinnausschüttung, in *Leitner* (Hrsg), Handbuch Verdeckte Gewinnausschüttung[2] (2014) 263; *Blasina,* Von Einlagen, Teilwerten und Jägerbällen, BFGjournal 2014, 60; *ders,* Verrechnungskonto des Gesellschafter-Geschäftsführer, BFGjournal 2014, 372; *ders,* Wirtschaftliches Eigentum und „Ausschüttungen an der Wurzel", in *Blasina/Kirchmayr/Schliesselberger/Knörzer/Mayr/Unger* (Hrsg), Die Bedeutung der BAO im Rechtssystem, in FS Tanzer, Wien 2014, 181; *Dannecker,* Verdeckte Gewinnausschüttungen im deutschen Steuer-, Gesellschafts- und Bilanzrecht und ihre Bedeutung für das Strafrecht, in *Leitner* (Hrsg), Handbuch Verdeckte Gewinnausschüttung[2] (2014) 427; *Dannecker,* Verdeckte Gewinnausschüttungen im deutschen Steuer-, Gesellschafts- und Bilanzsteuerrecht, SWK 2014, 961; *Gurtner/Pichler,* Umsatzsteuerliche Konsequenzen von verdeckten Ausschüttungen, in *Leitner* (Hrsg), Handbuch Verdeckte Gewinnausschüttung[2] (2014) 233; *Hirschler/Sulz/Oberkleiner,* Vorteilsausgleich bei zinslosen Milchgeldvorschüssen, BFGjournal 2014, 110; *Karollus,* Einlagenrückgewähr und verdeckte Gewinnausschüttung, SWK 2014, 596; *Karollus,* Einlagenrückgewähr und verdeckte Gewinnausschüttung im Gesellschaftsrecht, in *Leitner* (Hrsg), Handbuch Verdeckte Gewinnausschüttung[2] (2014) 1; *Kirchmayr,* Verdeckte Ausschüttungen aus Kapitalgesellschaften, SWK 2014, 654; *Kirchmayr,* Verdeckte Ausschüttungen aus Kapitalgesellschaften im Ertragsteuerrecht, in *Leitner* (Hrsg), Handbuch Verdeckte Gewinnausschüttung[2] (2014) 137; *Kirchmayr/Achatz,* Verrechnungskonten und verdeckte Ausschüttung, taxlex 2014, 61; *Leitner,* Verdeckte Gewinnausschüttung im Finanzstrafrecht, SWK 2014, 831; *Leitner,* Verdeckte Gewinnausschüttung im Finanzstrafrecht, in *Leitner* (Hrsg), Handbuch Verdeckte Gewinnausschüttung[2] (2014) 319; *Lenneis,* Verdeckte Ausschüttung durch Verkauf eines Mietrechts an eine GmbH, BFGjournal 2014, 317; *Obermann,* Entnahmen durch Gesellschafter-Geschäftsführer einer GmbH, SWK 2014, 1362; *Raab/Renner,* Entnahmen des Geschäftsführers: Vermögensumschichtung oder Vermögensminderung? BFGjournal 2014, 93; *dies,* Ermessen bei ausnahmsweiser Direktvorschreibung der KESt für verdeckte Ausschüttungen, BFGjournal 2014, 105; *dies,* Kein Zufluss verdeckter Ausschüttungen an einen Anteilseigner, BFGjournal 2014, 327; *dies,* Kostenübernahme für Ballbesuch als verdeckte Ausschüttung, BFGjournal 2014, 109; *dies,* Rahmenkredit als verdeckte Ausschüttung, BFGjournal 2014, 329; *dies,* Rückgängigmachen einer verdeckten Ausschüttung, BFGjournal 2014, 337; *dies,* Verdeckte Ausschüttung bei Anstieg des Verrechnungskontos, BFGjournal 2014, 331; *dies,* Verdeckte Ausschüttung infolge Zahlung zur Konkursabwendung des Gesellschafters, BFGjournal 2014, 95; *dies,* Verdeckte Ausschüttung und Mehrgewinne aus berechtigten Zuschätzungen, BFGjournal 2014, 103; *dies,* Verdeckte Ausschüttung und Scheinrechnungen, BFGjournal 2014, 97; *dies,* Vom Beteiligungsverhältnis abweichende (alineare) verdeckte Ausschüttung, BFGjournal, 2014, 333; *dies,* Vorteilsausgleich zwischen Einlage und verdeckter Ausschüttung, BFGjournal 2014, 326; *Renner,* Anstieg des Verrechnungskontos als verdeckte Ausschüttung, ecolex 2014, 822; *ders,* Kredit an eine nahestehende Gesellschaft als verdeckte Ausschüttung, GeS 2014, 411; *ders,* Verdeckte Ausschüttung: (Zwingende) KESt-Direktvorschreibung an den Empfänger? RdW 2014, 741; *ders,* VwGH zum wirtschaftlichen Eigentum: Auswirkungen auf Vermietung von Kapitalgesellschaften an Gesellschafter, RdW 2014, 549; *Schaunig,* Das Mysterium der verdeckten Ausschüttung „an der Wurzel", taxlex 2014, 304; *ders,* Die Degeneration der verdeckten Ausschüttung „an der Wurzel" – KStR 2013, taxlex 2014, 415; *ders,* Die Evolution der verdeckten Ausschüttung „an der Wurzel" – Implikationen auf Anteilsinhaberebene, taxlex 2014, 376; *Schlager,* 2. AbgÄG 2014: Überblick über die Änderungen der Unternehmensbesteuerung, RWZ 2014, 357; *Schmieder,* Verdeckte Gewinnausschüttung im Wirtschaftsstrafrecht, SWK 2014, 867; *Schmieder,* Verdeckte Gewinnausschüttungen im Wirtschaftsstrafrecht, in *Leitner* (Hrsg), Handbuch Verdeckte Gewinnausschüttung[2] (2014) 353; *Stangl,* Wurzelausschüttung von Wohnimmobilien, SWK 2014, 511; *Stangl/Widhalm,* Die Nutzungsüberlassung von Wohnimmobilien durch Kapitalgesellschaften an deren Gesellschafter und die Frage nach dem wirtschaftlichen Eigentum, in *Blasina/Kirchmayr/Schliesselberger/Knörzer/Mayr/Unger* (Hrsg), Die Bedeutung der BAO im Rechtssystem, in FS Tanzer, Wien 2014, 139; *Bergmann/Stadlbauer,* § 8 KStG, in *Bergmann/Bieber* (Hrsg), Körperschaftsteuergesetz Update-Kommentar (2015); *Blasina,* KESt-Vorschreibung bei verdeckten Ausschüttungen, SWK 2015, 529; *Blasina,* Täglich grüßt das Gesellschafterdarlehen, BFGjournal 2015, 139; *Brandl/Leitner,* Tatbeitrag des Gesellschafters iZm verdeckten Gewinnausschüttungen, ZWF 2015, 35; *Kirchmayr/Zorn,* Kapitalertragsteuer bei verdeckten Ausschüttungen aus Schwarzumsätzen der GmbH, SWK 2015, 974; *Laudacher,* Kosten der Geburtstagsfeier eines Gesellschafters einer KapGes oder eines diesem Nahestehenden sind verdeckte Ausschüttungen, ecolex 2015, 156; *Marschner/Renner,* Verrechnungskonto im Minus: Kredit oder verdeckte Ausschüttung? BFGjournal 2015, 210; *M. Mayr,* Wurzelausschüttung von Wohnimmobilien – das Prüfschema der KStR 2013 auf dem Prüfstand der Praxis, ÖStZ 2015, 337; *Mayr/Schilcher,* 2. AbgÄG 2014: Neuerungen im KStG, RdW 2015, 54; *Peyerl,* Die Verlagerung von Einkünften (2015); *Rauscher,* Haftung des Abzugsverpflichteten versus Vorschreibung beim Empfänger der Kapitalerträge, SWK 2015, 381; *Renner,* Direktvorschreibung der KESt an den Empfänger einer verdeckten Ausschüttung, ecolex 2015, 70; *Salzmann,* Mittelbar beteiligter Geschäftsführer als Steuerschuldner gemäß § 95 Abs 2 EStG (verdeckte Ausschüttung)? BFGjournal 2015, 15; *Schwaiger,* Anspruchszinsen nun auch bei verdeckten Ausschüttungen, SWK 2015, 585; *Stocker,* Die Geburtstagsfeier des Firmengründers, ZWF 2015, 132; *Zorn,* Forderung am Verrechnungskonto oder verdeckte Ausschüttung, SKW 2015, 577; *Obermann,* Entnahmen durch den Gesellschafter-Geschäftsführer einer GmbH, SWK 2014, 1362; *Zorn,* Forderung am Verrechnungskonto oder verdeckte Ausschüttung? SWK 2015, 577; *Prodinger,* SWK-Spezial Immobilienvermietung zwischen Gesellschaft und Gesellschafter[2], Wien 2017; *Pröll,* Eigens zur Vermietung errichtete Immobilien im (VwGH-)Licht des „funktionierenden Mietenmarktes", BFGjournal 2017, 357; *ders,* Nachweis des „funktionierenden Mietenmarkts" durch den Steuerpflichtigen, BFGjournal 2018, 190.

975 Für die Ermittlung des Einkommens ist es ohne Bedeutung, ob das Einkommen im Wege offener oder verdeckter Ausschüttungen verteilt oder entnommen oder in anderer Weise verwendet wird.[240]) Ebenso wie im Einkommensteuerrecht (siehe § 20 EStG) gilt das Prinzip der **Unbeachtlichkeit der Einkommensverwendung.** Vermögensabflüsse an die Gesellschafter, die ihre Ursache im Gesellschaftsverhältnis haben, somit causa societatis geleistet werden, vermögen den Gewinn der Gesellschaft nicht zu beeinflussen. Insbesondere vermindert somit die Ausschüttung des Gewinnes das steuerpflichtige Einkommen der Körperschaft nicht (die Ausschüttung ist aus versteuertem Einkommen zu leisten). Nach § 8 Abs 3 sind auch Ausschüttungen auf Partizipationskapital[241]), auf Genussrechte und sonstige Finanzierungsinstrumente[242]), mit denen das Recht auf Beteiligung am Gewinn und am Liquidationsgewinn verbunden ist (sog Substanzgenussrechte im weiteren Sinne),[243]) Rückvergütungen von Genossenschaften und garantierte Dividenden bei verbundenen Gesellschaften als Einkommensverwendung zu qualifizieren. Werden Ausschüttungen durch Kreditaufnahme finanziert, dann hindert § 8 jedoch nicht den Abzug der anfallenden Zinsaufwendungen als Betriebsausgaben;[244]) im Falle einer vA hingegen sehr wohl.[245])

Nach VwGH[246]) sind daher Aufwendungen für **fremdfinanzierte Gewinnausschüttungen** – anders als bei fremdfinanzierten Einlagenrückzahlungen – abzugsfähig.[247]) Das BMF wollte auf diese Rsp reagieren und sah im Begutachtungsentwurf zum BBG 2007 ein Abzugsverbot für Fremdfinanzierungskosten im Zusammenhang mit Einkommensverwendungen vor (§ 12 Abs 1 Z 8), um Einkommensverwendungen von Kör-

---

[240]) VwGH 24. 2. 2011, 2008/15/0112, wonach die Vermögensverwendung auch Ausgaben erfasst, die nach § 12 (wie die KSt) nicht abziehbar sind; dazu *Dziurdź,* ecolex 2011/298.

[241]) Auf Grund des Wegfalls der entsprechenden aufsichtsrechtlichen Bestimmungen in den Jahren 2013 (zu den Änderungen im BWG siehe BGBl I 2013/184) bzw 2015 (zu den Änderungen im VAG siehe BGBl I 2015/34) betrifft die Bestimmung nur in der Vergangenheit ausgegebenes Partizipationskapital von Banken und Versicherungen; vgl zum aufsichtsrechtlichen Hintergrund *Bergmann/Stadlbauer* in *Bergmann/Bieber* (Hrsg), KStG Update-Kommentar § 8 Rz 34 f.

[242]) Darunter fallen sämtliche Finanzierungsinstrumente, unabhängig von der aufsichts- oder zivilrechtlichen Grundlage ihrer Begebung, wenn sie kumulativ zur Beteiligung am Gewinn und am Liquidationsgewinn berechtigen; damit kommen diesen beiden Kriterien entscheidende Bedeutung zu für die generelle Abgrenzung von ertragsteuerlichem Eigen- und Fremdkapital; vgl ErläutRV 360 BlgNR 25. GP 13; vgl *Petritz-Klar,* RdW 2014, 48.

[243]) Vgl VwGH 29. 3. 2006, 2005/14/0018 zum Erfordernis des Überwiegens von eigenkapitalartigen Merkmalen in Qualität und Quantität; dazu *Grau,* FJ 2007, 250; siehe auch VwGH 1. 10. 2008, 2006/13/0032; dazu *Günther,* FJ 2008, 46.

[244]) VwGH 19. 12. 2006, 2004/15/0122.

[245]) VwGH 17. 10. 2007, 2006/13/0069; dazu *Bauer,* ecolex 2008/62; vgl KStR 2013 Rz 1286.

[246]) VwGH 19. 12. 2006, 2004/15/0122.

[247]) Vgl *Zorn,* RdW 2007, 120; ausführlich dazu auch *Kofler* in FS Doralt 197; *Mair* in Besteuerung der grenzüberschreitenden Konzernfinanzierung 145; *Brugger/Dziurdź* in Aktuelle Fragen der Konzernfinanzierung 107.

perschaften (Ausschüttungen) mit den im EStG vergleichbaren Entnahmen steuerlich gleichzustellen. Es sollte damit rechtsformunabhängig die steuerunwirksame Sphäre der Einkommensverwendung (Entnahme, Ausschüttung) von der steuerwirksamen Sphäre der Einkommenserzielung abgegrenzt werden. Zudem erschien es nicht überzeugend, die „Nebenspesen" der Gewinnausschüttung steuerlich anders zu behandeln als die Gewinnausschüttung selbst. Dieser Begutachtungsentwurf mit einem Abzugsverbot wurde im Schrifttum heftig kritisiert.[248]) Auch wenn die Kritikpunkte aus steuersystematischer Sicht durchaus zu hinterfragen sind,[249]) wurde auf das gesetzliche Abzugsverbot insbesondere aus Gründen der Praktikabilität und im Interesse des Wirtschaftsstandortes Österreich verzichtet. Anders als bei offenen Ausschüttungen sind Aufwendungen für fremdfinanzierte **verdeckte Ausschüttungen** nach VwGH nicht abzugsfähig.[250])

Andererseits sind auf Grund des Trennungsprinzips schuldrechtliche Bezie- **976**
hungen zwischen den steuerrechtlich selbständigen Körperschaften und ihren Gesellschaftern (Mitgliedern) steuerlich prinzipiell anzuerkennen.[251]) Entgelte, die auf der Basis derartiger Vertragsbeziehungen geleistet werden, führen demnach zu einer Gewinnminderung bei der Gesellschaft. Werden allerdings im Rahmen derartiger schuldrechtlicher Vereinbarungen dem Gesellschafter Vermögensvorteile zugewendet, die ihre Ursache im Gesellschaftsverhältnis haben, so darf insoweit die KSt-Bemessungsgrundlage nicht gemindert werden: **Problem der verdeckten Ausschüttung (vA).** Keine vA liegt jedoch vor, wenn eine wirtschaftliche Veranlassung für die Vermögenszuwendung besteht.[252]) VA kommen prinzipiell bei allen Körperschaften in Betracht, bei denen Personen mit gesellschafter- oder eigentümerartiger Position vorhanden sind.[253]) Die folgende Darstellung konzentriert sich aber auf Kapitalgesellschaften.

Das Vorliegen von vA muss steuerlich nicht immer nachteilig sein. Während vA in Form von Leistungsvergütungen (zB überhöhte Geschäftsführerbezüge) auf der Ebene der Gesellschafter bis zu 55% ESt-Belastung nach sich ziehen,[254]) kann die kumulierte steuerliche Belastung bei einer verdeckten oder offenen Ausschüttung bei entsprechend niedrigen KSt und KESt-Sätzen darunter liegen.[255])

---

[248]) ZB *Kofler/Tumpel*, SWK 2007, S 289; *Kirchmayr/Achatz*, taxlex 2007, 85; *Polster Grüll/Vlasits*, taxlex 2007, 91.

[249]) Vgl dazu *Wiesner*, RWZ 2007, 35.

[250]) VwGH 17. 10. 2007, 2006/13/0069; dazu *Mair* in Besteuerung der grenzüberschreitenden Konzernfinanzierung 145.

[251]) Vgl Tz 903.

[252]) VwGH 21. 11. 2007, 2004/13/0001 zur Darlehensgewährung zwecks Abwendung einer drohenden Geschäftsführerhaftung.

[253]) Vgl VwGH 24. 2. 2000, 97/15/0213 zu vA an Vereinsfunktionäre; VwGH 21. 10. 1999, 94/15/0113 und VwGH 25. 1. 2001, 2000/15/0224 zu vA von BgA an die Trägerkörperschaft; VwGH 21. 2. 2013, 2009/13/0257 zur (durchgeleiteten) vA von Gesellschaften einer Privatstiftung an den Stifter.

[254]) Wobei für zB überhöhte Geschäftsführerbezüge – je nach Beteiligungsausmaß des Gesellschafters – die Sechstelbegünstigung (Einkünfte aus nichtselbständiger Arbeit) oder der Gewinnfreibetrag (selbständiger Arbeit) zusteht.

[255]) Beim aktuellen KSt-Satz von 25% und KESt-Satz von 27,5% beträgt die kumulierte Steuerbelastung bei Vollausschüttung 45,625%; vgl auch *Urnik/Fritz-Schmied*, SWK 2004, S 713.

977 Das KStG spricht zwar im Zusammenhang mit der Einkommensermittlung (§ 8 Abs 2) von verdeckten Ausschüttungen, enthält aber keine Begriffsbestimmung. Nach hA ist von einer vA zu sprechen, wenn Kapitalgesellschaften ihren Gesellschaftern Vermögensvorteile zuwenden, die ihrer äußeren Form nach nicht unmittelbar als Einkommensverteilung erkennbar sind, ihre Wurzel aber in den gesellschaftsrechtlichen Beziehungen haben.[256]) Die Einkommensminderung kann grundsätzlich entweder in überhöhten Aufwendungen oder in zu geringen Einnahmen bestehen.[257]) Die Ursächlichkeit des Gesellschaftsverhältnisses für die Einkommensminderung wird nach österr Auffassung anhand eines **Fremdvergleiches** ermittelt: Entscheidend ist, ob die Gesellschaft den Vorteil einem fremden Dritten (Nichtgesellschafter) ebenfalls gewährt hätte.[258]) Die Judikatur des VwGH misst Verträge zwischen Kapitalgesellschaften und ihren Gesellschaftern überhaupt an den Kriterien, die für Familienverträge entwickelt wurden: Der Vertrag muss, um steuerlich anerkannt zu werden, klar und eindeutig sein, Wirkungen nach außen entfalten und fremdüblichen Bedingungen entsprechen,[259]) wobei die Voraussetzungen kumulativ vorliegen müssen.[260]) Die deutsche Judi-

---

[256]) Vgl VwGH 20. 3. 1974, 1157/72; VwGH 19. 2. 2002, 2001/14/0161; VwGH 9. 3. 2005, 2000/13/0222; VwGH 18. 12. 2008, 2006/15/0355 vA bei Honorarerhöhung ohne zusätzliche Leistungsverpflichtung; 21. 11. 2007, 2004/13/0001; zu den „Teilaspekten" der vA vgl *Kirchmayr* in *Achatz/Kirchmayr,* KStG § 8 Tz 164.

[257]) ZB VwGH 29. 1. 2003, 98/13/0055; VwGH 1. 3. 2007, 2004/15/0096; VwGH 27. 2. 2008, 2004/13/0115.

[258]) ZB VwGH 4. 3. 2009, 2004/15/0135 u 0136 zu einem Kredit, der ohne Festlegung eines Kreditrahmens, ohne zeitliche Begrenzung, ohne jede Besicherung gewährt wird und bei dem der Kreditnehmer (= Gesellschafter) den Rückzahlungszeitpunkt selbst festlegen kann; siehe auch VwGH 8. 2. 2007, 2004/15/0149; VwGH 27. 8. 2008, 2008/15/0044; VwGH 23. 6. 2009, 2004/13/0090 zum Verzicht auf Abgeltung der von der Gesellschaft getätigten Investitionen in das vom Gesellschafter gemietete Gebäude; VwGH 16. 12. 2009, 2005/15/0058 zu fremdunüblichen Abfertigungszahlungen, dazu *Renner,* SWK 2010, S 459; siehe auch VwGH 27. 4. 2011, 2007/13/0134; VwGH 6. 7. 2011, 2008/13/0005; VwGH 6. 7. 2011, 2008/15/0153 zur Tragung von Baukosten für ein im Eigentum des Gesellschafters stehendes, der Gesellschaft unentgeltlich überlassenes Gebäude; VwGH 29. 3. 2012, 2008/15/0170; zum Fremdvergleich vgl *Kirchmayr* in *Achatz/Kirchmayr,* KStG § 8 Tz 291 ff; kritisch zum Fremdvergleich zB *Gassner* in FS Bauer 79; *Werndl,* ÖJZ 1976, 539; *Beiser,* ÖStZ 2001, 497.

[259]) VwGH 26. 9. 1985, 85/14/0079; VwGH 28. 1. 2003, 99/14/0100; VwGH 14. 12. 2006, 2006/14/0025; der VwGH selbst hat allerdings wiederholt festgehalten, dass diesen Anforderungen nur Bedeutung für die Beweiswürdigung zukommt; siehe etwa VwGH 19. 10. 1993, 93/14/0129; zur gesellschaftlich veranlassten Anmietung eines Wirtschaftsgutes vgl VwGH 19. 4. 2007, 2005/15/0020, 0021; siehe auch VwGH 16. 5. 2007, 2005/14/0005; VwGH 24. 9. 2007, 2004/15/0166, zur Fremdüblichkeit von Vermietungstätigkeiten und Lohnzahlungen; VwGH 17. 10. 2007, 2006/13/0069, zu rechtsgrundlosen Entnahmen des Gesellschafter-Geschäftsführers (bloße Verbuchung kann Urkunde über Rechtsgrund nicht ersetzen); VwGH 4. 2. 2009, 2008/15/0167, dazu *Twardosz,* SWK 2009, S 374; VwGH 24. 6. 2010, 2006/15/0172; VwGH 29. 7. 2010, 2006/15/0215.

[260]) VwGH 25. 11. 2009, 2008/15/0039, zur Prüfung der Fremdüblichkeit von Abfertigungszahlungen; VwGH 23. 2. 2010, 2005/15/0148, zu Verträgen zwischen Gesellschaften, die von denselben Personen vertreten werden.

katur stellt dagegen (auch) auf das Verhalten eines ordentlichen und gewissenhaften Geschäftsführers ab;[261]) ein Maßstab, der zunehmend auch für Österreich vertreten wird.[262]) Allerdings führt ein Fremdvergleich, der die konkreten Umstände der Körperschaft berücksichtigt, im Regelfall zum gleichen Ergebnis wie die Denkfigur des ordentlichen und gewissenhaften Geschäftsführers.[263])

Das Gesetz spricht allgemein von „verdeckten Ausschüttungen", um zum Ausdruck zu bringen, dass die Regeln auch gelten, wenn die Körperschaft im betreffenden Jahr keinen Gewinn erwirtschaftet bzw wenn – etwa bei Vereinen – außerbetriebliche Einkünfte verteilt werden. In der Praxis wird teilweise weiterhin der Begriff der „verdeckten Gewinnausschüttung" verwendet.

Um eine vA annehmen zu können, ist nach Auffassung des VwGH ferner **978** ein auf Vorteilsgewährung gerichteter **Willensentschluss** der Körperschaft erforderlich,[264]) wobei dieser allerdings schon aus den (objektiven) Umständen des betreffenden Falles erschlossen werden kann.[265]) Es kann genügen, dass die zuständigen Organe die Vermögenszuwendung nach Kenntnis nicht rückgängig gemacht haben.[266])

Eine bestimmte **Beteiligungshöhe** ist nicht Voraussetzung der vA. Bei **979** Beteiligungen unter 50% (idR keine beherrschende Stellung) wird eine vA jedoch nur unter besonderen Umständen anzunehmen sein (zB gleiche Interessen; alle Gesellschafter sind Geschäftsführer oder nahe Angehörige).[267])

Nach der Judikatur des VwGH muss der **Empfänger** einer vA ein Anteils- **980** inhaber sein. Darunter wird ein Gesellschafter oder eine Person mit gesellschafterähnlicher Stellung verstanden.[268]) Der bloß mittelbare Einfluss eines Nichtgesellschafters und dessen Machthaberschaft bewirken noch keine Anteilsinhaberschaft.[269]) Erfolgt die Vermögenszuwendung an den so verstandenen Anteilsinhaber, dann liegen (KESt-pflichtige) Einkünfte aus Kapitalvermögen vor. Die Zuwendung eines Vorteils an den Anteilsinhaber kann dabei auch

---

261) ZB BFH 3. 2. 1971, BStBl II 408; dazu zB *Kirchmayr* in *Achatz/Kirchmayr,* KStG § 8 Tz 303.

262) Vgl KStR 2013 Rz 790; vgl auch *Gassner* in FS Bauer 79 ff; *Beiser,* ÖStZ 2001, 497; *Pröll,* RdW 2007, 433; *Lukas/Toifl,* RdW 2009, 669; *Csoklich/Macho,* ÖStZ 2009, 443.

263) *Ressler/Stürzlinger* in *Lang/Rust/Schuch/Staringer,* KStG² § 8 Rz 127; *Kirchmayr* in *Achatz/Kirchmayr,* KStG § 8 Tz 307; *Renner/Strimitzer/Vock,* KStG § 8 Rz 182.

264) VwGH 23. 11. 1977, 410, 618/77; VwGH 24. 9. 1996, 94/13/0129; VwGH 19. 2. 2007, 2004/13/0095.

265) VwGH 14. 9. 1979, 1264/78; VwGH 10. 12. 1985, 85/14/0080; VwGH 14. 12. 2005, 2002/13/0022; VwGH 24. 7. 2007, 2007/14/0013; VwGH 23. 2. 2010, 2005/15/0148: Ist für die vertragsschließende Partei das objektive Missverhältnis auf Grund eines SV-Gutachtens nicht erkennbar gewesen, kann die subj Tatseite für eine vA fehlen.

266) VwGH 31. 3. 2000, 95/15/0056.

267) Nach *Kirchmayr* ist die Frage des Fremdvergleichs immer einzelfallbezogen zu lösen und der Umstand der kapitalmäßigen Beherrschung als mögliches Indiz gegen die Fremdüblichkeit einzustufen, in *Achatz/Kirchmayr,* KStG § 8 Tz 283; vgl auch *Renner* in Besteuerung der grenzüberschreitenden Konzernfinanzierung 55 (62).

268) VwGH 26. 9. 2000, 98/13/0216; VwGH 9. 3. 2005, 2000/13/0222.

269) VwGH 12. 9. 2001, 96/13/0043 u 0044; VwGH 19. 9. 2007, 2004/13/0108.

darin gelegen sein, dass eine dem Anteilsinhaber nahestehende Person begünstigt wird,[270]) wobei auch beteiligungsmäßige Verflechtungen ein „Nahestehen" begründen.[271])

Wird eine unangemessene Leistung vor Begründung des Gesellschaftsverhältnisses an einen **künftigen Anteilsinhaber** erbracht, ist zu unterscheiden, ob jene ihren Grund im Gesellschaftsverhältnis hat, oder nicht. Liegt eine Leistung causa societatis vor, steht sie in engem zeitlichen Zusammenhang mit der Begründung des Gesellschaftsverhältnisses und wird der Empfänger auch tatsächlich Gesellschafter, so ist vom Vorliegen einer vA auszugehen.[272]) Steht die Leistung jedoch in keinerlei Zusammenhang mit der späteren Anteilsinhaberschaft, so liegt nur insofern eine vA vor, als die Körperschaft auf die rechtliche Möglichkeit einer Änderung der Leistungsbeziehung zu fremdüblichen Konditionen verzichtet.[273])

Werden im Zuge einer Betriebsprüfung Mehrgewinne festgestellt, die im Betriebsvermögen der Kapitalgesellschaft keinen Niederschlag gefunden haben (zB Schwarzumsätze), so ist idR davon auszugehen, dass sie den Gesellschaftern als vA, uzw im Verhältnis ihrer Beteiligung zugeflossen sind.[274]) Entscheidend ist aber letztlich, wem die Mehrgewinne tatsächlich zugekommen sind.[275]) Das kann zB auch der nicht beteiligte Geschäftsführer sein.[276]) Dient das Schwarzgeld jedoch als Ausgleich für eine vorherige Schwarzgeldzahlung der Gesellschaft, liegt insoweit keine vA vor.[277])

981 **Problem des Vorteilsausgleichs:** VA liegen nicht vor, wenn zwischen der Gesellschaft und dem Gesellschafter ein Leistungsaustausch auf betrieblicher Grundlage zu angemessenen Konditionen stattfindet.[278]) Fraglich ist, ob einer Vermögenszuwendung der Gesellschaft an den Gesellschafter der Charakter einer vA dadurch genommen wird, dass der Gesellschafter seinerseits der Gesellschaft auf gesellschaftsrechtlicher Basis Vorteile (verdeckte Einlagen) gewährt.

---

[270]) Es liegt eine vA an den Gesellschafter vor, der den Vorteil weiterleitet; vgl VwGH 26. 9. 2000, 98/13/0216; VwGH 9. 3. 2005, 2000/13/0222; VwGH 27. 2. 2008, 2004/13/0031; VwGH 23. 4. 2008, 2004/13/0106; dazu *Kirchmayr* in *Achatz/Kirchmayr*, KStG § 8 Tz 251.

[271]) VwGH 21. 6. 2007, 2006/15/0043; VwGH 25. 6. 2007, 2007/14/0002; VwGH 25. 11. 2009, 2008/15/0039.

[272]) VwGH 15. 9. 2011, 2008/15/0256; dazu *Wiesner*, RWZ 2011, 329; KStR 2013 Rz 701.

[273]) KStR 2013 Rz 592.

[274]) VwGH 10. 3. 1982, 81/13/0072 und VwGH 10. 12. 1985, 85/14/0080, für Sicherheitszuschläge; VwGH 17. 12. 2002, 97/14/0026; VwGH 19. 2. 2007, 2003/13/0115 u 2004/13/0054; VwGH 19. 9. 2007, 2004/13/0108; vgl aber auch VwGH 14. 10. 2010, 2008/15/0124, 0125, wonach bei „Schwarzzahlungen" an nicht benannte Personen, nicht ohne Weiteres von Vorteilszuwendungen an die Gesellschafter ausgegangen werden kann.

[275]) VwGH 24. 3. 1998, 97/14/0118.

[276]) Vgl VwGH 15. 3. 1988, 87/14/0072; dann jedoch uE keine Einkünfte aus Kapitalvermögen.

[277]) VwGH 6. 7. 2011, 2008/13/0005; vgl *Renner* in *Renner/Strimitzer/Vock*, KStG § 8 – Anhang, 99 f.

[278]) VwGH 19. 9. 2007, 2004/13/0095.

Beispiel:

Die Gesellschaft gewährt dem Gesellschafter ein zinsloses Darlehen. Der Gesellschafter stellt (dafür) der Gesellschaft unentgeltlich Büroräume zur Verfügung.

Die hA anerkennt einen – die vA ausschließenden – Vorteilsausgleich nur, wenn zwischen den Vorgängen, zwischen denen der Ausgleich stattfinden soll, ein innerer Zusammenhang besteht und ausdrückliche, eindeutige Vereinbarungen über den Vorteilsausgleich vorliegen.[279]) Auf eine Vereinbarung kann nach der Rsp (nur) verzichtet werden, wenn die Verträge eine wirtschaftliche Einheit bilden und keine Gefahr nachträglicher Manipulation besteht[280]) bzw wenn ein von vornherein bestehender innerer Zusammenhang zwischen Leistung und Gegenleistung offenkundig ist.[281]) Unter diesen Bedingungen liegt idR schon ein echter Leistungsaustausch vor, sodass die Figur des Vorteilsausgleichs letztlich eine geringe praktische Bedeutung hat.[282])

Folgen bei der Gesellschaft: Die vA ist prinzipiell ebenso zu behandeln wie **982**
eine offene Ausschüttung. Besteht die vA in überhöhten Aufwendungen der Gesellschaft für den Gesellschafter (Musterfall: überhöhter Geschäftsführerbezug), so kann der Aufwand (insoweit) nicht als Betriebsausgabe abgezogen werden. Verzichtet die Gesellschaft zu Gunsten des Gesellschafters auf die Erzielung von Erträgen (Musterfall: Gewährung eines unverzinslichen Darlehens), so ist die Erzielung angemessener Erträge und die Ausschüttung des Vorteils zu unterstellen.[283])

VA in Form von Ertragsverzichten sind mit dem Wortlaut des § 8 Abs 2 nur schwer zu erfassen, weil hier kein Einkommen verteilt, sondern auf Einkommenserzielung verzichtet wird. Es bedarf somit der Fiktion einer Einkommenserzielung, die nur angebracht ist, wenn unzweifelhaft ein Einkommensverzicht stattgefunden hat, dh, wenn die Gesellschaft, hätte sie dem Gesellschafter keinen Vorteil gewährt, bei normaler Vorgangsweise einen Gewinn erzielt hätte.

Folgen beim Gesellschafter: Beim Gesellschafter ist die vA als Ertrag aus **983**
der Beteiligung anzusehen und somit, sofern diese zu seinem Privatvermögen gehört, als Einkünfte aus Kapitalvermögen anzusetzen (§ 27 Abs 2 Z 1 EStG). Die Verpflichtung der Gesellschaft, den KESt-Abzug vorzunehmen, besteht auch bei vA (wobei die KESt bei Zufluss der vA idR gerade nicht einbehalten wird, sondern im Haftungsweg nachzuerfassen ist)[284]). Der KESt-Abzug hat Abgeltungswirkung (Endbesteuerung). Ist die vA daher bereits versteuert wor-

---

[279]) *Wiesner,* SWK 1984, A I 187; *Quantschnigg,* ÖStZ 1985, 165; VwGH 6. 2. 1990, 89/14/0034; VwGH 22. 3. 1991, 90/13/0252; VwGH 11. 3. 1992, 87/13/0045; VwGH 31. 3. 2000, 95/15/0056; VwGH 16. 5. 2007, 2005/14/0005; VwGH 16. 12. 2010, 2007/15/0013; dazu KStR 2013 Rz 609 ff; *Kirchmayr* in *Achatz/Kirchmayr,* KStG § 8 Tz 206 ff.

[280]) VwGH 18. 3. 1991, 90/14/0210.

[281]) VwGH 24. 3. 1998, 97/14/0118.

[282]) Vgl auch *Heinrich,* SWK 1999, S 167; zu Einzelfällen vgl *Kirchmayr* in *Achatz/Kirchmayr,* KStG § 8 Tz 214.

[283]) Vgl VwGH 23. 10. 1997, 96/15/0117.

[284]) Die Gesellschaft haftet auch für als vA zu wertende Schwarzgeldzahlungen an die Gesellschafter, vgl VwGH 6. 7. 2011, 2008/13/0005.

den (zB überhöhter Geschäftsführerbezug mit LSt-Abzug), muss eine Wiederaufrollung erfolgen: Die KESt wird nacherhoben, die ESt ist zu erstatten. Wird die KESt von der Gesellschaft übernommen, so ist die Übernahme zusätzlich eine vA, der KESt-Satz beträgt daher 37,93% (bei einem KESt-Satz von 27,5%) der ursprünglichen vA.[285]) Fordert hingegen die Körperschaft die auf die verdeckte Ausschüttung entfallende KESt (in angemessener Frist) ein, ist die Ausschüttung als Betrag vor Abzug der KESt (Bruttobetrag) anzusehen.[286])

Bei Veranlagung galt auch für vA bis 1. 4. 2012 die Ermäßigung der ESt auf die Hälfte (Halbsatzverfahren),[287]) seither der besondere Steuersatz von 25% bis inkl 2015 und 27,5% seit 2016 (§ 27 a Abs 1 Z 2 EStG) samt Regelbesteuerungsoption.[288]) Steht dem Gesellschafter die Befreiung für Beteiligungserträge (§ 10) zu,[289]) so erstreckt sich die Steuerfreiheit auch auf vA.

Die Grundsätze der vA gelten auch im Verhältnis zwischen Privatstiftungen und ihren Begünstigten. In diesen Fällen spricht man von verdeckten Zuwendungen.[290]) Nach der VwGH-Judikatur[291]) können verdeckte Zuwendungen auch mittelbar erfolgen, wenn zB eine Tochtergesellschaft einer Privatstiftung den Begünstigten Vermögensvorteile zuwendet, und die wirtschaftliche Veranlassung hierfür nicht in gegenüber der Gesellschaft erbrachten Leistungen, sondern in der Stellung des Zuwendungsempfängers als Begünstigter der Stiftung liegt. Dadurch wird das Vermögen der Gesellschaft und damit der ihre Anteile haltenden Privatstiftung vermindert, während das Vermögen des Begünstigten eine Vermehrung erfährt. In diesem Fall liegt einerseits eine vA der Gesellschaft an die Privatstiftung und andererseits eine verdeckte Zuwendung der Privatstiftung an den Begünstigten vor („durchgeleitete vA"). Voraussetzung dafür ist, dass der Vorgang auf einer auf Vorteilsgewährung gerichteten Willensentscheidung der Stiftung beruht.[292])

984 Als **Wert** der vA ist die Vermögensminderung anzusetzen, die die Gesellschaft causa societatis hinnehmen musste.[293]) Bei zinsenloser Kreditgewährung durch die Gesellschaft ist daher zu fragen, zu welchem Zinssatz die Gesellschaft das Geld hätte anlegen können. Der aktuelle Anleihezinsfuß ist ein brauchbarer

---

285) Es wird vereinfachend davon ausgegangen, dass die ursprüngliche vA ein Nettobetrag war, somit nur 72,5% der gesamten Ausschüttung; bei einer vA von 100 „fehlt" somit die KESt iHv 37,93 um 100% zu erreichen.

286) VwGH 23. 10. 1997, 96/15/0180; 25. 11. 2010, 2007/15/0104; zur Beurteilung der Ernsthaftigkeit der KESt-Rückforderungsabsicht siehe 28. 9. 2011, 2006/13/0084.

287) § 37 Abs 4 EStG idF vor BBG 2011: „Gewinnanteile jeder Art".

288) Dazu oben Kap Einkommensteuer, Tz 769 u 99/1.

289) Dazu oben Tz 997 ff.

290) Vgl *Schuchter* in *Bergmann/Bieber,* KStG Update-Kommentar § 13 Rz 194; *Ludwig* in *Arnold/Ludwig,* Stiftungshandbuch² Tz 13/24 ff.

291) Vgl VwGH 21. 2. 2013, 2009/13/0257; VwGH 21. 10. 2015, 2012/13/0087; VwGH 18. 10. 2017, Ra 2016/13/0050.

292) Die auf Vorteilsgewährung gerichtete Willensentscheidung kann sich nach dem VwGH auch schlüssig konkreten Umständen ergeben und liegt zB jedenfalls dann vor, wenn der Stiftungsvorstand den Vorteil, der dem Begünstigten zugekommen ist, in der Folge hinnimmt.

293) Vgl zB VwGH 20. 4. 1982, 81/14/0120; zum Problem ausführlich *Gassner* in *Raupach* 245.

Anhaltspunkt.[294]) Bei der Bewertung besteht im Hinblick auf den Fremdvergleich jedenfalls ein Spielraum.[295])

Rückgängigmachung von vA: VA in Form vermögenswerter Zuwendungen an die Gesellschafter können durch spätere Rückerstattung dieser Werte nicht mit steuerlicher Wirkung rückgängig gemacht werden.[296]) Derartige Rückzahlungen hätten den Charakter von Einlagen. **985**

Nach hA kann die Annahme einer vA nur ausgeschlossen werden, wenn es sich um irrtümliche Zahlungsvorgänge handelt oder wenn vor dem Bilanzstichtag die Zuwendung zurückgefordert wird und in der Bilanz des betreffenden Jahres eine entsprechende Forderung bilanziert wird.[297]) Bei wiederholter Rückzahlung eines Darlehens am Ende eines Wirtschaftsjahres und der neuerlichen Entnahme des rückgezahlten Betrages am Beginn eines neuen Wirtschaftsjahres kann noch keine vA angenommen werden.[298])

Die **Erscheinungsformen der vA** sind außerordentlich vielfältig. Im Wesentlichen lassen sich **4 Grundtypen** unterscheiden:

a) **Die Gesellschaft erwirbt vom Gesellschafter Wirtschaftsgüter gegen ein unangemessen hohes Entgelt.** **986**

Beispiel:

Ein **unbebautes Grundstück** des Gesellschafters (Anschaffung im Jahr 1995), dessen Verkehrswert € 60.000 beträgt, wird von der Gesellschaft um € 100.000 erworben.

Bei der **Gesellschaft** ist das Grundstück mit € 60.000 zu aktivieren, der Teil der Anschaffungskosten, der causa societatis geleistet wurde, ist unternehmensrechtlich als sonstiger Aufwand zu verbuchen und steuerlich dem Gewinn wieder hinzuzurechnen.[299]) Beim **Gesellschafter,** der das Grundstück im Privatvermögen hielt, war bis zum 1. StabG 2012 (nach Ablauf der Spekulationsfrist) nur der Betrag von € 40.000 als Einkünfte aus Kapitalvermögen anzusetzen. Da seit dem 1. 4. 2012 private Grundstücksveräußerungen allgemein steuerpflichtig sind, ist beim Gesellschafter neben der vA von € 40.000 zudem der Veräußerungsgewinn für das Grundstück steuerpflichtig; da jener Teil des Veräußerungsgewinnes, der bereits über die vA zu erfassen ist, auszublenden ist, ist als Veräußerungserlös mE der Verkehrswert von € 60.000 heranzuziehen (auf diesen Veräußerungserlös kann bei Altgrundstücken die pauschale Besteuerung nach § 30 Abs 4 EStG bezogen werden).[300])

---

294) Vgl KStR 2013 Rz 725.

295) So auch VwGH 30. 5. 1989, 88/14/0111, unter Hinweis auf *Wiesner,* SWK 1984, A I 184; 27. 7. 1999, 94/14/0018.

296) ZB VwGH 29. 1. 1998, 96/15/0013; VwGH 24. 3. 1998, 97/14/0118.

297) *Wiesner,* SWK 1984, A I 184 f; *Quantschnigg,* ÖStZ 1985, 165 f; VwGH 3. 9. 2008, 2003/13/0125; 25. 11. 2009, 2007/15/0196.

298) VwGH 24. 9. 2008, 2008/15/0110; ein allfälliger „Zinsvorteil" wäre allerdings als vA zu erfassen.

299) Ebenso richtet sich nach *Kirchmayr* der Bilanzansatz des Wirtschaftsgutes nach dem Fremdvergleichswert, in *Achatz/Kirchmayr,* KStG § 8 Tz 372; dies wird wohl auch für abnutzbare Wirtschaftsgüter (zB Maschinen) gelten; ebenso nunmehr KStR 2013 Rz 650; aA *Quantschnigg,* ÖStZ 1985, 162 und *Wiesner/Schneider/Spanbauer/Kohler* § 8 Anm 19: Aktivierung mit vollem Betrag; Kürzung nur bei den jährlichen oder außerordentlichen Abschreibungen.

300) Vgl auch VwGH 29. 7. 2010, 2006/15/0215, zu einer überpreisig erworbenen Bibliothek.

987 b) **Die Gesellschaft nutzt Dienste, Kapital oder sonstige Wirtschaftsgüter des Gesellschafters gegen ein unangemessen hohes Entgelt.**

Die vA führt in diesem Fall (bloß) dazu, dass hinsichtlich des fremdunüblichen Teiles die Rechtsfolgen einer vA eintreten (Nichtabzugsfähigkeit des überhöhten Entgeltes), nicht hingegen zur vollständigen Ausblendung der Leistungsbeziehung.[301])

Beispiele:

1. Ein **Grundstück** des Gesellschafters wird von der Gesellschaft gegen eine Jahresmiete von € 10.000 gemietet, obwohl lediglich € 6.000 angemessen wären. Bei der **Gesellschaft** ist lediglich der Betrag von € 6.000 als abzugsfähige Betriebsausgabe anzuerkennen, € 4.000 sind dem Gewinn hinzuzurechnen. Beim **Gesellschafter,** der Grundstück und Beteiligung im Privatvermögen hält, sind € 6.000 als Einkünfte aus Vermietung und Verpachtung und € 4.000 als Einkünfte aus Kapitalvermögen anzusetzen. Werden Grundstück und Beteiligung im Betriebsvermögen gehalten, so sind die Einkünfte wegen des Subsidiaritätsprinzips in voller Höhe Einkünfte aus Gewerbebetrieb, davon jedoch € 4.000 als Beteiligungserträge zu behandeln (Sondersteuersatz von 25%). Handelt es sich beim Gesellschafter um eine Kapitalgesellschaft (zB Muttergesellschaft), so bleibt die vA (Beteiligungsertrag) wegen § 10 steuerfrei („Gewinnanteile jeder Art").

2. Ein mehrheitlich beteiligter Gesellschafter ist als Geschäftsführer der Gesellschaft tätig und erhält als **Vergütung** € 60.000 pro Jahr, obwohl nach Art und Umfang seiner Tätigkeit nur € 36.000 angemessen wären. Bei der **Gesellschaft** sind lediglich € 36.000 als Betriebsausgaben abzugsfähig, € 24.000 sind als vA dem Gewinn wieder hinzuzurechnen. Beim **Gesellschafter** liegen in Höhe von € 36.000 Einkünfte aus (sonstiger) selbständiger Arbeit und in Höhe von € 24.000 Einkünfte aus Kapitalvermögen vor.

3. Die Gesellschaft zahlt dem Gesellschafter für ein **Darlehen** unangemessen hohe Zinsen; die **Differenz** zwischen den tatsächlich gezahlten und den angemessenen Zinsen ist als vA zu behandeln. Handelt es sich bei dem „Darlehen" jedoch um verdecktes Eigenkapital,[302]) so sind die **gesamten** Zinsen als vA einzustufen.

Die **Angemessenheitsprüfung** bereitet gerade bei Vergütungen für Geschäftsführertätigkeit in der Praxis große Schwierigkeiten. Es sind hierbei sämtliche Vergütungen des Gesellschaftergeschäftsführers einschließlich einer allfälligen Pensionszusage einzubeziehen. Eine vA ist nur anzunehmen, wenn die Höhe der Vergütungen jenen Betrag übersteigt, der bei Berücksichtigung sämtlicher Sonderverhältnisse des Einzelfalles noch als kaufmännisch gerechtfertigte Gegenleistung angesehen werden kann.[303]) Der Maßstab für diesen Vergleich kann innerbetrieblich (Vergleich mit Gehältern von nicht beteiligten Geschäftsführern bzw der nächsten Führungsebene) oder außerbetrieblich (Vergleich mit Geschäftsführergehältern vergleichbarer Betriebe) gewonnen werden (Problem: Steuergeheimnis). Schematische Formeln haben sich nicht bewährt. Eine vA kann aber auch hinsichtlich einzelner Entgeltsbestandteile vorliegen, wenn diese einem Fremdvergleich nicht standhalten. Rückstellungen für **Pensionszusagen**

---

301) ZB VwGH 1. 6. 2006, 2005/15/0089.

302) Dazu oben Tz 970.

303) Vgl VwGH 23. 2. 1994, 92/15/0158; VwGH 22. 2. 2001, 95/15/0109: „Bandbreite der Schätzung"; VwGH 28. 4. 2011, 2007/15/0031 u 0032.

an den Gesellschafter-Geschäftsführer führen dann zu vA, wenn die Pensionszusage in der gegebenen Form einem fremden Geschäftsführer nicht gemacht worden wäre. Das gilt etwa für die Zusage einer Firmenpension bereits nach kurzer Aktivitätsdauer, an eine kurz vor der Pensionierung stehende Person oder in einem Ausmaß, das zu einer Überversorgung bzw einer Besserstellung gegenüber der Aktivitätszeit führt.[304])

c) **Die Gesellschaft überlässt dem Gesellschafter Wirtschaftsgüter unentgeltlich oder zu einem unangemessen niedrigen Entgelt.** 988

Der Gewinn der Gesellschaft wird so ermittelt, als hätte sie eine angemessene Gegenleistung erhalten und die Differenz an den Gesellschafter ausgeschüttet.

Beispiele:

1. Ein **Aktienpaket** mit einem aktuellen Kurswert von € 100.000 wird dem Gesellschafter von der Gesellschaft um € 60.000 verkauft.

Bei der **Gesellschaft** kommt es bilanzmäßig zunächst darauf an, mit welchem Wert die Aktien zu Buche standen. Lag der Buchwert über € 60.000, so entsteht ein Verlust, lag er unter € 60.000, so ergibt sich ein Gewinn. Darüber hinaus ist der entgangene Gewinn in Höhe der Differenz zwischen tatsächlichem und erzielbarem Veräußerungserlös (€ 40.000) als vA dem steuerlichen Gewinn hinzuzurechnen. Beim **Gesellschafter,** der die Beteiligung im Privatvermögen hält, sind in Höhe des Differenzbetrages Einkünfte aus Kapitalvermögen anzunehmen (die Anschaffungskosten des Gesellschafters für das Aktienpaket betragen € 100.000,[305]) dies ist für eine allfällige Weiterveräußerung von Bedeutung). Gehört die Beteiligung zum Betriebsvermögen, so sind die erworbenen Aktien mit den (fiktiven) angemessenen Anschaffungskosten zu aktivieren (im Beispielsfall mit € 100.000). Die Differenz ist Beteiligungsertrag.

2. Die **Gesellschaft begleicht** für einen Gesellschafter eine ESt-Vorauszahlung und die Honorarnote des Steuerberaters für die Erstellung der ESt-Erklärung. Bei der **Gesellschaft** können diese Aufwendungen nicht als Betriebsausgaben geltend gemacht werden, beim **Gesellschafter** liegen Einkünfte aus Kapitalvermögen vor; das Honorar des Steuerberaters kann der Gesellschafter vom Gesamtbetrag seiner Einkünfte als Sonderausgabe abziehen. Dasselbe gilt für Aufwendungen aller Art, die die Gesellschaft für den Gesellschafter übernimmt.[306])

d) **Die Gesellschaft überlässt dem Gesellschafter Dienste, Kapital oder sonstige Wirtschaftsgüter unentgeltlich oder gegen ein unangemessen niedriges Entgelt zur Nutzung.** 989

Der Gewinn der Gesellschaft wird so ermittelt, als hätte sie eine angemessene Gegenleistung erhalten und die Differenz an den Gesellschafter ausge-

---

[304]) KStR 2013 Rz 874 ff; kritisch *Felbinger,* SWK 2001, S 657; vgl ferner VwGH 24. 6. 1999, 94/15/0185; VwGH 22. 5. 2002, 99/15/0059; VwGH 26. 11. 2002, 99/15/0223; VwGH 27. 11. 2003, 99/15/0178; VwGH 4. 3. 2009, 2004/15/0135, 0136, zum Ausschluss der Anrechnung der SV-Pension auf die Firmenpension, dazu *Wiesner,* RWZ 2009, 140.

[305]) Es wird gewissermaßen eine „Doppelmaßnahme“ unterstellt: Der Gesellschafter zahlt den fremdüblichen Preis von € 100.000, sodann schüttet die Gesellschaft € 40.000 an den Gesellschafter aus; vgl zB VwGH 29. 9. 2010, 2005/13/0087.

[306]) Vgl VwGH 24. 6. 2010, 2006/15/0172.

schüttet; der Gesellschafter wird so behandelt, als hätte er eine angemessene Gegenleistung bezahlt und sie wieder als vA erhalten.[307])

Beispiele:

1. Die Gesellschaft gewährt dem Gesellschafter ein **unverzinsliches Darlehen** in Höhe von € 10.000. Für einen entsprechenden Bankkredit wären € 1.000 Zinsen zu zahlen. Der Fall wird aus der Sicht der **Gesellschaft** so betrachtet, als hätte die Gesellschaft vom Gesellschafter angemessene Zinsen erhalten. Die entgangenen Zinsen (maßgebend muss dabei der Zinsertrag einer üblichen Alternativanlage sein) sind daher dem Gewinn hinzuzurechnen. Aus der Sicht des **Gesellschafters** wird unterstellt, dass er angemessene Zinsen entrichtet hat und diesen Betrag (dh den Vorteil der Zinslosigkeit, bewertet mit € 1.000) als Gewinnausschüttung (zurück-)erhält. Er hat daher diesen Vorteil als Einkünfte aus der Beteiligung zu versteuern (Beteiligungsertrag, KESt-pflichtig, Endbesteuerung). Verwendet der Gesellschafter das Darlehen für Zwecke der Einkünfteerzielung (etwa zum Erwerb eines Mietobjekts oder in seinem Betrieb), so müssen konsequenterweise die (unterstellten) Zinszahlungen als Betriebsausgaben oder Werbungskosten abzugsfähig sein. Es muss daher eine „Sekundärberichtigung“ in Form eines fiktiven Abzuges von Aufwendungen stattfinden.[308]) Eine vA liegt ebenfalls vor, wenn der Gesellschafter der KapGes vorübergehend Kapital entnimmt, um dieses zu besseren Konditionen auf ein Sparkonto zu veranlagen; die lukrierten Zinsen, die der KapGes nicht mit dem rückgestellten Kapital refundiert werden, stellen eine vA dar.[309])

In der Praxis findet die Geldmittelüberlassung an den Gesellschafter über **Verrechnungskonten** statt, auf denen neben den Geschäftsführervergütungen auch Zahlungen für private Zwecke („Darlehen“) verbucht werden. In solchen Fällen kann trotz Verbuchung des überlassenen Geldbetrages auf dem Verrechnungskonto eine vA des gesamten Betrages[310]) vorliegen. Dies ist nach der VwGH-Judikatur[311]) dann der Fall, wenn im Vermögen der Gesellschaft keine durchsetzbare Forderung an die Stelle des überlassenen Geldbetrages tritt („werthaltiger Aktivtausch“). An einer durchsetzbaren Forderung fehlt es, wenn eine Rückzahlung des auf dem Verrechnungskonto verbuchten Geldbetrages von vornherein durch den Gesellschafter nicht gewollt oder wegen absehbarer Uneinbringlichkeit nicht zu erwarten war.[312]) Während die von Beginn an fehlende Rückzahlungsabsicht sogar strafrechtliche Konsequenzen haben kann und daher wohl nur in Ausnahmefällen vorliegen wird,[313]) kann die Uneinbringlichkeit – trotz vorhandener Rückzahlungsabsicht – dann absehbar sein, wenn der Gesellschafter über keine ausreichende Bonität verfügt und der Gesellschaft keine ausreichenden Sicherheiten zur Verfügung stehen.[314])

---

[307]) ZB VwGH 7. 10. 2003, 99/15/0246; diese Systematik führt dazu, dass bei Verwendung des überlassenen Kapitals für Zwecke der Einkünfteerzielung die Zinsen beim Gesellschafter abzugsfähig sind; vgl *Ressler/Stürzlinger* in *Lang/Rust/Schuch/Staringer*, KStG[2] § 8 Rz 163.

[308]) GlA VwGH 11. 3. 1992, 92/13/0030.

[309]) VwGH 25. 2. 2009, 2006/13/0111.

[310]) Neben einer allfälligen vA für die fehlende (fremdübliche) Verzinsung.

[311]) Vgl VwGH 17. 12. 2014, 2011/13/0115; VwGH 26. 2. 2015, 2012/15/0177; VwGH 21. 10. 2015, 2011/13/0096.

[312]) Dies gilt auch für die Darlehenshingabe an verbundene Gesellschaften, VwGH 21. 6. 2007, 2006/15/0043.

[313]) In solchen Fällen wird die Forderung der Gesellschaft nur zum Schein am Verrechnungskonto verbucht; vgl dazu *Zorn*, SWK 2015, 577.

[314]) Siehe dazu im Detail KStR 2013 Rz 969.

Ist im Zeitpunkt der Bereitstellung der Geldmittel (Verbuchung der Forderung auf dem Verrechnungskonto) mit der Rückzahlung zu rechnen und verschlechtert sich die Bonität erst danach, findet eine vA erst in dem Zeitpunkt statt, in dem die Gesellschaft – bei Fehlen entsprechender Sicherheiten – auf mögliche Einbringungsmaßnahmen verzichtet[315]) bzw ein durch das Gesellschaftsverhältnis veranlasstes Verhalten setzt (zB schlüssiger Verzicht), das zur Übertragung eines Vorteils aus ihrem Vermögen auf den Gesellschafter führt. Das Ausbuchen der Forderung allein ist nicht ausreichend.[316])

Bei **ausstehenden Kapitaleinlagen** ist im Verzicht der Gesellschaft auf eine Verzinsung des ausstehenden Kapitals nur dann eine vA zu erblicken, wenn bei der Gesellschaft bereits ein entsprechender Geldbedarf vorhanden ist.[317])

2. Die Gesellschaft errichtet eine **Immobilie,** die vom Gesellschafter für seine privaten Wohnzwecke genutzt wird. Befindet sich die Immobilie im Betriebsvermögen der Gesellschaft (und nicht in der außerbetrieblichen Sphäre)[318]), liegt eine vA vor, wenn die Vereinbarung über die Nutzungsüberlassung einem Fremdvergleich nicht standhält, insb weil das Nutzungsentgelt („Miete") unangemessen niedrig ist.[319])

Nach der VwGH-Judikatur hängt der Maßstab für den Fremdvergleich davon ab, ob für ein Mietobjekt in der gegebenen Bauart, Größe und Ausstattung ein **funktionierender Mietenmarkt** existiert. Dies ist dann der Fall, wenn ein wirtschaftlich agierender, (nur) am Mietertrag[320]) interessierter Investor Objekte vergleichbarerer Gediegenheit und Exklusivität (mit vergleichbaren Kosten) errichten und am Markt gewinnbringend vermieten würde.[321]) Den Nachweis für das Vorliegen eines funktionierenden Mietenmarktes hat dabei der Steuerpflichtige zu erbringen.[322]) Liegt ein funktionierender Mietenmarkt vor, findet eine vA nur in dem Ausmaß statt, in dem die vom Gesellschafter tatsächlich entrichtete Miete die ortsübliche Marktmiete für vergleichbare Mietobjekte unterschreitet. Fehlt ein funktionierender Mietenmarkt, ist der Vergleich mit der Renditeerwartung eines marktüblich agierenden Immobilieninvestors anzustellen; das ist jene Rendite, die üblicherweise aus dem eingesetzten Kapital[323]) durch Vermietung erzielt wird, wobei der VwGH typisierend von einem Renditezinssatz in der Bandbreite von 3%

---

[315]) VwGH 26. 4. 2006, 2004/14/0066.

[316]) VwGH 24. 9. 2008, 2008/15/0110; VwGH 4. 2. 2009, 2008/15/0167; VwGH 28. 4. 2009, 2004/13/0059; VwGH 20. 1. 2010, 2007/13/0009; VwGH 28. 9. 2011, 2006/13/0084.

[317]) VwGH 7. 12. 1982, 82/14/0110.

[318]) Weil sie nicht speziell auf die private Nutzung durch den Gesellschafters ausgelegt ist und daher jederzeit im betrieblichen Geschehen eingesetzt werden kann; vgl Tz 960.

[319]) Die folgenden Beurteilungsgrundsätze gelten auch für die Nutzungsüberlassung von Immobilien durch Privatstiftungen; in solchen Fällen stellt sich allerdings nur die Frage nach dem Vorliegen einer verdeckten Zuwendung beim Begünstigten; vgl VwGH 15. 9. 2016, 2013/15/0256.

[320]) Nach dem VwGH ist offenbar eine allfällige Wertsteigerung der Immobilie außer Acht zu lassen, weil als Vergleichsmaßstab ein wirtschaftlich agierender, nur am Mietertrag interessierter Investor angeführt wird; vgl VwGH 10. 2. 2016, 2013/15/0284; 22. 3. 2018, Ra 2017/15/0047.

[321]) Vgl VwGH 15. 9. 2016, 2013/15/0256; VwGH 18. 10. 2017, Ra 2016/13/0050.

[322]) Vgl VwGH 15. 9. 2016, 2013/15/0256; VwGH 22. 3. 2018, Ra 2017/15/0047.

[323]) Das ist der Gesamtbetrag der Anschaffungs- und Herstellungskosten, gegebenenfalls des höheren Verkehrswertes der Immobilie.

bis 5% ausgeht („**abstrakte Renditeermittlung**").[324]) Eine vA findet daher nur in dem Ausmaß statt, in dem die vom Gesellschafter tatsächlich entrichtete Miete geringer ist als die so errechnete abstrakte „Renditemiete".[325])

990 Werden überhöhte Leistungsvergütungen oder Ertragsverzichte zu Gunsten einer **Schwestergesellschaft** geleistet, so ist einerseits eine vA an die gemeinsame Muttergesellschaft und andererseits eine Einlage der Muttergesellschaft bei der Schwestergesellschaft anzunehmen.[326]) Dagegen haben Nutzungseinlagen[327]) – wie erwähnt – nach hA keine Auswirkung.

Beispiele:

a) T_1 liefert an T_2 zu Unterpreisen: vA von T_1 an M, Einlage von M bei T_2.

b) T_1 gewährt an T_2 ein zinsenloses Darlehen. Der Vorteil der Zinslosigkeit ist an sich bei M als vA zu erfassen. Da sie jedoch den Vorteil im Interesse von T_2 aufwendet, erhöht sich ihr Gewinn nicht. Bei T_2 liegt eine (nicht zu berücksichtigende) Nutzungseinlage vor.[328])

991 Die vA setzt weder betragsmäßig noch zeitlich eine kongruente Behandlung bei der Gesellschaft und beim Gesellschafter voraus. Für die Gesellschaft ist entscheidend, ob, wann und in welcher Höhe eine Vermögensschmälerung eingetreten ist, für den Gesellschafter kommt es darauf an, ob, wann und in welcher Höhe ihm ein vermögenswerter Vorteil zugeflossen ist[329]) (§ 19 EStG; ua für die Verjährung beim Gesellschafter bedeutsam).

Beispiel:

Erhält der Gesellschafter-Geschäftsführer eine **unangemessene Pensionszusage,** so ist die als Aufwand verrechnete Rückstellungsdotierung bei der Gesellschaft als vA zu behandeln. Beim Gesellschafter ist ein vermögenswerter Vorteil noch nicht in den Jahren der Rückstellungsdotierung, sondern erst im Jahr der tatsächlichen Auszahlung anzusetzen,[330]) dies allerdings auch dann, wenn er in diesen Jahren nicht mehr Gesellschafter ist (nachträgliche Einkünfte aus der Beteiligung).[331])

[324]) Vgl VwGH 15. 9. 2016, 2013/15/0256.

[325]) Siehe dazu im Detail BMF-Info über die steuerliche Behandlung von für Anteilsinhaber angeschafften bzw hergestellten Immobilien vom 17. 4. 2019, BMF-010216/0002-IV/6/2019.

[326]) Vgl VwGH 30. 5. 1995, 91/13/0248; ferner *Wiesner/Schneider/Spanbauer/Kohler* § 8 Anm 20; VwGH 19. 9. 2007, 2006/13/0194 zur Entnahme des Alleingesellschafters mit abschließender Zuführung an die Schwestergesellschaft.

[327]) Dazu oben Tz 968.

[328]) Vgl BFH GrS 26. 10. 1987, BStBl 1988 II 348.

[329]) VwGH 9. 7. 2008, 2005/13/0020 u 0028 zum Zeitpunkt des KESt-Abzuges; VwGH 25. 11. 2009, 2008/15/0039.

[330]) Vgl KStR 2013 Rz 652; *Quantschnigg/Schuch*, ESt-Handbuch § 27 Tz 11.11.

[331]) Übernimmt die Gesellschaft eine Garantie (oder Bürgschaft) des Gesellschafters, ist zu unterscheiden: Im Falle eines bloßen „Haftungsbeitritts" ist als Zuflusszeitpunkt beim Gesellschafter der Zeitpunkt des tatsächlichen Schlagendwerdens der Garantie/Bürgschaft anzunehmen, weil erst in diesem Zeitpunkt dem Gesellschafter ein Vermögensvorteil zukommt. Wird der Gesellschafter durch die Übernahme hingegen aus der

Erbringt eine Konzernmutter Leistungen für die Gemeinschaft der Konzerntöchter (zB Werbung, Mitarbeiterschulung, Forschung), ohne hierfür ein Entgelt zu verlangen, so liegt eine (wohl unbeachtliche) verdeckte Nutzungseinlage vor.[332]) Werden die Kosten der Leistungen auf die einzelnen Unternehmen umgelegt (**Konzernumlagen**), so handelt es sich im Falle angemessener Leistungsentgelte für betrieblich verwertete Leistungen um Betriebsausgaben der Tochtergesellschaften und Betriebseinnahmen der Konzernmutter. Bei überhöhten Leistungsentgelten liegen vA vor (nach der Praxis sind Gewinnaufschläge von 10 bis 15% noch zulässig).[333]) Haben die Tochtergesellschaften der Mutter die Aufwendungen für die allgemeine Konzernleitung zu ersetzen, sind insgesamt vA anzunehmen, weil die Konzernleitung Ausfluss der gesellschaftsrechtlichen Stellung der Muttergesellschaft und nicht durch den Betrieb der Tochtergesellschaften veranlasst ist.[334]) 992

3. Kapitalherabsetzung, Einlagenrückzahlung

Literatur: *Beiser,* Einlagenrückzahlung in Handels- und Steuerbilanz, Wien 2000; *Urianek,* Einlagen gemäß § 4 Abs 12 EStG, SWK 2000, S 399; *Göschl/Vanas,* Einlagenrückgewähr im Handelsrecht und Steuerrecht, in FS Werilly, Wien 2000, 119; *Lang/Loukota,* Schützt § 307 Abs 2 BAO vor der neuen Rechtsprechung des VwGH zur Einlagenrückzahlung? SWK 2000, S 762; *Kauba,* § 12 Abs 3 Z 3 KStG – Steuerneutrale Teilwertabschreibungen bedingen steuerneutrale Einlagenrückzahlungen, SWK 2004, S 399, S 601; *Wiesner,* Einlagenrückzahlung, in GedS Gassner, Wien 2005, 517; *Schmidt,* Verbot der Einlagenrückgewähr im Zusammenhang mit Steuerausgleichsvereinbarungen, RWZ 2006, 76; *Schmidt/Riegler,* Das Verbot der Einlagenrückgewähr beim Cash Pooling, RWZ 2007, 97 (mit Anm *Wiesner,* RWZ 2007, 100); *Frei/Zimprich,* Einlagenrückzahlung – ein alter Hut? SWK 2008, S 913; *Zöchling,* Verlustabdeckung durch Gesellschafter und spätere Gewinnausschüttung: Einlagenrückzahlung oder Beteiligungsertrag? RdW 2008, 425; *Blasina/Zöchling,* Gewinnausschüttung bei noch negativer Innenfinanzierung, in *Achatz/Aigner/Kofler/Tumpel* (Hrsg), Praxisfragen der Unternehmensbesteuerung, Wien 2011, 211; *Mair,* Fremdfinanzierte Ausschüttung und Einlagenrückzahlung, in *Kirchmayr/Mayr* (Hrsg), Besteuerung der grenzüberschreitenden Konzernfinanzierung, Wien 2012; *Schlager,* Der neue Einlagenrückzahlungs- und Innenfinanzierungserlass im Überblick, RWZ 2017, 304; *Mayr/Schlager/Zöchling* (Hrsg), Handbuch Einlagenrückzahlung, Wien 2016; *Ebner/Wild,* Die verdeckte Einlagenrückgewähr im Steuerrecht – Abgrenzung zwischen verdeckter Einlagenrückgewähr, Einlagenrückzahlung, offener und verdeckter Ausschüttung, RWZ 2018, 236.

Die Rückzahlung von Einlagen durch Körperschaften an ihre Gesellschafter ist der **contrarius actus zur Einlage**[335]) und damit auf Ebene der Körper- 993

Haftung entlassen (befreiende Schuldübernahme), erfolgt der Zufluss beim Gesellschafter im Zeitpunkt und im Umfang der eingetretenen Schuldbefreiung; vgl *Mayr/Melhardt/Kufner,* Der Salzburger Steuerdialog 2011, 50 ff.

[332]) Zur Nutzungseinlage oben Tz 968.

[333]) KStR 2013 Rz 960; *Wiesner/Schneider/Spanbauer/Kohler* § 8 Anm 25; *Renner* in Besteuerung der grenzüberschreitenden Konzernfinanzierung 55 (86).

[334]) BFH 19. 3. 1969, BStBl II 497; 29. 8. 1984, BStBl 1985, 120; KStR 2013 Rz 960.

[335]) Vgl oben Tz 964 ff.

schaft ein steuerneutraler Vorgang.[336]) Dies gilt unabhängig davon, in welcher gesellschaftsrechtlichen Erscheinungsform die Einlagenrückzahlung gekleidet ist.[337]) Zu beachten ist allerdings, dass bei Fremdfinanzierung der Einlagenrückzahlung der Zinsaufwand bei der Körperschaft nicht als Betriebsausgabe abzugsfähig ist.[338])

Nach § 4 Abs 12 EStG gilt die Einlagenrückzahlung von Körperschaften als Veräußerung der Beteiligung für den Anteilinhaber. Eine Einlagenrückzahlung führt daher beim Gesellschafter nicht zu Kapitalerträgen (Einkünften aus der Überlassung von Kapital), sondern – auf Grund des Veräußerungsvorganges – zu einer Minderung des Beteiligungsansatzes. Inwieweit sich dadurch eine Steuerpflicht ergibt, hängt daher einerseits davon ab, ob der Veräußerungsvorgang beim jeweiligen Gesellschafter dem Grunde nach steuerbar ist,[339]) andererseits davon, wie hoch der jeweilige Beteiligungsansatz (Buchwert bzw Anschaffungskosten) ist; eine Steuerpflicht kann dabei nur entstehen, insoweit der Einlagenrückzahlungsbetrag den Beteiligungsansatz überschreitet. Zu beachten ist allerdings, dass Rückzahlungen auf Grund einer Kapitalherabsetzung, die innerhalb von 10 Jahren nach einer (steuerfreien) Kapitalerhöhung aus Gesellschaftsmitteln (§ 3 Z 29 EStG) erfolgen, bei den Gesellschaftern grundsätzlich steuerpflichtig sind (§ 32 Z 3 EStG).[340]) Wäre dies nicht der Fall, könnte durch eine Kapitalerhöhung und Kapitalrückzahlung eine steuerpflichtige Ausschüttung vermieden werden.

Beispiele:

Die A-GmbH ist mit 25% an der B-GmbH beteiligt. Deren Stammkapital beträgt € 1 Mio und soll auf € 600.000 herabgesetzt werden. Die A-GmbH erhält entsprechend ihrem Anteil € 100.000. Der Buchwert ihrer Beteiligung an der B-GmbH beträgt:

a) € 250.000;

---

336) Die Einlagenrückzahlung stellt auch keine (Teil-)Liquidation dar; vgl VwGH 23. 4. 2001, 98/14/0073; siehe dazu *Sulz* in *Mayr/Schlager/Zöchling* (Hrsg), Handbuch Einlagenrückzahlung 106 ff.

337) Dies gilt somit zB für die effektive Kapitalherabsetzung (Rückgewähr von Grund- oder Stammkapital) ebenso wie für die nominelle (vereinfachte) Kapitalherabsetzung (Verrechnung von Verlusten mit Grund- oder Stammkapital) und für Einlagenrückzahlungen in Form von gesellschaftsrechtlichen Gewinnausschüttungen; siehe auch *Ebner/Wild*, RWZ 2018, 236.

338) VwGH 19. 12. 2006, 2004/15/0122, dazu *Petritz*, GeS 2007, 67; *Mair* in Besteuerung der grenzüberschreitenden Konzernfinanzierung 145; vgl *Achatz/Bieber* in *Achatz/Kirchmayr*, KStG § 12 Tz 198; hingegen sind Finanzierungsaufwendungen für offene Ausschüttungen nach dem VwGH abzugsfähig.

339) Bspw sind Veräußerungen von Beteiligungen im Privatvermögen natürlicher Personen grundsätzlich nur dann steuerbar, wenn die Beteiligung nach dem 31. 12. 2010 angeschafft wurde und damit Neubestand iSd § 124 b Z 185 lit a EStG vorliegt; siehe dazu oben Kap Einkommensteuer, Tz 103.

340) Von diesem Grundsatz können sich allerdings Ausnahmen ergeben, bspw wenn die Kapitalerhöhung aus Einlagen gespeist wurde; vgl Einlagenrückzahlungs- und Innenfinanzierungserlass vom 27. 9. 2017, BMF-AV Nr 155/2017, Kap. 5.6.

b) € 500.000;

c) € 1 (auf Grund einer Teilwertabschreibung).

Im Fall a) führt die Kapitalherabsetzung zu keinen steuerlichen Auswirkungen (Buchwertminderung um 40% = € 100.000, Rückzahlung = € 100.000).

Im Fall b) hat die Kapitalherabsetzung nach § 4 Abs 12 EStG ebenfalls keine steuerlichen Auswirkungen (Buchwertminderung um € 100.000, Rückzahlung = € 100.000).

Im Fall c) entsteht ein Gewinn von € 99.999.

Bei einer **nominellen Kapitalherabsetzung** (Verrechnung mit Verlusten) **994**
kommt es nicht zu einer Einlagenrückgewähr; das Einkommen des Gesellschafters wird daher nicht berührt.[341]) Bei der Gesellschaft bleibt der Stand der Einlagen auf dem Evidenzkonto unverändert, es ändert sich lediglich die Zuordnung innerhalb der Subkonten.

In § 4 Abs 12 EStG ist geregelt, unter welchen Voraussetzungen aus ertrag- **995**
steuerlicher Sicht eine Einlagenrückzahlung vorliegt, womit die gesellschaftsrechtliche Erscheinungsform der betreffenden Vorgänge für die steuerliche Einstufung grundsätzlich keine Relevanz hat.[342]) Sind die gesetzlichen Voraussetzungen erfüllt, kann somit ein Vorgang, der aus gesellschaftsrechtlicher Sicht als offene Gewinnausschüttung einzustufen ist, aus ertragsteuerlicher Sicht eine Einlagenrückzahlung sein.[343])

Die Bestimmungen über die Einlagenrückzahlung in § 4 Abs 12 EStG wurden mit dem StRefG 2015/2016[344]) und dem AbgÄG 2015[345]) geändert. Bis zu dieser Neuregelung war es auf Grund der nicht eindeutigen gesetzlichen Bestimmungen und Judikatur umstritten, ob die Behandlung eines Vorganges als Einlagenrückzahlung oder Gewinnausschüttung in der alleinigen Disposition der Gesellschaft (bzw des Gesellschafters) steht bzw wie stark der Einfluss des Unternehmensrechts ist.[346])

Nach RFH 27. 3. 1935, RStBl 650, konnte die Kapitalherabsetzung als Missbrauch angesehen werden, wenn sie eine offene Ausschüttung von Gewinnen ersetzen sollte.

[341]) VwGH 11. 8. 1993, 91/13/0005; allenfalls ist eine Teilwertabschreibung der Beteiligung vorzunehmen.

[342]) Dennoch gibt es verschiedene andere Anknüpfungen an das Unternehmensrecht, die für die ertragsteuerliche Einstufung eines Vorganges als Einlagenrückzahlung oder Gewinnausschüttung ausschlaggebend sein können; siehe sogleich.

[343]) Zur Rechtslage vor dem StRefG 2015/2016 siehe VwGH 22. 3. 2000, 96/13/0175; vgl auch VwGH 23. 4. 2001, 98/14/0073, zur ordentlichen Kapitalherabsetzung; in seiner früheren Judikatur hat der VwGH vor Einführung des § 4 Abs 12 EStG noch eine Bindung an die gesellschaftsrechtliche Einstufung des Vorganges angenommen, vgl VwGH 24. 1. 1984, 83/14/0130 zur Kapitalherabsetzung.

[344]) BGBl I 2015/118.

[345]) BGBl I 2015/163.

[346]) Siehe die Darstellung der Diskussion bei *Mayr/Schlager* in *Mayr/Schlager/Zöchling* (Hrsg), Handbuch Einlagenrückzahlung 5 ff; vgl auch zB *Kirchmayr*, Besteuerung von Beteiligungserträgen, Wien 2004, 167; *Blasina/Zöchling* in Praxisfragen der Unternehmensbesteuerung, Wien 2011, 211; *Beiser*, ÖStZ 1998, 93 und Einlagenrückzahlungen in Handels- und Steuerbilanz, ecolex spezial.

Davon wurde idR bereits ausgegangen, wenn genügend Reserven vorhanden waren, die eine der Kapitalrückzahlung entsprechende Gewinnausschüttung ermöglicht hätten. Der VwGH distanzierte sich von dieser Rsp. [347]) Aus dem Erk ist abzuleiten, dass eine den gesellschaftsrechtlichen Regeln entsprechende Kapitalherabsetzung niemals ein Missbrauch iSd § 22 BAO sein kann.[348])

996 Seit der Neuregelung sind die Rahmenbedingungen für die Abgrenzung von Einlagenrückzahlungen von Gewinnausschüttungen klarer geregelt, wobei das Konzept auf die **Unterscheidung zwischen „außenfinanzierten" und „innenfinanzierten" Eigenkapitalbestandteilen** aufbaut. Dabei wurde das schon in der Vergangenheit vertretene Wahlrecht gesetzlich verankert, allerdings an bestimmte Bedingungen geknüpft.[349]) Anknüpfungspunkt für die Beurteilung sind zum einen der **Stand der geleisteten Einlagen** und der **Stand der Innenfinanzierung** der Körperschaft, die beide laufend **evidenziert** und in geeigneter Form der jährlichen Körperschaftsteuererklärung (mit Stand zum Bilanzstichtag) beigefügt werden müssen.[350]) Die neue Rechtslage wird von der FinVw im Einlagenrückzahlungs- und Innenfinanzierungserlass[351]) detailliert behandelt.[352])

Als **Einlagen** sind in § 4 Abs 12 Z 1 EStG ua definiert das aufgebrachte Grund-, Stamm- oder Genossenschaftskapital und sonstige Einlagen und Zuwendungen, die als Kapitalrücklage auszuweisen sind. Für die Ermittlung der Innenfinanzierung werden unternehmensrechtliche Werte herangezogen: Jahresüberschüsse erhöhen und Jahresfehlbeträge sowie offene Ausschüttungen vermindern die Innenfinanzierung. Einlagen und erhaltene Einlagenrückzahlungen berühren hingegen die Innenfinanzierung nicht.

Da die **Innenfinanzierung** die „operativen" Ergebnisse der Körperschaft abbilden soll, kann sie auch einen negativen Stand aufweisen. In einem solchen Fall kann eine unternehmensrechtliche Gewinnausschüttung grundsätzlich nur als Einlagenrückzahlung eingestuft werden, soweit ausreichend Einlagen vorhanden sind (siehe dazu sogleich).

Verdeckte Ausschüttungen können unabhängig vom Stand der Innenfinanzierung erfolgen. Nach der Verwaltungspraxis müssen Einlagen und Innenfinanzierung – entsprechend der unternehmensrechtlichen Untergliederung der „Innenfinanzierung" und „Außenfinanzierung" in gebundene und nicht gebundene Bilanzpositionen – weiter in „disponible" und „indisponible" Größen untergliedert werden.[353])

---

[347]) VwGH 24. 1. 1984, 83/14/0130.

[348]) Ausführlich *Pokorny* in FS Bauer 244 ff; glA *Wiesner/Schneider/Spanbauer/Kohler* § 8 Anm 25.

[349]) Auf Grund der gesetzlichen Vorgaben wird von einem eingeschränkten Wahlrecht gesprochen.

[350]) Gem § 4 Abs 12 Z 3 und 4 EStG.

[351]) Erlass des BMF zur steuerlichen Behandlung von Einlagenrückzahlungen sowie Evidenzierung von Einlagen und Innenfinanzierung gem § 4 Abs 12 EStG 1988 (Einlagenrückzahlungs- und Innenfinanzierungserlass) vom 27. 9. 2017, BMF-010203/0309-IV/6/2017, BMF-AV Nr 155/2017.

[352]) Siehe dazu *Schlager,* RWZ 2017, 304.

[353]) Siehe Einlagenrückzahlungs- und Innenfinanzierungserlass vom 27. 9. 2017, BMF-AV Nr 155/2017, Kap. 1.1.

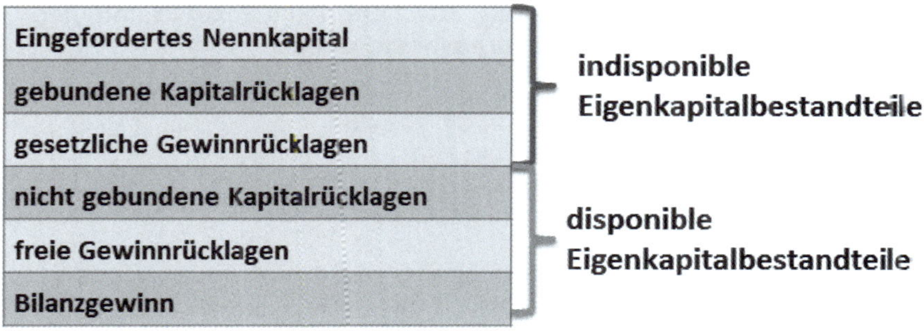

Voraussetzung für eine **steuerliche Einlagenrückzahlung** ist das Vorhandensein entsprechend hoher **evidenzierter (disponibler) Einlagen; Voraussetzung** für eine **steuerliche Gewinnausschüttung** ist grundsätzlich das Vorhandensein einer entsprechend hohen **(disponiblen) Innenfinanzierung.** Sind **beide** Evidenzkontenstände **ausreichend hoch,** besteht ein **Wahlrecht,** den unternehmensrechtlich ausgeschütteten Bilanzgewinn für steuerliche Zwecke als Einlagenrückzahlung oder als offene Ausschüttung zu behandeln. Insoweit ein unternehmensrechtlich ausgeschütteter Bilanzgewinn weder in den (disponiblen) Einlagen oder Innenfinanzierungsständen noch in der indisponiblen Innenfinanzierung Deckung findet und allenfalls noch indisponible Einlagen vorliegen, ist im Zweifel von einer offenen Ausschüttung auszugehen.[354])

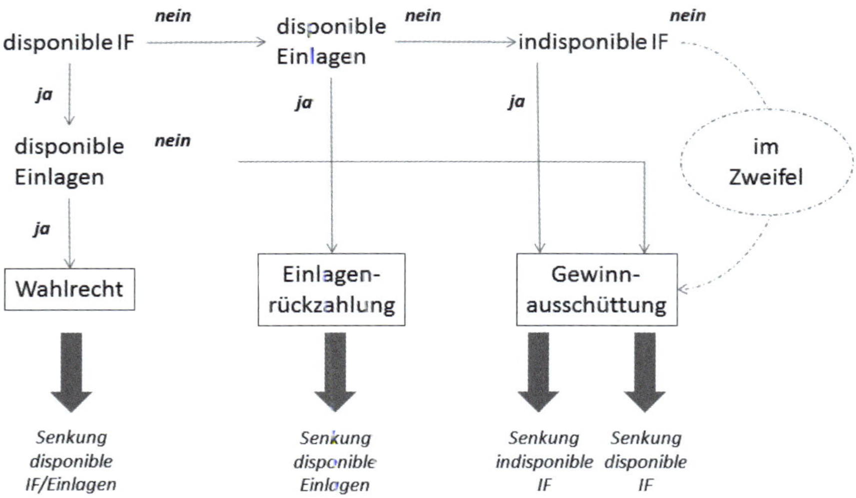

---

[354]) Siehe Einlagenrückzahlungs- und Innenfinanzierungserlass vom 27. 9. 2017, BMF-AV Nr 155/2017, Kap. 1.3.2.; vgl. VwGH 19. 2. 1991, 87/14/0136; VwGH 11. 8. 1993, 91/13/0005.

C. Beteiligungsertragsbefreiung; internationales Schachtelprivileg, Hinzurechnungsbesteuerung

Literatur: *Mitterlehner,* Steuerfreiheit von Veräußerungsgewinnen für Beteiligungen – der richtige Weg für Österreich? ÖStZ 2000, 392; *Lang,* Beteiligung an doppelt ansässigen Kapitalgesellschaften – § 10 Abs 1 KStG oder § 10 Abs 2 KStG? SWI 2000, 126; *Züger/Konecny,* Ist die internationale Schachtelbeteiligung „europatauglich"? SWI 2000, 218; *Aigner,* Wegfall einer internationalen Schachtelbeteiligung infolge einer Verschmelzung und § 10 Abs 3 KStG, SWI 2000, 224; *Heinrich,* Der EuGH als „Motor" der Harmonisierung der direkten Steuern im Binnenmarkt? ÖStZ 2002, 554; *Blasina,* „Unmittelbarkeit" im internationalen Schachtelprivileg (§ 10 Abs 2 KStG) und bei der KESt-Befreiung gemäß § 94 a EStG, SWI 2002, 171; *Lechner,* Internationales Schachtelprivileg, ÖStZ 2003, 132; *Blasina,* Internationales Schachtelprivileg und Gemeinschaftsrecht, SWI 2003, 14; *Aigner,* Beschränkung der Niederlassungsfreiheit durch Nichtabzugsfähigkeit von Beteiligungskosten, SWI 2003, 63; *Heinrich,* Die Steuerneutralität von Beteiligungen, Habil Univ Graz 2003; zur Neuordnung des internationalen Schachtelprivilegs ferner: *Schrottmeyer,* ÖStZ 2003, 357; *Tissot,* ÖStZ 2003, 359; *Wolf,* RdW 2003, 473; *Hügel,* JBl 2003, 796; *Beiser,* Auslandsausschüttungen im Lichte der Niederlassungs- und Kapitalverkehrsfreiheit, GesRZ 2003, 187; *Aigner/Kofler,* Internationale Schachtelbeteiligungen, ecolex 2003, 485; *Polster-Grüll/Tissot,* § 26 a Abs 16 Z 3 KStG – Unerwartete Besteuerungsfolgen für Holdinggesellschaften, SWI 2003, 404; *Zöchling,* Internationale Schachtelbeteiligung: Nachversteuerung von Teilwertabschreibungen, ÖStZ 2003, 510; *Staringer,* Die „Größte Steuerreform der Zweiten Republik" und das Unternehmenssteuerrecht, ÖStZ 2003, 414; *Hofbauer,* Die Berechnung einer vergleichbaren Durchschnittssteuerbelastung im Rahmen von § 10 Abs 4 KStG sowie VO zu § 48 BAO, SWI 2004, 179; *Schrottmeyer,* „Switch Over" bei Internationalen Schachtelbeteiligungen – Berechnung des ausländischen Steuersatzes in der Praxis, ÖStZ 2004, 288, 350; *Huemer/Schrottmeyer,* Auswirkung der Körperschaftsteuersenkung auf den „Switch Over", SWI 2004, 349; *Konezny/Matzka,* Die Abzugsfähigkeit von Verlusten gem § 10 Abs 3 KStG: Top oder Flop? RdW 2004, 703; *Kirchmayr,* Besteuerung von Beteiligungserträgen, Wien 2004; *Schrottmeyer,* „Switch Over" bei Internationalen Schachtelbeteiligungen, ecolex 2005, 152, 239; *Weninger,* UFS: Internationale Schachtelbefreiung gemeinschaftsrechtswidrig, FJ 2005, 138; *Aigner/Kofler,* Internationales Schachtelprivileg gemeinschaftsrechtswidrig! taxlex 2005, 49; *Toifl,* Missbrauch bei Veranlagung durch irische Konzerngesellschaft, taxlex 2005, 62; *Kauba,* VwGH: Missbrauch bei einer ausländischen passiv veranlagenden Kapitalgesellschaft, taxlex 2005, 280; *Lang,* VwGH zur Anwendung des § 22 BAO auf irische IFSC-Gesellschaften, SWI 2005, 67; *Haslinger,* Switch-Over bei Veräußerungsgewinnen aus internationalen Schachtelbeteiligungen, SWI 2005, 170; *H. Loukota,* Einschaltung ausländischer Basisgesellschaften, SWI 2005, 205; *Schrottmeyer,* Methodenwechsel – Ausnahmeregelungen für das Vorliegen einer Passivgesellschaft, SWI 2005, 309; *Kauba/Kofler/König/Tumpel,* Von verlegten Sitzen, entgangener Nachversteuerung und entstrickten Schachteln: Einige Probleme bei der Sitzverlegung einer Europäischen Gesellschaft, taxlex 2005, 323; *Kofler,* Dublin Docks-Gesellschaften zwischen Missbrauch und Gemeinschaftsrecht, RdW 2005, 786; *Kofler/Postl,* Das „Hong Kong-Erkenntnis" des VwGH, ecolex 2005, 557; *Preining,* VwGH zu Beteiligungserträgen aus einer Hongkong-Gesellschaft, ÖStZ 2006, 14; *Kanduth-Kristen,* Veräußerung von Anteilen an Kapitalgesellschaften, taxlex 2006, 52, 100, 200; *Haslinger,* Die Veräußerung von Beteiligungen, Wien 2006; *Furherr,* Internationales Schachtelprivileg nach § 10 Abs 3 KStG: Die Übergangsvorschrift nach § 26 a Abs 16 Z 2 KStG im Zusammenhang mit Umgründungen, SWI 2006, 492; *Wakounig/Stipsits/Baumann,* Befreiung für Beteiligungserträge und internationale Schachtelbeteiligung, taxlex 2006, 636; 2007, 4; *Kempinger,* Grenzüberschreitende Sitzverlegung und Hinein- bzw Hinausverschmelzung einer Tochtergesellschaft, ÖStZ 2007, 70; *Haslinger,* Die Besteuerung von Dividenden – EuGH bestätigt Kritik an geltender Rechtslage, SWI 2007, 175; *Marschner,* Rechtsprechung des EuGH zu „Inbound"- und „Outbound"-Dividenden und seine Auswirkungen auf Österreich, FJ 2007, 86; *Wiesner,* Teilwertabschreibung auf die GmbH-Beteiligung, RWZ 2007, 258; *Mühlehner,* Kontrollbeteiligungen und Kapitalverkehrsfreiheit im Verhältnis zu Drittstaaten, SWI 2007, 523; *Wiedlroither/Aigner,* Anscheinend muss es doch kein Viertel sein, Teilveräußerung einer internationalen Schachtelbeteiligung, SWK 2007, S 993; *Haslinger/Plansky,* Portfolio-Dividenden aus Drittstaaten, taxlex 2007, 526; *Beiser,* Die Beteiligungsertragsbefreiung im Gemeinschaftsrecht, RdW 2008, 305; *ders,* VwGH: Anrechnungsmethode bei Ausschüttungen aus ausländischen Minderheitsanteilen, SWK 2008, S 511; *Kirchmayr/Kofler,* Highlights aus dem Workshop „Internationales Steuerrecht", RdW 2008, 676; *Laudacher,* § 10 Abs 2 KStG und Portfoliobeteiligungen: Beschränkung der Kapitalverkehrsfreiheit? SWI 2008, 259; *Aigner/Prechtl,* Ermittlung der anrechenbaren ausländischen Körperschaftsteuer bei Portfoliodividenden, SWK 2008, S 761; *Prechtl,* Steuerpflicht von Portfoliodividenden erneut auf dem Prüfstand, SWI 2008, 497; *Petrag,* Internationale Schachtelbeteiligung verstößt gegen die Kapitalverkehrsfreiheit, RWZ 2008, 163; *Massoner,* Anrechnungsmethode bei ausländischen Dividendeneinkünften aus Minderheitsbeteiligungen „dank" normerhaltender Reduktion, ecolex 2008, 573; *Massoner/Stürzlinger,* Anrechnungsmethode als geringster und gemeinschaftsrechtskonformer Eingriff in die Besteuerung von Portfoliodividenden? SWI 2008, 400; *Kirchmayr/Achatz,* UFS legt dem EuGH doch vor: Zur Frage der diskriminierenden Besteuerung ausländischer Dividenden im KStG, taxlex 2008, 441; *Zorn,* EG-Grundfreiheiten und dritte Länder, in FS Nolz, Wien 2008, 211; *Hofbauer-Steffel,* Das Erfordernis eines Rechtsformvergleichs für EU-Körperschaften im Rahmen des internationalen Schachtelprivilegs, taxlex 2008, 382; *Kühbacher,* Die Vermeidung einer Doppelbesteuerung bei ausländischen Portfoliobeteiligungen im KStG, ÖStZ 2008, 308; *ders,* Erfordert § 10 Abs 2 KStG bei ausländischen Portfoliobeteiligungen einen Anrechnungsvortrag? SWI 2008, 387; *Bieber/Haslehner/Kofler/Schindler,* Taxation of Cross-Border Portfolio Dividends in Austria: The Austrian Supreme Administrative Court Interprets EC Law, ET 2008, 583 (586ff); *Migglautsch,* VwGH: Internationales Schachtelprivileg widerspricht Gemeinschaftsrecht, ecolex 2008, 669; *Schuster,* Zur internationalen Schachtelbeteiligung – anhaltende Ungleichbehandlung? SWK 2008, S 699; *Bendlinger,* Auslandseinkünfte in der aktuellen Rechtsprechung, vwt 2008 H4, 33; *Pfister,* Ausschüttungen aus nicht unter § 10 Abs 2 KStG fallenden, ausländischen Beteiligungen, taxlex 2008, 452; *Laudacher,* Auslandsdividenden und Anrechnungsmethode, SWK 2008, S 780; *Zorn,* Dividenden aus Auslandsbeteiligungen von Körperschaften, § 10 Abs 2 KStG verstößt gegen die Kapitalverkehrsfreiheit, SWK 2008, S 467; *Zorn,* Auslandsdividenden und Gemeinschaftsrecht, RdW 2008, 424; *Kofler,* Fruchtgenuss und internationales Schachtelprivileg, SWI 2008, 515; *Puchner/Puchner,* Einbringungsbedingter Anschaffungstatbestand bei internationalen Schachtelbeteiligungen, taxlex 2008, 145; *Gstöttner,* RS Columbus Container – Absage an die „Outbound-Meistbegünstigung"? taxlex 2008, 285; *Kühbacher,* Der Methodenwechsel des § 10 Abs 4 KStG im Licht des Gemeinschaftsrechts, ÖStZ 2008, 92; *Reinisch,* Beteiligungsertrag oder Liquidationsgewinn? taxlex 2009, 28; *Marschner,* Budgetbegleitgesetz verkompliziert die Investmentfondsbesteuerung, SWK 2009, S 541; *Wilplinger,* Beteiligungsertragsbefreiung neu – ein Praxisüberblick, ecolex 2009, 898; *Gurtner/Hofbauer-Steffel/Kofler,* Internationales Schachtelprivileg im gemeinschaftsrechtlichen Blickpunkt, taxlex-EC 2009/37; *Haslinger,* Zur Anwendung des Methodenwechsels nach § 10 Abs 4 KStG bei wechselndem Aktiv- und Passivschwerpunkt, ÖStZ 2009, 270; *Lang,* Die Verdrängung nationalen Rechts durch Gemeinschaftsrecht, SWI 2009, 216; *Zorn,* Ausländische Portfoliodividenden und § 10 KStG, RdW 2009, 171; *Kirchmayr/Achatz,* Neue Dividendenbesteuerung mit vielen Fragezeichen, taxlex 2009, 280; *Mayr,* § 10 KStG: EU/EWR-Portfoliodividenden befreit, RdW 2009, 368; *Marschner/Stefaner,* Die Zulässigkeit von Einschränkungen der Kapitalverkehrsfreiheit gegenüber Drittstaaten aufgrund fehlender Amts- und Vollstreckungshilfe, SWI 2009, 371; *Massoner/Stürzlinger,* Gleichartigkeit von Anrechnungs- und Befreiungsmethode aus gemeinschaftsrechtlicher Sicht: (An-)Rechnung ohne Wirt? SWI 2009, 280 (285 ff); *Bendlinger/Kofler,* Highlights aus dem Workshop „Internationales Steuerrecht“, RdW 2009, 676; *Laudacher,* Neuformulierung der Vorabentscheidungsfragen in den Rechtssachen Haribo und Salinen AG, SWK 2009, T 223; *Gosch,* Entwicklung und Rezeption der Rechtsprechung des EuGH aus der Sicht des BFH, Ubg 2009, 73; *Aigner/Loidl,* Berücksichtigung der Körperschaftsteuervorbelastung und anrechenbarer ausländischer Quellensteuern bei Portfoliodividenden, SWI 2009, 423; *Laudacher,* UFS und ausländische Portfoliobeteiligungen, UFSjournal 2010, 420; *Novacek,* Anrechnungsvortrag für ausländische Quellensteuern endgültig aus? FJ 2010, 296; *Massoner,* Das Optionsmodell des § 10 Abs 3 KStG am Prüfstand des Unionsrechts, SWI 2010, 532; *Zorn,* Die Verdrängungswirkung des primären Unionsrechts gegenüber belastendem nationalem Recht – am Beispiel der Besteuerung von Portfoliodividenden, in GedS Quantschnigg, Wien 2010, 557; *Kühbacher,* Ausländische Portfoliodividenden: Nachweisprobleme stehen der Anrechnungsmethode nicht entgegen, SWI 2011, 74; *ders,* Zur Anrechnungsmethode bei ausländischen Portfoliodividenden unter § 10 KStG, SWI 2011, 116; *Schindler/Twardosz,* Steuerliche Neuerungen für Finanzierungen im Konzern, GES 2011, 27; *Zorn,* Urteil des EuGH in den Rs Haribo und Salinen AG zu § 10 KStG, RdW 2011, 171; *Laudacher,* EuGH-Urteil Haribo/Salinen AG bringt den Gesetzgeber unter Zugzwang, SWK 2011, T 49; *Prechtl-Aigner,* Rs Haribo und Salinen AG: EuGH gibt nationalem Gesetzgeber weiten Gestaltungsspielraum, SWK 2011, S 389; *Kofler/Prechtl-Aigner,* Die Beteiligungsertragsbefreiung nach Haribo und Salinen, GES 2011, 175; *Simader,* Die Rs Haribo und Salinen AG: Neues zur Bedeutung der Amtshilfe mit Drittstaaten? SWI 2011, 244; *Marschner,* Süßes und Saures zur Besteuerung von Portfoliodividenden, UFSjournal 2011, 111; *Spies,* Bedingte Befreiung für Portfoliodividenden aus Drittstaaten? ecolex 2011/189; *Beiser,* Ein Vorschlag zur Neuregelung der Schachtelbefreiung, SWK 2011, T 78; *Marchgraber/Titz,* Die Wirkungsweise des § 10 Abs 7 KStG im System der Beteiligungsertragsbefreiung, ÖStZ 2011, 373; *Mayr,* § 10 KStG: Portfoliodividenden aus Drittstaaten ebenfalls befreit, RdW 2011, 501; *Kirchmayr,* § 10 KStG: Ausschüttungen in Fremdwährung, taxlex 2011, 357; *Kirchmayr/Kofler,* Beteiligungsertragsbefreiung und Internationale Steuerarbitrage, GES 2011, 449; *Joklik-Fürst,* Die Anwendung der Antimissbrauchsbestimmung des § 10 Abs 4 KStG in der Praxis, SWI 2012, 22; *Stefaner,* Wann greift die Besteuerung von grenzüberschreitenden Beteiligungserträgen gemäß § 10 Abs 7 KStG? SWI 2012, 276; *ders,* Konsequenzen der Anwendungen von § 10 Abs 7 KStG, SWI 2012, 370; *ders,* § 10 Abs 7 KStG auch bei fehlendem Abzug im Ausland? SWI 2012, 443; *Komarek,* Teilwertabschreibung und Veräußerungsverlust von Portfoliodividenden gemäß § 10 KStG idF AbgÄG 2011, taxlex 2012, 129; *Marchgraber,* Tranchenveräußerungen internationaler Schachtelbeteiligungen, GES 2012, 147; *Komarek,* Entwicklung der Besteuerung von ausländischen Portfoliodividenden gem § 10 KStG – kritische Würdigung, taxlex 2012, 356; *Prillinger,* Kalender- oder Wirtschaftsjahr bei Optionsausübung nach § 10 Abs 3 KStG? taxlex 2012, 449; *Staringer,* Konzernsteuerrecht, Gutachten 18. ÖJT Bd IV/1 (2012) 25 ff; *Titz,* VfGH: Keine verfassungsrechtlichen Bedenken gegen die Unwiderruflichkeit der Option gem § 10 Abs 3 Z 3 KStG, RdW 2012, 750; *Lachmayer,* Unwiderruflichkeit der Option zur Steuerwirksamkeit bei internationalen Schachtelbeteiligungen verfassungskonform, GES 2013, 29; *S. Lang,* Gewinnanteile aus internationalen Schachtelbeteiligungen am Bsp Brasiliens, SWI 2013, 95; *König,* Beteiligungsertragsbefreiung und Fremdwährungsergebnisse, SWI 2013, 386; *Plott,* KStR 2013: Neues zu Beteiligungserträgen, SWK 2013, 710; *Kerschner,* Der Zeitpunkt der Dividendenrealisierung, SWK 2013, 823 (Anmerkung zu UFS 5. 11. 2012, RV/2495-W/06); *Blum,* Dividendenscheinveräußerung und Beteiligungsertragsbefreiung, RdW 2013, 494; *Pinetz,* Die steuerliche Behandlung von Genussrechtsemissionen, ecolex 2013, 919; *Lechner/Spies,* Der Realisierungszeitpunkt ausländischer Dividenden, SWK 2013, 1351; *Schlager,* 2. AbgÄG 2014: Überblick über die Änderungen der Unternehmensbesteuerung, RWZ 2014, 357; *Mayr/Schilcher,* 2. AbgÄG 2014; *Kirchmayr,* Hinzurechnungsbesteuerung, in *Hofmann/Jann/Jerabek,* BEPS, Wien 2017, 119; *Kirchmayr/Mayr/Hirschler/Kofler,* Anti-BEPS-Richtlinie: Konzernsteuerrecht im Umbruch? Wien 2017; *Mayr/Titz,* Umsetzung der Anti-BEPS-RL: Hinzurechnungsbesteuerung ergänzt Methodenwechsel nach § 10 Abs. 4 KStG, RdW 2018, 317; *Marchgraber/Zöchling,* § 10a KStG: Passiveinkünfte bei niedrig besteuerten Auslandsaktivitäten, ÖStZ 2018, 388; *Orlet,* Die unionsrechtlichen Anforderungen für CFC-Regelungen, SWI 2018, 162; *Petritz-Klar/Petritz,* Paradigmenwechsel im Konzernsteuerrecht – Einführung einer Hinzurechnungsbesteuerung, taxlex 2018, 204; *Raab,* Jahressteuergesetz 2018: Die neue Hinzurechnungsbesteuerung. Überblick über den adaptierten Methodenwechsel, SWK 2018, 841; *Schlager,* Die Hinzurechnungsbesteuerung im Jahressteuergesetz 2018 im Überblick, SWI 2018, 362; *Schlager,* VO zu § 10a KStG: Highlights des Begutachtungsentwurfes, RWZ 2018, 349; *Schrottmeyer,* Beurteilungskriterien für den Methodenwechsel nach alter und neuer Rechtslage, SWI 2018, 421; *Staringer,* Die Umsetzung der ATAD in Österreich durch das Jahressteuergesetz 2018, SWI 2018, 574; *Schilcher/Knesl,* § 10a-KStG-VO zur Hinzurechnungsbesteuerung und zum Methodenwechsel, RdW 2019, 54; *Mayr/Schlager,* Hinzurechnungsbesteuerung und Methodenwechsel nach § 10a KStG, in *Kirchmayr/Mayr,* Beteiligungen im Konzern, Wien 2019 (in Druck).

1. *Beteiligungsertragsbefreiung*

§ 10 KStG enthält eine sachliche Steuerbefreiung für Beteiligungserträge. **997**
Ohne Sonderregelung wären Erträge, die von Tochtergesellschaften ausgeschüttet werden, auf dem Weg bis zum endgültigen Empfänger (Gesellschafter als natürliche Person) nicht nur einer Doppelbelastung, sondern einer Drei- oder Mehrfachbelastung unterworfen. Davon wären insb Konzerne betroffen, die dann möglicherweise auf Fusionen ausweichen müssten. Um diese unerwünschten Konsequenzen zu vermeiden, war im KStG 1966 für Beteiligungserträge eine Steuerbefreiung vorgesehen, wenn das Beteiligungsausmaß mindestens 25% betrug (Schachtelprivileg des § 10 KStG 1966). Mit dem KStG 1988 ist das Schachtelprivileg für **inländische** Beteiligungen zu einer **Befreiung sämtlicher Beteiligungserträge** erweitert worden; damit wird die Mehrfachbesteuerung im Körperschaftsbereich zumindest hinsichtlich der laufenden Gewinne konsequent vermieden.[355])

Als Reaktion auf den VwGH[356]) wurde mit dem **BBG 2009**[357]) die – zuvor rein nationale – Beteiligungsertragsbefreiung auf Beteiligungserträge aus

[355]) Dazu zB *Kirchmayr* in *Achatz/Kirchmayr,* KStG § 10 Tz 2ff; *Staringer,* Konzernsteuerrecht, 18. ÖJT IV/1 (2012) 25ff.

[356]) VwGH 17. 4. 2008, 2008/15/0064 (in Hinblick auf EU-Recht; nach VwGH wäre für Portfoliodividenden aus EU-Gesellschaften die Anrechnungsmethode zur Anwendung gekommen, weil die Anrechnungs- und Befreiungsmethode als gleichwertig einzustufen sind); ausführlich zB *Zorn,* RdW 2009, 171; *Kirchmayr/Kofler,* RdW 2008, 676.

[357]) Budgetbegleitgesetz 2009 BGBl I 2009/52.

EU/EWR-Gesellschaften erweitert.[358]) Diese Erweiterung war im Lichte der EU-Grundfreiheiten (Kapitalverkehrsfreiheit) immer noch nicht ausreichend und so wurde als Reaktion auf den EuGH[359]) mit dem **AbgÄG 2011**[360]) die Beteiligungsertragsbefreiung auf Beteiligungserträge aus **Drittstaaten** (= Staaten außerhalb der EU) erweitert, sofern mit dem betreffenden Drittstaat eine umfassende Amthilfe besteht (ab Veranlagung 2011)[361]).

998 Die Steuerbefreiung erstreckt sich auf **Beteiligungserträge.** Darunter versteht **§ 10 Abs 1:**

- Gewinnanteile jeder Art auf Grund einer Beteiligung an inländischen Kapitalgesellschaften und Genossenschaften in Form von Gesellschafts- und Genossenschaftsanteilen (Z 1);
- Rückvergütungen von inländischen Genossenschaften (Z 2);
- Gewinnanteile jeder Art aus Genussrechten an inländischen Körperschaften (Z 3);
- Gewinnanteile jeder Art auf Grund von Partizipationskapital iSd BWG und des VAG (Z 4);
- vergleichbare Gewinnanteile aus EU-Körperschaften gem Anlage 2 zum EStG (Z 5);
- vergleichbare Gewinnanteile aus einer ausländischen Körperschaft, die mit einer „§-7-Abs-3-Körperschaft" vergleichbar ist und mit deren Ansässigkeitsstaat eine umfassende Amtshilfe besteht (Z 6);
- Gewinnanteile jeder Art auf Grund einer internationalen Schachtelbeteiligung im Sinne des Abs 2 (Z 7).

Die **Befreiung** ist bis auf internationale Schachtelbeteiligungen (dazu sogleich) **unabhängig vom Beteiligungsausmaß und der Beteiligungsdauer** zu gewähren.[362]) Es handelt sich dabei um einen rein steuerlichen Beteiligungsbegriff, der auf das wirtschaftliches Eigentum an der Beteiligung bzw die Zurechnung der Beteiligungserträge abstellt.[363]) Eine zB zwischengeschaltene

---

[358]) Zum BBG 2009 zB *Mayr,* RdW 2009, 368; *Kofler* in *Achatz/Kirchmayr,* KStG § 10 Rz 124 ff.

[359]) EuGH 10. 2. 2011, C-436/08 und C-437/08 (*„Haribo"* und *„Salinen AG"*, verbundene Rechtssachen); dazu zB *Zorn,* RdW 2011, 171; *Kofler/Prechtl-Aigner,* GES 2011, 175; *Laudacher,* SWK 2011, T 40; *Prechtl,* SWK 2011, S 389; *Simader,* SWI 2011, 244.

[360]) Abgabenänderungsgesetz 2011 BGBl I 2011/76.

[361]) Da das EuGH-Urteil vergangene Zeiträume betrifft und der EuGH den VwGH darin bestätigt hat, dass die Anrechnungs- und Befreiungsmethode gleichwertig sind, unterliegen die in Jahren vor 2011 bezogenen Portfoliodividenden aus Drittstaaten mit umfassender Amtshilfe zwar der österreichischen KSt, die ausländische Steuer ist aber anzurechnen, VwGH 25. 10. 2011, 2011/15/0070; vgl auch *Zorn,* RdW 2011, 171; *Mayr,* RdW 2011, 501; *Marschner,* UFSjournal 2011, 111; anders UFS Linz 28. 2. 2011, RV/0610-L/05 und RV/0297-L/11; *Laudacher,* SWK 2011, T 40; *Prechtl-Aigner,* SWK 2011, S 389; *Kofler/Precht-Aigner,* GES 2011, 175 (192).

[362]) Theoretisch würde bereits eine einzelne Aktie die Befreiung auslösen.

[363]) Vgl *Quantschnigg,* ÖStZ 1989, 143; nach *Kirchmayr* ist die Befreiung nach § 10 Abs 1 „kausal definiert", sodass es auf die steuerliche Zurechnung der Beteiligungserträge

Personengesellschaft schadet der Beteiligungsertragsbefreiung nicht.[364]) Zuwendungen von Privatstiftungen sind von § 10 nicht erfasst und daher steuerpflichtig.[365])

Der Beteiligungsertrag kann von der Muttergesellschaft grundsätzlich erst bilanziert werden, wenn die Tochtergesellschaft den Gewinnausschüttungsbeschluss gefasst hat. Zur Aktivierung der Dividende vor Fassung dieses Beschlusses kann es nur dann kommen, wenn zum Bilanzstichtag die Ausschüttung eines bestimmten Gewinnanteiles durch die Tochtergesellschaft bei vernünftiger kaufmännischer Beurteilung bereits feststeht. Dazu muss jedenfalls der ausschüttungsfähige Bilanzgewinn am Bilanzstichtag bekannt sein. Haben Mutter- und Tochtergesellschaft denselben Bilanzstichtag, kommt nach der Rsp eine **„phasengleiche Bilanzierung"** der Dividendenforderung im Hinblick auf die Bilanzierungswahlrechte, die erst nach dem Bilanzstichtag von der Tochtergesellschaft ausgeübt werden, nicht in Betracht.[366])

§ 10 Abs 1 Z 5 und Z 6 befreien ausländische Gewinnanteile (Beteiligungs- **999** erträge, insb Dividenden). **Z 5** bezieht sich auf vergleichbare Gewinnanteile aus einer **EU-Körperschaft** gem Anlage 2 zum EStG; die in **Z 6** angesprochenen Gewinnanteile beziehen sich generell auf ausländische Körperschaften und umfassen daher **auch Drittstaaten.** Voraussetzung bei Z 6 ist aber, dass mit dem betreffenden Drittstaat eine **umfassende Amtshilfe** besteht. Eine umfassende Amtshilfe stellt nach hM auch eine „große Auskunftsklausel" nach DBA dar (gem Art 26 Abs 1 OECD MA).[367]) Eine **internationale Schachtelbeteiligung** (dazu sogleich) **geht** den hier angesprochenen ausländischen Gewinnanteilen **vor.**

Steuerfrei bleiben **Gewinnanteile jeder Art.** Die Beteiligungsertragsbefrei- **1000** ung gilt somit auch für vA, für Dividenden, die erst nach Veräußerung der Beteiligung zugehen (Dividendenvorbehalt),[368]) sowie für Dividendenabschlagszahlungen (§ 54 a AktG). Auch alineare Gewinnausschüttungen unterliegen unter bestimmten Voraussetzungen der Beteiligungsertragsbefreiung.[369])

---

an die betreffende Muttergesellschaft ankommt, in *Achatz/Kirchmayr,* KStG § 10 Tz 53; ebenso *Vock* in *Renner/Strimitzer/Vock,* KStG § 10 Rz 107; *Haslinger* in *Lang/Schuch/Staringer* § 10 Rz 23; vgl auch *Staringer* in FS Wiesner 432.

[364]) *Wiesner/Schneider/Spanbauer/Kohler* § 10 Anm 4 und 12; KStR 2013 Rz 1172 f.

[365]) Keine verfassungsrechtlichen Bedenken: VfGH 11. 10. 2006, B 1095/06 – Ablehnungsbeschluss.

[366]) VwGH 13. 9. 2006, 2002/13/0129, RdW 2006, 718; dazu *Wiesner,* RWZ 2006, 325; *Doralt/Mayr,* EStG[14] § 6 Tz 225; *Kirchmayr* in *Achatz/Kirchmayr,* KStG § 10 Tz 73.

[367]) ZB *Kofler/Prechtl-Aigner,* GES 2011, 175; *Mayr,* RdW 2011, 501; mittlerweile besteht auch mit großen Drittstaaten wie China, Indien oder Russland eine umfassende Amtshilfe, vgl BMF-Info vom 7. 1. 2019, BMF-010221/0002-IV/8/2019.

[368]) Sofern die vorbehaltene Dividende in keinem offenkundigem Zusammenhang mit dem Verkauf steht (und daher in wirtschaftlicher Betrachtungsweise nicht als Teil des Kaufpreises anzusehen ist), KStR 2013 Rz 1168; vgl auch *Vock* in *Renner/Strimitzer/Vock,* KStG § 10 Rz 166; ausführlich *Kirchmayr,* Beteiligungserträge 148 ff und in *Achatz/Kirchmayr* § 10 Tz 77 ff; *Staringer,* Konzernsteuerrecht, 18. ÖJT IV/1 (2012) 42.

[369]) Dazu und zu weiteren Fragen wie zB beim „Dividendenstripping" vgl *Kirchmayr* in *Achatz/Kirchmayr* § 10 Tz 80 ff.

Beispiel:

Die M-AG erhält von ihrer Tochter, der T-AG, ein zinsenloses Darlehen. Der Gewinn der T-AG ist um angemessene Zinsen zu erhöhen.[370]) Der Vorteil der Zinslosigkeit, der der M-AG als vA zuzurechnen ist, ist nach § 10 Abs 1 steuerfrei.

Steuerpflichtig sind hingegen Gewinne aus normaler Geschäftstätigkeit mit der Tochtergesellschaft, Darlehenszinsen, Lizenzgebühren sowie – anders als bei internationalen Schachtelbeteiligungen[371])– Gewinne aus der Veräußerung der Beteiligung und Liquidationserlöse.

Die ausschüttende Gesellschaft hat grundsätzlich ungeachtet der Beteiligungsertragsbefreiung die KESt einzubehalten, es sei denn, die Beteiligungshöhe erreicht mindestens 10% (§ 94 Z 2 EStG). Das bedeutet, dass die Beteiligungsertragsbefreiung bei Beteiligungen bis 10% nur im Wege einer Anrechnung oder Erstattung der KESt realisiert werden kann.

Zu Verlusten aus Beteiligungsveräußerungen siehe Tz 1022.

2. Internationales Schachtelprivileg

1001 Die körperschaftsteuerliche Behandlung von **qualifizierten Beteiligungen an** einer **ausländischen Gesellschaft** wurde durch das BBG 2003 wesentlich verändert.

Ähnlich wie bei der Beteiligungsertragsbefreiung sind die laufenden „Gewinnanteile jeder Art" (offene und verdeckte Ausschüttungen) aus internationalen Schachtelbeteiligungen befreit. Eine internationale Schachtelbeteiligung setzt nach § 10 Abs 2 voraus:[372])

- die **inländische Mutter** muss rechnungslegungspflichtig sein („§-7-Abs-3-Körperschaft");
- die **ausländische Tochter** muss einer inländischen Kapitalgesellschaft **vergleichbar oder** eine **EU-Körperschaft** gem Anlage 2 zum EStG sein;
- die Beteiligung muss **mindestens 10%** des Kapitals (Grund- oder Stammkapital, Substanzgenussrechtskapital) betragen; eine mittelbare Beteiligung über eine Mitunternehmerschaft ist ausreichend;
- die Beteiligung muss während eines ununterbrochenen Zeitraumes von mindestens **einem Jahr** bestehen; die Steuerbefreiung wird jedoch nachträglich auch für Ausschüttungen gewährt, die vor Ablauf der Behaltefrist bezogen werden, sobald insgesamt die Behaltefrist erfüllt ist.[373])

Beispiel:

Der Beteiligungserwerb erfolgt am 28. 12. 01. Bilanzstichtag der Muttergesellschaft: 31. 12. Die Behaltefrist endet erst am 27. 12. 02. Im März 02 erfolgt die Gewinnausschüt-

---

[370]) Zur verdeckten Gewinnausschüttung oben Tz 989.

[371]) Dazu unten Tz 1001.

[372]) Ausführlich zB *Kofler* in *Achatz/Kirchmayr*, KStG § 10 Tz 167 ff.

[373]) Im Hinblick auf das EuGH-Urteil 17. 10. 1996, C-283/94, *Denkavit ua;* KStR 2013 Rz 1212.

tung der Tochter für das Jahr 01. Dieser Beteiligungsertrag wird zunächst vorläufig veranlagt und wird nach Ablauf der Behaltefrist im Wege einer endgültigen Veranlagung steuerfrei gestellt.[374])

Der für die **Berechnung der Behaltefrist** maßgebliche Zeitpunkt des Eigentumsüberganges richtet sich nach dem vertraglich vereinbarten anzuwendenden Privatrecht.[375])

Liegen die Voraussetzungen einer **internationalen Schachtelbeteiligung** vor (insb mind 10-%-Beteiligung), **geht** die internationale Schachtelbeteiligung der Beteiligungsertragsbefreiung für ausländische Gewinnanteile nach § 10 Abs 5 und 6 **vor;** dies ist insb für die Steuerneutralität der Beteiligung und die „Missbrauchsvorschrift" von Bedeutung. **1002**

Seit der Ausdehnung der vormals nationalen Beteiligungsertragsbefreiung auf ausländische Beteiligungserträge[376]) liegt die Besonderheit der internationale Schachtelbeteiligung in der sog **„Steuerneutralität der Beteiligung"** (§ 10 Abs 3). Danach bleiben nicht nur laufende Gewinne, sondern **auch Veräußerungsgewinne, Veräußerungsverluste und sonstige Wertänderungen der Beteiligung** (zB Teilwertminderungen, Liquidationsgewinne) bei der Ermittlung der Einkünfte **außer Ansatz.**[377]) **1003**

Durch die Steuerneutralität der Beteiligung bleibt ein Veräußerungsgewinn ebenso steuerlich außer Ansatz wie Gewinnausschüttungen. Da Veräußerungsgewinne wirtschaftlich oftmals nur zukünftige Dividenden vorwegnehmen, erscheint das Konzept der Beteiligungsneutralität systematisch konsequent und wird im Schrifttum auch für inländische Beteiligungen gefordert.[378])

Um bei Verlusten Härtefälle zu vermeiden, gilt die Steuerneutralität nicht für tatsächliche und endgültige Vermögensverluste, die durch den Untergang (Liquidation oder Insolvenz) der ausländischen Gesellschaft (Körperschaft) veranlasst werden.[379]) Diese Verluste sind um steuerfreie Gewinnanteile jeder Art, die innerhalb der letzten fünf Wirtschaftsjahre vor dem Wirtschaftsjahr der Liquidationseröffnung oder des Eintrittes der Insolvenz anfallen, zu kürzen.

Option für Steuerwirksamkeit: Das System der Steuerneutralität der Beteiligung ist nicht zwingend. Es besteht vielmehr die Möglichkeit, für die **1004**

---

[374]) Vgl zB *Kofler* in *Achatz/Kirchmayr* § 10 Tz 217, der es aber auch für möglich hält, bereits vorläufig von einer Steuerfreiheit auszugehen.

[375]) VwGH 15. 2. 2006, 2002/13/0033.

[376]) Dazu oben Tz 997.

[377]) Zur Entstehungsgeschichte dieser – ursprünglich zur Stärkung der Exportwirtschaft im Wege von Tochtergesellschaften konzipierten – Bestimmung vgl *Kofler* in *Achatz/Kirchmayr* § 10 Tz 224 ff.

[378]) Zuletzt zB *Staringer,* Konzernsteuerrecht, 18. ÖJT IV/1 (2012) 84 ff mwN; in der Zusammenfassung des 18. ÖJT wird von der großen „klaffenden Wunde" des österreichischen Konzernsteuerrechts gesprochen, SWK 2012, 754.

[379]) Von einem „Untergang" der ausländischen Körperschaft kann daher erst dann gesprochen werden, wenn kein Abwicklungsbedarf mehr vorhanden ist. Dies ist nicht bereits im Zeitpunkt des „faktischen Vermögensverlustes" erfüllt, weil erst nach Beendigung des Insolvenzverfahrens bzw nach Abschluss der Liquidation der Vermögensverlust der Höhe nach „endgültig" feststeht, VwGH 31. 3. 2017, Ro 2014/13/0042.

Steuerwirksamkeit der Beteiligung zu optieren: Der Steuerpflichtige kann in der Körperschaftsteuererklärung für das Jahr der Anschaffung oder des Entstehens einer internationalen Schachtelbeteiligung erklären, dass für diese Beteiligung (Veräußerungs-)Gewinne, Verluste und sonstige Wertänderungen steuerwirksam sein sollen. In diesem Fall bleiben zwar die laufenden Gewinne nach Maßgabe des § 10 Abs 2 steuerfrei; Veräußerungsgewinne sind jedoch steuerpflichtig, für Verluste und Teilwertabschreibungen gilt § 12 Abs 3.[380]) Die getroffene Option gilt auch für die Erweiterung einer bestehenden internationalen Schachtelbeteiligung durch zusätzliche Anschaffungen (zB eine bestehende 20-%-Beteiligung wird durch zusätzliche Anschaffungen auf 25% erhöht). Die einmal ausgeübte Option kann **nur innerhalb eines Monats ab Abgabe der Steuererklärung** nachgeholt oder **widerrufen** werden, danach besteht eine „ewige" Bindungswirkung.[381]) Bei einer Veräußerung oder Übertragung einer bestehenden internationalen Schachtelbeteiligung im Rahmen einer Umgründung iSd UmgrStG an eine konzernzugehörige Körperschaft ist auch die erwerbende Körperschaft an die Option gebunden.

Somit ergibt sich **zusammenfassend** folgende Wahlmöglichkeit: Wird keine Optionserklärung abgegeben, bleiben bei internationalen Schachtelbeteiligungen die laufenden Gewinne (jeder Art) und die Veräußerungsgewinne steuerfrei, Veräußerungsverluste und Teilwertabschreibungen sind nicht steuerwirksam. Wird die Optionserklärung abgegeben, sind die laufenden Gewinne weiterhin steuerfrei, Veräußerungsgewinne sind hingegen steuerpflichtig; Veräußerungsverluste und Teilwertabschreibungen sind steuerwirksam.

1005 Die Optionserklärung ist dann sinnvoll, wenn bei der Beteiligung Wertminderungen bzw Verluste eintreten können. Diese Entscheidung ist in der **Praxis** schwierig, weil man die künftige Wertentwicklung nicht vorhersagen kann und man im Regelfall nur dann ein wirtschaftliches Investment im Ausland eingeht, wenn mit Gewinnen gerechnet wird.

Die Praxis hat oftmals Fehleinschätzungen gezeigt; bei Anschaffungen vor der Finanz- und Wirtschaftskrise wurde oftmals nicht in Steuerwirksamkeit optiert, was man sodann bereut hat, weil sich Teilwertabschreibungen oder Veräußerungsverluste nicht steuerwirksam auswirken konnten. Gerade bei Risikoprojekten wird in der Praxis die Option in die Steuerwirksamkeit empfohlen.

1006 Nach § 10 Abs 4 gilt die **KSt-Befreiung** für ausländische Gewinnanteile (unabhängig von der Beteiligungshöhe) dann **nicht,** wenn die betreffenden „Gewinnanteile" bei der ausländischen Körperschaft abzugsfähig sind.[382]) Dadurch soll eine „doppelte Nichtbesteuerung" bei sog **hybriden Finanzierungsinstrumenten** verhindert werden (zB eine Beteiligung über Genussrechte, die in Österreich als Eigenkapital, im Ausland als Fremdkapital behandelt wird; ohne

[380]) Dazu unten Tz 1022.

[381]) Gegen die Unwiderrufbarkeit bestehen keine verfassungsrechtlichen Bedenken, VfGH 21. 9. 2012, B 160/12; dazu *Titz,* RdW 2012, 750; *Lachmayer,* GES 2013, 29.

[382]) Erstmals für Wirtschaftsjahre, die nach dem 31. 12. 2010 beginnen, § 26c Z 23 lit b.

die Sonderbestimmung wären die Auszahlungen auf solche Genussrechte in Österreich steuerfrei, während sich die auszahlende ausländische Gesellschaft die Auszahlung von ihrer Steuer-Bemessungsgrundlage abziehen könnte).[383]

3. Hinzurechnungsbesteuerung, Methodenwechsel

Der mit dem JStG 2018 neu eingeführte **§ 10 a** enthält besondere **Missbrauchsvorschriften** (gilt ab 2019); einerseits wurde eine neue **Hinzurechnungsbesteuerung** eingeführt, andererseits der bisher bereits in § 10 Abs 4 und 5 geregelte **Methodenwechsel** modifiziert. Zusätzlich ist eine VO ergangen.[384] 1007

Hinzurechnungsbesteuerung bedeutet, dass eine österreichische Muttergesellschaft (**beherrschende Gesellschaft**) unter gewissen Voraussetzungen unmittelbar – also auch ohne Ausschüttung – bestimmte (**Passiv-)Einkünfte** ausländischer Tochter- und Enkelgesellschaften (**beherrschte Gesellschaften**) zu ihrem eigenen Gewinn **hinzugerechnet bekommt** und damit in Österreich versteuern muss. Diese Maßnahme wurde durch die Anti-BEPS-Richtlinie der EU[385] vorgeschrieben und soll die Verlagerung von Gewinnen aus Hochsteuerländern in Niedrigsteuerländer verhindern.[386]

Der Methodenwechsel führt demgegenüber bei **internationalen Schachtelbeteiligungen** sowie bei **qualifizierten Portfoliobeteiligungen** dazu, dass bei Gewinnausschüttungen **von der Befreiungsmethode zur Anrechnungsmethode gewechselt** wird. Das bedeutet, dass die Ausschüttungen in Österreich unter Anrechnung der ausländischen Quellensteuer versteuert werden müssen.

Qualifizierte Portfoliobeteiligungen sind gem § 10 a Abs 7 Beteiligungen von mindestens 5%, deren Gewinnanteile unter § 10 Abs 1 Z 5 oder 6 fallen. Dies umfasst daher Beteiligungen an EU-Körperschaften sowie an Drittstaatskörperschaften, mit deren Ansässigkeitsstaat eine umfassende Amtshilfe besteht.

§ 10 a gilt sowohl für unbeschränkt als auch beschränkt steuerpflichtige Körperschaften; bei beschränkt Steuerpflichtigen allerdings nur, wenn diese die Beteiligung an der ausländischen Körperschaft in einer inländischen Betriebsstätte hält.

---

[383]) Dazu *Kirchmayr/Kofler,* GES 2011, 449; kritisch zur Bestimmung *Marchgraber/Titz,* ÖStZ 2011, 373; *Staringer,* Konzernsteuerrecht, 18. ÖJT IV/1, 82; vgl auch *S. Lang,* SWI 2013, 95 zu Gewinnanteilen aus Brasilien.

[384]) Verordnung des BMF zur Durchführung der Hinzurechnungsbesteuerung und des Methodenwechsels bei Passiveinkünften niedrigbesteuerter Körperschaften (VO – Passiveinkünfte niedrigbesteuerter Körperschaften), BGBl II 2019/21.

[385]) Auch ATAD (Anti-Tax Avoidance Directive), Richtlinie (EU) 2016/1164 des Rates vom 12. 7. 2016 mit Vorschriften zur Bekämpfung von Steuervermeidungspraktiken mit unmittelbaren Auswirkungen auf das Funktionieren des Binnenmarktes, ABl L 2016/193, 1.

[386]) Siehe zu grundsätzlichen Erwägungen im Zusammenhang mit der Umsetzung der Anti-BEPS-Richtlinie und deren Vorgaben *Mayr/Titz,* RdW 2018, 317 ff; *Staringer,* SWI 2017, 574.

Gemeinsame Anwendungsvoraussetzung für die Hinzurechnungsbesteuerung und den Methodenwechsel ist die **Erzielung von „Passiveinkünften"** durch eine niedrigbesteuerte ausländische Körperschaft. Damit gilt sowohl die Definition der passiven Einkünfte als auch der Niedrigbesteuerung gleichermaßen für die Hinzurechnungsbesteuerung und den Methodenwechsel.[387])

1007/1 Folgende kumulative **Voraussetzungen** müssen für die **Hinzurechnungsbesteuerung** erfüllt sein:

- Das Vorliegen von **Passiveinkünften:** Das sind im Wesentlichen Zinsen, Lizenzen, Dividenden und Veräußerungsgewinne von Beteiligungen.[388]) Die Passiveinkünfte müssen mehr als ein Drittel der Einkünfte der ausländischen Körperschaft betragen (**„Drittelgrenze"**)[389]).

  Veräußerungseinkünfte und Dividenden im Einkommen der ausländischen Körperschaft sind nur dann als schädliche Einkünfte anzusehen, wenn diese bei der Muttergesellschaft steuerpflichtig wären.

  Eine besondere Drittelgrenze ist für ausländische Finanzunternehmen (zB Banken) vorgesehen: § 10 a KStG ist nur dann anwendbar, wenn mehr als ein Drittel der Passiveinkünfte der ausländischen Körperschaft auf Transaktionen mit der Mutter oder verbundenen Unternehmen entfallen. Dies gilt auch für den Methodenwechsel.

- Eine **Niedrigbesteuerung** der ausländischen Körperschaft: Eine Niedrigbesteuerung ist dann gegeben, wenn die tatsächliche Steuerbelastung im Ausland **nicht mehr als 12,5%** beträgt. Um die **Steuerbelastung** zu errechnen, wird das ausländische Ergebnis ähnlich wie bei der Gruppenbesteuerung auf das österreichische Steuerrecht umgerechnet und dann die im Ausland bezahlte Steuer diesem gegenübergestellt. [390])

  Wird die **Durchschnittssteuerbelastung** im Ausland bloß auf Grund von „Sondereffekten", zB wegen unterschiedlicher Abschreibungszeiträume oder unterschiedlicher Verlustvortragsregelungen, unterschritten, sind diese nach § 1 Abs 4 der VO zu § 10 a KStG auszublenden.[391])

- Ein **Beherrschungstatbestand:** Dieser liegt vor, wenn die beherrschende (inländische) Körperschaft selbst oder zusammen mit anderen

---

[387]) *Mayr/Titz,* RdW 2018, 318.

[388]) Weiters zählen noch Einkünfte aus Finanzierungsleasing, Versicherungen, Banken und Abrechnungsunternehmen dazu.

[389]) Um Härtefälle zu vermeiden, sieht die VO zu § 10 a KStG vor, dass eine dreijährige Betrachtung vorzunehmen ist, wenn die Drittelgrenze in einem Wirtschaftsjahr um nicht mehr als 25% überschritten wird. Betragen die Passiveinkünfte von drei Wirtschaftsjahren nicht mehr als ein Drittel der gesamten Einkünfte, unterbleibt die Hinzurechnung („Korridorregelung").

[390]) Bei der Steuerbelastung werden nicht nur ausländische Körperschaftsteuern berücksichtigt, sondern auch andere Steuern mit ähnlicher Ausgestaltung und Bemessungsgrundlage, zB die deutsche Gewerbesteuer; *Schlager,* SWI 2018, 365.

[391]) Die VO sieht auch Regelungen für Sonderregime vor. Erfolgt zB die Besteuerung erst bei der Ausschüttung, wie in Estland, dann ist der nominelle Steuersatz heranzuziehen. Ist eine Rückerstattung der KSt bei Ausschüttung vorgesehen, wie in Malta, ist eine analoge Regelung zu § 12 Abs 1 Z 10 vorgesehen, siehe dazu Tz 1019/3.

verbundenen Unternehmen unmittelbar oder mittelbar **zu mehr als 50%** an der beherrschten (ausländischen) Körperschaft beteiligt ist.[392])

Ein verbundenes Unternehmen liegt vor, wenn eine unmittelbare oder mittelbare Beteiligung von mindestens 25% vorliegt oder Anspruch auf mindestens 25% der Gewinne besteht. Die beherrschende Körperschaft kann den Beherrschungstatbestand unmittelbar oder mittelbar entweder alleine oder auch gemeinsam mit ihren verbundenen Unternehmen erfüllen. Für Zwecke der Ermittlung der **Beherrschungsquote** sind die von verbundenen Unternehmen gehaltenen Quoten zusammenzuzählen.[393])

- Die ausländische Körperschaft hat **keine ausreichende Substanz:** Dies liegt dann vor, wenn sie bezogen auf Personal, Ausstattung, Vermögenswerte und Räumlichkeiten keine wesentliche wirtschaftliche Tätigkeit ausübt. Das Vorliegen einer wesentlichen wirtschaftlichen Tätigkeit muss von der beherrschenden Körperschaft (also der österreichischen Muttergesellschaft) nachgewiesen werden (**Substanznachweis**).[394])

Nach § 4 der VO zu § 10a KStG ist stets das **Gesamtbild der Verhältnisse** maßgeblich, wobei eine demonstrative Aufzählung von Tätigkeiten erfolgt, bei denen eine widerlegbare Vermutung besteht, dass diese noch keine wesentliche wirtschaftliche Tätigkeit begründen.[395]) Die jeweilige Ausstattung an Personal, Vermögen etc muss in einem angemessenen Verhältnis zur behaupteten wirtschaftlichen Tätigkeit stehen.[396])

Liegen diese Voraussetzungen vor, werden die **Passiveinkünfte** (nicht der gesamte Gewinn!) der beherrschten ausländischen Körperschaften anteilsmäßig der österreichischen beherrschenden Körperschaft **hinzugerechnet** und bei dieser versteuert. Für die **Hinzurechnungsquote** bestimmt § 5 VO zu § 10a KStG, **1007/2**

---

392) Als Beteiligung gilt ein mehr als 50%iger Anteil an Stimmrechten oder am Kapital oder am Gewinn.

393) § 3 der VO zu § 10a spricht von der „Summe der vom Steuerpflichtigen und seinen verbundenen Unternehmen unmittelbar gehaltenen Beteiligungen"; siehe zu verschiedenen Beispielen im Zusammenhang mit dem Beherrschungstatbestand *Mayr/Titz*, RdW 2018, 320ff.

394) Die Anti-BEPS-Richtlinie sieht den Substanztest verpflichtend nur für beherrschte Körperschaften im EU-Ausland vor, lässt den Mitgliedstaaten aber die Wahl, einen solchen auch für Drittstaatsbeteiligungen einzuführen. Der österreichische Gesetzgeber hat von diesem Wahlrecht Gebrauch gemacht, wodurch auch für beherrschte Körperschaften im Drittland ein Substanztest möglich ist.

395) Bspw bloßes Halten von Beteiligungen und ihre Veräußerung, bloßes Durchleiten von Vermögenswerten, Bündeln von unkörperlichen Wirtschaftsgütern (ohne im Wesentlichen die Aufwendungen selbst getragen zu haben).

396) Es gibt bereits Rechtsprechung des EuGH zu Substanzerfordernissen bei nationalen Hinzurechnungsbesteuerungen, bei der der EuGH sehr strenge Voraussetzungen aufgestellt hat und nur rein künstliche Gestaltungen als schädlich erachtete, EuGH 12. 9. 2006, Rs C-196/04, *Cadbury Schweppes*. Ob diese strenge Rechtsprechung auch bei der Hinzurechnungsbesteuerung, die eine Umsetzung der Anti-BEPS-Richtlinie darstellt, anwendbar ist, ist fraglich und wird die künftige Rechtsprechung zeigen; siehe dazu auch *Marchgraber/Zöchling*, ÖStZ 2018, 391f; *Orlet*, SWI 2018, 162ff; *Staringer*, SWI 2018, 576f.

dass sowohl die unmittelbare Beteiligung der beherrschenden Körperschaft an der beherrschten Körperschaft maßgeblich ist als auch die aliquoten (durchgerechneten) Beteiligungen, die die beherrschende Körperschaft mittelbar über ihre verbundenen Unternehmen hält.[397])

Die Hinzurechnungsquote unterscheidet sich daher von der Beherrschungsquote. Vereinfacht kann man sagen, dass die Beherrschungsquote über die Anwendung der Hinzurechnungsbesteuerung dem Grunde nach entscheidet, die Hinzurechnungsquote über die Hinzurechnung der Höhe nach.[398])

Beispiel:

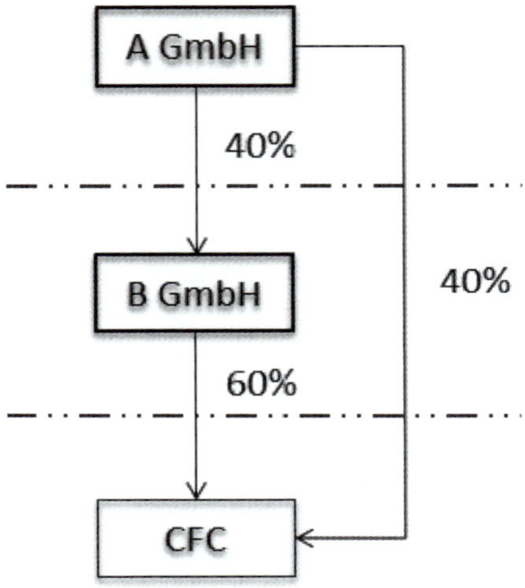

Die A-GmbH und B-GmbH sind verbundene Unternehmen (A-GmbH hält mindestens 25% an der B-GmbH). Die B-GmbH vermittelt der A-GmbH für Zwecke des Beherrschungstatbestandes daher mittelbar die gesamte von der B-GmbH an der CFC-GmbH gehaltene Beteiligungsquote von 60%; eine Durchrechnung hat für Zwecke der Ermittlung der Beherrschungsquote nicht zu erfolgen. Gemeinsam mit der unmittelbaren Beteiligungsquote der A-GmbH an der CFC von 40% erfüllt die A-GmbH hinsichtlich der CFC den Beherrschungstatbestand (**Beherrschungsquote** 100%). Die **Hinzurechnungsquote** der A-GmbH an der CFC beträgt 64%, weil diese unmittelbar zu 40% an der CFC und mittelbar über ihr verbundenes Unternehmen B-GmbH durchgerechnet zu 24% (40% × 60%) beteiligt ist.

Es werden nur (passive) Gewinne, aber **keine Verluste** der ausländischen Körperschaften dem österreichischen Ergebnis der Mutterkörperschaft hinzu-

[397]) Für Zwecke der Ermittlung der Hinzurechnungsquote sind Beteiligungen eines verbundenen Unternehmens an der beherrschten Körperschaft nur dann relevant, wenn die beherrschende Körperschaft selbst an diesem verbundenen Unternehmen (unmittelbar oder mittelbar) beteiligt ist, vgl *Schilcher/Knesl* in *Renner/Strimitzer/Vock*, KStG § 10 a Rz 233.

[398]) *Marchgraber/Zöchling*, ÖStZ 2018, 392.

gerechnet.[399]) Eine auf den hinzugerechneten Gewinnen lastende ausländische KSt wird auf Antrag zur Vermeidung einer Doppelbesteuerung angerechnet.[400])

Erzielt die inländische Mutter im Jahr der Hinzurechnung einen Verlust, gibt es auf Antrag gem § 10a Abs 9 einen **Anrechnungsvortrag** für die ausländische Körperschaftsteuer. Die Hinzurechnung erfolgt in jenem Wirtschaftsjahr, in das der Bilanzstichtag des Wirtschaftsjahres der ausländischen Körperschaft fällt.

Unter denselben Voraussetzungen sind auch Gewinne aus **ausländischen Betriebsstätten** von der Hinzurechnung betroffen, und das unabhängig davon, ob mit dem Betriebsstättenstaat ein DBA mit Befreiungsmethode vereinbart wurde.[401]) § 10a verdrängt daher in diesem Bereich das jeweilige Doppelbesteuerungsabkommen.[402])

Wird die Beteiligung an der beherrschten Körperschaft später veräußert, muss der Veräußerungserlös zur Vermeidung einer Doppelbesteuerung insoweit von der Körperschaftsteuer befreit werden, als in dem Erlös Gewinne enthalten sind, die bereits im Rahmen der Hinzurechnung versteuert wurden.

§ 10a Abs 7 sieht als ergänzende Missbrauchsvorschrift den **Methodenwechsel** vor. Schon vor dem JStG 2018 gab es in § 10 Abs 4 und 5 KStG eine diesbezügliche Vorschrift, um eine Privilegierung ausländischer niedrigbesteuerter Dividenden gegenüber inländischen Beteiligungserträgen zu verhindern. Diese Bestimmung wurde nun mit der Einführung der Hinzurechnungsbesteuerung modifiziert, hinsichtlich der Anwendungsvoraussetzungen weitgehend an diese angepasst und in den § 10a verschoben.[403]) Um einer Gewinnverlagerung ins Ausland auch in jenen Fällen niedrigbesteuerter passiver Einkünfte, die nicht von der Hinzurechnungsbesteuerung (zB auf Grund des Fehlens einer Beherrschung) betroffen sind, vorzubeugen, unterliegen **Ausschüttungen von Gewinnen** ausländischer Gesellschaften dem Methodenwechsel. **1007/3**

Zum **Methodenwechsel** kommt es **insb dann, wenn**

- eine internationale Schachtelbeteiligung oder eine qualifizierte Portfoliobeteiligung (ab 5%) vorliegt,

---

[399]) Nach § 5 der VO zu § 10a darf eine Verrechnung der positiven und negativen Passiveinkünfte erfolgen, eine Verrechnung von positiven Passiveinkünften mit negativen Aktiveinkünften ist allerdings nicht zulässig.

[400]) § 10a Abs 9 enthält weitere Vorschriften, die eine Doppelerfassung im Rahmen der Hinzurechnungsbesteuerung vermeiden sollen. So unterbleibt die Hinzurechnung bei mittelbar beteiligten beherrschenden Körperschaften insoweit, als die Passiveinkünfte bereits bei einer unmittelbar beteiligten beherrschenden Körperschaft im Inland hinzugerechnet wurden. Zudem wird auf Antrag eine angefallene ausländische vorgelagerte Hinzurechnungsbesteuerung angerechnet.

[401]) Das Kriterium der „Beherrschung“ wird bei Betriebsstätten immer erfüllt sein, sodass kein besonderes Beherrschungserfordernis für Betriebsstätten besteht; vgl *Kirchmayr* in *Kirchmayr/Mayr/Hirschler* (Hrsg), Anti-BEPS-Richtlinie (2017) 94.

[402]) Siehe näher *Marchgraber/Zöchling*, ÖStZ 2018, 392 f.

[403]) Siehe zu den Unterschieden zwischen alter und neuer Rechtslage *Schrottmeyer*, SWI 2018, 421.

- der Unternehmensschwerpunkt der ausländischen Gesellschaft darin besteht, Passiveinkünfte (siehe dazu oben Tz 1007/1) zu erzielen, und
- eine Niedrigbesteuerung vorliegt (siehe dazu oben).

Ein **passiver Unternehmensschwerpunkt** liegt dann vor, wenn die passiven Einkünfte mehr als die Hälfte der gesamten Einkünfte des jeweiligen Wirtschaftsjahres betragen.[404])

Durch den Methodenwechsel wird von der Befreiungsmethode in die **Anrechnungsmethode** gewechselt; die ausländischen Beteiligungserträge (zB Dividenden aus Bulgarien[405]) oder einer „Drittstaaten-Steueroase") unterliegen der österreichischen KSt, die als Vorbelastung der Ausschüttung anzusehende ausländische Steuer (ausländische KSt und einbehaltene Quellensteuer) wird auf Antrag auf die inländische KSt angerechnet, wobei auf die Mindestkörperschaftsteuer (MiKö)[406]) keine Anrechnung möglich ist.

Bei der Ausschüttung von Gewinnen aus mehreren Jahren ist eine gesonderte Beurteilung jedes einzelnen Jahres vorzunehmen. Der Steuerpflichtige kann einen Nachweis über die Zuordnung der ausgeschütteten Gewinne erbringen, sonst erfolgt die Zuordnung nach dem FIFO („first in – first out")-Prinzip.

Auch beim Methodenwechsel kann es dazu kommen, dass keine Anrechnung der ausländischen Körperschaftsteuer erfolgen kann (zB weil die österreichische Mutter einen Verlust erzielt). Für diese Fälle sieht § 10a Abs 9 einen **Anrechnungsvortrag** vor (eine anrechenbare ausländische KSt kann in einer Folgeperiode angerechnet werden; eine einbehaltene Quellensteuer aber nicht).

Im Überblick erfolgt die **Anrechnung** in folgenden **Schritten:**

- MiKö-Pflicht bleibt, keine Anrechnung auf MiKö.
- Anrechnungsreihenfolge (Periode der Hinzurechnungsbesteuerung bzw Dividendenbezugs):
  - vorrangig ausländische KSt;
  - sodann einbehaltene Quellensteuer.
- Anrechnungsvortrag (Folgeperioden):
  - für ausländische KSt;
  - nicht für einbehaltene Quellensteuer.
- Anrechnungsvortrag – Modalitäten:
  - Höhe des Anrechnungsvortrags: bescheidmäßig abzusprechen;
  - Anrechnung erfolgt auf Antrag;
  - zeitlich nicht begrenzt, aber frühestmöglich.[407])

[404]) Die VO zu § 10a KStG sieht auch beim Methodenwechsel eine vergleichbare Korridorregelung (Dreijahresbetrachtung) wie bei der Hinzurechnungsbesteuerung vor, siehe Tz 1007/1. Liegen zudem „besondere Umstände (insb Anlaufverlust, Konjunktureinbruch)" vor, kann die Beurteilung des passiven Unternehmensschwerpunktes auch den Kapital- und Arbeitskräfteeinsatz einbeziehen; wurden dabei Kapital und Arbeitskräfte nachhaltig nahezu ausschließlich zur Erzielung von Aktiveinkünften eingesetzt, liegt kein passiver Unternehmensschwerpunkt vor.

[405]) Der KSt-Satz (2019) beträgt in Bulgarien 10%, für Zinsen und Lizenzen 5%.

[406]) Zur MiKö unten Tz 1044.

[407]) Siehe zur alten, aber insoweit unveränderten Rechtslage beim Methodenwechsel *Mayr*, RdW 2011, 501.

Zusammenfassend sind die wesentlichen **Unterschiede** zwischen **Hinzurechnungsbesteuerung und Methodenwechsel:** 1007/4

- In **zeitlicher Hinsicht** greift die Hinzurechnungsbesteuerung unabhängig davon, ob die Gewinne der ausländischen Körperschaften ausgeschüttet werden. Beim Methodenwechsel ist stets eine Gewinnausschüttung erforderlich.
- **Beteiligungsausmaß:** Bei der Hinzurechnungsbesteuerung ist eine Beherrschung (= mehr als 50%) notwendig, beim Methodenwechsel reicht eine qualifizierte Portfoliobeteiligung von mindestens 5%.
- **Passiveinkünfte:** Für beide Missbrauchsbestimmungen ist das Vorliegen von Passiveinkünften notwendig. Für die Hinzurechnungsbesteuerung reicht es allerdings aus, dass mehr als 1/3 der Einkünfte passiv sind; beim Methodenwechsel ist ein Überwiegen (= mehr als 50%) erforderlich.
- **Substanz:** Die Hinzurechnungsbesteuerung kann mit einem Substanznachweis verhindert werden. Dieser greift beim Methodenwechsel nicht; selbst bei Vorliegen von ausreichend Substanz kommt es daher zum Wechsel von der Befreiungsmethode zur Anrechnungsmethode, wenn die Passiveinkünfte überwiegen.

Sofern sich beide Bestimmungen **überschneiden** (zB bei Beteiligungen über 50% und einem Überwiegen der Passiveinkünfte), **geht die Hinzurechnungsbesteuerung** dem Methodenwechsel **vor:** Gewinne einer Körperschaft, die bereits mit der Hinzurechnungsbesteuerung erfasst wurden, unterliegen bei Ausschüttung nicht nochmals dem Methodenwechsel.

D. Abzugsfähige Aufwendungen und Ausgaben (§ 11)

Neben den nach EStG abzugsfähigen Betriebsausgaben gelten bei Körperschaften gem § 11 weitere Aufwendungen jedenfalls als Betriebsausgaben. 1008

1. Gründungs- und Kapitalveränderungskosten

Abzugsfähig sind bei buchführungspflichtigen Körperschaften die von ihnen zu tragenden Aufwendungen im unmittelbaren wirtschaftlichen Zusammenhang mit Einlagen und Beiträgen (dazu gehören Aufwendungen für Notar, Druck und Registereintragung). Abzugsfähig sind jene Gründungs-, Einlage- und Umgründungskosten, die von der Körperschaft zu tragen sind; für diese Beurteilung sind die gesellschaftsrechtlichen Verpflichtungen maßgebend (insb nach dem Gesellschaftsvertrag).[408] 1009

Im Gegensatz zu § 12 Z 1 KStG 1966, wonach nur Aufwendungen im Zuge der Ausgabe von Gesellschaftsanteilen abzugsfähig waren, sieht § 11 Abs 1 Z 1 KStG 1988 einen Abzug der Ausgabekosten von Beiträgen aller Art (somit zB auch von Gesellschafterzuschüssen) vor. Der Gesetzgeber reagierte damit zu Gunsten der Stpfl auf die Judikatur des

[408]) KStR 2013 Rz 1251; werden höhere als die im Gesellschaftsvertrag festgelegten Aufwendungen übernommen, liegt in Höhe des Übersteigungsbetrages eine vA vor.

VwGH, die die Aufwendungen im Zusammenhang mit der Eigenkapitalzufuhr wegen § 17 KStG aF (nunmehr § 12 Abs 2 KStG 1988) für nicht abzugsfähig erklärt hatte.[409])

§ 11 Abs 1 Z 1 hat somit zumindest vor dem Hintergrund der VwGH-Rsp konstitutiven Charakter. Vertritt man dagegen den Standpunkt, dass solche Aufwendungen nicht unter das Abzugsverbot des § 12 Abs 2 fallen,[410]) hätte die Vorschrift bloß klarstellenden Charakter. Ob diese Aufwendungen unter das Abzugsverbot des § 12 Abs 2 fallen oder nicht, ist insofern weiterhin von Bedeutung, als § 11 Abs 1 Z 1 die Abzugsfähigkeit lediglich für rechnungslegungspflichtige Körperschaften und Genossenschaften („§-7-Abs-3-Körperschaften") vorsieht. Für die übrigen Körperschaften sollen nach den Materialien Gründungs- und Kapitalzuführungskosten abzugsfähig sein, wenn sie einen Betrieb betreffen. Diese Sicht ist wohl verfassungsrechtlich jedenfalls geboten, steht aber in offenem Widerspruch zur Judikatur des VwGH.

1010 Bei nach § 13 offengelegten **Privatstiftungen**[411]) ist der allgemeine Gründungsaufwand zwar nicht nach § 11 Abs 1 Z 1 abzugsfähig, allerdings kann für derartige Ausgaben ein Abzug nach den allgemeinen Regeln über Betriebsausgaben und wohl auch Werbungskosten in Betracht kommen.[412])

2. Zuführungen zur Haftrücklage

1011 Nach § 23 Abs 6 BWG haben Banken eine Haftrücklage zu bilden, deren Höhe durch das nach dem BWG erforderliche Haftkapital bestimmt wird. Zuführungen zu dieser Haftrücklage waren nach § 11 Abs 1 Z 3 iVm § 14 Abs 1 KStG bis 1996 zur Hälfte abzugsfähig. **Seit 1997** sind Zuführungen nicht mehr steuerwirksam, sodass die Bestimmung **inhaltsleer** ist.

3. Zuführungen zu versicherungstechnischen Rückstellungen etc

Literatur: *Minihold,* Mindestbesteuerung von Versicherungsunternehmen – verfassungswidrig? ÖStZ 2000, 190; *Bieber,* Versicherungstechnische Rückstellungen nach § 15 KStG, taxlex 2010, 181.

1012 **Versicherungstechnische Rückstellungen** werden von Versicherungsunternehmungen gebildet, um für die künftige Inanspruchnahme aus Versicherungsfällen vorzusorgen. Dabei handelt es sich teils um echte Rückstellungen, teils um Rücklagen oder schließlich um Posten der Rechnungsabgrenzung. **§ 15 Abs 1** erlaubt den Abzug, soweit die Bildung dieser Rückstellungen im VAG und den dazu ergangenen Verordnungen vorgeschrieben ist; Abs 2 regelt, unter welchen Voraussetzungen Rückstellungen zum Ausgleich des schwankenden Jahresbedarfs (Schwankungsrückstellung) steuerlich zu berücksichtigen sind (wobei die jeweiligen Änderungen stets nur zur Hälfte steuerwirksam sind).

---

[409]) VwGH 3. 6. 1987, 86/13/0201.

[410]) So mit guten Gründen *Lechner,* ÖStZ 1984, 246; vgl *Achatz/Bieber* in *Achatz/Kirchmayr,* KStG § 11 Tz 15; vgl auch BFH 21. 12. 1977, BStBl 1978 II 346.

[411]) Zur Offenlegung unten Tz 1051; nicht offengelegte Privatstiftungen werden wie eine „§-7-Abs-3-Körperschaft" besteuert, sodass der Gründungsaufwand abzugsfähig ist.

[412]) Vgl *Tanzer* in *Arnold/Stangl/Tanzer,* Privatstiftungs-Steuerrecht[2] II/266 ff; für eine Aufteilung nach Maßgabe der zu erwartenden steuerpflichtigen und steuerfreien Einkünfte *Rief,* RdW 1994, 33.

Rückstellungen für noch nicht abgewickelte Versicherungsfälle und sonstige Rückstellungen (§ 144 Abs. 3 C VII VAG 2016) sind mit **80% des Teilwertes** anzusetzen, wenn ihre Laufzeit am Bilanzstichtag ein Jahr oder länger beträgt; bei einer Laufzeit von weniger als 12 Monaten ist der **volle Teilwert** anzusetzen,[413]) wobei vom Gesetz unwiderlegbar vermutet wird, dass **bei 70%** der Summe dieser Rückstellungen die Laufzeit weniger als 12 Monate beträgt. Die Vorschrift dürfte verfassungsrechtlich unproblematisch sein.[414]) **§ 16** regelt die Abzugsfähigkeit von Zuführungen zur geschäftsplanmäßigen Rückstellung für die nach Pensionsbeginn anfallenden Verwaltungskosten bei Pensionskassen.

§ 17 gestattet Versicherungsunternehmen unter bestimmten Voraussetzungen den Abzug von Prämienrückerstattungen (Gewinnbeteiligungen) sowie von Rückstellungsdotierungen, die für diese Zwecke gebildet werden. Versicherungsunternehmen haben aber mindestens 20% des nach EStG bzw KStG ermittelten Gewinnes[415]) aus den einzelnen Sparten des Versicherungsgeschäftes (Lebensversicherungsgeschäft, Krankenversicherungsgeschäft, Unfallversicherungsgeschäft mit Prämienrückgewähr und andere Versicherungszweige) zu versteuern, von dem der für die Versicherten bestimmte Anteil noch nicht abgezogen ist (**Mindestbesteuerung,** § 17 Abs 3; dagegen bestehen keine verfassungsrechtlichen Bedenken).[416]) Dies gilt allerdings nicht für Pensionszusatzversicherungen iSd § 108b EStG, für Versicherungen im Rahmen einer Zukunftsvorsorgeeinrichtung iSd § 108h EStG sowie für betriebliche Kollektivversicherungen iSd § 18f VAG.

4. *Fremdfinanzierungszinsen*

Literatur: *Ludwig/Wagner,* Aufwendungen in Zusammenhang mit Beteiligungen, RdW 2004, 122; *Pernegger,* Die Zwischenholding als Steuersparmodell, SWK 2004, S 815; *Damböck/Galla,* Fremdfinanzierungskosten von Beteiligungen bei Gruppenbildung, ÖStZ 2005, 203; *Artmann/Polster-Grüll,* Spannungsfeld Konzernfinanzierung – rechtliche und steuerliche Aspekte, RdW 2008, 627; *Neugschwandtner/Six,* Fremdkapitalzinsenabzug bei Beteiligungsveräußerungen durch Körperschaften, SWK 2009, S 403; *Mayr,* Fremdfinanzierungszinsen für Beteiligungen, RdW 2011, 52; *Plott,* Einschränkung des Zinsenabzugs in § 11 Abs 1 Z 4 KStG, ÖStZ 2011, 18; *Puchner,* Auswirkungen von Umgründungen auf das neue Zinsabzugsverbot, taxlex 2011, 86; *Lehner,* Fremdfinanzierung von Beteiligungen ab 2011, GES 2011, 121 und taxlex 2011, 358; *Marchgraber,* Einschränkung des Fremdkapitalzinsabzugs bei konzerninternen Beteiligungserwerben auf dem Prüfstand, SWK 2011, S 608; *Wolf/Kauba,* Neues Zinsabzugsverbot verfassungswidrig? SWK 2011, S 704; *Polster-Grüll/Puchner,* Fremdfinanzierung von Beteiligungen, in Praxisfragen der Unternehmensbesteuerung, Wien 2011, 389; *Hristov,* Weite Interpreta-

[413]) § 15 Abs 3 KStG wurde wie § 9 Abs 5 EStG (der seit dem AbgÄG 2014 eine Abzinsung mit 3,5% vorsieht) nicht geändert; dazu *Schwarzinger* in *Renner/Strimitzer/Vock,* KStG § 15 Rz 174.

[414]) Vgl VfGH 29. 11. 2003, B 766/03 zur 30-%-Grenze vor dem StRefG 2005; dazu *Hofstätter* in *Lang/Rust/Schuch/Staringer,* KStG § 15 Rz 47.

[415]) Vgl dazu auch VwGH 26. 8. 2009, 2004/13/0134 bis 0136; zur Berechnung *Hofstätter* in *Lang/Rust/Schuch/Staringer,* KStG § 17 Rz 61.

[416]) VfGH 11. 10. 2000, B 787/99; dazu auch VwGH 17. 10. 2001, 2000/13/0221.

tion des Zinsbegriffs in § 11 Abs 1 Z 4 KStG durch den UFS Linz, taxlex 2012, 13; *Steiner,* Wirtschaftliches Eigentum an „aufgedrängter“ Beteiligung, taxlex 2012, 18; *Mayr,* Fremdfinanzierungszinsen für Beteiligungen, in Besteuerung der grenzüberschreitenden Konzernfinanzierung, Wien 2012, 15; *Zeitlinger,* (K)eine Verletzung des Vertrauensschutzes durch § 11 Abs 1 Z 4 KStG?! taxlex 2012, 224; *Lachmayer,* Konzernschranke beim Abzug von Fremdfinanzierungszinsen hält vor dem VfGH, SWK 2012, 697; *Bodis,* Einschränkung der Abzugsfähigkeit von Fremdfinanzierungszinsen ist verfassungskonform, RdW 2012, 376; *Marchgraber,* Fremdfinanzierter Beteiligungserwerb, in *Lang/Schuch/Staringer/Storck,* Aktuelle Fragen der Konzernfinanzierung, Wien 2013, 133; *Mayr,* Aktuelles zu Fremdfinanzierungszinsen für Beteiligungen, und *Hirschler/Aumayr,* Abzugsverbot von Zinsen im Zusammenhang mit Beteiligungen, beide in *Kirchmayr/Mayr/Hirschler,* Abzugsverbote im Konzern, 1 und 15.

1013 Zinsen in Zusammenhang mit der Fremdfinanzierung des Erwerbes von Beteiligungen fielen bis 2004 grundsätzlich unter das Abzugsverbot des § 12 Abs 2 (Zusammenhang mit steuerfreien Beteiligungserträgen).[417]) Zur Stärkung des Wirtschaftsstandorts Österreichs wurde mit der StRef 2005 das Abzugsverbot durch § 11 Abs 1 Z 4 gelockert; seither sind **Zinsen** zum Erwerb von Kapitalanteilen iSd § 10, soweit sie zum Betriebsvermögen zählen, als Betriebsausgaben **abzugsfähig.** Nach § 11 Abs 1 Z 4 nur die laufenden Zinsen abgezogen werden („Zinsen im engen Sinn“),[418]) nicht hingegen zB Bankspesen oder Wertsicherungsbeträge.[419]) Die abzugsfähigen Zinsen betreffen die unmittelbare Gegenleistung des Schuldners für die Überlassung von Fremdkapital; die Zinsen können fix, variabel oder gewinnabhängig ausgestaltet sein.[420])

1013/1 Die Abzugsfähigkeit der Fremdfinanzierungszinsen hat aber nicht nur zu Beteiligungsanschaffungen von „Fremden“ motiviert, sondern auch zu Gestaltungen im Konzern; durch das Übertragen von Beteiligungen im Konzern sollten Betriebsausgaben generiert werden. Mit dem BBG 2011 wurde deshalb eine Konzernschranke für die Abzugsfähigkeit von Fremdfinanzierungszinsen bei Beteiligungsanschaffungen eingeführt, die mit dem Abgabenänderungsgesetz 2014 in § 12 Abs 1 Z 9 verschoben und zu einem gesonderten Abzugsverbot umgewandelt wurde (siehe Tz 1019/2).

E. Nichtabzugsfähige Aufwendungen

Literatur: *Bergmann,* Die Reichweite des steuerlichen Abzugsverbotes von Aufwendungen für Beteiligungen und Kapitalveranlagungen mit DBA-Vorteilen, in FS Werilly, Wien 2000, 31; *Zöchling/Unger,* Sanierungszuschüsse und Teilwertabschreibung, in FS Werilly, Wien 2000, 357; *Buschmann/Mayerhofer,* Abzugsfähigkeit von Schuldzinsen, ÖStZ 2000, 675; *Haferl/Schlögelhofer,* Aufwendungen im Zusammenhang mit Beteiligungen gem § 12 Abs 3 KStG 1988, ÖStZ 2001, 324; *Beiser,* Fremdfinanzierung von Gewinn-

[417]) Dazu unten Tz 1021.

[418]) KStR 2013 Rz 1272; da nach VwGH 27. 2. 2014, 2011/15/0199, neben Zinsen auch Bereitstellungsgebühren von dem Zinsbegriff erfasst waren, hat der Gesetzgeber mit dem BBG 2014 den engen Zinsbegriff explizit im Gesetz verankert.

[419]) KStR 2013 Rz 1254; für Kursverluste aus Fremdwährungskrediten hat jedoch der VwGH, 28. 10. 2009, 2008/15/0051, die Abzugsfähigkeit bejaht.

[420]) Dazu *Wiesner/Kirchmayr/Mayr,* Gruppenbesteuerung² K63; vgl auch *Achatz/Bieber* in *Achatz/Kirchmayr,* KStG § 11 Tz 53.

ausschüttungen? ÖStZ 2002, 96; *Wolf/Kauba,* Das Zinsenabzugsverbot von Beteiligungen, SWK 2002, S 59; *Beiser,* Die Fremdfinanzierung von Beteiligungen, SWK 2002, S 231; *Lang,* Die Höhe der abzugsfähigen Schuldzinsen bei Beteiligungsveräußerung, SWK 2002, S 235; *Bertl/Hirschler,* (Ausschüttungsbedingte) Teilwertabschreibung und Organschaft, RWZ 2003, 171; *Heinrich,* Die Steuerneutralität von Beteiligungen, Habil Univ Graz 2003; *Stockinger,* Wirkungen des Abzugsverbotes des § 12 Abs 3 Z 1 KStG für ausschüttungsbedingte Teilwertabschreibungen, RdW 2003, 475; *Ludwig/Wagner,* Aufwendungen in Zusammenhang mit Beteiligungen, RdW 2004, 122; *Kauba,* § 12 Abs 3 Z 3 KStG – Steuerneutrale Teilwertabschreibungen bedingen steuerneutrale Einlagenrückzahlungen, SWK 2004, S 399; *ders,* § 12 Abs 3 Z 3 KStG – Steuerneutrale Einlagen und Einlagenrückzahlungen, SWK 2004, S 600; *Krickl/Biebl,* Zinsenabzug bei Beteiligungsveräußerung, SWK 2004, S 757; *Kauba,* Die Teilwertabschreibung von Beteiligungen an Kapitalgesellschaften, Wien 2004; *Stockinger,* Die Wirkungen des § 12 Abs 3 Z 3 KStG idF des Steuerreformgesetzes 2005, SWK 2004, S 904; *Bachl,* Abzugsfähigkeit von Strafen und Geldbußen bei Kapitalgesellschaften, ecolex 2005, 397; *Wiesner,* Einlagenrückzahlung, in GedS Gassner, Wien 2005, 517; *Heinrich,* Nichtabzugsfähige Aufwendungen und Ausgaben – § 12 Abs 3 Z 3 KStG, in *Quantschnigg ua* (Hrsg), Gruppenbesteuerung, Wien 2005, 361; *Seiser,* Die Siebentelabsetzung bei Teilwertabschreibungen gem § 12 Abs 3 Z 2 KStG, SWK 2006, S 341; *Hristov/Plansky/Ressler,* Aufsichts- und Verwaltungsratsvergütungen im KStG auf dem Prüfstand des Verfassungsrechts, ecolex 2006, 509; *Wiesner,* Behandlung von Großmutterzuschüssen bei der Zwischengesellschaft vor dem Steuerreformgesetz 2005, RWZ 2007, 167; *Blasina,* Teilwertabscheibungs-Siebentel und Umgründung, SWK 2007, S 68 und S 455; *Lindinger,* Kein Spendenabzug für Körperschaften, taxlex 2009, 258; *Laudacher,* Kursverluste bei Fremdwährungskrediten, SWK 2009, S 988; *Wiesner,* Vorsorge für Verluste und Vortragsfähigkeit von Verlusten im Ertragsteuerrecht, RWZ 2010, 14; *Rief,* Das Verbot der einlagenbedingten Teilwertabschreibung, in GedS Quantschnigg, Wien 2010, 301; *Gloser,* Teilwertabschreibung von Portfoliobeteiligungen aus Vorjahren – Risiko der rückwirkenden Siebentelung, taxlex 2010, 10; *Renner,* Neues zur Wohnraumüberlassung zwischen Kapitalgesellschaft und Gesellschaftern, ÖStZ 2010, 279; *Schindler/Twardosz,* Steuerliche Neuerungen für Finanzierungen im Konzern, GES 2011, 27; *Moshammer,* Kaskadeneffekt – Steuersparmodell durch mittelbare Einlagen nach § 12 Abs 3 Z 3 KStG? taxlex 2011, 212; *Stefaner/Volpini de Maestri,* Zu fiktiven nichtabzugsfähigen Teilwertabschreibungen, SWK 2011, S 302; *Machgraber,* Ausschüttungsbedingte Teilwertabschreibung bei nur teilweise entlasteten Beteiligungserträgen? RdW 2011, 439; *Dziurdź,* § 12 Abs 1 Z 1 KStG: Aufwendungen für die Erfüllung von stiftungs- oder satzungsmäßigen Zwecken als Sonderausgaben abziehbar? GES 2012, 86; *Zöchling,* Steuerunwirksame ausschüttungsbedingte Teilwertabschreibung und später steuerwirksame Zuschreibung? RdW 2012, 51; *Mlcoch/Hofmann,* Beurteilung von Werterholungen nach einer steuerneutralen ausschüttungsbedingten Teilwertabschreibung, SWK 2012, 774; *Obermann,* Siebentelregelung: Behandlung (abzugsfähiger) Teilwertabschreibungen auf § 10-Beteiligungen, SWK 2012, 663; *Mayr/Titz,* Steuerwirksame Zuschreibung nach ausschüttungsbedingter Teilwertabschreibung, RdW 2012, 554; *Laudacher,* Teleologische Reduktion von § 12 Abs 3 Z 3 KStG und Gruppenbesteuerung, SWK 2013, 390; *Lachmayer,* Teleologische Reduktion des § 12 Abs 2 Z 3 KStG in der Gruppe? ÖStZ 2013, 95; *Staringer,* Der steuerliche Abzug von Kartellbußgeldern als Betriebsausgaben, in *Blasina/Kirchmayr-Schliesselberger/Knörzer/Mayr/Unger* (Hrsg), Die Bedeutung der BAO im Rechtssystem, in FS Tanzer, Wien 2014, 197; *Bieber,* Steuerliche Abzugsfähigkeit einer EU-Kartellbuße? GES 2014, 207; *Haas,* Neuerliche Diskriminierung der Arbeitskräfteüberlasser durch das AbgÄG 2014, ÖStZ 2014, 217; *Hirschler,* Ausgewählter Überblick über ertragsteuerliche Änderungen durch das 2. AbgÄG 2014, ÖStZ 2014, 557; *Jerabek/Neubauer* Unionsrechtskonformität des § 12 Abs 1 Z 10 KStG?

SWI 2014, 369; *Kirchmayr,* Schwerpunkt AbgÄG 2014: Managergehälter über Euro 500.000,– nicht abzugsfähig! taxlex 2014, 93; *Kofler/Marschner,* Änderungen im Außensteuerrecht, SWK 2014, 455; *Krafft,* Behandlung von Kartellbußen der EU-Kommission bei Kapitalgesellschaften vor dem AbgÄG 2011, BFGjournal 2014, 5; *Laibacher,* Aus für das Steuersparmodell nach dem DBA Brasilien? SWI 2014, 311; *Marchgraber,* Neuerungen beim fremdfinanzierten Beteiligungserwerb im Konzern, SWK 2014, 634; *Marchgraber,* Geldbeschaffungs- und Nebenkosten beim fremdfinanzierten Beteiligungserwerb, GES 2014, 349; *Mayr/Schilcher,* 2. AbgÄG: Neuerungen im KStG, RdW 2014, 54; *Mechtler/Pinetz,* Managergehälter: VfGH prüft nur den Vertrauensschutz, RdW 2014, 486; *Novacek,* Abzugsbegrenzung für Arbeits- und Werkleistungsentgelte, Pensionen, freiwillige Abfertigung und diesbezügliche Rückstellungen, FJ 2014, 78; *Peyerl,* Das neue Abzugsverbot für Zins- und Lizenzzahlungen im Konzern, ÖStZ 2014, 223; *Pfau/Lachmayer,* Zulässigkeitsvoraussetzungen eines Normprüfungsantrages, taxlex 2014, 324; *Plott,* Beschränkte Abzugsfähigkeit von (Manager-)Gehältern über 500.000 €, RdW 2014, 91; *Pinetz/Mechtler,* Der dritte Streich: BFG legt wieder zum Abzugsverbot für Managergehälter vor, ecolex 2014, 1107; *Polivanova-Rosenauer,* AbgÄG 2014: Abzugsverbot für Zinsen und Lizenzgebühren, taxlex 2014, 105; *Schlager/Titz,* Ertragsteuerliche Änderungen im AbgÄG 2014 – ein Überblick, RWZ 2014, 65; *Schimmer,* Normenprüfungsantrag hinsichtlich der Neuregelungen zu den Abzugsverboten in § 20 Abs 1 Z 7 und 8 EStG, BFGjournal 2014, 255; *Schlager,* 2. AbgÄG 2014: Überblick über die Änderungen der Unternehmensbesteuerung, RWZ 2014, 357; *Schuster,* Zum (zweifelhaften) Abzugsverbot beendigungskausaler Zahlungen, SWK 2014, 975; *Shubshizky,* Widersprüchliche Regelungen zur Betriebsausgabendeckelung für Managergehälter, ASoK 2014, 198; *Staringer,* Verfassungsfragen des Abzugsverbots für Managergehälter, ÖStZ 2014, 369; *Wimpissinger,* Ist die Nichtabzugsfähigkeit von Zinsen und Lizenzgebühren nach § 12 KStG unionsrechtswidrig? SWI 2014, 220; *Zöchling/Plott,* AbgÄG 2014: Das neue Abzugsverbot für niedrigbesteuerte Zinsen und Lizenzgebühren, RdW 2014, 215; *Rzepa,* § 12 Abs 1 Z 10 KStG im Lichte des steuerlichen Transparenzprinzips, RdW 2014, 615; *Mayr/Schilcher,* 2. AbgÄG 2014: Neuerungen im KStG, RdW 2015, 54; *Kofler,* „Managergehälter" und freiwillige Abfertigungen, GES 2015, 1; *Lachmayer,* VfGH bestätigt Abzugsverbot für „Managergehälter", SWK 2015, 313; *Schilcher,* Highlights aus dem KStR-Wartungserlass 2014, SWK 2015, 332; *Staringer,* Der VfGH denkt: Das Abzugsverbot lenkt. Keine Red' davon! ÖStZ 2015, 81; *Laudacher,* Eingriffe des Gesetzgeber zur Verringerung der Einkommensdisparitäten sind zulässig, BFGjournal 2015, 41; *Kanduth-Kristen/Kofler,* Außensteuerliche Änderungen durch das 2. AbgÄG 2014, ÖStZ 2015, 121; *Renner,* (Nicht-)Abzugsfähigkeit von Schadenersatzzahlungen und Verteidigungskosten, SWK 2015, 369; *Aigner/Kofler/Moshammer/Tumpel,* „Konzernklauseln" im Körperschaftsteuerrecht, GES 2015, 182; *Blum/Pinetz,* Investmentfondsbesteuerung und Abzugsverbot für konzerninterne Zins- und Lizenzzahlungen iSd § 12 Abs 1 Z 10 KStG, ecolex 2015, 324; *Haumer/Humann,* Ist vor 2014 jeglicher Aufwand iZm der Fremdfinanzierung von Beteiligungen abzugsfähig? SWK 2015, 851; *Novacek,* Letztes Wort des VfGH zu den Abzugsverboten gem § 20 Abs 1 Z 7 und 8 EStG und § 12 Abs 1 Z 8 KStG? (Managergehälter), FJ 2015, 174; *Patloch,* Teilweises steuerliches Abzugsverbot von Gehältern – eine wirkungsvolle Maßnahme zur Reduktion bzw Neuzusammensetzung von Vergütungen? RWZ 2015, 129; *Schaunig/Varro,* VfGH zu „Managergehältern": Anfang vom Ende des objektiven Nettoprinzips? GesRZ 2015, 233; *Bieber/Ettmayer,* Zur steuerlichen Abzugsfähigkeit kartellrechtlicher Geldbußen, SWK 2015, 1379; *Binder,* Rückstellungen für „Managergehälter", ÖStZ 2015, 533; *Kirchmayr/Mayr/Hirschler,* Abzugsverbote im Konzern, Wien 2015; *Lachmayer/Sadlo,* D&O Versicherungen und ihre steuerliche Behandlung, RWZ 2015, 352; *Marchgraber,* Fremdkapitalzinsenabzug bei konzerninternem Erwerb eines Gruppenmitglieds durch den Gruppenträger, RdW 2016, 139;

Kühbacher, Abzugsverbote für Zinsen und Lizenzgebühren im Licht des Unionsrechts, ÖStZ 2017, 169; *Wolf/Fritsch,* Zinsschranke: Beteiligungszinsen im Konzern – die unendliche Geschichte ... Absolutes oder relevantes Abzugsverbot? SWK 2017, 680; *Knesl/Knesl/Zwick,* Zinsabzug iZm einem fremdfinanzierten Beteiligungserwerb im Konzern, BFGjournal 2018, 242; *Marschner/Renner,* Abzugsfähigkeit von Strafverteidigungskosten. Relevanz des Kausalzusammenhangs mit dem Betrieb, taxlex 2018, 248; *Pillichshammer/Auer,* Die Abzugsfähigkeit von Verteidigerkosten, ZWF 2018, 155.

§ 20 EStG ist auf Körperschaften nicht unmittelbar anwendbar.[421]) Das **1014**
KStG enthält aber in § 12 einen vergleichbaren, zT wortgleichen Katalog von Aufwendungen, die als nichtabzugsfähig bezeichnet werden.[422]) Diese Bestimmungen sind zT rein deklaratorischer Natur, zT handelt es sich um echte Einschränkungen des Betriebsausgabenbegriffes. Im Einzelnen sind folgende Posten genannt:

1. **Aufwendungen für Zwecke, die durch Stiftung oder Satzung vorge- 1015**
schrieben sind. Diese Aufwendungen sind Gewinnverwendung. Die Vorschrift hat vor allem Bedeutung für Vereine, Stiftungen, Sparkassen und andere eigentümerlose Körperschaften: Zuwendungen, die in Erfüllung des Satzungszweckes geleistet werden, sind nicht abzugsfähig. Die Abgrenzung zwischen Satzungsaufwand und Betriebsausgaben ist oft schwierig.[423])

2. **Betriebsausgaben** nach § 20 Abs 1 Z 2 lit b EStG, soweit sie nach all- **1016**
gemeiner Verkehrsauffassung **unangemessen hoch** sind.[424]) Bei diesen Aufwendungen kann es sich auch um vA an Gesellschafter handeln[425]) mit den dafür vorgesehen Konsequenzen.

3. **Repräsentationsaufwendungen** nach § 20 Abs 1 Z 3 EStG.[426])

4. **Geld- und Sachzuwendungen,** deren Gewährung oder Annahme mit gerichtlicher Strafe bedroht ist, Verbandsgeldbußen und auch generell **Strafen und Geldbußen,** Abgabenerhöhungen nach den FinStrG und Diversionszahlungen (entspricht § 20 Abs 1 Z 5 EStG).[427])

Nicht betroffen von dem Abzugsverbot sind Verteidigungskosten, wenn die begangene Straftat ausschließlich aus der betrieblichen Tätigkeit erklärbar ist.[428])

5. Aufwendungen zu gemeinnützigen, mildtätigen oder kirchlichen Zwe- **1017**
cken und andere freiwillige Zuwendungen; **Spenden** können aber nach § 4a EStG oder im Rahmen der Sonderausgaben abgesetzt werden.[429])

[421]) VwGH 28. 6. 1977, 1198/76.

[422]) VwGH 23. 2. 2010, 2007/15/0003 zur steuerlichen Berücksichtigung des Arbeitszimmers, dazu *Renner,* ÖStZ 2010, 279.

[423]) Zur Bestimmung *Dziurdź,* GES 2012, 86.

[424]) Dazu oben Kap Einkommensteuer, Tz 633; zur Anwendbarkeit der Vorschrift auf Körperschaften siehe VwGH 26. 7. 1995, 92/15/0144.

[425]) VwGH 14. 10. 2010, 2008/15/0178.

[426]) Dazu oben Kap Einkommensteuer, Tz 638.

[427]) Dazu oben Kap Einkommensteuer, Tz 644.

[428]) VwGH 22. 3. 2018, Ro 2017/15/0001, dies gilt unabhängig davon, ob es zu einem Freispruch kommt.

[429]) Zum Spendenabzug oben Kap Einkommensteuer, Tz 282 ff u Tz 621.

1018 6. **Personensteuern.** Dazu zählen die Körperschaftsteuer selbst (auch KSt-Vorauszahlungen und die MiKö) oder die Umsatzsteuer, die auf nichtabzugsfähige Aufwendungen entfällt sowie die Stabilitätsabgabe.[430]) Erstattungen von zu viel bezahlten nichtabzugsfähigen Steuern sind folgerichtig keine steuerpflichtigen Betriebseinnahmen.[431])

Nicht abzugsfähig sind auch **Nebenansprüche** zu den Personensteuern nach § 3 Abs 2 BAO (zB Verspätungszuschläge, Anspruchs- oder Stundungszinsen).[432]) Weiters nicht abzugsfähig sind die aus Anlass einer unentgeltlichen Grundstücksübertragung anfallende Grunderwerbsteuer, Eintragungsgebühr und andere Nebenkosten.

1019 7. **Aufsichtsratsvergütungen.** Vergütungen jeder Art, die an Mitglieder des Aufsichtsrates oder vergleichbare Organe gezahlt werden, waren bis 1988 überhaupt nicht abzugsfähig.[433]) Seit 1989 sind diese Vergütungen **zur Hälfte** abzugsfähig; das teilweise Abzugsverbot wird damit begründet, dass Aufsichtsräte auch im Interesse der Gesellschafter tätig werden.[434]) Zu 75% abzugsfähig sind Vergütungen jeder Art, die an nicht ausschließlich mit geschäftsleitenden Funktionen betraute Verwaltungsräte im monistischen System gewährt werden (betrifft die Europäische Aktiengesellschaft/SE, weil dort die Verwaltungsräte in ihrer „Doppelfunktion“ sowohl Aufgaben der Geschäftsleitung als auch der Überwachung wahrzunehmen haben).[435]) Die Beschränkungen gelten auch für Reisekostenvergütungen, soweit sie die einkommensteuerlich anerkannten Pauschalsätze übersteigen (innerhalb dieser Grenze sind die Reisekostenvergütungen abzugsfähig).

1019/1 7a. **Aufwendungen für Entgelte über € 500.000 und sonstige Bezüge iSd § 67 Abs 6 EStG.** Dieses Abzugsverbot wurde erst mit dem Abgabenänderungsgesetz 2014 eingeführt und beschränkt die Abzugsfähigkeit von Gehältern an echte und freie Dienstnehmer bis zu einem Maximalbetrag von € 500.000. Betroffen sind nicht nur Gehälter von Geschäftsführern oder Vorständen, sondern etwa auch als Arbeitnehmer beschäftigte Künstler oder Sportler.[436])

---

[430]) Dazu *Achatz/Bieber* in *Achatz/Kirchmayr,* KStG § 12 Tz 117; *Lachmayer* in *Renner/Strimitzer/Vock,* KStG § 12 Tz 99.

[431]) VwGH 8. 10. 1998, 97/15/0135.

[432]) Dazu *Achatz/Bieber* in *Achatz/Kirchmayr,* KStG § 12 Tz 113; Stundungszinsen, die eine Kapitalgesellschaft wegen Stundung einer KSt-Schuld entrichten muss, sind nach BFH, 23. 11. 1988, BStBl 1989, 116, als Betriebsausgaben anzusehen, weil die KSt für eine Kapitalgesellschaft eine betrieblich veranlasste Verbindlichkeit sei; aA *Wiesner/Schneider/Spanbauer/Kohler* § 12 Anm 10; KStR 2013 Rz 1264 iVm EStR 2000 Rz 4852; vgl VwGH 26. 11. 1996, 92/14/0078.

[433]) Verfassungsrechtliche Bedenken bei *Arnold,* GesRZ 1988, 142f; keine Bedenken allerdings VfGH 10. 10. 1978, B 139f/77.

[434]) Kritisch *Achatz/Bieber* in *Achatz/Kirchmayr,* KStG § 12 Tz 126; vgl auch *Hristov/Plansky/Ressler,* ecolex 2006, 512.

[435]) Bei den 75% wird daher pauschal unterstellt, dass der Verwaltungsrat halb als Vorstand und halb als Aufsichtsrat tätig ist.

[436]) Näher dazu oben Kap Einkommensteuer, Tz 645/1.

Dieses Abzugsverbot kann auch nicht dadurch umgangen werden, dass innerhalb eines Konzerns die Gehaltszahlungen auf verschiedene Gesellschaften aufgeteilt werden, da auch Konzernumlagen in die Berechnung der €-500.000-Grenze einbezogen werden.[437])

Weiters sind **freiwillige Abfertigungen,** wenn sie beim Empfänger nicht begünstigt (mit 6%) besteuert werden, nicht abzugsfähig. Damit sollen Golden Handshakes eingedämmt werden. Hauptbetroffen von dieser Vorschrift sind Vorstände einer Aktiengesellschaft.[438])

Die Einführung dieser Abzugsverbote war in der Literatur sehr umstritten, weil sie gegen das objektive Nettoprinzip verstoßen würden und einen Kernbereich der Betriebsausgaben betreffen; der VfGH hat die Verfassungskonformität aber bestätigt.[439])

7b. **Zinsen in Zusammenhang mit fremdfinanzierten Erwerben von Kapitalanteilen im Konzern.** Als mit der Steuerreform 2005 in § 11 Abs 1 Z 4 die Abzugsfähigkeit von Fremdfinanzierungszinsen bei Beteiligungserwerben eingeführt wurde, nutzten Unternehmen diese Regelung auch dazu, durch Verkäufe innerhalb des Konzerns zusätzliche Betriebsausgaben zu generieren, die ihre Steuerlast verminderten. **1019/2**

Beispiel:

Die H-AG (Holding) steht an der Spitze eines Konzerns und ist ua zu 100% an der ausländischen T1-Kapitalgesellschaft beteiligt; T1 ist wiederum zu 100% an der operativen inländischen T2-GmbH beteiligt. T1 verkauft die T2-Beteiligung an die H-AG. Die H-AG nimmt für den Kaufpreis ein Darlehen auf (oftmals bei einer konzernzugehörigen ausländischen Finanzierungsgesellschaft T3). Nach dem Erwerb bilden die H-AG und die T2-GmbH eine Unternehmensgruppe (bzw wird die T2-GmbH in eine bestehende Unternehmensgruppe aufgenommen), wodurch die zugerechneten operativen Gewinne der T2-GmbH mit den Verlusten aus der Fremdfinanzierung bei der H-AG gegengerechnet werden können. Sollten die ausländischen T1- und T3-Gesellschaften in Niedrigsteuerländern angesiedelt sein, lassen sich die steuerlichen Wirkungen für den Konzern noch steigern.

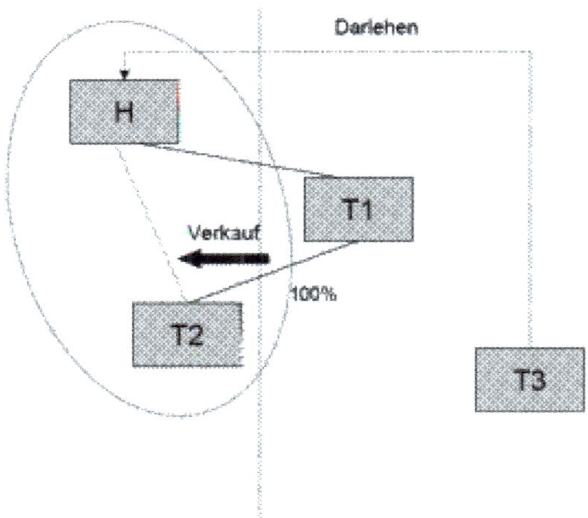

[437]) Siehe dazu näher *Lachmayer* in *Renner/Strimitzer/Vock*, KSt 25 § 12 Tz 150 ff.

[438]) Dazu oben Kap Einkommensteuer, Tz 645/2.

[439]) VfGH 9. 12. 2014, G136/2014 ua.

Konzernschranke: Anders als bei der Firmenwertabschreibung bei der Gruppenbesteuerung sah der Gesetzgeber beim Fremdfinanzierungszinsenabzug anfangs keinen Konzernausschluss vor. Dies holte er mit dem **BBG 2011** (ursprünglich in § 11 Abs 1 Z 4) nach; **Fremdfinanzierungszinsen** sind daher **nicht abzugsfähig,** wenn die Beteiligung unmittelbar oder mittelbar von einem konzernzugehörigen (oder beherrschenden) Unternehmen erworben worden ist. Das sollte missbräuchlichen Gestaltungen entgegenwirken.[440]) Das Abzugsverbot wurde mit dem AbgÄG 2014 von § 11 Abs 1 Z 4 in § 12 Abs 1 Z 9 verschoben.

Die gesetzliche Formulierung ist dem mittlerweile abgeschafften Konzernausschluss für die Firmenwertabschreibung bei der Gruppenbesteuerung nachempfunden[441]) und findet sich auch in § 12 Abs 1 Z 10 (siehe dazu gleich unten). Der Begriff Konzern ist im KStG (wie EStG) nicht definiert, darunter ist der Konzernbegriff des § 15 AktG zu verstehen.[442])

Die Regelung soll die Eigenkapitalausstattung von Tochtergesellschaften mittels fremdfinanzierter **Kapitalerhöhungen und Zuschüssen** nicht behindern. Deshalb sieht § 12 Abs 1 Z 9 ausdrücklich vor, dass für fremdfinanzierte Kapitalerhöhungen und Zuschüsse nur dann kein Abzug besteht, wenn die Kapitalerhöhung oder der Zuschuss in Zusammenhang mit einem Erwerb im Konzern steht. Im Umkehrschluss bleiben Zinsen für fremdfinanzierte Kapitalerhöhungen und Zuschüsse abzugsfähig, sofern sie in keinem Zusammenhang mit einem schädlichen Konzernerwerb stehen.[443])

Das Abzugsverbot betrifft den Erwerb aller Beteiligungen, auch wenn gar keine steuerfreien Beteiligungserträge daraus erzielt werden.[444]) Damit unterscheidet es sich

---

[440]) Das Abzugsverbot gilt allerdings auch in jenen Fällen, bei denen der konzerninterne Erwerb ohne Missbrauchsverdacht erfolgte und auch innerhalb der Gruppenbesteuerung, VwGH 25. 7. 2018, Ro 2016/13/0032; 28. 2. 2018, Ro 2016/15/0009.

[441]) Dazu *Wiesner/Kirchmayr/Mayr,* Gruppenbesteuerung^2 K328. Alternativ zum Konzernausschluss wurden auch ausländische Modelle (insb von den Niederlanden und Schweden) überlegt, bei denen auf eine Mindestbesteuerung der Zinsen beim (ausländischen) Darlehensgeber (mit zB 15%) abgestellt wird; diese Modelle lassen sich in der Praxis bei sog „Back-To-Back-Finanzierungen" (= Zwischenschaltung eines Dritten) für die FinVw aber kaum überprüfen.

[442]) VwGH 31. 1. 2018, Ro 2016/15/0020; in Bezug auf den einen beherrschenden Einfluss ausübenden Gesellschafter geht nach den KStR 2013 Rz 1126 der beherrschende Einfluss hinsichtlich des Personenkreises über den aktienrechtlichen Konzernbegriff hinaus und bezieht sich auf alle Gesellschafter (zB auch natürliche Personen); ab welcher Beteiligungshöhe beherrschender Einfluss vorliegt, hängt von den Umständen des Einzelfalls ab (zB bei Aktien im Streubesitz liegt beherrschender Einfluss bereits bei einer niedrigeren Beteiligungsquote vor als bei wenigen Gesellschaftern mit jeweils vergleichsweise hohen Beteiligungen).

[443]) Dazu *Mayr,* RdW 2011, 52; *Plott,* ÖStZ 2011, 18; *Polster-Grüll/Puchner* in Praxisfragen der Unternehmensbesteuerung, Wien 2011, 389; zum Fremdfinanzierungszinsenabzug und Umgründungen vgl zB *Puchner,* taxlex 2011, 86; *Mayr* in *Kirchmayr/Mayr,* Grenzüberschreitende Konzernfinanzierung, Wien 2012, 15.

[444]) Die Zinsen bleiben darüber hinaus auch dann mit dem Abzugsverbot belastet, wenn durch eine spätere Umgründung, zB eine Verschmelzung der erworbenen Beteiligungsgesellschaft auf die Muttergesellschaft, der Zusammenhang der Zinsaufnahme mit einem Beteiligungserwerb wieder durchbrochen wird, weil es nur darauf ankommt,

vom Abzugsverbot gem § 12 Abs 2, bei dem es darauf ankommt, dass die Aufwendungen (zB Zinsen) im Zusammenhang mit steuerfreien Erträgen stehen.

Das Abzugsverbot war erstmals auf **Wirtschaftsjahre** anzuwenden, die **nach dem 31. 12. 2010 beginnen.** Das Abzugsverbot galt bei Einführung daher nur für künftige Wirtschaftsjahre, erfasste in diesen künftigen Wirtschaftsjahren aber auch die Fremdfinanzierungszinsen, die auf in der Vergangenheit angeschaffte Beteiligungen zurückgehen. Im Schrifttum war sodann strittig, ob dadurch der Vertrauensschutz verletzt wurde.[445]) Der VfGH hat die Verfassungskonformität aber zwischenzeitlich bestätigt.[446])

7c. **Aufwendungen für Zinsen oder Lizenzgebühren.** Auch dieses Abzugsverbot wurde mit dem AbgÄG 2014 eingeführt und soll einer Gewinnverlagerung in Niedrigsteuerländer durch eine Aushöhlung der Bemessungsgrundlage vorbeugen. Erfasst sind Zinsen- und Lizenzzahlungen[447]) innerhalb eines Konzerns, wenn der Empfänger entweder gar nicht besteuert ist oder einem (nominellen oder effektiven) Steuersatz von weniger als 10% unterliegt. Der Konzernbegriff deckt sich mit jenem des § 12 Abs 1 Z 9. **1019/3**

Eine Nichtbesteuerung kann auf Grund einer persönlichen oder sachlichen Befreiung gegeben sein; dies ist auch in Inlandsfällen möglich.[448]) Eine effektive Niedrigbesteuerung kann bspw dadurch entstehen, dass im Ausland fiktive Betriebsausgaben gewährt werden oder spezielle Zins- oder Patentboxenregime bestehen. Dadurch kann trotz eines höheren nominellen Steuersatzes eine niedrige Steuerlast gegeben sein. Nicht abzugsfähig sind auch die sogenannten „Maltafälle“, bei denen zwar vorerst eine ausreichend hohe Besteuerung beim Empfänger erfolgt, bei einer späteren Ausschüttung jedoch dem Anteilseigner ein erheblicher Teil dieser Steuer rückerstattet wird und damit die Besteuerung in Summe unter 10% sinkt.

---

dass die Fremdfinanzierung dem schädlichen Anteilserwerb gedient hat, KStR 2013 Rz 1266 ah; *Lachmayer* in *Renner/Strimitzer/Vock,* KStG § 12 Rz 177 ff.

[445]) Keine Bedenken *Mayr,* RdW 2011, 52 und in *Kirchmayr/Mayr,* Besteuerung der grenzüberschreitende Konzernfinanzierung, Wien 2012, 15 (23); kritisch hingegen *Marchgraber,* SWK 2011, S 608; *Wolf/Kauba,* SWK 2011, S 704; vgl auch *Staringer,* Konzernsteuerrecht, 18. ÖJT IV/1, 165; *Lehner,* GES 2011, 121 und taxlex 2011, 358; *Haider,* taxlex 2011, 245.

[446]) Nach VfGH genießt „das bloße Vertrauen auf den unveränderten Fortbestand der gegebenen Rechtslage als solches keinen besonderen verfassungsrechtlichen Schutz“; der VfGH fährt fort und geht ua davon aus, „dass der Gesetzgeber aus verfassungsrechtlicher Sicht nicht gehindert ist, die Abzugsfähigkeit der Fremdfinanzierungsaufwendungen bei Beteiligungserwerben pro futuro zur Gänze zurückzunehmen“, VfGH 29. 2. 2012, B 945/11-11; dazu *Lachmayer,* SWK 2012, 697; *Bodis,* RdW 2012, 376; vgl auch *Marchgraber* in Aktuelle Fragen der Konzernfinanzierung 133 (172).

[447]) Das Abzugsverbot erfasst Zinsen und Lizenzgebühren iSd § 99a zweiter und dritter Satz EStG und übernimmt damit die Definition der Zinsen- und Lizenzgebühren-Richtlinie (RL 2003/49/EG), siehe zum Zins- und Lizenzbegriff näher *Kirchmayr* in *Kirchmayr/Mayr/Hirschler,* Abzugsverbote 35.

[448]) Kein Anwendungsfall des Abzugsverbots ist gegeben, wenn der Empfänger der Zahlungen aufgrund eines Gruppenbesteuerungsregimes keiner Besteuerung unterliegt, solange die Besteuerung auf Ebene einer anderen konzernzugehörigen Gesellschaft (zB Gruppenträger) erfolgt, siehe die Erläuternden Bemerkungen zum AbgÄG 2014, ErläutRV 24 BlgNR 25. GP 13; KStR 2013, Rz 1266bc.

Beispiele:

1. Die österreichische A-GmbH zahlt Lizenzen an eine ausländische Tochtergesellschaft iHv € 100.000. Die damit zusammenhängenden Betriebsausgaben betragen € 10.000. Zusätzlich dürfen im Ausland im Rahmen einer Patentbox 60% der Einnahmen als fiktive Betriebsausgaben abgezogen werden. Die ausländische Bemessungsgrundlage beträgt daher € 30.000 (100.000–60.000–10.000). Der nominelle Steuersatz ist 25%, die zu bezahlende Steuer daher € 7.500. Die Bemessungsgrundlage für die Steuer ohne Steuerermäßigung würde € 90.000 (Einnahmen minus tatsächlicher Betriebsausgaben) betragen, Die effektive Steuerbelastung ist daher 8,33%. Das Abzugsverbot kommt zur Anwendung.

2. Die österreichische B-GmbH leistet Lizenzgebühren an ihre in Malta ansässige Tochtergesellschaft. Der nominelle Körperschaftsteuersatz in Malta beträgt zwar 35%, bei einer Ausschüttung an die Anteilsinhaber werden aber 6/7 (= 30%) der entrichteten Körperschaftsteuer rückerstattet. Unter Berücksichtigung der Rückerstattung an die Anteilsinhaber beträgt die Steuerbelastung für die Lizenzgebühren in Malta nur 5%, sodass das Abzugsverbot zur Anwendung kommt.

§ 12 Abs 1 Z 10 lit c sieht vor, dass in den „Maltafällen" die Steuerrückerstattung bereits bei der Ermittlung der Steuerbelastung zu berücksichtigen ist. Erfolgt allerdings innerhalb von 9 Jahren keine Ausschüttung, gilt dies als rückwirkendes Ereignis gem § 295 a BAO.

1019/4 7 d. **In bar bezahlte Aufwendungen für beauftragte Bauleistungen.** Die Bestimmung wurde durch das StRefG 2015/16 eingeführt und dient der Bekämpfung der Schattenwirtschaft am Bau. Betroffen sind alle Zahlungen, die € 500 übersteigen. Das Abzugsverbot richtet sich nur an Unternehmen; der Anwendungsbereich deckt sich mit der Auftraggeberhaftung im Sozialversicherungsrecht.[449])

1020 8. Ähnlich wie § 20 Abs 2 EStG kennt **§ 12 Abs 2** ein **Abzugsverbot** für Aufwendungen oder Ausgaben, soweit sie mit

- nicht steuerpflichtigen (steuerneutralen) Vermögensmehrungen und Einnahmen,
- Kapitaleinkünften iSd § 27 EStG, soweit sie nicht nach § 27 a EStG vom Sondersteuersatz ausgenommen sind, oder mit
- Einkünften aus privaten Grundstücksveräußerungen nach § 30 EStG

in unmittelbarem wirtschaftlichem Zusammenhang stehen; für unter § 7 Abs 3 fallende Körperschaften (insb Kapitalgesellschaften) gilt die Einschränkung bei den Kapitaleinkünften und Einkünfte aus privaten Grundstücksveräußerungen allerdings nicht.[450])

---

[449]) Siehe dazu näher *Lachmayer* in *Renner/Strimitzer/Vock* § 12 Rz 218 ff.

[450]) Im EStG wurde die vergleichbare Vorschrift dahingehend abgeändert, dass bei Einkünften aus privaten Grundstücksveräußerungen ein Abzugsverbot nur dann besteht, wenn keine Regelbesteuerungsoption ausgeübt wurde. Dies hat auch der VfGH gefordert, 30. 11. 2017, G183/2017. Im KStG bleibt es hingegen bei §-7-Abs-2-Körperschaften beim generellen Abzugsverbot. Ob dies verfassungskonform ist, ist fraglich.

Beispiele:

- Eine AG erhält einen Zinsenzuschuss der öffentlichen Hand im Zusammenhang mit einer ökologisch bedeutsamen Investition. Da der Zinsenzuschuss gem § 3 Z 6 EStG steuerfrei ist, sind die effektiven Zinsenaufwendungen insoweit nicht abzugsfähig.
- Eine GmbH kauft fremdfinanziert Forderungswertpapiere; da Kapitalgesellschaften nicht der Einschränkung bei den Kapitaleinkünften unterliegen (die Erträge dieser Forderungswertpapiere unterliegen auch nicht der Endbesteuerung, vgl § 97 Abs 1 EStG), sind die Schuldzinsen abzugsfähig.

Bis zur Steuerreform 2005 konnten die **Fremdfinanzierungszinsen für** den **1021**
Erwerb einer **Beteiligung** iSd § 10 steuerlich in Hinblick auf § 12 Abs 2 nicht abgesetzt werden, weil die Beteiligungserträge nach § 10 steuerfrei waren (bzw steuerfrei sind); die auf steuerfreie Beteiligungserträge und internationale Schachtelgewinne entfallenden Fremdfinanzierungszinsen waren daher nicht abziehbar.

Der VfGH musste sich wiederholt mit diesem Abzugsverbot beschäftigen und vertrat schließlich die Auffassung, dass zwar bei fremdfinanzierten Beteiligungen die Abzugsfähigkeit des Zinsaufwandes im Hinblick auf die steuerfreien Erträge zunächst versagt werden könne. Im Falle eines steuerpflichtigen Veräußerungsgewinnes müsse jedoch bei der Gewinnermittlung dieses Jahres der Gesamtbetrag der bisher nicht abzugsfähigen Zinsen zwischen den steuerfreien Dividenden und dem steuerpflichtigen Veräußerungsgewinn aufgeteilt werden.[451]) Die Methode der Aufteilung der Fremdfinanzierungszinsen auf die steuerfreien Beteiligungserträge und den steuerpflichtigen Veräußerungserlös war zunächst strittig, hat aber nach einer „betragsmäßigen Saldierung" zu erfolgen.[452])

Ab der Veranlagung 2005 sind Zinsen im Zusammenhang mit der Fremdfinanzierung des Erwerbs von Kapitalbeteiligungen iSd § 10 großteils zum Abzug zugelassen, wenngleich mit dem BBG 2011 eine „Konzernschranke" eingezogen worden ist (§ 11 Abs 1 Z 4, nunmehr in § 12 Abs 1 Z 9).[453])

Ist eine Körperschaft zum Teil von der KSt befreit und mit anderen Einkünften steuerpflichtig, dann sind Ausgaben nur insoweit abzugsfähig, als sie mit steuerpflichtigen Erträgen (Einnahmen) in unmittelbarem wirtschaftlichen Zusammenhang stehen (§ 12 Abs 2).

Ob das Abzugsverbot nach § 12 Abs 2 auch Kursverluste aus einer Verbindlichkeit erfasst, die für den Erwerb einer Beteiligung iSd § 10 aufgenommen wurden, war strittig. Der VwGH hat nunmehr die Abzugsfähigkeit von Kursverlusten aus Fremdwährungskrediten, selbst wenn diese zum Erwerb einer Schachtelbeteiligung aufgenommen wurden, unter der Bedingung bejaht, dass nicht von vornherein auf Grund vertraglicher Regelungen ein Kursverlust feststehen dürfe.[454])

---

[451]) VfGH 27. 9. 2000, B 2031/98; Einzelheiten siehe 8. Auflage Tz 1021.

[452]) Vom Veräußerungsgewinn sind jene Zinsen in Abzug zu bringen, die den Betrag der steuerfreien Beteiligungserträge übersteigen, KStR 2013 Rz 1281; *Lang*, RdW 1999, 107; VwGH 22. 12. 2005, 2004/15/0142; *Mayr/Walter* vertraten hingegen eine „Verhältnisrechnung", RdW 1998, 767; vgl auch *Wolf/Kauba*, SWK 2002, S 59; ausführlich dazu *Doralt/Kofler*, EStG[11] § 20 Tz 156.

[453]) Dazu oben Tz 1019/2.

[454]) Nach VwGH 28. 10. 2009, 2008/15/0051 seien Kursverluste das *„Ergebnis einer Marktentwicklung, die in keinem unmittelbaren Bezug zu den Erträgen aus der angeschafften Beteiligung ständen,"* auch unterlägen allfällige *„Kursgewinne"* der Besteuerung – im

1022 9. **Teilwertabschreibungen und Verluste** im Zusammenhang mit **Beteiligungen iSd § 10** werden in § 12 Abs 3 gesondert geregelt:[455])

Hat eine Ausschüttung eine Wertminderung der Beteiligung zur Folge, so war bis 1993 die Abwertung der Beteiligung auf den niedrigeren Teilwert steuerlich anerkannt.[456]) Ein Missbrauch wurde selbst dann nicht angenommen, wenn der Ausschüttung eine (steuerneutrale) Gesellschaftereinlage vorangegangen war.[457]) Hingegen dürfen seit 1994 Teilwertabschreibungen von Beteiligungen (iSd § 10) oder ein Verlust aus der Veräußerung einer solchen Beteiligung nur insoweit berücksichtigt werden, als nachgewiesen wird, dass die Wertminderung oder der Verlust nicht mit Einkommensverwendungen der Körperschaft in ursächlichem Zusammenhang steht: **Verbot der Berücksichtigung ausschüttungsbedingter Teilwertabschreibungen oder ausschüttungsbedingter Verluste.** Bewertungstechnisch kommt es trotz Abzugsverbots zu einer Verminderung des Buchwertes, der Betrag der Teilwertabschreibung ist dem Gewinn aber außerbilanzmäßig wieder zuzurechnen, wodurch es zu einer Neutralisierung des Aufwands kommt.[458]) Der steuerneutralen Teilwertabschreibung sind Veräußerungsverluste gleichgestellt, weil sich ansonsten die steuerneutrale Teilwertabschreibung durch eine Veräußerung vor dem Bilanzstichtag umgehen ließe.

Die Materialien bezeichnen die Vorschrift als Klarstellung und stehen damit im Widerspruch zur VwGH-Judikatur. Die Vorschrift will sachlich ungerechtfertigte Verlustverwertungen verhindern, geht aber über das Ziel hinaus: Handelt es sich um die Ausschüttung von versteuerten Gewinnen, kann das Verbot wirtschaftlich zu einer Doppelbelastung führen.[459]) Stammt die Ausschüttung aus steuerneutralen Gesellschaftereinlagen, wird bereits durch § 4 Abs 12 EStG (Einlagenrückzahlung) eine sachgerechte Lösung erreicht. Im Zusammenhang mit dem Erwerb einer Beteiligung kann das Verbot aber auch zu sachgerechten Ergebnissen führen. Allgemein gilt das Abzugsverbot aber nur, sofern die Ausschüttungen als solche befreit sind.[460])

Beispiele:

1. Die A-AG hat mit einem Stammkapital von € 100.000 die T-GmbH gegründet. Die T-GmbH erzielt durch ihre Geschäftstätigkeit Gewinne iHv € 1 Mio, die nach Abzug

---

Gegensatz zu Erträgen aus der Schachtelbeteiligung – weshalb die Abzugsfähigkeit zu bejahen sei; vgl *Laudacher,* SWK 2009, S 988; *Wiesner,* RWZ 2010, 14; anders KStR 2013 Rz 1272 u 1275; vgl aber auch VwGH 20. 10. 2010, 2007/13/0085 zur Nichtabzugsfähigkeit von Kreditzinsen eines Kredites zur Refinanzierung eines Beteiligungserwerbs aus Eigenmitteln.

455) Da § 12 Abs 3 ausdrücklich an „Beteiligungen im Sinne des § 10" anknüpft, ergibt sich aus jeder Erweiterung in § 10 (wie durch das BBG 2009 und AbgÄG 2011, vgl oben Tz 997) auch ein entsprechend breiterer Anwendungsbereich für § 12 Abs 3; vgl auch *Obermann,* SWK 2012, 663; *Staringer,* Konzernsteuerrecht, 18. ÖJT IV/1, 107.

456) VwGH 10. 12. 1991, 89/14/0064.

457) VwGH 5. 8. 1993, 91/14/0127.

458) Vgl KStR 2013 Rz 1295.

459) Kritisch zB *Achatz/Bieber* in *Achatz/Kirchmayr,* KStG § 12 Tz 249; mit verfassungsrechtlichen Bedenken *Stockinger,* RdW 2003, 475.

460) Das Verbot greift daher zB nicht bei auf Grund von § 10 Abs 7 KStG nicht befreiten Zahlungen; siehe dazu *Machgraber,* RdW 2011, 439; KStR 2013 Rz 1290.

der KSt iHv 25% in die Gewinnrücklage eingestellt werden. Die A-AG verkauft anschließend die Beteiligung an der T-GmbH um € 850.000 an die B-AG; sie erzielt damit einen steuerpflichtigen Gewinn iHv € 750.000. – Die Gewinnrücklage wird in der Folge aufgelöst und der Gewinn an die B-AG ausgeschüttet (bei B steuerfrei). Die B-AG muss in der nächsten Bilanz die Beteiligung auf € 100.000 abwerten, kann diese Teilwertabschreibung jedoch steuerlich nicht geltend machen.

In diesem Fall kommt es wirtschaftlich zu einer Doppelbelastung: Der Gewinn der T-GmbH wird bei ihr und – als Veräußerungsgewinn – auch bei der A-AG besteuert. Wären hingegen die Gewinnrücklagen noch vor der Veräußerung aufgelöst und an die A-AG steuerfrei ausgeschüttet worden, hätte sich keine Doppelbelastung ergeben.

2. Variante 1: Das Vermögen der T-GmbH wird nicht durch Gewinne, sondern durch einen (steuerneutralen) Gesellschafterzuschuss iHv € 700.000 seitens der A-AG erhöht, der in die Kapitalrücklage eingestellt wird. Die Anschaffungskosten der Beteiligung steigen für die A-AG daher auf € 800.000. Bei Verkauf der Beteiligung um € 800.000 an die B-AG ergibt sich für die A-AG kein Gewinn (Buchwert entspricht dem Kaufpreis). Schüttet die T-GmbH in der Folge die Kapitalrücklage aus, so führt dies bei der B-AG zu einer steuerneutralen Abstockung des Buchwertes um € 700.000 (§ 4 Abs 12 EStG). Insgesamt sind daher – systemgerecht – keine ertragsteuerlichen Folgen gegeben.

3. Variante 2: Sachverhalt wie bei Pkt 1 (also Gewinnrücklagen). Veräußerer ist aber nicht die österreichische A-AG, sondern die deutsche D-AG. Der Veräußerungsgewinn iHv € 750.000 ist in Deutschland weitgehend steuerfrei. Die Auflösung der Gewinnrücklage und Ausschüttung an die B-AG ist steuerfrei; in diesem Fall erscheint das Verbot der Berücksichtigung einer ausschüttungsbedingten Teilwertabschreibung sachgerecht, weil ansonsten die B-AG noch eine steuerwirksame Teilwertabschreibung vornehmen könnte.

Bedenklich erscheint die Beweislastregel: Bei Abwertungen oder Veräuße- **1023**
rungsverlusten obliegt dem Steuerpflichtigen der Nachweis, dass die Wertminderung (der Verlust) nicht mit der Einkommensverwendung in ursächlichem Zusammenhang steht. Das ist schwer handhabbar und kann unverhältnismäßig sein.[461])

Beispiel:

Die B-AG erwirbt die Anteile an der C-GmbH (Stammkapital € 100.000) um € 1,1 Mio, weil sich im Betriebsvermögen der C eine wertvolle Auslandsbeteiligung befindet. Die C erzielt laufend Gewinne und schüttet diese stets an B aus. In der Folge verliert die Auslandsbeteiligung ihren Wert. B verkauft daraufhin die Anteile an C mit erheblichem Verlust. Der Verlust hängt ursächlich sowohl mit der Wertminderung der Auslandsbeteiligung als auch mit der Gewinnausschüttung zusammen: Hätte die C ihre Gewinne nicht ausgeschüttet, sondern thesauriert, wäre der Verlust insoweit nicht eingetreten.

Abzugsfähige Teilwertabschreibungen und Verluste (also solche, die **1024**
nicht ausschüttungsbedingt sind) sind nicht zur Gänze im Jahr der Wertminderung oder Veräußerung zu berücksichtigen, sondern auf das laufende und die sechs folgenden Wirtschaftsjahre zu verteilen („**Siebtelung**" nach § 12 Abs 3

[461]) Kritisch auch *Kauba*, Teilwertabschreibung 172; *Achatz/Bieber* in *Achatz/Kirchmayr*, KStG § 12 Tz 260.

Z 2). Die Siebtelung gilt nur für zum Anlagevermögen gehörende Beteiligungen[462]) (weitere Ausnahmen ua für den Fall der Zuschreibung, der gewinnrealisierenden Veräußerung der betreffenden oder einer anderen Beteiligung) und bewirkt eine auf Fiskalgründe zurückführende Streckung der Teilwertabschreibungen und Verluste.[463]) Die Vorschrift ist unklar formuliert,[464]) kompliziert zu handhaben und systematisch nicht überzeugend. Werden Teilwertabschreibungen und Verluste bei Beteiligungen nur fraktioniert anerkannt, müsste wohl Gleiches auch für Veräußerungsgewinne gelten. Diese sind jedoch voll im Jahr der Realisierung zu versteuern.

1024/1 **Großmutterzuschuss:** Im Falle von Einlagen in mittelbar verbundene Körperschaften (zB in eine Enkelgesellschaft) darf bei den Zwischenkörperschaften für die Beteiligung insoweit der niedrigere Teilwert nicht angesetzt werden, es sei denn, es liegt nachweislich kein wirtschaftlicher Zusammenhang zwischen der Einlage und dem Ansatz des niedrigeren Teilwertes vor (§ 12 Abs 3 Z 3). Die Vorschrift soll verhindern, dass durch mittelbare Einlagen die Steuerwirkung von Teilwertabschreibungen vervielfacht wird.[465])

Beispiel:

Die Großmuttergesellschaft G leistet eine Einlage iHv € 1 Mio direkt an die Enkelgesellschaft E. Der Betrag ist sowohl bei der Großmuttergesellschaft als auch bei der Muttergesellschaft M zu aktivieren (Doppeleinlage; Durchaktivierung). Muss die Beteiligung wertberichtigt werden oder wird sie mit Verlust verkauft, dann kann M keine Teilwertabschreibung vornehmen und den Verlust nicht verwerten.[466])

F. Sonderausgaben (§ 8 Abs 4)

Literatur: *Wolf,* Der Mantelkauf im österreichischen Abgabenrecht, ÖWZ 2002, 38; *ders,* Steuerliche Strategien gegen den Mantelkauftatbestand, SWK 2003, S 256; *Schrottmeyer,* Mantelkauf und Verschmelzungen, SWK 2003, S 580; *Twardosz,* Neues zum Mantelkauf, GeS 2006, 128; *Petritz/Ressler,* Der Handel mit Verlustgesellschaften, ÖStZ 2006, 192; *Ressler,* Vortragsfähigkeit von Verlusten des Mantelkaufjahres, ecolex 2006, 327; *Wiesner,* Reichweite des Verlustabzugsverbotes bei Vorliegen eines Mantelkaufes, RWZ 2006, 82; *Zorn,* Manteltatbestand erfasst nicht Verluste des Mantelkaufjahres, RdW 2006, 107; *Wiesner,* Mantelkauf und verdecktes Stammkapital, RWZ 2006, 291; *Massoner,* Der Mantelkauf im Abgabenrecht, Wien 2007, *Wiesner,* Mantelkauf – Änderung der Gesellschafterstruktur auf entgeltlicher Grundlage, RWZ 2008, 259; *Wagner,* VwGH: Mantelkauf auch bei unentgeltlicher Übertragung? FJ 2009, 107; *Massoner,* Die

---

[462]) Bei einer Beteiligung von weniger als 5% am Nennkapital geht die Verwaltungspraxis jedenfalls von Umlaufvermögen aus; Teilwertabschreibungen und Veräußerungsverluste sind bei solchen Beteiligungen daher sofort absetzbar, KStR 2013 Rz 1300.

[463]) Dazu zB *Staringer,* Konzernsteuerrecht, 18. ÖJT IV/1, 104.

[464]) Verfassungsrechtliche Bedenken wegen unzureichender Determinierung *Hübner-Schwarzinger/Prodinger,* SWK 2000, S 355.

[465]) Kaskadeneffekt; dazu KStR 2013 Rz 1307; *Stockinger,* SWK 2004, S 904; *Moshammer,* taxlex 2011, 212.

[466]) Zur alten Rechtslage VwGH 18. 4. 2007, 2003/13/0053 dazu *Wiesner,* RWZ 2007, 167; VwGH 19. 9. 2007, 2004/13/0050.

wesentliche Änderung der Gesellschafterstruktur beim Mantelkauf, ecolex 2009/129; *Petutschnig,* IRC Section 382: Mantelkauf auf US-amerikanisch, SWI 2009, 27; *Moser,* Focus: Verlusterhalt bei Unternehmenssanierungen, RWZ 2009, 167 u 197; *Novacek,* Sanierungsklausel – verbotene Beihilfe? Mantelkauf – verfassungswidrig? RdW 2012, 245; *Moser,* Mantelkauf: Neue Ausführungen zum Begriff *„organisatorische Eingliederung"*, SWK 2012, 1526; *Schlager/Titz,* Ertragsteuerliche Änderungen im AbgÄG 2014 – ein Überblick, RWZ 2014, 65; *Lassacher,* Auswirkungen der wirtschaftlichen Betrachtungsweise auf den Mantelkauf – Sind auch die wirtschaftliche und die organisatorische Struktur einer weiten Interpretation zu unterziehen? SWK 2016, 840; *Raab/Renner,* Mantelkauf bei Zwischenschaltung einer GmbH – Kein Durchgriff und keine wirtschaftliche Betrachtungsweise, GES 2017, 448; *Zorn,* VwGH zur Änderung der Gesellschafterstruktur beim Mantelkauf, RdW 2017, 783; *Pillichshammer/Pinetz,* VwGH: Mantelkauftatbestand sieht keine „Durchgriffsbetrachtung" bei der Änderung der Gesellschafterstruktur vor, ecolex 2018, 78.

§ 8 Abs 4 übernimmt zT die Sonderausgabentatbestände des § 18 EStG, **1025** soweit sie auf Körperschaften übertragbar sind (§ 8 Abs 4), und enthält darüber hinaus spezielle Tatbestände für Körperschaften. Als Sonderausgaben abzugsfähig sind danach (soweit es sich nicht bereits um Betriebsausgaben oder Werbungskosten handelt):

1. **Renten und dauernde Lasten** (§ 18 Abs 1 Z 1 EStG).[467])

2. **Steuerberatungskosten** (§ 18 Abs 1 Z 6 EStG).[468])

3. **Spenden** (§ 18 Abs 1 Z 7 bis 9 EStG) iSd § 4 a EStG (an spendenbegünstigte Einrichtungen), § 4 b EStG (an privatrechtliche Stiftungen zum Zweck der ertragsbringenden Vermögensausstattung) und § 4 c EStG (an die Innovationsstiftung für Bildung gem § 1 ISBG sowie an deren Substiftungen).[469])

4. **Verlustabzug:** Die Vorschriften des § 18 Abs 6 EStG über den Ver- **1026** lustabzug gelten auch für Körperschaften (§ 8 Abs 4 Z 2). Der Verlustabzug ist nur bis zu einer Grenze von 75% des Gesamtbetrages der Einkünfte zulässig (Vortragsgrenze); damit werden 25% des Gesamtbetrages der Einkünfte jedenfalls steuerlich erfasst. Die Anwendbarkeit der Vortragsgrenze im KStG ergab sich früher aus dem Verweis auf die Bestimmung des § 2 Abs 2 b EStG;[470]) nach Entfall der Vortragsgrenze im EStG mit dem AbgÄG 2014[471]) wurde sie direkt in § 8 Abs 4 Z 2 lit a verankert.[472])

Die Vortragsgrenze kommt nicht immer zur Anwendung; ausgenommen sind dabei bestimmte taxativ[473]) aufgezählte Gewinne (zB Sanierungsgewinne gem § 23 a, Liquidationsgewinne gem § 19 und Nachversteuerungsbeträge gem § 9 Abs 6 Z 7 oder § 2 Abs 8 Z 4 EStG).

---

[467]) Dazu oben Kap Einkommensteuer, Tz 604 f.

[468]) Dazu oben Kap Einkommensteuer, Tz 620.

[469]) Dazu oben Kap Einkommensteuer, Tz 621.

[470]) Vgl § 7 Abs 2 idF vor dem AbgÄG 2014.

[471]) BGBl I 2014/13.

[472]) Für das Beibehalten der Vortragsgrenze im KStG waren budgetäre Überlegungen ausschlaggebend, vgl *Schlager/Titz,* RWZ 2014, 65.

[473]) Vgl *Ressler/Stürzlinger* in *Lang/Rust/Schuch/Staringer,* KStG² § 8 Rz 241 c.

Weitere Besonderheiten sind vor allem im Zusammenhang mit dem Mantelkauf und mit Vorgruppenverlusten zu beachten:

a) **Mantelkauf:** Ist eine Gesellschaft wirtschaftlich inaktiv und vermögenslos (es liegt nur noch ein Gesellschaftsmantel vor) und wechseln alle oder fast alle Gesellschafter, so ist fraglich, ob Verluste, die vor dem Gesellschafterwechsel entstanden sind, weiterhin abzugsfähig bleiben. Stellt man auf die wirtschaftliche Vergleichbarkeit des Unternehmens ab, wäre der Verlustabzug zu versagen. Stellt man auf die rechtliche Identität ab, so muss der Verlustvortrag auch im Falle des Mantelkaufs zulässig sein.[474])

§ 8 Abs 4 Z 2 ist die Reaktion des Gesetzgebers auf die VwGH-Judikatur: Der Verlustabzug steht danach ab jenem Zeitpunkt nicht mehr zu, ab dem die Identität des Stpfl infolge einer **wesentlichen Änderung** der **organisatorischen und wirtschaftlichen Struktur**[475]) im Zusammenhang mit einer wesentlichen Änderung der (unmittelbaren)[476]) **Gesellschafterstruktur**[477]) (auf entgeltlicher Grundlage)[478]) nach dem **Gesamtbild der Verhältnisse** wirtschaftlich nicht mehr gegeben ist. Der gesetzliche Klammerausdruck „Mantelkauf" soll verdeutlichen, dass die neuen Gesellschafter lediglich einen Gesellschaftsmantel ohne wirtschaftlichen Inhalt erwerben. Die Bestimmung ist sehr unbestimmt;[479]) laut VfGH bestehen gegen sie aber keine verfassungsrechtlichen Bedenken.[480])

Die Strukturänderung ist auch schädlich, wenn sie sich über mehrere Jahre hinzieht; entscheidend ist, ob die einzelnen Schritte in einem inneren Zusammenhang stehen.[481]) Maßgebend ist, ob es tatsächlich zu einer Änderung des Unternehmensgegenstandes gekommen ist; auf die Absicht, den Unternehmensgegenstand unverändert beizubehalten, kommt es nicht an.[482]) Der Ver-

---

474) VwGH 4. 6. 1986, 84/13/0251.

475) Bei der organisatorischen Struktur ist nach KStR 2013 Rz 995 auf jene Mitglieder der Geschäftsführung abzustellen, die auch tatsächlich die Geschäfte führen; bei der wirtschaftlichen Struktur legen die KStR 2013 besonderes Gewicht auf jenes Strukturmerkmal, das „identitätsstiftend" wirkt (zB bei Produktionsbetrieben die Tätigkeit, bei Holdinggesellschaften das Vermögen; KStR 2013 Rz 996).

476) Nach VwGH 13. 9. 2017, Ro 2015/13/0007 ist nur auf die unmittelbaren Beteiligungsverhältnisse abzustellen, womit der Mantelkauftatbestand auch dann erfüllt werden kann, wenn die mittelbare Gesellschafterstruktur unverändert ist; siehe dazu zB *Pillichshammer/Pinetz,* ecolex 2018, 78.

477) VwGH 18. 12. 2008, 2007/15/0090 zur wesentlichen Änderung der Gesellschafterstruktur, wobei 75% nur als Richtwert dient; dazu *Massoner,* ecolex 2009/129; KStR 2013 Rz 997 geht jedenfalls von einer wesentlichen Änderung aus, wenn sich mehr als 75% der Vorstruktur ändert; vgl auch *Kirchmayr* in *Achatz/Kirchmayr,* KStG § 8 Tz 559 ff (ua auch zum mittelbaren Gesellschafterwechsel); *Renner/Strimitzer/Vock,* KStG § 8 Tz 293.

478) VwGH 9. 7. 2008, 2005/13/0045, zum Vorliegen des Mantelkauftatbestandes bei Anteilskauf um einen symbolischen Betrag; dazu *Wiesner,* RWZ 2008, 259; *Wagner,* FJ 2009, 107; vgl auch *Quantschnigg,* ÖStZ 1989, 43; *Wolf,* SWK 2003, S 257.

479) Vgl *Wiesner,* SWK 1988, A I 233.

480) VfGH 26. 11. 2002, B 1025/01; siehe auch *Wolf,* SWK 2003, S 256.

481) VwGH 26. 7. 2005, 2001/14/0135.

482) VwGH 26. 7. 2006, 2004/14/0151; dazu *Wiesner,* RWZ 2006, 291.

lustabzug bleibt allerdings dann erhalten, wenn der Mantelkauf zum Zweck der **Sanierung** mit dem Ziel der Arbeitsplatzsicherung erfolgt. Nach VwGH beschränkt § 8 nur die Verwertung jener Verluste, die im Zeitpunkt der Verwirklichung des Manteltatbestandes bereits Verluste aus einem vorangegangenen Jahr sind, somit potenzielle Verlustvorträge. Verluste aus dem laufenden Jahr können mit Gewinnen dieses Jahres ausgeglichen und auch im Folgejahr abgezogen werden.[483])

b) **Vorgruppenverluste:** Verlustvorträge, die bei einem Gruppenmitglied vor Bildung der Unternehmensgruppe entstanden sind, können nur mit Gewinnen dieser Gesellschaft verrechnet werden; eine Verrechnung mit anderen Gewinnen der Unternehmensgruppe ist nicht zulässig. Vorgruppenverluste des Gruppenträgers können hingegen auch mit Gewinnen anderer Gruppenmitglieder verrechnet werden.[484])

Sonderregelungen zum Verlustvortrag enthält ferner das Umgründungssteuergesetz.[485])

G. Einkommensermittlung bei Beginn und Ende der Steuerpflicht

1. Beginn und Ende einer Steuerbefreiung

Literatur: *Ecker*, Bewertung von Grund und Boden bei Ende der Steuerbefreiung systemwidrig? RdW 2007, 695; *Schneider*, § 18 Abs 2 KStG: Ist der Ansatz der AK bei Grund und Boden gerechtfertigt? taxlex 2009, 139.

Wird eine bisher steuerpflichtige Körperschaft ganz oder teilweise von der KSt befreit (zB durch Erfüllung der Gemeinnützigkeitsvoraussetzungen), hat für die betroffenen Wirtschaftsgüter des Betriebsvermögens in diesem Zeitpunkt eine Besteuerung der stillen Reserven stattzufinden (§ 18 Abs 1). Erfasst wird hierbei die Differenz zwischen Buchwert und gemeinem Wert. Bei nicht rechnungslegungspflichtigen Körperschaften kann der Freibetrag gem § 24 Abs 4 EStG geltend gemacht werden. **1027**

Der Grund für die steuerliche Erfassung der stillen Reserven ist das Ausscheiden der betreffenden Wirtschaftsgüter aus dem Betriebsvermögen und deren zukünftige Zugehörigkeit zur außerbetrieblichen Sphäre der nunmehr abgabenrechtlich begünstigten Körperschaft. Dadurch soll sichergestellt werden, dass diese stillen Reserven nicht endgültig unversteuert bleiben. Im Ergebnis ist damit das Ende der unbeschränkten Steuerpflicht einer Betriebsaufgabe gleichzuhalten.[486])

Umgekehrt hat bei Eintritt in die Steuerpflicht durch Wegfall einer Befreiung eine Bewertung des Betriebsvermögens mit dem gemeinen Wert stattzufinden.

---

[483]) VwGH 22. 12. 2005, 2002/15/0079; dazu *Zorn*, RdW 2006, 107; kritisch *Wiesner*, RWZ 2006, 82.

[484]) Dazu oben Tz 948.

[485]) Dazu unten Kap Umgründungssteuergesetz, Tz 1116, 1141 ff, 1162, 1197, 1245.

[486]) Vgl KStR 2013 Rz 1418.

Beginnt oder endet die unbeschränkte Steuerpflicht nicht zur Gänze, kommen die genannten Bestimmungen nur für die betroffenen Teile der Körperschaft zur Anwendung.[487])

2. Auflösung und Abwicklung

Literatur: *Hirschler,* Ertragsteuerliche Fragen in Zusammenhang mit der Beendigung von Körperschaften, in FS Werilly, Wien 2000, 149; *H. F. Maier,* Steuerreform 2005: Wurde die Liquidation vergessen? taxlex 2005, 351, 446; *Hristov,* Liquidation und nicht unter das UmgrStG fallende Umgründungen von Kapitalgesellschaften, in Sonderbilanzen bei Umgründungen, Wien 2008; *ders,* Die Liquidation im Ertragsteuerrecht, Wien 2011; *Kanduth-Kristen/Komarek,* Die Berücksichtigung nicht getilgter Verbindlichkeiten bei der Ermittlung des Abwicklungs-Endvermögens, ÖStZ 2015, 506; *Lachmayer,* BMF zur Berücksichtigung nicht getilgter Verbindlichkeiten in Liquidation, RdW 2016, 227; *Beiser,* Offene Verbindlichkeiten in der Liquidation einer Körperschaft, RdW 2016, 353; *Renner,* Verbindlichkeiten sind kein Bestandteil des Abwicklungs-Endvermögens einer Körperschaft, SWK 2017, 97; *Komarek/Reinold/Zinnöcker,* Liquidationsbesteuerung bei fremdfinanzierten Zuschüssen und nicht abzugsfähigen Aufwendungen eines Gruppenmitglieds, ÖStZ 2017, 467; *Kanduth-Kristen,* BFG zu nicht getilgten Verbindlichkeiten im Rahmen einer Liquidation gemäß § 19 KStG, SWK 2017, 371; *Riedler,* BMF zu nicht getilgten Verbindlichkeiten in der Liquidation, RdW 2018, 816.

1028 Die Auflösung einer Körperschaft berührt nicht ihre persönliche Steuerpflicht. Diese endet – wie erwähnt – erst mit der Einstellung der geschäftlichen Betätigung und der Vermögensverteilung (Firmenbuchlöschung ist nicht maßgeblich). Für die Besteuerung während der dem Auflösungsbeschluss folgenden Liquidationsphase gelten jedoch für buchführungspflichtige Körperschaften besondere Bestimmungen (§ 19). Sie sollen einerseits die Besteuerung jenes Gewinnes sicherstellen, der nunmehr durch Aufdeckung der früher zulässigerweise gebildeten stillen Reserven anfällt; andererseits soll auch der Gewinn erfasst werden, der in der Liquidationsphase noch durch die Weiterführung des Betriebes erzielt wird.

1029 Für die Ermittlung dieses Liquidationsgewinnes gilt bei rechnungslegungspflichtigen Körperschaften ein **besonderer Besteuerungszeitraum,** der vom Schluss des der Auflösung vorangegangenen Wirtschaftsjahres bis zur Beendigung der Abwicklung reicht. Dieser Zeitraum ist somit idR länger als die unternehmensrechtliche Liquidationsphase, weil er auch den Zeitraum zwischen dem Schluss des letzten Wirtschaftsjahres und dem Auflösungsbeschluss umfasst.[488]) Der Besteuerungszeitraum löst sich also vom Kalenderjahr, er darf jedoch prinzipiell 3 Jahre, in den Fällen der Abwicklung im Insolvenzverfahren 5 Jahre nicht übersteigen (Verlängerung durch das FA möglich; § 19 Abs 3).

---

[487]) Dies wäre zB dann der Fall, wenn sich ein steuerpflichtiger Hilfsbetrieb zu einem steuerbefreiten (unentbehrlichen) Hilfsbetrieb wandelt; vgl *Feckter* in *Renner/Strimitzer/Vock* (Hrsg), KStG § 18 Rz 62.

[488]) Dazu *Schneider* in *Achatz/Kirchmayr,* KStG § 19 Tz 141.

Beispiel:

Eine GmbH wird mit Generalversammlungsbeschluss am 15. 10. 2010 mit sofortiger Wirkung aufgelöst; das Wirtschaftsjahr der GmbH ist das Kalenderjahr. Die tatsächliche Abwicklung der GmbH dauert vom 3. 11. 2010 bis 30. 11. 2011. Der für die Ermittlung des Liquidationsgewinnes maßgebliche Besteuerungszeitraum dauert vom 1. 1. 2010 bis 30. 11. 2011.

Die **Ermittlung des Liquidationsgewinnes** erfolgt durch Vermögens- **1030**
vergleich. Gegenüberzustellen ist das zur Verteilung kommende Vermögen (Abwicklungs-Endvermögen, bei Sachwerten bewertet mit gemeinem Wert) und das Betriebsvermögen, das am Schluss des der Auflösung vorangegangenen Wirtschaftsjahres der Veranlagung zur KSt zu Grunde lag (Abwicklungs-Anfangsvermögen).[489]) Soweit im Besteuerungszeitraum Liquidationsraten ausbezahlt werden, vA erfolgen oder nicht abzugsfähige Aufwendungen getätigt werden, sind sie dem Endvermögen hinzuzurechnen. Abzuziehen sind nichtsteuerbare Vermögenszugänge (Einlagen), steuerfreie Erträge (insb Beteiligungserträge nach § 10) und Ausschüttungen für Zeiträume vor der Liquidation.

Auf Grund der gesetzlichen Definition des Abwicklungs-Endvermögens als das „zur Verteilung kommende Vermögen" (§ 19 Abs 4) sind nach Rechtsansicht der FinVw[490]) Vermögensbestandteile, die am Ende der Abwicklung nicht an die Anteilsinhaber verteilt werden, kein Bestandteil des Abwicklungs-Endvermögens. Darunter fallen insb offene Verbindlichkeiten einer in Liquidation befindlichen Körperschaft, die bis zum Ende der Abwicklung nicht getilgt werden und damit auch nicht zur Verteilung gelangen (mangels Schuldübernahme durch die Gesellschafter).[491]) Dadurch erhöhen derartige nicht getilgte Verbindlichkeiten das steuerliche Liquidationsergebnis um jenen Wert, mit dem sie im Abwicklungs-Anfangsvermögen enthalten waren, womit es zu einer entsprechenden Erhöhung der Bemessungsgrundlage für die KSt kommt.[492]) Diese Sichtweise führt bei Körperschaften in Insolvenz faktisch dazu, dass der Abgabenanspruch mangels ausreichendem Vermögen idR nicht durchsetzbar sein wird.[493])

---

[489]) Ausführlich *Schneider* in *Achatz/Kirchmayr,* KStG § 19 Tz 158 ff.

[490]) Vgl BMF-Info zur Vorgehensweise hinsichtlich der Berücksichtigung nicht getilgter Verbindlichkeiten bei einer Liquidation nach § 19 KStG 1988 vom 24. 10. 2018, BMF-010203/0434-IV/6/2018; siehe dazu umfassend *Lachmayer,* RdW 2016, 227 mwN; *Riedler,* RdW 2018, 816.

[491]) Zur Kritik an dieser Rechtsansicht siehe zB *Kanduth-Kristen/Komarek,* ÖStZ 2015, 506 und *Beiser,* RdW 2016, 353.

[492]) Ebenso BFG 19. 12. 2016, RV/5100775/2015 (beim VwGH anhängig zu Zahl Ro 2017/13/0009 und Ro 2017/13/0010); dazu *Renner,* SWK 2017, 97; *Komarek/Reinold/Zinnöcker,* ÖStZ 2017, 467; *Kanduth-Kristen,* SWK 2017, 371.

[493]) Bei der – auf Grund der nicht getilgten Verbindlichkeiten – zusätzlich entstehenden KSt handelt es sich um eine Forderung gegen das insolvenzfreie Vermögen; vgl OLG Wien 6. 8. 2018, 3 R 19/18 p; ist die liquidierte Körperschaft hingegen Mitglied einer Gruppe gem § 9, sind die Liquidationsgewinne Teil des Gruppenergebnisses, womit eine Durchsetzbarkeit (beim Gruppenträger) wahrscheinlicher ist.

Beim **Gesellschafter** sind Liquidationsraten ohne Bedeutung, solange sie nicht den Buchwert der Beteiligung (Beteiligung im Betriebsvermögen) bzw die Anschaffungskosten (Beteiligung im Privatvermögen) übersteigen. Darüber hinausgehende Beträge führen zur Steuerpflicht (Einkünfte aus Kapitalvermögen gem § 27 EStG bzw betriebliche Einkünfte). Sie unterliegen dem besonderen Steuersatz von 27,5% (§ 27 a Abs 1 Z 2 EStG, idR kein KESt-Abzug).

1031 Für die Abwicklung nicht rechnungslegungspflichtiger Körperschaften sind die in § 24 EStG (Veräußerungsgewinn) niedergelegten Grundsätze anzuwenden (§ 19 Abs 7).[494])

3. Umgründungen außerhalb des UmgrStG

Literatur: *Hristov,* Liquidation und nicht unter das UmgrStG fallende Umgründungen von Kapitalgesellschaften, in Sonderbilanzen bei Umgründungen, Wien 2008. – Literatur zum UmgrStG siehe Kap Umgründungssteuergesetz.

1032 Eine Kapitalgesellschaft kann ihr Ende nicht nur durch Auflösung und Abwicklung (Vollbeendigung), sondern auch dadurch finden, dass ihr Vermögen auf einen anderen Rechtsträger übergeht und das Unternehmen in anderer Rechtsform fortgeführt wird. Steuerrechtlich spricht man dabei von „Umgründungen", denen teilweise gesellschaftsrechtliche Vorgänge zu Grunde liegen.

Bei der **Verschmelzung** (Fusion) geht das Vermögen einer Kapitalgesellschaft ohne Liquidation im Wege der Gesamtrechtsnachfolge auf eine andere Kapitalgesellschaft über, wobei die Gesellschafter der übertragenden Gesellschaft nunmehr Gesellschafter der aufnehmenden Gesellschaft werden. Besteht die aufnehmende Kapitalgesellschaft bereits, so liegt eine **Verschmelzung durch Aufnahme** vor, wird sie anlässlich der Verschmelzung mehrerer Kapitalgesellschaften neu gegründet, so spricht man von **Verschmelzung durch Neubildung.**

Bei der **Umwandlung** sind die formwechselnde Umwandlung iSd AktG und die Umwandlung nach dem Umwandlungsgesetz[495]) zu unterscheiden. Bei der **formwechselnden Umwandlung** (§§ 239 ff AktG) handelt es sich um den bloßen Wechsel einer Rechtsform (aus AG wird GmbH und umgekehrt), der steuerrechtlich keine Konsequenzen hat. – Bei der **Umwandlung nach dem Umwandlungsgesetz** geht das Vermögen einer Kapitalgesellschaft im Wege der Gesamtrechtsnachfolge auf einen neuen Rechtsträger über, und zwar entweder auf den Hauptgesellschafter (**verschmelzende Umwandlung**) oder auf eine gleichzeitig errichtete Personengesellschaft (**errichtende Umwandlung**).

Bei der **Spaltung** nach dem SpaltG[496]) wird das Vermögen einer Kapitalgesellschaft entweder zur Gänze im Wege der Gesamtrechtsnachfolge auf andere (neu gegründete oder bestehende) Kapitalgesellschaften übertragen (**Aufspaltung**) oder unter Fortbestand der übertragenden Gesellschaft bloß teil-

---

[494]) ZB eine Gemeinde liquidiert einen nicht rechnungslegungspflichtigen Betrieb gewerblicher Art; vgl VwGH 16. 12. 1966, 1134/66.

[495]) BGBl 1996/304.

[496]) BGBl 1996/304.

weise auf eine oder mehrere Kapitalgesellschaften übertragen **(Abspaltung).** Die Anteilsinhaber der übertragenden Gesellschaft werden mit Anteilen der neuen Kapitalgesellschaft(en) abgefunden.

Bei der **Einbringung** wird das Vermögen einer Kapitalgesellschaft als Sacheinlage (gegen Gewährung von Gesellschaftsrechten) auf eine andere Kapitalgesellschaft übertragen.

Nach § 20 ist in den Fällen der Verschmelzung, Umwandlung und Spal- **1033**
tung mit Liquidation und bei vergleichbaren Vermögensübertragungen § 19 anzuwenden, dh, ein Abwicklungsgewinn zu ermitteln. Bei Einbringungen ist § 6 Z 14 EStG anzuwenden, dh, ein gewinnrealisierender Tausch anzunehmen.[497]) Das gilt jedoch **nur, wenn die Voraussetzungen des UmgrStG nicht gegeben sind** bzw wenn das UmgrStG das vorsieht. Da das UmgrStG tatbestandsmäßig die meisten Umgründungsvorgänge abdeckt und zudem eine steuerneutrale Umgründung idR beabsichtigt wird, kommt **§ 20 nur ausnahmsweise** zum Zuge.[498])

Durch die Verknüpfung mit dem UmgrStG soll die Liquidationsbesteuerung (nach dem KStG) vom Regelungsbereich des UmgrStG abhängen. Nach den Materialien zum UmgrStG[499]) kommt es nur dann zu keiner Liquidationsbesteuerung, wenn das UmgrStG anwendbar ist.[500])

Ist § 20 anzuwenden, gelten folgende **Besonderheiten:** Für die Ermittlung **1034**
des Liquidationsgewinnes ist der Buchwert des Vermögens zum letzten Bilanzstichtag dem Wert der für die Vermögensübertragung gewährten Gegenleistung gegenüberzustellen. IdR handelt es sich dabei um die Gesellschaftsrechte. Soweit eine Gegenleistung in Form von Gesellschaftsrechten nicht gewährt wird, ist der Teilwert der übertragenen Wirtschaftsgüter einschließlich eines allfälligen selbst geschaffenen Firmenwertes anzusetzen. Daraus ergeben sich zugleich die Anschaffungskosten des Rechtsnachfolgers.

H. Besteuerung bei beschränkter Steuerpflicht

Literatur: *Geringer,* Die Vereinsbesteuerung, FJ 2000, 69; *Damm,* Fremdkapitalzinsenabzug bei Kapitalerträgen von Körperschaften öffentlichen Rechts, SWK 2000, S 73; *Lang,* Die Bedeutung des § 21 Abs 3 KStG für in- und ausländische Investmentfonds, in FS Werilly, Wien 2000, 183; *Gassner/Lang/Lechner/Schuch/Staringer,* Die beschränkte Steuerpflicht im Einkommen- und Körperschaftsteuerrecht, Wien 2003; *Loukota,* Dividendenbesteuerung bei beschränkter Körperschaftsteuerpflicht – verbleibende Diskriminierungen im Lichte der EG/EWR-Freiheiten, SWI 2004, 504; *Arming/Sommer,* Die Kapitalverkehrsfreiheit ausländischer Dividenden bei Körperschaften öffentlichen Rechts, RFG 2005, 174; *dies,* Beschränkte Steuerpflicht ausländischer Dividenden bei Körperschaften öffentlichen Rechts, taxlex 2005, 284; *Lindinger,* Keine beschränkte Steuerpflicht für unentbehrliche Hilfsbetriebe, taxlex 2007, 560; *Zwettler/Wolf,* Die optimale Vereins-

[497]) Zu Umstrukturierungen (Umgründungen) nach allgemeinem Steuerrecht unten Kap Umgründungssteuergesetz, Tz 1105.

[498]) Zum UmgrStG Kap Umgründungssteuergesetz, unten Tz 1101 ff.

[499]) ErläutRV 266 BlgNR 17. GP.

[500]) AA *Taucher,* FJ 1993, 104 f.

besteuerung – neue Steuerfreiheiten für Vereine, SWK 2008, S 407; *Bendlinger/Kofler*, Highlights aus dem Workshop „Internationales Steuerrecht" RdW 2009, 676; *Loukota*, Neue Steuerentlastung für Outbound-Dividenden an EU-/EWR-Körperschaften, SWI 2009, 432; *Bauer*, Rückzahlung österreichischer Kapitalertragsteuer nach § 21 KStG, SWI 2010, 275; *Kleemann*, UFS bestätigt EU-Rechtswidrigkeit der Besteuerung ausländischer Versorgungs- oder Unterstützungskassen, SWI 2010, 272; *Rzeszut*, Besteuerung von Vermögenszuwächsen bei KöR, ecolex 2011, 791; *Novacek*, Anrechnungsüberhang ausländischer Quellensteuern, FJ 2011, 179; *Kofler/Marschner*, Die Quellensteuerrückzahlung bei grenzüberschreitenden Portfoliodividenden nach § 21 Abs 1 Z 1 a KStG, GES 2011, 289; *dies*, Zweifelsfragen zur KESt-Entlastung und KESt-Erstattung im Konzern, in Praxisfragen der Unternehmensbesteuerung, Wien 2011, 81; *Bayer/Ortner*, § 21 Abs 1 Z 1 a KStG – Neue Steuerentlastung für Outbound-Dividenden, in Praxisfragen der Unternehmensbesteuerung, 117; *Hasanovic/Zeiler*, KESt-Rückerstattung bei beschränkt Steuerpflichtigen nach dem EU-Abgabenänderungsgesetz 2016 – Verfahrensrechtliche Möglichkeiten, SWK 2016, 1290; *Zorn*, VwGH: KESt bei Befreiungserklärung für Landwirtschaft einer KöR, RdW 2017, 780; *Renner*, KESt-Pflicht einer Forstwirtschaft eines kirchlichen Stifts, GES 2017, 393.

1. Ausländische Körperschaften

1035 Bei Körperschaften, die im Inland weder Sitz noch Geschäftsleitung haben (§ 1 Abs 3 Z 1), erstreckt sich die Steuerpflicht auf die **inländischen Einkünfte** iSd § 98 EStG (§ 21 Abs 1). Ist bei einer buchführungspflichtigen Körperschaft keine Betriebsstätte vorhanden, so kommt die **Isolationstheorie** zur Anwendung.[501])

Nach der Judikatur gilt die **Isolationstheorie** auch bei Einkünften aus selbständiger Arbeit, sodass eine ausländische Körperschaft, deren Tätigkeit zB als künstlerische zu werten ist (etwa Orchester in der Rechtsform eines Vereines), in Österreich durch die Ausübung der Tätigkeit (ohne Betriebsstätte) beschränkt steuerpflichtig wird.[502]) Der inländische Vertragspartner hat daher in diesem Fall die Verpflichtung, die Abzugsteuer nach § 99 EStG einzubehalten und abzuführen (andernfalls Haftung).

Beschränkt steuerpflichtige Kapitalgesellschaften[503]) werden mit ihren inländischen Betriebsstätten und inländischem unbeweglichen Vermögen wie inländische unter § 7 Abs 3 fallende Körperschaften behandelt. Hat daher zB eine deutsche Kapitalgesellschaft in Österreich unbewegliches Vermögen, sind allfällige Veräußerungsgewinne steuerpflichtig (dient der Gleichstellung mit inländischen Kapitalgesellschaften, weil früher ausländische Kapitalgesellschaften nach Ablauf der Spekulationsfrist steuerfrei verkaufen konnten).[504])

1036 Für **inländische Kapitalerträge** ausländischer Körperschaften gilt:

- Inländische Beteiligungserträge (insb ausgeschüttete Dividenden) unterliegen der KSt in Form des KESt-Abzuges iHv 25%, soweit nicht ein DBA einen niedri-

---

[501]) Dazu oben Kap Einkommensteuer, Tz 780.

[502]) VwGH 14. 3. 1990, 86/13/0177; ausführlich zum Subsidiaritätsprinzip und zur Isolationstheorie *Kofler/Tumpel* in *Achatz/Kirchmayr*, KStG § 21 Tz 23 ff.

[503]) § 21 Abs 1 Z 3 spricht zwar von beschränkt Steuerpflichtigen, die inländischen unter § 7 Abs 3 fallenden Körperschaften vergleichbar sind, aber der Hauptanwendungsfall sind beschränkt steuerpflichtige Kapitalgesellschaften.

[504]) Dazu *Wiesner/Atzmüller/Mayr*, RdW 2005, 637.

geren Satz vorsieht (Entlastung an der Quelle nach der DBA-Entlastungsverordnung[505]) möglich). Für ausländische EU-Gesellschaften sieht § 94 Z 2 EStG ab einer Beteiligung von 10% an der inländischen Gesellschaft eine KESt-Befreiung vor. Die Befreiung für Beteiligungserträge bzw das internationale Schachtelprivileg nach § 10 sind aber grundsätzlich nicht anwendbar (§ 21 Abs 1 Z 1; Ausnahme im übernächsten Aufzählungspunkt).[506])

- Ist eine ausländische EU/EWR-Gesellschaft an einer inländischen Gesellschaft zu weniger als 10% beteiligt, ist bei Ausschüttung zwar die KESt einzubehalten (ggf reduziert gem DBA-Entlastungsverordnung), auf Antrag ist die KESt allerdings zurückzuzahlen, soweit die KESt im Ansässigkeitsstaat der Gesellschaft nicht angerechnet werden kann (§ 21 Abs 1 Z 1 a).[507])
- Unterhält eine EU-Gesellschaft eine inländische Betriebsstätte und sind die Beteiligungen dieser Betriebsstätte zuzurechnen, ist § 10 (Beteiligungsertragsbefreiung, internationales Schachtelprivileg) sinngemäß anzuwenden (§ 21 Abs 1 Z 2 lit a).
- Zinsen gem § 27 Abs 2 Z 2 EStG (zB aus Forderungswertpapieren, Bankeinlagen und Darlehen) unterliegen gem § 98 Abs 1 Z 5 EStG nicht der beschränkten Steuerpflicht[508]) und sind daher nicht steuerpflichtig. Eine allenfalls abgezogene KESt kann zurückgefordert werden.[509])
- Als Einkünfte aus realisierten Wertsteigerungen von Kapitalvermögen werden nur Einkünfte aus der Veräußerung einer inländischen Beteiligung (zB inländische Aktien, GmbH-Anteile) im Rahmen der beschränkten Steuerpflicht erfasst, sofern die Beteiligungshöhe innerhalb der letzten fünf Jahre mindestens 1% betragen hat (nach DBA wird allerdings idR dem anderen Staat das Besteuerungsrecht zugewiesen, vgl Art 13 OECD-MA).

Beispiel:[510])

Eine deutsche AG unterhält in Österreich eine Betriebsstätte zur Produktion von Wirtschaftsgütern. Zum Vertrieb der Produkte gründet sie in Österreich und in Ungarn je eine Tochtergesellschaft. Diese Tochtergesellschaften werden von Österreich aus betreut und dienen dem Vertrieb der in Österreich erzeugten Produkte. Die Beteiligungen gehören daher zum Betriebsvermögen der Betriebsstätte. Die Beteiligungserträge sind zwar im Rahmen der beschränkten Steuerpflicht im Betriebsstättengewinn zu erfassen, die Befreiungsbestimmungen des § 10 Abs 1 Z 1 (hinsichtlich der österreichischen) und § 10 Abs 1 Z 7 iVm Abs 2 (hinsichtlich der ungarischen Tochtergesellschaft) sind aber anzuwenden.

---

[505]) BGBl III 2005/92.

[506]) Vgl auch VfGH 17. 10. 1991, B 1291/90, Slg 12890.

[507]) Dazu KStR 2013 Rz 1489; *Mayr/Schlager,* RdW 2010, 241; *Kofler/Marschner,* GES 2011, 289; *Kofler/Tumpel* in *Achatz/Kirchmayr,* KStG § 21 Tz 156 ff; zur EU-widrigen Rechtslage vor dem BBG 2009 vgl VwGH 23. 9. 2010, 2008/15/0086.

[508]) Von der beschränkten Steuerpflicht ausgenommen sind generell (ohne weitere Voraussetzungen) Zinsen, die nicht von natürlichen Personen erzielt werden; vgl EStR 2000 Rz 7967; *Marschner* in Jakom EStG[11], § 98 Rz 93.

[509]) Zum Umfang der beschränkten Steuerpflicht nach dem BBG 2011 vgl *Vock* in *Kirchmayr/Mayr/Schlager,* Besteuerung von Kapitalvermögen 413 (419); vgl auch *Kofler/Tumpel* in *Achatz/Kirchmayr,* KStG § 21 Tz 96 ff; zur Rückerstattung siehe *Hasanovic/Zeiler,* SWK 2016, 1290.

[510]) Adaptiert aus KStR 2013 Rz 1487.

1037 Soweit Einkünfte einem Steuerabzug an der Quelle unterliegen (KESt, besonderer Steuerabzug gem § 99 EStG), gilt die Steuerpflicht damit als abgegolten (§ 24 Abs 2; Ausnahme: Kapitalerträge, die im Rahmen einer inländischen Betriebsstätte anfallen; Gewinnanteile aus stillen Beteiligungen, § 102 EStG). Mit den übrigen Einkünften werden beschränkt steuerpflichtige Körperschaften veranlagt. Hierbei können nach Maßgabe des § 8 Abs 4 auch Sonderausgaben abgezogen werden. Für den Verlustvortrag gilt allerdings die Einschränkung des § 102 Abs 2 Z 2 EStG (§ 21 Abs 1 Z 1).

Hinsichtlich der Vermeidung der Doppelbesteuerung gelten dieselben Regeln wie bei der ESt.[511])

2. Inländische Körperschaften

1038 Neben der beschränkten Steuerpflicht für ausländische Körperschaften kennt das KStG für inländische Körperschaften eine beschränkte Steuerpflicht „der zweiten Art". Bei inländischen **Körperschaften des öffentlichen Rechts** und bei Körperschaften, die nach § 5 oder nach anderen Bundesgesetzen von der KSt-Pflicht **befreit** sind (§ 1 Abs 3 Z 2 und 3),[512]) erstreckt sich die (beschränkte) Steuerpflicht zunächst auf Einkünfte, bei denen die KSt durch Steuerabzug erhoben wird, das sind vor allem die **KESt-pflichtigen Einkünfte.** Die KSt gilt durch den KESt-Abzug als abgegolten (§ 24 Abs 2). Im Ergebnis bedeutet dies, dass bei Einkünften, die der KESt unterliegen, die KESt abzuführen ist und trotz fehlender (unbeschränkter) Steuerpflicht nicht erstattet wird.

Die KESt beträgt grundsätzlich 25% bzw 27,5% der erzielten Einkünfte (§ 27 a Abs 1 EStG). Bei Einkünften, die von einer Körperschaft erzielt werden (wenn eine Körperschaft Schuldnerin der KESt ist), kann allerdings die abzugsverpflichtete Stelle KESt in Höhe von 25% einbehalten (Wahlrecht), was dem KSt-Satz entspricht.[513]) Wird dennoch KESt iHv 27,5% einbehalten, findet eine Erstattung der überhöhten KESt iHv 2,5% im Rahmen der Veranlagung der Körperschaft statt. Dies gilt ebenso für Einkünfte aus Grundstücksveräußerungen von Körperschaften, wenn eine Selbstberechnung der ImmoESt stattfindet; in diesem Fall kann der Parteienvertreter die ImmoESt iHv 25% anstatt der 30% einbehalten.[514])

1039 **Ausgenommen** sind vor allem **Beteiligungserträge** iSd § 10, ferner (ua) Kapitaleinkünfte gem § 27 EStG, die einer Pensions- oder Mitarbeitervorsorgekasse, bestimmten Unterstützungseinrichtungen oder einem befreiten Hilfsbetrieb einer abgabenrechtlich begünstigten Körperschaft zuzurechnen sind.

Soweit eine Ausnahme nach dieser Bestimmung nicht eingreift, ist dennoch keine KESt abzuziehen, wenn die Körperschaft dem Abzugsverpflichteten schriftlich erklärt, dass die Kapitaleinkünfte als Betriebseinnahmen eines Betriebes zu erfassen sind (Befreiungserklärung; § 94 Z 5 EStG). Dieser Betrieb kann auch ein Betrieb gewerblicher Art

---

[511]) Dazu unten Tz 1300 ff.

[512]) Befreiungen von der KSt-Pflicht können sich aber auch auf die beschränkte Steuerpflicht beziehen, dazu oben Tz 931; dazu *Achatz* in *Achatz/Kirchmayr*, KStG § 21 Tz 313.

[513]) § 93 Abs 1 a EStG.

[514]) § 30 b Abs 1 a EStG.

einer Körperschaft des öffentlichen Rechts oder ein wirtschaftlicher Geschäftsbetrieb einer gemeinnützigen Körperschaft sein. In der Regel wird es jedoch erforderlich sein, dass die Kapitalanlagen zum notwendigen Betriebsvermögen dieses Betriebes zählen. Die Befreiung von der KESt-Abzugspflicht durch Abgabe der Befreiungserklärung gem § 94 Z 5 EStG bewirkt nach dem VwGH keine „definitive" Steuerfreistellung und entfaltet damit keine „materiellrechtliche" Wirkung.[515]) Die betreffenden Einkünfte sind daher im Wege der Veranlagung zu erfassen. Damit kann im Ergebnis die Steuerpflicht von Kapitaleinkünften, die in einem land- und forstwirtschaftlichen Betrieb einer Körperschaft öffentlichen Rechts (kein BgA) erzielt werden, nicht durch Abgabe einer Befreiungserklärung nach § 94 Z 5 EStG umgangen werden.

Beispiele:

1. Ein gemeinnütziger Verein bezieht Zinserträge aus Spareinlagen und festverzinslichen Wertpapieren sowie Ausschüttungen aus einer 20%igen Beteiligung an einer GmbH. Die Zinsen sind steuerpflichtig (beschränkte Steuerpflicht; 25% KESt). Für die Ausschüttungen ist KESt einzubehalten und abzuführen (§ 94 Z 2 EStG ist mangels unbeschränkter Steuerpflicht nicht anwendbar).

2. Eine eigennützige Privatstiftung hat das Vermögen in Kapitalgesellschaftsbeteiligungen und festverzinslichen Wertpapieren angelegt: Die Beteiligungserträge sind nach § 10 iVm § 21 befreit, die Wertpapiererträge unterliegen nach § 21 Abs 2 Z 3 iVm § 13 Abs 3 Z 1 der Zwischenbesteuerung (kein KESt-Abzug).

§ 21 Abs 3 erweitert die **beschränkte Steuerpflicht** für Körperschaften öffentlichen Rechts und befreiten Körperschaften auf folgende Einkünfte: **1040**

- **Ausländische Einkünfte**, die mit den Einkünften nach § 21 Abs 2 vergleichbar sind (zB Erträge aus ausländischen festverzinslichen Wertpapieren, ausländischen Bankeinlagen, Aktiengewinne). Damit soll das Ausweichen auf steuerfreie Auslandsveranlagungen verhindert werden.
- **Einkünfte nach § 27 a Abs 2 EStG** (Einkünfte, bei denen der Sondersteuersatz nicht zur Anwendung kommt). Dadurch werden neben den Einkünften aus einer Beteiligung als stiller Gesellschafter oder nicht öffentlich begebenen Forderungswertpapieren alle in § 27 a Abs 2 EStG aufgelisteten Einkünfte der beschränkten Steuerpflicht unterworfen; dies soll ebenfalls gegen unerwünschte Kapitalveranlagungen vorbeugen.[516]) Ausgenommen von der Steuerpflicht sind nur Einkünfte aus **Förderungsdarlehen** (zB Wohnbauförderung der Länder), wobei nach den Gesetzesmaterialien die Förderungszwecke sehr weit zu verstehen sind.
- **Einkünfte aus** realisierten Wertsteigerungen von **Anteilen an Körperschaften;** damit unterliegen auch Veräußerungsgewinne aus GmbH-Anteilen der beschränkten Steuerpflicht (dies betrifft vor allem „Ausgliederungen" der Kommunen/Gemeinden und gilt für Anschaffungen ab dem 1. 9. 2011).

---

[515]) VwGH 13. 9. 2017, Ro 2016/13/0024; dazu *Zorn,* RdW 2017, 780 und *Renner,* GES 2017, 393.

[516]) Die vor dem BBG 2012 von der beschränkten Steuerpflicht nicht erfassten „Investments" fallen bei Anschaffung/Vertragsabschluss ab 1. 4. 2012 in die Steuerpflicht.

Die Steuer ist in diesem Fall im Veranlagungsweg einzuheben und beträgt ebenfalls 25%.

1041 Mit dem 1. StabG 2012 wurde die **beschränkte Steuerpflicht** für Körperschaften öffentlichen Rechts und befreite Körperschaften zudem auf **private Grundstücksveräußerungen nach § 30 EStG** erweitert.

Diese Erweiterung hat folgenden Hintergrund: Da sich die neue Grundstücksbesteuerung im EStG weitgehend an der KESt-neu orientiert, Veranlagungen in Kapital und Immobilien steuerlich gleichstellen möchte und für Grundstücksveräußerungen ebenfalls eine Art Abzugsteuer (ImmoESt) vorsieht,[517]) erschien es konsequent, diesen Schritt der steuerlichen Gleichstellung auch bei der beschränkten KSt-Pflicht zu setzen. Grundstücksveräußerungen ab dem 1. 4. 2012 unterliegen damit generell der beschränkten KSt-Pflicht. Die Einkünfteermittlung knüpft zwar ebenfalls an § 30 EStG an, kann in Teilbereichen aber abweichen: Anders als in der ESt wird zB das „Altvermögen" grundsätzlich den gesamten Grundstücksbestand beschränkt KSt-pflichtiger Körperschaften zum 31. 3. 2012 umfassen, weil die Grundstücke zuvor nicht steuerverfangen waren (auch nicht spekulationsverfangen); deshalb kann das idR vorteilhaftere Besteuerungsregime für Altvermögen zur Anwendung kommen (fingierte Anschaffungskosten iHv 86% oder 40% des Veräußerungserlöses).[518])

Erhebungstechnisch werden beschränkt steuerpflichtige Körperschaften den natürlichen Personen gleichgestellt:[519]) Wird für Zwecke der Grunderwerbsteuer eine Selbstberechnung gem § 11 GrEStG vorgenommen, haben die Parteienvertreter (Notare, Rechtanwälte) gleichzeitig die Selbstberechnung und Entrichtung der Immobilienertragsteuer (ImmoESt) vorzunehmen.[520]) Wird von den Parteienvertretern keine Selbstberechnung, sondern nur die Abgabenerklärung nach § 10 GrEStG elektronisch übermittelt, hat die Körperschaft eine besondere Vorauszahlung nach § 30b Abs 4 EStG zu entrichten.

1041/1 Der besondere **Steuerabzug gem § 99 EStG** ist zwar ebenfalls eine Variante der Steuererhebung im Abzugsweg, ist aber nach dem systematischen Zusammenhang eindeutig auf beschränkt Steuerpflichtige der ersten Kategorie (Sitz und Geschäftsleitung im Ausland) bezogen. Er dürfte daher bei Körperschaften öffentlichen Rechts bzw befreiten Körperschaften nicht zur Anwendung kommen.[521])

IV. Tarif

Literatur allgemein: *Aigner/Kofler,* Anwendung des Freibetrages nach § 24 Abs 4 EStG bei Körperschaften? SWK 2003, S 334 und S 551; *Bruckner,* Senkung des KöSt-Satzes auf 25% und Festsetzung der KöSt-Vorauszahlungen 2005, ÖStZ 2005, 88; *Doralt,* 25% Körperschaftsteuer bedingt 40% (44%) ESt-Höchststeuersatz, RdW 2005, 120; *Maier,* Steuerreform 2005: Wurde die Liquidation vergessen? taxlex 2005, 351, 446;

---

[517]) Zur neuen Grundstückbesteuerung vgl oben Kap Einkommensteuer, Tz 118 ff.

[518]) Dazu *Bodis/Mayr,* RdW 2012, 239; vgl KStR 2013 Rz 1501.

[519]) Dazu oben Kap Einkommensteuer, Tz 770/1 ff; *Bodis/Schlager,* RdW 2012, 173.

[520]) Zur Möglichkeit der ImmoESt-Selbstberechnung iHv 25% der Einkünfte siehe oben Tz 1038.

[521]) Ebenso KStR 2013 Rz 1496; *Wiesner/Schneider/Spanbauer/Kohler* § 21 Anm 22; *Achatz* in *Achatz/Kirchmayr,* KStG § 21 Tz 293; andernfalls wäre beispielsweise bei Arbeitnehmergestellung durch eine Körperschaft öffentlichen Rechts an eine ausgegliederte Gesellschaft von dieser ein Steuerabzug iHv 20% vorzunehmen.

Zwettler/Wolf, SWK 2008, S 407; *Baldauf,* Der erweiterte Freibetrag für begünstigte Körperschaften, SWK 2008, S 755; *Doralt,* Abgabenverkürzung durch Weigerung der Empfängernennung bei einer Kapitalgesellschaft, RdW 2008, 116; *Wallner,* UFS zum anwendbaren Körperschaftsteuersatz bei Änderungen während des Liquidationszeitraumes, AFS 2009, 247; *Klinglmair,* Die Vortragsfähigkeit des Freibetrags für begünstigte Zwecke, taxlex 2010, 53; *Bieber/Brandstetter,* Neuer Strafzuschlag nach dem BBKG 2010, GES 2010, 281; *Haider/Schlager,* Verschärfung der Empfängerbenennung durch das BBKG 2010, SWK 2010, S 1015; *Zorn,* VwGH zum Zuschlag zur Körperschaftsteuer bei unterlassener Empfängerbenennung, RdW 2017, 782; *Renner,* Erste VwGH-Entscheidung zum Zuschlag zur Körperschaftsteuer wegen verweigerter Empfängerbenennung, GES 2017, 444; *Dziurdź,* Empfängerbenennung und der „freiwillige" Zuschlag zur Körperschaftsteuer, SWK 2018, 773; *Zorn,* VwGH: Kein Gemeinnützigkeits-Freibetrag für private Grundstücksveräußerung, RdW 2018, 811.

Literatur zur Mindestkörperschaftsteuer: *Kaufmann,* ÖStZ 2001, 58; *Novacek,* ÖStZ 2001, 192; *Kaufmann,* ÖStZ 2001, 558; *Novacek,* ÖStZ 2002, 136; *Beiser/Mayr,* ÖStZ 2003, 176; *Novacek,* FJ 2003, 399; *Sulz,* UFS-aktuell 2004, 368; *Novacek,* FJ 2004, 416; *Atzmüller,* RdW 2005, 572; *Novacek,* RdW 2006, 184; *Hödl,* SWK 2006, S 433; *Brandstätter/Puchner,* Anrechnungszeitpunkt der verschmelzungsbedingt übergegangenen Mindestkörperschaftsteuer, SWK 2007, S 883; *Brugger,* Mindeststeuer und Steueranrechnung, ÖStZ 2008, 59; *ders,* Ermäßigte Mindeststeuer bei Eintritt in die unbeschränkte Steuerpflicht, ecolex 2008/360; *Renner,* MiKö bei Wechsel in die unbeschränkte Steuerpflicht, SWK 2009, S 797; *Brugger,* Ermäßigte Mindeststeuer bei Wechsel von der beschränkten zur unbeschränkten Steuerpflicht, ecolex 2009/282; *Renner,* Anrechnung der MiKö auf die Einkommensteuerschuld der Gesellschafter, ecolex 2010/224; *Krafft,* Verrechnung von MiKö mit Einkommensteuer des Gesellschafters nach Löschung der Gesellschaft, UFSjournal 2010, 401; *Peyerl,* Ist die MiKö doch gemeinschaftsrechtswidrig? SWK 2010, S 321; *Haslehner,* Der Anrechnungshöchstbetrag in der Unternehmensgruppe, GES 2011, 298; *Schwaiger,* Verwertung von Vorgruppen-MiKö, UFSjournal 2011, 236; *Moser,* Das neue „Gründungsprivileg" im GmbHG und dessen steuerrechtliche Auswirkungen, ecolex 2014, 369; *Kanduth-Kristen/Gregori,* GmbH „light" – Änderungen durch das AbgÄG 2014, taxlex 2014, 115; *Novacek,* Mindeststeuer gem § 24 Abs 4 KStG – aktuelle verfassungsrechtliche Bedenken, FJ 2015, 102; *Kanduth-Kristen/Heidenbauer,* MiKö im Jahr 2013 und rückwirkende Umgründung, taxlex 2015, 120.

Bei **gemeinnützigen Körperschaften** sind gem § 23 Abs 1 Einkünfte aus wirtschaftlichen Geschäftsbetrieben bzw Gewerbebetrieben iHv max **€ 10.000** steuerfrei **(Freibetrag);** ein in einem Jahr nicht (vollständig) verbrauchter Freibetrag bleibt innerhalb der nächsten zehn Jahre verrechenbar.[522]) **1042**

Der Freibetrag ist vor allem für Gewinne aus steuerpflichtigen Betrieben gemeinnütziger Vereine (vgl §§ 45 und 45a BAO) von Bedeutung. Von der kumulierten Verrechenbarkeit über 10 Jahre profitieren vor allem Vereine, die nicht jährlich, sondern in größeren Abständen (große) Vereinsfeste veranstalten.[523]) Der Freibetrag ist nur vom – nach Abzug der Sonderausgaben verbleibenden – unbeschränkt „teilsteuerpflichtigen" Einkommen der Körperschaft in Abzug zu bringen, im Ergebnis somit nur für wirtschaft-

[522]) Ab Veranlagung 2004, eingeführt mit Abgabensicherungsgesetz 2007; dazu *Zwettler/Wolf,* SWK 2008, S 407; kritisch *Baldauf,* SWK 2008, S 755; *Klinglmair,* taxlex 2010, 53.

[523]) Vgl KStR 2013 Rz 1521 mit Beispiel zu einer 50-Jahr-Feier; vgl auch *Achatz/Klinglmair* in *Achatz/Kirchmayr,* KStG § 23 Tz 21.

liche Geschäftsbetriebe bzw Gewerbebetriebe.[524]) Keine Wirkung entfaltet er hingegen für Einkünfte, die der beschränkten Steuerpflicht gem § 21 Abs 2 und 3 unterliegen (Kapitaleinkünfte und Einkünfte aus Grundstücksveräußerungen).

1043 Der **KSt-Satz** beträgt **25%** (§ 22 Abs 1).[525]) Dieser Satz gilt nicht nur für Kapitalgesellschaften, sondern für sämtliche Körperschaften, gleichgültig ob der Gewinn einbehalten oder ausgeschüttet wird. Er gilt zB auch für die ausländischen Einkünfte beschränkt Steuerpflichtiger nach § 21 Abs 3.

Der Steuersatz für die nach § 13 Abs 3 und 4 zu versteuernden Kapitalerträge und Einkünfte einer **Privatstiftung** beträgt seit dem BBG 2011 ebenfalls **25%** (Zwischensteuer; § 22 Abs 2).[526])

Mit dem Betrugsbekämpfungsgesetz 2010 wurde ein neuer (Straf-)**Zuschlag iHv 25%** eingeführt (ab der Veranlagung 2011, § 26c Z 22). Danach hat ein Abgabepflichtiger für Beträge, bei denen er auf Verlangen der Abgabenbehörde die Gläubiger oder Empfänger nicht genau bezeichnet, zusätzlich zur Körperschaftsteuer einen Zuschlag in Höhe von 25% von diesen Beträgen zu entrichten (§ 22 Abs 3).[527]) Dadurch soll vor allem bei Zahlungen/Leistungen an (nicht benannte) Gesellschafter eine Umgehung der KESt vermieden und eine konsequente Einmalbesteuerung[528]) erreicht werden. Unabhängig vom Strafzuschlag führt gem § 162 BAO die unterlassene Benennung des Empfängers der Zahlungen zur Nichtabzugsfähigkeit der betreffenden Aufwendungen als Betriebsausgabe. Dementsprechend kommt der Strafzuschlag unabhängig davon zur Anwendung, ob die betreffenden Zahlungen als Betriebsausgabe geltend gemacht werden oder nicht.[529])

1044 Unbeschränkt steuerpflichtige Kapitalgesellschaften haben gem § 24 Abs 4 eine **Mindestkörperschaftsteuer (MiKö)** zu entrichten. Die MiKö beträgt grundsätzlich **5%** der **gesetzlichen Mindesthöhe des Grund- oder Stammkapitals** pro Jahr, somit für die GmbH € 1.750 und für die AG € 3.500. Fehlt bei ausländischen Körperschaften eine gesetzliche Mindesthöhe des Kapitals oder ist diese niedriger als die gesetzliche Mindesthöhe nach § 6 GmbHG, ist § 6 GmbHG maßgebend (somit zumindest € 1.750; dies betrifft vor allem die britische „Limited“). Für nach dem 30. 6. 2013 gegründete GmbH[530]) beträgt allerdings die MiKö in den ersten fünf Jahren (ab dem Eintritt in die unbeschränkte Steuerpflicht)[531]) € 500 pro Jahr (€ 125 pro Vierteljahr) und in den folgenden

---

[524]) VwGH 18. 10. 2018, Ro 2016/15/0040; dazu *Zorn*, RdW 2018, 811.

[525]) Seit der Veranlagung 2005, davor betrug der KSt-Satz 34%.

[526]) Dazu unten Tz 1057.

[527]) Dazu *Haider/Schlager*, SWK 2010, S 1015; *Kirchmayr* in *Achatz/Kirchmayr*, KStG § 22 Tz 8.

[528]) Auf Gesellschaftsebene durch das Entfallen des Betriebsausgabenabzugs (§ 162 Abs 2 BAO) und zusätzlich ein der KESt (auf Gesellschafterebene) entsprechender Zuschlag.

[529]) VwGH 14. 9. 2017, Ro 2016/15/0004; dazu *Zorn*, RdW 2017, 782; *Renner*, GES 2017, 444.

[530]) Nach den KStR 2013 Rz 1563 gilt die reduzierte MiKö auch für vergleichbare unbeschränkt steuerpflichtige ausländische Körperschaften (zB eine britische „Private Company Limited“).

[531]) Die gilt somit auch bei Wechsel von der beschränkten Steuerpflicht in die unbeschränkte; VwGH 28. 5. 2009, 2008/15/0193; dazu *Brugger*, ecolex 2008/360; *Renner*, SWK 2009, S 797; *Brugger*, ecolex 2009/282.

fünf Jahren € 1.000 pro Jahr (€ 250 pro Vierteljahr).[532]) Für Kreditinstitute und Versicherungsunternehmen.beträgt die MiKö € 5.452 pro Jahr.

Die reduzierte MiKö für GmbH knüpft an die gesellschaftsrechtlichen Bestimmungen über die **Gründungsprivilegierung** in § 10b GmbHG an.[533]) Nach diesen Bestimmungen können bei der Gründung einer GmbH gründungsprivilegierte (reduzierte) Stammeinlagen in Höhe von lediglich € 10.000 (davon mindestens € 5.000 in bar) geleistet werden (anstatt mindestens € 35.000 und mindestens € 17.500 in bar). Die Gründungsprivilegierung endet spätestens zehn Jahre nach der Eintragung der Gesellschaft im Firmenbuch, wodurch anschließend die Mindesteinzahlungserfordernisse gem § 10 Abs 1 GmbHG zu erfüllen sind (Aufstockung der Bareinlagen auf mindestens € 17.500).[534]) Die Anwendbarkeit der reduzierten MiKö hängt allerdings nicht von der Inanspruchnahme der Gründungsprivilegierung ab.

Die MiKö wurde vom VfGH für verfassungsrechtlich unbedenklich[535]) und vom EuGH für gemeinschaftsrechtskonform erachtet.[536]) Im Schrifttum werden allerdings gemeinschaftsrechtliche Bedenken wegen Einbeziehung ausländischer Gesellschaften und verfassungsrechtliche Bedenken wegen unveränderter Höhe trotz Tarifsenkung vorgebracht.[537])

Soweit die MiKö die tatsächliche KSt-Schuld übersteigt, ist sie als Vorauszahlung anzusehen und mit der in den folgenden Veranlagungszeiträumen entstehenden tatsächlichen KSt-Schuld zu verrechnen.

Die Vorschrift betrifft nicht nur inaktive Kapitalgesellschaften, sondern auch Holdinggesellschaften, die nur steuerfreie Beteiligungserträge erzielen, ferner Gesellschaften, die gelegentlich oder längere Zeit hindurch Verluste ausweisen, ebenso Kapitalgesellschaften in der Liquidationsphase oder nach Konkurseröffnung.[538]) MiKö-Pflicht besteht bis zu jenem Zeitpunkt, in dem die Rechtspersönlichkeit untergeht, jedenfalls aber bis zu dem Zeitpunkt, in dem das gesamte Vermögen auf andere übergegangen ist, auch wenn der Geschäftsbetrieb eingestellt wurde.[539])

In einer **Unternehmensgruppe** ist die MiKö für jedes MiKö-pflichtige Gruppenmitglied und den Gruppenträger zu berechnen und vom Gruppenträger zu entrichten, wenn das Gesamteinkommen in der Unternehmensgruppe nicht ausreichend positiv ist (Einzelheiten § 24a Abs 4 KStG).

---

[532]) Siehe dazu *Brugger* in *Lang/Rust/Schuch/Staringer*, KStG² § 24 Rz 82.

[533]) Zur Entwicklung der Bestimmung siehe *Moser*, ecolex 2014, 369.

[534]) Die Einführung der Gründungsprivilegierung wurde vom VfGH als verfassungskonform angesehen, nachdem der OGH verfassungsrechtliche Bedenken geäußert und einen Antrag auf Aufhebung der betreffenden Bestimmungen gestellt hat (VfGH 14. 3. 2017, G 311/2016).

[535]) VfGH 5. 3. 1998, B 2195/97.

[536]) EuGH 18. 1. 2001, C-113/99: kein Verstoß gegen die KapitalansammlungsRL (69/335/EWG); vgl auch VwGH 9. 9. 2004, 2004/15/0047; *Sulz*, UFS-aktuell 2004, 368; *Novacek*, RdW 2006, 184.

[537]) Vgl *Sulz*, UFS-aktuell 2004, 368; *Novacek*, RdW 2006, 184; *Hödl*, SWK 2006, S 433; zu den verfassungsrechtlichen Bedenken auf Grund der Änderungen iZm der Gründungsprivilegierung siehe *Novacek*, FJ 2015, 102.

[538]) VwGH 22. 2. 1995, 95/15/0016; VwGH 27. 2. 2001, 2001/13/0030; UFS 22. 7. 2008, RV/0941-G/07, zum Ende der MiKö im Konkurs.

[539]) VwGH 31. 3. 2005, 2002/15/0032.

1045 Tarifvorschriften des EStG (insb § 37 EStG) sind bei der KSt nicht anwendbar, soweit sie nicht kraft Verweisung für anwendbar erklärt werden. Auch der Freibetrag für Betriebsveräußerungen nach § 24 EStG ist nach Auffassung der FinVerw nicht anwendbar.[540])

1046 Zu den Einkünften gehören auch **Sanierungsgewinne,** das sind Gewinne, die durch Vermehrungen des Betriebsvermögens infolge eines Schulderlasses zum Zwecke der Sanierung entstanden sind (§ 23a Abs 1).[541]) Eine tarifliche Sonderregelung gilt für Sanierungsgewinne, die durch Erfüllung der Sanierungsplanqote nach Abschluss eines Sanierungsplans gem §§ 140 bis 156 IO entstanden sind (§ 23a Abs 2).[542])

1047–1049 *frei*

V. Exkurs: Privatstiftungen

A. Allgemeines

Literatur: *Hopf/Gaigg,* Auflösung einer österreichischen Privatstiftung aus der Sicht deutscher Begünstigter, SWI 2000, 72; *Achatz/Leitner,* Die Betriebsstiftung – Zu den ertragsteuerlichen Konsequenzen von Einlagen und Zuwendungen am Praxisfall einer Forschungsstiftung, in FS Werilly, Wien 2000, 11; *Helbich/Widinski,* Umgründungen von Privatstiftungen, in FS Werilly, Wien 2000, 141; *König,* Stiftungsmodelle am Prüfstand, in FS Werilly, Wien 2000, 171; *Sulz,* Gemeinnützigkeit und Umwandlung einer Stiftung in eine Privatstiftung, in FS Werilly, Wien 2000, 291; *Gassner/Göth/Gröhs/Lang,* Privatstiftungen – Gestaltungsmöglichkeiten in der Praxis, Wien 2000; *Knaus,* Privatstiftung und Maßgeblichkeitsprinzip, SWK 2000, S 748; *Gassner/Lang,* Die neue Stiftungsbesteuerung von Gewinnen aus Beteiligungsveräußerungen, SWK 2000, S 765; *Kofler,* Der steuerliche Durchgriff bei der Privatstiftung, 2001; *Arnold/Bachl,* Ausgewählte Rechtsfragen der Belegschaftsbeteiligungsstiftung, ecolex 2001, 226; *Nowotny,* Die Zwischenbesteuerung bei Privatstiftungen mit ausländischen Begünstigten, SWI 2001, 307; *ders,* Verfahrensrechtliche Fragen der Zwischenbesteuerung von Privatstiftungen, SWI 2001, 434; *Lang,* Der Zeitpunkt des Kapitalertragsteuerabzuges bei Zuwendungen einer Privatstiftung an Begünstigte, SWK 2001, S 323; *Doralt,* Stiftungen: Nutzungszuwendungen an Begünstigte, RdW 2002, 125; *König,* Die Vermögens- und Nutzungszuwendung von eigen- bzw gemischtnützigen Privatstiftungen, RdW 2002, 311; *Grabenwarter* (Hrsg), Die Stiftung in der Praxis, Wien 2002; *Aigner/Kofler,* Die steuerliche Behandlung von Investmentfonds bei eigennützigen Privatstiftungen, ecolex 2003, 49; *Huber/Ludwig,* Ist die Besteuerung der österreichischen Privatstiftung EU-konform? ecolex 2003, 194; *Knörzer,* Privatstiftungen: Zwischenbesteuerung für Beteiligungsveräußerungen nach dem Zuflussprinzip? RdW 2003, 114; *Widhalm,* Privatstiftungen: Zeitpunkt der Aufdeckung stiller Reserven aus zwischensteuerpflichtigen Einkünften iSd § 31 EStG, RdW 2003, 229; *Marschner,* Praxisfragen zur Zwischenbesteuerung, SWK 2003, S 363; *König,* Die Belegschaftsbeteiligungsstiftung, ÖStZ 2003, 384; *Lang,* Die „Zwischenbesteuerung" der Privatstiftung bei Zuwendungen an im Ausland ansässige Begünstigte, JBl 2003, 802; *Lechner,* Beteiligungs-

---

540) EStR 2000 Rz 5691, KSt-Protokoll 2003; aA *Aigner/Kofler,* SWK 2003, S 334 und S 551.

541) VwGH 17. 4. 2008, 2006/15/0083 zu den Voraussetzungen für Annahme eines begünstigten Sanierungsgewinnes durch Schulderlass.

542) Vgl oben Kap Einkommensteuer, Tz 664 ff.

ausgliederung durch Kapitalgesellschaften in Stiftungen, JBl 2003, 813; *Tanzer,* Der steuerrechtliche Durchgriff gegenüber österreichischen Privatstiftungen, ecolex 2004, 471; *Wellinger,* Nutzungszuwendungen von Privatstiftungen, RdW 2004, 370; *Kauba,* Fruchtgenussrechte an Kapitalanteilen und Kapitalgesellschaften bzw Stiftungen, RdW 2004, 701; *Perl,* Die Sparkassen-Privatstiftung, Wien 2005; *Furherr,* Die Gutschrift der Zwischenkörperschaftsteuer bei Auflösung von Privatstiftungen mit DBA-geschützten Letztbegünstigten, SWI 2005, 167; *Stangl,* Privatstiftungen: Unterjährige Veräußerung/unterjähriger Erwerb von Forderungswertpapieren und Zwischenbesteuerung, RdW 2005, 385 (dazu *Marschner,* RdW 2005, 512); *Obernberger,* Steuerliche Konsequenzen der Beendigung einer eigennützigen Privatstiftung, SWK 2005, S 786; *Kofler/Marschner,* Österreichische Privatstiftung und deutsche Zurechnungsbesteuerung, taxlex 2005, 472; *Arming,* Stiftungen, Anstalten und Trusts aus Sicht der EU-Zinsbesteuerung, taxlex 2005, 575; *Doralt,* Stiftungsbegünstigungen für Immobilien – ein Widerspruch, RdW 2006, 716; *ders,* Stiftungsbesteuerung: Mausefalle ein Papiertiger? RdW 2007, 52; *ders,* Die „bescheidenen" Steuervorteile von Privatstiftungen – Segen oder Fluch? RdW 2007, 122 *Arnold,* Privatstiftungsgesetz, Kommentar², Wien 2007; *König,* § 13 Abs 5 KStG 1988 allgemein und das „sonstige Ausscheiden" im Besonderen, in FS Doralt, Wien 2007, 223; *Lechner,* Ausgewählte Fragen zum Stiftungswiderruf, in FS Doralt, Wien 2007, 251; *Ludwig,* Die ertragsteuerliche Behandlung des Stifters als Letztbegünstigter bei Widerruf einer Privatstiftung, in FS Doralt, Wien 2007, 289; *Marschner,* Die Steuererklärung der Privatstiftung, SWK 2007, S 309; *Petritz,* Der Trust für Zwecke der Vermögensnachfolge, RdW 2007, 635; *Mayr,* Privatstiftungen: Entlastung bei der Ausgangsbesteuerung sachgerecht? RdW 2008, 296; *Kirchmayr/Achatz,* SchenkMG 2008 – Ausländische Stiftungen neu geregelt, taxlex 2008, 173; *Arnold/Ludwig,* Geplante Änderung der Stiftungseingangsbesteuerung, taxlex 2008, 190; *Fraberger/Petritz,* Die liechtensteinsche Familienstiftung im österreichischen Abgabenrecht, RdW 2008, 299; *Toifl,* Nochmals: Die liechtensteinsche Familienstiftung im österreichischen Abgabenrecht, RdW 2008, 428; *Schuchter,* Zuwendungsbesteuerung neu, taxlex 2008, 224; *dies,* Eckpunkte der neuen Stiftungseingangssteuer, taxlex 2008, 229; *Toifl,* Liechtensteinsche Stiftungen – Irrwege der Intransparenz, taxlex 2008, 234; *Pröll,* Europarechtliche Aspekte zur Stiftungseingangsbesteuerung, taxlex 2008, 239; *Hofer,* Einschränkung der Ersatzanschaffung gem § 13 abs 4 KStG bei Privatstiftungen, taxlex 2008, 243; *Ludwig/Widinski,* Gesetzesänderung bei der Übertragung stiller Reserven aus Beteiligungsveräußerungen auf Ausnahmefälle beschränkt, taxlex 2008, 104; *Arnold/Ludwig,* Die neue Stiftungsbesteuerung, taxlex 2008, 270; *Petritz,* Die Besteuerung des Trusts nach dem SchenkMG, taxlex 2008, 275; *Mayr,* Stiftungen nach dem SchenkMG 2008, RdW 2008, 487; *Doralt,* Stiftung neu: Die diskriminierte Kapitalgesellschaft, RdW 2008, 615; *Toifl,* SchenkMG 2008 und die Besteuerung in- und ausländischer Stiftungen, RdW 2008, 688; *Cerha/Haunold/Huemer/Schuch/Wiedermann* (Hrsg), Stiftungsbesteuerung, Wien 2008; *Arnold/Stangl/Tanzer,* Privatstiftungs-Steuerrecht², Wien 2009; *Fraberger/Petritz,* Das Herzstück der „Stiftungsbesteuerung neu", PSR 2009, 34; *Hammer/Petritz,* EU-Familienstiftungen im österreichischen Abgabenrecht, RdW 2009, 435; *dies,* VwGH zur Besteuerung von ausländischen Stiftungen, RdW 2009, 611; *Pröll,* „Steuerlicher Durchgriff" bei liechtensteinischen Familienstiftungen, ÖStZ 2009, 524; *Varro,* Stiftungseingangssteuer, Wien 2009; *Moshammer/Aigner,* Auslandsdividenden von Privatstiftungen: Besteuerung durch das Budgetbegleitgesetz 2009 neu geregelt, SWI 2009, 575; *Melzer,* Österreichisches Privatstiftungsrecht und neues liechtensteinisches Stiftungsrecht, Graz 2010; *Bodis/Pampel,* Grundstückzuwendung an eine Stiftung unter Auflage, RdW 2010, 118; *Laudacher/Marchgraber,* Die „Vorlagepflicht" von Privatstiftungen, ecolex 2010/177; *Marschner,* Nichtvorlage der Stiftungszusatzurkunde beim Finanzamt führt zur Regelbesteuerung, UFSjournal 2010, 183; *Schuchter,* Was bringt die Steuerreform für Stiftungen? taxlex 2010, 467; *Tanzer,* Der ertragsteuerliche Durchgriff durch eine österreichische oder liechtensteinische Privatstiftung, PSR 2010, 128; *Petutschnig,* Kein „steuerlicher Durchgriff“ bei liechtensteinischen Stiftungen, ÖStZ 2010, 478; *Moshammer,* Drittstaatsbeteiligungen von Privatstiftungen, RdW 2010, 548; *Mayr,* Immobilienstiftungen von Kapitalgesellschaften, RdW 2010, 806; *Varro,* Die Stiftungsbesteuerung nach dem BBG 2011, PSR 2011, 25; *Lang,* Steuerlicher „Durchgriff“ durch liechtensteinische Stiftungen? ÖStZ 2011, 107; *Bodis,* Grundstücksbewertung in der Stiftungseingangssteuer verfassungswidrig – bleibt trotzdem alles beim Alten? RdW 2011, 239; *Fellner,* Aufhebung des § 1 Abs 5 letzter Satz StiftEG problematisch, SWK 2011, T 69; *Zorn,* Nochmals: Aufhebung des § 1 Abs 5 letzter Satz StiftEG, SWK 2011, S 639; *Arnold,* Stiftungsrechtliche Änderungen für Privatstiftungen durch das BBG 2011, GesRZ 2011, 101; *Aigner,* Immobilienvermietung durch eine Privatstiftung an ihren Stifter oder an Begünstigte, SWK 2011, S 394; *Marschner,* Die fehlende Systematik der Zwischenkörperschaftsteuer bei Privatstiftungen, SWK 2011, S 816; *Haider,* Neuregelung der Immobilienveräußerung durch Privatstiftungen, taxlex 2011, 251; *Wiedermann/Wilplinger,* Einkünfte aus Beteiligungen bei Privatstiftungen, ecolex 2011, 788; *Varro,* Die Verfassungswidrigkeit der Bewertungsvorschrift im StiftEG, eine wirkungslose Verfassungswidrigkeit? ecolex 2011, 751; *Korntner,* Die Besteuerung von Privatstiftungen – aktuelle Rechtslage, FJ 2011, 244; *Puchinger/Marschner,* Die elektronische Begünstigtenmeldung bei Privatstiftungen nach dem PSG, FJ 2011, 163; *dies,* Die elektronische Meldung von Begünstigten von Privatstiftungen – was nun wirklich gilt, ZFS 2011, 112; *Prechtl-Aigner/Kofler,* Privatstiftungen: Neuerungen bei ausländischen Portfoliodividenden durch das AbgÄG 2011, ZFS 2011, 107; *Kubik,* Der Trust im Steuerrecht, Wien 2011; *Marschner,* Besteuerung von Kapitalvermögen einer Privatstiftung, ZFS 2011, 114; *Tanzer,* Kapitalveranlagung durch Privatstiftungen, in *Kirchmayr/Mayr/Schlager,* Besteuerung von Kapitalvermögen, Wien 2011, 397; *Marschner,* Optimierung der Familienstiftung aus der Sicht des Begünstigten, Wien 2011; *Hammer,* Ausländische Stiftungen und vergleichbare Strukturen im österreichischen Steuerrecht, Wien 2011; *Bruckner,* Steuerliche Änderungen für Privatstiftungen durch das BBG 2011 und das AbgÄG 2011, RdW 2011, 615; *Bodis,* Stiftungsbesteuerung: Grunderwerbsteuer statt Stiftungseingangssteuer, RdW 2011, 693; *Lochmann,* Die Steuerreform Liechtensteins aus österreichischer Sicht, Wien 2012; *Tanzer,* Liechtensteinische (Privat-)Stiftungen und ihre typenmäßige Einordnung sowie Einkünfteträgerschaft im österreichischen Ertragsteuerrecht, ZFS 2012, 13; *Bodis/Varro,* StiftEG: Gemischte Grundstückszuwendungen an Privatstiftungen, RdW 2012, 312; *Soder,* Grundstücke in der StiftEG gem BBG 2012, taxlex 2012, 267; *Mayr,* Liechtensteinische Stiftungen steuerlich anzuerkennen? RdW 2012, 433; *Cupal/Petutschnig,* Von der pauschalen Betrachtung des Einzelfalls – Sind wirklich alle liechtensteinischen Stiftungen transparent? RdW 2012, 627 und RdW 2013, 54 (mit Anmerkung *Beiser*); *Beiser,* Die ertragsteuerrechtliche Zurechnung bei Stiftungen in Liechtenstein nach der Ruppe-Formel, RdW 2012, 694; *Jirousek,* Die neuen Steuerabkommen mit Liechtenstein, SWI 2013, 48; *Moshammer,* Steuerwirkungen liechtensteinischer Stiftungen im Lichte des neuen Steuerabkommens, SWI 2013, 105; *Petritz,* Das Steuerabkommen mit Liechtenstein, SWK 2013, 323; *Arnold/Ludwig* (Hrsg), Stiftungshandbuch[2], Wien 2013; *Lechner,* Überlegungen zur Einkünftezurechnung an ausländische Stiftungen, in FS Tanzer, Wien 2014, 156; *Jirousek,* Die Revision der Steuerabgeltungsabkommen mit der Schweiz und Liechtenstein, ÖStZ 2016, 651; *Tratlehner,* Zwischensteuerentlastung bei Privatstiftungen trotz aufgrund von DBA erfolgter KESt-Entlastung auf Begünstigtenebene möglich, GES 2016, 85; *Schlager,* Die Zukunft der Steuerabkommen mit der Schweiz und Liechtenstein, SWK 2016, 1306; *Jirousek,* Änderung der Steuerabkommen mit der Schweiz und mit Liechtenstein, SWI 2017, 80; *Horkel-Wytrzens/Petritz,* Das Wirtschaftliche Eigentümer Registergesetz – Auswirkungen auf Privatstiftungen, PSR 2018, 57; *Marschner,* Optimierung der Familienstiftung aus Sicht des Begünstigten[4], Wien 2019.

Privatstiftungen nach dem Privatstiftungsgesetz[543]) sind eigentümer- und mitgliederlose Rechtsträger, die als juristische Personen des privaten Rechts grundsätzlich der unbeschränkten Körperschaftsteuerpflicht unterliegen. Ihre steuerliche Situation im Einzelnen hängt jedoch vom Zweck der Stiftung ab.[544]) Die einschlägigen für die Besteuerung relevanten Bestimmungen sind auf das KStG und das EStG verteilt; der zentral maßgebliche § 13 ist nur im Zusammenhang mit anderen Vorschriften verständlich. Aus steuerlicher Sicht ist zweckmäßigerweise zwischen gemeinnützigen Privatstiftungen, eigennützigen Privatstiftungen und betrieblichen Privatstiftungen zu unterscheiden. „Gemischtnützige" Privatstiftungen, die teils eigennützige, teils gemeinnützige Zwecke verfolgen, werden als eigennützige Stiftungen behandelt. Auch die Sparkassenstiftungen nach § 27a SpG sind als eigennützige Stiftungen anzusehen. 1050

Gemeinnützige Stiftungen (§§ 34 ff BAO) sind nach Maßgabe des § 5 Z 6 körperschaftsteuerbefreit (beschränkt steuerpflichtig). Derartige Stiftungen unterliegen ebenso wie andere abgabenrechtlich begünstigte Körperschaften der unbeschränkten Steuerpflicht nur mit allfälligen Gewerbebetrieben und wirtschaftlichen Geschäftsbetrieben iSd § 45 Abs 1 BAO sowie der beschränkten Körperschaftsteuerpflicht (der 2. Art) mit kapitalertragsteuerpflichtigen und sonstigen Kapitaleinkünften und Einkünften aus Grundstücksveräußerungen. Steuerfrei sind Beteiligungserträge gem § 10 sowie Einkünfte aus Vermietung und Verpachtung. Die Zuwendungen an die Begünstigten werden bei diesen nicht als Einkünfte aus Kapitalvermögen erfasst (§ 27 Abs 1 Z 7 EStG). 1051

Eigennützige Privatstiftungen, bei denen die Stifter unmittelbar oder über eine offene Treuhandschaft auftreten und die Stiftungsurkunde (samt Zusatzurkunden) dem FA vorliegt (offengelegte oder gläserne Stiftungen), genießen eine steuerliche Sonderstellung.[545]) Bei ihnen wird ungeachtet ihrer Rechnungslegungspflicht (§ 18 PSG) § 7 Abs 3 nicht angewendet, so dass grundsätzlich alle Einkunftsarten möglich sind. Stiftungsrechtlich besteht allerdings für Privatstiftungen das Verbot gewerbsmäßiger Betätigung (§ 1 Abs 2

[543]) PSG, BGBl 1993/694; Stiftungen können in Österreich auf unterschiedlicher – sowohl privatrechtlicher als auch öffentlich-rechtlicher – Rechtsgrundlage beruhen, im allgemeinen Sprachgebrauch versteht man unter Stiftungen aber solche nach dem PSG und spricht daher von „Privatstiftungen"; daneben gibt es zB auch Stiftungen nach dem Sparkassengesetz, Bundes-Stiftungs- und Fondsgesetz 2015 oder nach dem Bundesgesetz über den Österreichischen Rundfunk; dazu *Schuchter* in *Achatz/Kirchmayr,* KStG § 13 Rz 11 ff.

[544]) Das Wesen einer Privatstiftung liegt darin, dass der Stifter eine einseitige Erklärung abgibt, worin er sich verpflichtet, ein bestimmtes Vermögen dauernd aus seinem Vermögen auszuscheiden und für einen bestimmten Zweck rechtlich zu verselbständigen. Die Stiftung wird Eigentümerin des gestifteten Vermögens, ist aber selbst eigentümerlos. Sie hat keine Gesellschafter, Mitglieder oder Miteigentümer, sondern nur Begünstigte. Der Stiftungsvorstand verwaltet und vertritt die Privatstiftung und sorgt für die Erfüllung des Stiftungszweckes. Stifter können eine oder mehrere natürliche oder juristische Personen sein. Die Privatstiftung darf zu jedem vom Stifter bestimmten, erlaubten, eigennützigen wie uneigennützigen Zweck errichtet werden.

[545]) Zur Offenlegung zB *Schuchter* in *Achatz/Kirchmayr,* KStG § 13 Rz 33 ff.

PSG), so dass in erster Linie Einkünfte aus Vermögensverwaltung iwS in Betracht kommen.[546]) Gewerbliche Einkünfte, etwa aus einer Kommanditbeteiligung, sind nach § 5 EStG zu ermitteln. Fehlt es an der geforderten Transparenz (Offenlegung), gilt insb die Ausnahme von § 7 Abs 3 nicht. Die Nicht-Offenlegung zieht nach § 13 Abs 6 zudem eine Meldung des FA an die Geldwäschemeldestelle nach sich.

1052 Über die Stiftungsbesteuerung wird unter Gerechtigkeitsüberlegungen oft diskutiert, weil Stiftungen als Instrument für „Vermögende" steuerpolitisch polarisieren.[547]) Dabei sollte man alle Bereiche der Besteuerung von Stiftungen im Auge behalten; nur bei einer Gesamtschau lässt sich beurteilen, ob Stiftungen moderat, angemessen oder sogar zu hoch besteuert werden. Eine solche objektive Gesamtschau wird letztlich aber dazu führen, die Stiftungsbesteuerung – nach wie vor – als eher „moderat" einzustufen.

Die Besteuerung von Privatstiftungen erfolgt auf **drei Ebenen:**

- Eingangsbesteuerung (Vermögen in die Privatstiftung),
- laufende Besteuerung der Privatstiftung,
- Ausgangsbesteuerung (Vermögen aus der Privatstiftung).

Die **Eingangsbesteuerung** in die Privatstiftung wurde nach Auslaufen der Erbschafts-/Schenkungssteuer in einem eigenen Stiftungseingangssteuergesetz (StiftEG) geregelt und der Steuersatz wurde für eigennützige Privatstiftungen von zuvor 5% auf **2,5%** gesenkt.[548]) Die **laufende Besteuerung** der Privatstiftung kennt als Begünstigung nur mehr die Übertragung stiller Reserven bei Beteiligungsveräußerungen.[549]) Dafür unterliegen Zuwendungen an natürliche Personen – gleichgültig, ob sie im Privat- oder im Betriebsvermögen anfallen – grundsätzlich zur Gänze der KESt und sind endbesteuert. Damit wird bei Privatstiftungen die Zuwendung der Substanz genau gleich besteuert wie Zuwendung von Erträgnissen an die Begünstigten (**„Mausefalle-Effekt"** der Stiftung).[550]) Mit dem Auslaufen der Erbschafts-/Schenkungssteuer erschien eine Entlastung bei der Stiftungsausgangsbesteuerung steuersystematisch gerechtfertigt (**„steuerneutrale Substanzauszahlung").**[551]) Privatstiftungen werden in der Praxis manchmal auch dazu verwendet, um Vermögen (zB Aktienpakete) „durchzuschleusen".[552])

B. Stiftungseingangssteuer

1053 **Zuwendungen an Stiftungen** unterliegen seit 1. 8. 2008 der **Stiftungseingangssteuer (StiftESt).**[553]) Das StiftEG ersetzt die zuvor im ErbStG verankerte

[546]) Ein land- und forstwirtschaftlicher Betrieb ist auch möglich, kommt in der Praxis aber nur selten vor.

[547]) Zur Diskussion zB *Doralt,* RdW 2007, 122.

[548]) Dazu unten Tz 1053.

[549]) Dazu unten Tz 1057.

[550]) *Doralt,* Steuerrecht 2011/12, Rz 226.

[551]) Dazu unten zur Substanzauszahlung Tz 1063.

[552]) Nach VwGH ist das Durchschleusen von Aktien durch eine Privatstiftung kein Missbrauch nach § 22 BAO, 29. 9. 2010, 2005/13/0079, RdW 2010, 810; im Sachverhalt wurden die der Privatstiftung zugewendeten Kapitalanteile zeitnah an eine Aktiengesellschaft veräußert, deren Anteilsinhaber Kinder der Stifterin waren (die Veräußerung erfolgte nach damaliger Rechtslage steuerfrei).

[553]) Ausführlich *Varro,* Stiftungseingangssteuer 37 ff.

Eingangssteuer und erfasst unentgeltliche Zuwendungen an eine **privatrechtliche Stiftung** oder eine damit **vergleichbare Vermögensmasse.**

Die Eingrenzung auf **privatrechtliche Stiftungen** dient der Abgrenzung von den öffentlich-rechtlichen Stiftungen (zB ORF); öffentlich-rechtliche Stiftungen unterliegen nicht dem StiftEG. Privatrechtliche Stiftungen ist der Überbegriff und ist von der Privatstiftung (nach dem PSG) zu unterscheiden; Privatstiftungen sind nur ein Unterfall der privatrechtlichen Stiftungen.[554]) Neben Privatstiftungen fallen zB auch Stiftungen nach dem Bundes-Stiftungs- und Fondsgesetz 2015 (BStFG 2015) oder nach Landesgesetzen unter die privatrechtlichen Stiftungen.

Die privatrechtliche Stiftung bzw vergleichbare Vermögensmasse ist grundsätzlich weit gefasst und erfasst auch Zuwendungen an vergleichbare **ausländische Rechtsgebilde.** Das ausländische Rechtsgebilde muss aber eine privatrechtliche Stiftung oder eine Vermögensmasse sein, die einer privatrechtlichen Stiftung vergleichbar ist.

Die **Vergleichbarkeit** einer ausländischen Vermögensmasse ist zunächst anhand eines Typenvergleiches vorzunehmen. Ist die ausländische Vermögensmasse iS eines Typenvergleiches einer privatrechtlichen Stiftung vergleichbar, fällt sie jedenfalls unter das StiftEG. Auf Grund der verwendeten Begriffe „privatrechtliche Stiftung“ und „vergleichbare Vermögensmasse“ kommt es nach der Verwaltungspraxis nicht nur auf einen – wie im KStG üblichen – bloßen Typenvergleich an,[555]) sondern auch auf den Zweck der ausländischen Vermögensmasse.[556]) Zwar ist zB bei typischen ausländischen Trusts[557]) die Einordnung schwierig, weil es sich bei ihnen eher um eine Art „Zweckvermögen“ iSd KStG handelt. Allerdings verfolgen Stiftungen und Trusts ähnliche Zielsetzungen und nach dem Sinn und Zweck des StiftEG sowie den in § 1 Abs 1 verwendeten Gesetzesbegriffen sind die vergleichbaren Vermögensmassen eher weit zu fassen, sodass auch (typische) Trusts unter das StiftEG fallen sollten.[558])

Zuwendungen an ausländische Rechtsgebilde unterliegen grundsätzlich auch der StiftESt. Voraussetzung dafür ist aber, dass durch die Zuwendung das Vermögen nicht mehr dem Stifter zuzurechnen ist, also eine „intransparente“ Stiftung vorliegt. Bei transparenten ausländischen Stiftungen ist hingegen das Vermögen weiterhin dem Stifter zuzurechnen. In der Praxis war die Frage bisher vor allem für **liechtensteinische Stiftungen** von Bedeutung.[559]) Bei der Zuwendung von Vermögen an eine liechtensteinische

---

[554]) Vgl *Tanzer* in *Arnold/Stangl/Tanzer,* Privatstiftungs-Steuerrecht² I/1.

[555]) Zumal auch der Typus „privatrechtliche Stiftung“ sehr weitläufig ist; vgl auch StiftR 2009 Rz 299 ff und *Englmair* in *Lang/Rust/Schuch/Staringer,* KStG² § 13 Rz 29 f.

[556]) StiftR 2009 Rz 309; *Mayr,* RdW 2008, 487.

[557]) Auf Grund der Vielfalt von Trusts kann nur für typische Trusts (iSv private express trusts) gesprochen werden; zur unterschiedlichen Ausgestaltung von „Trusts“ vgl *Petritz,* RdW 2007, 635.

[558]) *Mayr,* RdW 2008, 487; anders *Petritz,* taxlex 2008, 275.

[559]) Schätzungen zufolge hatten in der Vergangenheit zwischen 3.000 und 6.000 liechtensteinische Stiftungen einen Bezug zu Österreich (insb österreichische Stifter), vgl *Fraberger/Petritz,* RdW 2008, 299; *Hosp,* ZFS 2009, 36; auf Grund der Entwicklungen der letzten Jahre, insb durch den Abschluss des Steuerabkommens mit Liechtenstein, kann

Stiftung galt es zunächst zu klären, ob überhaupt eine „intransparente Stiftung" vorliegt (liechtensteinische Ermessensstiftung[560])). Denn bei der in der Praxis üblichen vermögensverwaltenden liechtensteinischen Familienstiftung mit Mandatsvertrag war das Vermögen weiterhin dem Stifter zuzurechnen, der die Kapitaleinkünfte – wie bei einem ausländischen Sparbuch – laufend zu versteuern hatte.[561])

Um vor allem für liechtensteinische Stiftungen Rechtssicherheit herzustellen, haben die **Republik Österreich und** das **Fürstentum Liechtenstein** im Jahr 2013 ein **Steuerabkommen** abgeschlossen.[562]) Vorbild für dieses Abkommen war das zuvor mit der Schweiz abgeschlossene Abkommen,[563]) wenngleich im Abkommen mit Liechtenstein der Fokus auf der steuerlichen Behandlung der liechtensteinischen Stiftungen liegt. Zur Bereinigung der Vergangenheit war eine Nachversteuerung durch eine pauschale Einmalzahlung vorgesehen;[564]) dabei wurden nach Art 2 Abs 2 lit a des Abkommens für die Vergangenheit alle liechtensteinischen Stiftungen als transparent eingestuft. Für die Zukunft (ab 2014) legt Art 2 Abs 2 lit b des Abkommens ausdrücklich die Voraussetzungen für eine intransparente liechtensteinische Stiftung fest (insbesondere dürfen weder Stifter noch Begünstigte Weisungsbefugnisse gegenüber dem Stiftungsrat haben und es darf auch kein ausdrücklicher oder konkludenter Mandatsvertrag vorliegen). Das Steuerabkommen wurde in Hinblick auf die Implementierung des automatischen Informationsaustausches ab 2017 einer Revision unterzogen. Dabei wurde der Anwendungsbereich des Steuerabkommens auf (transparente und intransparente) liechtensteinische Stiftungen eingeschränkt, bei denen es zukünftig weiterhin keinen automatischen Informationsaustausch geben wird, sondern das Wahlrecht zwischen anonymer Entrichtung der Steuer oder freiwilliger Offenlegung der besteuerungsrelevanten Informationen.[565])

---

angenommen werden, dass sich die Anzahl der Stiftungen mit Österreich-Bezug erheblich verringert hat, wobei gesicherte Zahlen nicht vorhanden sind.

[560]) Dazu *Toifl,* RdW 2008, 428; vgl auch *Schuchter,* taxlex 2008, 229; *Mayr,* RdW 2012, 433.

[561]) VwGH 25. 2. 2015, 2011/13/0003, wonach Mandatsverträge zu einer Sonderform der Treuhandschaft führen, nach der das wirtschaftliche Eigentum am vorhandenen Vermögen (und damit auch die daraus erzielten Einkünfte) unverändert beim Stifter verbleibt; vgl auch VwGH 25. 4. 2018, Ro 2017/13/0004; siehe zur Entwicklungsgeschichte *Pröll,* ÖStZ 2009, 524; *Toifl,* RdW 2008, 428; *Lochmann,* Steuerreform Liechtensteins aus österreichischer Sicht; BFH 28. 6. 2007, II R 21/05; BFH 22. 12. 2010, I R 84/09; kritisch *Lang,* ÖStZ 2011, 107; *Petutschnig,* ÖStZ 2010, 478; vgl auch *Tanzer,* ZFS 2012, 13 und PSR 2010, 128; *Mayr,* RdW 2012, 433; *Beiser,* RdW 2012, 694; kritisch *Cupal/Petutschnig,* RdW 2012, 627 und RdW 2013, 54 (mit Anmerkung *Beiser*). Ein dänischer Familienfonds ist hingegen mit einer Privatstiftung vergleichbar, VwGH 23. 6. 2009, 2006/13/0183; vgl auch *Hammer/Petritz,* RdW 2009, 435.

[562]) BGBl III 2013/301.

[563]) Dazu unten Kap Grundzüge des Internationalen Steuerrechts, Tz 1379.

[564]) Die Nachversteuerung wurde dem Abkommen mit der Schweiz zwar nachempfunden, geht im Anwendungsbereich aber darüber hinaus, dazu unten Tz 1384; vgl auch *Petritz,* SWK 2013, 323.

[565]) Dazu *Jirousek,* ÖStZ 2016, 651 und *ders,* SWI 2017, 80; siehe auch *Schlager,* SWK 2016, 1306.

Die **Steuerpflicht** knüpft sowohl an den Zuwendenden (Wohnsitz oder gewöhnlichen Aufenthalt im Inland) als auch an die Stiftung/Vermögensmasse (Sitz oder Geschäftsleitung im Inland) an. **Steuerschuldner** ist nach § 1 Abs 3 StiftEG grundsätzlich der Erwerber, bei Zuwendungen unter Lebenden der Zuwendende, wenn der Erwerber (Stiftung oder vergleichbare Vermögensmasse) weder Sitz noch Ort der Geschäftsleitung im Inland hat. Für die Steuer haftet der jeweils andere. Die Steuerschuld entsteht im Zeitpunkt der Zuwendung. 1054

Bemessungsgrundlage ist die Summe des der Steuerpflicht unterliegenden zugewendeten Vermögens abzüglich der damit in wirtschaftlicher Beziehung stehenden, mitübertragenen Schulden und Lasten. Die Zuwendung von Grundstücken (iSd § 2 GrEStG) unterliegt gem § 1 Abs 6 Z 5 StiftEG nicht der StiftESt. Damit können im Ergebnis ausländische Grundstücke steuerfrei an Stiftungen zugewendet werden, während bei der Zuwendung inländischer Grundstücke neben der Grunderwerbsteuer auch ein StiftESt-Äquivalent iHv 2,5% anfällt (nur bei unentgeltlichen oder teilentgeltlichen Vorgängen). 1055

Inländisches Grundvermögen war bis zum BBG 2012 auch im StiftEG erfasst und mit dem dreifachen Einheitswert anzusetzen. Diese Bewertungsbestimmung wurde vom VfGH als verfassungswidrig aufgehoben[566]), weshalb der Gesetzgeber zur Herstellung eines (vermeintlich) verfassungskonformen Zustandes die Besteuerung der Grundstückszuwendungen (bzw Grundstückserwerbe durch Stiftungen) vom StiftEG in das GrEStG transferiert hat (samt StiftESt-Äquivalent[567])

Der **Steuersatz** beträgt grundsätzlich **2,5%** der Zuwendungen. Abweichend davon beträgt die Steuer **25%** bei Zuwendungen, wenn 1056

- die Stiftung oder vergleichbare Vermögensmasse nicht mit einer Privatstiftung nach PSG vergleichbar ist oder
- sämtliche Dokumente in der jeweils geltenden Fassung, die die innere Organisation der Stiftung oder die vergleichbare Vermögensmassen, die Vermögensverwaltung oder die Vermögensverwendung betreffen (wie insb Stiftungsurkunde, Stiftungszusatzurkunden und damit vergleichbare Unterlagen), nicht spätestens im Zeitpunkt der Fälligkeit der Stiftungseingangssteuer dem zuständigen FA offengelegt worden sind, oder
- mit dem Ansässigkeitsstaat der Stiftung oder der vergleichbaren Vermögensmasse keine umfassende Amts- und Vollstreckungshilfe besteht.[568])

---

566) VfGH 2. 3. 2011, G 150/10-8 und VfGH 30. 11. 2011, G 111/11-6 zur zwischenzeitlich novellierten Fassung; vgl auch *Bodis,* RdW 2011, 239; *Zorn,* SWK 2011, S 639.

567) Schon bis dahin kam zum Regelsteuersatz von 2,5% nach § 2 Abs 2 StiftEG das Grunderwerbsteuer-Äquivalent iHv 3,5% hinzu, was zu einer Steuerbelastung von 6% führte; dazu *Bodis,* RdW 2011, 693.

568) Teilweise kritisch *Kirchmayr/Achatz,* taxlex 2008, 173; *Schuchter,* taxlex 2008, 229; dagegen hält *Mayr* die Vollstreckungshilfe für argumentierbar, RdW 2011, 501.

Ist nur eine der Voraussetzungen erfüllt, gilt der **25-%-Steuersatz.** Die bisherigen drei Voraussetzungen wurden **2014** um zwei weitere Voraussetzungen erweitert;[569]) danach gilt der 25-%-Steuersatz auch dann, wenn

- die Stiftung oder vergleichbare Vermögensmasse nicht einer § 5 PSG vergleichbaren Verpflichtung zur Begünstigtenmitteilung unterliegt oder
- die Stiftung oder vergleichbare Vermögensmasse nicht in das Firmenbuch oder ein vergleichbares ausländisches öffentliches Register eingetragen ist.

Eine **umfassende Amts- und Vollstreckungshilfe** besteht mit den anderen EU/EWR-Mitgliedstaaten, kann sich aber auch aus anderen DBA ergeben.

Besteht mit dem Ansässigkeitsstaat eine umfassende Amts- und Vollstreckungshilfe, muss die ausländische Stiftung bzw Vermögensmasse mit einer Privatstiftung nach dem PSG **vergleichbar** sein. Die Vergleichbarkeit ist anhand eines Typenvergleiches vorzunehmen, wobei es hier bei der Frage des Steuersatzes auf die Vergleichbarkeit mit dem Typus „Privatstiftung" (nach dem PSG) und nicht auf die Vergleichbarkeit mit dem weit gefassten Begriff der „privatrechtlichen Stiftung" ankommt. Ein typischer Trust in Großbritannien[570]) erscheint mit einer Privatstiftung nicht vergleichbar. Das Kriterium der **Offenlegung** wird von der Verwaltungspraxis konkretisiert.[571])

Die beiden ab 2014 zusätzlich geltenden Voraussetzungen (Begünstigtenmitteilung, Firmenbucheintragung) werden von österreichischen Privatstiftungen automatisch erfüllt und betreffen daher ausländische Stiftungen bzw Vermögensmassen. Für Zuwendungen an **intransparente liechtensteinische Stiftungen**[572]) ergeben sich daraus keine steuerlichen Nachteile, weil das **Steuerabkommen mit Liechtenstein** die **Eingangssteuersätze von 5% bis 10%** gesondert regelt (vgl Art 33 und Art 34 des Steuerabkommens; 5% für offengelegte liechtensteinische Stiftungen; 7,5% für nicht offengelegte liechtensteinische Stiftungen sowie für offengelegte liechtensteinische Privatvermögensstrukturen; 10% für nicht offengelegte liechtensteinische Privatvermögensstrukturen).[573])

C. Laufende Besteuerung der Privatstiftung

1057 Eine Besonderheit bei der laufenden Besteuerung von eigennützigen Privatstiftungen ist die so genannte **„Zwischenbesteuerung".** Die Zwischensteuer ist eine Art **„Vorwegbesteuerung"** für eine spätere Zuwendungsbesteuerung

---

[569]) BGBl I 2013/62.

[570]) Mit den anderen klassischen Trust-Staaten wie den USA, Australien oder Neuseeland besteht keine umfassende Amts- und Vollstreckungshilfe.

[571]) Vgl StiftR 2009 Rz 329 zu ausländischen Rechtsgebilden: Danach müssen spätestens im Zeitpunkt der Fälligkeit der StiftESt sämtliche Dokumente, die die Stiftungsverfassung ausmachen, offengelegt werden (ist auch für die Prüfung der Vergleichbarkeit notwendig). Vorgelegt werden müssen insbesondere Satzungen, Urkunden, Gründungsverträge etc sowie die, mit der die Stiftungseingangssteuerpflicht auslösenden Zuwendung, verbundenen Verträge, Beschlüsse etc. Liegen diese Dokumente dem zuständigen FA bereits vor, gilt dieses Kriterium als erfüllt.

[572]) Zu den Voraussetzungen für eine intransparente liechtensteinische Stiftung oben Tz 1053.

[573]) Dazu *Petritz*, SWK 2013, 323; *Jirousek*, SWI 2013, 48; *Moshammer*, SWI 2013, 105.

(KESt) bei den Begünstigten; bei der späteren Zuwendung an die Begünstigten (KESt) wird die Zwischensteuer nach § 24 Abs 5 gutgeschrieben. Die Zwischensteuer wurde im Jahr 2001 eingeführt und betrug 12,5%, mit dem BBG 2011 wurde sie auf **25%** angehoben (ab Veranlagung 2011). Die Zwischenbesteuerung wurde im Zuge des BBG 2011 an die KESt-neu angepasst und gilt für die folgenden Kapitaleinkünfte:

- in- oder ausländische Kapitalerträge aus Einlagen und Wertpapieren bei Kreditinstituten (zB Zinsen aus Geldeinlagen oder Anleihen),
- Einkünfte aus realisierten Wertsteigerungen von Kapitalvermögen gem § 27 Abs 3 EStG (zB Aktiengewinne),
- Einkünfte aus Derivaten gem § 27 Abs 4 EStG,

soweit diese Einkünfte bei der Privatstiftung zu den Einkünften aus Kapitalvermögen gehören (ausgenommen sind die in § 27a Abs 2 EStG vom 25-%-Satz ausgenommenen Einkünfte wie zB „private placements“[574]).

Seit dem StabG 2012 sind private Grundstücksveräußerungen ab 1. 4. 2012 nach § 30 EStG generell steuerpflichtig; die Einkünfte aus privaten Grundstücksveräußerungen unterliegen daher ebenfalls der Zwischensteuer (das Abzugssystem der ImmoESt kommt aber nicht zur Anwendung[575]).

Tätigt eine Privatstiftung im selben Veranlagungsjahr, in dem sie zwischensteuerpflichtige Einkünfte bezieht, KESt-pflichtige Zuwendungen an die Begünstigten, und wird die KESt einbehalten, abgeführt und nicht auf Grund eines DBA oder § 240 Abs 3 BAO zurückgefordert, mindert der Zuwendungsbetrag die Bemessungsgrundlage für die Zwischenbesteuerung bzw wird in früheren Jahren entrichtete Zwischensteuer rückerstattet, wenn der Zuwendungsbetrag höher ist als die zwischensteuerpflichtigen Einkünfte.[576])

Beispiel:

Eine Privatstiftung erzielt im Jahr 01 Zinserträge von € 200.000. Die Zuwendungen betragen in diesem Jahr € 50.000. Es fällt eine Zwischensteuer iHv 25% von € 150.000, also € 37.500, an. Im Jahr 02 werden Zinserträge von € 250.000 erzielt. Es erfolgen in diesem Jahr keine Zuwendungen. Die Zwischensteuer für 02 beträgt € 62.500. Im Jahre 03 fallen Zinserträge von € 200.000 an, die Zuwendungen betragen € 210.000. Es ergibt sich für dieses Jahr keine Zwischensteuer. Von den in den Jahren 01 und 02 angefallenen Zwischensteuern wird ein Betrag im Ausmaß von 25% von € 10.000, also € 2.500, gutgeschrieben.

---

[574]) Gesetzliche Klarstellung durch das 1. StabG 2012; zum Problem der alten Gesetzesformulierung vgl *Marschner*, SWK 2001, S 816; *Tanzer* in *Kirchmayr/Mayr/Schlager*, Besteuerung Kapitalvermögen 397.

[575]) § 24 Abs 3 Z 4 KStG idF AbgÄG 2012 sieht neben Körperschaften, die unter § 7 Abs 3 KStG fallen, auch für Privatstiftungen eine Ausnahme von den §§ 30b und 30c EStG vor; da sämtliche Grundstückveräußerungen bei Privatstiftungen im Rahmen der Zwischensteuer steuerpflichtig sind, hätten die Regelungen der ImmoESt nur zu zusätzlichem Verwaltungsaufwand geführt.

[576]) Findet keine gänzliche Rückerstattung der KESt an die Begünstigten statt, sind die Zuwendungen nur in dem Ausmaß zu berücksichtigen, in dem sie endgültig mit KESt belastet sind; vgl § 13 Abs 3; dazu *Tratlehner*, GES 2016, 85.

Nach dem KStG ist die Zwischensteuer eine Sonderkörperschaftsteuer; wirtschaftlich ist sie eine Vorwegbesteuerung der bei Zuwendung an die Begünstigten anfallenden KESt iHv 25%. Bei Zuwendungen der Stiftung ist daher die Zwischensteuer gutzuschreiben (§ 24 Abs 5).

1058 Rund 60% des Vermögens der österreichischen Privatstiftungen besteht aus Beteiligungen.[577]) Die Besteuerung von Beteiligungen (= Anteile von mindestens 1%) ist daher für die Stiftungen besonders wichtig.[578]) Für **Beteiligungsveräußerungen** sieht § 13 Abs 4 eine Besonderheit vor: Veräußert eine Privatstiftung eine Beteiligung, können nach § 13 Abs 4 die dabei **aufgedeckten stillen Reserven übertragen werden,** wenn im Kalenderjahr der Veräußerung bzw innerhalb von zwölf Monaten ab der Veräußerung eine mehr als 10% betragende Beteiligung an einer Körperschaft erworben wird und der „Veräußerungsgewinn" auf die Anschaffungskosten dieser Beteiligung übertragen wird. Die Regelung ist der Übertragung stiller Reserven iSd § 12 EStG nachgebildet.[579]) In Anlehnung an diese Bestimmung ist auch die Bildung eines steuerfreien Betrages vorgesehen. Dieser ist innerhalb von zwölf Monaten ab der Veräußerung bestimmungsgemäß (also zur Anschaffung einer entsprechenden Beteiligung) zu verwenden. Erfolgt keine bestimmungsgemäße Verwendung, ist der steuerfreie Betrag aufzulösen und der Zwischenbesteuerung zuzuführen. Die Zwischenbesteuerung des Veräußerungsgewinnes (oder des aufgelösten steuerfreien Betrages) unterbleibt insoweit, als in diesem Jahr Zuwendungen an den Begünstigten erfolgen.

Diese Übertragungsmöglichkeit stellt eine steuerliche Begünstigung für Privatstiftungen dar, ist doch die Übertragung stiller Reserven für Körperschaften mit der Steuerreform 2005 abgeschafft worden. Um aber (unerwünschte) Steuergestaltungen im „Konzern" auszuschließen, wurde diese steuerliche Begünstigung mit dem **AbgSiG 2007 eingeschränkt.** Die Übertragungsmöglichkeit wurde ausgeschlossen bei Anschaffungen „von bestehenden Anteilen von einer Körperschaft, an der die Privatstiftung, der Stifter oder ein Begünstigter allein oder gemeinsam unmittelbar oder mittelbar zu mindestens 20% beteiligt ist". Die Einschränkung betrifft damit Steuergestaltungen im Nahebereich einer Privatstiftung. Denn zuvor konnte eine Privatstiftung zum Zwecke der Übertragung stiller Reserven von einer Tochterkapitalgesellschaft die Anteile erwerben.

Beispiel:

Eine Privatstiftung ist zu 100% an der inländischen T-GmbH beteiligt; die T-GmbH hält ihrerseits eine 75%-Beteiligung an der ausländischen E-Kapitalgesellschaft (steuerneutrale Schachtelbeteiligung). Da die Privatstiftung im Jahr 2006 eine 20%-Beteiligung an der inländischen B-GmbH mit einem beträchtlichen Veräußerungsgewinn (hohe stille Reserve) verkaufte, konnte sie von ihrer Tochter T zB eine 15%-Beteiligung

---

[577]) Anfang 2008 gab es über 3.200 österreichische Privatstiftungen, deren Vermögen vom Verband österreichischer Privatstiftungen auf rund € 60 Mrd geschätzt wurde; rund 60% davon besteht aus unternehmerischen Beteiligungen, weitere 25% sind in Immobilien veranlagt, vgl *Kraus* in *Eiselsberg* (Hrsg), Jahrbuch Stiftungsrecht 08.

[578]) Vgl auch *Bruckner,* RdW 2011, 615.

[579]) Dazu oben Kap Einkommensteuer, Tz 445 ff.

am Enkel E kaufen, um die aufgedeckte stille Reserve zu übertragen. Da die Tochter die 15%-Beteiligung steuerfrei der Privatstiftung verkauft, konnte in weiterer Folge der gesamte von der Privatstiftung zu bezahlende Kaufpreis wieder in die Privatstiftung rückgeschüttet werden. Im Ergebnis wandert daher eine 15%-Beteiligung (ohne steuerliche Belastungen) von der Tochter zur Privatstiftung, damit Letztere die aufgedeckten stillen Reserven übertragen kann.

Insbesondere die im Beispiel aufgezeigten steuerlichen Gestaltungen wurden mit dem AbgSiG 2007 ausgeschlossen. Der Ausschluss bezieht sich nur auf die Anschaffung *„bestehender Anteile“*. Gründet zB eine Privatstiftung eine neue GmbH oder führt sie an einer bestehenden Tochter-GmbH eine Kapitalerhöhung durch, werden *nicht bestehende Anteile* angeschafft, sodass die Übertragung weiterhin möglich bleibt.[580]) Vom Ausschluss betroffen ist der Erwerb bestehender Anteile von einer Körperschaft, an der die Privatstiftung, der Stifter oder ein Begünstigter allein oder gemeinsam mindestens zu 20% beteiligt sind. In die 20%-Mindestbeteiligungsquote sind daher auch Stifter sowie Begünstigte einzubeziehen, sodass der gesamte Nahebereich der Privatstiftung abgedeckt ist. Der Ausschluss greift daher auch dann, wenn Privatstiftung, Stifter und Begünstigte die 20%-Schwelle nur gemeinsam erreichen (überschreiten), wobei auch mittelbare Beteiligungsverhältnisse zu berücksichtigen sind.

Für inländische Beteiligungserträge (Gewinnausschüttungen) gilt auch bei Stiftungen die **Beteiligungsertragsbefreiung,** für ausländische Beteiligungserträge sah § 13 Abs 2 bis zum BBG 2009 eine Befreiung – unabhängig von der Beteiligungshöhe – vor, sofern ua keine Steuerentlastung auf Grund von DBA erfolgte. Systematisch betrachtet war diese Befreiung merkwürdig, weil für Stiftungen damit die 10%-Grenze zwar nicht galt, aber auch keine Entlastung nach DBA erfolgen durfte. Mit dem BBG 2009 wurde diese Bestimmung an den ebenfalls neu gefassten § 10 angepasst.[581]) Mit dem JStG 2018 wurde auch für Privatstiftungen die Anwendbarkeit der Hinzurechnungsbesteuerung gem § 10a eingeführt. Nach § 13 Abs 2 idF **JStG 2018** sind Privatstiftungen mit ausländischen Beteiligungserträgen nach § 10 Abs 1 befreit, wenn kein Anwendungsfall des § 10 Abs 4 (= Methodenwechsel) vorliegt; Passiveinkünfte einer niedrigbesteuerten Tochtergesellschaft sind gem § 10a direkt der Privatstiftung zuzurechnen. Damit sind Stiftungen mit ihren ausländischen Beteiligungserträgen voll in das System der §§ 10 und 10a eingebunden, Besonderheiten für Stiftungen gibt es damit bei den Beteiligungserträgen nicht. 1059

Die Befreiung bei Stiftungen bezieht sich nach § 13 Abs 2 immer nur auf die Beteiligungserträge (Gewinnanteile), die Substanzbefreiung (Steuerneutralität) greift hingegen nicht, weil Stiftungen idR keine „§ 7 Abs 3-Körperschaften“ sind. Die Substanzbefreiung (Steuerneutralität) würde nur dann greifen, wenn die Stiftung nicht offengelegt ist.

Privatstiftungen genossen in der Vergangenheit im Zusammenhang mit Immobilien gewisse steuerliche Vorteile,[582]) weshalb mit dem BBG 2011 die Steuerfreiheit von **Immobilienveräußerungen** durch die Privatstiftung nach Ablauf der Spekulationsfrist eingeschränkt wurde.[583]) Durch die mit dem StabG 1060

---

[580]) Vgl StiftR 2009 Rz 118.

[581]) Dazu oben Tz 997.

[582]) Dazu *Doralt,* RdW 2006, 716.

[583]) Wenn einer der Stifter oder Zustifter eine unter § 7 Abs 3 KStG fallende Körperschaft (insb Kapitalgesellschaft) war oder den Gewinn nach § 5 EStG ermittelte, führte die Veräußerung von Grundstücken durch die Privatstiftung immer zu einem Spekulationsgeschäft (unabhängig von der Spekulationsfrist); die Bestimmung war allerdings überschießend, vgl *Mayr,* RdW 2010, 306; *Bruckner,* RdW 2011, 615; *Varro,* PSR 2011, 25.

2012 eingeführte Besteuerung von privaten Grundstücksveräußerungen nach § 30 EStG erübrigen sich solche Sonderbestimmungen für Privatstiftungen; die Veräußerung von Grundstücken durch Privatstiftungen führt daher ab 1. 4. 2012 zu Einkünften aus privaten Grundstücksveräußerungen nach § 30 EStG.

Für zum 31. 3. 2012 nicht steuer- bzw spekulationsverfangene Grundstücke können die Anschaffungskosten nach § 30 Abs 4 EStG fiktiv mit 86% oder 40% des Veräußerungserlöses angenommen werden;[584]) insofern kommt auch der mit dem BBG 2011 eingeführten Sonderbestimmung für Privatstiftungen (insb wenn ein Stifter oder Zustifter eine Kapitalgesellschaft ist)[585]) eine gewisse Bedeutung zu (nach § 26c Z 23 lit c war die Bestimmung ua auf Grundstücke anzuwenden, deren Veräußerung zum 31. 12. 2010 steuerpflichtig wäre; darunter fallen vor allem auch die von 1. 1. 2001 bis 31. 3. 2002 angeschafften Grundstücke, für die damit keine fiktiven Anschaffungskosten angesetzt werden können).

D. Ausgangsbesteuerung

1061 Zuwendungen von Privatstiftungen sind im Allgemeinen unentgeltliche Vermögensübertragungen von Privatstiftungen an Begünstigte. Zuwendungen an unbeschränkt steuerpflichtige natürliche Personen – gleichgültig, ob sie im Privat- oder im Betriebsvermögen anfallen – unterliegen grundsätzlich der **KESt,** die gleichzeitig eine Endbesteuerung darstellt. Zuwendungen von Privatstiftungen an unbeschränkt steuerpflichtige Körperschaften fallen nicht unter die Beteiligungsertragsbefreiung des § 10. Sie unterliegen daher ebenfalls der KESt und sind bei buchführungspflichtigen Körperschaften zu veranlagen.[586])

Bei der Privatstiftung wird daher die Zuwendung von (Vermögens-)Substanz genau gleich besteuert wie die Zuwendung von Erträgnissen an die Begünstigten. Darin liegt der steuerliche Nachteil der Privatstiftung gegenüber der Kapitalgesellschaft („Mausefalle-Effekt“),[587]) der aber mit dem SchenkMG 2008 (steuerneutralen Substanzauszahlung) abgeschwächt wurde (dazu sogleich). Der Ausgangsbesteuerung unterliegen Zuwendungen jeder Art; nutzt zB ein Begünstigter eine Villa der Privatstiftung, unterliegt der Nutzungsvorteil der KESt.[588])

Der Stifter kann die Zuwendung an Begünstigte verhindern, indem er die Stiftung auch nach § 34 PSG **widerruft** (dazu muss der Stifter eine natürliche Person sein und sich den Widerruf in der Stiftungserklärung vorbehalten haben). Für diesen Fall der Vermögensrückübertragung an den Stifter wird dieser steuerlich zwar wie ein Begünstigter behandelt, nach § 27 Abs 5 Z 9 EStG kann der Stifter aber beantragen, dass die im Zeitpunkt der seinerzeitigen Zuwendung an die Privatstiftung nachgewiesenen Stiftungseingangswerte von

[584]) Dazu oben Kap Einkommensteuer Tz 126.

[585]) Dazu *Mayr,* RdW 2010, 806; *Bruckner,* RdW 2011, 615; *Varro,* PSR 2011, 25.

[586]) Vgl zB VwGH 30. 3. 2011, 2008/13/0084, wonach eine Rückgängigmachung der Ausschüttung auch bei Rechtsirrtum über die Steuerfreiheit derselben nicht möglich ist.

[587]) Vgl oben Tz 1052.

[588]) Zur Bewertung des Nutzungsvorteils vgl StiftR 2009 Rz 252; *Treer/Mayr* (Hrsg), Der Salzburger Steuerdialog 2010, 17 zur Überlassung einer Villa auf Mallorca.

den Einkünften abgezogen werden; für ab dem 1. 8. 2008 an die Privatstiftung getätigte Zuwendungen erfolgt eine Kürzung um den Letztstand des Evidenzkontos.[589])

Zur Erhöhung der Transparenz der österreichischen Privatstiftungen (zwecks Bekämpfung der internationalen Geldwäsche) wurde mit dem BBG 2011 in § 5 PSG eine **Begünstigtenmeldeverpflichtung** vorgesehen; danach sind festgestellte Begünstigte dem für die Erhebung der Körperschaftsteuer der Privatstiftung zuständigen FA unverzüglich zu melden.[590]) Daneben besteht seit 2018 nach dem Wirtschaftliche Eigentümer Registergesetz – WiEReG[591]), zur Verhinderung der Nutzung des Finanzsystems für Zwecke der Geldwäscherei und der Terrorismusfinanzierung die Verpflichtung, „wirtschaftliche Eigentümer" von Stiftungen in das Register der wirtschaftlichen Eigentümer zu melden.[592]) **1062**

Steuerneutrale Substanzauszahlung von gestiftetem Vermögen:[593]) Mit dem Auslaufen der Erbschafts-/Schenkungssteuer erwies sich die volle steuerliche Erfassung auch der Zuwendungssubstanz als steuersystematisch nicht mehr als konsistent, weil ein potentieller Stifter sein Vermögen auch steuerfrei verschenken könnte.[594]) Seit dem Auslaufen der Erb-/SchenkSt stellt deshalb § 27 Abs 5 Z 8 EStG eine so genannte „Substanzauszahlung von gestiftetem Vermögen" steuerfrei. Vereinfacht gesagt entspricht eine Substanzauszahlung von gestiftetem Vermögen einer Art Einlagenrückzahlung bei Kapitalgesellschaften, wobei anders als bei Kapitalgesellschaften die Stiftung zunächst immer steuerpflichtigen Ertrag und erst dann steuerneutral die Substanz zuwendet. **1063**

Grundsatz – zunächst steuerpflichtiger Ertrag, dann steuerfreie Substanz: Zuwendungen aus einer Privatstiftung gelten insoweit als (steuerneutrale) Substanzauszahlung, als sie einen gesetzlich definierten **„maßgeblichen Wert"** übersteigen. Solange die Zuwendungen daher im „maßgeblichen Wert" Deckung finden, sind sie steuerpflichtig. Als maßgeblicher Wert gilt der am Beginn des Geschäftsjahres vorhandene unternehmensrechtliche Bilanzgewinn (§ 224 Abs 3 A IV UGB) zuzüglich der gebildeten Gewinnrücklagen (§ 224 Abs 3 A III und IV UGB) und zuzüglich der steuerrechtlichen stillen Reserven des zugewendeten Vermögens. Erst wenn die Zuwendung aus der Stiftung diesen „maßgeblichen Wert" überschreitet, liegt insoweit eine steuerfreie Substanzauszahlung vor, sofern die Substanzauszahlung in dem von der Stiftung zu führenden Evidenzkonto Deckung findet. Ein „negatives Evidenzkonto" kann sich damit nicht ergeben.[595])

---

589) Zum Evidenzkonto sogleich.

590) Vgl dazu die „Aktualisierte Information zur Begünstigtenmeldung" des BMF vom 21. 6. 2011, BMF-010216/0023-VI/6/2011.

591) BGBl I 2017/136.

592) Dazu *Horkel-Wytrzens/Petritz,* PSR 2018, 57.

593) Ausführlich dazu ua *Wiedermann/Migglautsch* in *Cerha/Haunold/Huemer/Schuch/Wiedermann,* Stiftungsbesteuerung 107; *Englmair* in *Lang/Rust/Schuch/Staringer,* KStG² § 13 Rz 52 ff; *Schuchter* in *Achatz/Kirchmayr,* KStG § 13 Rz 586 ff; *Puchner* in *Fraberger/Petritz,* Schenkungsmeldegesetz, SWK-Spezial 68.

594) Vgl *Mayr,* RdW 2008, 296.

595) Zuwendungen, die über den positiven Evidenzkonto-Stand hinausgehen, sind steuerpflichtig.

Die Besteuerung folgt folgender Logik: Zunächst gelten (frühere und aktuelle) unternehmensrechtliche Bilanzgewinne als zugewendet und sind steuerpflichtig; dabei wird auf das Unternehmensrecht abgestellt, weil Privatstiftungen nach § 18 PSG zur Rechnungslegung verpflichtet sind. Zudem unterliegen aber auch die steuerrechtlichen stillen Reserven im zugewendeten Vermögen der KESt. Erst wenn Bilanzgewinne und stille Reserven steuerwirksam abgeschöpft sind, kann die Stiftung Substanz steuerfrei zuwenden. Durch die Anknüpfung an den Bilanzgewinn können Zuwendungen im Bilanzerstellungszeitraum (bis zur Bestätigung des Jahresabschlusses durch den Abschlussprüfer) nicht als Substanzauszahlung gelten und unterliegen daher jedenfalls der KESt. Sollte sich nach Bestätigung des Jahresabschlusses herausstellen, dass die Zuwendungen über den Bilanzgewinn (und Gewinnrücklagen und stille Reserven) hinausgehen, kann die zu Unrecht einbehaltene KESt gem § 240 BAO rückgezahlt werden.[596])

1064 Die **„Maßgeblichkeit des Bilanzgewinnes"** für die Steuerpflicht von Zuwendungen wird zudem noch **korrigiert:** Die Privatstiftung hat das ihr gestiftete Vermögen nach § 202 Abs 1 UGB (iVm § 18 PSG) unternehmensrechtlich mit dem beizulegenden Wert anzusetzen. Dieser beizulegende Wert kann von den steuerlichen Stiftungseingangswerten abweichen (zB steuerliche Buchwertfortführung bei betrieblichen Einheiten[597]). Ergeben sich aus der unternehmensrechtlichen Neubewertung Auswirkungen auf den Bilanzgewinn, sind diese steuerlich zu korrigieren. Das betrifft insbesondere überhöhte unternehmensrechtliche Abschreibungen, die den Bilanzgewinn gemindert haben. Diese sind steuerlich nicht wirksam und dem am Beginn des Folgejahres vorhandenen Bilanzgewinn zuzurechnen. Soweit es zu keinen Abschreibungen des neu bewerteten Vermögensgegenstandes kommt, ist der Bilanzgewinn im Jahre der Realisierung (Veräußerung) um den Unterschiedsbetrag zwischen dem ausgebuchten und dem steuerlich maßgebenden Wert zu erhöhen. Auch im Zusammenhang mit Umgründungen kann eine zu korrigierende Neubewertung vorkommen. Eine möglicher Anwendungsfall wäre zB eine verschmelzende Umwandlung der 100%-Tochter-GmbH (mit L&F-Betrieb[598]) auf die Privatstiftung; ebenso könnte sich aus einer Einbringung einer Beteiligung (mit unternehmensrechtlicher Aufwertung) durch eine Privatstiftung eine Korrektur ergeben, wenn die als Gegenleistung erhaltene (aufgewertete) Beteiligung in weiterer Folge unternehmensrechtlich abgeschrieben wird. Die angesprochenen Korrekturen sind dem am Beginn des Folgejahres vorhandenen Bilanzgewinn zuzurechnen.

1065 Voraussetzung für eine steuerneutrale Substanzauszahlung ist die laufende ordnungsgemäße Führung eines **Evidenzkontos.** Das Evidenzkonto erhöht sich um die Stif-

---

[596]) Gem § 27 Abs 5 Z 8 lit g EStG gelten abweichend von lit f Zuwendungen als Substanzauszahlung, soweit sie Vermögen betreffen, das in einer unternehmensrechtlichen Vermögensaufstellung zum 31. 7. 2008 erfasst ist; diese Vorschrift ist jedoch nur auf Zuwendungen an Substiftungen anzuwenden. AA *Beiser,* RdW 2010, 248, allerdings zur Fassung vor BBG 2011.

[597]) Entnimmt der Stifter einzelne Wirtschaftsgüter aus dem Betriebsvermögen (zum Teilwert), hat auch die Privatstiftung den Teilwert anzusetzen, der wiederum dem unternehmensrechtlich beizulegenden Wert entspricht; zur Bewertung vgl auch StiftR Rz 56 ff.

[598]) Eine gewerbsmäßige Tätigkeit darf eine Privatstiftung nach § 1 Abs 2 PSG nicht ausüben.

tungseingangswerte des der Stiftung zugewendeten Vermögens und vermindert sich um (steuerfreie) Substanzauszahlungen. Ein negativer Evidenzkontostand kann sich nicht ergeben; Zuwendungen der Stiftung, die über den Evidenzkontostand hinausgehen, sind steuerpflichtig.[599])

§ 27 Abs 5 Z 8 lit d EStG bestimmt den Stiftungseingangswert; danach sind gestiftete Beteiligungen gem § 6 Z 5 zweiter Satz EStG mit den Anschaffungskosten (bzw mit dem niedrigeren Teilwert) anzusetzen, für betriebliche Einheiten gilt die Buchwertfortführung (allerdings nur bei L&F-Betrieben von Bedeutung[600]). Soweit Zuwendungen Substanzauszahlungen darstellen, vermindern sie das Evidenzkonto iHd in § 15 Abs 3 Z 2 lit b EStG genannten Werte (insbesondere um die fiktiven Anschaffungskosten). Dadurch kommt es auch zu keiner „übermäßigen" Verminderung des Evidenzkontos **1066**

Beispiel:

Der Stand des Evidenzkontos einer Privatstiftung beträgt € 10 Mio (Zuwendungen ab 1. 8. 2008); darin ist eine im Jahre 2009 zugewendete Liegenschaft mit steuerlichem Buchwert von € 1 Mio enthalten (gemeiner Wert = € 3 Mio). Wird im Jahr 2014 die Liegenschaft an die Begünstigten zugewendet und beträgt der gemeine Wert im Zeitpunkt der Zuwendung € 5 Mio, unterliegt die stille Reserve iHv € 4 Mio jedenfalls der KESt. Die verbleibende € 1 Mio stellt (unter Außerachtlassung etwaiger Bilanzgewinne[601]) eine steuerneutrale Substanzauszahlung dar und vermindert das Evidenzkonto nur iHv € 1 Mio, weil nach dem Gesetzeswortlaut eine Verminderung des Evidenzkontos nur erfolgt, „soweit" eine Substanzauszahlung vorliegt.

Die neue Zuwendungsbesteuerung und die steuerneutrale Substanzauszahlung gilt erstmalig für *Zuwendungen an Stiftungen* nach dem 31. 7. 2008, für die dann auch die Evidenzpflicht besteht. Das bis zum 1. 8. 2008 gestiftete Vermögen bleibt damit voll steuerverfangen.[602]) **1067**

E. Betriebliche Privatstiftungen

Steuerliche Besonderheiten gelten für betriebliche Privatstiftungen (Betriebsstiftungen). Das sind Privatstiftungen, die ausschließlich dem Betriebszweck des stiftenden Unternehmers dienen. Betriebliche Privatstiftungen werden nur bei Vorliegen der in § 4 d EStG genannten Voraussetzungen als solche anerkannt. Danach gibt es folgende **vier Typen** betrieblicher Privatstiftungen: **1068**

- Unternehmenszweckförderungsstiftungen,
- Arbeitnehmerförderungsstiftungen,
- Belegschaftsbeteiligungsstiftungen und
- Mitarbeiterbeteiligungsstiftungen.

Betriebliche Privatstiftungen werden wie Kapitalgesellschaften besteuert, sind also voll steuerpflichtig. Zuwendungen an solche Betriebsstiftungen sind grundsätzlich

---

[599]) Hinsichtlich der Formalvoraussetzung für das Evidenzkonto sehen die StiftR 2009 in Rz 273 ff ein „Konto" mit acht Spalten vor.

[600]) Denn eine gewerbsmäßige Tätigkeit darf eine Privatstiftung nach § 1 Abs 2 PSG nicht ausüben.

[601]) Diese können zB auch schon durch andere Zuwendungen von der Privatstiftung abgeschöpft sein.

[602]) Rechtfertigend *Mayr,* RdW 2008, 491; kritisch *Fraberger/Petritz,* SchenkMG 100; dazu *Englmair* in *Lang/Rust/Schuch/Staringer,* KStG² § 13 Rz 52.

Betriebsausgaben (und bei der Betriebsstiftung Betriebseinnahmen). Andererseits sind alle Einkünfte von solchen betrieblichen Privatstiftungen Einkünfte aus Gewerbebetrieb (es bestehen daher für sie keine Sonderregelungen für bestimmte Kapitalerträge und Beteiligungsveräußerungen), der Gewinn ist nach § 5 EStG zu ermitteln.

Eine wichtige Form der betrieblichen Privatstiftungen sind die **Arbeitnehmerförderungsstiftungen** (auch „Sozialstiftungen“ genannt). Diese haben insbesondere die Aufgabe, Arbeitnehmer bzw deren Angehörige im Falle des Alters, der Invalidität und der Hilfsbedürftigkeit in angemessenem Ausmaß zu unterstützen. Zuwendungen an Arbeitnehmerförderungsstiftungen iSd § 4 d Abs 2 EStG sind in Höhe von 10% der Lohn- und Gehaltssumme abzugsfähig. Werden bestimmte Leistungsgrenzen nicht überschritten, sind Arbeitnehmerförderungsstiftungen von der Körperschaftsteuer befreit. **Belegschaftsbeteiligungsstiftungen** halten gestiftete Aktien an der Arbeitgeber-AG, um die Dividenden an die begünstigte Belegschaft zuzuwenden.

1069–1100 *frei*

4. Kapitel
Umgründungssteuergesetz

Allgemeine Literatur:

Kommentare und Monographien: *Hügel,* Verschmelzung und Einbringung, Wien und Köln 1993; *Staringer,* Einlagen und Umgründungen – Gewinnrealisation und Bewertung im Handels- und Steuerrecht, Wien 1994; *Tichy,* Verschmelzungsdifferenzen, Wien 1995; *Hirschler,* Die Spaltung von Kapitalgesellschaften im Handels- und Steuerrecht, Wien 1996; *Hügel,* Umgründungsbilanzen, Wien 1997; *Wiesner/Schwarzinger/Sedlacek/Sulz,* Zusammenschluß und Realteilung von Rechtsanwälten, Wien 1998; *Hügel/Mühlehner/Hirschler,* UmgrStG – Kommentar, Wien 2000; *Peklar,* Verluste im Umgründungssteuerrecht, Wien 2001; *Achatz/Aigner/Kofler/Tumpel* (Hrsg), Internationale Umgründungen, Wien 2005; *Polster-Grüll/Zöchling/Kranebitter* (Hrsg), Handbuch Mergers & Aquisitions, Wien 2007; *Bertl/Eberhartinger/Egger/Kalss/Lang/Nowotny/Riegler/Schuch/Staringer,* Sonderbilanzen bei Umgründungen, Wien 2008; *Hübner-Schwarzinger,* Einführung in das UmgrStG, Wien 2009; *Hügel,* Grenzüberschreitende und nationale Verschmelzungen im Steuerrecht (Kommentierung des Art I UmgrStG), Wien 2009; *Kalss,* Kommentar zur Verschmelzung, Spaltung und Umwandlung[2], Wien 2010; *Mayr/Wellinger,* Handbuch Sonderbilanzen II, Wien 2010; *Fraberger/Hirschler/Kanduth-Kristen/Ludwig,* Handbuch Sonderbilanzen I, Wien 2010; *Schwarzinger/Wiesner,* Umgründungssteuer-Leitfaden I bis IV, Wien 1997 bis 2013 (2. bzw 3. Auflage); *Kirchmayr/Mayr* (Hrsg), Umgründungen – Praxisfragen und Fallbeispiele, Wien 2013; *König/Wallentin/Wiesner* (Hrsg), Privatstiftung und Umgründungen, in GedS Helbich, Wien 2014; *Wundsam/Zöchling/Huber/Khun,* Umgründungssteuergesetz[5], Wien 2015; *Kirchmayr/Mayr/Oberhammer/Rüffler/Torggler* (Hrsg), Umgründungen, in FS Hügel, Wien 2016; *Mayr/Schlager/Zöchling* (Hrsg), Handbuch Einlagenrückzahlung, Wien 2016; *Reinold,* Immobilien-Ertragsteuer und Umgründungen, Wien 2017; *Ludwig/Hirschler,* Bilanzierung und Prüfung von Umgründungen[3], Wien 2018; *Walter,* Umgründungssteuerrecht 2018[12], Wien 2018; *Kofler* (Hrsg), UmgrStG – Kommentar[7], Wien 2018; *Wiesner/Hirschler/Mayr* (Hrsg), Handbuch der Umgründungen, Band 1 + 2, Wien 2018.

Sonstige: *Hügel,* Umgründungssteuergesetz und Fusionsbesteuerungsrichtlinie, in FS Werilly 161; *Sulz,* Steuerbilanzen – Umgründungsbilanzen, SWK 2001, S 793; *Wiesner,* Zukunftsaspekte des Umgründungssteuerrechtes, ÖStZ 2003, 157; *Bruckner,* Änderungen beim Verlustabzug bei Umgründungen durch UmgrStR und BBG 2003, ÖStZ 2004, 358; *Cerha/Ludwig,* Umgründungen von Privatstiftungen, ÖStZ 2004, 364; *Hirschler,* Geschäftsführerverhältnisse und Umgründungen, taxlex 2005, 425; *Staringer,* Einlagen in Körperschaften und Umgründungen, in GedS Gassner, Wien 2005, 429; *Kofler/Schindler,* Grenzüberschreitende Umgründungen: Änderungen der steuerlichen Fusionsrichtlinie und Anpassungsbedarf in Österreich, taxlex 2005, 496, 559; *Wiesner,* Steuerliche Auswirkungen des Übernahmerechts-Änderungsgesetzes 2006 auf Umgründungen, RWZ 2006, 165; *Farmer,* Verlustübergangs- und Verlustvortragsbeschränkungen im UmgrStR, in FS Pircher, Wien 2007, 99; *Kohlbacher/Walter,* Umgründungsbedingte Vereinigung von Forderung und Verbindlichkeit steuerwirksam? in FS Doralt, Wien 2007, 219; *Mayr/Wiesner,* Bewertung bei Umgründungen nach dem UmgrStG, Sonderbilanzen bei Umgründungen, Wien 2008, 149; *Staringer,* Rückwirkung bei Umgründungen, Sonderbilanzen bei Umgründungen, 209; *Petritz,* Rechtsgeschäftsgebührenfallen bei M&A, ÖStZ 2009, 21; *Mayr*, EuGH-Rsp zur Fusionsrichtlinie und die Auswirkungen auf das österreichische UmgrStG, RdW 2009, 155; *Wolf/Fuchs*, Fehler bei Umgründungen, SWK 2010, S 773; *Wurm*, Anpassung des UmgrStG an das neue Kapitalbesteuerungsregime, SWK 2012, 1531; *Zöchling*, Konzernfinanzierung und Umgründungen, in *Kirchmayr/Mayr*, Besteuerung der grenzüberschreitenden Konzernfinanzierung, Wien 2012, 25; *Wild*, Umstrukturierungen außerhalb des UmgrStG und deren Behandlung im Rahmen der Besteuerung von Kapitalvermögen, in *Kirchmayr/Mayr*, Umgründungen, 81; *Angerer/Hebenstreit/Ludwig*, Zweifelsfragen internationale Schachtelbeteiligungen bei Umgründungen, RWZ 2014, 183; *Wiesner/Schwarzinger*, Entrümpelung von Formalismen und anderen Hindernissen im UmgrStR, in GedS Helbich (2014), 265; *Hirschler/Aumayr*, Leistungsbeziehungen zwischen Gesellschaft und Gesellschafter bei Umgründungen, ÖStZ 2014, 300; *Titz/Wild*, Grundstücksübertragungen im Rahmen von Umgründungen, RdW 2014,745; *Mayr/Mair*, Entstrickungsbesteuerung NEU im EStG und bei Umgründungen, in *Kirchmayr/Mayr/Hirschler*, Aktuelle Fragen der Konzernbesteuerung, 47; *Arnold*, Formwechselnde Umwandlung in bzw von Privatstiftungen, *V. Hügel*, Verschmelzungen bei Stiftergesellschaften, *Zöchling*, Erwerb und Umgründung von Kapitalgesellschaften mit negativer Innenfinanzierung, alle in FS Hügel; *Stanek/Stückler*, Auswirkungen von Umgründungen auf den Stand der Innenfinanzierung, ÖStZ 2016, 569; *Schlager*, Praxisfragen zu Verlusten bei unterjährigen Umgründungen, RWZ 2016, 347; *Titz/Wild*, Grenzüberschreitende Umgründungen im Lichte des UmgrStR-Wartungserlasses 2017, RdW 2017, 334; *Jann/Ursprung-Steindl/Zwick*, Zweifelsfragen des umgründungsbedigten Untergangs von Verlustvorträgen, ÖStZ 2018, 5; *Wild*, UmgrStR-Wartungserlass 2018, RdW 2018, 661.

I. Steuerrechtliche Grundlagen von Umgründungen

A. Abgrenzungen

1101 Die **„optimale Rechtsform“** für ein Unternehmen kann sich im Laufe der Zeit ändern,[1]) sodass Umstrukturierungen erforderlich werden können. Dabei sind zwei Fälle zu unterscheiden:

- **Formwechselnde Umwandlung:** Rechtsträger bleibt ident und es erfolgt keine Übertragung von Vermögen.
- **Umgründung:** Änderung des Rechtsträgers mit Übertragung von Vermögen.

Bei einer **formwechselnden Umwandlung** ändert sich nur die Rechtsform, der Rechtsträger bleibt erhalten. Eine formwechselnde Umwandlung (keine Übertragung von Vermögen) ist sowohl bei Personengesellschaften (zB OG in KG und umgekehrt) als auch bei Kapitalgesellschaften (AG in GmbH und umgekehrt) möglich. Aus einer bloß formwechselnden Umwandlung ergeben sich steuerlich keine Konsequenzen. Ertragsteuerlich ändert sich bei der formwechselnden Umwandlung einer OG in eine KG an der Stellung der Gesellschafter (Mitunternehmer) ebenso wenig wie bei einer Umwandlung einer AG in eine GmbH. Mangels Vermögensübertragung findet auch kein umsatzsteuer-

[1]) Dazu unten Tz 1107.

barer Leistungsaustausch statt und auch die Tatbestände des GebG und des GrEStG sind nicht erfüllt.

Bei einer **Umgründung** ändert sich der Rechtsträger eines Unternehmens, wobei trotz Vermögensübertragung das Unternehmen (der Betrieb) fortbesteht. Darin unterscheidet sich eine Umgründung auch von einer **Unternehmensveräußerung,** bei der das unternehmerische Engagement beim Veräußerer beendet wird. Das Umgründungssteuergesetz **(UmgrStG)** ist ein Sondergesetz für derartige Umgründungen; fällt eine Umstrukturierung nicht unter das UmgrStG, sondern unter das allgemeine Ertragsteuerrecht, spricht man idR von einer „verunglückten" Umgründung.

B. Überblick: Umgründungstypen

Das UmgrStG kennt sechs Umgründungstypen und spricht dabei von **1102**
„Artikeln". Vereinfacht gesagt hängen jeweils zwei Artikel inhaltlich zusammen und sehen die „Umkehr-Umgründung" (Gegenakt oder Komplementärvorgang) vor:

- **Verschmelzung** (Fusion) und **Spaltung** von Kapitalgesellschaften;
- **Zusammenschluss** zu und **Realteilung** einer Personengesellschaft;
- **Einbringung** in und **Umwandlung** von einer Kapitalgesellschaft.

Für eine **erste systematische Einordnung** kann man sich das folgendermaßen vorstellen: Das erste Paar (Verschmelzung und Spaltung) betrifft nur Kapitalgesellschaften, das zweite (Zusammenschluss und Realteilung) Personengesellschaften und das dritte (Einbringung und Umwandlung) ist gesellschaftstypenübergreifend. Die Paare folgen dem Grundsatz, dass sich das, was zusammengeführt wird, auch wieder trennen lassen soll. Insbesondere bei der Verschmelzung und Spaltung (von Kapitalgesellschaften) oder beim Zusammenschluss und der Realteilung (von Personengesellschaften) sieht man das deutlich. Die **Reihenfolge der Artikel** im UmgrStG ist **historisch erklärbar,** weil erst mit dem UmgrStG (ab 1992) die bestehenden vier Artikel nach dem zuvor befristet und immer wieder verlängertem **Strukturverbesserungsgesetz**[2]) um die Realteilung (Art V) und die Spaltung (Art VI) erweitert wurden.[3])

Die einzelnen **„Umgründungs-Artikel"** des UmgrStG lassen sich wie folgt **1103**
charakterisieren:

- **Verschmelzung** (Art I): Bei einer Verschmelzung (Fusion) geht das Vermögen einer Kapitalgesellschaft ohne Liquidation im Wege der Gesamtrechtsnachfolge auf eine andere (= übernehmende) Kapitalgesellschaft über, wobei die Gesellschafter der übertragenden Gesellschaft Anteile an der übernehmenden Gesellschaft erhalten.

---

[2]) Mehr als zwei Jahrzehnte (1. 1. 1969 bis 31. 12. 1991) hat der Gesetzgeber abgabenrechtliche Begünstigungen für Strukturanpassungen durch das immer wieder verlängerte Strukturverbesserungsgesetz gewährt, dazu *Helbich/Wiesner,* Umgründungen[5] 19; zur historischen Entwicklung vgl auch *Hügel/Mühlehner/Hirschler,* UmgrStG, Einleitung Rz 4.

[3]) Vgl dazu *Helbich/Wiesner,* Umgründungen[5] 205 und 225.

- **Spaltung** (Art VI): Bei einer Spaltung (nach dem SpaltG) wird das Vermögen einer Kapitalgesellschaft im Wege der Gesamtrechtsnachfolge
  - entweder zur Gänze auf andere (neu gegründete oder bestehende) Kapitalgesellschaften übertragen (= Aufspaltung, Gegenakt zur Verschmelzung)
  - oder unter Fortbestand der übertragenden Kapitalgesellschaft nur teilweise auf eine oder mehrere (neu gegründete oder bestehende) Kapitalgesellschaften übertragen (= Abspaltung).

  Die Anteilsinhaber der übertragenden Gesellschaft erhalten als Gegenleistung Anteile an der übernehmenden Gesellschaft.
- **Umwandlung** (Art II): Bei einer Umwandlung (nach dem UmwG) geht das Vermögen einer Kapitalgesellschaft ohne Liquidation im Wege der Gesamtrechtsnachfolge auf den Hauptgesellschafter (= verschmelzende Umwandlung) oder auf eine gleichzeitig errichtete Personengesellschaft (= errichtende Umwandlung) über.
- **Einbringung** (Art III): Bei einer Einbringung überträgt der Einbringende Vermögen (= Betriebe, Teilbetriebe, Mitunternehmer- oder qualifizierte Kapitalanteile) im Wege der Einzelrechtsnachfolge auf eine Kapitalgesellschaft (bzw Genossenschaft).
- **Zusammenschluss** (Art IV): Bei einem Zusammenschluss wird Vermögen (= Betriebe, Teilbetriebe, Mitunternehmeranteile) auf eine Personengesellschaft gegen Gewährung von Gesellschaftsrechten übertragen.
- **Realteilung** (Art V): Bei einer Realteilung wird Vermögen (= Betriebe, Teilbetriebe, Mitunternehmeranteile) zum Ausgleich untergehender Gesellschafterrechte auf Nachfolgeunternehmer (bisherige Gesellschafter) übertragen, denen das Vermögen zur Gänze oder teilweise zuzurechnen war.

1104 Das UmgrStG ist ein Sondersteuergesetz und kennt für jeden Artikel gewisse **Anwendungsvoraussetzungen.** Wird eine der Anwendungsvoraussetzungen verletzt, kommt grundsätzlich das allgemeine Steuerrecht zur Anwendung.

C. Umstrukturierungen nach allgemeinem Steuerrecht

1105 Nach allgemeinem Ertragsteuerrecht führt eine Umstrukturierung (= iSv Umgründung) zu einer **Gewinnrealisierung** entweder durch **Tausch** (§ 6 Z 14 EStG) oder durch **Liquidation** (§ 19 KStG). Das EStG und KStG stellen das „Verhältnis" zum UmgrStG ausdrücklich klar: Nach **§ 6 Z 14 lit b EStG** gilt die Einlage/Einbringung von Wirtschaftsgütern und sonstigem Vermögen als (gewinnrealisierender) Tausch, wenn sie nicht unter das UmgrStG fällt.

Das **KStG** kennt mit **§ 20** eine „Umgründungs-Bestimmung". Geht danach das Vermögen einer unbeschränkt steuerpflichtigen Körperschaft auf einen anderen über, sind

1. bei Verschmelzungen, Umwandlungen, Aufspaltungen und vergleichbaren Vermögensübertragungen die Liquidationsbestimmungen des § 19 KStG,

2. bei Einbringungen und Abspaltungen § 6 Z 14 EStG und
3. bei Zusammenschlüssen und Realteilungen § 24 Abs 7 EStG[4])

anzuwenden,[5]) soweit die Voraussetzungen des UmgrStG nicht gegeben sind.

Sowohl das EStG als auch das KStG sehen daher eine **Gewinnrealisierung** vor, wenn die Voraussetzungen des UmgrStG nicht vorliegen. Bei Anwendung des **Tauschgrundsatzes** nach § 6 Z 14 EStG gilt Folgendes:

- Beim Tausch von Wirtschaftsgütern, worunter auch die Einlage oder Einbringung in eine Körperschaft fällt, liegt eine Anschaffung und Veräußerung vor.
- Veräußerungspreis ist der gemeine Wert des hingegebenen Wirtschaftsgutes, der zugleich die Anschaffungskosten des erworbenen Wirtschaftsgutes bildet.

Beispiel:

Ein Betrieb (Buchwert des Reinvermögens = 100, gemeiner Wert = 1.000) wird vom Einzelunternehmer A in eine GmbH als Sacheinlage eingebracht. Nach allgemeinem Steuerrecht veräußert A seinen Betrieb, die stillen Reserven iHv 900 sind ein steuerpflichtiger Veräußerungsgewinn; Begünstigungen nach §§ 24 und 37 EStG kann A in Anspruch nehmen. Die Anschaffungskosten der Kapitalanteile betragen 1.000, die GmbH hat Vermögen um 1.000 erworben.

Bei Anwendung der **Liquidationsgrundsätze** gilt Folgendes:

- Bei Auflösung und Abwicklung einer Kapitalgesellschaft ist ein Liquidationsgewinn zu ermitteln und der Besteuerung zu unterwerfen. Der Liquidationsgewinn ist das Abwicklungs-Endvermögen abzüglich dem Abwicklungs-Anfangsvermögen (§ 19 KStG). Das Abwicklungs-Endvermögen ist entweder der Wert der für die Vermögensübertragung gewährten Gegenleistung oder der Teilwert des übertragenen Vermögens. Die übernehmende Körperschaft hat das erworbene Vermögen mit diesen Werten anzusetzen.
- Gesellschafter (natürliche Person, Anteile im Privatvermögen): Der Liquidationsüberschuss ist unabhängig vom Beteiligungsausmaß steuerpflichtig (§ 27 Abs 6 Z 3 EStG). Die Anschaffungskosten des Gesellschafters für die gewährte Gegenleistung (zB Anteile an der übernehmenden Gesellschaft bei einer Verschmelzung) sind spiegelbildlich höher (enthalten also die aufgedeckte stille Reserve).
- Gesellschafter (Anteile im Betriebsvermögen): Die Steuerpflicht des Liquidationsgewinnes ergibt sich aus den Grundsätzen des Betriebsvermögensvergleiches. Die Anschaffungskosten des Gesellschafters für die gewährte Gegenleistung sind wie im Vorpunkt wiederum entsprechend höher.

---

[4]) Fällt die gesellschaftsvertragliche Übertragung von (Teil-)Betrieben oder Mitunternehmeranteilen nicht unter Art IV oder Art V UmgrStG, ist nach § 24 Abs 7 EStG ein Veräußerungsgewinn zu ermitteln; werden bei einem Zusammenschluss nicht alle Voraussetzungen des Art IV eingehalten, kann nach der Verwaltungspraxis unter bestimmten Voraussetzungen (insb darf keine Steuerlastverschiebung eintreten) eine Gewinnrealisierung unterbleiben (vgl UmgrStR Rz 1390 und 1416).

[5]) Für alle drei angesprochenen Ziffern sieht § 20 Abs 2 KStG noch gewisse Besonderheiten vor.

1106 Umstrukturierungen außerhalb des UmgrStG ziehen noch weitere steuerliche Konsequenzen nach sich:

- **USt:** es erfolgt ein umsatzsteuerbarer Leistungsaustausch (zB Geschäftsveräußerung im Ganzen gegen Gewährung von Gesellschaftsrechten an einer Kapitalgesellschaft) oder ein umsatzsteuerbarer „Eigenverbrauch" nach § 3 Abs 2 UStG (zB Übertragung des Betriebes der Muttergesellschaft auf die Tochtergesellschaft ohne Gewährung einer Gegenleistung[6]);
- **GrESt:** bei Übertragung von Grundstücken;
- **GebG:** bei einer umgründungsbedingten Forderungsabtretung oder Vertragsannahme fallen die damit verbundenen Rechtsgebühren an.

Umstrukturierungen sind daher nach allgemeinem Steuerrecht mit erheblichen steuerlichen Konsequenzen verbunden; um diese zu vermeiden, sieht das UmgrStG für (wirtschaftlich zweckmäßige) Umstrukturierungen steuerliche Erleichterungen vor.

D. Umgründungen nach dem UmgrStG

1107 „Umgründungen" sind eine steuerrechtliche Bezeichnung und haben etwas mit der Rechtsform eines Unternehmens zu tun. Bereits die Bezeichnung „Umgründung" soll verdeutlichen, dass es nicht um eine „(Neu-)Gründung", sondern um eine **Um**gründung geht. Unter Umgründungen werden solche Änderungen der Rechtsform verstanden, bei denen sich auch der Rechtsträger ändert und es zu einer Übertragung von Vermögen kommt.

Die **„optimale Rechtsform"** für ein Unternehmen kann sich im Laufe der Zeit ändern und hängt von mehreren Faktoren ab: So kann zB der Bedarf gegeben sein, die Haftung zu beschränken, die Kapitalbeschaffung zu erweitern oder den Weiterbestand des Unternehmens nach Eintritt eines Erbfalls zu sichern. Steuerliche Gründe spielen idR auch eine wichtige Rolle; zB hat die Senkung des KSt-Satzes auf 25% im Jahr 2005 die Kapitalgesellschaft attraktiv gemacht und zu zahlreichen Einbringungen geführt.

Ganz allgemein versteht man unter Umgründungen Änderungen im Bereich des Rechtsträgers eines Unternehmens bei prinzipiellem Fortbestand des Unternehmens (des Betriebes) selbst. Das UmgrStG möchte in seinem Grundgedanken Änderungen des Rechtskleides eines Unternehmens ohne steuerliche Zusatzbelastung ermöglichen. Das UmgrStG sieht damit für die Fortführung eines Betriebes in geänderter Rechtsform ähnlich wie bei einer Betriebsschenkung grds eine zwingende Buchwertfortführung vor, wodurch die Steuerhängigkeit der stillen Reserven auf den Rechtsnachfolger übergeht.

1108 Umgründungen sind Vorgänge, die nach allgemeinen ertragsteuerlichen Grundsätzen idR zu einem Gewinnausweis (also zur Versteuerung stiller Reserven) wegen der Anwendung des Tauschgrundsatzes oder der Liquidationsbesteuerung führen würden. Fällt der betreffende Vorgang unter das UmgrStG, tritt ein solcher Gewinnausweis nicht ein, sondern es kommt zur **Buchwertfort-**

[6]) Vgl UStR Rz 361.

führung. In der Praxis ist es daher von großer Bedeutung, dass bei Umgründungen keine (grundsätzlichen) Fehler begangen werden, weil eine „verunglückte Umgründung" mit der damit verbundenen Realisierung stiller Reserven erhebliche steuerliche Konsequenzen nach sich ziehen kann. Daraus ergibt sich auch in der Praxis ein gewisser „Respekt" vor Umgründungen. Das UmgrStG ist aber auch deshalb eine „Spezialmaterie", weil die gesellschaftsrechtlichen Grundlagen von besonderer Bedeutung sind.

Umgründungen sind Änderungen von bestehenden Unternehmensformen im Wege einer Vermögensübertragung auf gesellschaftsrechtlicher oder gesellschaftsrechtsähnlicher Grundlage. Das **UmgrStG** ist zwecks „kompakter Darstellung" aller betroffenen Abgaben ein **Sondergesetz** für bestimmte Vermögensübertragungstatbestände. Bevor man sich mit den Details des UmgrStG und den einzelnen „Umgründungs-Artikeln" beschäftigt, sollten die Grundsätze des UmgrStG vertraut sein; denn diese Grundsätze ziehen sich wie ein roter Faden durch die einzelnen Artikel des UmgrStG. Aufbauend auf den steuerlichen Grundsätzen fällt sodann die Beschäftigung mit den Details und Ausnahmen leichter.

II. Grundsätze des Umgründungssteuerrechts

A. Zwingende Anwendung

Liegen die Anwendungsvoraussetzungen für einen Artikel des UmgrStG vor, treten die Wirkungen des UmgrStG zwingend ein. Der Stpfl hat daher kein Wahlrecht, die Wirkungen des UmgrStG eintreten zu lassen oder nicht. Wird eine Anwendungsvoraussetzung des UmgrStG verletzt, treten zwingend die Wirkungen des EStG bzw KStG ein und es kommt zu einer Aufdeckung der stillen Reserven. **1109**

In der Beratungspraxis wird daher besonderes Augenmerk darauf gelegt, keine der Anwendungsvoraussetzungen zu verletzen. Nur in Ausnahmefällen wird gezielt und bewusst eine Anwendungsvoraussetzung des UmgrStG verletzt, um aus seinem Anwendungsbereich zu kommen.

B. Verknüpfung mit allgemeinem Ertragsteuerrecht

Durch die soeben angesprochene zwingende Anwendung entweder des UmgrStG oder des allgemeinen Ertragsteuerrechts (= Gewinnrealisierung) schließen sich die beiden grundsätzlich aus; entweder kommt das UmgrStG zur Anwendung oder es kommt zur Gewinnrealisierung (Tausch- oder Liquidationsbesteuerung) nach allgemeinem Ertragsteuerrecht. Dennoch ist das UmgrStG vor allem mit dem EStG besonders stark verknüpft; denn das UmgrStG greift als Sondersteuergesetz immer wieder auf das allgemeine Ertragsteuerrecht zurück und regelt nicht alles eigenständig. So gehört zB nach § 12 Abs 2 Z 1 UmgrStG der „Betrieb" zum einbringungsfähigen Vermögen und verweist dabei mangels eigenständiger Begriffsbestimmungen auf das EStG. **1110**

C. Maßgeblichkeit des Unternehmens- bzw Gesellschaftsrechts

1111 Bei einzelnen Umgründungstypen (Verschmelzung, Umwandlung, Spaltung nach dem SpaltG) knüpft das UmgrStG unmittelbar an das Gesellschaftsrecht an. Da zB bei den Verschmelzungen nach Art I UmgrStG auf gesellschaftsrechtliche Verschmelzungsvorschriften verwiesen wird, ist die Frage, ob eine Verschmelzung iSd Art I UmgrStG vorliegt, eine gesellschaftsrechtlich vom zuständigen Firmenbuchgericht zu lösende Vorfrage. Der Grundsatz der Maßgeblichkeit des Gesellschaftsrechtes bewirkt auch die Bindung der Abgabenbehörde an die Eintragung der Verschmelzung in das Firmenbuch (§ 116 Abs 2 BAO). Die rechtskräftig eingetragene Verschmelzung gilt somit für steuerliche Zwecke als maßgebend, solange sie nicht für nichtig erklärt wird.

D. Buchwertfortführung

1112 Die steuerliche Buchwertfortführung ist ein **Kerngrundsatz** und zentraler Inhalt des UmgrStG. Danach wird das Vermögen zu steuerlichen Buchwerten (oder Anschaffungskosten) übertragen. Dadurch unterbleibt beim Übertragenden die Realisierung der im Vermögen enthaltenen stillen Reserven. Der Rechtsnachfolger (= Übernehmende) hat die steuerlichen Buchwerte zwingend fortzuführen (= Buchwertfortführung). Damit kommt es weder zu einer Besteuerung eines Veräußerungs- oder Aufwertungsgewinnes noch zu einer (steuerpflichtigen) Aufwertung des Vermögens. Dies gilt unabhängig davon, ob unternehmensrechtlich vom Aufwertungswahlrecht nach § 202 UGB Gebrauch gemacht wird oder nicht.

E. Steuerverfangenheit und Verdoppelung stiller Reserven

1113 Durch die Buchwertfortführung werden die stillen Reserven nicht aufgedeckt, die Steuerverfangenheit der stillen Reserven wird vielmehr auf den Rechtsnachfolger übertragen. Das UmgrStG muss allerdings auch die Besteuerungsrechte der Republik Österreich sicherstellen; denn kann Österreich den Rechtsnachfolger (übernehmende Gesellschaft) nicht besteuern, würde Österreich bei einer Buchwertfortführung Besteuerungssubstrat hinsichtlich der in Österreich entstandenen stillen Reserven verlieren. Um dies zu vermeiden, ist das UmgrStG (Buchwertfortführung) grundsätzlich nur insoweit anwendbar, als das Besteuerungsrecht der Republik Österreich an den stillen Reserven erhalten bleibt.[7])

Vor allem bei der Einbringung (durch eine Kapitalgesellschaft) wird oftmals sogar von einer **„Verdoppelung der stillen Reserven"** gesprochen. Denn erfolgt die Einbringung zB eines Betriebes zu Buchwerten, hat einerseits die übernehmende Kapitalgesellschaft die Buchwerte fortzuführen (stille Reserven bleiben gespeichert), andererseits enthalten auch die Anschaffungskosten des Einbringenden für die als Gegenleistung erhaltenen Anteile an der übernehmenden Kapitalgesellschaft ebenfalls die stille Reserve

---

[7]) Zu grenzüberschreitenden Umgründungen im EU/EWR-Raum siehe unten Tz 1125.

(Bewertung mit dem Einbringungskapital zu Buchwerten). Dieser Effekt ist aber insofern notwendig, weil ansonsten entweder der Einbringende oder die übernehmende Kapitalgesellschaft steuerfrei realisieren könnte. Bei der Einbringung eines Betriebes durch eine natürliche Person wird zudem das bisher volle Besteuerungsrecht in der ESt einbringungsbedingt nun auf zwei Besteuerungsebenen aufgeteilt; die Verdoppelung der stillen Reserven ist in solchen Fällen auch systematisch geboten. Im Gegensatz dazu führen upstream-Verschmelzungen und Umwandlungen zum Wegfall einer Besteuerungsebene.

F. Steuerneutralität von Buchgewinnen und Buchverlusten

Umgründungen führen idR zu Buchgewinnen oder Buchverlusten, weil 1114
der Buchwert des übertragenen Reinvermögens vom Buchwert der gewährten Gegenleistung abweicht (die Abweichungen ergeben sich aus den jeweiligen Verkehrswerten des umgegründeten Vermögens). Buchgewinne und Buchverluste können sowohl beim übertragenden als auch beim übernehmenden Rechtsträger auftreten.

Beispiel:

Die A-AG wird auf die B-AG verschmolzen. Die Gesellschafter der A-AG erhalten als Gegenleistung (für ihre untergehenden Anteile) Aktien an der B-AG. Ist der Nominalwert der neu ausgegebenen Aktien niedriger als der Buchwert des übernommenen Reinvermögens der A-AG, entsteht für die B-AG ein **Buchgewinn,** im umgekehrten Fall ein **Buchverlust** (Nominalwert Aktien > übernommenes Reinvermögen). Unternehmensrechtlich liegt bei einem Buchgewinn ein Aufgeld vor, das in eine Kapitalrücklage einzustellen ist; bei einem Buchverlust dürfen nach § 202 Abs 2 UGB ein Umgründungsmehrwert (in Höhe der übertragenen stillen Reserven) und ein Firmenwert (in Höhe des Restbetrages) aktiviert werden.

Umgründungsbedingte Buchgewinne und Buchverluste sind grundsätzlich steuerneutral (Buchgewinne nicht steuerpflichtig, Buchverluste nicht abzugsfähig). Davon ausgenommen sind Unterschiedsbeträge, die sich aus einer Confusio (= Vereinigung) von Aktiva und Passiva ergeben (zB übertragene Verbindlichkeit fällt mit teilwertberichtigter Forderung zusammen).

G. Ertragsteuerliche Rückwirkungsfiktion

Das Ertragsteuerrecht ist im Allgemeinen rückwirkungsfeindlich. Das 1115
UmgrStG erlaubt aber in Hinblick auf die unternehmensrechtliche Neunmonatsfrist eine Umgründung auf einen zurückliegenden Bilanzstichtag. Der durch die Umgründung bewirkte Vermögensübergang kann daher mit ertragsteuerlicher Wirkung auf einen in der Vergangenheit liegenden Stichtag zurückbezogen werden. Der Stichtag darf aber **höchstens neun Monate** vor der Anmeldung der Umgründung (zur Eintragung im Firmenbuch) oder der Meldung der Umgründung (beim FA) liegen. Ausnahmen von der ertragsteuerlichen Rückwirkung kennt das UmgrStG für Gewinnausschüttungen und bestimmte Rechtsbeziehungen zwischen den beteiligten Rechtsträgern.

Durch die Rückwirkung sind das Vermögen und die Einkünfte dem Rechtsvorgänger bis zum Ende des Stichtages und dem Rechtsnachfolger mit Beginn des Folgetages zuzurechnen.

H. Objektbezogener Übergang des Verlustabzuges

1116 Das Thema Verlustabzug und Umgründungen ist in der Praxis von besonderer Bedeutung, weil Umgründungen vielfach dadurch motiviert sind, eine „optimale Verlustverwertung“ zu erreichen. Nach allgemeinem Ertragsteuerrecht steht der Verlustabzug dem Steuerpflichtigen zu, der den Verlust erwirtschaftet hat. Der Verlustabzug geht daher grundsätzlich nicht auf den Erwerber oder Geschenknehmer des Unternehmens über, sondern verbleibt zurück.[8]) Eine Ausnahme davon besteht grds nur für Betriebsübertragungen durch Gesamtrechtsnachfolge. Die Umgründungstypen lassen sich hier nicht pauschal ins allgemeine Ertragsteuerrecht einordnen, weil bei Verschmelzung, Umwandlung und Spaltung nach dem SpaltG der Vermögensübergang im Wege der Gesamtrechtsnachfolge erfolgt, bei Einbringung, Zusammenschluss und Realteilung hingegen im Wege der Einzelrechtsnachfolge.

Das UmgrStG differenziert nicht, trifft für den Verlustabzug einheitliche Regelungen und ist vom Grundsatz der **„Objektbezogenheit“** geleitet.[9]) Danach geht der Verlustabzug bei Umgründungen grundsätzlich auf den Rechtsnachfolger über, soweit auch das verlustverursachende Vermögen auf ihn übergeht. Das UmgrStG sieht zudem gewisse Schranken beim Verlustabzug vor, um unerwünschte Verlustverwertungen zu vermeiden.

I. Umtauschverhältnis und Äquivalenz

1117 Ein oft zentrales Thema unter den Umgründungspartnern ist das Umtauschverhältnis; es beschreibt gewissermaßen die „Gegenleistung“ für die Vermögensübertragung. Bei einer Verschmelzung auf eine Aktiengesellschaft gibt das Umtauschverhältnis an, wieviele Aktien der übernehmenden Gesellschaft die Gesellschafter der übertragenden Gesellschaft für die Übertragung des Gesellschaftsvermögens erhalten. Das Umtauschverhältnis betrifft vor allem die Umgründungspartner und weniger das Umgründungssteuerrecht. Umgründungen sind im Regelfall von der Gleichwertigkeit (= Äquivalenz) von Leistung und Gegenleistung getragen (zumal sich Fremde nichts zu schenken pflegen); der Äquivalenzgrundsatz zählt aber nicht zu den Anwendungsvoraussetzungen der einzelnen Umgründungstatbestände. Ein bewusster Verzicht auf eine gleichwertige Gegenleistung (insb unter Angehörigen) führte als Äquivalenzverletzung früher zu schenkungssteuerrechtlichen Folgen.[10])

J. Internationalisierung

1118 Das UmgrStG erfasst nicht nur rein inländische Umgründungen, sondern auch grenzüberschreitende Umgründungen (Export- und Importumgründun-

---

[8]) Dazu oben Kap Einkommensteuer, Tz 627 und *Doralt/Renner,* EStG[18] § 18 Tz 322; EStR 2000 Rz 4537 a ff.

[9]) Vgl auch *Zorn,* der vom Verlustübergangsregime des UmgrStG auf die ESt schließt, RdW 2013, 354.

[10]) Zur Äquivalenzverletzung bei der Verschmelzung siehe unten Tz 1146.

gen) und „reine" Auslandsumgründungen (zB Verschmelzung zweier ausländischer Körperschaften, Auslandsumwandlungen). Auslandsumgründungen sind aber steuerrechtlich nur dann von Bedeutung, wenn ein Bezug zu Österreich vorliegt (zB bei inländischen Gesellschaftern oder wenn inländisches Vermögen übertragen wird).

K. Mehrfachzüge

Die gewünschte rechtliche Struktur lässt sich nicht immer mit nur einem **1119**
Umgründungsschritt herstellen. Das UmgrStG ermöglicht es, mehrere Umgründungen, die dasselbe Vermögen ganz oder teilweise betreffen, auf einen Stichtag zu beziehen. Dafür ist ein sog Umgründungsplan erforderlich (§ 39 UmgrStG).[11]

L. Wirtschaftliche Begründung

Die steuerrechtlichen Möglichkeiten des UmgrStG können Anlass für **1120**
missbräuchliche Gestaltungen sein. Das UmgrStG ist aber nicht anzuwenden, wenn die Umgründungsmaßnahmen der missbräuchlichen Umgehung oder Minderung der Abgabenpflicht dienen (§ 44 UmgrStG); das Vorliegen eines Missbrauches richtet sich vor allem nach § 22 BAO. Im Vordergrund der Umgründung muss immer eine wirtschaftlich begründete Strukturänderung stehen.[12]

Jedenfalls missbrauchsverdächtig sind daher idR mehrfache Umgründungen, die im Ergebnis wieder zur Ausgangsstruktur zurückführen (zB Einbringung und Rückumwandlung).[13]

M. Sonstige Steuern

Fällt eine Umgründung unter das UmgrStG, kommt es zur Buchwertfort- **1121**
führung und damit ertragsteuerlich zu keinen Konsequenzen. Auch sonst ziehen Umgründungen nur wenige steuerliche Konsequenzen nach sich:

- Nach dem UmgrStG gelten Umgründungen durchwegs auch als **nicht umsatzsteuerbare** Vorgänge; der Rechtsnachfolger tritt für umsatzsteuerliche Zwecke unmittelbar in die Rechtsstellung des Rechtsvorgängers ein.
- Befreiungen von der **Gesellschaftsteuer** sind mittlerweile **obsolet,** weil durch das AbgÄG 2014 die Gesellschaftssteuer ab 2016 abgeschafft wurde.
- Eine **Befreiung** von der **GrESt** besteht **nicht:**
  - Kommt es im Zuge einer Umgründung zu einem grunderwerbsteuerlichen Erwerbsvorgang, beträgt die GrESt nunmehr **0,5% vom**

[11]) Dazu unten Tz 1270 f.

[12]) Vgl ErläutRV 266 BlgNR 18. GP 41; *Helbich/Wiesner,* Umgründungen[5] 256.

[13]) Vgl UmgrStR Rz 1907 ff; dazu unten Tz 1272 ff.

Grundstückswert (bei land- und forstwirtschaftlichen Grundstücken 3,5% vom einfachen Einheitswert).[14])

- Eine GrESt-Pflicht kann sich auch durch eine **Anteilsvereinigung** (§ 1 Abs 2a und 3 GrEStG) ergeben.[15])
- § 39 UmgrStG, der **Mehrfachzüge** auf einen Stichtag ermöglicht, gilt nicht für Verkehrsteuern; § 1 Abs 4 GrESt sieht aber bei aufeinanderfolgenden Erwerbsvorgängen, die dasselbe Grundstück betreffen, eine Anrechnung vor („Differenzbesteuerung“).[16])

N. Aufbau des UmgrStG

1122 Auch wenn sich die sechs Artikel auf jeweils unterschiedliche Rechts- bzw Gesellschaftsformen beziehen, liegt ihnen eine **einheitliche Aufbaustruktur** zu Grunde. **Ausgangspunkt** bildet der Aufbau von **Art I UmgrStG** (Verschmelzung).

Aufbau von Art I UmgrStG:

- **Anwendungsbereich** (§ 1): Legt die Voraussetzungen für die Anwendung von Art I UmgrStG fest (welche Verschmelzungen erfasst werden; Besteuerungsrecht Österreichs darf nicht verloren gehen).
- **Übertragende Körperschaft** (§ 2): Regelungen für die übertragende Körperschaft (zB Schlussbilanz, Verschmelzungsbilanz).
- **Übernehmende Körperschaft** (§ 3): Regelungen für die übernehmende Körperschaft (zB Buchwertfortführung).
- **Verlustabzug** (§ 4): Unter welchen Voraussetzungen der Verlustabzug auf die übernehmende Körperschaft übergeht (bzw dieser erhalten bleibt).
- **Anteilsinhaber** (§ 5): Regelungen für die Gesellschafter/Anteilsinhaber (Austausch von Anteilen gilt nicht als Tausch).
- **Sonstige Rechtsfolgen** (§ 6): Arbeitsverhältnisse, Äquivalenzverletzung, USt und Verkehrssteuern.

Diese Aufbaustruktur setzt sich grds auch in den anderen Artikeln des UmgrStG fort, auch wenn zB statt der „Übertragenden Körperschaft“ bei der Verschmelzung bei der Einbringung „Der Einbringende“ (§ 14) oder statt der „Übernehmenden Körperschaft“ beim Zusammenschluss „Die übernehmende Personengesellschaft“ (§ 25) angeführt wird. Anhand der gesetzlichen Aufbaustruktur wird nunmehr Art I UmgrStG etwas ausführlicher dargestellt, bei den Artikeln II bis VI UmgrStG kann sodann vielfach an die Ausführungen bei Art I UmgrStG angeknüpft werden.

---

[14]) Da zB § 6 Abs 6 UmgrStG idF StRefG 2015/16 keine eigene Begünstigung mehr vorsieht, sondern lediglich auf § 4 GrEStG (Art der Berechnung) und § 7 GrEStG (Steuersatz) verweist, schlagen *Kofler/Six* eine Streichung von § 6 Abs 6 UmgrStG vor, in *Kofler*, UmgrStG[6] § 6 Rz 71.

[15]) Vgl zB UmgrStR Rz 340 zur Verschmelzung; vgl auch *Bodis/Varro,* GrESt-Neu: Anteilsvereinigung und Anteilsübertragung, in *Kirchmayr/Mayr/Hirschler,* Aktuelle Fragen der Konzernbesteuerung 81.

[16]) Zur Verschmelzung vgl UmgrStR Rz 342 ff; *Kofler/Six* in *Kofler,* UmgrStG[6] § 6 Rz 97.

III. Verschmelzung (Art I)

Literatur (Auswahl ab 2000): *Bruckner,* Objektbezogener Verlustvortragsübergang bei Verschmelzungen, in FS Werilly, Wien 2000, 77; *Kauba,* VfGH und umgründungsbedingte Firmenwertabschreibung bei „Altfällen", SWK 2000, S 517; *Wiesner,* Keine Chance auf umgründungsbedingte Firmenwertabschreibung zwischen 1997 und 2000! RWZ 2001, 189; *Wiesner,* Verschmelzungsverknüpfter Mantelkauftatbestand, RWZ 2001, 262; *Wiesner,* Verlustvortrag der übernehmenden Körperschaft bei Verschmelzung, RWZ 2003, 35; *Schrottmeyer,* Mantelkauf und Verschmelzungen, SWK 2003, S 580; *Achatz/Kofler,* Internationale Verschmelzungen nach dem AbgÄG 2004, GeS 2005, 119; *Staringer,* Grenzüberschreitende Verschmelzung, Umwandlung und Sitzverlegung nach dem Abgabenänderungsgesetz 2004, SWI 2005, 213; *Zorn,* Neue Teilwertabschreibung alter Firmenwerte aus Umgründungen, SWK 2006, S 254; *Plassak/Six,* Teilwertabschreibung eines verschmelzungsgeborenen Firmenwertes, taxlex 2006, 256; *Wolf,* Checkliste: Verschmelzung gem Art I UmgrStG, taxlex 2006, 351, 396, 484; *Grau/Stefaner,* Nutzung ausländischer Verluste durch Umgründungen, SWI 2007, 217; *Zöchling/Haslinger,* Verschmelzungsbedingter Anteilstausch: Wesentliche Änderungen durch das Budgetbegleitgesetz 2007, RdW 2007, 369; *Wiesner/Mayr,* UmgrStG: Aktuelles zur Verschmelzung, RdW 2007, 435; *Hohenwarter,* Internationale Verschmelzungen nach dem BudBG 2007, RdW 2007, 501 und 568; *Bruckner/Kolienz,* UmgrStR-Wartungserlass 2006/07: Neuerungen beim Verlustabzug, ÖStZ 2007, 474; *Hohenwarter,* Verschmelzungen und internationales Steuerrecht, Sonderbilanzen bei Umgründungen, Wien 2008, 233; *Hübner/Six,* Diagonale Konzernverschmelzung, taxlex 2010, 107; *Mayr,* AbgÄG 2010: Neue Ausschüttungsfiktion für Importverschmelzungen, RdW 2010, 313; *Wolf,* Die bilanzielle Abbildung von Verschmelzungsdifferenzen, SWK 2010, W 133; *Strimitzer,* Nochmals: Gewinnausschüttung vor der Verschmelzung, SWK 2010, S 463; *Wiesner,* Verschmelzungsveranlasste Firmenwertabschreibung iSd UmgrStG bei Vorliegen eines variablen Kaufpreisbestandteiles, RWZ 2010, 207; *ders,* Verschmelzungsveranlasste Firmenwertabschreibung bei Vorliegen eines Veräußerungstatbestandes, RWZ 2010, 327; *ders,* Umgründung und Verlustvortragsübergang, RWZ 2010, 361; *Apfelthaler,* Zum Übergang von Verlustvorträgen und noch nicht verrechneten Siebentel bei Umgründungen, SWK 2011, S 518; *Mayr/Petrag/Schlager,* UmgrStR: Aktuelles zur Verschmelzung, RdW 2012, 54; *Hristov,* Steuerliche Aufwertung auf Gesellschafterebene bei verschmelzungsbedingter Verstrickung von Anteilen in Österreich, taxlex 2012, 89; *Kofler,* „Nachschärfung" der Ausschüttungsfiktion bei „Cash-Box-Verschmelzungen", SWK 2012, 1485; *Rzepa/Schilcher,* Aktuelles zur Verschmelzung im UmgrStR-Wartungserlass 2013, RdW 2013, 756; *Hügel,* Verlustvortrag bei Verschmelzungen in- und außerhalb von Unternehmensgruppen, in GedS Helbich, Wien 2014, 189; *Kofler/Kofler,* Verschmelzungsbedingtes Entstehen, Erweitern, Ändern oder Untergehen einer internationalen Schachtelbeteiligung, in FS Nadvornik, Wien 2016, 585; *Mayr/Mair,* Grenzüberschreitende Verschmelzungen und Einbringungen nach dem AbgÄG 2015, RdW 2016, 72; *Kofler,* Ratenzahlungskonzept bei verschmelzungsbedingter Entstrickung, *Staringer,* Anteilsfruchtgenuss und Verschmelzung, beide in FS Hügel, Wien 2016; *Wild,* Importverschmelzungen, Wien 2018; *Wild,* UmgrStR-Wartungserlass 2018, RdW 2018, 661.

A. Anwendungsbereich (§ 1)

1. Maßgeblichkeit des Gesellschaftsrechts

Bei einer Verschmelzung (Fusion) geht das Vermögen einer Kapitalgesellschaft ohne Liquidation im Wege der Gesamtrechtsnachfolge auf eine andere **1123**

(= übernehmende) Kapitalgesellschaft über, wobei die Gesellschafter der übertragenden Gesellschaft Anteile an der übernehmenden Gesellschaft erhalten.[17]) Die hier angesprochene Verschmelzung von Kapitalgesellschaften ist zwar der Regelfall, § 1 Abs 1 UmgrStG knüpft aber umfassend an das Gesellschaftsrecht an.

Unter **Art I UmgrStG** fallen vor allem:[18])

- Verschmelzung von AGs (§§ 219 ff AktG),
- Verschmelzung von GmbHs (§§ 96 ff GmbHG),
- rechtsformübergreifende Verschmelzung von GmbH auf AG und umgekehrt (§§ 234 ff AktG),
- grenzüberschreitende Verschmelzung (zur Gründung einer SE, SCE oder nach dem EU-VerschmelzungsG).

Neben diesen Hauptanwendungsfällen fallen unter Art I UmgrStG auch die Verschmelzung von Genossenschaften (§§ 1 ff GenVerschmG), Sparkassen (§ 25 SpG), Sparkassen-Privatstiftungen (§ 27 c SpG), einer AG auf einen Versicherungsverein auf Gegenseitigkeit (vgl § 236 AktG)[19]) oder ausländischer Körperschaften im Ausland auf Grund vergleichbarer Vorschriften.

In der **Praxis** wird bei einer Verschmelzung das Vermögen einer Gesellschaft (= übertragende Gesellschaft) auf eine idR bereits bestehende Gesellschaft (= übernehmende Gesellschaft) übertragen (= **Verschmelzung zur Aufnahme**). Ebenso können aber auch zwei oder mehrere Gesellschaften auf eine neu zu gründende Gesellschaft verschmolzen werden (= **Verschmelzung zur Neugründung**).

Auf Grund der Anknüpfung von § 1 Abs 1 UmgrStG an das Gesellschaftsrecht ist die Frage, ob eine Verschmelzung iSd Art I UmgrStG vorliegt, eine **gesellschaftsrechtliche Vorfrage,** die vom zuständigen Firmenbuchgericht zu lösen ist. Eine rechtskräftig eingetragene Verschmelzung gilt für steuerliche Zwecke als maßgebend, solange sie nicht für nichtig erklärt wird.[20]) Wird die Eintragung der Verschmelzung im Firmenbuch nachträglich als nichtig gelöscht, ist davon auszugehen, dass eine Vermögensübertragung nicht stattgefunden hat und eine getrennte Besteuerung der verschmolzenen Körperschaften ab dem Verschmelzungsstichtag vorzunehmen ist. Wird hingegen bereits der Antrag auf Eintragung des Verschmelzungsbeschlusses im Firmenbuch zurückgewiesen, kommt die Verschmelzung weder gesellschaftsrechtlich noch abgabenrechtlich zustande.[21])

2. Steuerhängigkeit der stillen Reserven

1124 Neben der gesellschaftsrechtlichen Anknüpfung setzt eine steuerneutrale Verschmelzung nach Art I UmgrStG die Steuerhängigkeit der stillen Reserven

---

[17]) Zum Gesellschaftsrecht vgl *Kalss,* Verschmelzung – Umwandlung – Spaltung[2]; *Kalss/Nowotny/Schauer,* Gesellschaftsrecht 915 ff; *Schindler* in HB der Umgründungen[16] § 1 Rz 1 ff.

[18]) Ausführlich *Hügel,* Verschmelzungen § 1 Rz 22 ff; *Kofler/Six* in *Kofler,* UmgrStG[6] § 1 Rz 41 ff; *Schindler* in HB der Umgründungen[16] § 1 Rz 54 ff.

[19]) Bis zum VAG 2016 konnte auch umgekehrt ein Versicherungsverein auf Gegenseitigkeit auf eine AG verschmolzen werden; im VAG 2016 ist dies nicht mehr vorgesehen, sodass der Verweis in § 1 Abs 1 Z 3 UmgrStG entfallen konnte.

[20]) Vgl *Hügel,* Verschmelzungen § 1 Rz 4; *Kofler/Six* in *Kofler,* UmgrStG[6] § 1 Rz 13 f.

[21]) Vgl UmgrStR Rz 46 f.

(einschließlich Firmenwert) bei der übernehmenden Körperschaft voraus. Diese Steuerhängigkeit der stillen Reserven soll durch die **Buchwertverknüpfung** sichergestellt werden. Dies gelingt aber nicht immer; denn unterliegt die übernehmende Körperschaft nicht der Besteuerung, stellt auch eine Buchwertverknüpfung die Besteuerung der stillen Reserven nicht sicher.

Beispiel:

Die österreichische H-AG ist eine reine Holding und hält Beteiligungen an zwei österreichischen und einer deutschen Tochter-AG. Die H-AG wird auf die deutsche D-AG verschmolzen.

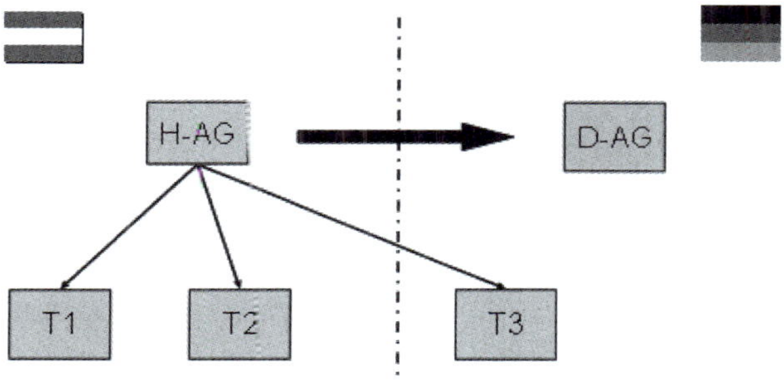

Durch die (Export-)Verschmelzung auf die D-AG verliert Österreich das Besteuerungsrecht an den Beteiligungen an den Tochter-AGs, weil die H-AG eine reine Holding ist und damit in Österreich keine Betriebsstätte zurückbleibt, der das übertragene Vermögen steuerrechtlich zuzurechnen ist. Die bereits vorhandenen stillen Reserven in den Beteiligungen könnten bei einer Buchwertfortführung in Österreich nicht mehr besteuert werden, sodass Art I UmgrStG nicht anwendbar ist und es zur Liquidationsbesteuerung kommen müsste. Auf Grund von europarechtlichen Vorgaben sah § 1 Abs 2 UmgrStG für Exportverschmelzungen auf eine EU/EWR-Gesellschaft aber eine „aufgeschobene Besteuerung" (= Nichtfestsetzungskonzept) vor, die durch das AbgÄG 2015 von einem „Ratenzahlungskonzept" abgelöst wurde.

3. *UmgrStG: Ratenzahlungskonzept*

Da nach dem EuGH[22]) eine Sofortbesteuerung eines in einen anderen Mit- **1125**
gliedstaat wegziehenden Stpfl gegen die Niederlassungsfreiheit verstößt, wurde mit dem AbgÄG 2004 die Rsp des EuGH nicht nur im damaligen § 31 EStG (= Wegzug von natürlichen Personen),[23]) sondern umfassend auch im betrieblichen Bereich in § 6 Z 6 EStG und im UmgrStG mit einem „Nichtfestsetzungskonzept" (aufgeschobene Besteuerung) umgesetzt. Da der EuGH in nachfolgenden Judikaten allerdings auch strengere Regelungen akzeptiert hat,[24]) wurde

[22]) EuGH 11. 3. 2004, C-9/02, *Hughes des Lasteyrie du Saillant.*

[23]) Durch das BBG 2011 („KESt-neu") wurde die Wegzugsbesteuerung von § 31 in § 27 Abs 6 EStG transferiert.

[24]) EuGH 21. 5. 2015, C-657/13, *Verder LabTec;* nunmehr auch bei natürlichen Personen, EuGH 21. 12. 2016, C-503/14, *Kommission/Portugal;* dazu *Kofler* in FS Hügel 199.

das Nichtfestsetzungskonzept mit dem **AbgÄG 2015** im betrieblichen Bereich durch ein **Ratenzahlungskonzept** ersetzt.

Soweit das **Besteuerungsrecht Österreichs** verschmelzungsbedingt **eingeschränkt** wird, ist Art I UmgrStG **nicht anwendbar** (Liquidationsbesteuerung). Ist bei einer Exportverschmelzung die übernehmende Körperschaft eine **EU/EWR-Gesellschaft,** konnte die übertragende Körperschaft zwischen Sofortbesteuerung und aufgeschobener Besteuerung (**Nichtfestsetzungskonzept**) wählen. Die Nichtfestsetzung erfolgte mittels **Antrag** in der letzten Körperschaftsteuererklärung der übertragenden Körperschaft. Die Körperschaftsteuerschuld zum Verschmelzungsstichtag hinsichtlich der stillen Reserven wurde sodann zwar bescheidmäßig festgestellt, aber **bis zur tatsächlichen Realisierung** der stillen Reserven des Vermögens (Veräußerung, Liquidation, sonstiges Ausscheiden aus der Körperschaft) **nicht festgesetzt.** Analog zu § 6 Z 6 EStG[25]) erstreckt sich die später einsetzende Besteuerung auf die bescheidmäßig festgestellten stillen Reserven; verfahrenstechnisch liegt ein rückwirkendes Ereignis nach § 295 a BAO vor.

Mit dem **AbgÄG 2015** wurde das Nichtfestsetzungskonzept in § 6 Z 6 EStG durch ein **Ratenzahlungskonzept** ersetzt (für Überführungen oder Verlegungen ab 1. 1. 2016). Das Ratenzahlungskonzept (die Entrichtung der Steuerschuld in Raten) setzt wiederum eine Antragstellung in der Steuererklärung voraus. Für Wirtschaftsgüter des Anlagevermögens sind die **Raten** nach § 6 Z 6 lit d EStG gleichmäßig verteilt über sieben Jahre zu entrichten, für Wirtschaftsgüter des Umlaufvermögens ist ein verkürzter Ratenzahlungszeitraum von zwei Jahren vorgesehen (§ 6 Z 6 lit e). Das Ratenzahlungskonzept gilt für Überführungen oder Verlegungen ab 1. 1. 2016.[26]) Auch im **UmgrStG** wurde das Nichtfestsetzungskonzept durch das Ratenzahlungskonzept ersetzt (für Umgründungen, die nach dem 31. 12. 2015 beschlossen oder vertraglich unterfertigt werden). Auch dem Ratenzahlungskonzept liegt eine Liquidationsbesteuerung zu Grunde, jedoch ist die Abgabenschuld auf Grund eines in der Steuererklärung gestellten Antrages in Raten zu entrichten; dabei sind nach § 1 Abs 2 UmgrStG idF AbgÄG 2015 § 6 Z 6 lit d und e EStG sinngemäß anzuwenden.[27]) Im Rahmen der **Umsetzung** der europarechtlichen **Anti-BEPS-RL**[28]) durch das JStG 2018 wurde ua der **Ratenzahlungszeitraum** für Anlagevermögen von sieben auf **fünf Jahre** verkürzt (ab 2019).[29])

B. Übertragende Körperschaft (§ 2)

1. Bilanzierungsgrundsätze

1126 § 2 UmgrStG sieht die Rechtsfolgen für die übertragende Körperschaft vor. Mit Ablauf des Verschmelzungsstichtages endet das letzte Wirtschaftsjahr der übertragenden Körperschaft.

---

[25]) Vgl oben Tz 389.

[26]) Dazu oben Tz 389; vgl auch *Mayr/Mair* in *Kirchmayr/Mayr/Hirschler,* Aktuelle Fragen der Konzernbesteuerung, 47.

[27]) Ausführlich *Kofler/Six* in *Kofler,* UmgrStG[6] § 1 Rz 141; *Mayr/Mair* in *Kirchmayr/Mayr/Hirschler,* Aktuelle Fragen der Konzernbesteuerung, 47 und RdW 2016, 72; *Kofler* in FS Hügel 199; *Titz/Wild,* RdW 2017, 334; zu grenzüberschreitenden Verschmelzungen weiters *Hohenwarter,* RdW 2007, 501 und 568; *Hügel,* Verschmelzungen § 1 Rz 73 ff.

[28]) RL (EU) 2016/1164.

[29]) Vgl *Wild,* RdW 2018, 661; vgl auch *Mayr* in *Kirchmayr/Mayr/Hirschler/Kofler,* Anti-BEPS-Richtline, 61.

Für alle Umgründungstatbestände des UmgrStG gelten folgende **Grundsätze:**

1. Keine Maßgeblichkeit des unternehmensrechtlichen Bewertungsrechtes.

2. **Doppelbilanzierungsprinzip:** Erfordernis der Erstellung einer stichtagsbezogenen unternehmens-/steuerrechtlichen Schlussbilanz und einer das tatsächlich zu übertragende Vermögen beschreibenden Umgründungsbilanz.

3. Steuerliches **Buchwertfortführungsprinzip,** soweit das Besteuerungsrecht der Republik Österreich nicht eingeschränkt wird oder eine zwischenstaatliche Doppelbesteuerung vermieden werden soll.

4. **Korrekturprinzip:** Möglichkeit, das zu übertragende Vermögen hinsichtlich des Umfangs und des Wertes rückwirkend zu verändern.

5. **Wertverknüpfungsprinzip** in Form der zwingenden Übernahme der steuerlichen Übertragungswerte durch den Rechtsnachfolger (Buchwertfortführung).

2. Verschmelzungsstichtag

Die Bilanzierung (Ansatz und Bewertung) hat zu einem Stichtag zu erfolgen. Nach § 2 Abs 5 UmgrStG ist der Verschmelzungsstichtag der Tag, zu dem die **Schlussbilanz** der übertragenden Körperschaft aufgestellt ist, die der Verschmelzung zu Grunde gelegt ist. Der Verschmelzungsstichtag ist grds frei wählbar, fällt jedoch aus Praktikabilitätsgründen idR mit dem Regelbilanzstichtag zusammen. Die Schlussbilanz darf im Zeitpunkt der Anmeldung der Verschmelzung zur Eintragung in das Firmenbuch nicht älter als neun Monate sein (§ 220 Abs 3 AktG, § 96 Abs 2 GmbHG). **1127**

Nach § 2 Abs 3 UmgrStG ist das Einkommen der übertragenden Körperschaft so zu ermitteln, als ob der Vermögensübergang mit Ablauf des Verschmelzungsstichtages erfolgt wäre. Da die steuerrechtliche Rückwirkung an den Vermögensübergang anknüpft, ergibt sich die Vermögens- und Ertragszurechnung zur übertragenden Körperschaft bis zum Ablauf des Verschmelzungsstichtages. Durch die **ertragsteuerrechtliche Rückwirkungsfiktion** gilt das Vermögen der übertragenden Körperschaft zu Beginn des dem Verschmelzungsstichtages folgenden Tages als übertragen.[30]) Gesellschaftsrechtlich erstreckt sich die Rückwirkung hingegen nur auf schuldrechtliche Beziehungen (vgl § 220 Abs 2 Z 5 und § 225a AktG).

3. Schlussbilanz

a) Grundsatz: Buchwertfortführung

Die Schlussbilanz der übertragenden Körperschaft ist zum Verschmelzungsstichtag zu erstellen. Nach § 220 Abs 3 AktG sind für die aufzustellende Schlussbilanz die Vorschriften des UGB über den Jahresabschluss und dessen Prüfung sinngemäß anzuwenden. Nach § 2 Abs 1 UmgrStG ist in der Schlussbilanz das Betriebsvermögen mit dem Wert anzusetzen, „der sich nach den steuerrechtlichen Vorschriften über die Gewinnermittlung ergibt". Darunter sind **1128**

[30]) Dazu unten Tz 1130.

die Regeln für die laufende Gewinnermittlung zu verstehen; damit unterbleibt eine Aufdeckung stiller Reserven (Ansatz der Buchwerte). In der Praxis wird idR die unternehmensrechtliche Schlussbilanz durch eine steuerliche Mehr-Weniger-Rechnung ergänzt.[31])

b) Aufwertungsoption

1129 Abweichend von der Buchwertfortführung gewährt § 2 Abs 2 UmgrStG der übertragenden Körperschaft eine Aufwertungsoption zur Vermeidung einer Doppelbesteuerung. Denn führt zB eine Inlandsverschmelzung im Ausland mit einem DBA mit Anrechnungsmethode zur Besteuerung der stillen Reserven im Auslandsvermögen (zB ausländische Betriebsstätte), würden bei Fortführung der steuerlichen Buchwerte im Inland dieselben stillen Reserven bei einer späteren Veräußerung im Inland erfasst, ohne dass die bereits früher angefallene ausländische Steuer angerechnet werden könnte. Übt man die Aufwertungsoption aus, kommt es zwar zur Besteuerung der stillen Reserven im Inland, aber die ausländische Steuer ist anzurechnen.[32])

Anwendungsvoraussetzungen für die Geltendmachung der Aufwertungsoption sind:

- Eine Verschmelzung mit Auslandsbezug (Verschmelzung inländischer Körperschaften mit ausländischem Vermögen oder Verschmelzung ausländischer Körperschaften mit inländischem Betriebsvermögen und sonstigen inländischen Vermögensteilen),
- eine tatsächliche steuerpflichtige Gewinnverwirklichung im Ausland und
- das Vorliegen eines DBA mit Anrechnungsmethode oder eine vergleichbare innerstaatliche Maßnahme zur Vermeidung der Doppelbesteuerung (Anrechnungsmethode auf Grund innerstaatlicher Maßnahme; idR § 48 BAO bzw in ausländischen Steuergesetzen vorgesehenes Anrechnungsverfahren).

Beispiel mit ausländischer Betriebsstätte:

Die inländische A-GmbH wird auf die inländische B-GmbH verschmolzen. Im Vermögen der A-GmbH befindet sich eine ausländische Betriebsstätte, mit dem Ausland besteht ein DBA mit Anrechnungsmethode (zB Italien, Großbritannien, USA). Nimmt nun das Ausland die Verschmelzung zum Anlass, die stillen Reserven in der Betriebsstätte zu besteuern, ergäbe sich auf Grund der im UmgrStG vorgesehenen Buchwertfortführung keine österreichische KSt, auf die die ausländische KSt angerechnet werden könnte. Wird die Betriebsstätte Jahre später veräußert, würden die stillen Reserven in Österreich besteuert werden. Da allerdings im Ausland bereits die seinerzeitige Verschmelzung zur Aufdeckung der stillen Reserven geführt hat, würden die bis zur Verschmelzung entstandenen stillen Reserven im Ergebnis doppelt besteuert werden. Um eine solche Doppelbesteuerung zu vermeiden, kann das Betriebsstättenvermögen in der Verschmelzungsbilanz aufgewertet werden. Auf den dadurch realisierten Aufwertungsgewinn kann die ausländische KSt angerechnet werden.

---

[31]) Vgl *Walter*, UmgrStR 2013 Rz 55.

[32]) Ausführlich *Mayr/Wellinger*, Handbuch Sonderbilanzen II, 18; *Kofler/Six* in *Kofler*, UmgrStG[6] § 2 Rz 26 ff.

c) Steuerliche Rückwirkungsfiktion und Ausnahmen

Nach § 2 Abs 3 UmgrStG ist das Einkommen der übertragenden Körperschaft so zu ermitteln, als ob der Vermögensübergang mit Ablauf des Verschmelzungsstichtages erfolgt wäre. Wird als Verschmelzungsstichtag (insb aus Praktikabilitätsgründen) ein bereits vergangener Zeitpunkt (wie zB der letzte Bilanzstichtag) gewählt, kommt es zu einer gesetzlichen Rückwirkung (**steuerliche Rückwirkungsfiktion**). Alle Geschäftsvorgänge, die von der übertragenden Körperschaft nach dem Verschmelzungsstichtag bewirkt wurden, werden ertragsteuerlich bereits der übernehmenden Körperschaft zugerechnet. Geschäftsvorgänge im Rückwirkungszeitraum, die beide Verschmelzungspartner betreffen, sind ertragsteuerlich unbeachtlich (zB die übernehmende Körperschaft hat der übertragenden Körperschaft ein Wirtschaftsgut verkauft und ein Darlehen eingeräumt; ertragsteuerlich liegt weder Veräußerung/Anschaffung noch eine Darlehensgewährung vor). 1130

Von der **Rückwirkungsfiktion ausgenommen** sind nach § 2 Abs 4 UmgrStG: 1131

- (offene) **Gewinnausschüttungen**[33]) der übertragenden Körperschaft nach dem Verschmelzungsstichtag,
- **Einlagenrückzahlungen** der und **Einlagen** in die übertragende Körperschaft zwischen Verschmelzungsstichtag und Tag des Abschlusses des Verschmelzungsvertrages.

Von der übertragenden Körperschaft können damit bis zur Löschung im Firmenbuch noch offene Ausschüttungen vorgenommen werden. In der Verschmelzungsbilanz ist ein entsprechender Passivposten anzusetzen, der das zu übertragende Vermögen mindert. Die nach dem Bilanzstichtag erfolgte Gewinnausschüttung ist als Tilgung dieser Verbindlichkeit erfolgsneutral. Ebenso sind Einlagen und Einlagenrückzahlungen von der Rückwirkungsfiktion ausgenommen, sie werden noch der übertragenden Körperschaft zugerechnet. In der Verschmelzungsbilanz sind Einlagen durch Ansatz eines Aktivpostens, Einlagenrückzahlungen durch Ansatz eines Passivpostens (= übertragenes Vermögen wird gemindert) zu erfassen.

d) Verschmelzungsbilanz

§ 2 Abs 5 UmgrStG verlangt die Aufstellung einer Verschmelzungsbilanz. Neben der unternehmensrechtlichen Schlussbilanz ist daher eine steuerliche Verschmelzungsbilanz zu erstellen, in der die steuerlich maßgebenden Werte anzusetzen sind. In der Verschmelzungsbilanz werden gewissermaßen die steuerlichen Besonderheiten berücksichtigt. 1132

Zweck der Verschmelzungsbilanz ist somit

- die Darstellung des in der Schlussbilanz ausgewiesenen Vermögens der übertragenden Körperschaft zum Verschmelzungsstichtag mit den steuerlich maßgebenden Werten,

[33]) Verdeckte Gewinnausschüttungen sind von der Rückwirkungsfiktion erfasst und daher bereits der übernehmenden Körperschaft zuzurechnen.

- der Ausweis rückwirkender Veränderungen des Vermögens iSd § 2 Abs 4 UmgrStG (offene Ausschüttungen, Einlagenrückzahlungen und Gesellschaftereinlagen nach dem Verschmelzungsstichtag),
- der Ausweis der steuerwirksam aufgewerteten Vermögensteile bei Nutzung der Aufwertungsoption und
- die Zusammenfassung des zu übertragenden Nettovermögens unter der Bezeichnung Verschmelzungskapital.

Das **Verschmelzungskapital** errechnet sich somit aus dem Saldo der mit den steuerrechtlichen Werten angesetzten aktiven und passiven Wirtschaftsgüter.[34])

Das Erfordernis des Aufstellens einer Verschmelzungsbilanz ist eine steuerliche Ordnungsvorschrift und gehört nicht zu den Anwendungsvoraussetzungen des Art I UmgrStG. Darin unterscheiden sich die gesellschaftsrechtlich vorgesehenen Umgründungen (Verschmelzungsbilanz bei Verschmelzungen, Umwandlungsbilanz bei Umwandlungen und Übertragungsbilanz bei SpaltG-Spaltungen) von den rein steuerrechtlichen Umgründungen (Einbringung, Zusammenschluss und Realteilung). Denn eine Einbringungsbilanz, Zusammenschlussbilanz oder Teilungsbilanz zählt zu den Anwendungsvoraussetzungen für die Art III, IV und V UmgrStG.

Unabhängig davon, ob eine Verschmelzungsbilanz erstellt wird oder nicht, ergibt sich aus § 3 Abs 1 UmgrStG, dass die übernehmende Körperschaft zur Übernahme und Fortführung der steuerlich maßgebenden Buchwerte (laut Verschmelzungsbilanz) verpflichtet ist.

C. Übernehmende Körperschaft (§ 3)

1. Allgemeines

1133 Ertragsteuerlich gilt nach § 3 Abs 1 Z 3 UmgrStG das Vermögen der übertragenden Körperschaft der übernehmenden Körperschaft grds bereits mit Beginn des dem Verschmelzungsstichtag folgenden Tages als übertragen (**Rückwirkungsfiktion);** damit kommt es ertragsteuerlich zu einem nahtlosen Vermögensübergang zwischen der übertragenden und der übernehmenden Körperschaft.

Hinsichtlich der gewinnermittlungsrechtlichen Positionen sind bei Buchwertverschmelzungen vor allem die **Abschreibungsgrundsätze** der übertragenden Körperschaft (Abschreibungsmethode, Gesamtnutzungsdauer) bei der übernehmenden Körperschaft fortzusetzen (dazu UmgrStR Rz 120).

2. Buchwertverknüpfung

1134 § 3 Abs 1 Z 1 UmgrStG sieht die **Buchwertfortführungspflicht** für die übernehmende Körperschaft vor. Die übernehmende Körperschaft hat die in der steuerlichen Verschmelzungsbilanz der übertragenden Körperschaft gem § 2 UmgrStG angesetzten Werte zwingend fortzuführen (Buchwertverknüpfung). Damit bleiben die bei der Verschmelzung im übertragenen Vermögen

[34]) Das Verschmelzungskapital wird durch eine Zahl dargestellt und weicht somit von den Gliederungsvorschriften des § 224 Abs 3 lit a UGB ab.

enthaltenen stillen Reserven auch nach der Verschmelzung beim Rechtsnachfolger steuerhängig.

Die Wertverknüpfung mit den steuerlichen Bilanzansätzen der übertragenden Körperschaft hat **unabhängig von der Bewertung in der UGB-Bilanz** der übernehmenden Körperschaft zu erfolgen. Eine im Folgejahresabschluss der übernehmenden Körperschaft allenfalls vorgenommene Neubewertung des übertragenen Vermögens (§ 202 Abs 1 UGB) ist steuerlich nicht maßgebend, sie führt auch dahingehend zu keiner umgekehrten Maßgeblichkeit, als die zwingende steuerliche Buchwertfortführung von einer Aufwertung in der UGB-Bilanz unberührt bleibt.[35])

3. Importverschmelzung

§ 3 Abs 1 Z 2 UmgrStG sieht eine Ausnahme von der Buchwertfortführung **1135** vor; diese Ausnahme ist im Zusammenhang mit der Entstrickungsbesteuerung zu sehen; denn durch eine Exportverschmelzung sollen die in Österreich entstandenen stillen Reserven nicht verschmelzungsbedingt entsteuert werden.[36]) Umgekehrt gilt Gleiches, woraus sich die Ausnahme von der Buchwertfortführung ergibt: Entsteht bei einer Importverschmelzung verschmelzungsbedingt hinsichtlich des übernommenen Vermögens ein Besteuerungsrecht der Republik Österreich, sieht § 3 Abs 1 Z 2 UmgrStG bei der übernehmenden Körperschaft grds eine **zwingende steuerneutrale Aufwertung** auf den gemeinen Wert vor.[37])

Diese beiden Grundsätze (Sicherung bei Verlust und Aufwertung bei Entstehen des Besteuerungsrechtes) durchziehen das UmgrStG; denn Österreich will grds nur jene stillen Reserven besteuern und sichern, die in der österreichischen Besteuerungshoheit entstanden sind. Diese Besteuerungsgrundsätze gelten unabhängig davon, wie sich der ausländische Partnerstaat steuerlich verhält.[38]) Für die Importverschmelzung aus einem Niedrigsteuerland sieht § 3 Abs 1 Z 3 UmgrStG eine Ausschüttungsfiktion für vor 2019 erzielte Gewinne vor.[39]).

4. Buchgewinne und Buchverluste

Buchgewinne und Buchverluste sind alle **rechnerischen Differenzbeträge**, **1136** die sich auf Grund der Verschmelzung in der Bilanz der übernehmenden Körperschaft ergeben.[40]) Nach § 3 Abs 2 UmgrStG bleiben Buchgewinne und Buch-

---

[35]) Vgl UmgrStR Rz 160.

[36]) Vgl Tz 1125.

[37]) Sollte übernommenes Vermögen seinerseits insb mit einer Nichtfestsetzung belastet sein, besteht eine „Gegenausnahme"; dazu *Kofler/Six* in *Kofler,* UmgrStG[6] § 3 Rz 58; *Mayr/Mair* in *Kirchmayr/Mayr/Hirschler,* Aktuelle Fragen der Konzernbesteuerung, 47; grundlegend zu Importverschmelzungen *Wild,* Importverschmelzungen (2018).

[38]) Ausführlich *Mayr/Wellinger,* Sonderbilanzen II, 23; *Hügel,* Verschmelzungen § 3 Rz 75 ff.

[39]) Auf Grund der neuen Hinzurechnungsbesteuerung nach § 10 a KStG konnte diese Ausschüttungsfiktion für ab 2019 bei der übertragenden (niedrigbesteuerten) Körperschaft erzielten Gewinne entfallen, dazu *Wild,* RdW 2018, 661.

[40]) Vgl zB *Hirschler* in HB der Umgründungen[16] § 3 Rz 52; *Wundsam/Zöchling/Huber/Kuhn,* UmgrStG[5] § 3 Rz 22; *Hügel,* ecolex 1991, 875.

verluste bei der Gewinnermittlung außer Ansatz; die Bestimmung bezieht sich nur auf die steuerlichen Buchwerte (allfällige unternehmensrechtliche Differenzbeträge können davon abweichen und sind steuerlich ohne Bedeutung).

Nach der Entstehungsursache lassen sich zwei Typen von Buchgewinnen und Buchverlusten unterscheiden:[41])

- Auf **gesellschaftsrechtlicher Grundlage:** Buchgewinne und Buchverluste resultieren aus der Differenz zwischen dem Buchwert des übernommenen Vermögens und dem Buchwert (Nennwert) der neu ausgegebenen Anteile (betrifft vor allem Konzentrationsverschmelzungen, also von anteilsmäßig nicht verbundenen Gesellschaften).
- Auf **betrieblicher Grundlage:** Buchgewinne und Buchverluste resultieren aus der Differenz zwischen dem Buchwert des übernommenen Vermögens und dem Buchwert der verschmelzungsbedingt untergegangenen Vermögensgegenstände (zB untergegangene Beteiligung bei der up-stream-Verschmelzung; betrifft daher vor allem Konzernverschmelzungen, also von anteilsmäßig verbundenen Gesellschaften).

1137 **Beispiel 1** (gesellschaftsrechtliche Grundlage):

Die A-AG wird auf die B-AG verschmolzen (unverbundene Gesellschaften). Bei der B-AG findet eine Kapitalerhöhung statt, die Aktionäre der A-AG erhalten als Gegenleistung neu ausgegebene Aktien der B-AG.

Bilanz A-AG

Aktiva	180	Grundkapital	10
		Kapitalrücklagen	90
		Verbindlichkeiten	80
Saldo	180	Saldo	180

Bilanz B-AG

Aktiva	220	Grundkapital	110
		Kapitalrücklagen	10
		Verbindlichkeiten	100
Saldo	220	Saldo	220

a) Die A-AG und B-AG sind gleich viel wert (Verkehrswerte sind gleich); das Grundkapital der B-AG wird daher verdoppelt (Kapitalerhöhung um 110 auf 220). Da die Kapitalerhöhung von 110 das Eigenkapital der A-AG von 100 (= Grundkapital + Kapitalrücklage) um 10 übersteigt, erhalten die Aktionäre der bisherigen A-AG um 10 mehr. Dadurch ergibt sich für die B-AG ein Buchverlust iHv 10.

b) Der Verkehrswert der B-AG beträgt genau das Doppelte der A-AG; das Grundkapital der B-AG wird daher um 55 erhöht (Kapitalerhöhung von 110 auf 165). Da die

[41]) Vgl *Walter*, UmgrStR 2018 Rz 77.

Kapitalerhöhung von 55 das Eigenkapital der A-AG von 100 um 45 unterschreitet, erhalten die Aktionäre der bisherigen A-AG um 45 weniger. Dadurch ergibt sich für die B-AG ein Buchgewinn iHv 45.

Beispiel 2 (betriebliche Grundlage):

Die A-AG ist 100%ige Tochter der B-AG. Die A-AG wird auf die B-AG verschmolzen (up-stream-Verschmelzung):

Bilanz A-AG

Aktiva	180	Grundkapital	10
		Kapitalrücklagen	90
		Verbindlichkeiten	80
Saldo	180	Saldo	180

Bilanz B-AG

Beteiligung A-AG	50	Grundkapital	110
Sonstige Aktiva	170	Kapitalrücklagen	10
		Verbindlichkeiten	100
Saldo	220	Saldo	220

B-AG (Übernahmebilanz)

Aktiva	350	Grundkapital	110
(= 220 – 50 + 180)			
		Kapitalrücklagen	10
		Bilanzgewinn	50
		Verbindlichkeiten	180
Saldo	350	Saldo	350

Die B-AG hat in ihrer Bilanz zum Verschmelzungsstichtag die Beteiligung an der Tochter A-AG mit 50 ausgewiesen, bekommt verschmelzungsbedingt Aktiva von der A-AG iHv 180 und Eigenkapital iHv 100 (= 10 + 90) dazu. Daraus ergibt sich für die B-AG ein Buchgewinn (Bilanzgewinn) iHv 50.

Nach § 3 Abs 2 UmgrStG bleiben **Buchgewinne und Buchverluste** bei der **1138** Gewinnermittlung **außer Ansatz. Unternehmensrechtlich** ist ein Buchgewinn idR in eine Kapitalrücklage einzustellen (§ 229 Abs 2 Z 1 und 5 UGB; gebundene Kapitalrücklage bei AGs und großen GmbHs, wenn neue Anteile ausgegeben werden, vgl § 130 Abs 2 AktG, § 23 GmbHG). Bei einer up-stream-Verschmelzung ist der Buchgewinn als außerordentlicher Ertrag anzusetzen. Ein

Buchverlust (= Unterschiedsbetrag) darf unternehmensrechtlich aktiviert werden (Aufteilung in Umgründungsmehrwert und Firmenwert) oder ist als außerordentlicher Ertrag auszuweisen.

5. Confusio: Steuerwirksamer Unterschiedsbetrag

1139 Ausgenommen von der Steuerneutralität sind nach § 3 Abs 3 UmgrStG jene Buchgewinne bzw Buchverluste, die aus der Vereinigung von Aktiva und Passiva stammen (= **Confusio**). Solche Confusiogewinne/-verluste sind in dem dem Verschmelzungsstichtag folgenden Wirtschaftsjahr zu berücksichtigen.

Eine **Confusio** liegt daher vor, wenn sich die Rechtsbeziehungen der beiden Körperschaften durch ihr Zusammenfallen in eine Körperschaft auflösen. Im Regelfall sollten sich bei gegenseitigen Rechtsbeziehungen Buchwerte in gleicher Höhe gegenüberstehen, sodass es zu keiner erfolgswirksamen Ausbuchung kommt. Trifft allerdings zB eine **teilwertberichtigte Forderung** auf eine in voller Höhe ausgewiesene Verbindlichkeit, entsteht ein (erfolgswirksames) Confusioergebnis. Gleiches gilt, wenn eine Körperschaft zB für eine Verpflichtung eine steuerwirksame Rückstellung gebildet hat, während die andere Körperschaft die Forderung noch nicht oder nur in geringerem Umfang aktiviert hat. Auch bei aktivierten Bestands- oder Optionsrechten kann es zu erfolgswirksamen Differenzbeträgen kommen; ebenso beim Zusammenfall von Gläubiger- und Schuldnerposition bei Nominalgenussrechten, echten stillen Beteiligungen oder Gewinnschuldverschreibungen.[42])

Sämtliche Confusio-Einzeltatbestände sind zusammenzufassen und ergeben bei der übernehmenden Körperschaft einen steuerwirksamen Gesamtbuchgewinn oder -verlust. Die Steuerwirksamkeit der Confusio-Differenzbeträge hängt nicht davon ab, ob sich aus der Verschmelzung insgesamt ein Buchgewinn oder Buchverlust ergibt.[43])

6. Internationale Schachtelbeteiligung

1140 Hält die übertragende und/oder übernehmende Körperschaft Beteiligungen an ausländischen Körperschaften, kann verschmelzungsbedingt **bei der übernehmenden Körperschaft** eine internationale Schachtelbeteiligung entstehen (zB durch Vereinigung zweier je 7%-Beteiligungen), erweitert werden (zB um die 7%-Beteiligung der übertragenden Körperschaft) oder eine bereits bestehende internationale Schachtelbeteiligung von der übertragenden auf die übernehmende Körperschaft übergehen.

Entsteht durch eine Verschmelzung bei der übernehmenden Körperschaft eine internationale Schachtelbeteiligung oder wird ihr Ausmaß erweitert, sind nach § 3 Abs 4 UmgrStG die bisher nicht begünstigten Beteiligungsquoten von der **Steuerneutralität ausgenommen.** Bisher steuerhängige stille Reserven wer-

---

42) Vgl UmgrStR Rz 163; der verschmelzungsbedingte Wegfall eines Fruchtgenussrechtes an den Aktien der übernehmenden AG stellt hingegen einen steuerneutralen Buchverlust dar, VwGH 28. 6. 2012, 2008/15/0228; dazu *Wiesner*, RWZ 2012, 249.

43) Beispiele zu Verschmelzungsdifferenzen vgl *Mayr/Wellinger*, Handbuch Sonderbilanzen II, 28.

den daher verschmelzungsbedingt nicht entsteuert; die Steuerneutralität ist nur auf die nach der Verschmelzung neu entstandenen stillen Reserven anwendbar.[44])

D. Verlustabzug (§ 4)

1. Objektbezogener Verlustvortragsübergang

Das Thema Verlustabzug bei Verschmelzungen oder ganz allgemein bei Umgründungen ist in der **Praxis von besonderer Bedeutung,** weil Umgründungen oftmals dadurch motiviert sind, eine für den Stpfl „optimale Verlustverwertung" zu erreichen. Nach dem VfGH ist der Verlustabzug ein „höchstpersönliches Recht, das grundsätzlich nicht übertragbar ist".[45]) Dennoch lässt das UmgrStG unter bestimmten Voraussetzungen den Verlustabzug übergehen. So regelt § 4 UmgrStG die Frage des Schicksals vortragsfähiger Verluste der übertragenden und der übernehmenden Körperschaft nach der Verschmelzung. Die Regelungen beziehen sich nur auf den Verlustabzug iSd § 8 Abs 4 Z 2 KStG (und damit iSd § 18 Abs 6 und 7 EStG). Nach dem VwGH unterliegen zudem offene Verlustsiebentel aus Teilwertabschreibungen oder Veräußerungsverlusten aus Beteiligungen nach § 12 Abs 3 Z 2 KStG[46]) dem umgründungssteuerrechtlichen Übergangsregime für den Verlustabzug.[47]) **1141**

Nach **§ 4 UmgrStG** ist der Verlustvortragsübergang mit der Buchwertübertragung der verlustverursachenden Einkunftsquelle verknüpft (**Grundsatz des objektbezogenen Verlustvortragsübergangs**), das Recht auf fortgesetzten Verlustabzug hängt bei der übernehmenden Körperschaft vom Vorhandensein des verlusterzeugenden Objekts ab.[48])

§ 4 UmgrStG ist auch deshalb von besonderer Bedeutung, weil der Verlustabzug bei Umwandlungen, Einbringungen und Spaltungen an § 4 UmgrStG anknüpft.

Nach § 4 Z 1 lit a UmgrStG gehen Verlustvorträge der übertragenden Körperschaft insoweit über, „als sie den übertragenen Betrieben, Teilbetrieben oder nicht einem Betrieb zurechenbaren Vermögensteilen zugerechnet werden kön-

---

[44]) Dazu *Mayr/Wellinger,* Handbuch Sonderbilanzen II, 35; ausführlich *Hirschler* in HB der Umgründungen[16] § 3 Rz 75 ff; *Kofler/Six* in *Kofler,* UmgrStG[6] § 3 Rz 111 ff.

[45]) VfGH 24. 2. 2009, B 1275/08-7 zum Verlustabzug bei der Umwandlung; dazu auch unten Tz 1162.

[46]) Dazu oben Tz 1024.

[47]) VwGH 14. 10. 2010, 2008/15/0212-6 zur Abspaltung eines Betriebes, zu dem eine wertgeminderte/veräußerte Beteiligung gehörte; dazu *Wiesner,* RWZ 2010, 361; *Apfelthaler,* SWK 2011, S 518; *Mayr/Petrag/Schlager,* RdW 2012, 54; *Kofler/Six* in *Kofler,* UmgrStG[6] § 4 Rz 9 ff; UmgrStR Rz 211. Kritisch im Hinblick auf VwGH 31. 5. 2017, Ro 2015/13/0024, *Knesl/Knesl/Zwick,* ÖStZ 2018, 156.

[48]) Vgl auch VwGH 29. 9. 2010, 2007/13/0012 zum am Verschmelzungsstichtag nicht mehr vorhandenen verlustverursachenden Betrieb; dazu auch *Wiesner,* RWZ 2010, 361; (rechtspolitisch) tw kritisch zu § 4 *Hirschler/Zwick* in HB der Umgründungen[16] § 4 Rz 4 ff.

nen".[49]) Bei dieser Zurechnung ist zwischen **betriebsführenden** und **vermögensverwaltenden Körperschaften** zu unterscheiden:

- Bei **betriebsführenden Körperschaften** erfolgt die Verlustzuordnung zu Betrieben, Teilbetrieben (bzw zu einem Betrieb gleichzuhaltenden Mitunternehmeranteilen) und nur in Ausnahmefällen zu nicht einem Betrieb zurechenbaren Vermögensteilen.
- Bei **vermögensverwaltenden Körperschaften** erfolgt die Verlustzuordnung grundsätzlich zu den einzelnen Vermögensteilen.[50])

Bei **betriebsführenden Körperschaften** erfolgt die Verlustzuordnung grundsätzlich zu Betrieben oder Teilbetrieben. Nur ausnahmsweise dann, wenn ein Vermögensteil von nicht untergeordneter Bedeutung dem übertragenen Betrieb überhaupt nicht (auch nicht als gewillkürtes Betriebsvermögen) zurechenbar ist, ist auf den Vermögensteil abzustellen. Fällt ein solcher Vermögensteil von nicht untergeordneter Bedeutung vor dem Verschmelzungsstichtag weg, ist insoweit ein Verlustvortragsübergang ausgeschlossen.[51])

Bei der **übernehmenden Körperschaft** würden sich nach allgemeinem Ertragsteuerrecht keinerlei Konsequenzen hinsichtlich der eigenen Verlustvorträge ergeben. § 4 Z 1 lit b UmgrStG sieht allerdings eine Einschränkung vor, weil ansonsten die Einschränkungen des § 4 durch Umdrehen der Verschmelzungsrichtung umgangen werden könnte. Sollen zB die Tochter und die Mutter verschmolzen werden und ist bei der Tochter-AG (hohe Verlustvorträge) das verlustverursachende Vermögen nicht mehr vorhanden, könnte ohne gesetzlicher Einschränkung bei der übernehmenden Körperschaft statt der Tochter auf die Mutter (up stream) die Mutter auf die Tochter (down stream) verschmolzen werden. Um eine solche Umgehung durch Umkehrung der Verschmelzungsrichtung zu vermeiden, sieht § 4 Z 1 lit b UmgrStG auch bei der übernehmenden Körperschaft **vergleichbare Einschränkungen** („Objektverknüpfung") vor.[52])

2. Vergleichbarkeit des vorhandenen Vermögens

1142 § 4 Z 1 lit c UmgrStG sieht für den Verlustübergang – zusätzlich zur Objektverknüpfung nach lit a und b – die umfängliche Vergleichbarkeit des

---

[49]) Auch Verluste aus einem Mitunternehmeranteil gehen verloren, wenn der verlusterzeugende Mitunternehmeranteil am Umgründungsstichtag nicht mehr vorhanden ist, VwGH 18. 11. 2009, 2006/13/0160 zur Einbringung; dazu auch *Wiesner,* RWZ 2010, 16; *Lenneis,* UFSjournal 2010, 17. Hingegen stellen nach der Verwaltungspraxis Beteiligungen an Bau-ARGEN für sich genommen keine eigenständigen Verlustzuordnungsobjekte dar (UmgrStR Rz 202).

[50]) Dazu UmgrStR Rz 195; *Kofler/Six* in *Kofler,* UmgrStG[6] § 4 Rz 50 ff.

[51]) Dazu *Mayr/Wellinger,* Handbuch Sonderbilanzen II, 37; UmgrStR Rz 203.

[52]) Auch wenn § 4 Z 1 lit b UmgrStG (ebenso wie die lit a) Mitunternehmeranteile nicht ausdrücklich erwähnt, gehen auch Verlustvorträge aus Mitunternehmeranteilen, die zum Zeitpunkt der Verschmelzung nicht mehr vorhanden sind, unter, VwGH 18. 11. 2009, 2006/13/0160 (im Sachverhalt ging es um eine Einbringung, allerdings verweist § 21 Z 2 UmgrStG auf § 4 Z 1 lit b, c und d); vgl auch VwGH 26. 6. 2014, 2010/15/0140 zu einem bei der übernehmenden GmbH nicht mehr vorhandenen Textilhandelsbetrieb.

verlustbehafteten Vermögens vor. Danach darf „der Umfang der Betriebe, Teilbetriebe oder nicht einem Betrieb zurechenbaren Vermögensteile am Verschmelzungsstichtag gegenüber jenem im Zeitpunkt des Entstehens der Verluste“ nicht derart vermindert sein, „daß nach dem Gesamtbild der wirtschaftlichen Verhältnisse eine Vergleichbarkeit nicht mehr gegeben ist“. Ein Übergang des Verlustvortrages ist daher auch dann ausgeschlossen, wenn die verlustverursachenden Betriebe, Teilbetriebe oder Vermögensteile am Verschmelzungsstichtag zwar noch tatsächlich vorhanden sind, ihr Umfang aber gegenüber dem Zeitpunkt des Entstehens der Verluste derart vermindert ist, dass nach dem Gesamtbild der wirtschaftlichen Verhältnisse eine Vergleichbarkeit nicht mehr gegeben ist (**Kriterium der „qualifizierten Umfangsminderung“**).

Der Umfang des Betriebes oder Teilbetriebes zum Verschmelzungsstichtag ist daher mit dem Umfang des Betriebes (Teilbetriebes) im Zeitpunkt der Verlustentstehung zu vergleichen. Wenn sich die Verlustvorträge über einen längeren Zeitraum (mehrere Wirtschaftsjahre) aufgebaut haben, sieht die Verwaltungspraxis ausgehend vom Verschmelzungsstichtag eine wirtschaftsjahrbezogene, **fraktionierte Rückwärtsbetrachtung** des Vermögens vor.[53]) Verluste an und vor jenem Bilanzstichtag, zu dem die Vergleichbarkeit nicht mehr gegeben ist, gehen danach nicht über. Diese wirtschaftsjahrbezogene Prüfung der Vergleichbarkeit erfolgt deshalb, weil der jeweilige Verlust in einem Wirtschaftsjahr entstanden ist und sodann in den Verlustvortrag eingeht. Damit kann es in der Praxis vorkommen, dass verschmelzungsbedingt nur ein Teil des Verlustvortrages übergeht.

3. Verbundene Körperschaften und Mantelkauf

Um bei einer **Verschmelzung zwischen Mutter- und Tochtergesellschaft** doppelte Verlustverwertungen zu vermeiden, kennt § 4 Z 1 lit d UmgrStG zudem eine Kürzungsvorschrift, von der die **vortragsfähigen Verluste der Tochterkörperschaft** betroffen sind. **1143**

- Bei einem **up-stream-merger** (Tochter wird auf Mutter verschmolzen) werden die übergehenden Verlustvorträge der übertragenden (Tochter-) Körperschaft um Teilwertabschreibungen (der Mutterkörperschaft) auf die Beteiligung an der Tochterkörperschaft gekürzt.
- Im Falle eines **down-stream-merger** (Mutter wird auf Tochter verschmolzen) sind die vortragsfähigen Verluste der übernehmenden

[53]) UmgrStR Rz 218, bei betrieblichen Einheiten hat eine Gewichtung der quantitativen betriebswirtschaftlichen Faktoren (zB Umsatz, Auftragsvolumen, Anlage-/Umlaufvermögen, Bilanzsumme, Beschäftigungszahl) zu erfolgen, vgl *Wiesner/Mayr,* RdW 2007, 435; ab einer qualifizierten Umfangsminderung der in Frage kommenden Kriterien von **75%** ist nach der Verwaltungspraxis eine Vergleichbarkeit nicht mehr gegeben (UmgrStR Rz 222); vgl auch *Rzepa/Mayr* in HB der Umgründungen[16] § 21 Rz 8; kritisch zur Verwaltungspraxis *Kofler/Six* in *Kofler,* UmgrStG[6] § 4 Rz 105 unter Hinweis auf UFS 24. 3. 2013, RV/1067-L/06; *Hügel,* Verschmelzungen § 4 Rz 51 ff; *Hirschler/Zwick* in HB der Umgründungen[16] § 4 Rz 46; vgl auch *Wundsam/Zöchling/Huber/Kuhn,* UmgrStG[5] § 4 Rz 33.

(Tochter-)Körperschaft um Teilwertabschreibungen (der Mutterkörperschaft) auf die Beteiligung an der Tochterkörperschaft zu kürzen.[54])

1144 Um den Einkauf von Verlusten zu verhindern, steht nach § 8 Abs 4 Z 2 KStG der Verlustabzug grundsätzlich ab dem Zeitpunkt nicht mehr zu, ab dem die Körperschaft infolge einer wesentlichen Änderung

- der organisatorischen Struktur,
- der wirtschaftlichen Struktur und
- der Gesellschafterstruktur auf entgeltlicher Grundlage

nach dem Gesamtbild der Verhältnisse wirtschaftlich nicht mehr besteht („**Mantelkauf**"; dazu oben Tz 1026).

Ein **verschmelzungsbedingter Mantelkauf** liegt vor, wenn alle in § 8 Abs 4 Z 2 KStG angesprochenen Änderungen innerhalb eines überschaubaren Zeitraumes (vor und nach der Verschmelzung) eintreten und dadurch nach dem Gesamtbild der Verhältnisse die wirtschaftliche Identität einer vortragsfähige Verluste besitzenden Körperschaft verloren geht. Nach § 4 Z 2 erster Satz UmgrStG liegt ein Mantelkauf iSd § 8 Abs 4 Z 2 KStG auch dann vor, „wenn die wesentlichen Änderungen der Struktur zu einem Teil bei der übertragenden und zum anderen Teil bei der übernehmenden Körperschaft erfolgen".[55])

E. Anteilsinhaber (§ 5)

Verschmelzungsbedingter Anteilstausch

1145 Bei einer Verschmelzung **erhalten** die Gesellschafter (Anteilsinhaber) der übertragenden Gesellschaft für den Untergang ihrer Anteile idR **Anteile an der übernehmenden Gesellschaft.** § 5 UmgrStG regelt die steuerlichen Folgen des verschmelzungsbedingten Anteilstausches für die Anteilsinhaber. Nach allgemeinem Steuerrecht gilt dieser Anteilstausch als Tausch, der nach § 6 Z 14 EStG für jeden Tauschpartner eine Anschaffung und eine Veräußerung bewirkt und zur Besteuerung führt.[56]) § 5 UmgrStG stellt den verschmelzungsbedingten Anteilstausch **steuerneutral,** es liegen weder eine steuerwirksame Veräußerung noch eine Anschaffung vor.

Der **verschmelzungsbedingte Anteilstausch** wird von folgenden **Grundsätzen** geprägt:[57])

- **steuerneutral** für Anteilsinhaber;
- **Rückwirkungsfiktion** auch für die Anteilsinhaber;[58])

---

[54]) Dazu ausführlich *Mayr/Wellinger,* Handbuch Sonderbilanzen II, 41; *Kofler/Six* in *Kofler,* UmgrStG[6] § 4 Rz 116 ff.

[55]) Siehe auch UmgrStR Rz 243.

[56]) Im außerbetrieblichen Bereich unterliegen Anschaffungen ab 1. 1. 2011 unabhängig vom Beteiligungsausmaß der KESt (davor nur im Rahmen der §§ 30 und 31 EStG idF vor BBG 2011).

[57]) Ausführlich *Mayr/Wellinger,* Handbuch Sonderbilanzen II, 49.

[58]) Die Rückwirkungsfiktion auf Ebene der Anteilsinhaber ist vor allem für die Gruppenbesteuerung von Bedeutung, vgl *Zöchling/Haslinger,* RdW 2007, 369; *Wiesner/Mayr,* RdW 2007, 435; *Kofler/Six* in *Kofler,* UmgrStG[6] § 5 Rz 57 ff.

- **Zuzahlungen** auf Grund gesellschaftsrechtlicher Vorschriften **kürzen** die Anschaffungskosten;
- Steuerneutralität des Anteilstausches gilt auch für der **EU/EWR-Anteilsinhaber**
- bei verschmelzungsbedingtem Verlust des Besteuerungsrechts Österreichs kommt in bestimmten Fällen das Ratenzahlungskonzept (bzw Nichtfestsetzungskonzept)[59]) sinngemäß zur Anwendung;[60])
- für neue Anteile sind die **Anschaffungszeitpunkte** der alten Anteile maßgeblich;[61])
- entsteht verschmelzungsbedingt eine **internationale Schachtelbeteiligung** nach § 10 Abs 2 KStG, ist hinsichtlich der bisher nicht begünstigten Beteiligungsquoten die Steuerneutralität nach § 10 Abs 3 KStG nicht anzuwenden; fällt umgekehrt verschmelzungsbedingt eine steuerneutrale internationale Schachtelbeteiligung weg, ist der höhere Teilwert zum Verschmelzungsstichtag anzusetzen (§ 5 Abs 7 UmgrStG).

F. Sonstige Rechtsfolgen der Verschmelzung (§ 6)

1. Äquivalenzverletzung

Entsprechen die Beteiligungsverhältnisse nach der Verschmelzung nicht **1146** den Wertverhältnissen, gilt der Unterschiedsbetrag, wenn der Wertausgleich nicht auf andere Weise erfolgt, mit dem Erwerb der Anteile als unentgeltlich zugewendet (§ 6 Abs 2 UmgrStG). Als Wertausgleich auf andere Weise kommt vor allem eine vertraglich vereinbarte alineare Gewinnausschüttung in Betracht.[62])

Ertragsteuerlich kommt es als Folge der Äquivalenzverletzung in Höhe der Wertverschiebung zu einer **Korrektur der Anschaffungskosten** der Gesellschaftsanteile.

- In einem ersten Schritt ist unter Außerachtlassung des tatsächlich vereinbarten (inäquivalenten) Umtauschverhältnisses eine sachgerechte (den tatsächlichen Werten entsprechende, also äquivalente) Zuordnung der Anteilsrechte zu unterstellen.
- Sodann werden bei den durch die Äquivalenzverletzung begünstigten Anteilsinhabern zusätzliche Anschaffungskosten in Höhe der ihnen unentgeltlich zuge-

---

[59]) Dazu oben Tz 1125.

[60]) Eine steuerpflichtige Einschränkung des Besteuerungsrechts liegt in den Fällen des § 5 Abs 1 Z 4 und 5 UmgrStG vor, zB wenn eine inländische Mutter-GmbH downstream auf ihre inländischen Tochter-GmbH verschmolzen wird und die übernehmende Tochter-GmbH den eigenen Anteil sogleich an die ausländischen Gesellschafter der übertragenden Mutter-GmbH auskehren muss; bei EU/EWR-Gesellschaftern kommt das Ratenzahlungskonzept zur Anwendung.

[61]) Hängt mit der „KESt-neu" zusammen, wonach Anschaffungen ab dem 1. 1. 2011 unabhängig vom Beteiligungsausmaß der KESt unterliegen; davor waren nur Beteiligungen iSd § 31 EStG idF vor BBG 2011 steuerpflichtig, wobei § 5 UmgrStG trotz verschmelzungsbedingtem Absinken des Beteiligungsausmaßes auf unter 1% noch für 10 Jahre eine Steuerpflicht vorsah.

[62]) UmgrStR Rz 307.

wendeten Anteile angesetzt; in gleicher Höhe vermindern sich die Anschaffungskosten (Buchwerte) der Anteile jener Gesellschafter, die diese Vorteile unentgeltlich zuwenden.

Seit dem **Auslaufen der Schenkungssteuer** kann sich aus der Äquivalenzverletzung nur mehr eine Meldepflicht nach § 121 a BAO ergeben.

2. Sonstige Rechtsfolgen der Verschmelzung

1147

- **Lohnsteuer:** Hinsichtlich der Arbeitgebereigenschaft sieht § 6 Abs 1 UmgrStG keine Rückwirkung auf den Verschmelzungsstichtag vor; danach bleibt die übertragende Körperschaft bis zu ihrem Erlöschen aus lohnsteuerlicher Sicht Arbeitgeber iSd § 47 EStG.
- **Umsatzsteuer:** Der im Zuge der Umgründung erfolgte Leistungsaustausch ist grundsätzlich nicht umsatzsteuerbar (§ 6 Abs 4 UmgrStG).[63])
- **Grunderwerbsteuer:** Führt die Verschmelzung zu grunderwerbsteuerlichen Vorgängen, beträgt die GrESt nunmehr **0,5% vom Grundstückswert** (§ 4 Abs 1 iVm § 7 Abs 1 Z 2 lit c GrEStG); bei land- und forstwirtschaftlichen Grundstücken beträgt die GrESt 3,5% vom einfachen Einheitswert (§ 4 Abs 2 Z 4 iVm § 7 Abs 1 Z 3 GrEStG); eine GrESt-Pflicht kann sich auch durch eine Anteilsvereinigung (§ 1 Abs 2 a und 3 GrEStG) ergeben.[64])

3. Auswirkungen auf das Einlagen- und Innenfinanzierungs-Evidenzkonto

1148 Zur Evidenthaltung des Einlagen- und des Innenfinanzierungsstandes muss die Körperschaft nach § 4 Abs 12 Z 3 und Z 4 EStG – außerbücherlich – ein Evidenzkonto (mit Subkonten) führen, aus dem der Stand und die Veränderungen der Einlagen und der Innenfinanzierung ersichtlich sind.[65]) Dabei sind auch folgende Veränderungen des Einlagen- und Innenfinanzierungsevidenzkonto durch Verschmelzungen zu erfassen:

- Bei einer **Konzentrationsverschmelzung** (Verschmelzung auf fremde Körperschaft) ist der **Einlagen**-Evidenzkontenstand der übernehmenden Körperschaft grds um den Einlagen-Evidenzkontenstand der übertragenden Körperschaft zu erhöhen. Bei einer **Konzernverschmelzung** (Verschmelzung verbundener Körperschaften) wird das Einlagen-Evidenzkonto der Muttergesellschaft zum Einlagen-Evidenzkonto der übernehmenden Körperschaft; das Evidenzkonto der Tochtergesellschaft geht unabhängig von der Verschmelzungsrichtung unter.[66])
- Der Stand der **Innenfinanzierung** wird sowohl bei **Konzentrations- als auch bei Konzernverschmelzungen** addiert. Dadurch kommt der Gedanke zum Ausdruck, dass anlässlich einer Umgründung ein bestehendes Ausschüttungspotential nicht verloren gehen soll.[67]) Wird auf Grund der Verschmelzung eine unter-

[63]) Dazu UmgrStR Rz 318 ff.

[64]) Vgl oben Tz 1121 und UmgrStR Rz 340.

[65]) Dazu oben Tz 993 ff.

[66]) Vgl VwGH 1. 3. 2007, 2004/15/0127, RdW 2007, 316 zur down-stream-Verschmelzung; ausführlich *Mayr/Wellinger,* Handbuch Sonderbilanzen II, 54; UmgrStR Rz 363 ff.

[67]) § 2 Abs 1 Innenfinanzierungsverordnung (IF-VO, BGBl II 90/2016); vgl dazu sowie zur Ausnahme für Konzernverschmelzungen mit negativer Innenfinanzierung *Rzepa/Titz/Wild* in *Mayr/Schlager/Zöchling,* Handbuch Einlagenrückzahlung 129 ff; UmgrStR Rz 378 ff.

nehmensrechtliche Aufwertung auf den beizulegenden Wert vorgenommen, unterliegt ein dabei entstehender unternehmensrechtlicher Aufwertungsgewinn der Ausschüttungssperre gem § 235 UGB und erhöht die Innenfinanzierung vorerst nicht.[68])

frei **1149**

IV. Umwandlung (Art II)

Literatur (Auswahl ab 2000): *Damböck,* Umwandlung ausländischer Kapitalgesellschaften in Personengesellschaften, SWI 2001, 6; *Beiser,* Die Einmalerfassung bei der Einlagenrückzahlung in Kombination mit Umgründungen, ÖStZ 2002, 69; *Matzka/Walter,* Umfang der Ausschüttungsfiktion nach § 9 Abs 6 UmgrStG, GeS 2003, 119; *Mayr/Pülzl,* Umwandlung: Anrechnungsvoraussetzungen für Mindestkörperschaftsteuer sachgerecht? GeS 2003, 146; *Walter,* UmgrStR 2002: Schuldzinsenabzug nach Umgründungen, GeS 2003, 211; *Wellinger,* Betriebserfordernis bei Umwandlungen nach Art II UmgrStG, RdW 2004, 182; *Sulz/Wellinger,* Verlustverwertung bei errichtenden Umwandlungen, RdW 2005, 126; *Wolf,* Chancenpotenziale bei der Umwandlung einer GmbH in ein Einzelunternehmen, taxlex 2007, 247; *Wiesner/Mayr,* UmgrStG: Aktuelles zur Umwandlung, RdW 2007, 495; *Zöchling,* Doppelte Steuerhängigkeit bei Umwandlungen, SWK 2007, 1030; *Hofmann,* Die steuerliche Behandlung der Anteilsinhaber bei Umwandlungen ausländischer Körperschaften nach dem BBG 2007, taxlex 2007, 566; *Riegelnegg,* Der Ausnahmetatbestand gem § 10 Z 1 lit c vierter TS UmgrStG, SWK 2008, 906; *Pülzl,* Umwandlung nach Art II UmgrStG: Anrechnungsvoraussetzungen für Mindestkörperschaftsteuer verfassungskonform? SWK 2008, 1254; *Wiesner,* Keine Verfassungswidrigkeit der Regelungen des § 10 UmgrStG betreffend Verlustvortragsübergang, RWZ 2009, 137; *Schwarzinger/Wiesner,* Die Ausschüttungsfiktion gemäß § 9 Abs 6 UmgrStG auf dem Prüfstand, in GedS Quantschnigg 399; *Hohenwarter-Mayr,* Anrechnung von Mindestkörperschaftsteuern gemäß § 9 Abs 8 UmgrStG – Vorliegen einer planwidrigen Unvollständigkeit? GES 2010, 42; *Beiser,* Grenzüberschreitende Einbringungen und Umwandlungen nach dem AbgÄG 2010, ÖStZ 2010, 363; *Beiser,* Missbrauch durch Einbringung und Umwandlung? SWK 2010, S 987; *Wolf,* Die neue Ausschüttungsfiktion bei Umwandlungen, SWK 2011, S 308; *Wiesner/Schwarzinger,* Zur neuen Ausschüttungsfiktion bei Umwandlungen, SWK 2011, S 393; *Kofler,* Aufhebung der Mindestkörperschaftsteuer-Verrechnungsgrenze in § 9 Abs 3 UmgrStG, GES 2011, 408; *Wurm,* Neuregelung der Mindestkörperschaftsteuer-Anrechnung bei Umwandlungen, taxlex 2012, 99; *Mayr,* Umwandlung mit ausländischen Gesellschaftern, RdW 2012, 59; *Hofbauer-Steffel/Zeitlinger,* § 9 Abs 1 Z 3 UmgrStG idF BBG 2012 – ein unvollkommener Versuch, RdW 2012, 248; *Andreaus/Hristov,* Umwandlung mit Auslandsbezug nach dem BBG 2012, taxlex 2012, 96; *Hirschler,* Anmerkungen zum UmgrStR-Wartungserlass 2012 (Art II), taxlex 2012, 93; *Stefaner/Marschner,* Ausschüttung des Gewinnkapitals bei Umwandlungen, SWK 2012, 1071; *Stefaner,* Neuregelung und Zweifelsfragen zur Ausschüttungsfiktion, GES 2012 344 und 402; *Wurm,* Ausschüttungsfiktion neu bei Umwandlungen, SWK 2013, 113; *Ludwig/Hebenstreit,* Ausschüttungsfiktion, in GedS Bruckner, Wien 2013, 375; *Nekrasov,* Grenzüberschreitende Umwandlung, *Kirchmayr/Wellinger,* Fallbeispiele zur

[68]) Der Stand der Innenfinanzierung erhöht sich erst in jenem Zeitpunkt und Ausmaß, in dem der unternehmensrechtliche Aufwertungsgewinn nach den Vorschriften des UGB ausgeschüttet werden kann (§ 4 Abs 12 Z 4 EStG). Vgl dazu ausführlich *Titz/Wild,* RWZ 2017, 191.

grenzüberschreitenden Umwandlung, *Allgäuer,* Ausschüttungsfiktion bei der Umwandlung mit Auslandsbezug, alle in *Kirchmayr/Mayr,* Umgründungen – Praxisfragen und Fallbeispiele, Wien 2013; *Strimitzer,* Ausschüttungsfiktion im UmgrStG, in GedS Helbich, Wien 2014, 299; *Rzepa/Wild,* BFG zum Betriebserfordernis und zur Anrechnung der MiKö bei Umgründungen, RWZ 2015, 348; *Wiesner,* Neues zum Umgründungssteuerrecht, RWZ 2017, 38; *Schlager;* VwGH: Keine Verrechnungsschranke für MiKö bei natürlicher Person als Rechtsnachfolger, RWZ 2017, 209.

A. Anwendungsbereich (§ 7)

1. Maßgeblichkeit des Gesellschaftsrechts

1150 Wie die Verschmelzung knüpft auch die Umwandlung nach Art II UmgrStG an das Gesellschaftsrecht an. Gesellschaftsrechtliche Grundlage für nationale Umwandlungen ist das Umwandlungsgesetz.[69]) Nach **§ 1 UmwG** können **Kapitalgesellschaften** unter Ausschluss der Abwicklung durch Übertragung des Unternehmens im Wege der Gesamtrechtsnachfolge

- **errichtend in eine Personengesellschaft** (OG, KG) oder
- **verschmelzend auf den Hauptgesellschafter**

umgewandelt werden.

(Gesamt-)Rechtsnachfolger bei der Umwandlung sind ertragsteuerlich die Gesellschafter (Mitunternehmer) der errichteten Personengesellschaft bzw bei der verschmelzenden Umwandlung der Hauptgesellschafter.

Neben inländischen Umwandlungen fallen auch vergleichbare Umwandlungen **ausländischer Körperschaften** im Ausland[70]) sowie **grenzüberschreitende Umwandlungen** unter Art II UmgrStG.

2. Betriebserfordernis

1151 Art II UmgrStG knüpft bei nationalen Umwandlungen an das UmwG an, sieht teilweise aber noch ein Betriebserfordernis vor.

Danach fallen unter Art II UmgrStG

- **errichtende Umwandlungen** nach UmwG, wenn am Umwandlungsstichtag und am Tag des Umwandlungsbeschlusses ein **Betrieb** vorhanden ist,
- **verschmelzende Umwandlungen** nach UmwG, wenn
    - am Umwandlungsstichtag und am Tag des Umwandlungsbeschlusses ein **Betrieb** vorhanden ist oder
    - **Hauptgesellschafter** eine Körperschaft, die unter § 7 Abs 3 KStG fällt, oder eine EU-Gesellschaft gem Anlage zum UmgrStG ist (§ 7 Abs 1 Z 1 und 2 UmgrStG).

---

[69]) UmwG BGBl 1996/304.

[70]) Dazu *Wellinger,* in HB der Umgründungen[16] § 7 Rz 45 ff; *Stefaner* in *Kofler,* UmgrStG[6] § 7 Rz 71 ff.

Das Vorliegen eines **Betriebes** richtet sich nach allgemeinem Steuerrecht.[71]) Vom Betriebserfordernis wird nur bei einer verschmelzenden Umwandlung auf eine Körperschaft abgesehen, weil eine solche verschmelzende Umwandlung weitgehend einer Verschmelzung entspricht (und auch bloße Holdinggesellschaften verschmolzen werden können; seit dem EU-Verschmelzungsgesetz sind aber verschmelzende Umwandlungen auf EU/EWR-Kapitalgesellschaften ohnehin nicht mehr zulässig[72]).

3. Steuerhängigkeit der stillen Reserven

Wie bei der Verschmelzung[73]) setzt eine steuerneutrale Umwandlung nach Art II UmgrStG voraus, dass Österreich die stillen Reserven **beim Rechtsnachfolger weiter besteuern** kann. Ähnlich wie bei der Verschmelzung[74]) kann auch für grenzüberschreitende Umwandlungen nach § 7 Abs 2 UmgrStG ein Antrag auf Ratenzahlung gestellt werden, soweit das Besteuerungsrecht gegenüber einem EU/EWR-Staat eingeschränkt wird. **1152**

Da seit dem EU-VerschG verschmelzende Umwandlungen auf EU/EWR-Kapitalgesellschaften nicht mehr zulässig sind,[75]) hat das Ratenzahlungskonzept nach § 7 Abs 2 UmgrStG jedenfalls bei der verschmelzenden Umwandlung keinen Anwendungsbereich mehr.

B. Übertragende Körperschaft (§ 8)

§ 8 UmgrStG regelt die ertragsteuerliche Behandlung der übertragenden Körperschaft und knüpft dabei an § 2 UmgrStG an; die Ausführungen zur Verschmelzung gelten daher sinngemäß (zB der Verschmelzungsstichtag heißt Umwandlungsstichtag, die Verschmelzungsbilanz heißt Umwandlungsbilanz[76]). **1153**

C. Rechtsnachfolger (§ 9)

1. Allgemeines

Anders als bei der Verschmelzung kann sich bei einer Umwandlung die Rechtsform der umzuwandelnden Körperschaft grundlegend ändern (zB errichtende Umwandlung einer GmbH zu einer KG/OG); § 9 UmgrStG knüpft deshalb beim Rechtsnachfolger zwar teilweise an die Verschmelzung an (zB bei den Buchgewinnen/Buchverlusten oder der Confusio[77]), sieht aber teilweise auch besondere Regelungen vor, die sogleich dargestellt werden (zB Wechsel der Gewinnermittlungsart). **1154**

---

[71]) Zum Gewerbebetrieb vgl oben Tz 71, zur Betriebsveräußerung/-aufgabe oben Tz 567; zum Betriebserfordernis ausführlich *Wellinger,* in HB der Umgründungen[16] § 7 Rz 55 ff und Handbuch Sonderbilanzen II, 74 f; *Stefaner* in *Kofler,* UmgrStG[6] § 7 Rz 116 ff; vgl auch VwGH 31. 5. 2017, Ro 2016/13/0001-4.

[72]) Vgl § 2 Abs 1 UmwG iVm § 1 Abs 2 und 3 EU-VerschG.

[73]) Vgl Tz 1124.

[74]) Vgl Tz 1125.

[75]) Vgl Tz 1150.

[76]) Vgl oben Tz 1126 ff.

[77]) Dazu oben Tz 1136 ff.

Bei einer zB errichtenden Umwandlung ist zivilrechtlicher Rechtsnachfolger eine Personengesellschaft, die steuerrechtlich kein eigenständiges Steuersubjekt ist und deshalb besondere – von der Verschmelzung abweichende – Regelungen benötigt.

2. Buchwertverknüpfung und Ratenzahlungskonzept

1155 Wie bei der Verschmelzung hat der Rechtsnachfolger auch bei der Umwandlung die von der umgewandelten Kapitalgesellschaft in der Umwandlungsbilanz angesetzten **Buchwerte fortzuführen.**

Hält eine in Österreich ansässige Person Anteile an einer ausländischen (zB deutschen) Kapitalgesellschaft und wird die ausländische (deutsche) Kapitalgesellschaft in eine Personengesellschaft umgewandelt, verliert Österreich idR das Besteuerungsrecht an den Anteilen. Ein **Verlust des Besteuerungsrechts** führt zur Besteuerung der stillen Reserven.

Beispiel:

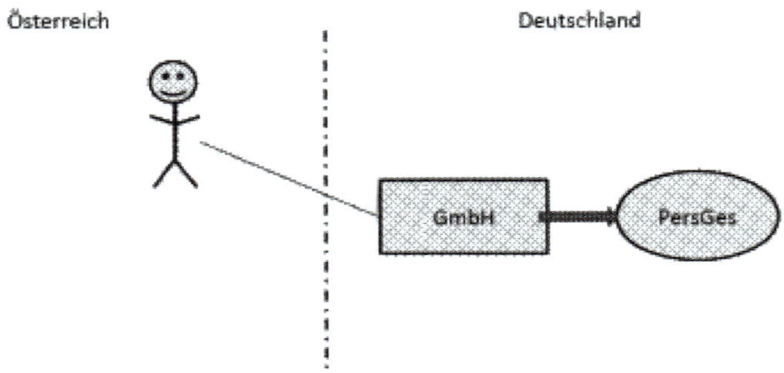

Da es sich im Beispiel bei der umzuwandelnden Gesellschaft um eine deutsche und damit um eine EU/EWR-Gesellschaft handelt, kann nach § 9 Abs 1 Z 2 UmgrStG – wie bei der Verschmelzung – eine Entrichtung der Steuerschuld in Raten beantragt werden.[78])

3. Aufwertung

1156 Entsteht bei grenzüberschreitenden Umwandlungen umwandlungsbedingt das Besteuerungsrecht der Republik Österreich, ist nach § 9 Abs 1 Z 3 erster TS UmgrStG das **übernommene Vermögen** mit dem gemeinen Wert anzusetzen.[79])

Da umwandlungsbedingt das Besteuerungsrecht Österreichs am übernommen Vermögen nur in **Ausnahmefällen** entsteht, hat die Aufwertung nur einen engen praktischen Anwendungsbereich. Ein Anwendungsfall wäre zB die verschmelzende Umwandlung einer Tochter-Holdinggesellschaft aus einem Drittstaat (außerhalb EU/EWR) auf

[78]) Dazu oben Tz 1125; *Stefaner* in *Kofler,* UmgrStG[6] § 9 Rz 31 ff.; *Nekrasov* und *Kirchmayr/Wellinger* in *Kirchmayr/Mayr,* Umgründungen – Praxisfragen und Fallbeispiele, 47 und 63.

[79]) Zur vergleichbaren Aufwertung bei der Verschmelzung siehe oben Tz 1135.

ihre inländische Muttergesellschaft (im EU/EWR-Raum sind solche verschmelzenden Umwandlungen nicht mehr möglich)[80]).

Anders als beim übernommenen Vermögen entsteht das Besteuerungsrecht der Republik Österreich hinsichtlich der **Anteile** sehr oft:

Beispiel:

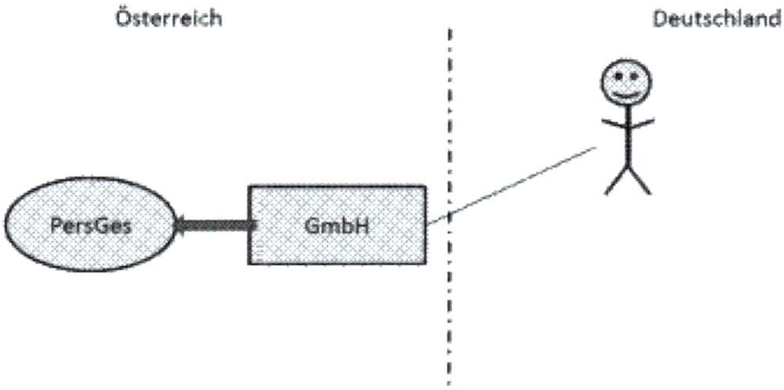

An der inländischen GmbH ist eine in Deutschland ansässige natürliche Person beteiligt. Österreich hat nach dem DBA Deutschland hinsichtlich der Anteile kein Besteuerungsrecht. Wird die GmbH errichtend in eine Personengesellschaft umgewandelt, entsteht umwandlungsbedingt das Besteuerungsrecht Österreichs hinsichtlich der Anteile (Betriebsstättenprinzip). Da umwandlungsbedingt Österreich auch das Besteuerungsrecht an den Anteilen erlangt, wurde nach § 9 Abs 1 Z 3 letzter TS UmgrStG idF vor BBG 2012 die stille Reserve in den Anteilen entsteuert; im Zeitpunkt der Veräußerung (Realisierung) der Anteile konnte daher der gemeine Wert der Anteile zum Umwandlungsstichtag angesetzt werden.[81]) Diese vollständige Aufwertung des Mitunternehmeranteils führte in der Praxis allerdings auch zu einer Entsteuerung der in der umgewandelten GmbH gespeicherten stillen Reserven, weil im Falle einer Veräußerung des Mitunternehmeranteils durch den ausländischen Mitunternehmer der Erwerber die im Betriebsvermögen der Personengesellschaft gespeicherten stillen Reserven nicht versteuern musste. Um eine solche Entsteuerung zu vermeiden, hat das BBG 2012 die umwandlungsbedingte Aufwertung eingeschränkt; danach bleiben die stillen Reserven im Mitunternehmeranteil mit einem Steuersatz von 25% steuerverfangen, was der latenten Steuerbelastung der stillen Reserven der GmbH entspricht.[82])

4. Wechsel der Gewinnermittlungsart

Durch eine Umwandlung kann es zu einem Wechsel der Gewinnermittlungsart kommen, weil die umzuwandelnde Kapitalgesellschaft gem § 7 Abs 3 **1157**

[80]) Vgl oben Tz 1150.

[81]) Dazu *Wiesner/Mayr,* RdW 2007, 495; *Zöchling,* SWK 2007, 1030; *Wundsam/Zöchling/Huber/Kuhn,* UmgrStG[5] § 9 Rz 14; *Baumann,* ÖStZ 2008, 461; vgl auch *Beiser,* ÖStZ 2010, 363.

[82]) Dazu *Mayr,* RdW 2012, 59; UmgrStR Rz 461 und *Wild,* RdW 2018, 661; kritisch *Hofbauer-Steffel/Zeitlinger,* RdW 2012, 248; *Andreaus/Hristov,* taxlex 2012, 96; vgl auch *Stefaner* in *Kofler,* UmgrStG[6] § 9 Rz 77 ff; *Kirchmayr/Wellinger* in *Kirchmayr/Mayr,* Umgründungen – Praxisfragen und Fallbeispiele 63.

KStG den Gewinn stets nach § 5 Abs 1 EStG zu ermitteln hat, der **Rechtsnachfolger** aber seinen Gewinn ggf **auch nach § 4 Abs 1 oder § 4 Abs 3 EStG** ermitteln kann. Für den Fall des Wechsels der Gewinnermittlung verweist § 9 Abs 3 UmgrStG zunächst auf § 4 Abs 10 EStG, weil Regelungen für den Wechsel der Gewinnermittlungsart auch im allgemeinen Ertragsteuerrecht benötigt werden.[83]) § 4 Abs 10 EStG ist sinngemäß auch auf Wirtschaftsgüter anzuwenden, die umwandlungsbedingt aus dem Betriebsvermögen ausscheiden.

Beispiel:

Eine Wohnung der Kapitalgesellschaft wird fremdüblich dem 100%-Alleingesellschafter (natürliche Person) vermietet. Durch die verschmelzende Umwandlung auf den Alleingesellschafter scheidet die Wohnung aus dem Betriebsvermögen aus und wird notwendiges Privatvermögen, wodurch die Differenz zwischen Buchwert und Teilwert steuerlich zu erfassen ist (der Grund- und Boden-Anteil der Wohnung ist allerdings herauszurechnen, weil Grund und Boden nach § 6 Z 4 EStG zum Buchwert entnommen wird).

1158 Ein sich aus dem Wechsel der Gewinnermittlungsart ergebender **Übergangsgewinn** ist entweder in dem dem Umwandlungsstichtag folgenden Wirtschaftsjahr oder auf Antrag gleichmäßig in den folgenden drei Wirtschaftsjahren zu versteuern (§ 9 Abs 3 letzter Satz UmgrStG). Ein **Übergangsverlust** ist – dem allgemeinen Ertragsteuerrecht entsprechend – zu je einem Siebentel in den nächsten sieben Wirtschaftsjahren zu berücksichtigen.

Ermittelt der Rechtsnachfolger den **Gewinn nach § 4 Abs 3 EStG,** muss durch steuerwirksame Zu- und Abschläge sichergestellt werden, dass es zu keiner Doppelbesteuerung oder zu einer Nichtbesteuerung durch die unterschiedlichen Realisationszeitpunkte kommt.

5. Zufluss- und Abflussfiktion

1159 Ermittelt ein Gesellschafter den **Gewinn nach § 4 Abs 3 EStG** (oder außerbetrieblich nach Überschussgrundsätzen) und steht er mit der umzuwandelnden Kapitalgesellschaft im Leistungsaustausch, gelten **Forderungen** des Gesellschafters spätestens mit dem Tag der Anmeldung der Umwandlung zur Eintragung in das Firmenbuch **als vereinnahmt, Verbindlichkeiten** als **verausgabt** (§ 9 Abs 5 UmgrStG). Diese sog „Zufluss- und Abflussfiktion“ dient der Kontinuität der Besteuerung, wenn es durch die Überschussgrundsätze beim Rechtsnachfolger zu zeitlichen Verschiebungen in der steuerlichen Erfassung aus dem Leistungsaustausch mit der umzuwandelnden Kapitalgesellschaft kommt.

Beispiel:

Der Einzelunternehmer A ermittelt seinen Gewinn nach § 4 Abs 3 EStG und ist 100% an der A-GmbH beteiligt. Die A-GmbH wird verschmelzend umgewandelt, zum Umwandlungsstichtag hat A eine Mietzinsverbindlichkeit iHv € 10.000 gegenüber der A-GmbH. Auf Grund der Umwandlung geht die bestehende Mietzinsverbindlichkeit durch Confusio mit der entsprechenden Mietzinsforderung der A-GmbH unter. Ohne Abflussfiktion käme es bei A zu keiner Berücksichtigung der untergegangenen Mietzins-

[83]) Dazu oben Tz 251 ff.

verbindlichkeit als Betriebsausgabe, obgleich A durch die Confusio wirtschaftlich so gestellt wird, als hätte er die Mietzinsverbindlichkeit getilgt. Durch die Abflussfiktion gelten die Mietzinsen spätestens am Tag der Anmeldung zum Firmenbuch als verausgabt und sind als Betriebsausgaben zu berücksichtigen.

Hätte A im Beispiel umgekehrt nicht eine Mietzinsverbindlichkeit, sondern eine Mietzinsforderung gegenüber der A-GmbH, käme es ohne Zuflussfiktion nicht zur Besteuerung des Mietzinses bei A.

6. Ausschüttungsfiktion

Ausgeschüttete Gewinne einer Kapitalgesellschaft unterliegen bei natürli- 1160
chen Personen der KESt iHv 27,5%, wodurch eine Gesamtsteuerbelastung von ca 45,6% erreicht wird (25% KSt + 27,5% KESt). Gingen im Zuge einer Umwandlung die thesaurierten Gewinne der Kapitalgesellschaft auf die natürliche Person ohne Besteuerung über, würde die zweite Besteuerungsebene (Ausschüttungsbesteuerung) nicht wirksam werden und der Grundsatz der konsequenten Einmalbesteuerung wäre verletzt. Deshalb **gelten** nach § 9 Abs 6 UmgrStG **thesaurierte Gewinne** mit dem Tag der Anmeldung des Umwandlungsbeschlusses zur Eintragung der Umwandlung in das Firmenbuch **als offen ausgeschüttet** und zugeflossen (**„Ausschüttungsfiktion“**). Seit dem **AbgÄG 2012** wird der als ausgeschüttet geltende Betrag in § 9 Abs 6 UmgrStG als **„Gewinnkapital“** bezeichnet und weiter definiert; das Gewinnkapital ist danach der Unterschiedsbetrag zwischen dem abgabenrechtlichen Umwandlungskapital zum Umwandlungsstichtag und den vorhandenen Einlagen iSd § 4 Abs 12 EStG.[84])

Damit wurde mit dem **AbgÄG 2012** die Ermittlung des fiktiven Ausschüttungsbetrages grundlegend geändert. Zuvor knüpfte § 9 Abs 6 UmgrStG an das Reinvermögen der unternehmensrechtlichen Schlussbilanz an und sah gewisse Verminderungen und Erhöhungen vor (vom Reinvermögen abzuziehen waren zB das eingezahlte und eingeforderte Nennkapital sowie Kapitalrücklagen). Diese Ermittlung des fiktiven Ausschüttungsbetrages war technisch kompliziert, musste auch „Vorumgründungen“ miteinbeziehen und wurde bereits zuvor mehrfach novelliert (zuletzt mit dem BBG 2011)[85]). Die Vorgängerregelungen wurden zudem dem Grundsatz der Einmalbesteuerung nicht voll gerecht und führten zu problematischen Ergebnissen,[86]) weshalb mit dem AbgÄG 2012 eine grundlegende Neuausrichtung vorgenommen wurde. Damit konnte auch die bisherige Kapitalherabsetzungsfiktion nach § 9 Abs 7 UmgrStG entfallen.

---

[84]) Das Gewinnkapital erhöht sich zudem noch um einen allfällig negativen Buchwert aus Vorumgründungen (zB Vermögen mit negativem Buchwert wurde zuvor eingebracht); dazu *Walter*, UmgrStR 2018, Rz 270; *Wurm*, SWK 2013, 113; *Stefaner*, GES 2012, 344 und 402; *Schlager*, RWZ 2013, 329.

[85]) Siehe dazu die ausführlichen Gesetzesmaterialien zum BBG 2011; *Wolf*, SWK 2011, S 308; *Andreaus*, taxlex 2010, 454; *Wiesner/Schwarzinger*, SWK 2011, S 393.

[86]) Vgl zB *Matzka/Walter*, GeS 2003, 119; *Beiser*, ÖStZ 2002, 69; *Schwarzinger/Wiesner* in GedS Quantschnigg 399; *Wellinger*, Handbuch Sonderbilanzen II, 95; systematisch konsequent VwGH 25. 7. 2013, 2012/15/0004 unter Hinweis auf *Beiser* und *Kirchmayr*, dazu zB *Stefaner*, GES 2014, 135.

Ist eine **Kapitalgesellschaft** Anteilseigner der umzuwandelnden Kapitalgesellschaft, führt die Ausschüttungsfiktion insoweit zu keiner steuerlichen Belastung, weil die Ausschüttung der Beteiligungsertragsbefreiung nach § 10 KStG unterliegt.

7. Weitere Sonderbestimmungen für den Rechtsnachfolger

1161 **Mindestkörperschaftsteuer** (§ 9 Abs 8 UmgrStG): Die Mindestkörperschaftsteuerpflicht[87]) endet mit dem Umwandlungsstichtag. Mindeststeuern, die bis zum Umwandlungsstichtag entstanden und noch nicht verrechnet sind, gehen grundsätzlich nicht verloren und sind nach § 9 Abs 8 UmgrStG quotenmäßig den Rechtsnachfolgern zuzurechnen;[88]) nach einer Entscheidung des VfGH erfolgt bei natürlichen Personen als Rechtsnachfolger eine Anrechnung im Ausmaß entstehender Einkommensteuerschulden.[89]) Da der VfGH zudem den Gedanken der Betriebsfortführung anspricht,[90]) griff das BBG 2012 diesen Gedanken auf; danach ist eine Anrechnung für natürliche Personen als Rechtsnachfolger nur möglich, wenn der Betrieb am Ende des Jahres, für das die Anrechnung erfolgen soll, noch vorhanden ist.[91]) Sollte der Betrieb vor Ende des Kalenderjahres aufgegeben oder veräußert werden, ist auf den Veräußerungs-/Aufgabegewinn iSd § 24 EStG eine Anrechnung vorzunehmen.

Wegfall der KESt-Befreiungen (§ 9 Abs 9 UmgrStG): § 94 Z 2 und Z 5 EStG sehen KESt-Befreiungen für Körperschaften vor, die bei natürlichen Personen als Rechtsnachfolger mit dem dem Umwandlungsstichtag folgenden Tag rückwirkend entfallen.[92])

---

[87]) Dazu oben Tz 1044.

[88]) Bei ausscheidenden Minderheitsgesellschaftern wird den Rechtsnachfolgern die auf die ausscheidenden Minderheitsgesellschafter endfallende Mindeststeuer zusätzlich zu ihrer Quote im entsprechenden Ausmaß zugerechnet, vgl UmgrStR Rz 562; *Wiesner/Mayr,* RdW 2007, 495.

[89]) VfGH 30. 6. 2011, G 15/11-7; nach VfGH ist offenkundig eine MiKö-Anrechnung auf die Einkommensteuerschuld möglich (eine darüberhinausgehende Gutschrift offenkundig nicht, vgl Rz 22 des Erkenntnisses); dazu *Kofler,* GES 2011, 409; kritisch zur alten Rechtslage auch *Mayr/Pülzl,* GeS 2003, 146; *Pülzl,* SWK 2008, 1254; *Hohenwarter-Mayr,* GES 2010, 42.

[90]) Eine Anrechnung der Mindeststeuer hätte „sinnvollerweise auf die Fortführung des Betriebes abzustellen“ und es entsprach dem Gedanken der Umwandlung „die Verrechnungsmöglichkeit ab der Betriebsveräußerung bzw -einstellung auszuschließen“, VfGH 30. 6. 2011, G 15/11-7.

[91]) Nach den Gesetzesmaterialien reicht aus Praktikabilitätsgründen das bloße Vorhandensein des Betriebes aus, wodurch weder eine „Vergleichbarkeitsprüfung“ iSd § 4 Z 1 lit c noch eine Zuordnung der Mindeststeuern zu allfälligen Teilbetrieben vorzunehmen ist; VwGH 31. 5. 2017, Ro 2016/13/0001-4 zum „drastisch reduzierten“, aber nicht aufgelösten Betrieb sowie zur Verneinung der Mindeststeuerpflicht bei einer natürlichen Person als Rechtsnachfolger; zur dem VwGH vorausgegangenem BFG-Entscheidung vgl *Rzepa/Wild,* RWZ 2015, 348; *Schlager,* RWZ 2017, 209; vgl auch *Stefaner* in *Kofler,* UmgrStG[6] § 9 Rz 356 ff.

[92]) Ausführlich UmgrStR Rz 565 a; *Wiesner/Mayr,* RdW 2007, 495.

D. Verlustabzug (§ 10)

1. Anknüpfung an Verschmelzung

Umwandlungen bedeuten das Ende der übertragenden Kapitalgesellschaft **1162** und die Vermögensübernahme durch die errichtete Personengesellschaft oder durch den Hauptgesellschafter; damit verbunden ist idR die Buchwertübernahme. Der Verlustabzug ist ein „höchstpersönliches Recht", weshalb der Übergang von Verlusten einer Kapitalgesellschaft auf einen Rechtsnachfolger eine „Ausnahme vom Grundsatz der Höchstpersönlichkeit des Verlustabzuges" bildet.[93]) § 10 UmgrStG knüpft beim Verlustabzug zunächst an die Verschmelzung an (§ 4 UmgrStG)[94]) und adaptiert § 4 UmgrStG sodann für Zwecke der Umwandlung.[95])

Nach § 10 Z 1 lit a UmgrStG sind für die übertragende Körperschaft § 4 Z 1 lit a, c und d UmgrStG anzuwenden. Danach gelten der **objektbezogene Verlustvortragsübergang** (lit a)[96]), die **Vergleichbarkeit des vorhandenen Vermögens** (lit c)[97]) und die **Einschränkung bei verbundenen Körperschaften** (lit d)[98]) auch für die Umwandlung.

Ein danach übergehender Verlustvortrag wird den **Rechtsnachfolgern quotenmäßig** in dem Ausmaß **zugerechnet,** zu dem sie im Zeitpunkt der Eintragung des Umwandlungsbeschlusses in das Firmenbuch an der umgewandelten Kapitalgesellschaft beteiligt sind; Anteile ausscheidender Minderheitsgesellschafter werden den Rechtsnachfolgern im Verhältnis ihrer Beteiligungsquote zugerechnet.[99])

Ist an der umzuwandelnden Körperschaft am Tag der Eintragung der Umwandlung in das Firmenbuch eine **Körperschaft zu mindestens 25% beteiligt,** gelten für die **eigenen Verluste** der beteiligten Körperschaft die **Bestimmungen der Verschmelzung** für die übernehmende Körperschaft analog.[100]) Seit dem AbgÄG 2012 gilt zudem der Mantelkauftatbestand nach § 4 Z 2 UmgrStG für Verluste der übertragenden und übernehmenden Körperschaft.[101])

2. Verlusteinkaufssperren

Ohne Sonderbestimmung wäre es möglich, sich durch einen **vorbereitenden Anteilserwerb** in bestehende Verluste der umzuwandelnden Kapitalgesell- **1163**

---

[93]) VfGH 24. 2. 2009, B 1275/08-7.

[94]) Dazu oben Tz 1141 ff.

[95]) Ausführlich *Wellinger,* Handbuch Sonderbilanzen II, 98 ff; vgl auch *Stefaner* in *Kofler,* UmgrStG[6] § 10 Rz 1 ff.

[96]) Oben Tz 1141.

[97]) Oben Tz 1142.

[98]) Oben Tz 1143.

[99]) Dazu *Wiesner/Mayr,* RdW 2007, 495.

[100]) Dazu oben Tz 1141 ff; gilt auch bei verschmelzender Umwandlung auf eine zwischengeschaltene KG, VwGH 20. 12. 2016, Ro 2015/15/0020 unter Hinweis auf *Wellinger* in HB der Umgründungen[15] § 10 Rz 43.

[101]) § 10 Z 3 UmgrStG idF AbgÄG 2012 (zuvor galt der Mantelkauftatbestand nur für Verluste der übernehmenden Körperschaft).

schaft einzukaufen (Erwerb von Anteilen an einer Kapitalgesellschaft mit hohen Verlustvorträgen zwecks Verwertung durch anschließende Umwandlung). Um solche Gestaltungen zu verhindern, **verringert sich** die verlustvermittelnde Beteiligung hinsichtlich der vor dem Anteilserwerb entstandenen Verluste **um jene Anteile, die im Wege der Einzelrechtsnachfolge** erworben wurden (der Anteilserwerb im Wege einer Gesamtrechtnachfolge wie zB Erbanfall, Verschmelzung oder Spaltung unterliegt keiner Beschränkung).[102])

Von der Beschränkung **ausgenommen** sind Anteilserwerbe

- im Rahmen einer **Kapitalerhöhung** innerhalb des gesetzlichen Bezugsrechtes;
- von Todes wegen (zB durch Vermächtnis);
- durch eine **Körperschaft,** die ihr Einkommen nach § 7 Abs 3 KStG ermittelt, bei anschließender **verschmelzender Umwandlung;**[103])
- durch eine **Körperschaft,** die ihr Einkommen nach § 7 Abs 3 KStG ermittelt, bei anschließender **errichtender Umwandlung,** an der neben dem Hauptgesellschafter nur ein Arbeitsgesellschafter teilnimmt;
- durch eine **Mitunternehmerschaft** als Hauptgesellschafter, an der neben einem Arbeitsgesellschafter nur eine unter § 7 Abs 3 KStG fallende Körperschaft beteiligt ist.

E. Sonstige Rechtsfolgen der Umwandlung (§ 11)[104])

1. Sonstige Rechtsfolgen der Umwandlung

1164 **Lohnsteuer:** Die umgewandelte Kapitalgesellschaft bleibt bis zu ihrem Erlöschen Arbeitgeber (keine Rückwirkung, § 11 Abs 1 UmgrStG).[105])

---

[102]) Nach VfGH steht es dem Gesetzgeber frei „das Recht auf Verlustabzug zur Erzielung sachgerechter Ergebnisse und zur Vermeidung von Missbräuchen – unter Wahrung des Grundsatzes der Verhältnismäßigkeit – an bestimmte Bedingungen zu knüpfen, ohne auf das Motiv der Umwandlung Bedacht zu nehmen, zumal ein solcher Rechtsformwechsel im freien Belieben der handelnden Personen steht“, VfGH 24. 2. 2009, B 1275/08-7; dazu *Wiesner,* RWZ 2009, 137; nach VwGH ist ein streng zivilrechtliches Verständnis des Begriffes „Einzelrechtsnachfolge“ aus dem Gesetz nicht ableitbar und würde auch dem Zweck der Regelung entgegenstehen, VwGH 27. 2. 2014, 2010/15/0015, dazu *Stefaner,* GES 2014, 304.

[103]) Diese Ausnahme basiert auf der Überlegung, dass auf Grund der wirtschaftlichen Vergleichbarkeit der verschmelzenden Umwandlung auf eine Körperschaft nach Art II UmgrStG mit einer Verschmelzung („up-stream“) nach Art I UmgrStG auch eine steuerliche Gleichbehandlung herbeigeführt werden soll (vgl EB zum StRefG 1993); solche verschmelzenden Umwandlungen haben aber praktisch kaum mehr einen Anwendungsbereich, vgl oben Tz 1151.

[104]) Entspricht weitgehend den sonstigen Rechtsfolgen einer Verschmelzung, dazu oben Tz 1147; Praxisbeispiele zu Umwandlungen siehe *Wellinger,* Handbuch Sonderbilanzen II, 112 ff.

[105]) Die FinVw lässt in Abstimmung mit dem zuständigen FA aber den Übergang der Dienstverhältnisse auch mit dem dem Umwandlungsstichtag folgenden Lohnzahlungszeitraum zu, UmgrStR Rz 596; Pensions-/Abfertigungsrückstellungen für sich in

Abfindungsberechtigte Anteilsinhaber: deren Anteile gelten am Tag der Eintragung des Umwandlungsbeschlusses ins Firmenbuch als veräußert (§ 11 Abs 2 UmgrStG).

Umsatzsteuer: Umwandlungen nach Art II UmgrStG gelten nicht als steuerbare Umsätze (§ 11 Abs 3 UmgrStG)[106]).

Grunderwerbsteuer: Führt die Umwandlung zu grunderwerbsteuerlichen Vorgängen, beträgt die GrESt nunmehr **0,5% vom Grundstückswert** (§ 4 Abs 1 iVm § 7 Abs 1 Z 2 lit c GrEStG); bei land- und forstwirtschaftlichen Grundstücken beträgt die GrESt 3,5% vom einfachen Einheitswert (§ 4 Abs 2 Z 4 iVm § 7 Abs 1 Z 3 GrEStG); eine GrESt-Pflicht kann sich auch durch eine Anteilsvereinigung (§ 1 Abs 2a und 3 GrEStG) ergeben.[107])

2. *Auswirkungen auf das Einlagen- und Innenfinanzierungs-Evidenzkonto* 1165

Auswirkungen einer Umwandlung auf das Einlagen- und Innenfinanzierungs-Evidenzkonto sind nur dann von Bedeutung, wenn von den **Rechtsnachfolgern selbst Evidenzkonten zu führen** sind. Erfolgt daher eine Umwandlung (zumindest teilweise) auf eine Körperschaft, ist – wie bei der Verschmelzung – die Innenfinanzierung der Rechtsnachfolger (anteilig) um die Innenfinanzierung der umgewandelten Körperschaft zu erhöhen (**Addition**). Das Einlagen-Evidenzkonto der übertragenden Körperschaft geht – analog zur up-stream-Verschmelzung – ersatzlos unter.[108])

frei 1165–1169

V. Einbringung (Art III)

Literatur (Auswahl ab 2000): *Rabel,* Verkehrswert und rückbezogene Entnahmen, RWZ 2000, 290; *Umlauft,* Zulässigkeit der Einbringung einer Kommanditgesellschaft in die eigene Komplementär-GmbH gegen Kapitalerhöhung? NZ 2000, 65; *Aigner,* Vermögen bei einer Einbringung nach Art 9 Fusionsrichtlinie, SWI 2001, 173; *Doralt,* Steuermissbrauch bei Umgründungen, RdW 2001, 761; *Aigner,* EuGH zur Einbringung von Unternehmensteilen und zur Zuordnung von Wirtschaftsgütern, SWI 2002, 380; *Beiser,* Umgründungen im Licht der Finanzierungsfreiheit, RdW 2002, 121; *Huber,* Zum behaupteten Steuermissbrauch bei Umgründungen, RdW 2002, 118 (dazu *Doralt,* RdW 2002, 120); *Trösztér,* Nochmals: Missbrauch bei Umgründungen – Gestaltung des Einbringungsvermögens bei Umgründungen, SWK 2002, S 289; *Walter,* Einbringung ausländischen Vermögens in eine in- oder ausländische Körperschaft, ÖStZ 2002, 450; *Wiesner,* Die unbare Entnahme gem § 16 Abs 5 Z 2 UmgrStG – Fehlkonstruktion oder Systembaustein, ÖStZ 2002, 35 (dazu *Doralt,* ÖStZ 2002, 154); *Wiesner,* Unbare Entnahme – eine Ergänzung, ÖStZ 2002, 178; *ders,* Unbare Entnahmen – ein Resümee, SWK 2002, S 344; *Zorn,* § 16 Abs 5 UmgrStG und EG-Recht – EuGH zur Finanzierungsfreiheit, SWK 2002, S 312; *Beiser,* Die Einmalerfassung bei negativem Einbringungskapital und nachfolgender Umwandlung, GeS 2003, 144; *Hirschler/Strimitzer,* Unbare Entnahmen

---

einem Dienstverhältnis befindende Gesellschafter-Geschäftsführer können bestehen bleiben, UmgrStR Rz 526.

[106]) Dazu UmgrStR Rz 602.

[107]) Vgl oben Tz 1121 und UmgrStR Rz 613.

[108]) § 2 Abs 2 IF-VO; vgl ausführlich *Rzepa/Titz/Wild* in *Mayr/Schlager/Zöchling,* Handbuch Einlagenrückzahlung 132f.

und handelsrechtliche Bilanzierung, GeS 2003, 237; *Walter,* UmgrStR 2002: Schuldzinsenabzug nach Umgründungen, GeS 2003, 211; *Mühlehner,* Zur Bewertung von Sachdividenden bei Anwendung von § 19 Abs 2 Z 5 UmgrStG, RdW 2004, 126; *Beiser,* Die Beteiligungsidentität im Sinn des § 19 Abs 2 Z 5 UmgrStG, RdW 2005, 53; *Thurnher,* Die Vermeidung verschleierter Sacheinlagen bei der Einbringung von Betrieben mit Entnahmen nach § 16 Abs 5 UmgrStG, GesRZ 2005, 10; *Posautz/Six,* Der Teilbetrieb im UmgrStG, taxlex 2005, 134; *Metzler,* Internationale Umgründungen und Entstrickung, RWZ 2005, 161; *Ludwig,* Folgen einer nicht fristgerechten Finanzamtsmeldung nach § 13 Abs 1 UmgrStG, taxlex 2005, 311; *Aigner,* Internationale Einbringungen und Änderung der Fusionsrichtlinie, GeS 2005, 387; *Wolf,* Der Betriebs- und Teilbetriebsbegriff im UmgrStG, SWK 2005, S 769; *Mayr,* AbgÄG 2005: § 16 UmgrStG wesentlich geändert, RdW 2005, 779; *Prechtl,* Ausschüttungsfiktion der unbaren Entnahme bringt vorgezogene Besteuerung, SWK 2005, S 868; *Frei,* Regelungen im neuen § 18 Abs 2 UmgrStG nicht sachgerecht? SWK 2006, S 41; *Hirschler,* Teileinbringung von Mitunternehmeranteilen, taxlex 2006, 254; *Krickl,* Widerspricht § 16 Abs 1 UmgrStG idF AbgÄG 2005 der Fusionsrichtlinie? taxlex 2006, 259; *Kauba,* AbgÄG 2005: Unbare Entnahmen und Ausschüttungsfiktionen bei Umgründungen (§ 18 Abs 2 UmgrStG), taxlex 2006, 305; *Furherr,* Grenzüberschreitende Einbringung von Kapitalanteilen und entstrickungsbedingte Gewinnrealisierung, taxlex 2006, 309; *Wiesner/Mayr,* Einbringungen nach dem AbgÄG 2005, RdW 2006, 363; *Hohenwarter,* Internationale Einbringungen nach dem AbgÄG 2005, RdW 2006, 596, 725; *Baldauf/Pummerer,* Unternehmensbewertung bei Einbringungen nach dem AbgÄG 2005, ÖStZ 2006, 525; *Furherr,* Grenzüberschreitende Einbringungen und Bewertung der Gegenleistungsanteile nach dem AbgÄG 2005, SWI 2007, 111; *Haunold,* Einbringung von Kapitalanteilen in eine inländische Betriebsstätte einer ausländischen Körperschaft, SWI 2007, 164; *Sulz/Andreaus,* Bare und vorbehaltene (unbare) Entnahmen bei der Einbringung von Einzelunternehmen, taxlex 2007, 329; *Wellinger,* Veränderungen des Einbringungsvermögens nach § 16 Abs 5 UmgrStG, in FS Pircher, Wien 2007, 121; *Kohlbacher/Walter,* Steuerliche Folgen einer nichtigen Einbringung, ebendort, 143; *Wiesner/Mayr,* UmgrStG: Aktuelles zur Einbringung, RdW 2007, 563, 628; *Tumpel,* Zuschreibung bei Beteiligungen nach Einbringung gem Art III UmgrStG, RdW 2007, 762; *Beiser,* Doppeleinlage durch Ausschüttungsverzicht? SWK 2007, 1479; *Rabel,* UmgrStR-Wartungserlass 2006/07: Neuerungen bei den Einbringungen, ÖStZ 2008, 116; *Pucher/Pucher,* Einbringungsbedingter Anschaffungstatbestand bei internationalen Schachtelbeteiligungen, taxlex 2008, 145; *Six,* Die Bewertung von Betriebsvermögen bei internationalen Einbringungen, taxlex 2008, 374; *Hofbauer-Steffel/Stetsko,* Zweifelsfragen bei der Einbringung von Kapitalanteilen und Fremdkapital, taxlex 2008, 427; *Mayr,* Grenzüberschreitende Einbringung von Mitunternehmeranteilen, RdW 2008, 618; *Furherr,* Grenzüberschreitende Einbringung von Mitunternehmeranteilen, RdW 2008, 813; *Mayr,* Partielle Entsteuerung durch grenzüberschreitende Einbringung? RdW 2008, 815; *Hübner-Schwarzinger,* Steuerliche Konsequenzen einer verunglückten Einbringung, SWK 2008, 1401; *Beiser,* Grenzüberschreitende Einbringungen, RdW 2009, 113; *Mayr,* EuGH-Rsp zur Fusionsrichtlinie und die Auswirkungen auf das österreichische UmgrStG, RdW 2009, 155; *Furherr,* EuGH-Urteil in der Rs A.T., SWI 2009, 188; *Wiesner,* Umgründungssteuerrecht – Grundsatzfragen des Art III und IV am Prüfstand, RWZ 2009, 175; *Mühlehner,* Exporteinbringung von Kapitalanteilen und EG-Recht, SWI 2009, 269; *Waitz-Ramsauer/Wurm,* Zuschreibungspflicht eingebrachter Beteiligungen? taxlex 2009, 523; *Lenneis,* Verlustabzug bei Einbringung, UFSjournal 2010, 17; *Beiser,* Grenzüberschreitende Einbringungen und Umwandlungen nach dem AbgÄG 2010, ÖStZ 2010, 363; *ders,* Mitunternehmeranteile als Einbringungsgegenstand – Gestaltungsfreiheit versus Missbrauch, ÖStZ 2010, 562; *Wolf,* Fehler bei Umgründungen – Vorsicht bei unbaren Entnahmen, SWK 2010, S 738; *Wiesner,* Einbringungsveranlasste Gebäudeentnahme, RWZ 2011, 47; *Beiser,* Die Zurechnung von Einkünften nach einer Betriebseinbringung, SWK 2011, 1200; *Wurm,* Verunglückte Einbringung: Vorsicht beim Verzicht auf Anteilsgewährung nach § 19 Abs 2 Z 5 UmgrStG! GES 2012, 107; *Knapp/Six,* Side-Stream-Einbringung/Abspaltung – Auswirkungen auf Gesellschafterebene bei negativen Buchwerten/Anschaffungskosten, taxlex 2012, 102; *Hofmann,* Die neue Immobilienbesteuerung und Umgründungen, SWK 2012, 810; *Wiesner/Schwarzinger,* Upstream-Einbringung und steuerliche Wirkung des Gesellschafterzuschusses, SWK 2012, 938; *Hirschler,* Anforderungen an eine vom Jahresabschluss um einen Tag abweichende Bilanz, ÖStZ 2012, 317; *Beiser,* Wechsel der Gewinnermittlung nach § 5 EStG anlässlich einer Einbringung, ÖStZ 2012, 325; *Balber-Peklar,* Dividendenvorbehalt bei Einbringungen und Spaltungen, taxlex 2012, 407; *Frei/Waitz-Ramsauer,* Sacheinlage in eine am Sacheinlagestichtag nicht existierende Kapitalgesellschaft – Art III UmgrStG nicht anwendbar? ÖStZ 2012, 328; *Mayr,* Einbringung und Abspaltung fremdfinanzierter Kapitalanteile, RdW 2012, 696; *Jerabek/Jann,* Einbringung von Betrieben und Mitunternehmeranteilen durch EU-Ausländer, GES 2013, 82; *Hirschler,* § 19 Abs 2 UmgrStG – „Kreisabtretungen" bei identen Beteiligungsverhältnissen wirklich erfoderlich? ÖStZ 2013, 354; *Mayr/Schlager,* Earn-Out-Klauseln bei Umgründungen, RWZ 2014, 166; *Rabel,* Earn-Out-Klauseln bei Einbringungen, in GedS Helbich (2014), 247; *Reinold,* Wahlrechte für Grund und Boden bei Einbringungen durch Mitunternehmerschaften, ÖStZ 2016, 204; *Mayr/Mair,* Grenzüberschreitende Verschmelzungen und Spaltungen nach dem AbgÄG 2015, RdW 2016, 72; *Beiser,* Unionswidrige Diskriminierung nach Art III UmgrStG idF AbgÄG 2015, RdW 2016, 433; *Hirschler/Knesl,* Nichtfestsetzung- und Ratenzahlungskonzept bei Betriebseinbringungen gem § 16 UmgrStG, ÖStZ 2016, 499; *Kirchmayr,* Negativer Buchwert von eingebrachtem Vermögen: Auswirkungen auf Innenfinanzierung und Einlagenstand, *Mayr/Mair,* Grenzüberschreitende Einbringung von Mitunternehmeranteilen, alle in FS Hügel; *Mair,* Grenzüberschreitende Einbringungen, Wien 2016; *Bernwieser,* Fragen der Nichtfestsetzung bei Gegenleistungsanteilen, ÖStZ 2017, 437; *Hirschler/Sulz/Oberkleiner,* Upstream-Einbringung und negativer Buchwert der Beteiligung, BFG-journal 2017, 179 und Replik von *Furherr,* RdW 2017, 530; *Hirschler/Sulz/Oberkleiner/Knesl,* VwGH zur Übertragung eines Gebäudes mittels Baurechts, SWK 2017, 1236; *Beiser,* Einbringungen von Gebäude ohne Grund und Boden, SWK 2017, 1242 und ÖStZ 2018, 545; *Furherr/Reiter,* Österreichische Regelung zur Exporteinbringung von Kapitalanteilen ist unionsrechtswidrig, SWI 2018, 279; *Stanek,* Trennung von Gebäude und Grund und Boden nach dem JStG 2018, taxlex 2018, 232; *Titz/Wild,* Sonderfragen bei grenzüberschreitender Einbringung mit internationaler Schachtelbeteiligung, RWZ 2018, 52; *Furherr/Reiter,* VwGH kippt „teilweise Einschränkung" nach § 16 Abs 1 UmgrStG, SWK 2018, 1528; *Schlager/Wild,* Keine teilweise Einschränkung des Besteuerungsrechts bei Einbringungen, RWZ 2019, 13.

A. Anwendungsbereich (§ 12)

1. Rein steuerliche Umgründung

Vereinfacht gesagt ermöglicht die Einbringung steuerneutral den Weg in die Kapitalgesellschaft (insb GmbH), lässt dabei gewisse Gestaltungen am einzubringenden Vermögen zu und ist in der „Umgründungs-Praxis" von besonders großer Bedeutung.[109]) Definitionsgemäß wird unter Einbringung die Über- 1170

[109]) Die Einbringung wird daher – im Vergleich zu den anderen Artikeln – etwas umfangreicher dargestellt.

tragung von Betrieben, Teilbetrieben, Mitunternehmeranteilen und qualifizierten Kapitalanteilen auf eine Körperschaft verstanden; der Einbringende erhält als Gegenleistung Anteile an der übernehmenden Körperschaft.

Anders als bei der Verschmelzung, Umwandlung und Spaltung kennt das Unternehmensrecht für die Einbringung keine speziellen Vorschriften, unternehmensrechtlich sind auf die Vermögensübertragung die Bestimmungen über die **Sacheinlage** anzuwenden.[110]) Grundlage für die Sacheinlage bildet der Sacheinlagevertrag (Einbringungsvertrag), in dem Leistung und Gegenleistung der Einbringung festgehalten werden.[111]) Die Vermögensübertragung erfolgt im Zuge der Sacheinlage zivilrechtlich grds durch **Einzelrechtsnachfolge.**[112]) Die Vermögensgegenstände sowie Rechte und Pflichten des eingebrachten Unternehmens gehen nicht gesamthaft auf die übernehmende Körperschaft über; insb Vertragsverhältnisse kann der Einbringende nur mit Zustimmung der Vertragspartner auf die Körperschaft übertragen (Ausnahme: Arbeitsverhältnisse[113]).

Nach **allgemeinem Steuerrecht** ist die Einbringung ein gewinnrealisierender Tausch (§ 6 Z 14 EStG; das eingebrachte Objekt wird gegen Gesellschaftsrechte an der übernehmenden Körperschaft getauscht[114]). Im Anwendungsbereich von Art III UmgrStG wird die Gewinnrealisierung unterdrückt, es kommt zur Buchwertfortführung.

2. Anwendungsvoraussetzungen (§ 12)

1171 Eine unter Art III UmgrStG fallende Einbringung setzt nach § 12 UmgrStG voraus:

- begünstigtes Vermögen iSd § 12 Abs 2;
- schriftlichen Einbringungs(Sacheinlage)vertrag;
- Schluss- oder Zwischenbilanz auf den Stichtag;
- Einbringungsbilanz auf den Stichtag;
- Gegenleistung iSd § 19;
- begünstigte übernehmende Körperschaft;
- tatsächliche Vermögensübertragung und
- positiven Verkehrswert.

Hinsichtlich des **Einbringenden** enthält das UmgrStG keine Einschränkungen; Einbringender kann somit jede natürliche, juristische Person oder (zumindest teilrechtsfähige) Mitunternehmerschaft sein.

---

[110]) Vgl §§ 20 ff AktG, §§ 6 ff GmbHG; *Ludwig/Hirschler,* Bilanzierung und Prüfung von Umgründungen[3] Rz 2.183 ff; allgemein zu Umgründungsbilanzen zB *Hirschler/Sulz* in *Fraberger/Hirschler/Kanduth-Kristen/Ludwig,* Handbuch Sonderbilanzen I, 321.

[111]) Vgl *Wundsam/Zöchling/Huber/Kuhn,* UmgrStG[5] § 12 Rz 3.

[112]) Vgl VwGH 7. 10. 2005, 2001/17/0153; Ausnahmen von der Einzelrechtsnachfolge: § 142 UGB, § 92 BWG, § 62 VAG und für Zwecke der Gewinnermittlung, dazu unten Tz 1193; vgl auch *Furherr* in *Kofler,* UmgrStG[6] § 12 Rz 41.

[113]) Wird ein Unternehmen, Betrieb oder Teilbetrieb übertragen, gehen idR auch sämtliche Arbeitsverhältnisse auf den Erwerber über, vgl §§ 3 ff AVRAG.

[114]) Rsp und Verwaltungspraxis ließen jedoch unter bestimmten Voraussetzungen eine gewinnneutrale Einbringung zu, vgl RFH 9. 5. 1933, RStBl 1933, 999; EStR 1984 Abschn 33 Abs 4; vgl auch *Rabel/Ehrke-Rabel* in HB der Umgründungen[16] § 12 Rz 8 ff.

a) Begünstigtes Vermögen (§ 12 Abs 2)

Begünstigtes (einbringungsfähiges) **Vermögen** sind nach § 12 Abs 2 UmgrStG: **1172**

- Betriebe und Teilbetriebe;
- Mitunternehmeranteile;
- Qualifizierte Kapitalanteile.

Mangels eigener gesetzlicher Definition leiten sich die Begriffe **„Betrieb"** und **„Teilbetrieb"** aus dem EStG ab.[115]) Einzig bei grenzüberschreitendenden (internationalen) Einbringungen im Anwendungsbereich der FusionsRL[116]) kommt durch richtlinienkonforme Interpretation der europarechtlich etwas weitere Teilbetriebsbegriff zur Anwendung.[117])

Freiberufliche Betriebe sind nach der Verwaltungsauffassung einbringungsfähig, wenn die freiberufliche Tätigkeit nach den berufsrechtlichen Vorschriften in der Rechtsform der übernehmenden Körperschaft (insb GmbH) ausgeübt werden kann.[118]) Tätigkeiten als **organschaftlicher Vertreter einer Körperschaft** (zB AG-Vorstand) und **„höchstpersönliche Tätigkeiten"** iSv **§ 2 Abs 4a EStG** idF AbgÄG 2015 (zB Künstler, Schriftsteller, Wissenschaftler, Sportler und Vortragender)[119]) können aber **nicht** eingebracht werden, weil die Einkünfte der jeweiligen natürlichen Person zuzurechnen sind (und damit die wesentliche Betriebsgrundlage für einen solchen Betrieb fehlt).[120])

---

[115]) Dazu oben Tz 567 ff; vgl auch *Furherr* in *Kofler*, UmgrStG[6] § 12 Rz 73 ff.

[116]) Richtlinie des Rates vom 19. 10. 2009, 2009/133/EG, ABl L 310/34 (zuvor 90/434/EWG).

[117]) Anders als beim nationalen Teilbetrieb reicht es beim europäischen Teilbetrieb, wenn die übertragenen Unternehmensteile sodann (nach Einbringung) als „selbständiges Unternehmen funktionsfähig" sind, EuGH 15. 1. 2002, C-43/00, *„Andersen"*; vgl UmgrStR Rz 714; *Mayr*, RdW 2009, 155; *Rabel/Ehrke-Rabel* in HB der Umgründungen[16] § 12 Rz 59; dagegen legt *Hügel* den Teilbetrieb nach § 12 Abs 2 UmgrStG stets europäisch aus (also auch für rein nationale Umgründungen), in *Hügel/Mühlehner/Hirschler*, UmgrStG § 12 Rz 80; ebenso *Metzler*, GeS 2004, 40; *Posautz/Six*, taxlex 2005, 134; *Aigner*, SWI 2002, 382; vgl auch *Furherr* in *Kofler*, UmgrStG[6] § 12 Rz 88.

[118]) UmgrStR Rz 700; vgl auch *Furherr* in *Kofler*, UmgrStG[6] § 12 Rz 93; ein erst kurze Zeit bestehender Unternehmensberatungsbetrieb (Betriebseröffnung: drei Monate vor Einbringungsstichtag) ist hingegen nicht einbringungsfähig, UFS 9. 11. 2010, RV/0476-S/09, SWK 2011, S 710.

[119]) Dazu oben Tz 54/1.

[120]) Vgl auch *Titz/Wild*, RWZ 2016, 37; zur Einkünftezurechnung bzw Einbringungsfähigkeit vor der ausdrücklichen Verankerung duch das AbgÄG 2015 *Mayr*, RdW 2008, 420 und RdW 2009, 877; *Ehrke-Rabel/Zierler*, SWK 2009, 591; *Arnold*, ÖStZ 2009, 120; *Tanzer*, ÖStZ 2009, 123; *Beiser*, RdW 2009, 370 und SWK 2011, 1200; *Doralt*, RdW 2009, 545; *Renner*, RdW 2010, 170; *Bergmann*, taxlex 2009, 131 und GES 2010, 83; grundlegend *Bodis*, Einkünftezurechnung bei zwischengeschaltenen Kapitalgesellschaften, Wien 2011; vgl auch OLG Wien 13. 11. 2006, 28 R 128/06 H, wonach die als höchstpersönlich einzustufende Tätigkeit als Gerichtssachverständiger nicht in eine GmbH eingebracht werden kann. Nach dem VwGH kann bei einem hoch spezialisierten Unternehmenssanierer der Firmen-/Praxiswert, der einzig und allein auf dem persönlichen Ruf und Bekanntheitsgrad des Einbringenden basiert, nicht eingebracht werden und ist bei der Ermittlung des Verkehrswertes des eingebrachten Vermögens außer Ansatz zu lassen,

Ob im Falle einer grds möglichen Einbringung der Einbringende sodann in der übernehmenden Körperschaft weiter aktiv tätig ist, sich auf die Gesellschafterstellung zurückzieht oder seine einbringungsbedingt erworbenen Anteile veräußert, ist für die Anwendbarkeit des UmgrStG ohne Bedeutung.[121]) Einbringungsfähig sind auch Betriebe gewerblicher Art von Körperschaften öffentlichen Rechts oder wirtschaftliche Geschäftsbetriebe iSd § 31 BAO von Körperschaften.

Auch der Begriff des **Mitunternehmeranteils** richtet sich nach dem EStG;[122]) unter Mitunternehmeranteil ist daher die unternehmerische Beteiligung an einer betrieblich (nicht vermögensverwaltend) tätigen in- oder ausländischen Personengesellschaft zu verstehen. Das UmgrStG kennt weder ein Mindestmaß der Beteiligung noch ein Mindestausmaß des einzubringenden Mitunternehmeranteils. Daher kann auch lediglich ein Teil eines Mitunternehmeranteils nach Art III UmgrStG eingebracht werden. Zum Mitunternehmeranteil gehört das starre und variable (Eigen-)Kapital, allfälliges Sonderbetriebsvermögen und allfälliges Ergänzungskapital aus der Anschaffung des Mitunternehmeranteils.[123])

Die Verwaltungspraxis setzt für das einbringungsfähige Vermögen eine **Substanzbeteiligung** voraus, also eine Beteiligung am Firmenwert und an den stillen Reserven;[124]) nicht einbringungsfähig ist danach der Anteil eines Arbeitsgesellschafters ohne Vermögensbeteiligung.[125])

1173 Anders als den Betrieb, Teilbetrieb oder Mitunternehmeranteil definiert § 12 Abs 2 Z 3 UmgrStG den **Kapitalanteil** selbst. Zu den einbringungsfähigen Kapitalanteilen zählen danach **Anteile an** inländischen oder vergleichbaren ausländischen **Kapitalgesellschaften** und Genossenschaften,[126]) die

- mindestens **25%** des gesamten Nennkapitals oder des Surrogatkapitals[127]) umfassen oder

---

VwGH 26. 6. 2014, 2011/15/0028 (im Sachverhalt fehlte es sodann an einem positiven Verkehrswert; mE konnte mangels wesentlicher Betriebsgrundlage auch kaum ein einbringungsfähiger Restbetrieb vorgelegen sein).

[121]) Vgl BMF 15. 2. 1999, RdW 1999, 182.

[122]) Dazu oben Tz 526 ff.

[123]) UmgrStR Rz 719; *Beiser* vertritt eine weitgehende Gestaltbarkeit des Mitunternehmeranteils, ÖStZ 2010, 562.

[124]) UmgrStR Rz 718; *Furherr* in *Kofler*, UmgrStG[6] § 12 Rz 114; kritisch *Rabel/Ehrke-Rabel* in HB der Umgründungen[16] § 12 Rz 115.

[125]) *Wundsam/Zöchling/Huber/Kuhn*, UmgrStG[5] § 12 Rz 75.

[126]) Zudem Anteile an den in der Anlage zum UmgrStG aufgelisteten EU-Gesellschaften, die die dort vorgesehenen Voraussetzungen erfüllen; diese Anlage beruht auf der FusionsRL.

[127]) Substanzgenussrechte und Partizipationskapital iSd § 8 Abs 3 Z 1 KStG; Kapitalanteile und Anteile am Surrogatkapital können voneinander unabhängig eingebracht werden, wobei der gesetzliche Begriff des „rechnerischen Wertes der Gesamtanteile" von der Gesamtsumme des Nennkapitals und des Surrogatkapitals berechnet wird, vgl UmgrStR Rz 728 ff.

- der übernehmenden Gesellschaft unmittelbar die **Mehrheit der Stimmrechte** an der Gesellschaft, deren Anteile eingebracht werden, vermitteln oder erweitern.

Beispiele für einbringungsfähige Kapitalanteile:

a) Frau P hält im Privatvermögen eine 50%-Beteiligung an der X-GmbH; sie bringt 25% in die Y-AG ein.

b) An der X-AG ist Frau P zu 1% und die Y-AG zu 50% beteiligt; Frau P möchte ihren 1%-Anteil in die Y-AG einbringen (möglich, weil der Y-AG dadurch die Stimmrechtsmehrheit verschafft wird).

c) Die Y-AG ist an der X-AG zu 75% beteiligt und möchte sie übernehmen; im Rahmen eines öffentlichen Angebots bietet sie die Übernahme weiterer Aktien gegen Gewährung von Anteilen an; jegliche Anteilseinbringung (auch von einzelnen Aktien) wäre möglich, weil die Stimmrechtsmehrheit der Y-AG erweitert wird.

Werden Anteile von weniger als 25% übertragen, verlangt die Verwaltungspraxis, dass jene Anteile der übernehmenden Körperschaft, deren Stimmrechtsmehrheit erweitert wird, bereits zum Einbringungsstichtag der übernehmenden Körperschaft zuzurechnen waren, so wie auch die einzubringenden Anteile dem Einzubringenden zu diesem Zeitpunkt zurechenbar gewesen sein müssen.[128]) Wird ein Kapitalanteil von einer **vermögensverwaltenden Personengesellschaft** eingebracht, ist Einbringender nicht die Personengesellschaft, sondern der einzelne Gesellschafter; daher muss jeder Gesellschafter über einen einbringungsfähigen Kapitalanteil verfügen.

Neben dem Kapitalanteil können grundsätzlich keine weiteren Wirtschaftsgüter eingebracht werden. Wurde die **Beteiligungsanschaffung** aber **fremdfinanziert,** kann nach § 12 Abs 2 Z 3 UmgrStG auch die Anschaffungskostenverbindlichkeit miteingebracht werden, sofern dies im Einbringungsvertrag vorgesehen wird.[129]) Wurden allerdings in die Körperschaft, deren Anteile übertragen werden sollen, innerhalb von zwei Jahren vor dem Einbringungsstichtag fremdfinanzierte Einlagen getätigt, ist die entsprechende Verbindlichkeit mitzuübertragen; diese „Mitübertragungsverpflichtung“ soll unerwünschten Gestaltungen in der Praxis entgegenwirken.[130])

Die bei der natürlichen Person nach § 20 Abs 2 EStG nicht abzugsfähigen Schuldzinsen konnten bis zum BBG 2011 bei der übernehmenden Körperschaft nach § 11 Abs 1 Z 4 KStG abgesetzt werden.[131]) Seit dem BBG 2011 stellt sich die Frage, ob die Einbringung unter die eingeführte Konzernschranke fällt,[132]) weil die übernehmende Körperschaft den Kapitalanteil samt Fremdkapital von einer „konzernverbundenen“ Person erhält; nach dem Sinn und Zweck der Bestim-

[128]) UmgrStR Rz 733; kritisch *Walter,* UmgrStR 2018 Rz 346; dazu *Furherr* in *Kofler,* UmgrStG[6] § 12 Rz 135b.

[129]) Dazu UmgrStR Rz 735; *Furherr* in *Kofler,* UmgrStG[6] § 12 Rz 141 ff.

[130]) Dazu *Mayr,* RdW 2012, 696; *Rabel/Ehrke-Rabel* in HB der Umgründungen[16] § 12 Rz 164; *Furherr* in *Kofler,* UmgrStG[6] § 12 Rz 145.

[131]) Dazu zB UmgrStR Rz 734 ff; *Wundsam/Zöchling/Huber/Kuhn,* UmgrStG[5] § 12 Rz 101; vgl auch *Hofbauer-Steffel/Stetsko,* taxlex 2008, 427.

[132]) Vgl oben Tz 1013.

mung reduziert *Walter* die Konzernschranke aber auf Schuldzinsen, die bereits beim Einbringenden unter die Konzernschranke gefallen wären.[133])

b) Schriftlicher Einbringungsvertrag

1174 Voraussetzung jeder Einbringung ist nach § 12 Abs 1 UmgrStG der Abschluss eines schriftlichen Einbringungsvertrags (Sacheinlagevertrags). Als Einbringungsvertrag gilt auch eine Errichtungserklärung im Rahmen einer Sachgründung.[134])

Nach der Verwaltungspraxis ist der **Einbringungsvertrag vollständig, wenn** er **folgende Punkte** enthält:

- den Einbringenden (Name bzw Firma und Sitz des/der Einbringenden oder Firmenbuchnummer);
- den Einbringungsstichtag;
- die aufnehmende Körperschaft (genaue Bezeichnung wie etwa exakte Firma und Sitz oder Firmenbuchnummer);
- das definierte Einbringungsvermögen, wobei die Definition durch Bezugnahme auf den gem § 12 Abs 2 UmgrStG erstellten Jahres- oder Zwischenabschluss gem § 4 Abs 1 EStG erfolgen kann, und
- die dafür vereinbarte Gegenleistung.[135])

Bei **zivilrechtlicher Nichtigkeit** des Einbringungsvertrags ist zu unterscheiden:

- Bei Löschung der sachgegründeten Gesellschaft (bzw der eingetragenen Kapitalerhöhung) ist die Einbringung von Anfang an nicht zustande gekommen (Wirkung ex tunc); das „eingebrachte" Vermögen ist ohne Gewinnrealisierung weiterhin dem Einbringenden zuzurechnen.[136])
- Erfolgt keine Sachgründung oder Kapitalerhöhung, bleibt die Einbringung steuerlich aufrecht und das UmgrStG anwendbar. Wird eine solche Einbringung zivilrechtlich rückabgewickelt, ist nach *Kohlbacher/Walter* das „eingebrachte" Vermögen ohne Gewinnrealisierung rückwirkend dem Einbringenden zuzurechnen.[137])

c) Einbringungsbilanz und Stichtagsbilanz

1175 Bei der Einbringung eines Betriebes, Teilbetriebes, Mitunternehmeranteils oder eines zu einem (österreichischen) Betriebsvermögen gehörenden Kapitalanteils hat der Einbringende zum Einbringungsstichtag eine **Einbringungsbilanz** zu erstellen (§ 12 Abs 1 iVm § 15 UmgrStG); die Einbringungsbilanz zählt daher zu den Anwendungsvoraussetzungen für Art III UmgrStG.

---

[133]) *Walter*, UmgrStR 2018 Rz 348.

[134]) Im Falle der Sachgründung der übernehmenden Körperschaft durch Leistung einer Sacheinlage in Form eines begünstigten Vermögens nach § 12 Abs 2 UmgrStG kann die vertragliche Grundlage der Einbringung auch im Gesellschaftsvertrag oder in der Errichtungserklärung der übernehmenden Körperschaft bestehen, sofern die Sacheinlage darin definiert wird, UmgrStR Rz 662; *Wiesner*, RdW 1992, 252.

[135]) UmgrStR Rz 663.

[136]) *Kohlbacher/Walter* in FS Pircher 143; vgl UmgrStR Rz 660; *Rabel/Ehrke-Rabel* in HB der Umgründungen[16] § 12 Rz 175.

[137]) In FS Pircher 143; vgl auch *Furherr* in *Kofler*, UmgrStG[6] § 12 Rz 155 f.

Darin unterscheidet sich die Einbringung (ebenso wie der Zusammenschluss und die Realteilung) von der Verschmelzung, Umwandlung oder Spaltung, weil letztere an unternehmensrechtliche Umgründungen anknüpfen. So sieht zwar zB auch § 2 Abs 5 UmgrStG eine steuerliche Verschmelzungsbilanz vor; im Unterschied zur Einbringungsbilanz handelt es sich bei der Verschmelzungsbilanz um keine Anwendungsvoraussetzung für Art I UmgrStG, sondern um eine bloße Ordnungsvorschrift.[138])

Mit der Stichtags- und Einbringungsbilanz setzt eine **Einbringung zwei Bilanzen** voraus: Die steuerliche Einbringungsbilanz baut dabei auf der Stichtagsbilanz zum Einbringungsstichtag – dem Jahresabschluss oder Zwischenabschluss – auf. Die Stichtagsbilanz hat nach § 12 Abs 2 UmgrStG den Erfordernissen einer § 4 Abs 1 EStG-Bilanz zu entsprechen;[139]) eine UGB-Bilanz ist eine für Art III UmgrStG geeignete Stichtagsbilanz.[140]) Nach § 15 UmgrStG ist aber auch die Einbringungsbilanz dem für die übernehmende Körperschaft zuständigen FA vorzulegen.[141]) Die Einbringungsbilanz kann entfallen, wenn die steuerlich maßgebenden Werte und das Einbringungskapital im Einbringungsvertrag beschrieben werden.

Die (steuerliche) **Einbringungsbilanz** dient insb der Darstellung des laut Einbringungsvertrages tatsächlich zu übertragenden Vermögens, baut auf der Stichtagsbilanz auf, enthält steuerwirksame Aufwertungen und rückwirkende Korrekturen gem § 16 Abs 5 UmgrStG[142]) und zeigt das Einbringungskapital an. Die steuerliche Einbringungsbilanz stellt gewissermaßen das Bindeglied zwischen der unternehmensrechtlichen und steuerrechtlichen Vermögensdarstellung dar. Die Einbringungsbilanz ist auch für die übernehmende Körperschaft von großer Bedeutung, weil diese an die Einbringungsbilanzansätze gebunden ist (§ 18 UmgrStG).

d) Einbringungsstichtag (§ 13 UmgrStG)

Einbringungsstichtag ist nach § 13 UmgrStG der Tag, zu dem das Vermö- **1176**
gen mit steuerlicher Wirkung auf die übernehmende Körperschaft übergehen soll. Der Einbringungsstichtag ist grundsätzlich frei wählbar und kann auch auf einen Zeitpunkt vor Unterfertigung des Einbringungsvertrages rückbezogen werden. Bei einer solchen Rückbeziehung muss die Einbringung aber innerhalb der **Frist von neun Monaten**

- zur Eintragung in das **Firmenbuch angemeldet** oder
- dem **FA gemeldet** werden.

Eine **Anmeldung** beim Firmenbuch hat bei einer Einbringung im Wege der Sachgründung oder Kapitalerhöhung zu erfolgen. In allen übrigen Fällen genügt die frist-

[138]) Dazu oben Tz 1132.

[139]) Geringfügige Mängel machen diese aber noch nicht zu einer „Nichtbilanz", sondern sind gem § 4 Abs 2 EStG zu berichtigen, VwGH 29. 1. 2015, 2011/15/0169, vgl auch VwGH 26. 2. 2015, 2014/15/0041 und VwGH 21. 4. 2016, 2013/15/0289; vgl weiters UmgrStR Rz 766.

[140]) UmgrStR Rz 816.

[141]) Eine Vorlage an das zuständige Firmenbuchgericht verlangt das UmgrStG nicht.

[142]) Dazu unten Tz 1185.

gerechte **Meldung** bei dem für die übernehmende Körperschaft zuständigen FA. Mit der Meldung als solche ist die Einbringung vollzogen. Eine vollständige Meldung besteht aus dem schriftlichen Einbringungsvertrag, dem entweder integrierend oder gesondert die Stichtags- und die Einbringungsbilanz angeschlossen sind.[143]) Fehlt einer innerhalb der Neunmonatsfrist erfolgten Meldung samt Einbringungsvertrag die Stichtags- und/oder die Einbringungsbilanz, hat nach der Verwaltungspraxis die Abgabenbehörde den Einbringenden zur Vorlage der fehlenden Unterlagen aufzufordern.[144])

Wird eine rückwirkende Einbringung nicht innerhalb der 9-Monatsfrist der zuständigen Behörde gemeldet, gilt nach § 13 Abs 1 UmgrStG als **Ersatzstichtag** der Tag des Abschlusses des Einbringungsvertrages; auf diesen Ersatzstichtag sind innerhalb einer weiteren Frist von neun Monaten alle Anwendungsvoraussetzungen zu erfüllen.

e) Zurechnung des Vermögens und tatsächliche Vermögensübertragung

1177 Das UmgrStG ist auf Einbringungen nur anwendbar, wenn das einzubringende **Vermögen dem Einbringenden** sowohl im Zeitpunkt des Abschlusses des Einbringungsvertrages als auch zum Einbringungsstichtag[145]) **zuzurechnen war.** Durch die Zurechnung (wirtschaftliches Eigentum[146]) zum Vertragsabschlusstag kann das einzubringende Vermögen tatsächlich auf die übernehmende Körperschaft übertragen werden.

Bei der Einbringung durch eine **Mitunternehmerschaft** gelten nach § 13 Abs 2 UmgrStG für die Vermögenszurechnung auch die Mitunternehmer als Einbringende; die Wahl eines zurückliegenden Einbringungsstichtages ist daher nur zulässig, wenn sich im Rückwirkungszeitraum an der einbringenden Mitunternehmerschaft keine Änderung der Beteiligungsverhältnisse ergeben hat.[147]) Das Erfordernis der Zurechnung zum Einbringungsstichtag gilt nur dann nicht, wenn das Vermögen im **Erbwege** erworben wurde und eine Buchwerteinbringung erfolgt.

f) Übernehmende Körperschaft (§ 12 Abs 3)

1178 Als übernehmende Körperschaften kommen in Betracht:

- unbeschränkt steuerpflichtige **Kapitalgesellschaften** oder Erwerbs- und Wirtschaftsgenossenschaften;

---

143) Vgl UmgrStR Rz 786; vgl auch *Furherr* in *Kofler*, UmgrStG[6] § 13 Rz 33.

144) Die von UmgrStR Rz 791 vorgesehene Nachfrist von zwei Wochen erscheint aber im Lichte von VwGH 26. 2. 2015, 2014/15/0041 zweifelhaft; kritisch zB *Rabel*, ÖStZ 2008, 116; *Rabel/Ehrke-Rabel* in HB der Umgründungen[16] § 13 Rz 26.

145) Vgl § 13 Abs 2 UmgrStG.

146) Dazu oben Tz 188.

147) Bringt daher die Mitunternehmerschaft selbst Vermögen ein oder bringen alle Mitunternehmer ihre Anteile zum selben Stichtag in dieselbe Körperschaft ein, gilt als frühest möglicher Einbringungsstichtag der Tag, an dem die Mitunternehmeranteile denselben Mitunternehmern zuzurechnen waren, die auch im Zeitpunkt des Abschlusses des Einbringungsvertrages an der Mitunternehmerschaft beteiligt sind; unschädlich nach der Verwaltungspraxis ist lediglich der Wechsel eines reinen Arbeitsgesellschafters ohne Vermögensbeteiligung, vgl UmgrStR Rz 807.

- **vergleichbare ausländische Körperschaften,**[148]) wenn mit dem Ansässigkeitsstaat der Körperschaft ein **Doppelbesteuerungsabkommen** besteht;
- **EU-Gesellschaften,** welche die in der Anlage zum UmgrStG vorgesehenen Voraussetzungen erfüllen.

Die übernehmende Körperschaft muss weder am Einbringungsstichtag noch am Tag des Abschlusses des Einbringungsvertrages bereits bestehen.[149]) Die Eintragung der Kapitalgesellschaft im Firmenbuch braucht daher zu diesem Zeitpunkt noch nicht durchgeführt zu sein. Die übernehmende Körperschaft muss aber zum Zeitpunkt des Abschlusses des Einbringungsvertrages errichtet sein; der Rechtsakt der Errichtung (zB bei GmbH der Abschluss des Gesellschaftsvertrages) muss daher bei Abschluss des Einbringungsvertrages bereits gesetzt sein.

g) Gegenleistung (§ 19)

Unter das UmgrStG fällt eine Einbringung nur dann, wenn dem Einbrin- **1179**
genden als Gegenleistung für die Übertragung des begünstigten Vermögens **ausschließlich neue Anteile an der übernehmenden Körperschaft** gewährt werden. Nur in den unter § 19 Abs 2 UmgrStG aufgelisteten Fällen kann von einer Anteilsgewährung abgesehen werden (dazu sogleich). Werden dem Einbringenden zudem noch andere Vorteile gewährt, führt dies zu einer **schädlichen Gegenleistung,** die dem UmgrStG entgegensteht und die gesamte Umgründung „verunglücken" lässt (Gewinnrealisierung).

Eine **schädliche Gegenleistung** liegt etwa vor, wenn neben der Anteilsgewährung noch ein Kaufpreis geleistet oder eine private Verbindlichkeit des Einbringenden übernommen wird.[150])

Von der Gewährung neuer Anteile kann nach **§ 19 Abs 2 UmgrStG abge-** **1180**
sehen werden:

- soweit die übernehmende Körperschaft den Einbringenden **mit eigenen Anteilen abfindet (Z 1);**[151])
- soweit der/die **Anteilsinhaber** der übernehmenden Körperschaft den Einbringenden **mit bestehenden** (eigenen) Anteilen an der übernehmenden Körperschaft **abfinden (Z 2).**

---

148) Die Vergleichbarkeit ausländischer Rechtskörper wird anhand des sog „Typenvergleichs" bestimmt; vgl dazu KStR 2013 Rz 134.

149) Nach VwGH 18. 10. 2012, 2012/15/0114, ist es für eine rückwirkende Einbringung nicht erforderlich, dass die übernehmende Körperschaft zum Einbringungsstichtag bereits bestanden hat; vgl auch *Wiesner,* RWZ 2012, 165; *Furherr,* GES 2012, 254; *Frei/Waitz-Ramsauer,* ÖStZ 2012, 328; UmgrStR Rz 749.

150) Vgl UmgrStR Rz 1004; kritisch *Furherr* in *Kofler,* UmgrStG[6] § 19 Rz 7; zu sog „Earn-Out-Klauseln" als schädliche Gegenleistung vgl *Mayr/Schlager,* RWZ 2014, 166; UmgrStR Rz 1012; *Titz/Wild/Schlager* in HB der Umgründungen[16] § 19 Rz 9; kritisch *Rabel* in GedS Helbich (2014) 247.

151) Eigene Anteile sind bei der AG und der GmbH nach § 65 AktG und nach § 81 GmbHG eingeschränkt zulässig.

Beispiel:

A und B sind zu je 50% an der X-GmbH (Nennkapital 100) beteiligt, der Verkehrswert des Gesellschaftsvermögens beträgt 800. C bringt in die X-GmbH einen Betrieb im Wert von 200 ein. An Stelle einer Kapitalerhöhung im Ausmaß von 25 (= 25% von 100) zu Gunsten des C können A und B gleichteilig je einen Anteil von 10 abtreten, sodass C mit 20 und damit mit 20% an der X-GmbH beteiligt ist (20% entspricht dem Wert des einzubringenden Vermögens in Relation zum Gesamtvermögen nach Einbringung).

Eine **wertmäßige Äquivalenz** zwischen dem eingebrachten Vermögen und den als Gegenleistung abgetretenen Anteilen wie im Beispiel ist aber für die Anwendung des UmgrStG **nicht erforderlich;** eine sog äquivalenzverletzende Anteilsabtretung unterliegt auch dem UmgrStG, löste früher jedoch Schenkungssteuer aus und nunmehr allenfalls eine Schenkungsmeldung nach § 121 a BAO.[152])

- soweit die übernehmende Körperschaft zum Zweck der **Rundung auf volle Beteiligungsprozentsätze bare Zuzahlungen von höchstens 10%** des Gesamtnennbetrages der neuen Anteile leistet (Spitzenausgleich zwecks gerundeter Nennkapitalhöhe, **Z 3);** solche Zuzahlungen kürzen beim Einbringenden die Anschaffungskosten der erhaltenen Anteile (§ 20 Abs 2 Z 3 UmgrStG);
- soweit die übernehmende Körperschaft Anteile an der einbringenden Mitunternehmerschaft aufgibt **(Z 4).**

In diesem Fall ist die übernehmende Körperschaft bereits vor der Einbringung an der Mitunternehmerschaft beteiligt (insb GmbH & Co KG); da die übernehmende Körperschaft wegen des Verbots des Erwerbes eigener Anteile (§ 81 GmbHG, § 65 AktG) an sich selbst keine Anteile als Gegenleistung für die Übernahme des Vermögens der Mintunternehmerschaft ausgeben darf, unterbleibt die Gewährung von neuen Gesellschaftsanteilen insoweit, als sie einbringungsbedingt ihre Anteile aufgibt.[153])

- wenn der **Einbringende Alleingesellschafter** der übernehmenden Körperschaft ist **oder**
- wenn an der einbringenden und an der übernehmenden Körperschaft unmittelbar oder mittelbar **dieselben Personen im selben Ausmaß beteiligt** sind (zB „Schwestereinbringung“, **Z 5)**[154]).

h) Positiver Verkehrswert

1181 Das einzubringende Vermögen muss für sich allein einen positiven Verkehrswert aufweisen; bei der übernehmenden Körperschaft eintretende Synergieeffekte bleiben außer Betracht. Der positive Verkehrswert sollte bereits am

[152]) Vgl *Walter,* UmgrStR 2018 Rz 362; UmgrStR Rz 1044 ff; bei den antretenden Gesellschaftern bleiben die Anschaffungskosten oder der Buchwert der bisherigen Anteile nach § 20 Abs 3 UmgrStG weiter maßgebend.

[153]) Dazu UmgrStR Rz 1058; *Walter,* UmgrStR 2018 Rz 362.

[154]) Die Anschaffungskosten der Anteile richten sich nach § 20 Abs 4 UmgrStG; ausführlich *Wundsam/Zöchling/Huber/Kuhn,* UmgrStG[5] § 20 Rz 19 ff.

Einbringungsstichtag, muss jedenfalls aber am **Tag des Abschlusses des Einbringungsvertrages** vorliegen. Im Zweifel hat der Einbringende den positiven Verkehrswert durch ein Gutachten nachzuweisen (§ 12 Abs 1 UmgrStG).[155])

Hat das einzubringende Vermögen am Einbringungsstichtag noch keinen positiven Verkehrswert (reale Überschuldung), kann dieser etwa durch rückwirkende Zuführung von Vermögen oder Zurückbehalten von Verbindlichkeiten[156]) erreicht werden.

B. Bewertung von einzubringendem Betriebsvermögen (§ 16)

1. Buchwerteinbringung

Das einzubringende begünstigte Vermögen ist in der Einbringungsbilanz **1182** grundsätzlich mit dem Buchwert anzusetzen (**„Buchwertfortführung“**).[157]) Durch die Buchwertfortführung werden die im einzubringenden Vermögen enthaltenen stillen Reserven auf die übernehmende Körperschaft übertragen. Da der Buchwert des einzubringenden Vermögens zudem als Anschaffungskosten für die als Gegenleistung gewährten neuen Anteile gilt,[158]) werden die stillen Reserven auch auf die Anteile an der übernehmenden Körperschaft übertragen (**„Verdoppelung der stillen Reserven“**).

Beispiel:

Der Einzelunternehmer A (Buchwert 100, gemeiner Wert 1.000) bringt seinen Betrieb in eine GmbH ein; die GmbH hat die Buchwerte des Betriebes fortzuführen, die Anschaffungskosten für die an A als Gegenleistung gewährten Anteile betragen ebenfalls 100.

Diese **Verdoppelung der stillen Reserven** ist im Beispiel systematisch **notwendig:** Die bis zur Einbringung in der Einkommensteuer voll verfangenen stillen Reserven werden einbringungsbedingt auf die Gesellschaftsebene (GmbH) und Gesellschafterebene (Anteil an GmbH) aufgeteilt. Wäre es hingegen möglich, die Gegenleistung (Anteile) auf den gemeinen Wert iHv 1.000 aufzuwerten, könnte der Einzelunternehmer A seinen Betrieb einbringen und sogleich die erhaltenen Anteile steuerfrei veräußern.

Für die Einbringung durch eine **Mitunternehmerschaft** sieht § 16 Abs 4 UmgrStG eine einheitliche Vorgehensweise für alle Mitunternehmer vor, um einen einheitlichen Wertansatz für das Einbringungsvermögen sicherzustellen: Bringt daher eine Mitunternehmerschaft Vermögen ein und unterliegen sämtliche Mitunternehmer der Buchwertfortführung, erfolgt die Einbringung einheitlich zum Buchwert. Unterliegen hingegen nicht sämtliche Mitunternehmer der Buchwertfortführung, haben nach § 16 Abs 4 UmgrStG jene Mitunternehmer, die einem Aufwertungszwang unterliegen oder vom

---

155) Zur Verkehrswertermittlung vgl *Rabel*, ÖStZ 2008, 116; *Rabel/Ehrke-Rabel* in HB der Umgründungen[16] § 12 Rz 218 ff.

156) Zu den rückwirkenden Vermögensänderungen siehe unten Tz 1185.

157) Vgl § 16 Abs 1, § 15 und § 14 Abs 1 UmgrStG.

158) Vgl § 20 Abs 2 Z 1 UmgrStG; bei Unterbleiben einer Gegenleistung wird der Buchwert des einzubringenden Vermögens den bestehenden Anteilen an der übernehmende Körperschaft zugeschrieben.

Aufwertungswahlrecht Gebrauch machen,[159]) einen Veräußerungsgewinn zu versteuern. Die übernehmende Körperschaft hat für das gesamte eingebrachte Vermögen die Buchwerte fortzuführen; die aufgewerteten Beträge der jeweiligen Mitunternehmer werden von der übernehmenden Körperschaft außerbilanziell wie ein Firmenwert über 15 Jahre steuerwirksam abgeschrieben.[160])

2. Grenzüberschreitende Einbringung – Ratenzahlungskonzept

1183 Soweit im Rahmen einer Einbringung das Besteuerungsrecht der Republik Österreich eingeschränkt wird, ist nunmehr auch bei der Einbringung das **Ratenzahlungskonzept** gem § 6 Z 6 EStG sinngemäß anzuwenden (Entrichtung der Steuerschuld in Raten bei Einschränkung des Besteuerungsrechtes im Verhältnis zu einem anderen EU/EWR-Staat).[161])

Bei einer **grenzüberschreitenden (Export-)Einbringung durch eine in Österreich ansässige Person** wird das Besteuerungsrecht Österreichs in aller Regel nur bei einer Einbringung von Kapitalanteilen eingeschränkt. Denn bringt zB der österreichische Einzelunternehmer A seinen operativen Betrieb in die deutsche D-GmbH ein, verbleibt das eingebrachte Vermögen als Betriebsstätte in Österreich und mit der Gegenleistung (Anteile an der D-GmbH) bleibt A auch in Österreich steuerverfangen.

Bringt hingegen eine **im Ausland ansässige natürliche Person** einen österreichischen Betrieb, Teilbetrieb oder Mitunternehmeranteil ein, kommt es regelmäßig zu einer teilweisen Einschränkung des Besteuerungsrechts.

Beispiel:

Eine in Deutschland ansässige natürliche Person ist Kommanditist einer operativen österreichischen KG. Die natürliche Person möchte ihren KG-Anteil veräußern, der KG-Anteil enthält eine hohe stille Reserve. Würde die natürliche Person den KG-Anteil veräußern, unterläge sie in Österreich der beschränkten Steuerpflicht mit einem Steuersatz von bis zu 50%. Die natürliche Person gründet aber in Deutschland eine GmbH und bringt sodann ihren KG-Anteil nach Art III UmgrStG in die GmbH ein.

Nach der Einbringung kann die natürliche Person ihre GmbH-Beteiligung veräußern oder die GmbH veräußert den KG-Anteil.Veräußert die GmbH den KG-Anteil, unterliegt sie in Österreich nur der beschränkten Körperschaftsteuer iHv 25%, veräußert hingegen die natürliche Person ihre GmbH-Beteiligung, so unterliegt sie in Österreich gar keiner Steuerpflicht. Einbringungsbedingt hat sich das zunächst „volle" Besteuerungsrecht Österreichs hinsichtlich der stillen Reserven (bis zu 50% ESt) in abstrakter Betrachtung auf Grund des einbringungsbedingten Wechsels von der Einkommensteuerhängigkeit in die Körperschaftsteuerhängigkeit hinsichtlich des darauf anzuwendenden Steuersatzes reduziert und es besteht keine Ausgleichsmöglichkeit durch ein bestehendes Besteuerungsrecht hinsichtlich der Gegenleistung. In der Vergangenheit war im Schrifttum strittig, ob diese abstrakte Einschränkung im Besteuerungsausmaß von der Entstri-

---

[159]) Nach § 16 Abs 3 UmgrStG besteht zB eine Aufwertungsoption iZm DBA mit Anrechnungsmethode; dazu *Walter,* UmgrStR 2018 Rz 404.

[160]) Vgl UmgrStR Rz 866 ff (mit Beispielen).

[161]) Ausführlich zur Verschmelzung Tz 1151; vgl auch *Mayr/Mair,* RdW 2016, 72; *Titz/Wild,* RdW 2017, 334; *Hirschler/Knesl,* ÖStZ 2016, 499; *Mair,* Grenzüberschreitende Einbringungen (2016).

ckungsbestimmung des § 16 UmgrStG erfasst war oder die zweite Besteuerungsebene (Gesellschafterebene) „steuerfrei“ wegfiel;[162]) der VwGH hat kürzlich den steuerfreien Wegfall der zweiten Besteuerungsebene bestätigt.[163]) Seit dem **AbgÄG 2015** sieht § 16 Abs 1 UmgrStG allerdings ausdrücklich vor, dass auch bei einer solchen **teilweisen Einschränkung des Besteuerungsrechts** die stille Reserve zum **KESt-Satz** von 27,5% (= Steuersatz für die Gegenleistung) zu erfassen ist (Ratenzahlungskonzept kommt zur Anwendung).[164])

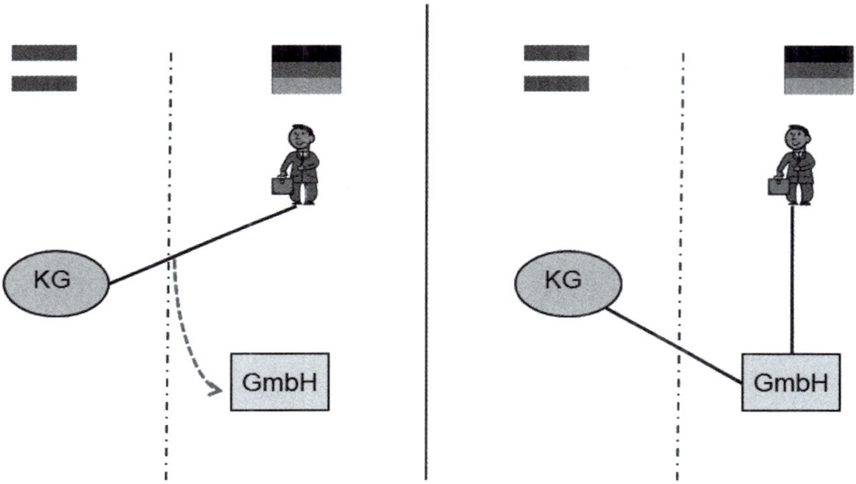

Bei der **grenzüberschreitenden Einbringung von Kapitalanteilen durch** eine unbeschränkt steuerpflichtige **Kapitalgesellschaft** oder Genossenschaft[165]) in eine EU-Gesellschaft gilt das Ratenzahlungskonzept hingegen nicht, weil auf Grund der FusionsRL eine solche Einbringung (sog „Anteilstausch“) steuerneutral zu halten ist. Um unerwünschte Gestaltungen zu verhindern, sieht § 16 Abs 1 a UmgrStG dafür ein besonderes Besteuerungskonzept vor. **1184**

[162]) Vgl *Mayr,* RdW 2008, 618 und 815; kritisch *Furherr,* RdW 2008, 813; *Beiser,* RdW 2009, 113 und ÖStZ 2010, 363.

[163]) VwGH 18. 10. 2018, Ro 2016/15/0032; dazu *Furherr/Reiter,* SWK 2018, 1528.

[164]) Dazu und zur Historie *Mayr/Mair,* RdW 2016, 72; trotz Gesetzesanpassung gehen hingegen *Furherr/Reiter* davon aus, dass weiterhin „gute Argumente“ für die Anwendbarkeit des zuvor zitierten VwGH-Erkenntnisses sprechen, SWK 2018, 1528; anders *Schlager/Wild,* RWZ 2019, 13; im Rahmen des StRefG I 2019/20 soll die teilweise Einschränkung des Besteuerungsrechts sprachlich noch klarer verankert werden.

[165]) Nach aktueller Rsp des EuGH 22. 3. 2018, C-327/16, *Jacob* und C-421/16, *Lassus,* ist beim persönlichen Anwendungsbereich allerdings nicht auf den Einbringenden abzustellen, weshalb auch natürliche Personen unter das Regime des Anteilstausches fallen können; hinsichtlich der erhaltenen Gegenleistung würde aber auch das Nichtfestsetzungskonzept die Vorgaben des Art 8 Abs 1 FusionsRL erfüllen; mit dem StRefG I 2019/20 soll eine legistische Anpassung an die Rsp des EuGH erfolgen; vgl auch *Furherr/Reiter,* SWI 2018, 279.

Beispiel:

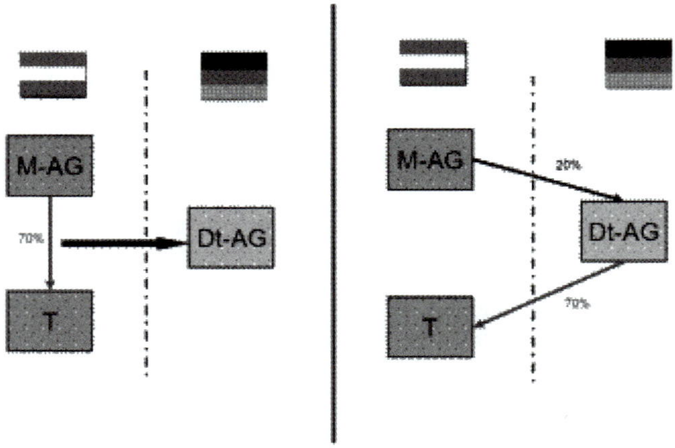

Die inländische M-AG hält seit Jahren einen 70%-Anteil an der T-GmbH; über die Jahre ist eine hohe stille Reserve entstanden (Anschaffungskosten = 100, Verkehrswert = 1.000). M bringt nun ihren Anteil an der T in die deutsche Dt-AG ein und erhält als Gegenleistung einen Anteil iHv 20% an der Dt-AG.

Die Einbringung als solche erfolgt nach § 16 Abs 1a UmgrStG steuerneutral mit Buchwertfortführung. Da allerdings der erhaltene 20%-Anteil eine internationale Schachtelbeteiligung nach § 10 Abs 2 KStG darstellt (und die Veräußerung einer internationalen Schachtelbeteiligung grundsätzlich steuerneutral wäre), sichert § 16 Abs 1a UmgrStG das Besteuerungsrecht Österreichs an der eingebrachten stillen Reserve (iHv 900) dadurch ab, dass eine anschließende Veräußerung der eingebrachten Anteile an der T-GmbH durch die Dt-AG die Steuerschuld hinsichtlich der eingebrachten stillen Reserve entstehen lässt. Dies gilt für Veräußerungen innerhalb von höchstens zehn Jahren nach der Einbringung.[166]) Erfolgt eine solche Veräußerung, wird die internationale Schachtelbeteiligung an der übernehmenden Dt-AG im Ausmaß der besteuerten stillen Reserven auch steuerneutral.[167])

3. Rückwirkende Vermögensänderungen (§ 16 Abs 5)

1185 Mit Ablauf des Einbringungsstichtages geht das einzubringende Vermögen auf die übernehmende Körperschaft über; deshalb sind nach dem Einbringungsstichtag alle Änderungen am einzubringenden Vermögen grds der übernehmenden Körperschaft zuzurechnen. Das Einbringungskapital wird daher durch nachträgliche Vermögensänderungen grds nicht verändert. Abweichend davon ermöglicht § 16 Abs 5 UmgrStG bei der Einbringung von Betrieben, Teilbetrieben und Mitunternehmeranteilen das einzubringende Vermögen durch

[166]) Das gesetzliche Tatbestandsmerkmal „in weiterer Folge“ ist nicht nur zeitlich, sondern auch vor dem Normzweck zu sehen, vgl *Mayr,* RdW 2009, 155 und in FS Tanzer 171; UmgrStR Rz 860 h; ausführlich *Hohenwarter* mit Kritik an der Unwiderlegbarkeit der Missbrauchsvermutung, RdW 2006, 725 (732); *Furherr* in *Kofler,* UmgrStG⁶ § 16 Rz 56 ff; *Mair,* Grenzüberschreitende Einbringungen, 321 ff.

[167]) Dazu unten Tz 1196.

einige taxativ aufgezählte Maßnahmen rückwirkend auf den Einbringungsstichtag zu verändern.[168]) Die rückwirkenden Vermögensänderungen sind in der Einbringungsbilanz darzustellen.

Die **Motive** für eine rückwirkende Veränderung des einzubringenden Vermögens sind vielfältig: Neben der Herstellung eines positiven Verkehrswertes[169]) kommt ua die Gestaltung des gewünschten Beteiligungsausmaßes an der übernehmenden Körperschaft in Betracht; in der Vergangenheit wurden vorbehaltene (unbare) Entnahmen auch „missbräuchlich" getätigt,[170]) worauf der Gesetzgeber reagierte.[171])

§ 16 Abs 5 UmgrStG listet **folgende rückwirkende Vermögensänderungen** auf:

- tatsächliche Einlagen und Entnahmen (Z 1),
- vorbehaltene Entnahmen (Z 2),
- Zurückbehalten von Anlagevermögen und Verbindlichkeiten (Z 3),
- Verschiebetechnik (Z 4),
- Gewinnausschüttungen, Einlagen iS § 8 Abs 1 KStG, Einlagenrückzahlungen iS § 4 Abs 12 EStG (Z 5).

Hinsichtlich des persönlichen Anwendungsbereichs ist zu unterscheiden: **Natürliche Personen** (Einzel- oder Mitunternehmer) können vor allem Z 1 bis 3 nutzen, weil sie Entnahmen und Einlagen iSd § 6 EStG tätigen können; bei Teilbetriebseinbringungen können sie weiters die Verschiebetechnik der Z 4 anwenden. Bei unter § 7 Abs 3 KStG fallenden **Körperschaften** (zB GmbH) beschränkt sich der Anwendungsbereich auf Z 4 und 5.[172])

a) Tatsächliche (bare) Einlagen und Entnahmen (Z 1)

Darunter versteht man nicht nur die Einlage/Entnahme von Bargeld, sondern **sämtliches Vermögen,** das **zwischen Einbringungsstichtag und Abschluss des Einbringungsvertrages eingelegt bzw entnommen** wird. Im Falle der Entnahme ist insb zu beachten, dass das einzubringende Vermögen nicht seine Eigenschaft als begünstigtes Vermögen (Betrieb, Teilbetrieb) verliert und ein positiver Verkehrswert erhalten bleibt. In der Einbringungsbilanz ist für tatsächliche Einlagen eine Aktivpost (Forderung), für Entnahmen eine Passivpost (Verbindlichkeit) einzustellen.[173]) **1186**

[168]) Ausführlich *Wellinger* in FS Pircher 121.

[169]) Dazu oben Tz 1181.

[170]) Vgl die von *Doralt,* RdW 2001, 761, ausgelöste Diskussion; *Wiesner,* ÖStZ 2002, 35; *Huber,* RdW 2002, 118; *Beiser,* RdW 2002, 121; *Trösztler,* SWK 2002, S 289; *Prechtl,* RdW 2004, 60.

[171]) Dazu zB *Mayr,* RdW 2005, 779.

[172]) Die Z 1 und 3 können Körperschaften nur ausnahmsweise insoweit nutzen, als sie neben der betrieblichen auch über eine außerbetriebliche Sphäre verfügen (zB Verein); dazu UmgrStR Rz 882 f; *Wiesner/Mayr,* RdW 2007, 628; *Titz/Wild/Schlager* in HB der Umgründungen[16] § 16 Rz 106 ff; kritisch *Furherr* in *Kofler,* UmgrStG[6] § 16 Rz 106.

[173]) Wird eine bare Entnahme fremdfinanziert, sind die dafür bei der übernehmenden Körperschaft anfallenden Zinsen als Betriebsausgabe abzugsfähig, UmgrStR Rz 903; kritisch *Titz/Wild/Schlager* in HB der Umgründungen[16] § 16 Rz 134.

b) Vorbehaltene (unbare) Entnahmen (Z 2)

1187 Bei einer vorbehaltenen Entnahme wird an Stelle einer tatsächlichen Entnahme eine **später durchzuführende Entnahme vorbehalten** und in der Einbringungsbilanz – wie bei tatsächlich vorgenommenen Entnahmen – eine Passivpost eingestellt. Wird die Entnahme in der Folge tatsächlich getätigt, hat die übernehmende Körperschaft die Passivpost aufzulösen. Der Höchstbetrag für eine vorbehaltene Entnahme ist mit 50% des sich durch diverse Kürzungen ergebenden Nettoverkehrswerts begrenzt.

Der **Höchstbetrag** ergibt sich aus folgenden drei Schritten:

1. Basis ist der positive Verkehrswert des einzubringenden Vermögens am Einbringungsstichtag.

2. Alle rückwirkenden Korrekturen nach Z 1, Z 3 und Z 4 und nicht nach Z 1 rückbezogene Entnahmen sind zu berücksichtigen, wenn der Saldo aus diesen rückwirkenden Erhöhungen und Minderungen negativ ist; sollte sich ein Steigerungsbetrag gegenüber dem Basisverkehrswert ergeben, bleibt die Erhöhung unberücksichtigt.

3. Der sich nach Pkt 1 und einem allfälligen Kürzungsbetrag nach Pkt 2 ergebende Nettoverkehrswert ist Bemessungsgrundlage für den **maximal 50%igen** Passivposten.[174])

1188 Zur Vermeidung von missbräuchlichen Gestaltungen unterliegen vorbehaltene Entnahmen und rückbezogene tatsächliche Entnahmen nach § 18 Abs 2 Z 1 UmgrStG bei der übernehmenden Körperschaft insoweit einer **Ausschüttungsfiktion,** als sie zu einem Absinken des Buchwertes des einzubringenden Vermögens unter den Nullstand führen oder bei Vorliegen eines negativen Buchwertes diesen erhöhen (§ 18 Abs 2 UmgrStG).[175])

Bei der **Ermittlung der fingierten Ausschüttung** sind alle rückwirkenden Korrekturen iSd § 16 Abs 5 UmgrStG zu berücksichtigen. Die Einschränkung der Ausschüttungsfiktion auf den **negativen Buchwert** stellt sicher, dass eine Besteuerung des Eigenkapitals unterbleibt. Vereinfacht ausgedrückt kann vorbehalten (unbar) und rückbezogen tatsächlich (bar) ohne steuerliche Konsequenzen solange entnommen werden, als dies im positiven Buchwert (im Eigenkapital) Deckung findet. Werden hingegen stille Reserven (ein „negativer Buchwert") entnommen, löst dies KESt aus.[176]) Die KESt-Schuld entsteht mit Anmeldung/Meldung der Einbringung. Die Abfuhr der KESt hat für tatsächliche Entnahmen binnen einer Woche nach der Anmeldung/Meldung der Einbringung und hinsichtlich vorbehaltener Entnahmen binnen einer Woche nach Tilgung bzw nach Beschluss auf Liquidation oder Umgründung mit Erlöschen der Körperschaft (Verschmelzung, Umwandlung oder Aufspaltung) zu erfolgen.[177]) Zur Vermeidung einer Doppelbesteuerung beim Einbringenden erhöhen sich nach § 20 Abs 2 Z 4 UmgrStG im Zeitpunkt der Fälligkeit der KESt die

---

[174]) Dazu samt Beispiele UmgrStR Rz 914; *Titz/Wild/Schlager* in HB der Umgründungen[16] § 16 Rz 155 ff; *Wellinger* in FS Pircher 121.

[175]) Zur Entstehungsgeschichte zB *Mayr,* RdW 2005, 779.

[176]) Vgl auch VwGH 25. 1. 2017, Ra 2016/13/0056.

[177]) UmgrStR Rz 972 d; *Walter,* UmgrStR 2018, 516 f; *Wiesner/Mayr,* RdW 2007, 628; vgl auch *Rabel,* ÖStZ 2008, 116.

Anschaffungskosten der Beteiligung an der übernehmenden Körperschaft im Ausmaß des fiktiven Ausschüttungsbetrages.

Beispiel:[178])

A bringt seinen Betrieb zum 31. 12. 00 in die A-GmbH ein.

Buchwert zum Einbringungsstichtag vor Korrekturen	+ 400
Rückwirkende Korrekturen:	
Barentnahmen iSd § 16 Abs 5 Z 1 iHv	– 150
Vorbehaltene Entnahmen iSd § 16 Abs 5 Z 2 iHv	– 150
Zurückbehalten der Betriebsliegenschaft iSd(zl)§ 16 Abs 5 Z 3 UmgrStG iHd Buchwertes	– 700
Anschaffungsverbindlichkeit Betriebsliegenschaft iHd Buchwertes iSd § 16 Abs 5 Z 3	+ 200
Buchwert nach Korrekturen = Einbringungskapital	– 400

Die Passivposten gem § 16 Abs 5 Z 1 und Z 2 betragen in Summe 300, sie fallen daher zur Gänze unter die Ausschüttungsfiktion.

c) Zurückbehalten von Anlagevermögen und Verbindlichkeiten (Z 3)

Der Einbringende kann im Rückwirkungszeitraum bis zum Abschluss des Einbringungsvertrages Anlagevermögen und Verbindlichkeiten **zurückbehalten;** dieses Zurückbehalten kommt durch Nichtaufnahme des betreffenden Anlagegutes oder der Verbindlichkeit in der Einbringungsbilanz zum Ausdruck. **1189**

Steht **Anlagevermögen mit Fremdkapital in unmittelbarem Zusammenhang,** kann das Anlagevermögen nur gemeinsam mit dem Fremdkapital zurückbehalten werden;[179]) Verbindlichkeiten können hingegen ohne Einschränkung zurückbehalten werden. Ein unmittelbarer Zusammenhang ist nach § 16 Abs 5 Z 3 UmgrStG jedenfalls dann nicht mehr gegeben, wenn die Anlagegüter am Einbringungsstichtag bereits länger als sieben Wirtschaftsjahre durchgehend dem Anlagevermögen zuzuordnen waren. Innerhalb der Siebenjahresfrist ergibt sich der unmittelbare Finanzierungszusammenhang nach den allgemeinen einkommensteuerlichen Grundsätzen.[180])

Beispiel:

A bringt seinen Einzelbetrieb zum 31. 12. 10 in die A-GmbH ein und möchte dabei die Betriebsliegenschaft zurückbehalten. Am Einbringungsstichtag ist dafür ein anschaffungsbedingter Kredit in Höhe von € 25.000 offen sowie aus der Herstellung einer Aufzugsanlage im Betriebsgebäude im Jahre 09 ein Kredit in Höhe von € 12.000. Sollte die Anschaffung des Betriebsgebäudes vor dem 31. 12. 03 erfolgt sein, kann A die beiden Kredite miteinbringen, obwohl die Betriebsliegenschaft zurückbehalten wird, andernfalls

[178]) Aus UmgrStR Rz 972 c.

[179]) Eingeführt mit dem AbgÄG 2005, die Begründung dafür siehe bei der Verschiebetechnik, Tz 1190; dazu auch *Wundsam/Zöchling/Huber/Kuhn,* UmgrStG[5] § 16 Rz 112 ff.

[180]) Dazu unten bei der Verschiebetechnik, Tz 1190.

muss A auch die beiden Kredite zurückbehalten.[181]) Da das Einzelunternehmen einbringungsbedingt untergeht, erfolgt durch das Zurückbehalten eine Entnahme ins Privatvermögen (ein allfälliger Entnahmegewinn ist zu versteuern)[182]).

d) Verschiebetechnik (Z 4)

1190 § 16 Abs 5 Z 4 UmgrStG wird deshalb als „Verschiebetechnik" bezeichnet, weil die Bestimmung es ermöglicht, im Zuge der **Einbringung von Teilbetrieben** Wirtschaftsgüter (Aktiva und Passiva) zwischen dem einzubringenden Teilbetrieb und dem verbleibenden Restbetrieb rückwirkend zu verschieben (bei einbringenden Körperschaften ist es nicht erforderlich, dass in der einbringenden Körperschaft ein Betrieb verbleibt).

Wie beim Zurückbehalten von Anlagegütern nach Z 3 können Wirtschaftsgüter und mit diesen zusammenhängendes **Fremdkapital** nur gemeinsam verschoben werden, wobei wiederum eine Siebenjahresfrist gilt.[183]) Diese Verknüpfung von Wirtschaftsgut und Verbindlichkeit geht auf EuGH-Rsp zurück[184]) und soll eine Zerlegung unmittelbar wirtschaftlich zusammenhängender Aktiv- und Passivposten ausschließen, was dem einkommensteuerlichen Grundsatz des Zusammenhangs von Aktivum und damit verbundenem Passivum entspricht.[185])

Sollten entgegen § 16 Abs 5 Z 3 oder Z 4 UmgrStG Wirtschaftsgüter und mit ihnen unmittelbar zusammenhängendes Fremdkapital **dennoch getrennt werden,** ist damit keine Anwendungsvoraussetzung des § 12 UmgrStG verletzt, weil es sich hierbei um eine Ordnungsvorschrift handelt.[186]) Wird daher zB eine Liegenschaft ohne den Anschaffungskredit nach Z 3 zurückbehalten oder wird der kurz vor dem Stichtag aufgenommene Kredit ohne die vorhandenen liquiden Mittel oder damit erworbenen Aktiva in den einzubringenden Teilbetrieb

---

[181]) Vgl UmgrStR Rz 922; *Wiesner/Mayr,* RdW 2007, 628.

[182]) Vgl VwGH 24. 9. 2008, 2006/15/0255 zur zurückbehaltenen Fremdwährungsschuld; die Begünstigungen nach § 24 EStG stehen für den Entnahmegewinn nicht zu, 29. 1. 1998, 97/15/0197. Grund und Boden wird aber grds mit dem Buchwert entnommen (§ 6 Z 4 EStG).

[183]) Dazu oben Tz 1189.

[184]) Die Verschiebetechnik ließ es vor dem AbgÄG 2005 zu, ein aktives Wirtschaftsgut von der der Finanzierung unmittelbar dienenden Fremdkapitalposition zu trennen. Solche Trennungen von Wirtschaftsgut und Verbindlichkeit waren aber vor dem Hintergrund der EuGH-Rsp (Urteil vom 15. 1. 2002, C-43/00, *Andersen*) zu hinterfragen, weil nach EuGH die zu einem Teilbetrieb gehörenden aktiven und passiven Wirtschaftgüter in ihrer Gesamtheit zu übertragen sind; dazu *H.-J. Aigner,* SWI 2002, 262; *Zorn,* SWK 2002, S 312; *D. Aigner,* SWI 2002, 382; zur Gesetzesänderung *Mayr,* RdW 2005, 779.

[185]) Nach stRsp des VwGH besteht ein „enger Zusammenhang zwischen den Verbindlichkeiten, die für die Anschaffung bzw Herstellung eines Wirtschaftsgutes aufgewendet worden sind, und eben diesem Wirtschaftsgut", vgl VwGH 30. 11. 1999, 94/14/0166; VwGH 30. 9. 1999, 99/15/0160.

[186]) *Wiesner/Mayr,* RdW 2006, 371 und RdW 2007, 628; *Wundsam/Zöchling/Huber/Kuhn,* UmgrStG[5] § 16 Rz 130; *Titz/Wild/Schlager* in HB der Umgründungen[16] § 16 Rz 175 und 194; dagegen geht *Wellinger* von einer „schädlichen Gegenleistung" aus, in FS Pircher 121 (131 ff).

verschoben, sind die laufenden Aufwandszinsen und die Tilgung der „eingebrachten“ Verbindlichkeit als verdeckte Ausschüttung zu werten. Wird das Aktivum miteingebracht und die unmittelbar zusammenhängende Verbindlichkeit zurückbehalten, gilt diese ertragsteuerlich zunächst als miteingebracht und in der Folge vom Einbringenden abgedeckt, dh in die übernehmende Körperschaft eingelegt. Im Ergebnis ist der Buchwert der gewährten Anteile beim Einbringenden entsprechend höher.

Bei Einbringungen ist die Frage der **Trennung des Gebäudes vom Grund und Boden** von großer praktischer Bedeutung; dabei soll das Betriebsgebäude an die übernehmende Körperschaft übertragen, der Grund und Boden aber zurückbehalten werden. Der VwGH vertrat hierzu eine strengere Sichtweise.[187]) Darauf hat der Gesetzgeber mit dem JStG 2018 reagiert; nach § 16 Abs 5 (Schlussteil) UmgrStG ist eine solche Trennung des Gebäudes vom Grund und Boden dann möglich, wenn das Gebäude im Wege des Baurechts auf die übernehmende Körperschaft übertragen wird, wobei das Gesuch auf Einverleibung des Baurechts im Rückwirkungszeitraum der Umgründung gestellt und das Baurecht in weiterer Folge auch tatsächlich eingetragen werden muss.[188])

e) Gewinnausschüttungen, Einlagen und Einlagenrückzahlungen (Z 5)

Diese rückwirkende Korrektur ist **nur für Körperschaften** möglich. Im 1191
Rückwirkungszeitraum *beschlossene* Gewinnausschüttungen (also keine verdeckten Gewinnausschüttungen), Einlagen iSd § 8 Abs 1 KStG sowie Einlagenrückzahlungen iSd § 4 Abs 12 EStG können dem einzubringenden Vermögen zugerechnet werden. Gewinnausschüttungen und Einlagenrückzahlungen vermindern, Einlagen erhöhen das Einbringungskapital. Buchtechnisch wird für Gewinnausschüttungen und Einlagenrückzahlungen eine Passivpost, für Einlagen eine Aktivpost in die Einbringungsbilanz eingestellt.

C. Bewertung von Kapitalanteilen im Privatvermögen (§ 17)

Kapitalanteile, die nicht zu einem (inländischen) Betriebsvermögen des 1192
Einbringenden gehören,[189]) sind grundsätzlich mit den **Anschaffungskosten** anzusetzen; bei grenzüberschreitenden Einbringungen mit Einschränkung des Besteuerungsrechts gilt das Ratenzahlungskonzept entsprechend.[190])

Abweichend vom Ansatz der Anschaffungskosten sieht § 17 Abs 2 UmgrStG für vor der Einbringung in Österreich **nicht steuerverstrickte Kapitalanteile** grds den Ansatz des **gemeinen Wertes** vor, um stille Reserven, die in

---

[187]) VwGH 1. 6. 2017, Ro 2015/15/0034, RdW 2017, 587; kritisch *Hirschler/Sulz/Oberkleiner/Knesl,* SWK 2017, 1236.

[188]) Vgl *Wild,* RdW 2018, 661; UmgrStR Rz 694 a; *Hirschler/Höltschl,* ÖStZ 2018, 379; *Beiser,* ÖStZ 2018, 545.

[189]) Neben im Privatvermögen gehaltenen Kapitalanteilen gehören auch Kapitalanteile, die zu einem ausländischen Betriebsvermögen gehören, nicht zu einem inländischen Betriebsvermögen, sodass auf sie auch § 17 UmgrStG anzuwenden ist.

[190]) Dazu oben Tz 1183; anders als im EStG gilt im UmgrStG auch für im Privatvermögen gehaltene Kapitalanteile nur das Ratenzahlungskonzept, ausführlich *Mair/Mayr* in HB der Umgründungen[16] § 17 Rz 15 ff.

ausländischer Steuerhoheit entstanden sind, bei Eintritt in die österreichische Steuerhoheit zu entsteuern. Einbringende Steuerausländer können aber auf diese Aufwertung verzichten, wenn im Einbringungsvertrag der Ansatz der Anschaffungskosten vorgesehen ist.

Ein solcher Verzicht auf Aufwertung soll es einbringenden Steuerausländern ermöglichen, eine ausländische Besteuerung für den Fall zu vermeiden, dass das ausländische Steuerrecht seine „Wegzugsbesteuerung" davon abhängig macht, dass im „Zuzugsstaat" (Österreich) eine Aufwertung vorgenommen wird. Hintergrund der Regelung war vor allem das – mittlerweile geänderte – deutsche Umwandlungssteuerrecht.

Beispiel:

Eine in Deutschland ansässige natürliche Personen bringt ihre 100%-Beteiligung an einer deutschen GmbH in die ihr ebenfalls zu 100% gehörende österreichische GmbH ein; der Buchwert der eingebrachten Beteiligung beträgt 100, der gemeine Wert 500. Da die stille Reserve iHv 400 während der deutschen Steuerhängigkeit angewachsen ist, würde das österreichische UmgrStG grundsätzlich eine Aufwertung auf den gemeinen Wert vorsehen; nach § 17 Abs 2 UmgrStG kann die Einbringung aber auch zum Buchwert erfolgen (§ 23 Abs 4 dt UmwStG aF kannte als Voraussetzung für eine solche steuerneutrale Buchwerteinbringung über die Grenze die „doppelte Buchwertverknüpfung").[191])

D. Übernehmende Körperschaft (§ 18)

1193 Die Grundsätze der Verschmelzung gelten weitgehend.[192]) So ist das eingebrachte Vermögen nach § 18 Abs 1 Z 5 UmgrStG der übernehmenden Körperschaft mit Beginn des dem Einbringungsstichtag folgenden Tages zuzurechnen. Die vom Einbringenden vorgenommenen rückwirkenden Korrekturen[193]) wirken sich auf Grund der Maßgeblichkeit der Einbringungsbilanz bei der übernehmenden Körperschaft entsprechend aus. Bei der Einbringung von betrieblichem Vermögen ist die übernehmende Körperschaft an die Bewertungsansätze laut Einbringungsbilanz gebunden (**Wertverknüpfung**). Eine allenfalls nach § 202 Abs 1 UGB vorgenommene Neubewertung des eingebrachten Vermögens ist steuerlich ohne Relevanz und über die Mehr-Weniger-Rechnung zu neutralisieren.

Die übernehmende Körperschaft ist im Rahmen der Buchwerteinbringung nach § 18 Abs 1 Z 4 UmgrStG für Zwecke der **Gewinnermittlung** wie ein **Gesamtrechtsnachfolger** zu behandeln; daher sind zB die Abschreibungsgrundsätze oder Rückstellungen fortzuführen. Über den Bereich des Bilanzsteu-

[191]) Das dt UmwStG wurde schon vor Jahren mit dem SEStEG für grenzüberschreitende Umwandlungen (= Umgründungen) grundlegend geändert; die alte Regelung widersprach dem EU-Recht, vgl EuGH 11. 12. 2008, C-285/07, *A. T.*, dazu *Mayr,* RdW 2009, 155; *Furherr,* SWI 2009, 188; durch die geänderte Rechtslage in Deutschland ist der Hauptanwendungsfall für die grenzüberschreitende Buchwerteinbringung weggefallen und dieser – nur bei der Einbringung vorgesehene – systemwidrige Verzicht auf Aufwertung könnte gesetzlich entfallen.

[192]) Vgl oben Tz 1133 ff.

[193]) Dazu oben Tz 1185.

errechts hinaus besteht aber keine Gesamtrechtsnachfolge, sondern **Einzelrechtsnachfolge.**[194])

Daher tritt auch in verfahrensrechtlicher Sicht die übernehmende Körperschaft nicht an die Stelle des Einbringenden; für Zeiträume vor der Einbringung ist daher die übernehmende Körperschaft weder beschwerdelegitimiert noch können ihr Bescheide rechtswirksam zugestellt werden.[195])

Entsteht durch die Einbringung bei der übernehmenden Körperschaft eine **internationale Schachtelbeteiligung,** ist nach § 18 Abs 4 UmgrStG „hinsichtlich der bisher nicht steuerbegünstigten Beteiligungsquoten auf den Unterschiedsbetrag zwischen den Buchwerten und den höheren Teilwerten" die Steuerneutralität nach § 10 Abs 3 KStG nicht anzuwenden;[196]) der steuerhängige Unterschiedsbetrag ist in Evidenz zu nehmen. **1194**

Durch diese Regelung sollen die bis zur Einbringung angesammelten und steuerverfangenen stillen Reserven auch nach der Einbringung steuerhängig bleiben. Wird aber eine im Inland bisher nicht steuerverfangene Beteiligung in eine inländische Kapitalgesellschaft eingebracht und erfolgt nach § 17 Abs 2 UmgrStG keine Aufwertung auf den gemeinen Wert,[197]) ist (war) die Anwendung von § 18 Abs 4 UmgrStG strittig.[198])

Geht einbringungsbedingt eine steuerneutrale **internationale Schachtelbeteiligung unter,** ist grds der höhere Teilwert zum Einbringungsstichtag anzusetzen.[199])

---

[194]) Vgl VwGH 29. 11. 2001, 99/16/0139; vgl auch *Mair/Mayr* in HB der Umgründungen[16] § 18 Rz 24 ff.

[195]) Vgl VwGH 2. 8. 2000, 2000/13/0093; VwGH 27. 5. 1999, 99/15/0014; VwGH 28. 3. 2001, 2000/13/0066. Bei einer Einbringung sämtlicher Mitunternehmeranteile auf denselben Stichtag in eine übernehmende Körperschaft kommt es zwar zur Gesamtrechtsnachfolge durch Anwachsung gem § 142 UGB, dennoch sind die Gewinnfeststellungsbescheide gem § 188 BAO für Zeiträume vor der Einbringung auf Grund § 191 Abs 2 BAO an die zuletzt beteiligten Gesellschafter zu richten, vgl VwGH 21. 9. 2005, 2005/13/0117. Bei der Einbringung besteht für die übernehmende Körperschaft keine Weitergeltung der Zuschreibungspflicht nach § 6 Z 13 EStG bis zu den ursprünglichen Anschaffungskosten (anders bei zivilrechtlicher Gesamtrechtsnachfolge wie bei Verschmelzung, Umwandlung und Spaltung), UmgrStR Rz 952 unter Bezug auf VwGH 22. 5. 2014, 2010/15/0127; dazu auch *Marchgraber,* RWZ 2014, 293; *Wurm,* GES 2014, 530.

[196]) Da bei einer einbringungsbedingt entstandenen internationalen Schachtelbeteiligung kein Anschaffungstatbestand iSd § 10 Abs 3 Z 1 KStG vorliegt, kann auch nicht in die Steuerwirksamkeit optiert werden; vgl UmgrStR Rz 988; *Titz/Wild/Schlager* in HB der Umgründungen[16] § 18 Rz 126 ff; tw kritisch *Wundsam/Zöchling/Huber/Kuhn,* UmgrStG[5] § 18 Rz 56; *Furherr* in *Kofler,* UmgrStG[6] § 18 Rz 122.

[197]) Dazu oben Tz 1192.

[198]) Dazu *Wiesner/Schwarzinger,* SWK 2006, S 409; *Hofbauer/Sauer,* taxlex 2006, 326; *Wiesner/Mayr,* RdW 2007, 563; diese Frage stellte sich vor allem in der Vergangenheit im Zusammenhang mit Deutschland, weil § 23 Abs 4 dt UmwStG aF für eine steuerneutrale Buchwerteinbringung eine „doppelte Buchwertverknüpfung" voraussetzte, vgl oben Rz 1192.

[199]) Ausgenommen von der Aufwertung sind vor allem bis zum Einbringungsstichtag aus Vorumgründungen entstandene und von der Steuerneutralität ausgenommene

1194/1 Mit dem StabG 2012 wurde die **Grundstücksbesteuerung** im EStG neu geregelt.[200]) Danach kann auch im betrieblichen Bereich der Veräußerungsgewinn von Grund und Boden des Anlagevermögens pauschal nach § 30 Abs 4 EStG besteuert werden, wenn der Grund und Boden zum 31. 3. 2012 nicht steuerverfangen war (§ 4 Abs 3 a Z 3 lit a EStG; betrifft die Gewinnermittlung nach § 4 Abs 1 oder Abs 3 EStG). Wird nun ein solcher Betrieb mit Gewinnermittlung nach § 4 Abs 1 oder Abs 3 EStG eingebracht und sodann der Grund und Boden veräußert, sieht § 18 Abs 5 UmgrStG folgende **„gespaltene Betrachtung"** vor:

- Für Wertsteigerungen bis zum Einbringungsstichtag kann eine pauschale Besteuerung nach § 30 Abs 4 EStG erfolgen, wobei an die Stelle des Veräußerungserlöses der Teilwert zum Einbringungsstichtag tritt.
- Wertsteigerungen nach dem Einbringungsstichtag werden in der übernehmenden Körperschaft regulär besteuert, wobei der Teilwert zum Einbringungsstichtag als Buchwert anzusetzen ist.

Beispiel:

Der Einzelunternehmer A ermittelt seinen Gewinn nach § 4 Abs 1 EStG und hat im Jahr 2000 Grund und Boden um € 200.000 angeschafft. A brachte seinen Betrieb samt Grund und Boden zum 1. 1. 2013 in die A-GmbH ein; der Teilwert des Grund und Bodens zum Einbringungsstichtag betrug € 500.000. Im Jahr 2018 veräußert die A-GmbH den Grund und Boden um € 700.000. Die Besteuerung der Wertsteigerungen bis zum Einbringungsstichtag kann pauschal nach § 30 Abs 4 EStG erfolgen; als Einkünfte sind 14% des Teilwertes zum Einbringungsstichtag anzusetzen (= € 70.000); die Wertsteigerung ab dem Einbringungsstichtag (= € 200.000) ist in der A-GmbH regulär zu erfassen. Daraus ergibt sich bei der A-GmbH ein steuerpflichtiger Veräußerungsgewinn für den Grund und Boden von insgesamt € 270.000, auf den der KSt-Satz von 25% anzuwenden ist.

Neben der gespaltenen Betrachtung bei der späteren Veräußerung kann der Einbringende nach § 16 Abs 6 UmgrStG **wahlweise** auch eine **einbringungsbedingte Realisierung** der stillen Reserven des Grund und Bodens wählen; die dabei aufgedeckten stillen Reserven sind sogleich pauschal nach § 30 Abs 4 EStG zu versteuern, der Grund und Boden ist mit dem gemeinen Wert anzusetzen. Diese einbringungsbedingte Realisierung ist für den Einbringenden steuerlich vor allem deshalb interessant, weil sich dadurch die Bewertung der Gegenleistung (= erhaltenen Anteile) entsprechend erhöht; dadurch entfällt bei einer späteren Veräußerung der Anteile insoweit die Besteuerung.[201])

Unterschiedsbeträge iSd § 18 Abs 4 Z 1 UmgrStG; vgl UmgrStR Rz 992 und *Wundsam/Zöchling/Huber/Kuhn*, UmgrStG[5] § 18 Rz 57; *Titz/Wild/Schlager* in HB der Umgründungen[16] § 18 Rz 157 ff.

[200]) Dazu oben bei der Einkommensteuer Rz 118 ff.

[201]) Vgl *Mayr*, RdW 2013, 42; *Titz/Wild*, RdW 2014, 745; ausführlich *Reinold*, Immobilien-Ertragsteuern und Umgründungen, 236 ff und ÖStZ 2016, 204.

E. Anteile an der übernehmenden Körperschaft (§ 20)

Dem Einbringenden wird für die Einbringung eine **Gegenleistung** gewährt. Diese besteht in neuen Anteilen der übernehmenden Körperschaft, sofern bei dieser eine Kapitalerhöhung erfolgt. Unterbleibt eine Kapitalerhöhung nach § 19 Abs 2 UmgrStG,[202]) besteht die Gegenleistung in vorhandenen Anteilen, die dem Einbringenden gewährt werden oder in der Werterhöhung der Anteile des Einbringenden.[203]) Die Gewährung einer Gegenleistung bewirkt immer eine **Anschaffung.** Als Anschaffungszeitpunkt gilt der dem Einbringungsstichtag folgende Tag (§ 20 Abs 1 UmgrStG). Als Anschaffungskosten gilt der für den Einbringenden maßgebliche Wert der Sacheinlage. Bei der Buchwerteinbringung sind die **Anschaffungskosten** der neuen Anteile somit **durch den Buchwert des eingebrachten Vermögens bestimmt;** daraus ergibt sich die oben angesprochene Verdoppelung der stillen Reserven (durch die Buchwertfortführung hinsichtlich des eingebrachten Vermögens bei der übernehmenden Körperschaft und durch den Ansatz des Buchwertes beim Einbringenden für die Gegenleistung).[204]) Wird das eingebrachte Vermögen (ausnahmsweise) auf den gemeinen Wert aufgewertet,[205]) sind auch die Anschaffungskosten der erhaltenen Anteile entsprechend höher. **1195**

§ 20 Abs 7 UmgrStG enthält analog zu den anderen Artikeln des UmgrStG die Folgen des einbringungsbedingten **Entstehens** oder **Wegfalls** einer **internationalen Schachtelbeteiligung;**[206]) so führt das umgründungsbedingte Entstehen einer mindestens 10%igen Auslandsbeteiligung als Gegenleistung stets zu einer steuerneutralen Schachtelbeteiligung und eine Option in die Steuerwirksamkeit ist nicht möglich.[207]) **1196**

Beim Ratenzahlungskonzept wurde oben der Spezialfall des § 16 Abs 1a UmgrStG angesprochen (Kapitalgesellschaft bringt steuerhängige Beteiligung in eine EU-Körperschaft ein und erhält als Gegenleistung eine internationale Schachtelbeteiligung); dabei kommt es zu einer Besteuerung der exportierten stillen Reserven im Jahr der Gewinnrealisierung durch die übernehmende EU-Gesellschaft.[208]) Um sodann eine Doppelbesteuerung zu vermeiden, ist die von der Steuerneutralität ausgenommene stille Reserve der internationalen Schachtelbeteiligung an der EU-Gesellschaft insoweit zu entsteuern (§ 20 Abs 7 Z 1 UmgrStG).

F. Verlustabzug (§ 21)

Allgemein steht der Verlustabzug grundsätzlich nur dem Steuerpflichtigen zu, der den Verlust erwirtschaftet hat. Auf den Erwerber oder Geschenknehmer des Unterneh- **1197**

---

202) Dazu oben Tz 1180.

203) Zur interessanten Frage der upstream-Einbringung mit negativem Buchwert der Beteiligung vgl *Furherr,* RdW 2017, 530; anders *Hirschler/Sulz/Oberkleiner,* BFGjournal 2017, 179; dazu auch *Titz/Wild/Schlager* in HB der Umgründungen[16] § 20 Rz 70.

204) Dazu oben Tz 1192.

205) ZB nach § 17 Abs 2 UmgrStG.

206) Vgl zB oben Tz 1145.

207) Dazu UmgrStR Rz 1153 ff; vgl oben Rz 1194.

208) Vgl oben Tz 1184.

mens geht der Verlustabzug grundsätzlich nicht über (ausgenommen zB Erbschaft).[209]) Damit würde der Verlustabzug bei Einbringungen nicht übergehen, sondern beim Einbringenden zurückbleiben.

§ 21 UmgrStG verdrängt die Folgen des allgemeinen Steuerrechts[210]) und sieht in grundsätzlicher Anknüpfung an die Verschmelzung[211]) den **Übergang des Verlustabzugs** unter folgenden kumulativen **Voraussetzungen** vor:

- die Einbringung erfolgt unter **Fortführung der Buchwerte;**
- die Verluste sind **dem übertragenen Vermögen zuzurechnen;**
- das **übertragene Vermögen** ist am Einbringungsstichtag **vergleichbar** mit dem verlustverursachenden Vermögen;[212])
- bei Einbringung durch eine **Körperschaft** darf zusätzlich die **Beschränkung für verbundene Körperschaften** nicht greifen.[213])

Wie bei der Verschmelzung gelten die Kriterien für den Erhalt des Verlustabzugs (hinsichtlich der „eigenen" Verluste) bei der **übernehmenden Körperschaft** entsprechend.[214])

Auch bei der übernehmenden Körperschaft ist vor allem auf das Vorhandensein des verlustverursachenden Vermögens am Einbringungsstichtag und das Vergleichbarkeitskriterium zu achten. Im Unterschied zur Verschmelzung, bei der sich ohne diese Voraussetzungen die Verschmelzungsrichtung relativ leicht umkehren ließe, erscheint bei der Einbringung der Wegfall von „eigenen" Verlusten der übernehmenden Körperschaft problematisch.

Wie bei der Verschmelzung gilt auch bei der Einbringung der umgründungsspezifisch erweiterte Mantelkauf-Tatbestand.[215])

G. Sonstige Rechtsfolgen der Einbringung (§ 22)[216])

1. Sonstige Rechtsfolgen der Einbringung

1198 - **Äquivalenzverletzung:**[217]) Der sich rechnerisch ergebenden Unterschiedsbetrag gilt mit Beginn des dem Einbringungsstichtag folgenden Tages als unentgeltlich zugewendet (§ 22 Abs 1 UmgrStG).[218])

---

[209]) Dazu oben Tz 627.

[210]) Vgl auch VwGH 13. 9. 2018, Ro 2016/15/0010.

[211]) Dazu oben Tz 1141.

[212]) Zum Vergleichbarkeitskriterium siehe oben Tz 1142.

[213]) Dazu oben Tz 1143; ausführlich dazu auch UmgrStR Rz 1171 ff; *Petrag* in Handbuch Sonderbilanzen II, 160.

[214]) Vgl oben Tz 1141; vgl auch VwGH 26. 6. 2014, 2010/15/0140 zu einem bei der übernehmenden GmbH nicht mehr vorhandenen Textilhandelsbetrieb.

[215]) Vgl oben Tz 1144.

[216]) Entspricht weitgehend den sonstigen Rechtsfolgen einer Verschmelzung, dazu oben Tz 1147.

[217]) Beteiligungsverhältnisse an der übernehmenden Körperschaft nach der Einbringung entsprechen nicht dem Wertverhältnis des eingebrachten Vermögens zum vor Einbringung vorhandenen Vermögen der übernehmenden Körperschaft.

[218]) Ertragsteuerlich kommt es zur Korrektur der Anschaffungskosten (dazu oben Tz 1146); seit Auslaufen der Schenkungssteuer kann sich aus der Äquivalenzverletzung nur mehr eine Meldepflicht nach § 121 a BAO ergeben.

- **Lohnsteuer:** Diese gehen auf Grund der zivilrechtlichen Rechtsnachfolge – und damit nicht rückwirkend – auf die übernehmende Körperschaft über; dies gilt auch für die lohnsteuerrechtlichen Pflichten.[219]) Bringt ein Arbeitnehmer begünstigtes Vermögen in die übernehmende Körperschaft ein und erhält dafür eine Beteiligung von mehr als 25% an der übernehmenden Körperschaft, fällt seine Arbeitnehmereigenschaft nicht rückwirkend weg, sondern erst mit Eintragung der Einbringung im Firmenbuch bzw Meldung beim FA (§ 22 Abs 2 UmgrStG).
- **Umsatzsteuer:** Die Einbringung gilt als nicht steuerbarer Umsatz (§ 22 Abs 3 UmgrStG).
- **Gebühren:** Befreiung, wenn das zu übertragende Vermögen am Tag des Abschlusses des Einbringungsvertrages länger als zwei Jahre als Vermögen des Einbringenden besteht (§ 22 Abs 4 UmgrStG).
- **Grunderwerbsteuer:** Führt die Einbringung zu grunderwerbsteuerlichen Vorgängen, beträgt die GrESt nunmehr **0,5% vom Grundstückswert** (§ 4 Abs 1 iVm § 7 Abs 1 Z 2 lit c GrEStG); bei land- und forstwirtschaftlichen Grundstücken beträgt die GrESt 3,5% vom einfachen Einheitswert (§ 4 Abs 2 Z 4 iVm § 7 Abs 1 Z 3 GrEStG); eine GrESt-Pflicht kann sich auch durch eine Anteilsvereinigung (§ 1 Abs 2a und 3 GrEStG) ergeben.[220])

2. Auswirkungen auf das Einlagen- und Innenfinanzierungs-Evidenzkonto

Konzentrations- und down-stream-Einbringungen führen zu einer **Erhöhung des Einlagenstandes** bei der übernehmenden Körperschaft um den steuerlichen Sacheinlagewert des übertragenen Vermögens. Da diese Vorgänge aus steuerlicher Sicht reine Einlagevorgänge sind, wirken sich diese Einbringungen weder auf die Innenfinanzierung einer einbringenden Körperschaft noch auf die Innenfinanzierung der übernehmenden Körperschaft aus. Hingegen führen side-stream-Einbringungen (**Schwersterneinbringungen**) zu einer **Abstockung** des Einlagen- und des Innenfinanzierungsstandes im Verkehrswertverhältnis (eingebrachtes Vermögen zum Gesamtwert des Vermögens) bei der einbringenden Gesellschaft und zu einer **Aufstockung** bei der übernehmenden Körperschaft (Übertragung des Einlagen- und des Innenfinanzierungsstandes). Dies gilt auch für **up-stream-Einbringungen** mit der Besonderheit, dass der abgestockte **Einlagenstand** der übertragenden Tochtergesellschaft ersatzlos **untergeht.**[221]) 1199

VI. Zusammenschluss (Art IV)

Literatur: *Bachl,* Der Anwendungsbereich von Art IV und V UmgrStG, ecolex 2001, 814; *Huber,* Verkehrswertzusammenschlüsse nach Art IV UmgrStG, ecolex 2001,

---

[219]) Nach der Verwaltungspraxis kann die Arbeitgebereigenschaft – in Abstimmung mit der Abgabenbehörde – mit dem der Anmeldung/Meldung folgenden Lohnzahlungszeitraum übergehen, UmgrStR Rz 1217.

[220]) Vgl oben Rz 1121; vgl auch UmgrStR Rz 1238 und *Mair/Mayr* in HB der Umgründungen[16] § 22 Rz 37 ff.

[221]) § 2 Abs 3 bis 5 IF-VO; vgl ausführlich auch zur Behandlung von negativem Einbringungskapital *Rzepa/Titz/Wild* in *Mayr/Schlager/Zöchling,* Handbuch Einlagenrückzahlung 134 ff.

809; *Oberleitner,* Überschießende Vorsorge nach § 24 Abs 2 UmgrStG, RdW 2001, 61; *Sulz,* Zusammenschluss und Handelsbilanz-Vorsorge, SWK 2002, S 451; *Sulz/Walter,* Confusiogewinn und Verkehrswert-Zusammenschluss, ÖStZ 2002, 16; *Wolf,* Die Umgründung einer Arztpraxis, SWK 2002, S 825; *Djanani/Kapferer,* Wirtschaftliche Aspekte der Vorsorgemaßnahmen gem § 24 UmgrStG bei handelsrechtlicher Buchwertfortführung, ÖStZ 2003, 535; *Wiesner,* Verunglückter und missglückter Zusammenschluss im Sinne des Art IV UmgrStG, RWZ 2004, 321; *Sulz,* Neues zur Vorsorge beim Zusammenschluss gemäß Art IV UmgrStG, in FS Wiesner 439; *Joklik-Fürst/Trösztér,* Zusammenschluss gem Art IV UmgrStG – Praktische Anwendung bei Freiberuflern, ÖStZ 2004, 444, 465, 492; *Christiner,* Zusammenschluss gem Art IV UmgrStG und unbare Entnahme, RWZ 2005, 225 (mit Anm *Wiesner,* RWZ 2005, 257); *Hübner-Schwarzinger,* Praktische Probleme beim Zusammenschluss gem Art IV UmgrStG, taxlex 2006, 115; *Harrer/Pira,* Umwandlungsprobleme bei Personengesellschaften, wbl 2007, 101; *Roth/Fitz/Beiser,* Der Übergang von der GesbR zur OG gemäß § 8 Abs 3 UGB, JBl 2007, 341; *Mühlehner,* Von einem Zusammenschluss, der eine Realteilung war, RdW 2009, 378; *Sulz/Andreaus,* Zusammenschluss und Bilanzierungspflicht, SWK 2009, 567; *Wolf,* Fehler bei Umgründungen – Achtung bei der Wahl der Vorsorgemethoden, SWK 2010, S 406; *Wiesner/Schwarzinger,* Zum rechnerischen doppelten Gewinnermittlungswechsel beim Zusammenschluss, SWK 2011, S 709; *Sulz/Oberkleiner,* Kein rechnerischer doppelter Wechsel der Gewinnermittlung? SWK 2011, S 899; *Wiesner/Schwarzinger,* Zutritt eines Arbeitsgesellschafters, SWK 2011, S 969; *Daxkobler,* Bewertungsfragen zur rückwirkenden Übertragung von nicht begünstigtem Vermögen iSd Art IV UmgrStG, ÖStZ 2012, 246; *Wiesner/Schwarzinger,* Austritt der Komplementär-GmbH aus der KG mit Anwachsung nach § 142 UGB, SWK 2012, 438; *Hirschler/Sulz/Oberkleiner,* Anforderungen an Zusammenschlussvertrag bei zeitlich getrenntem Gesellschafts- und Zusammenschlussvertrag, BFGjournal 2015, 376; *Pilgermair,* Steuerverschiebungen bei Zusammenschlüssen und Realteilungen von Freiberuflern, RdW 2015, 531; *Bergmann,* Keine rückbezogene Einlagenbewertung von nicht begünstigtem Vermögen, GES 2016, 191; *Wiesner,* Bewertung von nicht begünstigtem Vermögen, RWZ 2016, 83; *Hu/Ludwig,* Rückwirkende Bewertung beim Zusammenschluss, ÖStZ 2016, 253.

A. Anwendungsbereich (§ 23)

1200 Vereinfacht gesagt wird bei einem Zusammenschluss Vermögen auf eine Personengesellschaft übertragen. Definitionsgemäß wird unter Zusammenschluss die **Übertragung von begünstigtem Vermögen auf** eine **Personengesellschaft** gegen Gewährung von Gesellschaftsrechten auf der Basis eines schriftlichen Zusammenschlussvertrages (Gesellschaftsvertrages) und einer Zusammenschlussbilanz verstanden.

Der Zusammenschlussbegriff des UmgrStG ist sehr weit gefasst; es fallen darunter Vorgänge, bei denen

- eine **Mitunternehmerschaft neu entsteht** oder
- sich eine **bestehende Mitunternehmerschaft** durch Neuaufnahme von Gesellschaftern oder Veränderung der Beteiligungsverhältnisse **verändert.**[222])

[222]) Vgl UmgrStR Rz 1296; *Hammerl* in Handbuch Sonderbilanzen II, 175.

Ein **Zusammenschluss** liegt daher zB in **folgenden Fällen** vor:[223])

- Ein Einzelunternehmer nimmt einen Angehörigen als Gesellschafter auf; es wird eine OG oder KG gegründet, auf die das Einzelunternehmen übertragen wird.
- Zwei Einzelunternehmer schließen sich zu einer Personengesellschaft zusammen; jeder der beiden überträgt seinen Betrieb auf die neu gegründete Gesellschaft (Mitunternehmerschaft) und erhält dafür eine entsprechende Beteiligung an dieser.
- Eine GmbH, die einen Betrieb führt, nimmt einen oder mehrere atypisch stille Gesellschafter auf, die lediglich Geldeinlagen leisten.[224])
- In eine bestehende Personengesellschaft wird ein weiterer Gesellschafter aufgenommen; in diesem Fall ist es nach der Verwaltungspraxis nicht erforderlich, dass der neue Gesellschafter einen Betrieb oder Teilbetrieb einbringt, sofern nur die Gesellschaft bereits einen Betrieb führt.[225])
- Zwei Personengesellschaften werden zu einer neuen Personengesellschaft vereinigt.
- Aus dem Einzelunternehmen wird eine GmbH & Co KG, wobei die GmbH nur ihre Arbeitskraft einbringt und der bisherige Einzelunternehmer der einzige Kommanditist ist.[226])

Nach **allgemeinem Steuerrecht** liegt bei der Übertragung eines Betriebes, Teilbetriebes oder Mitunternehmeranteiles grundsätzlich ein Veräußerungstatbestand vor; nach **§ 24 Abs 7 EStG** ist ein Veräußerungsgewinn nicht zu ermitteln, soweit das UmgrStG eine Buchwertfortführung vorsieht.

Ein unter Art IV UmgrStG fallender Zusammenschluss setzt nach § 23 **1201**
UmgrStG voraus:

- begünstigtes Vermögen;
- positiven Verkehrswert;
- tatsächliche Vermögensübertragung;
- Gegenleistung (ausschließlich Gesellschaftsrechte);
- übernehmende Personengesellschaft;
- Zusammenschlussvertrag und
- Zusammenschlussbilanz.

Die Voraussetzungen für einen Zusammenschluss entsprechen grundsätz- **1202**
lich der Einbringung,[227]) weil Art IV wiederholt an die Einbringung anknüpft. Im Detail gibt es aber Unterschiede. So zählen zum **begünstigten** (zusammenschlussfähigen) **Vermögen** zwar **Betriebe, Teilbetriebe** und **Mitunternehmeranteile,**[228]) nicht aber Kapitalanteile.[229]) Nach der Verwaltungspraxis und hM ist

---

[223]) Zu weiteren Anwendungsfällen vgl UmgrStR Rz 1297 f; *Hübner-Schwarzinger/Six* in *Kofler,* UmgrStG § 23 Rz 6.

[224]) Vgl UmgrStR Rz 1297; *Wiesner,* RWZ 1999, 326.

[225]) Fingiert wird eine Betriebsübertragung auf eine „neue" Personengesellschaft, UmgrStR Rz 1298.

[226]) UmgrStR Rz 1297.

[227]) Zur Einbringung oben Tz 1171.

[228]) Dazu oben Tz 1172.

[229]) Kapitalanteile können bei Zusammenschlüssen auf eine übernehmende Personengesellschaft nur dann begünstigt mitübertragen werden, wenn sie Teil eines Betriebes, Teilbetriebes oder Mitunternehmeranteiles sind, UmgrStR Rz 1346.

es nicht erforderlich, dass alle am Zusammenschluss beteiligten Personen begünstigtes Vermögen übertragen; vielmehr genügt es, wenn **zumindest eine Person** einen Betrieb, Teilbetrieb oder Mitunternehmeranteil überträgt. In einem solchen Fall finden die Bestimmungen des Art IV auf den ganzen Zusammenschluss Anwendung, auf jene Personen, die kein begünstigtes Vermögen übertragen, aber nur hinsichtlich der Rückwirkung.[230])

Beispiel:

A beteiligt sich auf Grund eines Zusammenschlussvertrages vom 4. 9. 02 mit Wirkung zum 31. 12. 01 als atypisch stiller Gesellschafter am Unternehmen der B-GmbH. Da die B-GmbH einen Betrieb iSd EStG unterhält und sich A mit einer Geldeinlage beteiligt, ist Art IV dadurch erfüllt, dass der Betrieb der GmbH in die Mitunternehmerschaft übertragen wird. Obwohl A kein begünstigtes Vermögen überträgt, kann er trotzdem rückwirkend der Mitunternehmerschaft beitreten.

1203 Wie bei der Einbringung muss das begünstigte Vermögen für sich allein einen **positiven Verkehrswert** besitzen[231]) und der übernehmenden Personengesellschaft **tatsächlich übertragen** werden.[232]) **Übernehmende Personengesellschaft** können alle Gesellschaften sein, bei denen die Gesellschafter als Mitunternehmer anzusehen sind (erforderlich sind somit betriebliche Einkünfte).[233]) Als übernehmende Personengesellschaft kommen daher vor allem die OG, KG, GesbR und die atypisch stille Gesellschaft in Betracht. Unerheblich ist, ob die Personengesellschaft schon besteht oder im Zuge des Zusammenschlusses gegründet wird. Beim **Übertragenden** sieht das UmgrStG keine Einschränkungen vor; als Übertragende kommen daher natürliche wie juristische Personen und auch Personengesellschaften in Betracht. Wird bei einem Zusammenschluss Vermögen auf eine bereits bestehende Mitunternehmerschaft übertragen, nimmt gewissermaßen die übernehmende Mitunternehmerschaft als Übertragende am Zusammenschluss teil.[234])

---

[230]) Vgl UmgrStR Rz 1370; zB *Walter*, UmgrStR 2018 Rz 570; *Hirschler/Sulz/Knesl* in HB der Umgründungen[17] § 23 Rz 1. Der Gesetzeswortlaut von § 23 Abs 1 UmgrStG ist aber nicht eindeutig und es ließe sich auch vertreten, dass jede am Zusammenschluss beteiligte Person begünstigtes Vermögen übertragen muss; eine solche Auslegung würde auch mit den beiden anderen reinen „Steuerartikeln" (Einbringung und Realteilung) harmonieren, den Anwendungsbereich von Art IV UmgrStG aber erheblich reduzieren; vgl auch Rz 1220.

[231]) Zur Einbringung oben Tz 1181.

[232]) Das begünstigte Vermögen muss in der Zusammenschlussbilanz ausgewiesen werden, im Zeitpunkt des Zusammenschlussvertrages vorhanden sein und auf die Mitunternehmerschaft real übergehen, dazu UmgrStR Rz 1371; kritisch *Hügel/Mühlehner/Hirschler,* weil das Erfordernis der „realen Übertragung" in jenen Fällen nicht erfüllbar sei, in denen aus zivilrechtlicher Sicht überhaupt keine Änderung hinsichtlich der sachenrechtlichen Rechtszuständigkeit eines Vermögens durch Zusammenschluss eintritt (zB Zusammenschluss einer betriebsführenden GmbH mit einem atypisch stillen Gesellschafter mit Bareinlage), UmgrStG § 23 Rz 49.

[233]) Zur Mitunternehmerschaft oben Tz 526 ff.

[234]) Sie hat daher auch zB eine Stichtagsbilanz und eine Zusammenschlussbilanz zu erstellen.

Anwendungsvoraussetzung für einen Zusammenschluss nach UmgrStG ist auch, dass das übertragene Vermögen **ausschließlich gegen Gewährung von Gesellschaftsrechten** an der übernehmenden Personengesellschaft erfolgt. Anders als bei der Einbringung[235]) gibt es beim Zusammenschluss davon grds keine Ausnahmen.[236]) 1204

Werden neben Gesellschafterrechten auch Zahlungen oder geldwerte Vorteile in das Privatvermögen des Übertragenden gewährt, ist Art IV zur Gänze **nicht anwendbar.**[237]) Der Begriff „Gesellschafterrechte" ist einkommensteuerrechtlich auszulegen und umfasst jede positive Veränderung der Rechtsstellung eines Gesellschafters.[238])

Analog zur Einbringung kennt Art IV einen Zusammenschlussvertrag, eine Zusammenschlussbilanz und einen Zusammenschlussstichtag. Die betreffenden Vorschriften des Art III gelten entsprechend.[239]) Der schriftliche **Zusammenschlussvertrag** (Gesellschaftsvertrag) bildet die rechtsgeschäftliche Grundlage für den Zusammenschluss. 1205

Das Erfordernis eines schriftlichen **Zusammenschlussvertrages** bedeutet nach der Verwaltungspraxis nicht, dass der Zusammenschluss in einem gesonderten Vertrag geregelt sein muss.[240]) In der Praxis erfolgt die vertragliche Regelung des Zusammenschlusses meistens in einem Gesellschaftsvertrag der übernehmenden Personengesellschaft bzw bei einer bereits existenten Personengesellschaft in einem Nachtrag zum bestehenden Gesellschaftsvertrag; darin werden die wesentlichen Regelungen für den Zusammenschluss (insb Definition des zu übertragenden Vermögens) festgehalten, wobei gerade bei der Definition des zu übertragenden Vermögens oftmals auf die Zusammenschlussbilanz verwiesen wird.[241])

Wie bei der Einbringung sind auch beim Zusammenschluss grundsätzlich zwei Bilanzen, eine Stichtagsbilanz und eine Zusammenschlussbilanz, zu erstellen.[242]) In der **Zusammenschlussbilanz** ist das zu übertragende Vermögen mit den steuerlichen Werten darzustellen, sie enthält auch die – beim Zusammenschluss ebenfalls möglichen – rückwirkenden Korrekturen nach § 16 Abs 5 1206

---

235) Vgl Tz 1180.

236) Vgl auch VwGH 29. 1. 2009, 2008/16/0126 zu einem vermeintlichen „upstream"-Zusammenschluss (durch Anwachsung); dazu *Mühlehner,* RdW 2009, 378; *Stieglitz,* GeS 2009, 195; *Wiesner/Schwarzinger,* SWK 2012, 438; zum Unterbleiben der Gewährung von Gesellschafterrechten vgl UmgrStR Rz 1380 und *Hirschler/Sulz/Knesl* in HB der Umgründungen[17] § 23 Rz 62.

237) UmgrStR Rz 1381.

238) VwGH 27. 5. 1999, 98/16/0304; UmgrStR Rz 1375; dazu *Wundsam/Zöchling/Huber/Kuhn,* UmgrStG[5] § 23 Rz 78 ff.

239) Vgl § 24 Abs 1 UmgrStG; zu den entsprechenden Vorschriften bei der Einbringung vgl oben Tz 1174 ff.

240) UmgrStR Rz 1302.

241) Vgl *Wundsam/Zöchling/Huber/Kuhn,* UmgrStG[5] § 23 Rz 62 ff; im Zusammenschluss enthaltene „Steuerklauseln" (insb zur Verhinderung eines verunglückten Zusammenschlusses) sind nur ausnahmsweise wirksam, vgl UmgrStR Rz 1292.

242) Vgl oben Tz 1175.

UmgrStG.[243]) Der sich aus der Zusammenschlussbilanz ergebende Saldo aus Aktiva und Passiva zeigt das Zusammenschlusskapital an.

Wie bei der Einbringung ist die **Zusammenschlussbilanz** eine **Anwendungsvoraussetzung** für Art IV UmgrStG; die Zusammenschlussbilanz kann nur dann entfallen, wenn die steuerlich maßgeblichen Werte und das Zusammenschlusskapital im Zusammenschlussvertrag beschrieben werden.[244]) **Wirtschaftsgüter,** die anlässlich des Zusammenschlusses von einem Einzelunternehmer **zurückbehalten und** der Personengesellschaft entgeltlich oder unentgeltlich **zur Nutzung überlassen werden,** erhalten so die Eigenschaft von Sonderbetriebsvermögen; eine Gewinnverwirklichung ist damit in diesem Fall nicht verbunden.[245])

B. Übertragungsvorgang (§ 24)

1. Zusammenschlussstichtag

1207 Zusammenschlussstichtag ist der Tag, zu dem das Vermögen mit steuerlicher Wirkung auf die übernehmende Personengesellschaft übergehen soll.[246]) Wie bei der Einbringung ist der Zusammenschlussstichtag grundsätzlich frei wählbar und kann auch rückbezogen werden;[247]) bei einer solchen Rückbeziehung muss der Zusammenschluss aber innerhalb einer **Frist von**

---

[243]) Zu den rückwirkenden Korrekturen vgl oben Tz 1185 ff; ausführlich zB UmgrStR Rz 1431 ff.

[244]) Von der Aufstellung einer Stichtags- oder Zusammenschlussbilanz kann nach der Verwaltungspraxis abgesehen werden, wenn es zu keiner Änderung der Beteiligungsverhältnisse kommt (zB Beitritt eines reinen Arbeitsgesellschafters zu einer OG mit gleichzeitiger formwechselnder Umwandlung zu einer KG); es fehlt damit zwar eine Anwendungsvoraussetzung für Art IV UmgrStG, mangels (endgültiger) Verschiebung von stillen Reserven bzw Steuerlasten tritt keine Gewinnverwirklichung ein, allerdings gehen die sonstigen Begünstigungen (zB GrESt) verloren, UmgrStR Rz 1390; *Wiesner/Schwarzinger,* SWK 2011, S 969; dazu *Sulz/Andreaus,* ÖStZ 2007, 535.

[245]) VwGH 19. 5. 2005, 2000/15/0179; bei der Übertragungen eines Betriebes durch eine Mitunternehmerschaft ist eine gleichzeitige steuerneutrale Überführung von Wirtschaftsgütern aus dem bisherigen Gesamthandvermögen in das Sonderbetriebsvermögen der beteiligten Mitunternehmerschaft nur ausnahmsweise möglich (insb darf es zu keiner Verschiebung der Zuordnung/Substanzbeteiligung der betroffenen Wirtschaftsgüter kommen), vgl UmgrStR Rz 1444 f.

[246]) § 24 Abs 1 iVm § 13 Abs 1 UmgrStG.

[247]) Zur Einbringung oben Tz 1176; beim Zeitpunkt der Bewertung des Vermögens unterscheidet der VwGH zwischen begünstigtem Vermögen und nicht begünstigtem Vermögen (zB Aktien): anders als beim begünstigten Vermögen ist für das nicht begünstigte Vermögen der Teilwert im Zeitpunkt der tatsächlichen Zuführung maßgeblich, VwGH 20. 1. 2016, 2012/13/0013 zum rückwirkenden Zusammenschluss zu einer atypisch stillen Gesellschaft, bei der der atypisch stille Gesellschafter seine Einlagen in Form von im Privatvermögen gehaltenen Aktien leistete (bei diesen Aktien kam es im Rückwirkungszeitraum zu einem massiven Kursverlust, den der Steuerpflichtige mittels Rückwirkungsfiktion in den betrieblichen Bereich verlagern wollte); vgl auch *Wiesner,* RWZ 2016, 83; kritisch *Hu/Ludwig,* ÖStZ 2016, 253.

neun Monaten zur Eintragung im Firmenbuch angemeldet oder dem FA gemeldet werden.

Der Zusammenschluss ist in das **Firmenbuch** einzutragen, wenn im Zuge des Zusammenschlusses die Sachgründung einer einzutragenden Personengesellschaft erfolgt oder ein Gesellschafter in eine im Firmenbuch eingetragene Personengesellschaft neu eintritt. Alle anderen Zusammenschlüsse fallen in den Zuständigkeitsbereich des **FA** (zB Sachgründung einer nicht in das Firmenbuch einzutragenden stillen Mitunternehmerschaft).[248])

Wie bei der Einbringung muss das **Zusammenschlussvermögen dem Übertragenden** nicht nur im Zeitpunkt des Abschlusses des Zusammenschlussvertrages, sondern auch am Zusammenschlussstichtag **zurechenbar sein.**[249]) Bei einem Zusammenschluss durch eine Mitunternehmerschaft gelten für die Vermögenszurechnung auch die Mitunternehmer als Übertragende, weshalb ein rückwirkender Zusammenschlussstichtag nur dann möglich ist, wenn sich im Rückwirkungszeitraum an der übertragenden Mitunternehmerschaft keine Änderung der Beteiligungsverhältnisse ergeben hat.

2. Buchwertfortführung und Vorsorgemaßnahmen

Für den Zusammenschluss ist ebenso wie bei der Einbringung grundsätzlich zwingend die **Buchwertfortführung** vorgesehen.[250]) Die Buchwertfortführung ist aber nur möglich, wenn es durch den Zusammenschluss zu **keiner Verschiebung der Steuerlasten** kommt. Allerdings würde es im Zuge eines Zusammenschlusses – ohne entsprechende Vorsorgemaßnahmen – immer dann zu einer Verschiebung der Steuerlasten kommen, wenn im Zusammenschlussvermögen enthaltene stille Reserven (einschließlich Firmenwert) vom bisherigen Eigentümer auf die nunmehrigen Mitgesellschafter übergehen. Gegen eine solche Verschiebung der Steuerlasten ist Vorsorge zu treffen. **1208**

Wird **keine** solche **Vorsorge** getroffen,[251]) kommt es zur **Aufdeckung** und Versteuerung der **stillen Reserven** (einschließlich des Sonderbetriebsvermögens) zum Zusammenschlussstichtag. Auch in einem solchen Fall liegt ein Zusammenschluss nach Art IV UmgrStG (mit seinen Rechtswirkungen) vor, lediglich die Buchwertfortführung ist innerhalb des Art IV nicht zulässig.[252])

Die endgültige Verschiebung der Steuerbelastung muss nach § 24 Abs 2 UmgrStG durch Maßnahmen vermieden werden, die im Bereich der Gewinnermittlung liegen. Nicht ausreichend wären Zahlungen auf Gesellschafterebene, **1209**

---

[248]) Vgl UmgrStR Rz 1338; zum zuständigen Betriebsfinanzamt vgl auch *Hirschler/Sulz/Knesl* in HB der Umgründungen[17] § 24 Rz 22.

[249]) Zur Einbringung oben Tz 1177.

[250]) Sollte es bei einem Zusammenschluss (ausnahmsweise) zu einer Einschränkung des Besteuerungsrechts der Republik Österreich kommen, ist auch beim Zusammenschluss das Ratenzahlungskonzept gem § 6 Z 6 EStG sinngemäß anzuwenden, vgl oben Tz 1125 (Verschmelzung) oder Tz 1183 (Einbringung).

[251]) Vgl VwGH 20. 12. 2016, Ro 2015/15/0033 zur fehlenden Ernsthaftigkeit eines Zusammenschlusses unter nahen Angehörigen.

[252]) Vgl *Hammerl* in Handbuch Sonderbilanzen II, 195; kritisch *Hügel/Mühlehner/Hirschler,* UmgrStG § 24 Rz 77 f; vgl auch *Hirschler/Sulz/Knesl* in HB der Umgründungen[17] § 24 Rz 135 ff.

mit denen steuerliche Mehrbelastungen einzelner Gesellschafter ausgeglichen werden. Als **Maßnahmen** der Gewinnermittlung kommen in Betracht:

a) **Ergänzungsbilanzen,**
b) Vereinbarung eines **Gewinnvorabs** für übertragene stille Reserven,
c) Vereinbarung eines **Liquidationsvorabs** für übertragene stille Reserven,
d) Vereinbarung eines **Reservenvorbehalts.**

Ergänzungsbilanzen sind für sog **Verkehrswertzusammenschlüsse** vorgesehen; Gewinn-, Liquidations- und Reservenvorbehalt für sog **Kapitalkontenzusammenschlüsse.**

ad a) **Ergänzungsbilanzen**

1210 Bei dieser Variante vereinbaren die am Zusammenschluss beteiligten Stpfl eine Beteiligung im Verhältnis der Verkehrswerte, weshalb auch von einem **Verkehrswertzusammenschluss** gesprochen wird. Um bei den Kapitalkonten ein richtiges Verhältnis herzustellen, kann entweder eine Quotenverschiebung oder eine Aufwertung erfolgen.

Beispiel:[253])

Das **Einzelunternehmen** des A hat einen **Buchwert** von **€ 1,5 Mio** und einen **Verkehrswert** von **€ 2 Mio.** B soll als Gesellschafter aufgenommen und mit 50% beteiligt werden. B leistet in die neu gegründete Gesellschaft eine **Bareinlage** von **€ 2 Mio.** B ist nunmehr auch an 50% der stillen Reserven im Unternehmen des A (= € 250.000) beteiligt.

Variante Quotenverschiebung: Das (buchmäßige) Betriebsvermögen beträgt € 3,5 Mio. A und B erhalten davon je ein **Kapitalkonto iHv € 1,750.000.** Für A kommt es zu einer Aufstockung um € 250.000, bei B zu einer Abstockung um € 250.000. Um eine Verschiebung von steuerhängigen stillen Reserven zu vermeiden, hat A eine **Ergänzungsbilanz** aufzustellen, die folgendes Aussehen hat:

Minderkapital A	€ 250.000	Minderwert für Aktiva	€ 250.000

B stellt hingegen eine spiegelbildliche Ergänzungsbilanz auf:

Mehrwert für Aktiva	€ 250.000	Mehrkapital B	€ 250.000

Variante Aufwertung: Das Betriebsvermögen wird insgesamt mit dem Verkehrswert von € 4 Mio angesetzt. A und B erhalten je ein **Kapitalkonto iHv € 2 Mio.** Für A kommt es zu einer Aufstockung des Kapitalkontos um € 500.000. Die Verschiebung von steuerhängigen stillen Reserven kann wieder durch Aufstellen einer **Ergänzungsbilanz** verhindert werden:

Minderkapital A	€ 500.000	Minderwert für Aktiva	€ 500.000

Die in den Ergänzungsbilanzen aufgenommenen Korrekturposten (sog „Minder- und Mehrwerte") entsprechen den in der Gesellschaftsbilanz verschobenen bzw aufgedeckten stillen Reserven. Die Korrekturposten teilen daher das steuerliche Schicksal jener Wirtschaftsgüter, denen diese stillen Reserven zuzuordnen sind.[254])

[253]) Adaptiert aus ErläutRV 266 BlgNR 18. GP 33; für weitere Beispiele vgl UmgrStR Rz 1314 ff; *Walter,* UmgrStR 2018 Rz 645; *Wundsam/Zöchling/Huber/Kuhn,* UmgrStG[5] § 24 Rz 116; *Sulz* in FS Wiesner 439.

[254]) Zur weiteren Behandlung der Ergänzungsbilanzposten siehe UmgrStR Rz 1314 (zur Quotenverschiebung) und Rz 1315 (zur Verkehrswertübernahme).

ad b) **Gewinnvorab**

Beim **Kapitalkontenzusammenschluss mit Gewinnvorab** werden die Beteiligungen im Verhältnis der Buchwerte (bzw der starren Kapitalkonten[255]) der übertragenen Vermögen ausgewiesen und die **stillen Reserven durch** einen **Vorweggewinn ausgeglichen.** Dieser Vorweggewinn ist laufender steuerpflichtiger Gewinn, beim anderen Gesellschafter kommt es zu entsprechend niedrigeren Gewinnanteilen.[256]) Ergänzungsbilanzen werden nicht aufgestellt. 1211

Beispiel:

Sachverhalt wie zuvor. B leistet jedoch bloß eine **Bareinlage iHv € 1,5 Mio.** Die Kapitalkonten betragen somit je € 1,5 Mio. Der Gewinn steht nach dem Beteiligungsverhältnis A und B zu gleichen Teilen zu. A erhält aber zum Ausgleich der stillen Reserven solange einen Gewinnvoraus iHv 10% des Gesamtgewinnes, bis der Betrag der stillen Reserven erreicht ist, der sich zu B verschoben hat (= € 250.000).

ad c) **Liquidationsvorab**

Beim **Kapitalkontenzusammenschluss mit** der Variante **Liquidationsvorab** werden die Beteiligungen im Verhältnis der Buchwerte ausgewiesen und die stillen Reserven durch einen **höheren Anteil am Liquidationserlös** abgegolten. Auch hier werden keine Ergänzungsbilanzen aufgestellt, weil es zu keiner Veräußerung kommt. 1212

Ein **Liquidationsvorab** wird in der Praxis dann vereinbart, wenn die stillen Reserven im Firmenwert und in anderen langlebigen Anlagegütern enthalten sind. Die Zusammenschlusspartner können **Gewinn- und Liquidationsvorab** auch beliebig miteinander **kombinieren.**

ad d) **Reservenvorbehalt**

Beim **Kapitalkontenzusammenschluss mit Reservenvorbehalt behält sich** derjenige, der Vermögen mit stillen Reserven und/oder einem Firmenwert überträgt, die zum Zusammenschlussstichtag bestehenden **stillen Reserven** einschließlich Firmenwert **vor,** weshalb auch von einem **Vorbehaltszusammenschluss** gesprochen wird. Die übrigen Gesellschafter der Personengesellschaft sind somit nur an jenen stillen Reserven beteiligt, die ab diesem Stichtag entstehen. Wie beim Liquidationsvorab werden die Beteiligungen im Verhältnis der Buchwerte ausgewiesen und keine Ergänzungsbilanzen aufgestellt.[257]) 1213

---

[255]) Vgl UmgrStR Rz 1309 und 1316.

[256]) Soweit im Rahmen eines Kapitalkonten-Zusammenschlusses Kapitalvermögen oder Grundstücke, auf die der Sondersteuersatz nach § 27 a oder § 30 a EStG anzuwenden ist, mitübertragen werden, ist für diese Wirtschaftsgüter zur Wahrung des Sondersteuersatzes nur ein wirtschaftsgutbezogener Liqidationsvorab oder Reservenvorbehalt zulässig, UmgrStR Rz 1320; weitgehender *Hirschler/Sulz/Knesl* in HB der Umgründungen[17] § 24 Rz 165.

[257]) Ausführlich UmgrStR Rz 1327 ff; zum Vorbehaltszusammenschluss mit späterem Erwerb (sog „Lockstep“) vgl *Hirschler/Sulz/Knesl* in HB der Umgründungen[17] § 24 Rz 192 ff.

3. *Grund und Boden: Aufwertungsoption oder gespaltene Betrachtung*

1214 Ähnlich wie bei der Einbringung[258]) kann Grund und Boden des „Altvermögens", der am Zusammenschlussstichtag der pauschalen Besteuerung nach § 30 Abs 4 EStG unterliegt, entweder wahlweise realisiert werden (Aufwertungsoption nach § 24 Abs 3 UmgrStG) oder er unterliegt einer „gespaltenen Betrachtung" (§ 25 Abs 5 UmgrStG).

Anders als bei der Einbringung erschöpft sich beim Zusammenschluss der Vorteil der Aufwertungsoption im Vermeiden einer Vorsorgemaßnahme gegen Steuerlastverschiebungen (zu einer „Verdoppelung" von stillen Reserven wie beim Zusammenschluss kommt es nicht). Die Logik der gespaltenen Betrachtung ist der Einbringung nachempfunden,[259]) kennt aber gewisse Besonderheiten.[260])

C. Übernehmende Personengesellschaft (§ 25)

1215 Die Grundsätze der Verschmelzung und Einbringung gelten sinngemäß;[261]) die übernehmende Personengesellschaft hat daher die vom Übertragenden angesetzten steuerlichen Werte weiterzuführen (grds Buchwertfortführung; § 25 Abs 1 Z 1 UmgrStG). Im Falle der Buchwertübertragung ist sie gewinnermittlungsrechtlich – wie bei der Einbringung – als Gesamtrechtsnachfolgerin anzusehen.[262])

Entsteht durch den Zusammenschluss eine **internationale Schachtelbeteiligung** oder wird ihr Ausmaß erweitert, so ist – wie generell bei den Umgründungen – hinsichtlich der bisher nicht steuerbegünstigten Beteiligungsquoten auf den Unterschiedsbetrag zwischen den Buchwerten und den höheren Teilwerten § 10 Abs 3 erster Satz KStG nicht anwendbar (§ 25 Abs 3 Z 1 UmgrStG). Dieser Unterschiedsbetrag bleibt damit steuerverfangen.

Da die übernehmende Personengesellschaft kein Steuersubjekt ist, können **Verlustabzüge** schon deshalb **nicht** auf die Personengesellschaft **übergehen.** Bestehende Verlustabzüge verbleiben daher auch nach dem Zusammenschluss ausschließlich beim jeweiligen Zusammenschlusspartner.

D. Sonstige Rechtsfolgen des Zusammenschlusses (§ 26)[263])

1216 **Äquivalenzverletzung:** Der rechnerisch ermittelte Unterschiedsbetrag gilt mit Beginn des dem Zusammenschlussstichtag folgenden Tages als unentgeltlich zugewendet (§ 26 Abs 1 Z 1 UmgrStG).

Lohnsteuer: Nimmt ein Arbeitnehmer des zu übertragenden Betriebes am Zusammenschluss teil und wird er damit Mitunternehmer, fällt seine Arbeitnehmerstellung

---

[258]) Dazu oben Tz 1194/1.

[259]) Dazu oben Tz 1194/1.

[260]) Ausführlich *Titz/Wild,* RdW 2014, 745.

[261]) Vgl oben Tz 1133 ff und 1193 ff.

[262]) Zur Einbringung oben Tz 1193.

[263]) Entspricht weitgehend den Rechtsfolgen einer Verschmelzung, dazu oben Tz 1147.

nicht rückwirkend weg, sondern erst mit Eintragung des Zusammenschlusses ins Firmenbuch bzw der Meldung beim FA (§ 26 Abs 2).

Umsatzsteuer: Zusammenschluss gilt als nicht steuerbarer Umsatz (§ 26 Abs 1 Z 2 UmgrStG).

Gebühren: Befreiung, wenn das zu übertragende Vermögen am Tag des Abschlusses des Zusammenschlussvertrages länger als zwei Jahre als Vermögen des Übertragenden besteht (§ 26 Abs 3 UmgrStG).

Grunderwerbsteuer: Führt der Zusammenschluss zu grunderwerbsteuerlichen Vorgängen, beträgt die GrESt nunmehr **0,5% vom Grundstückswert** (§ 4 Abs 1 iVm § 7 Abs 1 Z 2 lit c GrEStG); bei land- und forstwirtschaftlichen Grundstücken beträgt die GrESt 3,5% vom einfachen Einheitswert (§ 4 Abs 2 Z 4 iVm § 7 Abs 1 Z 3 GrEStG); eine GrESt-Pflicht kann sich auch durch eine Anteilsvereinigung (§ 1 Abs 2a und 3 GrEStG) ergeben.[264])

frei 1217–1219

VII. Realteilung (Art V)

Literatur: *Bachl,* Der Anwendungsbereich von Art IV und V UmgrStG, ecolex 2001, 814; *Sulz/Reisch,* Vorsorge bei Realteilung nach Art V UmgrStG, SWK 2003, S 368; *Steinmaurer,* UmgrStR-Wartungserlass 2006/07: Die Realteilung, ÖStZ 2008, 399; *Bergmann,* „Verunglückte" Realteilungen, GES 2012, 97; *ders,* Ausgleichsposten bei äquivalenzverletzenden Realteilungen, SWK 2012, 493; *ders,* Vorschläge zur Verbesserung von Art V UmgrStG (Realteilung), GES 2012, 190; *Bergmann,* Neue GrESt-Begünstigung für Umgründungen, SWK 2016, 13 (mit Anm *Bodis).*

A. Anwendungsbereich (§ 27)

Vereinfacht gesagt wird bei einer Realteilung Vermögen einer Personengesellschaft auf ihre Gesellschafter übertragen. Definitionsgemäß wird unter einer Realteilung die Übertragung von begünstigtem Vermögen von Personengesellschaften auf Grund eines schriftlichen Teilungsvertrages (Gesellschaftsvertrages) und einer Teilungsbilanz zum Ausgleich untergehender Gesellschafterrechte ohne oder ohne wesentliche Ausgleichszahlungen auf Nachfolgeunternehmer verstanden. Personengesellschaften sind sämtliche steuerliche Mitunternehmerschaften. 1220

Die **Realteilung** ist das **Gegenstück zum Zusammenschluss;** wie der Zusammenschluss knüpft auch die Realteilung oftmals an die Einbringung an. Anders als der Zusammenschluss, der einen sehr breiten Anwendungsbereich hat,[265]) treten Realteilungen in der Praxis selten auf. Nach der Verwaltungspraxis müssen auch bei der Aufteilung[266]) **sämtliche Gesellschafter begünstigtes Vermögen** (Betriebe, Teilbetriebe oder Mitunternehmeranteile) erhalten;[267]) dies lässt sich aus dem Gesetz wohl ableiten, ist aber insofern

[264]) Vgl oben Rz 1121; vgl auch UmgrStR Rz 1490.

[265]) Vgl oben Tz 1200.

[266]) Zum Begriff sogleich.

[267]) UmgrStR Rz 1517; ansonsten kommt es für alle an der Realteilung beteiligten Gesellschafter zur Aufdeckung und Versteuerung der stillen Reserven vgl auch *Walter,* UmgrStR 2018 Rz 707; *Hammerl* in Handbuch Sonderbilanzen II, 215.

widersprüchlich, als die Realteilung das Gegenstück zum Zusammenschluss ist. Ein Zusammenschluss soll nach der – fragwürdigen – Verwaltungspraxis bereits vorliegen, wenn zumindest eine Person begünstigtes Vermögen überträgt.[268]) Zusammenschluss und Realteilung unterschiedlich zu behandeln, erscheint systematisch widersprüchlich.

1221 Bei der Realteilung lassen sich **zwei Typen** unterscheiden:

- **Aufteilung:** Das **gesamte Vermögen** der Personengesellschaft wird auf ihre Gesellschafter übertragen und die Personengesellschaft anschließend **liquidiert.**
- **Abteilung:** Die Personengesellschaft überträgt nur einen **Teil ihres Vermögens;** die Personengesellschaft bleibt auch nach der Abteilung **weiter bestehen.**

1222 Eine **Realteilung** liegt zB in **folgenden Fällen** vor:[269])

- Auflösung (Liquidation) einer Personengesellschaft; die Gesellschafter erhalten jeweils Betriebe, Teilbetriebe oder Mitunternehmeranteile.
- Ausscheiden eines Gesellschafters aus einer Personengesellschaft und Sachabfindung durch Überlassung eines Betriebes, Teilbetriebes oder Mitunternehmeranteiles. Besteht die Personengesellschaft nach der Realteilung weiter, so muss ihr nach § 27 Abs 1 letzter Satz nach der Realteilung selbst Vermögen (Betrieb, Teilbetrieb, Mitunternehmeranteil) verbleiben; andernfalls liegt keine begünstigte Realteilung vor.[270])
- Gesellschafter, die an mehreren Personengesellschaften beteiligt sind, geben Beteiligungen an einzelnen Gesellschaften auf, um dafür in höherem Maße an anderen Gesellschaften beteiligt zu sein.

Während bei der Liquidation das Vermögen der Personengesellschaft veräußert und der Erlös auf die Gesellschafter aufgeteilt wird, wird bei der Realteilung das Vermögen selbst aufgeteilt,[271]) wobei nach UmgrStG das Vermögen zumindest einen Teilbetrieb darstellen muss. Von der Veräußerung des Betriebes (Teilbetriebes) unterscheidet sich die Realteilung dadurch, dass der Nachfolger bereits Gesellschafter war und das Vermögen als Gegenleistung für die Aufgabe der Gesellschaftsrechte erhält. Soweit das UmgrStG anzuwenden ist und eine Buchwertfortführung vorsieht, ist nach § 24 Abs 7 EStG kein Veräußerungsgewinn zu ermitteln.[272])

1223 Eine unter Art V UmgrStG fallende Realteilung setzt nach § 27 UmgrStG voraus:

- begünstigtes Vermögen;
- positiven Verkehrswert;
- tatsächliche Vermögensübertragung;
- Nachfolgeunternehmen;

---

[268]) Vgl oben Tz 1202.

[269]) Vgl auch UmgrStR Rz 1517; *Walter,* UmgrStR 2018 Rz 684.

[270]) *Wiesner/Schwarzinger/Sedlacek/Sulz,* Zusammenschluss und Realteilung von Rechtsanwälten 93; vgl auch *Walter,* UmgrStR 2018 Rz 708.

[271]) Vgl auch VwGH 27. 5. 1999, 1998/15/0304.

[272]) Zu den Folgen nach allgemeinem Steuerrecht vgl zB *Walter,* UmgrStR 2018 Rz 687 ff; *Hammerl* in Handbuch Sonderbilanzen II, 211; vgl auch UmgrStR Rz 1640 ff.

- Gegenleistung (untergehende Gesellschaftsrechte ohne wesentliche Ausgleichszahlungen);
- Teilungsvertrag und
- Teilungsbilanz.

Die Voraussetzungen entsprechen weitgehend der Einbringung und dem Zusammenschluss,[273]) weshalb hier nur die Besonderheiten der Realteilung dargestellt werden. So zählen zum **begünstigten** (realteilungsfähigen) **Vermögen** Betriebe, Teilbetriebe und Mitunternehmeranteile; § 27 Abs 3 UmgrStG erweitert aber den realteilungsfähigen Teilbetriebsbegriff auf sog **fiktive Teilbetriebe** für **Forstflächen**[274]) und den **Kundenstock** (von freien Berufen).[275]) Auch auf die Entflechtung wegen **gesetzlicher Unvereinbarkeitsvorschriften** (zB Wirtschaftsprüfung und Steuerberatung) ist Art V anwendbar.[276]) 1224

Als **Nachfolgeunternehmer** kommen natürliche wie juristische Personen in Betracht, sofern dem Nachfolgeunternehmer das Vermögen der zu teilenden Personengesellschaft steuerlich bereits zuzurechnen war (ertragsteuerlich wird das zu übertragende Vermögen auf Grund des „Durchgriffsprinzips" direkt den Gesellschaftern zugerechnet.[277]) Als **Gegenleistung** für die teilungsbedingte Übertragung eines Betriebes, Teilbetriebes oder Mitunternehmeranteils **gibt** der **Nachfolgeunternehmer** seine **Gesellschaftsrechte** an der teilenden Mitunternehmerschaft – ganz oder teilweise – **auf** (durch Ausscheiden aus der Gesellschaft oder Verringerung der Substanzbeteiligung an der Gesellschaft). 1225

Anders als beim Zusammenschluss lässt das UmgrStG bei der Realteilung auch **Ausgleichszahlungen** zu. Die Ausgleichszahlungen dürfen beim Empfänger aber höchstens ein Drittel des Verkehrswertes des erhaltenen Teilungsvermögens betragen (**„Drittelgrenze"** nach § 29 Abs 2 UmgrStG). 1226

Mit den **Ausgleichszahlungen** können Vermögensverschiebungen vermieden werden, weil der Verkehrswert des übertragenen Teilungsvermögens idR nicht mit dem Verkehrswert der aufgegebenen Gesellschaftsrechte übereinstimmen wird. Ausgleichszahlungen sind steuerneutral; sie sind beim Zahlenden keine Betriebsausgaben und beim Empfänger keine Betriebseinnahmen.

Analog zur Einbringung und zum Zusammenschluss kennt Art V einen Teilungsvertrag, eine Teilungsbilanz und einen Teilungsstichtag. Der schriftli- 1227

---

[273]) Zur Einbringung oben Tz 1171, zum Zusammenschluss oben Tz 1201; zu „verunglückten" Realteilungen vgl *Bergmann*, GES 2012, 97.

[274]) Die Teilbetriebsfiktion setzt aber voraus, dass der Nachfolgeunternehmer die Fläche für sich als Forstbetrieb fortführen kann; diese Teilbetriebsfiktion ermöglicht die Aufteilung von Flächen des dem Grunde nach unteilbaren Forstbetriebes, vgl UmgrStR Rz 1551 ff; *Brauner* in HB der Umgründungen[17] § 27 Rz 20 ff.

[275]) Zunächst muss der Kunden- oder Klientenstock wesentliche Grundlage des Betriebes sein (zB Betrieb eines Wirtschaftstreuhänders oder Rechtsanwaltes); sodann muss nach § 27 Abs 3 Z 2 UmgrStG der Kunden-/Klientenstock vom Nachfolgeunternehmer bereits vor der Realteilung dauerhaft betreut worden sein und für sich als Betrieb fortgeführt werden können; dazu UmgrStR Rz 1559 ff.

[276]) 3. Teil Z 10 UmgrStG; dazu *Walter*, UmgrStR 2018 Rz 705 a.

[277]) Zu den Mitunternehmerschaften oben Tz 526 ff.

che **Teilungsvertrag** (Gesellschaftsvertrag) bildet die rechtsgeschäftliche Grundlage für die Realteilung.[278]) In der **Teilungsbilanz** ist das zu übertragende Vermögen mit steuerlichen Werten darzustellen, sie enthält auch die – bei der Realteilung ebenfalls möglichen – rückwirkenden Korrekturen nach § 16 Abs 5 UmgrStG.[279]) Der sich aus der Teilungsbilanz ergebende Saldo aus Aktiva und Passiva zeigt das Teilungskapital an.

1228 **Teilungsstichtag** ist der Tag, zu dem das Vermögen mit steuerlicher Wirkung auf den Nachfolgeunternehmer übergehen soll.[280]) Wie bei der Einbringung und beim Zusammenschluss ist der Teilungsstichtag grds frei wählbar und kann auch rückbezogen werden;[281]) bei einer solchen Rückbeziehung muss die Realteilung innerhalb einer **Frist von neun Monaten** zur Eintragung ins Firmenbuch angemeldet oder dem FA gemeldet werden.

Die Realteilung ist in das Firmenbuch einzutragen, wenn im Zuge der Realteilung die teilende Personengesellschaft im Firmenbuch gelöscht wird (Aufteilung) oder ein Gesellschafter aus der teilenden Personengesellschaft austritt und die teilende Personengesellschaft im Firmenbuch eingetragen ist (Abteilung). Alle anderen Realteilungen fallen lediglich in den Zuständigkeitsbereich des FA (zB Aufteilung oder Abteilung einer nicht in das Firmenbuch eingetragenen stillen Mitunternehmerschaft oder GesbR).

B. Bewertung und Vorsorgemaßnahmen (§ 29)

1229 Für die Realteilung ist grundsätzlich zwingend die **Buchwertfortführung** vorgesehen. Die Buchwertfortführung ist allerdings nur möglich, wenn es durch die Realteilung – ebenso wie beim Zusammenschluss[282]) – zu **keiner Verschiebung von Steuerlasten** kommt. Im Zuge einer Realteilung kommt es – ohne entsprechende Vorsorgemaßnahmen – immer dann zu einer Verschiebung von Steuerlasten, wenn die im Mitunternehmeranteil enthaltene stille Reserve betragsmäßig von der stillen Reserve des teilungsbedingt erworbenen Vermögens abweicht.

1230 Um eine endgültige Verschiebung von stillen Reserven zu vermeiden, werden **Ausgleichsposten** eingestellt (zu unterscheiden von den Ausgleichs*zahlungen*[283]). Die Ausgleichsposten entsprechen jenen stillen Reserven, die durch die Realteilung zwischen den Mitunternehmern der teilenden Mitunternehmerschaft verschoben werden. Übernimmt der Nachfolgeunternehmer **zu viel an stillen Reserven,** hat dieser einen **aktiven Ausgleichsposten** einzustellen, der wie ein Firmenwert gleichmäßig verteilt auf 15 Jahre abzuschreiben ist. Übernimmt der Nachfolgeunternehmer hingegen **zu wenig an stillen Reserven,** hat dieser einen **passiven Ausgleichsposten** einzustellen, der gleichmäßig über 15 Jahre gewinnerhöhend aufzulösen ist. Bei einer Abteilung gilt das Einstellen

---

278) Vgl dazu zum Zusammenschlussvertrag oben Tz 1205; vgl auch *Steinmaurer*, ÖStZ 2008, 399.

279) Dazu oben Tz 1185 ff; vgl auch UmgrStR Rz 1605 ff.

280) § 28 iVm § 13 Abs 1 UmgrStG.

281) Zur Einbringung oben Tz 1176, zum Zusammenschluss oben Tz 1207.

282) Vgl oben Tz 1208.

283) Dazu oben Tz 1226.

von aktiven und passiven Ausgleichsposten entsprechend für die abteilende Mitunternehmerschaft.

Beispiel:[284])

A und B sind zu je 50% Gesellschafter der **A & B-OG,** die zwei Teilbetriebe führt. **Teilbetrieb I** hat einen **Buchwert** von **€ 4 Mio** und **Verkehrswert** von **€ 5 Mio, Teilbetrieb II** einen **Buchwert** von **€ 2,1 Mio** und **Verkehrswert** von **€ 3 Mio.**

Die Teilungsbilanz hat folgendes Aussehen:

TB I	€ 4 Mio	Kapital A	€ 3,050 Mio
TB II	€ 2,1 Mio	Kapital B	€ 3,050 Mio

A übernimmt Teilbetrieb I, B Teilbetrieb II. Der Wert der Anteile von A und B beträgt je € 4 Mio. Zum Ausgleich des Wertunterschiedes leistet A an B eine **Ausgleichszahlung** von **€ 1 Mio.** Da B Vermögen mit einem Wert von € 3 Mio erhält, ist die Drittelgrenze für die Ausgleichszahlung gerade eingehalten. Die stillen Reserven entfielen vor Teilung zu je € 950.000 auf A und B. Nach der Teilung entfallen auf A € 1 Mio und auf B € 900.000.

Um die Buchwerte fortführen zu können, müssen in die Eröffnungsbilanz **Ausgleichsposten** eingestellt werden. Die Bilanzen haben damit folgendes Aussehen:

Eröffnungsbilanz A:

Teilbetrieb I	€ 4,000.000	Kapital	€ 3,050.000
Ausgleichsposten	€ 50.000	Ausgleichsverbindlichkeit	€ 1,000.000
	€ 4,050.000		€ 4,050.000

Eröffnungsbilanz B:

Teilbetrieb II	€ 2,100.000	Kapital	€ 3,050.000
Ausgleichsforderung	€ 1,000.000	Ausgleichsposten	€ 50.000
	€ 3,100.000		€ 3,100.000

Die Ausgleichszahlung ist für A kein Aufwand, für B kein Ertrag. Der Ausgleichsposten von jeweils € 50.000 ist bei A (aktiver Ausgleichsposten) über 15 Jahre gleichmäßig verteilt gewinnmindernd abzuschreiben und bei B (negativer Ausgleichsposten) spiegelbildlich gewinnerhöhend aufzulösen.

Probe: Würde A seinen Betrieb nach Realteilung veräußern, würde er einen Erlös von € 4 Mio erzielen (Verkehrswert € 5 Mio abzüglich Ausgleichsverbindlichkeit € 1 Mio). Das Gleiche gilt für B (Verkehrswert € 3 Mio zuzüglich Ausgleichsforderung € 1 Mio). Damit werden bei beiden Unternehmen stille Reserven iHv € 950.000 realisiert.

Die (allgemeinen) Ausgleichsposten sollen eine endgültige Verschiebung 1231
von stillen Reserven vermeiden, die dem progressiven ESt-Tarif unterliegen. Für **Kapitalvermögen und Grundstücke,** die dem Sondersteuersatz nach § 27 a oder § 30 a EStG unterliegen, sind **Sonderausgleichsposten** zu bilden, die ebenfalls über 15 Jahre zu verteilen sind.

Passive Sonderausgleichsposten sind über 15 Jahre gewinnerhöhend zum Sondersteuersatz aufzulösen (Kapitalvermögen zu 27,5%, Grundstücke zu 30%). **Aktive Sonderausgleichsposten** sind über 15 Jahre gewinnmindernd abzuschreiben, wobei die Son-

[284]) Adaptiert aus ErläutRV 266 BlgNR 18. GP 36; für weitere Beispiele vgl *Walter,* UmgrStR 2018 Rz 785; UmgrStR Rz 1533 ff; vgl auch *Bergmann,* SWK 2012, 493.

derregelungen nach § 6 Z 2 lit c und lit d EStG sinngemäß gelten.[285]) Bei den Nachfolgeunternehmern sind aktive und passive Sonderausgleichsposten einheitlich in derselben Höhe zu bilden.

Wird Grund und Boden des „Altvermögens" der am Teilungsstichtag der pauschalen Besteuerung nach § 30 Abs 4 EStG unterliegt, später veräußert, ist eine **„gespaltene Betrachtung"** vorgesehen.[286]) Für Wertsteigerungen

- *bis* zum Teilungsstichtag ist § 30 Abs 4 EStG anzuwenden, soweit dies bei der Bildung der Ausgleichsposten berücksichtigt wurde;
- *nach* dem Teilungsstichtag kann § 30 abs 4 EStG weiter angewendet werden, soweit dem übernehmenden Nachfolgeunternehmer das Grundstück schon vor Teilungsstichtag zuzurechnen war (§ 30 Abs 4 UmgrStG).[287])

Alternativ zum Sonderausgleichsposten kann Grund und Boden des „Altvermögens", der am Zusammenschlussstichtag der pauschalen Besteuerung nach § 30 Abs 4 EStG unterliegt, wahlweise auch sofort realisiert werden (**Aufwertungsoption** nach § 29 Abs 1 Z 2a vorletzter Satz UmgrStG, ähnlich wie bei der Einbringung[288]) und beim Zusammenschluss,[289]) wobei sich der Vorteil der Aufwertungsoption – wie beim Zusammenschluss – im Vermeiden der Vorsorgemaßnahmen erschöpft).

C. Nachfolgeunternehmer und sonstige Rechtsfolgen (§ 30 und § 31)

1232 Auch bei der Realteilung gelten die Grundsätze der Verschmelzung und Einbringung sinngemäß;[290]) der Nachfolgeunternehmer hat daher die von der teilenden Mitunternehmerschaft in der Teilungsbilanz angesetzten Buchwerte zu übernehmen (grds **Buchwertfortführung**), wobei die Vorschriften über Ausgleichsposten (§ 29 Z 1 UmgrStG) zu beachten sind (§ 30 Abs 1 Z 1 UmgrStG). Im Falle der Buchwertteilung ist der Nachfolgeunternehmer nur gewinnermittlungsrechtlich – wie bei der Einbringung und beim Zusammenschluss – als Gesamtrechtsnachfolger anzusehen.[291]) Für das realteilungsbedingte Entstehen oder Untergehen einer internationalen Schachtelbeteiligung gelten die allgemeinen Grundsätze bei Umgründungen.[292]) Da die teilende Personengesellschaft selbst kein Steuersubjekt ist, sind **Verlustabzüge** den Mitunternehmern zuzurechnen; hinsichtlich der zum Teilungsstichtag bestehenden Verlustabzüge der Mitunternehmer tritt durch die Realteilung keine Änderung ein.

---

[285]) Vorrangige Verrechnung mit ebenfalls dem Sondersteuersatz unterliegende Einkünfte, ein verbleibende negativer Überhang kann nur zu 55% (Kapitalvermögen) oder zu 60% (Grundstücke) mit den zum Tarif zu besteuernde Einkünften ausgeglichen oder vorgetragen werden, dazu oben Tz 106/4 und 133; ausführlich mit Beispielen *Walter,* UmgrStR 2018 Rz 786a; *Titz/Wild,* RdW 2014, 745.

[286]) Zur gespaltenen Betrachtung bei der Einbringung vgl oben Tz 1194/1, beim Zusammenschluss oben Tz 1214.

[287]) Dazu mit Beispielen *Titz/Wild,* RdW 2014, 745.

[288]) Dazu oben Tz 1194/1.

[289]) Dazu oben Rz 1214.

[290]) Vgl oben Tz 1133ff und Tz 1193ff.

[291]) § 30 Abs 1 Z 3 UmgrStG; zur Einbringung oben Tz 1193.

[292]) ZB zum Zusammenschluss oben Tz 1215.

Die **sonstigen** steuerlichen **Rechtsfolgen** der Realteilung entsprechen den Grundsätzen bei den anderen Umgründungsvorgängen.[293]) **1233**

frei **1234**

VIII. Spaltung nach dem SpaltG (Art VI)

Literatur: *Walter,* AbgÄG 1998: „Verunglückte" Abspaltung nur mehr eingeschränkt steuerpflichtig, RdW 2000, 252; *Christiner/Wiesner,* Spekulationstatbestände nach einer Schwesternverschmelzung bzw einer entflechtenden Schwesternabspaltung zur Aufnahme, RWZ 2001, 65; *Ludwig/Walter,* Down-stream-Abspaltung der Beteiligung an der Tochtergesellschaft in die Tochtergesellschaft, RdW 2002, 380; *Hirschler,* Die steuerliche Behandlung einer „missglückten" Handelsspaltung, SWK 2003, S 466; *Kohlbacher/Walter,* Steuerneutrale Spaltung einer „Freiberufler-GmbH"? GeS 2003, 73; *Varga/Wolf,* Die abgabenrechtliche Rechtsnachfolge iSd § 19 BAO bei Handelsspaltungen und Haftungsbegrenzung, ÖStZ 2003, 349; *Sulz/Hirschler,* Steuerspaltungen in Checklisten-Kurzform, SWK 2004, S 957; *Hofbauer,* Die Spaltung als geeignetes Instrument zur Minimierung von Haftungsrisiken? taxlex 2006, 485; *Wiesner/Mayr,* UmgrStG: Aktuelles zur Spaltung nach dem Spaltungsgesetz, RdW 2007, 699; *Pirklbauer,* Gestaltungsvarianten durch Spaltung im Rahmen von Unternehmens(ver)käufen, SWK 2008, 1437; *Wolf,* Welche Schritte sind bei der Abspaltung zur Neugründung nach SpaltG zu beachten? taxlex 2010, 15; *ders,* Verschieben von Wirtschaftsgütern anlässlich der Spaltung zur Neugründung, SWK 2010, S 291; *Damböck/Andreaus/Spornberger,* Übergang von Abgabenverbindlichkeiten durch Spaltung, taxlex 2010, 421; *König,* Zuordnung von Einlagen im Falle von Handelsspaltungen nach UmgrStG, GES 2011, 509; *Potyka,* Das neue Genossenschaftsspaltungsgesetz, RdW 2018, 763.

A. Anwendungsbereich (§ 32)

1. Allgemeines

Die Spaltung ist das Gegenstück zur Verschmelzung und bewirkt eine steuerneutrale Unternehmensteilung von Körperschaften mit (partieller) Gesamtrechtsnachfolge[294]) unter grds[295]) Gewährung von Anteilen an der/den übernehmenden Körperschaft/en als Gegenleistung, wobei die Gesellschafter der spaltenden Körperschaft die Gegenleistung erhalten. **1235**

Das **UmgrStG** kennt **zwei Spaltungstypen:** **1236**

- **Spaltungen nach dem SpaltG** („Handelsspaltung") sowie Spaltungen ausländischer Körperschaften im Ausland (§ 32 UmgrStG),
- **Steuerspaltungen** (§ 38 a bis f UmgrStG).

[293]) Zur Verschmelzung oben Tz 1147; ausführlich UmgrStR Rz 1628 ff.

[294]) Zur partiellen Gesamtrechtsnachfolge, die auch verfahrensrechtliche Positionen umfasst, vgl VwGH 8. 7. 2009, 2008/15/0031, GeS 2009, 316 mit Anmerkung *Hristov;* vgl auch VwGH 4. 6. 2008, 2005/13/0135; *Damböck/Andreaus/Spornberger,* taxlex 2010, 421.

[295]) Außer die Gesellschafter der spaltenden Gesellschaft verzichten auf die Gewährung von Anteilen an der übernehmenden Gesellschaft, weil sie zB mit eigenen Anteilen der (Alt)Gesellschafter der übernehmenden Gesellschaft abgefunden werden (§ 17 Z 5 SpaltG iVm § 224 Abs 2 Z 2 AktG).

Vereinfacht gesagt kennen beide Spaltungstypen die Unterarten der Auf- und Abspaltung; bei der **Aufspaltung** geht die spaltende Körperschaft unter (wird „aufgespalten"), bei der **Abspaltung** bleibt sie bestehen (es wird „abgespalten").

Die Zweiteilung in Spaltungen nach dem SpaltG (Handelsspaltungen) und Steuerspaltungen hat historische Gründe: Das UmgrStG[296]) wurde vor dem SpaltG[297]) eingeführt und sah einen weiteren Anwendungsbereich für Art VI vor (zB auch für Genossenschaften); die Steuerspaltung ist an sich befristet und hätte schon auslaufen sollen, wurde aber mehrfach verlängert.[298])

2. Maßgeblichkeit des Gesellschaftsrechts

1237 Die Spaltung nach dem Spaltungsgesetz[299]) hat – wie die Verschmelzung und Umwandlung – eine gesellschaftsrechtliche Grundlage. Wie bereits erwähnt ist zwischen Auf- und Abspaltung zu unterscheiden:

- **Aufspaltung:** Die spaltende Kapitalgesellschaft überträgt ihr gesamtes Vermögen auf zwei oder mehrere Kapitalgesellschaften und wird gleichzeitig ohne Abwicklung beendet (§ 1 Abs 2 Z 1 SpaltG);
- **Abspaltung:** Die spaltende Kapitalgesellschaft überträgt nur einen Teil ihres Vermögens auf eine oder mehrere Kapitalgesellschaften und bleibt nach der Spaltung weiter bestehen (§ 1 Abs 2 Z 2 SpaltG).

Die übernehmenden Kapitalgesellschaften können im Zuge der Spaltung neu gegründet werden (Auf- oder Abspaltung **zur Neugründung**) oder bereits vor der Spaltung bestehen (Auf- oder Abspaltung **zur Aufnahme**).[300]) In der Umgründungs-Praxis sind Abspaltungen wesentlich häufiger als Aufspaltungen.

1238 Neben den (nationalen) Spaltungen nach dem SpaltG fallen auch vergleichbare Spaltungen **ausländischer Körperschaften** im Ausland unter Art VI UmgrStG.

Anders als bei den anderen Artikeln des UmgrStG sind **grenzüberschreitende Spaltungen** nach dem SpaltG derzeit offenkundig (immer noch) nicht möglich,[301]) weshalb auch das UmgrStG in Art VI ausnahmsweise kein Ratenzahlungskonzept[302]) vorsieht (das Ratenzahlungskonzept ist nur bei den Anteilsinhabern vorgesehen.[303])

---

[296]) BGBl 1991/699.

[297]) BGBl 1996/304; zuvor sah erstmals das GesellschaftsrechtsänderungsG BGBl 1993/458, handelsrechtlich eine Spaltung vor; dazu *Schlager* in Handbuch Sonderbilanzen II, 227.

[298]) Zur Steuerspaltung unten Tz 1255.

[299]) SpaltG BGBl 1996/304 (gleichzeitig mit UmwG eingeführt).

[300]) Ausführlich zum SpaltG *Kalss*, Verschmelzung – Spaltung – Umwandlung[2] 767 ff; *Nowotny* in HB der Umgründungen[13] Art VI Rz 8 ff.

[301]) Vgl aber den Richtlinienvorschlag der Europäischen Kommission vom 25. 4. 2018 zur grenzüberschreitenden Sitzverlegung, Zusammenschlüssen und Aufspaltungen von Unternehmen, COM(2018) 241 final; vgl auch *Kohl*, RdW 2019, 7.

[302]) Zur Verschmelzung oben Tz 1125.

[303]) Dazu unten Tz 1247.

Sollte theoretisch auf Grund der EU-Grundfreiheiten eine solche Spaltung dennoch im Firmenbuch eingetragen werden, müsste auch im Hinblick auf die Maßgeblichkeit des Gesellschafts- und Firmenbuchrechtes und des EU-Rechtes von einer Umgründung iSd UmgrStG ausgegangen werden.[304]) Nach § 32 Abs 1 UmgrStG ist **Art VI** zwar bei einer **spaltungsveranlassten Einschränkung des Besteuerungsrechtes** der Republik Österreich **nicht** anzuwenden; in unionsrechtskonformer Interpretation wird aber vertreten, die Regelungen des Art I UmgrStG zum Ratenzahlungskonzept und zur Neubewertung im Falle des Entstehens des Besteuerungsrechtes analog anzuwenden.[305])

3. Spaltungsfähiges Vermögen (§ 32 Abs 2 und 3 UmgrStG)

Wie bei der Einbringung zählen zum begünstigten (spaltungsfähigen) Vermögen Betriebe, Teilbetriebe, Mitunternehmeranteile und qualifizierte Kapitalanteile iSd § 12 Abs 2 UmgrStG.[306]) Wie bei der Realteilung wird der spaltungsfähige Teilbetriebsbegriff erweitert auf **fiktive Teilbetriebe** für Forstflächen und den Kundenstock (von freien Berufen); auch auf die Entflechtung wegen gesetzlicher Unvereinbarkeitsvorschriften ist Art VI anwendbar.[307]) **1239**

Bei der **Aufspaltung** muss auf **jede übernehmende Körperschaft** spaltungsfähiges Vermögen übertragen werden, weil die Aufspaltung als solche ein einheitlicher Vorgang ist. Bei der **Abspaltung** muss der jeweils **übernehmenden Körperschaft** spaltungsfähiges Vermögen übertragen werden,[308]) bei der abspaltenden Körperschaft muss aber – mangels Regelung – kein begünstigtes Vermögen verbleiben.[309]) Das spaltungsfähige Vermögen muss sowohl am Spaltungsstichtag als auch am Tag der Eintragung des Spaltungsbeschlusses vorhanden sein und tatsächlich übertragen werden.[310])

[304]) *Wiesner/Mayr,* RdW 2007, 699; *Waitz-Ramsauer* in *Kofler,* UmgrStG[6] § 32 Rz 57; vgl auch *Urtz* in *Achatz/Aigner/Kofler/Tumpel,* Internationale Umgründungen 171; so mittlerweise auch UmgrStR Rz 1645.

[305]) *Wiesner/Mayr,* RdW 2007, 699 (noch zum Nichtfestsetzungskonzept); vgl *Schlager* in Handbuch Sonderbilanzen II, 230.

[306]) Dazu oben Tz 1172.

[307]) Zur Realteilung oben Tz 1224.

[308]) UmgrStR Rz 1656; *Schlager* in Handbuch Sonderbilanzen II, 229; *Walter,* UmgrStR 2018 Rz 842. Nach der Verwaltungspraxis ist die gleichzeitige Übertragung von begünstigtem und nicht begünstigtem Vermögen dann möglich, wenn das nicht begünstigte Vermögen zumindest als gewillkürtes Betriebsvermögen dem begünstigten Vermögen zugeordnet werden kann; soll gleichzeitig mit der Abspaltung von begünstigtem Vermögen nicht begünstigtes Vermögen auf eine andere übernehmende Körperschaft abgespalten werden, fällt Letzteres unter das allgemeine Steuerrecht, berührt aber die Abspaltung des begünstigten Vermögens nicht, vgl *Wiesner/Mayr,* RdW 2007, 699; kritisch zur Verwaltungspraxis *Wundsam/Zöchling/Huber/Kuhn,* UmgrStG[5] § 32 Rz 19.

[309]) Anders dagegen bei der Abteilung nach Art V, vgl oben Tz 1220 ff und *Walter,* UmgrStR 2018 Rz 842.

[310]) UmgrStR Rz 1655; dies ergibt sich einerseits aus § 33 Abs 1 und 3 UmgrStG, die eine Gewinnermittlung zum Spaltungsstichtag vorsehen; andererseits entspricht der steuerliche Aufbau von Art VI im Grundsätzlichen Art III, wie auch der Verweis in § 32 Abs 2 UmgrStG verdeutlicht, *Wiesner/Mayr,* RdW 2007, 699.

B. Spaltende Körperschaft (§ 33)

1240 Hinsichtlich der Grundsätze für die spaltende (übertragende) Körperschaft kann auf die allgemeinen Umgründungs-Grundsätze verwiesen werden.[311]) So hat die spaltende Körperschaft zum Spaltungsstichtag eine unternehmensrechtliche **Schlussbilanz** aufzustellen; im Falle der Abspaltung ist zusätzlich eine Spaltungsbilanz zu erstellen, die das der abspaltenden Körperschaft verbleibende Vermögen ausweist (§ 2 Abs 1 Z 12 SpaltG). Der **Spaltungsstichtag** ist grds frei wählbar, fällt jedoch aus Praktikabilitätsgründen idR mit dem Regelbilanzstichtag zusammen. Die Schlussbilanz darf im Zeitpunkt der Anmeldung der Spaltung zur Eintragung im Firmenbuch nicht älter als neun Monate sein (§ 2 Abs 2 SpaltG). Anders als im Unternehmensrecht[312]) greift **steuerlich** bei einem zurückliegenden Spaltungsstichtag wieder die **Rückwirkungsfiktion** samt den Ausnahmen für (offene) Gewinnausschüttungen, Einlagenrückzahlungen und Einlagen.[313])

1241 Von den in **§ 16 Abs 5 UmgrStG** aufgelisteten **rückwirkenden Korrekturen** können Kapitalgesellschaften grundsätzlich nur die Verschiebetechnik nach Z 4 (samt der Sonderbestimmung für die Trennung des Gebäudes vom Grund und Boden mittels Baurechtes) und die Z 5 (Bezugnahme von Ausschüttungen, Einlagenrückzahlungen und Einlagen auf das zu übertragende Vermögen) nutzen.[314]) Die **Verschiebetechnik** nach **Z 4** kann bei Auf- und Abspaltungen, die **Z 5** nur bei Abspaltungen angewendet werden (§ 33 Abs 4 und 5 UmgrStG).

Bei der **Aufspaltung** kann der zu übertragende Betrieb, Teilbetrieb oder Mitunternehmeranteil rückwirkend zum Spaltungsstichtag durch **Verschieben** von Wirtschaftsgütern zwischen den einzelnen (Teil-)Betrieben in seinem Umfang verändert werden. Dabei können einem (Teil)Betrieb objektiv zugehörige Wirtschaftsgüter dem anderen (Teil-)Betrieb zugeordnet und mit diesem übertragen werden.[315]) Bei Anwendung der Verschiebetechnik ist zu beachten, dass die Eigenschaft eines begünstigten Vermögens nicht verloren geht, ein positiver Verkehrswert erhalten bleibt und die Aktiva idR nur zusammen mit unmittelbar verbundenen Passiva verschoben oder zurückbehalten werden können.[316]) Das Verschieben von Wirtschaftsgütern erfolgt technisch durch die Aufnahme bzw Nichtaufnahme der jeweiligen Aktiva und Passiva in die Übertragungsbilanzen. Anders als bei der Aufspaltung muss bei der **Abspaltung** in der spaltenden Körperschaft kein begünstigtes Vermögen verbleiben.

1242 Zusätzlich zur Schlussbilanz ist auch bei der Spaltung eine steuerliche **Übertragungsbilanz** zum Spaltungsstichtag zu erstellen, in der die steuerlichen

---

[311]) Vgl oben bei der Verschmelzung Tz 1126.

[312]) Unternehmensrechtlich erfolgt die Vermögensübertragung mit der Eintragung der Spaltung in das Firmenbuch (§ 14 Abs 2 Z 1, § 17 SpaltG).

[313]) Dazu oben zu Verschmelzung Tz 1130 f.

[314]) Dazu oben Tz 1190 f.

[315]) UmgrStR Rz 1673; *Wiesner/Mayr*, RdW 2007, 699; vgl auch *Waitz-Ramsauer* in *Kofler*, UmgrStG[6] § 33 Rz 31 ff. Zur Zuordnung der Aktiva und Passiva zu den Teilungsmassen vgl auch UmgrStR 1663.

[316]) Zum Finanzierungszusammenhang oben Tz 1190; Beispiele dazu bei *Wiesner/Mayr*, RdW 2007, 699; *Schlager* in Handbuch Sonderbilanzen II, 233.

Besonderheiten (zB rückwirkende Korrekturen, Aufwertungsoption für ausländisches Vermögen[317]) zu berücksichtigen sind (§ 33 Abs 6 UmgrStG).[318]) Der sich aus der Übertragungsbilanz ergebende Saldo aus Aktiva und Passiva zeigt das Übertragungskapital an. Bei einer Abspaltung hat die spaltende Körperschaft – ergänzend zur unternehmensrechtlichen Spaltungsbilanz – eine steuerliche **Restbilanz** zu erstellen, in der das der abspaltenden Körperschaft verbleibende (Rest-)Vermögen mit den steuerlich maßgebenden Buchwerten angesetzt wird.

Bei der Spaltung wird die **Gegenleistung** nicht der spaltenden Körperschaft gewährt, sondern ihren **Gesellschaftern** (dagegen erhält zB bei einer Einbringung die einbringende Körperschaft die Gegenleistung[319]). Dadurch entsteht bei der abspaltenden Körperschaft[320]) in Höhe des abgehenden positiven Buchwertes ein **Buchverlust,** der wiederum steuerneutral ist und sich damit nicht auf den steuerlichen Gewinn auswirkt.[321]) 1243

C. Neue/übernehmende Körperschaften und Verlustabzug (§ 34 und § 35)

Wie nach allgemeinen Umgründungs-Grundsätzen hat/haben auch bei der Spaltung die Nachfolgekörperschaft/en die von der spaltenden Körperschaft in der steuerlichen Übertragungsbilanz angesetzten **Buchwerte fortzuführen.** Wie bei der Verschmelzung bleiben **Buchgewinne** und **Buchverluste** bei der steuerlichen Gewinnermittlung außer Ansatz, sofern die Buchgewinne/-verluste nicht aus der Vereinigung von Aktiva und Passiva (= **Confusio**) stammen.[322]) 1244

Bei einer **up-stream-Abspaltung** (Tochtergesellschaft spaltet Vermögen auf ihre Muttergesellschaft) hat die Muttergesellschaft die Beteiligung an der Tochtergesellschaft in dem Verhältnis zu vermindern, zu dem sich der Verkehrswert der Tochtergesellschaft durch die Abspaltung vermindert;[323]) die Differenz aus der Verminderung der Beteiligung und dem übernommenen Vermögen ergibt sodann den steuerneutralen Buchgewinn bzw Buchverlust.

Für das spaltungsbedingte Entstehen einer **internationalen Schachtelbeteiligung** gelten die allgemeinen Grundsätze bei Umgründungen.[324]) Geht spaltungsbedingt eine steuerneutrale internationale Schachtelbeteiligung unter, ist grundsätzlich der höhere Teilwert anzusetzen, wobei § 34 Abs 3 Z 2 UmgrStG allenfalls noch Kürzungen vorsieht.[325]) Der **Verlustabzug** bei den 1245

---

[317]) Zur Aufwertungsoption bei der Verschmelzung vgl oben Tz 1129.

[318]) Zur Verschmelzungsbilanz vgl oben Tz 1132; zur Übertragungsbilanz ausführlich UmgrStR Rz 1662.

[319]) Vgl oben Tz 1179.

[320]) Betrifft nur die Abspaltung, weil bei der Aufspaltung die spaltende Körperschaft untergeht.

[321]) Vgl auch zur Verschmelzung Tz 1136.

[322]) Dazu oben Tz 1136 ff zur Verschmelzung; vgl auch UmgrStR Rz 1693 ff.

[323]) § 34 Abs 2 Z 2 UmgrStG.

[324]) Vgl oben Tz 1140 zur Verschmelzung.

[325]) Dazu *Wundsam/Zöchling/Huber/Kuhn,* UmgrStG[5] § 34 Rz 18.

Spaltungen richtet sich gem § 35 UmgrStG nach den Bestimmungen bei der Einbringung.[326])

D. Anteilsinhaber bei verhältniswahrender Spaltung (§ 36)

1246 Eine Spaltung ist dann **verhältniswahrend,** wenn die **Gesellschafter** der spaltenden Körperschaft an der Nachfolgekörperschaft zueinander **im gleichen Ausmaß beteiligt** sind wie an der spaltenden Körperschaft.

Eine Identität der Beteiligungsverhältnisse an der spaltenden Körperschaft und der Nachfolgekörperschaft ist nicht erforderlich, das Beteiligungsverhältnis **zueinander** muss aber gewahrt bleiben. Wenn zB die Gesellschafter A und B zu je 50% an der AB-GmbH beteiligt sind und einen Teilbetrieb (Verkehrswert 100) in die dem C gehörende C-GmbH (Verkehrswert 100) abspalten, liegt eine verhältniswahrende Spaltung vor, wenn A und B als Gegenleistung jeweils 25% an der übernehmenden C-GmbH erhalten (die Beteiligung des C sinkt spaltungsbedingt auf 50%).

1247 Bei der **Spaltung zur Neugründung** erhalten die **Gesellschafter** (Anteilsinhaber) der spaltenden Körperschaft **Anteile an der/den neu gegründeten Körperschaft/en.** Bei der **Spaltung zur Aufnahme** erhalten die **Gesellschafter** der spaltenden Körperschaft **Anteile an der/den aufnehmenden Körperschaft/en.** Die Grundsätze des spaltungsbedingten Anteilstausches (§ 36 UmgrStG) entsprechen weitgehend dem verschmelzungsbedingten Anteilstausch (§ 5 UmgrStG),[327]) wobei bei der Anteilsbewertung spaltungsbedingte Besonderheiten zu beachten sind.

1248 Der **spaltungsbedingte Anteilstausch** wird von folgenden **Grundsätzen** geprägt:

- **steuerneutral** für Anteilsinhaber, wenn der Austausch gem Spaltungsplan[328]) erfolgt;
- **Rückwirkungsfiktion** auch für Anteilsinhaber;[329])
- **Anteilsbewertung bei Spaltung zur Neugründung: Fortführung** der **Anschaffungskosten** (bzw Buchwerte) durch die Anteilsinhaber, wobei die Anschaffungskosten auf die Anteile an der/die neue/n Körperschaften **im Verhältnis der Verkehrswerte zu übertragen** sind[330]) (wird zB Vermögen iHv 50% des Verkehrswertes auf eine neue Körperschaft abgespalten, wird bei den Anteilsinhabern die Beteiligung an der spaltenden Körperschaft um 50% abgestockt und dieser abgestockte Betrag als Anschaffungskosten bzw Buchwert für die Anteile an der neuen Körperschaft angesetzt; dadurch werden auch die stillen Reserven im Verhältnis der Verkehrswerte auf die neue Beteiligung übertragen);

---

[326]) Dazu oben Tz 1197; dazu auch *Waitz-Ramsauer* in *Kofler,* UmgrStG[5] § 35 Rz 1 ff; *Huber* in HB der Umgründungen[17] § 35 Rz 1 ff.

[327]) Dazu oben Tz 1145.

[328]) Die Spaltung zur Neugründung bedarf nach § 2 SpaltG eines Spaltungsplanes.

[329]) Wie bei der Verschmelzung va bei der Gruppenbesteuerung von Bedeutung, vgl *Wiesner/Mayr,* RdW 2007, 699; zur Verschmelzung oben Tz 1145.

[330]) § 36 Abs 2 UmgrStG.

- **Anteilsbewertung bei Spaltung zur Aufnahme:** § 36 Abs 4 UmgrStG zerlegt die Anteilsbewertung in **zwei fiktive Schritte:**
  - Im ersten Schritt wird eine **Spaltung zur Neugründung** auf eine fiktive Zwischengesellschaft fingiert; Anteilsbewertung richtet sich nach der Spaltung zur Neugründung (siehe Vorpunkt).
  - Im zweiten Schritt wird die fiktive **Zwischengesellschaft auf** die **aufnehmende Körperschaft** fiktiv **verschmolzen;** diese Anteilsbewertung richtet sich nach der Verschmelzung (§ 5 UmgrStG).[331])
- **Zuzahlungen** auf Grund gesellschaftsrechtlicher Vorschriften[332]) **kürzen** die Anschaffungskosten;[333])
- bei spaltungsbedingtem Verlust des Besteuerungsrechts Österreichs an der Gegenleistung gilt für bestimmte Fälle das **Ratenzahlungskonzept** sinngemäß;[334])
- beim spaltungsbedingten Entstehen und Wegfallen einer (steuerneutralen) **internationalen Schachtelbeteiligung** kann auf die Ausführungen bei der Verschmelzung verwiesen werden.[335])

E. Anteilsinhaber bei nicht verhältniswahrender Spaltung (§ 37)

Eine Spaltung ist dann **nicht verhältniswahrend,** wenn die **Gesellschafter** 1249
der spaltenden Körperschaft an der Nachfolgekörperschaft im Verhältnis **zueinander nicht im gleichen Ausmaß beteiligt** sind wie an der spaltenden Körperschaft.[336])

Im Extremfall kann die nicht verhältniswahrende Spaltung auch zu einer **völligen Entflechtung** eingesetzt werden (zB die beiden 50%-Gesellschafter der XY-GmbH möchten sich trennen und beschließen eine Aufspaltung der XY-GmbH auf die neu zu gründenden X-GmbH und Y-GmbH, an denen die bisherigen Gesellschafter jeweils Alleingesellschafter werden). Der Beschluss über eine nicht verhältniswahrende Spaltung bedarf nach § 8 Abs 3 SpaltG grundsätzlich der Zustimmung von 90% des gesamten Nennkapi-

[331]) Zur Verschmelzung oben Tz 1145; Beispiele zu beiden fiktiven Schritten UmgrStR Rz 1739; *Walter,* UmgrStR 2018 Rz 914; *Schlager* in Handbuch Sonderbilanzen II, 249.

[332]) Nach § 2 Abs 1 Z 3 SpaltG sind bare Zuzahlungen iHv bis zu 10% des Nennbetrages der gewährten Anteile zulässig.

[333]) In § 36 Abs 2 UmgrStG für die Spaltung zur Neugründung ausdrücklich geregelt, gilt auf Grund der beiden fiktiven Schritte nach § 36 Abs 4 UmgrStG auch für die Spaltung zur Aufnahme.

[334]) Zum Ratenzahlungskonzept oben Tz 1125; ein spaltungsbedingter Verlust des Besteuerungsrechts liegt zB vor, wenn eine inländische Mutter-GmbH ihre Beteiligung an der inländischen Tochter-GmbH auf diese abspaltet und die übernehmende Tochter-GmbH den eigenen Anteil sogleich an die Gesellschafter der spaltenden Mutter-GmbH auskehren muss; handelt es sich um ausländische Gesellschafter, geht das Besteuerungsrecht Österreichs an der ausgekehrten Beteiligung idR verloren, wobei für EU/EWR-Gesellschafter eine Ratenzahlung beantragt werden kann; dazu *Wiesner/Mayr,* RdW 2007, 699; vgl auch *Waitz-Ramsauer* in *Kofler,* UmgrStG[6] § 36 Rz 28 ff.

[335]) Oben Tz 1145.

[336]) Vgl § 8 Abs 3 SpaltG.

tals (der Zustimmung aller Gesellschafter bedarf die sog „Dislozierung" von Minderheitsgesellschaftern und die sog „Cash-Box-Spaltung"[337]).

1250 Für die Anteilsinhaber ist die nicht verhältniswahrende Spaltung **in zwei fiktive Schritte zu zerlegen:**

- In einem ersten Schritt erfolgt eine **fiktiv verhältniswahrende Spaltung mit** verhältniswahrender Zuteilung der Anteile an der Nachfolgekörperschaft;
- im zweiten Schritt erfolgt ein **fiktiver Anteilstausch,** um die vereinbarten Beteiligungsverhältnisse herzustellen.

Beispiel – Entflechtung:

An der XY-GmbH ist X mit 60% und Y mit 40% beteiligt. Da sich X und Y trennen möchten, beschließen sie, die XY-GmbH auf die neu zu gründende X-GmbH und die neu zu gründende Y-GmbH aufzuspalten, an denen X und Y jeweils 100%-Alleingesellschafter werden. Diese nicht verhältniswahrende Aufspaltung ist in folgende zwei fiktive Schritte zu zerlegen:

- Verhältniswahrende Aufspaltung zur Neugründung: An der X-GmbH und an der Y-GmbH ist X fiktiv jeweils zu 60%, Y zu 40% beteiligt.
- Anteilstausch: X tauscht seine 60%-Beteiligung an der Y-GmbH gegen die 40%-Beteiligung des Y an der X-GmbH, sodass X sodann 100%-Gesellschafter der X-GmbH und Y 100%-Gesellschafter der Y-GmbH wird. Die sich aus der verhältniswahrenden Aufspaltung ergebenden Anschaffungskosten werden auf die eingetauschten Anteile übertragen.

1251 Der fiktive Anteilstausch nach Schritt zwei erfolgt rückwirkend zu dem dem Spaltungsstichtag folgenden Tag. **Steuerneutralität** ist nur dann gegeben, **wenn** der **Anteilstausch**

- nur zwischen den Anteilsinhabern der spaltenden Körperschaft erfolgt,
- nur Anteile an der spaltenden und der/den übernehmenden Körperschaften betrifft,
- der vereinbarten Aufteilung im Spaltungsplan entspricht und
- keine wesentlichen Zuzahlungen geleistet werden.

1252 Ein steuerneutraler Anteilstausch gilt weder als Anschaffung noch als Veräußerung (§ 37 Abs 2 UmgrStG); die Gesellschafter haben die durch den fiktiven Anteilstausch erhaltenen Anteile mit den Anschaffungskosten (bzw Buchwert) der hingegebenen Anteile zu bewerten. Da die (fiktiv) getauschten Anteile selten gleich werthaltig sind, kann durch **Zuzahlungen** ein Ausgleich geschaffen werden. Ähnlich wie bei der Realteilung[338]) dürfen die Zuzahlungen beim Empfänger höchstens ein Drittel des gemeinen Wertes der erhaltenen Anteile ausmachen (**„Drittelgrenze"** nach § 37 Abs 4 UmgrStG). Bei Zuzahlungen innerhalb der Drittelgrenze bleibt der Anteilstausch steuerneutral,[339]) die Zuzahlung selbst ist beim Empfänger aber ein nach EStG steuerpflichtiges **Veräußerungs-**

[337]) Dazu *Kalss,* Verschmelzung – Spaltung – Umwandlung² S § 8 Rz 30 ff.

[338]) Oben Tz 1226.

[339]) Das Überschreiten der Drittelgrenze führt zur Realisierung (Aufdeckung der stillen Reserven).

entgelt[340]) und **erhöht** beim Zuzahlungsleistenden die **Anschaffungskosten** der erhaltenen Anteile.

Fortsetzung Beispiel Entflechtung:

Angenommen, die wegen der Aufspaltung der XY-GmbH neu gegründeten X-GmbH und Y-GmbH sind exakt gleich werthaltig; durch den ersten Schritt der verhältniswahrenden Aufspaltung erhält X jeweils 60%, Y jeweils 40% an der X-GmbH und Y-GmbH. Im zweiten Schritt tauscht X seinen 60%-Anteil an der Y-GmbH gegen den 40%-Anteil des Y an der X-GmbH. Wenn X einen 60%-Anteil gegen einen 40%-Anteil von gleich werthaltvollen Gesellschaften tauscht, wird X von Y eine Zuzahlung verlangen; diese Zuzahlung ist begrenzt mit 1/3 des gemeinen Wertes des erhaltenen 40%-Anteils an der X-GmbH (zB 1/3 von 900).[341]) Die Zuzahlung (300) ist bei X ein nach EStG steuerpflichtiges Veräußerungsentgelt und erhöht bei Y die Anschaffungskosten des erhaltenen 60%-Anteils an der Y-GmbH.

F. Sonstige Rechtsfolgen der Spaltung nach SpaltG (§ 38)

1. Sonstige Rechtsfolgen der Spaltung

- Bei der **Lohnsteuer, Umsatzsteuer, Äquivalenzverletzung** und **Grunderwerbsteuer** gelten die Ausführungen zur **Verschmelzung** sinngemäß.[342]) 1253
- **Barabfindung:** Widerspricht ein Gesellschafter bei einer nicht verhältniswahrenden Spaltung[343]) dem Spaltungsbeschluss, hat er Anspruch auf Abfindung seiner Anteile.[344]) Nimmt der widersprechende Anteilsinhaber das Barabfindungsangebot an, gilt dies als Anteilsveräußerung; beim Erwerber gilt der Spaltungsstichtag als Anschaffungstag der Anteile (§ 38 Abs 2 UmgrStG).

2. Auswirkungen auf das Einlagen- und Innenfinanzierungs-Evidenzkonto

Bei den Auswirkungen von Spaltungen auf das Einlagen- und Innenfinanzierungs- 1254
Evidenzkonto ist zu unterscheiden:[345])

- **Abspaltungen: Konzentrationsabspaltungen** als auch **side-stream-Abspaltungen** haben – wie bei Schwesterneinbringungen – eine **Auf- und Abstockung** des Einlagen- und Innenfinanzierungsstandes bei der spaltenden bzw übernehmenden Körperschaft zur Folge. Bei **up-stream-Vorgängen** geht hingegen der Einlagenstand der Tochtergesellschaft ersatzlos unter. Für **down-stream-Abspaltungen** kommen die Regelungen für down-stream-Einlagen (Einlagevorgang) zur

[340]) Hält der Empfänger die Anteile im Privatvermögen, besteht für „Altanteile" (Anschaffung der Anteile an der spaltenden Körperschaft vor 1. 1. 2011) Steuerpflicht nach § 30 und § 31 EStG.

[341]) Zur einfachen Veranschaulichung wurde angenommen, dass die X-GmbH und die Y-GmbH gleich wertvoll sind; dadurch ergäbe sich bei einer max Zuzahlung iHv 1/3 von 40% immer noch ein Nachteil für X, weil er ja mit seinem 60%-Anteil um einen 20%-Anteil mehr eintauscht als Y (und 1/3 von 40% weniger als 20% ist).

[342]) Dazu oben Tz 1146 ff.

[343]) Oder bei einer rechtsformübergreifenden Spaltung (zB Abspaltung einer AG auf eine GmbH).

[344]) Vgl § 9 und § 11 SpaltG.

[345]) § 2 Abs 6 und 7 IF-VO; vgl ausführlich *Rzepa/Titz/Wild* in *Mayr/Schlager/Zöchling*, Handbuch Einlagenrückzahlung 141 ff.

Anwendung, wenn auf die Anteilsgewährung an die Anteilsinhaber der spaltenden Muttergesellschaft verzichtet wird. Findet hingegen eine Anteilsgewährung an die Gesellschafter der Muttergesellschaft statt, kommen die Grundsätze der side-stream-Abspaltung zur Anwendung (Auf- und Abstockung des Einlagen- und Innenfinanzierungsstandes).

- **Aufspaltungen:** Es findet eine **Auf- und Abstockung** des Innenfinanzierungsstandes bei der spaltenden bzw übernehmenden Körperschaft statt. Dies gilt bei **Konzentrationsaufspaltungen** und bei **side-stream-Aufspaltungen** auch für den Einlagenstand. Bei **up- und down-stream-Aufspaltungen** geht hingegen der Einlagenstand der Tochtergesellschaft ersatzlos unter.

IX. Steuerspaltung (Art VI)

Literatur: Siehe Spaltung nach SpaltG.

A. Anwendungsbereich

1. Problemstellung

1255 Da bei Einführung des UmgrStG[346]) gesellschaftsrechtliche Vorschriften zu Spaltungen fehlten, wurde der Spaltungsbegriff im UmgrStG eigenständig für das Abgabenrecht umschrieben. In der Folge wurden zwar mit dem SpaltG[347]) die gesellschaftsrechtlichen Grundlagen für Spaltungen geschaffen und das UmgrStG entsprechend angepasst, die bisherige „Steuerspaltung“ blieb aber auch erhalten. Die Gesetzesmaterialien begründeten dies mit der schwierigen, gewöhnungsbedürftigen Rechtslage und dem Fehlen von Spaltungsvorschriften für Erwerbs- und Wirtschaftsgenossenschaften. Die Steuerspaltung sollte ursprünglich Ende 2001 auslaufen und wurde mit den §§ 38a bis 38f UmgrStG so nummeriert, dass sie jederzeit ohne „nummerische Lücke“ auslaufen könnte. Das Auslaufen der Steuerspaltung wurde zwischenzeitlich mehrfach verschoben, zuletzt durch das JStG 2018 auf Ende 2022.[348]) Mit Ende 2022 sollte die Steuerspaltung aber tatsächlich auslaufen, weil mit 1. 1. 2019 das neue Genossenschaftsspaltungsgesetz in Kraft getreten ist.[349]) Zudem kann es nicht Aufgabe des Steuerrechts sein, parallel zum – zugegebenermaßen verbesserungsfähigen – Gesellschaftsrecht[350]) dauerhaft Umgründungstypen zu normieren. Die Steuerspaltung erfreute sich aber bisher in der Praxis einer größeren Beliebtheit als die Spaltung nach dem SpaltG und wird hier im Überblick dargestellt.[351])

2. Definition und Voraussetzungen

1256 Vereinfacht gesagt **spaltet** bei einer Steuerspaltung eine **spaltende Körperschaft auf** eine/mehrere **übernehmende Körperschaft/en** auf Grund eines

[346]) BGBl 1991/699.

[347]) BGBl 1996/304; zuvor sah erstmals das GesellschaftsrechtsänderungsG BGBl 1993/458, handelsrechtlich eine Spaltung vor; dazu *Schlager* in Handbuch Sonderbilanzen II, 227.

[348]) 3. Teil Z 6 lit h UmgrStG idF JStG 2018.

[349]) Vgl *Potyka,* RdW 2018, 763.

[350]) Vgl auch die „Rechtspolitischen Anmerkungen“ von *Kalss* zum SpaltG, Verschmelzung – Umwandlung – Spaltung[2] S Vor § 1 Rz 27 ff.

[351]) Ausführlicher zB *Walter,* UmgrStR 2018 Rz 953 ff.

Spaltungsvertrages begünstigtes **Vermögen auf oder ab.** In technischer Sicht basiert die Steuerspaltung auf **Einbringungen.**

Als **spaltende und übernehmende Körperschaft** kommen nach § 38a Abs 4 UmgrStG in Betracht:

- unbeschränkt steuerpflichtige **Kapitalgesellschaften,**
- unbeschränkt steuerpflichtige **Erwerbs- und Wirtschaftsgenossenschaften,**
- unbeschränkt steuerpflichtige **Versicherungsvereine auf Gegenseitigkeit** und
- **EU-Gesellschaften** nach der Anlage zum UmgrStG.

Der **Spaltungsvertrag** (§ 38b UmgrStG) ist von den Anteilsinhabern zu **1257**
beschließen und hat **zu enthalten** die:

- Grundlagen der Bewertung des einzubringenden Vermögens und der allenfalls auszutauschenden Anteile;
- Beschreibung der Art der Spaltung (Liquidationsspaltung oder Abspaltung);
- Beschreibung der Einbringung von Vermögen iSd § 12 UmgrStG in Tochter- oder Schwestergesellschaften;
- Beschreibung der innerhalb eines Monats durchzuführenden Tauschvorgänge (zB Anteilsdurchschleusung);
- Bestimmung allfälliger Zu- und/oder Ausgleichszahlungen.[352])

Nach Abschluss des Spaltungsvertrages muss dieser innerhalb eines Monats dem gem § 58 BAO für die spaltende Körperschaft zuständigen FA (Sitzfinanzamt) vorgelegt werden.

3. *Spaltungsvorgänge*

Die Steuerspaltung basiert umgründungstechnisch auf Einbringungen[353]) **1258**
und kann in **drei Typen** eingeteilt werden:

- Aufspaltung (Liquidationsspaltung) mit Einbringung;
- Abspaltung mit Anteilsdurchschleusung;
- Abspaltung auf eine Schwesterkörperschaft.

a) Aufspaltung (Liquidationsspaltung) mit Einbringung (§ 38a Abs 2)

Die Aufspaltung mit Einbringung erfolgt in **zwei Schritten:** **1259**

- Im ersten Schritt erfolgt zum Spaltungsstichtag eine **Einbringung des gesamten Vermögens der aufspaltenden Körperschaft** in mindestens zwei neue oder bereits bestehende Körperschaften, wobei die aufnehmenden Körperschaften an der aufspaltenden Körperschaft nicht beteiligt sein dürfen.

---

[352]) Einstimmige Beschlussfassung ist nicht (mehr) vorgesehen, es gelten die Mehrheitsverhältnisse des SpaltG; eine notarielle Beurkundung des Spaltungsvertrages ist nicht erforderlich, vgl *Wundsam/Zöchling/Huber/Kuhn,* UmgrStG[5] § 38b Rz 1.

[353]) Zur Einbringung oben Tz 1170ff.

- Im zweiten Schritt wird die **aufspaltende Körperschaft liquidiert;** dabei wird das Vermögen der aufspaltenden Körperschaft auf ihre Anteilsinhaber verhältniswahrend oder nicht verhältniswahrend übertragen.

1260 Auf die in der **Einbringungsphase** durchzuführende Vermögensübertragung sind die Bestimmungen über die Einbringung entsprechend anzuwenden;[354]) zudem sind die Teilbetriebsfiktionen der Spaltung nach dem SpaltG anwendbar.[355]) Nach der Einbringungsphase dürfen der aufspaltenden Körperschaft an Vermögen nur Anteile an den übernehmenden Körperschaften, liquide Mittel und allfällige restliche Verbindlichkeiten verbleiben.

Die aufspaltende Körperschaft tritt mit Ablauf des Spaltungsstichtages in die **Liquidationsphase** ein und hat eine Liquidationseröffnungsbilanz zu erstellen. In der Liquidationsphase sind noch vorhandene Verbindlichkeiten zu tilgen, die einbringungsbedingt erlangten Anteile an den übernehmenden Körperschaften werden samt den liquiden Mitteln an die Anteilsinhaber übertragen (**Auskehrung);** die ausgekehrten liquiden Mittel dürfen höchsten 10% des gemeinen Wertes des insgesamt ausgekehrten Vermögens ausmachen.

Zusätzlich zur erforderlichen Meldung oder Anmeldung der Einbringung ist die Auflösung der spaltenden Körperschaft innerhalb von neun Monaten nach dem Spaltungsstichtag beim zuständigen **Firmenbuchgericht anzumelden.**

b) Abspaltung mit Anteilsdurchschleusung (§ 38a Abs 3 Z 1)

1261 Die Abspaltung mit Anteilsdurchschleusung erfolgt in **zwei Schritten:**

- Im ersten Schritt erfolgt zum Spaltungsstichtag eine **Einbringung von begünstigtem Vermögen nach § 12 Abs 2 UmgrStG** (erweitert wiederum um die Teilbetriebsfiktionen)[356]) in eine oder mehrere übernehmende Körperschaft/en, die nicht an der abspaltenden Körperschaft beteiligt sein darf/dürfen.
- Im zweiten Schritt überträgt die abspaltende (einbringende) Körperschaft die als Gegenleistung für die Einbringung gewährten Anteile an der/den übernehmenden Körperschaft/en an ihre Anteilsinhaber verhältniswahrend oder nicht verhältniswahrend (**„Anteilsdurchschleusung“).**

c) Abspaltung auf eine Schwesterkörperschaft (§ 38a Abs 3 Z 2)

1262 Eine Abspaltung auf eine Schwesterkörperschaft liegt vor, wenn die **Anteilsinhaber an** der **abspaltenden und** der **übernehmenden Körperschaft** unmittelbar oder mittelbar im gleichen Ausmaß **beteiligt sind.** Die Schwesternabspaltung erfolgt in **zwei Schritten:**

- Im ersten Schritt **bringt** eine **Tochterkörperschaft** nach Art III UmgrStG **begünstigtes Vermögen nach § 12 Abs 2 UmgrStG** (erwei-

[354]) Dazu oben Tz 1170ff.
[355]) Für Forstflächen, den Kundenstock und die Entflechtung, dazu oben Tz 1239.
[356]) Zu den Teilbetriebsfiktionen oben Tz 1239.

tert wiederum um die Teilbetriebsfiktionen)[357]) **in eine andere Tochterkörperschaft** (= Schwesterkörperschaft) **ein.** Eine Anteilsgewährung der übernehmenden Schwesterkörperschaft hat zu unterbleiben (§ 19 Abs 2 Z 5 UmgrStG[358]).
- Im zweiten Schritt **tauschen** die **Anteilsinhaber untereinander Anteile** an den beiden Tochterkörperschaften, wodurch sich immer eine nicht verhältniswahrende Spaltung ergibt.

B. Anteilsinhaber bei verhältniswahrender Spaltung (§ 38 d)

Eine Steuerspaltung ist dann **verhältniswahrend,** wenn die **Anteilsinhaber** der spaltenden Körperschaft die Kapitalanteile samt allfälligen liquiden Mitteln **im Verhältnis ihrer Beteiligung** übertragen **bekommen.** Für die Anteilsinhaber ergeben sich grds keine ertragsteuerlichen Konsequenzen, bei der **Bewertung der erhaltenen Kapitalanteile** ist zu unterscheiden: **1263**
- Bei der **Aufspaltung** sind die **Anschaffungskosten** (bzw der Buchwert) der bisherigen Beteiligung um die erhaltenen liquiden Mittel **zu kürzen und** sodann den übertragenen Anteilen an den übernehmenden Körperschaften **zuzuordnen,** wobei die Zuordnung nach dem Verhältnis der Verkehrswerte der übertragenen Anteile erfolgt.
- Bei der **Abspaltung** sind die **Anschaffungskosten** (bzw der Buchwert) der Beteiligung **anteilig** den übertragenen Anteilen an der/den übernehmenden Körperschaft/en **zuzuordnen,** wobei die Zuordnung nach dem Verhältnis der Verkehrswerte der übertragenen Anteile zur Beteiligung an der abspaltenden Körperschaft erfolgt.[359])

C. Anteilsinhaber bei nicht verhältniswahrender Spaltung (§ 38 e)

Eine Steuerspaltung ist dann nicht verhältniswahrend, wenn die **Anteilsinhaber** der spaltenden Körperschaft die Kapitalanteile samt allfälligen liquiden Mitteln **nicht im Verhältnis ihrer Beteiligung** übertragen **bekommen.** Ähnlich wie bei der Spaltung nach dem SpaltG ist für die Anteilsinhaber die nicht verhältniswahrende Spaltung **in zwei fiktive Schritte** zu zerlegen: **1264**
- In einem ersten Schritt erfolgt eine **fiktive verhältniswahrende Steuerspaltung** mit verhältniswahrender Zuteilung an die Anteilsinhaber;
- im zweiten Schritt erfolgt ein **fiktiver Anteilstausch,** um die vereinbarten Beteiligungsverhältnisse herzustellen.

Der **fiktive Anteilstausch** ist nur dann **steuerneutral, wenn**
- er nur zwischen den Anteilsinhabern der spaltenden Körperschaft erfolgt,
- er der vereinbarten Aufteilung im Spaltungsplan entspricht und
- keine wesentlichen Ausgleichszahlungen geleistet werden.

---

[357]) Zu den Teilbetriebsfiktionen oben Tz 1239.

[358]) Vgl oben Tz 1180.

[359]) Beispiel zB bei *Walter,* UmgrStR 2018 Rz 1008.

1265 Ein steuerneutraler Anteilstausch gilt weder als Anschaffung noch als Veräußerung (§ 38 e Abs 2 UmgrStG); die Anteilsinhaber haben die durch den fiktiven Anteilstausch erhaltenen Anteile mit den Anschaffungskosten (bzw dem Buchwert) der hingegebenen Anteile zu bewerten. Für die **Ausgleichzahlungen** besteht wiederum eine „**Drittelgrenze**" (§ 38 e Abs 3 UmgrStG), wobei auf die Zuzahlungen bei der Spaltung nach dem SpaltG verwiesen werden kann.[360])

1266–1269 *frei*

X. Ergänzende Vorschriften (§§ 39 ff)

Literatur zum Missbrauch: *Hügel*, Grenzüberschreitende Umgründungen, Sitzverlegung und Wegzug im Lichte der Änderung der Fusionsrichtlinie und neueren EuGH-Judikatur, in FS Wiesner, Wien 2004, 177; *Hohenwarter*, Internationale Einbringungen nach dem AbgÄG 2005, RdW 2006, 725; *Mayr*, EuGH-Rsp zur Fusionsrichtlinie und die Auswirkungen auf das österreichische UmgrStG, RdW 2009, 155; *Gruber*, Die Missbrauchsbestimmungen des § 44 UmgrStG, ÖStZ 2010, 157; *Beiser*, Missbrauch durch Einbringung und Umwandlung, SWK 2010, S 987; *Novacek*, Missbrauch gem Art 15 FRL, § 22 BAO und § 44 UmgrStG, ÖStZ 2012; *Moser*, Auswirkungen der Rs Foggia auf das UmgrStG, SWI 2012, 406; *Hackl*, Missbrauchstatbestand im UmgrStG im Lichte der Rs Foggia, taxlex 2013, 9; *Mayr*, Exporteinbringung, Missbrauch und Fusionsrichtlinie, in FS Tanzer, Wien 2014, 171.

Die §§ 39 bis 45 UmgrStG enthalten noch „Ergänzende Vorschriften", die teilweise schon bei den einzelnen Umgründungs-Artikeln mitbehandelt worden sind. Hier soll abschließend noch auf „Mehrfachzüge" und den „Missbrauch" eingegangen werden.

A. Mehrfachzüge (§ 39)

1270 Bei allen Umgründungen übernimmt der Rechtsnachfolger das übertragene Vermögen für steuerrechtliche Zwecke mit dem dem Umgründungsstichtag folgenden Tag (zB § 3 Abs 1 Z 4 UmgrStG). Mehrere auf einen Stichtag bezogene Umgründungsschritte wären deshalb nicht möglich. Nach § 39 UmgrStG können mittels **Umgründungsplan mehrere Umgründungsschritte,** die ganz oder teilweise dasselbe Vermögen betreffen, **auf einen Stichtag** erfolgen. Die Vermögensübernahme bei allen „Zwischenumgründungen" gilt damit ertragsteuerlich mit Ablauf des Umgründungsstichtages als bewirkt, wobei erst der letzte Rechtsnachfolger das Vermögen mit Beginn des dem Umgründungsstichtag folgenden Tages erwirbt.

Beispiel:[361])

Auf die Verschmelzung zum 31. 12. 01 der Betriebs-Kapitalgesellschaft auf die Besitz-Kapitalgesellschaft soll die übernehmende Besitz-Kapitalgesellschaft den übernommenen Betrieb – angereichert um eine der Besitz-Kapitalgesellschaft gehörende, dem

[360]) Oben Tz 1251.

[361]) Adaptiert aus UmgrStR Rz 1875.

übernommenen Betrieb dienende Liegenschaft – zum 31. 12. 01 abspalten auf eine weitere bisher vermögensverwaltende Kapitalgesellschaft, der jemand zum 31. 12. 01 als atypischer stiller Gesellschafter beitreten will. Es liegt ein Mehrfachzug vor, weil ein und dasselbe Vermögen im Zuge mehrerer Umgründungsschritte übertragen wird.

Mittels **Umgründungsplan** können solche Mehrfachzüge auf einen 1271
gemeinsamen Stichtag bezogen werden; durch den Umgründungsplan werden sämtliche auf einen Stichtag bezogene Umgründungsschritte quasi zu einer Umgründung verknüpft.[362]) Der Umgründungsplan muss spätestens am Tag der Beschlussfassung der ersten Umgründung festgelegt sein. Bei allen Umgründungen ist auf diesen Plan Bezug zu nehmen. Der Umgründungsplan hat jedenfalls **zu enthalten:**[363])

- Bezeichnung aller Umgründungen samt in Anspruch genommener Artikel des UmgrStG;
- Bezeichnung der beteiligten Rechtsträger (Übertragender, Übernehmender);
- Reihenfolge der Umgründungen;
- Angabe des mehrfach zu übertragenden Vermögens;
- Angabe des Umgründungsstichtages und
- Vereinbarung der Rechtsfolge nach § 39 UmgrStG.

B. Missbrauch (§ 44)

Die „optimale Rechtsform“ eines Unternehmens kann sich aus den unter- 1272
schiedlichsten Gründen ändern.[364]) Durch Umgründungen kann die Rechtsform eines Unternehmens ohne Aufdeckung der stillen Reserven geändert werden. Die Möglichkeiten des UmgrStG können in der Praxis aber auch Anreiz sein, sich mittels Umgründungen generell der Besteuerung zu entziehen. Dem soll eine eigene **Missbrauchsklausel** entgegenwirken. Nach § 44 UmgrStG ist die Anwendung der Bestimmungen des UmgrStG zu versagen, wenn die Umgründungsmaßnahmen der Umgehung oder Minderung der Abgabepflicht iSd **§ 22 BAO** dienen oder wenn sie als einen der hauptsächlichen Beweggründe die Steuerhinterziehung oder Steuerumgehung iSd **Art 15 FusionsRL**[365]) haben.[366]) Da § 22 BAO grundsätzlich im gesamten Abgabenrecht gilt, hätte es der ausdrücklichen Normierung in § 44 UmgrStG nicht bedurft; § 44 UmgrStG soll aber die Geltung der Missbrauchsbestimmung im UmgrStG ausdrücklich hervorheben.

[362]) Vgl *Wundsam/Zöchling/Huber/Kuhn,* UmgrStG[5] § 39 Rz 4; *Hübner-Schwarzinger/Kofler* in *Kofler,* UmgrStG[6] § 39 Rz 11.

[363]) *Walter,* UmgrStR 2018 Rz 1039; UmgrStR Rz 1880f; vgl auch *Hübner-Schwarzinger/Kofler* in *Kofler,* UmgrStG[6] § 39 Rz 14.

[364]) Dazu oben Tz 1107.

[365]) Art 15 der RL 2009/133/EG (zuvor Art 11 der RL 90/434/EWG).

[366]) Bei Versagen der Anwendung des UmgrStG kommt es ertragsteuerlich idR zur steuerpflichtigen Realisierung der stillen Reserven und verkehrssteuerlich zur Nichtanwendbarkeit von Befreiungen und Begünstigungen, vgl UmgrStR Rz 1912.

1273 Die Vornahme einer einzelnen Umgründung führte bisher grundsätzlich nicht zu Missbrauch nach § 22 BAO;[367]) an dieser Sichtweise sollte sich auch nach dem JStG 2018 grds nichts ändern, auch wenn nunmehr der Missbrauch in § 22 Abs 2 BAO ausdrücklich definiert wurde und auch eine Gestaltung mit nur „einem Schritt" umfassen kann.[368]) Nach der bisherigen Verwaltungspraxis liegt dann Missbrauch vor, wenn eine mehrstufige Umgründung (Mehrfachzug) ausschließlich oder fast ausschließlich der Umgehung oder der Minderung der Abgabenpflicht dient, ohne dass für diese Maßnahme außersteuerliche Gründe vorliegen.[369])

Als **Beispiele** nennen die UmgrStR den kurzfristigen Zusammenschluss zweier Einzelunternehmer mit nachfolgender Realteilung, um jeweils ohne Aufdeckung von stillen Reserven in den Besitz des anderen Betriebes zu gelangen; weiters Mehrfachzüge, die im Ergebnis zum Ausgangspunkt zurückkehren (zB Einbringung eines Einzelunternehmens mit anschließender Rückumwandlung auf den Hauptgesellschafter).[370])

1274 Mit dem AbgÄG 2005 wurde § 44 UmgrStG um die Missbrauchsvorschrift der **FusionsRL** ergänzt, um auch im Anwendungsbereich der FusionsRL bei grenzüberschreitenden Umgründungen die Geltung der Missbrauchsbestimmung ausdrücklich zu betonen. Die Gesetzesmaterialien erwähnen als Beispiel die grenzüberschreitende Einbringung von Kapitalanteilen mit anschließender Veräußerung der eingebrachten Kapitalanteile.[371])

Der **EuGH** betonte in der Rs *Leur-Bloem* bei der Prüfung von Missbrauch iSd FusionsRL zunächst die „vernünftigen wirtschaftlichen Gründe" der betreffenden Umstrukturierung; bei dieser Prüfung können sich die zuständigen nationalen Behörden nicht darauf beschränken, „vorgegebene allgemeine Kriterien anzuwenden; sie müssen vielmehr eine globale Untersuchung jedes Einzelfalls vornehmen".[372]) Der EuGH verwirft damit „pauschale Missbrauchsvorschriften".[373]) Nach der Rs *Kofoed* dürfe die Anwendung des Unionsrechts nicht so weit reichen, „dass missbräuchliche Praktiken, dh

---

[367]) Deshalb hat der Gesetzgeber zB auf Gestaltungen mittels unbarer (vorbehaltener) Entnahme bei der Einbringung reagiert und eine KESt-Pflicht vorgesehen, dazu oben Tz 1187 ff; *Mayr*, RdW 2005, 779; die zur Gesetzesänderung geführte Diskussion löste *Doralt* aus, RdW 2001, 761; dazu auch *Wiesner*, ÖStZ 2002, 35; *Huber*, RdW 2002, 118; *Beiser*, RdW 2002, 121; *Trösztér*, SWK 2002, S 289; *Prechtl*, RdW 2004, 60.

[368]) Nach § 22 Abs 2 BAO idF JStG 2018 muss die Gestaltung im Hinblick auf ihre wirtschaftliche Zielsetzung unangemessen sein; sodann wird die Unangemessenheit gesetzlich definiert und ein Missbrauch ausgeschlossen, wenn „triftige wirtschaftliche Gründe" vorliegen; vgl auch *Hayden/Hayden*, RdW 2018, 378; *Lang*, ÖStZ 2018, 419.

[369]) UmgrStR Rz 1907; vgl auch *Hirschler/Sulz* in HB der Umgründungen[17] § 44 Rz 12 ff.

[370]) UmgrStR Rz 1908.

[371]) ErläutRV 1187 BlgNR 22. GP 17. Dieser Anwendungsfall wurde zudem in § 16 Abs 1 a UmgrStG ausdrücklich umschrieben, dazu oben Tz 1184; dennoch wird gerade diese Bestimmung iZm Missbrauch intensiv diskutiert, dazu sogleich.

[372]) EuGH 17. 7. 1997, C-28/95, *Leur-Bloem*.

[373]) Dazu *Hügel* in FS Wiesner 177 (190).

Vorgänge geschützt werden, die nicht im Rahmen des normalen Geschäftsverkehrs, sondern nur zu dem Zweck durchgeführt werden, missbräuchlich in den Genuss von im Gemeinschaftsrecht vorgesehenen Vorteilen zu gelangen."[374]) Vor dem Hintergrund der EuGH-Rsp wurde va die grenzüberschreitende Einbringung von Kapitalanteilen mit anschließender Veräußerung der eingebrachten Kapitalanteile nach § 16 Abs 1a UmgrStG diskutiert.[375])

XI. Umgründungen und Gruppenbesteuerung

Literatur: *Hohenwarter/Staringer,* Umgründungen und Gruppenbesteuerung, in *Lang/Schuch/Staringer/Stefaner,* Grundfragen der Gruppenbesteuerung (2007), 393; *Mayr,* Gruppenbesteuerung: Verlustvortrag bei Umgründungen, RdW 2010, 536; *Plott,* Kann durch Umgründung auf Ebene der Gruppenmitglieder tatsächlich ein Verlustvortrag beim Gruppenträger untergehen? ÖStZ 2010, 436; *Pinetz/Schaffer,* Übergang von Verlustvorträgen bei Umgründungen in der Unternehmensgruppe, ÖStZ 2013, 80; *Sutter,* Rückabwicklung einer Unternehmensgruppe nach Verschmelzung des einzigen Gruppenmitglieds mit dem Gruppenträger, ÖStZ 2013, 121; *Zöchling,* Gruppenbesteuerung und Umgründungen, und *Mayr,* Gruppenbesteuerung und Umgründungen – Das Schicksal des Verlustvortrages, beide in *Kirchmayr/Mayr/Hirschler,* Gruppenbesteuerung (2014), 1 und 13; *Allram/Pinetz,* VwGH zu errichtenden Umwandlungen in der Unternehmensgruppe, ÖStZ 2017, 624; *Zorn,* VwGH: Kein rückwirkendes Ausscheiden eines Gruppenmitglieds mit dessen errichtender Umwandlung, RdW 2017, 524; *Jann/Rittsteuer/Schneider* in *Kofler,* UmgrStG[7], Umgründungen und Gruppenbesteuerung; *Christiner* in HB der Umgründungen II, Umgründungen und Gruppenbesteuerung.

Sowohl Umgründungen als auch die Gruppenbesteuerung[376]) sind bereits 1275
für sich fachlich sehr anspruchsvolle Bereiche des österreichischen Konzernsteuerrechts; die Kombination daraus, also das Umgründen von Unternehmensgruppen, wirft folglich besonders interessante Rechtsfragen auf.[377]) Die gesetzlichen Bestimmungen dazu sind spärlich. Nach **§ 9 Abs 5 KStG** sind Umgründungen (insb Verschmelzungen, Einbringungen und Spaltungen) innerhalb der Unternehmensgruppe zwar **grds zulässig,** sofern die Voraussetzungen der Gruppenbesteuerung (insb finanzielle Verbindung) eingehalten werden; ein umgründungsbedingtes Übertragen der Eigenschaft eines Gruppenmitglieds oder des Gruppenträgers auf eine gruppenfremde Körperschaft ist

[374]) EuGH 5. 7. 2007, C-321/05, *Kofoed;* vgl auch EuGH 20. 5. 2010, C-352/08, *Zwijnenburg;* EuGH 10. 11. 2011, C-126/10, *Foggia;* vgl auch *Hübner-Schwarzinger/Kofler* in *Kofler,* UmgrStG[6] § 44 Rz 17.

[375]) Dazu oben Tz 1184; vgl *Mayr,* RdW 2009, 155, RdW 2005, 779 und in FS Tanzer 171; ausführlich *Hohenwarter* mit Kritik an der Unwiderlegbarkeit der Missbrauchsvermutung, RdW 2006, 725 (732); kritisch *Hirschler,* taxlex 2005, 605; *Krickl,* taxlex 2006, 259; *Furherr,* taxlex 2006, 309 und SWI 2009, 188; *Mühlehner,* SWI 2009, 269.

[376]) Zur Gruppenbesteuerung vgl oben Rz 937 ff.

[377]) Vgl zB *Zöchling* und *Mayr* in *Kirchmayr/Mayr/Hirschler,* Gruppenbesteuerung 1 und 13.

jedoch nicht zulässig.[378]) Das UmgrStG wiederum spricht die Gruppenbesteuerung nicht direkt an.[379])

1276 Im Überblick ergeben sich bei Umgründungen von Unternehmensgruppen vor allem **folgende wesentliche Fragen:**[380])

- **Beteiligungsverhältnisse:** Durch Kapitelerhöhungen oder Anteilsabtretungen kann die ausreichende finanzielle Verbindung für eine Unternehmensgruppe verloren gehen.
- **Teilwertabschreibungen auf Beteiligungen:** Da Teilwertabschreibungen im Rahmen der Gruppenbesteuerung nicht steuerwirksam sind, können nur Teilwertabschreibungen vor der Gruppenbesteuerung von Bedeutung sein; offene Teilwertabschreibungssiebentel gehen umgründungsbedingt grds auf die übernehmende Körperschaft über.
- **Firmenwertabschreibung:** Betrifft nur Beteiligungen, die vor 1. 3. 2014 angeschafft wurden; bei an sich steuerwirksamen Firmenwertabschreibungs-Fünfzehntel kann es umgründungsbedingt ua zu einem Ende der Firmenwertabschreibung kommen (zB Beteiligung oder Unternehmensgruppe gehen unter).
- **Verlustvortrag:** Der Verlustvortrag wird bei der Umgründung von Unternehmensgruppen besonders intensiv diskutiert; beim Objektbezug wird dabei nicht eine individuelle, sondern eine gruppenbezogene Betrachtung vertreten.[381])
- **Mindestdauer:** Die nach § 9 Abs 10 KStG erforderliche Mindestdauer einer Unternehmensgruppe durch Zurechnung der Ergebnisse von drei (vollen) Wirtschaftsjahren wird etwa durch Verschmelzung, Umwandlung oder Aufspaltung eines Gruppenmitglieds vor Ablauf der Mindestdauer nicht beeinträchtigt, wenn der Vermögensübergang auf Gruppenangehörige als Rechtsnachfolger stattfindet.[382]) Dagegen beendet die zB Verschmelzung des einzigen Gruppenmitglieds auf den Gruppenträger die Unternehmensgruppe und führt innerhalb der Mindestdauer zu deren Rückabwicklung.[383])

1277–1299 *frei*

[378]) VwGH 28. 6. 2016, 2013/13/0066, RdW 2016, 567 zur (insofern gescheiterten) up-stream-Verschmelzung des Gruppenträgers auf eine gruppenfremde Körperschaft.

[379]) In den UmgrStR findet sich am Ende jedes Umgründungs-Artikels jeweils ein Kapitel zur Gruppenbesteuerung zB zur Verschmelzung von Unternehmensgruppen Rz 349 ff.

[380]) Vgl UmgrStR Rz 349 b; *Christiner* in HB der Umgründungen, Umgründungen und Gruppenbesteuerung, Rz 46 ff; *Jann/Rittsteuer/Schneider* in *Kofler,* UmgrStG[6] Umgründungen und Gruppenbesteuerung.

[381]) *Mayr,* RdW 2010, 536 und in *Kirchmayr/Mayr/Hirschler,* Gruppenbesteuerung 13; UmgrStR Rz 351 e, 352 oder 1245 ad; kritisch zB *Plott,* ÖStZ 2010, 436; *Pinetz/Schaffer,* ÖStZ 2013, 80.

[382]) Vgl auch VwGH 31. 5. 2017, Ro 2016/13/0002, RdW 2017, 524 zur gruppeninternen errichtenden Umwandlung.

[383]) VwGH 18. 12. 2012, 2009/15/0214; *Sutter,* ÖStZ 2013, 121.

5. Kapitel

Grundzüge des Internationalen Steuerrechts

Literatur (ab 2013; für die Vorjahre siehe die Vorauflagen)

Allgemeine Monographien und Sammelwerke:

Österreich: *Kemmeren/Smit/Essers/De Broe/Vanistendael/Lang/Pistone/Schuch/Staringer/Storck* (Hrsg), Tax Treaty Case Law around the Globe 2012, Wien 2013; *Bendlinger,* Steueroasen und Offshore-Strukturen, Wien 2013; *Lang,* Introduction to the Law of Double Taxation Conventions[2], Wien 2013; *Lang/Schuch/Staringer* (Hrsg), Die österreichische DBA-Politik – Das „österreichische Musterabkommen", Wien 2013; *Simader/Titz* (Hrsg), Limits to Tax Planning, Wien 2013; *Günther/Tüchler* (Hrsg), Exchange of Information for Tax Purposes, Wien 2013; *Lang/Owens/Pistone/Schuch/Staringer/Storck/Essers/Kemmeren/Smit* (Hrsg), Tax Treaty Case Law around the Globe 2013, Wien 2013; *Lang/Pistone/Schuch/Staringer/Storck* (Hrsg), Dependent Agents as Permanent Establishments, Wien 2014; *Petruzzi/Spies* (Hrsg), Tax Policy Challenges in the 21st Century, Wien 2014; *Bendlinger/Kanduth-Kristen/Kofler/Rosenberger* (Hrsg), Handbuch Internationales Steuerrecht, Wien 2015; *Lang/Pistone/Rust/Schuch/Staringer/Storck* (Hrsg), The OECD-Model-Convention and its Update 2014, Wien 2015; *Peyerl,* Die Verlagerung von Einkünften, Wien 2015; *Lang/Pistone/Schuch/Staringer* (Hrsg), Introduction to European Tax Law on Direct Taxation[4], Wien 2015; *Pfeiffer/Ursprung-Steindl* (Hrsg), Global Trends in VAT/GST and Direct Taxes, Wien 2015; *Dziurdź/Marchgraber* (Hrsg), Non-Discrimination in European and Tax Treaty Law, Wien 2015; *Lang/Owens/Pistone/Schuch/Rust/Staringer/Storck/Kemmeren/Essers/Smit* (Hrsg), Tax Treaty Case Law around the Globe 2014, Wien 2015; *Wassermeyer/Kaeser/Lang/Schuch* (Hrsg), Doppelbesteuerung[3], Wien 2015; *Pamperl,* Article 16 of the OECD Model Convention: History, Scope and Future, Amsterdam 2015; *Bendlinger,* Die Betriebsstätte in der Praxis des internationalen Steuerrechts[3], Wien 2016; *Lang/Rust/Owens/Pistone/Schuch/Staringer/Storck/Essers/Kemmeren/Smit* (Hrsg), Tax Treaty Case Law around the Globe 2015, Wien 2016; *Blum/Seiler* (Hrsg), Preventing Treaty Abuse, Wien 2016; *Naderer/Windhager/Strobach* (Hrsg), Gemeinsamer Meldestandard-Gesetz, Wien 2016; *Lang/Marchgraber/Rust/Schuch/Staringer* (Hrsg), Dividenden im Konzern, Wien 2016; *Lang/Haunold* (Hrsg), Transparenz – Eine neue Ära im Steuerrecht, Wien 2016; *Seiler,* GAARs and Judicial Anti-Avoidance in Germany, the UK and the EU, Wien 2016; *Lang/Marchgraber/Rust/Schuch/Staringer* (Hrsg), Niedrigbesteuerung im Unternehmenssteuerrecht, Wien 2016; *Lang/Haunold* (Hrsg), Transparenz und Informationsaustausch, Wien 2017; *Canete/Kubaile/Petritz/Zünd* (Hrsg), Praxisleitfaden zum automatischen Informationsaustausch, Wien 2017; *Lang/Pistone/Rust/Schuch/Staringer* (Hrsg), The UN Model Convention and Its Relevance for the Global Tax Treaty Network, Alphen aan den Rijn, 2017; *Lang/Storck/Petruzzi* (Hrsg), Transfer Pricing Developments Around The World 2017, Alphen aan den Rijn, 2017; *Marchgraber,* Double (Non-)Taxation and EU Law, Alphen aan den Rijn, 2017; *Mechtler,* Hybrid Mismatches im Ertragsteuerrecht, Wien 2017; *Kemmeren/Smit/Essers/Lang/Owens/Pistone/Rust/Schuch/Staringer/Storck* (Hrsg), Tax Treaty Case Law around the Globe 2016, Wien 2017; *Bendlinger,* Auslandsentsendungen: in der Praxis des internationalen Steuer- und Sozialversicherungsrechts, Wien 2018; *Bendlinger/Kofler/Lang/Schmidjell-Dommes* (Hrsg), SWI-Spezial – Die österreichischen DBA nach BEPS,

Wien 2018; *Lang/Pistone/Rust/Schuch/Staringer* (Hrsg), The OECD Multilateral Instrument for Tax Treaties – Analysis and Effects, Alphen aan den Rijn, 2018; *Lang/Rust* (Hrsg), Tax Treaty Case Law Around the Globe 2017, Wien 2018; *Lang/Storck/Petruzzi* (Hrsg), Transfer Pricing Developments Around The World 2018, Alphen aan den Rijn, 2018; *Wöhrer,* Data protection and taxpayers' rights: challenges created by automatic exchange of information, Amsterdam 2018; *Aigner/Kofler/Tumpel* (Hrsg), DBA-Kommentar[2], Wien 2019.

Deutschland: *Debatin/Wassermeyer* (Hrsg), Doppelbesteuerung, Kommentar zu allen deutschen Doppelbesteuerungsabkommen, Loseblatt, München; *Flick/Wassermeyer/Baumhoff/Schönfeld* (Hrsg), Außensteuerrecht Kommentar, Loseblatt, Köln; *Gosch/Kroppen/Grotherr/Kraft* (Hrsg), DBA-Kommentar, Loseblatt, Herne; *Strunk/Kaminski/Köhler* (Hrsg), Außensteuergesetz-Doppelbesteuerungsabkommen-Kommentar, Loseblatt, Bonn; *Achatz* (Hrsg), Internationales Steuerrecht, DStJG 36, Köln 2013; *Vögele/Borstell/Engler* (Hrsg), Verrechnungspreise[4], München 2015; *Wassermeyer/Richter/Schnittker* (Hrsg), Personengesellschaften im internationalen Steuerrecht[2], Köln 2015; *Vogel/Lehner* (Hrsg), Doppelbesteuerungsabkommen – Kommentar auf der Grundlage des Musterabkommens[6], München 2016; *Schaumburg* (Hrsg), Internationales Steuerrecht[4], Köln 2017.

Allgemeine Zeitschriftenbeiträge: *Bendlinger,* Der Beschäftiger als Arbeitgeber bei der internationalen Gestellung von Arbeitskräften, SWI 2013, 432; *Daxkobler/Kerschner,* Da fiel er aus allen Wolken . . ., SWK 2013, 901; *Dziurdź,* Vermeidung der Doppelbesteuerung nur bei „diskriminierungsfreiem" Arbeitgeberbegriff? ecolex 2013, 728; *Dziurdź,* Weiterverrechnung der Gehaltskosten als Kriterium für die Arbeitgebereigenschaft? ecolex 2013, 1121; *Dziurdź,* 183-Tage-Regel: VwGH legt Arbeitgeberbegriff abkommensautonom aus, IStR 2013, 939; *Gebetsroither,* Risiken bei der internationalen Arbeitskräftegestellung, ÖStZ 2013, 362; *Haas/Waser,* Die steuerliche Bedeutung der Abgrenzung zwischen Arbeitskräfteüberlassung und Werkvertrag bei der Tätigkeit ausländischer Unternehmer in Österreich, SWI 2013, 30; *Holthaus,* Ausdehnung des Steuererlasses für Champions-League & Co durch die Hintertür ohne Rechtsgrundlage, IStR 2013, 468; *Jirousek/Loukota,* Kehrtwende bei der Besteuerung internationaler Arbeitskräfteüberlassungen, ÖStZ 2013, 435; *Kerschner/Steindl,* SWI-Jahrestagung: Übertragungsrechte an deutschen Sportveranstaltungen, SWI 2013, 301; *Kofler/Rosenberger,* RuSt 2013: Highlights aus dem Workshop „Internationales Steuerrecht", RdW 2013, 632; *Kreuz/Leiter,* DBA-Qualifikation von Zuwendungen einer Privatstiftung an Begünstigte im Ausland, VWT 2013, 34; *Leisner-Egensperger,* Grenzen gesetzlicher Regelungen zum Internationalen Steuerrecht, IStR 2013, 889; *Loidl/Moshammer,* Be-/Entlastung ausländischer Gesteller: Arbeitskräftegesteller als Blitzableiter der Finanzverwaltung, SWI 2013, 392; *Loidl/Moshammer/Rosenberger,* Tax Information Exchange Agreements (TIEA), SWK 2013, 1363; *Ludwig,* Berücksichtigung einer „Hypotax" bei einer Entsendung, SWI 2013, 411; *Novacek,* Völkergewohnheitsrecht und Doppelbesteuerungsabkommen, FJ 2013, 347; *Nowotny/Prechtl-Aigner,* Rückerstattung der Abzugssteuer bei Arbeitskräftegestellung an Gesteller oder Arbeitnehmer? SWI 2013, 163; *Pamperl,* Auswirkungen einer Verpflichtung zur Weiterleitung passiver Einkünfte auf eine DBA-rechtliche Quellensteuerreduktion, SWI 2013, 403; *Pamperl/Steindl,* Vergütungen ausländischer Aufsichtsratsmitglieder österreichischer Kapitalgesellschaften außerhalb von Art 16 OECD-MA, SWI 2013, 335; *Peyerl,* Die Anrechnung ausländischer Quellensteuern bei Unternehmensgruppen, ÖStZ 2013, 182; *Petersen,* Quellensteuer bei Überlassung von Standardsoftware, IStR 2013, 896; *Renner,* Abzugsteuerpflicht bei Werbeleistungen eines ausländischen Motorsportteams, SWI 2013, 25; *Steiner,* VwGH zum Arbeitgeberbegriff im DBA-Recht – alle Unklarheiten beseitigt? taxlex 2013, 420; *Stiastny/Stradinger,* SWI-Jahrestagung: Verkauf der Anteile einer inländischen Immobilien-GmbH durch eine ungarische Personengesellschaft mit deutschen Gesellschaftern, SWI 2013, 18; *Wenzl,* Quellensteueranrechnung und Anrechnungshöchstbetrag bei negativem Einkommen des Gruppenträgers, ecolex 2013, 1119; *Bendlinger,* Einkünfte anlässlich der Beendigung von Dienstverhältnissen im internationalen Steuerrecht, VWT 2014, 232; *Bendlinger,* Neues zur „183-Tage-Regel" in den DBA, VWT 2014, 101; *Bendlinger/Kofler,* RuSt 2014: Highlights aus dem Workshop „Internationales Steuerrecht", RdW 2014, 607; *Beiser,* Ausgewogene Aufteilung der Ertragsteuerbefugnis und Abzug von Schuldzinsen und Lizenzgebühren, SWI 2014, 261; *Danda,* Besteuerung von Künstlern im internationalen Steuerrecht, BFGjournal 2014, 444; *Dziurdź,* Arbeitgebereigenschaft und Betriebsstättenrisiko bei der Arbeitnehmerüberlassung, ÖStZ 2014, 121; *Dziurdź,* Betriebsstätte als „wirtschaftlicher Arbeitgeber" oder worin liegt der Sinn und Zweck der 183-Tage-Regel? IStR 2014, 876; *Flora,* Praxisrelevante Fragen zu Auskünften nach dem ADG, ÖBA 2014, 3; *Göritzer,* Rahmenbedingungen des internationalen Verständigungsverfahrens, SWI 2014, 525; *Haas,* Änderungen bei der steuerlichen Behandlung grenzüberschreitender Arbeitskräftegestellungen, SWK 2014, 983; *Hollaus,* Der Geschäftsführer im internationalen Steuerrecht, VWT 2014, 163; *Hollaus,* Offene Fragen iZm dem neuen Erlass zur grenzüberschreitenden Arbeitskräftegestellung, SWI 2014, 574; *Jerabek/Neubauer,* Unionsrechtskonformität des § 12 Abs. 1 Z 10 KStG? SWI 2014, 369; *Kerschner,* Die Auslegung des Art 19 Abs 1 DBA Liechtenstein, SWI 2014, 250; *Kofler/Marschner,* Änderungen im Außensteuerrecht, SWK 2014, 455; *Kopf,* VwGH rechnet liechtensteinische Einkünfte aus „gemischter" Tätigkeit zur Gänze der Zuteilungsnorm für Unternehmensgewinne zu, BFGjournal 2014, 423; *Lang,* Wegzugsbesteuerung durch Änderung oder Abschluss eines Doppelbesteuerungsabkommens? SWI 2014, 206; *Loukota,* Das Problem mit den „öffentlichen Funktionen" im DBA-Recht, SWI 2014, 42; *Loidl/Moshammer/Rosenberger,* Grundzüge der Zinsen- und Lizenzgebühren-Richtlinie, SWK 2014, 716; *Mair/Nekrasov,* Kurswechsel in der „Wegzugsbesteuerung"? taxlex 2014, 144; *Petritz-Klar,* AbgÄG 2014: Erweiterung der beschränkten Steuerpflicht für Zinsen bei KapGes, taxlex 2014, 101; *Pinetz/Zeiler,* Der „wirtschaftliche" Arbeitgeberbegriff nach Art 15 Abs 2 OECD-MA, SWI 2014, 18; *Polivanova-Rosenauer,* AbgÄG 2014: Beschränkte Steuerpflicht für Zinsen, RdW 2014, 163; *Sattlegger,* Erhöhte Mitwirkungspflicht bei Auslandssachverhalten, ÖStZ 2014, 474; *Schlager/Titz,* Ertragsteuerliche Änderungen im AbgÄG 2014 – ein Überblick, RWZ 2014, 65; *Schmidjell-Dommes,* Neuerungen bei der Besteuerung internationaler Arbeitskräftegestellung in Österreich, IStR 2014, 762; *Spies,* Quellensteuern auf dem Prüfstand des EuGH: Abzugssteuer bei inländischer Präsenz des ausländischen Dienstleisters unzulässig, ÖStZ 2014, 531; *Stadler,* Drei Fragen zur beschränkten Einkommensteuerpflicht von Veräußerungsgewinnen, ÖStZ 2014, 151; *Steindl/Stiastny,* SWI-Jahrestagung: Schildermontagen in Norwegen, SWI 2014, 473; *Stieglitz/Volpini de Maestri,* Einschränkung der Quellensteuerentlastung bei Gewinnausschüttungen? SWI 2014, 422; *Unger,* Umfang und Grenzen der internationalen Amtshilfe, taxlex 2014, 266; *Vogler/Nientimp,* Folgen des Authorised OECD Approach (AOA) für den Arbeitgeberbegriff im DBA-Recht – Auswirkungen auf die Arbeitnehmerbesteuerung? IStR 2014, 427; *Wagner,* Wegzugsbesteuerung und Doppelbesteuerungsabkommen, SWI 2014, 103; *Waser,* Zulässigkeit des Steuerabzugs bei der grenzüberschreitenden Arbeitskräfteüberlassung, SWI 2014, 428; *Wimpissinger,* Ist die Nichtabzugsfähigkeit von Zinsen und Lizenzgebühren nach § 12 KStG unionsrechtswidrig? SWI 2014, 220; *Wurm,* Rs DMC: EuGH zur Unionsrechtskonformität der Wegzugsbesteuerung bei grenzüberschreitenden Einbringungen von Mitunternehmeranteilen, GES 2014, 246; *Bendlinger,* Zurechnung von Einkünften zu einer „festen Einrichtung" in Liechtenstein, ÖStZ 2015, 102; *Bendlinger,* DBA als Rechtsgrundlage für den Anrechnungsvortrag, SWI 2015, 168; *Blum/Csoklich,* Der Foreign Account Tax Compliance Act (FATCA) und seine Umsetzung in Österreich, ÖBA 2015, 722; *Gröhs/Rzeszut,* Doppelbesteuerung und internationale Verständigungsverfahren, SWI

2015, 178; *Jirousek*, Ist die Verordnung zu Art 19 DBA Liechtenstein gesetzwidrig? SWI 2015, 254; *Kanduth-Kristen/Kofler*, Außensteuerliche Änderungen durch das 2. AbgÄG 2014, ÖStZ 2015, 121; *Kerschner/Marchgraber*, Die Verordnung zu Art 19 Abs 1 DBA Liechtenstein auf dem Prüfstand des VfGH, SWI 2015, 209; *Kofler*, Kein Recht auf einen Anrechnungsvortrag, GES 2015, 95; *Kofler/Renner*, Haftung für Abzugssteuer bei beschränkter Steuerpflicht, BFGjournal 2015, 312; *Kollmann*, SWI-Jahrestagung: Bezüge eines Vorstandsmitglieds einer slowenischen AG, SWI 2015, 220; *Kopf*, BFG beantragt die Aufhebung der zur Kassenstaatsregel im DBA Liechtenstein ergangenen VO des BMF, BFGjournal 2015, 81; *Lang*, Aussagen des VfGH zur Auslegung von Doppelbesteuerungsabkommen, SWI 2015, 569; *Lang*, Dreifache Nichtbesteuerung als Ergebnis der Anwendung von Doppelbesteuerungsabkommen, SWI 2015, 198; *Laudacher*, Kein Anrechnungsvortrag für ausländische Quellensteuern aus Dividenden, Zinsen und Lizenzzahlungen, SWK 2015, 385; *Loukota*, Das wechselvolle Schicksal der steuerlichen Behandlung des internationalen Arbeitnehmerverleihs, SWI 2015, 527; *Mayer/Mechtler/Orlet/Schaffer/Turcan/Zolles*, BFH-Rechtsprechungsübersicht (Teil I), ecolex 2015, 1004; *Meickmann/Reinert*, Hat die EU mit dem automatischen Informationsaustausch ihre Kompetenzen überschritten? SWI 2015, 459; *Mechtler/Pinetz*, Anrechnung von ausländischen Quellensteuern beim Gruppenträger nach einer Stand-alone-Betrachtung, ecolex 2015, 333; *Mechtler/Spies*, Der neue Entstrickungstatbestand im Ertragsteuerrecht nach dem AbgÄG 2015, StAW 2016, 135; *Novacek*, Internationale Amtshilfe- und Verständigungsverfahren, FJ 2015, 71; *Ritz*, Anträge beschränkt Steuerpflichtiger auf Rückzahlung von Kapitalertragsteuer, SWI 2015, 118; *Simonek*, Der spontane und automatische Informationsaustausch vor der Einführung in der Schweiz, SWI 2015, 224; *Spies*, Die Wegzugsbesteuerung im österreichischen Recht: System oder Chaos? ÖStZ 2015, 283 und 316; *Pinetz/Zeiler*, EAS 3357: Mittelbare Besicherung von Outbound-Zinsen, SWI 2015, 110; *Wenzl*, Unionsrechtswidrigkeit des Nettosteuerabzugs nach §§ 99 ff EStG durch die Tarifreform, SWK 2015, 1128; *Zeiler/Pinetz*, SWI-Jahrestagung: Der wirtschaftliche Arbeitgeberbegriff nach Art 15 Abs 2 OECD-MA, SWI 2015, 164; *Bendlinger*, (Un)lösbare internationale Steuerfälle im Wechselspiel der Rechtsordnungen, VWT 2016, 170; *Ehrke-Rabel*, Geheimhaltungs- und Informationsinteressen beim automatischen internationalen Informationsaustausch nach dem GMSG, SWI 2016, 67; *Frommelt/Lampert*, (Weitere) Zeitenwende in Liechtenstein – Aufgabe des generellen Fiskalvorbehalts bei der kleinen Rechtshilfe, ZWF 2016, 87; *Hasanovic/Zeiler*, KESt-Rückerstattung bei beschränkt Steuerpflichtigen nach dem EU-Abgabenänderungsgesetz 2016, SWK 2016, 1290; *Jirousek*, Revision des DBA Österreich – Liechtenstein, ÖStZ 2016, 652; *Kerschner/Marchgraber*, Verordnung zu Art 19 Abs 1 DBA Liechtenstein als gesetzwidrig aufgehoben, ecolex 2016, 91; *Kofler/Rust*, Deutsches BVerfG zur Verfassungskonformität von „Treaty Overrides“, SWI 2016, 144; *Kopf*, Ließ der VfGH die Wiener Vertragsrechtskonvention wirklich unbeachtet? SWI 2016, 592; *Mechtler/Spies*, Die Entstrickungsbesteuerung bei beschränkter Steuerpflicht nach dem Abgabenänderungsgesetz 2015, SWI 2016, 504; *Schilcher*, Neuregelung der „Wegzugsbesteuerung“ im EStG, SWI 2016, 160; *Schragl/Stefaner*, Die neue Wegzugsbesteuerung im betrieblichen Bereich, SWK 2016, 763; *Spies*, SWI-Jahrestagung: Inländische Darbietungen eines gemeinnützigen französischen Orchestervereins, SWI 2016, 300; *Wild*, Die neue Entstrickungsbesteuerung im AbgÄG 2015, taxlex 2016, 4; *Zirngast/Kanduth-Kristen*, Der Begriff der „Steuer“ und die Vermeidung internationaler Doppel-(Nicht-)Besteuerung, SWI 2016, 547; *Mechtler/Spies*, Neue EuGH-Rechtsprechung zur Wegzugsbesteuerung – Anlass einer erneuten Reform in Österreich? SWI 2017, 137; *Hafner/Stiastny*, Weiterentwicklung und erneute Änderung der Amtshilferichtlinie, SWI 2017, 133; *Hörtenhuber*, SWI-Jahrestagung: Besteuerung der Liquidationsgewinne einer ausländischen Kapitalgesellschaft mit inländischer Betriebsstätte, SWI 2017, 129; *Mitterlehner*, Steuer-Transparenz und der Kampf gegen Gewinnverlagerung und Steuervermeidung, VWT 2017, 236; *Mitterlehner,* UN-Musterabkommen – neue Bestimmung zur Besteuerung technischer Dienstleistungen geplant, SWI 2017, 180; *Pinetz/Plansky,* Einschränkung der Voraussetzungen für die KESt-Entlastung an der Quelle? SWI 2017, 189; *Polivanova-Rosenauer,* Ausgewählte Eckpunkte des automatischen Informationsaustausches, ZWF 2017, 30; *Waser,* Nettoabzugsbesteuerung bei Inbound-Arbeitskräftegestellung zulässig, SWI 2017, 85; *Jirousek,* Doppelbesteuerungsabkommen Österreich-Island, ÖStZ 2018, 273; *Jirousek,* Neues Doppelbesteuerungsabkommen Österreich-Israel, ÖStZ 2018, 643; *Jirousek,* Neues Doppelbesteuerungsabkommen Österreich-Japan, ÖStZ 2018, 688; *Langer,* Probleme der Rechtsgrundlage für das Country-by-Country Reporting TPI 2018, 13; *Leitsch,* Verstößt die Nichtgewährung fiktiver Quellensteuern in DBA gegen die europäischen Grundfreiheiten, SWI 2018, 173; *oV,* Doppelbesteuerungsabkommen mit dem Kosovo, SWK 2018, 805; *oV,* Neues DBA mit Russland (ohne Krim), SWI 2018, 291.

Betriebsstätten: *Bendlinger,* Ist da eine oder ist da keine? Das schwer fassbare Betriebsstättenkonzept, ÖStZ 2012, 561; *Wichmann,* Seminar F: Kommt nach dem „Anstreicher-Beispiel" die „Subunternehmer-Betriebsstätte"? IStR 2012, 711; *Bayer,* Bauausführungen und Montagen als Dienstleistungsbetriebsstätte? ÖStZ 2013, 507; *Bendlinger,* Einkünftezurechnung zu Auslandsbetriebsstätten, SWI 2013, 481; *Buchner,* Die Ansicht der OECD zur Zurechnung von Kapital und Zinsaufwendungen zu einer Betriebsstätte: Vergleichende Gegenüberstellung vor und nach Inkrafttreten des AOA und steuerliche Gestaltungsmöglichkeiten, IStR 2013, 228; *Bürkle/Ullmann,* Die Betriebsstättendefinition des Art 5 OECD-MA: Aktuelle Änderungen bei Bau- und Montagesowie Dienstleistungsbetriebsstätten, DStR 2013, 944; *Demme,* Betriebsstättenbegründung durch Aufsichtstätigkeiten über eine Bauausführung oder Montage? IStR 2013, 559; *Ditz/Bärsch,* Gewinnabgrenzung bei Vertreterbetriebsstätten nach dem AOA – ein Plädoyer für die Nullsummentheorie, IStR 2013, 411; *Lochmann/Schwaiger,* Betriebsstätten und andere (In-)Aktivitäten in Steueroasen – Risiken bei Gestaltungen im Ausland ohne Wertschöpfung, SWI 2013, 288; *Pamperl,* SWI-Jahrestagung: Grenzüberschreitende Gewinnverschiebung durch Verlagerung von „Marketing Intangibles" in eine ausländische Betriebsstätte, SWI 2013, 203; *Reiser/Cortez,* Betriebsstättenbegriff im Wandel, IStR 2013, 6; *Ronge,* Anmerkungen zur geplanten Neufassung der Kommentierung zu Art 5 des OECD-MA-Kommentars, IStR 2013, 266; *Seeleitner/Krinninger/Grimm,* Verschärfung der steuerlichen Herausforderungen durch den Authorised OECD Approach (AOA) bei Bau- und Montagebetriebsstätten? IStR 2013, 220; *Bayer,* Feste Geschäftseinrichtungen zur Sammlung von Daten in der digitalen Wirtschaft – bloße Hilfsbetriebsstätten? SWI 2014, 470; *Haas,* Gewinnabgrenzung bei Vertreterbetriebsstätten, ÖStZ 2014, 129; *Hagemann,* Freistellung von Gründungskosten einer festen Einrichtung? SWI 2014, 513; *Loidl/Moshammer/Rosenberger,* Die Gewinnzurechnung zwischen Stammhaus und Betriebsstätte nach dem „Authorized OECD Approach", SWK 2014, 433; *Schmidjell-Dommes,* Rechtsprechung zum Internationalen Steuerrecht, SWI 2014, 351; *Schmidjell-Dommes,* Rechtsprechung zum Internationalen Steuerrecht – Schwedisches Höchstgericht urteilt über das Vorliegen einer Server-Betriebsstätte, SWI 2014, 543; *Wunderlich,* Schweden: Serverbetriebsstätte – verbindliche Auskunft, IStR-LB 2014, 28; *Bendlinger,* Maßnahmen der OECD gegen die künstliche Vermeidung von Betriebsstätten (BEPS-Action 7), SWI 2015, 2; *Bendlinger,* Gewinnabgrenzung bei Auslandsbetriebstätten, VWT 2015, 179; *Bendlinger,* Bau- und Montagebetriebsstätten im Visier der OECD-BEPS Action 7, VWT 2015, 35; *Heggmair/Riedl/Wutschke,* Betriebsstätten von Unternehmen der Digital Economy – Eine kritische Analyse der zu erfüllenden Tatbestandsmerkmale für eine Betriebsstätte in der Digital Economy, IStR 2015, 92; *Huisman/Spies,* SWI-Jahrestagung: DBA-rechtliche Zuordnung einer „gemischten" Tätigkeit, SWI 2015, 16; *Schäfer,* Die konsequente Anwendung des Veranlassungsprinzips bei nachträglichen Betriebstätteneinkünften in der Rechtsprechung, IStR 2015, 346; *Wassermeyer,* Die BFH-Rechtsprechung zur Betriebsstättenbesteuerung vor dem Hintergrund des § 1 Abs 5 AStG und der BsGaV, IStR 2015, 37; *Bannes/Gerlach,* Ist die Kritik an der Dienstleistungsbetriebsstätte gerechtfertigt? SWI 2016, 595; *Bendlinger,* Die „neue" Vertreterbetriebsstätte – Leitlinien der OECD zur Gewinnzuteilung an den abhängigen Vertreter, IStR 2016, 914; *Bendlinger,* Die neue Vertreterbetriebsstätte, VWT 2016, 236; *Bendlinger,* Hilfsbetriebsstätten in BEPS-Action 7, SWI 2016, 188; *Bendlinger,* Übernahme des BEPS-Betriebsstättenbegriffs in die österreichischen Doppelbesteuerungsabkommen, ÖStZ 2017, 9; *Bendlinger,* Änderung des DBA-rechtlichen Betriebsstättenbegriffs durch das Multilaterale Abkommen der OECD, RdW 2017, 359; *Ditz,* Die Fehlentwicklungen bei der Vertreterbetriebsstätte, SWI 2017, 282; *Kahle/Kindich,* Die (unechte) Dienstleistungsbetriebsstätte, IStR 2016, 89; *Bendlinger,* Steht das Betriebsstättenkonzept vor dem Aus? VWT 2017, 176; *Kofler/Schmidt/Simonek,* Vertreterbetriebsstätten in Deutschland, Österreich und der Schweiz im Hinblick auf BEPS-Aktionspunkt 7, unter besonderer Berücksichtigung von Kommissionärsstrukturen, StAW 2017, 67; *Kofler/Mayr/Schlager,* Digitalisierung und Betriebsstättenkonzept, RdW 2017, 369; *Loukota,* Die „Vertreterbetriebsstätte" – das unbekannte Wesen, SWI 2017, 70; *Peyerl,* Kann eine „App" eine Betriebsstätte begründen? SWI 2017, 243; *Staringer,* Virtual? Reality! SWI 2017, 341; *Bendlinger,* „Additional Guidance" der OECD zur Gewinnabgrenzung neuer Betriebsstätten nach BEPS-Aktionspunkt 7, TPI 2018, 127; *Bendlinger,* Die steuerliche Schonfrist bei Bau- und Montagebetriebsstätten, ÖStZ 2018, 681; *Bendlinger,* Betriebsstätten-Ergebnisabgrenzung im internationalen Projektgeschäft, TPI 2018, 23; *Bendlinger,* (Un-)Sinn der digitalen Betriebsstätte-Richtlinienpaket der EU zur Besteuerung der Digital Economy, SWI 2018, 268.

Verluste: *Blum/Spies,* Ausländische Verluste im Lichte des Unionsrechts – die Rs. A Oy und ihre Implikationen für Österreich, SWI 2013, 213; *Gruber/Seiler,* SWI-Jahrestagung: Auslandsverlust bei beschränkter Steuerpflicht nach § 1 Abs. 4 EStG, SWI 2013, 415; *Ludwig,* Die Geltendmachung ausländischer Verluste gem § 2 Abs 8 Z 3 EStG muss gesondert beantragt werden, taxlex 2013, 415; *Pinetz/Schaffer,* Die Verwertbarkeit von ausländischen Verlustvorträgen bei der EU-Importverschmelzung, ecolex 2013, 460; *Blum/Huisman,* Die Rechtssache K: Neues zum Finalitätskriterium in der grenzüberschreitenden Verlustverrechnung, SWI 2014, 433; *Gonter,* Auslandsverlustverwertung – bei Anwendung der DBA-Befreiungsmethode, taxlex 2014, 401; *Hohenwarter-Mayr,* Die Nachversteuerung ausländischer Verluste im Lichte des DBA-Rechts, RdW 2014, 295; *Mayr/Titz,* AbgÄG 2014: Verlustberücksichtigung bei ausländischen Gruppenmitgliedern und Betriebsstätten eingeschränkt, RdW 2014, 221; *Bendlinger,* DBA als Rechtsgrundlage für den Anrechnungsvortrag, SWI 2015, 168; *Pinetz/Spies,* Unionsrechtliche Anforderungen an die Auslandsverlustverwertung nach dem Urteil Kommission/Vereinigtes Königreich („Marks & Spencer II") (Teil I), GES 2015, 287; *Pinetz/Spies,* Auswirkungen des Urteils Kommission/Vereinigtes Königreich („Marks & Spencer II") auf die österreichische Gruppenbesteuerung (Teil II), GES 2015, 347; *Schohaj,* Der Verlustabzug bei beschränkter Steuerpflicht im Sinne des Schlussprotokolls zu Art 24 DBA Deutschland, BFGjournal 2015, 186; *Cloer/Sejdija/Vogel,* Rechtssache Timac Agro Deutschland – Das Ende der Berücksichtigung finaler Verluste? SWI 2016, 81; *Siller/Zolles,* SWI-Jahrestagung: Verwertung und Nachversteuerung von Auslandsverlusten, SWI 2018, 430.

Auslegung von DBA: *Kofler/Renner,* Relevanz der qualifizierten Übung der Vertragsstaaten für die Auslegung von Doppelbesteuerungsabkommen, UFSjournal 2013, 425; *Anger,* Interpretation von DBA mittels Konsultationsverordnungen? IStR 2016, 57; *Jirousek/Loukota,* Höchstgerichtliche DBA-Auslegung und die Wiener Vertragsrechtskonvention, ÖStZ 2016, 52; *Lochmann,* Auslegung und Ergänzung von Doppelbesteuerungsabkommen im Stufenbau der Rechtsordnung, SWI 2017, 127; *Zorn,* Doppelbesteuerungsabkommen und Grundrechtsschutz, RdW 2017, 389; *Blum,* The Relationship between the OECD Multilateral Instrument and Covered Tax Agreements: Multilateralism and the Interpretation of the MLI, BIT 2018, 131; *Knesl/Knesl/Zwick*, Zum Begriff der „Forderung mit Gewinnbeteiligung" nach Art 11 Abs 2 DBA Deutschland, BFGjournal 2018, 421; *oV*, Konsultationsvereinbarung zur Auslegung von Art 18 Abs 2 DBA Deutschland, SWK 2018, 1527.

Missbrauch: *Winkler*, Gestaltungsmissbrauch versus Finanzstrafrecht? ZWF 2015, 291; *Kollruss*, Missbrauchsregelungen und doppelt ansässige Tochterkapitalgesellschaften, SWI 2016, 34; *Achatz/Kirchmayr*, Zur geplanten Änderung des Missbrauchstatbestands, taxlex 2018, 169; *Lang*, Die Neuregelung des Missbrauchs in § 22 BAO, ÖStZ 2018, 419. – Siehe auch Band II[7], Tz 111.

Methoden zur Vermeidung der Doppelbesteuerung: *Bendlinger*, Besteuerungsnachweise als Voraussetzung für die DBA-rechtliche Steuerfreistellung von Auslandseinkünften, SWI 2013, 244; *Lang*, Die Vermeidung der Doppelbesteuerung in der EU – jüngste Initiativen der EU-Kommission, SWI 2013, 206; *Loidl/Moshammer/Rosenberger*, Anrechnungsmethode(n), SWK 2013, 756; *Staudinger*, Anwendung der Befreiungsmethode bei ausländischen Betriebstättengewinnen – erforderliche Nachweise und Dokumentation, taxlex 2013, 88; *Sutter*, Verfassungsrechtliche Schranken der Differenzierung zwischen Anrechnungs- und Freistellungsmethode in einem DBA? SWI 2013, 514; *Allgäuer*, VfGH zum Art 14 DBA Liechtenstein: Befreiungsmethode für Einkünfte aus selbständiger Arbeit verfassungskonform, VWT 2014, 220; *Aigner/Kofler/Tumpel*, Zu den verfassungsrechtlichen Bedenken gegen Art 14 des österreichisch-liechtensteinischen Doppelbesteuerungsabkommens, SPRW 2014, 1; *Beiser*, Die Befreiungs- und die Anrechnungsmethode im Licht des Gleichheitssatzes, SWI 2014, 52; *Binder/Wöhrer*, SWI-Jahrestagung: Privilegierung von Freiberuflern im DBA Liechtenstein verfassungsrechtlich problematisch, SWI 2014, 10; *Doralt*, Liechtenstein: Steueroase für Freiberufler? RdW 2014, 545; *Jirousek*, Ist Artikel 14 DBA-Liechtenstein verfassungswidrig? ÖStZ 2014, 64; *Lang*, Die Konsequenzen des VfGH-Erkenntnisses zum DBA Liechtenstein, SWI 2014, 402; *ders*, Doppelbesteuerungsabkommen und Gleichheitsgrundsatz, SWI 2014, 58; *Loukota*, DBA Liechtenstein auf dem Prüfstand des Verfassungsgerichtshofs, SWI 2014, 2; *Staringer*, DBA-Politik und Verfassungsrecht, SWI 2014, 90; *Lang*, Die jüngste Rechtsprechung des VwGH zum DBA Österreich-Liechtenstein, ÖStZ 2015, 96; *Beiser*, Zuzugsbegünstigungen und DBA – die Wirksamkeit im Lichte der Befreiungs- oder Anrechnungsmethode, SWI 2017, 394; *Höltschl/Stückler*, Latente Steuern bei ausländischen Betriebsstätten mit DBA Freistellungsmethode, RWZ 2018, 383; *Mayr/Titz*, Umsetzung der Anti-BEPS-RL: Hinzurechnungsbesteuerung ergänzt Methodenwechsel nach § 10 Abs 4 KStG, RdW 2018, 317; *Schrottmeyer*, Beurteilungskriterien für den Methodenwechsel nach alter und neuer Rechtslage, SWI 2018, 421.

Verrechnungspreise: *Bendlinger*, Verpflichtende Dokumentation von Verrechnungspreisen, VWT 2013, 285; *Loidl/Moshammer/Rosenberger*, Sekundärberichtigung, SWK 2013, 492; *Macho*, Gegenberichtigungen – ein Praxisleitfaden, taxlex 2013, 142; *Steiner*, Konzernverrechnungspreise im Lichte des „BEPS-Report" der OECD, RWZ 2013, 121; *Stradinger*, Verrechnungspreiskorrektur bei einer inländischen Vertriebsgesellschaft – Verrechnungspreisanalyse mittels Datenbanken, ecolex 2013, 177; *Loukota*, Die Praxisrelevanz des jüngsten OECD-Berichts zu den Immaterialgütern, SWI 2014, 546; *Nowotny/Steiner*, OECD-Diskussionsentwurf zur Dokumentation von Verrechnungspreisen – Handlungsbedarf für den österreichischen Gesetzgeber? SWI 2014, 195; *dies*, Verlangt ein OECD-Entwurf mehr Dokumentation von Verrechnungspreisen? taxlex 2014, 168; *Sattlegger*, Einkunftsabgrenzung im Rahmen von Verrechnungspreiskorrekturen, SWK 2014, 943; *Binder/Wöhrer*, SWI-Jahrestagung: Erforderliche Unterlagen zur Beurteilung von Verrechnungspreisen, SWI 2015, 396; *Roller*, Dokumentation von konzerninternen Verrechnungspreisen – neue Standards, SWI 2015, 326; *Schwaiger*,

Staatliche Eingriffe und der „ergänzte Fremdvergleich“, SWI 2015, 426; *Steiner,* Gefahr von „Doku-Gaps“ bei Verrechnungspreisen – „action required“!? taxlex 2015, 142; *Steiner/Pumpler,* Country-by-Country-Reporting – „The Tax World is on Fire“, CFOaktuell 2015, 7; *Bergmann,* Neue Verrechnungspreisdokumentationspflichten für multinationale Unternehmensgruppen, GES 2016, 147; *Bonner/Seilern-Aspang,* Das neue VPDG und damit verbundene Strafbestimmungen, CFOaktuell 2016, 224; *Fuchs/Steiner,* Verrechnungspreisdokumentationsgesetz: Hinweise zu Master File und Local File, SWI 2016, 338; *dies,* Verrechnungspreisdokumentationsgesetz: Hinweise zum länderbezogenen Bericht, SWI 2016, 388; *Galli/Hörtenhuber,* SWI-Jahrestagung: Auskunftsbescheid im Zusammenhang mit Verrechnungspreisen, SWI 2016, 500; *Haumer,* Rechtliches versus wirtschaftliches Eigentum bei immateriellen Wirtschaftsgütern, SWI 2016, 484; *Holzinger/Bonner,* Regierungsvorlage zum Verrechnungspreisdokumentationsgesetz, ecolex 2016, 619; *Holzinger/Bonner,* Personalentsendungen aus Verrechnungspreissicht, ecolex 2016, 1008; *Hummer,* Anpassung einer bestehenden EU-TPD auf Basis der VPDG-Durchführungsverordnung, VWT 2016, 314; *Jirousek/Kerschner,* Der automatische Informationsaustausch über grenzüberschreitende Vorbescheide und Vorabverständigungen über die Verrechnungspreisgestaltung, ÖStZ 2016, 401; *Kerschner,* Das neue Verrechnungspreisdokumentationsgesetz – der Entwurf im Überblick, RWZ 2016, 176; *Kerschner/Schmidjell-Dommes,* Das Verrechnungspreisdokumentationsgesetz, ÖStZ 2016, 408; *Langer/Wöhrer,* Neues Verrechnungspreisdokumentationsgesetz in Österreich, FJ 2016, 211; *Loukota,* OECD beendet das Poolkonzept bei Kostenverteilungs-verträgen, SWI 2016, 151; *Manessinger/Taferner,* Gesetzliche Verpflichtung zur Verrechnungspreisdokumentation, SWK 2016, 756; *dies,* Durchführungsverordnung zur standardisierten Verrechnungspreisdokumentation, SWK 2016, 824; *dies,* Verrechnungspreisdokumentationsgesetz beschlossen, SWK 2016, 950; *Macho,* Country-by-Country Reporting oder: Alle wissen alles? taxlex 2016, 143; *Petutschnig/Brightwell,* Das österreichische VPDG – Ein kritischer Blick auf die Umsetzung des OECD BEPS-Aktionspunkts 13, ÖStZ 2016, 607; *Schrottmeyer,* Neuer Straftatbestand bei Verletzung der Verpflichtung zur Übermittlung des länderbezogenen Berichts, SWK 2016, 1206; *Schwaiger/Macho,* Das Verrechnungspreisdokumentationsgesetz, taxlex 2016, 136; *dies,* Die Verrechnungspreisdokumentationsgesetz-DV, taxlex 2016, 258; *Steiner/Macho,* VPDG 2016 – Die neuen Dokumentationspflichten, Wien 2016; *Strauß,* Country-by-Country-Report: System der Übermittlungs- und Mitteilungspflicht, SWI 2016, 601; *Urban,* Dokumentationsverpflichtungen – immer schon ein „Must-have“, taxlex 2016, 166; *Bendlinger,* Die deutschen Verwaltungsgrundsätze zur Betriebsstättengewinnaufteilung, TPI 2017, 58; *Burgstaller,* Die Verrechnungspreisdokumentation als Tax Risk Management Tool des CFO, CFOaktuell 2017, 30; *Damböck/Macho/Schrottmeyer/Steiner* (Hrsg), Verrechnungspreisdokumentationspflichten, Wien 2017; *Dozsa/Rosca,* Comparability Analysis – A Practical Approach, TPI 2017, 189; *Girlich/Müller/Macho,* Die neuen Regelungen zur Gewinnzurechnung bei Betriebsstätten, TPI 2017, 174; *Gottholmseder,* Ausgewählte Zweifelsfragen zum Verrechnungspreisdokumentationsgesetz, TPI 2017, 19; *Holzer/Schimmer,* Informationsaustausch über grenzüberschreitende Vorbescheide und Vorabverständigungen zur Verrechnungspreisgestaltung, taxlex 2017, 64; *Holzinger,* Praxisrelevante Strukturen im Lichte von BEPS, TPI 2017, 139; *Kerschner,* Die Durchführungsverordnung zum VPDG, RWZ 2017, 143; *Kofler,* Die „Sperrwirkung“ des Art 9 OECD-MA, TPI 2017, 70; *Knauer/Bär,* Namensnutzung im Konzern, TPI 2017, 179; *Kunas/Margerie/Sprenger,* Gewinnermittlung von Betriebsstätten gemäß AOA in der Praxis, TPI 2017, 125; *Langer,* Die Weiterentwicklung der OECD-Verrechnungspreisleitlinien nach dem BEPS-Projekt, TPI 2017, 78; *Loidl,* Durchführungsverordnung zum VPDG – Eine Fallstudie zur Transaktionsanalyse im Local File, RWZ 2017, 147; *Manessinger/Taferner,* Durchführungsverordnung zum VPDG veröffentlicht, SWK 2017,

346; *Macho/Steiner/Spensberger* (Hrsg), Verrechnungspreise kompakt[3], Wien 2017; *Posautz/Koch,* Nutzendokumentation als Stolperstein in Betriebsprüfungen, ecolex 2017, 832; *Rosenberger,* Ab ins Mittelmaß – tickt der Fremdvergleich noch richtig? TPI 2017, 7; *Schmidjell-Dommes/Schwaiger/Staudinger,* Auskunftsbescheide im Zusammenhang mit Verrechnungspreisen, TPI 2017, 91; *Schrottmeyer/Strauß,* Praktische Aspekte zum Verrechnungspreisdokumentationsgesetz, TPI 2017, 16; *Schwarz/Stein,* Country-by-Country-Reporting: materielle Vermögensgegenstände als Referenzgröße für Substanz, TPI 2017, 87; *dies,* Verrechnungspreise in der Industrie 4.0: Quo vadis im BEPS-Zeitalter? TPI 2017, 134; *Steiner,* Der „Benefits Test" bei Konzernverrechnungen, TPI 2017, 11; *Tschurtschenthaler,* Gegenberichtigung in Deutschland, TPI 2017, 67; *Wöhrer,* Öffentliches Country-by-Country-Reporting verfassungswidrig, SWI 2017, 25; *Wöhrer,* Ist öffentliches Country-by-Country-Reporting mit den EU-Grundrechten vereinbar? TPI 2017, 22; *Wöhrer,* Öffentliches Country-by-Country Reporting: Stand der Entwicklungen, TPI 2017, 184; *Balco,* 360 Degree Perspective on Transfer Pricing, TPI 2018, 2; *Bendlinger,* Betriebsstätten-Ergebnisabgrenzung im internationalen Projektgeschäft, TPI 2018, 23; *Bernegger,* Konzerninterne Lizenzgebühren, TPI 2018, 32; *De Baets,* Risk Assumption under the Authorised OECD Approach and the 2017 OECD Transfer Pricing Guidelines, TPI 2018, 243; *Damböck/Macho/Schrottmeyer/Steiner,* Verrechnungspreisdokumentationspflichten[2], Wien 2018; *De Robertis/Rosar,* Transfer Pricing Aspects of Cash Pooling, TPI 2018, 293; *Dolezel/Spornberger,* Verrechnungspreise und Strafprävention, TPI 2018, 148; *Fellinger,* Die Dokumentation immaterieller Werte nach dem VPDG, TPI 2018, 83; *Gottholmseder,* OECD Discussion Draft zu Transfer Pricing Aspects of Financial Transactions, TPI 2018, 193; *Heggmair/Makowsky,* Artificial Intelligence in Transfer Pricing, TPI 2018, 210; *Herve/Siegert,* „Revised Guidance" der OECD zur Anwendung der transaktionalen Gewinnaufteilungsmethode nach BEPS-Aktionspunkt 10, TPI 2018, 184; *Hochreiter/Steiner,* Beilegung von Besteuerungsstreitigkeiten in der EU und der OECD, TPI 2018, 108; *Holzinger/Holzinger,* Die DAC 6 und Verrrechnungspreisgestaltungen, TPI 2018, 277; *Huber/Laimer,* Die Bewertung immaterieller Vermögensgegenstände bei der Nutzungsüberlassung, TPI 2018, 259; *Kerschner,* BMF klärt Auslegungs- und Zweifelsfragen zur Verrechnungspreisdokumentation, TPI 2018, 75; *Kerstinger/Schwaiger,* Restrukturierung – „Nothing of Value?", TPI 2018, 316; *Koch/Küttel/Trüssel,* Die Schweizer Patentbox, TPI 2018, 154; *Kubik,* Aktuelle Entwicklungen zu steuerlichen Schiedsverfahren, TPI 2018, 204; *Lagarden,* Verhaltensorientierte Verrechnungspreissetzung, TPI 2018, 63; *Langer,* Probleme der Rechtsgrundlage für das Country-by-Country Reporting, TPI 2018, 13; *Lee,* Transfer Pricing of Financial Transactions, TPI 2018, 255; *Loukota,* Benchmark-Studien und Konzernsynergien, SWI 2018, 414; *ders,* Benchmark Studies and Group Synergies, SWI 2018, 41; *Macho,* Die Verrechnungspreisspirale dreht sich immer schneller, BFGjournal 2018, 134; *Majdanska/Leigh-Pemberton,* The OECD's International Compliance Assurance Programme (Part I), TPI 2018, 130; *dies,* The OECD's International Compliance Assurance Programme (Part II), TPI 2018, 178; *Manessinger/Schmit,* Die BMF-Information zur Verrechnungspreisdokumentation, SWK 2018, 65; *Miladinovic,* „Comfort Letters" und das Arm's Length Prinzip – Die EuGH-Entscheidung Hornbach-Baumarkt AG (C-382/16), TPI 2018, 227; *Monsenego,* Google France as a Dependent Agent PE of Its Irish Sister Company? TPI 2018, 47; *Peng/Majmudar/Thomas,* Vodafone Entitites „Acting in Concert" in Terminating a Call Option Are Subject to Transfer Pricing Adjustment in India, TPI 2018, 104; *Petruzzi/Holzinger,* Attribution of Participations to Permanent Establishments, TPI 2018, 109; *Petruzzi/Holzinger,* Attribution of Participations to Permanent Establishments II, TPI 2018, 165; *Petruzzi/Prasanna,* Restricting the Interplay of Transfer Pricing and Customs Valuation, TPI 2018, 44; *Pfleger/Renner,* Doppelbesteuerung: Voraussetzungen für eine Entlastung nach § 48 BAO, TPI 2018, 321; *Pumpler,* Operational Transfer Pricing – Bestandteil eines Internen

Kontrollsystems für Steuern, CFOaktuell 2018, 89; *Prasanna,* Enhanced Requirements in the Comparability analysis for Royalties, TPI 2018, 266; *Rasch,* Die Hornbach-Entscheidung des EuGH, TPI 2018, 288; *Renner,* Aktuelle Entwicklungen in der Dokumentation von Verrechnungspreisen, TPI 2018, 208; *De Robertis/Rosar,* Transfer Pricing Aspects of Cash Pooling, TPI 2018, 293; *Schröger,* Besteuerung der digitalen Wirtschaft, TPI 2018, 72; *Semadeni/Fiedler,* Die US-Steuerreform und Verrechnungspreise, TPI 2018, 6; *Steiner/Macho,* Das ICAP-Konzept der OECD – Umsetzbarkeit in Österreich? TPI 2018, 236; *Stocker/Schmid,* Markenrechte: Entschädigung des rechtlichen Eigentümers vs Ausübung von DEMPE-Funktionen, TPI 2018, 216; *Taferner,* Nettogewinnindikatoren und Verrechnungspreise, TPI 2018, 225; *Wehnert,* Die Auswirkungen der Digitalisierung auf Geschäftsmodelle und Transfer Pricing, TPI 2018, 300; *Zehetner,* Verrechnung von Leistungen bei einer gemischten Holding: Umsatzsteuer folgt Körperschaftsteuer, TPI 2018, 97.

Personengesellschaften: *Cloer/Hagemann,* Zuordnung von Sonderbetriebsvermögen mittels Treaty Override verfassungswidrig? SWI 2014, 303; *Hasanovic/Spies,* SWI-Jahrestagung: Mehrstöckige Personengesellschaften und Abzugssteuer nach § 99 Abs 1 Z 2 EStG, SWI 2014, 174; *Kofler/Lüdicke/Simonek,* Hybride Personengesellschaften – Umsetzung des OECD Partnership Reports in Deutschland, Österreich und der Schweiz, IStR 2014, 349; *Achatz/Aigner/Ehrke-Rabel/Kofler/Tumpel* (Hrsg), Hybride Gesellschaften in der EU, Wien 2014; *Loukota,* Neue DBA-Vorschrift zur Behandlung hybrider Personengesellschaften, SWI 2015, 102; *Luketina,* Direktinvestitionen in Kroatien mittels Personengesellschaften – steuerliche Fragestellungen, ÖStZ 2015, 548; *Kahlenberg,* Entlastungsansprüche hybrider Gesellschaften im Abkommensrecht, SWI 2015, 379; *ders,* Hybride Personengesellschaften und Minderbesteuerung von Erträgen aus dem Sonderbetriebsvermögen II, SWI 2016, 397; *Schmidjell-Dommes,* VwGH zur Zurechnung einer Beteiligung zu einer slowakischen Personengesellschaft, SWI 2018, 262.

DBA Deutschland: *Bendlinger,* KESt-Entlastung auf Dividenden in Deutschland, VWT 2013, 102; *Daxkobler/Kerschner/Steindl,* Einkünfte aus Fernsehübertragungsrechten an Sportveranstaltungen nach Art 17 DBA Österreich – Deutschland, SWI 2013, 521; *Kerschner/Steindl,* Vergütung für Fernsehübertragungsrechte nach dem DBA-Deutschland, ecolex 2013, 174; *Kudert/Glowienka/Trinks,* Anwendung der deutschen Hinzurechnungsbesteuerung bei Grenzgängern, SWI 2013, 351; *Haas,* Der neue Erlass zur grenzüberschreitenden Arbeitskräftegestellung – drohende Doppelbesteuerung im Verhältnis zu Deutschland, SWI 2014, 354; *Haas,* Vermeidung der Hinzurechnungsbesteuerung bei österreichischen Privatstiftungen mit deutschen Begünstigten, SWI 2014, 273; *Hasanovic/Neubauer,* SWI-Jahrestagung: Liquidationsvorbereitende Grundbesitzveräußerung, SWI 2014, 314; *Marchgraber,* Die Liquidation einer „ehemaligen" Immobiliengesellschaft – Anmerkungen zu EAS 3326, SWI 2014, 463; *Pinetz,* EAS 3340: Deutscher Immo-Investmentfonds mit inländischen Grundstücksgesellschaften, SWI 2014, 520; *Resch,* Nochmals: Deutscher Immo-Investmentfonds mit inländischen Grundstücksgesellschaften, SWI 2014, 554; *Aumayr/Bräumann/Hilpert/Marchgraber/Novak/Stößel,* Anwendungsprobleme aus der DBA-Praxis in Deutschland, Liechtenstein, Österreich und der Schweiz, SWI 2015, 367; *Bendlinger,* Dividenden-KESt: die unendliche Geschichte, VWT 2015, 344; *Gosch,* Bedeutung des OECD-Kommentars für die Auslegung des DBA Österreich – Deutschland, SWI 2015, 505; *Hofmann/Waser,* Ist Art 15 Abs 3 DBA Deutschland auch bei gewerblicher Überlassung zwischen zwei inländischen Unternehmen anwendbar? SWI 2015, 416; *Jirousek,* Die „Subject-to-Tax"-Klausel in Art 15 Abs 4 DBA Österreich – Deutschland, SWI 2015, 532; *Kaeser,* Der mehrgliedrige Dividendenbegriff im OECD-Musterabkommen und im DBA Österreich – Deutschland, SWI 2015, 515; *Lang,* 25 Jahre SWI – 15 Jahre DBA Österreich – Deutschland, SWI 2015, 502; *Lang,* Vergütungen von Geschäftsführern und Vorstandsmitgliedern nach dem DBA Österreich – Deutschland,

SWI 2015, 538; *Mechtler/Wenzl,* SWI-Jahrestagung: Gewinnzurechnung zu deutschen Baubetriebsstätten, Anpassungen im Zuge von Betriebsprüfungen und verfahrensrechtliche Auswirkungen, SWI 2015, 468; *Pinetz/Zeiler,* SWI-Jahrestagung: Zweifelsfragen bei der Beteiligung inländischer Körperschaften an deutschen Körperschaften, SWI 2015, 422; *Rossmanith,* Neuregelung der Besteuerung von Streubesitzdividenden in Deutschland, SWI 2015, 125; *Schmidjell-Dommes,* Die Besonderheiten der Besteuerung von Künstlern und Sportlern nach Art 17 DBA Österreich-Deutschland, SWI 2015, 543; *Wassermeyer,* Grenzgängerregelungen im Abkommensrecht im Lichte der Rechtsprechung der deutschen Finanzgerichte, SWI 2015, 521; *Wassermeyer/Kaeser/Lang/Schuch* (Hrsg), Doppelbesteuerung[3], Wien 2015; *Zielke,* Internationale Steuerplanung 2015 zwischen Deutschland und Österreich, FJ 2015, 233; *Binder/Vock,* Bezüge anlässlich der Beendigung eines Dienstverhältnisses: Doppelbesteuerung und doppelte Nichtbesteuerung im Verhältnis zu Deutschland, SWI 2016, 288; *Kerschner/Koppensteiner/Seydl,* Österreich erhebt aufgrund einer DBA-Streitigkeit erstmals Klage beim EuGH, SWI 2016, 134; *Mayer/Orlet,* SWI-Jahrestagung: Deutsche Fußballtrainer in österreichischer Fußballschule, SWI 2016, 17; *Renner,* Unbeschränkte Steuerpflicht: Ermittlung der Anwesenheitstage nach dem DBA Deutschland, SWI 2016, 246; *Zorn,* VwGH zur Kommunalsteuer nach dem DBA-Deutschland, RdW 2016, 799; *Drummer/Fink/Miladinovic,* DBA-Auslegungsfragen bei der Vergütung von Arbeitnehmern und ähnlichen Einkünften in Deutschland, Liechtenstein, Österreich und der Schweiz, SWI 2017, 232; *Gries/Holzinger/Miladinovic/Strauch,* Unternehmensbesteuerung in der DBA-Praxis in Deutschland, Liechtenstein, Österreich und der Schweiz, SWI 2017, 290; *Jirousek,* Schiedsverfahren nach Art 25 Abs 5 DBA Deutschland vor dem EuGH, SWI 2017, 36; *Jirousek,* Schiedsverfahren nach Art 25 Abs 5 DBA Deutschland – Schlussanträge des Generalanwalts, SWI 2017, 300; *Jirousek,* EuGH entscheidet im Schiedsverfahren zugunsten Österreichs, SWK 2017, 1186; *Ramharter/Miladinovic,* Besteuerung einer Abfindungszahlung des früheren deutschen Arbeitgebers an einen Steuerpflichtigen nach dem Zuzug nach Österreich, ecolex 2017, 808; *Fuchs,* Digitale Produkte und Dienstleistungen im KFZ-Handel, AFS 2018, 172; *Knesl/Knesl/Zwick,* Zum Begriff der „Forderung mit Gewinnbeteiligung" nach Art 11 Abs 2 DBA Deutschland, BFGjournal 2018, 421; *Lindmayr,* Filmproduktion in Österreich keine Betriebsstätte, ARD 6605/20/2018; *Mayer,* SWI-Jahrestagung: Besteuerung einer vom früheren deutschen Arbeitgeber gezahlten Abfindung nach Zuzug in Österreich, SWI 2018, 210; *Sutter,* Internationales Besteuerungsrecht für Vortragstätigkeiten und Anwendungsvoraussetzungen der Sportler-VO, AnwBl 2018, 478.

DBA USA: *Pamperl/Steindl,* Aufsichtsratsvergütungen im DBA mit den USA, Aufsichtsrat aktuell 2014, 23; *Schaffer/Turcan,* SWI-Jahrestagung: Entschädigung für ein Wettbewerbsverbot, SWI 2014, 533; *Renner,* Werbeauftritt als künstlerische Tätigkeit nach dem DBA Österreich – USA, SWI 2015, 474; *Zielke,* Grenzüberschreitende Körperschaftsteuerplanung im US-amerikanisch-österreichischen Verhältnis auf Basis grenzüberschreitender Fallstudien, GES 2015, 128; *Bendlinger,* Ist jeder Auftritt eine „Kunst"? ÖStZ 2016, 58; *Löser,* Let me entertain you . . ., ÖStZ 2016, 246; *Siller/Zolles,* Begründet ein Auftritt bei einer Werbeveranstaltung eine künstlerische Tätigkeit iSd Art 17 DBA Österreich-USA? ecolex 2016, 340; *Siller/Zolles,* SWI-Jahrestagung: Werbeauftritt als künstlerische Tätigkeit? SWI 2016, 443; *Bramerdorfer/Kovacevic,* Das Kriterium des regelmäßigen Handels an einer anerkannten Börse – Berührungspunkte zwischen dem LoB-Artikel des DBA USA mit dem CRS und FATCA, SWI 2017, 423; *Bramerdorfer/Stundner,* Die neue U.S.-Quellensteuerpflicht auf Derivate mit U.S.-Underlyings, SWI 2017, 150; *Damberger/Gradwohl,* Anrechenbarkeit der Commercial Activity Tax des US-Bundesstaates Ohio auf die österreichische Körperschaftsteuer? ecolex 2018, 199; *Fuchs,* Mittelpunkt der Lebensinteressen bei einem zeitlich begrenzten Auslandsaufenthalt (18 Monate), AFS 2018, 106; *Knesl/Knesl/Zwick,* Keine Anrechenbarkeit einer Commercial Activity Tax, BFGjournal 2018, 72; *Renner,* Extrembergsteiger: weder Sportler noch Unterhaltungskünstler, ÖStZ 2018, 359.

OECD-Musterabkommen: *Hoor,* Der OECD-Diskussionsentwurf zur Revision des Kommentars zu Art 5 (Betriebsstätte) im OECD-MA, IStR 2012, 17; *Mitterlehner,* Die Vertretervollmacht im Lichte des OECD-Reports, SWI 2013, 492; *Bendlinger,* Das Update 2014 zum OECD-Musterabkommen, SWI 2014, 138; *Lang,* Einkünftezurechnung im Lichte des Entwurfs zu Art 1 Abs 2 OECD-MA, SWI 2015, 153; *Loukota/Jirousek,* Die vergessenen Grundbausteine des OECD-Partnership-Reports, SWI 2015, 318; *Haas,* Auswirkungen des BEPS-Berichts auf die Ausgestaltung des OECD-MA und deren mögliche Folgen für die österreichische Abkommenspraxis, ÖStZ 2016, 64; *Bendlinger,* Das OECD-Musterabkommen 2017, SWI 2017, 450; weiters die Landesberichte Österreich in den Cahiers de Droit Fiscal International, hrsg von der International Fiscal Association, Rotterdam.

Internationale Maßnahmen zur Bekämpfung von Steuerhinterziehung und Steuervermeidung (BEPS): *Bendlinger,* Steuerschonende Verlagerung von Unternehmensgewinnen, VWT 2013, 148; *Bendlinger,* Aktionsplan der OECD gegen die Steuerflucht, VWT 2013, 211; *Kirchmayr/Achatz,* Die schwarzen Löcher in der internationalen Steuerwelt, taxlex 2013, 121; *Kirchmayr/Achatz,* Aggressive Konzernsteuerplanung in der Praxis, taxlex 2013, 237; *Schlager,* Der Kampf gegen „BEPS“ am Beispiel der Verlagerung von unkörperlichen Wirtschaftsgütern, ÖStZ 2013, 336; *Steiner,* Aktionsplan der OECD zum BEPS-Report – Konzernbesteuerung, quo vadis? SWI 2013, 385; *Steiner,* Der Aktionsplan zum BEPS-Report der OECD – Paradigmenwechsel für Steuerplaner? taxlex 2013, 395; *Steiner,* Der Aktionsplan zum BEPS-Report der OECD – Paradigmenwechsel für Steuerplaner? taxlex 2013, 395; *Bendlinger,* Die Zukunft des internationalen Steuerrechts, VWT 2014, 318; *Beiser,* Neue Regeln zur Aufteilung der Ertragsteuerbefugnis zwischen den Staaten, SWI 2014, 145; *Leitgeb,* Zwischenbilanz zum Aktionsplan der Kommission zur Verbesserung der Bekämpfung von Steuerbetrug und Steuerhinterziehung, SWI 2014, 264; *Loidl/Moshammer/Rosenberger,* Base Erosion and Profit Shifting („BEPS“), SWK 2014, 744; *Loidl/Moshammer/Rosenberger,* OECD Discussion Draft zur Bekämpfung hybrider Gestaltungsformen in der internationalen Steuerplanung, SWK 2014, 885; *Kahlenberg/Kudert,* Der endgültige OECD-Bericht zur Maßnahme 2 des BEPS-Aktionsplans (Hybrid Mismatch Arrangements) – der große Wurf? SWI 2015, 52; *Macho/Stieber,* Tätig sein, tätig werden – aber wo? taxlex 2014, 195; *Pamperl,* OECD-Deliverable zu BEPS-Action 6: Abkommensberechtigung doppelt ansässiger Gesellschaften in Gefahr? SWI 2014, 502; *Steiner,* Lets talk about BEPS! taxlex 2014, 248; *Stieber/Macho,* Grenzen der nationalen Besteuerungsrechte bei Einschaltung von Domizilgesellschaften? taxlex 2014, 252; *Reimer,* Das Multilaterale Übereinkommen (BEPS-Maßnahme Nr 15) als Instrument einer flexiblen Anpassung der bestehenden DBA, IStR 2015, 1; *Staringer,* BEPS – Was kommt jetzt auf uns zu? SWI 2015, 575; *Bendlinger,* Das Steuerfluchtpaket der EU-Kommission, VWT 2016, 104; *Hafner/Stiastny,* Die EU-Anti-BEPS-Richtlinie, SWK 2016, 1162; *Kahlenberg,* Die Anti-BEPS-Richtlinie als wesentlicher Bestandteil des EU Anti Tax Avoidance Package, SWI 2016, 206; *Kofler,* Maßnahmenpaket der EU-Kommission zur Bekämpfung von Steuervermeidung, GES 2016, 1; *Kofler,* Some Reflections on the „Saving Clause“, Intertax 2016, 574; *Lang/Pistone/Rust/Schuch/Staringer* (Hrsg), Base Erosion and Profit Shifting (BEPS), Wien 2016; *Loukota,* Die rechtliche Relevanz von BEPS im Lichte der Wiener Vertragsrechtskonvention, SWI 2016, 436; *Matkovits/Polster,* Empfehlungen der OECD zur Zinsabzugsbeschränkung – Auswirkungen auf Österreich, SWI 2016, 2; *Mechtler,* Anti-BEPS-RL: Umsetzungsbedarf bei der Wegzugsbesteuerung? RdW 2016, 859; *Mitterlehner,* Gewinnverlagerung und Steuervermeidung in der Digital Economy, SWI 2016, 58; *Petutschnig/Luka,* Die EU-Kommission im Kampf gegen BEPS – Das EU-Maßnahmenpaket zur Bekämpfung von Steuervermeidung, ÖStZ

2016, 358; *Scherleitner/Dolezel/Rasner,* Mögliche Auswirkungen von BEPS-Action 6 auf die österreichische Abkommenspraxis, SWI 2016, 9; *Zöchling/Brugger,* Zinsschranke – aufgeschoben ist nicht aufgehoben, SWK 2016, 1052; *Baier,* Die Schiedsklausel nach dem multilateralen Instrument, ÖStZ 2017, 5; *Bendlinger,* Multilaterales Instrument zur automatischen Anpassung bestehender Doppelbesteuerungsabkommen, SWI 2017, 2; *Hofmann/Jann/Jerabek* (Hrsg), BEPS, Wien 2017; *Jirousek,* Wohin entwickelt sich das internationale Steuerrecht? SWI 2017, 331; *Jirousek/Zöhrer,* Das MLI – eine Revolution im Internationalen Steuerrecht? ÖStZ 2017, 217; *Kirchmayr/Mayr/Hirschler/Kofler* (Hrsg), Anti-BEPS-Richtlinie: Konzernsteuerrecht im Umbruch? Wien 2017; *Kerschner/Somare* (Hrsg), Taxation in a Global Digital Economy, Wien 2017; *Kühbacher,* Die Anti-Missbrauchs-Richtlinie – vom (Un-)Sinn einer Harmonisierung, SWI 2017, 362; *Lang,* Die Auslegung des multilateralen Instruments, SWI 2017, 11; *Lang/Rust/Schuch/Staringer* (Hrsg), Die Anti-Tax-Avoidance-Richtlinie, Wien 2017; *Lebenbauer/Wondra,* Neuerungen durch das MLI im Zusammenhang mit internationalen Verständigungs- und Schiedsverfahren, SWK 2017, 1024; *Loukota,* The Anti-Abuse Provision of the MLI against Income Shifting to Permanent Establishments in Low-Tax Countries, SWI 2017, 639; *Nielsen,* Die „Primary Response" nach dem EU Anti-Tax Avoidance Package im Kontext deutscher Reaktionen, SWI 2017, 104; *Novacek,* Wiener Vertragsrechtskonvention und Völkergewohnheitsrecht sowie BEPS, FJ 2017, 9; *Pinetz/Schaffer* (Hrsg), Limiting Base Erosion, Wien 2017; *Schimmer,* Zweifelsfragen der Hinzurechnungsbesteuerung nach Art 7 f Anti-BEPS-Richtlinie, ÖStZ 2017, 152; *Schlager,* Änderung der Anti-BEPS-Richtlinie: Neue Bestimmungen für hybride Gestaltungen, SWI 2017, 352; *Zöhrer,* MLI – Österreichische Position und Analyse relevanter Fragestellungen, VWT 2017, 240; *Jirousek,* Das MLI – eine Erfolgsgeschichte? SWI 2018, 523; *Kofler/Schnitger* (Hrsg), BEPS-Handbuch, München 2018; *Orlet,* Die Umsetzung der CFC-Regelungen der Anti-BEPS-Richtlinie in Österreich – Teil 1, ÖStZ 2018, 217; *Orlet,* Die Umsetzung der CFC-Regelungen der Anti-BEPS-Richtlinie in Österreich – Teil 2, ÖStZ 2018, 149; *Pamperl,* Umsetzung von Maßnahmen zur Vermeidung von BEPS-Neuerungen durch Art 10 MLI für ausländische Gesellschaften mit Drittstaatsbetriebsstätten und österreichischen passiven Einkünften, ÖStZ 2018, 33; *Raab,* Patent-, Lizenz- und IP-Boxen – Übersicht und aktuelle Entwicklungen, SWI 2018, 125; *Scherleitner,* Die Rechtsfolgen der Anwendung des Principal Purpose Tests – ein Versuch der Annäherung, SWI 2018, 117; *Schmidjell-Dommes,* Das Multilaterale Instrument – Status Quo und erstmalige Anwendbarkeit, ÖStZ 2018, 527; *Schrottmeyer/Brandl,* Neue Maßnahmen zur Bekämpfung von Steuerbetrug und Steuerhinterziehung – Zusammenarbeit der Behörden, ZWF 2018, 261; *Staringer,* Die Umsetzung der ATAD in Österreich durch das Jahressteuergesetz 2018, SWI 2018, 574; *Steiner,* Die Anti-BEPS-Richtlinie als „Regelungstsunami", CFOaktuell 2018, 250.

Literatur zu den Steuerabkommen mit der Schweiz und Liechtenstein siehe vor Tz 1402.

I. Terminologische Vorbemerkungen

A. Begriff des Internationalen Steuerrechts

Als Internationales Steuerrecht wird jener Bereich des Steuerrechts bezeichnet, der Sachverhalte mit Auslandsbeziehungen zum Gegenstand hat. Die Normen des Internationalen Steuerrechts können nationalen oder internationalen Ursprungs sein. Die originär innerstaatlichen (**nationalen**) Normen, 1300 die sich mit internationalen Sachverhalten befassen, werden meist als **Außensteuerrecht** bezeichnet.

Vom Regelungsgegenstand her gesehen lassen sich innerhalb des Außensteuerrechts verschiedene Normtypen unterscheiden:[1]) **Kollisionsauflösende Normen** haben den Zweck, kollidierende Besteuerungsansprüche verschiedener Staaten gegeneinander abzugrenzen. Normen zur **Vermeidung von Einkünfteverlagerungen** sollen verhindern, dass steuerhängige Werte ohne Besteuerung in das Ausland verlagert werden und damit dem inländischen Besteuerungsanspruch entgehen (Bekämpfung von „Steuerflucht"). Grenzüberschreitende **wirtschaftslenkende Normen** bezwecken die steuerliche Förderung von Exporten und auslandsorientierten Tätigkeiten.

1301 Das **österr Außensteuerrecht** ist nicht in einem eigenen Gesetz zusammengefasst, sondern besteht aus einzelnen Bestimmungen in den allgemeinen Rechtsquellen des materiellen und formellen Steuerrechts; es enthält jedoch ebenfalls Beispiele für alle drei Normtypen. Zu den kollisionsauflösenden Normen zählen etwa § 94 Z 2 EStG (Befreiung von Dividendenzahlungen an EU-Muttergesellschaften von der KESt), § 10 Abs 2 KStG (internationales Schachtelprivileg) und § 48 BAO (dazu Tz 1309). Gegen Einkünfteverlagerungen richten sich § 6 Z 6 EStG (Gewinnausweis bei Verbringung von Wirtschaftsgütern ins Ausland sowie bei sonstigen Umständen, die zu einer Einschränkung des Besteuerungsrechts der Republik Österreich führen) oder § 27 Abs 6 Z 1 EStG (Besteuerung stiller Reserven in Kapitalvermögen zur Vermeidung einer sonst drohenden Einschränkung des Besteuerungsrechts Österreichs im Verhältnis zu anderen Staaten). Den wirtschaftslenkenden Normen kann bspw § 103 EStG (Zuzugsbegünstigung) zugeordnet werden.

1302 Als Rechtsquelle **internationalen Ursprungs** kommt neben dem Völkergewohnheitsrecht vor allem das Völkervertragsrecht (multilaterale und bilaterale Abkommen, insb **Doppelbesteuerungsabkommen, „DBA"**; siehe dazu Tz 1311) in Betracht. Als Mitglied der EU hat Österreich zudem das von den Organen der EU erlassene Recht (Verordnungen, Richtlinien) sowie die steuerrelevanten Bestimmungen des AEUV als **supranationale Rechtsquelle** des Steuerrechts zu beachten.[2])

B. Problem und Begriff der Doppelbesteuerung

1303 Das allgemeine Völkerrecht zieht der Besteuerungshoheit der einzelnen Staaten zwar gewisse Grenzen, diese sind aber nur vage erkennbar. Auf Völkergewohnheitsrecht beruht etwa der Grundsatz der Steuerfreiheit exterritorialer Personen, der auch in multilateralen Vereinbarungen seinen Niederschlag gefunden hat (Wiener Übereinkommen über diplomatische bzw konsularische Beziehungen[3]). Davon abgesehen lässt sich dem allgemeinen Völkerrecht der **Grundsatz der eingeschränkten Territorialität** entnehmen. Dieser besagt, dass

[1]) Hierzu *Schaumburg* in *Schaumburg*, Internationales Steuerrecht[4] 7 ff.

[2]) Siehe hierzu im Einzelnen Band II[7] Tz 73 ff.

[3]) BGBl 1966/66 und 1969/318.

die Staaten Sachverhalte, zu denen sie keine persönliche oder sachliche Beziehung aufweisen, nicht besteuern dürfen[4]) und verbietet so letztlich eine willkürliche Steueranknüpfung iZm Auslandssachverhalten. Erlaubt ist eine Besteuerung ausländischer Wirtschaftsvorgänge und Vermögenswerte grds dann, wenn die besteuerte Person zu dem besteuernden Staat eine hinreichend enge Beziehung (im Völkerrecht als **„genuine link"** bezeichnet) hat.

In Übereinstimmung mit diesem Grundsatz ist in den Tatbeständen des **1304**
österr Steuerrechts stets eine Nahebeziehung zum Inland verankert. Trotz aller Abweichungen im Detail lassen sich hierbei zwei grundsätzliche Anknüpfungsmomente unterscheiden:

a) Anknüpfung an persönliche (subjektive) Momente: Im Vordergrund stehen hierbei Wohnsitz oder gewöhnlicher Aufenthalt einer natürlichen Person (vgl § 26 BAO) und Sitz oder Geschäftsleitung einer juristischen Person (vgl § 27 BAO). Ausnahmsweise kann auch die Staatsangehörigkeit von Bedeutung sein.[5])

Diese Technik der Anknüpfung wird generalisierend als **Wohnsitzprinzip** oder **Ansässigkeitsprinzip** bezeichnet. Sie ist in Österreich kennzeichnend für die Personensteuern (ESt, KSt, früher auch ErbSt, VSt und ErbStÄqu).

b) Anknüpfung an sachliche (objektive) Momente: Erforderlich ist eine Nahebeziehung des Steuergegenstandes zum Inland. Wirtschaftliche Betätigung im Inland, Belegenheit eines Gegenstandes im Inland, Abschluss oder Erfüllung eines Rechtsgeschäftes im Inland sind typische Beispiele für diese Technik der Anknüpfung, die generalisierend als **Ursprungsprinzip** bezeichnet wird. Sie ist in Österreich kennzeichnend für die Sachsteuern (zB GrSt, USt, GrESt und andere spezielle Verkehrsteuern sowie Rechtsgeschäftsgebühren), spielt aber auch bei den Personensteuern iZm der beschränkten Steuerpflicht eine Rolle.

Unabhängig davon, welche Technik der Anknüpfung gewählt wird, haben **1305**
es die Staaten letztlich weitgehend in der Hand, die Besteuerung auf inlandsbezogene Quellen zu beschränken **(Territorialitäts- oder Quellenprinzip)** oder auf das Ausland auszudehnen **(Universalitätsprinzip)**.

So wäre es denkbar, dass ein Staat die ESt-Pflicht zwar vom Wohnsitz abhängig macht, dann aber nur die inländischen Einkünfte besteuert.

In der österr Besteuerungspraxis wird jedoch in Übereinstimmung mit internationalen Gepflogenheiten das Wohnsitzprinzip regelmäßig mit dem **Universalitätsprinzip** kombiniert: Eine persönliche Nahebeziehung zum Inland führt hier ebenso zur Erfassung der ausländischen Quellen (sog **„unbeschränkte Steuerpflicht"**). In diesem Sinne knüpft das EStG die unbeschränkte Steuerpflicht (**Welteinkommensprinzip**) an das Vorliegen eines Wohnsitzes

[4]) Vgl zB VwGH 3. 6. 1993, 92/16/0174; siehe auch VwGH 24. 3. 1994, 94/16/0026.

[5]) Eine Anknüpfung an die Staatsangehörigkeit findet sich im derzeit geltenden österr Steuerrecht nicht mehr, war aber früher zB im ErbStG vorgesehen. Im Gegensatz dazu unterliegen etwa US-amerikanische Staatsbürger nach wie vor alleine auf Grund ihrer Staatsangehörigkeit der unbeschränkten amerikanischen Steuerpflicht in den USA (ESt und ErbSt; siehe Sec 7701 para 30 IRC).

oder gewöhnlichen Aufenthaltes im Inland. Spiegelbildlich dazu richtet sich die unbeschränkte Steuerpflicht im KStG nach dem Vorhandensein eines inländischen Sitzes oder Ortes der Geschäftsleitung.

Umgekehrt wird das Ursprungsprinzip idR mit dem Territorialitätsprinzip kombiniert: Die Anknüpfung an die sachliche Nahebeziehung zum Inland ist mit einer Beschränkung der Besteuerung auf diese inländischen Vorgänge verbunden. So werden „Steuerausländer" ohne persönliche Nahebeziehung zum Inland für Zwecke der ESt oder KSt nur mit ihren inländischen Einkunftsquellen im Rahmen der beschränkten Steuerpflicht erfasst.

1306 Zu einer **Überschneidung der Besteuerungsansprüche** mehrerer Staaten kann es bei dieser Sachlage in drei Fällen kommen:

a) Die Erfassung eines Stpfl nach dem Wohnsitz- und Universalitätsprinzip stößt im Ausland mit einer Besteuerung nach dem Ursprungs- und Territorialitätsprinzip zusammen (zB ein in Österreich ansässiger Stpfl unterhält im Ausland eine gewerbliche Betriebsstätte).

b) Die Besteuerung nach dem Wohnsitz- und Universalitätsprinzip wird hinsichtlich desselben Stpfl von zwei Staaten in Anspruch genommen (Problem der konkurrierenden unbeschränkten Steuerpflicht wegen eines Wohnsitzes in beiden Staaten oder bei doppelt ansässigen Körperschaften).

c) Die Erfassung eines Stpfl nach dem Ursprungs- und Territorialitätsprinzip wird von zwei Staaten in Anspruch genommen (Problem des Konkurrierens zweier beschränkter Steuerpflichten in Dreiecksverhältnissen, die daraus folgt, dass ein Stpfl, der weder in dem einen Staat noch in dem anderen Staat ansässig ist, Einkünfte bezieht, die in beiden Staaten der beschränkten Steuerpflicht unterliegen).

Von einer **echten oder juristischen** internationalen **Doppelbesteuerung** spricht man, wenn dasselbe Steuersubjekt wegen desselben Steuergegenstandes in verschiedenen Staaten für denselben Steuerabschnitt zu vergleichbaren Steuern herangezogen wird. Im Rahmen der juristischen Doppelbesteuerung wird typischerweise zwischen **effektiver** und **virtueller Doppelbesteuerung** unterschieden. Sie ist effektiv, wenn ein und dasselbe Steuersubjekt tatsächlich von mehreren internationalen Abgabenhoheiten in Anspruch genommen wird; während eine virtuelle Doppelbesteuerung bereits vorliegt, wenn eine solche doppelte Inanspruchnahme möglich ist, ohne dass sie tatsächlich erfolgt. Materiell besteht eine internationale Doppelbesteuerung schließlich darin, dass auf Grund einer juristischen Doppelbesteuerung die gesamte Steuerbelastung eines Steuersubjekts jenen Betrag übersteigt, der im Staat mit der höheren Steuerbelastung zu zahlen wäre.

Von einer **unechten oder wirtschaftlichen Doppelbesteuerung** (zT auch als internationale Doppelbelastung bezeichnet) wird demgegenüber gesprochen, wenn derselbe Wirtschaftsvorgang oder Vermögenswert in zwei oder mehreren Staaten für denselben Steuerabschnitt, jedoch bei unterschiedlichen Stpfl besteuert wird. Die fehlende Subjektidentität bildet damit das Unterscheidungsmerkmal zur juristischen Doppelbesteuerung. Eine solche wirtschaftliche Doppelbesteuerung liegt etwa vor, wenn dieselben Einkünfte in verschiedenen

Staaten verschiedenen Personen zugerechnet und bei ihnen besteuert werden. Das kann zB der Fall sein, wenn eine Gesellschaft in einem Staat als eigenes Steuersubjekt wegen ihrer Ansässigkeit besteuert wird, während der andere Staat die Steuersubjektivität der Gesellschaft nicht anerkennt und den Gewinn dem in seinem Staatsgebiet ansässigen Gesellschafter zurechnet. Eine wirtschaftliche Doppelbesteuerung kann sich ebenso aus der Korrektur von konzerninternen Verrechnungspreisen ergeben; wenn einer Berichtigung von internationalen Verrechnungspreisen für grenzüberschreitende Lieferungen im Sitzstaat der Muttergesellschaft keine korrespondierende Anpassung im Sitzstaat der Tochtergesellschaft gegenübersteht. Wurde etwa der Verrechnungspreis zu niedrig angesetzt (zB 100 statt 150) und erfolgt deshalb im Sitzstaat der Muttergesellschaft eine Korrektur durch Erhöhung der Einnahmen oder Erträge (iHv 50), ohne dass im Sitzstaat der Tochtergesellschaft eine gegengleiche Anpassung der Ausgaben oder des Aufwands vorgenommen wird (der Abzug bleibt daher bei 100 statt 150), unterliegt der Erhöhungsbetrag (50) in beiden Staaten bei unterschiedlichen Personen der Steuer. Anders als die Vermeidung juristischer Doppelbesteuerung ist die Vermeidung wirtschaftlicher Doppelbesteuerung allerdings nur am Rande Gegenstand von DBA (konkret in Art 9 OECD-MA; vgl dazu auch Tz 1349).

C. Vermeidung der Doppelbesteuerung

Das moderne Steuerrecht kennt im Wesentlichen zwei Methoden, um **1307**
juristische Doppelbesteuerungen zu vermeiden: die Anrechnungsmethode und die Befreiungsmethode (auch Quellenzuteilungsverfahren genannt). Bei der **Anrechnungsmethode** besteuert der Ansässigkeitsstaat sämtliche Einkünfte oder das gesamte Vermögen eines Stpfl und rechnet die dafür bereits im Ausland (Quellenstaat) gezahlte Steuer auf die inländische Steuer an. Bei der **Befreiungsmethode** werden die einzelnen Steuerquellen eines Stpfl einem der beteiligten Staaten zur alleinigen Besteuerung zugewiesen. Im anderen Staat sind die Steuerquellen von der Steuer befreit. Beide Methoden können von den einzelnen Staaten entweder einseitig praktiziert (sog **„unilaterale Maßnahmen"** zur Vermeidung von Doppelbesteuerung, siehe sogleich) oder in Form eines wechselseitigen Verzichtes auf Steueransprüche im Vertragsweg vereinbart werden (**„bilaterale Maßnahmen"** zur Vermeidung von Doppelbesteuerung durch DBA, siehe Tz 1311 ff).

II. Unilaterale Maßnahmen zur Vermeidung einer Doppelbesteuerung

Materielle Doppelbesteuerung gilt aus wirtschaftlichen Erwägungen **1308**
(Wettbewerbsverzerrung, Erschwerung des internationalen Waren-, Dienstleistungs- und Kapitalverkehrs) als unerwünscht. Zu ihrer Vermeidung kann jeder der beteiligten Staaten zunächst einseitige (unilaterale) Maßnahmen vorsehen.

Das einschlägige Instrumentarium des österr Steuerrechts ist im Vergleich zu anderen Staaten bescheiden. Insb kennt das österr ESt-Recht auf Gesetzesebene keine (einseitige) Norm, die die Anrechnung von im Ausland entrichteter ESt auf die inländische ESt gestatten würde. Ein Abzug als Betriebsausgabe oder Sonderausgabe scheitert am Abzugsverbot des § 20 Abs 1 Z 6 EStG für Personensteuern.

1309 Im Mittelpunkt der unilateralen Instrumente steht **§ 48 BAO:**

„Das Bundesministerium für Finanzen kann bei Abgabepflichtigen, die der Abgabenhoheit mehrerer Staaten unterliegen, soweit dies zur Ausgleichung der in- und ausländischen Besteuerung oder zur Erzielung einer den Grundsätzen der Gegenseitigkeit entsprechenden Behandlung erforderlich ist, anordnen, bestimmte Gegenstände der Abgabenerhebung ganz oder teilweise aus der Abgabepflicht auszuscheiden oder ausländische, auf solche Gegenstände entfallende Abgaben ganz oder teilweise auf die inländischen Abgaben anzurechnen. Dies gilt nur für bundesrechtlich geregelte Abgaben, die von Abgabenbehörden des Bundes einzuheben sind."

§ 48 BAO ermöglicht die Vermeidung der Doppelbesteuerung nicht nur dann, wenn Österreich mit dem anderen Staat kein DBA abgeschlossen hat, sondern auch, wenn trotz DBA eine Doppelbesteuerung nicht vermieden werden kann. § 48 BAO deckt sowohl individuelle Erledigungen als auch generelle Anordnungen (Verordnungen). Die Entscheidung des BMF ist eine **Ermessensentscheidung.** Der VwGH nimmt diesbzgl eine dem Sinn des Gesetzes entsprechende Ermessensübung an, wenn die Maßnahmen mit dem übereinstimmen, was bei Bestand eines DBA nach den allgemeinen Grundsätzen zu erwarten wäre.[6]) Für die Anwendung des § 48 BAO reicht das Vorliegen einer virtuellen Doppelbesteuerung aus, allerdings muss die Maßnahme auch „zur Erzielung einer den Grundsätzen der Gegenseitigkeit entsprechenden Behandlung" erforderlich sein.[7])

1310 Eine wesentliche Weiterentwicklung brachte die auf § 48 BAO beruhende **VO BGBl II 2002/474** (Verordnung betreffend die Vermeidung von Doppelbesteuerungen). Gem § 1 der VO sind bei der Ermittlung des Einkommens iSd EStG und KStG (im Unterschied zu § 48 BAO betrifft die VO nur die ESt und die KSt) bei unbeschränkt Stpfl bestimmte ausländische Einkünfte (unter Progressionsvorbehalt; siehe dazu noch Tz 1363) von der Besteuerung auszunehmen, wenn sie aus Staaten stammen, mit denen Österreich kein DBA abgeschlossen hat, und wenn die Einkünfte im Ausland einer der ESt oder KSt vergleichbaren Besteuerung unterliegen, deren Durchschnittssteuerbelastung mehr als 15% beträgt. Von dieser unilateralen Befreiung betroffen sind Einkünfte:

- aus ausländischem unbeweglichem Vermögen,
- aus Gewerbebetrieb und selbständiger Arbeit, die aus einer ausländischen Betriebsstätte stammen,
- aus ausländischer Bau- und Montagetätigkeit,
- aus im Ausland ausgeübter Vortrags- oder Unterrichtstätigkeit,

[6]) Vgl VwGH 30. 3. 2000, 99/16/0100 mwN.

[7]) VwGH 21. 7. 1993, 91/13/0119; zu den Begriffen vgl Tz 1315.

- aus einer im Ausland erfolgten Mitwirkung an Unterhaltungsdarbietungen und
- aus im Ausland ausgeübter nichtselbständiger Arbeit.

In anderen Fällen ist die ausländische ESt gem § 1 der VO auf die veranlagte österr ESt oder KSt anzurechnen (zB Dividenden oder Einkünfte aus Niedrigsteuerländern). Zum Anrechnungshöchstbetrag, der auch hier gilt, siehe Tz 1367.

Die VO räumt damit dem Stpfl einen Rechtsanspruch auf eine steuerliche Behandlung ein, wie sie bei Geltung eines DBA zu erwarten wäre. Kommt es trotz Bestehens eines DBA zu einer Doppelbesteuerung, greift die VO nach Maßgabe von § 1 Abs 1 nicht. Ist die VO nicht anzuwenden, kann beim BMF ein Einzelantrag auf eine unilaterale Maßnahme gem § 48 BAO gestellt werden. Dies führt häufig zur Einleitung eines Verständigungsverfahrens mit dem anderen DBA-Staat (siehe Tz 1377 ff).

Mit dem **Doppelbesteuerungsgesetz 2010**[8]) wurde dem BMF im Einvernehmen mit dem Bundesminister für Europäische und Internationale Angelegenheiten darüber hinaus eine Ermächtigung eingeräumt, die Doppelbesteuerung im Verhältnis zu Gebieten, denen keine Völkerrechtssubjektivität zukommt, mit Zustimmung des Hauptausschusses des Nationalrats ebenso durch Verordnung zu vermeiden (zB VO über die Vermeidung einer Doppelbesteuerung im Verhältnis zur Taiwan[9]).

III. Bilaterale Maßnahmen zur Vermeidung der Doppelbesteuerung (Doppelbesteuerungsabkommen)

A. Allgemeines

Doppelbesteuerungsabkommen sind völkerrechtliche Verträge (Staatsverträge), in denen die Besteuerungsrechte der beteiligten Staaten so abgegrenzt werden, dass die materielle Doppelbesteuerung gemildert oder vermieden wird. Es handelt sich um spezielles Völkerrecht, mit dem ein System von auf Gegenseitigkeit gegründeten Steuerverzichten verankert wird. Auf völkerrechtlicher Ebene bestimmen sich das Zustandekommen und die Wirkung von DBA nach jenen Regeln, die im **Wiener Übereinkommen über das Recht der Verträge** (WÜRV; auch bezeichnet als **Wiener Vertragsrechtskonvention,** WVK[10]) enthalten sind, das seinerseits im Wesentlichen Völkergewohnheitsrecht kodifiziert.[11]) 1311

Im Regelfall werden DBA zwischen zwei Staaten abgeschlossen (bilaterale Verträge). Nur selten sind sie als multilaterale Abkommen ausgestaltet.[12]) Denn

[8]) BGBl I 2010/69.

[9]) BGBl II 2014/385.

[10]) BGBl 1980/40.

[11]) Vgl *Kofler* in *Aigner/Tumpel/Kofler,* DBA² Einleitung Rz 30; weiters *Lehner* in *Vogel/Lehner,* DBA⁶ Grundlagen Rz 105.

[12]) Zum „Multilateralen Abkommen zur Umsetzung steuerabkommensbezogener Maßnahmen zur Verhinderung der Gewinnverkürzung und Gewinnverlagerung" (BGBl

meist scheitern multilaterale Abkommen an den unterschiedlichen fiskalpolitischen Interessen der beteiligten Staaten, weshalb sie sich bislang nur in bestimmten Regionen (zB Skandinavien) durchsetzen konnten. Auch in der EU ist kein multilaterales Abkommen vorgesehen.

Die Bestrebungen, durch zwischenstaatliche Vereinbarungen Doppelbesteuerungen zu vermeiden, reichen bis in die erste Hälfte des vergangenen Jahrhunderts zurück. Internationale Organisationen haben wiederholt den Versuch unternommen, einheitliche Vertragsmuster für DBA zu entwickeln. Für die westlichen Industrieländer sind die von der Organisation für wirtschaftliche Zusammenarbeit (OECD) in Paris erarbeiteten **Musterabkommen** (**OECD-MA**[13]) von maßgebender Bedeutung. Durch Verwendung dieser Musterverträge als **Vertragsschablone** soll eine weitgehende Harmonisierung der einzelnen bilateralen Abkommen erreicht und die Basis für ein allfälliges multilaterales Abkommen gelegt werden.

Als Gegenentwurf zum OECD-MA wurde 1980 von den Vereinten Nationen ein Musterabkommen zur Vermeidung der Doppelbesteuerung verfasst, das zwischen Industriestaaten und Entwicklungsländern herangezogen werden sollte (**UN-MA**). Anders als das OECD-MA sieht das UN-MA umfangreichere Besteuerungsrechte des Quellenstaates vor.[14]) Staaten außerhalb der OECD legen oft Wert darauf, dass den DBA-Verhandlungen nicht (nur) das OECD-MA, sondern auch die Musterabkommen der UN zu Grunde gelegt werden. Dem UN-MA kommt in der internationalen Abkommenspraxis daher ebenfalls Bedeutung zu.[15]) Auch die USA und Deutschland haben eigene Musterabkommen entwickelt, die in ihrer Vertragspraxis Bedeutung erlangt haben. Zumindest verwaltungsintern besteht ebenso in Österreich ein eigenes Musterabkommen, das sich weitgehend an das OECD-MA anlehnt und als Basis für die DBA-Verhandlungen dient.[16])

Die überwiegende Zahl der weltweit bestehenden DBA – und insb die von Österreich abgeschlossenen DBA – orientieren sich in Aufbau und Wortlaut am Musterabkommen der OECD, weshalb auch in der Folge das Recht der DBA anhand des OECD-MA dargestellt wird.

B. Verhältnis zum nationalen Recht

1312 **Verfassungsrechtlich** handelt es sich bei den DBA um gesetzändernde oder gesetzesergänzende Staatsverträge. Ihr Abschluss ist gem Art 10 Abs 1 Z 2 B-VG Bundessache und erfolgt durch den Bundespräsidenten. Er bedarf der Genehmigung des Nationalrats (Art 50 Abs 1 Z 1 B-VG[17]). Durchführungsabkommen werden hingegen als Ressortabkommen vom BMF abgeschlossen.

III 2018/93) als Instrument zur Änderung bestehender bilateraler DBA („MLI") siehe noch Tz 1325 ff.

[13]) Die erste Fassung des OECD-MA für ESt und VSt stammt aus 1963; jenes für ErbSt stammt aus 1966; beide Vertragsmuster wurden seitdem wiederholt überarbeitet.

[14]) Vgl zB *Kofler* in *Aigner/Kofler/Tumpel*, DBA² Einleitung Rz 11.

[15]) Vgl *Lang*, IStR 2011, 403.

[16]) Abgedruckt in *Lang/Schuch/Staringer*, Die österreichische DBA-Politik, 407 ff; zu den Zielen der österr DBA-Politik auch *Kofler* in *Aigner/Kofler/Tumpel*, DBA² Einleitung Rz 19 mwN.

[17]) Zur Zustimmung des Bundesrats vgl *Lang* in FS Ruppe 379.

Durch die Ratifikation stehen DBA auf derselben Stufe wie das innerstaatliche Steuerrecht; einer speziellen Transformation iSv Art 50 Abs 2 Z 4 B-VG bedarf es nicht. Denn als Abkommen, die einer unmittelbaren Anwendung im innerstaatlichen Rechtsbereich zugänglich sind, erfolgt die Eingliederung von DBA in die innerstaatliche Rechtsordnung durch **generelle Transformation.** DBA verdrängen das innerstaatliche Recht aber nicht, sondern verhalten sich zu ihm wie eine **lex specialis** zur lex generalis.[18]) Daraus folgt allgemein der Vorrang des Abkommensrechts.

Inwieweit spätere Änderungen des innerstaatlichen Abgabenrechts DBA-Regeln derogieren können, ist strittig. Grds ist jedoch davon auszugehen, dass der nationale Gesetzgeber offen oder verdeckt durch spätere innerstaatliche Regelungen auch in bestehende DBA eingreifen und deren Bedeutung verändern kann. Ein solches Vorgehen kann jedoch eine Vertragsverletzung bewirken und den anderen Staat zur Kündigung des Vertrages berechtigen. Diese Frage wird im internationalen Steuerrecht unter dem Schlagwort **„treaty override"** diskutiert. Ein dadurch verursachter unilateraler Bruch des völkerrechtlich Vereinbarten ist zwar aus rechtspolitischer Sicht „unerfreulich", nach hL in Österreich jedoch nicht verfassungswidrig.[19]) Auch in Deutschland wurde der Vorwurf der Verfassungswidrigkeit von „treaty overrides"[20]) vom BVerfG letztlich nicht geteilt.[21]) Desgleichen hat der EuGH gegen ein einseitiges Überschreiben von DBA durch einen Mitgliedstaat bisher keine Bedenken aus unionsrechtlicher Sicht gehegt.[22]) Umgekehrt ist vor diesem Hintergrund bei expliziten legislativen „treaty overrides" selbst späteren Abkommen auf Grund einer völkerrechtsfreundlich verstandenen „Lex-Posterior"-Regel kein Vorrang beizumessen.[23]) Dennoch ist die österr Praxis im Hinblick auf die Vornahme von „treaty overrides" zurückhaltend.[24]) Im Zweifel ist vom Grundsatz der Völkerrechtskonformität auszugehen und dem (späteren) innerstaatlichen Recht ein völkerrechtskonformes Verständnis beizulegen.

DBA enthalten einerseits Aussagen über die **Aufteilung der Besteuerungsbefugnisse** zwischen den beteiligten Staaten, andererseits regeln sie die **Methode zur Vermeidung der Doppelbesteuerung.** Im Ergebnis verpflichten sich die Vertragsstaaten durch den Abschluss eines DBA, die ihnen kraft ihrer Souveränität zustehenden Besteuerungsrechte nur eingeschränkt auszuüben. Bestimmte Einkünfte oder Vermögenswerte dürften nach den abkommensrechtlichen Regelungen nur in einem der beiden Vertragsstaaten besteuert werden (**Befreiungsmethode**); andere Einkünfte oder Vermögenswerte dürfen hingegen anteilig von beiden Staaten erfasst werden. Teilweise ist das Besteuerungs- 1313

[18]) Vgl VwGH 28. 6. 1963, 2312/61; VwGH 7. 9. 1989, 89/16/0085.

[19]) Vgl *Lang* in *Achatz,* Internationales Steuerrecht, DStJG 36, 12 f.

[20]) Vgl BFH 10. 1. 2012, I R 66/09.

[21]) BVerfG 15. 12. 2015, 2 BvL 1/12; dazu auch *Kofler/Rust,* SWI 2016, 144 ff.

[22]) EuGH 6. 12. 2007, C-298/05, *Columbus Container Services;* EuGH 19. 9. 2012, C-540/11, *Levy und Sebbag.*

[23]) BFH 25. 5. 2016, IR 64/13.

[24]) Vgl *Hohenwarter* in *Maisto,* Tax Treaties and Domestic Law 184 ff; *Kofler* in *Aigner/Kofler/Tumpel,* DBA² Einleitung Rz 38 mwN.

recht des Quellenstaates unter diesen Umständen mit einem bestimmten Prozentsatz beschränkt. In jedem Fall rechnet der Ansässigkeitsstaat die im Quellenstaat gezahlte Steuer an (**Anrechnungsmethode**).[25])

DBA entfalten auf diese Weise eine **Schrankenwirkung,** indem sie den innerstaatlichen Besteuerungsanspruch begrenzen (**Grundsatz der negativen Wirkung der DBA**). Sie sind im Regelfall nicht dazu konzipiert, einen innerstaatlichen Besteuerungsanspruch neu zu begründen oder zu erweitern, wenngleich weder ein verfassungsrechtliches noch ein völkerrechtliches Verbot dahingehend besteht.[26]) In der Praxis dienen DBA jedoch der Einschränkung der nationalen Steuerrechte durch Aufteilung der Steuerquellen oder -güter. Ob, in welchem Umfang und in welcher Weise der Staat, dem eine Steuerquelle durch ein DBA zugeteilt wird, diese ausschöpfen kann, richtet sich daher ausschließlich nach seinem innerstaatlichen Recht.[27])

Beispiele:

1. Nach dem DBA Italien darf der jeweilige Quellenstaat von Zinsen eine Steuer in Höhe von 10% erheben. Gewährt ein in Italien ansässiger Stpfl einer österr Kapitalgesellschaft ein Gesellschafterdarlehen, so ist nach § 98 EStG hierfür in Österreich keine beschränkte Steuerpflicht gegeben. Das konkrete DBA vermag diesen fehlenden innerstaatlichen Steueranspruch nicht zu ersetzen.

2. Ein in Österreich ansässiger Stpfl bezieht Zinsen aus US-amerikanischen Staatsanleihen. Diese sind in den USA steuerfrei. Nach dem DBA USA steht das Besteuerungsrecht für diese Zinsen Österreich zu. Die in den USA vorgesehene Steuerbefreiung ist dabei ohne Bedeutung.[28])

3. Ein Stpfl hat sowohl in Österreich als auch in Deutschland einen Wohnsitz, den Mittelpunkt der Lebensinteressen jedoch in Deutschland. Österreich ist nach dem DBA Deutschland daher der Quellenstaat. Es besteuert den Stpfl mit den Einkünften aus den österr Quellen; dies jedoch nach den Regeln über die unbeschränkte Steuerpflicht.[29])

1314 Da das DBA im Ergebnis Auskunft darüber gibt, ob das innerstaatliche Steuerrecht auf einen internationalen Sachverhalt unverändert oder modifiziert anzuwenden ist, erfolgt die Prüfung von nationalem Recht und Abkommensrecht traditionell in drei Schritten:[30]) Im ersten Schritt wird die

---

[25]) Diese Wirkungsweise von DBA beschreibt der VfGH 11. 3. 1965, B 210/64, B 211/64 als „Zuteilung der vertragsgegenständlichen Steuergüter zur ausschließlichen Besteuerung entweder durch den einen oder den anderen der vertragsschließenden Staaten (Methode der Aufteilung der Steuergüter) oder allenfalls zur Besteuerung durch beide Staaten gegen Anrechnung der im Quellenstaat erhobenen Steuern auf die im Wohnsitzstaat erhobenen (Methode der Steueranrechnung)". Vgl auch VfGH 23. 6. 2014, SV2/2013.

[26]) Die Vertragsstaaten sind sowohl völkerrechtlich als verfassungsrechtlich frei, die Rechtsatzform des völkerrechtlichen Vertrages zu nutzen, um zusätzliche Steuerpflichten verbindlich zu normieren. Vgl *Lang* in *Hey,* Einkünfteermittlung 365.

[27]) Vgl VfGH 11. 3. 1965, B 210/1964.

[28]) Vgl auch VwGH 27. 5. 1966, 0417/66.

[29]) Vgl auch VwGH 7. 4. 1961, 1744/60.

[30]) VwGH 27. 8. 1991, 90/14/0237; VwGH 22. 4. 1992, 91/14/0048; VwGH 25. 9. 2001, 99/14/0217; VwGH 28. 11. 2007, 2006/14/0057; VwGH 29. 7. 2010, 2010/15/0021; VwGH 30. 3. 2011, 2007/13/0105; vgl auch EStR 2000 Rz 33.

Anwendbarkeit des innerstaatlichen Rechts und der Umfang der danach gegebenen Steuerpflicht geprüft und im zweiten Schritt (wenn in Österreich eine Steuerpflicht kraft unbeschränkter oder beschränkter Steuerpflicht gegeben ist) wird die allfällige Einwirkung eines DBA untersucht. Besteht nach Anwendung des DBA ein österr Besteuerungsanspruch, richtet sich die Vorgangsweise bei der Erhebung der Steuern wieder nach innerstaatlichem Recht.[31])

Die von DBA vorgesehenen Beschränkungen der Besteuerungsrechte kommen prinzipiell unabhängig davon zur Anwendung, ob im anderen Staat eine Steuerpflicht besteht oder nicht. DBA richten sich eben nicht nur gegen eine **effektive Doppelbesteuerung,** sondern sind auch bei bloß **virtueller Doppelbesteuerung,** anwendbar.[32]) 1315

Übt ein Staat sein ihm nach dem Abkommen (alleine) zustehendes Besteuerungsrecht nicht aus, kann das DBA eine unerwünschte doppelte Nichtbesteuerung bewirken.[33]) Gelegentlich wird in DBA daher auch vereinbart, dass Steuerverzichte in dem einen Staat nur dann zum Zug kommen sollen, wenn im anderen Staat tatsächlich eine Steuer erhoben wird (**subject-to-tax-Klausel;** vgl etwa Art 20 DBA Polen).

Die Anwendung der DBA hat **von Amts wegen** zu erfolgen. Auch die österr Gerichte sind zur Auslegung von DBA berufen. Dementsprechend kann die Abkommensanwendung durch den VwGH oder die Verletzung verfassungsrechtlich gewährleisteter Rechte durch den VfGH überprüft werden.[34]) Steht daher die innerstaatliche steuerliche Behandlung des Sachverhaltes nach Auffassung des Stpfl im Widerspruch zu den Bestimmungen des DBA, kann der Stpfl die allgemeinen, im innerstaatlichen Recht vorgesehenen **Rechtsmittel** ergreifen und allenfalls auch die Einleitung eines Verständigungsverfahrens anregen (siehe dazu Tz 1377 ff). 1316

C. Verhältnis zum Unionsrecht

Das Verhältnis zwischen Unionsrecht und nationalem Recht ist durch die Grundsätze der unmittelbaren Geltung und des Vorrangs des Unionsrechts geprägt.[35]) Auch gegenüber Bestimmungen in DBA genießt das Unionsrecht 1317

---

[31]) Logisch betrachtet ist die Reihenfolge der Prüfung allerdings irrelevant und wäre daher eher an Zweckmäßigkeitsüberlegungen auszurichten. Denn unabhängig davon, ob ein Sachverhalt zuerst aus innerstaatlicher Sicht und danach DBA-rechtlich oder eben in umgekehrter Reihenfolge gewürdigt wird, sollten die Ergebnisse beider Herangehensweisen identisch sein. Vgl *Lang,* Introduction² Rz 57 ff; weiters *Kofler* in *Aigner/Kofler/Tumpel,* DBA² Einleitung Rz 40.

[32]) Vgl *Lehner* in *Vogel/Lehner,* DBA⁶ Grundlagen Rz 69 f; zur virtuellen Doppelbesteuerung siehe bereits Tz 1306.

[33]) Vgl auch VwGH 25. 9. 2001, 99/14/0217; zur „Keinmalbesteuerung“ siehe auch BFH 9. 2. 2011, I R 54, 55/10.

[34]) Vgl zB VfGH 15. 3. 1990, B 758/88, B 759/88; VfGH 23. 6. 2014, SV 2/2013; VwGH 22. 3. 2018, Ro 2017/15/0045; VwGH 18. 7. 2017; Ro 2016/13/0014.

[35]) Dazu ausführlich Band II⁷ Tz 75.

(als höherrangiges Recht) **Anwendungsvorrang.**[36]) Daher sind zB Bestimmungen in DBA, die dem Richtlinienrecht der EU oder den Grundfreiheiten des AEUV widersprechen, nicht anzuwenden.

Enthält ein DBA zwischen zwei Mitgliedstaaten der EU bspw ein Quellenbesteuerungsrecht für Dividenden, während dieses nach der Mutter-Tochter-Richtlinie nicht besteht, darf der Quellenstaat dieses Besteuerungsrecht nicht ausüben.

1318 Im Übrigen enthält der AEUV keine Verpflichtung zur Vermeidung der Doppelbesteuerung. In Ermangelung unionsrechtlicher Harmonisierungsmaßnahmen bleiben die Mitgliedstaaten daher befugt, zur Vermeidung der Doppelbesteuerung die Kriterien für die Aufteilung ihrer Steuerhoheit vertraglich oder einseitig festzulegen. Es ist ihre Sache, die erforderlichen Maßnahmen zu treffen, um Doppelbesteuerungssituationen zu vermeiden, indem sie etwa die in der internationalen Besteuerungspraxis befolgten Kriterien anwenden. Bei der Ausübung der auf diese Weise aufgeteilten Steuerhoheit müssen sie aber insb das unionsrechtliche Diskriminierungsverbot beachten.[37]) Nachteile, die sich aus der parallelen Ausübung der Besteuerungsbefugnisse der verschiedenen Mitgliedstaaten ergeben können, begründen deshalb nach der Rsp des EuGH keine unionsrechtlich verbotenen Beschränkungen, sofern eine solche Ausübung nicht diskriminierend ist.[38]) Welcher der beiden beteiligten Staaten (Ansässigkeits- oder Quellenstaat) die Doppelbesteuerung zu verhindern hat (wer also das „bessere" Recht zur Besteuerung hat), entzieht sich nach Ansicht des EuGH seiner Entscheidungsbefugnis.[39])

1319 Der EuGH ist im Regelfall nicht zuständig, darüber zu befinden, ob ein Mitgliedstaat die Bestimmungen aus einem von ihm mit einem anderen Mitgliedstaat abgeschlossenen DBA verletzt hat.[40]) Auch das Verhältnis zwischen einer nationalen Maßnahme und einem DBA kann der EuGH nicht prüfen, weil diese Frage nicht die Auslegung des Unionsrechts betrifft.[41]) Ein Mitgliedstaat kann aber die Beachtung seiner Verpflichtungen aus dem AEUV (zB der Kapitalverkehrsfreiheit) dadurch sicherstellen, dass er mit einem

---

[36]) Vgl zB EuGH 19. 1. 2006, C-265/04, *Bouanich,* Rn 49 ff; EuGH 24. 10. 2018, C-602/17, *Sauvage und Lejeune,* Rn 21 ff mwN; weiters *Kofler,* Doppelbesteuerungsabkommen 273 ff und 826 ff.

[37]) Vgl zB EuGH 12. 5. 1998, C-336/96, *Gilly,* Rn 23 ff; EuGH 21. 9. 1999, C-307/97, *Saint-Gobain,* Rn 56 ff; EuGH 14. 11. 2006, C-513/04, *Kerckhaert/Morres,* Rn 21 ff; EuGH 16. 7. 2009, C-128/08, *Damseaux,* Rn 28 ff; EuGH 14. 12. 2006, C-170/05, *Denkavit,* Rn 43 ff; EuGH 24. 10. 2018, C-602/17, *Sauvage und Lejeune,* Rn 21 ff.

[38]) Vgl zB EuGH 16. 7. 2009, C-128/08, *Damseaux,* Rn 27; EuGH 10. 2. 2011, C-436/08 und C-437/08, *Haribo und Österreichische Salinen,* Rn 169 jeweils mwN.

[39]) Vgl auch *Heydt,* SWI 2011, 371.

[40]) Die große Ausnahme bildet in diesem Zusammenhang Art 25 Abs 5 DBA Deutschland, der den EuGH als Schiedsgericht einsetzt.

[41]) Vgl EuGH 6. 12. 2007, C-298/05, *Columbus Container;* Rn 46 f; EuGH 16. 7. 2009, C-128/08, *Damseaux,* Rn 22; zum Schiedsverfahren vor dem EuGH nach Art 25 Abs 5 DBA-Deutschland siehe Tz 1361.

anderen Mitgliedstaat ein Abkommen zur Vermeidung der Doppelbesteuerung schließt.[42])

Eine Verpflichtung zur Meistbegünstigung, wonach sich die Bürger eines **1320** Mitgliedstaates im Verhältnis zu anderen Mitgliedstaaten jeweils auf die für sie günstigste, von diesem Staat vereinbarte DBA-Regelung berufen können, besteht nicht.[43])

D. Auslegung

1. Wiener Vertragsrechtskonvention

Für die **Auslegung von DBA** gelten – soweit in den Abkommen keine spe- **1321** ziellen Auslegungsregeln enthalten sind – die in der Wiener Vertragsrechtskonvention[44]) niedergelegten Regeln. Nach Art 31 WVK ist ein (völkerrechtlicher) Vertrag *„nach Treu und Glauben in Übereinstimmung mit der gewöhnlichen, seinen Bestimmungen in ihrem Zusammenhang zukommenden Bedeutung und im Lichte seines Zieles und Zweckes auszulegen."* Die völkerrechtlichen Auslegungsregelungen unterscheiden sich damit nicht grundlegend von denen des innerstaatlichen Rechts.[45]) Ausgangspunkt der Auslegung ist auch hier der Wortlaut, also die (objektive) Bedeutung der Worte in ihrem Zusammenhang. Bei mehrsprachigen Verträgen (das trifft bei DBA idR zu) sind die verschiedenen sprachlichen Fassungen in gleicher Weise verbindlich. In etlichen DBA finden sich in den Schlussklauseln Hinweise, welche Vertragssprache von den Vertragsparteien zur authentischen Sprache erklärt wird.[46]) Soweit es für das Abkommen auch einen englischen Text gibt, wird in jüngeren Abkommen idR dieser für im Zweifel maßgebend erklärt (vgl zB DBA Island, BGBl III 2017/25).

2. Art 3 OECD-MA

Häufig ist in den DBA in Anlehnung an Art 3 Abs 2 OECD-MA die allge- **1322** meine Regel enthalten, dass bei der Anwendung des Abkommens, *„wenn der Zusammenhang nichts anderes erfordert"*, jeder im Abkommen nicht definierte Ausdruck im Sinne seiner innerstaatlichen Bedeutung zu verstehen ist. Die Reichweite dieses Verweises auf das innerstaatliche Recht der Vertragsstaaten ist jedoch strittig.[47]) Sie hängt in erster Linie davon ab, welche Bedeutung man dem Begriff des „Zusammenhangs" beimisst, der eine „andere", also vom innerstaatlichen Recht losgelöste Auslegung, „erfordert". Interpretiert man das Erforder-

---

[42]) Vgl EuGH 8. 11. 2007, C-379/05, *Amurta,* Rn 79 f; dazu *Kofler/Tumpel,* ÖStZ 2008, 54; vgl auch EuGH 14. 12. 2006, C-170/05, *Denkavit,* Rn 46 ff.

[43]) Vgl EuGH 5. 7. 2005, C-376/03, *D,* Rn 59 ff; ebenso VwGH 23. 9. 2010, 2008/15/0086.

[44]) Dazu bereits Tz 1311.

[45]) Vgl *Lang,* Einführung², Rz 85; weiters *Kofler* in *Aigner/Kofler/Tumpel,* DBA² Einleitung Rz 60.

[46]) Dazu *Lang,* IStR 2011, 403.

[47]) Diesen Meinungsstreit zusammenfassend *Kofler* in *Aigner/Kofler/Tumpel,* DBA² Einleitung Rz 82 mwN.

nis des „Zusammenhanges“ im Lichte des Ziel und Zwecks von DBA weit, so wird man in erster Linie versuchen müssen, ein Interpretationsergebnis autonom aus dem DBA selbst (unter Berücksichtigung des Kommentars zum OECD-MA, siehe unten Pkt c) zu gewinnen (Gebot einer abkommensautonomen Auslegung). Der Rückgriff auf das nationale Recht, der häufig zu Qualifikationskonflikten führt, ist bei dieser Sichtweise nur der letzte Ausweg.[48]) Der Verweis wird aber auch zT völlig konträr dazu als Grundsatz der (begrenzten) Maßgeblichkeit des innerstaatlichen Rechts verstanden, von dem bei abkommensrechtlich nicht definierten Begriffen eben nur ausnahmsweise als „ultima ratio“ abgewichen werden darf.[49]) Die vermittelnde Ansicht misst hingegen der Wortfolge „anderes erfordert“ große Bedeutung bei, die sie iSv „verlangt“ versteht. Dementsprechend ist der abkommensautonomen Auslegung insoweit der Vorrang einzuräumen, als die für den Zusammenhang des Abkommens sprechenden Argumente besonders überzeugend sind.[50])

Ist für die Auslegung das nationale Recht des anwendenden Vertragsstaates heranzuziehen, hat grds eine dynamische Auslegung zu erfolgen (Art 3 Abs 2 OECD-MA und die ihm folgenden DBA stellen auf das innerstaatliche Recht *„im Anwendungszeitraum“* ab).[51]) Enthält ein DBA dagegen keinen Verweis auf den Anwendungszeitraum, ist der Verweis auf das nationale Recht nach Auffassung des VwGH offenbar als statischer Verweis zu verstehen.[52])

Durch das Update 2017 zum OECD-MA (**OECD-MA 2017;** siehe Tz 1331 ff) wurde die Auslegungsregel des Art 3 Abs 2 OECD-MA um einen Zusatz erweitert. Danach soll neben dem Abkommenszusammenhang nunmehr auch eine von den zuständigen Behörden in einem Verständigungsverfahren gem Art 25 OECD-MA (siehe Tz 1377) vereinbarte abweichende Begriffsbedeutung für die Auslegung von im Abkommen nicht definierten Begriffen relevant sein und den Rückgriff auf nationales Recht ausschließen. Haben sich zwei Vertragsstaaten in einem Verständigungsverfahren über die Auslegung eines im DBA nicht definierten Begriffes geeinigt, scheidet eine davon abweichende Interpretation dieses Begriffs nach innerstaatlichem Recht daher ebenso aus.

3. Der Kommentar zum OECD-MA

1323 Die im offiziellen Kommentar des OECD-Steuerausschusses zum OECD-MA (**OECD-MK**) vertretene Auslegung wird auf Grund einer Empfehlung des Rates der OECD von den Regierungen und Finanzbehörden der OECD-Mitgliedstaaten grds als verbindliche Auslegung betrachtet.[53]) Auch der VwGH geht

[48]) Vgl *Lang,* ÖStZ 1989, 12; *ders,* DBA und innerstaatliches Recht, 108 ff.

[49]) Vgl *Loukota,* SWI 1997, 286; *Jirousek,* SWI 1998, 117 f.

[50]) Vgl etwa *Dürrschmidt* in *Vogel/Lehner,* DBA[6] Art 3 Rz 116 a ff; vermittelnd auch *Wassermeyer* in *Wassermeyer/Kaeser/Lang/Schuch,* DBA Kommentar[3] Art 3 MA Rz 82.

[51]) Relevant ist daher das innerstaatliche Recht „zum Zeitpunkt der Abkommensanwendung“; vgl dazu auch VwGH 30. 3. 2006, 2002/15/0098 mwN.

[52]) Vgl VwGH 19. 12. 2006, 2005/15/0158; kritisch dazu *Lang,* SWI 2007, 199 mit einer Rechtsprechungsübersicht des VwGH zu diesem Thema.

[53]) Vgl *Lehner* in *Vogel/Lehner,* DBA[6] Grundlagen Rz 124 b mwN.

davon aus, dass durch die Übernahme des Textes des OECD-MA in ein konkretes DBA dieser Vorschrift der Inhalt beizumessen ist, den die korrespondierende Vorschrift im MA hat. Aus diesem Grund erlangt der bei Abschluss des DBA bestehende Kommentar zum MA für die Auslegung dieser DBA-Vorschrift eine besondere Bedeutung.[54]) Die zentrale Bedeutung des OECD-MK wird in der österr Abkommenspraxis zudem oftmals ausdrücklich in Protokollen hervorgehoben, indem dort festgehalten wird, dass den am OECD-MA orientierten Abkommensbestimmungen allgemein dieselbe Bedeutung zukommt, die im OECD-MK dazu vertreten wird.[55])

Da der OECD-MK jedoch regelmäßig und zT erheblich geändert wird, ist strittig, welche Fassung des Kommentars in einem konkreten Fall heranzuziehen ist. Die österr FinVerw und die OECD gehen diesbzgl von einem dynamischen Verständnis aus und sehen die jeweils aktuelle Fassung des OECD-MK als relevant an.[56]) Demgegenüber vertreten die Rsp und die hA im Schrifttum aus rechtsstaatlichen Gründen ein statisches Verständnis. Für eine Anwendung auf DBA, die vor der Revision des OECD-MK abgeschlossen wurden, besteht danach kein Raum.[57])

E. Aktuelle steuerliche Arbeiten der OECD

1. OECD Action Plan on Base Erosion and Profit Shifting (BEPS)

Im Jahr 2012 hat die Gruppe der zwanzig wichtigsten Industrie- und Schwellenländer (G20-Staaten) die OECD damit beauftragt, einen Maßnahmenkatalog zur Bekämpfung von Gewinnverkürzungen und Gewinnverlagerungen zu entwickeln. Der Fokus der steuerlichen Arbeiten der OECD lag daher in jüngerer Vergangenheit auf dem BEPS-Projekt, das sich mit verschiedenen Fragen der aggressiven Steuerplanung durch Aushöhlung der Bemessungsgrundlage und Gewinnverschiebungen beschäftigt. Bereits im Juli 2013 wurden von der OECD mit dem **„Action Plan on Base Erosion and Profit Shifting“** (BEPS) 15 Maßnahmen (Aktionspunkte) zur Vermeidung von BEPS identifiziert: 1324

- Besteuerungsprobleme der digitalen Wirtschaft (Nr 1),
- Neutralisierung der Effekte hybrider Gestaltungen (Nr 2),
- Hinzurechnungsbesteuerung (Nr 3),
- Zinsschranke (Nr 4),
- Bekämpfung schädlicher Steuerpraktiken (Nr 5),

[54]) VwGH 31. 7. 1996, 92/13/0172.

[55]) ZB in den Protokollen zu den DBA mit Albanien, Armenien, Aserbaidschan, Bahrain, Bosnien und Herzegowina, Bulgarien, Dänemark, Deutschland, Georgien, Hongkong, Island, Kasachstan, Katar, Kirgisistan, Kroatien, Kuba, Mazedonien, Mexiko, Moldau, Mongolei, Montenegro, Nepal, Neuseeland, Polen, San Marino, Tadschikistan, Ukraine, den USA sowie den Vereinigten Arabischen Emiraten.

[56]) EStR 2000 Rz 2512; OECD-MK, Einleitung Rz 3, 33 und 35 f; kritisch *Lang*, SWI 1995, 412; *ders*, SWI 2012, 122 f.

[57]) Vgl *Kofler* in *Aigner/Kofler/Tumpel*, DBA² Einleitung Rz 72 mwN.

- Verhinderung von Abkommensmissbrauch (Nr 6),
- Umgehung von Betriebsstätten (Nr 7),
- Verrechnungspreise (Nr 8 – 10),
- Messung und Monitoring (Nr 11),
- Offenlegung aggressiver Steuerplanungsmodelle (Nr 12),
- Verrechnungspreisdokumentation (Nr 13),
- Verbesserung von Streitbeilegungsmechanismen (Nr 14),
- Entwicklung eines Multilateralen Instruments (Nr 15; siehe Tz 1325).

Die 15 BEPS-Aktionspunkte wurden anschließend ausgearbeitet und im Oktober 2015 als Abschlussberichte mit dem Ziel veröffentlicht, in einem nächsten Schritt in den abkommensrechtlich relevanten Bereichen das OECD-MA oder den OECD-MK entsprechend zu ändern.[58]) Da es jedoch Jahr(zehnt)e dauern kann, bis Änderungen des OECD-MA tatsächlich Eingang in die Abkommenspraxis finden, setzt dies doch traditionell Neuverhandlungen oder Revisionen der bestehenden DBA voraus, wurde parallel dazu ein Mechanismus entwickelt, der eine zügige Anpassung der bilateralen DBA an die die BEPS-Vorgaben ermöglicht. Das Ergebnis dieser Bemühungen ist die am 24. 11. 2016 zur Unterzeichnung aufgelegte „Multilateral Convention to implement tax treaty related measures to prevent base erosion and profit shifting“, kurz **„Multilaterales Instrument“ (MLI).**

2. Das Multilaterale Instrument (MLI)

1325 Das Multilaterale Instrument (**MLI**) ist Teil des BEPS-Aktionsplans der OECD, der die Umsetzung der abkommensrelevanten BEPS-Aktionspunkte (Nr 2, 6, 7, und 14; siehe Tz 1324) durch die Anpassung bestehender DBA vorsieht. Als **multilaterales Abkommen** ermöglicht es eine rasche und einheitliche Umsetzung der BEPS-Aktionspunkte, ohne dass die Staaten dafür in langwierige bilaterale Verhandlungen miteinander treten müssen. Es wurde gemeinsam mit einem „Explanatory Statement“[59]) verabschiedet und seither von mehr als

---

[58]) Ein weiterer Ausfluss des BEPS-Projekts auf OECD-Ebene ist die am 12. 7. 2016 vom Europäischen Rat als Anti-BEPS-RL oder Anti-Tax-Avoidance-RL (ATAD) beschlossene RL (EU) 2016/1164 (ABl L 2016/193, 1), mit der einige BEPS-Aktionspunkte auf EU-Ebene in harmonisierter Form als Mindeststandard („minimum standard“) umgesetzt wurden (Einführung einer Zinsschranke zur Begrenzung der Abzugsfähigkeit von Zinszahlungen, Einführung einer Hinzurechnungsbesteuerung für beherrschte ausländische Unternehmen, Maßnahmen zur Verhinderung von hybriden Gestaltungen, ergänzt um Regelungen einer Wegzugsbesteuerung sowie einer allgemeinen Anti-Missbrauchsbestimmung). Ausführlich dazu *Kirchmayr/Mayr/Hirschler/Kofler*, Anti-BEPS-Richtlinie: Konzernsteuerrecht im Umbruch?; *Lang/Rust/Schuch/Staringer*, Die Anti-Tax-Avoidance-Richtlinie; *Pistone/Weber* in *Pistone/Weber*, The implementation of anti-BEPS rules in the EU: a comprehensive study 1 ff; zur Umsetzung im österr Recht siehe Tz 389, 915 und 1007 ff.

[59]) Das „Explanatory Statement“ erörtert das Zusammenwirken zwischen dem MLI und den bilateralen DBA, dient jedoch mit Ausnahme der Regelungen über die Schiedsgerichtsbarkeit nicht der Auslegung der jeweiligen BEPS-Maßnahmen. Die Kom-

80 Staaten unterzeichnet.[60]) In Kraft getreten ist das Übereinkommen gem Art 34 Abs 1 MLI mit 1. 7. 2018, nachdem es von den ersten 5 Vertragsstaaten (darunter auch Österreich[61]) ratifiziert wurde.[62])

In seiner Wirkungsweise „modifiziert" das MLI bestehende DBA, die zwischen seinen Vertragsparteien abgeschlossen wurden. Anders als später abgeschlossene Protokolle zu DBA, führt das MLI jedoch zu keiner Änderung des Wortlauts betroffener DBA, sondern hat lediglich Auswirkungen auf ihre Anwendung. Das MLI und das jeweilige bilaterale DBA sind parallel anzuwenden; entweder verdrängt das MLI die Anwendung gewisser Bestimmungen des DBA (zur Gänze oder bloß in bestimmten Konstellationen) oder es führt zur Anwendung von bislang im DBA nicht enthaltenen Bestimmungen. **1326**

Das MLI gliedert sich in sieben Teilbereiche,[63]) denen eine Präambel vorangestellt ist. In dieser **Präambel** wird neben dem Zweck des MLI als Instrument zur raschen Umsetzung der steuerabkommensbezogen BEPS-Maßnahmen auch allgemein die Notwendigkeit hervorgehoben, Gewinne an dem Ort zu besteuern, an dem die tatsächliche wirtschaftliche Tätigkeit, mit der die Gewinne erzielt werden, erfolgt und an dem die Wertschöpfung stattfindet. Im Lichte der Arbeiten zu Aktionspunkt 6 des BEPS-Projekts nimmt die Präambel zudem auf die Auslegung bestehender DBA Bezug. Dementsprechend sollen *„bestehende Abkommen zur Vermeidung der Doppelbesteuerung von Einkommen so ausgelegt werden, dass in Bezug auf die unter diese Abkommen fallenden Steuern eine Doppelbesteuerung beseitigt wird, ohne Möglichkeiten zur Nicht- oder Niedrigbesteuerung durch Steuerverkürzung oder -umgehung (unter anderem durch missbräuchliche Gestaltungen mit dem Ziel des Erhalts von in diesen Abkommen vorgesehenen Erleichterungen zum mittelbaren Nutzen von in Drittstaaten oder -gebieten ansässigen Personen) zu schaffen"*. **1327**

In den Art 3 bis 5 MLI sind sodann die steuerabkommensbezogenen Maßnahmen zur **Bekämpfung bestimmter hybrider Gestaltungen** enthalten. Dies betrifft zum einen die Behandlung von Einkünften, die durch oder über Rechtsträger oder Gebilde bezogen werden, die nach dem Steuerrecht eines der Vertragsstaaten als transparent eingestuft werden (transparente Rechtsträger; Art 3). Zum anderen enthält dieser Teil des Abkommens Regelungen zur **1328**

mentierungen zu den einzelnen DBA-rechtlichen Neuregelungen finden sich vielmehr in den einzelnen BEPS-Maßnahmenpaketen.

[60]) Mit Stand 29. 3. 2019 beträgt die Zahl der Staaten, die das MLI unterzeichnet haben, 87. Vgl http://www.oecd.org/tax/treaties/beps-mli-signatories-and-parties.pdf (zuletzt abgerufen am 5. 4. 2019).

[61]) BGBl III 2018/93. Die vom Bundespräsidenten unterzeichnete und vom Bundeskanzler gegengezeichnete Ratifikationsurkunde wurde am 22. 9. 2017 beim Generalsekretär der OECD als Verwahrer des Übereinkommens hinterlegt.

[62]) Neben Österreich waren dies Isle of Man, Jersey, Polen und Slowenien.

[63]) Teil I: Geltungsbereich (Art 1) und Auslegung von Ausdrücken (Art 2); Teil II: Hybride Gestaltungen (Art 3 bis 5); Teil III: Abkommensmissbrauch (Art 6 bis 11); Teil IV: Umgehung des Betriebsstättenstatus (Art 12 bis 15); Teil V: Verbesserung der Streitbeilegung (Art 16 und 17); Teil VI: Schiedsgerichtsverfahren (Art 18 bis 26); Teil VII: Schlussbestimmungen (Art 37 bis 39).

Behandlung doppelt ansässiger Rechtsgebilde (Art 4).[64]) Art 5 zielt auf eine Änderung des Methodenartikels ab. Dafür werden drei Regelungsmodelle zur Verfügung gestellt (die Optionen A bis C), die allesamt eine DBA-rechtlich bedingte doppelte Nichtbesteuerung verhindern sollen. Option A entspricht dabei Art 23 A Abs 4 OECD-MA 2014 und soll bei sachverhalts- oder auslegungsbedingten Qualifikationskonflikten die doppelte Nichtbesteuerung vermeiden, indem das Besteuerungsrecht dem Ansässigkeitsstaat zugewiesen wird. Option B beinhaltet – ähnlich § 10 Abs 4 KStG idF JStG 2018 – eine „Rückfallsklausel" und Option C sieht einen Wechsel von der Anrechnungs- zur Befreiungsmethode vor.

Art 6 bis 11 MLI (Teil III) enthalten Vorschriften zur **Bekämpfung von Abkommensmissbrauch und Treaty Shopping.** Die dafür vorgesehenen Maßnahmen beinhalten einen „Principal-Purpose-Test", demzufolge die Begünstigungen eines DBA dann nicht gewährt werden sollen, wenn der Erhalt dieser Begünstigungen *„einer der Hauptzwecke einer Gestaltung oder Transaktion war"*, die zur Begünstigung geführt hat. Davon ausgenommen sind Fälle, in denen die Gewährung der betroffenen Vergünstigung in der jeweiligen Konstellation mit dem Ziel und Zweck der einschlägigen DBA-Bestimmung im Einklang steht.[65]) Dieser Principal-Purpose-Test kann weiters mit einer vereinfachten LoB-Klausel (Limitation on benefits-Bestimmung zur Beschränkung von Vergünstigungen für Körperschaften, die keinen ausreichend starken Nexus zum Ansässigkeitsstaat haben) kombiniert werden.[66]) Enthalten sind zudem Vorschriften über die Einführung von Mindestbehaltedauern als Voraussetzung für den Erhalt von reduzierten Quellensteuersätzen bei Dividendenausschüttungen (Art 8) oder iZm der Erfassung von Gewinnen aus der Veräußerung von Beteiligungen an Gesellschaften, die ihre Wertschöpfung überwiegend aus unbeweglichem Vermögen beziehen (Immobilien-Gesellschaften; Art 9). Dieser Teil des MLI beinhaltet weiters Anti-Missbrauchsregelungen iZm Betriebsstätten, die in Drittstaaten belegen sind (Art 10) sowie eine „Saving Clause", mit der die Besteuerung durch den Ansässigkeitsstaat „gesichert" werden soll (Art 11). Flankiert werden diese Maßnahmen von Art 6 MLI, mit dem die erfassten DBA um eine Präambel ergänzt werden. Diese beschreibt den Zweck von DBA, der darin liegt, *„in Bezug auf die unter dieses Abkommen fallenden Steuern eine Doppelbesteuerung zu beseitigen, ohne Möglichkeiten zur Nicht- oder Niedrigbesteuerung durch Steuerverkürzung oder -umgehung [. . .] zu schaffen"*.[67])

Die Art 12 bis 15 MLI (Teil IV) richten sich gegen die **künstliche Umgehung der Begründung von Betriebsstätten** im Quellenstaat; sei es durch Kom-

---

[64]) Vgl *Kofler* in *Bendlinger/Kofler/Lang/Schmidjell-Dommes,* SWI-Spezial – Die österreichischen DBA nach BEPS 38 ff.

[65]) Art 7 Abs 1 MLI.

[66]) Art 7 Abs bis 13 MLI.

[67]) Kritisch zur Bedeutung einer solchen Präambel für den Auslegungsprozess *Lang* in *Bendlinger/Kofler/Lang/Schmidjell-Dommes,* SWI-Spezial – Die österreichischen DBA nach BEPS 63 ff.

missionsgeschäfte oder ähnliche Strategien,[68]) durch spezifische Ausnahmen vom Betriebsstättenbegriff für vorbereitende Tätigkeiten oder Hilfstätigkeiten[69]) oder durch Aufsplittung von Verträgen in Konzernen.[70]) Die **Verbesserung von Streitbeilegungsmechanismen** iZm Verständigungsverfahren und Gegenberichtigungen in Verrechnungspreisfällen sind Gegenstand der Art 16 und 17 MLI (Teil V).[71]) Die Art 18 bis 26 MLI (Teil VI) bieten abschließend die Grundlage für die optionale Umsetzung eines verbindlichen **Schiedsverfahrens** in den vom MLI erfassten DBA.[72])

Wenngleich das MLI in größtmöglichem Umfang in das bestehende DBA-Netzwerk übernommen werden soll, können sich Staaten entscheiden, das MLI im Verhältnis zu bestimmten Staaten nicht anzuwenden; etwa weil die betroffenen DBA bereits BEPS-Anpassungen enthalten oder ohnehin DBA-Neuverhandlungen geplant sind. Zu diesem Zweck legen die am MLI teilnehmenden Staaten fest, welche ihrer bestehenden DBA überhaupt vom MLI erfasst sein sollen. Sofern eine Übereinstimmung mit den jeweiligen Partnerstaaten besteht, wird das DBA vom MLI geändert. Weiters sind nicht alle Maßnahmen des MLI verpflichtend umzusetzen. So umfasst das MLI sowohl Bestimmungen, zu deren Umsetzung sich die am BEPS-Projekt teilnehmenden Staaten verpflichtet haben (= **Mindeststandard;** dies sind bestimmte Maßnahmen zur Verhinderung von Abkommensmissbrauch[73]) sowie jene zur Verbesserung der Streitbeilegung[74]) als auch Maßnahmen, die von den Staaten auf freiwilliger Basis umgesetzt werden können. Selbst bei den Maßnahmen des Mindeststandards stehen den Staaten gewisse Umsetzungsspielräume und Wahlmöglichkeiten zu. Sofern eine Regelung nicht als „minimum standard“ ausgewiesen ist, können sich Staaten auch dazu entscheiden, die Übernahme einzelner Bestimmungen teilweise oder gänzlich abzulehnen (**„opting out“** durch Vorbehalte). In anderen Fällen stehen wiederum **optionale oder alternative Regelungen** zur Auswahl. Überschneidungen mit bestehenden DBA werden durch **Kompatibilitätsklauseln** gelöst. 1329

Österreich hat sich zur Vermeidung von Missbrauch für die Anwendung des Principal-Purpose-Tests (PPT) gem Art 7 Abs 1 MLI entschieden. Von den freiwilligen Maßnahmen hat Österreich Option A in Art 5, Art 10 und 13 MLI sowie die Bestimmungen über die Einführung eines Schiedsgerichtsverfahrens (Art 18 bis 26 MLI) gewählt. Diese Maßnahmen werden jedoch nur dann die 1330

[68]) Art 12 MLI; vgl *Hummer* in *Bendlinger/Kofler/Lang/Schmidjell-Dommes,* SWI-Spezial – Die österreichischen DBA nach BEPS 83 ff.

[69]) Art 13 MLI; vgl *Bendlinger* in *Bendlinger/Kofler/Lang/Schmidjell-Dommes,* SWI-Spezial – Die österreichischen DBA nach BEPS 106 ff.

[70]) Art 14 MLI; vgl *Ecker* in *Bendlinger/Kofler/Lang/Schmidjell-Dommes,* SWI-Spezial – Die österreichischen DBA nach BEPS 124 ff.

[71]) Vgl *Kerschner/Turcan* in *Bendlinger/Kofler/Lang/Schmidjell-Dommes,* SWI-Spezial – Die österreichischen DBA nach BEPS 139 ff.

[72]) Vgl *Kerschner/Turcan* in *Bendlinger/Kofler/Lang/Schmidjell-Dommes,* SWI-Spezial – Die österreichischen DBA nach BEPS 145 ff.

[73]) BEPS-Aktionspunkt 6.

[74]) BEPS-Aktionspunkt 14.

erfassten österr DBA modifizieren, wenn die Abkommenspartner sich ebenfalls für die gleichen Optionen entscheiden haben.[75])

3. Das 2017 Update des OECD-MA und OECD-Musterkommentars

1331 Unabhängig davon, ob sich zwei Staaten auf die Übernahme der DBA-relevanten Inhalte aus dem MLI einigen konnten oder nicht, wurden diese BEPS-bedingten Änderungen vollinhaltlich in das Update 2017 des OECD-MA und des dazugehörigen OECD-MK übernommen.[76]) Diese zehnte Version von OECD-MA und OECD-MK[77]) liegt auch den nachfolgenden Ausführungen zu Grunde.

F. Aufbau des OECD-MA

1332 Handelt es sich um einen grenzüberschreitenden Besteuerungsfall, ist zunächst zu bestimmen, ob ein und ggf welches DBA zur Anwendung gelangt. Dazu ist es erforderlich, den persönlichen und sachlichen Anwendungsbereich des DBA zu prüfen. Das OECD-MA regelt zunächst, welche Abgaben vom jeweiligen Abkommen erfasst sind (sachlicher Anwendungsbereich, Art 2 OECD-MA) und welche Personen als „ansässig“ iSd DBA gelten. Nur wer als „ansässig“ iSd DBA gilt, kann in den persönlichen Anwendungsbereich (und damit unter die Schutzwirkung) des DBA fallen (Art 1 und Art 4 OECD-MA). Sind die Voraussetzungen des persönlichen und sachlichen Anwendungsbereichs erfüllt, ist der Frage nachzugehen, welcher Staat (in welcher Höhe) sein Besteuerungsrecht ausüben darf. Dabei sind die Regeln über die Aufteilung der Besteuerungsbefugnisse (Verteilungsnormen) des DBA anzuwenden (Art 6 bis 8 und 10 bis 22 OECD-MA). Zu unterscheiden ist zwischen Verteilungsnormen mit abschließender Rechtsfolge und solchen mit offener Rechtsfolge. Heißt es in einer Verteilungsnorm, bestimmte Einkünfte „dürfen nur in ... besteuert werden“, muss der andere Staat die Einkünfte befreien. Der Anwendung des Methodenartikels bedarf es in diesen Fällen nicht mehr (abschließende Verteilungsnorm). Wird die Wendung hingegen ohne „nur“ verwendet (Einkünfte „dürfen in ... besteuert werden“), lässt die jeweilige Verteilungsnorm die Rechtsfolge für den Ansässigkeitsstaat offen. Sie ergibt sich unter diesen Umständen erst aus dem Methodenartikel (Art 23 OECD-MA). Der Ansässigkeitsstaat hat danach die im Ausland erhobene Steuer entweder anzurechnen (Art 23 B OECD-MA) oder die ausländischen Einkünfte zu befreien (Art 23 A OECD-MA).

Darüber hinaus enthält das OECD-MA auch etliche Begriffsbestimmungen (zB Art 3 bis 5 OECD-MA) sowie ein Gleichbehandlungsgebot bzw Diskri-

[75]) Für eine Übersicht über die von Österreich ausgeübten Vorbehalte und Notifikationen vgl 1670 der BlgNR 25. GP, Staatsvertrag – Vorbehalte und Notifikationen, 2 ff; für einen Überblick über die Änderungen der österr DBA durch das MLI auch *Haider/Schmidjell-Dommes* in *Bendlinger/Kofler/Lang/Schmidjell-Dommes,* SWI-Spezial – Die österreichischen DBA nach BEPS 181 ff.

[76]) *Bendlinger* in *Kofler/Bendlinger/Schmidjell-Dommes/Lang,* SWI-Spezial – Die österreichischen DBA nach BEPS 11 f.

[77]) Veröffentlicht am 18. 12. 2017.

minierungsverbot (Art 24 OECD-MA). Die Art 25 bis 27 OECD-MA regeln das Verständigungsverfahren, den Informationsaustausch und die Amtshilfe bei der Vollstreckung von Steuern.

Im Zuge des Updates 2017 wurde außerdem ein neuer Art 29 in das OECD-MA eingefügt, der es dem Quellenstaat im Einklang mit BEPS-Aktionspunkt 6 ermöglicht, unter bestimmten Voraussetzungen die Anwendung des DBA und damit auch der abkommensrechtlichen Begünstigungen auszuschließen.[78]) Zu diesem Zweck enthält Art 29 OECD-MA Textvorschläge für eine vereinfachte und detaillierte Limitation on Benefits-Klausel (LoB-Klausel) sowie eine Bestimmung, die es dem Quellenstaat erlaubt, die DBA-Berechtigung zu versagen, wenn Einkünfte in Betriebsstätten in Drittstaaten verlagert werden. Außerdem beinhaltet Art 29 OECD-MA eine allgemeine Missbrauchsklausel, die dem Principal-Purpose-Test von Art 7 Abs 1 MLI entspricht.

G. Anwendungsbereich

1. Sachlicher Anwendungsbereich

Im österr Abkommensnetz sind DBA auf dem Gebiet der Steuern vom **1333**
Einkommen und Vermögen und solche auf dem Gebiet der Erbschaftssteuer zu unterscheiden. Seit dem Wegfall der österr Erbschafts- und Schenkungssteuer haben die letztgenannten Abkommen naturgemäß kaum noch Bedeutung. Art 2 Abs 2 OECD-MA regelt, welche Steuern als Steuern vom Einkommen und vom Vermögen gelten. Dies sind grds alle Steuern, die vom Gesamteinkommen, vom Gesamtvermögen oder von Teilen des Einkommens oder des Vermögens erhoben werden, einschließlich der Steuern vom Gewinn aus der Veräußerung von Vermögen, der Lohnsummensteuern sowie der Steuern vom Vermögenszuwachs. Entspricht das DBA dem OECD-MA, wird diese allgemeine Umschreibung mit einem Verzeichnis von Steuern ergänzt, für die das Abkommen jedenfalls gelten soll. Die von Österreich abgeschlossenen DBA auf dem Gebiet der Steuern vom Einkommen und Vermögen erfassen dabei idR neben der ESt, die KSt, die GrSt, die Bodenwertabgabe sowie die Abgabe von land- und forstwirtschaftlichen Betrieben. Oft enthalten die Abkommen eine dynamische Anwendungsregel und beziehen sich ebenso auf Steuern, die erst nach dem Abschluss des Abkommens eingeführt werden, aber den bestehenden Steuern im Wesentlichen entsprechen oder gleicher Art sind (Art 2 Abs 4 OECD-MA).

Beispiel:

Ein älteres DBA mit dynamischem Anwendungsbereich, das sich ausdrücklich auf die Gewerbesteuer und auf die Lohnsummensteuer erstreckt, ist auch auf die Kommunalsteuer anzuwenden.[79])

In Österreich umfasst der Vertragsbestand auf dem Gebiet der Steuern vom Einkommen und Vermögen derzeit rund 100 Abkommen.

---

[78]) *Bendlinger*, SWI 2017, 457 f.

[79]) Vgl VwGH 3. 8. 2000, 99/15/0265.

2. Persönlicher Anwendungsbereich

1334 Der persönliche Anwendungsbereich der DBA knüpft an die **Ansässigkeit** einer Person an: Art 1 Abs 1 OECD-MA bestimmt, dass dieses Abkommen (nur) für „Personen" gilt, die in einem Vertragsstaat oder in beiden Vertragsstaaten „ansässig" sind. Der Ausdruck „Person" umfasst nach Art 3 Abs 1 lit a OECD-MA natürliche Personen, Gesellschaften und andere Personenvereinigungen. Mit dem Begriff der Gesellschaften iSd Art 3 Abs 1 lit b OECD-MA sind juristische Personen oder Rechtsträger gemeint, die für die Besteuerung wie juristische Personen behandelt werden. Auf ein DBA können sich jene Personen berufen, die in einem der Vertragsstaaten ansässig sind, dh dort auf Grund ihres Wohnsitzes, ihres ständigen Aufenthalts, des Ortes ihrer Geschäftsleitung oder eines ähnlichen Merkmals (unbeschränkt) stpfl sind (Art 4 Abs 1 OECD-MA). Auf Personen, die in beiden Vertragsstaaten lediglich beschränkt stpfl sind, sind die Abkommen nicht anwendbar.

Erfüllt eine natürliche Person in beiden Staaten die Voraussetzungen der unbeschränkten Steuerpflicht (zB bei Doppelwohnsitz), so gilt nach Abkommensrecht für Zwecke der Anwendung des Abkommens jener Staat als Ansässigkeitsstaat, zu dem der Stpfl die engeren persönlichen und/oder wirtschaftlichen Beziehungen unterhält (**Mittelpunkt der Lebensinteressen**[80]), wobei den persönlichen Beziehungen idR eine größere Bedeutung beizumessen ist[81]). Ist dieses Kriterium nicht anwendbar, weil nicht bestimmt werden kann, in welchem Staat die Person den Mittelpunkt der Lebensinteressen hat,[82]) oder in keinem der Staaten über eine ständige Wohnstätte verfügt, so wird subsidiär auf den gewöhnlichen Aufenthalt und schließlich auf die Staatsbürgerschaft abgestellt.[83]) Lässt sich die Ansässigkeit nach diesen Kriterien noch immer nicht bestimmen, regeln die zuständigen Behörden diese Frage in gegenseitigem Einvernehmen. Der andere Staat ist dann der Quellenstaat iSd DBA (Art 4 Abs 2 OECD-MA, sog „*tie-breaker-Regelung*"). Ist eine Person auch im Quellenstaat nach nationalem Recht unbeschränkt stpfl, ist sie (sofern das DBA dem Quellenstaat ein Besteuerungsrecht belässt) dort, bezogen auf die Quelleneinkünfte, dennoch nach den Regeln über die unbeschränkte Steuerpflicht zu besteuern.

Unterliegt demgegenüber eine juristische Person in mehreren Staaten der unbeschränkten Steuerpflicht (zB weil sie ihren statutarischen Sitz in einem Staat und den Ort der Geschäftsleitung im anderen Staat hat), muss differenziert werden: Bis zum OECD-MA 2017 galt in solchen Fällen jener Staat als Ansässigkeitsstaat, in dem sich der Ort der tatsächlichen Geschäftsleitung der juristischen Person befand (Art 4 Abs 3 OECD-MA 2014). Seit dem Update 2017 wird die Lösung derartiger Ansässigkeitskonflikte einer **Verständigungsvereinbarung** zwischen den beiden Staaten überlassen. So haben sich die zuständigen Behörden der Vertragsstaaten nunmehr zu bemühen, in gegensei-

[80]) Art 4 Abs 2 lit a OECD-MA.

[81]) Vgl VwGH 22. 3. 1991, 90/13/0073.

[82]) Gleiches gilt, wenn die Person in keinem der beiden Staaten über eine ständige Wohnstätte verfügt (Art 4 Abs 2 lit b OECD-MA).

[83]) Art 4 Abs 2 lit c und d OECD-MA.

tigem Einvernehmen den Vertragsstaat zu bestimmen, in dem die juristische Person als ansässig gilt. Dafür haben die Behörden den Ort ihrer tatsächlichen Geschäftsleitung, den Ort ihrer Hauptverwaltung, ihren Gründungsort sowie sonstige maßgebliche Faktoren zu berücksichtigen. Fehlt es an einer solchen Vereinbarung, hat die betroffene juristische Person keinen Anspruch auf die im Abkommen vorgesehenen Steuerentlastungen oder -befreiungen.

Art 1 Abs 2 OECD-MA regelt zudem den persönlichen Anwendungs- **1335**
bereich in Bezug auf Einkünfte aus **hybriden Gesellschaften.** Danach gelten Einkünfte, die durch oder über Rechtsträger oder Gebilde bezogen werden, die nach dem Steuerrecht eines der beiden Vertragsstaaten steuerlich transparent behandelt werden (insb Personengesellschaften), als Einkünfte einer in einem Vertragsstaat ansässigen Person, jedoch nur, soweit die Einkünfte durch diesen Vertragsstaat als Einkünfte einer in diesem Vertragsstaat ansässigen Person besteuert werden. Verdeutlichen lässt sich die Wirkungsweise dieser Regelung an folgendem Beispiel grenzüberschreitender Zinszahlungen zwischen den Staaten A und B:

Beispiel:

Qualifiziert der Quellenstaat A, aus dem die Zinsen stammen, den zinsenbeziehenden Rechtsträger im anderen Staat B als transparente Personengesellschaft, während Staat B diesen Rechtsträger als intransparente Körperschaft besteuert, so ist Staat A als Quellenstaat zur Gewährung der Abkommensvorteile, i.e. zur vollen Quellensteuerreduktion nach Art 11 OECD-MA, verpflichtet (dazu noch Tz 1356); und zwar unabhängig davon, in welchem Staat die hinter dem hybriden Rechtsträger stehenden Gesellschafter ansässig sind. Würde hingegen Staat A den empfangenden Rechtsträger steuerlich als intransparente Körperschaft beurteilen, Staat B jedoch als transparente Personengesellschaft, hätte Staat A den Zinsartikel des Art 11 OECD-MA nur insoweit anzuwenden, als Staat B diese Zinsen als Einkünfte einer in diesem Vertragsstaat ansässigen Person steuerlich erfasst. Dementsprechend müsste die Quellensteuerentlastung iSd Art 11 OECD-MA nur dann zur Gänze gewährt werden, wenn sämtliche Gesellschafter auch in Staat B ansässig wären. Bei bloß teilweiser Ansässigkeit der Gesellschafter in Staat B wäre Staat A nur zur teilweisen Entastung verpflichtet. Umgekehrt schließt Art 1 Abs 2 OECD-MA die Gewährung von Abkommensvorteilen aus, wenn keiner der Vertragsstaaten nach seinem nationalen Recht das Einkommen des Rechtsträgers oder Gebildes als Einkommen eines seiner Ansässigen behandelt.[84])

Abschließend enthält Art 1 Abs 3 OECD-MA eine **„Saving Clause“.** Sie **1336**
soll sicherstellen, dass kein DBA-Staat daran gehindert wird, seine eigenen Ansässigen zu besteuern, außer es handelt sich um Vorteile, die nach Art 7 Abs 3, Art 9 Abs 2 und den Art 19, 20, 23, 24, 25 und 28 OECD-MA explizit gewährt werden. Sieht man von diesen explizit genannten Ausnahmen ab, können die im Staatsgebiet eines Vertragsstaates ansässigen Personen nach dem jeweiligen nationalen Recht aber so besteuert werden, als wäre kein DBA abgeschlossen worden. Ziel der Saving Clause ist es mit anderen Worten, die Besteuerungsrechte des Ansässigkeitsstaates nur in jenem Umfang zu beschrän-

[84]) Vgl auch *Kofler* in *Bendlinger/Kofler/Lang/Schmidjell-Dommes,* SWI-Spezial – Die österreichischen DBA nach BEPS 38 f.

ken, der für die vereinbarte Vermeidung der Doppelbesteuerung notwendig ist. Darüber hinaus soll sie die Anwendbarkeit nationaler Zurechnungs- oder Missbrauchsnormen (wie Hinzurechnungsbesteuerungsregelungen) absichern.[85])

H. Aufteilung der Besteuerungsbefugnisse (Verteilungsnormen)

1. Vorbemerkung

1337 Der Hauptinhalt der DBA besteht in den Verteilungsnormen, die die Besteuerungsrechte zwischen den beiden Staaten – dem Ansässigkeitsstaat einerseits, dem Quellenstaat andererseits – abgrenzen. Die DBA auf dem Gebiet der Steuern vom Einkommen und Vermögen unterscheiden dabei zwischen verschiedenen Einkünften. Für Zwecke der Vermögensbesteuerung werden die jeweils zugrundeliegenden Vermögenswerte in Art 22 OECD-MA nach gleichen Grundsätzen zugeteilt. Nachfolgend werden die typischen Zuteilungsregeln der DBA auf dem Gebiet der ESt (entsprechend der Regelung im OECD-MA) dargestellt.

2. Einkünfte aus unbeweglichem Vermögen (Art 6 OECD-MA)

1338 Das Besteuerungsrecht für Einkünfte aus unbeweglichem Vermögen ist nach Art 6 Abs 1 OECD-MA dem Staat zugeteilt, in dem sich das Vermögen befindet (**Belegenheitsprinzip**). Die Regel bezieht sich nicht nur auf direkte Nutzungseinkünfte (etwa Einkünfte aus Land- und Forstwirtschaft), sondern auch auf Einkünfte aus Vermietung und Verpachtung sowie auf jede andere Art der Nutzung von unbeweglichem Vermögen. Für die Anwendung des Art 6 OECD-MA ist es dabei unerheblich, ob sich das unbewegliche Vermögen im Privatvermögen oder im Betriebsvermögen des Stpfl befindet (Art 6 Abs 4 OECD-MA). Gewinne aus der Veräußerung von unbeweglichem Vermögen fallen allerdings unter Art 13 OECD-MA (siehe Tz 1358).

Der Begriff „unbewegliches Vermögen" hat nach Art 6 Abs 2 OECD-MA grds jene Bedeutung, die ihm nach dem Recht des Vertragsstaates zukommt, in dem das Vermögen liegt. Darüber hinaus nennt Art 6 Abs 2 OECD-MA jene Gegenstände oder Rechte, die jedenfalls unter den Ausdruck „unbewegliches Vermögen" zu subsumieren sind, wie etwa das Inventar land- und forstwirtschaftlicher Betriebe, grundstücksgleiche Rechte, Nutzungsrechte an unbeweglichem Vermögen oder das Recht auf Ausbeutung von Mineralvorkommen, Quellen und anderen Bodenschätzen.

Da gem Art 6 OECD-MA Einkünfte aus unbeweglichem Vermögen im Belegenheitsstaat besteuert werden „dürfen", ist ein Besteuerungsrecht des Ansässigkeitsstaates nicht ausgeschlossen (offene Verteilungsnorm). Dem Ansässigkeitsstaat kommt in diesem Fall die Aufgabe zu, die Doppelbesteuerung auszugleichen; dh – je nachdem, welche Methode zur Vermeidung der Doppelbesteuerung im jeweiligen DBA vorgesehen ist – entweder die Einkünfte zu befreien oder die im Ausland erhobene Steuer auf die inländische Steuer anzurechnen (siehe dazu Tz 1366 ff).

[85]) Näher dazu *Kofler,* Intertax 2016, 574 ff.

Beispiel:

Eine in Österreich ansässige natürliche Person vermietet ein Grundstück in Zürich. Nach Art 6 des DBA zwischen Österreich und der Schweiz „darf" die Schweiz als Belegenheitsstaat des Grundstücks die Einkünfte aus der Vermietung und Verpachtung besteuern. In Art 6 wird jedoch keine Aussage über die Besteuerung im Ansässigkeitsstaat Österreich getroffen. Diese ergibt sich erst aus dem Methodenartikel des Art 23 Abs 1, der für diese Einkünfte die Befreiungsmethode vorsieht.

3. Unternehmensgewinne (Art 7–9 OECD-MA)

Ausgangspunkt der internationalen Unternehmensbesteuerung ist die Bestimmung jenes Staates, dem das Unternehmen[86]) (iSd Art 3 Abs 1 lit c und d OECD-MA) zuzuordnen ist. Diese Zuordnung erfolgt nach der **Ansässigkeit des Unternehmers** oder der Person, die das Unternehmen betreibt; dh bei Einzelunternehmen und Personengesellschaften grds nach dem Wohnsitz des Unternehmers oder der Gesellschafter, bei Körperschaften nach dem Sitz oder der Geschäftsleitung der juristischen Person. **1339**

Beispiele:

Eine natürliche Person hat in Deutschland ihren Wohnsitz. Sie betreibt in Kufstein eine Boutique als Einzelunternehmerin. Abkommensrechtlich handelt es sich auf Grund der Ansässigkeit des Betreibers des Unternehmens in Deutschland um ein deutsches Unternehmen. Österreich ist in diesem Fall lediglich Quellenstaat.

Eine in Österreich errichtete Personengesellschaft, deren Gesellschafter in der Schweiz ansässig sind, ist abkommensrechtlich als schweizerisches Unternehmen zu betrachten. Österreich ist in diesem Fall ebenso nur Quellenstaat.

Wie die Unternehmensgewinne zu ermitteln sind und was als Unternehmensgewinn anzusehen ist, ergibt sich nicht aus dem OECD-MA. Für die Beantwortung dieser Fragen sind die nationalen Regeln des jeweiligen Ansässigkeitsstaates oder für den Unternehmensgewinn einer Betriebsstätte des Betriebsstättenstaates heranzuziehen.[87]) **1340**

Die Begrenzung des Besteuerungsrechts des Quellenstaates erfolgt nach dem sog **„Betriebsstättenprinzip"** (auch Betriebsstättenregel). Der Quellenstaat hat danach nur insoweit ein Besteuerungsrecht, als sich auf seinem Gebiet eine Betriebsstätte des ausländischen Unternehmens befindet und der Unternehmensgewinn dieser Betriebsstätte zuzurechnen ist. Für den Ansässigkeitsstaat des Unternehmers bedeutet die Betriebsstättenregel hingegen, dass er die Unternehmensgewinne, auch wenn sie auf Auslandstätigkeiten zurückzuführen sind, so lange besteuern darf, als im Ausland keine Betriebsstätte besteht, der die Gewinne zuzurechnen sind. **1341**

Unternehmenseinkünfte, die in anderen Verteilungsnormen genannt sind (zB Einkünfte aus unbeweglichem Vermögen, Dividenden, Zinsen, Lizenzgebühren), sind nicht nach Art 7 OECD-MA, sondern nach der jeweiligen spe-

[86]) Der Ausdruck „Unternehmen" bezieht sich dabei auf die Ausübung einer Geschäftstätigkeit.

[87]) Vgl *Hemmelrath* in *Vogel/Lehner*, DBA⁶ Art 7 Rz 21.

ziellen Verteilungsnorm zu beurteilen (umgekehrtes Subsidiaritätsprinzip, Art 7 Abs 4 OECD-MA).

1342 Das Betriebsstättenprinzip gilt auch für Personengesellschaften.

Beispiel:

Ein in Österreich wohnhafter Stpfl ist Kommanditist einer KG mit Sitz und Betriebsstätte in München. Auch wenn sich sein unternehmerisches Engagement auf die Einzahlung des Geschäftsanteils und den Bezug von Gewinnen beschränkt, wird der Gewinnanteil nach dem Betriebsstättenprinzip der Besteuerung in Deutschland zugewiesen. In Österreich ist dieser Gewinn zu befreien (Art 23 Abs 2 lit a und d). Bei einer Beteiligung an einer AG oder GmbH hingegen wäre die Ausschüttung (von einer allfälligen Quellensteuer abgesehen) im Ansässigkeitsstaat des Gesellschafters zu erfassen.

1343 Da die durch eine Betriebsstätte erzielten Gewinne gem Art 7 OECD-MA im Betriebsstättenstaat besteuert werden „dürfen“, bleibt das Besteuerungsrecht des Ansässigkeitsstaates des Unternehmens grds bestehen. Je nachdem, ob im DBA die Anrechnungs- oder Befreiungsmethode vereinbart wurde, hat der Ansässigkeitsstaat des Unternehmens die Gewinne der Betriebsstätte zu befreien oder die ausländische Steuer anzurechnen. Besteht keine Betriebsstätte, kommt dem Ansässigkeitsstaat das alleinige Besteuerungsrecht zu. In diesem Fall bedarf es der Anwendung des Methodenartikels nicht.

1344 Der **Begriff der Betriebsstätte** ist in den Abkommen selbst umschrieben; ein Rückgriff auf das nationale Recht scheidet daher aus. Ebenso wenig besteht eine Übereinstimmung mit dem in § 98 Abs 1 Z 3 EStG vorgesehenen Umfang der beschränkten Steuerpflicht bei Einkünften aus Gewerbebetrieb („Betriebsstätte oder ständiger Vertreter“). Es sind daher folgende Varianten denkbar:

a) Die österr Tätigkeit eines ausländischen Unternehmens begründet eine beschränkte Steuerpflicht nach § 98 EStG und ist zugleich Betriebsstätte iSd DBA: Das Besteuerungsrecht steht nach dem Betriebsstättenprinzip Österreich zu.

b) Die Tätigkeit begründet eine Betriebsstätte nach § 98 EStG iVm § 29 BAO, nicht aber nach DBA: Österreich hat kein Besteuerungsrecht (Schrankenwirkung des DBA).

c) Die Tätigkeit begründet eine Betriebsstätte iSd DBA, nicht aber nach § 98 EStG iVm § 29 BAO. Mangels inländischen Besteuerungsanspruchs kann Österreich die DBA-rechtliche Besteuerungsmöglichkeit nicht wahrnehmen.

Beispiele:

1. Ein DBA sieht eine Baustelle erst nach zwei Jahren als Betriebsstätte an. Der Gewinn aus einer in Österreich durch ein ausländisches Unternehmen für einen Zeitraum von 18 Monaten betriebenen Baustelle ist vom Ansässigkeitsstaat des Unternehmers und nicht von Österreich zu besteuern, obwohl nach österr Recht (§ 29 Abs 2 lit c BAO) eine Betriebsstätte bereits nach sechsmonatiger Bautätigkeit vorliegt.

2. Eine kaufmännische Beratung durch einen ausländischen Berater im Inland führt nach § 98 Abs 1 Z 3 EStG auch ohne Betriebsstätte zur beschränkten Steuerpflicht. Verlangt das DBA iSd Art 7 eine Betriebsstätte für die Besteuerung im Quellenstaat, darf Österreich trotz § 98 EStG nicht besteuern.

Das OECD-MA versteht unter einer Betriebsstätte im Wesentlichen eine **feste Geschäftseinrichtung**, durch die die Geschäftstätigkeit eines Unternehmens ganz oder teilweise ausgeübt wird (Art 5 Abs 1 OECD-MA).[88]) Die feste Geschäftseinrichtung muss sich über eine gewisse Dauer in der Verfügungsgewalt des Unternehmens befinden.[89]) Ob eine feste Einrichtung in diesem Sinn vorliegt, ist nicht immer eindeutig festzustellen. Strittig ist in diesem Zusammenhang zB die Betriebsstätteneigenschaft von Servern.[90]) Jedenfalls als Betriebsstätte gilt zB eine Zweigniederlassung (weitere Beispiele in Art 5 Abs 2 OECD-MA). Eine Bauausführung oder Montage ist nur dann eine Betriebsstätte, wenn ihre Dauer zwölf Monate überschreitet (Art 5 Abs 3 OECD MA). **1345**

Hilfsbetriebsstätten sind vom Betriebsstättenbegriff ausgenommen (zB Auslieferungslager, vgl Art 5 Abs 4 OECD-MA). Seit dem Update 2017 gilt dies aber nur dann, wenn die Tätigkeit im Verhältnis zur Gesamttätigkeit des Unternehmens als vorbereitende Tätigkeit oder als Hilfstätigkeit angesehen werden kann. Damit begründen nunmehr insb Waren- und Auslieferungslager eine Betriebsstätte, soweit sie einen wesentlichen Bestandteil der Vertriebs- oder Auslieferungstätigkeiten des Unternehmens ausmachen (zB bei Online-Versandhändlern).[91]) Keine Hilfsbetriebsstätte liegt vor, wenn dasselbe Unternehmen oder ein eng verbundenes Unternehmen[92]) in demselben Vertragsstaat bereits eine Betriebsstätte begründet hat oder die an beiden Orten insgesamt ausgeübte Tätigkeit weder vorbereitender Art noch eine Hilfstätigkeit ist (Art 5 Abs 4.1 OECD-MA, „*Anti-Fragmentierungs-Regel*"). Diese Regelung soll verhindern, dass durch Aufspaltung einzelner Tätigkeiten, die wirtschaftlich zusammengehören, das Vorliegen einer Betriebsstätte vermieden wird.[93])

Beispiel:

Ein Maschinenbauunternehmen unterhält ein Ersatzteillager im Quellenstaat. Es liegt eine feste Geschäftseinrichtung vor. Da die Gesamttätigkeit des Unternehmens im Maschinenbau besteht, handelt es sich bei der Auslieferung von Ersatzteilen um bloße Hilfstätigkeiten, die nach Art 5 Abs 4 OECD-MA keine Betriebsstätte des Unternehmens begründen. Anderes würde dann gelten, wenn die Gesamttätigkeit im Handel mit Ersatzteilen bestünde. In diesem Fall wäre im Quellenstaat eine Betriebsstätte gegeben, weil das Ersatzteillager einen wesentlichen Bestandteil der Vertriebs- bzw Auslieferungstätigkeiten des Unternehmens bilden und damit mehr als eine bloße Hilfsfunktion erfüllen würde.

---

[88]) Vgl zum Betriebsstättenbegriff ausführlich *Bendlinger*, SWI 2011, 61.

[89]) Vgl *Schaumburg/Häck* in *Schaumburg*, Internationales Steuerrecht[4] 854 ff.

[90]) Siehe hierzu das einleitend zitierte Schrifttum sowie BMF EAS 1836 vom 23. 4. 2001; zur Betriebsstätteneigenschaft eines Bürocontainers siehe VwGH 18. 3. 2004, 2000/15/0118.

[91]) *Bendlinger* in *Kofler/Bendlinger/Schmidjell-Dommes/Lang*, SWI-Spezial – Die österreichischen DBA nach BEPS 109.

[92]) Es sind im Wesentlichen Beteiligungen ab 50% erfasst (vgl Art 5 Abs 8 OECD-MA).

[93]) *Bendlinger* in *Kofler/Bendlinger/Schmidjell-Dommes/Lang*, SWI-Spezial – Die österreichischen DBA nach BEPS 116.

Auch ein ständiger Vertreter oder – seit dem Update 2017 – ein Kommissionär können nach Art 5 Abs 5 OECD-MA eine Betriebsstätte begründen, soweit sich ihre Tätigkeiten auf bestimmte Verträge beziehen, die mit dem Unternehmen zusammenhängen (zB Verträge zur Erbringung von Dienstleistungen durch das Unternehmen; **„Vertreterbetriebsstätte“**). Dies gilt aber nur dann, wenn es sich dabei nicht bloß um vorbereitende Tätigkeiten oder Hilfstätigkeiten nach Art 5 Abs 4 OECD-MA handelt und der Vertreter abhängig iSd Art 5 Abs 6 OECD-MA ist. Eine Vollmacht des Vertreters ist – anders als vor dem Update 2017 – nicht erforderlich.

1346 Zur Lösung der Frage, welcher Teil des Unternehmensgewinnes einer Betriebsstätte zuzurechnen ist, wird fingiert, dass die Betriebsstätte als selbständiges Unternehmen anzusehen ist. Es wird ihr der Gewinn zugerechnet, den sie hätte erzielen können, wenn sie eine gleiche oder ähnliche Tätigkeit unter gleichen oder ähnlichen Bedingungen als selbständiges und unabhängiges Unternehmen ausgeübt hätte (**Prinzip des dealing at arm's length;** Fremdvergleichsgrundsatz). Die Zurechnung kann nach einer direkten oder indirekten Methode erfolgen.

1347 Bei der **direkten Methode** ist der Betriebsstättengewinn in zwei Schritten zu ermitteln:[94]) Zunächst ist eine Funktionsanalyse anzustellen, bei der die der Betriebsstätte zuzuordnenden Wirtschaftsgüter und Risiken festzustellen sind. In einem zweiten Schritt ist dann der fremdübliche Gewinn durch Ansatz fremdüblicher Entgelte zu ermitteln. Die Ermittlung der angemessenen Verrechnungspreise und die zutreffende Aufwandszurechnung werfen in der Praxis oft Probleme auf. Als Orientierungshilfe dienen die OECD-Verrechnungspreisleitlinien 2017 (OECD-VPL 2017), die auch für die Ermittlung der Betriebsstättengewinne zu beachten sind. Innerstaatlich ist § 6 Z 6 EStG zu berücksichtigen (der von der FinVerw durch die Verrechnungspreisrichtlinien 2010, VPR 2010, konkretisiert wird).

Die OECD hat unter der Bezeichnung **„Authorized OECD Approach“ (AOA)** einen Ansatz entwickelt, der statt von einer eingeschränkten von einer uneingeschränkten Selbständigkeit der Betriebsstätte ausgeht.[95]) Mit dem Update 2010 wurde dieser Ansatz in Art 7 OECD-MA übernommen. Die meisten von Österreich abgeschlossenen DBA gehen allerdings in Übereinstimmung mit der davor geltenden Fassung des Art 7 OECD-MA noch von einer eingeschränkten Selbständigkeit der Betriebsstätte aus. Reine Innentransaktionen (zB interne Mietentgelte oder Zinsen für ein Darlehen, die das Stammhaus einer Betriebsstätte gewährt) dürfen danach nur ohne Gewinnaufschlag weiter verrechnet werden (kein Fremdvergleich). Im Geltungsbereich des Art 7 OECD-MA idF Update 2010 ist der Fremdvergleichsgrundsatz hingegen auch bei reinen Innentransaktionen zwischen Stammhaus und Betriebsstätte zu beachten (uneingeschränkte Selbständigkeitsfiktion).

1348 Bei der **indirekten Methode** wird der Gesamtgewinn des Unternehmens auf die einzelnen Betriebsstätten nach bestimmten Schlüsseln verteilt. Diese

---

[94]) Vgl VPR 2010 Rz 182.

[95]) Vgl OECD, 2010 Report on the Attribution of Profits to Permanent Establishments, 22. 7. 2010, Part I, Tz 3 ff; zum „AOA“ auch *Loukota/Jirousek*, ÖStZ 2007, 137.

Methode ist in den DBA meist nur subsidiär für jene Fälle vorgesehen, in denen eine solche Aufteilung schon nach innerstaatlichem Recht üblich ist. Im OECD-MA ist diese Methode nicht (mehr) vorgesehen, in der DBA-Praxis wird sie zT aber noch angewendet.

Eine Gewinnabgrenzung hat auch bei **verbundenen Unternehmen,** die in **1349**
verschiedenen Staaten tätig sind, vorgenommen zu werden. Insb ist im Fall der Leistungsbeziehungen zwischen Konzernunternehmen das Prinzip des Fremdvergleichs zu beachten. Verbundene Unternehmen haben, wenn sie untereinander Geschäfte abschließen, die Preise festzulegen, *„die unabhängige Unternehmen miteinander vereinbaren würden"* (Art 9 Abs 1 OECD-MA). Wird dem Fremdvergleichsgrundsatz nicht entsprochen, dürfen die Gewinne von der FinVerw des jeweiligen Staates korrigiert und entsprechend besteuert werden (vgl Art 9 Abs 1 OECD-MA sowie § 6 Z 6 EStG, sog **„Primärberichtigung"**, vgl auch VPR 2010 Rz 321 ff). Erhöht ein Staat im Rahmen dieser Korrektur die Gewinne, ist im anderen Staat zur Vermeidung einer wirtschaftlichen Doppelbesteuerung eine korrespondierende **Gegenberichtigung** vorzunehmen (Art 9 Abs 2 OECD-MA, sog *„primäre Gegenberichtigung"*, siehe auch VPR 2010 Rz 322, zur **Sekundärberichtigung** siehe VPR 2010 Rz 326). Die einschlägigen, ins Detail gehenden Empfehlungen der OECD betr **Verrechnungspreise,** sind – wie erwähnt – in Österreich im Erlassweg übernommen worden (derzeit VPR 2010[96]); siehe schon Tz 1347). Die Berücksichtigung des Fremdvergleichsgrundsatzes ist entsprechend zu dokumentieren. Mit dem **Verrechnungspreisdokumentationsgesetz** (VPDG)[97]) wurde erstmals eine ausdrückliche gesetzliche Grundlage für eine standardisierte Dokumentation geschaffen.[98]) Es setzt zugleich die Empfehlungen der OECD zu Aktionspunkt 13 des BEPS-Projekts sowie die EU-Richtlinie über den automatischen Informationsaustausch (sog Country-by-Country-Reporting; vgl Tz 1388) um.[99])

Art 9 Abs 2 OECD-MA sieht vor, dass die zuständigen Behörden der Ver- **1350**
tragsstaaten einander im Zuge der Verrechnungspreisanpassungen erforderlichenfalls konsultieren. Es besteht allerdings auch die Möglichkeit, auf der Basis eines **„Advance Pricing Agreement"** (APA) Verrechnungspreise im Vorhinein mit der FinVerw abzustimmen, um nachträgliche kostspielige und zeitaufwendige Prüfungen zu verhindern. Möglich sind bi- oder multilaterale APA (verbindliche Verrechnungspreiszusagen) auf der Rechtsgrundlage des Art 25 OECD-MA (Verständigungsverfahren, siehe Tz 1377). Dabei handelt es sich

[96]) Ältere Versionen: AÖF 1996/114, 1997/122, 1998/155 und 2000/171; dazu *Loukota*, SWI 2000, 517.

[97]) BGBl I 2016/77 sowie die dazu ergangene Durchführungsverordnung (BGBl II 2016/419); vgl dazu weiters die BMF-Info „Verrechnungspreisdokumentation" vom 23. 11. 2018, BMF-010221/0295-IV/8/2018.

[98]) Vgl auch den Verhaltenskodex zur Verrechnungspreisdokumentation für verbundene Unternehmen in der EU, ABl C 176/1 vom 28. 7. 2006; weiters VPR 2010 Rz 302 ff.

[99]) RL (EU) 2016/881 zur Änderung der RL 2011/16/EU bezüglich der Verpflichtung zum automatischen Austausch von Informationen im Bereich der Besteuerung, ABl L 146/8 vom 3. 6. 2016.

um Vereinbarungen zwischen den Steuerverwaltungen mehrerer Mitgliedstaaten. Die Wirkung dieser Vereinbarungen für den betroffenen Stpfl ist für Österreich noch nicht geklärt.[100]) Innerstaatlich ist iZm Verrechnungspreisen nach § 118 Abs 2 Z 3 BAO die Erlassung eines Auskunftsbescheides vorgesehen.[101])

1351 Bis zum Jahr 2000 enthielt das OECD-MA (in Art 14) eine eigene Bestimmung für **Einkünfte aus selbständiger Arbeit,** die als Voraussetzung für die Besteuerung im Quellenstaat auf das Vorliegen einer festen Einrichtung abstellte. Mit dem Update 2000 wurde Art 14 OECD-MA mit der Begründung gestrichen, dass keine beabsichtigten Unterschiede zwischen dem Begriff der Betriebsstätte nach Art 7 OECD-MA und der festen Einrichtung des Art 14 OECD-MA bestünden. Für Einkünfte aus selbständiger Arbeit gelten nunmehr die Regeln über Unternehmensgewinne (Art 7 OECD-MA). Die Judikatur des VwGH nimmt auch bei den „alten“ DBA, bei denen die Verschmelzung von Art 7 und Art 14 OECD-MA noch nicht vollzogen ist, einen gleichen Bedeutungsinhalt an.[102])

1352 **Gewinne aus internationaler Schiff- und Luftfahrt** sind gesondert in der Spezialvorschrift des Art 8 OECD-MA geregelt. Für sie gilt das Betriebsstättenprinzip nicht. Nach Art 8 Abs 1 OECD-MA dürfen Gewinne aus dem Betrieb von Seeschiffen oder Luftfahrzeugen im internationalen Verkehr vielmehr nur im Ansässigkeitsstaat des Unternehmers besteuert werden.[103])

4. Dividenden, Zinsen und Lizenzgebühren (Art 10 bis 12 OECD-MA)

a) Gemeinsamkeiten

1353 In den Art 10 bis 12 regelt das OECD-MA die Besteuerung von Erträgen aus der Einräumung der Nutzung von bestimmten Wirtschaftsgütern; insb aus der Anlage von Kapital: Dividenden (Art 10 OECD-MA), Zinsen (Art 11 OECD-MA) und Lizenzgebühren (Art 12 OECD-MA). Erfasst sind sowohl unternehmerische als auch private Anlagen. Gemeinsam ist den Verteilungsnormen der Art 10 bis 12 OECD-MA, dass sie den Quellenstaat nur dann zur Gewährung der Abkommensvergünstigungen verpflichten, wenn der Empfänger der Einkünfte zugleich ihr **Nutzungsberechtigter** ist. Wenngleich die internationale Rsp zum Begriff des Nutzungsberechtigten widersprüchlich und seine Auslegung insgesamt strittig ist,[104]) dient das Konzept des „Nutzungsberechtig-

---

[100]) Vgl *Ehrke-Rabel/Ritz,* RdW 2010, 659.

[101]) Siehe auch *Ehrke-Rabel/Ritz,* RdW 2010, 659; zu APA auf Grund Art 25 OECD-MA bzw § 48 BAO auch *Dommes/Gahleitner/Steiner,* SWI 2009, 56.

[102]) VwGH 16. 2. 2006, 2005/14/0036.

[103]) In dieser Form besteht Art 8 seit dem Update 2017. Davor wurde an den „Ort der tatsächlichen Geschäftsleitung des Unternehmens“ angeknüpft, um die Besteuerungsrechte zu verteilen. Darüber hinaus erfasste Art 8 nicht nur Gewinne aus dem Betrieb von Schiffen und Luftfahrzeugen im internationalen Verkehr, sondern auch die Binnenschifffahrt. Siehe zu Art 8 idF vor dem Update 2017 zB *Hemmelrath* in *Vogel/Lehner,* DBA[6] Art 8 Rz 3 ff.

[104]) Vgl *Lang,* Introduction[2] Rz 284 ff; *Canete/Staringer* in *Lang/Schuch/Staringer,* Die Grenzen der Gestaltungsmöglichkeiten im Internationalen Steuerrecht 172 ff.

ten" der Verhinderung von Abkommensmissbrauch.[105]) Nicht abkommensberechtigte Personen sollen sich die Vorteile eines DBA nicht durch Zwischenschaltung von Mittelspersonen verschaffen.[106]) Dementsprechend gelten Verwalter, Treuhänder und bei entsprechender Sachlage auch Durchlaufgesellschaften („conduit companies") nach dem OECD-MK dann nicht als Nutzungsberechtigte, wenn ihre Verfügungsbefugnisse an den empfangenen Zahlungen deshalb beschränkt sind, weil sie gesetzlich oder vertraglich verpflichtet sind, diese Zahlungen an Dritte weiterzuleiten.[107]) Nutzungsberechtigter ist in diesem Sinne also, wer das Recht hat, in den Genuss von Dividenden, Zinsen oder Lizenzgebühren zu gelangen oder über ihre Verwertung zu entscheiden, ohne rechtlich dazu verpflichtet zu sein, die empfangene Zahlung an eine andere Person weiterzuleiten.[108]) Aber selbst wenn der Empfänger der Zahlung zugleich ihr Nutzungsberechtigter ist, bedeutet dies nicht zwangsläufig die Gewährung der Abkommensvorteile durch den Quellenstaat. Zu einer Beschränkung des Besteuerungsrechts soll es nach dem OECD-MK nämlich auch dann nicht kommen, wenn ein Fall des Abkommensmissbrauchs vorliegt.[109])

Eine weitere Regelung, die sämtliche Verteilungsnormen der Art 10 bis 12 1354
OECD-MA gemeinsam haben, ist der sog **Betriebsstättenvorbehalt.** Nach Art 7 Abs 4 OECD-MA sind die Art 10, Art 11 und Art 12 zwar grds als speziellere Artikel vorrangig zur Verteilungsnorm für Unternehmensgewinne anzuwenden, selbst wenn eine Beteiligung, eine Forderung oder ein lizensierter Vermögenswert zum Betriebsvermögen eines Unternehmens gehört. Dieser Vorrang gilt jedoch nach Maßgabe des Betriebsstättenvorbehalts in den Art 10 Abs 4, 11 Abs 4 und 12 Abs 3 OECD-MA dann nicht mehr, wenn der in einem Vertragsstaat ansässige Nutzungsberechtigte der Dividenden, Zinsen oder Lizenzgebühren seine Geschäftstätigkeit durch eine Betriebsstätte im anderen Vertragsstaat ausübt und die entsprechende Beteiligung, Forderung oder das Recht bzw der lizensierte Vermögenswert tatsächlich zu dieser Betriebstätte gehört. Diesfalls ist Art 7 anzuwenden, was über entsprechende Rückverweise auf die Verteilungsnorm für Unternehmensgewinne sichergestellt wird. Ungeachtet der Beschränkungen in den Art 10 bis 12 OECD-MA darf der Quellenstaat folglich die Betriebsstätteneinkünfte einschließlich der Dividenden, Zinsen und Lizenzgebühren regulär nach dem Betriebsstättenprinzip des Art 7 Abs 1 und 2 OECD-MA (vgl Tz 1341 ff) besteuern.[110])

---

[105]) Vgl *Tischbirek* in *Vogel/Lehner,* DBA[6] Vor Art 10–12 Rz 12; OECD-MK, Art 10 Rz 12.1.

[106]) Vgl *Du Toit,* The Evolution of the Term „Beneficial Ownership" in Relation to International Taxation over the Past 45 Years, IBFD 2010, 500 (503); weiters *Aigner/Aigner/Buzanich* in *Aigner/Kofler/Tumpel,* DBA[2] Vor Art 10 bis 12 Rz 6 ff.

[107]) Dabei kann aber auch auf Grund der Umstände des konkreten Einzelfalls auf gesetzliche oder vertragliche Verfügungsbeschränkungen geschlossen werden. OECD-MK, Art 10 Rz 12.4.

[108]) Vgl *Tischbirek* in *Vogel/Lehner,* DBA[6] Vor Art 10–12 Rz 19.

[109]) OECD-MK, Art 10 Rz 12.5 iVm Rz 22.

[110]) Vgl *Görl* in *Vogel/Lehner,* DBA[6] Vor Art 10–12 Rz 30 ff; *Aigner/Aigner/Buzanich* in *Aigner/Kofler/Tumpel,* DBA[2] Vor Art 10 bis 12 Rz 16 ff.

b) Dividenden (Art 10 OECD-MA)

1355 Dividenden und vergleichbare Einkünfte aus Beteiligungen an Gesellschaften werden von Art 10 OECD-MA behandelt. Was für abkommensrechtliche Zwecke Dividenden sind, wird in Art 10 Abs 3 OECD-MA bestimmt. Darunter fallen Einkünfte aus Aktien, Genussrechten oder Genussscheinen, Kuxen, Gründeranteilen oder anderen Rechten – ausgenommen Forderungen – mit Gewinnbeteiligung sowie Einkünfte aus sonstigen Gesellschaftsanteilen, die nach dem Recht des Staates, in dem die ausschüttende Gesellschaft ansässig ist, den Einkünften aus Aktien steuerlich gleichgestellt sind.

Nach der **Dividendenregel** des Art 10 Abs 1 OECD-MA werden Dividenden dem Ansässigkeitsstaat des nutzungsberechtigten Empfängers zur Besteuerung überlassen. Der Staat, in dem die auszahlende Gesellschaft ansässig ist, hat jedoch meist das Recht, eine nach oben hin begrenzte Steuer, ausgedrückt als Prozentsatz der Bruttodividende, zu erheben. Nach dem OECD-MA ist dieses Besteuerungsrecht des Quellenstaates mit 15% gedeckelt (Art 10 Abs 2 lit b). Nur ausnahmsweise, wenn der Empfänger der Dividenden eine Gesellschaft ist, die unmittelbar über mindestens 25% des Kapitals der die Dividenden zahlenden Gesellschaft verfügt, sieht das OECD-MA eine Reduktion auf 5% vor (Art 10 Abs 2 lit a). Diese Entlastungsberechtigung steht zudem unter dem Vorbehalt, dass der Empfänger über einen Zeitraum von 365 Tagen, der den Tag der Dividendenzahlung mit umfasst, an der ausschüttenden Gesellschaft beteiligt ist.[111]) Entsprechend der Vorgaben des OECD-MA kommt es daher zu einer materiellen Doppelbesteuerung, die erst durch den Methodenartikel vermieden wird. Hierzu ist vorgesehen, dass die im Quellenstaat erhobene Steuer vom Wohnsitzstaat (auch im Anwendungsbereich der Befreiungsmethode gem Art 23 A) angerechnet wird.

Beispiel:

Eine in Österreich ansässige natürliche Person erhält Dividenden aus einer Beteiligung an einer deutschen AG. Nach Art 10 Abs 1 DBA Deutschland hat Österreich das Besteuerungsrecht an den Dividenden. Im Ausmaß von 15% des Bruttobetrags der Dividende ist Deutschland allerdings ebenso zur Besteuerung berechtigt (Art 10 Abs 2 lit b). Diese Quellensteuer hat Österreich gem Art 23 Abs 2 lit b auf die österr ESt anzurechnen.

Liegt der Quellensteuersatz nach dem DBA unter dem, der nach inländischem Recht für Dividenden gilt (in Österreich etwa der KESt-Satz iHv 27,5%), so kann der abkommensmäßige Zustand im Quellenstaat dadurch herbeigeführt werden, dass der

[111]) Die Mindestbehaltedauer wurde in Umsetzung des BEPS-Aktionspunkts 6 mit dem Update 2017 in das OECD-MA aufgenommen. Dabei wird in einem Klammerausdruck zu Art 10 Abs 2 lit a überdies bestimmt, dass für Zwecke der Fristberechnung Veränderungen der Beteiligungsverhältnisse auf Seiten des Gesellschafters oder der ausschüttenden Gesellschaft, die sich in der Folge von Umgründungen ergeben, nicht zu berücksichtigen sind. Zudem wurde Art 10 OECD-MA im Zuge des Updates 2017 um eine alternative Bestimmung ergänzt, die es den Vertragsstaaten erlaubt, die in Art 10 Abs 2 lit a OECD-MA vorgesehene Quellensteuerreduktion auf 5% einem Investmentfonds („collective investment vehicle"), der auf seine Kapitalerträge keine Steuern zahlt, zu verweigern.

Schuldner die Dividenden von vornherein nur einem Steuerabzug nach den Regeln des DBA unterwirft. Die Alternative zur direkten Entlastung an der Quelle ist der volle Abzug, wobei der Empfänger dann eine Erstattung der Differenz bei den Finanzbehörden des Quellenstaates beantragen muss.

In Österreich wird die Frage, wie die abkommensmäßige Entlastung zu erfolgen hat, durch die **DBA-Entlastungsverordnung** geregelt.[112]) Sie definiert die Bedingungen, unter denen die Entlastung unmittelbar an der Quelle erfolgen darf. Die Anrechnung ausländischer Quellensteuer bei KESt-Abzug von Auslandsdividenden[113]) ist in der **Auslands-KESt VO 2012** geregelt.[114]) Beschränkt stpfl Körperschaften, die in einem Mitgliedstaat der EU oder des EWR ansässig sind, ist die KESt für die von ihnen bezogenen Dividenden auf Antrag zurückzuzahlen, soweit diese KESt nicht auf Grund eines DBA im Ansässigkeitsstaat angerechnet werden kann.[115])

Ist eine österr Gesellschaft an einer ausländischen Gesellschaft beteiligt und erhält sie Ausschüttungen von dieser ausländischen Gesellschaft, sind die Beteiligungserträge bei Erfüllung der Voraussetzungen des § 10 KStG (vgl Tz 999) von der KSt befreit. In diesem Fall läuft das nach Art 10 Abs 1 OECD-MA zustehende Besteuerungsrecht Österreichs leer und die ausländischen Quellensteuern werden in Österreich mangels Besteuerung nicht angerechnet (siehe dazu noch Tz 1367).

Innerhalb der EU sieht die Mutter-Tochter-RL vor, dass ab einer Beteiligungshöhe von 10% Ausschüttungen einer EU-Tochtergesellschaft an eine EU-Muttergesellschaft von der Quellensteuer zu befreien sind (vgl Tz 758). Sieht das DBA ein Quellenbesteuerungsrecht vor, geht das Unionsrecht den abkommensrechtlichen Bestimmungen vor. Es darf keine Quellensteuer erhoben werden und das abkommensrechtliche Quellenbesteuerungsrecht geht ins Leere.

Darüber hinaus findet Art 10 OECD-MA nur dann Anwendung, wenn die Gesellschaft, die die Dividenden zahlt, in einem und der Nutzungsberechtige der Dividende im anderen Vertragsstaat ansässig ist. Stammt die Dividende aus dem Ansässigkeitsstaat des Empfängers oder aus einem Drittstaat, kommt Art 10 OECD-MA nicht zum Tragen. Dies gilt nach Maßgabe des Betriebsstättenvorbehalts in Art 10 Abs 4 OECD-MA ebenso, wenn die Dividende einer im anderen Vertragsstaat belegenen Betriebsstätte des Empfängers zuzurechnen ist.

Beispiel:

Eine natürliche Person mit alleinigem Wohnsitz in Schärding (Oberösterreich) betreibt in Passau (Deutschland) als Einzelunternehmer ein IT-Fachgeschäft. Zu seinem Betriebsvermögen gehört eine Beteiligung an einem deutschen Start-Up in der Rechtsform einer GmbH. Aus dieser Beteiligung bezieht er Dividenden. Da der in Österreich ansässige Empfänger der Dividenden in Deutschland über eine Betriebsstätte gewerblich

[112]) BGBl II 2005/92 idF BGBl II 2006/44.

[113]) Insb, wenn die Kapitalerträge durch ein inländisches Kreditinstitut ausgezahlt werden (§ 95 Abs 2 lit b TS 5 EStG).

[114]) BGBl II 2012/92; § 1 Abs 2 Auslands-KESt VO 2012.

[115]) Vgl § 21 Abs 1 Z 1a KStG, siehe dazu Tz 1036 sowie EuGH 8. 11. 2007, C-379/05, *Amurta.*

tätig ist, der die Beteiligung an der ausschüttenden Gesellschaft zuzurechnen ist, kommt der in Art 10 Abs 4 DBA Deutschland normierte Betriebsstättenvorbehalt zur Anwendung. Die Dividenden fallen deshalb nicht unter Art 10, sondern sind nach Maßgabe von Art 7 Abs 1 und 2 im Betriebsstättenstaat Deutschland zu erfassen. Österreich ist nach Art 23 Abs 2 lit a zur Befreiung verpflichtet.

c) Zinsen (Art 11 OECD-MA)

1356 Die Behandlung von Zinsen folgt im Wesentlichen der von Dividenden. Der Begriff der Zinsen ist in Art 11 Abs 3 OECD-MA definiert. Darunter werden Einkünfte aus Forderungen jeder Art verstanden. In Abgrenzung zum Begriff der Dividenden und aus dem Zusammenhang der sonstigen Bestimmungen des MA sowie des MK muss es sich bei der Forderung jedoch um solche aus Kapitalüberlassung handeln. Allgemein sind Zinsen iSd Art 11 OECD-MA daher als Entgelt für die Überlassung von Kapital auf Zeit zu verstehen (Einräumung der Möglichkeit der Nutzung und Rückzahlung).[116]) Auch Zinsen sind grds im Ansässigkeitsstaat des Empfängers zu besteuern (Art 11 Abs 1 OECD-MA), wohingegen der Quellenstaat eine mit 10% der Bruttozinsen begrenzte Quellensteuer erheben darf (Art 11 Abs 2 OECD-MA). Die nach dem Abkommen zulässigerweise im Quellenstaat erhobene Steuer kann anschließend nach Art 23 OECD-MA im Ansässigkeitsstaat angerechnet werden. Hervorzuheben ist jedoch, dass Zinsen unter den Voraussetzungen der EU-Zinsen- und Lizenzgebührenrichtlinie gänzlich von der Quellensteuer zu befreien und daher nur im Ansässigkeitsstaat des Empfängers zu besteuern sind. Diese RL geht entgegenstehenden DBA-Vorschriften vor. Allerdings verzichtet Österreich regelmäßig auch in den DBA mit Drittstaaten auf eine Quellenbesteuerung von Zinsen.[117])

Ähnlich wie Art 10 OECD-MA ist auch Art 11 OECD-MA nur dann anwendbar, wenn die Zinsen aus einem der beiden Vertragsstaaten „stammen" und an eine im jeweils anderen Vertragsstaat ansässige Person gezahlt werden. Dabei „stammen" Zinsen gem Art 11 Abs 5 OECD-MA dann aus einem Vertragsstaat, wenn ihr Schuldner eine in diesem Vertragsstaat ansässige Person ist oder unabhängig von der Ansässigkeit des Schuldners die Zinsen für Schulden einer Betriebsstätte in diesem Vertragsstaat aufgewendet und von ihr getragen werden. Der Hintergrund für diese Regelung liegt in der Annahme, dass die Zinsen den im Betriebsstättenstaat zu besteuernden Gewinn und damit das Steuergut dieses Staates mindern. Durch die Möglichkeit zur Besteuerung der

---

[116]) Vgl *Pöllath/Lohbeck* in *Vogel/Lehner*, DBA[6] Art 11 Rz 56ff mwN. Gewinne aus einer Kapitalüberlassung, bei der der Überlassende ein Unternehmerrisiko übernimmt, fallen deshalb nicht unter den Zinsbegriff. Gleichwohl schließt der abkommensrechtliche Zinsbegriff Gewinnbeteiligungen nicht aus. Erträge aus partiarischen Darlehen und ähnlichen Gewinnbeteiligungen sind daher als Zinsen zu erfassen.

[117]) Vgl zB DBA Barbados (Art 11 Abs 1), DBA Belize (Art 11 Abs 1), DBA Katar (Art 11 Abs 1) oder DBA USA (Art 11 Abs 1). Die ausschließliche Besteuerung im Ansässigkeitsstaat sehen aber auch zahlreiche DBA mit EU-Staaten vor, wie etwa das DBA Dänemark (Art 11 Abs 1) oder das DBA Deutschland (Art 11 Abs 1).

Zinsen im Rahmen von Art 11 Abs 2 OECD-MA soll der Betriebsstättenstaat dafür gewissermaßen entschädigt werden.[118]) Eine konsequente Ergänzung zum Betriebsstättenprinzip des Art 7 OECD-MA bildet schließlich auch der in Art 11 Abs 4 OECD-MA normierte Betriebsstättenvorbehalt. Übt der Empfänger der Zinsen in dem Vertragsstaat, aus dem die Zinsen stammen, eine unternehmerische Tätigkeit durch eine dort gelegene Betriebsstätte aus, der die Forderung auch zuzurechnen ist, erfolgt die Besteuerung nicht nach Maßgabe von Art 11 OECD-MA, sondern nach Art 7 OECD-MA. Im Übrigen ist Art 11 OECD-MA auch insoweit nicht anwendbar, als Zinszahlungen auf Grund von besonderen Beziehungen zwischen dem Schuldner und dem Nutzungsberechtigten unangemessen hoch sind. Art 11 OECD-MA erfasst in diesen Fällen nur den fremdüblichen Teil der Vergütung, während der überschießende Teil der Zahlung abkommensrechtlich einer anderen Verteilungsnorm zuzuordnen ist (Art 11 Abs 6 OECD-MA).

d) Lizenzgebühren (Art 12 OECD-MA)

Der Begriff der Lizenzgebühren in Art 12 OECD-MA ist sehr weit gefasst. **1357**
Es fallen darunter nicht nur Vergütungen für die Benutzung von Rechten, Patenten und Marken, sondern auch von Plänen, Filmen, geheimen Formeln und Verfahren sowie für die Mitteilung gewerblicher, kaufmännischer oder wissenschaftlicher Erfahrungen (Art 12 Abs 2 OECD-MA). Nach einigen (älteren) DBA sind selbst Vergütungen für die Benutzung gewerblicher, kaufmännischer und wissenschaftlicher Ausrüstungen erfasst (zB Leasing von EDV-Anlagen, Lkw-Flotten oder Produktionseinrichtungen). Anders als in den Art 10 und 11 OECD-MA steht das Besteuerungsrecht bei Lizenzgebühren auf Grund von Art 12 Abs 1 OECD-MA nur dem Ansässigkeitsstaat des Empfängers zu. Ein beschränktes Besteuerungsrecht des Quellenstaates besteht nach dem OECD-MA nicht, weshalb es auch keiner Anwendung des Methodenartikels bedarf. Allerdings sehen viele Abkommen abweichend davon ein Recht des Quellenstaates auf Erhebung einer Abzugssteuer vor, die vom Ansässigkeitsstaat anzurechnen ist. Innerhalb der EU ist in diesen Fällen jedoch erneut die Zinsen- und Lizenzgebührenrichtlinie zu beachten, die den DBA-Regeln vorgeht (vgl Tz 1356, siehe dazu auch § 99a EStG) und ein allfälliges Quellenbesteuerungsrecht unterdrückt.

Ähnlich wie Art 11 Abs 6 OECD-MA schließt auch Art 12 Abs 4 OECD-MA eine Anwendung von Art 12 OECD-MA aus, wenn und soweit Lizenzgebühren unangemessen hoch sind. Des Weiteren kommt Art 12 OECD-MA dann nicht zum Tragen, wenn die Lizenzgebühren in einer im Quellenstaat gelegenen Betriebsstätte erzielt werden, die der Nutzungsberechtigte dort unterhält. Für diese Fälle sieht auch Art 12 Abs 3 OECD-MA einen Betriebsstättenvorbehalt vor und unterwirft die Lizenzgebühren der Verteilungsnorm für Unternehmensgewinne.

[118]) Vgl *Pöllath/Lohbeck* in *Vogel/Lehner,* DBA⁶ Art 11 Rz 104.

5. Veräußerungsgewinne (Art 13 OECD-MA)

1358 Art 13 OECD-MA regelt die Besteuerung von Gewinnen aus der Veräußerung von Vermögen (Veräußerungsgewinne). Art 13 OECD-MA besteht aus vier Sondervorschriften (Abs 1 bis 4) und einer Generalklausel in Abs 5:

a) Gewinne aus der Veräußerung von unbeweglichem Vermögen iSd Art 6 OECD-MA dürfen im Belegenheitsstaat des unbeweglichen Vermögens besteuert werden (Abs 1). Ob auch der Ansässigkeitsstaat sein Besteuerungsrecht wahrnehmen kann, hängt vom Methodenartikel ab (Art 23 A oder B OECD-MA, siehe Tz 1366 ff).

b) Gewinne aus der Veräußerung von beweglichem Vermögen, das zum Betriebsvermögen einer Betriebsstätte zählt, einschließlich der Gewinne, die bei der Veräußerung einer solchen Betriebsstätte erzielt werden, dürfen im Betriebsstättenstaat besteuert werden (Abs 2). Wie der Ansässigkeitsstaat eine sich aus Abs 2 allenfalls ergebende Doppelbesteuerung zu vermeiden hat, richtet sich wiederum nach dem Methodenartikel (Art 23 A oder B OECD-MA, siehe Tz 1366 ff).

c) Gewinne aus der Veräußerung von Seeschiffen oder Luftfahrzeugen, die im internationalen Verkehr betrieben werden, von Schiffen, die der Binnenschifffahrt dienen, sowie von beweglichem Vermögen, das dem Betrieb dieser Schiffe oder Luftfahrzeuge dient, dürfen nur im Ansässigkeitsstaat des Unternehmens bzw Unternehmers besteuert werden, das bzw der die Schiffe oder Luftfahrzeuge betreibt (Abs 3). Der Methodenartikel wird in diesem Fall nicht benötigt.[119])

d) Gewinne aus der Veräußerung von Anteilen an Gesellschaften,[120]) deren Wert zu mindestens 50% (unmittelbar oder mittelbar) auf unbeweglichem Vermögen iSd Art 6 OECD-MA beruht, das im anderen Staat belegen ist (Immobiliengesellschaften), dürfen im Belegenheitsstaat des unbeweglichen Vermögens besteuert werden (Abs 4). Seit dem OECD-MA 2017 reicht es dafür aus, wenn die maßgebliche Wertgrenze von 50% zu irgendeinem Zeitpunkt während der 365 Tage vor der Veräußerung erreicht wurde. Wie die Doppelbesteuerung vermieden wird, regelt der Methodenartikel.

Das Belegenheitsprinzip des Art 13 Abs 4 OECD-MA greift nur dann, wenn die immobilienhaltende Gesellschaft nach Verkehrswerten mindestens 50% ihres gesamten Gesellschaftsvermögens in Grundstücken oder übrigem unbeweglichen Vermögen hält, das im anderen Vertragsstaat (!) belegen ist. Entscheidend ist hierbei nur das Aktivvermögen, also ohne Berücksichtigung von Verbindlichkeiten. Unerheblich ist, ob das unbewegliche Vermögen von der Immobiliengesellschaft unmittelbar oder nur mittelbar gehalten wird. Des Weiteren kommt es auch nicht auf die Höhe der Beteiligung an der Immobiliengesellschaft an.[121])

---

[119]) In den Fassungen des OECD-MA vor 2017 sah Art 13 Abs 3 die Besteuerung in dem Vertragsstaat vor, in dem sich der Ort der Geschäftsleitung des Unternehmens befand.

[120]) Seit dem Update 2017 bezieht sich das OECD-MA ausdrücklich auf Anteile an einer Gesellschaft oder vergleichbare Rechte, wie Anteile an einer Personengesellschaft oder einem Trust.

[121]) Vgl *Schaumburg/Häck* in *Schaumburg*, Internationales Steuerrecht[4] 914.

e) Gelangt keine dieser Sonderbestimmungen zur Anwendung, greift die Generalklausel des Art 13 Abs 5 OECD-MA: Das in den Abs 1 bis 4 nicht genannte Vermögen (zB Gewinne aus der Veräußerung von Beteiligungen) darf nur in dem Vertragsstaat besteuert werden, in dem der Veräußerer ansässig ist. Übt der Ansässigkeitsstaat sein ihm nach DBA zustehendes Besteuerungsrecht nicht aus (sind zB Veräußerungsgewinne von Beteiligungen nach nationalem Recht steuerfrei zu belassen), wird der Veräußerungsgewinn (gar) keiner Besteuerung unterworfen.

6. Einkünfte aus unselbständiger Arbeit

a) Private Dienstverhältnisse (Art 15 und 18 OECD-MA)

Art 15 OECD-MA regelt die Aufteilung der Besteuerungsrechte von Ein- **1359**
künften aus nichtselbständiger Arbeit (Gehälter, Löhne und ähnliche Vergütungen), sofern die Einkünfte weder als Aufsichts- oder Verwaltungsratsvergütungen (Art 16 OECD-MA), Ruhegehälter (Art 18 OECD-MA), Einkünfte aus öffentlichen Dienstverhältnissen (Art 19 OECD-MA) oder Einkünfte aus der Tätigkeit eines Künstlers oder Sportlers (Art 17 OECD-MA) zu qualifizieren sind. Diese Verteilungsnormen haben daher Vorrang vor Art 15 OECD-MA.[122]) Einkünfte aus nichtselbständiger Arbeit dürfen nach der Grundregel des Art 15 Abs 1 erster Halbsatz OECD-MA nur im Ansässigkeitsstaat des Einkünfteempfängers besteuert werden. Wird die Arbeit allerdings im anderen Vertragsstaat ausgeübt, steht das Besteuerungsrecht dem Staat zu, in dem die Tätigkeit erbracht wird (Art 15 Abs 1 zweiter Halbsatz OECD-MA). Dabei kommt es auf die tatsächliche Anwesenheit des Arbeitnehmers an (**Arbeitsortprinzip**). Wie eine Doppelbesteuerung zu vermeiden ist, hängt vom vereinbarten Methodenartikel ab.

Das Besteuerungsrecht bleibt ausnahmsweise nur beim **Ansässigkeitsstaat,** wenn der Arbeitnehmer kurzfristig im anderen Staat tätig wird. Die Anwendbarkeit dieser Vorschrift hängt jedoch von der kumulativen Erfüllung drei weiterer Bedingungen ab: Der Empfänger der Einkünfte darf sich im anderen Staat nicht länger als 183 Tage innerhalb eines Zeitraumes von zwölf Monaten, der während des betr Steuerjahres beginnt oder endet, im anderen Staat aufhalten.[123]) Der Arbeitgeber, der die Vergütung zahlt oder für den die Vergütung gezahlt wird, darf nicht im Tätigkeitsstaat ansässig sein und die Vergütungen dürften auch nicht von einer Betriebsstätte getragen werden, die der Arbeitgeber im Tätigkeitsstaat hat (sog **„Monteurklausel"** oder **„183-Tage-Regel"**).

Beispiel:

Ein in Österreich ansässiger Dienstnehmer eines österr Unternehmens ist für die Betreuung von Großkunden zuständig. Auf Grund eines größeren technischen Problems

[122]) Art 15 Abs 1 OECD-MA normiert den Vorrang der Art 16, 18 und 19 OECD-MA, während sich der Vorrang von Art 17 OECD-MA gegenüber Art 15 OECD-MA erst aus Art 17 Abs 1 OECD-MA ergibt (vgl Tz 1363).

[123]) Für die Berechnung der 183 Tage siehe *Prokisch* in *Vogel/Lehner,* DBA[6] Art 15 Rz 38 ff und *Waser* in *Aigner/Kofler/Tumpel,* DBA[2] Art 15 Rz 7 ff jeweils mwN.

mit dem vom Unternehmen vertriebenen Produkt wird er von seinem Arbeitgeber für einen Zeitraum von mehreren Wochen zu einem Kunden nach Deutschland geschickt, um das Problem vor Ort zu beheben. Nach der 183-Tage-Regel des Art 15 Abs 2 DBA Deutschland hat für die auf diesen Zeitraum entfallenden Einkünfte des Dienstnehmers nicht der Tätigkeitsort Deutschland, sondern weiterhin Österreich das ausschließliche Besteuerungsrecht. Der Dienstnehmer ist weniger als 183 Tage in Deutschland tätig und wird von einem österr Arbeitgeber entlohnt, der in Deutschland keine Betriebsstätte hat. Hätte das österr Unternehmen hingegen in Deutschland eine Betriebsstätte, die die Vergütung für den Dienstnehmer trägt, würde die 183-Tage-Regel nicht anwendbar sein und das Besteuerungsrecht fiele nach Art 15 Abs 1 dem Tätigkeitsstaat Deutschland zu.

Grenzgängerbestimmung: Nach einzelnen, von Österreich mit Nachbarstaaten geschlossenen DBA behält der Ansässigkeitsstaat das Besteuerungsrecht auch dann, wenn der Arbeitnehmer in Grenznähe wohnt und täglich im anderen Staat in der Nähe der Grenze zur Arbeit geht und von dort aus täglich an seinen Wohnsitz zurückkehrt.[124]) Die Steuererhebung erfolgt in diesen Fällen im Veranlagungsweg.[125]) Dem Tätigkeitsstaat kommt meist kein oder nur ein begrenztes Besteuerungsrecht zu.[126])

Besonderheiten gelten auch für Arbeitnehmer auf Schiffen oder Luftfahrzeugen (Art 15 Abs 3 OECD-MA).

1360 **Ruhegehälter** und ähnliche Vergütungen aus privaten Dienstverhältnissen werden prinzipiell nur im Ansässigkeitsstaat der beziehenden Person besteuert. Dasselbe gilt für Sozialversicherungsrenten, sofern für sie im DBA nicht das **Kassenstaatsprinzip** vereinbart ist (Art 18 OECD-MA, siehe dazu Tz 1361).

b) Bezüge aus dem öffentlichen Dienst (Art 19 OECD-MA)

1361 Aktivbezüge (Gehälter, Löhne und ähnliche Vergütungen)[127]) einer natürlichen Person für Dienste, die sie einem Vertragsstaat oder einer seiner Gebietskörperschaften gegenüber erbringt, dürfen grds nur von dem Staat besteuert werden, der die Vergütungen zahlt (**Kassenstaatsprinzip;** Art 19 Abs 1 lit a OECD-MA). Der zahlende Staat (der „Staat der zahlenden Kasse" oder eben kurz „Kassenstaat") besteuert diese Einkünfte nach seinem innerstaatlichen Recht, ohne durch das Abkommen darin beschränkt zu werden. Entscheidend für die Anwendung von Art 19 Abs 1 lit a OECD-MA ist somit, dass die Ein-

[124]) Derartige Grenzgängerregelungen finden sich in den DBA mit Liechtenstein (Art 15 Abs 4), Deutschland (Art 15 Abs 6) und Italien (Art 15 Abs 4); nicht hingegen im Verhältnis zu Tschechien, zur Slowakei, Ungarn und Slowenien. Die Grenzgängerregelung im DBA Schweiz wurde mit dem Abänderungsprotokoll 2007 (BGBl III 2007/22) aufgehoben.

[125]) Vgl dazu *Beitl,* taxlex 2007, 165.

[126]) ZB darf nach dem DBA mit Liechtenstein der Quellenstaat (Tätigkeitsstaat) eine Steuer von bis zu 4% im Abzugsweg an der Quelle erheben.

[127]) Daraus ergibt sich, dass Art 19 OECD-MA nur Einkünfte aus nichtselbständiger Tätigkeit erfasst. Vergütungen für Dienstleistungen, die iZm einer gewerblichen oder selbständigen Tätigkeit einem Vertragsstaat oder einer seiner Gebietskörperschaften erbracht werden (zB Vergütungen für die Leistungen eines Beratungsunternehmens) fallen nicht darunter.

künfte vom Staat selbst oder einer seiner Gebietskörperschaften gezahlt werden, wohingegen Zahlungen von anderen Körperschaften des öffentlichen Rechts nicht davon erfasst sind.

Ausnahmsweise darf allerdings ausschließlich der Ansässigkeitsstaat derartige Einkünfte aus dem öffentlichen Dienst besteuern. Dies ist nach Art 19 Abs 1 lit b OECD-MA dann der Fall, wenn der Bezieher der Einkünfte in seinem Tätigkeitsstaat selbst ansässig ist und er entweder Staatsangehöriger dieses Staates ist (sog „Staatsbürgerschaftsvorbehalt") oder nicht ausschließlich deshalb in diesem Staat ansässig geworden ist, um die Dienste dort zu leisten. Art 19 Abs 1 lit b OECD-MA durchbricht das Kassenstaatsprinzip und räumt dem Tätigkeitsstaat das alleinige Besteuerungsrecht ein.

Beispiel:

Das österr Ministerium für Europa, Integration und Äußeres schließt mit dem in Tschechien lebenden Staatsbürger B einen Dienstvertrag ab. Der Dienstnehmer hat als Historiker die Aufgabe, in Tschechien Recherchetätigkeiten über die Rolle Österreichs iZm dem Beitritt Tschechiens zur EU zu leisten. Österreich ist unter diesen Umständen zwar der Kassenstaat, es greift in diesem Fall jedoch die Sonderregelung des Art 18 Abs 1 lit b DBA Tschechien (entspricht Art 19 Abs 1 lit b OECD-MA). Tschechien hat das alleinige Besteuerungsrecht, weil die Dienste in Tschechien erbracht werden und der Empfänger eine in Tschechien ansässige Person ist, die zugleich die tschechische Staatsangehörigkeit besitzt. Österreich darf die Einkünfte nicht besteuern.[128])

Das Kassenstaatsprinzip gilt nach Art 19 Abs 2 lit a OECD-MA auch für Ruhebezüge aus öffentlichen Kassen. Allerdings wird das Kassenstaatsprinzip auch in diesem Fall durchbrochen, wenn der Empfänger der Einkünfte im anderen Vertragsstaat ansässig und ein Staatsangehöriger dieses Staates ist (Art 19 Abs 2 lit b OECD-MA).

Beispiel:

Der österr Beamte X gibt nach seiner Pensionierung seinen inländischen Wohnsitz auf und übersiedelt nach Italien. Das Ruhegehalt, das ihm danach von der Republik Österreich gezahlt wird, darf nur im Kassenstaat Österreich besteuert werden. Hätte X neben seiner österr Staatsangehörigkeit allerdings auch die italienische Staatsangehörigkeit, wäre ausschließlich Italien zur Besteuerung der Ruhebezüge berechtigt, weil X in diesem Fall sowohl in Italien ansässig wäre als auch die italienische Staatsangehörigkeit besäße.

Nach manchen DBA gilt das Kassenstaatsprinzip auch für Sozialversicherungsrenten (vgl zB Art 18 Abs 2 DBA Deutschland).

7. Aufsichtsrats- und Verwaltungsratsvergütungen (Art 16 OECD-MA)

Nach Art 16 OECD-MA dürfen Aufsichtsrats- und Verwaltungsratsvergü- **1362**
tungen, die eine in einem Vertragsstaat ansässige Person in ihrer Eigenschaft als Mitglied des Aufsichts- oder Verwaltungsrats einer Gesellschaft bezieht, die im anderen Vertragsstaat ansässig ist, im Ansässigkeitsstaat der Gesellschaft besteu-

[128]) In Anlehnung an *Lang*, Einführung in das Recht der DBA² Rz 408.

ert werden. Der andere Staat hat die ausländische Steuer anzurechnen oder die Einkünfte zu befreien.[129]) Voraussetzung für die Anwendbarkeit von Art 16 OECD-MA ist somit, dass der Empfänger der Einkünfte in einem Vertragsstaat ansässig ist, während die Gesellschaft, als dessen Aufsichts- oder Verwaltungsrat der Einkünftebezieher tätig ist, im anderen Vertragsstaat ansässig ist. Art 16 OECD-MA greift hingegen nicht, wenn die Gesellschaft in einem dritten Staat oder im gleichen Staat wie der Bezieher der Aufsichts- oder Verwaltungsratsvergütung ansässig ist.

8. Künstler und Sportler (Art 17 OECD-MA)

1363 Art 17 OECD-MA regelt die Besteuerung der Einkünfte von Künstlern, wie Bühnen-, Film-, Rundfunk- und anderen Fernsehkünstlern sowie von Musikern und Sportlern aus ihrer persönlich ausgeübten künstlerischen oder sportlichen Tätigkeit. Nach Art 17 Abs 1 OECD-MA werden Künstler und Sportler im Tätigkeitsstaat (Quellenstaat) besteuert. Seit dem Musterabkommen 2014 gilt die Spezialregel des Art 17 OECD-MA nur noch für Künstler oder Sportler, die unselbständig tätig sind.[130]) Zuvor erfasste diese Verteilungsnorm auch selbständig tätige Künstler und Sportler. Für die Besteuerung im Tätigkeitsstaat war daher abweichend zu Art 7 keine Betriebsstätte notwendig. Die überwiegende Mehrheit der österr DBA basiert noch auf der ursprünglichen Version des Art 17 OECD-MA und ist daher als speziellere Norm zu Art 15 und Art 7 (oder Art 14) ausgestaltet.[131]) Der Ansässigkeitsstaat hat je nach Ausgestaltung des Methodenartikels zur Vermeidung einer Doppelbesteuerung die Einkünfte entweder zu befreien oder die ausländische Steuer anzurechnen.

In Art 17 Abs 2 OECD-MA ist vorgesehen, dass Einkünfte aus der persönlichen Tätigkeit dieser Personen auch dann im Tätigkeitsstaat (Quellenstaat) besteuert werden dürfen, wenn sie nicht ihnen selbst, sondern anderen Personen zufließen (sog **„Künstlerdurchgriff“**). Ist der Künstler etwa im Auftrag einer Gesellschaft tätig, würden die von der Gesellschaft bezogenen Einkünfte ohne Art 17 Abs 2 OECD-MA nicht von Art 17 OECD-MA, sondern von Art 7 OECD-MA erfasst werden. Nach dieser Bestimmung wäre der Tätigkeitsstaat aber nur dann zur Besteuerung berechtigt, wenn die Gesellschaft dort über eine Betriebsstätte verfügt, der die Einkünfte des Künstlers auch zugerechnet werden können. Fehlt es daran, dürfte der Tätigkeitsstaat nicht besteuern. Art 17 Abs 2 OECD-MA unterdrückt diese Konsequenz und ermöglicht dem Tätigkeitsstaat die Besteuerung.

Beispiel:

Das Honorar für den Auftritt eines liechtensteinischen Unterhaltungssolisten in Österreich wird nicht diesem selbst, sondern einer in Liechtenstein ansässigen Künstler-

---

[129]) Vgl zu Aufsichtsrats- und Verwaltungsratsvergütungen *Gruber,* SWI 2010, 354.

[130]) Art 17 Abs 1 gilt schließlich „ungeachtet der Regelungen des Art 15“.

[131]) Auf dem OECD-MA 2014 basiert zB das DBA Japan (BGBl III 2018/167). Es sieht daher die Sonderregelung für Künstler und Sportler ausschließlich für unselbständig tätige Künstler und Sportler vor (Art 16 DBA Japan).

verwertungsagentur gezahlt. Da das Abkommen mit Liechtenstein einen Künstlerdurchgriff vorsieht, ist Österreich zur Besteuerung der Einkünfte für die Tätigkeit des Künstlers berechtigt, obwohl sie an die Agentur fließen (kein Betriebsgewinn der liechtensteinischen Agentur iSv Art 7 DBA Liechtenstein). Die korrespondierende innerstaatliche Norm, die die Ausübung dieses Besteuerungsrechts erlaubt, ist § 98 Abs 1 Z 3 EStG, wobei § 99 Abs 1 Z 1 EStG für den Künstleranteil den Steuerabzug an der Quelle vorsieht.

9. Zahlungen an Studenten (Art 20 OECD-MA)

Zahlungen, die ein Student, Praktikant oder Lehrling für seinen Unterhalt, sein Studium oder seine Ausbildung erhält, sind von Art 20 OECD-MA gesondert erfasst, sofern sich der Auszubildende in einem Vertragsstaat (Gastland) ausschließlich zum Studium oder zur Ausbildung aufhält und im anderen Vertragsstaat ansässig ist oder dort unmittelbar vor der Einreise in das Gastland ansässig war. Sofern die Zahlungen aus Quellen außerhalb des Gastlandes stammen, dürften sie im Gastland nicht besteuert werden. Art 20 OECD-MA sieht mit anderen Worten ein Verbot der Besteuerung des Gastlandes vor. **1364**

Nach einigen österr DBA gilt diese Regelung auch für Hochschulprofessoren und andere Lehrer, vorausgesetzt sie halten sich nur vorübergehend im Gastland auf.

10. Andere Einkünfte (Art 21 OECD-MA)

Für jene Einkünfte, die nicht unter eine der voranstehenden Verteilungsnormen fallen (dazu zählen vor allem auch Einkünfte aus Drittstaaten) ist das Besteuerungsrecht grds nur dem Ansässigkeitsstaat zugewiesen. Art 21 OECD-MA kommt somit die Funktion eines Auffangtatbestandes zu. Die Vorschrift erfasst aber nicht nur Einkunftsquellen, die sonst im OECD-MA gar nicht angesprochen werden (zB Zuwendungen einer österr Privatstiftung an den Begünstigten, der in einem DBA-Staat ansässig ist),[132]) sondern auch solche, die zwar von ihrer Art nach unter eine der anderen Verteilungsnormen fallen, aber auf Grund ihrer Quelle in einem Drittstaat oder im Ansässigkeitsstaat des Einkünftebeziehers nicht vom Anwendungsbereich dieser Normen erfasst sind. **1365**

Beispiel:

Die natürliche Person Z hat sowohl in Österreich als auch in Italien einen Wohnsitz und ist daher in beiden Staaten unbeschränkt stpfl. Da sich der Mittelpunkt ihrer Lebensinteressen in Italien befindet, gilt Z auf Grund der Tie-Breaker-Regelung des Art 4 Abs 2 lit a für Zwecke des Abkommens nur als in Italien ansässig. Erzielt Z aus einer im Privatvermögen gehaltenen Beteiligung an einer in Italien ansässigen Gesellschaft Dividenden, dürfen diese nach Art 21 Abs 1 ausschließlich in Italien besteuert werden. Art 10 des DBA Österreich-Italien ist mangels Quelle im anderen Vertragsstaat nicht anwendbar, setzt doch Art 10 voraus, dass die Dividende von einer in einem Vertragsstaat ansässigen Gesellschaft „an eine in dem anderen Vertragsstaat ansässige Person" gezahlt wird. Österreich muss von seinem im Rahmen der unbeschränkten Steuerpflicht bestehenden innerstaatlichen Besteuerungsanspruch auf Grund des DBA zurücktreten.

---

[132]) Vgl *Wurm* in *Aigner/Kofler/Tumpel*, DBA^2 Art 21 Rz 52 ff mwN.

I. Methoden zur Vermeidung der Doppelbesteuerung (Methodenartikel)

1. Der Methodenartikel

1366 Aus den vorstehenden Ausführungen wird ersichtlich, dass einige Verteilungsnormen sowohl den Ansässigkeitsstaat als auch den anderen Staat (den Quellenstaat) zur Besteuerung berechtigen. In diesem Fall bedarf es der Anwendung des Methodenartikels, um eine Doppelbesteuerung zu vermeiden. Die Vermeidung der Doppelbesteuerung ist dabei grds Aufgabe des Ansässigkeitsstaates. Das OECD-MA sieht zwei verschiedene Methoden zur Vermeidung der Doppelbesteuerung vor: die Befreiungsmethode (Art 23 A OECD-MA) und die Anrechnungsmethode (Art 23 B OECD-MA). Sowohl nach Auffassung der OECD als auch nach der Rsp des EuGH sind die beiden Methoden grds als gleichwertig anzusehen.[133]) Die Staaten sind daher frei, die Methode zur Vermeidung der Doppelbesteuerung zu wählen und die unterschiedlichen Methoden miteinander zu kombinieren. Aus verfassungsrechtlicher Sicht darf die freie Methodenwahl und -kombination jedoch keine sachlich nicht rechtfertigbaren Differenzierungen hervorrufen.[134])

2. Die Anrechnungsmethode

1367 Bei der Anrechnungsmethode behält der Ansässigkeitsstaat das Recht, sämtliche Einkünfte oder das gesamte Vermögen, das auch im anderen Staat besteuert werden darf, zu besteuern. Die im Ausland (Quellenstaat) tatsächlich entrichtete Steuer wird aber von der inländischen Steuer abgezogen (auf sie angerechnet). Der anzurechnende Betrag darf dabei die im Ansässigkeitsstaat zu zahlende Steuer nicht übersteigen (**Anrechnungshöchstbetrag,** Art 23 B Abs 1 letzter Satz OECD-MA). Die konkrete Ausgestaltung der Anrechnung richtet sich mangels diesbzgl Bestimmungen im OECD-MA nach dem nationalen Recht des Ansässigkeitsstaates. In der Vertragspraxis wird die Anrechnung idR in mehrfacher Weise beschränkt:

aa) Der Stpfl hat alle Steuervorteile, die ihm im Quellenstaat zustehen, auszuschöpfen; insb hat er, wenn dies nach dem maßgebenden DBA möglich ist, eine Erstattung der im Quellenstaat erhobenen Steuer zu begehren. Unterlässt er dies, so wird der erstattungsfähige Teil der Steuer nicht angerechnet.

bb) Die Anrechnung darf den Betrag nicht übersteigen, mit dem die ausländischen Einkünfte anteilsmäßig mit österr ESt belastet sind, dh die Anrechnung kann nicht höher sein als die österr Durchschnittssteuerbelastung der Auslandseinkünfte (proportionale Methode). Die österr Praxis geht in diesem Zusammenhang grds von einer „per-country-limitation" aus. Dies bedeutet, dass anrechnungsfähige Einkünfte, die aus einem Vertragsstaat stammen, zusammenzufassen sind, während Einkünfte, die aus anderen Vertragsstaaten

---

[133]) Vgl EuGH 6. 12. 2007, C-298/05, *Columbus Container;* EuGH 10. 2. 2011, C-436/08 und C-437/08, *Haribo und Salinen AG,* Rn 90.

[134]) Zu den verfassungsrechtlichen Schranken der Methodenwahl vgl VfGH 23. 6. 2014, SV 2/2013; dazu auch *Lang,* SWI 2014, 402 ff.

stammen, nicht zu berücksichtigen sind.[135]) Der Anrechnungshöchstbetrag wird somit für jedes Land gesondert nach folgender Formel ermittelt:[136])

$$\text{Höchstbetrag} = \frac{\text{österr ESt (vor Anrechnung)}^{137)} \times \text{ausld Einkünfte}}{\text{Einkommen (nach österr Recht)}}$$

Ist die österr Durchschnittssteuerbelastung der ausländischen Einkünfte Null (zB Befreiung von internationalen Schachtelerträgen nach § 10 Abs 2 KStG), kann eine ausländische Steuer nicht angerechnet werden. Auch wenn die Steuerbelastung in Österreich Null ist, weil etwa den positiven ausländischen Einkünften höhere Verluste aus österr Quellen gegenüberstehen, kann die im Ausland erhobene ESt in Österreich nicht angerechnet oder erstattet werden. Eine Anrechnung der im Ausland erhobenen ESt oder Quellensteuer (Steuer desselben Steuersubjekts) in einem Folgejahr (Anrechnungsvortrag) wird nach hA in Österreich ebenso abgelehnt. Es fehlt dafür an einer innerstaatlichen Rechtsgrundlage.[138]) Auch den Grundfreiheiten des AEUV kann nach der derzeitigen Rsp des EuGH kein Gebot zur Vermeidung einer juristischen Doppelbesteuerung entnommen werden.[139]) Nichts anderes als eine phasenverschobene juristische Doppelbesteuerung liegt jedoch vor, wenn ausländische Steuern deshalb nicht im Ansässigkeitsstaat angerechnet werden können, weil infolge von inländischen Verlusten im Jahr der Entstehung der ausländischen Einkünfte keine inländische Steuer darauf erhoben wird und in Folgejahren kein Ausgleich dafür erfolgt, sondern die positiven Einkünfte der ehemaligen Verlustquelle (zu deren Ausgleich die ausländischen Einkünfte herangezogen wurden) nunmehr unvermindert besteuert werden.

Anders verhält es sich dagegen im Hinblick auf die Vermeidung der wirtschaftlichen Doppelbesteuerung. So hatte sich der EuGH in der Rs *Haribo und Salinen AG*[140]) mit der Frage auseinanderzusetzen, ob ein Anrechnungsvortrag für die ausländische KSt im Verlustfall geboten ist, sofern Dividenden im Ansässigkeitsstaat der empfangenden Muttergesellschaft nicht unter die Beteiligungsertragsbefreiung des § 10 KStG fallen. Er kam dabei zu dem Ergebnis, dass es gegen die Kapitalverkehrsfreiheit verstößt, wenn im Rahmen der Anrechnungsmethode bei ausländischen Portfoliodividenden die (zur Vermeidung einer wirtschaftlichen Doppelbelastung) anzurechnende KSt nicht vorgetragen werden kann, während inländische Portfoliodividenden stets von der KSt befreit sind (eine dementsprechende Änderung wurde mit dem AbgÄG 2011[141]) zunächst in § 10

[135]) Der Stpfl kann jedoch auch die genauere „per-item-limitation" wählen (vgl ESt 2000 Rz 7584; EAS 2968 vom 26. 5. 2008). Dabei ist der Anrechnungshöchstbetrag für jedes Land *und* für jede Einkunftsquelle gesondert zu ermitteln.

[136]) Vgl VwGH 22. 2. 1994, 93/14/0202; weiters *Ismer* in *Vogel/Lehner,* DBA⁴ Art 23 Rz 124; allgemein zum Anrechnungshöchstbetrag auch EStR 2000 Rz 7583 ff.

[137]) Heranzuziehen ist dabei die österr Durchschnittssteuer: ESt ohne Berücksichtigung von Absetzbeträgen x 100) / Welteinkommen. Der Anrechnungshöchstbetrag lässt sich daher auch als Ergebnis der Anwendung des Durchschnittssteuersatzes auf die ausländischen Einkünfte ausdrücken. Vgl *Englmair* in *Aigner/Kofler/Tumpel,* DBA² Art 23 b Rz 25 ff mit Berechnungsbeispielen zur Ermittlung der Durchschnittssteuer bzw des Durchschnittssteuersatzes auch in Rz 65 ff zu Art 23 b und Rz 97 ff zu Art 23 a.

[138]) Vgl *Englmair* in *Aigner/Kofler/Tumpel,* DBA² Art 23 b Rz 92 f mwN.

[139]) Vgl BMF EAS 3113 vom 22. 1. 2010 als Folge des EuGH-Urteiles 16. 7. 2009, C-128/08, *Damseaux;* siehe auch VwGH 27. 11. 2014, 2012/15/0002.

[140]) EuGH 10. 2. 2011, C-436/08 und C-437/08, *Haribo und Salinen AG.*

[141]) BGBl I 2011/76.

Abs 6 KStG eingearbeitet und befindet sich nunmehr § 10a Abs 9 Z 4 KStG, siehe dazu Tz 1007/3). Ein Anrechnungsvortrag der auf die ausländischen Dividenden entfallenden ausländischen Quellensteuer (Vermeidung der juristischen Doppelbesteuerung) ist demgegenüber nach der Rsp des EuGH nicht geboten.

3. Befreiungsmethode

1368 Bei der Befreiungsmethode werden die einzelnen Steuerquellen (Einkünfte, Vermögen, Nachlass- oder Schenkungsgegenstände) einem der beteiligten Staaten zur **alleinigen** Besteuerung überlassen. Im anderen Staat sind die Steuerquellen von der Steuer befreit (dies gilt auch dann, wenn der Quellenstaat tatsächlich keine Steuer erhebt). Der Ansässigkeitsstaat verzichtet daher auf die Besteuerung. Die Befreiungsmethode ist idR mit einem **Progressionsvorbehalt** verbunden.[142]) Danach darf der Ansässigkeitsstaat die befreiten ausländischen Einkünfte zwar nicht in die Bemessungsgrundlage einbeziehen, er darf sie aber (bei progressivem Tarifverlauf) bei Ermittlung des auf die inländischen Einkünfte anzuwendenden Steuersatzes berücksichtigen. Für Zwecke der Ermittlung des Steuertarifs wird daher unterstellt, dass kein DBA besteht. Der Tarif ist nach innerstaatlichem Recht zu ermitteln.[143])

Beispiel:

Ein Stpfl (Wohnsitz in Staat A) bezieht aus einem im Ansässigkeitsstaat A unterhaltenen Gewerbebetrieb Einkünfte iHv € 30.000 und aus der Vermietung eines in Staat B gelegenen Objektes Einkünfte iHv € 20.000. Im DBA zwischen Staat A und B (das dem OECD-MA entspricht) ist die Befreiungsmethode vereinbart. Die durchschnittliche Steuerbelastung in Staat A liegt bei einem Einkommen von € 30.000 bei 25%, bei einem Einkommen von € 50.000 bei 35%. Auf Grund der Freistellungsverpflichtung der Einkünfte aus der Vermietung des unbeweglichen Vermögens darf Staat A zwar lediglich € 30.000, diese aber auf Grund des Progressionsvorbehalts zum Steuersatz von 35% besteuern.

Der VwGH hält die Berücksichtigung eines Progressionsvorbehaltes auch für zulässig, wenn er im betr DBA nicht ausdrücklich vorgesehen ist: Wenn das einschlägige DBA die Berücksichtigung eines Progressionsvorbehalts nicht verbietet, sei allein aus dem innerstaatlichen Steuerrecht abzuleiten, ob ein Progressionsvorbehalt anzuwenden ist; eine den Progressionsvorbehalt einräumende Bestimmung in einem DBA habe lediglich deklaratorische Bedeutung.[144])

---

[142]) Der Progressionsvorbehalt ist auch unionsrechtskonform, weil die zu befreienden Einkünfte nicht schlechter behandelt werden als Einkünfte, für die der Ansässigkeitsstaat das Besteuerungsrecht hat und ausübt (siehe VwGH 14. 12. 2006, 2005/14/0099; vgl auch EuGH 11. 9. 2014, C-489/13, *Verest und Gerards,* Rn 29 ff und BFG 5. 3. 2015, RV/6100816/2014).

[143]) Ausführlich EStR 2000 Rz 7588 ff; VwGH 24. 5. 2007, 2004/15/0051.

[144]) Vgl VwGH 29. 7. 2010, 2010/15/0021; idS auch BFH 10. 12. 2008, I B 60/08; zur Diskussion der deklarativen oder konstitutiven Rechtsnatur des Progressionsvorbehalts auch *Englmair* in *Aigner/Kofler/Tumpel,* DBA² Art 23 a Rz 79 f.

Erzielt der Stpfl im Ausland einen Verlust, so war nach früher hA auch der Verlust von der Befreiung erfasst. Die Verluste konnten im Inland nicht berücksichtigt werden, wirkten sich jedoch über den Progressionsvorbehalt zu seinen Gunsten aus (negativer Progressionsvorbehalt).[145]) Im Erk des VwGH vom 25. 9. 2001, 99/14/0217, hält es der VwGH hingegen auch bei der Befreiungsmethode für möglich (und geboten), die im Ausland erwirtschafteten Verluste bei der Ermittlung des inländischen Einkommens und daher bei der Berechnung der Bemessungsgrundlage zu berücksichtigen. Es muss lediglich zur Vermeidung von Wettbewerbsverzerrungen sichergestellt sein, dass der Auslandsverlust nicht doppelt verwertet wird; dies könne durch Auslegung des DBA erreicht werden. Der Gesetzgeber hat auf diese Judikatur mit der Einfügung von § 2 Abs 8 EStG reagiert. Damit kommt es nunmehr auch beim Befreiungssystem zu einer unmittelbaren Verlustberücksichtigung (§ 2 Abs 8 Z 3 EStG) bei gleichzeitiger Vermeidung von ungerechtfertigten Doppelverwertungen durch Vornahme einer Nachversteuerung in späteren Jahren (§ 2 Abs 8 Z 4 EStG).[146]) **1369**

Zur Frage nach der unionsrechtlich gebotenen Berücksichtigung von Betriebsstättenverlusten sind bereits mehrere, teils widersprüchliche EuGH-Urteile ergangen.[147]) Lässt ein Mitgliedstaat (wie zB Österreich) die Betriebsstättenverluste trotz DBA-Befreiung zum Ausgleich zu, ist jedenfalls eine Nachversteuerung der geltend gemachten Verluste zulässig, soweit die Betriebsstätte in den Folgejahren Gewinne erzielt. Nimmt ein Mitgliedstaat hingegen im Anwendungsbereich der Befreiungsmethode Verluste von Auslandsbetriebsstätten von der Bemessungsgrundlage aus, hat er diese – wenn überhaupt[148]) – nur dann zu berücksichtigen, wenn sie im Quellenstaat ihrer Natur nach endgültig nicht verwertet werden können (sog **„finale Verluste“**).[149])

---

[145]) Dazu BMF, SWI 1993, 274 und SWI 1994, 103.

[146]) Zur DBA-rechtlichen Würdigung der Regelung des § 2 Abs 8 Z 3 und 4 EStG siehe auch *Hohenwarter-Mayr,* RdW 2014, 295 ff.

[147]) Vgl insb EuGH 28. 2. 2008, C-293/06, *Deutsche Shell;* EuGH 15. 5. 2008, C-414/06, *Lidl Belgium;* EuGH 23. 10. 2008, C-157/07, *Krankenheim Ruhesitz am Wannsee;* EuGH 7. 11. 2013, C-322/11, *K;* EuGH 17. 12. 2015, C-388/14, *Timac Agro;* EuGH 12. 6. 2018, C-650/16, *Bevola.*

[148]) In der Rs *Timac Agro* hält der EuGH die gänzliche Nichtberücksichtigung von ausländischen Betriebsstättenverlusten bei Anwendung der Befreiungsmethode innerhalb eines DBA für unionsrechtskonform (vgl EuGH 17. 12. 2015, C-388/14, *Timac Agro,* Rn 64–66 iVm 27). In der Rs *Bevola* erachtet er allerdings die Berücksichtigung von „finalen Verlusten“ (dazu sogleich) erneut für geboten (vgl EuGH 12. 6. 2018, C-650/16, *Bevola,* Rn 33 ff).

[149]) Dies gilt auch im Fall einer asymmetrischen Verlustberücksichtigung mit späterer Nachversteuerung. Die Nachversteuerung von berücksichtigten finalen Auslandsverlusten widerspricht dem Verhältnismäßigkeitsgrundsatz und ist damit nicht mit den Grundfreiheiten in Einklang zu bringen (vgl EuGH 17. 12. 2015, C-388/14, *Timac Agro,* Rn 53). Zur Rechtsfigur der „finalen Verluste“, die der EuGH in der Rs *Marks & Spencer* (EuGH 13. 12. 2005, C-446/03) etabliert hat vgl zB *Haslehner,* SWI 2008, 561; auch BFH 9. 6. 2010, I R 107/09; *Hohenwarter,* Verlustverwertung im Konzern 332 ff und 517 ff; *Blum/Huisman,* SWI 2014, 441 ff; *Lachmayer,* ÖStZ 2015, 168 ff; *Fuchs,* ÖStZ 2017, 619 ff; *ders,* ÖStZ 2018, 455 f.

1370 Die von Österreich abgeschlossenen DBA verwenden in der Mehrzahl die Befreiungsmethode (teilweise nur auf österr Seite). Die Anrechnungsmethode findet Anwendung in den Abkommen mit angelsächsischen Ländern (Großbritannien, USA, Irland, Kanada) sowie ua in den Abkommen mit Schweden oder Italien. Auch in den DBA, die grds auf der Befreiungsmethode beruhen, wird die Anrechnungsmethode allerdings bei Einkünften aus Kapitalvermögen angewendet, die im Ausland einer beschränkten Quellensteuer (insb nach Maßgabe von Art 10 und 11 OECD-MA) unterworfen sind (siehe Art 23 A Abs 2 OECD-MA); die Quellensteuer wird in solchen Fällen auf die österr ESt angerechnet.

4. Vergleich der beiden Methoden

1371 Generell ist es nicht möglich, eine der beiden Methoden als vorteilhafter einzustufen. Folgende Punkte sind hervorzuheben:

aa) Bei gleichem Steuerniveau und progressiven Steuersätzen in beiden Staaten bringt die Befreiungsmethode für den Stpfl gegenüber der Anrechnungsmethode einen Progressionsvorteil, weil die Einkünfte im Quellenstaat mit niedrigeren Steuersätzen versteuert werden. Das gilt nicht, wenn der Progressionsvorbehalt zu Gunsten beider Staaten vorgesehen ist.

bb) Liegt das Steuerniveau im Quellenstaat unter dem des Ansässigkeitsstaates, so kommt es bei der Anrechnungsmethode zu einer **Steuernachholung.** Durch die verminderte Anrechnung wird die geringere ausländische Steuerbelastung durch eine höhere inländische Steuerbelastung kompensiert. Dieselbe Nachholwirkung tritt ein, wenn im Quellenstaat Steuerbegünstigungen (etwa Investitionsbegünstigungen) oder Steuerbefreiungen gewährt werden. Diese Nachholwirkung ist oft unerwünscht, etwa wenn Entwicklungsländer (Quellenstaaten) Investitionsbegünstigungen gewähren, die durch das Anrechnungsverfahren im Wohnsitzstaat wieder beseitigt würden. Manche Abkommen sehen daher eine fiktive Steueranrechnung vor. Als **„tax sparing credit"** bezeichnet man dabei eine Abkommensregel, nach der der Ansässigkeitsstaat jene (fiktive) Steuer anrechnen muss, die im Quellenstaat **ohne** Steuerbegünstigung zu entrichten wäre. Ein **„matching credit"** liegt vor, wenn der Ansässigkeitsstaat sich bereit erklärt, allgemein eine höhere Steuer anzurechnen, als der andere Vertragsstaat tatsächlich erhebt bzw erheben darf (etwa Art 23 Abs 5 DBA Brasilien: Anrechnung einer brasilianischen Quellensteuer iHv 25% auf Dividenden, Zinsen oder Lizenzgebühren, auch wenn diese nicht entrichtet wurde). Nicht selten wird der matching credit auch in Höhe der Steuer des Ansässigkeitsstaates gewährt, sodass die Steueranrechnung insoweit letztlich die Wirkung einer Steuerfreistellung erlangt.[150])

cc) Aus administrativer Sicht ist der Befreiungsmethode der Vorzug zu geben. Bei der Anrechnungsmethode erfordert jede Bescheidänderung im Quellenstaat oder sogar jede Veränderung der Steuerzahlung im Quellenstaat Korrekturen auch im Wohnsitzstaat.

[150]) Vgl *Schaumburg/Häck* in *Schaumburg*, Internationales Steuerrecht[4] 978.

5. Ausnahmen von der Entlastungsverpflichtung

Keine Verpflichtung zur Freistellung oder Anrechnung besteht nach Art 23 A Abs 1 oder Art 23 B Abs 1 OECD-MA idF Update 2017, wenn die Besteuerung im anderen Staat (Nicht-Ansässigkeitsstaat) nur deshalb erfolgt, *„weil die Einkünfte als Einkünfte einer dort ansässigen Person gelten"*. Mit dieser missverständlichen Formulierung sollen allgemein Fälle erfasst werden, in denen sich die Besteuerung in beiden Vertragsstaaten ausschließlich auf eine **unterschiedlich angenommene Ansässigkeit** gründet. Denkbar ist dies etwa, wenn ein Staat ein Gebilde als ansässige Person behandelt und dessen Welteinkommen besteuert, während der andere Staat von einem transparenten Gebilde ausgeht und die Einkünfte dem dort ansässigen Gesellschafter zurechnet und ebenfalls nach dem Welteinkommensprinzip besteuert.[151]) Sofern eine Doppelbesteuerung unter diesen Umständen nur auf Grund der von den Vertragsstaaten unterschiedlich angenommenen Ansässigkeit entsteht, soll keiner der beiden Vertragsstaaten verpflichtet sein, eine Entlastungsmaßnahme iSd Art 23 OECD-MA zu setzen. Die Entlastungsverpflichtung besteht nur insoweit, als die Besteuerung im anderen Staat unabhängig von der Ansässigkeit im Einklang mit den Bestimmungen des Abkommens ist. Der OECD-MK erklärt diese Regelung anhand von sechs Beispielen,[152]) geht aber selbst davon aus, dass sie nur klarstellenden Charakter hat.[153]) 1372

Von der Freistellungsverpflichtung ausgenommen sind nach Art 23 A Abs 4 OECD-MA darüber hinaus auch Einkünfte, wenn der Quellenstaat das DBA so anwendet, dass er diese Einkünfte befreit oder nur eine reduzierte Quellensteuer nach Art 10 Abs 2 OECD-MA oder Art 11 Abs 2 OECD-MA anwendet. Auf diese Weise sollen (negative) Qualifikationskonflikte vermieden werden, die sich auf Grund einer unterschiedlichen Sachverhaltsbeurteilung oder einer unterschiedlichen Abkommensauslegung in den beiden Vertragsstaaten ergeben und eine gänzliche Nicht- oder Minderbesteuerung zur Folge hätten.[154]) Meinungsverschiedenheiten der Vertragsstaaten bei der Anwendung des DBA sollen keine Doppelnichtbesteuerung bewirken können. Damit ergänzt Art 23 A Abs 4 OECD-MA letztlich die Regelungen über das Verständigungsverfahren (siehe Tz 1377).[155])

J. Diskriminierungsverbote (Art 24 OECD-MA)

Die meisten DBA enthalten Diskriminierungsverbote oder Gleichbehandlungsgebote. Nach Art 24 OECD-MA – und dementsprechend nach vielen von 1373

[151]) *Bendlinger,* SWI 2017, 456.

[152]) OECD-MK zu Art 23 A und 23 B, Rz 11.2.

[153]) OECD-MK zu Art 23 A und 23 B, Rz 11.1.

[154]) Vgl *Englmair* in *Aigner/Kofler/Tumpel,* DBA² Art 23a Rz 64. Qualifikationskonflikte, deren Ursache auf Unterschiede im innerstaatlichen Recht der Vertragsstaaten zurückzuführen ist, werden dagegen über eine entsprechende Interpretation von Art 23 A Abs 1 OECD-MA gelöst (vgl *Ismer* in *Vogel/Lehner,* DBA⁶ Art 23 Rz 40f; weiters *Marchgraber* in *Staringer* et al, Niedrigbesteuerung im Unternehmenssteuerrecht 104ff).

[155]) Vgl *Ismer* in *Vogel/Lehner,* DBA⁶ Art 23 Rz 251.

Österreich abgeschlossenen DBA – gelten die Diskriminierungsverbote nicht nur für die vom Abkommen erfassten Steuern, sondern für **alle Steuern** im Verhältnis der beiden Vertragsstaaten (Art 24 Abs 6 OECD-MA). Bei diesen Regelungen handelt es sich um unmittelbar anwendbare Vorschriften. Verstoßen daher innerstaatliche Bestimmungen gegen ein Diskriminierungsverbot, dürften sie im Anwendungsbereich dieser abkommensrechtlichen Regelung insoweit nicht angewendet werden.

Art 24 OECD-MA untersagt zunächst eine Diskriminierung aus Gründen der **Staatsangehörigkeit** (Abs 1): Natürliche und juristische Personen des einen Staates dürfen im anderen Staat nicht anderen oder höheren Steuern unterworfen werden als jenen, welche von den Staatsangehörigen dieses anderen Staates erhoben werden. Da im Steuerrecht regelmäßig die steuerlichen Folgen nicht von der Staatsangehörigkeit abhängen, sondern mit der Ansässigkeit verbunden werden (Unterscheidung von unbeschränkter und beschränkter Steuerpflicht), spielt die Staatsangehörigkeitsdiskriminierung im Recht der DBA nur eine untergeordnete Rolle. Die unterschiedliche Behandlung von unbeschränkt und beschränkt Stpfl wird grds nicht als Verstoß gegen das Diskriminierungsverbot des Art 24 Abs 1 OECD-MA gewertet.[156]) Das unterscheidet das DBA-Diskriminierungsverbot von den Diskriminierungsverboten des Unionsrechts, bei denen der EuGH eine (versteckte) Diskriminierung auf Grund der Staatsangehörigkeit auch dann annimmt, wenn eine nationale Norm zwar nicht formal nach der Staatsangehörigkeit differenziert, sich aber inhaltlich doch praktisch als Diskriminierung von Ausländern auswirkt (zur EuGH-Judikatur betr beschränkt Stpfl siehe Band II[7], Tz 80 ff).

1374 Eine größere Rolle spielt das Verbot der Diskriminierung von **Betriebsstätten** (Abs 3): Die Besteuerung von Betriebsstätten ausländischer Unternehmen darf danach im Betriebsstättenstaat nicht ungünstiger geregelt sein als die seiner eigenen Unternehmen. Ist die Situation vergleichbar, darf keine Schlechterstellung der Betriebstätte von im anderen Vertragsstaat ansässigen Personen erfolgen.

Praktische Bedeutung hat das Betriebsstättendiskriminierungsverbot des Art 24 Abs 3 bspw für den Verlustabzug iSd § 102 Abs 2 Z 2 EStG: Die Möglichkeit des Verlustabzuges ist bei Bestehen eines solchen Diskriminierungsverbotes auch den im anderen Vertragsstaat ansässigen Unternehmen für Verluste ihrer inländischen Betriebsstätte zu gewähren, ohne dabei die Beschränkungen des § 102 Abs 2 Z 2 EStG zur Anwendung zu bringen. Der Verlustabzug kann deshalb auch dann geltend gemacht werden, wenn die Verluste niedriger sind als die ausländischen, nicht der beschränkten Stpfl unterliegenden Einkünfte.[157])

In Art 24 Abs 3 Satz 2 OECD-MA wird allerdings ausdrücklich darauf hingewiesen, dass die Bestimmung nicht so auszulegen ist, als verpflichte sie den Quellenstaat, den im anderen Vertragsstaat ansässigen Personen Steuerfreibeträge, -vergünstigungen und -ermäßigungen auf Grund des Personenstandes oder der Familienlasten zu gewähren, die er seinen eigenen Ansässigen gewährt.

---

[156]) Vgl schon VfGH 22. 6. 1967, B 25/67; VwGH 24. 1. 1996, 92/13/0306.

[157]) Vgl *Hohenwarter*, Verlustverwertung im Konzern 175 ff.

Diskriminierungen auf Grund der Ansässigkeit von Gläubigern (sog **Gläubigerdiskriminierungsverbot**) verbietet sodann die Regelung des Abs 4. Zinsen, Lizenzgebühren und andere Entgelte, die ein Unternehmen eines Vertragsstaates an eine im anderen Vertragsstaat ansässige Person zahlt, müssen bei der Ermittlung der stpfl Gewinne des zahlenden Unternehmens unter den gleichen Bedingungen zum Abzug zugelassen werden wie Zahlungen an im Inland ansässige Empfänger. 1375

Lediglich die Bestimmungen der Art 9 Abs 1, 11 Abs 6 und 12 Abs 4 OECD-MA gehen dem Gläubigerdiskriminierungsverbot vor. Transaktionen zwischen verbundenen Unternehmen oder zwischen Personen, die in besonderen Beziehungen stehen, und die deshalb nicht dem arm's-length-Prinzip entsprechen, werden von Art 24 Abs 4 OECD-MA nicht berührt (Vorrang des Fremdvergleichsgrundsatzes). Entsprechende Korrekturen und Abzugsverbote begründen daher keinen Verstoß gegen das Diskriminierungsverbot.

Typischer Anwendungsfall des Gläubigerdiskriminierungsverbots sind *Unterkapitalisierungsvorschriften,* die nicht in Übereinstimmung mit dem Fremdvergleichsgrundsatz ausgestaltet sind.[158])

Während nach Abs 4 die Ansässigkeit des Zahlungsempfängers nicht als Anknüpfungspunkt für eine steuerliche Benachteiligung des Unternehmens dienen darf, verbietet Abs 5 die Diskriminierung von Unternehmen auf Grund der Ansässigkeit ihrer Gesellschafter im anderen Vertragsstaat (**Gesellschafterdiskriminierungsverbot**). Dementsprechend dürfen nach Art 24 Abs 5 OECD-MA Unternehmen eines Vertragsstaates, deren Kapital einer im anderen Vertragsstaat ansässigen Person oder mehreren solchen Personen gehört oder ihrer Kontrolle unterliegt, im Sitzstaat des Unternehmens keiner Besteuerung oder damit zusammenhängenden Verpflichtungen unterworfen werden, die anders oder belastender ist als die Besteuerung, denen andere ähnliche Unternehmen des Sitzstaates unterworfen sind. 1376

Ist eine steuerliche Mehrbelastung nicht auf die Tatsache der Ansässigkeit der Gesellschafter zurückzuführen, sondern auf andere Umstände, wie etwa die fehlende Steuerbarkeit von Gewinnen als Voraussetzung für eine Begünstigung, liegt nach hM kein Verstoß gegen das Diskriminierungsverbot vor.[159]) Diese Sichtweise lässt sich etwa auch auf Gruppenbesteuerungssysteme übertragen, sofern das System zwingend eine Einbeziehung der Einkünfte der beteiligten Gesellschaften verlangt, weil eine Besteuerung der Gewinne bei Ansässigkeit im anderen Vertragsstaat nach Art 7 OECD-MA unzulässig ist. Daraus ergeben sich andere Verhältnisse und ein Gebot zur Gleichbehandlung besteht schließlich nur bei Vorliegen vergleichbarer Verhältnisse.[160])

---

[158]) *Rust* in *Vogel/Lehner,* DBA[6] Art 24 Rz 147 f; *Haslehner* in *Aigner/Kofler/Tumpel,* DBA[2] Art 24 Rz 30.

[159]) Vgl OECD-MK Art 24 Rz 78; weiters UK House of Lords 23. 5. 2007, Boake Allen Ltd vs HMRC, [2007] UKHL 25; *Rust* in *Vogel/Lehner,* DBA[6] Art 24 Rz 166; *Avery Jones,* WTJ 2011, 179 ff.

[160]) Für eine Analyse der österr Gruppenbesteuerungsregelungen des § 9 KStG im Lichte des Gesellschafterdiskriminierungsverbots siehe *Hohenwarter,* Verlustverwertung im Konzern, 601 ff und 644 ff.

K. Verständigungsverfahren

1377 Die Beurteilung steuerlicher Sachverhalte mit internationalem Einschlag erfolgt durch die beteiligten Behörden jeweils nach innerstaatlichem Recht. Es besteht dabei die Möglichkeit, dass derselbe Sachverhalt von den beteiligten Behörden unterschiedlich gewertet wird (**Qualifikationskonflikt**). Oft handelt es sich bei diesen Qualifikationskonflikten um sog **„Subsumtionskonflikte"**, bei denen die Vertragsstaaten den Sachverhalt aus der Sicht der Abkommensbestimmungen unterschiedlich beurteilen, also zu einer unterschiedlichen Tatsachenwürdigung kommen.

Beispiel:

Ein Stpfl mit Wohnsitz in einem Vertragsstaat ist im anderen Staat als Handelsvertreter tätig. Die Behörden des Wohnsitzstaates nehmen eine **selbständige** (unternehmerische) Tätigkeit an und ziehen den Stpfl (mangels Betriebsstätte im anderen Staat) zur Steuer heran. Die Behörden des Tätigkeitsstaates nehmen eine **unselbständige** Tätigkeit an und besteuern den Stpfl auf Grund der Tätigkeit. Es kommt somit zu einer vom Abkommen nicht gewollten Doppelbesteuerung (positiver Qualifikationskonflikt).

Daneben gibt es **Definitionskonflikte,** die durch die unterschiedliche Terminologie der innerstaatlichen Rechtsordnungen, und **Ermessenskonflikte,** die durch unterschiedliche Ausfüllung eines den Behörden eingeräumten Ermessensspielraumes ausgelöst werden.

Zur Behebung solcher Konflikte und sonstiger Zweifelsfragen, die sich bei Auslegung und Anwendung der DBA ergeben, dient das Verständigungsverfahren (Art 25 OECD-MA).

1378 Im Verständigungsverfahren stehen sich die obersten Finanzbehörden der Vertragsstaaten gegenüber. Der Stpfl selbst ist daran nicht beteiligt, hat also keinen Anspruch auf Teilnahme oder Parteiengehör. Eingeleitet werden kann ein Verständigungsverfahren (auf Antrag des Stpfl) nicht nur im Ansässigkeitsstaat, sondern – seit dem Update 2017 – auch im Quellenstaat. Das Ergebnis des Verständigungsverfahrens ist ein **Verwaltungsabkommen** zwischen den beteiligten obersten Behörden. Sofern dieses Abkommen innerstaatlich die Rechtslage neu gestaltet, ist es als Rechtsverordnung kundzumachen (eine bloße Verlautbarung als Erlass wäre eine nicht ordnungsmäßig kundgemachte VO und daher gesetzwidrig).[161]) Individuelle Erledigungen, die auf Grund eines Verständigungsverfahrens ergehen, sind als Bescheide der innerstaatlichen Verwaltungsbehörden zu qualifizieren und damit nach den allgemeinen Vorschriften rechtsmittelfähig. Die verfahrensrechtliche Handhabe, um einen rechtskräftigen Bescheid auf Grund des Ergebnisses eines Verständigungsverfahrens aufzuheben, bietet § 299 Abs 1 (iVm § 302) oder § 303 BAO.

1379 Für den Fall, dass die zuständigen Behörden nicht in der Lage sind, innerhalb von zwei Jahren[162]) eine einvernehmliche Lösung herbeizuführen, können

[161]) VfGH 11. 3. 1993, V 98/92.

[162]) Die Zweijahresfrist beginnt ab dem Zeitpunkt zu laufen, ab dem alle von den zuständigen Behörden zur Bearbeitung des Falles benötigten Informationen beiden

die ungelösten Streitpunkte nach Art 25 Abs 5 OECD-MA über Ersuchen des Stpfl einem **Schiedsverfahren** zugeleitet werden. Dies ist allerdings nicht möglich, wenn in dieser Angelegenheit bereits eine Entscheidung durch ein (Verwaltungs-)Gericht eines der beiden Staaten ergangen ist. Sofern die Umsetzung des Schiedsspruchs von einer durch den Fall unmittelbar betroffenen Person nicht ausdrücklich abgelehnt wird, ist der Schiedsspruch für beide Vertragsstaaten verbindlich. Wie das Schiedsverfahren durchzuführen ist, überlässt Art 25 Abs 5 letzter Satz OECD-MA den zuständigen Behörden der Vertragsstaaten, die das Verfahren in gegenseitigem Einvernehmen regeln sollen.

Eine Besonderheit enthält in diesem Zusammenhang das DBA Österreich-Deutschland, das in Art 25 Abs 5 den EuGH als Schiedsgericht vorsieht. Sofern Zweifel bei der Auslegung oder Anwendung des Abkommens nicht innerhalb von drei Jahren im Verständigungsverfahren beseitigt werden, ist der Fall im Rahmen eines Schiedsverfahrens vor dem EuGH anhängig zu machen.[163])

L. EU-Schiedsübereinkommen und EU-Streitbeilegungsrichtlinie

Für Konflikte iZm Verrechnungspreisen (siehe Tz 1349) besteht zusätzlich **1380**
zu den abkommensrechtlichen Verständigungsverfahren die Möglichkeit, das EU-Schiedsübereinkommen in Anspruch zu nehmen. Die Mitgliedstaaten der EU haben in diesem Übereinkommen (Schiedskonvention[164]) ein **Streitbeilegungsverfahren** für Fälle festgelegt, in denen es bei Unternehmen verschiedener Mitgliedstaaten infolge von Gewinnberichtigungen zur Doppelbesteuerung kommt. Das EU-Schiedsübereinkommen schreibt die Beseitigung der Doppelbesteuerung durch Einigung der Vertragsstaaten vor. Zur effektiven Implementierung des Übereinkommens wurde vom Rat der EU ein Verhaltenskodex erstellt.[165])

Das Streitbelegungsverfahren des Schiedsübereinkommens wurde am 10. 10. 2017 um die **EU-Streitbeilegungsrichtlinie** (2017/1852/EU)[166]) erweitert.[167]) Im Unterschied zum EU-Schiedsübereinkommen können die Streitbei-

---

zuständigen Behörden zur Verfügung gestellt worden sind (siehe Art 25 Abs 5 lit b OECD-MA idF Update 2017).

[163]) Am 12. 9. 2017 hat der EuGH erstmals im Rahmen eines nach Art 25 Abs 5 DBA Deutschland angestrengten Verfahrens entschieden (Auslegung des Begriffs „Forderungen mit Gewinnbeteiligung"), C-648/15, *Österreich gegen Deutschland.*

[164]) Übereinkommen über die Beseitigung der Doppelbesteuerung im Falle von Gewinnberichtigungen zwischen verbundenen Unternehmen, ABl L 225, 10 vom 20. 8. 1990, 90/436/EWG.

[165]) ABl C 322, 1 vom 30. 12. 2009.

[166]) RL (EU) 2017/1852 des Rates vom 10. 10. 2017 über Verfahren zur Beilegung von Besteuerungsstreitigkeiten in der Europäischen Union, ABl L 265, 1 vom 14. 10. 2017.

[167]) Die Richtlinie ist bis 30. 6. 2019 in das nationale Recht umzusetzen und ist auf alle Beschwerden anwendbar, die ab dem 1. Juli 2019 zu Streitfragen im Zusammenhang mit Einkommen oder Vermögen eingereicht werden, die in einem Steuerjahr, das am oder nach dem 1. 1. 2018 beginnt, erwirtschaftet werden; vgl Begutachtungsentwurf zum EU-Besteuerungsstreitbeilegungsgesetz, 116/ME 26. GP.

legungsmechanismen der neuen EU-Richtlinie auf sämtliche Fälle einer Doppelbesteuerung angewendet werden, die unter ein Abkommen zur Vermeidung der Doppelbesteuerung von Einkommen und Vermögen fallen.

M. Treaty Shopping

1381 Aus der Tatsache, dass das Abkommensnetz eines Staates meist lückenhaft ist und die Abkommen überdies unterschiedliche Regelungen (zB hinsichtlich der Höhe von Quellensteuersätzen) enthalten, erklärt sich das Bestreben von Stpfl, ihre Verhältnisse so einzurichten, dass auf den Sachverhalt eine möglichst günstige Abkommensregelung zur Anwendung kommt. Als **„treaty shopping"** (Missbrauch von DBA, Erschleichung von Abkommensbegünstigungen) bezeichnet man Gestaltungen, mit deren Hilfe versucht wird, eine Abkommensberechtigung oder Abkommensbegünstigung zu erlangen, die für den betr Fall eigentlich nicht vorgesehen ist. Ob in solchen Fällen bereits auf Grund innerstaatlicher Missbrauchsvorschriften die Anwendung des Abkommens versagt werden kann, ist strittig.[168]) Die modernen Abkommen versuchen zunehmend, solche Gestaltungen entweder fallbezogen oder durch eine allgemeine Missbrauchsklausel aus dem Anwendungsbereich der DBA auszuschließen. Eine derartige Klausel ist etwa in Art 28 Abs 2 des DBA Deutschland enthalten: Danach ist *„[d]er Ansässigkeitsstaat [. . .] berechtigt, seine innerstaatlichen Rechtsvorschriften zur Abwehr von Steuerumgehungen anzuwenden, um missbräuchlichen Gestaltungen oder unfairem Steuerwettbewerb zu begegnen"*. Eine „missbräuchliche Gestaltung" ist dabei nach Abschnitt 15 des Protokolls zu Art 28 des DBA Deutschland *„eine solche, die im Hinblick auf den angestrebten wirtschaftlichen Erfolg ungewöhnlich und unangemessen ist und ihre Erklärung in der Absicht der Steuervermeidung findet. Sie liegt in Fällen vor, in denen der gewählte Weg nicht mehr sinnvoll erscheint, wenn man den abgabensparenden Effekt wegdenkt, oder wenn er ohne das Resultat der Steuerminderung einfach unverständlich wäre"*. „Unfairer Steuerwettbewerb" ist dagegen anzunehmen, *„wenn eine Steuerpraxis eines Vertragsstaats in einer Art und Weise gestaltet ist, dass sie im Sinne der einschlägigen Arbeiten in der OECD oder in der Europäischen Union als schädlich eingestuft worden ist"*.

Seit dem Update 2017 enthält auch das OECD-MA mit Art 29 (siehe Tz 1332) ausdrückliche Vorschriften, die dem Treaty Shopping entgegenwirken sollen, indem sie die Abkommensberechtigung begrenzen. Gemeinsam mit Art 1 Abs 3 (siehe Tz 1336) setzen sie die in Aktionspunkt 6 des BEPS-Projekts

[168]) Bejahend *Loukota*, ÖStZ 1990, 2 ff; im Wesentlichen auch Kommentar zu Art 1 OECD-MA; ebenso VwGH 26. 7. 2000, 97/14/0070; aA *Lang*, SWI 1991, 55 ff; *Gassner/Lang*, SWI 1994, 246. Im Erk 10. 12. 1997, 93/13/0185, beurteilt der VwGH die Zwischenschaltung einer Gesellschaft, die nicht am Erwerbsleben teilnimmt oder keine sinnvollen Funktionen erfüllt, nicht nach Missbrauchsgesichtspunkten, sondern geht davon aus, dass einer solchen Gesellschaft die Einkünfte gar nicht zuzurechnen seien; das gelte auch für ausländische Basisgesellschaften. Zum Missbrauch bei Einschaltung ausländischer Basisgesellschaften siehe auch Band II[7] Tz 113; weiters *Ehrke-Rabel/Kofler*, ÖStZ 2009, 462 f.

identifizierte Notwendigkeit der Verhinderung von Abkommensmissbrauch um. Wie bereits in Tz 1328 ausgeführt, ist der Kampf gegen die missbräuchliche Inanspruchnahme von DBA und Treaty Shopping ebenso Teil der Vorschriften des MLI (Art 6 bis 11).

IV. Amtshilfe

A. Informationsaustausch

Die Sachaufklärung im Ausland mit hoheitlichen Mitteln ist inländischen Steuerbehörden nach völkerrechtlichen Grundsätzen verwehrt. Um dieses Defizit auszugleichen, wurde in den DBA nach Vorbild von Art 26 OECD-MA ein Austausch von Informationen zwischen den Steuerbehörden der Vertragsstaaten vereinbart. Von einer **kleinen Auskunftsklausel** spricht man dabei, wenn Auskünfte nur zur Durchführung des DBA zu erteilen sind. Als **große Auskunftsklausel** bezeichnet man hingegen die Verpflichtung zur Auskunftserteilung nicht nur zwecks Durchführung des DBA, sondern auch zur Durchführung des innerstaatlichen Rechts der Vertragsstaaten. Nach Art 26 OECD-MA gilt diese Verpflichtung für Steuern jeder Art und Bezeichnung. **1382**

Die Vorschriften über den Informationsaustausch betreffen nur die beteiligten Behörden und begründen für den Stpfl kein subjektives Recht.[169])

Im Jahr 2002 entwickelte die OECD im Rahmen eines Musterabkommens für den internationalen Informationsaustausch (**Tax Information Exchange Agreement,** TIEA) einen neuen Standard der Transparenz und Amtshilfebereitschaft. Dieser wurde in der Folge in Art 26 des OECD-MA übernommen. Er verpflichtet den um Amtshilfe ersuchten Staat, die ersuchten Informationen zu beschaffen, auch wenn er die Informationen nicht für seine eigenen Steuerzwecke benötigt. Außerdem darf die Erteilung von Informationen nicht nur deshalb abgelehnt werden, weil sie sich im Besitz einer Bank befinden (Art 26 Abs 4 und 5 OECD-MA). Es müssen dem ersuchenden Staat alle Auskünfte erteilt werden, die für dessen steuerliche Zwecke voraussichtlich erheblich („foreseeably relevant“) sind. **1383**

Die OECD hat sich im Anschluss daran intensiv darum bemüht, alle wichtigen Finanzzentren zur Übernahme der Grundsätze des neuen OECD-Standards zu bewegen. Auch Österreich musste im Jahr 2009 auf Grund des internationalen politischen Drucks seinen wegen des innerstaatlichen Bankgeheimnisses gegen Art 26 Abs 5 OECD-MA eingebrachten Vorbehalt zurückziehen und sich zur Erfüllung des OECD-Standards der Transparenz und Amtshilfebereitschaft verpflichten.

Der Umsetzung der OECD-Grundsätze für den bilateralen Informationsaustausch in Steuersachen dient das **Amtshilfedurchführungsgesetz** (ADG[170]), das am 9. 9. 2009 in Kraft getreten ist. Es regelt vor allem das Verfahren zur Informationsbeschaffung. Denn ob und inwieweit Amtshilfe zu leisten ist, wird **1384**

---

[169]) VwGH 30. 5. 1978, 0594/78; vgl auch EuGH 16. 5. 2017, C-682/15, *Berlioz Investment Fund;* EuGH 22. 10. 2013, C-276/12, *Sabou.*

[170]) BGBl I 2009/102.

nicht vom ADG bestimmt, sondern richtet sich nach den Normen des Unionsrechts, der anzuwendenden DBA oder sonstiger völkerrechtlicher oder innerstaatlicher Rechtsquellen. Amtshilfe in Bezug auf Bankdaten unter Durchbrechung des Bankgeheimnisses (§ 38 BWG) wird nur geleistet, wenn die anzuwendende Rechtsgrundlage vorsieht, dass die Erteilung von Informationen in keinem Fall nur deshalb abgelehnt werden darf, weil sich die Informationen bei einem Kreditinstitut befinden.[171]) Praktisch bedeutet dies, dass Amtshilfe in Bezug auf Bankdaten dann geleistet wird, wenn dies im jeweiligen DBA oder in einem TIEA vorgesehen ist.[172])

1385 Damit auch im Verhältnis zu Staaten, mit denen kein DBA besteht, ein Auskunftsverkehr entsprechend dem OECD-Standard möglich ist,[173]) hat Österreich TIEA abgeschlossen (zB mit Andorra, Gibraltar, Monaco).[174]) TIEAs in Verbindung mit dem ADG dienen somit dem Auskunftsverkehr mit „Steueroasen".

1386 **Innerhalb der EU** beruht der internationale Informationsaustausch auf dem Gebiet des Steuerwesens im Wesentlichen auf der **Richtlinie 2011/16/EU** über die Zusammenarbeit der Verwaltungsbehörden im Bereich der Besteuerung (**EU-Amtshilferichtlinie**)[175]), mit der die davor bestehende Amtshilferichtlinie (RL 77/799/EWG)[176]) ersetzt wurde. In der EU-Amtshilferichtlinie findet die aktuelle OECD-Rechtslage Berücksichtigung.[177]) Sie gilt für Steuern aller Art, die von einem oder für einen Mitgliedstaat oder von einer oder für eine Gebietskörperschaft erhoben werden. Nicht anzuwenden ist sie allerdings auf Steuern, für die andere EU-Rechtsvorschriften bestehen (Mehrwertsteuer, Verbrauchsteuern, Zölle), auf Pflichtbeiträge zur Sozialversicherung und auf Gebühren.[178])

1387 Die EU-Amtshilferichtlinie sieht die klassischen Formen des Informationsaustausches auf Ersuchen, des spontanen und des automatischen Informationsaustausches vor. Die wesentlichste Neuerung ist neben der Terminologie (statt „Auskunft" wird nun von „Informationsaustausch" gesprochen) der **verpflichtende automatische Informationsaustausch.** Die RL nennt in Art 8 fünf

---

[171]) Vgl ausführlich zB *Ehrke-Rabel* in *Raschauer,* Datenschutzrecht 2010, 23 ff; *Bergmann* in FS Rödler 118 ff.

[172]) Zur Rechtslage nach der Amtshilferichtlinie siehe Tz 1386 ff.

[173]) Vgl ausführlich *Moshammer,* SPRW 2011, 60.

[174]) Weitere TEIA bestehen mit Guernsey, Jersey, Mauritius, und St. Vincent & die Grenadinen.

[175]) RL 2011/16/EU, ABl L 64, 1; dazu Durchführungs-VO (EU) vom 6. 12. 2012, ABl L 335, 42).

[176]) RL 77/799/EWG vom 19. 12. 1977, ABl L 336, 15; mehrfach geändert und ergänzt.

[177]) Die RL 2011/16/EU war grds bis zum 1. 1. 2013 in das nationale Recht umzusetzen; nur für die Bestimmungen über den verpflichtenden automatischen Informationsaustausch (siehe unten) war eine verlängerte Frist bis zum 1. 1. 2015 vorgesehen.

[178]) Für den Bereich der Umsatzsteuer ist die VO (EU) 904/2010 des Rates vom 7. 10. 2010 über die Zusammenarbeit der Verwaltungsbehörden und die Betrugsbekämpfung auf dem Gebiet der Mehrwertsteuer maßgeblich (ABl L 268, 1).

Kategorien von Einkünften und Vermögen, über die die Mitgliedstaaten verpflichtend Informationen an andere Mitgliedstaaten übermitteln,[179]) sofern diese Informationen verfügbar sind. Der ersuchte Mitgliedstaat hat nach Art 18 der RL die Informationen auch dann zu beschaffen, wenn er diese nicht für eigene Steuerzwecke benötigt. Die Ablehnung der Informationserteilung allein unter Berufung auf das Bankgeheimnis ist nicht mehr möglich (Art 18 Abs 2 der RL). Die übermittelten Informationen können außer zur Anwendung und Durchsetzung des innerstaatlichen Rechts insb auch zur Festsetzung und Beitreibung anderer Steuern und Abgaben, die der RL 2010/24/EU (EU-Beitreibungsrichtlinie) unterliegen sowie von Pflichtbeiträgen zur Sozialversicherung verwendet werden.[180])

Geregelt ist auch die Zusammenarbeit mit Drittländern: Art 19 verpflichtet die Mitgliedstaaten, die mit einem Drittland eine umfassendere Zusammenarbeit (als in dieser Richtlinie vorgesehen) vereinbart haben, diese über Ersuchen auch mit anderen Mitgliedstaaten einzugehen (Gleichbehandlungsklausel).

Seit ihrem Inkrafttreten wurde die EU-Amtshilferichtlinie bereits mehr- **1388**
fach geändert. So hat etwa durch die RL 2014/107/EU[181]) Ende 2014 der globale Standard für den automatischen Informationsaustausch über Finanzkonten (Gemeinsamer Meldestandard, GMS) Eingang in die Amtshilferichtlinie gefunden. Der automatische Informationsaustausch (AIA) selbst basiert auf einem einheitlichen Standard der OECD (Common Reporting Standard, CRS).[182])

Durch die RL 2015/2376/EU[183]) wurden ein Jahr später die Art 8 a, 8 b und 23 a in die Amtshilferichtlinie eingefügt und damit ein **verpflichtender automatischer Informationsaustausch über grenzüberschreitende Vorbescheide und Vorabverständigungen** in Bezug auf Verrechnungspreisgestaltungen aufgenommen. Diese Form des automatischen Informationsaustausches ist eine weitere Maßnahme in den Bestrebungen der EU, grenzüberschreitende Steuerumgehung oder -vermeidung sowie aggressive Steuerplanung einzudämmen. Vor allem international agierende Konzerne nutzen in einigen Staaten bilaterale Vereinbarungen mit nationalen Steuerbehörden (sog „Rulings“ oder „Advance Pricing Agreements“) dazu, um ihre globale Steuerlast durch Verrechnungspreisgestaltungen zu optimieren. Um diese Vereinbarungen transparent zu machen, verpflichtet die RL 2015/2376/EU die Mitgliedstaaten nunmehr zum gegenseitigen Austausch dieser Rulings und zu deren Übermittlung an die Europäische Kommission.

---

[179]) Seit 1. 1. 2015 verpflichtend in Bezug auf Besteuerungszeiträume ab 1. 1. 2014.

[180]) Einzelheiten in Art 16 der Amtshilferichtlinie; vgl dazu *Jirousek*, SWI 2011, 235; *Leitgeb*, ÖStZ 2011, 305.

[181]) RL 2014/107/EU des Rates vom 9. 12. 2014, ABl L 2014/359, 1.

[182]) Weitere Abkommen zur Umsetzung des AIA sind das Multilaterale Übereinkommen des Europarats und der OECD über die gegenseitige Amtshilfe in Steuersachen (Multilaterale Amtshilfekonvention, MAK), AIA-Abkommen der EU, DBA und TIEA. Ausführlich *Canete* in *Canete/Kubaile/Petritz/Zünd* Pkt 1.3.

[183]) RL (EU) 2015/2376 des Rates vom 8. 12. 2015, ABl L 2015/332, 1.

Der Bekämpfung von BEPS dient letztlich auch die RL 2016/881/EU[184]), mit der die EU-Amtshilferichtlinie um den verpflichtenden automatischen Austausch länderbezogener Berichte zwischen den Mitgliedstaaten (**Country-by-Country-Reporting**) erweitert wurde (Art 8 aa, 25 a und 26).

Um die weltweite Verteilung der Steuerlast von international agierenden Unternehmen auf Nationalstaaten transparent zu machen, wird von multinationalen Unternehmensgruppen eine länderbezogene Berichterstattung eingefordert, die sodann automatisch zwischen den Mitgliedstaaten ausgetauscht wird. Der Country-by-Country-Report (CbCR) schlüsselt zu diesem Zweck die weltweite Verteilung von Erträgen, Steuern und Geschäftstätigkeiten einer multinationalen Unternehmensgruppe auf einzelne Staaten oder Gebiete auf. Dadurch sollen den Steuerverwaltungen ausreichende Informationen zur Durchführung von Risikoabschätzungen und Prüfungen in Verrechnungspreisfragen zur Verfügung gestellt werden. Die erhöhte Transparenz soll wiederum als Anreiz für international agierende Unternehmen wirken, Konstruktionen zur Umgehung der nationalen Steuerpflichten aufzugeben.

Ende 2016 wurde die EU-Amtshilferichtlinie erneut in ihrem Anwendungsbereich erweitert. Mithilfe der RL 2016/2258/EU[185]) wird den Mitgliedstaaten nunmehr auch der Zugang zu Informationen ermöglicht, die nach der Geldwäscherichtlinie[186]) zu erheben sind. Damit soll sichergestellt werden, dass die Steuerbehörden ihre Verpflichtungen aus der RL 2011/16/EU zum AIA (siehe Tz 1388) besser erfüllen und Steuerhinterziehung wirksamer bekämpfen können.[187])

Die letzte Änderung der EU-Amtshilferichtlinie erfolgte am 25. 5. 2018 und verpflichtet sog Intermediäre zur Offenlegung von potentiell aggressiven Steuergestaltungsmodellen mit grenzüberschreitendem Charakter gegenüber den nationalen Steuerbehörden (**Mandatory Disclosure**).[188]) Als Intermediäre gelten dabei Personen, die die Verantwortung für die Konzeption, Vermarktung, Organisation, Verwaltung oder Umsetzung eines derartigen Modells tragen. Umfasst sind daher im Wesentlichen alle Unternehmen oder professionellen Akteure (zB auch Rechtsanwälte, Steuerberater, Finanzberater oder Banken). Subsidiär kann die Meldeverpflichtung allerdings auf den Stpfl übergehen, wenn etwa der Intermediär nicht in der EU niedergelassen ist, beruflichen Verschwiegenheitspflichten unterliegt oder es gar keinen Intermediär gibt (weil das

[184]) RL (EU) 2016/881 des Rates vom 25. 5. 2016, ABl L 2016/146, 8.

[185]) RL (EU) 2016/2258 des Rates vom 6. 12. 2016, ABl L 2016/342, 1.

[186]) RL (EU) 2015/849 des Europäischen Parlaments und des Rates vom 20. 5. 2015, ABl L 2015/141, 73.

[187]) *Hafner/Stiastny*, SWI 2017, 134 ff.

[188]) Richtlinie (EU) 2018/822 des Rates vom 25. 5. 2018 zur Änderung der Richtlinie 2011/16/EU bezüglich des verpflichtenden automatischen Informationsaustauschs im Bereich der Besteuerung über meldepflichtige grenzüberschreitende Gestaltungen, Abl L 2018/139, 1. Nach Art 2 dieser Richtlinie sind die Mitgliedstaaten bis zum 31. 12. 2019 zur Umsetzung in nationales Recht verpflichtet und haben die darin enthaltenen Vorschriften ab dem 1. 7. 2020 anzuwenden; vgl Begutachtungsentwurf zum Abgabenbetrugsbekämpfungsgesetz 2020, 150/ME 26. GP.

Modell von unternehmensinternen Beratern entwickelt wurde). Potentiell aggressiv und damit meldepflichtig sind Steuerplanungsmodelle grds dann, wenn sie zumindest eines der im Anhang IV der Richtlinie genannten Kennzeichen, Merkmale oder Eigenschaften (sog „hallmarks") aufweisen, die allesamt stark auf Steuervermeidung oder Steuermissbrauch hindeuten. Jedes betroffene Steuermodell muss innerhalb von 30 Tagen, beginnend an dem Tag, an dem die Gestaltung zur Umsetzung bereitgestellt wird, gemeldet werden. Die Daten werden sodann zwischen den Mitgliedstaaten automatisch ausgetauscht.

In Österreich ist die EU-Amtshilferichtlinie über weite Teile durch das **EU-Amtshilfegesetz (EU-AHG)** umgesetzt.[189]) Das EU-AHG regelt die Durchführung der Amtshilfe zwischen Österreich und anderen EU-Mitgliedstaaten beim Austausch von Informationen, die für die Anwendung und Durchsetzung des innerstaatlichen Rechts der Mitgliedstaaten in Bezug auf die vom Anwendungsbereich der Amtshilferichtlinie erfassten Steuern voraussichtlich erheblich sind (§ 1 Abs 1 EU-AHG). Entsprechend dem Konzept der Amtshilferichtlinie müssen die Mitgliedstaaten für die Verwirklichung des Informationsaustausches unter anderem eine „zuständige Behörde" sowie ein „zentrales Verbindungsbüro" benennen. Als zuständige Behörde in Österreich wird in § 3 EU-AHG der Bundesminister für Finanzen bestimmt. Als zentrales Verbindungsbüro, das für die Zusammenarbeit mit den anderen Mitgliedstaaten hauptverantwortlich zuständig ist, fungiert das dem BMF unterstellte *Central Liaison Office* (CLO). Die Beschaffung der erbetenen Informationen oder die Durchführung erbetener behördlicher Ermittlungen richtet sich grds nach den Vorschriften des ADG (§ 1 Abs 5 EU-AHG; zum ADG siehe Tz 1384). 1389

Der in der EU-Amtshilferichtlinie vorgesehene **Informationsaustausch auf Ersuchen** wird in § 4 EU-AHG umgesetzt. Auf Ersuchen eines Mitgliedstaates übermittelt das zentrale Verbindungsbüro an die ersuchende Behörde alle Informationen, die es besitzt, sofern diese Informationen für die in § 1 Abs 1 EU-AHG genannten Zwecke voraussichtlich erheblich sind. Das CLO ist verpflichtet, die erbetenen Informationen innerhalb von zwei Monaten, wenn Ermittlungen erforderlich sind innerhalb von sechs Monaten, zur Verfügung zu stellen (§ 5 EU-AHG). Keine Informationen werden erteilt, wenn die in § 4 Abs 3 EU-AHG genannten Gründe vorliegen (zB wenn der ersuchende Mitgliedstaat die üblichen ihm zur Verfügung stehenden Informationsquellen nicht ausgeschöpft hat, oder die Beschaffung der erbetenen Informationen für österr Besteuerungszwecke mit österr Rechtsvorschriften unvereinbar wäre). Die Verweigerung des Informationsaustausches allein unter Berufung auf das Bankgeheimnis ist jedoch keinesfalls mehr möglich (§ 4 Abs 5 EU-AHG). 1390

Im Wege des **automatischen Informationsaustausches** übermittelt das zentrale Verbindungsbüro der zuständigen Behörde jedes anderen Mitgliedstaates Informationen, die über die in den anderen Mitgliedstaaten ansässigen Personen für bestimmte Arten von Einkünften und Vermögen verfügbar sind (§ 7 EU-AHG). Die Bestimmungen über den automatischen Informationsaus- 1391

[189]) BGBl I 2012/112, in Kraft getreten mit 1. 1. 2013, mit dem das davor auf Basis der RL 77/799/EWG erlassene EG-AHG abgelöst wurde. Dazu *Jirousek*, SWI 2012, 532.

tausch iSd § 7 EU-AHG sind mit 1. 1. 2015 in Kraft getreten und beziehen sich auf Besteuerungszeiträume ab 1. 1. 2014. Sie beschränken sich grds auf die in Art 8 der EU-Amtshilferichtlinie vorgesehenen Fallkategorien (Vergütungen aus unselbständiger Arbeit, Aufsichtsrats- oder Verwaltungsratsvergütungen, Lebensversicherungsprodukte, Ruhegehälter sowie Eigentum an unbeweglichem Vermögen und Einkünfte daraus; siehe § 7 Abs 1 Z 1 bis 5 EU-AHG), betreffen also nicht Einkünfte aus Kapitalvermögen. Außerdem wurden Einkünfte aus Lebensversicherungsprodukten durch eine VO des BMF (BGBl II 2014/380) vom automatischen Informationsaustausch wieder ausgenommen.

In § 7a EU-AHG wird sodann der automatische Informationsaustausch über grenzüberschreitende Vorbescheide und Vorabverständigungen über die Verrechnungspreisgestaltung iSd RL 2015/2376/EU umgesetzt. Dabei betrifft der automatische Informationsaustausch in jedem Fall Vorbescheide oder Vorabverständigungen, die nach dem 31. 12. 2016 erteilt bzw getroffen, geändert oder erneuert werden (§ 7a Abs 1). Um einen größtmöglichen Nutzen zu erzielen, wurden allerdings auch bestimmte „Altfälle" in den Anwendungsbereich miteinbezogen (§ 7a Abs 2).[190])

1392 Darüber hinaus werden in bestimmten Fällen vom zentralen Verbindungsbüro der zuständigen Behörde jedes anderen Mitgliedstaates Informationen auch ohne vorheriges Ersuchen erteilt. Solche **Spontaninformationen** werden bspw erteilt, wenn Gründe für die Vermutung einer Steuerverkürzung in einem anderen Mitgliedstaat vorliegen, wenn Gründe für die Vermutung einer Steuerersparnis durch künstliche Gewinnverlagerungen innerhalb eines Konzerns gegeben sind oder wenn in Österreich auf Grund von Informationen einer Behörde eines anderen Mitgliedstaates ein Sachverhalt ermittelt worden ist, der für die Steuerfestsetzung in dem anderen Mitgliedstaat voraussichtlich erheblich sein könnte (§ 8 Abs 1 EU-AHG). Das zentrale Verbindungsbüro kann außerdem den zuständigen Behörden der anderen Mitgliedstaaten alle Informationen übermitteln, von denen es Kenntnis hat und die für die zuständigen Behörden der anderen Mitgliedstaaten von Nutzen sein können (§ 8 Abs 2 EU-AHG).

1393 Neben dem Informationsaustausch regelt das EU-AHG auch **sonstige Formen der Verwaltungszusammenarbeit.** So wird etwa mit § 10 EU-AHG eine explizite Rechtsgrundlage für die **Anwesenheit von Bediensteten anderer Mitgliedstaaten im Inland** geschaffen. Bediensteten ausländischer Steuerverwaltungen kann die Anwesenheit in den Amtsräumen der österr Abgabenbehörden sowie die Anwesenheit bei behördlichen Ermittlungen außerhalb der Amtsräume im österr Hoheitsgebiet ausdrücklich gestattet werden, womit auch **gemeinsame Prüfungen** (joint audits) ermöglicht werden. Grundlage einer solchen Zusammenarbeit ist eine Vereinbarung zwischen den zentralen Verbindungsbüros.[191]) Auf Vorschlag der zuständigen Abgabenbehörde kann das zentrale Verbindungsbüro auch mit anderen Mitgliedstaaten die Durchführung gleichzeitiger Prüfungen jeweils im eigenen Hoheitsgebiet vereinbaren **(Simul-**

---

[190]) Vgl *Jirousek/Kerschner,* ÖStZ 2016, 401 ff.

[191]) Vgl dazu *Jirousek,* SWI 2012, 534 f.

tanbetriebsprüfungen). Ziel dieser Vereinbarung ist der Austausch der dabei erlangten Informationen (§ 12 EU-AHG).

Gleichzeitig beinhaltet das EU-AHG Regelungen über eine **Zustellungsamtshilfe** (siehe Tz 1398).

Die durch die RL 2014/107/EU bewirkten Änderungen der EU-Amtshilferichtlinie über den automatischen Austausch von Informationen zu Finanzkonten wurden in Österreich in erster Linie mit dem **Gemeinsamer Meldestandard-Gesetz** (GMSG[192]), ergänzt durch Anpassung des EU-AHG und des ADG umgesetzt.[193]) Darüber hinaus wurde eine Durchführungsverordnung zum GMSG (GMSG-DV) erlassen.[194]) **1394**

Meldepflichtig sind grds Konten von natürlichen Personen und von Rechtsträgern (zB Personengesellschaften, Trusts; zu den Ausnahmen siehe § 89 GMSG), die in einem meldepflichtigen Staat ansässig sind, wobei sich die Ansässigkeit nach DBA-Regeln bestimmt.[195]) Die Identifizierung meldepflichtiger Konten hat nach den §§ 7 ff GMSG zu erfolgen. Das hierbei anzuwendende Verfahren unterscheidet zum einen zwischen natürlichen Personen und Rechtsträgern und zum anderen zwischen bestehenden Konten und Neukonten. Daneben sind Sonderregeln (zB Ausnahmen von der Meldepflicht oder erweiterte Sorgfaltspflichten) vorgesehen, wenn die Konten einen bestimmten Wert unter- oder überschreiten. So sind etwa bestehende Konten von Rechtsträgern im Gegenwert von höchstens USD 250.000 nicht meldepflichtig (§ 34 GMSG). **1395**

Bei meldepflichtigen Konten müssen Finanzinstitute bis zum 31. 7. eines Kalenderjahres für den davor liegenden Meldezeitraum **Informationen über den Kontoinhaber** (zB Name, Adresse) und das **Konto** (zB Kontonummer, Kontosaldo oder -wert zum Ende des betr Kalenderjahrs) an das FA melden, das für die Erhebung der KSt des Finanzinstituts zuständig ist (§§ 3 und 4 GMSG). Die gemeldeten Informationen sind vom BMF jährlich bis zum 30. 9. an die zuständige Behörde jedes teilnehmenden Staats zu übermitteln (§ 112 Abs 1 GMSG). Teilnehmende Staaten sind die Mitgliedstaaten der EU, Staaten, mit denen die EU vergleichbare Abkommen über den Informationsaustausch geschlossen hat und die in einer von der Europäischen Kommission veröffentlichten Liste angeführt werden, sowie Staaten, mit denen Abkommen über den Austausch der in § 3 GMSG geforderten Informationen bestehen. Eine Liste dieser meldepflichtigen Staaten wurde in einer Verordnung (BGBl II 2017/409) verlautbart.

Die RL 2016/881/EU über die Einführung eines Country-by-Country-Reporting wurde in Österreich im **Verrechnungspreisdokumentationsgesetz (VPDG)** umgesetzt. Danach ist für jede multinationale Unternehmensgruppe ein CbCR zu erstellen, sofern sie im vorangegangenen Wirtschaftsjahr mindes- **1396**

---

[192]) BGBl I 2015/116.

[193]) Diese Änderungen sind am 1. 1. 2016 in Kraft getreten.

[194]) Als Auslegungsbehelf zum GMSG hat die FinVerw zudem Richtlinien zum Gemeinsamen Meldestandard-Gesetz (GMSR) veröffentlicht (siehe BMF-Info vom 12. 12. 2016, BMF-010221/0820-VI/8/2016).

[195]) *Polivanova-Rosenauer*, ZWF 2017, 32.

tens € 750 Millionen konsolidierte Umsatzerlöse erzielt hat. Der CbCR ist verpflichtend in Österreich einzureichen, wenn die oberste Muttergesellschaft in Österreich ansässig ist. Unter bestimmten Voraussetzungen können allerdings auch andere österr Geschäftseinheiten davon betroffen sein.

B. Zustellungsamtshilfe

1397 Die Zustellung von Bescheiden österr Behörden im Ausland stößt auf Schwierigkeiten, wenn der ausländische Staat eine unmittelbare Zustellung (als Setzung eines ausländischen Hoheitsaktes) nicht duldet. Vor dem Hintergrund dieser Problematik sieht § 11 ZustG folgende Vorgehensweise für Zustellungen im Ausland vor: Zustellungen im Ausland sind nach den bestehenden internationalen Vereinbarungen (Staatsverträgen)[196]) oder auf dem Weg vorzunehmen, den das Recht des Staates, in dem zugestellt werden soll, vorsieht. Alternativ ist die Zustellung gem internationaler Übung vorzunehmen, erforderlichenfalls unter der Mitwirkung der österr Vertretungsbehörden. Im Verhältnis zu einigen anderen Staaten wird auch die Zustellung im Postweg stillschweigend geduldet. Umgekehrt sind Dokumente ausländischer Behörden im Inland ebenso nach den bestehenden internationalen Vereinbarungen, mangels solcher nach den Regelungen des ZustG, vorzunehmen (§ 12 ZustG).

1398 Innerhalb der EU ist die Zustellungsamtshilfe in Art 13 der Amtshilferichtlinie geregelt. Danach stellt auf Antrag eines Mitgliedstaates ein anderer Mitgliedstaat nach Maßgabe der nationalen Rechtsvorschriften für die Zustellung dem Adressaten alle Akte und Entscheidungen von Verwaltungsbehörden zu, die mit der Anwendung der Rechtsvorschriften über die unter diese Richtlinie fallenden Steuern in dessen Gebiet zusammenhängen. Die innerstaatliche Umsetzung findet sich in §§ 13f EU-AHG. Ist es der zuständigen Abgabenbehörde nicht möglich, die Zustellung gem den Vorschriften des Zustellgesetzes vorzunehmen oder würde die Zustellung unverhältnismäßige Schwierigkeiten aufwerfen, kann eine Zustellung im Rahmen der Zustellungsamtshilfe iSd §§ 13, 14 EU-AHG erfolgen. Das EU-AHG unterscheidet dabei zwischen Zustellungsersuchen an andere Mitgliedstaaten (§ 13 EU-AHG) und Zustellungsersuchen von anderen Mitgliedstaaten (§ 14 EU-AHG). Amtshilfe bei der Zustellung von Dokumenten sehen außerdem Art 8 der EU-Beitreibungsrichtlinie (siehe Tz 1400) sowie das EU-Vollstreckungsamtshilfegesetz (EU-VAHG; siehe Tz 1401) vor, das – wie auch das EU-AHG – zwischen eingehenden Ersuchen (§ 8) und ausgehenden Ersuchen (§ 9) unterscheidet.

C. Vollstreckungsamtshilfe; Rechtshilfe im Strafverfahren

1399 Die OECD hat bereits im Jahr 1981 ein Musterabkommen für die Amtshilfe bei der Vollstreckung von Steueransprüchen erarbeitet, das sich in der Pra-

[196]) ZB das Rechtshilfeabkommen mit Deutschland (BGBl 1990/526); für eine Übersicht der wichtigsten internationalen Vereinbarungen siehe auch *Larcher*, Zustellrecht 126.

xis allerdings nicht durchsetzen konnte. Mit dem Update 2003 wurde die zwischenstaatliche Vollstreckungsamtshilfe in Art 27 OECD-MA aufgenommen. Der Anwendungsbereich des Art 27 OECD-MA ist sehr weit gefasst (keine Einschränkung auf unter das jeweilige Abkommen fallende Personen oder Steuern), die praktische Bedeutung dieses Artikels ist gegenwärtig (noch) gering.[197]) Seitens Österreichs wurden entsprechende Bestimmungen bisher nur in wenige Abkommen aufgenommen.[198]) Im Verhältnis zu Deutschland ist die Vollstreckungsamtshilfe (zusätzlich zum EU-VAHG, dazu sogleich) auch im Rechtshilfeabkommen BGBl 1990/526 geregelt.

Im Rahmen der EU wird Amtshilfe zur Vollstreckung von Abgabenansprüchen nach Maßgabe der 2010 revidierten **EU-Beitreibungsrichtlinie**[199]) geleistet. Die ersuchte Behörde hat danach auf Antrag einer Behörde eines anderen Mitgliedstaates die Vollstreckung der Abgabenansprüche zu veranlassen, die in diesem anderen Mitgliedstaat entstanden sind. Die Amtshilfe betrifft (entsprechend Art 27 OECD-MA) Steuern und Abgaben aller Art, die von einem Staat oder einer Gebietskörperschaft, für diesen oder diese oder für die Europäische Union erhoben werden. 1400

Der Umsetzung der RL 2010/24/EU dient das **EU-Vollstreckungsamtshilfegesetz** (EU-VAHG[200]), das mit 1. 1. 2012 in Kraft getreten ist.[201]) Das EU-VAHG schränkt den durch die Beitreibungsrichtlinie sehr weit gefassten Anwendungsbereich durch einen Negativkatalog wieder ein. Insb werden Pflichtbeiträge zur Sozialversicherung, strafrechtliche Sanktionen und bestimmte Gebühren ausgenommen (§ 1 Abs 4 EU-VAHG). Neben den Bestimmungen über den Anwendungsbereich enthält das EU-VAHG Regeln über die Erteilung von Auskünften iZm der Vollstreckung von Abgabenansprüchen oder der Erstattung von Steuern oder Abgaben mit Ausnahme der USt (§§ 5 bis 7 EU-VAHG),[202]) über die Zustellung von Dokumenten (§§ 8 und 9 EU-VAHG) sowie Vorschriften betr Vollstreckungs- und Sicherungsmaßnahmen (§§ 10 bis 17 EU-VAHG). Nach § 10 EU-VAHG nimmt die Vollstreckungsbehörde auf Ersuchen eines anderen Mitgliedstaates die Vollstreckung von Abgabensprüchen vor, für die im anderen Mitgliedstaat ein Exekutionstitel besteht. Der ausländische Abgabenanspruch wird dabei wie ein inländischer Abgabenanspruch behandelt.[203]) 1401

[197]) Vgl ausführlich *Tüchler* in *Lang/Schuch/Staringer,* Internationale Amtshilfe in Steuersachen 120 ff.

[198]) DBA Island (Art 26), DBA Liechtenstein (Art 25 b), DBA Norwegen (Abs 28), DBA Algerien (Art 27, vorbehaltlich eines Verwaltungsübereinkommens); eingeschränkt auf ungerechtfertigte Abkommensentlastungen, im DBA Kanada (Art 26), DBA USA (Art 25), DBA Mexiko (Art 27) und beschränkt auf Steueransprüche betr Vergütungen aus unselbständiger Arbeit im DBA Schweiz (Art 26 a).

[199]) RL 2010/24/EU des Rates vom 16. 3. 2010, ABl L 84, 1.

[200]) BGBl I 2011/112.

[201]) Dazu *Ludwig,* SWI 2012, 323.

[202]) Damit wird dem OECD-Standard über Transparenz und Informationsaustausch entsprochen.

[203]) Zur Rechtshilfe im Steuerstrafverfahren vgl Band II[7] Tz 1404.

V. Exkurs: Die Steuerabkommen mit der Schweiz und Liechtenstein

Literatur: *Außerlechner/Malainer/Staribacher,* Keine Amnestie trotz Abschlagszahlung gemäß Steuerabkommen Österreich – Schweiz! ÖStZ 2012, 423; *Beiser,* Schafft eine Zusammenarbeit zwischen Österreich und der Schweiz mehr Gleichheit? RdW 2012, 361; *Fellner,* Steuerabkommen mit der Schweiz: Strafamnestie verfassungswidrig? RdW 2012, 300; *Finsterer/Schuchter-Mang,* Steuerabkommen Österreich – Schweiz: Einmalzahlung oder freiwillige Meldung? SWK 2012, 882; *Gaier,* Steuerabkommen Schweiz – Österreich: Abgeltungswirkung für „hinterzogene" Immobilien? SWI 2012, 358; *Gaier/Leiter,* Die Wirkungen des Steuerabkommens Schweiz – Österreich, SWI 2012, 210; *Jirousek,* Das Steuerabkommen mit der Schweiz, SWI 2012, 203; *Kirchmayr/Achatz,* Das Steuerabkommen mit der Schweiz kommt! taxlex 2012, 389; *Knörzer/Wünsche,* Das Steuerabkommen zwischen Österreich und der Schweiz im Vergleich mit dem Steuerabkommen zwischen Deutschland und der Schweiz, FJ 2012, 177; *Kreuz/Leiter,* Wen trifft das Steuerabkommen zwischen Österreich und der Schweiz? SWI 2012, 252; *Leitner/Brandl,* Die möglichen Auswirkungen des Steuerabkommens mit der Schweiz in der Praxis, SWK 2012, 655; *Mayr,* Steuerabkommen mit der Schweiz verfassungswidrig? SWK 2012, 793; *oV,* Das Steuerabkommen mit der Schweiz (BMF-Info), SWK 2012, 649; *Papst,* Depotentnahmen in der Schweiz nach dem Steuerabkommen, SWI 2012, 546; *Truschnegg,* Ein Überblick zum Steuerabkommen Österreich – Schweiz, taxlex 2012, 284; *Hosp/Benedetter,* Steuerabkommen Österreich-Liechtenstein: Vorab veröffentlichte Merkblätter zur Vergangenheitsbewältigung, ZfS 2013, 175; *Jirousek,* Abkommen mit Liechtenstein über die Zusammenarbeit im Bereich der Steuern und DBA-Revision, ÖStZ 2013, 63; *ders,* Die neuen Steuerabkommen mit Liechtenstein, SWI 2013, 59; *Lechner,* Zum Regularisierungs- und Abgeltungssteuerabkommen Österreich – Schweiz, VWT 2013, 204; *Malle/Wagner,* Zum Steuerabkommen mit Liechtenstein, taxlex 2013, 398; *Moshammer,* Steuerwirkungen liechtensteinischer Stiftungen im Lichte des neuen Steuerabkommens, SWI 2013, 105; *Novacek,* Die Steuerabkommen mit Schweiz und Liechtenstein – verfassungsrechtliche Betrachtung, ÖStZ 2013, 166; *Petritz,* Das Steuerabkommen mit Liechtenstein, SWK 2013, 323; *ders,* Liechtensteinische Steuerverwaltung zur Auslegung des Steuerabkommens, SWK 2013, 1307; *Steiner,* Fluch oder Segen – das Steuerabkommen mit Liechtenstein (Teil I), taxlex 2013, 99; *Steiner,* „Fluch oder Segen" – das Steuerabkommen mit Liechtenstein (Teil II), taxlex 2013, 151; *Fraberger/Petritz,* Steuerabkommen Österreich-Liechtenstein/Schweiz, Wien 2014; *Holenstein,* „Abschleicher" und Gruppenanfragen im Verhältnis Österreich – Schweiz, ZWF 2015, 140; *A. Lang,* Meldepflichtige Kapitalzuflüsse aus der Schweiz und Liechtenstein nach dem Kapitalabfluss-Meldegesetz, ecolex 2015, 746; *Prechtl-Aigner/Lehner,* „Abschleicher" und Gruppenanfragen – Anmerkung aus österreichischer Sicht, ZWF 2015, 145; *Blum,* Kontenregistereinsicht und Kapitalabflussmeldung: Offene Fragen und Implikationen für den grenzüberschreitenden Austausch von Bankinformationen, SWI 2016, 304; *Jirousek,* Die Revision der Steuerabgeltungsabkommen mit der Schweiz und Liechtenstein, ÖStZ 2016, 651; *Lechner,* Neuerungen betreffend die Steuerabkommen mit der Schweiz und Liechtenstein, GES 2016, 327; *Wilplinger/Steininger,* Die Steuerabkommen Schweiz bzw Liechtenstein im Lichte des AIA, PSR 2016, 73; *Schlager,* Die Zukunft der Steuerabkommen mit der Schweiz und Liechtenstein, SWK 2016, 1306; *Bodis/Schlager,* BFG: Keine „Anrechnung" der Einmalzahlung nach dem Steuerabkommen mit der Schweiz, SWK 2017, 489; *Brugger,* AIA und Stiftungen in der Schweiz und Liechtenstein – wer muss (tatsächlich) gemeldet werden? PSR 2017, 73; *Jirousek,* Änderung der Steuerabkommen mit der Schweiz und mit Liechtenstein, SWI 2017, 80; *Jandl,* Steuerpflicht einer Schweizer Invaliditätspension, PV-Info 2018, 21; *Wipplinger/Eibelsbrunner,* Die liechtensteinische Stiftung – wann gilt noch das

Steuerabkommen mit Österreich? ecolex 2018, 218; *Zorn*, VwGH: Nochmals Kapitaleinkünfte liechtensteinischer Stiftungen, RdW 2018, 390.

Im April 2012 wurde zwischen Österreich und der **Schweiz** ein Abkommen unterzeichnet, das die Besteuerung von bisher nicht versteuertem österr Vermögen auf Schweizer Bankkonten bezweckte. Das Abkommen ist mit 1. 1. 2013 in Kraft getreten[204]) und wurde mit **1. 1. 2017 zur Gänze aufgehoben.** Das Ziel des Abkommens bestand in der Legalisierung jener Vermögenswerte, die in Österreich zu versteuern gewesen wären, aber unversteuert auf einem Depot oder Konto einer Schweizer Bank gelegen sind. Diese Legalisierung erfolgte durch eine „Vergangenheitsbereinigung" mit Amnestiewirkung. Sie konnte entweder durch die Leistung einer mittels Formel zu errechnenden, von der Schweizer Bank abzuführenden Einmalzahlung (anonyme Nachversteuerung mit Abgeltungswirkung) oder durch freiwillige Meldung gegenüber der österr FinVerw (Offenlegung mit Selbstanzeigewirkung) herbeigeführt werden. Die vom legalisierten Vermögen künftig in der Schweiz anfallenden Kapitalerträge wurden nach dem Abkommen einer Besteuerung im Abzugsweg unterworfen, die jener in Österreich entsprach. **1402**

Im Jänner 2013 wurde ein ähnliches Steuerabkommen wie mit der Schweiz auch mit dem **Fürstentum Liechtenstein** abgeschlossen. Das Abkommen ist am 1. 1. 2014 in Kraft getreten und betrifft im Unterschied zum Abkommen mit der Schweiz auch Kapitalvermögen, das von liechtensteinischen Treuhändern als Verwaltungsorganen von Stiftungen etc verwaltet wird, selbst wenn sich das Depot oder Konto bei einer Bank außerhalb Liechtensteins (ausgenommen Schweiz und Österreich) befindet. Die Amnestiewirkung erstreckt sich beim Abkommen mit Liechtenstein zusätzlich auf die Stiftungseingangssteuer und die Versicherungssteuer. Außerdem enthält das Abkommen Regelungen über die Eingangsbesteuerung von Zuwendungen an intransparente liechtensteinische Stiftungen (Einzelheiten siehe bereits oben Tz 1053). **1403**

Neben dem Steuerabkommen wurde 2013 auch ein Abänderungsprotokoll zum DBA-Liechtenstein unterzeichnet, das eine umfassende Amts- und Vollstreckungshilfe, jedoch (noch) keinen automatischen Informationsaustausch beinhaltete.

Mittlerweile haben allerdings sowohl die Schweiz als auch das Fürstentum Liechtenstein mit der EU ein **Abkommen über den automatischen Informationsaustausch** (**AIA**) abgeschlossen. Dadurch konnte ein anonym durchgeführter Steuerabzug im Verhältnis zu Österreich nicht mehr aufrechterhalten werden, weshalb das Steuerabkommen mit der Schweiz mit Ende 2016 zur Gänze aufgehoben wurde. Auch der Anwendungsbereich des Abkommens mit dem Fürstentum Liechtenstein wurde wesentlich beschränkt. So findet das Abkommen auf Konten und Depots von natürlichen Personen ab 1. 1. 2017 keine Anwendung mehr. Nur für transparente Vermögensstrukturen (insb Stiftungen), die am 31. 12. 2016 bereits bestanden haben, läuft das Steuerabkommen **1404**

[204]) Abkommen über die Zusammenarbeit in den Bereichen Steuern und Finanzmarkt, BGBl III 2012/192.

weiter; sie sind vom Anwendungsbereich des AIA ausgenommen. Gleiches gilt für intransparente Vermögensstrukturen; dies unabhängig davon, wann sie errichtet wurden.[205]) Einkünfte aus diesen Vermögensstrukturen unterliegen daher alternativ zur freiwilligen Meldung weiterhin dem anonymen Steuerabzug.

[205]) Ausführlich *Schlager*, SWK 2016, 1306 ff.

Stichwortverzeichnis

Die Zahlen verweisen auf Textziffern: *kursiv* gesetzte Stichworte beziehen sich auf die Judikatur des EuGH

A

B

C

D

E

H

L

S

T

U

Z